LES SERMONS DE JOHN WESLEY

LES SERMONS DE JOHN WESLEY

Éditions Foi et Sainteté

Lenexa, Kansas (États-Unis)

Cette édition français est publiée par Éditions Foi et Sainteté
3/2016

978-1-56344-102-8

INTRODUCTION

Moins d'un an après sa célèbre expérience de conversion à Aldersgate Street durant laquelle son cœur « se réchauffa étrangement », John Wesley et son frère Charles commencèrent leurs prédications en plein air. Dès le printemps 1739, il n'était pas rare de trouver une foule de plusieurs milliers de personnes rassemblées pour écouter leurs sermons.

Au sein de l'Église d'Angleterre, la religion officielle du pays, beaucoup s'opposaient à ce mouvement de réveil. Les Wesley étaient considérés comme des extrémistes et les foules qui les écoutaient prêcher comme une menace pour l'ordre public. Le mouvement évangélique bénéficiait néanmoins de la sympathie du peuple qui voyait en ses membres une force de renouveau pour la vie religieuse britannique, qui se trouvait par ailleurs en stagnation.

En 1746, le méthodisme de Wesley était devenu une composante dynamique et solidement établie du paysage religieux. C'est en cette même année que Wesley publia le premier tome de ses sermons. Deux autres volumes suivirent en 1748 et en 1750. Un sermon supplémentaire intitulé « Les Pensées vagabondes » fut ajouté à la deuxième édition du volume de 1750, portant ainsi le nombre total de sermons à 44, rassemblés en quatre volumes.

En 1763, Wesley fixa dans un document légal le règlement de ce qu'il appelait les maisons de prédication. Ces petites chapelles étaient le lieu de rassemblement des premiers méthodistes et ce document prescrivait à toute personne utilisant ces locaux de ne prêcher aucune doctrine qui ne se trouvait pas dans son livre *Notes sur le Nouveau Testament* ainsi que dans les quatre volumes de ses sermons. Ces sermons seront par la suite communément appelés *Sermons de référence*.

En 1771, Wesley publie un recueil de 32 volumes rassemblant l'ensemble de ses écrits et sobrement intitulé *Œuvres*. Dans les quatre premiers volumes de ce recueil se trouvent les 44 sermons de référence ainsi que neuf autres, portant le nombre total de sermons à 53.

Il est bon de se souvenir que Wesley publia plus de 140 de ses sermons et en prêcha bien davantage tout au long de sa vie. Cependant, celui-ci était convaincu que dans ces 44 sermons de référence écrits au début de son ministère, auxquels il ajouta neuf autres sermons par la suite, étaient présentés tous les points de doctrine essentiels qu'il avait enseignés tout au long de sa vie. La première partie du présent volume est donc composée de ces 53 sermons.

Les éditeurs ont choisi de numéroter ces sermons de référence, ainsi que plusieurs autres sermons supplémentaires, selon la convention utilisée par Thomas Jackson dans son édition de 1872 du recueil intégral des sermons de Wesley. L'histoire n'a pas retenu l'identité du traducteur de ces sermons de l'anglais en français. Les éditeurs de la présente collection sont reconnaissants à Yves Petrakian pour tous ses efforts qui ont mené à la révision et à la publication de ces sermons sur son site Web *www.123-Bible.com*.

Préface aux sermons

Par John Wesley

Les sermons qui suivent contiennent la substance de ce que j'ai prêché, ces huit ou neuf dernières années. Pendant cette période, j'ai fréquemment parlé en public sur les divers sujets traités dans ce recueil, et je ne sache pas qu'il y ait un seul des points de doctrine, abordés habituellement par moi en public, qui ne soit ici exposé au lecteur chrétien, incidemment, sinon toujours à fond. Tout homme sérieux qui parcourra ces pages, verra donc, avec une entière clarté, quelles sont les doctrines que je professe et que j'enseigne comme les bases essentielles de la vraie religion.

Mais je sens vivement que l'exposition que j'offre ici de ces doctrines est loin d'être ce que certaines personnes pourraient attendre. Je ne les ai pas revêtues d'une forme élaborée, élégante ou oratoire. Eus-é-je eu le désir ou le dessein de le faire, que je n'en aurais pas eu le loisir. Mais à la vérité ce dessein est, pour le moment, fort éloigné de ma pensée ; j'écris maintenant, et je parle habituellement, *ad populum,* aux masses, à ceux qui n'ont aucun goût pour la rhétorique, et qui ne la comprendraient même pas, mais qui n'en sont pas moins compétents pour juger des vérités qui leur apportent le bonheur présent et à venir. Je dis ceci pour éviter aux lecteurs curieux la peine de chercher dans ces sermons ce qu'ils n'y trouveraient pas.

C'est aux gens simples que j'essaie de dire la vérité toute simple. Je m'abstiens donc, de propos délibéré, de toute délicate spéculation philosophique, de toute argumentation compliquée et embrouillée, et, autant que possible, de tout appareil d'érudition, sauf quelquefois en citant le texte original de l'Ecriture. Je m'efforce d'écarter tous les mots qui ne sont pas faciles à entendre, tous ceux qui ne sont pas d'usage commun, et en particulier ces termes techniques que l'on rencontre si fréquemment dans les traités de théologie, ces modes de parler si familiers aux hommes de science, mais qui font l'effet d'une langue inconnue aux gens du commun peuple. Je ne suis pourtant pas sûr de m'en être toujours préservé moi-même, tant il est naturel d'imaginer qu'un mot qui nous est familier doit l'être à tout le monde.

En fait, mon dessein est, en quelque sorte, d'oublier tout ce que j'ai lu dans ma vie, ou du moins de parler comme si je n'avais jamais lu un seul auteur, ancien ou moderne, à l'exception des auteurs inspirés. Je suis persuadé que, d'une part, en laissant simplement mes propres pensées se dérouler, sans m'embarrasser de celles des autres hommes, je pourrai plus clairement exprimer les sentiments de mon cœur ; et, d'autre part, j'aborderai avec un esprit plus libre de préjugés et de préventions les vérités toutes nues de l'Évangile, soit pour mon propre usage, soit pour les présenter à autrui.

Je ne crains pas d'ouvrir ici mon cœur, dans ses plus secrètes pensées, aux hommes de raison et de conscience. J'ai compris que je suis une créature d'un jour, traversant la vie comme la flèche fend l'air. Je suis un esprit venu de Dieu, et qui retourne à Dieu, planant sur le vaste abîme, jusqu'à ce que, dans quelques moments, je disparaisse et je tombe dans l'immuable éternité ! J'ai besoin de connaître une chose, le chemin qui mène au ciel, et le moyen de débarquer heureusement sur cette plage bénie. Dieu lui-même a daigné nous enseigner ce chemin ; il est descendu du ciel pour cela ; il a écrit dans un livre ce qui en est. Oh ! donnez-moi ce livre ! A tout prix, donnez-moi le livre de Dieu ! Je le possède ; dans ses pages est contenue la science qui me suffit. Que je sois *homo unius libri,* l'homme d'un seul livre ! Ici je suis éloigné des routes bruyantes où passent les hommes. Je m'assieds seul, en la présence de Dieu. Devant lui, j'ouvre et je lis son livre, en vue d'y trouver le chemin du ciel. Ai-je quelque doute sur le sens de ce que je lis ? Quelque chose me paraît-il obscur ou compliqué ? J'élève mon cœur vers le Père des lumières : « Seigneur, n'as-tu pas dit : Si quelqu'un manque de sagesse, qu'il la demande à Dieu ? » Tu la donnes libéralement et sans reproches. Tu as dit : « Si quelqu'un veut faire la volonté de Dieu, il connaîtra. » Je veux la faire, fais-la moi connaître. » Je me mets alors à chercher et à examiner les passages parallèles de l'Ecriture, « comparant les choses spirituelles aux spirituelles. » J'y médite avec toute l'attention et toute l'intensité dont mon esprit est capable. Si quelque doute persiste, je consulte ceux qui sont expérimentés dans les choses de Dieu, et les écrits, dans lesquels, quoique morts, ils parlent encore. Et ce que j'ai appris je l'enseigne.

J'ai conséquemment mis, dans les sermons qui suivent, ce que j'ai trouvé dans la Bible concernant le chemin du ciel, dans le dessein de distinguer ce chemin de Dieu de ceux que les hommes ont inventés. J'ai essayé de décrire la religion véritable, scripturaire, expérimentale, de façon à ne rien omettre de ce qui en fait réellement partie, et aussi à ne rien y ajouter. Je désire spécialement par là, d'abord, éloigner du formalisme, qui a presque banni de ce monde la vraie religion, ceux qui se sont mis en route pour le royaume des cieux, mais qui, ayant peu d'expérience des choses de Dieu, risquent plus aisément de se laisser détourner ; je veux, en second lieu, mettre sur leurs gardes ceux qui connaissent la religion du cœur et la foi agissante par la charité, de peur qu'il ne leur arrive un jour d'annuler la loi par la foi et de tomber dans les pièges du diable.

D'après le conseil de quelques-uns de mes amis, j'ai introduit dans ce recueil trois sermons de moi-même et un de mon frère (Il s'agit des sermons « le Salut par la foi », « Presque chrétien » et le « Christianisme scripturaire », qui forment les trois premiers du recueil La Voie du Salut, et du sermon « Réveille-toi, – toi qui dors »), prêchés devant l'Université d'Oxford. Mon plan exigeait des discours sur ces sujets, et j'ai donné la préférence à ceux-ci sur d'autres composés plus récemment, parce qu'ils répondent victorieusement à l'accusation qui nous a été fréquemment lancée, d'avoir changé de doctrine et de ne plus prêcher ce que nous prêchions autrefois. Tout homme réfléchi pourra se rendre compte de ce qui en est, en comparant ces sermons anciens aux autres plus récents.

Plusieurs penseront peut-être que, moi qui veux enseigner les autres j'ai dévié du droit chemin. Cela est très possible, mais j'ai la confiance que, si je me trompe, mon esprit est ouvert à la conviction, et que je désire sincèrement être redressé. Je dis à Dieu et à l'homme : « Enseigne-moi ce que je ne sais pas ».

Etes-vous persuadé que vous y voyez plus clair que moi ? Il se peut que vous ayez raison. Traitez-moi donc comme vous voudriez être traité vous-mêmes, si nous étions vous à ma place et moi à la vôtre. Montrez-moi une meilleure voie que celle que j'ai suivie, mais montrez-la moi par la seule autorité de l'Écriture. Et si je m'attarde dans la voie où j'ai accoutumé, de marcher, et si j'ai de la peine à la quitter, marchez à mon côté, prenez-moi par la main et conduisez-vous avec moi avec un peu de bienveillance. Ne vous étonnez pas si je vous prie de pas me malmener pour m'obliger à hâter le pas ; je risquerais alors de ne plus avancer du tout, moi qui, en faisant de mon mieux, n'avance que lentement et faiblement. Ne puis-je pas vous demander aussi de ne pas m'injurier pour me ramener au bon chemin ? A supposer que je fusse en plein dans l'erreur, je doute que ce fût le moyen de me ramener. Cela me ferait plutôt m'éloigner de vous et de la vérité, si vous l'avez.

Et puis, si vous vous fâchez, je pourrais me fâcher aussi, et ce ne serait pas là le moyen de trouver la vérité. Si une fois la colère s'en mêle, (comme dit quelque, part Homère), cette fumée troublera si bien les yeux de nos âmes que je ne verrai plus rien distinctement. Pour l'amour de Dieu, s'il est possible, évitons de nous provoquer à l'irritation. N'allumons pas ce feu de l'enfer les uns chez les autres, et, s'il est allumé, ne l'excitons pas. Quand même, à la lueur sinistre de ce feu, nous pourrions discerner la vérité, n'y aurait-il pas plus à perdre qu'à gagner ? Car combien est préférable l'amour, même mêlé à des opinions fausses, à la vérité elle-même sans l'amour ! Nous pouvons mourir en ignorant bien des vérités, et être néanmoins portés dans le sein d'Abraham.. Mais si nous mourons sans amour, à quoi nous servira la connaissance ? Elle nous sera aussi peu utile qu'elle l'est au diable et à ses anges !

Que le Dieu d'amour nous préserve d'en faire jamais l'épreuve ! Qu'il nous prépare pour la connaissance de toute vérité, en remplissant nos cœurs de tout son amour, et de toute joie et paix en croyant !

SERMON 1

Le salut par la foi

Prêché le 18 juin 1738 à l'Église Ste Marie, devant la faculté d'Oxford

Car c'est par la grâce que vous êtes sauvés, par le moyen de la foi.
—Éphésiens 2.8 —

1. Toutes les bénédictions que Dieu a répandues sur l'homme viennent de sa pure grâce, de sa bonté ou de sa faveur : faveur libre, non méritée, complètement gratuite ; l'homme n'ayant aucun droit au plus petit des bienfaits du Seigneur. Ce fut la grâce gratuite qui forma « l'homme de la poudre de la terre et souffla en lui une âme vivante » ; ce fut elle qui grava sur cette âme l'image de Dieu et « mit toutes choses sous ses pieds ». La même libre grâce nous continue aujourd'hui la vie, la respiration et toutes choses ; car quoi que ce soit que nous soyons, que nous ayons ou que nous fassions, rien en nous ne peut mériter la plus petite faveur des mains de Dieu. C'est toi, ô Dieu ! qui as fait toutes nos œuvres en nous. Elles sont donc autant de preuves de plus d'une miséricorde, et toute justice qui peut se trouver en l'homme est aussi un don de Dieu.

2. Par quel moyen ou l'homme pécheur expiera-t-il donc le moindre de ses péchés ? Par ses œuvres ? non : fussent-elles aussi nombreuses et aussi saintes que possible, elles ne sont pas à lui. Elles sont à Dieu, mais en réalité elles sont toutes impures et pleines de péché, de sorte que chacune d'elles a besoin d'une nouvelle expiation. Il ne croît que des fruits mauvais sur un mauvais arbre ; or son cœur est entièrement corrompu et abominable, puisqu'il est « privé de la gloire de Dieu », de cette glorieuse justice gravée au commencement sur son âme, d'après l'image de son auguste créateur. N'ayant ainsi rien à faire valoir, ni justice ni œuvres, sa bouche est fermée devant Dieu.

3. Si donc les hommes pécheurs trouvent grâce auprès de Dieu, il y a là de la part du Seigneur grâce sur grâce ; s'il consent encore à répandre sur nous de nouvelles bénédictions, même la plus grande des bénédictions, le salut, que pouvons-nous dire à cela, sinon : « Grâces soient rendues à Dieu de son don ineffable ? » Oui, il en est ainsi : « Dieu fait éclater son amour envers nous, en ce que, lorsque nous n'étions que pécheurs, Christ est mort pour nous sauver. » « Vous êtes sauvas par grâce par la foi. » La grâce est la source du salut, la foi en est la condition.

Maintenant, afin que nous ne soyons point privés de la grâce de Dieu, il nous importe d'examiner avec soin :

I. Premièrement : quelle est la foi par laquelle nous sommes sauvés ;

II. Secondement : quel est le salut obtenu par la foi ;

III. Troisièmement : de quelle manière nous pouvons répondre à quelques objections qu'on présente contre la doctrine du salut par la foi.

I

1. C'est la première question que nous allons examiner. Et d'abord, ce n'est pas simplement la foi du païen. Dieu exige d'un païen qu'il croie que Dieu « est, qu'il est le rémunérateur de ceux qui le cherchent » soigneusement, et qu'il veut qu'on le cherche en le glorifiant comme Dieu, en lui rendant grâces pour toutes choses, et en pratiquant assidûment la vertu morale, la justice, la miséricorde et la vérité envers le prochain. Le Grec, le Romain, le Scythe même et l'Indien étaient sans excuse s'ils ne croyaient pas tout cela ; savoir, l'existence et les attributs de Dieu, un état futur de récompenses et de punitions et la nature obligatoire de la vertu. Croire ces choses, c'est avoir la foi du païen seulement.

2. En second lieu, ce n'est pas la foi du démon, quoique celle-ci aille beaucoup plus loin que la foi du païen, car le diable croit non seulement qu'il y a un Dieu sage et puissant, bon pour

récompenser, et juste pour punir ; mais il croit aussi que Jésus est le Fils de Dieu, le Christ, le Sauveur du monde. C'est ce qu'il déclare dans ces paroles expresses : « Je sais qui tu es ; tu es le saint de Dieu » (Lc 4.34). Et nous ne pouvons douter que cet esprit malheureux ne croie à toutes les paroles sorties de la bouche du saint, et même à tout ce qui a été écrit par les hommes inspirés, à deux desquels il a été forcé de rendre ce glorieux témoignage : « Ces hommes sont des serviteurs du Dieu Très-Haut, et ils vous annoncent la voie du salut. » Le grand ennemi de Dieu et de l'homme croit donc, et tremble en croyant que Dieu a été manifesté en chair, qu'il mettra « Tous ses ennemis sous ses pieds », et que « toute l'Écriture est divinement inspirée » ; sa foi va jusque-là.

3. La foi, en troisième lieu, par laquelle nous sommes sauvés, dans le sens qui sera expliqué plus loin, n'est pas cette foi qu'avaient les apôtres eux-mêmes tandis que Christ était sur la terre, quoiqu'ils crussent assez fermement en lui pour « tout quitter et le suivre » ; quoiqu'ils eussent alors le pouvoir d'opérer des miracles, de « guérir toutes sortes de maladies et toutes sortes d'infirmités » ; bien qu'ils eussent même « puissance, et autorité sur tous les démons », et, ce qui est plus encore, qu'ils fussent envoyés par leur maître pour prêcher le royaume de Dieu.

4. Quelle est donc la foi par laquelle nous sommes sauvés ? On peut répondre d'abord, en général, c'est la foi en Christ ; Christ, et Dieu par Christ en sont les objets. Ce caractère la distingue assez de la foi des païens anciens ou modernes. Et ce qui la distingue parfaitement de la foi des démons, c'est qu'elle n'est pas une simple croyance rationnelle, spéculative, un assentiment à la vérité, froid et sans vie, une série d'idées dans la tête ; mais aussi une disposition du cœur. Car ainsi parle l'Écriture : « On croit du cœur pour obtenir la justice », et encore : « Si tu confesses le Seigneur Jésus de ta bouche, et que tu croies dans ton cœur que Dieu l'a ressuscité des morts, tu seras sauvé. »

5. Et cette foi est différente de celle qu'avaient les apôtres eux-mêmes tandis que notre seigneur était sur la terre, en ce qu'elle reconnaît la nécessité et la vertu propitiatoire de la mort de Jésus ainsi que l'efficace de sa résurrection. Elle reconnaît sa mort comme l'unique moyen suffisant pour racheter l'homme de la mort éternelle, et sa résurrection comme notre restauration à la vie et à l'immortalité, puisqu'il « a été livré pour nos offenses et qu'il est ressuscité pour notre justification ». La foi chrétienne, donc, n'est pas seulement un assentiment donné à tout l'Évangile de Christ, c'est aussi une pleine confiance dans le sang de Christ, un repos de l'âme sur les mérites de sa vie, de sa mort et de sa résurrection ; un recours à lui comme étant notre sacrifice expiatoire et notre vie, comme s'étant donné pour nous et comme virant en nous, et partant, c'est recevoir Christ, s'appuyer sur lui, s'unir et s'attacher à lui comme à notre « sagesse, justice, sanctification et rédemption », en un mot, comme à notre salut.

II

1. Et, avant tout, quoi que ce soit qu'implique d'ailleurs ce salut, c'est un salut présent. C'est quelque chose que l'on peut obtenir, bien plus, que possèdent actuellement sur la terre ceux qui ont la foi dont nous venons de parler. L'apôtre dit aux fidèles d'Éphèse (et en le leur disant, il le dit aux fidèles de tous les âges) : « Vous êtes sauvés par la foi », et non, vous serez sauvés, quoique cela aussi soit vrai.

2. Vous êtes sauvés, pour tout dire en un mot, du péché. Voilà la délivrance qui s'obtient par la foi ; c'est ce grand salut annoncé par l'ange avant que Dieu fit venir son premier-né dans le monde : « Tu lui donneras, dit-il, le nom de Jésus, car c'est lui qui sauvera son peuple de leurs péchés. » Il n'y a aucune limite ou restriction à ce salut, ni ici ni ailleurs, dans l'Écriture sainte. Il sauvera son peuple, ou, comme il est dit dans un autre endroit : « Tous ceux qui croient eu lui », de tous leurs péchés, de leur péché originel et actuel, passé et présent ; des péchés « de la chair et de l'esprit. » Par la foi en Jésus, ils sont délivrés et de la culpabilité et de la puissance du péché.

3. Vous êtes sauvés, d'abord, de la culpabilité de tout péché passé. Car, d'un côté, puisque tout le monde est coupable devant Dieu et qui, s'il voulait prendre garde aux iniquités, nul homme ne subsisterait ; puisque la loi ne donne que la connaissance et nullement la délivrance du péché, de sorte que « personne ne sera, justifié devant Dieu par les œuvres de la loi » ; de l'autre côté, « la justice de Dieu qui est par la foi en Jésus-Christ a été manifestée en tous ceux qui croient », et ils sont maintenant « justifiés gratuitement par sa grâce, par la rédemption qui est en

Jésus-Christ, que Dieu avait destiné, pour être une victime propitiatoire par la foi en son sang, afin de faire paraître sa justice par le pardon des péchés commis auparavant. » Christ a enlevé « la malédiction de la loi, ayant été fait malédiction pour nous ». Il a effacé l'obligation qui était contre nous, et il l'a entièrement annulée en l'attachant à la croix. « Il n'y a donc maintenant aucune condamnation pour ceux qui croient en Jésus-Christ. »

4. Et étant délivrés de la culpabilité, ils le sont aussi de la crainte ; non de la crainte filiale d'offenser Dieu, mais de toute crainte servile, et qui cause de la peine ; de la crainte de la punition méritée, de la colère de Dieu, qu'ils ne considèrent plus comme un maître sévère, mais comme un père indulgent. Ils n'ont point « reçu un esprit de servitude, mais l'esprit d'adoption, par lequel ils crient : Abba, c'est-à-dire, Père ; c'est ce même Esprit qui rend témoignage à leur esprit qu'ils sont enfants de Dieu. » Ils sont aussi délivrés de la crainte, mais non de la possibilité, de perdre la grâce et d'être privés des grandes et précieuses promesses de Dieu. Ainsi ils ont « la paix avec Dieu par notre seigneur Jésus-Christ. Ils se réjouissent dans l'espérance de la gloire de Dieu. L'amour de Dieu est répandu dans leurs cœurs par le Saint-Esprit qui leur a été donné » ; et par là ils sont persuadés (persuasion qui n'a pas en tous temps une égale force, et qui peut-être même n'existe pas toujours), ils sont persuadés, dis-je, que « ni la mort ni la vie, ni les choses présentes, ni les choses à venir, ni les choses élevées, ni les choses basses, ni aucune autre créature, ne les pourra séparer de l'amour que Dieu leur a montré en Jésus-Christ notre seigneur. »

5. De plus, par cette foi ils sont délivrés de la puissance du péché, aussi bien que de sa culpabilité. C'est ce que déclare l'apôtre : « Vous savez que Jésus-Christ a paru pour ôter nos péchés, et qu'il n'y a point de péché en lui. Quiconque demeure lui en ne pèche point. Mes petits enfants, que personne ne vous séduise, celui qui fait le péché est du diable. » Quiconque croit est né de Dieu ; « et celui qui est né de Dieu ne fait point le péché parce que la semence de Dieu demeure en lui ; et il ne peut pécher parce qu'il est né de Dieu » (1 Jn 3.5-9). Et encore : « Nous savons que quiconque est né de Dieu ne pèche point ; mais celui qui est né de Dieu se conserve soi-même, et le malin ne le touche point » (1 Jn 5.18).

6. Celui qui, par la foi, est né de Dieu, ne pèche point. (1.) Il ne commet pas de péché habituel ; car tout péché d'habitude est un péché dominant ; mais le péché ne peut pas régner chez un homme qui croit. (2.) Il ne commet point de péché volontaire ; car sa volonté, aussi longtemps qu'il demeure dans la foi, est entièrement opposée à tout péché et l'abhorre comme un poison mortel. (3.) Il ne pèche par aucun désir coupable ; car il désire sans cesse de faire la volonté sainte et parfaite de Dieu, et par sa grâce il étouffe, dès son apparition, toute tendance à des désirs mauvais. (4.) Il ne pèche point par infirmité, soit en parole, soit en acte, soit en pensée, car ses infirmités n'ont pas le consentement de sa volonté, condition sans laquelle elles ne sont pas à proprement parler des péchés. Ainsi, « celui qui est né de Dieu ne commet point le péché » ; et quoiqu'il ne puisse point dire qu'il n'a pas péché, néanmoins « il ne pèche point » actuellement.

7. C'est là le salut reçu par la foi même dans ce monde. C'est, ce qui est souvent exprimé par le mot de justification, la délivrance du péché et de ses conséquences. La justification prise dans le sens le plus large comprend la délivrance de la culpabilité et de la peine du péché, par le sacrifice de Christ actuellement appliqué à l'âme du pécheur qui croit maintenant en lui, et la délivrance de l'empire du péché par Christ qui est formé dans son cœur, de telle manière que celui qui est ainsi justifié, ou sauvé par la foi, est vraiment né de nouveau. Il est né de nouveau de l'Esprit ; né à une vie nouvelle « cachée avec Christ en Dieu ». Et comme un enfant nouveau-né, il reçoit avec joie « le lait pur de la parole » et il « croît par son moyen », dans la force de l'Éternel son Dieu ; il va de foi en foi, de grâce en grâce, jusqu'à ce qu'enfin, il atteigne « à l'état d'homme fait, à la mesure de la stature parfaite de Christ ».

III

1. Prêcher le salut ou la justification, par la foi seule, c'est prêcher contre la sainteté et les bonnes œuvres. On pourrait se borner à y faire cette courte réponse : Il en serait ainsi si nous parlions, comme le font quelques-uns, d'une foi séparée de ces choses ; mais nous parlons, au contraire, d'une foi fertile en toutes sortes de bonnes œuvres et en toute sainteté.

2. Mais il peut être utile d'examiner plus au long cette objection, surtout puisqu'elle n'est pas nouvelle, car elle est aussi vieille que les temps de Saint Paul, où l'on demandait déjà :

« N'anéantissons-nous pas la loi par la foi ? » Nous répondons, premièrement, que tous ceux qui ne prêchent pas la foi, anéantissent évidemment la loi, soit d'une manière directe et grossière, par des limites et des commentaires qui en rongent tout l'esprit, soit indirectement en n'indiquant pas les seuls moyens qui nous rendent capables de l'accomplir ; tandis que, en second lieu, « nous établissons la loi », à la fois, en montrant toute son étendue et son sens spirituel, et en appelant tous les hommes à venir au Père par le chemin vivant, savoir par Christ, par lequel « la justice de la loi » peut être « accomplie en eux ». Ajoutons que tout en ne se confiant qu'au sang de Christ, les croyants pratiquent sans exception les ordonnances qu'il a instituées et font toutes « les bonnes œuvres que Dieu a préparées pour qu'ils y marchent » ; enfin ils possèdent et manifestent toutes les dispositions saintes et célestes, ils ont les mêmes sentiments qui étaient en Jésus-Christ.

3. Mais la prédication de cette foi ne pousse-t-elle pas les hommes à l'orgueil ? Nous répondons : accidentellement cela est possible. C'est pourquoi il faut instamment avertir tout croyant par ces paroles du grand apôtre : Les premières « branches ont été retranchées à cause de leur incrédulité, et toi, tu subsistes par la foi : ne t'élève point par orgueil, mais crains. Si Dieu n'a point épargné les branches naturelles, prends garde qu'il ne t'épargne pas non plus. Considère donc la bonté et la sévérité de Dieu ; sa sévérité à l'égard de ceux qui sont tombés, et sa bonté envers toi, pourvu que tu persévères dans cette bonté, autrement tu seras aussi retranché ». Et, en persévérant dans la bonté de Dieu, le chrétien se rappellera ces mots de Saint Paul, qui prévoyait cette même objection et y répondait : « Où est donc le sujet de se glorifier ? Il est exclu. Par quelle loi ? Par la loi des œuvres ? Non, mais par la loi de la foi » (Rm 3.27). Si l'homme était justifié par ses œuvres, il aurait de quoi se glorifier ; mais il n'y a aucun sujet de gloire pour « celui qui n'a point travaillé, mais qui croit en celui qui justifie le pécheur » (Rm 4.5). Tel est encore le but des paroles qui précèdent et suivent le texte : « Dieu, qui est riche en miséricorde … lorsque nous étions morts dans nos fautes, nous a vivifiés ensemble avec Christ, par la grâce duquel vous êtes sauvés ; … afin qu'il fît connaître, dans les siècles à venir, les immenses richesses de sa grâce, par la bonté dont il a usé envers nous en Jésus-Christ. Car vous êtes sauvés par grâce, par la foi, et cela ne vient point de vous » (Ep 2.4-8). Ni votre foi, ni votre salut ne vient de vous : « C'est un don de Dieu » ; un don libre, non mérité ; tant la foi par laquelle vous êtes sauvés, que le salut qu'il y attache selon son bon plaisir et par pure miséricorde. Votre foi est un premier bienfait de sa grâce, le salut que vous obtenez par la foi en est un autre. « Ce n'est point par les œuvres afin que personne ne se glorifie », car toutes nos œuvres, toute notre justice, avant de croire, loin de mériter la foi, n'étaient dignes que de la condamnation ; par conséquent, lorsque la foi nous est donnée, ce n'est point à cause de nos œuvres. Et le salut aussi n'est point par les œuvres accomplies quand nous croyons ; car alors c'est Dieu qui opère en nous ; et partant la rémunération qu'il nous accorde pour ce qu'il opère lui-même, ne fait que relever les richesses de sa miséricorde et nous ôte tout sujet de nous glorifier.

4. Dire ainsi que la miséricorde de Dieu justifie ou sauve gratuitement par la foi seule, n'est-ce pas, cependant, encourager les hommes à vivre dans le péché ? Oui, il se peut que cette doctrine ait cet effet ; il est même certain qu'elle l'aura. Plusieurs « demeureront dans le péché afin que la grâce abonde », mais leur sang sera sur leur tête. La bonté de Dieu aurait dû les porter à la repentance, et c'est ce qu'elle fera pour ceux qui ont le cœur sincère. Quand ceux-ci savent qu'il « y a pardon par devers Dieu », ils crient à lui avec force. Ils lui demandent qu'il veuille aussi effacer leurs péchés, par la foi en Jésus ; et s'ils l'implorent instamment, sans se lasser, s'ils le cherchent par tous les moyens qu'il a établis ; s'ils refusent toute consolation jusqu'à ce qu'il vienne ; « il viendra et ne tardera point ». Et il peut faire une grande œuvre en peu de temps. De nombreux exemples rapportés dans les Actes des Apôtres, attestent que Dieu a opéré cette foi dans le cœur des hommes avec la rapidité de l'éclair qui tombe du ciel. Ainsi à la même heure où Paul et Silas commencèrent « à annoncer la parole du Seigneur au geôlier », il se repentit, crut et fut baptisé ; ainsi trois mille personnes qui se repentirent et crurent le jour de la Pentecôte, à la première prédication de Saint Pierre, furent baptisées par lui le même jour ; et, Dieu en soit béni, il y a maintenant bien des preuves vivantes qu'il est encore « puissant pour sauver ».

5. Cependant, contre la même vérité, envisagée à un autre point de vue, on présente une objection tout-à-fait opposée. On dit que c'est pousser les hommes au désespoir que de soutenir qu'ils ne peuvent être sauvés par tout ce qu'il leur est possible de faire. Oui, au désespoir de ga-

gner le salut par leurs propres œuvres, par leurs mérites ou leur justice propre ; et il est nécessaire que cela arrive, car nul ne peut se confier aux mérites de Christ avant d'avoir complètement renoncé aux siens. Celui qui « cherche à établir sa propre justice », ne peut recevoir la justice de Dieu. La justice de la foi ne peut lui être donnée aussi longtemps qu'il se confie en celle qui vient de la loi.

6. Mais, dit-on, cette doctrine est peu consolante. Ah ! le diable a parlé, comme sa nature le veut, c'est-à-dire sans vérité et sans honte, quand il a osé suggérer aux hommes cette pensée. C'est la seule doctrine consolante ; oui, elle est toute pleine de consolation pour tout pécheur qui s'est perdu et qui se condamne lui-même. « Quiconque croit en lui ne sera point confus. » Celui qui est le Seigneur de tous est riche en miséricorde « pour tous ceux qui l'invoquent ». Voilà une consolation aussi élevée que le ciel, et plus forte que la mort ! Quoi ! miséricorde pour tous ! pour Zachée, l'exacteur public ? pour Marie-Madeleine, la prostituée ? Il me semble entendre dire à quelqu'un : Alors moi, moi aussi, je puis espérer de trouver grâce ! Oui, tu le peux, ô affligé que personne n'a consolé ! Dieu ne repoussera point ta prière. Que sais-tu ? Peut-être à l'heure qui va sonner te dira-t-il : « Prends courage, tes péchés te sont pardonnés », tellement pardonnés qu'ils ne règneront plus sur toi ; et que « le Saint-Esprit rendra témoignage à ton esprit que tu es enfant de Dieu ». Ô bonnes nouvelles, nouvelles de grande joie, envoyées à tous les peuples ! « O vous tous qui êtes altérés, venez aux eaux ; venez, achetez sans argent et sans aucun prix. » Quels que soient vos péchés, fussent-ils rouges « comme le cramoisi », fussent-ils plus nombreux que les cheveux de votre tête, « retournez à l'Éternel et il aura pitié de vous, et à notre Dieu, car il pardonne abondamment ».

7. Quand on ne peut plus rien objecter, on nous dit simplement, que le salut par la foi ne devrait pas être prêché, comme doctrine première, ou du moins ne devrait pas être prêché à tous. Mais que dit le Saint-Esprit ? « Personne ne peut poser d'autre fondement que celui qui a été posé, qui est Jésus-Christ. » Ainsi donc, le fondement de toute notre prédication est et doit être : « Quiconque croit en lui sera sauvé » ; c'est là ce qui en doit, faire le premier sujet. Bien, mais il ne faut pas prêcher cette doctrine à tous tes hommes. À qui donc ne devons-nous point la prêcher ? qui devons-nous excepter ? Les pauvres ? Mais ils ont un droit tout particulier à ce qu'on leur prêche l'Évangile. Les ignorants ? Dès le commencement, Dieu a révélé ces choses aux hommes illettrés et ignorants. Les jeunes gens ? Nullement. Sur toutes choses, « laissez-les venir et Christ, et ne les en empêchez point ». Les pécheurs ? Moins que personne. Il est « venu appeler à la repentance, non les justes, mais les pécheurs ». Eh bien ! s'il nous faut excepter quelqu'un, ce doivent être les riches, les savants, les hommes estimés et moraux ; et il est vrai qu'ils ne se dispensent que trop souvent d'écouter cette doctrine. Mais, quoi qu'il en soit, nous devons annoncer la parole de notre Seigneur. Car voici la, teneur de notre commission « Allez, prêchez l'Évangile à toute créature ». S'il est des hommes qui, à leur perdition, tordent cet Évangile, dans son entier ou dans quelqu'une de ses parties, il faudra qu'ils portent leur propre fardeau. Mais quant à nous, comme l'Éternel est vivant, nous dirons ce que notre Dieu nous dira.

8. Dans ces temps surtout, nous répèterons : « Vous êtes sauvés par grâce, par la foi ». Jamais il ne fut plus nécessaire qu'aujourd'hui de maintenir cette doctrine, seule elle peut efficacement empêcher les erreurs de Rome de se propager parmi nous. Attaquer une à une toutes ces erreurs, c'est à n'en pas finir ; mais le salut par la foi les frappe à la racine ; elles tombent toutes à la fois, dès que cette doctrine est établie. Ce fut cette doctrine que l'Église anglicane appelle avec tant de raison, le rocher et le fondement de la religion chrétienne, qui chassa le papisme de l'Angleterre, et seule elle l'en tiendra éloigné. Nulle autre chose ne réprimera cette immoralité qui a envahi notre pays comme un fleuve. Pouvez-vous mettre à sec l'océan goutte à goutte ? Alors vous pourrez sans réformer de nos vices particuliers par des raisonnements propres à nous en détourner. Mais que « la justice qui vient de Dieu par la foi » soit proclamée, et comme par une digue puissante, les vagues orgueilleuses de la dépravation seront refoulées. C'est le seul moyen de fermer la bouche à ceux « qui mettent leur gloire dans ce qui est leur confusion », et qui ouvertement « renient le Seigneur qui les a rachetés ». Ils peuvent parler de la loi en termes aussi sublimes que l'homme dans le cœur duquel Dieu l'a écrite. À les entendre discourir sur ce sujet, on serait disposé à penser qu'il ne sont pas loin du royaume de Dieu ; mais conduisez-les de la loi à l'Évangile ; commencez par la justice de la foi, par « Christ, qui est la fin de la loi pour justifier

tous ceux qui croient », et ceux qui tout à l'heure paraissaient presque, sinon tout-à-fait chrétiens, restent convaincus de n'être que des fils de perdition, d'être aussi éloignés de la vie et du salut (Dieu veuille leur être miséricordieux !) que les profondeurs de l'enfer des hauteurs du ciel.

9. C'est là ce qui fait rugir l'adversaire toutes les fois que le salut par la foi est publié au monde ; c'est ce qui le poussa à remuer la terre et l'enfer, pour faire mettre à mort ceux qui le prêchèrent les premiers. Et sachant que la foi seule peut renverser les bases de son royaume, c'est pour cela qu'il réunit toutes ses forces et mit en jeu tous ses artifices de mensonge et de calomnie, afin d'effrayer Luther et de l'empêcher de remettre au jour cette doctrine. Et il n'y a là rien d'étonnant, car, ainsi que le remarque ce serviteur de Dieu : « Un homme orgueilleux, fort et tout armé, ne serait-il pas transporté de rage, si un petit enfant venait, un roseau à la main, le défier et l'arrêter » ; surtout s'il était certain que, ce petit enfant dût le renverser et le fouler aux pieds ? Oui, Seigneur Jésus, c'est ainsi que ta force s'est toujours « accomplie dans la faiblesse ». Va donc, petit enfant qui crois en lui, et sa « droite t'apprendra des choses merveilleuses ! » Quoique tu sois sans force et faible comme un nouveau-né, l'homme fort ne pourra tenir devant toi. Tu auras le dessus sur lui ; tu pourras le dompter, le renverser et le fouler à tes pieds. Tu iras de conquête en conquête, sous la direction du grand capitaine de ton salut, jusqu'à ce que tous tes ennemis soient détruits, et que « la mort soit engloutie dans la victoire ».

Or, grâces à Dieu, qui nous a donné la victoire par notre seigneur Jésus-Christ, à qui comme au Père et au Saint-Esprit, soient louange, gloire, sagesse, actions de grâce, honneur, puissance, et force, aux siècles des siècles. Amen.

SERMON 2

Presque chrétien

Prêché le 25 juillet 1741 à l'Église Ste Marie, devant la faculté d'Oxford

Il s'en faut peu que tu ne me persuades d'être chrétien.
— Actes 26.28 —

Ils sont nombreux, ceux qui vont jusque-là. Depuis que la religion chrétienne est dans le monde, il y a toujours eu bien des gens, en tout temps et en tout pays, qui ont été presque persuadés d'être chrétiens. Mais puisqu'il ne sert de rien, devant Dieu, de n'aller que jusque-là, il nous importe fort de considérer :

I. Ce qu'impliquent ces mots : être presque chrétien ;

II. Ce que c'est que d'être tout-à-fait chrétien.

(I) 1. Être presque chrétien suppose d'abord l'honnêteté païenne. Personne, sans doute, ne contestera ceci ; d'autant que, par cette honnêteté, je n'entends pas seulement celle que recommandaient les philosophes païens dans leurs écrits, mais celle que les païens ordinaires attendaient les uns des autres, et que plusieurs d'entre eux pratiquaient. Par les règles de cette honnêteté ils apprenaient qu'il ne faut point être injuste ; qu'il ne faut, ni par brigandage, ni par larcin, ravir le bien d'autrui ; qu'il ne faut ni opprimer les pauvres, ni user d'extorsion envers personne ; qu'il ne faut frauder ou tromper en quoi que ce soit, ni les riches ni les pauvres ; qu'il ne faut frustrer personne de son droit, ni autant que possible, rien devoir à personne.

2. Les païens ordinaires reconnaissaient encore, qu'il faut, en quelque mesure, respecter la vérité aussi bien que la justice. En conséquence, ils n'avaient pas seulement en abomination le parjure qui prend Dieu à témoin pour mentir, mais encore quiconque était connu pour calomnier, pour accuser faussement. Et même ils n'estimaient guère plus le menteur en général, le tenant pour la honte du genre humain et la peste de la société.

3. Enfin il y avait une sorte d'amour et d'assistance qu'ils attendaient les uns des autres ; savoir, toute l'assistance que chacun peut donner sans préjudice pour lui-même. Et par là ils n'entendaient pas seulement ces petits services qui ne coûtent ni dépense ni travail, mais ils y comprenaient le devoir de nourrir ceux qui ont faim, de couvrir ceux qui sont nus, quand on a surabondance de nourriture et de vêtements, et, en général, de donner à tous ceux qui ont besoin ce dont on n'a pas besoin soi-même. C'est jusque-là qu'allait l'honnêteté païenne la plus commune, premier trait du caractère presque chrétien.

(II.) 4. Un second trait du caractère presque chrétien c'est d'avoir la forme de la piété, de cette piété que prescrit l'Évangile de Christ ; c'est d'avoir les dehors d'un vrai chrétien. Celui qui est presque chrétien ne fait donc rien de ce que l'Évangile condamne. Il ne prend pas le nom de Dieu en vain. Il bénit au lieu de maudire. Il ne jure du tout point, mais sa parole est oui — oui, non — non. Il ne profane le jour du Seigneur ni ne souffre qu'il soit profané, même par qui est dans ses portes. Il évite, non seulement tout adultère, toute fornication, toute impureté dans ses actes, mais toute parole, tout regard qui pourrait y tendre directement ou indirectement. Il évite toute parole inutile, s'abstenant non seulement de détraction, de médisance, de rapports, de mauvais discours, mais encore « de paroles folles et de plaisanteries » *(eutrapelia)*, sorte d'amabilité dont le moraliste païen faisait une vertu, en un mot de toute conversation qui ne peut servir à l'édification et qui, par cela même, « contriste le saint Esprit de Dieu par lequel nous avons été scellés pour le jour de la rédemption ».

14

5. Il s'abstient « du vin où il y a de la dissolution », des orgies et de la gourmandise. Il évite, de tout son pouvoir, les débats et les contestations, faisant toujours ses efforts pour vivre en paix avec tous les hommes. Et si on lui fait tort, il ne se venge point, ni ne rend le mal pour le mal. Il n'est ni médisant, ni criailleur et ne se moque ni des défauts ni des infirmités d'autrui. Il n'offense, il n'afflige volontairement personne, mais, en toutes choses, il agit et parle d'après cette simple règle : Ne faites point à autrui ce que vous ne voudriez pas qui vous fût fait.

6. Et, en faisant du bien, il ne se borne pas à des actes de bonté au rabais et faciles à accomplir, mais il travaille et souffre pour le profit de plusieurs, afin qu'il puisse au moins servir à quelques-uns. Nonobstant la fatigue ou la peine, « il fait selon son pouvoir, tout ce qu'il a occasion de faire » et cela pour amis et pour ennemis, pour les méchants comme pour les bons ; car n'étant pas « paresseux à s'employer pour autrui », il fait, suivant l'occasion, du bien, toute sorte de bien à tous, et à leurs âmes comme à leurs corps. Il reprend les méchants, instruit les ignorants, affermit ceux qui chancellent, stimule les bons et console les affligés. Il travaille à réveiller ceux qui dorment et à conduire ceux que Dieu a réveillés à « la source ouverte pour le péché et la souillure », afin qu'ils s'y lavent et qu'ils soient nettoyés, et, ceux qui sont sauvés par la foi, il les encourage à honorer l'Évangile de Christ en toutes choses.

7. Celui qui a la forme de la piété met aussi à profit, en toute occasion, tous les moyens de grâce. Il fréquente assidûment la maison de Dieu, et, en cela, il ne fait point comme quelques-uns qui viennent, en la présence du Très-Haut, chargés d'or et d'habits précieux, ou tout au moins du costume le plus vain, et qui, par leurs salutations hors de saison ou par la gaîté impertinente de leur maintien, montrent qu'ils ne prétendent pas plus à la forme qu'à la force de la piété. Plût à Dieu qu'il n'y en eût pas, même parmi nous, qui tombent sous la même condamnation, qui viennent dans cette maison, peut-être, les regards distraits, ou avec tous les signes de la plus inattentive et la plus insouciante indifférence, bien qu'ils aient l'air parfois de demander à Dieu qu'il bénisse leur dévotion ; qui donnent pendant le service solennel ou se tiennent dans la posture la plus convenable au sommeil ; qui causent entre eux ou regardent cela et là, inoccupés, comme s'ils supposaient que Dieu dort. Ah ! pour celui-là ne leur reprochez pas la forme de la piété ! Non ! celui qui l'a, cette forme, se comporte avec sérieux, avec attention, pendant tout ce saint service ; surtout, quand il s'approche de la table du Seigneur, ce n'est pas d'un air léger et insouciant, mais son air, ses gestes, toute sa manière d'être n'expriment que ce cri : « O Dieu, sois apaisé envers moi qui suis pécheur ! »

8. À cela, si nous ajoutons la pratique constante du culte domestique par ceux qui sont chefs de famille ; la mise à part de certains moments pour la prière secrète, enfin le sérieux dans la conduite journalière ; cette régularité dans la pratique de la religion extérieure constitue pour celui qui s'y livre la forme de la piété. Pour être presque chrétien, il n'a plus besoin que d'une chose, et c'est la sincérité.

(III.) 9. Par sincérité j'entends un principe réel, intime de religion, duquel découlent les actes extérieurs. Et, vraiment, si ce principe nous manque, nous n'avons pas même l'honnêteté païenne, pas même assez pour répondre aux exigences d'un poète païen et épicurien. Car, dans ses bons moments ce pauvre malheureux pouvait rendre témoignage que :

Oderunt peccare boni, virtutis amore,

Oderunt peccare mali formidius pœnae.

(Les bons fuient le mal par amour du bien,

Mais les méchants par crainte du châtiment.)

Et si un homme ne s'abstient de mal faire que pour éviter le châtiment : *Non pasces in cruce corvos,* (Tu échapperas aux corbeaux) lui dit ironiquement le, païen ; voici « tu as ta récompense ! ». Mais il refuse, lui aussi, de tenir pour vertu païenne ce genre d'innocence. Si c'est donc par un motif semblable, — pour éviter des châtiments, ou la perte de ses amis, de ses gains, de sa réputation, et j'en passe — qu'un homme s'abstient du mal, qu'il accomplit même toute sorte de bien et qu'il fait usage de tous les moyens de grâce, nous ne pouvons dire, avec quelque vérité, que cet homme soit presque chrétien. S'il n'a pas de meilleur mobile dans le cœur, il n'est tout bonnement qu'un hypocrite.

10. Il faut donc, pour être presque chrétien, être sincère : avoir un dessein réel de servir Dieu, un désir cordial de faire sa volonté. L'homme presque chrétien se propose sincèrement de plaire à Dieu en toutes choses, dans toute sa conduite, dans toutes ses actions, dans tout ce qu'il fait et dans tout ce qu'il s'abstient de faire. Ce dessein règle l'ensemble de sa vie. Et c'est le mobile qui le dirige, soit qu'il fasse le bien ou qu'il s'abstienne du mal, ou qu'il use des moyens de grâce ordonnés de Dieu.

11. Mais ici on dira sans doute : Peut-il y avoir au monde un homme qui en vienne à ce point et qui ne soit encore que presque chrétien ? Que faut-il donc de plus pour être tout-à-fait chrétien ? À la première question, je réponds : Oui, il est possible d'aller jusque-là tout en n'étant que presque chrétien, et c'est ce que j'apprends, non seulement des oracles de Dieu, mais encore du sûr témoignage de l'expérience.

12. Frères, je puis vous parler en ceci avec grande assurance. Et pardonnez-moi ce tort si je déclare ma propre folie sur le toit des maisons pour l'amour de vous et de l'Évangile ; souffrez donc, que je parle librement de moi-même comme s'il s'agissait d'un autre. Je consens à être abaissé pour que vous soyez élevés, et même à, être encore plus avili pour la gloire de mon Seigneur.

13. J'ai vécu plusieurs années allant jusque-là, comme plusieurs ici présents peuvent en rendre témoignage, mettant tous mes soins à éviter le mal et à garder ma conscience pure de toute offense ; rachetant le temps, saisissant toute occasion de faire à tous les hommes toute sorte de bien ; profitant avec soin et assiduité de tous les moyens de grâce publics et privés, cherchant à me conduire, en tout temps et en tout lieu, d'une manière réglée et sérieuse, et faisant tout cela (Dieu devant qui je suis m'en est témoin !) en sincérité ; ayant l'intention sincère de servir Dieu, le désir vrai de faire sa volonté en toutes choses, de plaire à celui qui m'avait appelé à « combattre le bon combat et à remporter la vie éternelle ». Néanmoins, ma propre conscience m'en rend témoignage par le Saint-Esprit, je n'étais pendant tout ce temps que presque chrétien.

II

A la seconde question (Que faut-il de plus pour être tout-à-fait chrétien ?) je réponds,

(I.) 1. Premièrement, l'amour de Dieu. Car ainsi dit sa Parole : « Tu aimeras le Seigneur ton Dieu de tout ton cœur, de toute ton âme, de toute ta pensée et de toutes tes forces. » Cet amour est un amour qui prend pour lui tout le cœur, qui s'empare de toutes les affections, qui remplit toute la capacité de l'âme et qui en emploie toutes les facultés dans toute leur étendue. Si quelqu'un aime ainsi le Seigneur son Dieu, « son esprit se réjouit continuellement en Dieu, son Sauveur. » Ses délices sont dans le Seigneur, son Seigneur, son tout, à qui il rend grâces pour toutes choses. « C'est vers son nom et vers son souvenir que tend le désir de son âme. » Son cœur ne cesse de s'écrier : « Quel autre que toi ai-je au ciel ? Voici, je n'ai pris plaisir sur la terre qu'en toi. » Que désirerait-il, en effet, hors de Dieu ? Le monde, ou les choses du monde ? Mais il est « crucifié au monde et le monde lui est crucifié. » Il est crucifié à « la convoitise de la chair, à la convoitise des yeux et à l'orgueil de la vie ». Oui, il est mort à toute espèce d'orgueil. Car « l'amour ne s'enfle point » ; mais « celui qui, demeurant dans l'amour, demeure en Dieu et Dieu en lui », est moins que rien à ses propres yeux.

(II.) 2. Deuxièmement, pour être tout-à-fait chrétien, il faut l'amour du prochain, car notre Seigneur dit encore dans le même texte : « Tu aimeras ton prochain comme toi-même. » Si quelqu'un dit : mais qui est mon prochain ? je lui répondrai : Tout habitant du monde, tout enfant de celui qui est « le Père des esprits, de toute chair ». Il n'y a pas même d'exception à faire pour nos ennemis, pas même pour les ennemis de Dieu et de leurs propres âmes. Mais, ceux-là aussi, tout chrétien les aime comme lui-même et « comme Christ nous a aimés ». Si quelqu'un veut en savoir davantage sur cet amour, qu'il considère la description qu'en fait Saint Paul « La charité est patiente et pleine de bonté. Elle n'est point envieuse. Elle n'est point insolente. Elle ne s'enfle point d'orgueil » ; mais elle fait de celui qui aime l'humble serviteur de tous. « La charité n'est point malhonnête », loin de là, celui qui aime se fait « tout à tous ». « Elle ne cherche point son intérêt », mais seulement le bien des autres afin qu'ils soient sauvés. « La charité ne s'aigrit point ». Elle exclut la colère ; car celui qui a de la colère manque d'amour. « Elle ne soupçonne

16

point le mal. Elle ne se réjouit point de l'injustice, mais elle se réjouit de la vérité. Elle excuse tout ; elle croit tout ; elle espère tout ; elle supporte tout. »

(III.) 3. Pour être tout-à-fait chrétien, il faut une troisième chose qu'on peut considérer à part quoiqu'en réalité elle soit inséparable des précédentes, et c'est le fondement de tout, c'est la foi. Et que de merveilles sont dites d'elle dans tous les oracles de Dieu ! « Quiconque croit » dit le disciple bien-aimé, « est né de Dieu. » « A tous ceux qui l'ont reçu, il leur a donné le droit d'être faits enfants de Dieu ; savoir, à ceux qui croient en son nom. » « La victoire par laquelle le monde est vaincu, c'est notre foi. » Notre Seigneur lui-même le déclare : « Celui qui croit au Fils a la vie éternelle et il ne viendra point en condamnation, mais il est passé de la mort à la vie. »

4. Mais ici que personne ne s'abuse. « Il faut bien le remarquer : la foi qui ne produit point la repentance, l'amour et toute bonne œuvre, loin d'être cette foi véritable et vivante, n'est qu'une foi morte et diabolique. Car les démons croient eux-mêmes que Christ naquit d'une vierge, qu'il fit toutes sortes de miracles, se déclarant véritablement Dieu ; que pour l'amour de nous il souffrit la mort la plus cruelle, afin de nous racheter de l'éternelle mort ; qu'il ressuscita le troisième jour, qu'il monta aux cieux, qu'il s'assit à la droite du Père et qu'il en reviendra, à la fin du monde, pour juger les vivants et les morts. Les démons croient ces articles de notre foi ; ils croient, de même tout ce qui est écrit dans l'Ancien et dans le Nouveau Testament. Et pourtant avec toute cette foi, ils ne sont toujours que des démons. Faute d'avoir la vraie foi chrétienne, ils demeurent dans leur état condamnable ! » (Homélie sur le salut de l'homme).

5. « La véritable foi chrétienne (pour employer encore les paroles de l'Église anglicane), ce n'est pas seulement d'admettre l'Écriture et nos articles de foi, mais c'est avoir la ferme assurance d'être sauvé par Christ de l'éternelle damnation. C'est la ferme confiance qu'un homme a en Dieu, que, par les mérites de Christ, ses péchés lui sont pardonnés et qu'il a retrouvé la faveur de Dieu. De cette foi naît un cœur plein d'amour pour obéir à ses commandements. »

6. Quiconque donc a cette foi qui (par la vertu de Dieu demeurant en nous) purifie le cœur d'orgueil, de colère, de convoitises, de toute injustice, de toute souillure de la chair et de l'esprit ; qui le remplit, pour Dieu et pour tous les hommes d'un amour plus fort que la mort, d'un amour qui fait les œuvres de Dieu, qui se glorifie de se sacrifier et d'être sacrifié pour tous les hommes, et qui endure avec joie, non seulement l'opprobre de Christ, la moquerie, le mépris et la haine des hommes, mais tout ce que la sagesse de Dieu peut permettre à la malice du monde ou de l'enfer de lui infliger : qui a cette foi ainsi agissante par l'amour, est véritablement et entièrement chrétien et non pas seulement presque chrétien.

7. Mais où sont les témoins vivants de ces choses ? Frères, je vous en conjure, comme en la présence de ce Dieu devant qui « le sépulcre et le gouffre sont à découvert, combien plus les cœurs des enfants des hommes », que chacun de vous se demande à lui-même : Suis-je de ce nombre ? vais-je aussi loin dans la pratique de la justice, de la miséricorde, de la vérité, que l'exigeait déjà l'honnêteté païenne ? Et s'il en est ainsi, ai-je les dehors d'un chrétien, la forme de la piété ? M'abstiens-je du mal, de tout ce que condamnent les Écritures de Dieu ? Fais-je selon mon pouvoir tout ce que j'ai l'occasion de faire ? Profité-je, en tout temps, avec sérieux, de tous les moyens de grâce ? Et fais-je tout cela, avec l'intention, le désir sincère de plaire à Dieu en toute chose ?

8. N'êtes-vous pas convaincus, plusieurs d'entre vous, que vous n'êtes jamais allés, jusque-là ; que vous n'êtes pas même presque chrétien ; que vous n'avez point atteint même la règle de l'honnêteté païenne, ou du moins la forme de la piété chrétienne ? Bien moins encore êtes-vous sincères devant Dieu et désireux de lui plaire en toutes choses. Jamais vous n'allâtes jusqu'à vouloir consacrer toutes vos paroles, vos œuvres, votre activité, vos études, vos plaisirs, à sa gloire. Vous n'eûtes même jamais la volonté ou le désir que tout ce que vous faites, étant fait au nom du Seigneur Jésus, fût un sacrifice spirituel agréable à Dieu par Christ.

9. Mais, à supposer que vous ayez ces intentions ; les bonnes intentions et les bons désirs font-ils le chrétien ? Non, sans doute, à moins qu'ils ne soient mis à effet. L'enfer, a dit quelqu'un, est pavé de bonnes intentions. Ainsi donc la question des questions demeure : L'amour de Dieu est-il répandu dans votre cœur ? pouvez-vous lui dire : Mon Dieu et mon Tout ? Ne désirez-vous sur la terre que lui ? Etes-vous heureux en Dieu ? Est-il votre gloire, vos délices, votre couronne ?

Et ayant gravé dans votre cœur ce commandement : « Que celui qui aime Dieu aime aussi son frère » ? Aimez-vous votre prochain comme vous-même ? Aimez-vous tous les hommes, même vos ennemis, même les ennemis de Dieu, comme votre propre âme, comme Christ vous a aimés ? Mais crois-tu que Christ t'a aimé et qu'il s'est donné pour toi ? As-tu la foi en son sang ? Crois-tu que l'Agneau de Dieu a ôté tes péchés et les a jetés, comme une pierre, au fond de la mer ? Qu'il a effacé l'obligation qui était contre toi et qu'il l'a annulée, la clouant à sa croix ? As-tu réellement la rédemption par son sang, la rémission de tes péchés ? Et son Esprit rend-il témoignage avec ton esprit que tu es enfant de Dieu ?

10. Or, Dieu le sait, Dieu, le Père de notre Seigneur Jésus-Christ qui est en cet instant au milieu de nous, si quelqu'un meurt sans cette foi et sans cet amour, il eût mieux valu pour lui de n'être jamais né. Réveille-toi donc, toi qui dors, et invoque ton Dieu ! Cherche-le au temps qu'on le trouve. Ne le laisse point aller qu'il n'ait fait « passer devant toi toute sa bonté » et qu'il n'ait crié devant toi le nom de l'Éternel, « l'Éternel, le Dieu fort, pitoyable, miséricordieux, tardif à colère, abondant en miséricorde et en vérité, gardant en mille générations sa miséricorde, ôtant l'iniquité, le crime et le péché ». Que personne ne te persuade, par de vains discours, de manquer ce prix de ta vocation céleste. Mais crie jour et nuit à celui qui, « lorsque nous étions sans aucune force », mourut pour des impies, jusqu'à ce que, sachant en qui tu as cru, tu puisses lui dire : « Mon Seigneur et mon Dieu ! » aie soin de toujours prier, sans te lasser, jusqu'à ce que tu puisses, toi aussi, lever la main au ciel et dire à Celui qui vit aux siècles des siècles : « Seigneur, tu sais toutes choses, tu sais que je t'aime. »

11. Puissions-nous tous apprendre ainsi, par expérience, ce que c'est que d'être, non seulement presque mais tout-à-fait chrétien ! Étant justifiés gratuitement par grâce, par la rédemption qui est en Jésus, puissions-nous savoir que nous avons la paix avec Dieu par Jésus-Christ, et nous réjouir dans l'espérance de la gloire de Dieu, parce que l'amour de Dieu sera répandu dans nos cœurs par le Saint-Esprit !

SERMON 3

Réveille-toi, —toi qui dors !

Sermon prêché le dimanche 4 avril 1742 par Charles Wesley, devant la faculté d'Oxford

> *Réveille-toi, toi qui dors, et te relève d'entre les morts, et Christ t'éclaira.*
> —Ephésiens 5.14—

J'essaierai, avec l'aide de Dieu, en traitant ce texte :

I. D'abord de décrire les dormeurs auxquels il s'adresse ;

II. Puis d'insister sur l'exhortation : « Réveille-toi, toi qui dors, et te relève d'entre les morts » ;

III. Et enfin d'expliquer la promesse faite à ceux qui se réveillent et se relèvent : « Christ t'éclairera. »

I

1. Voyons d'abord qui sont les dormeurs dont il est ici question. Ce sommeil représente l'état naturel de l'homme ; ce profond sommeil de l'âme dans lequel le péché d'Adam a plongé tous ceux qui sont issus de lui ; cette nonchalance, cette indolence, cette stupidité, cet état d'insensibilité à l'égard de sa condition, qui est l'état de tout homme dès son entrée dans le monde et aussi longtemps que la voix de Dieu ne l'a pas réveillé.

2. Or, « ceux qui dorment, dorment la nuit ». L'état de nature est un état de complètes ténèbres, un état où « les ténèbres couvrent la terre et l'obscurité les peuples ». Le pauvre pécheur non réveillé peut avoir des connaissances étendues sur d'autres sujets, mais il ne se connaît pas lui-même ; et, à cet égard, « il ne connait rien comme il faut connaître ». Il ignore qu'il est un esprit déchu, dont l'unique affaire dans ce monde est de se relever de sa chute, et de retrouver cette ressemblance divine qu'il reçut à sa création. Il ne voit point la nécessité de la seule chose nécessaire, de ce changement intérieur radical, de cette « naissance d'en haut », que le baptême représente, et qui est le point de départ, de cette rénovation totale, de cette sanctification de l'esprit, de l'âme et du corps, « sans laquelle personne ne verra le Seigneur ! ».

3. En proie à toutes les maladies, il s'imagine jouir d'une santé parfaite. Dans la misère et dans les fers, il rêve qu'il est en liberté. Il dit : Paix ! paix ! tandis que le diable, semblable à un « homme bien armé », règne en maître sur son âme. Il dort et se repose, tandis que l'enfer s'émeut pour lui faire accueil, tandis que l'abîme, d'où l'on ne revient pas, tient sa gueule béante pour l'engloutir. Un feu est allumé autour de lui, et il ne s'en doute pas ; un feu le consume, et il ne s'en met pas en peine.

4. Celui qui dort, c'est donc (et plût à Dieu que nous le comprissions tous !) le pécheur qui se plait dans ses péchés, qui ne désire pas se relever de sa déchéance, qui entend vivre et mourir sans recouvrer la ressemblance divine ; c'est un homme qui ignore et sa maladie et le seul remède qui puisse la guérir ; c'est un homme qui n'a jamais entendu, ou jamais compris la voix de Dieu l'avertissant de « fuir la colère à venir » ; c'est un homme qui ne s'est jamais vu menacé du feu de la géhenne, et n'a jamais crié dans la détresse de son âme : « Que faut-il que je fasse pour être sauvé ? »

5. Si ce pécheur endormi n'est pas extérieurement vicieux, son sommeil n'en est que plus profond ordinairement ; soit que, tiède Laodicéen, il ne soit « ni froid ni bouillant », se bornant à être un observateur calme, raisonnable, inoffensif de la religion de ses pères ; soit que, plein de zèle et d'orthodoxie, il vive en pharisien, « selon cette secte, la plus exacte de notre religion », c'est-à-dire

(pour le dépeindre comme le fait l'Écriture), essayant de se justifier lui-même et d'établir sa propre justice, comme le fondement de sa réconciliation avec Dieu.

6. Cet homme a « l'apparence de la piété, mais en a renié la force » ; et il lui arrive souvent de décrier la vraie piété, qu'il taxe d'extravagance et d'hypocrisie. Cependant le malheureux, dans son aveuglement, rend grâces à Dieu de ce qu'il n'est pas « comme le reste des hommes, qui sont ravisseurs, injustes, adultères ». Non, il ne fait tort à personne ; il « jeûne deux fois la semaine », il emploie tous les moyens de grâce, il est assidu à l'église et à la table sainte ; bien plus, il « donne la dîme de tout ce qu'il possède », il fait tout le bien qu'il peut. « Quant à la justice de ta loi, il est sans reproche ». Il ne lui manque, en fait de piété, que ce qui en est la force ; en fait de religion, que ce qui en est l'esprit ; en fait de christianisme, que ce qui en est la vérité et la vie.

7. Mais ne savez-vous pas que, quelque haute estime qu'aient les hommes d'un tel chrétien, il est en abomination devant Dieu, et qu'il hérite de toutes les malédictions que le Fils de Dieu dénonce, hier, aujourd'hui et éternellement, contre « les scribes et les pharisiens hypocrites » ? Il a « nettoyé le dehors de la coupe et du plat » tandis qu'au dedans il est plein de souillure. C'est avec raison que notre Seigneur le compare à « un sépulcre blanchi, qui parait beau par dehors, mais qui au dedans est plein d'ossements de morts et de toute sorte de pourriture ». Ces ossements, il est vrai ne sont plus desséchés ; des nerfs et de la chair ont crû sur eux, et la peau les couvre, mais le souffle, L'Esprit du Dieu vivant en est absent. Et « si quelqu'un n'a point l'Esprit de Christ, il n'est point à lui ». Vous êtes à Christ, « s'il est vrai que l'Esprit de Dieu habite en vous » ; mais s'il n'y habite pas, Dieu sait que vous êtes dans la mort.

8. C'est ici un autre caractère de celui qui dort spirituellement : il est dans la mort, bien qu'il ne s'en doute pas. Il est mort à Dieu, « mort dans ses fautes et dans ses péchés » car « l'affection de la chair donne la mort ». Aussi est-il écrit : « Comme par un seul homme le péché est entré dans le monde, et, par le péché la mort, de même aussi la mort est passée sur tous les hommes », non seulement la mort physique, mais encore la mort spirituelle et éternelle. Et Dieu dit à Adam : « Au jour où tu mangeras (du fruit défendu), tu mourras » non pas corporellement (à moins qu'on ne l'entende dans ce sens qu'il devint alors mortel), mais spirituellement : tu perdras la vie de ton âme, tu mourras par rapport à Dieu, tu seras séparé de lui, qui est pour toi la source unique de la vie et du bonheur.

9. C'est ainsi que fut rompre à l'origine l'union vitale de notre âme avec Dieu, de telle sorte qu'au milieu de la vie naturelle nous sommes maintenant dans la mort spirituelle. Et nous y demeurons jusqu'à ce que le second Adam devienne pour nous un Esprit vivifiant, jusqu'à ce qu'il ressuscite les morts, ceux qui sont morts dans le péché, le plaisir, les richesses ou les honneurs. Mais avant qu'une âme morte puisse revivre, elle doit écouter et « entendre la voix du Fils de Dieu » ; elle doit se sentir perdue et accepter la sentence de mort qu'elle a encourue ; elle doit se reconnaître « morte en vivant », morte à Dieu et aux choses de Dieu, et aussi incapable de faire les œuvres d'un chrétien vivant qu'un corps mort l'est d'accomplir les fonctions d'un homme vivant.

10. Il est incontestable qu'un homme mort dans ses péchés n'a pas le sens moral exercé à discerner le bien du mal. « Ayant des yeux, il ne voit, point ; ayant des oreilles, il n'entend point. » Il ne « goûte pas et ne voit pas que le Seigneur est bon ». Il n'a jamais « vu Dieu », ni « entendu sa voix », ni « touché de ses mains » ce qui concerne « la Parole de vie ». C'est en vain que le nom de Jésus est « comme un parfum répandu », et que « ses vêtements sont parfumés de myrrhe, d'aloès et de casse ». L'âme qui dort dans la mort n'a pas de perceptions pour de tels objets, et, privée d'intelligence, elle ne comprend rien à ces choses.

11. Et, c'est ainsi que l'homme naturel, n'ayant pas de sens spirituels et privé de tout moyen de connaissance spirituelle, « ne comprend pas les choses qui sont de l'Esprit de Dieu ». Non, il est même si loin de les comprendre qu' « elles lui paraissent une folie, parce que c'est spirituellement qu'on en juge ». Il ne se borne pas à être absolument ignorant des choses spirituelles ; il va jusqu'à en nier l'existence, et toute sensation spirituelle est pour lui le comble de la folie. « Comment, s'écrie-t-il, ces choses se peuvent-elles faire ? » Comment un homme peut-il savoir qu'il vit de la vie de Dieu ? Je réponds : De la même manière que vous savez que votre corps est actuellement vivant. La foi est la vie de l'âme, et si vous avez cette vie habitant en vous, vous n'avez pas

besoin d'autre preuve de son existence que ce témoignage de l'Esprit, ce sentiment intime et divin, qui a plus de force et de poids que dix mille témoignages humains.

12. Si cet Esprit de Dieu ne rend pas maintenant témoignage à ton esprit que tu es enfant de Dieu, oh ! qu'il puisse du moins te convaincre, par sa démonstration de puissance, ô pauvre pécheur endormi, que tu es encore un enfant du démon. Oh ! que tandis que je prophétise aux ossements desséchés, il y ait « un bruit, puis un tremblement, et que ces os se rapprochent l'un de l'autre. »

Et ensuite, « viens, Esprit, viens des quatre vents, et souffle sur ces tués et qu'ils revivent ! » Et vous, ne résistez pas au Saint-Esprit, qui est ici pour vous convaincre de péché, « parce que vous n'avez pas cru au nom du Fils unique de Dieu ».

II

1. « Réveille-toi donc, toi qui dors, et te relève d'entre les morts », Dieu t'appelle maintenant par ma bouche, esprit déchu, et il te met en demeure de te rendre compte de ton véritable état et de ce que tu as à faire ici-bas. « Qu'as-tu, dormeur ? Lève-toi et crie à ton Dieu : peut-être qu'il pensera à toi, et tu ne périras pas. » Une terrible tempête s'est déchaînée tout autour de toi, et tu enfonces dans les profondeurs de la perdition, dans l'abîme des jugements divins. Si tu veux n'y pas périr, jette-t'y toi-même. Juge-toi toi-même et tu ne seras pas jugé par le Seigneur.

2. Réveille-toi ! Réveille-toi ! Lève-toi en ce moment, de peur que le Seigneur ne te fasse « boire du vin de sa colère ». Efforce-toi de saisir le Seigneur, l'Éternel ta justice, puissant pour sauver ! Lève-toi de la poussière ! Que les menaces de Dieu, comme un tremblement de terre, te secouent. Réveille-toi et crie avec le geôlier tremblant : « Que faut-il que je fasse pour être sauvé ? » Et ne sois en repos que lorsque tu croiras au Seigneur Jésus, de cette foi qui est le don de Dieu, par l'opération de son Esprit.

3. S'il est quelqu'un à qui je doive m'adresser plus directement qu'à tout autre, c'est précisément toi qui t'imagines que cette exhortation ne te concerne pas. J'ai un message pour toi de la part de Dieu. En son nom, je te somme de fuir la colère à venir. Ame inconvertie, vois ton image dans Pierre condamné, chargé d'une double chaîne et couché entre deux soldats dans une noire prison, dont la porte est gardée par d'autres soldats. La nuit est déjà avancée et va faire place au matin fixé pour ton supplice. Et dans une situation aussi dangereuse, tu dors profondément, dans les bras du démon, au bord de l'abîme, dans la gueule ouverte de l'éternelle destruction !

4. Oh ! puisse l'ange du Seigneur s'approcher de toi, et la lumière éclairer ta prison ! Et puisses-tu sentir le choc d'une main toute-puissante qui t'arrache au sommeil, et entendre une voix te dire : « Lève-toi promptement, ceins-toi, et attache tes souliers, mets la robe et suis-moi. »

5. Réveille-toi, esprit immortel, de ton rêve de félicité mondaine ! Dieu ne t'a-t-il pas créé pour lui-même ? Tu ne peux donc trouver ton repos qu'en lui. Reviens, âme errante ! Vole vers ton arche. Ce monde n'est point ta patrie ; ne cherche pas à t'y construire des tabernacles. Tu es un étranger et un voyageur sur la terre, une créature d'un jour ; mais tu vas aborder bientôt à un rivage où rien ne change plus. Oh ! hâte-toi. L'éternité va commencer pour toi, une éternité de bonheur ou de misère, une éternité qui va dépendre de ce moment même.

6. Quel est l'état de ton âme ? si Dieu te la redemandait, tandis que je parle, serais-tu prêt pour la mort et pour le jugement ? Pourrais-tu soutenir les regards de celui dont « les yeux sont trop purs pour voir le mal » ? As-tu tes dispositions requises pour être admis à participer à « l'héritage des saints dans la lumière » ? As-tu « combattu le bon combat et gardé la foi » ? « Es-tu en possession de la seule chose nécessaire ? As-tu recouvré l'image de Dieu « qui consiste en une sainteté et une justice véritables » ? T'es-tu dépouillé du vieil homme, et t'es-tu revêtu du nouveau ? Es-tu « revêtu du Seigneur Jésus-Christ » ?

7. As-tu de l'huile dans ta lampe, la grâce de Dieu dans ton cœur ? Aimes-tu « le Seigneur ton Dieu de tout ton cœur, de toute ton âme, de toute ta pensée et de toute ta force » ? L'esprit, qui était en Jésus, est-il aussi en toi ? Es-tu un vrai chrétien, c'est-à-dire une nouvelle créature ? Les choses vieilles sont-elles passées, sont-elles devenues nouvelles ?

8. Es-tu « participant de la nature divine » ? Reconnais-tu que « Christ est en toi, à moins que tu ne sois réprouvé » ? Reconnais-tu que Dieu demeure en toi, et toi en lui « par son Esprit qu'il

t'a donné » » ? Ne reconnais-tu pas que « ton corps est le temple du Saint-Esprit, qui t'a été donné » ? As-tu « reçu le Saint-Esprit » Ou Bien, cette question te surprend-elle ; et ne sais-tu pas même qu'il y ait un Saint-Esprit ?

9. Si ces questions t'offensent, sois assuré que tu n'es pas chrétien et, que tu n'as pas même envie de le devenir. Non, les prières mêmes deviennent un péché, et aujourd'hui même tu t'es solennellement moqué de Dieu, en lui demandant l'inspiration de son Saint-Esprit, alors que tu ne crois pas qu'il y ait quelque chose de tel à recevoir.

10. Cependant, je dois, sur l'autorité de Dieu et sur celle de notre Église, te réitérer la question : « As-tu reçu le Saint-Esprit ? » Si tu ne l'as pas reçu, tu n'es pas encore un chrétien, car un chrétien est un homme « oint du Saint-Esprit et de puissance ». Tu ne possèdes pas encore « la religion pure et sans tache ». Sais-tu bien ce que c'est que la religion ? Sais-tu que c'est une « participation à la vie divine », la vie de Dieu dans l'âme de l'homme, « Christ en toi, l'espérance de la gloire » ? Sais-tu que c'est le bonheur et la sainteté, le ciel commencé sur la terre, le royaume de Dieu au dedans de toi ? Sais-tu qu'elle « ne consiste pas dans le manger ni le boire », ni rien d'extérieur, mais « dans la justice, la paix et la joie par le Saint-Esprit » ? Sais-tu qu'elle est un royaume éternel établi dans ton âme une « paix de Dieu qui surpasse toute intelligence », une « joie ineffable et pleine de gloire » ?

11. Sais-tu bien qu' « en Jésus-Christ il ne sert de rien d'être circoncis, ou de ne l'être pas, mais qu'il faut avoir la foi qui est agissante par la charité », et qu'il faut être une nouvelle créature ? Vois-tu la nécessité de ce renouvellement intérieur ? de cette naissance spirituelle ? de cette résurrection d'entre les morts, de cette sainteté ? Et es-tu bien convaincu que « sans la sanctification, personne ne verra Seigneur » ? La recherches-tu « l'étudiant à affermir ta vocation, et ton élection », « travaillant à ton salut avec crainte et tremblement », « t'efforçant d'entrer par la porte étroite » ? Es-tu sérieusement préoccupé au sujet de ton âme ? Et peux-tu dire à celui qui sonde les cœurs : C'est après toi, mon Dieu, que je soupire ? Seigneur, tu connais toutes choses, tu sais que je voudrais t'aimer ?

12. Tu espères être sauvé, mais quelle raison peux-tu donner de l'espérance qui est en toi ? Allègueras-tu que tu n'as fait de tort à personne, ou que tu as fait beaucoup de bien ? Diras-tu que tu n'es pas comme les autres hommes, que tu es sage, instruit, honnête et moralement bon, en possession de l'estime des hommes et d'une bonne réputation ? Hélas ! tout cela ne te rapprochera jamais de Dieu, tout cela est, à ses yeux, plus léger que la vanité même. Connais-tu Jésus-Christ, qu'il a envoyé ? T'a-t-il enseigné que « nous sommes sauvés par grâce, par la foi ; que cela ne vient pas de nous, que c'est le don de Dieu, que ce n'est point par les œuvres, afin que personne ne se glorifie » ? As-tu reçu, comme base de toute ton espérance, « cette parole certaine, que Jésus-Christ est venu au monde pour sauver les pécheurs » ? As-tu appris ce que signifient ces paroles : « Ce ne sont pas les justes que je suis venu appeler à la repentance, mais les pécheurs. Je ne suis envoyé qu'aux brebis perdues » ? Es-tu déjà (que celui qui l'entend le comprenne !) perdu, mort, condamné ? Sais-tu ce que tu mérites ? Sens-tu ce qui te manque ? Es-tu pauvre en esprit ? Cherches-tu Dieu avec larmes, en refusant d'être consolé ? Le prodigue est-il « rentré en lui-même », et prend-il son parti d'être considéré comme étant « hors de lui-même » par ceux qui en sont encore à se nourrir des carouges qu'il a laissées ? à vivre saintement en Jésus-Christ ? Et souffres-tu en conséquence la persécution ? Les hommes disent-ils faussement contre toi toute sorte de mal, à cause du Fils de l'homme ?

13. Oh ! puissent toutes ces questions vous faire entendre la voix qui ressuscite les morts, et vous faire sentir le marteau de la Parole, qui brise en pièces les rochers ! « Si vous entendez sa voix aujourd'hui, pendant qu'il est dit aujourd'hui, n'endurcissez point vos cœurs ». Et maintenant, « réveille-toi,-toi qui dors » dans la mort spirituelle, de peur que tu ne t'endormes dans la mort éternelle ! Aie le sentiment de ton état de perdition, et « relève-toi d'entre les morts ». Laisse tes anciens compagnons dans le péché et dans la mort. « Sauve-toi du milieu de cette race perverse. » Sors du milieu d'eux et t'en sépare, dit le Seigneur, et ne touche point à ce qui est impur, et je te recevrai. » « Et Christ t'éclairera ! »

III

1. C'est cette promesse que je veux enfin expliquer. Combien n'est-il pas encourageant de penser que, qui que tu sois qui obéis à l'appel de Christ, tu ne peux pas chercher en vain sa face ! Si maintenant même tu te relèves d'entre les morts, il a pris l'engagement de t'éclairer. Le Seigneur le donnera la grâce et la gloire, la lumière de sa grâce ici-bas, et la lumière de sa gloire lorsque tu recevras la couronne incorruptible. « Ta lumière éclora comme l'aube du jour, et les ténèbres seront comme le midi. » « Dieu, qui a dit que la lumière sortit des ténèbres, répandra sa lumière dans ton cœur, pour faire briller la connaissance de sa gloire, en la présence de Jésus-Christ. » Sur vous qui craignez le nom de l'Éternel, « se lèvera le soleil de la justice, et la santé sera dans ses rayons. » Et en ce jour, il te sera dit : « Lève-toi, sois illuminée, car ta lumière est venue, et la gloire de l'Éternel s'est levée sur toi. » Car Christ se révèlera lui-même en toi, et il est la vraie lumière.

2. Dieu est lumière, et il se donnera lui-même à tout pécheur réveillé qui s'attend à lui. Et tu seras alors un temple du Dieu vivant, et « Christ habitera en ton cœur par la foi, et, étant enraciné et fondé dans la charité, tu pourras comprendre avec tous les saints, quelle est la largeur, la longueur, la profondeur et la hauteur de cet amour de Christ, qui surpasse toute connaissance. »

3. Voilà votre vocation, mes frères. Nous sommes appelés à être « une maison de Dieu en esprit » et, par son Esprit habitant en nous, à être saints ici-bas, et participants de l'héritage des saints dans la lumière. Telle est l'incomparable grandeur des promesses qui nous sont données, données dès maintenant à nous qui croyons ! Car par la foi nous recevons, « non l'esprit de ce monde, mais l'Esprit qui vient de Dieu (le résumé de toutes les promesses), afin que nous connaissions les choses qui nous ont été données de Dieu. »

4. L'Esprit de Christ est ce grand don de Dieu qu'il a promis à l'homme, en divers temps et en plusieurs manières, et qu'il a pleinement répandu depuis que Christ a été glorifié. Il a ainsi accompli ces promesses faites aux pères : « Je mettrai mon Esprit au dedans de vous, et je ferai que vous marcherez dans mes statuts. » Je répandrai des eaux sur celui qui est altéré, et des rivières sur la terre sèche ; je répandrai mon Esprit, sur ta postérité, et ma bénédiction sur ceux qui sortiront de toi. »

5. Vous pouvez tous devenir de vivants témoignages de ces choses, de la rémission des péchés et du don du Saint-Esprit. « Si tu peux croire, toutes choses sont possibles pour celui qui croit. » Qui parmi vous craint l'Éternel, et marche cependant dans les ténèbres ? Je te le demande au nom de Jésus : Crois-tu que son bras n'est pas raccourci ? qu'il est toujours puissant pour sauver ? qu' « il est le même hier, aujourd'hui et éternellement » ? qu'il a maintenant « l'autorité de pardonner les péchés sur la terre » ? « Mon fils, prends courage, tes péchés te sont pardonnés. » Dieu, pour l'amour de Christ, t'a pardonné. Crois cela, « non comme ta parole des hommes, mais, ainsi qu'elle l'est véritablement, comme la Parole de Dieu » ; et tu es justifié gratuitement par la foi. Et c'est aussi par la foi qui est en Jésus que tu seras sanctifié, et que tu pourras attester que « Dieu nous a donné la vie éternelle, et que cette vie est en son Fils ».

6. Hommes et frères, laissez-moi vous parler librement, et souffrez qu'une parole d'exhortation vous soit adressée par l'un des moins estimés dans l'Église. Votre conscience vous rend témoignage par le Saint-Esprit, que ces choses sont vraies, du moins si vous avez goûté combien le Seigneur est bon. « C'est ici la vie éternelle de connaître le seul vrai Dieu, et Jésus-Christ qu'il a envoyé. » Cette connaissance expérimentale est le seul vrai christianisme. Celui-là est un chrétien, qui a reçu l'Esprit de Christ, et celui-là n'est pas un chrétien qui ne l'a pas. Et il n'est pas possible de l'avoir reçu sans le savoir. Car « en ce jour-là (lorsqu'il viendra, dit notre Seigneur), vous connaîtrez que je suis en mon Père, et vous en moi, et moi en vous. » C'est là cet « Esprit de vérité, que le monde ne peut recevoir, parce qu'il ne le voit point et ne le connaît point ; mais vous le connaissez, parce qu'il demeure avec vous et qu'il sera en vous. »

7. Le monde ne peut le recevoir ; il repousse même la promesse du Père, avec violence et avec blasphèmes. Mais tout esprit qui ne confesse pas cela n'est pas de Dieu. « C'est là l'esprit de l'Antéchrist, dont vous avez ouï dire qu'il viendra, et qui dès à présent est dans le monde. » Celui-là est un antéchrist qui nie l'inspiration du Saint-Esprit, ou qui prétend que ce

n'est pas le privilège commun de tous les croyants d'avoir l'Esprit de Dieu habitant en eux, car c'est là la bénédiction évangélique, le don par excellence, la promesse universelle, le critérium du vrai chrétien.

8. C'est en vain qu'on viendrait dire : « Nous ne nions pas l'aide de l'Esprit de Dieu, mais seulement cette *inspiration*, cette *réception du Saint-Esprit*, et *la conscience* que l'on en aurait. C'est seulement à *ce sentiment intérieur* de l'Esprit, à cette prétention à être *dirigé* par lui, ou à en être *rempli*, que nous refusons toute place dans une saine religion. » Oui, mais *en repoussant* ce seul point, c'est toute l'Écriture que vous repoussez, toute la vérité, la promesse et le témoignage de Dieu.

9. Notre excellente Église ne connaît pas cette distinction diabolique. Elle parle simplement de « sentir l'Esprit de Christ » (art. 17 de la Confession de foi de l'Église anglicane) ; d'être « poussé par le Saint-Esprit » (Office pour la consécration des ministres), de connaître et de « sentir qu'il n'y a pas d'autre nom que celui de Jésus » (Liturgie pour la visite des malades), par lequel nous puissions recevoir la vie et le salut. Elle nous enseigne tous à demander « l'inspiration du Saint-Esprit » (Liturgie de la communion), et d'être « remplis du Saint-Esprit » (Liturgie de la confirmation). Bien plus, tous ses ministres professent d'avoir reçu le Saint-Esprit par le moyen de l'imposition des mains ; de sorte que nier l'une de ces propositions, c'est en réalité renoncer à l'Église anglicane, aussi bien qu'à toute la révélation chrétienne.

10. Mais « la sagesse de Dieu » a toujours été « une folie pour les hommes », et il n'est pas surprenant que ce grand mystère de l'Évangile soit, de nos jours encore, « caché aux sages et aux intelligents », comme il l'était autrefois. Il n'est pas surprenant qu'il soit presque universellement nié, tourné en ridicule et rejeté comme une pure extravagance, et que tous ceux qui osent le confesser soient traités de fous et d'enthousiastes. C'est là l'apostasie qui devait arriver, qui entraîne les hommes de tout ordre et de tout rang et qui semble avoir inondé toute la terre. « Promenez-vous par les rues de Jérusalem, et informez-vous par ses places si vous trouverez un homme », un homme qui aime le Seigneur son Dieu de tout son cœur, et le serve avec toute sa force. Notre pays (pour ne parler que de lui) gémit, submergé par l'impiété. Que d'abominations de toute espèce se commettent chaque jour, et bien souvent avec impunité, par des hommes qui pèchent le front haut et se font gloire de leur infamie ! Qui pourrait énumérer les jurements, les imprécations, les blasphèmes, les paroles profanes, les mensonges, les calomnies, les médisances ; les profanations du jour du Seigneur ; les actes de gloutonnerie et d'ivrognerie ; les actes de vengeance ; les fornications, les adultères et les diverses formes d'impureté ; les fraudes, l'injustice, l'oppression, les extorsions qui, comme un déluge, couvrent notre pays ?

11. Et même parmi ceux qui se sont gardés purs de ces grossières abominations, que d'emportements et d'orgueil ! que d'indolence et de paresse ! que de mollesse et de sensualité ! que de luxe et d'amour exagéré du bien-être ! que d'avarice et d'ambition ! que de soif des louanges ! que d'amour du monde ! que de crainte des hommes ! Et qu'il y a peu, en même temps, de vraie religion ! Où sont, ceux qui aiment Dieu et leur prochain, comme il nous le commande ? D'un côté, se trouvent ceux qui n'ont pas même l'apparence de la religion, et, de l'autre, ceux qui n'ont que cela ; le sépulcre ouvert, là le sépulcre blanchi. De telle sorte que quiconque voudrait examiner de près une assemblée quelconque (sans excepter, je le crains, celles qui se réunissent dans nos églises) la trouverait composée, en partie de sadducéens, en partie de pharisiens ; les premiers ne s'inquiétant pas plus de la religion que s'il n'y avait « ni résurrection, ni anges, ni esprits » ; et les seconds faisant de la religion une pure forme, privée de vie, un ensemble d'observances ennuyeuses, sans foi véritable, sans amour pour Dieu, sans joie par le Saint-Esprit !

12. Plût à Dieu que je pusse faire une exception en faveur de ceux qui se trouvent ici ! « Frères, le souhait de mon cœur et la prière que je fais à Dieu pour vous, c'est que vous soyez sauvés » de ce débordement d'impiété, et que ses vagues orgueilleuses s'arrêtent ici. Mais est-ce bien le cas ? Dieu sait que non, et notre conscience le sait aussi. Vous ne vous êtes pas conservés purs. Nous aussi, nous sommes corrompus et abominables ; il y en a peu qui aient de l'intelligence ; il en a peu qui adorent Dieu en esprit et en vérité. Nous aussi sommes « une génération qui n'a point soumis son cœur et dont l'esprit n'a point été fidèle au Dieu fort ». Le Sei-

gneur nous a établis pour être « le sel de la terre ; mais si le sel perd sa saveur, il ne vaut plus rien qu'à être jeté dehors et à être foulé aux pieds par les hommes ».

13. Or, « ne punirai-je point ces choses-là, dit l'Éternel, et mon âme ne se vengera-t-elle point, d'une telle nation ? » Oui, sans doute, et nous ne savons pas s'il ne dira pas bientôt à l'épée : « Épée, frappe celle terre ! » Il nous a donné beaucoup de temps pour nous repentir ; il nous donne encore cette année de délai, mais il nous avertit et nous réveille par son tonnerre. Ses jugements se promènent sur la terre, et nous avons tout lieu de nous attendre au plus sévère de tous ; peut-être « viendra-t-il ôter notre chandelier de sa place, si nous ne nous repentons, et ne faisons nos premières œuvres », si nous ne revenons aux principes de la Réformation, à la vérité et à la simplicité de l'Évangile. Peut-être résistons-nous maintenant au dernier effort de la grâce divine pour nous sauver. Peut-être avons-nous presque « comblé la mesure de nos iniquités », en rejetant les desseins de Dieu envers nous et en repoussant ses messagers.

14. Ô Dieu, « souviens-toi, lorsque tu es en colère, d'avoir compassion ! » Sois glorifié par notre réforme, et non par noire destruction ! Fais-nous la grâce d' « écouter la verge et celui qui l'a ordonnée. » Maintenant que tes « jugements sont sur ta terre, que les habitants de la terre apprennent la justice ! »

15. Mes frères, il est grand temps de nous réveiller de notre sommeil, avant que la grande trompette du Seigneur ne se fasse entendre, et que notre pays ne devienne un champ du sang. Puissions-nous « reconnaître les choses qui regardent notre paix, avant qu'elles ne soient cachées à nos yeux ! » Seigneur, convertis-nous à toi, et que ta colère s'éloigne de nous. Seigneur, « regarde des cieux, et vois et visite cette vigne » et fais-nous reconnaître le temps de notre visitation. « O Dieu de notre délivrance, aide-nous pour la gloire de ton nom ! Délivre-nous, pardonne-nous nos péchés, pour l'amour de ton nom ! » Et, « nous ne nous détournerons plus de toi. Rends-nous la vie, et nous invoquerons ton nom. O Éternel, Dieu des armées, ramène-nous ! Fais reluire ta face et, nous serons délivrés ! »

Or, à celui qui, par la puissance qui agit, en nous, peut faire infiniment plus que ce que nous demandons et que ce que nous pensons ; à lui soit rendue la gloire dans l'Église, par Jésus-Christ, dans tous les âges, aux siècles des siècles. Amen !

SERMON 4

Le christianisme scripturaire

Ce sermon fut prêché devant la Faculté d'Oxford (Angleterre), en 1774.

Et ils furent tous remplis du Saint-Esprit.
— Actes 4.31 —

1. La même expression se présente au deuxième chapitre, où nous lisons : « Le jour de la Pentecôte étant arrivé, ils étaient tous (les apôtres, les femmes, la mère de Jésus et ses frères) — ils étaient tous d'un accord dans un même lieu. Alors il se fit tout-à-coup un bruit du ciel, comme le bruit d'un vent qui souffle avec impétuosité. Et ils virent paraître des langues séparées, comme de feu, qui se posèrent sur chacun d'eux. Et ils furent tous remplis du Saint-Esprit ; et l'un des effets immédiats fut qu'ils commencèrent à parler des langues étrangères, en sorte que Parthes, Mèdes. Élamites et les autres étrangers qui se rassemblèrent dès que le bruit s'en fut répandu, les entendirent tous parler, dans leurs diverses langues, des choses magnifiques de Dieu (Ac 2.1-6).

2. Dans notre chapitre, nous lisons qu'après que les apôtres et les frères eurent prié et loué Dieu, le lieu où ils étaient assemblés trembla et qu'ils furent tous remplis du Saint-Esprit ; mais nous ne trouvons point ici de signes visibles, comme dans le premier cas, et il ne nous est point dit qu'aucun des frères ait alors reçu les dons extraordinaires du Saint-Esprit, tel que le don de guérir ou d'opérer d'autres miracles, ou la prophétie, ou le discernement des esprits, ou la diversité des langues, ou le don d'interpréter les langues (1 Co 12.9,10).

3. Que ces dons du Saint-Esprit fussent destinés à demeurer dans l'Église, de siècle en siècle, ou qu'ils doivent ou non lui être rendus à l'approche du rétablissement de toutes choses, ce sont des questions qu'il n'est pas nécessaire de décider. Mais il faut bien remarquer que ; même dans l'enfance de l'Église, Dieu ne les distribua qu'avec réserve. Même alors, « tous étaient-ils prophètes ? tous opéraient-ils des miracles ? toits avaient-ils le don de guérir ? tous parlaient-ils des langues ? » (1 Co 12 :28-30) Non, certes. Pas un sur mille, peut-être ; mais probablement ceux-là seuls qui enseignaient dans l'Église, et, d'entre eux seulement quelques-uns. Si donc tous furent remplis du Saint-Esprit, ce fut dans un but bien plus excellent.

4. C'était pour leur donner (et nul ne peut dire que ce ne soit essentiel pour tous les chrétiens dans tous les siècles) les « sentiments qui étaient en Christ », ces fruits de l'Esprit qu'il faut avoir pour être à lui ; c'était pour les remplir « d'amour, de joie, de paix, de patience, de douceur, de bonté, de fidélité, de bénignité, de tempérance » (Ga 5.22-24) ; pour les rendre capables de crucifier la chair avec ses passions, désirs et convoitises, et, en vertu de ce changement au dedans, d'accomplir au dehors toute justice, de marcher comme Christ a marché lui-même dans les œuvres de la foi, dans les travaux de la charité, dans la constance de l'espérance (1 Th 1.3).

5. Laissant donc les questions curieuses et inutiles touchant ces dons extraordinaires de l'Esprit, considérons de plus près les fruits ordinaires que nous savons appartenir à tous les siècles, cette grande œuvre de Dieu parmi les fils des hommes qu'on désigne sous le nom de Christianisme, non en tant qu'elle se rapporte à un ensemble d'opinions, à un système de doctrines, mais en tant qu'elle concerne le cœur et la vie des hommes. Ce christianisme, il peut nous être utile de l'envisager sous trois aspects distincts :

I. Comme prenant naissance chez les individus.
II. Comme se communiquant d'homme à homme.
III. Comme couvrant la terre.
Je terminerai ces considérations par une application pratique.

I

1. Et d'abord considérons le christianisme dans sa naissance, comme commençant à exister chez les individus. Supposez donc le cas d'un de ceux qui entendirent l'apôtre Pierre prêcher la repentance et la rémission des péchés : il est touché de componction, convaincu de péché, il se repent et il croit en Jésus. Au moyen de cette foi produite par Dieu, « vive représentation des choses qu'on espère, et démonstration de celles qu'on ne voit point » (Hé 11.1), il reçoit à l'instant « l'esprit d'adoption, par lequel il peut crier : Abba, Père » (Rm 8 :15) ! « Maintenant il peut, par le Saint-Esprit, appeler Jésus Seigneur » (1 Co 12.3) ; et « le Saint-Esprit lui-même rend témoignage à son esprit qu'il est enfant de Dieu » (Rm 8.16). « Maintenant il peut dire en vérité : Ce n'est pas moi qui vis, mais Christ vit en moi ; et si je vis encore dans ce corps mortel, je vis par la foi au Fils de Dieu qui m'a, aimé et qui s'est donné lui-même pour moi » (Ga 2.20).

2. Telle était donc réellement la foi, — une démonstration divine de l'amour de Dieu en Christ, pour lui pécheur accepté maintenant dans le Bien-aimé. « Étant donc justifié par la, foi, il avait la paix avec Dieu » (Rm 5 :1), et même « la paix de Dieu régnait dans son cœur » (Col 3.15), et cette « paix, qui surpasse tout entendement » (toute conception purement humaine), gardait son cœur et son esprit « de tout doute et de toute crainte, par la connaissance de Celui en qui il avait cru. » Il ne pouvait plus « craindre aucun mauvais bruit, » car « son cœur était ferme, se confiant en l'Éternel. » Il ne craignait plus ce que l'homme pouvait lui faire, car il savait que les cheveux mêmes de sa tête étaient comptés. Il ne craignait plus rien de la puissance des ténèbres que Dieu brisait chaque jour sous ses pieds. Surtout il ne craignait plus la mort, il désirait, au contraire, « déloger pour être avec Christ » (Ph 1.23), sachant que, « par sa mort, il a détruit celui qui avait la puissance de la mort, c'est-à-dire le diable, et délivré ceux qui, par la crainte de la mort, » étaient « toute leur vie assujettis à la servitude » (Hé 2.15).

3. C'est pourquoi son âme magnifiait le Seigneur, et son esprit se réjouissait en Dieu, son Sauveur. Il se réjouissait d'une joie ineffable en Celui qui l'avait réconcilié avec Dieu le Père et en qui il avait la rédemption par son sang, le pardon des offenses. Il se réjouissait dans ce témoignage que, l'Esprit de Dieu rendait à son esprit qu'il était enfant de Dieu. Bien plus, il se réjouissait, dans l'espérance de la gloire de Dieu, de sa glorieuse image et du renouvellement de son âme en justice et en vraie sainteté, dans l'espérance de cette couronne de gloire, de cet héritage des cieux « qui ne se peut corrompre, ni souiller, ni flétrir. »

4. L'amour de Dieu était aussi « répandu dans son cœur par le Saint-Esprit « qui lui était donné » (Rm 5.5). « Parce qu'il était fils, Dieu avait envoyé en lui l'esprit de son Fils, criant : Abba, Père » (Ga 4.6) ; et cet amour filial croissait sans cesse par le témoignage intérieur (1 Jn 5.10) du pardon de ses péchés, et en contemplant « l'amour que le Père nous a témoigné que nous soyons appelés ses enfants » (1 Jn 3.1).

5. En sorte que Dieu était le désir de ses yeux, la joie de son cœur, et sa portion pour le temps et pour l'éternité. Aimant ainsi Dieu, il ne pouvait qu'aimer ses frères, et cela « non pas en paroles seulement, mais en effet et en vérité. « « Si Dieu, disait-il, nous a ainsi aimés, nous devons ainsi nous aimer les uns les autres (Jn 4.11). « Nous devons aimer toute âme d'homme, car « les compassions de Dieu sont sur toutes ses œuvres (Ps 145.9). « Ainsi donc cet ami de Dieu embrassait, à cause de Lui, dans ses affections, tout le genre humain, sans excepter ceux qu'il n'avait jamais vus, ou ceux dont il ne savait guère qu'une chose ; savoir, qu'ils étaient « de la race de Dieu « et de ceux « pour qui Christ est mort » ; sans excepter les méchants et les ingrats, ni surtout ses ennemis, ceux qui le haïssaient, le persécutaient ou le traitaient avec mépris à cause de son Maître. Ceux-ci avaient une place particulière dans son cœur et dans ses prières ; il les aimait comme Christ nous a aimés.

6. Mais la « charité ne s'enfle point d'orgueil » (1 Co 13.4), elle humilie sur la poudre l'âme où elle habite. Aussi était-il humble de cœur, petit, méprisable et vil à ses propres yeux. Il ne cherchait ni n'acceptait la louange qui vient des hommes, mais seulement celle qui vient de Dieu. Il était doux, patient, débonnaire et facile envers tous. La fidélité et la vérité étaient « liées autour de son cou et gravées sur la table de son cœur. » Le Saint-Esprit le rendait modéré en toutes choses,

et il faisait taire son âme « comme un enfant sevré. « Il était crucifié au monde et le monde lui était crucifié. Il était au-dessus de « la convoitise de la chair, de la convoitise des yeux et de l'orgueil de la vie. « Le même amour tout-puissant le préservait de colère et d'orgueil, de convoitise et de vanité, d'ambition et d'avarice et de toute affection étrangère à Jésus-Christ.

7. On croira, sans peine que celui qu'animait cet amour ne faisait point de mal au prochain. Il lui était impossible de blesser, le sachant et le voulant, qui que ce fût. Il était aussi loin que possible de la cruauté et de toute action injuste ou malveillante. Et il ne mettait pas moins de soin à « garder sa bouche, et l'ouverture de ses lèvres », de peur qu'il ne péchât de la langue contre la justice, la miséricorde ou la vérité. Il dépouillait tout mensonge, toute fausseté, toute fraude, et l'on ne trouvait aucun artifice dans sa bouche. Il ne médisait de personne, et jamais ses lèvres ne laissaient échapper rien de désobligeant.

8. Et comme il sentait profondément la vérité de cette parole : « Hors de moi vous ne pouvez rien faire », et le besoin d'être arrosé de Dieu, de moment en moment, il persévérait chaque jour dans les ordonnances de grâce que Dieu a établies comme canaux de sa bénédiction, — dans la doctrine des apôtres », — recevant cet aliment de l'âme avec toute promptitude de cœur, — « dans la fraction du pain » — qui était pour lui « la communion du corps de Christ », — « et dans les prières », et les louanges offertes à Dieu par la grande assemblée. C'est ainsi qu'il se fortifiait chaque jour dans la grâce, croissant en vertu et dans la connaissance et l'amour de Dieu.

9. Mais c'était peu pour lui que de ne nuire à personne. Son âme avait soif de faire du bien. Mon Père, disait-il toujours en son cœur, mon Père agit continuellement, et moi je dois agir aussi ; — mon Seigneur « allait de lieu en lieu, faisant du bien », ne marcherai-je pas sur ses traces ? C'est pourquoi, selon que l'occasion se rencontrait, s'il ne pouvait faire du bien d'un ordre supérieur, on le voyait nourrir les affamés, vêtir ceux qui étaient nus, assister les orphelins et les étrangers, visiter et secourir les malades et les prisonniers. Il donnait tous ses biens pour la nourriture des pauvres, se réjouissant de travailler ou de souffrir pour eux, et d'exercer le renoncement surtout dans les choses où il pouvait être utile aux autres. Aucun sacrifice ne lui coûtait pour eux, car il se souvenait de cette parole du Seigneur : « En tant que vous avez fait ces choses à l'un de ces plus petits de mes frères, vous me les avez faites à moi-même » (Mt 25.40).

10. Tel était le christianisme à sa naissance. Tels étaient les chrétiens aux jours anciens. Tels étaient ceux qui, ayant entendu les menaces des principaux sacrificateurs et des sénateurs, élevèrent, tous d'un accord, leurs voix à Dieu, et furent tous remplis du Saint-Esprit. La multitude de ceux qui avaient cru n'était qu'un cœur et qu'une âme, — tant l'amour de Celui en qui ils avaient cru les pressait de s'aimer les uns les autres, — « et personne ne disait que ce qu'il possédait fût à lui en particulier, mais toutes choses étaient communes entre eux », tant il est vrai qu'ils étaient crucifiés au monde, et que ce monde leur était crucifié ! « Ils persévéraient tous dans la doctrine des apôtres, dans la communion, dans la fraction du pain et dans les prières (Ac 2.42). Et il y avait une grande grâce sur eux tous ; car il n'y avait personne parmi eux qui fût dans l'indigence ; parce que tous ceux qui possédaient des fonds de terre ou des maisons les vendaient et en apportaient le prix aux apôtres ; et on les distribuait à chacun, selon qu'il en avait besoin » (Ac 4.31, 35).

II

1. Considérons, en second lieu, ce christianisme, comme se communiquant d'homme à homme, et s'étendant ainsi graduellement dans le monde. Car telle était la volonté de Dieu, qui n'allumait pas cette lumière pour la mettre sous un boisseau, mais afin qu'elle éclairât tous ceux qui étaient dans la maison ! Le Seigneur l'avait déclaré à ses premiers disciples : « Vous êtes le sel de la terre ; vous êtes la lumière du monde », leur donnant, en même temps, ce commandement général : « Que votre lumière luise ainsi devant les hommes, afin qu'ils voient vos bonnes œuvres, et qu'ils glorifient votre Père qui est dans les cieux » (Mt 5.13-16).

2. Représentons-nous, d'ailleurs, quelques-uns de ces amis de l'humanité, voyant le monde entier plongé dans le mal : pouvons-nous croire qu'ils restassent indifférents, à cette vue, à la misère de ceux pour qui leur Seigneur était mort ? Leurs entrailles n'en seraient-elles pas émues, et leurs cœurs fondus d'angoisse ? Et pourraient-ils « rester tout le jour sans rien faire », lors même qu'il n'y aurait pas de commandement de Celui qu'ils aiment ? Ne travailleraient-ils pas,

par tous les moyens possibles, à retirer du feu quelques-uns de ces tisons ? Oui, sans doute, ils n'épargneraient aucune peine pour ramener le plus possible de ces brebis égarées au Pasteur et à l'Évêque de leurs âmes (1 P 2.25).

3. Ainsi faisaient les premiers chrétiens : ils travaillaient pendant qu'ils en avaient l'occasion à faire du bien à tous les hommes, les exhortant à fuir sans délai la colère à venir. Ils disaient : « Dieu ayant laissé passer les temps d'ignorance, annonce maintenant à tons les hommes, en tous lieux, qu'ils se repentent » (Ac 17.30) ; ils criaient à haute voix : « Détournez-vous, détournez-vous de tons vos péchés, et l'iniquité ne vous sera pas une occasion de ruine (Éz 18.30). « Ils leur parlaient « de la tempérance et de la justice » ; — des vertus opposées à leurs péchés dominants, — « et du jugement à venir » (Ac 24.25), de la colère de Dieu qui va se répandre sur les ouvriers d'iniquité au jour qu'il jugera le monde.

4. Ils parlaient à chacun selon ses besoins : aux insouciants, à ceux qui demeuraient insensibles dans les ténèbres et dans l'ombre de la mort, ils criaient : « Réveille-toi, toi qui dors, et te relève d'entre les morts, et Christ t'éclairera ! « Mais à ceux qui déjà réveillés du sommeil, gémissaient sons le poids de la colère divine, ils disaient : « Nous avons un avocat auprès du Père, Jésus-Christ le Juste, il est la propitiation pour nos péchés » ; — et quant à ceux qui avaient cru, ils les excitaient à la charité et aux bonnes œuvres, ils les exhortaient à y persévérer avec patience et à abonder de plus en plus en cette sainteté, « sans laquelle nul ne verra le Seigneur » (Hé 12.14).

5. Et leur travail n'était pas vain devant le Seigneur, sa parole avait un libre cours est était glorifiée. Mais plus elle avançait, plus elle était un objet de scandale. Le monde, en général, se scandalisait, parce qu'ils rendaient témoignage que ses œuvres étaient mauvaises (Jn 7 :7). Les gens de plaisir se scandalisaient, non seulement de ce que ces hommes semblaient faits pour les reprendre : « Il se vante, disaient-ils, de connaître Dieu, et il s'appelle enfant du Seigneur ; sa vie n'est pas semblable à celle des autres, et ses voies sont différentes. Il s'abstient de nos voies comme d'une souillure ; il se glorifie d'avoir Dieu pour son père » (Sa 2.13-16) ; — mais surtout ils se scandalisaient de ce que tant de leurs compagnons leur étaient enlevés et ne voulaient plus « courir avec eux dans les mêmes débordements de dissolution (1 P 4.4). « Les hommes de réputation se scandalisaient de ce qu'en proportion des progrès de l'Évangile, ils baissaient dans l'estime du peuple, en sorte que plusieurs n'étaient plus libres de leur donner des titres flatteurs, ni de rendre à l'homme l'hommage qui n'est dû qu'à Dieu. Les artisans s'assemblaient et disaient : « O hommes, vous savez que tout notre gain vient de cet ouvrage ; mais vous voyez et vous entendez que ces hommes ont persuadé et détourné un grand nombre de personnes ; tellement qu'il est à craindre que notre métier ne soit décrié » (Ac 19.25-27). « Mais surtout les hommes dits religieux, les saints du monde, se scandalisaient, et toujours ils étaient prêts à s'écrier : « Hommes israélites, aidez-nous ! Nous avons trouvé ces gens qui sont une peste publique et qui excitent des séditions par tout le monde » (Ac 24 :5), « prêchant partout contre la nation et contre ce lieu » (Ac 21.28) !

6. Ainsi le ciel s'obscurcissait de nuages et l'orage se formait. Car plus le christianisme avançait, plus ceux qui le rejetaient y voyaient de mal, et plus le nombre augmentait de ceux qui, remplis de rage contre ces perturbateurs du monde (Ac 17.6), ne cessaient de crier : « Qu'on les ôte de la terre ! il n'est pas juste de les laisser vivre » ; — et qui même croyaient sincèrement que « quiconque les ferait mourir rendrait service à Dieu.

7. On ne manquait pas non plus de rejeter leur nom comme mauvais (Lc 6.22), et « partout on s'opposait à cette secte » (Ac 28.22) Les hommes disaient contre eux toute sorte de mal, comme on avait fait pour les prophètes venus avant eux (Mt 5.11-12). Et ce que l'un affirmait, les autres le croyaient, en sorte que les sujets de scandale se multipliaient comme les étoiles du ciel. De là s'éleva, au temps voulu du Père, la persécution sous toutes ses formes. Les uns ne souffrirent d'abord que la honte et l'insulte ; d'autres, la perte de leurs biens ; plusieurs furent éprouvés par les opprobres et les fouets, plusieurs par les liens et par la prison ; d'autres durent résister jusqu'au sang (Hé 10.34 ; 11.36).

8. Ce fut alors que les forteresses de l'enfer furent ébranlées, et que le royaume de Dieu s'étendit toujours plus. Partout les pécheurs furent convertis des ténèbres à la lumière et de la puissance de Satan à Dieu. Le Seigneur donnait à ses enfants « une bouche et une sagesse à la-

quelle leurs adversaires ne pouvaient résister » ; et leur vie n'avait pas moins de force que leurs paroles. Ils se rendaient recommandables « comme serviteurs de Dieu, dans les afflictions, dans les nécessités, dans les maux extrêmes, dans les blessures, dans les prisons, au milieu des séditions, dans les travaux, dans les périls sur mer ou dans les déserts, dans les fatigues et les peines, dans la faim, la soif, le froid et la nudité (2 Co 6.4). « Et s'il leur arrivait, après avoir soutenu le bon combat, d'être menés comme des brebis à la boucherie, et « de servir d'aspersion sur le sacrifice et l'offrande de leur foi », alors le sang de chacun d'eux trouvait une voix, et les païens avouaient que, quoique morts, ils parlaient encore.

9. Ainsi le christianisme se répandit sur la, terre. Mais combien l'ivraie se hâta de paraître avec le bon grain et le mystère d'iniquité d'agir concurremment au mystère de piété ! Comme Satan eut bientôt son trône, même dans le temple de Dieu ! L'Église s'enfuit au désert et les fidèles furent de nouveau réduits à un petit nombre parmi les fils des hommes. Ici nous entrons dans un chemin battu. La corruption toujours croissante des siècles suivants, a été, à diverses époques, amplement décrite par les témoins que Dieu s'est suscités pour montrer qu'il a bâti son Église sur le roc et que « les portes de l'enfer ne prévaudront point contre elle » (Mt 16.18).

III

1. Mais ne verrons-nous pas de plus grandes choses que celles-là ? — Oui ; de plus grandes qu'il n'y en a encore eu depuis la création du monde ! Satan peut-il faire que la vérité de Dieu trompe ou que ses promesses soient de nul effet ? — Mais, s'il ne le peut, le temps viendra où le christianisme, vainqueur de toute opposition, couvrira la terre. C'est le troisième point que nous nous étions proposé d'établir. Arrêtons-nous et contemplons d'avance cet étrange spectacle : un monde chrétien. Ce fut l'objet de l'exacte recherche et de la profonde méditation des prophètes (1 P 1.10) ; et l'Esprit qui était en eux en rendit témoignage : « Il arrivera aux derniers jours que la maison de l'Éternel sera affermie au-dessus des montagnes et élevée par-dessus les coteaux, et tous les peuples y aborderont ! — Et ils forgeront leurs épées en hoyaux et leurs hallebardes en serpes ; une nation ne lèvera plus l'épée contre une autre et ils ne s'exerceront plus à la guerre (És 2.1-4). — En ce jour-là, les nations rechercheront la racine d'Ésaïe, dressée pour enseigne des peuples, et son séjour ne sera que gloire. — Et il arrivera en ce jour-là que le Seigneur mettra encore la main à recouvrer les restes de son peuple : il élèvera l'enseigne pour les nations ; il rassemblera ceux d'Israël qui auront été chassés ; il recueillera des quatre coins de la terre ceux de Juda qui auront été dispersés. — Le loup habitera avec l'agneau, et le léopard gîtera avec le chevreau ; le veau, le lionceau et le bétail qu'on engraisse seront ensemble, et un enfant les conduira. On ne nuira point, on ne fera aucun dommage à personne dans toute la montagne de ma sainteté. Car la terre sera remplie de la connaissance de l'Éternel, comme le fond de la mer est couvert des eaux » (És 11.6-12).

2. Tel est aussi le sens de ces paroles du grand Apôtre, qui évidemment attendent encore leur accomplissement : « Dieu a-t-il rejeté son peuple ? À Dieu ne plaise ! — Mais le salut a été donné aux Gentils par leur chute. Or, si leur chute a fait la richesse du monde, que ne fera pas la conversion de ce peuple entier ? ... Car, mes frères, je ne veux pas que vous ignoriez ce mystère, que si une partie d'Israël est tombée dans l'endurcissement, ce n'est que jusqu'à ce que la multitude des Gentils soit entrée dans l'Église. — Et ainsi tout Israël sera sauvé » (Rm 11 1.11, 25, 26).

3. Supposons maintenant la plénitude des temps arrivée et les prophéties accomplies. Quelle perspective ! Tout est paix, calme et assurance à, jamais. C'en est fait du fracas des armes, du tumulte et des vêtements souillés de sang. La destruction a pris fin pour toujours. Les guerres ont cessé sur la terre. Il n'y a plus même de discorde intestine ; plus de frère qui s'élève contre son frère ; plus de ville ; ni de province divisée contre elle-même et déchirant ses propres entrailles. C'en est fait pour toujours des guerres civiles ; il ne reste personne qui détruise ou moleste son prochain. Ici plus d'oppression qui mette lors de sens le sage lui-même ; plus d'extorsion qui écrase la face des pauvres ; plus de tort ni de larcin ; plus de rapine ni d'injustice : car tous sont contents de ce qu'ils possèdent. Ainsi la justice et la paix se sont entre-baisées ; elles ont pris racine et rempli la terre ; « la vérité et germé de la terre, et la justice a regardé des cieux » (Ps 85.10, 11).

4. Et avec la justice il y a aussi la miséricorde. La terre n'est plus remplie de cabanes de violence. Le Seigneur a détruit l'homme sanguinaire et le malicieux, l'envieux et le vindicatif. Y eût-il encore provocation, il n'y a plus personne qui rende mal pour mal ; mais il n'y a pas même de provocation ; car tous les hommes sont simples comme des colombes. Remplis de paix et de joie par la foi, unis en un seul corps par le même Esprit, ils s'aiment comme des frères : ils ne sont qu'un cœur et qu'une âme. Et nul d'entre eux ne dit que ce qu'il possède lui n'appartienne en propre. Il n'y a parmi eux personne dans l'indigence ; car chacun aime son prochain comme lui-même ; et ils n'ont tous qu'une règle : « tout ce que vous voulez que les hommes vous fassent, faites le-leur aussi de même. »

5. On n'entend donc plus parmi eux ni paroles désobligeantes, ni débats de langue, ni contentions d'aucun genre, ni railleries, ni médisances ; mais tous ouvrent la bouche avec sagesse ; tous ils ont « la loi de débonnaireté sur les lèvres. « Mais ils sont aussi incapables de fraude ou de déguisement : leur amour est sans dissimulation ; leurs paroles sont toujours la juste expression de leurs pensées, ouvrant, pour ainsi dire, une fenêtre à leur cœur, afin que quiconque veut y regarder voie que Dieu et son amour y habitent seuls.

6. C'est ainsi que le Dieu tout-puissant « se revêtant de sa force et entrant dans son règne « se soumet toutes choses, et fait déborder tous les cœurs d'amour et toutes les bouches de louanges. « Heureux le peuple qui est dans cet état ! Heureux le peuple duquel l'Éternel est le Dieu » (Ps 144.15) ! « Lève-toi, sois illuminée, dit l'Éternel, car ta lumière est venue, et la, gloire de l'Éternel est levée sur toi. Tu as reconnu que moi, l'Éternel, je suis ton Sauveur et ton Rédempteur, le Puissant de Jacob. — Je ferai que la paix règne sur toi, que la justice te gouverne. On n'entendra plus parler de violence dans ton pays, ni de dégât ou d'oppression dans tes contrées ; mais tu appelleras tes murailles salut et tes portes louanges. Tes enfants seront tous justes ; ils posséderont éternellement la terre ; ils seront le rejeton que j'ai planté et l'ouvrage de mes mains dans lequel je serai glorifié. Tu n'auras plus le soleil pour lumière du jour, et la lueur de la lune ne t'éclairera plus ; mais l'Éternel sera pour toi une lumière éternelle, et ton Dieu sera ta gloire » (És 60.1, 16-19).

IV

Ayant ainsi brièvement considéré le christianisme dans sa naissance, dans ses progrès, dans sa victoire, tout ce qu'il me reste à faire c'est de conclure par une application simple et pratique.

1. Et d'abord, je le demande, où existe maintenant un tel christianisme ? Où sont, je vous prie, les chrétiens ? Quel est le pays où les habitants sont ainsi remplis du Saint-Esprit, — n'ont tous qu'un cœur et qu'une âme, — ne peuvent laisser l'un d'entre eux dans l'indigence, mais donnent constamment à chacun selon ses besoins ? Où est le pays dont tous les habitants ont le cœur tellement rempli de l'amour de Dieu, qu'il les presse d'aimer leur prochain comme eux-mêmes, — dont tous les habitants sont revêtus des entrailles de miséricorde, d'humanité, de douceur de patience, — ne blessent, ni de fait ni en paroles, la justice, la miséricorde ou la vérité, mais font en tous points, à tous les hommes, comme ils voudraient qu'on leur fît à eux-mêmes ? De quel droit appellerions-nous chrétienne une contrée qui ne répond pas à cette description ? Ah ! ne craignons pas de l'avouer : nous n'avons encore jamais vu de pays chrétiens.

2. Mes frères, je vous en supplie, par les compassions de Dieu, si vous me tenez pour fou ou pour insensé, supportez-moi comme insensé. Il est nécessaire que quelqu'un vous parle avec franchise. C'est nécessaire aujourd'hui même ; car qui sait si ce temps qui nous est donné n'est pas le dernier ? Qui sait si le juste Juge ne dira point bientôt : « Ne me prie plus pour ce peuple ? Quand Noé, Daniel et Job seraient dans ce pays, ils ne délivreraient que leurs propres âmes. « Et qui usera de cette franchise, si je ne le fais ? C'est pourquoi je parlerai moi, tel que je suis. Et je vous conjure, par le Dieu vivant, de ne point fermer vos cœurs pour ne pas être bénis par mes mains. Ne dites pas intérieurement : « Quand tu me persuaderais, tu ne me persuaderas point ! », ou, en d'autres termes : Seigneur n'envoie pas qui tu veux envoyer ! Que je meure « dans mon sang », plutôt que d'être sauvé par cet homme !

3. Mes frères, j'attends de meilleures choses de vous, quoique je parle ainsi. Souffrez donc que je vous le demande avec amour et dans un esprit de douceur : Est-ce ici une ville chrétienne ?

y trouve-t-on le christianisme, le christianisme scripturaire ? Sommes-nous, tous ensembles, tellement remplis du Saint-Esprit, que nous en goûtions dans nos cœurs et en montrions dans notre vie les vrais fruits ? Les magistrats, les chefs des corps universitaires et leurs dépendants, pour ne rien dire des autres habitants de la ville, ne sont-ils tous qu'un cœur et qu'une âme ? L'amour de Dieu est-il répandu dans nos cœurs ? Avons-nous les mêmes sentiments qu'avait Jésus-Christ ? Notre vie est-elle conforme à la sienne ? Sommes-nous saints, dans toute notre conduite, comme celui qui nous a appelés est saint ?

4. Veuillez observer qu'il ne s'agit pas ici d'idées particulières ; que la question n'est pas touchant des opinions douteuses, quelles qu'elles soient, mais touchant les points fondamentaux et indubitables, s'il en est de tels, de la doctrine qui nous est commune, et que c'est à vos propres consciences, guidées par l'Écriture, que j'en appelle pour la décision. Si quelqu'un n'est pas condamné par son propre cœur, je n'ai pas à le condamner non plus.

5. C'est donc en la crainte comme en la présence du grand Dieu devant qui nous comparaîtrons bientôt, vous et moi, que je vous prie, vous qui avez autorité sur nous et que je révère à cause de vos fonctions, de considérer (et non comme dissimulant avec Dieu) si vous êtes remplis du Saint-Esprit ; si vous êtes de vivantes images de Celui que vous représentez parmi les hommes ? « J'ai dit, vous êtes des dieux », ainsi vous parle l'Écriture, vous magistrats et gouverneurs ; vous êtes, par office, alliés de si près au Dieu du ciel ! Vous êtes chargés, à divers degrés, de nous offrir l'image de l'Éternel notre Roi. Toutes les pensées de vos cœurs, vos dispositions, vos désirs conviennent-ils à votre haute vocation ? Toutes vos paroles sont-elles semblables à celles qui sortent de la bouche de Dieu ? Y a-t-il dans toutes vos actions de la dignité et de l'amour, — une grandeur que les paroles ne peuvent exprimer, qui ne peut procéder que d'un cœur plein de Dieu, et compatible pourtant avec le néant de « l'homme qui n'est qu'un ver et du fils de l'homme qui n'est qu'un vermisseau ? »

6. Et vous, hommes graves et respectables, qui êtes particulièrement appelés à former l'esprit flexible de la jeunesse, à en écarter les ombres de l'ignorance et de l'erreur, à la rendre sage à salut : Êtes-vous remplis du Saint-Esprit, de tous ces fruits de l'Esprit que l'importance de votre charge rend si indispensables ? Votre cœur est-il tout à Dieu, plein d'amour et de zèle pour établir son règne sur la terre ? Rappelez-vous sans cesse à ceux qui sont sous vos soins que le seul but raisonnable de toutes nos études est de connaître, d'aimer et de servir le seul vrai Dieu et Jésus-Christ qu'il a envoyé ? leur inculquez-vous, jour par jour, que l'amour seul ne périt jamais (tandis que les langues et la connaissance philosophique seront anéanties) et que sans l'amour, la plus grande science n'est qu'une splendide ignorance, une pompeuse folie, un tourment d'esprit ? Tout ce que vous enseignez tend-il effectivement à l'amour de Dieu et de tout le genre humain pour l'amour de lui ? Visez-vous à ce but en tout ce que vous leur prescrivez touchant le choix, le mode et la mesure de leurs études, travaillant pour que ces jeunes soldats de Christ, quel que soit le poste qui leur tombe en partage, soient comme autant de lampes ardentes qui brillent et qui honorent l'Évangile de Christ en toutes choses ? Et, permettez encore que je le demande, déployez-vous dans cette grande œuvre toutes vos forces ? y travaillez-vous de tout votre pouvoir ? y appliquez-vous toutes les facultés de votre âme, tous les talents que Dieu vous a confiés, et cela avec toute l'énergie dont vous êtes capables ?

7. Qu'on ne dise pas que je parle ici comme si tous ceux qui sont sous vos soins étaient destinés pour le ministère ; non, je ne parle que comme s'ils étaient chrétiens. Mais quel exemple reçoivent-ils de nous qui, dans les divers grades universitaires, jouissons de la bénéficence de nos ancêtres, particulièrement de ceux d'entre nous qui sont de quelque rang ? Frères, êtes-vous remplis des fruits de l'Esprit, d'humilité, de renoncement, de sérieux, de gravité, de patience, de douceur, de sobriété, de tempérance, et vous appliquez-vous constamment et sans relâche à faire du bien, en toute façon, à tous les hommes, à subvenir à leurs besoins temporels, à amener leurs âmes à la vraie connaissance et à l'amour de Dieu ? Est-ce là le caractère général des gradués des collèges ? Je crains bien que non. Mais plutôt l'orgueil, la fierté, l'impatience, la mauvaise humeur, la paresse et l'indolence, la gourmandise et la sensualité, ou même une inutilité proverbiale, plutôt, dis-je, tous ces vices ne nous sont-ils pas reprochés, et pas toujours peut-être, par

nos ennemis, ni sans fondement ? Oh que Dieu veuille ôter de dessus nous cet opprobre et que le souvenir même en soit effacé pour jamais !

8. Plusieurs de nous sont plus immédiatement consacrés à Dieu, appelés au service des choses saintes. Eh bien ! sommes-nous « les modèles des autres, en paroles, en action, en charité, en esprit, en foi, en pureté (1 Tm 4.12) ? « Ces mots, sainteté à l'Éternel, sont-ils écrits sur nos fronts et dans nos cœurs ? Par quels motifs sommes-nous entrés dans ce ministère ? Etait-ce avec un œil simple pour servir Dieu, persuadés que le Saint-Esprit nous pressait intérieurement de prendre cette charge pour l'avancement de sa gloire et pour l'édification de son peuple ? Etait-ce avec la résolution bien arrêtée, par la grâce de Dieu, de nous y vouer entièrement ? Rejetons-nous, autant qu'il est possible, tous les soins et les études profanes, pour nous appliquer uniquement à cette œuvre-ci et y tourner tous nos soins et toutes nos études ? Sommes-nous propres à enseigner ? Sommes-nous enseignés de Dieu pour être en état d'enseigner les autres ? Connaissons-nous Dieu ? Connaissons-nous Jésus-Christ ? Dieu a-t-il révélé son Fils en nous ? Nous a-t-il rendus capables d'être ministres de la nouvelle Alliance ? Où donc sont les sceaux de notre apostolat ? Qui sont ceux qui, étant morts dans leurs fautes et dans leurs péchés, ont été vivifiés par notre parole ? Brûlons-nous d'un tel désir de sauver les âmes de la mort, que pour l'amour d'elles nous oublions souvent de manger notre pain ? Parlons-nous ouvertement pour la manifestation de la vérité, nous recommandant à la conscience de tous les hommes en la présence de Dieu (vous 4.2) ? Sommes-nous morts au monde et aux choses du monde, ne nous amassant de trésors que dans le ciel ? Loin de dominer sur les héritages de Dieu, sommes-nous comme les plus petits et les serviteurs de tous ? Si nous portons l'opprobre de Christ, nous pèse-t-il, ou nous en réjouissons-nous ? Quand on nous frappe sur une joue, en avons-nous du ressentiment, de l'impatience, ou présentons-nous l'autre, ne résistant point au mal mais surmontant le mal par le bien ? Avons-nous un zèle amer qui nous incite à contester aigrement et avec passion contre ceux qui s'égarent, ou notre zèle est-il la flamme de la charité qui dirige toutes nos paroles dans la douceur, l'humanité, la débonnaireté et la sagesse ?

9. Un mot encore : que dire de la jeunesse de ce lieu ? Avez-vous, ô jeunes gens, la réalité ou même seulement la forme de la piété chrétienne ? Êtes-vous humbles, traitables, dociles, — ou revêches, opiniâtres, entêtés et hautains ? Obéissez-vous à vos supérieurs comme à des pères, ou méprisez-vous ceux à qui vous devez le plus rendre respect ? Êtes-vous actifs dans vos légers travaux, poursuivant vos études de toutes vos forces ? Rachetez-vous le temps, remplissant chaque journée d'autant de travail qu'elle en peut contenir, ou bien votre conscience vous dit-elle, au contraire, que vous perdez jour après jour, soit à lire ce qui n'intéresse point le christianisme, soit au jeu, soit à toutes sortes de riens ? Êtes-vous meilleurs économes de votre bien que de votre temps ? Prenez-vous soin, par principe, de ne devoir rien à personne ? Vous souvenez-vous du jour du repos pour le sanctifier et pour l'employer plus immédiatement au service de Dieu ? Quand vous êtes dans la maison de Dieu, pensez-vous que Dieu est là ? et vous comportez-vous comme voyant Celui qui est invisible ? Savez-vous posséder vos corps dans la sainteté, et l'humilité ? L'ivrognerie, l'impureté ne se trouvent-elles pas parmi vous ? N'y en a-t-il pas même parmi vous qui se glorifient de ce qui fait leur confusion, ou qui prennent le nom de Dieu en vain, habituellement peut-être, sans crainte ni remords ? ou même, et de ceux-là une multitude toujours croissante, qui se parjurent ? Ne vous étonnez point de ceci, mes frères. Devant Dieu et devant cette assemblée, j'avoue que j'ai été de ce nombre, ayant juré solennellement d'observer tous les usages prescrits, alors que je n'en avais aucune connaissance, et nos statuts que je ne parcourus pas même ni alors ni de longtemps après. Si ce n'est pas là un parjure, qu'est-ce que le parjure ? Mais si c'en est un, oh ! quelle culpabilité, quelle noire culpabilité pèse sur nous ! Et le Très-Haut ne le voit-il point ?

10. Ce péché ne vient-il point de ce que tant d'entre vous sont une génération frivole, qui ne font que badiner avec Dieu, les uns avec les autres et avec leur propre âme ? Car enfin, combien y en a-t-il qui, dans toute une semaine, passent seulement une heure à prier en secret ? Combien qui songent à Dieu dans l'ensemble de leur conversation ? Qui d'entre vous connaît tant soit peu les opérations de son Esprit, son œuvre surnaturelle dans les âmes ? Pouvez-vous souffrir, si ce n'est de temps en temps, dans une église, qu'on vous parle du Saint-Esprit ? Et si quelqu'un en-

tamait une telle conversation, douteriez-vous que ce ne fût un hypocrite ou un enthousiaste ? Au nom du Seigneur Dieu tout-puissant, je vous le demande, de quelle religion êtes-vous donc, puisque vous ne pouvez ni ne voulez souffrir qu'on parle du christianisme ? Ô mes frères ! quelle ville chrétienne est-ce ici ? Il est temps, Seigneur, que tu y mettes la main !

11. En effet, quelle probabilité, ou plutôt (pour parler à vue humaine) quelle possibilité y a-t-il que le christianisme, le christianisme scripturaire devienne encore la religion de ces lieux ; que les gens de tout état parmi nous viennent à parler et à vivre comme étant remplis du Saint-Esprit ? Par qui ce christianisme serait-il rétabli ? Pour ceux d'entre vous qui ont en main l'autorité ? Mais êtes-vous convaincus que ce soit ici le christianisme de l'Écriture ? Désirez-vous qu'il soit rétabli ? et tenez-vous votre fortune, votre liberté, votre vie comme ne vous étant pas précieuses, pourvu que vous serviez d'instruments pour le rétablir ? Mais, supposé que vous en ayez le désir, qui est assez puissant pour produire l'effet désiré ? Quelques-uns d'entre vous ont fait peut-être quelques faibles efforts, mais avec combien peu de succès ! Le christianisme serait-il donc rétabli par des jeunes gens inconnus et sans autorité ? Je ne sais si vous-mêmes vous pourriez le souffrir ! Quelques-uns de vous ne crieraient-ils point : Jeune homme, en faisant cela, tu nous accuses ? Mais il n'y a nul danger que vous soyez mis à cette épreuve, tant il est vrai que l'iniquité nous inonde comme un fleuve. Qui donc Dieu enverra-t-il ? La famine, la peste (dernier message à un pays coupable), ou l'épée ? les armées romaines, les étrangers, pour nous ramener à notre première charité ? Ah ! « que nous tombions entre tes mains, Seigneur ! plutôt qu'entre les mains des hommes ! »

> *Seigneur, sauve-nous, ou nous périssons ! retire-nous afin que nous n'enfoncions pas dans le bourbier ! Ah ! délivre-nous, car le secours de l'homme est vain ! Toutes choses te sont possibles ! Selon la grandeur de ta force, garantis ceux qui s'en vont mourir ! et sauve-nous comme tu trouveras bon ; non selon notre volonté, mais selon la tienne !*

La justification par la foi

Pour celui qui ne fait point d'œuvre, mais qui croit en Celui qui justifie
l'impie, sa foi lui est imputée à justice.
— Romains 4.5 —

1. Comment le pécheur peut-il être justifié devant Dieu, le Seigneur et le Juge ? Cette question est d'une suprême importance pour tous les hommes sans exception. Cette question touche à la raison d'être de notre espérance, puisqu'il ne peut y avoir pour nous ni paix véritable, ni joie solide, ici-bas ou dans l'éternité, aussi longtemps que nous sommes en état de révolte contre Dieu. Quelle peut être notre paix, si notre cœur nous condamne ; si surtout Dieu nous condamne, Lui qui « est plus grand que notre cœur et connaît toutes choses « ? Quelle joie peut régner en nous, si « la colère de Dieu demeure sur nous « ?

2. Combien, cependant, cette question vitale a été mal comprise ! Que de notions confuses à cet égard ! Non seulement ces notions sont confuses, mais absolument fausses ; aussi contraires à la vérité, que les ténèbres à la lumière ; en opposition manifeste avec les révélations divines. Le fondement même de ces conceptions est sans solidité ; aussi quel peut être l'édifice ! Les hommes n'ont pas employé « l'or, l'argent ou les pierres précieuses », mais ils se sont servis, pour bâtir, de « foin et de chaume. » Leur travail a déplu à Dieu et n'a point été utile à l'humanité.

3. Je vais m'efforcer de faire justice, autant qu'il dépend de moi, à cette question essentielle ; je chercherai à préserver ceux qui veulent la vérité avec sincérité, de « toute vaine dispute de mots », comme aussi à dissiper les obscurités de leur pensée, en leur donnant une conception juste et vraie de ce grand mystère d'amour. — Je me propose, pour cela de montrer :

I. Quelle est la base de toute la doctrine de la justification ;

II. Ce qu'est la justification ;

III. Qui sont les justifiés ;

IV. Et, enfin, à quelles conditions ils sont justifiés.

I

Tout d'abord, quelle est la base de toute la doctrine de la Justification ?

1. L'homme a été fait à l'image de Dieu ; saint comme Dieu est saint ; compatissant comme Dieu est compatissant : parfait comme son Père dans les cieux est parfait. Dieu est amour ; de même l'homme, demeurant dans l'amour, demeurait en Dieu et Dieu en lui. Dieu fit de lui « une image de sa propre éternité », une représentation de sa gloire. Il était pur, comme Dieu est pur, sans aucun péché. Il ne connaissait point le mal, mais il était irrépréhensible dans ses pensées comme dans ses actes. Il « aimait le Seigneur, son Dieu, de tout son cœur, de toute son âme, de toute sa force, de toute sa pensée. »

2. Dieu donne à l'homme parfait une loi parfaite, que l'homme devait accomplir parfaitement. Il exigea une obéissance loyale à la loi toute entière, une obéissance de tous les instants ; sans aucune exception ni intermittence. Aucune indulgence pour la moindre faute. Au reste, rien n'obligeait l'homme à commettre de faute puisqu'il était capable d'accomplir la tâche qui lui avait été confiée et qu'il avait reçu de Dieu toutes les énergies nécessaires pour vivre la vie bonne dans ses paroles et dans ses œuvres.

3. A la loi d'amour qui était gravée dans son cœur (et qu'il ne pouvait pas, sans doute, violer ouvertement), Dieu jugea nécessaire, dans sa sagesse souveraine, d'ajouter un commandement

précis « Tu ne mangeras pas du fruit de l'arbre qui est au milieu du jardin. » Et Il ajouta à cet ordre cette menace : « Au jour où tu en mangeras, tu mourras. »

4. Tel était l'homme dans le Paradis. Dieu, dans son amour, l'avait fait heureux et saint. Il connaissait Dieu et se réjouissait en Dieu. Il possédait ainsi la vie, la vie éternelle. Il était destiné à vivre toujours cette vie d'amour. Mais il devait, pour cela, obéir à Dieu en toutes choses. Du jour où il désobéirait, il entrerait dans la mort.

5. L'homme désobéit à Dieu. Il « mangea du fruit de l'arbre dont Dieu lui avait parlé en disant : tu n'en mangeras pas. » Ce jour-là, il fut condamné par le Dieu juste. Le châtiment dont il était menacé le frappa. Dès qu'il eut mangé le fruit, il mourut. Son âme mourut, fut séparée de Dieu, séparée de Celui qui est aussi indispensable à la vie de l'âme que l'âme à la vie du corps. Son corps devint mortel. Mort spirituellement, mort dans son péché, il sentit venir sur lui la mort éternelle.

6. Ainsi « par un seul homme le péché est entré dans le monde et, par le péché, la mort. Et la mort s'est étendue sur tous les hommes », comme un prolongement de la mort d'Adam, le père et le représentant de toute la race humaine. « Par une seule offense la condamnation a atteint tous les hommes. » (Rm 5.18).

7. Nous étions tous dans cette situation lamentable quand « Dieu aima tellement le monde qu'Il donna son Fils unique. » Au temps fixé, Il devint homme, Chef et Représentant de l'Humanité tout entière. Il s'est chargé de nos péchés. « Il a été frappé pour nos transgressions, brisé par nos iniquités. « « Il a livré son âme en oblation pour le péché. « Il a versé son sang pour les coupables ; « Il a porté nos péchés en son corps sur le bois « et « par ses meurtrissures nous avons la guérison. » — Par son sacrifice, le sacrifice de lui-même, offert une fois pour toutes, Il nous a rachetés, tous, ayant ainsi expié les péchés du monde.

8. Parce que le Fils de Dieu a souffert la mort pour tous, le Seigneur nous a réconciliés avec Lui-même. « Comme par la désobéissance d'un seul homme, tous ont été condamnés, ainsi, par l'obéissance d'un seul, la justification qui donne la vie s'étend à tous les hommes. « A cause des souffrances de son Fils Bien-aimé, de ce qu'Il a fait et enduré pour nous, Dieu s'engage (à une condition, une seule, qu'Il a Lui-même fixée) à nous pardonner nos offenses, à nous réintégrer en sa faveur, et à rendre la vie, la vie éternelle à nos âmes mortes.

9. Telle est la base essentielle de la doctrine de la justification. Par la faute du premier Adam, qui était notre père mais aussi notre représentant à tous, nous nous sommes privés de la faveur de Dieu ; nous sommes devenus enfants de la colère. Mais, d'autre part, par le sacrifice accompli par le second Adam, notre représentant, Dieu nous a donné une alliance nouvelle. Il n'y a plus de condamnation pour nous ; nous avons été justifiés par grâce, par la rédemption qui est en Jésus-Christ.

II

1. Que signifient ces termes : « Etre justifié, justification ? « C'est ce que je me propose, maintenant d'expliquer. D'après ce que nous venons de dire, ces termes n'expriment pas le fait de la victoire sur le péché, de la vie de justice. Ceci est proprement la sanctification. Sans doute, la sanctification est le fruit de la justification, mais elle est cependant, un don spécial de Dieu et d'une nature différente du premier. La justification représente l'œuvre accomplie par Dieu pour nous en Son Fils ; la sanctification est l'œuvre accomplie en nous par Son Esprit. Sans doute, il est possible de trouver quelques cas où le mot de justification comprend celui de sanctification ; mais, en général, ces deux expressions sont distinctes l'une de l'autre, dans les épîtres de St Paul et des autres écrivains sacrés.

2. Ne disons pas non plus que la justification nous délivre de l'accusation qui pèse sur nous, surtout celle de Satan. Aucun texte ne nous permet de croire que Dieu se préoccupe de cette accusation ni de celui qui la porte contre nous. Sans doute, Satan est l' « accusateur », mais la justification n'a rien à faire avec cette accusation.

3. Ne disons pas non plus que la justification nous délivre de l'accusation portée contre nous par la loi. Cette manière malencontreuse de s'exprimer ne peut s'expliquer que si on la traduit ainsi : Dieu épargne à ceux qui sont justifiés la punition que pourtant ils méritent.

4. Surtout ne présente pas Dieu comme trompé en quelque sorte par ceux qu'Il justifie. Ne disons pas qu'Il s'imagine les justifiés différents de ce qu'ils sont. Dieu ne nous juge pas contrairement à l'évidence ; Il ne nous considère pas comme meilleurs que nous ne sommes et ne voit pas en nous des justes alors que nous sommes des injustes. Son jugement est toujours conforme à la vérité. Il ne peut pas s'imaginer que je suis innocent ou juste et saint, parce qu'un autre l'est. Il ne peut pas plus, à ce point de vue, me confondre avec Christ qu'avec David ou Abraham. Que chacun étudie cette question avec impartialité ; il se rendra compte certainement qu'une pareille notion de la justification n'est en harmonie ni avec la raison ni avec l'Écriture.

5. La justification est essentiellement, d'après la Bible, le pardon des péchés. La justification est l'acte par lequel Dieu le Père, à cause de la propitiation accomplie par le sang de son Fils, manifeste sa justice en accordant la rémission des péchés passés. Telle est bien la définition que St Paul en donne, en particulier dans l'épître aux Romains. « heureux, dit-il, sont ceux dont les iniquités sont pardonnées, dont le péché est couvert ; heureux est l'homme à qui le Seigneur n'impute point son péché. « Dieu ne condamnera point celui qui est justifié, pardonné ; Il ne le condamnera ni ici-bas, ni dans le siècle à venir. Ses péchés, tous ses péchés passés, péchés de pensée, de paroles ou d'actions, sont effacés ; ils ne lui seront plus reprochés. Dieu ne veut pas que le pécheur justifié souffre ce qu'il mériterait de souffrir, car le Fils de Dieu, le Fils de son amour, a souffert pour ce pécheur. Dès le moment où nous « sommes reçus en son Bien-aimé », où nous « sommes réconciliés avec Dieu par son sang ; Dieu nous aime, nous bénit, comme si nous n'avions jamais péché.

Sans doute, l'Apôtre semble, en un passage de ses épîtres, donner une signification plus large au mot de justification, lorsqu'il dit : « Ce ne sont pas ceux qui écoutent la loi, mais ceux qui la pratiquent, qui seront justifiés. « Mais ici St Paul fait allusion à notre justification lors du Jugement. C'est aussi ce que fait notre Seigneur lorsqu'Il s'écrie : « Tu seras justifié par tes paroles », montrant ainsi que « pour toute vaine parole que les hommes prononceront, ils devront rendre compte au jour du jugement. » Mais il serait difficile de citer un autre passage de l'apôtre qui donne au mot « justifié « cette signification. D'une manière générale, il ne lui donne pas ce sens ; il ne le lui donne certainement pas dans le verset que nous avons pris pour texte. Ce verset se rapporte, non point à ceux qui « ont achevé leur course », mais à ceux qui sont au début de leur course, qui entre prennent de parcourir la carrière qui est devant eux.

III

1. Une troisième question se pose devant nous « Qui sont les justifiés ? « L'apôtre nous le dit : Ce sont les impies. « Dieu justifie l'impie », l'impie quel qu'il soit, quel que soit le degré de son impiété. Il ne justifie que l'impie. De même que les justes n'ont pas besoin de repentance, de même ils n'ont pas besoin de pardon. Il n'y a que le pécheur qui puisse admettre le besoin d'être pardonné. Le pardon est en relation directe avec le péché. C'est à l'égard des injustes que le Dieu compatissant veut déployer sa grâce ; c'est notre iniquité dont Il ne veut plus se souvenir.

2. Cette conception est tout-à-fait opposée à celle qui considère la sanctification comme condition de la justification, qui présente l'obéissance à la loi de Dieu comme nécessaire pour le Pardon ; à moins cependant qu'ils ne pensent à la justification au jour du jugement, ce qui est une toute autre question. Non seulement il est impossible d'être saint en dehors de l'amour pour Lui et de la foi en son Amour, mais il est absurde, illogique de faire précéder ainsi la justification de la sanctification. Dieu n'aurait pas justifier des saints mais ce sont des pécheurs, des rebelles, qui ont besoin de sa miséricorde. Il ne peut exiger la sainteté de ceux qui sont impurs. Comment admettre que l'Agneau de Dieu ne puisse ôter que les péchés qui ont déjà été ôtés

3. Le Bon Berger cherche-t-il les brebis qui sont déjà, au bercail ? Non certes ; Il cherche celles qui sont perdues. Il sauve ceux qui ne Lui appartiennent pas encore ; ceux en qui ne réside aucun bien, mais qui sont esclaves de l'orgueil, de la colère ; de l'amour du monde.

4. Ce sont les malades qui ont besoin de médecin. Ceux qui sont condamnés, non seulement par Dieu mais par leur conscience, ceux qui ont le vif sentiment de leur corruption profonde et de leur incapacité à faire ou penser le bien, ceux-là, crient à Dieu pour obtenir la délivrance. Ils re-

connaissent que leur cœur est mauvais, profondément mauvais. Ils savent que le « mauvais arbre ne peut porter de bon fruit. »

5. On dira peut-être : « L'homme, même avant d'être justifié, peut nourrir l'affamé, vêtir le pauvre, faire des œuvres bonnes. « Il est facile de répondre à cette objection : Ces œuvres sont bonnes en ce sens qu'elles sont utiles aux hommes. Mais il ne s'ensuit pas qu'elles soient vraiment bonnes aux yeux de Dieu, bonnes en elles-mêmes. Toute œuvre bonne vient après la justification. Les œuvres ne sont vraiment bonnes que dans la mesure où elles procèdent d'une foi vivante. Les œuvres qui précèdent la justification ne sont pas bonnes dans le sens chrétien de ce mot, parce qu'elles ne procèdent pas de la foi en Jésus-Christ, parce qu'elles ne sont pas vraiment conformes à la volonté de Dieu. « Au contraire, n'étant pas faites comme Dieu veut et commande qu'elles le soient, nous ne doutons point, quelque étrange que ceci paraisse à quelques-uns, qu'elles n'aient la nature du péché. »

6. Peut-être ceux qui doutent de cette déclaration n'ont-ils pas dûment pesé la preuve solide présentée ici pour établir qu'aucune œuvre faite avant la justification ne peut être réellement bonne. Voici l'argument en forme :

Aucune œuvre n'est bonne, lorsqu'elle n'est point faite comme Dieu veut et commande qu'elle le soit.

Or, aucune ouvre faite avant la justification n'est faite comme Dieu veut et commande qu'elle le soit :

Donc aucune œuvre faite avant la justification n'est une bonne œuvre.

La première proposition est évidente par elle-même. Et quand à la seconde, « aucune œuvre faite avant la justification n'est faite comme Dieu veut et commande qu'elle le soit », elle paraîtra également simple et irrécusable, si seulement nous considérons que Dieu a voulu et commandé que toutes nos œuvres fussent faites par amour ; par cet amour pour Dieu qui produit l'amour pour toute l'humanité. Or, aucune de nos œuvres ne peut être faite par cet amour, tant que l'amour du Père (Deutéronome Dieu comme notre Père), n'est pas en nous. Et cet amour ne peut exister en nous jusqu'à ce que nous recevions l'Esprit d'adoption, lequel crie dans nos cœurs : Abba, c'est-à-dire Père. C'est pourquoi si Dieu ne justifie pas le pécheur, et celui qui ne fait pas les œuvres, Christ est mort en vain ; et, malgré Sa mort, nul homme vivant ne peut être justifié.

IV

1. Mais à quelle condition est justifié celui qui est complètement pécheur, et qui jusqu'à ce moment n'a pas fait les œuvres ? À une seule : LA FOI. Il « croit en celui qui justifie le pécheur » ; et celui qui croit en lui n'est point condamné, mais il est passé de la mort à la vie. « Car la justice (la miséricorde) de Dieu est par la foi en Jésus Christ, en tous ceux et sur tous ceux qui croient », Dieu L'ayant « destiné pour être une victime propitiatoire par la foi en son sang ; … afin qu'il soit trouvé juste, et que (conformément à sa justice) il justifie celui qui a la foi en Jésus … Nous concluons donc que l'homme est justifié par la foi, sans les œuvres de la loi » ; sans obéissance antérieure, à la loi morale, qu'il n'avait pu accomplir jusqu'à cette heure. Qu'il soit question ici de la loi morale et de cette loi seule, c'est ce qui paraît évident par les paroles qui suivent : « Anéantissons-nous donc la loi par la foi ? Dieu nous en garde ! Au contraire, nous établissons la loi. » Quelle loi établissons-nous par la foi ? la loi des observances, la loi cérémonielle de Moïse ? Nullement ; mais la grande et immuable loi de l'amour saint de Dieu et de notre prochain.

2. La foi, dans un sens général, est une évidence ou conviction divine, surnaturelle, des choses qu'on ne voit point et qui ne tombent pas sous les sens, parce qu'elles sont ou passées, ou futures, ou spirituelles. La foi justifiante n'implique pas seulement l'évidence ou la conviction divine « que Dieu était en Christ réconciliant le monde avec soi », mais aussi la pleine confiance que Christ est mort pour mes péchés, qu'il m'a aimé et s'est donné lui-même pour moi. Et quel que soit le moment où un pécheur croit ainsi, dans sa tendre enfance, dans la force de l'âge où lorsqu'il est vieux et couvert de cheveux blancs, Dieu le justifie, lui, méchant ; Dieu, à cause de son Fils, le pardonne et l'absout, lui, qui, jusque-là, n'avait rien de bon en lui. Dieu lui avait donné auparavant, il est vrai, la repentance, mais qu'était-ce autre chose qu'un profond sentiment de

l'absence de tout bien et de la présence de tout mal dans son cœur ? Et quel que soit le bien qu'il y ait en lui ou qu'il fasse depuis l'instant où il a cru en Dieu par Christ, la foi ne l'a pas trouvé dans Son cœur, mais l'y a apporté ; c'est le fruit de la foi. L'arbre est fait bon d'abord, les fruits deviennent bons ensuite.

3. Je ne puis mieux décrire la nature de la foi que dans ces paroles de l'Église anglicane : « Le seul instrument de salut » (dont la justification est une partie), « c'est la foi, c'est-à-dire une ferme confiance que Dieu a pardonné et veut pardonner nos péchés ; qu'Il nous a de nouveau reçus dans sa faveur, à cause des mérites de la mort et de la passion de Christ. Mais nous devons prendre garde, en venant à Dieu, de ne pas chanceler par inconstance et incertitude de foi. Pierre fut sur le point de se noyer en marchant sur la mer pour aller à Christ, parce que sa foi défaillit. Nous, de même si nous commençons à hésiter ou à douter, il est à craindre que nous ne nous enfoncions, non dans les vagues de la mer, mais dans l'abîme sans fond du feu de l'enfer. » (Second sermon sur la Passion.)

> « C'est pourquoi aie une foi sûre et constante, non seulement que la mort de Christ est, efficace pour tous les hommes, mais qu'il a offert un sacrifice complet et suffisant pour toi, qu'il a fait une parfaite purification de tes péchés, de telle sorte que tu puisses dire avec l'Apôtre, qu'Il t'a aimé et s'est donné Lui-même pour toi. C'est ainsi que tu t'approprieras Christ et que tu t'appliqueras à toi-même ses mérites. » (Sermon sur la Sainte-Cène.)

4. Quand j'affirme que la foi est la condition de la justification, je veux dire, premièrement, que sans elle il n'y a pas de justification. Celui qui ne croit point est déjà condamné ; et aussi longtemps qu'il ne croit point la condamnation ne peut être ôtée, mais la colère de Dieu demeure sur lui. Comme il n'y a point sous le ciel d'autre nom donné aux hommes que celui de Jésus de Nazareth, point d'autres mérites que les siens, qui puissent sauver de sa culpabilité tout pécheur condamné, ainsi il n'y a aucun autre moyen d'obtenir une part dans ses mérites que la foi en son nom. Aussi longtemps donc que nous n'avons pas cette foi, nous demeurons « étrangers à l'alliance de la promesse, séparés de la république d'Israël, et sans Dieu dans le monde. » « Quelques vertus que l'homme puisse avoir (je parle de celui à qui l'Évangile est prêché, car qu'ai-je affaire de juger les autres ?) quelques bonnes œuvres qu'il fasse, elles ne lui profitent de rien ; il reste toujours enfant de colère, il demeure sous la malédiction, jusqu'à ce qu'il croie en Jésus.

5. La foi est donc la condition nécessaire de la justification, elle en est même la seule condition nécessaire. C'est là le second point qui demande une sérieuse attention. À l'instant même où Dieu donne la foi au pécheur (car elle est un don de Dieu), à l'instant où Il donne la foi à celui qui n'a point fait les œuvres, cette foi lui est imputée et Justice. Avant ce moment, il n'a aucune justice quelconque, pas même une justice ou une innocence négative ; mais dès qu'il croit, la « foi lui est imputée à justice. « Ce n'est pas, je l'ai déjà dit, que Dieu le prenne pour ce qu'il n'est pas ; mais comme il a fait Christ péché pour nous, c'est-à-dire l'a traité comme un pécheur, en Le punissant pour nos péchés, ainsi il nous tient pour justes du jour où nous croyons en Lui, c'est-à-dire qu'il ne nous punit pas pour nos iniquités. Il nous traite, au contraire, comme si nous étions justes et sans culpabilité.

6. Assurément, la difficulté que l'on éprouve à admettre cette proposition, que la foi est la seule condition de la justification, naît de ce qu'on ne la comprend point. Nous entendons par là que c'est la seule condition sans laquelle personne n'est justifié, la seule condition qui soit directement, essentiellement, absolument exigée pour obtenir le pardon. Ainsi, d'un côté, comme l'homme qui possède tout, excepté la foi, ne peut pas être justifié, de l'autre, celui qui manque de tout, s'il a la foi, ne peut qu'être justifié. Car si un pécheur quelconque, ayant une pleine conviction de sa méchanceté totale, de sa complète incapacité pour penser, dire ou faire le bien, et ne se sentant propre que pour le feu de l'enfer, si un tel pécheur, dis-je, se voyant sans secours et sans espoir en lui-même, se jette entièrement dans les bras de la miséricorde de Dieu en Christ, ce qu'il ne peut faire que par la grâce de Dieu, qui oserait douter qu'il ne soit pardonné dès ce moment ? Qui voudrait affirmer que quelque chose de plus est indispensablement requis, pour que ce pécheur puisse être justifié ?

S'il y a jamais eu un seul exemple semblable, depuis le commencement du monde (et n'en a-t-il pas existé, et n'en existe-t-il pas des mille milliers ?), il en résulte naturellement que la foi est, dans le sens que nous avons indiqué, la seule condition de la justification.

7. Il ne convient pas à de pauvres vermisseaux, coupables et pécheurs, qui doivent à la grâce, à une faveur imméritée, toutes les bénédictions dont ils jouissent (depuis la moindre goutte d'eau qui rafraîchit leur langue, jusqu'aux immenses richesses de gloire dans l'éternité), de demander à Dieu les raisons de sa conduite, ce n'est pas à nous à questionner Celui qui « ne rend aucun compte de ce qu'Il fait « à personne, et à Lui dire : Pourquoi as-tu fait de la foi la condition, la seule condition de la justification ? Pourquoi as-tu décrété que, celui qui croira, et lui seul sera sauvé ? C'est le point sur lequel saint Paul insiste si fortement dans le neuvième chapitre de cette Épître, à savoir que les conditions du pardon et de la faveur de Dieu doivent dépendre, non de nous, mais de Celui qui nous appelle ; qu'il n'y a point d'injustice en Dieu, à fixer ses propres conditions selon son bon plaisir, et non suivant le nôtre ; puisqu'Il est Celui qui peut dire avec justice : « Je ferai miséricorde à celui à qui je ferai miséricorde », c'est-à-dire à celui qui croit en Jésus. Ce n'est donc point à celui qui veut, ni à celui qui court à choisir la condition à laquelle il sera reçu en grâce, mais à Dieu qui fait miséricorde, qui ne reçoit personne que de sa propre et libre bienveillance, de sa bonté imméritée. Il fait donc miséricorde à qui Il veut, c'est-à-dire à ceux qui croient au Fils de son amour ; et ceux qu'il veut, ceux qui ne croient pas, Il les endurcit, les abandonne ; à la fin, à l'endurcissement de leurs cœurs.

8. Nous pouvons cependant humblement concevoir une des raisons pour lesquelles est fixée cette condition de justification : « Si tu crois au Seigneur Jésus-Christ, tu seras sauvé. « C'est afin d'humilier l'orgueil de l'homme. L'orgueil avait déjà détruit les anges de Dieu, il avait fait tomber « la troisième partie des étoiles du ciel » ; C'est en grande partie à l'orgueil qu'Adam avait dû, lorsque le tentateur lui dit : « Vous serez comme des dieux » ; de déchoir et d'introduire le péché et la mort dans le monde. C'est pourquoi c'était une preuve de sagesse digne de Dieu, de fixer pour lui et pour toute sa postérité une condition de salut qui pût les humilier et les abaisser jusque dans la poudre. Telle est la loi. Elle répond particulièrement à ce but ; car celui qui vient à Dieu par la foi, ne doit fixer les yeux que sur sa propre méchanceté, sur ses crimes, et sur son incapacité quant au bien ; il ne doit regarder à aucun bien supposé, à aucune vertu ou justice ; quelconque en lui-même. Il doit venir simplement comme pécheur, pécheur intérieurement et extérieurement, détruit par sa faute, condamné par sa propre conscience, n'apportant rien à Dieu que l'iniquité, et, lorsqu'il plaide avec lui, ne lui présentant rien qui lui soit propre, si ce n'est le péché et la misère. Lorsqu'il a ainsi la bouche fermée et qu'il se trouve entièrement coupable devant c'est alors, et alors seulement qu'il peut regarder à Jésus comme à la parfaite et seule pro-pitiation pour ses péchés. Alors seulement, il peut être trouvé en lui et recevoir la justice qui est de Dieu par la foi.

9. Toi donc, méchant, qui entends ou lis ces paroles ! toi, pécheur vil, misérable et impuis-sant ! je te somme devant Dieu, le juge de tous, d'aller directement à Lui, avec toute ta méchance-té. Prends garde de perdre ton âme en plaidant plus ou moins ta justice propre. Présente-toi à Lui comme étant entièrement méchant, coupable, perdu, ruiné, comme méritant l'enfer, et déjà sur le bord de l'abîme, et tu trouveras grâce devant Lui, et tu sauras qu'Il justifie le pécheur. Tu seras ainsi conduit au Sauveur, au sang de l'aspersion, comme un pécheur perdu, sans secours et dam-né. Regarde donc à Jésus ; voilà l'Agneau de Dieu qui ôte tes péchés. Ne fais valoir aucune œuvre, aucune justice qui t'appartienne ! aucune humilité, aucune contrition, aucune sincérité ! Non ! ce serait renier le Seigneur qui t'a racheté. Plaide uniquement le sang de l'alliance, la ran-çon payée pour ton âme orgueilleuse, rebelle et pécheresse. Qui es-tu, toi qui actuellement vois et sens à la fois ta méchanceté intérieure et extérieure ? C'est à toi que je m'adresse ! je te réclame pour mon Seigneur. Je te supplie de devenir un enfant de Dieu par la foi ! Le Seigneur a besoin de toi ; toi qui te sens propre pour l'enfer, tu es propre à avancer sa gloire ; la gloire de sa libre grâce qui justifie le méchant et celui qui n'a point fait les œuvres. Oh ! viens sur-le-champ ! Crois au Seigneur Jésus : et toi, oui toi, tu seras réconcilié avec Dieu !

SERMON 6

La justice de la foi

Moïse décrit la justice qui est par la loi, en disant, que l'homme qui fera
ces choses vivra par elles ; Mais la justice qui est par la foi parle ainsi :
Ne dis point en ton cœur : Qui montera au ciel ? C'est vouloir en faire
descendre Christ. Ou : Qui descendra dans l'abîme ? C'est rappeler
Christ d'entre les morts. Mais que dit-elle ? La parole est près de toi,
dans ta bouche et dans ton cœur. C'est la parole de la foi que nous
prêchons.
— Romains 10.5-8 —

1. Dans ce texte, l'apôtre ne met pas en opposition l'alliance donnée par Moïse, et l'alliance donnée par Christ. S'imaginer qu'il en est ainsi, ce serait ne pas observer que la dernière partie de ces paroles aussi bien que la première fut prononcée par Moïse lui-même, et adressée au peuple d'Israël, touchant l'alliance qui existait alors (Dt 30.11, 12, 14). Mais c'est l'alliance de grâce que Dieu a établie, par Christ, avec les hommes de tous les âges, aussi bien avant la dispensation juive, et sous cette dispensation que depuis l'époque où Dieu fut manifesté en chair ; c'est cette alliance, disons-nous, que saint Paul met ici en opposition avec l'alliance des œuvres faite avec Adam, encore dans le paradis terrestre, et qui était ordinairement regardée, surtout par les Juifs que mentionne l'apôtre, comme la seule que Dieu eût traitée avec l'homme.

2. C'est de ces Juifs que parle saint Paul avec tant d'amour lorsqu'il dit au commencement de ce chapitre : « Le souhait de mon cœur, et la prière que je fais à Dieu pour Israël, c'est qu'ils soient sauvés. Car je leur rends ce témoignage qu'ils ont du zèle pour Dieu, mais ce zèle est sans connaissance, parce que ne connaissant point la justice de Dieu », la justification qui vient de sa pure grâce et de sa miséricorde par lesquelles il nous pardonne gratuitement nos péchés, à cause du Fils de son amour, en vertu de la rédemption qui est en Jésus ; — ne connaissant point cette justice, « et cherchant à établir leur propre justice », leur propre sainteté, antérieure à la foi en Celui qui justifie le méchant, comme base de leur pardon et de leur réception en grâce, « ils ne se sont point soumis à la justice de Dieu », et en conséquence, ils ont suivi une voie d'erreur qui conduit à la mort.

3. Ils ne comprenaient point que « Christ est la fin de la loi, pour justifier tous ceux qui croient » ; que par l'oblation de lui-même qu'il a offerte une fois, il a mis fin à la première loi ou alliance (donnée par Dieu, non pas à Moïse, mais à Adam dans l'état d'innocence), loi dont la stricte teneur était, et cela sans concession aucune « Fais ceci, et tu vivras. « Ils ne savaient pas qu'en annulant cette première alliance, Christ nous en a acquis une meilleure, savoir : Crois et vis, « crois et tu seras sauvé » ; sauvé maintenant de la coulpe et de l'empire du péché, et par conséquent, aussi de la condamnation qui en est le salaire.

4. Et encore aujourd'hui, combien d'hommes aussi ignorants que l'étaient ces Juifs incrédules ! Combien même parmi ceux qui portent le nom de Christ, qui « ont du zèle pour Dieu », mais un zèle sans connaissance ! qui cherchent encore à établir leur propre justice comme fondement de leur pardon et de la faveur divine, et en conséquence, refusent résolument de se soumettre à la justice de Dieu ! En vérité, mes frères, le souhait de mon cœur et la prière que je fais à Dieu pour vous, c'est que vous soyez sauvés ! Afin d'ôter de votre route cette dangereuse pierre d'achoppement, je vais essayer de vous montrer, premièrement : quelle est la justice qui vient de la loi, et quelle est la justice qui vient de la foi ; — secondement : d'un côté la folie qu'il y a à se

confier en la justice de la loi, et de l'autre, la sagesse qui se trouve dans une entière soumission à la justice de la foi.

I

1. Et d'abord, la justice qui est de la loi parle ainsi « L'homme qui fera ces choses vivra par elles. « Observe toujours et parfaitement tous les commandements pour les pratiquer, et alors tu vivras à jamais. — Cette loi ou alliance (ordinairement appelée l'alliance des œuvres), donnée par Dieu à l'homme en Eden, exigeait de lui une obéissance parfaite en tout point, une obéissance entière et sans aucun défaut ; elle l'exigeait comme condition de la conservation éternelle de la sainteté et du bonheur que possédait Adam à sa création.

2. Cette loi demandait à l'homme l'accomplissement de toute justice, intérieure et extérieure, négative et positive ; — elle lui ordonnait, non seulement de s'abstenir de toute parole oiseuse et d'éviter toute mauvaise œuvre, mais encore de garder chaque affection, chaque désir et chaque pensée dans l'obéissance à la volonté de Dieu ; elle exigeait qu'il demeurât, dans son cœur et dans toute sa conduite, saint comme Celui qui l'avait créé est saint ; — qu'il fût pur de cœur comme Dieu est pur, parfait comme son Père qui est aux cieux est parfait. — L'alliance des œuvres commandait à l'homme d'aimer le Seigneur son Dieu de tout son cœur, de toute son âme, de toute sa force, de toute sa pensée ; — d'aimer aussi comme Dieu l'avait aimé lui-même, toute âme créée par Dieu ; elle voulait que, pratiquant cette bonté universelle, l'homme demeurât en Dieu qui est amour et Dieu en lui ; — qu'il servit le Seigneur son Dieu de toutes ses forces, et qu'en toutes choses il se proposât uniquement sa gloire.

3. Voir ce qu'exigeait la justice de la loi, voilà les choses que devait pratiquer l'homme, afin de pouvoir vivre par elles. Mais la loi requérait, de plus, que cette entière obéissance à Dieu, cette sainteté intérieure et extérieure, cette conformité de cœur et de vie à la volonté du Seigneur, fussent parfaites quant à leur degré. L'alliance des œuvres ne pouvait souffrir sur le moindre point, ni violation, ni concession ; elle ne tolérait ni faiblesse, ni imperfection, soit quant à la loi qui s'applique à l'intérieur, soit quant à celle qui règle l'extérieur. Et en supposant que chaque commandement relatif aux choses extérieures fût gardé, cette obéissance ne suffisait pas, à moins qu'elle ne fût rendue, par l'homme, de toute sa force ; dans la mesure la plus élevée et de la manière la plus parfaite. Les exigences de cette alliance n'étaient pas satisfaites, bien que l'homme aimât Dieu de chacune de ses facultés, s'il ne l'aimait encore de la pleine capacité de chaque faculté, de toute la puissance de son âme.

4. La justice de la loi réclamait encore une chose indispensable ; elle voulait que cette obéissance universelle et cette parfaite sainteté du cœur fussent aussi entièrement exemptes d'interruption ; qu'elles ne connussent aucune intermission, à dater du moment où Dieu créa l'homme et lui donna le souffle, jusqu'au jour où son état d'épreuve devait finir, et où il serait mis pleinement en possession de la vie éternelle.

5. La justice de la loi parle donc ainsi : Toi, ô Homme de Dieu ! persévère dans l'amour de Dieu, et conserve en toi son image en laquelle tu as été formé. Si tu veux demeurer dans la vie, garde les commandements qui sont maintenant écrits dans ton cœur. Aime le Seigneur ton Dieu de tout ton cœur. Aime, à l'égal de toi-même, toute âme qu'il a faite. Ne désire rien que Dieu. Rapporte-Lui chacune de tes pensées, de tes paroles et de tes œuvres. Que pas un mouvement de ton âme ou de ton corps ne t'éloigne de Lui, qui est le but et le prix de ta haute vocation, et que tout ce qui est en toi, chaque puissance, chaque faculté de ton âme bénisse son saint nom, en toute chose, au plus haut degré, à chaque moment de ton existence. Fais cela et tu vivras. Ta lumière brillera, ton amour s'enflammera de plus en plus, jusqu'à ce que tu sois admis aux cieux, dans la maison de Dieu, pour régner avec lui au siècle des siècles.

6. Mais voici comment parle la justice qui est par la foi : « Ne dis point en ton cœur : Qui montera au ciel ? C'est vouloir en faire descendre Christ » (comme si c'était quelque impossibilité que Dieu te demande d'accomplir pour obtenir sa faveur) ; « ou : Qui descendra dans l'abîme ? C'est rappeler Christ des morts. » (Comme si ce qui doit te procurer l'amour de Dieu n'était pas encore accompli.) « Mais que dit-elle ? La parole », suivant la teneur de laquelle tu peux être constitué héritier de la vie éternelle, « cette parole est près de toi, dans ta bouche et dans ton cœur.

C'est là la parole de la foi que nous prêchons » ; la nouvelle alliance que Dieu, par Jésus-Christ, a maintenant établie avec l'homme pécheur.

7. Par la justice qui vient de la foi, il faut entendre la condition de justification (et par conséquent, de salut présent et final, si nous y persévérons jusqu'à la fin) que Dieu donna à l'homme déchu, par les mérites et la médiation de son Fils unique. Bientôt après la chute, elle fut en partie révélée à Adam dans la promesse faite à lui et à sa postérité, que la semence de la femme écraserait la tête du serpent (Gn 3.15). Elle fut un peu plus clairement révélée à Abraham par l'ange de Dieu, qui du ciel lui parla et lui dit : « J'ai juré par moi-même, dit l'Éternel, que toutes les nations de la terre seront bénies en ta postérité (Gn 22.15, 18). « Cette révélation fut encore faite d'une manière plus complète à Moïse, à David et aux prophètes qui suivirent, et par eux elle se communiqua à une partie du peuple de Dieu, dans ses générations successives. Mais la masse des fidèles mêmes l'ignorait, et elle n'était clairement comprise que d'un très petit nombre. Ajoutons que la vie et l'immortalité ne furent jamais mises en évidence pour les anciens Juifs, comme elles le sont maintenant pour nous par l'Évangile.

8. Ainsi donc, cette alliance ne dit point à l'homme pécheur : Rends à Dieu une obéissance sans péché, et tu vivras. Si telle était la condition, l'homme ne recevrait pas plus d'avantage de tout ce que Christ a fait et souffert pour lui, que si, pour avoir la vie, il devait monter au ciel et en faire redescendre Christ, ou descendre dans l'abîme, dans le monde invisible, et ramener Christ des morts. Cette alliance ne demande point d'impossibilité, ce serait se moquer de la faiblesse humaine. Ce qu'elle exige est à la vérité impossible à l'homme abandonné à lui-même, mais non plus à l'homme assisté de l'Esprit de Dieu. En effet, à proprement parler, l'alliance de grâce ne nous oblige à faire aucune chose, comme absolument et indispensablement nécessaire à notre justification, si ce n'est de croire en Celui qui, pour l'amour de son Fils, et à cause de la propitiation qu'il a faite, justifie le pécheur qui n'a pas fait les œuvres, et lui impute sa foi à justice. C'est ainsi qu'Abraham crut à l'Éternel, qui lui imputa cela, à justice (Gn 15.6) ; « puis il reçut le signe de la circoncision, comme sceau de la, justice de la foi, — afin qu'il fût le père de tous ceux qui croient, — et que la justice leur fût aussi imputée (Rm 4.11). Or, ce n'est pas seulement pour lui qu'il est écrit que cela (la foi) lui fut imputé à justice, mais c'est encore pour nous, à qui il sera aussi imputé », à qui la foi sera imputée à justice et tiendra lieu d'obéissance parfaite, afin que nous soyons reçus en grâce par Dieu, si « nous croyons en Celui qui a ressuscité des morts le Seigneur Jésus, lequel a été livré (à la mort) pour nos offenses, et qui est ressuscité pour notre justification. » (Rm 4.23, 25) ; pour donner l'assurance de la rémission des péchés et d'une seconde vie à venir à ceux qui croient.

9. Que dit donc l'alliance de pardon, d'amour et de miséricorde gratuite ? — Crois au Seigneur Jésus et tu seras sauvé. Au jour que tu croiras, tu vivras certainement ; tu seras rétabli dans la faveur de Dieu ; et tu sauras que dans sa bienveillance il y a la vie. Tu seras sauvé de la malédiction et de la colère de Dieu, tu seras ressuscité de la mort du péché à la vie de la justice, et si, jusqu'à la fin, tu persévères à croire en Jésus, tu ne connaîtras jamais la seconde mort ; mais après avoir souffert avec ton Sauveur, avec lui aussi tu vivras et tu régneras au siècle des siècles.

10. Maintenant cette parole est près de toi. Cette condition de vie est claire, facile, toujours possible à remplir ; elle est dans ta bouche et dans ton cœur, par l'action de l'Esprit de Dieu. Dès l'instant où tu croiras dans ton cœur eu Celui que Dieu a ressuscité, des morts, et où « tu confesseras de ta bouche le Seigneur Jésus » comme ton Seigneur et ton Dieu, tu seras sauvé de la condamnation, de la culpabilité, de ta peine de tes péchés passés, et tu obtiendras le pouvoir de servir Dieu dans une sainteté véritable tout le reste de ta vie.

11. Quelle est donc la différence entre la justice de la loi et la justice de la foi ? Entre la première alliance, ou alliance des œuvres, et la seconde, ou alliance de grâce ? La différence essentielle, immuable, est celle-ci : la première suppose que celui qui la reçoit est déjà saint et heureux, créé à l'image de Dieu, et possédant sa faveur, et elle prescrit à quelle condition il peut se maintenir dans cet état, dans l'amour et dans la joie, dans la vie et dans l'immortalité. La seconde suppose que celui qui la reçoit est actuellement corrompu et malheureux, privé de l'image glorieuse de Dieu, sous le poids de la colère divine, et se précipitant par le péché qui a déjà fait mourir son âme, vers la mort du corps et la mort éternelle ; — à l'homme, dans cette situation, elle présente la

condition à laquelle il peut retrouver la perle qu'il a perdue, savoir : la faveur de Dieu et la grâce d'être formé de nouveau à son image. Elle lui dit à quelle condition il peut recouvrer la vie de Dieu dans son âme et être rendu à la connaissance et à l'amour de son Créateur, ce qui est le commencement de la vie éternelle.

12. Sous l'alliance des œuvres, afin que l'homme pût conserver la faveur de Dieu, sa connaissance et son amour, et qu'il demeurât dans la sainteté et dans le bonheur, il était encore exigé de l'homme parfait une obéissance parfaite et constante à chaque point de la loi, taudis que sous l'alliance de grâce, pour recouvrer la faveur et la vie de Dieu, il n'est imposé à l'homme d'autre condition que la foi, une foi vivante en Celui qui, par Christ, justifie celui qui n'a pas obéi.

13. Encore une fois, l'alliance des œuvres exigeait d'Adam et de tous ses enfants qu'ils payassent eux-mêmes le prix qui devait leur assurer toutes les bénédictions futures de Dieu. Mais, sous l'alliance de grâce, puisque nous n'avons rien pour payer, Dieu nous quitte gratuitement toute notre dette, pourvu seulement que nous croyions en Celui qui a payé le prix pour nous, et qui s'est donné lui-même en « propitiation pour nos péchés et pour ceux du monde entier. »

14. Ainsi donc, la première alliance demandait ce qui est maintenant bien loin de tous les enfants des hommes, savoir, une obéissance sans péché, qui ne se trouve certes pas chez ceux qui sont conçus et nés dans le péché. Au lieu que la seconde alliance exige ce qui est près de nous ; voici son langage : Tu es péché ; Dieu est amour ! Par le péché, tu t'es privé de la gloire de Dieu, mais il y a miséricorde auprès de Lui. Apporte donc tous tes péchés à ce Dieu qui pardonne, et ils s'évanouiront comme un nuage. Si tu n'étais pas méchant, il ne pourrait te justifier comme méchant ; mais maintenant, approche-toi de lui dans la pleine assurance de la foi. Dieu parle, et tout est fait ! Ne crains point, crois seulement ; car même le Dieu juste justifie tous ceux qui croient en Jésus.

II

1. Ces vérités, une fois établies, il est facile de montrer, en second lieu, comme je me suis proposé de le faire, combien il serait insensé de se confier en la justice qui est de la loi, et quelle sagesse il y a à se soumettre à la justice qui est par la foi.

Nous pouvons déjà clairement voir la folie de ceux qui se confient encore en la justice qui vient de la loi, dont les termes sont : Fais cela et tu vivras. Ils commencent mal ; leur premier pas est une erreur fondamentale, car, avant de réclamer une seule bénédiction d'après les termes de cette alliance, ils doivent se supposer dans l'état de celui avec qui elle fut contractée. Mais que cette supposition est vaine, puisque cette alliance fut faite avec Adam dans l'état d'innocence ! Quel défaut de solidité dans tout l'édifice qui repose sur un pareil fondement ! Combien sont insensés ceux qui bâtissent ainsi sur le sable, et paraissent n'avoir jamais considéré que l'alliance des œuvres ne fût point donnée à l'homme mort dans ses fautes et ses péchés, mais à l'homme vivant à Dieu, ne connaissant point le péché, et étant saint comme Dieu est saint ! — Ils oublient que cette alliance n'eut jamais pour but de rendre la faveur et la vie de Dieu une fois perdues, mais seulement de les conserver et de les augmenter jusqu'à ce qu'elles fussent complètes dans la vie éternelle.

2. Ceux qui cherchent ainsi à établir leur propre justice qui vient de la loi, n'examinent pas non plus quelle est l'espèce d'obéissance on de justice que la loi exige indispensablement. Cette obéissance doit être parfaite et entière en tout point ; sinon, la loi n'est pas satisfaite. Mais qui de vous pourra rendre à Dieu une telle obéissance et par conséquent, avoir la vie par ce moyen ? Qui de vous accomplit, ne fût-ce que les commandements extérieurs de Dieu, jusqu'à un iota ? ne faisant aucune chose, petite ou grande, que Dieu ait défendu ? ne négligeant rien de ce qu'il ordonne ? ne disant pas une parole oiseuse ? ayant toujours une conversation propre à « communiquer la grâce à ceux qui vous entendent ? » « Et soit que vous mangiez ou que vous buviez, ou quelque chose que vous fassiez, faisant tout pour la gloire de Dieu ? Combien moins encore pouvez-vous garder tous les commandements intérieurs de Dieu, ceux qui demandent que chaque émotion, chaque sentiment de votre âme, soit la sainteté à l'Éternel ! Pouvez-vous aimer Dieu de tout votre cœur ? Pouvez-vous aimer tous les hommes comme vous aimez votre propre âme ? Pouvez-vous prier sans cesse, et en toutes choses rendre grâce ? Pouvez-vous avoir Dieu conti-

nuellement devant les yeux, et tenir dans l'obéissance à sa loi, toutes vos pensées, tous vos désirs et toutes vos affections ?

3. Vous devriez considérer, en outre, que la justice de la loi veut, non seulement l'observation de tout commandement de Dieu, qu'il soit négatif ou positif, qu'il se rapporte au cœur ou à la conduite extérieure, mais aussi qu'elle réclame la perfection quant au degré de cette obéissance. Dans tous les cas possibles la voix de la loi est : Tu serviras le Seigneur ton Dieu de toutes tes forces. — Elle n'admet aucune espèce d'affaiblissement des obligations qu'elle impose ; elle n'excuse aucun défaut ; elle condamne tout acte qui n'atteint pas la pleine mesure de l'obéissance, et prononce aussitôt une malédiction contre le coupable ; en un mot, elle n'a égard qu'aux règles invariables de la justice ; elle dit : Je ne sais ce que c'est que la miséricorde.

4. Qui donc pourra comparaître devant un juge si prompt à remarquer le mal ? Que ceux-là sont faibles, qui désirent être cités devant le tribunal où nul homme vivant, aucun descendant d'Adam, ne sera justifié ! Car en supposant que nous observions maintenant chaque commandement de toutes nos forces, une seule faute que nous n'ayons jamais commise suffit pour détruire complètement tout notre droit à la vie. Si nous avons jamais péché dans un seul point, c'en est fait de cette justice ; car la loi condamne tous ceux dont l'obéissance n'est pas sans interruption, aussi bien que parfaite. De sorte que, suivant la sentence que prononce cette loi, celui qui a une fois péché n'a plus rien à attendre qu'un jugement terrible et un feu ardent qui doit dévorer les adversaires de Dieu.

5. N'est-ce donc pas le comble de la folie pour l'homme déchu que de chercher la vie par cette justice ? l'homme qui a été formé dans l'iniquité, et que sa mère a conçu dans le péché ? ; qui est, par nature, terrestre, sensuel, diabolique, tout-à-fait corrompu et abominable ; l'homme en qui, jusqu'à ce qu'il ait trouvé grâce, n'habite aucun bien ; l'homme qui, de lui-même, ne peut avoir une bonne pensée ; qui n'est que péché, qu'une masse impure, et dont chaque souffle est un péché ; l'homme, dont les transgressions de parole ou d'action surpassent en nombre les cheveux de sa tête ! Quelle stupidité, quelle absurdité, chez un ver de terre si impur, si coupable, si impuissant, que de rêver à obtenir la faveur de Dieu par sa propre justice, et de prétendre à la vie par la justice qui est de la loi !

6. Et maintenant ; les considérations qui montrent la folie qu'il y a à se confier dans la justice de la loi, prouvent aussi combien il est sage de se soumettre à la justice qui est de Dieu par la foi. Il serait facile de le montrer par rapport à chacune des considérations qui précèdent. Mais laissant cela de côté, nous voyons clairement quelle sagesse il y a dans le premier pas que fait le pécheur dans cette voie ; nous voulons dire dans le renoncement à notre propre justice, puisque ce renoncement est un acte conforme à la vérité et à la nature même des choses. Car, qu'est-ce autre chose sinon un aveu de notre véritable état, et qui est fait du cœur aussi bien que des lèvres ? Renoncer à notre justice propre, n'est-ce pas reconnaître que nous apportons avec nous dans le monde une nature pécheresse et corrompue, plus corrompue même qu'il n'est aisé de le concevoir ou de l'exprimer ? que cette nature nous porte à faire tout ce qui est mal, et nous éloigne de tout ce qui est bien ? que nous sommes remplis d'orgueil, de volonté propre, de passions désordonnées, de désirs insensés, d'affections basses et déréglées ? que nous sommes amateurs du monde et des plaisirs plus que de Dieu ? Renoncer à notre propre justice, n'est-ce pas avouer que notre vie n'a pas été meilleure que notre cœur, et que nos voies ont été impies et injustes, de sorte que nos péchés, soit de parole, soit d'action, ont égalé en nombre les étoiles des cieux ? que pour toutes ces raisons nous sommes sous le déplaisir de Celui dont les yeux sont trop purs pour voir le mal ? N'est-ce pas confesser que nous ne méritons que l'indignation, la colère et la mort, tristes gages du péché ? que ni par notre justice (car en vérité nous n'en avons point), ni par nos œuvres (fruits mauvais d'un arbre mauvais), nous ne pouvons apaiser la colère de Dieu, ni détourner la peine que nous avons justement encourue ? Enfin, par le renoncement à notre propre justice, ne reconnaissons-nous pas que, laissés à nous-mêmes, nous ne ferons qu'empirer et nous plonger toujours plus avant dans le péché ? offensant Dieu de plus en plus, tant par nos mauvaises œuvres que par les mauvaises dispositions de notre cœur charnel, jusqu'à ce qu'ayant comblé la mesure de nos iniquités, nous attirions sur nous une prompte destruction ? — Cette confession n'exprime-t-elle pas le véritable état dans lequel nous sommes naturellement ? S'il en est ainsi, reconnaître cet

état, du cœur et des lèvres, c'est-à-dire rejeter tout espoir eu notre propre justice, en cette justice qui vient de la loi, c'est agir conformément à la vraie nature des choses, et en conséquence, c'est montrer une véritable sagesse.

7. La sagesse de se soumettre à la justice de la foi ressort encore de la considération que cette justice est celle de Dieu ; — je veux dire que c'est le moyen de réconciliation avec Lui, que Dieu lui-même a choisi et établi, non seulement comme Dieu de justice, mais aussi comme Maître souverain du ciel, de la terre et de toutes les créatures qu'il a, formées. Maintenant, comme il ne convient à personne de dire à Dieu : Que fais-tu ? Et comme aucun homme, à moins qu'il ne soit complètement privé d'intelligence, ne songera à disputer avec Celui qui est plus puissant que lui, et dont la domination s'étend sur toutes choses, c'est donc faire preuve d'une vraie sagesse et d'une saine intelligence, que d'acquiescer à ce que Dieu a choisi et de dire en ceci comme nous devons le faire en toutes choses : « C'est le Seigneur, qu'il fasse ce qui lui semblera bon. »

8. On peut remarquer en outre que c'est par pure grâce, par amour gratuit, par une miséricorde dont l'homme pécheur était indigne, que Dieu lui a accordé un moyen de réconciliation avec Lui-même, afin que nous ne fussions pas entièrement rejetés et effacés de son souvenir. Par conséquent, quel que soit le moyen qu'il plaît à Dieu d'adopter dans sa tendre miséricorde et dans sa bonté toute gratuite, pour réintégrer dans sa faveur des ennemis qui se sont si ouvertement et si obstinément rebellés contre lui, il y a assurément sagesse de notre part à accepter ce moyen avec une vive reconnaissance.

7. Ajoutons une dernière considération. — La sagesse consiste dans l'emploi des meilleurs moyens pour arriver au meilleur but. Or, le plus excellent but que puisse se proposer la créature, c'est de trouver le bonheur en Dieu ; le meilleur but que puisse poursuivre une créature déchue, c'est le recouvrement de la faveur de Dieu et de la sainteté qui est son image. Et le meilleur, ou plutôt le seul moyen, sous le ciel, donné à l'homme pour retrouver cette faveur de Dieu qui est préférable à la vie, et cette ressemblance à Dieu qui est la vraie vie de l'âme ; ce moyen, dis-je, c'est de se soumettre à la justice qui est par la foi, c'est de croire au Fils unique de Dieu.

III

1. Qui que tu sois donc, ô toi qui désires le pardon de tes péchés et la réconciliation avec Dieu, ne dis pas en ton cœur : Il me faut d'abord faire ceci ; il me faut premièrement surmonter tout péché, renoncer à toute mauvaise parole et à toute mauvaise action, et faire toute sorte de bien à tous les hommes ; ou il me faut d'abord aller à l'église ; il me faut communier, entendre plus de sermons, dire un plus grand nombre de prières. Hélas ! mon frère, tu t'égares complètement. Tu ne connais pas encore la justice de Dieu ; tu cherches encore à établir ta propre justice comme base de ta réconciliation ; ne sais-tu pas que jusqu'à ce que tu sois réconcilié, avec Dieu, tu ne peux rien faire que pécher ? Pourquoi donc dis-tu, il faut premièrement que je fasse ceci ou cela, et ensuite je croirai ? Non, crois d'abord. Crois au Seigneur Jésus qui est la propitiation pour tes péchés. Pose d'abord ce bon fondement, tout ira bien ensuite.

2. Ne dis pas non plus en ton cœur : Je ne puis encore être reçu en grâce, car je ne suis pas assez bon. Qui est assez bon, qui ne fut jamais assez bon pour mériter la faveur de Dieu ? Entre les fils d'Adam s'en trouva-t-il jamais un qui fût assez bon pour cela ? Et jusqu'à la fin de toutes choses, y en aura-t-il jamais un qui le soit ? Quant à toi, tu n'es nullement bon ; en toi n'habite aucun bien, et tu ne seras jamais bon jusqu'à ce que tu croies en Jésus. Au contraire, tu te reconnaîtras de plus en plus mauvais. Mais est-il nécessaire de devenir plus mauvais pour être pardonné de Dieu ? N'es-tu pas déjà assez mauvais ? Oui, certes, tu es assez mauvais ; Dieu le sait, et tu ne peux le nier toi-même. Tout est prêt maintenant ; ne diffère donc plus de croire au Sauveur. Lève-toi, et sois lavé de tes péchés. La source est ouverte ; c'est maintenant le temps de te blanchir dans le sang de l'Agneau. Christ te purifiera maintenant comme avec l'hysope, et tu seras net : il te lavera et tu seras plus blanc que la neige.

3. Ne dis pas : Mais je ne suis pas assez repentant, je ne sens pas assez de douleur à cause de mes péchés. Je le sais ; plût à Dieu que tu sentisses tes péchés et que tu en fusses mille fois plus affligé que tu ne l'es ! Mais n'attends pas pour cela. Il se peut que Dieu brise ton cœur, non avant que tu croies, mais lorsque tu croiras, et par le moyen de la foi. Il peut arriver que tu ne verses

pas beaucoup de larmes jusqu'à ce que tu aimes beaucoup, parce qu'il t'aura été beaucoup pardonné. Dès maintenant regarde à Jésus, vois combien il t'aime ! Que pouvait-il faire pour toi qu'il ne l'ait fait ?

Ô Agneau de Dieu, fût-il jamais douleur comme ta douleur !

fût-il jamais amour semblable à ton amour !

Pécheur, tiens les yeux constamment fixés sur lui jusqu'à ce qu'il te regarde et qu'il brise la dureté de ton cœur ; alors ta tête se fondra en eaux et tes yeux seront comme des fontaines de larmes.

4. Garde-toi encore de dire : Il faut que je fasse quelque chose de plus, avant d'aller à Christ. Si ton Seigneur tardait à venir, j'admets qu'il serait bon et juste d'attendre son apparition en faisant selon ton pouvoir tout ce qu'il t'a commandé. Mais une telle supposition n'est pas nécessaire. Comment sais-tu qu'il doit tarder ? Il apparaîtra peut-être comme l'aurore avant la lumière du matin. Ne lui prescris pas le moment où il doit venir ; mais attends-le à toute heure. Maintenant, il est proche et à la porte.

5. Et dans quel but voudrais-tu attendre d'avoir plus de sincérité avant que tes péchés fussent effacés ? Serait-ce pour te rendre plus digne de la grâce de Dieu ? Hélas ! tu cherches encore à établir ta propre justice. Il te fera miséricorde, non parce que tu en es digne, mais parce que ses compassions sont infinies ; non parce que tu es juste, mais parce que Jésus-Christ a expié tes péchés.

Mais encore si la sincérité est une bonne chose, pourquoi espères-tu la trouver en toi avant d'avoir la foi, puisque la foi seule est la source de tout ce qui est véritablement saint et bon ?

Jusques à quand donc oublieras-tu, que quoi que tu fasses, quoi que tu possèdes, avant d'avoir reçu le pardon de tes péchés, rien de tout cela n'a ta moindre valeur devant Dieu pour te procurer ce pardon ? Il y a plus : il faut que tu jettes tout cela derrière toi, que tu le foules aux pieds, que tu n'en fasses aucun cas ; autrement jamais tu ne trouveras grâce devant Dieu. Car jusqu'à ce que tu en sois venu à ce complet renoncement à tes œuvres, tu ne peux demander grâce comme un pauvre pécheur coupable, perdu, ruiné, n'ayant rien à faire valoir auprès de Dieu, rien à lui offrir, sinon les seuls mérites de son Fils bien-aimé, qui t'a aimé et qui s'est, donné lui-même pour toi.

6. Enfin, qui que tu sois, ô homme qui es sous la sentence de mort, qui sens que tu es un pécheur condamné, et que la colère de Dieu pèse sur toi, le Seigneur ne te dit pas : Fais cela ; — garde parfaitement tous mes commandements et tu vivras ; — mais crois au Seigneur Jésus, et tu seras sauvé. La parole de la foi est près de toi ; maintenant, à l'instant même, et dans ton état actuel, tel que tu es, tout pécheur que tu es ; crois à l'Évangile, et cette promesse de l'Éternel s'accomplira : « Je te pardonnerai tes péchés, et je ne me souviendrai plus de tes iniquités. »

SERMON 7

Le chemin du royaume

Le Royaume de Dieu est proche, repentez-vous et croyez à l'Évangile.
— Marc 1.15 —

Ces paroles nous conduisent naturellement à considérer :
I. la nature de la vraie religion, appelée ici par le Seigneur le royaume de Dieu, lequel, dit-il, est proche ; et
II. la voie qui y mène, et qu'il indique par ces mots : « Repentez-vous et croyez à l'Évangile. »

I

1. Nous considèrerons d'abord la nature de la vraie religion, appelée ici par le Seigneur le royaume de Dieu. La même expression est employée par le grand apôtre dans l'Épître aux Romains, quand il dit, expliquant en même temps la parole du Maître : « Le royaume de Dieu n'est ni viande ni breuvage, mais justice, paix et joie par le Saint-Esprit (Rm 14.17). »

2. Le royaume de Dieu, ou la vraie religion, n'est ni viande ni breuvage. On sait que non seulement les Juifs inconvertis, mais plusieurs de ceux mêmes qui avaient reçu la foi en Christ étaient zélés pour la loi, c'est-à-dire, pour la loi cérémonielle de Moïse. Toute ce donc qu'ils y trouvaient écrit concernant les viandes et breuvages des offrandes, ou la distinction de viandes ou impures ; non seulement ils l'observaient eux-mêmes, mais encore ils le recommandaient fortement à ceux d'entre les païens qui avaient été convertis à Dieu ; et plusieurs allaient, dans cet enseignement, jusqu'à leur dire : « A moins que vous ne soyez circoncis, et que vous ne gardiez toute la loi (toute la loi des rites), vous ne pouvez être sauvés » (Ac 15.1, 24).

3. C'est par opposition à cette doctrine, tant ici que souvent ailleurs, que la vraie religion ne consiste ni dans le manger ou le boire, ni dans aucune observance rituelle, ni même en rien d'extérieur ou qui soit hors du cœur, étant renfermée tout entière dans la justice, la paix et la joie par le Saint-Esprit.

4. Elle ne consiste dans rien d'extérieur, dans aucune forme ou cérémonie, si excellente soit-elle. Quelque bien appropriées et significatives qu'on suppose ces formes, quelque parfaite que soit l'image qu'elles donnent des choses spirituelles, quelque utilité qu'elles aient, non seulement pour le vulgaire, dont les pensées ne s'étendent guère au-delà de la vue, mais encore, ainsi qu'il arrive sans doute quelquefois, pour des hommes d'intelligence et de savoir ; qu'elles soient de plus, si l'on veut, comme chez les Juifs, instituées de Dieu, toujours est-il que, même dans le temps où cette institution est en vigueur, loin d'être la chose essentielle dans la vraie religion, elles n'en font pas proprement partie. Combien plus en est-il ainsi de rites établis par les hommes ! La religion de Christ s'élève infiniment au-dessus, et elle est d'une profondeur infiniment plus grande. Ces rites sont bons en temps et lieu, juste dans la mesure où ils servent à la vraie religion. Tant qu'on ne les applique qu'occasionnellement pour aider la faiblesse humaine, il y aurait superstition à s'y opposer. Mais que personne ne les exalte davantage ; que personne n'aille rêver qu'ils ont une valeur intrinsèque ou que la religion ne peut subsister sans eux. Ce serait en faire une abomination pour le Seigneur.

5. Bien loin que la religion, quant à sa nature, puisse consister ainsi dans des formes de culte, dans des rites et des cérémonies, elle ne consiste, à proprement parler, dans aucune sorte d'actions extérieures. Un homme, sans doute, ne peut avoir de religion, si ses actions sont vicieuses, immorales, ou s'il fait aux autres ce qu'il ne voudrait pas qu'on lui fit en pareille occasion ; un homme ne peut avoir une religion réelle qui sachant faire le bien ne le fait pas. Mais on

peut aussi, quant au dehors, s'abstenir du mal et faire le bien, sans avoir de religion. Et de deux personnes lui font la même œuvre extérieure, qui, par exemple, nourrissent les affamés ou vêtent ceux qui sont nus, il se peut que l'une soit vraiment religieuse, et due l'autre n'ait pas du tout de religion ; car l'une peut agir par amour pour Dieu, et l'autre par amour de la louange. Tant il est vrai que, bien qu'elle conduise à toute bonne parole, à toute bonne œuvre, la religion réelle est plus profonde encore dans sa nature, et qu'il faut la chercher dans l'homme caché du cœur.

6. Je dis du cœur, car la religion ne consiste pas non plus dans l'orthodoxie ou justesse des opinions, qui, pour n'être pas précisément une chose extérieure, n'en appartient pas moins à l'intelligence plutôt qu'au cœur. Un homme peut être en tout point orthodoxe, et non seulement adopter des opinions saines, mais les défendre avec zèle contre tout opposant ; il peut penser juste sur l'incarnation du Seigneur, sur la Sainte Trinité, et sur toute autre doctrine des oracles de Dieu ; il peut recevoir les trois symboles : celui qu'on nomme des apôtres, celui de Nicée, celui d'Athanase, et cependant n'avoir point du tout de religion ; n'en avoir pas plus qu'un Juif, un Turc ou un païen ! Il peut être presque aussi orthodoxe que le diable (je dis presque, car tout homme est sujet à se tromper sur quelque point, tandis qu'on ne peut guère admettre que le diable ait des opinions erronées) ; il peut être, dis-je, presque aussi orthodoxe que le démon, et néanmoins être aussi étranger que lui à la religion du cœur.

7. Celle-ci mérite seule le nom de religion ; seule elle est de grand prix devant Dieu. L'apôtre la résume tout entière par ces trois mots : justice, paix, joie par le Saint-Esprit ; et d'abord justice. Ici, rappelons-nous les paroles dans lesquelles le Seigneur nous donne le sommaire de la loi et des prophètes : « Tu aimeras le Seigneur ton Dieu de tout ton cœur, de toute ta pensée, de toute ton âme et de toute ta force (Mc 12.30). « C'est là le premier et le grand commandement ; c'est le principal point de la justice chrétienne ; tu te réjouiras en l'Éternel ton Dieu ; tu chercheras et trouveras en lui tout ton bonheur. Il faut qu'il soit, dans le temps et dans l'éternité, ton bouclier et ta grande récompense ; que tout ton être s'écrie : « Quel autre ai-je au ciel que toi ? Voici, je n'ai pris plaisir sur la terre qu'en toi ! « Il faut que tu l'entendes, que tu suives sa voix qui te dit : « Mon fils, donne-moi ton cœur. « Et lui ayant donné ton cœur, afin qu'il y règne sans rival, tu pourras dire du plus profond de ton âme : « Éternel qui es ma force, je t'aimerai d'une affection cordiale. L'Éternel est mon rocher, ma forteresse et mon libérateur ; mon Dieu fort est mon rocher, je me retirerai vers lui ; il est mon bouclier, la force qui me délivre, et ma haute retraite (Mc 12.30) ! »

8. Et voici le second commandement, semblable au premier, qui complète la justice chrétienne : « Tu aimeras ton prochain comme toi-même. « Tu l'aimeras, c'est-à-dire tu l'environneras de la plus tendre bienveillance, de l'affection la plus profonde et la plus cordiale ; tu mettras la plus grande ardeur à éloigner de lui tout mal, et à lui procurer tout bien en ton pouvoir. Tu aimeras ainsi, qui ? Ton ami ? ton parent ? celui que tu estimes ? celui qui t'aime, qui prévient tes bons procédés ou qui te les rend ? Non, mais ton prochain, c'est-à-dire tout fils d'homme, toute créature humaine, toute âme que Dieu a faite, sans excepter celui que tu n'as jamais vu en chair, que tu ne connais ni de visage ni de nom, sans excepter celui que tu sais être méchant et ingrat, celui qui te persécute encore ou te traite avec mépris ; et c'est comme toi-même que tu dois l'aimer, ayant pour son bonheur, sous tous les rapports, une ardeur constante, et mettant un soin infatigable à le garantir de tout ce qui pourrait l'affliger en lui-même, dans son âme ou dans son corps.

9. Cet amour n'est-il pas l'accomplissement de la loi, et ne renferme-t-il pas toute la justice chrétienne ? Oui, toute justice intérieure, car il suppose nécessairement des entrailles de miséricorde, l'humilité d'esprit (car l'amour ne s'enfle point d'orgueil), la douceur, l'affabilité, le support (l'amour ne s'aigrit point ; il croit tout, il espère tout, il supporte tout) ; et toute justice extérieure, car l'amour ne fait point de tort au prochain, ni en paroles, ni en actions. Il ne peut volontairement attrister ni blesser personne ; et il est zélé pour les bonnes œuvres. Quiconque aime les hommes fait, suivant l'occasion, du bien à tous, étant (sans partialité et sans hypocrisie) rempli de miséricorde et de bons fruits.

10. Mais la vraie religion (ou un cœur droit envers Dieu et envers les hommes), est inséparable du bonheur aussi bien que de la sainteté ; car elle n'est pas seulement justice, mais aussi paix et joie par le Saint-Esprit. Quelle est cette paix ? C'est la paix de Dieu, que Dieu seul peut donner, et que le monde ne peut ravir ; c'est la paix qui passe toute intelligence, toute conception

purement rationnelle, étant une perception surnaturelle, un savourement divin des liens célestes que l'homme naturel, quelque intelligent qu'il soit, ne peut connaître, parce que c'est spirituellement qu'on en juge. C'est une paix qui bannit tout doute et toute pénible incertitude ; car le Saint-Esprit témoigne à l'esprit du chrétien qu'il est enfant de Dieu ; elle bannit toute crainte accompagnée d'angoisses : la crainte de la colère de Dieu, la crainte de l'enfer, la crainte du diable, et, en particulier, la crainte de la mort, car celui qui la possède, désire, si c'est la volonté de Dieu, « quitter ce corps pour être avec Christ. »

11. Cette paix de Dieu, dans toute âme on elle habite, s'accompagne de la joie du Saint-Esprit, c'est-à-dire de la joie qu'opère le Saint-Esprit de Dieu. C'est lui qui produit en nous une humble et calme allégresse en Dieu, par Jésus, par qui nous avons obtenu, dès à présent, la réconciliation avec Dieu ; c'est lui qui nous donne la hardiesse de nous appliquer la déclaration du roi-prophète : « Heureux l'homme dont l'iniquité est pardonnée, et dont le péché est couvert. « C'est lui qui inspire au chrétien cette joie sereine et solide que lui donne le témoignage de son adoption ; c'est lui qui le porte à se réjouir d'une joie ineffable dans l'espérance de la gloire de Dieu, dans l'espérance de cette glorieuse image qu'il possède déjà en partie, et qui sera accomplie en lui, et dans l'espérance de cette couronne de gloire qui ne peut se flétrir, et qui est réservée pour lui dans les cieux.

12. Cette sainteté et cette félicité réunies sont appelées dans l'Écriture, tantôt le royaume, de Dieu (comme ici dans notre texte), et tantôt le royaume des cieux. C'est le royaume de Dieu, car c'est le fruit immédiat du règne de Dieu dans l'âme. Aussitôt qu'il manifeste sa puissance en établissant son trône dans les cœurs ils sont remplis de justice, de paix et de joie par le Saint-Esprit. C'est le royaume des cieux, c'est, en quelque degré, le ciel commencé dans l'âme ; car quiconque fait l'expérience de ce bonheur peut dire devant les hommes et les anges : J'ai la vie éternelle dès ici-bas, pour moi, la gloire céleste commence sur la terre. — Et cette profession est d'accord avec les déclarations formelles de l'Écriture qui partout témoigne que Dieu nous a donné la vie éternelle, et que cette vie est en son Fils. C'est ici la, vie éternelle que de te connaître, toi le seul vrai Dieu, et celui que tu as envoyé, Jésus-Christ. Et ceux à qui il fait ce don, pourraient, du milieu même d'une fournaise ardente, lui dire avec assurance Seigneur, gardés en sûreté par ta puissance, nous t'adorons d'un cœur joyeux ; nous t'offrons nos chants comme le font autour de ton trône les saints et les anges, car le ciel est partout où l'on sent ta présence.

13. C'est ce royaume de Dieu ou des cieux qui est proche. Lorsque ces paroles furent prononcées, elles signifiaient que le temps était dès lors accompli où « Dieu, manifesté en chair », allait établir son royaume parmi les hommes, et régner dans le cœur des siens. Et ce temps ne serait-il pas accompli maintenant ? Car « voici, nous dit-il, je suis avec vous », avec vous qui prêchez la rémission des péchés en mon nom, « jusqu'à la fin du monde. « Ainsi donc, en quelque lien que l'Évangile de Christ soit prêché, ce royaume de Dieu est proche et à la porte ; il est tout près de chacun de vous, vous pouvez y entrer dès cette heure, si seulement vous entendez sa voix qui vous dit : « Repentez-vous et croyez à l'Évangile. »

II

1. « C'est ici le chemin, marchez-y » ; et d'abord repentez-vous, c'est-à-dire connaissez-vous vous vous-mêmes. C'est là la première repentance, la conviction de péché qui précède la foi. Réveille-toi donc ; toi qui dors, reconnais que tu es pécheur, et quelle sorte de pécheur tu es. Reconnais cette corruption foncière de ta nature, par laquelle tu te trouves si loin de la justice primitive ; par laquelle ta chair convoite sans cesse contre l'esprit, tes affections étant inimitié contre Dieu, ne se soumettant pas à la loi de Dieu, et ne pouvant s'y soumettre. Reconnais que tu es corrompu dans toutes les puissances de ton âme ; que tu es totalement corrompu dans chacune de ses facultés, et que tout ton être moral est bouleversé. Les yeux de ton entendement sont si obscurcis qu'ils ne peuvent discerner Dieu ni les choses de Dieu. L'ignorance et l'erreur sont comme un nuage qui t'enveloppe et te couvre d'une ombre de mort. Tu ne connais encore rien comme il faut, ni Dieu, ni le monde, ni toi-même. Ta volonté n'est plus celle de Dieu ; mais, dénaturée et pervertie, elle abhorre le bien que Dieu aime, elle aime toutes les abominations que Dieu hait. Tes affections aliénées de Dieu se prodiguent à tout sur la terre. Tes désirs et tes répu-

gnances, tes joies et tes chagrins, tes espérances et tes craintes, en un mot, tous les mouvements de ton âme sont désordonnés, soit quant à leur degré, soit quant à leur objet. En sorte qu'il n'y a en toi rien d'entier ; mais depuis la plante des pieds jusqu'à la tête, ce n'est, comme dit énergiquement le prophète, « que blessures, meurtrissures et plaies purulentes. »

2. Telle est la corruption naturelle de ton cœur, du plus profond de ton âme. Et quel arbre, quels rameaux peux-tu attendre d'une telle racine ? C'est d'abord l'incrédulité qui rejette le Dieu vivant, et qui dit : « Qui est l'Éternel pour que j'obéisse à sa voix ? « ou bien : « Le Seigneur ne s'inquiète point de ces choses ! « C'est l'indépendance qui présume de s'égaler au Très-Haut. C'est l'orgueil, sous toutes ses formes, t'enseignant à dire : « Je suis riche, je suis dans l'abondance, et je n'ai besoin de rien. « De cette source impure jaillissent les flots amers de la vanité, de la soif de louanges, de la cupidité, de la convoitise de la chair, de la convoitise des yeux, de l'orgueil de la vie. De là naissent la colère, la haine, la malice, la vengeance, l'envie, la jalousie, les mauvais soupçons ; de là tous les désirs vains et pernicieux qui t'embarrassent maintenant dans bien du tourment, et qui, si tu ne préviens à temps ce malheur, entraîneront enfin ton âme dans la perdition éternelle.

3. Et quels fruits peuvent croître sur de tels rameaux ? Ceux-là seuls qui sont amers et mauvais en tout temps. De l'orgueil viennent les contentions, les vanteries qui cherchent et obtiennent les louanges des hommes, et privent Dieu de cette gloire qu'il ne donnera point à autrui. De la convoitise de la chair vient la gourmandise, l'ivrognerie, la sensualité, la fornication, l'impureté, qui souillent de mille manières ce corps qui devait être le temple du Saint-Esprit. De l'incrédulité, toutes sortes de paroles et d'œuvres mauvaises. Mais le temps manquerait pour faire le compte de tout, de toutes les paroles vaines par lesquelles tu as bravé le Très-haut, contristé le Saint d'Israël, de toutes les œuvres mauvaises que tu as faites ; mauvaises en elles-mêmes, ou mauvaises en ce qu'elles ne se proposent pas la gloire de Dieu, car tes actes coupables sont en plus grand nombre que les cheveux de ta tête. Qui pourra compter le sable de la mer, ou les gouttes de pluie, ou tes iniquités.

4. Mais ne sais-tu pas que « le salaire du péché c'est la mort », la mort non pas seulement temporelle mais éternelle ? « L'âme qui aura péché sera celle qui mourra », car la bouche de l'Éternel a parlé. Elle mourra de la mort seconde. « Ils seront punis d'une perdition éternelle par la, présence du Seigneur et par sa puissance glorieuse. « Telle est la sentence. Ne sais-tu pas que tout pécheur doit être puni « par la géhenne du feu ? « L'expression du texte ne signifie pas seulement qu'il a lieu de craindre le feu de l'enfer, cette version serait beaucoup trop faible ; mais qu'il est déjà sous la sentence du feu de l'enfer, déjà condamné, et que déjà se prépare l'exécution. Tu as mérité la mort éternelle, c'est le juste salaire de la méchanceté de ton cœur et de tes actions. Il serait juste que la sentence s'exécutât dès cette heure. Le vois-tu, le sens-tu ? Crois-tu réellement mériter la colère de Dieu, la damnation éternelle ? Es-tu convaincu que Dieu ne te ferait aucun tort si maintenant il commandait à la terre de s'entre ouvrir pour t'engloutir, s'il te précipitait maintenant dans l'abîme, dans le feu qui ne s'éteint point ? Si Dieu t'a déjà donné la repentante, tu sens vivement qu'il en est ainsi, et que c'est par sa pure grâce que tu n'as point encore été consumé et balayé de la face de la terre.

5. Et que feras-tu pour apaiser la colère de Dieu, pour expier tous tes péchés, et pour échapper à la peine que tu as si justement méritée ? Hélas tu ne peux rien faire, rien qui puisse expier devant Dieu une seule œuvre, une seule parole, une seule pensée mauvaise. S'il t'était possible de ne faire que le bien désormais, si dès cette heure jusqu'au jour du jugement, il t'était possible de vivre dans une parfaite et constante obéissance, cela même n'expierait point le passé. Pour ne pas avoir augmenté ta dette, tu n'en serais pas déchargé ; elle resterait aussi grande que jamais. Que dis-je ? toute l'obéissance présente ou future des hommes et des anges serait insuffisante pour couvrir devant la justice divine un seul péché. Quelle était donc ton erreur si tu pensais expier toi-même tes péchés, par quelque chose que tu puisses faire ? Il en coûte plus pour le rachat d'une seule âme que ne pourrait payer l'humanité tout entière ; en sorte que s'il n'y avait pas eu d'autre secours pour l'homme coupable, il aurait certainement été perdu pour toute l'éternité.

6. Mais supposons qu'une obéissance parfaite pour l'avenir pût expier les péchés passés, cela même ne te servirait de rien, car tu n'es pas capable de garder une telle obéissance, non pas

même en un seul point. Fais-en l'épreuve ; essaie de secouer ce péché extérieur qui t'enveloppe si aisément. Tu ne le peux, à moins qu'auparavant ton cœur ne soit changé, car aussi longtemps que l'arbre demeure mauvais, il ne saurait porter de bons fruits. Mais es-tu capable de changer ton cœur souillé en un cœur saint ? Vivifierais-tu une âme qui est morte dans le péché, morte à Dieu, et ne vivant que pour le monde ? Essaie plutôt de ressusciter un cadavre, de rendre la vie à celui qui gît dans le tombeau ! Et même tu ne peux, en aucun degré, vivifier ton âme, pas plus que donner le moindre degré de vie à un corps mort. Tu ne peux rien en cette affaire, ni le plus ni le moins : tu es complètement privé de force. Être profondément convaincu de ton incapacité, de ta culpabilité et de ta méchanceté, c'est là cette repentante dont on ne se repent point, et qui est l'avant-courrière du royaume de Dieu.

7. Si à cette conviction vivante de tes péchés extérieurs et intérieurs, de ta culpabilité extrême et de ton incapacité totale quant au bien, se joignent des sentiments qui y répondent ; un profond chagrin d'avoir méprisé les grâces que Dieu t'offrait, des remords, des reproches intérieurs qui te ferment la bouche, une confusion qui t'empêche de lever les yeux au ciel, la crainte de la colère de Dieu qui pèse sur toi, de sa malédiction qui plane sur ta tête, et de l'ardente indignation qui va dévorer ceux qui oublient Dieu et qui n'obéissent pas à Notre Seigneur Jésus-Christ ; si tu as le désir sérieux d'échapper à cette indignation, de fuir le mal et de t'attacher au bien, alors, je te le dis, au nom du Seigneur, tu n'es pas loin du royaume de Dieu ; encore un pas et tu y entreras ; tu te repens déjà, maintenant crois à l'Évangile.

8. L'Évangile, c'est-à-dire la bonne nouvelle pour les pécheurs perdus, signifie, dans le sens le plus large, toute la révélation faite aux hommes par Jésus-Christ, et quelquefois tout le récit de ce que notre Seigneur a fait et souffert tandis qu'il habitait parmi les hommes. Mais en voici le résumé : « Jésus-Christ est venu dans le monde pour sauver les pécheurs. » « Dieu a tant aimé le monde qu'il a donné son Fils unique, afin que quiconque croit en Lui ne périsse point, mais qu'il ait la vie éternelle. » « Il a été navré pour nos forfaits et frappé pour nos iniquités ; le châtiment qui nous apporte la paix est tombé sur Lui, et par ses meurtrissures nous avons la guérison. »

9. Crois cela, et le royaume de Dieu est à toi. Par la foi tu obtiens l'effet de la promesse. Le Seigneur absout et pardonne quiconque se repent véritablement, et reçoit, d'une foi non feinte, son saint Évangile. Des l'instant où Dieu te dira : aie bon courage, tes péchés te sont pardonnés, son royaume sera à toi ; tu auras la justice, la paix et la joie par le Saint-Esprit.

10. Prends seulement garde de ne pas t'abuser sur la nature de cette foi. Elle n'est pas, comme quelques-uns l'ont rêvé, un simple assentiment à la vérité de la faible, aux articles de notre symbole, ou à tout ce que renferment l'Ancien et le Nouveau Testament ; les démons croient ces choses tout aussi bien que toi ou moi, et ils n'en sont pas moins démons ; mais cette foi est, par-dessus tout cela, une ferme confiance en la miséricorde de Dieu par Jésus-Christ ; c'est la confiance en un Dieu qui pardonne ; c'est une divine certitude que « Dieu était en Christ, réconciliant le monde avec soi en ne leur imputant point leurs péchés ; c'est, en particulier, la confiance par laquelle le croyant peut dire : « Le Fils de Dieu m'a aimé et s'est donné lui-même pour moi »,,, et moi, oui, moi-même, je suis réconcilié maintenant avec Dieu par le sang de la croix.

11. As-tu cette foi ? Alors la paix de Dieu est dans ton cœur ; les soupirs, le chagrin ont disparu ; tu ne doutes plus de l'amour de Dieu ; il t'est aussi clair que le soleil en plein midi. Tu t'écries : « Je chanterai à jamais les bontés de l'Éternel ; je manifesterai de ma bouche ta fidélité d'âge en âge. » Tu n'as plus peur de l'enfer, de la mort, ni de celui qui avait l'empire de la mort, C'est-à-dire du diable ; tu n'as plus peur même de Dieu, tu as seulement une crainte filiale de l'offenser. As-tu cette foi ? Alors ton âme « magnifie le Seigneur et ton esprit se réjouit en Dieu ton Sauveur. » Tu te réjouis de ce que tu as la Rédemption par le sang de Christ, le pardon des péchés. Tu te réjouis par cet esprit d'adoption qui crie en ton cœur : Abba ! Père ! Tu te réjouis dans une pleine espérance d'immortalité, en t'avançant vers le but, le prix de ta vocation céleste ; tu es joyeux dans une vive attente de tous les biens que Dieu a préparés pour ceux qui l'aiment.

12. As-tu cette foi ? Alors l'amour de Dieu est maintenant répandu dans ton cœur. Tu l'aimes, parce qu'il nous a aimés le premier ; et parce que tu aimes Dieu, tu aimes aussi ton frère, et étant rempli d'amour, de paix et de joie, tu es aussi plein de long support de douceur, de fidélité, de bonté, d'humilité, de tempérance, et de tous les autres fruits de l'Esprit ; en un mot, de toutes les

affections saintes et célestes ; car le voile est ôté, et contemplant à visage découvert la gloire du Seigneur, tu es transformé en la même image, de gloire en gloire, par l'Esprit du Seigneur.

13. Cette repentance, cette, foi, cette paix, cette joie, cet amour, cette transformation de gloire en gloire, c'est ce que la sagesse du monde a déclaré n'être que folie, pur enthousiasme, complète aberration d'esprit. Mais toi, homme de Dieu, que cela ne t'effraie point, et n'y aie point égard. Tu sais en qui tu as cru ; prends garde que personne ne t'enlève ta couronne. Retiens ferme ce que tu as, et poursuis l'entier accomplissement des grandes et précieuses promesses. Et toi qui es encore sans expérience, que les propos des insensés ne te fassent point avoir honte de l'Évangile de Christ. Ne sois en rien intimidé par ceux qui parlent mal de ce qu'ils ne connaissent point. Dieu changera bientôt ta tristesse en joie. Oh ! ne laisse pas défaillir tes mains ! Encore un peu de temps, et il dissipera tes craintes, et il te donnera un esprit bien remis ; il est près Celui qui justifie ; qui peut donc condamner ? Christ est celui qui est mort, qui est ressuscité, qui s'est assis à la droite de Dieu, et qui même intercède pour toi.

Viens donc te jeter aux pieds de l'Agneau de Dieu avec tous tes péchés, quel qu'en soit le nombre, et l'entrée te sera maintenant donnée dans le royaume de Notre Seigneur et Sauveur Jésus-Christ !

SERMON 8

Les premiers fruits de l'Esprit

Il n'y a donc maintenant aucune condamnation pour ceux qui sont en
Jésus-Christ, qui marchent non selon la chair, mais selon l'Esprit.
— Romains 7.1 —

1. Par ceux qui sont en Jésus-Christ, il est clair que saint Paul entend ceux qui croient vérita-blement en Lui, ceux qui, justifiés par la foi, ont la paix avec Dieu par Lui. Ceux-là ne marchent plus selon la chair, ils ne suivent plus les mouvements d'une nature corrompue ; mais ils mar-chent selon l'Esprit ; — en eux, pensées, paroles et actions, tout est dirigé par le Saint-Esprit du Seigneur.

2. Pour ceux-là donc il n'y a plus de condamnation, plus de condamnation de la part de Dieu ; car Il les a justifiés gratuitement par sa grâce, par la rédemption fui est en Jésus-Christ ; Il a pardonné toutes leurs iniquités et effacé tous leurs péchés ; — plus de condamnation de la part de leur conscience, car ils ont reçu, non l'esprit de ce monde, mais l'Esprit qui vient de Dieu, pour connaître les choses qui leur sont données de Dieu (1 Co 2.12), et cet Esprit rend témoignage à leur esprit qu'ils sont enfants de Dieu. À cela se joint encore le témoignage de leur conscience, qu'ils se conduisent dans le monde en simplicité et en sincérité devant Dieu, non point avec une sagesse charnelle, mais avec la grâce de Dieu (2 Co 1.12).

3. Mais vu les erreurs si fréquentes et si dangereuses dans lesquelles on est tombé par rapport au sens de cette parole de l'Écriture, et parce qu'une multitude de gens ignorants et mal assurés l'ont tordue à leur propre perdition ; je me propose de montrer, aussi clairement qu'il me sera possible : 1. qui sont ceux qui, sont en Jésus-Christ, et qui marchent, non selon la chair, mais selon l'Esprit ; et 2. en quel sens il n'y a plus pour eux de condamnation. Je terminerai 3 par quelques conséquences pratiques.

I

1. Je dois montrer d'abord qui sont ceux qui sont en Jésus-Christ ; mais qui seraient-ce, si ce ne sont ceux qui croient en son nom, ceux qui sont en Lui, revêtus, non de leur propre justice, mais de la justice qui vient de Dieu par la foi. C'est de ceux-là qu'on peut proprement dire qu'ils sont en Lui ; car ayant la rédemption par son sang, ils demeurent en Christ, et Christ demeure en eux. Ils sont unis au Seigneur dans un même Esprit. Ils sont greffés en Lui, comme le sarment l'est au cep. Il est la tête et ils sont les membres. Il existe entre eux et Lui une union que nul lan-gage ne peut exprimer et qu'auparavant leur cœur n'eût jamais pu concevoir.

2. Mais quiconque demeure en Lui ne pèche point, il ne marche point selon la chair. La chair, dans le style habituel de saint Paul, signifie la nature corrompue. C'est dans ce sens qu'il écrit aux Galates : « Les œuvres de la chair sont manifestes » (Ga 5.19) ; et il venait de dire : « Marchez selon l'Esprit, et vous n'accomplirez pas les désirs de la chair (Ga 5.16) ; car, ajoute-t-il, la chair a des désirs contraires à l'Esprit, et l'Esprit a des désirs contraires à la chair, et les deux sont oppo-sés – afin que vous ne fassiez pas les choses que vous voudriez. » Tel est le sens littéral du grec, et non pas « de sorte que vous ne faites pas les choses due vous voudriez », comme, si la chair l'emportait sur l'Esprit, traduction qui non seulement n'a rien à faire avec le texte, mais qui réduit à rien l'argumentation de l'apôtre, affirmant tout le contraire ; de ce qu'il veut prouver.

3. Ceux qui sont en Christ, qui demeurent en Lui, ont crucifié la chair avec ses passions et ses désirs. Ils s'abstiennent de toutes les œuvres de la chair. Ils fuient l'adultère, la fornication, l'impureté, la dissolution, l'idolâtrie, la sorcellerie, les inimitiés, les querelles, les jalousies, les

54

animosités, les disputes, les divisions, les sectes, les envies, les meurtres, l'ivrognerie, les débauches, et toute intention, parole ou action qu'enfante la nature corrompue. Quoiqu'ils sentent encore en eux la racine d'amertume, la vertu d'en haut dont ils sont revêtus les rend capables de la fouler constamment aux pieds, de peur qu'elle ne pousse en haut et ne les trouble, et chaque nouvel assaut qu'ils soutiennent n'est pour eux qu'une nouvelle occasion de louanges, un nouveau motif de s'écrier : « Grâce à Dieu qui nous donne la victoire par Notre Seigneur Jésus-Christ. »

4. Ils marchent maintenant selon l'Esprit ; ils lui soumettent leur cœur et leur conduite. C'est Lui qui leur enseigne à aimer Dieu et leur prochain d'un amour semblable à une source d'eau jaillissante en vie éternelle. C'est Lui qui les conduit à tout saint désir, à toute disposition divine et céleste, jusqu'à ce que chacune de leurs pensées soit la sainteté au Seigneur.

5. C'est aussi cet Esprit qui leur donne de marcher en toute sainteté de conversation. Leurs discours sont toujours accompagnés de grâce et assaisonnés de sel, marqués par l'amour et la crainte de Dieu. Il ne sort de leur bouche aucune parole déshonnête, mais uniquement ce qui sert à l'édification, ce qui peut communiquer la grâce à ceux qui écoutent. Et leur étude est aussi jour et nuit de ne faire que les choses qui sont agréables à Dieu ; d'imiter dans leur conduite extérieure Celui qui nous a laissé un exemple afin que nous suivions ses traces ; de pratiquer la justice, la miséricorde et la fidélité dans tous leurs rapports avec le prochain, et, en toutes circonstances, de faire toutes choses pour la gloire de Dieu.

6. Tels sont ceux qui marchent véritablement selon l'Esprit. Étant remplis de foi et du Saint-Esprit, ils possèdent dans leur cœur et montrent dans leur vie, dans tout l'ensemble de leurs paroles et de leurs actions, les fruits caractéristiques de l'Esprit de Dieu la charité, la joie, la paix, la patience, la douceur, la, bonté, la fidélité, la débonnaireté, la tempérance et toute autre disposition aimable et digne de louange. Ils rendent honorable en toutes choses l'Évangile de Dieu notre Sauveur, et ils démontrent ainsi pleinement à tous les hommes qu'ils sont, en effet, mus et guidés par l'Esprit qui ressuscita Christ d'entre les morts.

II

1. J'en viens maintenant à indiquer dans quel sens il n'y a plus de condamnation pour ceux qui sont en Jésus-Christ et qui ne marchent point selon la chair mais selon l'Esprit.

Et d'abord ceux qui croient en Christ et qui marchent aussi selon l'Esprit, ne sont plus condamnés pour leurs péchés passés, il n'en est aucun qui ne soit effacé. Ils sont comme n'ayant jamais été ; le Seigneur les a jetés comme une pierre au fond de la mer, et il ne s'en souvient plus. Dieu qui leur a donné son Fils comme victime de propitiation par la foi en son sang, leur a aussi fait connaître sa justice par la rémission des péchés précédents. Il ne leur en impute donc aucun ; il en a fait disparaître jusqu'au souvenir.

2. Leur cœur même ne les condamne plus ; ils n'ont plus le sentiment pénible de leur culpabilité, plus de crainte de la colère du Tout-Puissant. Ils ont en eux-mêmes le témoignage, la conscience d'avoir part au sang de l'aspersion. Ils n'ont « pas reçu un esprit de servitude pour être encore dans la crainte », dans le doute et l'angoisse, mais ils ont reçu « l'Esprit d'adoption », qui crie dans leur cœur : « Abba, père. » Étant ainsi justifiés par la foi, la paix de Dieu règne dans leur cœur, cette paix qui découle du sentiment continuel du pardon par grâce et de « la réponse d'une bonne conscience devant Dieu. »

3. Si l'on objecte que celui qui croit en Christ peut quelquefois perdre de vue la miséricorde de Dieu ; qu'il peut tomber dans les ténèbres, au point de ne plus voir, « Celui qui est invisible », de ne plus sentir le témoignage qu'il a part au sang expiatoire ; si l'on dit qu'il retrouve alors le sentiment de la condamnation, et se sent de nouveau placé sous la sentence de mort : je réponds que s'il perd ainsi la miséricorde de Dieu, il ne croit plus ; car qui dit foi, dit lumière, lumière, de Dieu illuminant l'âme. Une âme perd donc la foi pour le temps et dans la mesure où elle perd cette lumière. Et comme il n'est pas douteux qu'un vrai croyant peut perdre la lumière de la foi, il peut aussi, sans doute, pour un temps, retomber sous la condamnation. Mais quant à ceux qui maintenant sont en Jésus-Christ, qui maintenant croient en son nom, aussi longtemps qu'ils croient et marchent selon l'Esprit, ils ne sont condamnés ni de Dieu, ni de leur propre cœur.

4. Ils ne sont condamnés pour aucun péché présent, pour aucune transgression actuelle des commandements de Dieu. Car ils ne les transgressent point. Ils ne marchent point selon la chair, mais selon l'Esprit. La preuve permanente de leur amour pour Dieu, c'est qu'ils gardent ses commandements, comme saint Jean en rend témoignage en disant « Quiconque est né de Dieu ne fait point le péché, car la semence de Dieu demeure en lui, et il ne peut pécher, car il est né de Dieu. » Il ne peut pécher aussi longtemps que la foi agissante par la charité, cette sainte semence de Dieu, demeure en lui. Aussi longtemps qu'il se conserve lui-même dans cette foi « le malin ne le touche point. » Or il est évident qu'il n'est pas condamné pour des péchés qu'il ne commet en aucune manière. Ceux donc qui sont ainsi « conduits par l'Esprit ne sont plus sous la loi » (Ga 5.18), sous la malédiction ou la condamnation de la loi ; car la loi ne condamne que ceux qui la violent. Cette loi de Dieu : « Tu ne déroberas point », ne condamne que ceux qui dérobent ; cette autre : « Souviens-toi du jour du repos pour le sanctifier », ne condamne que ceux qui ne le sanctifient point. Mais la loi n'est point contre « les fruits de l'Esprit (Ga 5.23). » C'est ce que l'apôtre déclare plus au long dans ces paroles remarquables de sa première Épître à Timothée : « Nous savons que la loi est bonne pour celui qui en fait un usage légitime et qui sait, — non que la loi n'est pas faite pour le juste, — mais plutôt, suivant le texte original, que la loi n'est point contre le juste, qu'elle n'a pas de force pour le condamner, mais qu'elle condamne seulement les méchants et ceux qui ne peuvent se soumettre ; les impies et les vicieux ; les gens sans religion et les profanes, — conformément au glorieux Évangile de Dieu (1 Tm 1.8, 9, 11). »

5. Ils ne sont pas non plus condamnés pour le péché intérieur, quoiqu'il demeure encore en eux. Que la corruption naturelle reste chez ceux mêmes qui sont devenus enfants de Dieu par la foi ; qu'ils aient en eux les semences de l'orgueil et de la vanité, de la colère et des mauvais désirs, et de toute sorte de péchés, c'est un fait d'expérience au-dessus de toute contestation ; et c'est pour cela que saint Paul, parlant à des gens qu'il venait de saluer comme étant en Jésus-Christ (1 Co 1.2, 9), comme ayant été appelés de Dieu à la communion de son Fils Jésus, leur dit néanmoins « Frères, je n'ai pu vous parler comme à des hommes spirituels, mais comme à des hommes charnels, comme à des enfants en Christ (1 Co 3.1). » Des enfants en Christ ! Ils étaient donc en lui et croyants, quoique faibles. Et pourtant combien il restait encore en eux de péché, combien de cet esprit charnel qui ne se soumet pas à la loi de Dieu !

6. Mais nonobstant tout cela, ceux qui sont en Jésus-Christ ne sont point condamnés. Quoiqu'ils sentent en eux la chair, la mauvaise nature, quoiqu'ils reconnaissent tous les jours plus, que leur cœur est rusé et désespérément malin, néanmoins aussi longtemps qu'ils y résistent, aussi longtemps qu'ils ne donnent point lieu au diable, mais qu'ils soutiennent une guerre constante contre tout péché, contre l'orgueil, la colère, la convoitise, en sorte que la chair n'a pas de domination sur eux, mais qu'ils continuent à marcher selon l'Esprit ; ils sont en Jésus-Christ, et il n'y a point pour eux de condamnation, Dieu prend plaisir à leur obéissance sincère, quoique imparfaite, et ils ont une grande confiance devant Dieu, connaissant qu'ils sont siens et le connaissant « par l'Esprit qu'il leur a donné (1 Jn 3.24). »

7. Et même ils ne sont condamnés ni de Dieu, ni de leur propre conscience, quoiqu'ils aient la conviction permanente de ne rien faire qui ne soit entaché de péché, de n'accomplir la loi parfaite ni en pensées, ni en paroles, ni en actions, et de ne point aimer le Seigneur leur Dieu de tout leur cœur, de toute leur pensée, de toute leur âme et de toute leur force ; quoiqu'ils sentent toujours plus ou moins d'orgueil et de volonté propre venant furtivement se mêler à ce qu'ils font de meilleur ; quoiqu'en face même de Dieu, soit dans la grande assemblée, soit dans le culte intime qu'ils rendent à Celui qui voit nos pensées et nos plus secrètes intentions, ils aient sans cesse à rougir de leurs pensées errantes et du mortel engourdissement de leur cœur, ils ne sont pourtant, dis-je, condamnés ni de Dieu, ni de leur conscience. La vue de leurs nombreuses imperfections ne fait que leur mieux démontrer leur besoin continuel du sang expiatoire et de cet Avocat auprès du Père qui est toujours prêt à intercéder pour eux. Elle ne fait donc que les presser de se rapprocher toujours plus de Celui en qui ils ont cru. Et plus ils sentent ce besoin, plus ils désirent, et par leur œuvres se montrent pressés de marcher selon le Seigneur Jésus-Christ, comme ils l'ont reçu.

8. Ils ne sont pas condamnés non plus pour les péchés qu'on appelle péchés d'infirmité. Pour leurs infirmités serait peut-être une expression plus convenable, en ce qu'elle évite l'apparence de

tolérer le péché ou de l'amoindrir en y accolant le nom d'infirmité. Mais s'il faut conserver une expression si ambiguë, et si dangereuse, j'entendrai par péché d'infirmité, toute faute involontaire, comme, par exemple, de dire une chose fausse en la croyant vraie, ou de faire tort au prochain sans le savoir ni le vouloir, peut-être même en voulant lui faire du bien. Quoique ce soient là des déviations de cette volonté de Dieu, qui est « sainte, agréable et parfaite », ce ne sont pourtant pas des péchés proprement dits, et la conscience de ceux qui sont en Jésus-Christ n'en est point chargée ; ces choses ne peuvent établir aucune séparation entre eux et Dieu, ni intercepter la lumière de sa face, car elles n'excluent point le caractère général qui les distingue, savoir, de marcher, « non selon la chair, mais selon l'Esprit. »

9. Enfin, ils ne sont condamnés pour rien de ce qui ne dépend pas de leur volonté, que la chose se passe au dedans ou au dehors, qu'elle consiste dans un acte positif ou dans une omission. Ainsi on célèbre la Cène du Seigneur et vous vous en absentez. Mais pourquoi le faites-vous ? Parce que vous êtes retenu par la maladie ; il ne dépend donc pas de vous d'y assister, et c'est pourquoi vous n'êtes point coupable. Il n'y a pas de faute où il n'y a pas de choix. « Pourvu que la promptitude de la bonne volonté y soit, on est agréable à Dieu selon ce qu'on a, et non selon ce qu'on n'a pas. »

10. Un croyant peut, sans doute, s'affliger parfois empêché de faire les choses après lesquelles son âme soupire. Il peut s'écrier, lorsqu'il est retenu loin de la grande assemblée : « Comme un cerf brame après les eaux courantes, ainsi mon âme soupire après toi, Dieu ! mon âme a soif de Dieu, du Dieu fort et vivant. Quand entrerai-je et me présenterai-je devant la face de Dieu ? » Il peut désirer ardemment (quoi qu'il dise toujours dans son cœur : Non ce que je veux, mais ce que tu veux), « de marcher encore avec la troupe et de s'en aller avec elle jusqu'à la maison de Dieu. » Mais si pourtant il ne le peut, il n'est point condamné pour cela, mais il peut faire taire ses désirs en disant joyeusement : O mon âme, attends-toi à Dieu ! car je le célébrerai encore ; il est la délivrance à. laquelle je regarde ; il est mon Dieu !

11. Quant aux péchés dits de surprise, la difficulté est plus grande ; comme, par exemple, lorsque un homme qui possède habituellement son âme par la patience, surpris par une violente et soudaine tentation, parle ou agit en désaccord avec la loi royale, qui dit : Tu aimeras ton prochain comme toi-même. Peut-être est-il malaisé d'établir une règle générale touchant les transgressions de cette nature. Nous ne pouvons dire, d'une manière absolue, qu'il y ait ou qu'il n'y ait pas condamnation pour les péchés de surprise. Mais lorsqu'un croyant tombe en faute par surprise, il y a, semble-t-il, plus ou moins de condamnation selon qu'il y a plus ou moins de concours de sa volonté. Selon qu'un désir, une parole, un acte répréhensible est plus ou moins volontaire, nous pouvons admettre que Dieu en est plus ou moins offensé et que l'âme se trouve plus ou moins sous la condamnation.

12. Mais dès lors, parmi les péchés de surprise, il peut y en avoir de très condamnables, car il peut arriver qu'on soit surpris, par suite de quelque négligence volontaire et coupable, ou par suite d'une somnolence qu'on aurait pu prévenir ou secouer avant l'assaut de la tentation. Vous recevez de Dieu ou des hommes un avertissement quant aux tentations et des dangers qui vous menacent, mais vous dites en votre cœur : « Encore un peu de sommeil, un peu les mains pliées pour être couché. » Si, plus tard, vous tombez, même à l'improviste, dans le piège que vous pouviez éviter, la surprise n'est point une excuse : vous auriez pu prévoir et fuir le mal. La chute est, dans ce cas, un péché volontaire, et conséquemment elle ne peut qu'exposer le pécheur à la condamnation de Dieu et de sa propre conscience.

13. Par contre, il peut nous venir de la part du monde, du prince de ce monde, ou souvent même de notre mauvais cœur, de soudains assauts que nous n'avons ni prévus ni guère pu prévoir. Le croyant faible dans la foi peut y succomber et céder, en quelque mesure, à la colère, peut-être, ou aux mauvais soupçons, sans que cela dépende, en quelque sorte, de sa volonté. Ici le Dieu jaloux ne manquera pas de lui montrer qu'il a agi follement ; et convaincu d'avoir dévié de « la loi parfaite » et des « sentiments qui étaient en Christ », il sera attristé d'une « tristesse selon Dieu » et pénétré devant Lui d'une honte accompagnée d'amour ; mais il ne s'ensuit pas qu'il soit sous la condamnation. Dieu ne lui impute point sa folie ; il a pitié de lui « comme un père est ému de compassion envers ses enfants » ; son cœur ne le condamne pas non plus ; il peut toujours

dire, malgré la honte et la douleur qu'il éprouve : « J'aurai confiance, et je ne serai point ébranlé, car le Seigneur l'Éternel est ma force et mon cantique, et il a été mon Sauveur. »

III

1. Il ne me reste maintenant qu'à tirer de ce qui précède quelques conséquences pratiques : Et d'abord si ceux qui sont en Jésus-Christ et qui marchent, non selon la chair, mais selon l'Esprit, ne sont plus condamnés pour leurs péchés passés, pourquoi trembler encore, ô homme de peu de foi ? tes péchés étaient naguère en plus grand nombre que le sable de la mer ; mais qu'as-tu à craindre pour cela, puisque tu es maintenant en Jésus-Christ ? « Qui accusera les élus de Dieu ? Dieu les justifie ; qui les condamnera ? » Les péchés commis depuis ta jeunesse jusqu'à l'heure où tu fus reçu en grâce à cause du Bien-Aimé du Père ; ces péchés, dis-je, ont tous été emportés par le vent comme la balle ; ils sont engloutis dans la mer ; Dieu ne s'en souvient plus. Né du Saint-Esprit, voudrais-tu te tourmenter ou t'effrayer de ce qui eut lieu avant ta naissance nouvelle ? Chasse loin tes frayeurs ! Tu n'es pas appelé à la crainte, mais à avoir « un esprit de force, d'amour et de prudence. » Reconnais donc ton appel ! Réjouis-toi en Dieu ton Sauveur, et rends grâces à Dieu ton Père par Lui !

2. Mais, diras-tu, j'ai de nouveau commis le péché depuis que je reçus la Rédemption par son sang. « C'est, pourquoi je me condamne moi-même et je me repens sur la poudre et la cendre. » Il est bon que tu te condamnes, et c'est Dieu qui te dispose à cela même. Mais crois-tu maintenant ? Le Seigneur t'a-t-il de nouveau donné de pouvoir dire : « Je sais que mon Rédempteur vit » et « je vis » moi-même, « Je vis dans la foi au fils de Dieu ? » Dés lors cette foi annule encore le passé et il n'y a plus pour toi de condamnation. Dès que tu crois au nom du Fils de Dieu, n'importe, le moment, tous tes péchés commis avant ce moment-là disparaissent, « comme la rosée matin. » Maintenant donc « tiens-toi ferme dans la liberté où Jésus-Christ t'a mis ! » Il t'a délivré, une fois encore de la puissance aussi bien que du châtiment du péché ; oh ! ne te remets pas sous la servitude, ni sous la vile et diabolique servitude du péché, sous l'enfer anticipé des désirs, des penchants, des paroles ou des actions mauvaises, ni sous la servitude des craintes, des tourments de conscience et de la condamnation.

3. Mais s'il est vrai que tous ceux qui sont en Jésus-Christ marchent, non selon la chair, mais selon l'Esprit, alors, nécessairement il s'ensuit que quiconque commet maintenant le péché n'a « ni part ni rien à prétendre dans cette affaire. » Dans ce moment même il est condamné par son propre cœur. Mais si notre cœur nous condamne, nul doute que Dieu ne nous condamne aussi : car « il est plus grand que notre cœur et il connaît toutes choses » ; et si nous nous abusons nous-mêmes, nous ne pouvons le tromper. Que nul ne présume de dire : j'ai été une fois justifié, mes péchés m'ont été une fois pardonnés. C'est ce que j'ignore, et je ne veux pas me prononcer ni pour ni contre cette assertion. Peut-être est-il à peu près impossible, vu le temps écoulé, de constater avec quelque certitude si ce fut véritablement une œuvre de Dieu où si tu ne fis que séduire ta propre âme. Mais ce que je sais avec une certitude parfaite, c'est que « celui qui fait le péché est du diable. » Le diable est donc ton père et tu lui appartiens, tu ne peux le nier, puisque tu fais les œuvres de ton père. Oh ! ne te flatte pas d'un vain espoir ! Ne dis point à ton âme : paix, paix ! car il n'y a point de paix. Crie à plein gosier, invoque Dieu du fond de l'abîme. Peut-être entendra-t-il ta voix. Invoque-le tout de nouveau, comme pécheur misérable et pauvre, aveugle et nu. « Et ne donne pas de repos à ton âme jusqu'à ce que son amour, son pardon, te soient de nouveau scellés, jusqu'à ce qu'il ait « guéri tes rébellions » et qu'il t'ait de nouveau rempli de « la foi qui opère par la charité. »

4. Est-il vrai que ceux qui « marchent selon l'Esprit » ne sont point condamnés pour ce qui reste en eux du péché intérieur, pourvu toutefois qu'ils y résistent ; ni pour la souillure qui s'attache à tout ce qu'ils font ? Alors, ne t'agite point à cause de ces restes de corruption qui sont encore dans ton cœur. Ne murmure pas de ce que tu n'as pas encore atteint la glorieuse, image de Dieu, ne t'impatientes point parce que l'orgueil, la volonté propre ou l'incrédulité se mêlent à toutes tes paroles, à toutes tes œuvres, et ne redoute pas de connaître toute ta perversité, de te connaître tel que tu es connu. Demande plutôt à Dieu qu'il te donne de n'avoir pas une trop haute opinion de toi-même ; dis-lui sans cesse : Montre-moi les profondeurs du péché autant que

mon âme en peut supporter la vue ! Découvre-moi toute l'incrédulité et tout l'orgueil qui sont cachés dans mon cœur !

Mais, lorsque, exauçant ta prière, il te montrera jusqu'au fond de quel esprit tu es encore animé, prends garde qu'alors ta foi ne défaille et que tu ne te laisses ravir ton bouclier. Sois abaissé, humilié jusque dans la poudre. Ne vois en toi que néant, moins encore que le néant et que la vanité. Mais que ton cœur ne soit pourtant ni troublé, ni craintif. Qu'il persiste à dire : moi, oui, moi, indigne, j'ai « un Avocat auprès du Père, Jésus-Christ le Juste », et « autant que les cieux sont élevés par-dessus la terre », autant son amour s'élève par-dessus mes péchés. — Oui, Dieu est apaisé, même envers un pécheur tel que toi ! Dieu est amour, et Christ est mort ! C'est pourquoi le Père lui-même t'aime ! Tu es son enfant ! C'est pourquoi il ne te refusera rien de ce qui t'est bon ! Est-il bon que le corps entier du péché, maintenant crucifié en toi soit, détruit ? Il le sera ! Tu seras « purifié de tonte souillure de la chair et de l'esprit. » Est-il bon qu'il ne reste rien en ton cœur qu'un pur amour pour Dieu ? Aie bon courage ! « Tu aimeras le Seigneur, ton Dieu, de tout ton cœur, de toute ta pensée, de toute ton âme, de toute ta force. » « Celui qui a fait les promesses est fidèle, et il le fera aussi. » Tu n'as, pour ta part, qu'à persévérer avec patience dans l'œuvre de la foi, dans le travail de la charité ; tu n'as qu'à attendre dans une paix joyeuse, dans une humble confiance, dans une espérance, vive, mais calme et résignée, que la jalousie de l'Éternel des armées ait fait cela.

5. Si ceux qui sont en Christ et qui marchent selon l'Esprit ne sont point condamnés pour des péchés d'infirmité, pour des manquements involontaires ou pour quoi que ce soit qu'ils n'ont pu s'empêcher de faire, prends garde, ô toi qui as la foi au sang de Christ, que Satan ne prenne à cet égard quelque avantage sur toi. Tu es encore imprudent et faible, aveugle et ignorant, plus faible qu'aucune parole ne peut exprimer, plus ignorant et insensé que ton cœur ne peut encore concevoir ; tu n'as encore rien connu comme il faut le connaître. Mais quelles que soient cette imprudence et cette faiblesse, quels qu'en soient les fruits que tu ne peux encore éviter, que rien n'ébranle ta foi, ta filiale confiance en Dieu, que rien ne trouble ta paix, ni ta joie dans le Seigneur. La règle plus ou moins dangereuse que plusieurs donnent quant aux péchés volontaires peut être appliquée sûrement aux cas de faiblesse et d'infirmité. Es-tu tombé, ô homme de Dieu ? Ne reste point là par terre à le lamenter et à déplorer ta faiblesse, mais dis humblement : Seigneur, ah ! c'est ainsi que je tomberai sans cesse, si ta main ne me soutient ! — Puis, lève-toi et marche ! En avant ! « Poursuis constamment la course qui t'est proposée. »

6. Enfin, puisque le croyant n'a pas à craindre la condamnation pour être tombé par surprise dans un mal qu'il abhorre (si toutefois cette surprise ne tient pas à son insouciance ou à sa négligence), s'il t'arrive, ô enfant de Dieu, d'être ainsi pris en faute, va te plaindre au Seigneur ! ce sera pour toi un baume précieux. Répands ton cœur devant Lui, découvre-Lui ta peine, et prie instamment Celui qui « peut compatir à nos infirmités », d'affermir, de fortifier ton âme, et de te rendre inébranlable, en sorte que tu ne tombes plus à l'avenir. Mais souviens-toi qu'il ne te condamne point. Pourquoi craindrais-tu ? Il n'est pas nécessaire que tu sois sous l'empire d'une crainte accompagnée de peine. Aime celui qui t'aime : cela suffit. Avec plus d'amour tu auras plus de force ; et dès que tu l'aimeras de tout ton cœur, tu seras « parfait et accompli, et il ne te manquera rien. » Attends en paix l'heure bénie où « le Dieu de paix te sanctifiera lui-même parfaitement », afin que tout en toi, « l'esprit, l'âme et le corps, soit conservé irrépréhensible pour l'avènement de notre seigneur Jésus-Christ. »

SERMON 9

L'esprit de servitude et l'esprit d'adoption

Vous n'avez point reçu un esprit de servitude pour être encore dans la crainte : mais vous avez reçu l'esprit d'adoption, par lequel nous crions : Abba, c'est-à-dire Père.
— Romains 8.15 —

1. Saint Paul parle ici à ceux qui sont enfants de Dieu par la foi. Vous, leur dit-il, vous, ses enfants, abreuvés de son Esprit, vous n'avez pas reçu un esprit de servitude pour être encore dans la crainte ; mais parce que vous êtes fils, Dieu a envoyé l'Esprit de son Fils dans vos cœurs. Vous avez reçu l'esprit d'adoption, par lequel nous crions : Abba ! c'est-à-dire Père.

2. Il y a loin de l'esprit de servitude et de crainte à cet esprit d'adoption qui est un esprit d'amour. Ceux qui ne sont influencés que par une crainte servile ne peuvent être appelés enfants de Dieu ; il en est pourtant qui ont droit au titre de serviteurs du Seigneur, et qui ne sont pas éloignés du royaume des cieux.

3. Mais, quant aux multitudes, même en pays appelés chrétiens, elles sont encore, je le crains, bien au-dessous même de ces derniers ; Dieu est loin de toutes leurs pensées. Il y a donc quelques personnes qui aiment Dieu : il y en a davantage qui Le craignent, mais le plus grand nombre n'ont ni la crainte de Dieu devant leurs yeux, ni l'amour de Dieu dans leurs cœurs.

4. Vous qui, par sa grâce, êtes maintenant sous l'influence d'un meilleur esprit, vous vous rappelez peut-être, pour la plupart, le temps où, comme ceux-ci, Vous étiez sous la condamnation ; mais d'abord vous l'ignoriez, quoique vous vautrant journellement dans vos péchés et dans votre sang, jusqu'au moment où vous reçûtes l'esprit de crainte — vous le reçûtes, car c'est aussi un don de Dieu ; — puis enfin la crainte disparut et l'esprit d'amour vint inonder vos cœurs.

5. Celui qui est dans le premier état d'esprit ; étranger à la crainte aussi bien qu'à l'amour, est ce que l'Écriture appelle : un homme naturel ; avoir l'esprit de servitude et de crainte, c'est ce qu'elle appelle : être sous la loi (quoique cette expression désigne plus souvent ceux qui étaient sous la dispensation mosaïque ou qui se croyaient obligés d'observer tous les rites de la loi juive) ; mais être en réalité sous la grâce, c'est avoir reçu l'Esprit d'amour en échange de cet esprit de crainte.

Comme il nous importe extrêmement de savoir à quel esprit nous sommes soumis, je m'efforcerai de caractériser clairement : 1° l'état de l'homme naturel ; 2° celui de l'homme qui est sous la loi ; et 3° l'état de l'homme qui est sous la grâce.

I

1. Et d'abord l'état de l'homme naturel. C'est, d'après l'Écriture, un état de sommeil. « Réveille-toi,-toi qui dors ! » voilà l'appel de Dieu au pécheur. Son âme est, en effet, dans un sommeil profond ; ses sens spirituels dorment et ne discernent ni le bien ni le mal. Les yeux de son entendement sont entièrement fermés, et il ne peut voir. Les nuées et l'obscurité reposent sur lui ; car il demeure dans la vallée de l'ombre de la mort. Toutes les avenues de son âme étant donc fermées pour les choses spirituelles, il est dans une grossière et stupide ignorance de ce qu'il lui importerait le plus de connaître ; dans l'ignorance quant à Dieu, sur qui il ne sait rien comme il faudrait savoir ; dans l'ignorance quant à la loi de Dieu, au sens vrai et spirituel de laquelle il est étranger ;

60

dans l'ignorance quant à cette sainteté évangélique sans laquelle personne ne verra le Seigneur ; dans l'ignorance quant à ce bonheur que trouvent ceux-là seuls dont la vie est cachée avec Christ en Dieu.

2. Et par cela même qu'il est dans un profond sommeil, il est, en quelque sorte, en repos. Parce qu'il est aveugle, il est tranquille, il dit : Il ne m'arrivera aucun mal ! Les ténèbres qui le couvrent de toutes parts l'entretiennent dans une sorte de paix, si tant est qu'on puisse avoir quelque paix en faisant les œuvres du diable et en vivant dans une disposition d'âme toute terrestre et diabolique. Il ne voit pas qu'il est au bord de l'abîme ; il ne le craint donc pas. Il ne peut trembler pour un danger qu'il ignore. Il est trop peu avisé pour craindre. Pourquoi ne tremble-t-il pas à la pensée de Dieu ? Parce qu'il est à son égard tout à fait ignorant. S'il ne dit pas en son cœur n'y a point de Dieu, ou bien : Il siège au-dessus de la voûte des cieux et ne s'abaisse point pour regarder ce qui se passe sur la terre, — il se persuade au moins qu'Il est miséricordieux, ce qui ne sert pas moins à le tranquilliser dans ses voies épicuriennes. C'est ainsi qu'il réussit à confondre et à engloutir à la fois dans cette large et vague idée de la miséricorde de Dieu tous ses attributs essentiels de sainteté, de haine pour le péché, de justice, de sagesse et de fidélité. Il ne craint pas la vengeance dénoncée contre les transgresseurs de la loi divine, parce qu'il ne comprend pas cette loi ; il se figure qu'il s'agit simplement d'agir de telle ou telle manière, d'être irréprochable au dehors, il ne voit pas que la loi s'étend à toute disposition, tout désir, à toute pensée, à tout mouvement du cœur ; ou bien il s'imagine qu'elle a cessé d'être obligatoire, que Christ est venu abolir la loi et les prophètes, sauver son peuple, non du péché, mais dans le péché, et rendre le ciel accessible sans la sainteté, oubliant qu'Il a dit lui-même : « Il ne passera point un seul iota ni un seul trait de lettre de la loi jusqu'à ce que toutes ces choses soient accomplies, » et encore, « tous ceux qui me disent : Seigneur, Seigneur, n'entreront pas au royaume de Dieu mais celui-là seulement qui fait la volonté de mon Père qui est aux cieux. »

3. L'homme naturel est tranquille parce qu'il s'ignore complètement lui-même. Aussi parle-t-il de se convertir plus tard ; au fait il ne saurait dire quand, mais ce sera une fois ou l'autre avant de mourir ; tenant pour certain que la chose est entièrement en son pouvoir. S'il le veut, qu'est-ce qui l'empêchera de se repentir ? Qu'il en prenne une fois la résolution, et nul doute qu'il ne l'accomplisse !

4. Mais cette ignorance n'est nulle part si manifeste que chez ceux qu'on appelle savants. S'il est de ce nombre, l'homme naturel peut disserter sur ses facultés rationnelles, sur son libre arbitre, sur la nécessité absolue de la liberté morale pour faire de l'homme un agent moral. Il lit, et il argumente et démontre que tout homme fait ce qu'il veut, qu'il a la puissance de tourner son cœur au bien ou au mal, comme bon lui semble. C'est ainsi que le dieu de ce monde étend sur son cœur un double voile d'aveuglement, de peur que la lumière du glorieux Évangile de Christ ne vienne en quelque manière à l'éclairer.

5. De cette même ignorance de lui-même et de Dieu peut naître quelquefois chez l'homme naturel une sorte de joie, car il se félicite lui-même de sa bonté et de sa sagesse ; et ce que le monde appelle joie souvent il le possède. Il peut, en plusieurs manières, se donner du plaisir par la satisfaction des désirs de la chair, de la convoitise des yeux ou de l'orgueil de la vie ; surtout s'il a de grandes possessions, s'il jouit de revenus opulents, il peut alors se vêtir de pourpre et de fin lin et se traiter magnifiquement tous les jours. Et pendant qu'il a ainsi soin de lui-même, les hommes ne manquent pas de le louer et de dire c'est un homme heureux. Car, en somme, c'est là tout le bonheur du monde : la toilette, les visites, les causeries, manger, boire et se lever pour danser.

6. Quoi d'étonnant si, dans de telles circonstances, prenant à forte dose le breuvage narcotique de la flatterie et du péché, cet homme, qui dort en veillant, s'imagine, entre autres rêves, qu'il marche en liberté ! Il est facile de se croire libre des erreurs vulgaires et des préjugés de l'éducation ; capable de juger de tout exactement et de se tenir loin de tous les extrêmes : je suis affranchi, dit il, de toute cette exaltation des âmes faibles et étroites, de toute cette superstition des sots et des lâches qui ne savent qu'outrer la piété, de toute cette bigoterie qui s'attache toujours à ceux dont les pensées manquent d'élévation et d'indépendance. — Ah ! il n'est que trop certain qu'il est tout à fait affranchi de la sagesse qui vient d'en haut, de la sainteté ; de la religion du cœur ; et de tous les sentiments qui étaient en Jésus-Christ.

7. Cependant il est toujours l'esclave du péché ; il pèche plus ou moins chaque jour, mais il ne s'en trouble point ; il n'est point sous le joug, comme disent quelques-uns, il ne sent point de condamnation. Et, lors même qu'il professe de croire aux Écritures l'homme est faible, dit-il, nous sommes tous fragiles, chacun a ses défauts ; et cela suffit pour le tranquilliser. Il prétendra même citer l'Écriture : Quoi ! Salomon n'a-t-il pas dit que le juste pèche sept fois par jour ? Il n'y a donc que des hypocrites ou des exaltés qui prétendent valoir mieux que leurs semblables. Et s'il arrive une fois qu'une pensée sérieuse, le poursuive : Pourquoi craindrais-je, se hâte-t-il de dire pour l'étouffer, puisque Dieu est miséricordieux et que Christ est mort pour les pécheurs ? C'est ainsi qu'il demeure volontairement dans l'esclavage de la corruption, prenant son parti de n'être saint ni au dehors ni au dedans ; ne remportant et n'essayant pas même de remporter la victoire sur le péché et surtout sur le péché particulier qui l'enveloppe le plus aisément.

8. Tel est l'état de tout homme naturel, qu'il soit un transgresseur grossier et scandaleux ou un pécheur plus respectable et plus honnête, conservant la forme de la piété, quoiqu'il en ait renié la force. Mais comment un tel homme sera-t-il convaincu de péché et : porté à la repentance ? Comment sera-t-il placé sous la loi et recevra-t-il l'esprit de servitude et de crainte ? C'est le second point que nous avions à considérer.

II

1. Par quelque dispensation solennelle de sa providence ou par sa parole accompagnée de la démonstration de l'Esprit, Dieu touche le cœur de celui qui dormait dans les ténèbres et dans l'ombre de la mort. Terriblement secoué dans son sommeil, il se réveille et a conscience de son danger. Soudainement peut-être, ou par degrés, les yeux de son entendement s'ouvrent, et le voile étant en partie ôté, il voit pour la première fois l'état réel où il se trouve. Une horrible lumière pénètre jusqu'à son âme, une lumière comme celle qu'on peut attendre du puits de l'abîme, des profondeurs de l'enfer, et de l'étang ardent de feu et de soufre. Il voit enfin que le Dieu d'amour et de miséricorde est aussi un feu consumant ; un Dieu juste et terrible qui rend à chacun selon ses œuvres, qui entre en jugement avec l'impie pour toute vaine parole ; que dis-je ? même pour les imaginations du cœur. Il voit clairement que le Dieu saint et grand a les yeux trop purs pour voir le mal, qu'Il rend à tout rebelle et à tout méchant sa rétribution en face, et que c'est une chose terrible que de tomber entre les mains du Dieu vivant.

2. L'éclat de cette lumière commence à placer devant ses yeux le sens spirituel, intime, de la loi de Dieu. Il voit que le commandement est d'une grande étendue, et que rien ne se dérobe à sa clarté. Il ne doute plus que dans toutes ses parties, la loi, loin de se rapporter simplement à l'obéissance ou à la transgression extérieure, s'applique à ce qui se passe dans les replis secrets de l'âme où l'œil de Dieu peut seul pénétrer. Maintenant, lorsqu'il entend cette défense : « Tu ne tueras point, » Dieu lui dit d'une voix de tonnerre : Celui qui hait son frère est un meurtrier ; celui qui dit à son frère fou, sera punissable par la géhenne du feu. Si la loi dit : « Tu ne commettras point d'adultère, » ces paroles retentissent à ses oreilles de la part du Seigneur : Celui qui regarde une femme pour la convoiter a déjà commis adultère avec elle dans son cœur. Et c'est ainsi que, sur chaque point, la Parole de Dieu est pour lui vivante et efficace, plus pénétrante qu'une épée à deux tranchants. Elle atteint jusqu'à la division de son âme et de son esprit, des jointures et des mœlles ; d'autant plus qu'il sent en lui-même qu'il a négligé le grand salut, qu'il a foulé aux pieds le Fils de Dieu qui voulait le sauver de ses péchés, et teint pour une chose profane, c'est-à-dire commune et sans vertu, le sang de la nouvelle alliance.

3. Convaincu que toutes choses sont nues et découvertes devant les yeux de Celui à qui nous avons affaire, il se voit lui-même nu et dépouillé de toutes les feuilles de figuier qu'il avait cousues ensemble, de toutes ses prétentions misérables de religion ou de vertu, de toutes les pauvres excuses dont il couvrait ses péchés. Il se voit, comme les victimes des anciens sacrifices, partagé du haut en bas, si l'on peut ainsi dire, en sorte que tout en lui se montre à découvert. Son cœur est à nu, et il n'y voit que péché. Il voit qu'il est rusé et désespérément malin, corrompu et abominable au-delà de toute expression, qu'il n'y habite qu'injustice et impiété, toutes ses imaginations, ses mouvements et ses pensées n'étant que mal en tout temps.

4. Et il ne voit pas seulement, mais il sent en lui-même, par une émotion indescriptible, que pour les péchés de son cœur, lors même que sa vie serait irréprochable (ce qu'elle n'est ni ne peut être, puisqu'un mauvais arbre ne peut porter de bons fruits), il sent qu'il mérite d'être jeté dans le feu qui ne s'éteint point. Il sent que les gages, la, juste récompense du péché, de son péché surtout, c'est la mort, la mort seconde, la mort qui ne meurt point ; la ruine du corps et de l'âme dans l'enfer.

5. C'en est fait de ses rêves ; de son repos trompeur, de sa fausse paix, de sa vaine sécurité. Sa joie s'évanouit comme un nuage ; les plaisirs qu'il aimait naguère n'ont plus de charme pour lui. Leur insipidité, leur fadeur, lui répugnent et le fatiguent. Les ombres du bonheur s'enfuient et plongent dans l'oubli ; en sorte que dépouillé de tout, il erre, il va et vient, cherchant le repos et ne pouvant le trouver.

6. Les fumées du breuvage dont il s'enivrait étant dissipées, il ne lui reste plus que l'angoisse d'un esprit abattu. Il éprouve que le péché déchaîné sur l'âme n'amène qu'une misère complète ; que ce soit l'orgueil, la colère, la convoitise, la volonté propre ; la malice, l'envie ou tout autre péché. Il ressent une tristesse de cœur pour les bénédictions perdues et pour la malédiction qui est venue fondre sur lui ; le remords, pour s'être ainsi perdu lui-même au mépris de son propre salut ; il est agité par la crainte qui provient d'un vif sentiment de la colère de Dieu et des conséquences de cette colère, des châtiments qu'il a si justement mérités et qu'il voit ; suspendus sur sa tête ; par la crainte de la mort qu'il considère comme la porte de l'enfer ; par la crainte du diable, l'exécuteur de la colère et de la juste vengeance de Dieu : par la crainte des hommes qui, s'ils pouvaient tuer son corps, plongeraient son corps et son âme dans la géhenne ; et cette crainte s'accroît souvent à tel point que cette pauvre âme pécheresse et coupable est épouvantée de tout, d'un rien, d'une ombre, d'une feuille agitée par le vent. Cette crainte peut même quelquefois approcher de la folie, suspendre par une ivresse qui ne vient pas du vin, l'exercice de la mémoire, de l'intelligence et de toutes les facultés naturelles. Quelquefois elle peut pousser le pécheur jusqu'au bord du désespoir, et tout en tremblant au seul nom de mort, il peut être prêt, à chaque instant, à choisir la mort plutôt que la, vie Ah ! c'est alors qu'il rugit, comme le Psalmiste, dans le trouble de son âme ; car l'esprit de l'homme le soutiendra dans son infirmité ; mais l'esprit abattu qui le relèvera ?

7. Maintenant il désire vraiment rompre avec le péché ; il commence à le combattre. Mais quoiqu'il lutte de toutes ses forces il ne peut vaincre : le péché est plus fort que lui. Il voudrait bien échapper, mais il ne peut sortir de sa prison. Il prend des résolutions contre le péché, mais il pèche encore ; il voit le piège, il l'a en horreur, et cependant il s'y précipite. Ah ! que cette raison dont il était fier est puissante ! Puissante pour accroître sa culpabilité, pour augmenter sa misère ! Que sa volonté est libre ! Libre seulement pour le mal, libre pour boire l'iniquité comme l'eau, pour s'égarer toujours plus loin du Dieu vivant, et pour outrager toujours plus l'Esprit de grâce.

8. Plus il soupire, travaille et lutte pour la liberté, plus il sent ses chaînes, les chaînes cruelles du péché par lesquelles Satan le tient captif et le mène à sa volonté ; il a beau murmurer, il a beau se révolter, il est son esclave, et ses efforts sont vains. Il demeure dans la servitude et dans la crainte à cause du péché ; esclave de quelque péché extérieur, auquel il est particulièrement enclin, soit par nature, soit par habitude ou par suite des circonstances ; mais toujours esclave de quelque péché intérieur, de quelque mauvais penchant ou de quelque affection profane. Et plus il s'indigne contre le mal, plus il y succombe ; il peut mordre sa chaîne, il ne peut la briser. C'est ainsi qu'il se livre à un travail sans fin, de la repentance au péché et du péché à la repentance, jusqu'à ce qu'enfin, pauvre, misérable, à bout de ressources, il n'ait plus qu'à gémir et à s'écrier : « Misérable que je suis, qui me délivrera du corps de cette mort ! »

9. Toute cette lutte d'un homme sous la loi ; dominé par l'esprit de crainte et de servitude, est magnifiquement décrite dans Romains (Rm 7.9-25), où l'apôtre prend le langage d'un pécheur réveillé : « Autrefois, quand j'étais sans loi, je vivais, » j'avais, en abondance, vie, sagesse, force et vertu, je le croyais du moins ; « mais quand le commandement est venu, le péché a repris la vie et moi je suis mort. » Le sens spirituel du commandement m'étant révélé avec puissance, ma corruption innée s'est émue, enflammée, manifestée, et ma vertu s'est évanouie. « De sorte qu'il s'est trouvé que le commandement qui m'était donné pour avoir la vie m'a donné la mort. Car le pé-

ché, prenant occasion du commandement, m'a séduit et m'a fait mourir par le commandement même ; » me prenant par surprise, il a frappé au cœur ma confiance, me montrant clairement qu'en vivant j'étais mort. « La loi donc est sainte et le commandement est saint, juste et bon ; » ce n'est plus la loi que je blâme, mais mon propre cœur. Je reconnais « que la loi est spirituelle ; mais je suis charnel, vendu au péché, » c'est-à-dire son esclave (comme les esclaves achetés par argent étaient à la merci de leurs maîtres) ; « car je n'approuve point ce que je fais, parce que je ne fais point ce que je voudrais faire, mais je fais ce que je hais. » Telle est ma dure servitude : « J'ai bien la volonté de faire ce qui est bon, mais je ne trouve pas le moyen de l'accomplir ; car je ne fais pas le bien que je voudrais faire, mais je fais le mal que je ne voudrais pas faire. Je trouve donc en moi cette loi, cette contrainte, « c'est, que quand je veux faire le bien, le mal est attaché à moi ; car je prends plaisir » ou je consens « à la loi de Dieu quant à l'homme intérieur, » c'est-à-dire, dans mon esprit, comme le dit l'apôtre au verset suivant : « Mais je trouve une autre loi dans mes membres qui combat contre la loi de mon esprit et qui me rend captif sous la loi du péché, » me liant, pour ainsi dire, au char de mon vainqueur, du vainqueur que je déteste. « Misérable que je suis ! qui me délivrera du corps de cette mort ? » (qui me délivrera de cette vie qui n'est qu'une mort, de cette servitude du péché et du malheur ? Jusque-là « je sers moi-même, de l'esprit à la loi de Dieu, » — mon esprit, ma, conscience est pour Dieu, « mais de la chair à la loi du péché, » car je suis entraîné par une force à laquelle je ne puis résister.

10. Quelle peinture vivante d'un homme qui est sous la loi, d'un homme qui gémit sous un fardeau qu'il ne peut secouer ; haletant après la liberté, la force, l'amour, et demeurant toujours dans la crainte et la servitude, jusqu'à l'heure où, à ce misérable qui crie : Qui me délivrera de ce corps de mort ? Dieu répond : La grâce de Dieu par Jésus Christ, ton Seigneur !

III

1. C'est alors que finit cette triste servitude et qu'il n'est plus sous la loi, mais sous la grâce. Nous allons donc considérer ; en troisième lieu, l'état d'un homme qui a trouvé grâce aux yeux de Dieu, de Dieu le Père, et dans le cœur duquel règne la grâce ou la puissance du Saint-Esprit ; d'un homme qui a reçu, comme s'exprime l'apôtre, l'esprit d'adoption, par lequel il crie maintenant : Abba, c'est-à-dire Père !

2. Il a crié à l'Éternel dans sa détresse et il l'a délivré de ses angoisses. Ses yeux sont ouverts, mais d'une toute autre manière qu'auparavant ; ils sont ouverts pour voir un Dieu d'amour et de grâce. Et tandis qu'il lui crie : « Je te prie, montre-moi ta gloire ! » une voix lui répond au dedans : « Je vais faire passer devant toi toute ma bonté, je crierai le nom de l'Éternel devant toi, je ferai grâce à celui à qui je ferai grâce, et j'aurai compassion de celui dont j'aurai compassion ! » Et bientôt le Seigneur descendant dans la nuée et proclamant le nom de l'Éternel devant lui, il voit, mais non des yeux de la chair et du sang, « l'Éternel, le Dieu fort, miséricordieux et pitoyable, tardif à colère et abondant en grâce et en vérité ; qui garde la miséricorde jusqu'en mille générations, et qui pardonne l'iniquité, le crime et le péché. »

3. Une lumière céleste et bienfaisante se répand alors dans son âme. Il regarde à Celui qu'il avait percé, et Dieu qui a dit que la lumière sortît des ténèbres, répand la lumière dans son cœur. Il voit la lumière glorieuse de l'amour de Dieu en la face de Jésus-Christ. Il possède une démonstration divine des choses invisibles au sens, des choses profondes de Dieu, surtout de l'amour de Dieu pardonnant à celui qui croit, en Jésus. Subjuguée par cette vue, son âme entière s'écrie : « Mon Seigneur et mon Dieu ! » Il voit toutes ses iniquités rassemblées sur celui qui les a portées en son corps sur le bois ; il voit cet Agneau de Dieu qui ôte ses péchés. — Combien il discerne clairement que Dieu était en Christ, réconciliant le monde avec Lui-même, faisant Celui qui n'a point connu le péché, être péché pour nous, afin que nous fussions justice de Dieu par Lui. Avec quelle certitude il sait que lui-même est réconcilié avec Dieu, par le sang de l'alliance !

4. Ici finit pour lui toute condamnation ; ici finit l'empire du péché. Maintenant il peut dire : « Je suis crucifié avec Christ et je vis, non pas moi toutefois, mais Christ vit en moi, et si je vis encore dans la chair » (dans ce corps mortel), « je vis dans la foi au Fils de Dieu qui m'a aimé et qui s'est donné lui-même pour moi. » Ici finit le remords, la tristesse de cœur, l'angoisse d'un esprit abattu. Dieu change sa tristesse en joie. Il fit la plaie et sa main la bande. Ici finit cet esprit

de servitude et de crainte, car son cœur est ferme se confiant en l'Éternel. Il ne peut plus craindre la colère de Dieu, car il sait qu'elle s'est détournée de lui, et il voit en Dieu non plus un juge irrité, mais un Père. Il ne peut plus craindre le diable, sachant qu'il n'a aucun pouvoir s'il ne lui est donné d'en haut. Il ne craint pas l'enfer, puisqu'il est héritier du ciel ; dès lors il est affranchi de cette crainte de la mort qui le rendit, pendant tant d'années, sujet à la servitude. Mais plutôt, sachant que si cette demeure terrestre dans cette tente est détruite, il a dans le ciel un édifice de Dieu, une demeure éternelle qui n'est point faite de main d'homme, il soupire ardemment, désirant être revêtu de sa demeure céleste. Il soupire après le dépouillement de cette maison de terre, après le moment où ce qu'il y a de mortel lui en sera absorbé par la vie ; car il sait que c'est Dieu qui l'a formé, pour cela, et qui lui a aussi donné pour arrhes son Esprit.

5. Et là où est l'Esprit du Seigneur, là est la liberté, l'affranchissement, non seulement de la condamnation et de la crainte, mais du plus pesant de tous les jougs, de la plus honteuse de toutes les servitudes, savoir du péché. Désormais son travail n'est plus vain. Les lacs qui le tenaient captif sont brisés. Il lutte, mais c'est avec succès ; il combat, mais c'est pour remporter la victoire. Il n'est plus asservi au péché. Il est mort au péché et vivant à Dieu ; le péché ne règne plus, même dans son corps mortel, et il n'obéit plus à ses convoitises. Il ne livre plus ses membres pour servir à l'iniquité et au péché, mais pour servir à la justice et à la sainteté. Car étant libre maintenant quant au péché, il est devenu l'esclave de la justice (Rm 6 :6).

6. Ainsi il a la paix avec Dieu par notre Seigneur Jésus-Christ, il se réjouit dans l'espérance de la gloire de Dieu ; il a la domination sur tout péché ; sur tout désir, tout penchant, toute parole, toute œuvre mauvaise. Dans cet heureux état, il est un témoin vivant de la liberté glorieuse des enfants de Dieu, qui tous ont en partage une foi du même prix et qui disent tous d'une voix : « Nous avons reçu l'esprit d'adoption, par lequel nous crions : Abba, Père ! »

7. C'est cet esprit qui produit en eux continuellement et la volonté et l'exécution selon son bon plaisir. C'est lui qui répand dans leurs cœurs l'amour de Dieu et l'amour de tous les hommes ; les purifiant ainsi de l'amour du monde, de la convoitise de la chair, de la convoitise des yeux et de l'orgueil de la vie. C'est Lui qui les délivre de la colère et de l'orgueil, de toute affection basse et désordonnée, et, par suite, de paroles et d'œuvres mauvaises, et de toute conversation profane, de sorte qu'ils ne font de mal à personne et qu'ils sont zélés pour toute bonne œuvre.

8. En résumé : l'homme naturel ne craint ni n'aime Dieu, l'homme sous la loi le craint, l'homme sous la grâce l'aime, Le premier n'a point de lumière dans les choses de Dieu, mais il marche dans les plus épaisses ténèbres ; le second voit l'horrible lumière de l'enfer, le troisième, la joyeuse lumière du ciel. Celui qui dort d'un sommeil de mort est dans une fausse paix ; celui qui croit possède la vraie paix, car la paix de Dieu remplit et gouverne son cœur. Le païen, baptisé ou non, jouit d'une liberté illusoire qui n'est que la licence ; le Juif, de naissance ou de cœur, est sous un lourd et cruel esclavage ; le chrétien jouit de la vraie et glorieuse liberté des enfants de Dieu. Un enfant du diable, avant d'être réveillé, pèche de bon cœur ; réveillé, il pèche à contre-cœur ; un enfant de Dieu ne pèche point, mais il se conserve lui-même, et le malin ne le touche point. Bref, l'homme naturel ne connaît ni combat ni victoire ; l'homme sous la loi combat contre le péché sans pouvoir en triompher ; mais l'homme sous la grâce est combattant et vainqueur, il est même plus que vainqueur par Celui qui l'a aimé.

IV

1. On voit par ce simple exposé de ces trois états où l'homme peut être ; l'état naturel, l'état légal et l'état de grâce ou évangélique, qu'il ne suffit pas de classer les hommes en sincères et en non sincères. On peut être sincère dans ces trois états, non seulement avec l'esprit d'adoption, mais encore sous l'esprit de servitude et de crainte, et même quand on n'a ni la crainte de Dieu, ni son amour. Car il peut, sans nul doute, y avoir de la sincérité chez les païens, aussi bien que chez les Juifs ou les chrétiens. La sincérité ne prouve donc, nullement qu'on soit agréable à Dieu, et en état de subsister devant lui.

C'est pourquoi « éprouvez-vous vous-mêmes, non seulement pour savoir si vous êtes sincères, mais pour « savoir si vous êtes dans la foi. » Examinez de près, car cela vous importe grandement, quel est dans votre âme le principe qui gouverne. Est-ce l'amour de Dieu ? Est-ce la crainte de Dieu ? Ou n'est ce ni l'un ni l'autre ? N'est-ce pas plutôt l'amour du monde, l'amour du plaisir ou du gain ? L'amour des aises ou de la réputation ? S'il en est ainsi, vous êtes moins avancé que les Juifs ; vous n'êtes encore qu'un païen. Avez-vous le ciel dans votre cœur ? Avez-vous l'esprit d'adoption, qui toujours crie Abba, Père ? Ou invoquez-vous Dieu, comme du fond de l'abîme, accablé de peine et de crainte ? Ou bien, étranger à tout ceci, ne savez-vous de quoi je veux parler ? — Païen, lève le masque ! Tu ne t'es jamais revêtu de Christ ! Découvre ta face ! Lève les yeux au ciel et confesse, devant Celui qui vit aux siècles des siècles, que tu n'as de part ni parmi les enfants, ni parmi les serviteurs de Dieu.

Qui que tu sois, commets-tu ou ne commets-tu pas le péché ? Si tu le commets, est-ce de bon ou de mauvais gré ? Que ce soit l'un ou l'autre, Dieu t'a dit à qui tu appartiens : « Celui qui commet le péché est du diable. » Si c'est de bon gré ; tu es son serviteur fidèle et il ne manquera pas de récompenser ton travail. Si c'est de mauvais gré, tu n'en es pas moins son serviteur. Que Dieu t'arrache de ses mains !

Es-tu tous les jours en guerre contre tout péché, et tous les jours plus que vainqueur ? Je te reconnais pour un enfant de Dieu ! Oh ! demeure ferme dans ta glorieuse liberté ! Combats-tu, mais sans vaincre, t'efforçant d'avoir le dessus, mais sans pouvoir y parvenir ? Alors tu ne crois pas encore en Christ, mais persévère et tu connaîtras bientôt le Seigneur. Vis-tu sans aucun combat, dans la mollesse, l'indolence et la conformité à la mode ? Oh ! comment présumes-tu de te nommer du nom de Christ, pour être un sujet de scandale aux Gentils ? « Dormeur, » lève-toi, et crie à ton Dieu, avant que l'abîme t'engloutisse !

2. Une des raisons, peut-être, qui expliquent pourquoi tant de gens ont d'eux-mêmes une plus haute opinion qu'ils ne doivent et ne discernent point auquel de ces trois états ils appartiennent, c'est que ces divers états d'âme se confondent souvent et peuvent en quelque mesure se rencontrer chez une seule et même personne. Ainsi l'expérience montre que l'état légal ou de crainte se mêle souvent à l'état naturel ; car peu d'hommes sont si profondément endormis dans le péché qu'ils ne s'éveillent plus ou moins de temps à autre. Et comme l'Esprit de Dieu n'attend pas que l'homme l'appelle, il est des moments où il se fait entendre ; qu'on le veuille ou non. Il épouvante les pécheurs de telle sorte que pour un temps, du moins, ces païens connaissent qu'ils ne sont que des hommes mortels. Ils sentent le fardeau du péché, ils désirent ardemment fuir la colère à venir. Mais ce n'est, pas long ; rarement ils souffrent que, les flèches de la conviction entrent profondément dans leurs âmes ; ils s'empressent d'étouffer la grâce de Dieu, pour retourner se vautrer dans le bourbier.

De même l'état évangélique, ou d'amour, se mêle fréquemment à l'état légal. Peu de ceux qui ont l'esprit de servitude et de crainte demeurent toujours sans espérance. Le Dieu sage et miséricordieux le souffre rarement, « Il se souvient que nous ne sommes que poudre, » Il ne veut pas que « l'esprit soit accablé par sa présence, car c'est Lui qui a fait les âmes. » C'est pourquoi, dans les moments qu'Il juge convenables, il fait poindre la lumière sur ceux qui sont assis dans les ténèbres. Il fait passer en partie devant eux sa bonté, il leur montre qu'il entend les prières. Ils voient, quoique de loin, la promesse qui est par la foi en Jésus-Christ, et cela les encourage à poursuivre la course qui leur est proposée.

3. Une autre cause d'illusion pour plusieurs, c'est qu'ils ne considèrent pas combien un homme peut aller loin sans sortir de l'état naturel ou tout au moins de l'état légal. Un homme peut être d'un caractère compatissant, affable ; il peut être courtois, généreux, prévenant ; avoir quelque degré de patience, d'humilité, de tempérance et d'autres vertus morales. Il peut désirer s'abstenir de tout vice et vouloir s'élever à une plus haute vertu. Il peut renoncer à diverses formes du mal ; peut-être à tout ce qui est grossièrement contraire à la justice, à la bonté, à la vérité. Il peut faire beaucoup de bien, nourrir les affamés, vêtir ceux qui sont nus, consoler la veuve et l'orphelin. À l'assiduité au culte public, il peut ajouter la prière en particulier, et beaucoup de lectures pieuses ; il peut faire tout cela, et n'être encore qu'un homme naturel, ne connaissant ni lui-même, ni Dieu ; étranger à l'esprit de crainte aussi bien qu'à celui d'amour, n'ayant encore ni la repentance, ni la foi à l'Évangile.

Mais lors même qu'à tout cela se joint une profonde conviction de péché, et une grande crainte de la colère de Dieu ; de véhéments désirs de fuir tout péché et d'accomplir toute justice ; de fréquents élans de joie dans l'espérance, et des impressions de l'amour divin traversant l'âme ; ceci non plus ne prouve pas qu'un homme soit sous la grâce, qu'il ait la vraie, la vivante foi chrétienne, à moins qu'il n'ait l'esprit d'adoption, demeurant dans son cœur ; à moins qu'il ne puisse continuellement s'écrier : « Abba, Père ! »

4. Toi donc qui portes le nom de chrétien, prends garde et crains de manquer le but de ta haute vocation ; de t'arrêter, soit dans l'état naturel, avec trop de gens estimés bons chrétiens, soit dans l'état légal, où les personnes qui sont en grande considération jugent en général suffisant de vivre et de mourir. Non, Dieu a préparé pour toi de meilleures choses ; pourvu que tu persévères à les chercher jusqu'à ce que tu les atteignes. Tu n'es point appelé à craindre, à trembler comme les démons ; mais à te réjouir, à aimer comme les anges de Dieu. « Tu aimeras l'Éternel ton Dieu, de tout ton cœur, de toute ton âme, de toute ta pensée, de toutes tes forces » ; tu dois être toujours joyeux, prier sans cesse, rendre grâces pour toutes choses ; tu feras la volonté de Dieu sur la terre, comme elle est faite dans le ciel. Oh ! « éprouve que la volonté de Dieu est bonne, agréable et parfaite », en te présentant à Lui en sacrifice vivant et saint, ce qui est ton service raisonnable ! Retiens ferme ce que tu as, avançant vers les choses qui sont devant toi, jusqu'à ce que le Dieu de paix te rende accompli en toute bonne œuvre, faisant Lui-même en toi ce qui lui est agréable par Jésus-Christ, à qui soit la gloire aux siècles des siècles ! Amen !

SERMON 10

Le témoignage de l'Esprit

Premier discours

L'Esprit lui-même rend témoignage avec notre esprit que nous sommes enfants de Dieu.
— Romains 8.16 —

1. Que d'hommes vains, ne comprenant ni ce qu'ils disent ni ce qu'ils affirment, ont tordu de tout temps ce passage au grand détriment de leur âme, si ce n'est à sa perdition ! Que d'hommes ignorants ont pris la voix de leur imagination pour le témoignage de l'Esprit de Dieu, et présumé d'être enfants de Dieu tandis qu'ils faisaient les œuvres du diable ! Ce sont là proprement, et dans la pire signification du mot, des exaltés. Mais qu'il est difficile de les convaincre de leur illusion, surtout s'ils se sont abreuvés à longs traits de cet esprit d'erreur ! Alors tout ce qu'on peut faire pour les éclairer n'est autre chose à leurs yeux que faire la guerre à Dieu, et cette véhémence, cette impétuosité d'esprit qu'ils confondent avec le zèle pour la foi, les met tellement en dehors de la portée des moyens qu'on pourrait employer pour les faire rentrer en eux-mêmes, que nous pouvons bien dire à leur égard : « Quant aux hommes, cela est impossible. »

2. Faut-il donc s'étonner, que tant de gens raisonnables, voyant les terribles effets de cette illusion et voulant s'en tenir le plus loin possible ; inclinent parfois vers un autre extrême, qu'ils ne s'empressent guère de croire ceux qui disent avoir un témoignage qui fut pour d'autres un sujet de si graves erreurs ? Faut-il s'étonner qu'ils soient bien près de noter comme exaltés tous ceux qui emploient des termes dont on a fait un si terrible abus ; et même qu'ils se demandent si le témoignage dont il est ici question est le privilège des chrétiens ordinaires, ou s'il n'est pas plutôt du nombre de ces dons extraordinaires qu'ils supposent n'avoir appartenu qu'au siècle apostolique ?

3. Mais pourquoi nous jetterions-nous dans l'un ou l'autre de ces extrêmes ? Ne pouvons-nous diriger notre course entre les deux et nous tenir à juste distance de l'esprit d'erreur et d'exaltation, sans nier le don de Dieu, ni abandonner le grand privilège de ses enfants ? Oui, sans doute. Eh bien ! considérons donc, en la présence et dans la crainte de Dieu :

I. En quoi consiste le témoignage de notre esprit ; quel est le témoignage de l'Esprit de Dieu ; et de quelle manière il nous donne l'assurance d'être enfants de Dieu.

II. Comment ce double témoignage de notre esprit et de l'Esprit de Dieu se sépare et peut être clairement distingué de la présomption du cœur naturel et de la tromperie du diable.

I

1. Voyons d'abord ce que c'est que le témoignage de notre propre esprit. Mais ici je ne puis qu'engager ceux pour qui le témoignage de l'Esprit de Dieu s'absorbe dans le témoignage purement rationnel de notre propre esprit à remarquer que l'apôtre, bien loin de ne parler dans ce texte que du témoignage de notre esprit ; n'en a peut-être point du tout parlé, le ! texte original pouvant très bien s'entendre du Saint-Esprit seul. Car on peut très bien traduire : l'Esprit lui-même ou le même Esprit rend témoignage à notre esprit que nous sommes enfants de Dieu. Mais je n'insiste point là-dessus ; tant d'autres textes s'accordant avec l'expérience de tous les vrais chrétiens, pour montrer que chez tout croyant il y a, à la fois, ces deux témoignages, celui du Saint-Esprit et celui de son propre esprit qui lui disent qu'il est enfant de Dieu.

2. Quant au témoignage de notre esprit, les passages qui l'établissent sont nombreux ; ce sont ceux qui décrivent les caractères des enfants de Dieu. Chacun peut les connaître et les com-

prendre. Plusieurs écrivains, tant anciens que modernes, les ont rassemblés et mis en lumière. Pour plus d'instruction, on n'a qu'à suivre les prédications de l'Évangile, méditer la Parole de Dieu en particulier, et converser avec ceux qui ont la connaissance des voies divines. Et par cette raison, par cette intelligence que Dieu nous a donnée, et que la religion doit perfectionner au lieu de l'éteindre (selon cette parole : « Soyez des enfants quant à la malice, mais des hommes faits quant à l'intelligence (1 Co 14.20) ; par cette intelligence, dis-je, chacun peut, en s'appliquant à lui-même ces caractères, reconnaître s'il est où s'il n'est pas enfant de Dieu. Ainsi, par exemple, sachant par la Parole infaillible que tous ceux qui sont conduits par l'Esprit de Dieu sont « enfants de Dieu », s'il peut dire que l'Esprit de Dieu le conduit ainsi à toutes sortes de dispositions et d'œuvres saintes, il lui sera facile d'en conclure qu'il est enfant de Dieu.

3. C'est à cela que se rapportent toutes ces déclarations si claires de l'apôtre saint Jean dans sa première Épître : « Par ceci nous savons que nous l'avons connu, si nous gardons ses commandements (1 Jn 2.3) ; « si quelqu'un garde sa parole, l'amour de Dieu est véritablement parfait en lui, et c'est par cela que nous savons que nous sommes en Lui » (1 Jn 2.5) « si vous savez qu'il est juste, sachez que quiconque fait ce qui est juste est né de Lui (1 Jn 2.29). » « Quand nous aimons nos frères, nous ne connaissons pas là que nous sommes passés de la mort à la vie (1 Jn 3.14). » « C'est à cela que nous connaissons que nous sommes de la vérité, et c'est par là que nous assurerons nos cœurs devant Lui » (1 Jn 3.19) ; c'est-à-dire quand nous nous aimons les uns les autres, « non pas seulement de parole et de la langue, mais en effet et en vérité. » « A ceci nous connaissons que nous demeurons en Lui et qu'Il demeure en nous, c'est qu'Il nous a fait part de son Esprit » (1 Jn 4.13) ; « et nous connaissons qu'Il demeure en nous, par l'Esprit qu'Il nous a donné (1 Jn 3.24). »

4. Il est fort probable qu'il n'y eut jamais, depuis le commencement du monde, d'enfants de Dieu plus avancés dans la grâce et la connaissance de notre Seigneur Jésus-Christ, que l'apôtre saint Jean, à l'époque où il écrivit, ces paroles, et les pères en Christ à qui il écrivait. Il n'est pas moins évident que cet apôtre, et ces hommes qui étaient comme les colonnes du temple de Dieu, loin de dédaigner ces marques de leur régénération, les appliquaient au contraire à leur âme pour la confirmation de leur foi. Tout cela n'est pourtant qu'une évidence rationnelle, le témoignage de notre esprit, de notre raison, de notre intelligence ; c'est un raisonnement qui revient à dire : Ceux qui ont ces marques sont enfants de Dieu ; or nous avons ces marques ; donc nous sommes enfants de Dieu.

5. Mais comment reconnaître si nous avons ces marques ? C'est encore une question à résoudre. Comment reconnaître si nous aimons Dieu et notre prochain, et si nous gardons ses commandements ? Remarquez bien que cette question signifie : comment pourrons-nous le reconnaître nous-mêmes, et non comment les autres le pourront-ils ? Je demanderai donc à mon tour à quiconque pose cette question : comment pouvez-vous reconnaître que vous vivez, que vous vous portez bien et ne souffrez pas ? N'en avez-vous pas la conscience immédiate ? Eh bien ! c'est aussi par un sentiment immédiat que vous saurez si votre âme est vivante à Dieu, si vous êtes sauvés du tourment d'un esprit orgueilleux et colère, si vous avez la paix d'un esprit humble et doux. Le même sentiment ne manquera pas de vous apprendre si votre amour, votre joie, votre plaisir est en Dieu, et c'est par là que vous saurez avec certitude si vous aimez votre prochain comme vous-mêmes, si vous avez une bienveillance de cœur pour tous les hommes, si vous êtes pleins de patience et de douceur. Et quant à la marque extérieure des enfants de Dieu, qui est, selon saint Jean, l'observation des commandements de Dieu, vous savez sans doute vous-mêmes, si, par la grâce de Dieu, elle vous appartient. Votre conscience vous dit, jour après jour, si vous ne mettez le nom de Dieu sur vos lèvres, qu'avec sérieux et dévotion, avec crainte et respect : si vous vous souvenez du jour de repos pour le sanctifier ; si vous honorez votre père et votre mère ; si ce que vous désirez que les hommes vous fassent vous le leur faites aussi vous-mêmes ; si vous possédez votre corps en sanctification et en honneur, et si, quoi que vous fassiez, même en mangeant et en buvant, vous faites tout à la gloire de Dieu.

6. Tel est donc proprement le témoignage de notre esprit : la conscience d'être, par la grâce de Dieu, saints de cœur et saints dans notre conduite. C'est la conscience d'avoir reçu par l'Esprit et en l'Esprit d'adoption, les caractères que mentionne la Parole de Dieu, comme appartenant à ses

enfants : un cœur qui aime Dieu et qui aime tous les hommes, se reposant avec une confiance enfantine sur Dieu notre Père, ne désirant que Lui, se déchargeant de toute inquiétude sur Lui, et entourant tout enfant d'Adam d'une sérieuse et tendre affection ; c'est la conscience d'être rendus intérieurement conformes, par l'Esprit de Dieu, à l'image de son Fils, et de marcher devant Lui dans la justice, la miséricorde et la vérité, en faisant les choses qui Lui sont agréables.

7. Mais qu'est-ce que cet autre témoignage, ce témoignage de l'Esprit de Dieu qui vient se joindre à celui de notre esprit ? Comment témoigne-t-il « avec notre esprit que nous sommes enfants de Dieu ? » Il est difficile d'expliquer « les choses profondes de Dieu » dans le langage des hommes. Il n'y a réellement pas de mots qui puissent rendre parfaitement ce qu'éprouvent les enfants de Dieu. Mais peut-être puis-je dire (et je prie toute âme enseignée de Dieu de me corriger, s'il le faut, en adoucissant ou en rendant plus fortes mes expressions) : le témoignage de l'Esprit est une impression directe de l'Esprit de Dieu sur mon âme, par laquelle il témoigne à mon esprit que je suis enfant de Dieu ; que Jésus-Christ m'a aimé et s'est donné pour moi ; que tous mes péchés sont effacés et que moi, oui moi-même, je suis réconcilié avec Dieu.

8. Ce témoignage de l'Esprit de Dieu doit nécessairement précéder celui de notre esprit ; c'est dans la nature des choses, comme une simple considération va le montrer. Avant de nous sentir saints de cœur et de vie, avant que notre esprit puisse nous rendre témoignage que nous sommes saints, il faut que nous le soyons devenus au dedans et au dehors. Mais pour être saints il nous faut aimer Dieu, puisque c'est là la racine de toute sainteté. Et nous ne pouvons l'aimer que lorsque nous savons qu'Il nous aime. Nous l'aimons parce qu'il nous a aimé le premier. Or c'est le témoignage de l'Esprit qui seul peut nous faire connaître l'amour de Dieu et nous assurer de son pardon. Puisque ce témoignage du Saint-Esprit précède tout amour pour Dieu et toute sainteté, il précède aussi nécessairement le témoignage de notre propre esprit.

9. Lorsque l'Esprit de Dieu dit à notre âme : Dieu t'a aimé et il a donné son Fils en propitiation pour tes péchés ; le Fils de Dieu t'a aimé et il t'a lavé de tes péchés par son sang ; — alors, et alors seulement, « nous aimons Dieu parce qu'Il nous a aimés le premier », et nous aimons aussi nos frères à cause de Lui. Et s'il en est ainsi, nous ne pouvons pas l'ignorer ; nous « connaissons les choses qui nous sont gratuitement données de Dieu. » Nous savons que nous aimons Dieu et que nous gardons ses commandements, et c'est aussi « par là que nous savons que nous sommes de Dieu. » C'est là le témoignage de notre esprit, qui, aussi longtemps que nous continuons à aimer Dieu et à garder ses commandements, continue à nous assurer, d'accord avec. Le Saint-Esprit, que nous sommes enfants de Dieu.

10. Qu'on n'aille pas croire pourtant que je veuille distinguer ces deux témoignages au point d'exclure l'opération de l'Esprit de Dieu même du témoignage de notre propre esprit. Non, ce n'est point ma pensée. C'est Lui qui non seulement produit en nous tout ce qui est bon, mais qui met en lumière sa propre œuvre et fait connaître clairement ce qu'Il a accompli en nous. Car, d'après saint Paul, l'un des grands buts pour lesquels nous recevons l'Esprit, c'est afin que « nous connaissions les choses qui nous sont gratuitement données de Dieu », c'est pour qu'Il fortifie le témoignage que notre conscience rend à notre simplicité et à notre sincérité devant Dieu, et pour qu'il nous donne de reconnaître à la faveur d'une plus parfaite lumière, que nous faisons maintenant les choses qui sont agréables au Seigneur.

11. Si l'on demandait encore : Comment l'Esprit de Dieu rend-il témoignage avec notre esprit que nous sommes les enfants de Dieu, de manière à exclure tout doute, et à mettre bien au jour la réalité de notre adoption ? La réponse est claire d'après les remarques qui précèdent. Et d'abord, quant au témoignage de notre esprit, il est aussi facile à l'âme de savoir quand elle aime Dieu, quand elle prend son plaisir en Lui, que de savoir quand elle aime un objet terrestre quelconque, et y trouve son bonheur. Et si elle aime et est dans la joie, elle ne peut pas plus en douter que de sa propre existence. Si donc il est exact de dire

Celui qui maintenant aime Dieu d'un amour obéissant,

qui se réjouit en Lui d'une humble et sainte joie,

est enfant de Dieu ;

or j'ai cet amour et cette joie,

donc je suis enfant de Dieu,

Si c'est là un raisonnement solide, il n'est pas possible, dans le cas supposé, qu'un chrétien doute d'être enfant de Dieu. Pour lui, la première proposition est aussi certaine qu'il est certain que la Bible est de Dieu, et quant à son amour pour Dieu, il en a en lui-même une preuve qui va jusqu'à l'évidence. Ainsi le témoignage de notre propre esprit nous est manifesté avec un si intime certitude, qu'il met la réalité de notre adoption au-dessus de tout doute raisonnable.

12. Quant à la manière dont le témoignage divin se manifeste au cœur, je ne prends point sur moi de l'expliquer. C'est une connaissance « trop haute pour moi, et si élevée que je n'y saurais atteindre. » Le vent souffle où il veut ; j'en entends le son, mais je ne sais ni d'où il vient ni où il va. Comme l'esprit d'un homme connaît seul ce qui est en lui, ainsi l'Esprit de Dieu connaît seul les choses qui sont de Dieu. Mais quant au fait nous le connaissons ; nous savons que l'Esprit de Dieu donne au croyant un tel témoignage de son adoption que, pendant qu'il le possède, il ne peut pas plus douter qu'il est enfant de Dieu, qu'il ne peut douter que le soleil brille, quand il reçoit en plein ses rayons.

II

1. Mais comment ce témoignage réuni de l'Esprit de Dieu et de notre esprit peut-il être clairement et solidement distingué de la présomption de l'esprit naturel et de la tromperie du diable ? C'est ce qu'il nous reste maintenant à examiner. Et il est bien urgent, pour tous ceux qui désirent le salut de Dieu, de méditer ce sujet avec la plus sérieuse attention, afin de ne pas séduire leur propre âme. Une erreur sur ce point a généralement les plus fatales conséquences, surtout parce que ceux qui s'abusent ne découvrent guère leur illusion que lorsqu'il est trop tard pour y remédier.

2. Et d'abord comment distinguer ce témoignage de la présomption du cœur naturel ? Il est certain qu'une âme qui ne fut jamais sous la conviction de son péché, est toujours prête à se flatter et à avoir d'elle-même, surtout pour les choses spirituelles, une plus haute opinion qu'elle ne devrait. Faut-il donc s'étonner que celui qui est enflé de son sens charnel, entendant parler de ce privilège des vrais chrétiens parmi lesquels il ne manque pas de se ranger, parvienne bientôt à se persuader que déjà il le possède ? Le fait est commun à l'heure qu'il est, et les exemples en ont toujours abondé dans le monde. Comment distinguer le vrai témoignage d'avec cette fatale présomption ?

3. Je réponds que les Écritures multiplient les signes caractéristiques auxquels on peut les distinguer ; elles décrivent de la manière la plus claire, les circonstances qui précèdent, qui accompagnent et qui suivent le vrai et authentique témoignage de l'Esprit de Dieu et de l'esprit du croyant. Quiconque voudra remarquer et peser avec soin ces circonstances ne sera pas dans le cas de prendre les ténèbres pour la lumière. Elles lui montreront tontes une si immense différence entre le vrai et le prétendu témoignage de l'Esprit, qu'il n'y aura pour lui ni danger ni même, en quelque sorte, possibilité de les confondre.

4. Celui qui présume vainement d'avoir le don de Dieu pourra, s'il le veut, connaître avec certitude par ces signes, qu'il a été livré jusqu'ici, « à une erreur efficace », et qu'il a cru au mensonge. Car l'Écriture nous présente comme précédant, accompagnant et suivant ce don, des marques qu'avec tant soit peu de réflexion il reconnaîtrait n'avoir jamais été dans son âme. Ainsi l'Écriture décrit la repentance ou conviction de péché, comme précédant invariablement ce témoignage de pardon. « Repentez-vous, car le royaume des cieux est proche » (Mt 3.2) ; « repentez-vous et croyez à l'Évangile » (Mc 1.15) ; « repentez-vous, et que chacun de vous soit baptisé pour obtenir la rémission des péchés » (Ac 2.38) ; « repentez-vous et vous convertissez, afin que vos péchés soient effacés » (Ac 3.49) ; et l'Église anglicane, d'accord avec ces paroles, met aussi toujours la repentance avant le pardon et le témoignage du pardon. « Il pardonne et absout tous ceux qui se repentent et croient sincèrement à l'Évangile. » « Le Tout-Puissant promet le pardon des péchés à tous ceux qui, avec la repentance du cœur et la vraie foi, se tournent vers Lui. » Mais celui qui s'abuse est étranger même à la repentance ; il ne sait ce qu'est un cœur contrit et brisé ; le souvenir de ses péchés ne lui a jamais été douloureux, et s'il a répété avec la liturgie que « le fardeau de ses transgressions lui est insupportable », il l'a toujours fait sans sincérité ; c'était une

politesse qu'il faisait à Dieu. Or ne fût-ce que pour le défaut de cette première œuvre de Dieu, de la repentance, il n'a que trop lieu de craindre de n'avoir saisi jusque-là qu'une vaine ombre, et de n'avoir encore jamais connu le vrai privilège des enfants de Dieu.

5. De plus, l'Écriture décrit la nouvelle naissance qui doit nécessairement précéder le témoignage qu'on est enfant de Dieu, comme un grand et puissant changement — comme « un passage des ténèbres à la lumière », « de la puissance de Satan à Dieu », « de la mort à, la vie », comme « une résurrection d'entre les morts. » C'est ainsi que l'Apôtre écrit aux Éphésiens : « Vous étiez morts dans vos fautes et dans vos péchés … mais lorsque nous étions morts dans nos fautes, Dieu nous a vivifiés ensemble avec Christ ; et il nous a ressuscités ensemble et nous a faits asseoir ensemble dans les lieux célestes, en Jésus-Christ (Ep 2 :1, 5, 6). » Mais l'homme dont nous parlons connaît-il un tel changement ? Il ne sait rien de tout ceci. Nous lui parlons une langue inconnue. Il assure avoir toujours été chrétien. Il ne sait pas quand il aurait eu besoin de changer ainsi. Ce fait même, s'il se permet un peu de réflexion, lui montrera qu'il n'est pas né de l'Esprit ; qu'il n'a point encore connu Dieu ; mais qu'il a pris la voix de la nature pour la voix de Dieu.

6. Mais laissons en suspens la question qui se rapporte à ce qu'il a pu éprouver ou ne pas éprouver dans le passé ; il y a dans le présent des marques auxquelles on distingue aisément un enfant de. Dieu d'une âme qui s'abuse présomptueusement. L'Écriture décrit cette joie en Dieu qui accompagne le témoignage de son Esprit, comme une joie humble, comme une joie qui abaisse jusque dans la poussière, qui porte le pécheur reçu en grâce à s'écrier : « Je suis un homme vil » ; « que suis-je, et quelle est la maison de mon père ? » « Maintenant mon œil t'a vu et je me condamne et me repens sur la poudre et la cendre. » — Or, où se trouve l'humilité, se trouve la débonnaireté, la patience, la douceur, le long support ; un esprit conciliant, une délicatesse, une tendresse, une bonté d'âme qu'aucune expression ne peut rendre. Mais ces fruits accompagnent-ils ce prétendu témoignage de l'Esprit que s'attribue la présomption ? Bien au contraire, plus le présomptueux se persuade d'avoir la faveur de Dieu, plus il est vain, plus il s'élève, plus il est hautain et arrogant dans toutes ses manières. Et en proportion de l'évidence qu'il croit posséder de son adoption, il est plus tyrannique pour ses alentours, plus incapable de supporter une répréhension, plus impatient de la contradiction. Au lieu d'être plus débonnaire, plus doux, plus docile, plus prompt à écouter et plus lent à parler, il est plus lent à écouter, plus prompt à parler, plus dédaigneux de toute instruction, plus violent, plus véhément dans son caractère, plus empressé dans sa conversation. Peut-être même remarque-t-on souvent une sorte de férocité dans son air, dans son langage et dans toute sa conduite, comme s'il allait se mettre à la place de Dieu et consumer lui-même les adversaires.

7. Enfin l'Écriture enseigne que l'amour de Dieu consiste à garder ses commandements (Jn 5.3), L'obéissance est la preuve certaine de cet amour. Le Seigneur dit lui-même : « Celui qui garde mes commandements, c'est celui-là qui m'aime (Jn 14.21). » L'amour se plaît à obéir, à faire en tout point ce qui est agréable à l'être bien-aimé. Celui qui aime Dieu s'empresse de faire sa volonté sur la terre, comme elle est faite dans le ciel. Mais est-ce là le caractère de celui qui se persuade présomptueusement d'aimer Dieu ? Ah ! il l'aime, mais d'un amour qui lui donne toute liberté de désobéir et de violer ces commandements au lieu de le pousser à les garder. Peut-être, lorsqu'il était sous la crainte de sa colère, travaillait-il à faire sa volonté. Mais maintenant qu'il se regarde comme n'étant plus sous la loi, il ne se croit plus tenu de l'observer. Il est donc moins zélé pour les bonnes œuvres, moins soigneux d'éviter le mal, moins observateur de son cœur, moins attentif à tenir en bride sa langue. Il a moins d'ardeur à se renoncer lui-même et à se charger chaque jour de sa croix. En un mot, toute l'apparence de sa vie est changée, depuis qu'il s'est imaginé être en liberté ; on ne le voit plus « s'exercer à la piété », « combattre non pas seulement contre la chair et le sang, mais contre les principautés et les puissances », « endurer les travaux », « s'efforcer d'entrer par la porte étroite. » Non, il a trouvé un chemin plus commode pour aller au ciel, un chemin large, uni, semé de fleurs, où il peut dire à son âme : « Mon âme, repose-toi, mange, bois et te réjouis. » Il est évident, d'après cela, qu'il n'a pas vraiment le témoignage de son propre esprit. Il ne saurait avoir la conscience de posséder ce qu'il ne possède pas, l'humilité, la douceur, l'obéissance. L'Esprit de vérité ne peut non plus confirmer un mensonge, ni lui rendre témoignage qu'il est enfant de Dieu, pendant qu'il est manifestement enfant du diable.

8. Ouvre les yeux, ô toi pauvre pécheur qui te séduit toi-même ! — toi qui t'assures d'être enfant de Dieu, toi qui dis : J'ai le témoignage en moi-même et je puis défier tous mes ennemis ! Tu as été pesé à la balance, à la balance du sanctuaire, et tu as été trouvé léger. Ton âme, mise au creuset de la parole du Seigneur, s'est trouvé un argent réprouvé. Tu n'es pas humble de cœur, tu es donc étranger jusqu'à ce jour à l'Esprit de Jésus. Tu n'es pas doux et débonnaire, ta joie est donc vaine ; ce n'est pas la joie du Seigneur. Tu ne gardes pas ses commandements, donc tu ne l'aimes point et tu n'as point été fait participant du Saint-Esprit ! Si donc les oracles de Dieu sont certains, il est certain que son esprit ne rend pas témoignage avec ton esprit que tu es enfant de Dieu. Oh ! demande avec de grands cris que les écailles tombent de tes yeux ; que tu puisses te connaître tel que tu es connu ; que tu reçoives la sentence de mort en toi-même, jusqu'à ce que la voix qui ressuscite les morts se fasse entendre à ton âme, disant : « Aie bon courage ; tes péchés te sont pardonnés, ta foi t'a sauvé ! »

9. Mais, direz-vous, comment celui qui a, vraiment le témoignage en lui-même le distinguera-t-il de la présomption ? Et comment distinguez-vous la lumière des ténèbres ? la clarté d'une étoile ou d'un pâle flambeau, de l'éclat du soleil en plein midi ? N'y a-t-il pas entre ces deux une différence inhérente, visible, essentielle ? Et n'apercevez-vous pas immédiatement cette différence, pourvu que vos sens soient en bon état. De même, il y a une différence inhérente, essentielle, entre la lumière spirituelle et les ténèbres spirituelles, entre la clarté dont le soleil de justice inonde nos cœurs, et les pâles lueurs qui proviennent des étincelles que nous avons nous-mêmes allumées, et pourvu que nos sens spirituels soient en bon état, nous apercevons également bientôt cette différence.

10. Mais si l'on insiste, et si l'on demande une explication plus exacte et plus philosophique de la manière dont s'observe cette différence, et des critères ou signes intrinsèques auxquels on distingue la voix de Dieu, c'est faire une demande qui dépasse les limites de la capacité même de celui qui possède la connaissance la plus profonde de Dieu. Si, lorsque Paul eut rendu compte de sa conversion devant Agrippa, le sage Romain lui eût dit : « Tu as entendu la voix du Fils de Dieu ? Mais comment sais-tu que c'est réellement sa voix ? Quels sont les critères, les signes intrinsèques de la voix de Dieu ? Explique-moi la manière de la distinguer d'une voix humaine ou angélique ? » Pensez-vous que l'apôtre lui-même eût essayé de résoudre une question si vaine ? Et pourtant on ne peut douter que du moment qu'il entendit cette voix, il ne sût que c'était la voix de Dieu. Mais comment le sut-il ? C'est peut-être ce que ni homme ni ange ne pourrait expliquer.

11. Soyons plus rigoureux encore : Dieu dit maintenant à une âme : « Tes péchés te sont pardonnés » ; Il veut sans doute que cette âme reconnaisse sa voix, autrement il parlerait en vain. Et il peut faire qu'elle la reconnaisse, car il n'a qu'à vouloir, et ce qu'il veut s'accomplit. Et c'est ce qui a lieu. Cette âme est absolument assurée que cette voix est la voix de Dieu. Néanmoins, celui qui a ce témoignage en lui-même ne peut l'expliquer à qui ne l'a pas ; et il ne faut pas même s'attendre à ce qu'il le puisse. S'il existait quelque moyen ordinaire, quelque méthode naturelle, pour expliquer les choses de Dieu à qui ne les éprouve point, il s'ensuivrait que l'homme naturel pourrait discerner et connaître les choses de l'Esprit de Dieu, ce qui est directement contraire à cette déclaration de saint Paul, « qu'il ne peut les connaître, parce qu'elles se discernent spirituellement », c'est-à-dire par des sens spirituels que n'a pas l'homme naturel.

12. « Mais comment connaître si mes sens spirituels sont en bon état ? » Cette question aussi est d'une immense importance ; car si l'on se trompe à cet égard, on peut se jeter dans des illusions sans fin. — Et qui me dit que ce n'est pas là mon cas et que je connais bien la voix du Saint-Esprit ? — Ce qui vous le dit, c'est précisément le témoignage de votre esprit ; c'est « la, réponse d'une bonne conscience devant Dieu. » C'est par les fruits qu'il a produits dans votre esprit que vous connaîtrez le témoignage de l'Esprit de Dieu ; c'est par là que vous saurez que vous ne vous faites aucune illusion et que vous ne vous abusez point vous-mêmes. Les fruits immédiats du Saint-Esprit dans un cœur où il règne, sont l'amour, la joie, la paix, les entrailles de miséricorde, l'humilité d'esprit, la débonnaireté, la douceur, le support. Et, au dehors, ils consistent à faire du bien à tous, à ne faire de mal à personne, à marcher dans la lumière, à rendre une obéissance empressée et constante à tous les commandements de Dieu.

13. Ces mêmes fruits vous feront distinguer cette voix de Dieu de toute séduction du diable. Cet esprit orgueilleux ne saurait te rendre humble devant Dieu. Il ne peut ni ne veut toucher ton cœur ni en fondre la dureté et la glace, d'abord par la repentance, et ensuite par l'amour filial. L'ennemi de Dieu et des hommes te disposerait-il à aimer les hommes ou à te revêtir de débonnaireté, de douceur, de patience, de tempérance et de toute l'armure de Dieu ? Il n'est pas divisé contre lui-même ; il n'est pas le destructeur du péché qui est son œuvre. Non, il n'y a que le Fils de Dieu qui vienne « détruire les œuvres du diable. » Autant il est certain que la sainteté est de Dieu et que le péché est du diable, autant il est certain que le témoignage que tu as en toi, n'est point du diable, mais de Dieu.

14. Tu peux donc bien t'écrier : « Grâces soient rendues à Dieu pour son don ineffable ! » Grâces soient à Dieu qui me donne de savoir en qui j'ai cru ; qui a envoyé dans mon cœur l'Esprit de son Fils, criant Abba, Père ! et rendant en ce moment même témoignage avec mon esprit que je suis enfant de Dieu ! — Et que ta vie, aussi bien que tes lèvres, publie sa louange. Il t'a « scellé » pour Lui-même ; « glorifie-Le donc dans ton corps et dans ton esprit qui Lui appartiennent. » Bien-aimé, si tu as dans ton âme cette espérance en Lui, purifie-toi toi-même, comme Lui aussi est pur. « Contemple » l'amour que le Père t'a témoigné en t'appelant enfant de Dieu, et en même temps « purifie-toi de toute souillure de la chair et de l'esprit, achevant la sanctification dans la crainte de Dieu », et que toutes tes pensées, tes paroles et tes œuvres soient un sacrifice spirituel, saint et agréable à Dieu, par Jésus-Christ !

SERMON 11

Le témoignage de l'Esprit

Deuxième discours

L'Esprit lui-même rend témoignage avec notre esprit que nous sommes
enfants de Dieu.
— Romains 8.16 —

I

1. Voici une vérité dont on ne peut mettre en doute l'importance, si l'on croit aux Écritures comme à la Parole de Dieu ; une vérité qui n'y est pas révélée une fois seulement, ni obscurément, ni en passant ; mais fréquemment et en termes exprès, mais solennellement et directement, comme exprimant l'un des privilèges distinctifs des enfants de Dieu.

2. Et il est d'autant plus nécessaire de l'expliquer et de la défendre qu'il y a ici danger des deux côtés. Si nous la rejetons, il est à craindre que notre religion ne dégénère en un pur formalisme, et « qu'ayant la forme de la piété », nous n'en négligions, ou même n'en reniions la force. » Si nous l'admettons, mais sans la comprendre, il est à craindre que nous ne nous jetions dans tous les excès de l'exaltation. Il est donc nécessaire, au plus haut degré, de mettre en garde contre ces deux dangers ceux qui craignent Dieu, en leur donnant une explication et une confirmation scripturaire et rationnelle de cette vérité capitale.

3. Le besoin d'une telle exposition paraît d'autant plus grand qu'il existe si peu d'écrits sur la matière qui aient quelque clarté, à part quelques discours sur le côté défavorable de la question, et qui ont pour but de réduire à rien le témoignage direct du Saint-Esprit. Ces discours ont été occasionnés, on ne peut en douter, surtout par les rêveries indigestes, antiscripturaires et irrationnelles d'autres interprètes auxquels s'appliquaient ces paroles : « Ils n'entendent point ce qu'ils disent, ni les choses qu'ils assurent comme certaines. »

4. C'est surtout l'affaire des chrétiens qu'on appelle méthodistes de comprendre, d'expliquer, de défendre nettement cette doctrine ; car elle constitue une partie essentielle du témoignage que Dieu les a chargés de porter à tous les hommes. C'est par sa bénédiction sur leur étude de l'Écriture, confirmée par l'expérience de ses enfants, que cette grande vérité évangélique, si longtemps tenue sous le boisseau, a été remise en lumière.

II

1. Mais qu'est-ce que le témoignage de l'Esprit ? C'est une attestation que l'Esprit lui-même donne personnellement à notre esprit, et conjointement avec notre esprit. Et qu'atteste-t-il ? Il atteste que nous sommes enfants de Dieu. Ce témoignage a pour résultat immédiat « les fruits de l'Esprit, savoir : la charité, la joie, la paix, la, patience, la douceur, la bonté » ; et même sans eux il ne peut continuer, car il est inévitablement détruit, non seulement par un péché quelconque de commission ou d'omission quant aux devoirs extérieurs connus, mais encore par toute infidélité intérieure, en un mot, par tout ce qui « contriste le Saint-Esprit de Dieu. »

2. J'écrivais, il y a bien des années : « Il est difficile d'expliquer les choses profondes de Dieu dans le langage des hommes. Il n'y a réellement pas de mots qui puissent rendre complètement ce que Dieu, par son Esprit, opère chez ses enfants mais peut-être puis-je dire (et je prie toute âme enseignée de Dieu de me corriger, s'il le faut, en adoucissant ou rendant plus énergiques mes expressions) : Le témoignage de l'Esprit est l'impression immédiate et directe de l'Esprit de Dieu sur mon âme, par laquelle il témoigne au dedans de moi que je suis enfant de Dieu ; que Jésus-

Christ m'a aimé et s'est donné pour moi, que tous mes péchés sont effacés, et que moi, oui, moi-même, je suis réconcilié avec Dieu. »

3. Après vingt années de réflexion, je ne trouve rien à rétracter dans ces paroles. Je ne vois même aucun changement à y faire qui puisse les rendre plus intelligibles. Tout ce que je puis dire, c'est que si quelque enfant de Dieu veut indiquer d'autres termes plus clairs ou plus conformes à la Parole de Dieu, je suis prêt à abandonner ceux-ci.

4. Qu'on veuille bien, cependant, remarquer que par là je n'entends point que ce témoignage de l'Esprit s'exprime par une voix extérieure, ni même toujours, quoique cela puisse avoir lieu quelquefois, par une voix intérieure. Je ne suppose pas non plus que ce soit toujours (quoique cela puisse souvent être le cas), en appliquant au cœur un ou plusieurs textes de l'Écriture. Mais l'Esprit agit sur l'âme par son influence immédiate et par une opération puissante, quoique inexplicable ; de telle manière que les vents et les vagues s'apaisent et qu'il se fait un grand calme, le cœur se reposant doucement dans les bras de Jésus, et le pécheur recevant une pleine conviction que Dieu n'est plus irrité, que toutes ses iniquités sont pardonnées, que tous ses péchés sont couverts.

5. Quel est donc, à cet égard, le problème à résoudre Ce n'est point s'il y a un témoignage de l'Esprit, ni si l'Esprit rend témoignage avec notre esprit que nous sommes enfants de Dieu. On ne peut le nier sans contredire nettement les Écritures, sans accuser de mensonge le Dieu de vérité. Qu'il y ait donc un témoignage de l'Esprit, c'est ce qui est concédé par tous les partis.

6. Il ne s'agit pas non plus de savoir s'il y a un témoignage, une attestation indirecte que nous sommes enfants de Dieu. Ce témoignage revient à peu près, sinon tout à fait, au témoignage d'une bonne conscience devant Dieu ; c'est le résultat rationnel de la réflexion sur ce que nous sentons dans nos âmes. C'est, rigoureusement parlant, une conclusion tirée en partie de la Parole de Dieu, en partie de notre propre expérience. La Parole de Dieu dit que quiconque a les fruits de l'Esprit est enfant de Dieu ; l'expérience ou le sentiment intérieur me dit que j'ai les fruits de l'Esprit, et de là je conclus rationnellement, que je suis donc enfant de Dieu. Chacun est d'accord là-dessus, et ce n'est pas non plus l'objet de la controverse.

7. Nous ne soutenons d'ailleurs pas qu'il puisse y avoir un témoignage réel de l'Esprit sans les fruits de l'Esprit. Nous soutenons, au contraire, que du témoignage de l'Esprit naissent immédiatement les fruits de l'Esprit ; sans doute pas toujours au même degré, même dans la première force du témoignage et encore moins après. La joie et la paix n'ont pas un niveau fixe, ni l'amour non plus ; le témoignage lui-même varie également en force et en clarté.

8. Mais le point en question, c'est de savoir s'il existe ou non un témoignage direct de l'Esprit ; s'il y a un témoignage de l'Esprit en dehors de celui qui résulte de la conscience des fruits de l'Esprit.

III

1. Je crois qu'il y a un tel témoignage, car c'est ce que dit évidemment le texte : « L'Esprit lui-même rend témoignage avec notre esprit que nous sommes enfants de Dieu. » Il indique évidemment deux témoins qui attestent ensemble le même fait : l'Esprit de Dieu et notre esprit. Le prédécesseur de l'évêque actuel de Londres, dans son sermon sur ce texte, paraît surpris qu'on puisse en douter, tant la chose est manifeste. « Or l'un de ces témoignages, dit l'évêque, savoir celui de notre esprit, c'est la conscience de notre sincérité. » On pourrait dire un peu plus clairement : C'est la conscience des fruits de l'Esprit. Notre esprit sentant en lui-même ces fruits, « la charité, la joie, la paix, la patience, la douceur, la bonté », conclut aisément de ces prémisses que nous sommes enfants de Dieu.

2. Il est vrai que cet homme distingué suppose que l'autre témoignage est « la conscience de nos bonnes œuvres. » C'est là le témoignage du Saint-Esprit, nous assure-t-il, mais c'est déjà impliqué dans le témoignage de notre esprit, et la sincérité, même dans le sens ordinaire des mots, s'étend jusque-là. Quand l'apôtre dit : « Ce qui fait notre gloire, c'est le témoignage de notre conscience, que nous nous sommes conduits, dans le monde, en simplicité et en sincérité devant Dieu », — le mot sincérité se rapporte sans doute au moins autant aux actions et aux paroles qu'aux dispositions du cœur Il n'y a donc toujours là qu'un seul témoignage, et la conscience de

nos bonnes œuvres n'est qu'une forme de la conscience de notre sincérité. Mais le texte parle de deux témoignages ; l'un des deux est donc évidemment autre chose que la conscience de nos bonnes œuvres ou de notre sincérité, ces deux choses étant évidemment renfermées dans le témoignage de notre esprit.

3. Quel est donc l'autre témoignage ? Le verset qui précède le montrerait aisément, si notre texte n'était pas suffisamment clair : « Vous n'avez pas reçu un esprit de servitude, mais l'Esprit d'adoption, par lequel nous crions : Abba, Père. » C'est cet Esprit qui rend témoignage avec notre esprit que nous sommes enfants de Dieu.

4. Voyez encore le texte parallèle (Ga 4.6) « et parce que vous êtes enfants, Dieu a envoyé dans vos cœurs l'Esprit de son Fils, lequel crie : Abba, Père ! » N'est-ce pas là quelque chose d'immédiat ou de direct, qui ne résulte ni de la réflexion, ni de l'argumentation ? Et cet Esprit ne crie-t-il pas dans nos cœurs Abba, Père ! dès l'instant qu'il est donné, avant toute réflexion sur notre sincérité, avant tout raisonnement ? N'est-ce pas là le sens clair et naturel des mots, qui se présente dès l'abord à celui qui les lit ou les entend ? Ainsi donc ces textes, dans leur sens le plus simple, décrivent un témoignage direct du Saint-Esprit.

5. Ce témoignage de l'Esprit de Dieu doit nécessairement précéder celui de notre esprit. Car avant de nous sentir saints de cœur et de vie, il faut que nous le soyons. Mais pour être saints, il nous faut aimer Dieu, car l'amour est la source de toute sainteté, et nous ne pouvons l'aimer que lorsque nous savons qu'Il nous aime. Or nous ne pouvons connaître l'amour de Dieu pour nous, avant que le Saint-Esprit ne rende témoignage de cet amour à notre esprit ; jusque-là nous ne pouvons y croire, nous ne pouvons dire : « Si je vis, je vis dans la foi au Fils de Dieu qui m'a aimé et, qui s'est donné Lui-même pour moi. »

> C'est alors seulement que notre âme coupable,
>
> Eprouve la vertu de son sang précieux,
>
> Qu'elle peut s'écrier, en sa joie ineffable :
>
> Mon Seigneur et mon Dieu !

Puisque ce témoignage du Saint-Esprit précède tout amour pour Dieu et toute sainteté, il précède aussi nécessairement le sentiment intérieur que nous en avons.

6. Et c'est ici proprement que cette doctrine scripturaire vient trouver sa confirmation dans l'expérience des enfants de Dieu ; non pas dans l'expérience de deux ou de trois, ou d'un petit nombre, mais d'une grande multitude que personne ne peut compter. Elle a été confirmée, dans ce siècle et dans tous les siècles, dans la vie et dans la mort, par une nuée de témoins. Elle est confirmée par votre expérience et par la mienne. L'Esprit lui-même rendit témoignage à mon esprit que j'étais enfant de Dieu, il m'en donna l'évidence, et je m'écriai aussitôt : « Abba, c'est-à-dire Père ! » Et je le fis, comme vous aussi, préalablement à toute réflexion ou à toute assurance quant aux fruits de l'Esprit. Ce fut du témoignage une fois reçu que découlèrent ces fruits de l'Esprit : l'amour, la joie, la paix et tous les autres. Dieu me dit : Tes péchés sont remis, Jésus est ton Sauveur ! J'écoutai, et le ciel descendit dans mon cœur !

7. Mais cette confirmation n'est pas seulement dans l'expérience des enfants de Dieu, — qui viennent par milliers déclarer que jamais ils n'eurent l'assurance de la faveur de Dieu avant que le témoignage ne leur en fût donné directement par l'Esprit, mais elle est encore dans l'expérience de tous ceux qui sont convaincus de péché, et qui sentent que la colère de Dieu pèse sur eux. À tous ceux-ci il ne faut rien moins qu'un témoignage direct de son Esprit, pour croire qu'il est apaisé envers leurs injustices, et qu'il « ne se souvient plus de leurs péchés. » Dites à l'un d'eux Vous connaîtrez que vous êtes enfant de Dieu, en réfléchissant sur ce qu'Il a opéré en vous, sur votre amour, votre joie, votre paix ; ne vous répondra-t-il pas aussitôt : Tout ce que je connais par là, c'est que je suis enfant du diable ? Je n'ai pas plus d'amour pour Dieu que le démon ; mon cœur charnel est inimitié, contre Dieu. Je n'ai pas la joie du Saint-Esprit ; mon âme est accablée d'une tristesse mortelle, Je n'ai point de paix ; mon cœur est une mer en tourmente ; en moi, tout est orage et tempête. — Et comment est-il possible que ces mêmes âmes soient consolées, si ce n'est, non par le témoignage de leur bonté, de leur sincérité, de la conformité de leur cœur et de leur vie aux Écritures, mais par l'assurance divine que Dieu justifie le méchant ? qu'il justifie celui

qui, tant qu'il n'est pas justifié, est méchant, dépourvu de toute vraie sainteté ; celui qui ne fait pas les œuvres, qui n'en peut raire de bonnes, jusqu'à ce qu'il se sache accepté par Dieu, non à cause des œuvres de justice qu'il a faites, mais par la pure et libre grâce de Dieu, uniquement à cause de ce que le Fils de Dieu a fait et souffert pour lui. Et pourrait-il en être autrement, puisque l'homme est justifié par la foi, sans les œuvres de la loi ? Dès lors quel mérite peut-il se reconnaître au dedans ou au dehors, avant sa justification ? Que dis-je ? N'avoir rien pour payer nos dettes, c'est-à-dire, savoir qu'il n'habite en nous aucun bien, que nous sommes dépourvus, au dedans et au dehors, de tout mérite, n'est-ce pas la condition essentielle, absolument nécessaire pour que nous soyons « justifiés gratuitement par grâce, par la rédemption qui est en Jésus-Christ ? » Depuis que le Sauveur est venu dans le monde, qui ne fut jamais justifié, qui pourra ne jamais l'être, à moins qu'il ne dise :

> Je renonce à jamais à plaider devant Toi,
> J'étais damné, Seigneur, mais tu mourus pour moi...

8. Quiconque donc renie ce témoignage, renie, par le fait, la justification par la foi. Il s'ensuit ou qu'il n'a jamais éprouvé cette grâce, qu'il n'a jamais été justifié, ou « qu'il a oublié, comme dit saint Pierre, la purification de ses anciens péchés », l'expérience qu'il fit alors lui-même, la manière dont Dieu opéra dans son âme quand ses péchés précédents furent effacés.

9. Il n'est pas jusqu'à l'expérience des enfants du monde qui ne confirme ici celle des enfants de Dieu. Il en est plusieurs qui voudraient plaire à Dieu ; il en est qui font de grands efforts pour lui être agréables ; mais tous ensemble ne s'accordent-ils pas à traiter d'absurde l'assurance actuelle du pardon des péchés ? Qui d'entre eux prétend jamais à rien de pareil ? Et pourtant il en est plusieurs qui ont conscience de leur sincérité ; plusieurs, sans aucun doute, qui ont, à quelque degré, le témoignage de leur propre esprit, la conscience de leur droiture. Mais cela ne leur donne pas le sentiment d'être pardonnés ; ils ne savent pas pour cela s'ils sont enfants de Dieu. Et même, plus ils sont sincères, plus l'incertitude où ils sont sur ce point les rend en général inquiets ; preuve évidente qu'à cet égard le simple témoignage de notre esprit ne peut suffire, et qu'il faut que Dieu nous témoigne directement par son Esprit que nous sommes ses enfants.

IV

Mais à cela on a fait nombre d'objections dont il peut être utile d'examiner les principales.

1. On a dit : « L'expérience ne suffit pas à prouver une doctrine qui n'est pas fondée sur l'Écriture. » Vérité indubitable et vérité importante, mais qui n'a rien à faire ici ; au contraire, c'est à bon droit que l'expérience est invoquée à l'appui de cette doctrine, puisqu'on a vu qu'elle est fondée sur l'Écriture.

2. « Mais des fous ; des visionnaires qui se sont dits prophètes et toutes sortes d'exaltés ont cru éprouver ce témoignage. » — Il est vrai, et plusieurs peut-être l'éprouvèrent en effet, quoique sans le conserver longtemps ; mais s'ils ne l'éprouvèrent pas, il n'en résulte nullement que d'autres ne l'aient point éprouvé. De ce qu'un fou peut s'imaginer être roi, il ne résulte pas qu'il n'y ait point de rois.

« Il en est même, dit-on, parmi les grands avocats de cette doctrine, qui ont fort décrié la Bible. »

— Peut-être, mais non par une conséquence nécessaire : des milliers d'âmes plaident pour elle, qui ont la plus grande estime pour la Bible.

— « Oui, mais par là plusieurs sont tombés dans une fatale illusion, et ont endurci leur cœur contre toute conviction. »

— Peut-être, mais une doctrine scripturaire ne doit pas être considérée comme mauvaise, pour l'abus qu'en font les hommes à leur propre perdition.

3. On dit encore : « Mais on ne peut contester que le témoignage de l'Esprit, ce sont les fruits de l'Esprit. » Nous le contestons ; des milliers d'âmes le contestent et même le nient formellement : mais passons. — « Si ce témoignage suffit, ajoute-t-on, pourquoi en chercher un autre ? Mais il nous suffit, sauf dans deux cas :

(1) Dans l'absence totale des fruits de l'Esprit. » — Or nous avons vu qu'il y a absence de ces fruits, au moment où le témoignage direct est premièrement donné.

(2) « Lorsqu'on n'aperçoit point ces fruits ; mais prétendre alors à ce témoignage, c'est prétendre être dans la faveur de Dieu, sans le savoir. » — Oui, sans le savoir alors autrement que par le témoignage direct que Dieu donne. Car c'est là ce que nous soutenons ; nous soutenons que le témoignage direct peut briller clairement, même pendant que le, témoignage indirect est couvert d'un nuage.

4. On a dit en second lieu : « Le but du témoignage en question serait de prouver que notre profession de christianisme est sincère. Mais il ne le prouve pas. » — Je réponds que ce n'est pas là le but. Ce témoignage précède toute profession, si ce n'est la profession de notre perdition ; de notre culpabilité. Son but, c'est de donner au pécheur l'assurance d'être enfant de Dieu, l'assurance d'être « justifié gratuitement par grâce, par la rédemption qui est en Jésus-Christ. » Et ceci, loin de supposer que ses pensées, ses paroles et ses actions étaient déjà conformes à la règle des Écritures, suppose juste le contraire, suppose qu'il était entièrement pécheur, dans son cœur et dans ses actions. Car sans cela Dieu justifierait les justes, ce seraient leurs bonnes œuvres qui leur seraient imputées à justice. Et je crains bien que l'idée de la justification par les œuvres ne soit à la base de toutes ces objections ; car si quelqu'un croit de cœur que Dieu justifie en imputant la justice sans les œuvres, il n'hésitera point à admettre que le témoignage du Saint-Esprit en précède les fruits.

5. On a dit : « Nous trouvons dans l'un des Évangiles, que Dieu donnera le Saint-Esprit à tous ceux qui le lui demandent ; et dans un autre Évangile, dans le passage parallèle, il est dit que Dieu leur donnera de bonnes choses, ce qui prouve de reste que l'Esprit rend témoignage par le don de « ces bonnes choses. » Mais rien ne prouve qu'il soit question dans ces textes du témoignage de l'Esprit. Qu'on le démontre un peu mieux, et nous répondrons.

6. On objecte aussi : « Nous lisons dans l'Écriture : L'arbre se connaît par ses fruits ; éprouvez toutes choses ; éprouvez les esprits ; éprouvez-vous vous-mêmes. » Oui, sans doute. Que chacun donc s'éprouve soi-même, s'il croit avoir en lui ce témoignage, pour voir s'il vient de Dieu : il est de Dieu si les fruits en découlent ; s'il en est autrement il ne vient pas de Dieu. Car certainement l'arbre sera connu par son fruit. — « Mais la Bible n'en appelle jamais au témoignage direct. » Isolément, non sans doute, mais bien dans son union avec l'autre témoignage, comme déclarant avec notre esprit que nous sommes enfants de Dieu. Et qui prouvera qu'il n'est pas ainsi invoqué dans la suite même du texte qu'on cite : « Examinez-vous vous-mêmes, pour voir si vous êtes dans la foi ? Eprouvez-vous vous-mêmes. Ne reconnaissez-vous pas vous-mêmes que Jésus-Christ est en vous ? » Il faudrait démontrer qu'il ne s'agit pas ici d'un. témoignage direct aussi bien qu'indirect ; qu'est-ce qui prouve qu'ils ne devaient pas reconnaître cela, d'abord par un sentiment intérieur, puis par l'amour, la joie, la paix et les autres fruits de l'Esprit ?

7. « Mais la Bible en appelle constamment au témoignage qui résulte d'un changement intérieur et extérieur. » — D'accord ; et nous aussi nous en appelons constamment à ce changement, pour confirmer le témoignage de l'Esprit.

« Vous-mêmes, par tous les caractères que vous indiquez pour distinguer l'opération de Dieu des illusions, vous en appelez au changement intérieur et extérieur opéré en nous ! » — Ceci est encore incontestable.

8 Autre objection. « Le témoignage, direct de l'Esprit ne nous met point à l'abri des plus grandes illusions. Quelle confiance mérite un témoignage sur lequel on ne peut s'assurer et qui doit chercher ailleurs qu'en lui-même la preuve de ce qu'il avance ? » — Je réponds : Pour nous préserver de toute illusion, Dieu nous donne ; de notre adoption un double témoignage. Que l'homme ne sépare donc pas ce que Dieu, a joint. Réunis, les deux témoignages sont indubitables et l'on peut s'y fier entièrement. Ils sont de nature à inspirer la plus haute confiance et n'ont pas besoin de chercher ailleurs la preuve de ce qu'ils avancent.

« Quant au témoignage direct, il se borne à affirmer mais sans rien prouver. » — Par deux témoins, toute parole sera, confirmée. Si, comme Dieu le veut, l'Esprit rend témoignage avec notre esprit, il donne pleinement la preuve que nous sommes enfants de Dieu.

9. On dit encore : « Vous accordez que le changement opéré est un témoignage suffisant, sauf dans des épreuves extraordinaires, telle que celle que Notre Seigneur endura sur la croix. Or, nul de nous ne peut être exposé à une semblable épreuve. » — Mais vous et moi, comme tout enfant de Dieu, nous pouvons être éprouvés de telle sorte que, sans te témoignage direct de l'Esprit de Dieu, nous ne puissions conserver notre confiance filiale en Lui.

10. On dit enfin : « Les plus grands défenseurs de cette doctrine comptent parmi les hommes les plus orgueilleux et les moins charitables. » — Il se peut que les plus ardents de ses défenseurs ne soient ni charitables ni humbles ; mais plusieurs de ses plus fermes appuis sont éminemment débonnaires et humbles de cœur, et d'ailleurs, à tous égards, les fidèles imitateurs de l'Agneau.

Les objections qui précèdent sont les plus considérables que j'aie entendues, et elles contiennent, je crois, tout le nerf du débat. Néanmoins je m'assure que l'homme calme ; et impartial qui voudra les peser et les comparer avec les réponses, verra aisément que loin de la détruire elles n'affaiblissent en aucune manière l'évidence de cette grande vérité que l'Esprit de Dieu témoigne directement aussi bien qu'indirectement que nous sommes enfants de Dieu.

V

1. Résumons-nous : Le témoignage de l'Esprit est une impression intérieure sur l'âme des croyants, par laquelle l'Esprit de Dieu témoigne directement à leur esprit qu'ils sont enfants de Dieu. Et la question n'est pas de savoir s'il y a un témoignage de l'Esprit, mais s'il y en a un direct, différent de celui qui résulte de la conviction d'avoir les fruits de l'Esprit. Nous croyons qu'un tel témoignage existe parce que c'est le sens clair et naturel du texte mis en lumière par le verset qui précède et par le passage parallèle de l'Épître aux Galates ; nous le croyons parce que, naturellement, le témoignage doit précéder le fruit dont il est la source ; et parce que cette interprétation toute simple est confirmée par l'expérience de la grande nuée des enfants de Dieu, par l'expérience de toutes les âmes qui sont sous la loi, qui ne peuvent trouver de repos jusqu'à ce qu'elles aient un témoignage direct ; et même par le témoignage des enfants du monde qui, n'ayant pas ce témoignage en eux-mêmes, prétendent tous qu'on ne peut avoir l'assurance du pardon des péchés.

2. Et quant aux objections, savoir : que l'expérience ne suffit pas pour prouver une doctrine qui n'est pas appuyée sur l'Écriture ; — que des fous et des exaltés de toutes sortes ont rêvé un tel témoignage ; — que ce témoignage ne répond pas à son but qui est, à ce qu'on prétend, de prouver la sincérité de notre profession ; — que l'Écriture dit : « On connaît l'arbre à son fruit » ; « examinez-vous, éprouvez vous vous-mêmes » ; — qu'elle n'en appelle d'ailleurs jamais au témoignage direct ; — que ce témoignage ne nous préserve pas des plus grandes illusions, — et qu'enfin le changement du cœur est un témoignage toujours suffisant, sauf dans des épreuves pareilles à celles que Christ seul a endurées ; — Je réponds :

(1) l'expérience suffit pour confirmer une doctrine qui est basée sur l'Écriture ;

(2) quoique plusieurs croient éprouver ce qu'ils n'éprouvent point, cela ne préjuge ; rien contre une expérience réelle ;

(3) ce témoignage répond à son but qui est de nous assurer que nous sommes enfants de Dieu ;

(4) le vrai témoignage de l'Esprit est connu par ses fruits « l'amour, la joie, la paix », dont il n'est point précédé mais suivi ;

(5) on ne peut dire que le témoignage direct, aussi bien que l'indirect, ne soit pas indiqué même dans ce texte : « Ne connaissez-vous pas vous-mêmes que Jésus-Christ est en vous ? »

(6) le témoignage de l'Esprit de Dieu, joint à celui de notre esprit, nous préserve réellement de toute illusion ;

(7) enfin nous sommes tous sujets à des épreuves où le témoignage de notre esprit est insuffisant, où il ne nous faut rien moins que le témoignage direct de l'Esprit de Dieu pour être assurés que nous sommes enfants.

3. De tout ceci, tirons deux conséquences : 1. que personne ne présume de s'appuyer sur un prétendu témoignage de l'Esprit, séparé des fruits de l'Esprit. Si l'Esprit de Dieu témoigne réellement que nous sommes enfants de Dieu, il en résulte immédiatement les fruits de l'Esprit, « la

charité, la joie, la paix, la patience, la débonnaireté, la bonté, la fidélité, la douceur, la tempérance. » Et bien que ces fruits puissent être voilés pour un temps, dans des moments de forte tentation, et qu'ils se cachent à celui que Satan crible comme le blé, la substance en demeure pourtant, même sous le plus épais nuage. Sans doute, dans cette heure d'épreuve, la joie du Saint-Esprit pourra se retirer, l'âme pourra être accablée de tristesse, dans l'heure de la puissance des ténèbres » ; mais cette grâce même est généralement rendue avec usure, jusqu'à ce que nous puissions nous réjouir d'une joie ineffable et glorieuse.

4. Que nul ne s'appuie sur de prétendus fruits de l'Esprit, sans le témoignage. Il peut y avoir des avant goûts de joie, de paix, d'amour, qui ne soient pas des illusions et qui viennent réellement de Dieu, bien avant que nous avons le témoignage en nous, et que l'Esprit de Dieu témoigne avec notre esprit que nous avons « la rédemption par le sang de Jésus, savoir la rémission des péchés. » Oui, il peut y avoir ; non pas une ombre, mais, par la grâce prévenante de Dieu, en réalité un certain degré de patience, de douceur, de fidélité, de débonnaireté, de tempérance, avant d'être rendus agréables dans le Bien-aimé et certainement avant qu'on puisse en avoir le témoignage ; mais il ne convient nullement de s'arrêter là ; nous ne pouvons le faire qu'au péril de nos âmes. Si nous sommes sages, nous ne cesserons de crier à Dieu, jusqu'à ce que son Esprit crie dans notre cœur « Abba, Père ! » c'est là le privilège de tous les enfants de Dieu, et sans cela nous ne pouvons être assurés que nous sommes ses enfants. Sans cela, nous ne pouvons conserver une paix solide ni éviter des craintes et des doutes désolants. Mais dès que nous avons reçu l'Esprit d'adoption, cette « paix qui surpasse toute intelligence », et qui « bannit la crainte, garde nos cœurs et nos esprits en Jésus-Christ. » Et lorsque cet Esprit a produit son fruit, toute vraie sainteté au dedans et au dehors, la volonté de Celui gui nous a appelés est, sans aucun doute, de nous donner toujours ce qu'Il nous a une fois donné ; en sorte qu'il n'est pas nécessaire d'être jamais plus privés, ni du témoignage de l'Esprit de Dieu, ni du témoignage de notre esprit, de l'assurance que nous marchons dans la justice et dans la vraie sainteté.

SERMON 12

Le témoignage de notre esprit

Ce qui fait, notre gloire[1], c'est le témoignage que notre conscience nous
rend, que nous nous sommes conduits dans le monde, en simplicité et
en sincérité devant Dieu, non point avec une sagesse charnelles, mais
avec la grâce de Dieu.
— 2 Corinthiens 1.12 —

1. Tel est le langage de quiconque croit véritablement en Christ, aussi longtemps qu'il demeure dans la foi et dans l'amour. « Celui qui me suit », dit le Seigneur, « ne marchera point dans les ténèbres » ; et tandis qu'il a la lumière, il se réjouit en elle ; comme il a « reçu le Seigneur Jésus, il marchera en lui » ; et tandis qu'il marche en lui, l'objet de cette exhortation de l'apôtre : « réjouissez-vous toujours en Notre seigneur ; je vous le dis encore, réjouissez-vous », se réalise chaque jour dans son âme.

2. Mais pour que notre maison ne soit point bâtie sur le sable — de peur que la pluie venant à tomber, les torrents à se déborder et les vents à souffler, et à fondre sur elle, cette maison ne tombe et que sa ruine ne soit grande, — je me propose dans ce discours d'indiquer la nature et les fondements de cette joie chrétienne. Nous savons d'une manière générale, que c'est une douce paix, une calme satisfaction d'esprit procédant du témoignage de sa conscience, dont parle ici l'apôtre. Mais pour mieux comprendre ceci, il sera nécessaire de peser toutes ses expressions, par où nous verrons aisément ce qu'il faut entendre par la conscience et par son témoignage, et comment celui qui a ce témoignage, se réjouit sans cesse.

3. Et d'abord que faut-il entendre par la conscience ? que signifie ce mot que chacun répète ? On croirait la réponse très difficile, à voir le nombre de volumes qu'on a écrits sur le sujet et comme on a mis à contribution tous les trésors de l'érudition ancienne et moderne pour l'expliquer. Encore est-il à craindre que toutes ces recherches savantes ne l'aient guère éclairé. La plupart de ces auteurs ne l'ont-il pas au contraire embrouillé ! » obscurcissant le conseil par des paroles sans science », et rendant difficile ce qui est en soi-même simple et facile à comprendre ? Mettez de côté, en effet, les mots inintelligibles et la chose sera bientôt claire pour tout homme droit de cœur.

4. Dieu nous a créés des êtres pensants, capables de percevoir les choses du présent et de nous rappeler par la réflexion celles du passé. En particulier, nous sommes capables de percevoir ce qui se passe dans nos cœurs et dans notre vie ; de savoir ce que nous sentons ou faisons, et cela, soit au moment même, soit lorsque la chose est passée. C'est dans ce sens que nous disons que l'homme est un être conscient, qu'il a la conscience ou la perception intime de son passé et de son présent, de ses dispositions et de sa conduite. Mais le mot conscience a ordinairement un sens plus étendu. Il n'implique pas simplement la connaissance de notre vie présente ou passée. Rappeler par son témoignage les choses passés ou présentes, c'est l'un des offices de la conscience, mais ce n'est pas le principal : sa grande affaire c'est d'excuser ou d'accuser, d'approuver ou de désapprouver, de condamner ou d'absoudre.

5. Il est vrai que quelques écrivains modernes emploient ici plus volontiers un nouveau terme, celui de sens moral ; mais la vieille appellation paraît préférable à la nouvelle, ne serait-ce

---

[1] Dans la traduction anglaise il a « notre joie » de là la manière dont le texte est entendu ici.

que parce qu'elle est plus connue et plus usuelle, et par cela même plus intelligible. Les chrétiens ont d'ailleurs un motif irrécusable pour la préférer, c'est qu'elle est scripturaire ; c'est le terme dont il a plu à la sagesse divine de se servir dans les écrits inspirés.

Et suivant le sens dans lequel ce terme y est ordinairement employé, particulièrement dans les Épîtres de saint Paul, nous pouvons entendre par ! conscience, la faculté que Dieu a implantée dans toute âme d'homme, de percevoir ce qui est bien ou mal dans son cœur ou dans sa vie, dans ses dispositions, ses pensées, ses paroles et ses actions.

6. Mais quelle est la règle par laquelle les hommes doivent juger du bien ou du mal, la règle qui doit diriger leur conscience ? La règle des païens, comme l'apôtre l'enseigne ailleurs, c'est la loi écrite dans leur entendement ; « n'ayant point la loi », non, dit-il, « ils se tiennent lieu de loi eux-mêmes, montrant que ce qui est prescrit par la loi est écrit dans leurs cœurs » par le doigt de Dieu ; « puisque, leur conscience leur rend témoignage et que leurs pensées les accusent ou les défendent. (Rm 2.14,15) ; mais, pour les chrétiens, la règle pour distinguer le bien du mal c'est la parole de Dieu, ce sont les écrits de l'Ancien et du Nouveau Testament ; c'est tout ce que les prophètes et les saints hommes des temps anciens ont écrit, étant poussés par le Saint-Esprit ; c'est toute cette « Écriture divinement inspirée qui est utile pour enseigner » tout le conseil de Dieu, « pour reprendre », pour condamner, ce qui y est contraire, « pour corriger » l'erreur et pour nous « instruire ou nous élever dans la justice (1 Tm 3.16). »

Le chrétien voit en elle la lampe de ses pieds, la lumière de son sentier. Elle seule est sa règle pour juger du juste et de l'injuste, du bien ou du mal. Rien n'est bon à ses yeux que ce qu'elle prescrit soit directement, soit par une déduction inattaquable ; rien n'est mal que ce qu'elle défend, soit expressément, soit par la conséquence certaine de son enseignement. Ce que l'enseignement direct ou indirect de l'Écriture ne prescrit ni ne défend, il le retarde comme chose indifférente ; comme n'étant en soi ni bien ni mal ; car la règle extérieure qu'elle lui fournit suffit pleinement à diriger sa conscience, et c'est la seule qu'il reconnaisse.

7. Et si, dans le fait, il se dirige par cette règle, alors il a « la réponse d'une bonne conscience devant Dieu. » Une bonne conscience, c'est ce que l'apôtre appelle ailleurs « une conscience sans reproche. » Ainsi ce qu'il exprime dans une occasion en disant : « j'ai vécu jusqu'à ce jour en toute bonne conscience devant Dieu » (Ac 23.1), il le répète ailleurs en ces termes : « Je travaille à avoir toujours la conscience sans reproche devant Dieu et devant les hommes (Ac 24.16). » Mais pour cela quatre choses sont indispensables :

(1) Une droite intelligence de la parole de Dieu, de sa « volonté bonne, agréable et parfaite » à notre égard, telle qu'elle s'y trouve révélée, car il est impossible de marcher d'après une règle qu'on ne comprend point.

(2) Une connaissance, hélas, bien rare, la connaissance de nous-mêmes, la connaissance de notre cœur et de notre vie ; de nos dispositions au dedans et de notre conduite au dehors ; car, sans connaître ces choses, il est impossible, que nous les comparions avec notre règle.

(3) L'accord de notre cœur, de notre vie, de nos dispositions, de notre conduite de nos pensées, de nos paroles, de nos œuvres, avec cette règle, avec les Écritures de Dieu. Car sans cela, notre conscience, si nous en avons une, est une mauvaise conscience.

(4) Enfin, une perception intérieure de cet accord ; et c'est précisément dans cette perception, dans ce sentiment intérieur, habituel, que consiste cette bonne conscience cette conscience sans reproche, dont parle l'apôtre.

8. Mais que celui qui désire avoir cette conscience sans reproche, prenne garde d'en bien poser le fondement. Qu'il se souvienne que « nul ne peut poser d'autre fondement que celui qui a été posé, savoir Jésus-Christ », et qu'il se souvienne de plus, que nul ne peut bâtir sur lui, si ce n'est par une foi vivante, que nul n'est rendu participant de Christ, jusqu'à ce qu'il puisse rendre clairement ce témoignage : « Je vis par la foi au Fils de Dieu », maintenant révélé dans mon cœur, « qui m'a aimé et qui s'est donné lui-même pour moi. » La foi seule est cette évidence, cette conviction, cette démonstration des choses invisibles, par laquelle, les yeux de notre entendement étant ouverts, et la lumière divine venant les éclairer, nous « voyons les merveilles de la loi de Dieu, nous en voyons l'excellence, la pureté, nous voyons la hauteur et la profondeur, la longueur et la largeur de cette loi et de tous les commandements qu'elle contient. C'est par la foi que

« contemplant la lumière de la gloire de Dieu en la face de Jésus-Christ », nous voyons comme dans un miroir, tout ce qui est en nous, tous les mouvements les plus secrets de nos âmes. Et c'est par elle seule que peut se répandre dans nos cœurs ce saint amour de Dieu qui nous rend capables de nous aimer les uns les autres comme Christ nous a aimés. Par elle s'accomplit pour tout « l'Israël de Dieu » cette promesse pleine de grâce : « Je mettrai mes lois dans leur esprit et les graverai dans leur cœur » (Hé 8.10) ; par où leur âme est mise en complet accord avec sa sainte et parfaite loi, « toutes leurs pensées étant amenées captives à l'obéissance de Christ. »

Et comme un mauvais arbre ne peut porter de bons fruits, de même un bon arbre ne peut porter de mauvais fruits. Ainsi la vie du croyant, aussi bien que son cœur, est mise en complet accord avec la. règle des commandements de Dieu ; et c'est dans le sentiment de cet accord, qu'il peut rendre gloire à Dieu et répéter avec l'apôtre : « Ce qui fait notre joie, c'est le témoignage que nous rend notre conscience que nous nous sommes conduits dans le monde, en simplicité et en sincérité devant Dieu, non point avec une sagesse charnelle, mais avec la grâce de Dieu. »

9. « Nous nous sommes conduits. » Le sens du terme original est extrêmement large, il embrasse tout ce qui se rapporte, soit à notre corps, soit à notre âme. Il comprend tous les mouvements de notre cœur, il s'étend à chacune de nos actions et de nos paroles, à l'emploi de tous nos membres et de toutes nos facultés, à la manière de faire valoir, pour Dieu ou pour les hommes, tout talent que nous pouvons avoir reçu.

10. « Nous nous sommes conduits dans le monde » ! même dans le monde des impies : non pas seulement parmi les enfants de Dieu (ce qui serait comparativement peu de chose), mais parmi les enfants du diable, parmi ceux qui sont « plongés dans le mal » ou qui « sont dans le malin. » Quel monde que celui-là ! comme il est imprégné et pénétré de l'esprit qu'il respire sans cesse ! Si notre Dieu est bon et fait ce qui est bon, le Dieu de ce monde et tous ses enfants sont méchants, et, autant que Dieu le permet, ils se montrent méchants en faisant du mal à tous les enfants de Dieu. Comme leur père, les méchants se tiennent aux aguets, ou rôdent autour des fidèles, cherchant qui ils pourront dévorer, usant de fraude ou de force, de ruses secrètes ou de violence ouverte, pour faire périr ceux qui ne sont pas du monde. Ils ne cessent de faire la guerre à nos âmes, cherchant par l'emploi de vieilles ou de nouvelles armes, et par toutes sortes d'artifices, à les ramener dans les pièges du diable, et dans la route large qui mène à la perdition.

11. C'est dans un tel monde que nous nous sommes conduits, en toutes choses, « en simplicité et en sincérité. » D'abord en simplicité : c'est-à-dire avec cet œil simple que recommande le Seigneur. « L'œil est la lumière du corps. Si donc ton œil est sain, tout ton corps sera éclairé. » ! En d'autres ! termes, ce que l'œil est au corps, l'intention l'est à toutes nos actions et à toutes nos paroles : si donc cet œil de ton âme est sain, ou simple, toutes tes paroles et actions seront pleines de lumière, pleines de la lumière des cieux, d'amour, de paix et de joie par le Saint-Esprit.

Nous sommes simples de cœur quand l'œil de notre esprit n'est fixé que sur Dieu ; quand Dieu seul est, en toutes choses, notre but ; quand il est notre Dieu, notre portion, notre force, notre bonheur, notre grande récompense, notre tout, pour le temps et l'éternité. Nous avons la simplicité, lorsque le ferme dessein, l'intention unique de le glorifier, de nous soumettre et de nous conformer à sa sainte volonté, pénètre notre âme, remplit tout notre cœur, et est le ressort constant de toutes nos pensées, de tous nos désirs et de toutes nos résolutions.

12. En second lieu, nous nous sommes conduits dans ce monde et devant Dieu « en sincérité. » Voici quelle paraît être la différence entre ces deux termes : la simplicité concerne l'intention elle-même, et la sincérité l'exécution de cette intention ; et cette sincérité ne se rapporte pas seulement à nos paroles, mais, ainsi qu'il a été dit ci-dessus, à toute notre manière de vivre. Il ne faut pas l'entendre ici dans le sens restreint où saint Paul lui-même l'emploie quelquefois, comme synonyme de dire la vérité ou de s'abstenir de fraude, de ruse, de dissimulation ; mais dans un sens plus étendu, comme atteignant en effet le but que se propose la simplicité. Ici donc elle implique, qu'en réalité, nous ne parlons et n'agissons que pour la gloire de Dieu ; que non seulement toutes nos paroles y tendent, mais qu'en effet elles y contribuent, que toutes nos actions suivent un cours égal uniformément subordonné à ce grand but ; et que, dans toute notre vie nous nous dirigeons continuellement, et tout droit, vers Dieu, poursuivant d'un pas ferme notre marche dans la route de la sainteté, dans les voies de la justice, de la miséricorde et de la vérité.

13. Cette sincérité, l'apôtre la désigne comme étant « devant Dieu », ou, plus exactement, comme une sincérité divine ; une « sincérité de Dieu », pour nous empêcher de la confondre avec la sincérité des païens (car ils avaient aussi l'idée d'une certaine sincérité, qui leur inspirait une grande vénération) et en, même temps pour indiquer quel en est l'objet et le but, comme de toute autre vertu chrétienne, puisque tout ce qui n'a pas, au fond, Dieu pour objet, tombe au niveau des « pauvres et misérables éléments du monde. » En l'appelant « sincérité de Dieu », il montre aussi qui en est l'auteur, savoir le « Père des lumières » de qui descend « toute grâce excellente et tout dont parfait » ; mais il le déclare encore plus nettement en ajoutant : « non point avec une sagesse charnelle, mais avec la, grâce de Dieu.

14. « Non point avec une sagesse charnelle » : c'est comme s'il disait : « Nous ne pouvons nous conduire ainsi dans le monde, ni par quelque force innée de notre intelligence, ni par quelque science ou quelque sagesse acquise naturellement. Nous ne pouvons acquérir cette simplicité et pratiquer cette sincérité, ni à force de bon sens, ni par l'effet d'un bon caractère on d'une bonne éducation. Elles dépassent et toute, notre puissance de résolution et tous nos précepts de philosophie. Nous n'y saurions être façonnés, ni par l'influence des mœurs, ni par l'éducation humaine la plus raffinée. Et moi Paul, je n'y pouvais atteindre, quels que fussent d'ailleurs mes avantages, tant que je demeurais dans la chair, dans mon état de nature, et que mes efforts n'avaient pour principe que la sagesse charnelle et naturelle. »

Et certes, si quelqu'un pouvait y atteindre par cette sagesse, Paul lui-même l'aurait pu : car il nous serait difficile de concevoir un homme mieux favorisé par les dons de la nature et de l'éducation : Outre que par sa capacité naturelle il ne le cédait probablement à aucun de ses contemporains, il avait encore les avantages que donne l'instruction, avant étudié à l'école de Tarse, puis aux pieds de Gamaliel qui, pour la science et l'intégrité, jouissait alors de la plus haute réputation chez les Juifs. Et, quant à l'éducation religieuse, rien ne lui manquait, car il était « pharisien, fils de pharisien » ayant été élevé dans cette secte ou profession, la plus exacte du judaïsme. Et, en cela même, il avait profité plus que tous ceux de son âge, ayant plus de zèle pour tout ce qu'il croyait être agréable à Dieu, et « quant à la justice de la loi, il était sans reproche. » Mais il était impossible qu'il parvînt par là à cette simplicité, à cette sincérité de Dieu. Tout ce travail fut en pure perte, comme il le montre bien en s'écriant dans le sentiment profond et saisissant de son impuissance « Ce qui m'était un gain je l'ai regardé comme une perte à cause de Christ ; et même je regarde toutes les autres choses comme une perte, en comparaison de l'excellence de la connaissance de Jésus-Christ, mon Seigneur ! » (Ph 3.7, 8)

15. Il était impossible qu'il parvînt jamais au but, autrement que par cette excellente connaissance de Jésus-Christ, notre Seigneur, ou, comme dit notre texte « par la grâce de Dieu. » Par « la grâce de Dieu », il faut quelquefois entendre cet amour, cette miséricorde gratuite et imméritée, par laquelle je suis, moi pécheur, réconcilié avec Dieu, par les mérites de Christ. Mais ici cette expression désigne plutôt cette efficace de Dieu le Saint-Esprit qui opère en nous « et la volonté et l'exécution selon son bon plaisir. » Dès l'instant que la grâce de Dieu, dans le premier sens, c'est-à-dire son amour rédempteur est manifesté à nos âmes, la grâce de Dieu, dans le second sens, c'est-à-dire l'efficace de son Esprit s'exerce en elles. Alors Dieu nous rend capables d'accomplir, ce qui, « quant à l'homme », était impossible. Alors nous pouvons bien régler notre conduite. Nous pouvons par Christ qui nous « fortifie », « faire toutes choses » dans la lumière et l'efficace de cet amour. Nous avons alors, ce que nous n'aurions pu obtenir par la sagesse charnelle, « le témoignage de notre conscience, que c'est en simplicité et en sincérité de Dieu que nous nous conduisons en ce monde. »

16. Tel est le vrai fondement de la joie du chrétien ; et d'après cela nous comprenons sans peine que celui qui a ce témoignage se réjouisse sans cesse. « Mon âme », peut-il dire, « mon âme magnifie le Seigneur et mon esprit se réjouit en Dieu, qui est mon Sauveur. » Je me réjouis en Celui qui, par son amour immérité, par sa tendre et gratuite miséricorde m'a appelé à cet état de salut dans lequel, par sa puissance, je demeure ferme. Je me réjouis, car son Esprit rend témoignage à mon esprit, que je suis racheté par le sang de l'Agneau, et que, par la foi en Lui, je suis membre du corps de Christ, enfant de Dieu et héritier du royaume des cieux. Je me réjouis, car ce même Esprit, en me donnant le sentiment de l'amour de Dieu pour moi, produit en mon cœur

l'amour pour Lui et me donne d'aimer, à cause de Lui, tout enfant d'Adam, toute âme qu'il a faite. Je me réjouis, car il me donne d'avoir en moi « les sentiments que Jésus-Christ a eus » : — la simplicité, par où, dans tous les mouvements de mon cœur, je ne regarde qu'à Lui ; par où je puis, dans un constant amour, fixer les regards de mon âme sur Celui qui m'a aimé et s'est donné Lui-même pour moi ; par où je n'ai pour but que Lui et sa glorieuse volonté dans tout ce que je puis faire, dire ou penser ; — la pureté, par où je borne à Dieu mes désirs, « crucifiant la chair avec ses affections et ses convoitises », attachant mes affections « aux choses d'en haut et non à celles qui sont sur la, terre » ; — la sainteté, par où, recouvrant l'image de Dieu, mon âme est renouvelée à sa ressemblance ; — et la sincérité de Dieu, par où je dirige toutes mes paroles et mes actions, de manière à servir à sa gloire. Oui, je me réjouis et je me réjouirai, car « ma conscience me rend témoignage par le Saint-Esprit »,, par la lumière dont il l'éclaire sans cesse, que je marche « d'une manière digne de la vocation que Dieu m'a adressée », que je m'abstiens « de toute apparence de mal », fuyant le péché comme on fuit un serpent ; qu'en tant que j'en ai l'occasion, je fais, selon mon pouvoir, toute sorte de bien à tous les hommes ; que tous mes pas suivent le Seigneur et que je fais ce qui lui est agréable. Je me réjouis, car par la lumière du Saint-Esprit de Dieu, je vois et je sens que toutes mes œuvres sont faites en Lui et que c'est même Lui qui fait en moi toutes mes œuvres. Je me réjouis, car je vois par cette lumière qui luit dans mon cœur, que j'ai le pouvoir de marcher dans ses voies, et que, par sa grâce, je ne m'en détourne ni à droite ni à gauche.

17. Tel est le fondement, telle est la nature de cette joie dont un chrétien adulte se réjouit sans cesse. Et de ce qui a été dit, nous pouvons tirer aisément une première conséquence : C'est que cette joie n'est point une joie naturelle. Elle ne vient d'aucune cause naturelle ; elle n'est pas le fruit d'une excitation soudaine. Ces causes peuvent produire un élan de joie passager ; mais le chrétien se réjouit ! sans cesse. Elle ne peut s'expliquer par la santé ou le bien-être corporel, par une constitution saine et robuste ; car elle est toute aussi grande, peut-être même plus grande que jamais, dans la maladie et dans la douleur. Plusieurs chrétiens peuvent dire qu'ils n'ont jamais éprouvé une joie comparable à celle qui remplit leur âme, lorsque leur corps était presque épuisé par la maladie et consumé par la douleur. Surtout elle ne saurait être attribuée à la prospérité terrestre, à la faveur du monde, à l'affluence des biens temporels ; car c'est lorsque leur foi a été mise dans la fournaise et éprouvée par toutes sortes d'afflictions extérieures, que les enfants de Dieu se sont particulièrement réjouis et même d'une joie ineffable, en Celui qu'ils aimaient quoique ne le voyant point encore. Et qui se réjouit jamais plus que ces hommes qui étaient regardés « comme les balayures du monde », qui erraient çà et là privés de tout, dans la faim, dans le froid, dans la nudité, souffrant non seulement les insultes et la moquerie, mais encore les liens et la prison, et qui montrèrent finalement que « leur vie ne leur était point précieuse pourvu qu'ils pussent achever leur course avec joie. »

18. Une seconde conséquence de ce qui précède c'est que la joie du chrétien n'est point le fruit d'une conscience aveugle, incapable de distinguer le bien du mal. Loin de là, cette joie lui fut étrangère jusqu'à ce que ses yeux fussent ouverts, jusqu'à ce qu'il eût reçu des sens spirituels, propres à discerner ce qui est spirituellement bien ou mal. Et maintenant sa vue est loin de se troubler : jamais elle ne fut plus perçante ; elle est si prompte à voir ce qu'il y a de plus délicat, que l'homme naturel en est tout étonné. Comme un atome de poussière est visible dans un rayon de soleil, de même pour celui qui marche dans la lumière, dans les rayons du Soleil incréé, tout atome de péché est visible. D'ailleurs il ne ferme plus les yeux de sa conscience, son âme ne connaît plus le sommeil. Elle a toujours les yeux de l'âme grands ouverts. Pour lui plus « de mains pliées pour être couché ! » plus « de dormir. » Toujours en sentinelle sur la tour et prêtant l'oreille aux paroles que son Seigneur lui adresse ; il trouve en cela même un sujet de joie, il se réjouit continuellement « de voir Celui qui est invisible. »

19. Il est aussi bien évident que la joie du chrétien ne vient pas d'une conscience insensible et comme émoussée. Ce peut être une source de quelque joie, pour ceux « dont le cœur destitué d'intelligence est rempli de ténèbres », c'est-à-dire endurci, appesanti et sans intelligence spirituelle. Par suite de cette insensibilité, ils peuvent même trouver de la joie dans le péché et c'est ce qu'ils appelleront sans doute liberté ! — et ce n'est pourtant qu'une fatale ivresse, un engourdis-

sement de l'âme, l'insensibilité stupide d'une conscience cautérisée ! le chrétien, au contraire, a la sensibilité la plus exquise et dont jamais il n'aurait pu auparavant se faire une idée. Jamais il n'avait eu une délicatesse de conscience comme celle qu'il a depuis que l'amour de Dieu règne dans son cœur. C'est encore pour lui un sujet de joie et de gloire. Dieu a exaucé sa prière de tous les jours : Oh ! puisse mon âme sensible, fuir à la première approche du mal que je déteste ! — que ma conscience soit aussi délicate que la prunelle de l'œil ; qu'elle sente le moindre attouchement du péché !

20. Pour conclure enfin : la joie chrétienne est une joie qui trouve son aliment à obéir à Dieu, à aimer Dieu et à garder ses commandements, et non pas toutefois comme pour remplir les conditions de l'alliance des œuvres ; comme si, par des œuvres ou une justice personnelles, nous avions à obtenir le pardon et la bienveillance de Dieu ; car nous sommes déjà pardonnés et reçus en grâce par la miséricorde de Dieu en Jésus-Christ, non pas comme si, par notre propre obéissance, nous avions à conquérir la vie la résurrection de la mort du péché : nous avons déjà la vie par la grâce de Dieu « Lorsque nous étions morts dans nos péchés, il nous a vivifiés » et maintenant « nous sommes vivants â Dieu par Jésus-Christ notre Seigneur. » Mais nous nous réjouissons de marcher selon l'alliance de grâce, dans un saint amour et une joyeuse obéissance. Nous nous réjouissons de savoir qu'étant justifiés par sa grâce « nous n'avons pas reçu la grâce de Dieu en vain » ; nous nous réjouissons de ce que Dieu nous ayant réconciliés avec lui-même, non à cause de notre volonté et de nos efforts propres, mais par le sang de l'Agneau, nous « courons » revêtus de sa force, « dans la voie de ses commandements. » Il nous a ceints de force pour le combat et c'est avec joie que nous combattons « le bon combat de la foi. » Nous nous réjouissons, en Celui qui vit dans nos cœurs par la foi, « de saisir la vie éternelle. » C'est ici notre joie, que comme notre « Père agit continuellement » nous aussi (non par notre force ou notre sagesse, mais par la force de son Esprit gratuitement donné en Christ), nous agissons, nous faisons les œuvres de Dieu. Puisse-t-il opérer en nous tout ce qui est agréable à ses yeux ! Qu'à Lui soit la gloire aux siècles des siècles !

SERMON 13

Le péché dans les croyants

Si quelqu'un est en Christ, il est une nouvelle créature.
— 2 Corinthiens 5.17) —

I

1. Y a-t-il donc du péché dans celui qui est en Christ ? Le péché reste-t-il dans l'âme qui croit en Lui ? Y en a-t-il encore quelque mesure en ceux qui sont nés de Dieu, ou en sont-ils tout-à-fait délivrés ? Que personne ne s'imagine que ce soit là une question curieuse dont la décision, dans un sens ou dans un autre, importe peu. C'est, au contraire, pour tout chrétien sérieux, un point de la plus haute importance, dont la résolution intéresse de près son bonheur présent et éternel.

2. Je ne sache pas cependant que cette question ait été controversée dans l'Église primitive. Au fait, tous les chrétiens étaient d'accord sur ce point, et il n'y avait pas lieu à controverse. Autant que j'ai pu m'en assurer, le corps entier des anciens écrivains chrétiens déclare d'une commune voix que même ceux qui croient en Christ, tant qu'ils n'ont pas été rendus « forts dans le Seigneur et dans la puissance de sa force », ont à combattre contre la chair et le sang, contre une nature mauvaise, aussi bien que contre les principautés et les puissances.

3. Et en ceci, l'Église anglicane (comme au reste presque toujours), répète le langage de l'Église primitive ; elle déclare dans son 9e article : « le péché originel, en chacun de nous, est la corruption de nature, par laquelle tout homme est enclin au mal, les désirs de la chair étant contraires à ceux de l'Esprit. Et ce vice de nature demeure, même chez ceux qui sont régénérés, ce qui fait que « l'affection de la chair ne se soumet point à la loi de Dieu », et bien qu'il n'y ait « plus de condamnation pour les croyants, cette affection ou convoitise a par elle-même la nature du péché. »

4. C'est aussi le témoignage unanime des autres Églises, non seulement de l'Église grecque et de l'Église romaine, mais des Églises réformées d'Europe, de toute dénomination. Plusieurs d'entre elles semblent même exagérer la chose, décrivant la corruption du cœur chez le croyant comme si, loin de la dominer, il en était plutôt l'esclave, et par là, elles détruisent presque toute distinction entre l'incrédule et le croyant.

5. Pour éviter cet extrême, plusieurs hommes bien intentionnés et particulièrement les disciples du comte de Zinzendorf, se jetèrent dans l'extrême opposé, affirmant « que tout vrai croyant est délivré non seulement de la domination du péché, mais encore de la présence du péché, tant intérieur qu'extérieur, en sorte qu'il n'en reste plus en lui » ; et, par leur moyen, il y a environ vingt ans, plusieurs de nos compatriotes adoptèrent cette opinion, que chez le croyant la corruption naturelle n'existe plus.

6. Il est vrai que les Moraves d'Allemagne, pressés sur cet article, accordèrent bientôt (au moins plusieurs d'entre eux), que le péché est encore dans la chair, n'en récusant l'existence que pour le cœur du croyant ; il est vrai aussi que l'absurdité de cette opinion leur ayant été démontrée, ils y renoncèrent au bout d'un certain temps, admettant que le péché, quoiqu'il n'ait plus de domination, demeure encore chez celui qui est né de Dieu.

7. Mais ceux d'Angleterre qui l'avaient reçue d'eux (soit directement, soit de seconde ou de troisième main), ne se laissèrent pas si aisément arracher une opinion favorite, et lors même que le plus grand nombre eut reconnu qu'elle était insoutenable, il y en eut qui ne purent consentir à l'abandonner, et ils la soutiennent encore aujourd'hui.

II

1. Pour l'amour de ceux qui craignent vraiment Dieu et qui désirent connaître la vérité telle qu'elle est en Jésus, il est à propos de considérer ce point avec calme et impartialité. Dans cet examen j'emploierai indifféremment les mots régénérés, justifiés ou croyants ; car s'ils ne sont pas entièrement synonymes (le premier désignant un changement intérieur, effectif, le second un changement relatif, et le troisième le moyen par lequel ces deux changements s'opèrent), ils reviennent pourtant à un même sens, puisqu'on est justifié et né de Dieu dès l'instant qu'on est croyant.

2. Par le péché, j'entends ici le péché intérieur, toute passion, affection ou disposition coupable : ainsi l'orgueil, la volonté propre, l'amour du monde, quel qu'en soit le genre ou le degré ; ainsi la convoitise, la colère, la mauvaise humeur, en un mot, toute disposition contraire aux sentiments qui étaient en Jésus-Christ.

3. Il ne s'agit pas du péché extérieur, ni de savoir si un enfant de Dieu commet ou ne commet pas le péché. Nous sommes tous d'accord à reconnaître et à soutenir fermement que celui qui commet le péché est du diable. Nous reconnaissons tous que celui, qui est né de Dieu ne commet pas le péché. Il ne s'agit pas non plus, pour le moment, de savoir si le péché intérieur doit toujours demeurer chez les enfants de Dieu et rester attaché à l'âme aussi longtemps qu'elle est attachée au corps, ni même si les justifiés peuvent retomber dans le péché, soit intérieur, soit extérieur ; la question est simplement celle-ci : un homme justifié ou régénéré est-il affranchi de tout péché dès le moment de sa justification ? N'y a-t-il dès lors, aucun péché dans son cœur ? — ni alors, ni dans la suite, à moins qu'il ne déchoie de la grâce ?

4. Nous reconnaissons que l'état d'un homme justifié est grand et glorieux, au-dessus de toute expression ; né de nouveau, « non du sang, ni de la volonté de la chair, ni de la volonté de l'homme, mais de Dieu », il est enfant de Dieu, membre de Christ, héritier du royaume des cieux. « La paix de Dieu, qui surpasse toute intelligence, garde son cœur et son esprit en Jésus-Christ. » Son corps même est « le temple du Saint-Esprit, l'habitation de Dieu en esprit. » Il « est créé de nouveau en Jésus-Christ », il est lavé, sanctifié, son cœur est purifié par la foi, il est nettoyé de la corruption qui règne dans le monde ; et « l'amour de Dieu y est répandu par le Saint-Esprit qui lui a été donné. » Et tant qu'il « marche dans la charité » (ce qu'il peut faire toujours), il adore Dieu « en esprit et en vérité. » Il garde les commandements de Dieu et fait les choses qui lui sont agréables », travaillant à avoir une conscience sans reproche devant Dieu et devant les hommes » ; et dès l'instant de sa justification, il a domination sur le péché, tant intérieur qu'extérieur.

III

1. « Mais n'a-t-il donc pas été dès lors affranchi de tout péché, en sorte qu'il n'en existe plus dans son cœur ? » — Je ne dis point cela et je ne puis le croire, car saint Paul dit le contraire. C'est à des croyants qu'il parle, c'est l'état des croyants en général qu'il décrit, quand il dit : « la chair convoite contre l'esprit et l'esprit contre la chair, et ces deux choses sont contraires l'une à l'autre (Ga 5.17). » Rien de plus précis. L'apôtre affirme ici directement que la chair ; la mauvaise nature s'oppose à l'esprit, même chez les croyants ; qu'il y a même chez les régénérés deux principes opposés.

2. Bien plus, écrivant à Corinthe « à des croyants sanctifiés en Jésus-Christ (1 Co 1.2), il leur dit. « Pour moi mes frères, je n'ai pu vous parler comme à des hommes spirituels, mais comme à des hommes charnels, comme à des enfants en Christ... » Vous êtes encore charnels, « car puisqu'il y a parmi vous de l'envie, des dissensions et des partis, n'êtes-vous pas charnels (1 Co 3.1-3) Eh bien ! l'apôtre parle ici, sans nul doute, à des croyants que, dans la même phrase, il appelle ses frères en Christ, comme étant encore, en quelque mesure, charnels. Il affirme qu'il y avait, parmi eux, de l'envie et, par suite, des dissensions, sans dire le moins du monde qu'ils eussent perdu leur foi ; il dit même ouvertement le contraire, en les appelant des enfants en Christ. Et (remarquons particulièrement ceci), être un enfant en Christ est pour lui, dans cet en-

droit, synonyme d'être charnel ; d'où il paraît clairement que tout croyant est, en quelque mesure, charnel, aussi longtemps qu'il n'est qu'un enfant en Christ.

3. Ce fait important qu'il y a dans les croyants deux principes contraires — la nature et la grâce, la chair et l'esprit, ressort, en réalité, de toutes les Épîtres de saint Paul, et même de toutes les Saintes-Écritures ; presque toutes les directions et les exhortations qu'elles contiennent le supposent ; car elles sont toutes relatives à des dispositions ou pratiques répréhensibles existant encore chez ceux que les écrivains inspirés reconnaissent néanmoins pour croyants. Et la parole de Dieu les exhorte continuellement à les combattre et à les surmonter par le pouvoir de la foi qui est en eux.

4. Et qui peut douter que l'ange de l'Église d'Éphèse n'eût la foi quand le Seigneur lui disait : « Je connais tes œuvres, ton travail et ta patience ; … que tu as souffert, que tu as travaillé pour mon nom, et ne t'es point découragé (Ap 2.2-4) ? » Et pourtant n'y avait-il point de péché dans son cœur ? Il y en avait, car sans cela Christ n'aurait pas ajouté : « Mais j'ai quelque chose contre toi ; c'est que tu as abandonné ta première charité. » C'était un péché réel que Dieu voyait dans son cœur, et dont, conséquemment, il est appelé à se repentir ; et pourtant nous n'avons pas le droit de dire qu'il n'eût pas la foi, même dans ce moment là.

5. Non, car écrivant à l'ange de l'Église de Pergame, il l'exhorte, lui aussi, à se repentir, ce qui suppose le péché, quoique le Seigneur lui dise expressément « Tu n'as point renié ta foi » ;(Ap 2.13-16) et il dit à l'ange de l'Église de Sardes : « Affermis le reste qui s'en va mourir (Ap 3.2). » Le bien qui restait, s'en allait mourir, mais n'était pas encore mort. Il y avait donc toujours même en lui une étincelle de foi, et c'est pourquoi le Seigneur lui commande de garder ce qu'il a reçu (Ap 3.3).

6. Enfin lorsque l'apôtre presse des croyants de « se nettoyer de toute souillure de la chair et de l'esprit » (2 Co 7.1), il montre clairement que ces croyants n'en étaient pas encore nettoyés.

Répondra-t-on que celui qui s'abstient de toute apparence de mal, se nettoie ainsi par le fait, de toute souillure ? Mais cela n'est point. Ainsi un homme m'insulte : j'éprouve du ressentiment, ce qui est une souillure d'esprit ; mais je ne dis mot. Je m'abstiens donc en ceci de toute apparence de mal, mais cela n'ôte point la souillure d'esprit. J'en fais la douloureuse expérience.

7. Et si cette thèse : « il n'y a chez le croyant ni péché ni affection charnelle, ni penchant aux rechutes », est ainsi contraire à la parole de Dieu, elle ne l'est pas moins à l'expérience de ses enfants. Ceux-ci trouvent en eux continuellement un cœur enclin à retourner en arrière, une tendance au mal, un penchant naturel à abandonner Dieu pour s'attacher aux choses de la terre. Chaque jour ils s'aperçoivent que l'orgueil, la volonté propre, l'incrédulité, demeurent dans leur cœur et que le péché s'attache à tout ce qu'ils disent et font, et même à leurs actions les meilleures et les plus saintes. Mais ils savent, en même temps, qu'ils sont de Dieu ; ils ne peuvent en douter, même un moment. Ils sentent clairement que « l'Esprit rend témoignage avec leur esprit qu'ils sont enfants de Dieu. » Ils se réjouissent en Dieu par Jésus-Christ, par qui ils ont maintenant reçu la réconciliation. En sorte qu'ils ont une égale assurance que le péché est en eux, et que « Christ est en eux, l'espérance de la gloire. »

8. « Mais Christ peut-il être dans un cœur où est le péché ? » Il le peut ; car sans cela le péché ne pourrait en être chassé. Où est la maladie, on trouve le médecin, poursuivant son œuvre, travaillant à la guérison du mal, à l'expulsion du péché. Christ ne peut, sans doute, régner là où le péché règne, ni demeurer où un péché, quelconque est accueilli. Mais il est et demeure dans le cœur de tout croyant qui combat contre tout péché, quoique n'étant pas encore complètement purifié.

9. J'ai déjà dit que la doctrine opposée, savoir qu'il n'y a point de péché chez les croyants, — est tout-à-fait nouvelle dans l'Église de Christ, qu'on n'en a jamais ouï parler pendant dix-sept siècles, jamais jusqu'à ce que le, comte de Zinzendorf l'eût découverte. Je ne me souviens pas d'en avoir trouvé la moindre trace dans aucun écrit ancien ou moderne, si ce n'est peut-être chez quelqu'un des plus extravagants antinomiens. Ceux-ci, d'ailleurs, se contredisent eux-mêmes, reconnaissant qu'il y a du péché dans leur chair, quoi qu'il n'y en ait pas dans leur cœur. Mais toute doctrine nouvelle est nécessairement fausse, car il n'y a de vraie religion que l'ancienne, et pour être fidèle, il faut qu'un enseignement reproduise « ce qui était dès le commencement. »

10. Un dernier argument contre cette doctrine nouvelle et antiscripturaire est celui qui résulte de ses effrayantes conséquences. Si quelqu'un me dit : « J'ai éprouvé aujourd'hui de la colère » ; dois-je répondre : Alors vous n'avez pas la foi ? Un autre dira : « je sais que votre conseil est bon, mais ma volonté y est contraire » ; lui dirai-je : « Vous êtes donc un incrédule, vous êtes sous la colère et la malédiction de Dieu ? Qu'arrivera-t-il ? c'est que s'il me croit sur parole, son âme sera non seulement blessée et effrayée, mais peut-être même entièrement perdue ; car il aura « abandonné cette confiance qui doit avoir une grande récompense », et comment, ayant jeté son bouclier, pourrait-il « éteindre les dards enflammés du malin ? », Comment vaincrait-il le monde, puisque la « victoire par laquelle le monde est vaincu c'est notre foi ? » Le voilà au milieu de ses ennemis, exposé sans armes à tous leurs assauts ? Faudra-t-il s'étonner s'il est entièrement renversé et s'il est emmené captif pour faire la volonté du démon ; — s'il tombe même d'impiété en impiété et ne voit plus jamais le bien ? Il m'est donc impossible d'admettre cette assertion, qu'il n'y a plus de péché dans le croyant dès l'instant qu'il est justifié ; car 1. elle est contraire à tout l'enseignement des Écritures ; 2. elle est contraire à l'expérience des enfants de Dieu ; 3. elle est absolument nouvelle et née d'hier ; et 4. enfin, elle est accompagnée des plus funestes conséquences, puisqu'elle n'est propre qu'à affliger ceux que Dieu n'a point affligés, et peut-être à les entraîner dans l'éternelle perdition.

IV

1. Ecoutons cependant avec impartialité les principales preuves qu'avancent les partisans de cette doctrine. C'est d'abord par l'Écriture qu'ils essaient de prouver qu'il n'y a point de péché dans le croyant. Ils raisonnent ainsi : « l'Écriture dit de tout croyant qu'il est né de Dieu, qu'il est saint, purifié, sanctifié, qu'il a le cœur pur, qu'il a un nouveau cœur, qu'il est le temple du Saint-Esprit. De même donc que tout ce qui est né de la chair est chair, c'est-à-dire entièrement mauvais, de même ce qui est né de l'Esprit est esprit, c'est-à-dire entièrement bon. De plus, un homme ne peut être à la fois pur et impur, saint et souillé ; il ne peut avoir à la fois un cœur de chair et un cœur de pierre. Son âme ne peut non plus être autrement que sainte, tant qu'elle est le temple de l'Esprit saint. »

J'ai présenté cette objection dans toute sa force, pour qu'on en sente bien la valeur. Examinons-la maintenant dans chacune de ses parties.

(1) « Ce qui est né de l'Esprit est esprit, c'est-à-dire entièrement bon. » J'admets le texte, mais non le commentaire ; car le texte n'affirme qu'une chose, savoir que tout homme « né de l'Esprit » est un homme spirituel. Oui, sans doute, mais il peut l'être, sans toutefois l'être entièrement. Les chrétiens de Corinthe étaient des hommes spirituels, sans quoi ils n'auraient pas été chrétiens du tout, et pourtant ils n'étaient pas en tout spirituels, mais ils étaient en partie charnels. « Mais, objectera-t-on, ils étaient déchus de la grâce. » Saint Paul dit le contraire ; c'étaient même alors des enfants en Christ.

(2) « Mais un homme ne peut être à la fois pur et impur, saint et souillé. » Il le peut. Tels étaient les Corinthiens. « Vous avez été lavés », leur écrit l'apôtre ; « vous avez été sanctifiés », lavés « de la fornication, de l'idolâtrie, de l'ivrognerie (1 Co 6.9-11) et de tout autre péché extérieur, et pourtant, dans un autre sens, ils n'étaient pas sanctifiés, ils n'étaient nettoyés ni de l'envie, ni des mauvais soupçons, ni de la partialité.

(3) « Mais ils n'avaient pas, sans doute, à la fois un cœur de chair et un cœur de pierre. » Au contraire, tel était indubitablement leur état, car leurs cœurs étaient renouvelés véritablement, mais non pas parfaitement. « L'affection de la chair », leur cœur charnel, déjà cloué sur la croix, n'avait pas encore expiré.

(4) « Mais pouvaient-ils être autrement que saints, étant les temples de l'Esprit saint ? » Sans doute ; car il est indubitable qu'ils étaient les temples du Saint-Esprit » (1 Co 6.19), et, il n'est pas moins certain qu'ils étaient en quelque degré charnels, le contraire de saints.

2. Mais, ajoute-t-on, il y a un autre passage qui décide la question : « Si quelqu'un est en Christ, il est une nouvelle créature ; les choses vieilles sont passées ; voici, toutes choses sont faites nouvelles (2 Co 5.17). » Un homme ne peut être à la fois créature vieille et créature nouvelle. — Oui, il le peut ; il peut n'être qu'en partie renouvelé, et c'était précisément le cas des

Corinthiens. Ils étaient, sans nul doute, « renouvelés dans l'esprit de leur entendement », sans quoi ils n'eussent pas même été des enfants en Christ ; et pourtant ils n'avaient pas entièrement les sentiments qui étaient en Christ, puisqu'ils avaient de l'envie les uns contre les autres. « Mais il est dit expressément : « les choses vieilles sont passées ; toutes choses sont devenues nouvelles. » — Oui, mais il ne faut pas interpréter les paroles de l'apôtre, de manière à le mettre en contradiction avec lui-même. Et voici quel est dès lors le sens bien simple de cette expression : Si quelqu'un est en Christ, ses vieilles idées sur la justification, sur la sainteté, sur le bonheur, sur toutes les choses de Dieu, sont passées, et il en est de même de ses désirs, de ses desseins, de ses affections, de son caractère, de sa conversation. Toutes ces choses sont, incontestablement, devenues nouvelles ; elles sont très différentes de ce qu'elles étaient auparavant ; et pourtant quoique nouvelles, elles ne sont pas renouvelées entièrement. Le chrétien sent encore, avec honte et douleur, des restes trop évidents du vieil homme et de ses anciennes dispositions, quoiqu'ils ne puissent remporter la victoire sur lui, tant qu'il persévère dans la vigilance et la prière.

3. Toute cette manière d'argumenter : « Celui qui est pur est pur, celui qui est saint est saint » (sans parler de vingt expressions semblables, qu'on peut aisément accumuler), n'est rien de mieux qu'un jeu de mots ; c'est le sophisme qui consiste à conclure du particulier au général. Sous sa forme complète, l'argument revient à dire : On est saint parfaitement ou on ne l'est pas du tout ; ce raisonnement est vicieux, car tout enfant en Christ est saint, quoiqu'il ne le soit pas parfaitement. Il est délivré du péché, mais non entièrement. Le péché est vaincu en lui, mais non détruit ; il demeure, quoique détrôné. Si vous croyez qu'il n'existe plus (nous parlons des enfants en Christ, réservant ce qui concerne les jeunes gens et les pères), vous n'avez certainement pas considéré quelle est la hauteur et la profondeur, la longueur et la largeur de la loi de Dieu (Deutéronome cette loi d'amour, exposée par saint Paul dans 1 Corinthiens XIII), ni compris que toute déviation de cette loi est un péché. Mais n'y a-t-il rien qui s'écarte de cette loi dans le cœur ou dans la vie d'un croyant ? Dans la vie d'un chrétien adulte, c'est une autre question ; mais il faut être bien étranger à la connaissance du cœur humain pour s'imaginer que c'est le cas de tout enfant en Christ.

4. « Mais les croyants marchent selon l'Esprit (Rm 8.1), et l'Esprit de Dieu habite en eux ; ils sont, par conséquent, délivrés de la coulpe, de la puissance, et en un mot, de l'existence même du péché. »

Cette objection réunit comme identiques trois choses qui sont loin de l'être. La coulpe ou culpabilité est une chose, la puissance, une autre, l'existence une autre encore. Que les croyants soient délivrés de la coulpe et de la puissance du péché, nous l'accordons ; mais nous nions qu'ils soient tous délivrés de l'existence du péché. Et on ne peut l'inférer des textes cités. Un homme peut avoir l'Esprit de Dieu habitant en lui, « et marcher selon l'Esprit », quoiqu'il sente encore que sa chair a des désirs contraires à cet Esprit.

5. « Mais l'Église est le corps de Christ » ; ce qui implique que ses membres sont lavés de toute souillure ; autrement il s'ensuivrait que Christ et Bélial sont unis en un même corps. »

— Non ; de ce que les membres du corps mystique de Christ sentent encore la lutte de la chair contre l'Esprit, il ne saurait résulter que Christ ait rien de commun avec Bélial, ni avec le péché qu'il les rend capables de combattre et de vaincre.

6. « Mais les chrétiens ne sont-ils pas venus à la Jérusalem céleste, où rien d'impur ni de souillé ne peut entrer (Hé 12.22) ? »

— Oui, et « aux milliers d'anges et aux esprits des justes parvenus à la perfection » ; en un mot, la terre et le ciel sont réunis en Christ ; ils ne forment qu'une seule grande famille. Et pendant qu'ils marchent « selon l'Esprit », ils ne sont, en effet, ni impurs, ni souillés, quoiqu'ils sentent qu'il y a encore en eux un autre principe et que les deux principes sont contraires l'un à l'autre.

7. « Mais les chrétiens sont réconciliés avec Dieu. Or cela ne pourrait être s'il restait quelque chose de l'affection de la chair, car elle est inimitié contre Dieu. Par conséquent, aucune réconciliation n'est possible, si ce n'est par son entière destruction. »

— Nous sommes « réconciliés avec Dieu par le sang de la croix » ; et dès ce moment l'affection de la chair, qui est inimitié contre Dieu, est mise sous nos pieds, et la chair n'a plus domination sur nous. Mais elle existe encore, et elle est encore, par, sa nature, inimitié contre Dieu, ayant des désirs contraires à ceux de l'Esprit.

8. « Mais ceux qui sont à Christ ont crucifié la chair avec ses passions et ses convoitises (Ga 5.24). » Il est vrai, mais elle demeure encore en eux, et souvent elle s'efforce de s'arracher de la croix. Mais n'ont-ils donc pas dépouillé le vieil homme avec ses œuvres (Col 3.9) ? » Sans doute, et, dans le sens expliqué plus haut, « les choses vieilles sont passées ; toutes choses sont devenues nouvelles. » On pourrait citer cent autres textes semblables, et à tous nous ferions la même réponse.

— « Mais, on ajoute, en voici un qui résume tout : « Christ s'est livré lui-même pour elle (pour l'Église), afin qu'elle fût sainte et sans tache (Ep 5.25, 27). »

— Oui, et elle sera telle à la fin ; mais elle ne fut encore jamais telle depuis le commencement jusqu'à ce jour,

9. « Mais laissons parler l'expérience. Tous ceux qui sont justifiés se sentent alors absolument affranchis de tout péché. »

— J'en doute ; mais quand cela serait, éprouvent-ils toujours dans la suite ce parfait affranchissement ? Sans cela vous n'avez rien gagné. » S'il en est autrement, c'est par leur faute. »

— C'est ce qu'il faudrait prouver.

10. « Mais, d'après la nature même des choses, un homme peut-il avoir de l'orgueil sans être orgueilleux ; de la colère sans être irrité ? »

— Un homme peut avoir de l'orgueil, avoir, sur quelque point, une plus haute opinion de lui-même qu'il ne devrait et être orgueilleux en cela, sans être un homme orgueilleux dans l'ensemble de son caractère. Il peut avoir de la colère, être même fortement enclin à de furieuses colères, sans y céder. — « Mais peut-il y avoir de l'orgueil et de la colère dans un cœur où ne se fait sentir que douceur et humilité ? » — Non, mais il peut y avoir quelque orgueil et quelque colère dans un cœur où il y a beaucoup de douceur et d'humilité.

— « C'est en vain que vous dites : Ces dispositions existent, mais elles n'ont pas domination ; car le péché ne peut exister, en quelque genre ou degré que ce soit, sans avoir domination ; puisque la culpabilité et la puissance sont des propriétés inséparables du péché. Toutes ces choses sont donc partout où l'une d'elles se trouve. »

— Etranges assertions ! « Le, péché ne peut exister, en quelque genre ou degré que ce soit, sans avoir domination ! » Ceci contredit toute expérience, tout enseignement scripturaire, tout sens commun. Il y a du péché dans le ressentiment d'une injure ; c'est une transgression, une déviation de la loi d'amour. Ce péché a existé chez moi mille fois ; mais il n'a point eu, il n'a point domination.

— « Mais la culpabilité et la puissance sont des propriétés inséparables du péché. Ces trois choses, l'existence, la coulpe et l'empire du péché sont donc à la fois partout où l'une d'elles se trouve. »

— Non, dans l'exemple cité, si le ressentiment n'est pas écouté, pas même pour un moment, il n'y a aucune culpabilité, aucune condamnation. Et dans ce cas, le péché est aussi sans puissance. Bien qu'il convoite contre l'Esprit, il ne peut vaincre. Ici donc, comme en milliers de cas semblables, le péché existe, mais sans puissance ni culpabilité.

11. « Mais cette idée que le péché est dans le croyant est grosse des conséquences les plus terribles et les plus décourageantes. C'est supposer une lutte avec un ennemi maître de nos forces, qui maintient dans nos cœurs son usurpation, et qui y poursuit la guerre au mépris de notre Rédempteur. »

— Non ; de ce que le péché est en nous, il ne s'ensuit pas qu'il soit maître de nos forces, pas plus qu'un homme crucifié n'est maître de ceux qui l'ont attaché à la croix. Il n'en résulte pas davantage que le péché maintient dans nos cœurs son usurpation. L'usurpateur est détrôné ; il demeure encore, il est vrai, où il régnait naguère ; mais il y demeure enchaîné. Il peut donc, en un sens, y poursuivre la guerre, mais il s'affaiblit toujours plus, tandis que le croyant va de force en force, de victoire en victoire.

12. « Vous ne me persuadez pas encore. Quiconque a en lui le péché, est esclave du péché. Vous supposez donc justifié un homme qui est esclave du péché. Mais si vous accordez qu'on

peut être justifié tout en ayant en soi de l'orgueil, de la colère, de l'incrédulité ; que dis-je ? si vous affirmez que tout cela est (au moins pour un temps) chez tous les justifiés, faut-il s'étonner que nous ayons tant de croyants orgueilleux, irascibles, tant de croyants incrédules ? »

— Je n'admets pas qu'aucun homme justifié soit esclave du péché ; mais j'admets que le péché demeure (au moins pour un temps) dans tous les justifiés.

— « Mais si le péché demeure dans le croyant, il est pécheur ; si c'est par l'orgueil, il est orgueilleux ; si c'est par la volonté propre, il est volontaire ; si c'est par l'incrédulité, il est incrédule ; par conséquent, il n'est pas croyant. Comment donc le distinguer des incrédules, des irrégénérés ? » Ici encore on joue sur les mots. Cela revient à dire : S'il y a en lui du péché, de l'orgueil, de la volonté propre, — il y a de la volonté propre, de l'orgueil, du péché. — Qui le nie ? Dans ce sens, il est sans doute pécheur, orgueilleux, volontaire ; mais il n'est pas orgueilleux et volontaire dans le sens dans lequel les incrédules le sont, c'est-à-dire gouverné par la volonté propre ou par l'orgueil. C'est ce qui le distingue des hommes irrégénérés. Ils obéissent au péché ; il ne le fait point. La chair est en lui comme ou eux ; mais ils marchent, eux, selon la chair, lui, selon l'Esprit.

13. « Mais comment pourrait-il y avoir de l'incrédulité dans un croyant ? — Le mot incrédule a deux acceptions. Il désigne l'absence de foi, ou la faiblesse de foi. Dans le premier sens il n'y a pas d'incrédulité chez le croyant ; dans le second, il y en a chez tous ceux que l'apôtre appelle des enfants. Leur foi est d'ordinaire mêlée de doutes et de craintes, c'est-à-dire de cette seconde sorte d'incrédulité. « Pourquoi êtes vous en souci ? » dit le Seigneur, « ô gens de petite foi. » Et ailleurs : « Homme de peu de foi, pourquoi as-tu douté ? » Vous voyez donc qu'il y avait de l'incrédulité chez des croyants ; un peu de foi et beaucoup d'incrédulité.

— « Mais cette doctrine, que le péché demeure dans le croyant, qu'un homme peut jouir de la faveur de Dieu, tout en ayant le péché dans son cœur, cette doctrine tend assurément à encourager le péché. » — Non, bien comprise, cette doctrine n'entraîne point une telle conséquence. Un homme peut être dans la faveur de Dieu, quoique sentant en lui le péché, mais non pas s'il y cède. On ne perd pas cette faveur pour avoir le péché, mais bien pour y obéir. Quoique la chair « convoite » en vous contre l'Esprit, vous pouvez encore être enfant de Dieu. Mais si « vous marchez selon la chair », vous êtes enfant du diable. Cette doctrine, loin de nous encourager à obéir au péché, nous encourage à y résister de toutes nos forces.

V

1. Maintenant résumons-nous. Il y a chez tout homme, même après sa justification, deux principes contraires, la nature et la grâce, ou, dans les termes de saint Paul, la chair et l'esprit. De là suit que si même les enfants en Christ sont sanctifiés, ce n'est pourtant qu'en partie. Ils sont, en quelque degré, spirituels, suivant le sens de leur foi ; mais ils sont aussi, en quelque degré charnel. C'est pourquoi les croyants sont continuellement exhortés à veiller contre la chair, aussi bien que contre le monde et le diable. Et à cela répond l'expérience constante des enfants de Dieu. Tout en ayant en eux-mêmes le témoignage de leur adoption, ils sentent une volonté qui n'est pas entièrement soumise à la volonté de Dieu. Ils savent qu'ils sont en Lui, et pourtant ils trouvent en eux un cœur prêt à se détourner de Lui, et, en plusieurs choses, un penchant au mal et de l'éloignement pour le bien. La doctrine contraire est tout-à-fait nouvelle ; jamais il n'en fut question dans l'Église depuis le temps de la venue de Christ jusqu'au temps du comte Zinzendorf, et elle produit les plus fatales conséquences. Elle supprima toute vigilance contre notre nature mauvaise, contre la Délila qu'on, nous dit avoir disparu, quoi qu'elle soit toujours là, couchée dans notre sein. Cette opinion arrache aux croyants faibles leur bouclier, les prive de leur foi, et les expose ainsi à tous les assauts du monde, de la chair et du diable.

2. Retenons donc ferme cette sainte doctrine, donnée une fois aux saints, et qu'ils ont transmise, dans les saintes Écritures, à toute la suite des générations : que si, dès l'instant que nous croyons vraiment en Christ, nous sommes renouvelés, nettoyés, purifiés, sanctifiés, nous ne sommes pourtant pas alors renouvelés, nettoyés, purifiés, sanctifiés entièrement ; mais que la chair, la nature mauvaise, quoique subjuguée demeure encore et lutte contre L'Esprit. Mais soyons d'autant plus empressés à « combattre le bon combat de la foi » ; soyons d'autant plus

zélés à veiller et à prier contre cet ennemi qui est au-dedans. Prenons avec d'autant plus de soin toutes les armes de Dieu ; ne manquons pas de nous en revêtir, afin que si nous avons à combattre contre la chair et le sang, aussi bien que « contre les principautés et les puissances, et contre les esprits malins qui sont dans les airs », nous puissions pourtant « résister au mauvais jour, et après avoir tout surmonté, demeurer fermes. »

SERMON 14

La repentance chez les croyants

Repentez-vous et croyez à l'Évangile.
— Matthieu 1.15 —

1. On suppose généralement que la repentance et la foi ne sont que la porte de la religion ; qu'elles ne sont nécessaires qu'à l'entrée de la carrière chrétienne, quand on se met en route vers le royaume de Dieu. Et cette idée peut paraître confirmée par le grand Apôtre, lorsqu'il presse les chrétiens Hébreux de « tendre à la perfection », et leur dit de « laisser les premiers principes de la doctrine de Christ », « ne posant pas de nouveau le fondement, savoir : la repentance des œuvres mortes et la foi en Dieu » ; — ce qui signifie tout au moins qu'ils devaient laisser comparativement de côté cette repentance et cette foi qui au commencement occupaient toutes leurs pensées, — pour courir vers le prix de la vocation céleste de Dieu en Jésus-Christ. »

2. Et, sans doute, il y a une repentance et une foi qui sont plus spécialement nécessaires au commencement : une repentance qui est la conviction d'être entièrement pécheur, condamné et sans force, et qui précède la réception de ce royaume de Dieu qui, comme l'enseigne le Seigneur, est au dedans de nous » ; et une foi par laquelle nous recevons ce royaume, savoir : « la justice, la paix et la joie par le Saint-Esprit. »

3. Mais, néanmoins, il y a aussi une repentance et une foi (à, prendre les mots dans un sens un peu différent) qui sont indispensables, lorsque nous avons déjà cru à l'Évangile et même à tous les degrés de la vie chrétienne, pour que nous puissions « poursuivre la course qui nous est proposée. » Et cette repentance et cette foi nous sont tout aussi nécessaires pour persévérer et croître dans la grâce, que la première foi et la première repentance l'étaient pour entrer dans le royaume de Dieu.

Mais dans quel sens devons-nous nous repentir et croire, étant déjà justifiés ? C'est une question importante et digne d'être examinée avec la plus grande attention.

I

Et, d'abord, dans quel sens devons-nous nous repentir ?

1. Le mot repentance désigne fréquemment un changement intérieur, le changement de disposition du péché à la sainteté. Mais ici nous le prenons dans un sens tout différent, comme désignant une sorte de connaissance de nous-mêmes, par laquelle nous nous voyons pécheurs, pécheurs coupables et sans capacité par nous-mêmes pour faire le bien, quoique nous sachions bien que nous sommes enfants de Dieu.

2. Il est vrai qu'aux premiers moments de notre adoption, quand nous venons de trouver la rédemption par le sang de Jésus, quand L'amour de Dieu vient d'être pour la première fois répandu dans nos cœurs, et que son royaume est établi en nous, il nous est naturel de penser que nous ne sommes plus pécheurs, que non seulement nos péchés sont couverts, mais qu'ils sont détruits. Comme nous ne sentons alors aucun mal dans nos cœurs, nous nous imaginons volontiers qu'il n'y en a plus. Il y a eu même des gens bien intentionnés qui se le sont imaginé, non seulement alors, mais toujours depuis ce moment ; s'étant persuadés que lorsqu'ils furent justifiés ils furent entièrement sanctifiés. Que dis-je ? ils ont maintenu comme règle générale qu'il en est ainsi, en dépit de l'Écriture, de la raison et de l'expérience. Ils croient sincèrement et soutiennent avec ardeur que par la justification tout péché est anéanti, et que, dès ce moment, il n'y en a plus dans le cœur du croyant, mais qu'il est entièrement pur. Mais quoique nous reconnaissions volontiers que « celui qui croit est né de Dieu » et que « celui qui est né de Dieu ne commet

point le péché », nous ne pouvons pourtant accorder qu'il ne sente plus le péché au dedans : le péché ne règne plus, mais il demeure. Et la conviction de ce péché qui demeure dans le cœur est une des parties principales de cette repentance dont nous parlons maintenant.

3. Il est rare, en effet, qu'il s'écoule beaucoup de temps avant que celui qui croyait tout péché disparu ne sente qu'il reste toujours de l'orgueil dans son cœur. Il est convaincu d'avoir eu de lui-même, sous plusieurs rapports, une plus haute opinion qu'il ne devait, et de s'être attribué l'honneur d'une chose reçue et de s'en être glorifié comme s'il ne l'avait pas reçue ; et pourtant il sait qu'il jouit de la faveur de Dieu. Il ne peut ni ne doit abandonner sa confiance ; et toujours le Saint-Esprit rend témoignage avec son esprit qu'il est enfant de Dieu.

4. Il ne tarde pas non plus à sentir dans son cœur la propre volonté, une volonté contraire à celle de Dieu. Il faut bien que tout homme ait une volonté, aussi longtemps qu'il a une intelligence. C'est une partie essentielle de la nature humaine, comme au reste de tout être intelligent. Notre Seigneur lui-même avait une volonté humaine, car sans cela il n'aurait pas été homme. Mais sa volonté humaine était invariablement soumise à la volonté, de son Père. En tout temps, en toute occasion, et même dans l'affliction la plus profonde, il put dire : « Non ce que je veux, mais ce que tu veux. » Mais tel n'est pas toujours le cas, même pour un vrai croyant. Il sent fré-quemment sa volonté s'élever plus ou moins contre celle de Dieu. Il veut, parce qu'elle plait à la nature, telle chose qui déplait à Dieu, et il repousse, au contraire, parce que c'est pénible à la na-ture, ce qui est la volonté de Dieu à son égard. Il est vrai que, s'il persévère dans la foi, il combat de toutes ses forces cette disposition ; mais cela même suppose qu'elle existe et qu'il en a cons-cience.

5. Mais la volonté propre est, aussi bien que l'orgueil, une sorte d'idolâtrie, et ces deux dispo-sitions sont directement contraires à l'amour de Dieu. La même observation s'applique à l'amour du monde, que les vrais croyants sont également sujets à éprouver, et que chacun d'eux ressent plus on moins, tôt ou tard, sous une forme ou sous une autre. Lorsqu'on vient de « passer de la mort à la vie », alors, sans doute, on ne désire que Dieu. On peut dire en sincérité : « C'est vers ton nom et vers ton souvenir que tend le désir de mon âme » ; — « quel autre que toi ai-je au ciel ? voici, je n'ai pris plaisir sur la terre qu'en toi. » Mais il n'en est pas toujours ainsi. Avec le temps le croyant retrouvera, ne serait-ce que pour quelques moments, « la convoitise de la chair », on « la convoitise des yeux », ou « l'orgueil de la vie. » Et pour peu qu'il néglige de veiller et de prier, il peut même sentir des désirs impurs se ranimer ; il peut en être assailli avec violence jusqu'à ce qu'il ne lui reste presque aucune force. Il peut sentir les attraits des affections déréglées et éprouver même une forte inclination à aimer la créature plus que le Créateur, que ce soit un enfant, un père, un époux, une épouse, on l'ami « qu'il aime comme sa propre âme. » Il peut éprouver, sous mille formes, le désir des biens ou des plaisirs terrestres. Et dans la même propor-tion il oubliera Dieu, ne cherchant pas en Lui son bonheur et étant par conséquent « amateur des plaisirs plutôt que de Dieu. »

6. S'il ne veille pas continuellement sur lui-même, il sentira renaître la « convoitise des yeux » ; la convoitise de satisfaire son imagination par quelque chose de grand, de beau ou de rare. Et de combien de manières ce désir vient assaillir notre âme ! Peut-être par de misérables riens, tels qu'un meuble, un objet de toilette, choses qui ne furent jamais destinées à satisfaire un esprit immortel. Et cependant combien ne nous est-il pas naturel, même après que nous avons « goûté les puissances du siècle à venir », de redescendre à ces désirs insensés et grossiers de choses « qui doivent périr par l'usage ! » Qu'il est difficile, même à ceux qui « savent en qui ils ont cru », de vaincre cette convoitise des yeux, en une seule de ses branches : la curiosité ; de la fouler constamment sous leurs pieds ; de ne désirer aucune chose, par le seul motif qu'elle est nouvelle !

7. Et l'orgueil de la vie, que les enfants de Dieu trouvent difficile de le vaincre entièrement ! Saint Jean parait entendre par là à peu près ce que le monde appelle le « sentiment de l'honneur qui vient des hommes », le désir et l'amour de la louange, et ce qui en est inséparable, une crainte proportionnée du blâme. Celle-ci tient de près à la fausse honte, par laquelle nous rougissons de ce dont nous devrions nous glorifier. Et la fausse honte marche rarement sans la crainte des hommes qui enveloppe l'âme de mille pièges. Mais où sont les croyants, même parmi ceux qui

paraissent forts dans la foi, qui ne trouvent en eux quelque chose de ces mauvais penchants ? Ils ne sont donc, eux aussi, qu'imparfaitement crucifiés au monde, car la mauvaise racine demeure encore dans leur cœur.

8. Ne sentons-nous pas également d'autres dispositions aussi contraires à l'amour du prochain que celles-là le sont à l'amour de Dieu ? La charité « ne soupçonne point le mal. » Que nous dit à cet égard notre conscience ? N'y-a-t-il jamais en nous ni jalousies, ni conjectures malignes, ni soupçons déraisonnables ou sans fondement ? Que celui qui est net à ces divers égards, jette la première pierre contre son prochain. Qui ne sent quelquefois d'autres dispositions ou mouvements intérieurs qu'il sait être contraire à l'amour fraternel ? Pas de malice, peut-être, ni de haine, ni d'amertume, − mais d'envie ! surtout envers ceux qui possèdent quelque avantage réel ou supposé, que nous désirons sans pouvoir en jouir !

N'éprouvons-nous jamais aucun ressentiment, quand nous sommes lésés ou injuriés, surtout par ceux que nous aimions particulièrement et que nous nous étions le plus empressés à aider on à obliger ? L'injustice ou l'ingratitude n'excitent-elles jamais en nous le moindre désir de vengeance ? le moindre désir de rendre mal pour mal, au lieu de « surmonter le mal par le bien ? » Ici également ne pouvons-nous pas voir tout ce qu'il y a encore en nous de contraire à l'amour du prochain ?

9. La cupidité, dans tous les genres et à tous les degrés, est sans doute aussi contraire à cet amour qu'à l'amour de Dieu ; soit que nous désignions par là ce « amour de l'argent » qui n'est que trop souvent « la racine de tous les maux », ou, en général, le désir d'avoir plus, de posséder des biens plus considérables. Et qu'il y a peu d'enfants de Dieu qui en soient entièrement exempts ! Il est vrai qu'un grand homme, Martin Luther, avait coutume de dire qu'il « n'avait jamais eu d'avarice », − non seulement depuis sa conversion, mais même « depuis sa naissance. » Mais en ce cas je ne craindrais pas de dire qu'il serait le seul homme né de femme, (à part Celui qui était à la fois Dieu et homme) qui fût né sans cette passion. Je ne crois pas même qu'il y ait une seule âme régénérée, ayant vécu assez longtemps après sa conversion, qui ne l'ait sentie plus ou moins et plus d'une fois, surtout dans le second sens indiqué. Nous pouvons donc tenir pour vérité indubitable que la cupidité, et l'orgueil, et la propre volonté, et la colère, demeurent dans les cœurs même de ceux qui sont justifiés.

10. C'est pour en avoir fait l'expérience que tant de personnes sérieuses ont cru devoir entendre la fin du septième chapitre de l'Épître aux Romains, non de ceux qui sont « sous la loi », qui sont convaincus de péché, ce qui est indubitablement la pensée de l'Apôtre, mais de ceux qui sont « sous la grâce », qui sont « justifiés gratuitement par la rédemption qui est en Christ. » Et en un sens il est certain qu'elles ont raison il reste encore, même chez ceux qui sont justifiés, un esprit en quelque mesure charnel (ainsi l'apôtre dit, même aux fidèles de Corinthe : « Vous êtes charnels »), il reste un cœur enclin au relâchement spirituel et toujours prêt à abandonner le Dieu vivant ; un penchant à l'orgueil, à la propre volonté, à la colère, à la vengeance, à l'amour du monde, en un mot à tout mal ; une racine d'amertume qui, si elle cessait un moment d'être comprimée, bourgeonnerait aussitôt ; et même un tel abîme de corruption que nous ne pouvons le mesurer sans la vive lumière d'en haut. Et la conviction de tout le péché qui demeure ainsi dans le cœur, est la repentance qui convient à ceux qui sont justifiés.

11. Mais il nous faut être de plus convaincu que ce péché, qui demeure dans nos cœurs, s'attache à toutes nos paroles et à toutes nos actions. Et même il est à craindre que beaucoup de nos paroles ne soient pas seulement mêlées de péché, mais bien tout à fait mauvaises, car telle est, sans doute, toute conversation contraire à la charité, tout ce qui ne découle pas de l'amour fraternel, tout ce qui est en désaccord avec le grand précepte : « Ce que vous voulez que les autres vous fassent, faites-le leur aussi de même. » Tels sont les rapports, les insinuations, les médisances, les censures de personnes absentes ; car nul ne voudrait qu'on fit sur lui des rapports par derrière lorsqu'il est absent. Mais combien sont peu nombreux, même parmi les croyants, ceux qui n'ont rien à se reprocher à cet égard ; ceux qui sont fermes à observer la bonne vieille règle « de ne dire que du bien des morts et des absents ! » Et, s'ils le font, s'abstiennent-ils de même de toute vaine conversation ? Tout cela est pourtant péché est « contriste le Saint-Esprit de Dieu », et même les hommes rendront compte au jour du jugement de toute parole oiseuse qu'ils auront prononcée. »

12. Mais admettons que continuellement ils « veillent et prient », en sorte qu'ils ne « tombent » pas dans cette « tentation » ; que sans cesse ils gardent leur bouche et la porte de leurs lèvres, s'étudiant à ce que tous leurs discours soient accompagnés de grâce et assaisonnés de sel, et propres à communiquer la grâce à ceux qui les entendent ; cependant, malgré toutes leurs précautions, ne se laissent-ils pas chaque jour glisser dans des conversations inutiles ? Et même, quand ils s'efforcent de parler pour Dieu, leurs discours sont-ils purs et exempts d'un mélange de péché ? Ne trouvent-ils rien à reprendre dans leurs intentions ? Parlant pour plaire à Dieu, ne le font-ils pas en partie pour se plaire à eux-mêmes ? Parlent-ils uniquement pour obéir à Dieu, et non pour faire aussi leur propre volonté ? Ou s'ils commencent avec un « œil simple », poursuivent-ils en regardant à Jésus, et s'entretenant avec Lui pendant tout le temps qu'ils s'entretiennent avec leur prochain ? Lorsqu'ils reprennent le péché, ne sentent-ils ni colère ni malveillance envers le pécheur ? Quand ils instruisent les ignorants, n'éprouvent-ils ni orgueil, ni préférence pour eux-mêmes ? Lorsqu'ils consolent les affligés ou qu'ils s'excitent les uns les autres à la charité et aux bonnes œuvres, ne se louent-ils jamais intérieurement eux-mêmes en se disant : « Voilà, tu as bien parlé », ou ne découvrent-ils en eux aucun mouvement de vanité, aucun désir que les autres pensent ainsi et en prennent sujet de les avoir en plus grande estime ? En tout ceci, ou tout au moins à plusieurs de ces égards, que le péché s'attache encore aux meilleurs discours même des croyants ! En avoir la conviction, c'est encore une face de cette repentance qui convient, même à ceux qui sont justifiés.

13. Et quant à leurs actions, combien de péchés n'y voient-ils pas attachés, si leur conscience est tout à faite veillée ? Dans leur nombre, combien n'y a-t-il pas d'œuvres qu'on ne peut ni approuver, ni même excuser, si on en juge par la parole de Dieu, bien qu'elles semblent innocentes aux yeux du monde ? N'y en a-t-il pas qu'ils savent eux-mêmes ne pas être pour la gloire de Dieu ? ou même qu'ils ont faites, sans se proposer cette gloire et sans avoir égard à Dieu ? Et parmi celles qu'ils ont faites comme devant Dieu, n'en est-il pas plusieurs dans lesquelles ils n'avaient pas en vue Dieu seul, faisant leur propre volonté au moins autant que la sienne, et cherchant ce qui leur plaît, autant et même plus que ce qui plaît à Dieu ? Et quand ils s'efforcent de faire du bien à leur prochain, ne sentent-ils pas en eux-mêmes plusieurs mauvaises dispositions ? Leurs bonnes œuvres, comme on les appelle, ne méritent donc pas rigoureusement ce nom, puisqu'elles sont souillées d'un tel mélange de mal : telles sont leurs œuvres de charité. Et dans leurs œuvres de piété, n'y a-t-il pas le même mélange ? Lorsqu'ils écoutent la parole qui peut sauver leurs âmes, n'ont-ils pas souvent de ces pensées qui leur donnent lieu de craindre qu'elle ne serve à leur condamnation plutôt qu'à leur salut ? Et n'en est-il pas souvent de même lorsqu'ils s'efforcent, soit en public, soit en particulier ; d'offrir leurs prières à Dieu ? Même dans ce que le culte présente de plus solennel, dans la célébration de la Cène du Seigneur, quelles sont leurs pensées ? Leur cœurs n'errent-ils pas souvent çà et là, et ne sont-ils pas souvent remplis de telles imaginations que leur sacrifice leur paraît devoir être en abomination au Seigneur ? En sorte qu'ils ont plus de honte maintenant de leurs meilleures œuvres qu'ils n'en avaient auparavant de leurs plus grands péchés.

14. D'autre part, combien de péchés d'omission peuvent être mis à leur charge ! Nous savons ce qui dit l'apôtre : « Celui-là donc pèche qui sait faire le bien et qui ne le fait pas. » Mais n'y a-t-il pas à leur connaissance des milliers d'occasions où ils auraient pu, soit pour le corps, soit pour l'âme, faire du bien à leurs ennemis, à des étrangers, à leurs frères, et où ils ne l'ont pas fait ? De combien d'omissions n'ont-ils pas été coupables dans leurs devoirs en Dieu ? Que de fois ils ont négligé la communion, l'ouïe de la parole, la prière publique ou secrète ! Tant il est vrai que les hommes les plus saints ont lieu de s'écrier comme le faisait le pieux archevêque Usher, après tant de travaux pour Dieu, et presque à son dernier soupir « Seigneur ! pardonne-moi mes péchés d'omission. »

15. Mais, outre ces omissions au dehors, ne peuvent-ils trouver au dedans d'eux-mêmes des défectuosités sans nombre ? des défectuosités de tout genre : envers Dieu ils n'ont ni l'amour, ni la crainte ; ni la confiance qu'ils devraient avoir envers le prochain ils n'ont ni l'amour qui est dû à tout enfant des hommes, ni même celui qui est dû à tout enfant de Dieu, soit à ceux qui sont éloignés, soit même à ceux avec qui ils sont immédiatement en relation. Aucune disposition

sainte n'atteint chez eux le degré qu'il faudrait ; ils sont imparfaits en tout, et c'est dans le sentiment profond qu'ils ont de cette imperfection qu'ils sont prêts à s'écrier avec M. de Renty : « Je suis un champ tout couvert de ronces » ; ou avec Job : « Je suis un homme vil : je me condamne et me repens sur la poudre et la cendre. »

16. La repentance qui convient aux enfants de Dieu renferme de plus une conviction de culpabilité. Mais ceci doit être entendu avec réserve et dans un sens particulier. Car il est certain qu'il « n'y a plus de condamnation pour ceux qui sont en Jésus-Christ », qui croient en lui, et qui, par la puissance de la foi, marchent, non selon la chair, mais selon l'Esprit.» Et pourtant ils ne peuvent pas plus maintenant qu'avant d'avoir cru soutenir la stricte justice de Dieu. Celle-ci, sur tous les points que nous venons d'indiquer, les déclare encore dignes de mort, et n'était le sang expiatoire, elle prononcerait infailliblement leur sentence. Ils ont donc la conviction entière qu'ils méritent encore le châtiment, quoiqu'il soit détourné d'eux par ce moyen. Mais ici il y a, de part et d'autre, des écueils que peu de gens savent éviter. Ce sont les extrêmes opposés où se jettent la plupart des hommes, les uns se croyant condamnés quand ils ne le sont point, les autres croyant mériter d'être absous. Non, la vérité est entre deux : ils ne méritent encore, à proprement parler, que la damnation de l'enfer. Mais ce qu'ils méritent ne vient point sur eux, parce qu'ils ont un avocat auprès du Père. Sa vie, sa mort et son intercession s'interposent encore entre eux et la condamnation.

17. Mais cette repentance des croyants comprend encore la conviction de leur entière impuissance. J'entends par là deux choses : Que maintenant pas plus qu'avant d'être justifiés ils ne sont capables par eux-mêmes d'avoir une bonne pensée, de former un bon désir, de prononcer une bonne parole, de faire une bonne œuvre ; qu'ils n'ont encore aucune sorte ni degré de force propre, aucun pouvoir de faire le bien, ni de résister au mal ; aucune capacité de vaincre le monde, le diable ou leur mauvaise nature, ni même d'y résister. Ils peuvent, sans doute, faire tout cela ; mais ce n'est point par leur propre force. Ils ont le pouvoir de surmonter ces divers ennemis, car « le péché n'a plus domination sur eux » ; mais cela ne vient pas même en partie de leur nature ; c'est un pur don de Dieu et qui leur est donné, non pas tout à la fois, comme une provision suffisante pour beaucoup d'années, mais de moment en moment.

18. Par cette impuissance, j'entends aussi une incapacité absolue de nous délivrer de cette culpabilité dont nous avons encore conscience, et qui fait que nous mettons encore le châtiment du péché ; j'entends aussi l'incapacité de faire disparaître, je ne dirai plus par nous-mêmes, mais par ce degré même de grâce que nous avons, soit la volonté propre, l'amour du monde, la colère, et, en général, le penchant à abandonner Dieu, que nous savons par expérience demeurer encore même chez les régénérés ; soit le mal qui, malgré tous nos efforts, s'attache à toutes nos paroles et à toutes nos actions. Joigniez-y l'entière incapacité d'éviter toujours des discours sans charité, et surtout sans profit, de nous garder des péchés d'omission, et de suppléer à ce qui nous manque en toutes choses, surtout au défaut d'amour et à l'imperfection des autres dispositions saintes et justes que nous devons avoir pour Dieu et pour les hommes.

19. Si quelqu'un hésite à admettre cela et croit que la justification donne la capacité de faire disparaître ces péchés, et du cœur et de la vie, qu'il en fasse l'expérience. Qu'il essaie si, par la grâce qu'il a déjà reçue, il peut chasser l'orgueil, la volonté propre, ou, en général, la corruption innée. Qu'il essaie s'il peut rendre ses paroles et ses actions pures de tout mélange de mal ; s'il peut éviter toute conversation sans charité et sans profit, et tout péché d'omission, et s'il peut enfin suppléer aux nombreuses défectuosités qu'il trouve encore en lui-même. Que, sans se laisser décourager par un ou deux essais infructueux, il répète et répète sans cesse l'épreuve : plus il la répètera, plus profonde deviendra sa conviction, qu'en toutes ces choses son impuissance est entière.

20. Cette vérité est réellement si évidente qu'il s'en faut peu que tous les enfants de Dieu, çà et là dispersés, quoiqu'ils diffèrent sur d'autres points, ne s'accordent tous à reconnaître, que, bien que nous puissions « par l'Esprit mortifier les œuvres du corps », combattre et vaincre le péché, tant intérieur qu'extérieur ; bien que nous puissions affaiblir de jour en jour nos ennemis, nous ne pouvons cependant les expulser. Quelle que soit la grâce donnée dans la justification, nous ne pouvons par elle les extirper. Pour tant que nous puissions veiller et prier, nous ne pou-

vons purifier entièrement nos cœurs ni nos mains. Non, sans doute, nous ne le pouvons, jusqu'à ce qu'il plaise à Notre Seigneur de parler encore à notre cœur, de lui dire pour la seconde fois : « Je le veux, sois nettoyé » ; alors seulement la lèpre disparaît ; alors seulement la mauvaise racine, le sens charnel est détruit, alors la corruption innée n'existe plus. Mais s'il n'y a pas de second changement, de délivrance instantanée après la justification, s'il n'y a pas autre chose qu'une œuvre graduelle de Dieu (œuvre que personne ne conteste), alors il faut, bon gré mal gré, nous résigner à rester pleins de souillures jusqu'à la mort, et, dès lors, à rester jusqu'à la mort coupables et dignes de châtiment. Car il est impossible que cette culpabilité cesse de peser sur nous aussi longtemps que le péché demeure ainsi dans notre cœur et s'attache à nos paroles et à nos actions, mais plutôt, selon la rigueur de la justice, chaque pensée, chaque parole, chaque acte nouveau en augmente le poids.

II

1. Voilà dans quel sens nous devons nous repentir, après que nous sommes justifiés. Et sans cette repentance nous ne pouvons avancer. Car notre mal n'est guérissable que si nous le sentons. Mais si nous avons cette repentance, alors nous sommes appelés à « croire à l'Évangile. »

2. Ce commandement aussi doit être pris dans un sens particulier, différent de celui dans lequel on croit pour la justification. Croyez la bonne nouvelle de ce grand salut que Dieu a préparé pour tous les peuples. Croyez que Celui qui est « la splendeur de la gloire du Père, et l'image empreinte de sa personne, « peut sauver parfaitement ceux qui s'approchent de Dieu par Lui. » Il est capable de vous sauver de tout le péché qui demeure encore dans votre cœur. Il est capable de vous sauver de tout le péché qui s'attache à toutes vos paroles et actions. Il est capable de vous sauver des péchés d'omission et de perfectionner en vous ce qui est défectueux. Il est vrai que quant à l'homme c'est impossible ; mais quant à l'Homme-Dieu toutes choses sont possibles. Car qu'y a-t-il de trop difficile pour Celui à qui « toute puissance est donnée dans le ciel et sur la terre ? » Il est vrai qu'il ne nous suffit pas de savoir qu'il le peut faire : pour croire qu'il veut le faire, qu'il veut manifester ainsi son pouvoir, il faut qu'il l'ait promis. Mais il l'a promis ; il l'a promis surabondamment et dans les termes les plus forts. Il nous a donné ces « grandes et précieuses promesses », soit dans l'Ancien, soit dans le Nouveau Testament. Ainsi dans la Loi, la partie la plus ancienne des oracles de Dieu, nous lisons : « Le Seigneur ton Dieu circoncira ton cœur et le cœur de ta postérité, afin que tu aimes l'Éternel ton Dieu de tout ton cœur et de toute ton âme (Dt 30.6). »

Ainsi dans les Psaumes : « Il rachètera Israël » — l'Israël de Dieu — « de toutes ses iniquités. » Ainsi dans le Prophète : « Je répandrai sur vous des eaux pures et vous serez nettoyés ; je vous nettoierai de toutes vos souillures et de tous vos dieux infâmes. — Je mettrai mon Esprit au dedans de vous et je ferai que vous marcherez dans mes statuts et les pratiquerez. Je vous délivrerai de toutes vos souillures (Éz 36.25-29). » Ainsi, enfin, dans le Nouveau Testament : « Béni Soit le Seigneur, le Dieu d'Israël, de ce qu'il a visité et racheté son peuple, et de ce qu'il nous a suscité un puissant Sauveur — selon le serment qu'il avait fait à Abraham notre père, de nous accorder qu'après avoir été délivrés de la main de nos ennemis, nous le servirions sans crainte, en sainteté et en justice, devant Lui, tous les jours de notre vie (Lc 1.68 et suiv.). »

4. Vous êtes donc bien fondés à croire, non seulement qu'il peut, mais encore qu'il veut faire ces choses ; qu'il veut vous nettoyer de toute souillure, de la chair et de l'esprit, qu'il veut « vous délivrer de toutes vos souillures. » C'est après cette grâce que vous soupirez maintenant ; c'est de cette foi que vous avez maintenant besoin. J'ai besoin de croire, que le grand médecin, l'ami de mon âme, a bien la volonté de me rendre net. Mais quand veut-il le faire ? Aujourd'hui ou demain ? Laissons-le répondre lui-même : « Aujourd'hui ; si vous entendez » ma « voix n'endurcissez pas votre cœur. » Si vous renvoyez à demain, vous endurcissez vos cœurs, vous refusez d'entendre sa voix. Croyez donc qu'il a la volonté de vous délivrer aujourd'hui. Il veut vous délivrer maintenant. « C'est maintenant le temps favorable », c'est maintenant, qu'il dit : « Sois nettoyé ! » Croyez seulement et vous ne manquerez pas d'éprouver aussitôt que « toutes choses sont possibles pour celui qui croit. »

Continue à croire en Celui qui t'a aimé et s'est donné pour toi, en Celui qui « porta tes péchés en son corps sur le bois » ; et il continuera à te sauver de toute condamnation par l'application non interrompue de son sang expiatoire. C'est ainsi que nous nous maintenons justifiés. Et si marchant « de foi en foi », nous croyons pour être nettoyés de la corruption innée, pour être délivrés de toutes nos souillures, nous sommes pareillement délivrés de toute cette culpabilité que nous sentions auparavant. En sorte que nous pouvons dire non seulement : Seigneur, il me faut constamment la vertu de ton sang ; mais encore dans la pleine assurance de la foi ; Seigneur, j'éprouve constamment la vertu de ton sang ! Car, par cette foi sans cesse renouvelée en sa vie, en sa mort, en son intercession, nous sommes, de tous points, nettoyés, et non seulement nous ne sommes plus sous la condamnation, mais nous ne la méritons plus comme auparavant, car le Seigneur purifie et nos cœurs et nos actions.

5. Par cette même foi nous sentons toujours reposer sur nous ce pouvoir de Christ par lequel seul nous sommes ce que nous sommes, qui nous rend capables de persévérer dans la vie spirituelle et sans lequel, quelque saint que nous soyons dans un moment donné, nous serions l'instant d'après, des démons. Mais aussi longtemps que nous retenons notre foi en Lui, « nous puisons des eaux, avec joie, aux sources de cette délivrance. » Appuyés sur notre Bien-Aimé, sur Christ qui est en nous l'espérance de la gloire, qui habite dans nos cœurs par la foi, et il qui toujours intercède pour nous à la droite de Dieu, nous recevons son secours pour penser, dire, faire les choses qui lui sont agréables. C'est ainsi que dans toutes leurs œuvres, il vient au-devant de ceux qui croient en Lui, et les fait avancer par son constant secours, en sorte que c'est en Lui qu'est le commencement, la continuation et la fin de tous leurs desseins, de tous leurs discours, de toutes leurs actions. C'est ainsi que par la communication de son Esprit, il purifie les pensées de leurs cœurs, afin qu'ils puissent l'aimer d'un amour parfait et glorifier dignement son saint nom.

6. C'est ainsi que, chez les enfants de Dieu, la repentance et la foi se correspondent l'une à l'autre. Par la repentance nous sentons que le péché demeure dans nos cœurs et s'attache à nos paroles et à nos actions par la foi nous recevons le pouvoir de Dieu en Christ qui purifie nos cœurs et nos mains. Par la repentance, nous nous voyons encore dignes de châtiment pour toutes nos dispositions, paroles et actions : par la foi, nous savons que notre « avocat auprès du Père ne cesse de plaider pour nous, et qu'il éloigne ainsi de nous, sans cesse, la condamnation et le châtiment. Par la repentance, nous avons la conviction permanente de notre incapacité pour le bien ; par la foi, nous obtenons non seulement la miséricorde, mais la « grâce pour être secourus dans le temps convenable. » La repentance repousse jusqu'à la possibilité d'un autre secours ; la foi accepte tout le secours nécessaire de Celui qui a « toute puissance dans le ciel et sur la terre ! » La repentance dit : « Sans lui je ne puis rien » ; la foi dit : « Je puis toutes choses par Christ qui me fortifie. » Par lui je puis non seulement vaincre, mais expulser tous les ennemis de mon âme.

Par lui je puis « aimer le Seigneur mon Dieu, de tout mon cœur, de toute mon âme, de toute ma pensée et de toutes mes forces » ; Je puis marcher dans la sainteté et dans la justice devant Lui tous les jours de ma vie.

III

1. De ce qui précède, nous pouvons aisément conclure : Combien est pernicieuse l'opinion que dès que nous sommes justifiés nous sommes entièrement saints et que nos cœurs sont dès lors purifiés de tout péché. Nous sommes alors, il est vrai, délivrés, ainsi qu'il a été dit, de la domination extérieure du péché, et la puissance du péché intérieur est même brisée de telle sorte que nous ne sommes plus du tout obligés ni de le suivre, ni de lui obéir ; mais il n'est point vrai que le péché intérieur soit dès lors totalement détruit, que l'orgueil, la volonté propre, la colère, l'amour du monde n'aient plus de racine dans le cœur, ou que l'affection charnelle et le penchant du cœur à s'éloigner de Dieu soient extirpés. Supposer le contraire n'est pas non plus, comme on pourrait croire, une erreur innocente et inoffensive. Non, elle fait un mal immense ; elle rend tout changement ultérieur impossible ; car évidemment ceux qui sont en santé n'ont pas besoin de médecin, mais ceux qui se portent mal. Si donc nous croyons être déjà tout à fait guéris, il n'y a

pas lieu de chercher une plus complète guérison. Dans cette supposition il serait absurde d'attendre aucune autre délivrance du péché, soit graduelle, soit instantanée.

2. Au contraire, la conviction profonde que nous ne sommes pas encore entièrement guéris, que nos cœurs ne sont pas tout à fait purs, qu'il y a encore en nous des sentiments charnels qui, de leur nature, sont inimitié contre Dieu, et que le corps du péché est encore là, tout entier, affaibli mais non détruit, cette conviction ne permet aucun doute sur l'absolue nécessité d'un changement plus complet. J'accorde sans doute que, dès l'instant que nous sommes justifiés, nous sommes nés de nouveau : dès cet instant nous expérimentons au dedans ce que l'Écriture appelle « un passage des ténèbres à la lumière », — de l'image de la brute et du diable à l'image de Dieu, — des sentiments terrestres, sensuels et diaboliques aux sentiments qui étaient en Jésus-Christ. Mais sommes-nous dès lors entièrement changés ? Sommes-nous complètement transformés à l'image de Celui qui nous a créés ? Bien loin de là ! Il y a toujours en nous un abîme de péché, nous le sentons, et c'est ce qui nous presse de chercher avec larmes une entière délivrance auprès de Celui qui est puissant pour sauver. De là vient que ceux d'entre les croyants qui n'ont pas la conviction de leur profonde corruption ou qui n'en ont qu'une conviction légère et doctrinale ont peu de souci de leur entière sanctification. Il se peut qu'ils admettent un tel changement pour le moment de la mort ou pour une époque antérieure qu'ils ne sauraient fixer. Mais ils ne souffrent guère d'en être privés ; ils n'en sont ni affamés, ni altérés. Ils ne sauraient l'être, jusqu'à ce qu'ils se repentent dans le sens que j'ai indiqué, jusqu'à ce que Dieu leur dévoile la face du monstre qu'ils cachent en leur sein, et leur montre l'état réel de leur âme. Alors seulement, sentant leur fardeau, ils soupireront après la délivrance. Alors, et seulement alors, ils s'écrieront dans l'angoisse de leur âme :

> *Brise les liens du péché*
> *Et mets mon âme en liberté !*
> *Il n'y a de vrai repos pour moi*
> *Que dans la pureté d'un esprit tout à toi !*

3. Une seconde conclusion à tirer de nos réflexions, c'est qu'une profonde conviction de notre démérite et même, dans un certain sens, de notre coulpe, dans l'état de justification, est absolument nécessaire pour nous faire apprécier toute la valeur du sang expiatoire, pour nous faire sentir qu'après, comme avant la justification, nous en avons le plus grand besoin. Sans cela nous ne pouvons regarder le sang de l'alliance que comme une chose commune dont nous n'avons pas maintenant grand besoin, tous nos péchés passés étant effacés. Oui, mais si notre cœur est encore impur, aussi bien que notre vie, il en résulte pour nous une espèce de culpabilité toujours nouvelle qui nous exposerait à chaque instant à une nouvelle condamnation, si nous ne pouvions dire de notre Rédempteur :

> *Il vit toujours aux cieux*
> *Pour plaider notre cause,*
> *Par son sang précieux.*

Il y a dans les paroles qui suivent une forte expression de la repentance des croyants et de la foi qui doit en être inséparable :

> *En moi chaque souffle est péché ; je ne fais point ta volonté ici-bas comme les anges dans le ciel.*
> *Mais la source demeure toujours ouverte ; je m'y lave les pieds, le cœur, les mains, jusqu'à ce que*
> *je sois rendu accompli dans l'amour.*

4. Enfin une dernière conclusion, c'est qu'une conviction profonde de notre extrême impuissance, de notre extrême incapacité pour retenir ce que nous avons reçu, et plus encore pour nous délivrer nous-mêmes de ce monde d'iniquité qui demeure dans nos cœurs et dans nos actions, peut seule nous enseigner à vivre véritablement de la foi en Christ, non seulement comme étant notre sacrificateur, mais aussi comme notre roi. C'est ce qui nous dispose réellement à « l'exalter », à « rendre toute gloire à sa grâce, à « le recevoir comme un vrai Christ, un parfait Sauveur, et à poser en réalité la couronne royale sur sa tête. »

Belles paroles ! qui n'ont que peu ou point de sens dans bien des bouches, mais qui s'accomplissent dans toute leur force et leur profondeur, lorsqu'ainsi nous sortons, en quelque sorte, de nous-mêmes, pour ne plus vivre que de sa vie ; lorsque nous rentrons nous-mêmes dans le néant, pour qu'il soit « tout en tout. » Sa grâce toute puissante ayant alors détruit « toute hauteur qui s'élève contre lui, il s'ensuit que toute disposition, toute pensée, toute parole, toute action est amenée « captive » et soumise à « l'obéissance de Christ. »

SERMON 15

Les grandes assises

Nous comparaisons tous devant le tribunal de Christ,
— Romains 14.10 —

Ce sermon fut prêché par Wesley, dans l'église Saint-Paul de Bedford, le vendredi 10 mars 1758 à l'occasion des Assises tenues à ce moment dans cette ville, sous la présidence de Sir Edward Clive, Il fut publié à la requête du Shérif du comté.

1. Combien de circonstances concourent à donner un caractère auguste à la solennité actuelle ! Ce rassemblement considérable de gens de tout âge, de tout sexe, de tout rang, de toute condition sociale, réunis volontairement ou non, de près et de loin ; ces criminels, qui vont comparaître devant la justice, sans possibilité d'échapper ; ces fonctionnaires prêts, selon leurs diverses attributions, à exécuter les ordres qui leur seront donnés ; et le représentant de notre souverain, que nous révérons et honorons si hautement ! Le motif de ce rassemblement ajoute encore à sa solennité. Il s'agit en effet d'entendre et de juger des causes diverses, dont quelques-unes sont de la plus haute importance, puisqu'il y va de la vie ou de la mort des accusés, et non seulement de leur mort, mais aussi de leur éternité ! Ce fut sans aucun doute pour accroître encore le sérieux de ces occasions, et non pour amuser le vulgaire, que la sagesse de nos pères ne dédaigna pas de régler les moindres détails de ces solennités. Car ces détails, en frappant l'œil ou l'oreille, peuvent plus fortement affecter le cœur. Considérés à ce point de vue, les trompettes, les masses, les costumes ne paraissent plus des superfluités insignifiantes ; mais ils servent, à leur manière et en quelque mesure, à la réalisation des meilleurs progrès sociaux.

2. Mais, quelque auguste que soit cette solennité, il en est un bien plus auguste encore qui approche. Car encore un peu de temps, et « nous comparaîtrons tous devant le tribunal de Christ. » « Car je suis vivant, dit le Seigneur, que tout genou fléchira devant moi et que toute langue donnera gloire à Dieu ! » « Et dans ce jour, chacun rendra compte à Dieu pour soi-même (Rm 14.10-12). »

3. Plût à Dieu que tous les hommes fussent pénétrés de cette pensée ! Ce serait la meilleure sauvegarde de la société. Il n'est point de mobile plus puissant pour nous pousser à remplir les devoirs d'une vraie moralité, à pratiquer fidèlement les vertus solides, à marcher avec persévérance dans les voies de la justice, de la bonté et de la vérité. Rien ne peut fortifier nos mains pour tout ce qui est bon, et nous détourner du mal sous toutes ses formes, comme cette ferme conviction que « le Juge est à la porte » (Jos 5.9) et que nous allons bientôt comparaître devant lui.

4. Il peut donc y avoir quelque utilité dans la circonstance actuelle, à examiner :

I. D'abord quelles sont les principales circonstances qui précéderont notre comparution devant le tribunal de Christ ;

II. puis le jugement lui-même, et

III. enfin quelques-unes des circonstances qui le suivront.

I

1. Premièrement donc, voyons quelles circonstances précéderont notre comparution devant le tribunal de Christ. Et d'abord, Dieu fera « des signes en bas sur la terre » (Ac 2.19) ; « il se lèvera pour frapper la terre (És 2.19). » « Elle chancellera entièrement comme un homme ivre, et, sera transportée comme une loge » (És 24.20). « Il y aura des tremblements de terre », non en divers lieux seulement, mais « en tous lieux » (Lc 21.11) ; non ici ou là, mais dans toutes les parties du

monde habité, et tels enfin qu'il n'y en a jamais eu de semblables depuis que les hommes sont sur la terre. Dans l'un de ces cataclysmes, « toutes les îles s'enfuiront, et les montagnes ne seront plus trouvées » (Ap 16.20). » En même temps, toutes les eaux de notre globe ressentiront la violence de ces secousses, « la mer et les flots faisant un grand bruit » (Lc 21.25) et leur agitation sera telle que rien de pareil n'aura été vu, depuis le jour où « les fontaines du grand abîme furent rompues » (Gn 7.11), pour détruire la terre « tirée de l'eau et qui subsistait au milieu de l'eau (2 P 3.5). » L'atmosphère sera bouleversée par des ouragans et des tempêtes, pleine de noires vapeurs et de « colonnes de fumée » (Jœ 2.30), ébranlée par les éclats du tonnerre d'un pôle à l'autre pôle, et déchirée par des myriades d'éclairs. Ces commotions n'ébranleront pas seulement notre atmosphère ; « les puissances des cieux seront aussi ébranlées, et il y aura des signes dans le soleil, la lune et les étoiles » (Lc 21.25, 26) ; tant dans les étoiles fixes que dans leurs satellites. « Le soleil sera changé en ténèbres et la lune en sang ; avant que le jour grand et terrible de l'Éternel vienne (Jœ 2.31). » « Les étoiles cesseront de briller » (Jœ 3.15) « elles tomberont du ciel » (Ap 6.13), précipitées hors de leurs orbites. C'est alors que se fera entendre le cri retentissant que pousseront à la fois toutes les légions célestes et qui sera suivi par « la voix de l'archange », annonçant la venue de celui qui est en même temps Fils de Dieu et Fils de l'homme, et « la trompette de Dieu » (1 Th 4.16) donnera le signal à tous ceux il lu dorment dans la poussière de la terre. Et aussitôt tous les tombeaux s'ouvriront, et les corps morts ressusciteront. La mer elle-même « rendra les morts qui sont en elle » (Ap 20.13) et chacun ressuscitera avec « son propre corps », en substance du moins, mais doué de propriétés nouvelles qu'il nous est impossible de concevoir actuellement. Car « ce corps corruptible sera alors revêtu d'incorruptibilité et ce corps mortel d'immortalité » (1 Co 15.53) « La mort et le Hadès, de monde invisible) rendront leurs morts » (Ap 20.13), en sorte que tous ceux qui auront vécu et, qui seront morts depuis la création de l'homme, ressusciteront incorruptibles et immortels.

2. Au même moment, « le Fils de l'homme enverra ses anges » par toute la terre, « pour rassembler ses élus des quatre vents des cieux, depuis un bout du ciel jusqu'à l'autre bout (Mt 24.31). » Le Seigneur lui-même viendra sur les nuées, dans sa propre gloire et la gloire de son Père, avec les dix milliers de ses saints et des myriades d'anges et il s'assiéra sur le trône de sa gloire. « Toutes les nations seront assemblées devant lui, et il séparera les uns d'avec les autres, et il mettra les brebis (les justes) à sa droite et les boucs (les méchants) à sa gauche » (Mt 25.31 et suiv.)

C'est de cette grande assemblée que le disciple bien-aimé parle, quand il dit : « Je vis aussi les morts » (ceux qui l'avaient, été) « grands et petits, qui se tenaient debout devant Dieu ; et les livres furent ouverts » (expression figurée, empruntée aux usages des hommes) « et les morts furent jugés selon leurs œuvres, par ce qui était écrit dans les livres (Ap 20.12).

II

1. Telles sont, d'après les oracles sacrés, les principales circonstances qui précéderont le jugement dernier. Considérons, en second lieu, le jugement lui-même, autant, qu'il a plu à Dieu de nous le révéler.

2. Celui par qui Dieu jugera le monde, c'est son Fils unique, dont « les issues sont dès les temps éternels (Mi 5.2), « qui est Dieu par-dessus toutes choses, béni éternellement (Rm 9.5). » C'est à lui, « la splendeur de la gloire de Dieu et l'image empreinte de sa personne » (Hé 1.3), que le Père « a donné l'autorité d'exercer le jugement, parce qu'il est le Fils de l'homme (Jn 5.22, 27). » « Car, étant en forme de Dieu, il n'a point regardé comme une usurpation d'être égal à Dieu ; mais il s'est anéanti lui-même, en prenant la forme de serviteur, se rendant semblable aux hommes et ayant paru comme un simple homme, il s'est abaissé lui-même, s'étant rendu obéissant, jusqu'à la mort, même jusqu'à la mort de la croix. C'est pourquoi aussi Dieu l'a souverainement élevé » (Ph 2.6-9) même dans sa nature humaine, et il l'a établi, lui homme, pour juger les enfants des hommes, « pour être le juge des vivants et des morts (Ac 10.42). » tant de ceux qui seront trouvés sur la terre à son avènement, que de ceux qui auront été retirés vers leurs pères.

2. Le jour appelé par le prophète « le grand et terrible jour » (Jl 2.11), est généralement désigné dans l'Écriture comme le jour du Seigneur. Le temps qui va de la création de l'homme

jusqu'à la fin de toutes choses, c'est le jour des fils des hommes ; le temps où nous sommes est notre jour ; quand il prendra fin, alors commencera le jour du Seigneur. Mais qui dira sa durée ? « A l'égard du Seigneur, un jour est comme mille ans, et mille ans sont comme un jour (2 P 3.8). » Quelques pères de l'Église, s'appuyant sur ce texte, en ont conclu que le jour du jugement s'étendra sur une période de mille années ; et il semble bien que leur opinion sur ce point se tient plutôt en deçà de la vérité qu'elle ne va au delà. En effet, si nous tenons compte de la multitude de ceux qui doivent, comparaître en jugement et des actions sur lesquelles il sera interrogés, il ne semble pas que mille ans puissent suffire pour achever la tâche de ce jour, et il ne parait pas improbable qu'il s'étende sur plusieurs milliers d'années. Mais Dieu nous en instruira, quand l'heure en sera venue.

3. Quant au lieu où nous serons jugés, il n'est point clairement déterminé dans l'Écriture. Un auteur éminent (et qui n'est pas seul de son avis) a émis l'opinion que ce lieu sera notre globe, qui a servi de théâtre aux œuvres qui seront jugées, et que Dieu emploiera ses anges, comme dit le poète,

A aplanir et à étendre l'espace immense
Où il réunira toute l'espèce humaine.

Mais peut-être est-il plus conforme aux enseignements de notre Seigneur, qui doit venir « sur les nuées », de supposer que le jugement aura lieu au-dessus de la terre, ou dans les espaces planétaires. Cette supposition semble fortement appuyée par cette déclaration de saint Paul aux Thessaloniciens : « Ceux qui seront morts en Christ ressusciteront premièrement. Ensuite, nous qui vivrons et qui serons restés sur la terre, nous serons enlevés tous ensemble avec eux dans les nuées, au-devant du Seigneur, en l'air (1 Th 4.16, 17). » Il semble donc probable que le grand trône blanc sera haut élevé au-dessus de la terre.

4. Qui nous dira maintenant le nombre des personnes qui seront jugées ? Autant vaudrait essayer de compter les gouttes de pluie ou les grains de sable de la mer ! « Je vis », dit, saint Jean, « une grande multitude que personne ne pouvait compter ; ils se tenaient devant le trône et devant l'Agneau, vêtus de robes blanches, et des palmes à la main (Ap 7.9). » Quelle immense assemblée que celle qui comprendra toutes les nations, toutes les tribus, tous les peuples, toutes les langues, tous les enfants d'Adam depuis le commencement du monde jusqu'à la fin des temps ! En admettant, comme on le croit généralement et comme cela semble fort. probable, que la population de la terre ne soit pas en moyenne inférieure à quatre cents millions d'âmes (On sait qu'on estime aujourd'hui la population du globe à un chiffre au moins triple (Note de l'Editeur en 1888)), hommes, femmes et enfants, quelle multitude que celle qui se sera grossie de toutes ces générations pendant sept mille ans ! Et comme dit le poète :

Les armées innombrables du grand Xerxès et celles qui luttèrent à Cannes,
Seront là réunies ; et y seront comme perdues.
Vainement elles essayeraient d'attirer l'attention.
Elles seront perdues comme une goutte d'eau dans l'Océan,

Chaque homme, chaque femme, chaque enfant ayant respiré l'air vital, entendra alors la voix du fils de Dieu, se lèvera vivant et comparaîtra devant lui. C'est ce que semble signifier cette expression : « les morts, petits et grands « : tous sans exception, quels que soient le sexe, le rang ; tous ceux qui ont vécu et sont morts ou qui auront été transformés sans passer par la mort. Car, longtemps avant ce jour, le fantôme de la grandeur humaine se sera évanoui et sera rentré dans le néant. C'est dès l'heure de la mort qu'il disparaît. Qui est riche ou grand dans la tombe ?

5. Chacun aura à « rendre compte de ses œuvres, » un compte complet et véridique de tout ce qu'il aura fait étant dans son corps, soit bien, soit mal. Oh ! quelle scène paraîtra alors aux yeux des anges et des hommes ! alors que le Dieu tout-puissant, qui sait tout ce qui se passe dans les cieux et sur la terre, interrogera et châtiera les coupables (Ainsi le Rhadamanthe de la mythologie : *Castigatque auditque dolos ; subigitque fateri Quae quis apud superos, furto laetatus inani, Distulit in seram commissa piacula mortem.* Virgile, Enéïde VI, 567-569. « Il punit, il juge les crimes ; il con-

traint chaque homme d'avouer les fautes qu'il a commises sur la terre, et qu'il dissimula pendant toute une longue vie, espérant follement qu'elles demeureraient cachées. »)

Et ce ne seront pas seulement les actions, mais aussi les paroles de chacun des fils des hommes qui seront mises en lumière ; car, dit Jésus, les hommes rendront compte, au jour du jugement, de toutes les paroles vaines qu'ils auront dites ; car tu seras justifié par tes paroles, et par tes paroles tu seras condamné » (Mt 12.36, 37), Dieu ne révéla-t-il pas aussi toutes les circonstances qui auront accompagné chaque parole ou chaque action et qui, sans en altérer la nature, auront diminué ou augmenté ce qu'il y avait de bien ou de mal en elles ? Rien de plus facile à celui qui a « une parfaite connaissance de toutes nos voies et pour lequel la nuit même resplendit comme la lumière (Ps 139.3, 12). »

6. De plus, Dieu mettra en évidence, non seulement, les œuvres qui se seront cachées dans les ténèbres, mais aussi les pensées et les intentions secrètes des cœurs. Il n'y a là rien d'étonnant : car « Dieu sonde les cœurs et les reins » (Jr 6.20) ; « toutes choses sont nues et entièrement découvertes aux yeux de celui à qui nous devons rendre compte » (Hébreux 4.13) ; « le sépulcre et le gouffre sont devant l'Éternel ; combien plus les cœurs des enfants des hommes (Pr 15.11) ! »

7. Dans ce jour, tous les mobiles cachés de chaque âme humaine seront découverts, tous ses appétits, ses passions, ses inclinations, ses affections, ainsi que leurs diverses combinaisons, aussi bien que toutes ces dispositions qui forment le caractère complexe de chaque individu. On verra alors clairement et sans erreur qui aura été juste et qui aura été injuste, et à quel degré chaque action, chaque personne, chaque caractère auront participé au bien ou au mal.

8. « Alors le Roi dira à ceux qui seront à sa droite : Venez, vous qui êtes bénis de mon Père ; car j'ai eu faim et vous m'avez donné à manger ; j'ai eu soif et vous m'avez donné à boire ; j'étais étranger et vous m'avez recueilli ; j'étais nu et vous m'avez vêtu (Mt 25.34, 36). » C'est de telle sorte que tout le bien qu'ils auront fait sur la terre sera récité devant les hommes et les anges ; tout ce qu'ils auront fait, en parole ou en action, au nom ou pour l'amour du Seigneur Jésus. Tous leurs bons désirs, leurs bonnes pensées, leurs dispositions saintes seront aussi rappelées, et l'on verra que, si les hommes les ignoraient ou les oubliaient, Dieu les inscrivait dans son livre. De même tout ce qu'ils auront souffert pour le nom de Jésus et pour le témoignage d'une bonne conscience, le juste Juge le publiera à leur louange et à leur honneur devant les saints et les anges, et pour l'accroissement de ce « poids éternel d'une gloire infiniment excellente » (2 Co 4.17) qui sera leur partage.

9. Mais sera-t-il fait mention aussi, dans ce jour et devait cette grande assemblée, de leurs mauvaises actions ? (Car, à prendre la vie dans son ensemble, il n'est pas un homme qui ne pèche.) Plusieurs croient que non, et demandent : « Si cela était, n'en résulterait-il pas que leurs souffrances ne seraient point finies, même après la fin de leur existence, et qu'ils auraient toujours en partage la tristesse, la honte et la confusion de face ? » Et l'on ajoute : « Ce serait aller à l'encontre de cette déclaration du prophète : « Que si le méchant se détourne de tous les péchés qu'il aura commis, et qu'il garde tous mes statuts, et fasse ce qui est juste et droit, certainement il vivra, il ne mourra point ; il ne sera fait aucune mention de tous les péchés qu'il aura commis (Éz 18.21, 22). » Joignez-y la promesse que Dieu fait à tous ceux qui acceptent son alliance de grâce : « Je pardonnerai leur iniquité, et je ne me souviendrai plus de leur péché (Jr 31.34). » Ou encore : « Je pardonnerai leurs injustices et je ne me souviendrai plus de leurs péchés ni de leurs iniquités (Hé 8.12). »

10. Voici notre réponse. Il semble absolument nécessaire, pour la pleine manifestation de la gloire de Dieu, et afin de montrer clairement et parfaitement sa sagesse, sa justice, sa puissance et sa miséricorde en faveur des héritiers du salut, que toutes les circonstances de leur vie soient mises en pleine lumière, ainsi que toutes leurs dispositions, tous leurs désirs, toutes leurs pensées et tous les mouvements de leurs cœurs. Autrement, qui pourrait savoir à quel abîme de péché et de misère la grâce de Dieu les aura arrachés ? En effet, il faut que la vie de chacun des fils des hommes soit entièrement mise en lumière, pour faire ressortir l'enchaînement étonnant des événements conduits par la divine Providence ; sans cela, nous serions incapables, dans mille cas, de justifier les voies de Dieu envers l'homme. Si la déclaration suivante du Seigneur ne devait se réaliser pleinement, et sans restriction : « Il n'y a rien de caché qui ne doive être découvert, ni de

secret qui ne doive être connu » (Mt 10.26) ; un grand nombre des dispensations de Dieu nous paraîtraient sans raison. Et alors seulement que Dieu aura mis en lumière toutes les œuvres cachées des ténèbres, quels que soient ceux qui les auront commises, l'on verra combien sages et excellentes furent toutes ses voies ; on verra que son œil pénétrait la sombre nuée et qu'il gouvernait toutes choses avec une sagesse infaillible, ne laissant rien au hasard ou au caprice des hommes, mais disposant tous les événements avec force et douceur tout ensemble, pour en former une admirable chaîne de justice, de miséricorde et de vérité.

11. Cette révélation des perfections divines remplira les justes d'une joie ineffable, bien loin de leur faire éprouver de la douleur et de la honte pour leurs transgressions passées, dès longtemps effacées et lavées dans le sang de l'Agneau. Il leur suffira que, de toutes les transgressions qu'ils auront commises, aucune ne leur soit reprochée et que leurs péchés, leurs transgressions et leurs iniquités ne puissent plus les condamner. C'est là le sens bien clair de la promesse, et les enfants de Dieu en éprouveront la vérité, et y trouveront une éternelle consolation.

12. Quand les justes auront été jugés, le Roi se tournera vers ceux qui seront à sa gauche, et eux aussi seront jugés, chacun selon ses œuvres. Et ils ne rendront pas compte de leurs œuvres extérieures seulement, mais de toutes les paroles mauvaises qu'ils auront prononcées, voire même de tous les mauvais désirs, de toutes les affections, de tous les penchants, auxquels ils auront donné place dans leurs âmes, comme aussi de toutes les mauvaises pensées et intentions de leurs cœurs. La joyeuse sentence d'acquittement sera alors prononcée en faveur de ceux qui seront à la droite, et la terrible sentence de condamnation contre ceux qui seront à la gauche ; et toutes deux également définitives et aussi immuables que le trône de Dieu.

III

1. Considérons, en troisième lieu, quelques-unes des circonstances qui suivront, le jugement universel. La première sera l'exécution de cette double sentence : « Ceux-ci s'en iront, aux peines éternelles, mais les justes iront à la vie éternelle (Mt 25.46). » Il est à remarquer que le même terme est employé dans l'une et l'autre clause. Il en résulte que, ou bien la punition est éternelle, ou bien, si elle prend fin, la récompense aussi aurait un terme. Non, jamais ! à moins que Dieu lui-même put finir, ou que sa miséricorde et sa vérité vinssent à faire défaut. « Alors les justes luiront comme le soleil dans le royaume de leur, Père » (Mt 13.43), et s'abreuveront aux sources « des plaisirs, qui sont à la droite de Dieu pour jamais (Ps 16.14). » Mais ici toute description est insuffisante, tout langage humain est impuissant. Celui-là seul qui fut ravi au troisième ciel put s'en faire une juste conception ; mais lui non plus ne put exprimer ce qu'il avait vu ; ce sont des choses « qu'il n'est pas possible à l'homme d'exprimer (2 Co 12.4). »

Cependant « les méchants seront précipités en enfer, et toutes les nations qui oublient Dieu (Ps 9.18). » Ils seront « punis d'une perdition éternelle, par la présence du Seigneur, et par sa puissance glorieuse (2 Th 1.9). » Ils seront « jetés dans l'étang ardent de feu et de soufre » (Ap 19.20), « préparé pour le diable et, pour ses anges » (Mt 15.41), où ils se rongeront la langue d'angoisse et de douleur, où ils maudiront Dieu. Là, ces chiens hideux de l'enfer, l'orgueil, la méchanceté, la vengeance, la rage, l'horreur, le désespoir, les dévorent continuellement. Là « ils n'ont aucun repos ni jour ni nuit, mais la fumée de leurs tourments monte aux siècles des siècles (Ap 14.11) ! » « Car leur ver ne meurt point et leur feu ne s'éteint point (Mc 9.44). »

2. Alors les cieux seront roulés comme un parchemin et passeront avec un grand bruit : ils s'enfuiront devant la face de celui qui est assis ; sur le trône, « et on ne les trouvera plus » (Ap 20.11) L'apôtre Pierre nous décrit la façon dont ils passeront : « Les cieux enflammés seront dissous et les éléments embrasés se fondront (2 P 3.12). » Toute cette œuvre admirable sera dévorée par les flammes, ses diverses parties seront violemment séparées et il ne restera pas deux atomes ensemble : « La terre sera entièrement brûlée avec tout ce qu'elle contient (2 P 3 :10). » Les œuvres énormes de la nature, les coteaux éternels, les montagnes qui ont défié la rage du temps et dressé fièrement leur tête pendant tant de milliers d'années, s'affaisseront en ruines embrasées. Combien moins les œuvres de l'art, même celles qui semblaient les plus durables, et qui représentaient le suprême effort de l'industrie humaine, pourront-elles résister aux flammes conqué-

rantes : mausolées, colonnes, arcs de triomphe, châteaux, pyramides, tout, tout sera détruit, périra, s'évanouira comme un songe au réveil !

3. Quelques auteurs, aussi distingués parla piété que par le savoir, ont bien avancé qu'aucune partie, aucun atome de l'univers ne sera jamais totalement détruit, attendu qu'il faut un égal déploiement de puissance pour annihiler que pour créer, pour réduire à rien que pour créer de rien. De plus, ils ont émis l'hypothèse que, le dernier effet du feu étant, d'après nos connaissances actuelles, de transformer en verre ce qu'il avait d'abord réduit en cendres, après quoi il ne peut plus rien, la terre entière, et peut-être aussi les cieux, en tant que matériels, subiront celle transformation au jour fixé par Dieu. Ils citent, à l'appui, ce passage de l'Apocalypse : « Il y avait aussi devant le trône urne mer de verre semblable à du cristal (Ap 4.6). »

4. Si les moqueurs, si certains philosophes méticuleux demandent : « Comment cela est-il possible ? Où trouverait-on assez de feu pour consumer les cieux et tout le globe terrestre ? » nous leur ferons remarquer, premièrement, que cette objection ne s'applique pas uniquement au système chrétien ; car la même opinion avait presque universellement cours chez les moins fanatiques des païens. C'est ainsi que l'un de ces libres penseurs, Ovide, traduit les penses de ses contemporains dans ces vers bien connus :

Esse quoque in fatis reminiscitur, affore tempus,

Quo mare, quo tellus, correptaque regia cœli

Ardeat, et mundi moles operosa laboret

(« *Il se souvient qu'il est aussi dans l'ordre des destins qu'un temps viendra où la mer, la terre et les palais des cieux s'embraseront et brûleront, où l'édifice de l'univers, élevé si laborieusement, s'écroulera.* »)

Mais, en second lieu, il suffit d'avoir une connaissance assez superficielle de la nature pour affirmer qu'il y a, dans l'univers, d'abondantes réserves de feu tout préparé et comme emmagasiné pour le grand jour du Seigneur. Avec quelle rapidité, dès qu'il en donnera le signal, une comète pourra se précipiter sur nous des confins de l'univers ! Et si elle heurtait, la terre dans sa course rapide, plus incandescente mille fois que le boulet rouge qui s'échappe du canon, qu'arriverait-il ? Mais, sans nous élever dans de si hautes régions que celles des cieux éthérés, ces éclairs qui illuminent soudain l'obscurité de la nuit ne pourraient-ils pas, au commandement du Dieu de la nature, mous apporter la ruine et, la destruction ? Ou, pour rester enfin sur le globe lui-même, qui pourrait sonder les profondeurs de ces prodigieux réservoirs de feu liquide que, d'âge en âge, la terre renferme dans son sein ? L'Etna, l'Hécla, le Vésuve et tous les autres volcans qui vomissent des flammes et des charbons incandescents, que sont-ils autre chose que les manifestations et les bouches de ces fournaises ardentes, nous fournissant autant de preuves que Dieu a en réserve tout ce qu'il faut pour accomplir sa parole ? De plus si nous bornons nos recherches à la surface de la terre, et aux choses qui nous entourent de tous côtés, il est, très certain (comme le démontrent mille expériences) que notre propre corps, aussi bien que les autres corps qui nous environnent, contiennent du feu. N'est-il pas aisé de rendre visible ce feu éthéré, et d'en obtenir les mêmes effets que produit le feu ordinaire sur des matières combustibles (Wesley fait évidemment allusion à l'électricité ; encore fort peu connue de son temps.) Dieu ne pourrait-il pas déchaîner cet agent actuellement enchaîné et latent dans chaque molécule de la matière ? Et avec quelle rapidité, une fois mis en liberté, il réduirait en poudre le monde universel et envelopperait toutes choses dans une commune ruine !

5. Signalons une dernière conséquence du jugement dernier, qui mérite d'être prise en sérieuse considération : « Nous attendons », dit l'apôtre, « selon sa promesse, de nouveaux cieux et une nouvelle terre où la justice habite (2 P 3.13). » Cette promesse se lit en Esaïe : « Voici ; je vais créer de nouveaux cieux et une nouvelle terre, et on ne se souviendra plus des choses passées » (És 65.17) ; telle sera la gloire de la nouvelle création ! C'est elle que saint Jean a contemplée : « Je vis ensuite », dit-il., « un ciel nouveau et une terre nouvelle ; car le premier ciel et la première terre étaient passés » (Ap 21.1). Là n'habite plus que la justice. Aussi ajoute-t-il : « Et j'entendis une grande voix qui venait du ciel et qui disait : Voici le tabernacle olé Dieu avec les hommes, et

il habitera avec eux ; ils seront son peuple, et Dieu sera lui-même leur Dieu, et il sera avec eux. (Ap 21.3) ! »

Il s'ensuit qu'ils seront heureux : « Et Dieu essuiera toute larme de leurs yeux, et la mort ne sera plus ; et il n'y aura plus ni deuil, ni cri, ni travail ; car ce qui était auparavant sera passé » (Ap 21.4). « Il n'y aura plus là d'anathème ; ils verront sa face » (Ap 22.3, 4), c'est-à-dire qu'ils vivront dans son intimité et par conséquent lui ressembleront parfaitement. Cette expression est la plus forte qu'emploie l'Écriture sainte pour désigner le bonheur le plus parfait. « Et son nom sera sur leurs fronts » ; Dieu les reconnaîtra évidemment comme siens, et sa nature glorieuse resplendira en eux. « Il n'y aura plus là de nuit, et ils n'auront point besoin de lampe, ni de la lumière du soleil, parce que le Seigneur Dieu les éclairera, et ils règneront aux siècles des siècles (Ap 22.5). »

IV

Il ne nous reste plus qu'à faire l'application des considérations qui précèdent à tous ceux qui sont ici en la présence de Dieu. N'y sommes-nous pas directement amenés par la solennité présente, qui nous rappelle tout naturellement le jour où le Seigneur jugera le monde avec justice ? Il y a plusieurs leçons instructives à tirer de ce rapprochement ; permettez-moi d'en indiquer quelques-unes, et que Dieu les grave sur nos cœurs à tous !

1. Et tout d'abord, combien sont beaux les pieds de ceux qui sont envoyés par la sage et bonne Providence de Dieu, pour exercer la justice sur la terre, pour prendre la défense des opprimés et pour punir les méchants ! Ne sont-ils pas « les ministres de Dieu pour notre bien » (Rm 13.4), les fermes soutiens de la tranquillité publique, les défenseurs de l'innocence et de la vertu, la garantie suprême de tous nos avantages temporels ? Et ne sont-ils pas les représentants, non pas seulement d'un prince terrestre, mais du Juge de la terre, de celui dont le nom est le Roi des rois et le Seigneur des seigneurs ? Puissent tous ces fils de la droite du Tout-Puissant être saints comme il est, saint, sage comme celui qui est la sagesse éternelle du Père ! Qu'ils ne fassent, comme lui-même, aucune acception de personne, mais qu'ils rendent à chacun selon ses œuvres ; qu'ils soient, comme lui, inflexiblement, inexorablement justes, tout en étant pleins de pitié et de tendre compassion ! Ainsi, ils seront terribles à ceux qui font le mal, et ne porteront pas l'épée en vain. Ainsi, les lois de notre pays seront obéies et respectées, comme cela se doit, et le trône de notre roi (Georges II) sera établi dans la justice.

2. Et vous, hommes très honorables (Les membres du jury), que Dieu et le roi ont choisis, quoique dans un rang inférieur, pour administrer la justice, ne pouvez-vous pas être comparés à ces « esprits serviteurs » (Hé 1.14), qui seront les auxiliaires du Juge venant sur les nuées ? Puissiez-vous comme eux brûler d'amour pour Dieu et, pour l'homme ! Puissiez-vous aimer la justice et haïr l'iniquité ! Puissiez-vous (puisque Dieu vous appelle aussi à ce privilège) servir, dans vos diverses sphères, ceux qui seront les héritiers du salut et contribuer à la gloire de votre grand Souverain ! Puissiez-vous contribuer à faire régner la paix, être les bienfaiteurs et les ornements de votre pays, et les anges gardiens de ceux au milieu desquels vous vivez !

3. Et vous, dont c'est la tâche d'exécuter les sentences du juge, combien vous devez vous préoccuper de ressembler à ceux qui se tiennent devant la face du Fils de l'homme, et qui « font son commandement en obéissant à la voix de sa parole (Ps 103.20) ! » Ne vous importe-t-il pas, comme à eux, d'être incorruptibles, d'agir comme des serviteurs de Dieu, de faire ce qui est juste, de pratiquer la miséricorde et de faire aux autres ce que vous voudriez qu'on vous fît à vous-mêmes ? De la sorte, le grand Juge, sous les yeux duquel vous êtes, pourra vous dire à vous aussi : « Cela va bien, bon et fidèle serviteur ! Entre dans la, joie de ton Seigneur !

4. Permettez-moi d'adresser aussi quelques paroles à vous tous qui êtes ici devant le Seigneur. N'avez-vous pas entendu, tout aujourd'hui, une voix intérieure vous dire qu'un jour vient, plus terrible que celui-ci ? C'est une grande assemblée que celle-ci ! Mais qu'est-elle comparée à celle dont nous serons témoins un jour, à l'assemblée où comparaîtront tous les hommes qui ont vécu sur la terre ? Quelques accusés comparaîtront aujourd'hui devant les assises, pour répondre aux charges qui pèsent sur eux ; en attendant leur comparution et leur sentence, ils sont détenus en prison, et peut-être dans les chaînes. Mais nous tous, moi qui vous parle et vous qui n'écoutez,

« nous comparaîtrons devant le tribunal de Christ. » Et nous sommes maintenant détenus sur cette terre qui n'est pas notre patrie, dans cette prison de chair et de sang, plusieurs d'entre nous peut-être dans des chaînes d'obscurité, jusqu'à ce que nous soyons amenés à la barre. Ici on questionne un homme sur un ou deux faits, sur lesquels il est inculpé ; là, nous aurons à rendre compte de toutes nos œuvres, depuis le berceau jusqu'à la tombe, de toutes nos paroles ; de tous nos désirs, de tous nos sentiments, de toutes nos pensées et de toutes les inclinations de nos cœurs, de tout l'usage que nous aurons fait de nos divers talents du corps, de l'esprit, de la fortune, jusqu'au jour où Dieu nous aura dit : « Rends compte de ton administration, car tu ne peux plus administrer mes biens (Lc 16.2). » Dans cette cour de justice, il est possible qu'un coupable échappe, faute de preuves ; mais au grand jour du jugement il ne sera pas besoin de preuves. Tous les hommes, avec lesquels vous aurez eu les relations les plus secrètes, qui auront été les témoins de votre vie privée et initiés à vos projets seront là devant vous. Là aussi seront tous les esprits des ténèbres, qui auront inspiré vos mauvais desseins et vous auront aidés à les exécuter. Les anges de Dieu seront là aussi, eux qui sont les yeux du Seigneur qui se promènent sur la terre, qui auront veillé sur votre âme et travaillé pour votre bien, si vous ne vous y êtes pas opposé. Là aussi sera votre conscience, un témoin qui en vaut mille, incapable désormais d'être ni aveuglée ni réduite au silence, mais obligée de connaître et de dire la vérité entière sur vos pensées, vos paroles et vos actions. Et si la conscience vaut mille témoins, Dieu ne vaut-il pas mille consciences ? Oh ! qui pourra subsister devant la face de notre grand Dieu et Sauveur Jésus-Christ ?

Voyez, il vient ! Il fait des nues ses chariots ! Il accourt sur les ailes du vent ! Un feu dévorant va devant lui et derrière lui la flamme ! Voyez ! il est assis sur son trône, vêtu de lumière comme d'un vêtement, paré de majesté et d'honneur ! Voyez ! ses yeux sont comme une flamme de feu, sa voix comme le bruit des grosses eaux !

Comment échapperez-vous ? Crierez-vous aux montagnes de tomber sur vous, aux coteaux de vous couvrir ? Hélas ! les montagnes elles-mêmes, les rochers, la terre, les cieux sont sur le point de disparaître ! Pouvez-vous arrêter la sentence ? De quelle façon ? Avec tous tes biens, avec tes monceaux d'or et d'argent ? Pauvre aveugle ! Tu es sorti nu du sein de ta mère et tu entreras plus dépouillé encore dans la grande éternité. Ecoute la voix du Seigneur ton Juge : « Venez, les bénis de mon Père, possédez en héritage le royaume qui vous a été préparé dès avant la fondation du monde. » Paroles bénies ! combien différentes celles-là de cette voix qui fait retentir de ses échos la voûte des cieux : « Allez, maudits, au feu éternel, préparé pour le diable et pour ses anges ! » Et où est celui qui pourrait arrêter ou retarder, l'exécution de l'une ou de l'autre sentence ? Vain espoir ! Voici, l'enfer en bas s'agite pour engloutir ceux qui sont mûrs pour la destruction ! Et les portes éternelles s'ouvrent toutes grandes pour laisser passer les héritiers de la gloire !

5. « Quels ne devez-vous pas être par une sainte conduite et par des œuvres de piété (2 P 3.11) ? » Nous savons que bientôt le Seigneur descendra avec la voix de l'archange et la trompette de Dieu, et qu'alors chacun de nous comparaîtra devant lui et lui rendra compte de ses œuvres.

« C'est pourquoi, bien-aimés, en attendant ces choses, faites tous vos efforts, afin qu'il vous trouve sans tache et sans reproche dans la paix (2 P 3.14). » Pourquoi ne le feriez-vous pas ? Pourquoi un seul d'entre vous se trouverait-il à la gauche lorsque le Seigneur apparaîtra ? « Il ne veut point qu'aucun périsse, mais que tous viennent à la repentance » ;(2 P 3.9) ; par la repentance à la foi au Crucifié ; par la foi à l'amour pur à la parfaite image de Dieu, renouvelée dans le cœur et produisant la sainteté de la vie. Pouvez-vous en douter, en vous rappelant que le Juge de tous les hommes est aussi le Sauveur de tous les hommes ? Ne vous a-t-il pas acquis avec son sang précieux afin que vous ne périssiez point, mais que vous ayez la vie éternelle ?

Oh ! faites l'épreuve de sa miséricorde plutôt que de sa puissance foudroyante ! Il n'est pas éloigné de chacun de nous et il est venu, non pour condamner, mais pour sauver le monde. Il se tient dans notre assemblée ! Pécheur, ne frappe-t-il point à cette heure à la porte de ton cœur ? Oh ! puisses-tu « connaître, dans celle journée qui t'est donnée, les choses qui appartiennent à ta paix (Lc 19.42) ! » Oh ! puissiez-vous tous aujourd'hui vous donner à celui qui s'est donné pour vous ; vous donner avec une foi humble, avec un amour saint, actif et patient ! Alors vous vous réjouirez d'une joie ineffable, dans ce jour où il viendra sur les nuées du ciel.

SERMON 16

Les moyens de grâce

Vous vous êtes écartés de mes ordonnances, et vous ne les avez point observées.
— Matthieu 3.7 —

I

1. Y a-t-il encore des ordonnances, y en a-t-il depuis que « la vie et l'immortalité ont été mises en évidence par l'Évangile (2 Tm 1.10) ? » Y a-t-il, sous la dispensation chrétienne, des moyens qui aient été ordonnés, institués par Dieu, pour être le véhicule ordinaire de ses grâces ? Seul un païen déclaré eût pu faire une pareille question dans l'Église apostolique, puisque tous les chrétiens s'y accordaient à croire que Jésus-Christ avait établi certains moyens extérieurs en vue de transmettre sa grâce à l'âme humaine. À cet égard, leur pratique constante suffit pour mettre la chose hors de doute ; car si, d'un côté, « tous ceux qui croyaient étaient ensemble dans un même lieu, et avaient toutes choses communes » (Ac 2.44), de l'autre et non moins constamment, « ils persévéraient dans la doctrine des apôtres, dans la communion, dans la fraction du pain et dans les prières (Ac 2.44). »

2. Mais, avec le temps, « l'amour de plusieurs s'étant refroidi » (1 Tm 1.5), il y en eut qui commencèrent à prendre les moyens pour le but et à faire consister la religion plutôt dans l'accomplissement de ces œuvres extérieures que dans le renouvellement de l'âme à l'image de Dieu. Ils oubliaient que « le but, du commandement (quel qu'il soit), c'est l'amour qui procède d'un cœur pur … et d'une foi sincère » (Mt 24.12) ; c'est que nous aimions l'Éternel notre Dieu de tout notre cœur et notre prochain comme nous-mêmes ; c'est que nous soyons purifiés de l'orgueil, de la colère, de la convoitise par une foi que Dieu lui-même produit en nous. D'autres paraissent avoir cru que ces moyens extérieurs, tout en ne constituant pas l'essence de la religion, contenaient pourtant quelque chose qui était agréable à Dieu, quelque chose qui devait leur faire trouver grâce devant lui, lors même que leur conduite fût défectueuse à l'endroit des « choses les plus importantes de la loi, la justice, la miséricorde » (Mt 23.23) et l'amour de Dieu.

3. Il est bien évident que dans le cas de ceux qui en abusèrent ainsi, ces moyens n'atteignirent pas le but pour lequel ils avaient été institués ; il arriva même que ce qui eût dû leur faire du bien, fut pour ces hommes une occasion de chute. Loin qu'ils y trouvassent une bénédiction, ils ne firent qu'attirer par là une malédiction sur leur tête ; au lieu d'en devenir plus célestes par le cœur et par la vie, ils se trouvèrent être deux fois plus dignes de l'enfer qu'auparavant. Et alors d'autres individus, voyant à n'en pas douter que l'emploi de ces moyens ne procurait pas la grâce de Dieu à ces enfants du diable, se hâtèrent de tirer de ce fait particulier une conclusion générale, celle que ce n'étaient point là des moyens assurés de recevoir les grâces divines.

4. Le nombre de ceux qui faisaient cet abus des ordonnances du Seigneur fut pourtant bien plus considérable que celui des individus qui les négligeaient, jusqu'au jour où parurent certains hommes d'une haute intelligence, parfois d'un très grand savoir, et aussi, semblait-il, possédant l'amour et connaissant par expérience la vraie religion, la religion du cœur. Quelques-uns de ces hommes furent des flambeaux allumés et brillants, des personnages célèbres dans leur temps et qui méritaient bien l'estime de l'Église chrétienne ; car ils s'étaient mis à la brèche pour résister au débordement de l'impiété.

On doit supposer que tout ce que se proposaient ces saints hommes, ces hommes vénérables, c'était, du moins à l'origine, de prouver que la religion extérieure n'a aucune valeur sans la religion du cœur ; de rappeler que « Dieu est esprit et qu'il faut que ceux qui l'adorent l'adorent en esprit et en vérité » (Jn 4.24) ; que, conséquemment, le culte extérieur est du travail en pure perte, aussi longtemps que le cœur n'est pas consacré à Dieu ; que les ordonnances visibles du Seigneur sont utiles et même très utiles, lorsqu'elles contribuent aux progrès de la sainteté intime ; mais que si elles n'y contribuent pas, elles sont inutiles et vaines, elles sont plus légères que le néant ; que même, si ces choses sont mises en quelque sorte à la place de cette sainteté du cœur, elles sont absolument abominables devant Dieu.

5. Il ne faut pas s'étonner de ce que, parmi ces hommes, il s'en soit trouvé qui, étant profondément convaincus qu'on avait, de cette façon, profané horriblement les ordonnances de Dieu, que l'Église entière était infectée de ce mal, et que cela avait à peu près banni du monde toute vraie religion, parlèrent, dans leur zèle ardent pour la gloire de Dieu et en vue de retirer les âmes d'une illusion aussi fatale, parlèrent, dis-je, comme si la religion extérieure n'était absolument rien, n'avait aucune place dans la religion chrétienne. Nous ne devons pas être surpris de ce qu'ils n'ont pas toujours exprimé leurs opinions avec assez de modération, à tel point que des auditeurs sans discernement ont pu croire qu'ils rejetaient tous les moyens extérieurs comme tout à fait inutiles, comme n'ayant pas été choisis par Dieu pour être le véhicule ordinaire de sa grâce à l'égard de nos âmes.

Il n'est point impossible que quelques-uns de ces saints hommes aient fini par croire cela eux-mêmes, surtout ceux qui, par une dispensation de la Providence et non point volontairement, étaient séparés de toutes ces ordonnances du culte, errant peut-être çà et là sans domicile certain, se cachant dans les grottes et les antres de la terre. Ces personnes, se sentant visitées par la grâce divine malgré l'absence de tous moyens extérieurs, ont dû supposer que cette grâce serait également accordée à ceux qui, de propos délibéré, renonceraient à l'emploi de ces moyens.

6. On découvre, d'ailleurs, en consultant, les faits, combien facilement ces idées gagnent les esprits et s'y insinuent ; c'est surtout le cas de ceux qui ont été sérieusement réveillés du sommeil de la mort et qui commencent à sentir que le fardeau de leurs péchés est trop lourd pour eux. Ces personnes-là sont généralement mécontentes de leur état ; elles s'efforcent par divers moyens d'en sortir, et elles sont toutes disposées à se jeter sur la première nouveauté qui se présentera et leur promettra le soulagement et le bonheur. Elles ont sans doute essayé de tous les moyens extérieurs, sans n'y trouver aucun soulagement ; peut-être, au contraire, y ont-elles rencontré un accroissement de leurs remords et de leurs craintes, de leur chagrin et de leur condamnation. Il ne sera donc pas difficile de les convaincre qu'il vaut mieux qu'elles cessent d'employer ces moyens. Elles sont déjà lasses de lutter sans résultat apparent, d'endurer la fournaise : aussi accueillent-elles avec plaisir l'occasion de mettre de côté des devoirs qui n'ont aucun attrait pour leur âme, de se retirer d'un combat qui est pénible et de retomber dans l'inaction et l'insouciance.

II

1. Je me propose, dans ce discours, d'examiner d'une façon générale s'il y a des moyens de grâce,

Par moyens de grâce j'entends des signes, des paroles, ou des actes que Dieu a institués et établis expressément en vue d'en faire le canal par lequel il communiquerait habituellement aux hommes sa grâce qui prévient, qui justifie, qui sanctifie.

Si j'emploie l'expression moyens de grâce, c'est que Je n'en connais pas de meilleure ; c'est parce que, depuis des siècles ; elle a cours dans l'Église chrétienne, et en particulier dans notre communion, qui nous recommande de bénir Dieu « pour les moyens de grâce et pour l'espérance de la gloire », et nous enseigne qu'un sacrement est « le signe extérieur d'une grâce intérieure, et un moyen de recevoir cette grâce. »

Les principaux de ces moyens sont la prière, soit en secret soit « dans la grande assemblée » (Ps 11.10), l'étude de la parole de Dieu (comprenant la lecture et la méditation de cette parole, ainsi que l'assiduité aux prédications), et enfin la participation à la sainte Cène, où l'on mange le pain et boit le vin en mémoire de Jésus. Tels sont les moyens de grâce que nous considérons comme des ordonnances du Seigneur, et comme étant le véhicule ordinaire de sa grâce aux âmes.

2. Mais nous admettons parfaitement que ces moyens n'ont de valeur qu'autant qu'ils conduisent au véritable but de la religion ; que, conséquemment, si on les détourne de ce but, ils sont

moins que rien ; que, s'ils ne tendent pas d'une manière effective à produire la connaissance de Dieu et l'amour pour Dieu, ces moyens ne sauraient lui plaire et deviennent plutôt une abomination devant lui, « une puanteur à ses narines » (Am 4.10), de elle sorte qu'il est « las de les souffrir (És 1.14). » Et surtout si on emploie ces moyens comme une sorte d'équivalent de la religion, dont ils devaient être les auxiliaires, rien ne pourrait exprimer tout ce qu'il y a de folie et de crime à tourner ainsi contre Dieu les armes de Dieu lui-même, à exclure de l'âme la vie religieuse en se servant précisément des moyens destinés à l'y introduire.

3. Nous devons aussi admettre que tous les moyens extérieurs, quels qu'ils soient, s'ils ne sont accompagnés par l'Esprit de Dieu ne peuvent être de la moindre utilité, ne peuvent produire en aucune mesure la connaissance et l'amour de Dieu. Il est incontestable que c'est de Dieu que vient tout notre secours ici-bas. C'est lui seul qui, par sa puissance infinie, produit en nous ce qui lui est agréable ; aussi toutes ces choses extérieures sont de « faibles et misérables rudiments » (Ga 4.9) à moins qu'il n'opère en eux et par eux. Si donc quelqu'un se persuade qu'un moyen quelconque possède par lui-même quelque vertu, il se trompe gravement, « ne comprenant pas les Écritures, ni la puissance de Dieu. » (Mt 22.29). Nous savons, en effet, qu'il ne saurait, y avoir aucune vertu propre et particulière dans les paroles prononcées en priant, dans la lettre de la Bible qu'on lit ou qu'on entend lire, dans le pain et le vin qu'on reçoit à la sainte Cène ; c'est Dieu seul qui est l'auteur de tout don parfait, la source de toute grâce ; toute vertu efficace vient de lui et, par le canal de l'un ou l'autre de ces moyens, peut transmettre à notre âme telle ou telle bénédiction de Dieu. Nous savons aussi que Dieu pourrait nous conférer directement ces mêmes bénédictions s'il n'existait aucun moyen visible. Et, dans un certain sens, nous pourrions dire que pour Dieu il n'y a pas de moyens, attendu que, pour accomplir ce qu'il veut, il peut s'en servir ou bien s'en passer.

4. Il faut encore admettre que l'emploi de tous les moyens du monde ne saurait expier un seul péché ; que c'est uniquement par le sang de Jésus-Christ que le pécheur peut trouver grâce devant Dieu ; car il n'y a point d'autre propitiation pour nos péchés, point d'autre source ouverte pour le péché et pour la souillure (Za 13.1). » Tous ceux qui croient en Jésus sont profondément convaincus qu'il n'y a de mérites qu'en lui, qu'il n'y en a point dans leurs œuvres à eux, ni dans les prières qu'ils prononcent, ni dans la Bible qu'ils lisent ou qu'ils entendent expliquer, ni dans le pain qu'ils rompent et la coupe dont ils boivent. Quand donc certaines personnes ont dit : « Jésus-Christ est le seul moyen de grâce », si elles ont voulu dire qu'il est par ses mérites l'unique auteur de la grâce, il n'y a rien là qui puisse être contesté par ceux qui connaissent cette grâce du Seigneur.

5. Nous devons également reconnaître, bien que le fait soit lamentable, qu'un trop grand nombre de ceux qui portent le nom de chrétiens, font des moyens de grâce un usage si abusif qu'il tend à la perdition de leur âme. Cela est, vrai, incontestablement, de tous ceux qui se contentent d'avoir la forme de la piété sans en posséder la force. Peut-être se croient-ils déjà chrétiens, à cause de ceci ou de cela qu'ils pratiquent ; mais Jésus-Christ n'a jamais été manifesté à leur cœur, et l'amour de Dieu n'y a jamais été répandu. Peut-être aussi s'imaginent-ils que, s'ils ne sont pas encore chrétiens, ils ne peuvent manquer de le devenir en faisant usage de ces moyens ; ils vivent, sans s'en rendre bien compte peut-être, dans cette illusion que les moyens renferment une sorte de vertu qui, tôt ou tard, mais on ne sait quand, aura pour effet de les rendre saints. Ou bien encore ils se persuadent qu'une sorte de mérite accompagne l'emploi de ces moyens de grâce, et que ce mérite déterminera Dieu à leur accorder la sainteté, ou bien à les recevoir sans cela.

6. Combien peu ces hommes ont compris le principe fondamental de tout l'édifice du christianisme : « Vous êtes sauvés par grâce » (Ep 2.8) ; c'est-à-dire : Vous êtes sauvés de vos péchés, de la condamnation et de la domination du péché, vous retrouvez la faveur et l'image de Dieu, non par vos œuvres ou par vos mérites, mais par la pure grâce, la pure miséricorde de Dieu et à cause des mérites de son Fils bien-aimé ; vous êtes sauvés, conséquemment, non point par quelque puissance, quelque sagesse ou quelque force qui réside en vous, mais uniquement par la grâce et la puissance du Saint-Esprit qui opère tout en tous.

7. Mais reste à résoudre la question principale, que quelqu'un qui sent qu'il ne jouit pas de ce salut pourrait formuler ainsi : « Nous savons que ce salut est le don de Dieu et son œuvre ; mais

comment l'obtenir ? » Si vous répondez : « Crois, et tu seras sauvé » ; on vous répliquera : « C'est bien, mais comment ferai-je pour croire ? » Vous dites alors : « Cherchez le Seigneur. » Mais on réplique : « Sans doute ; mais de quelle façon faut-il le chercher ? Est-ce par les moyens de grâce ou sans eux ? Cette grâce de Dieu qui apporte le salut, dois-je l'attendre dans la pratique de ces moyens, ou bien en les mettant de côté ? »

8. Il n'est pas permis de supposer que la parole de Dieu nous laisse dans l'obscurité sur un point aussi important. On ne peut pas croire que le Fils de Dieu, qui est descendu du ciel par amour pour nous, pour nous sauver, ne nous ait pas fourni lui-même la solution d'une question qui intéresse si directement notre salut.

Et de fait il a décidé la question et nous a montré le chemin que nous devons suivre. Il n'y a qu'à consulter les oracles divins, à examiner ce qui y est écrit ; aucun doute ne nous restera, à la condition que nous nous soumettions tout simplement aux décisions de la Bible.

III

1. Pour se conformer aux décisions de la parole du Seigneur, tous ceux qui aspirent à posséder la grâce de Dieu doivent la chercher et l'attendre en employant les moyens qu'il a lui-même institués, et non en les négligeant volontairement.

Premièrement, tous ceux qui désirent recevoir la grâce divine doivent l'attendre dans la voie de la prière. Notre Seigneur l'a déclaré lui-même expressément. Dans son Discours sur la Montagne, après avoir expliqué d'une manière générale en quoi consiste la religion et en avoir décrit les principales branches, il ajoute : « Demandez, et on vous donnera ; cherchez, el, vous trouverez ; heurtez, et on vous ouvrira. Car quiconque demande reçoit ; et qui cherche, trouve ; et l'on ouvre à celui qui heurte » (Mt 7.7, 8). Dans ces paroles nous sommes très clairement invités à demander pour recevoir, à demander comme moyen de recevoir ; à chercher, afin de trouver la garce de Dieu, cette perle de grand prix ; à heurter enfin, c'est-à-dire à continuer de demander et de chercher, si nous désirons entrer dans le royaume des cieux.

2. Pour ne laisser subsister aucune incertitude à cet égard, notre Sauveur développe sa pensée d'une façon plus détaillée. Il en appelle au cœur de tout homme : « Et quel est l'homme d'entre vous qui donne une pierre à son fils, s'il lui demande du pain ? Et s'il lui demande du poisson, lui donnera-t-il un serpent ? Si donc vous, qui êtes mauvais, savez donner à vos enfants de bonnes choses, combien plus votre Père qui est dans les cieux (le Père des anges et des hommes, le Père des esprits de toute chair), en donnera-t-il de bonnes à ceux qui les lui demandent (Mt 7.9-11) ? ». Ou, comme il dit dans une autre circonstance, résumant tous les biens dans un seul : « Combien plus votre Père céleste donnera-t-il le Saint-Esprit à ceux qui le lui demandent (Lc 11.13) ? » Il convient de faire observer ici ce fait que ceux que Jésus engageait à demander, n'avaient pas encore reçu le Saint-Esprit ; mais qu'il les exhorte à employer ce moyen de la prière et leur promet qu'il sera efficace, qu'en demandant ils recevront le Saint-Esprit, de la part de celui dont ta bonté est par-dessus toutes ses œuvres.

3. L'absolue nécessité qui existe pour nous d'employer ce moyen pour recevoir les dons de Dieu, quels qu'ils soient, ressort encore mieux du passage biblique qui précède celui que nous venons de citer. Jésus venait d'enseigner à ses disciples comment il faut prier. « Puis il leur dit : Si quelqu'un de vous avait un ami, qui vint le trouver à minuit, et qui lui dit : Mon ami, prête-moi trois pains... ; et que cet homme, qui est dans sa maison, lui répondit : Ne m'importune pas... ; je ne saurais me lever pour t'en donner ; je vous dis que, quand même il ne se lèverait pas pour lui en donner, parce qu'il est son ami, il se lèverait à cause de son importunité, et lui en donnerait autant qu'il en aurait besoin. Et moi, je vous dis : Demandez, et on vous donnera (Lc 9.5-9). » Comment notre bon Sauveur eût-il pu nous révéler que l'emploi de ce moyen, la requête poussée jusqu'à l'importunité, nous ferait recevoir de Dieu des dons que nous ne recevrions pas sans cela, mieux qu'en introduisant ces paroles : « Quand même il ne se lèverait pas pour lui en donner, parce qu'il est son ami, il se lèverait à cause de son importunité, et lui en donnerait autant qu'il en aurait besoin ? »

4. « Jésus leur dit aussi cette parabole, pour montrer qu'il faut toujours prier, et ne se relâcher point », et que, par ce moyen, ils obtiendraient du Seigneur tout ce qu'ils demanderaient en

priant : « Il y avait dans une ville un juge qui ne craignait point Dieu, et qui n'avait aucun égard pour personne. Il y avait aussi dans cette ville-là une veuve qui venait souvent à lui, et qui lui disait : Fais-moi justice de ma partie adverse. Pendant longtemps il n'en voulut rien faire. Cependant il dit enfin en lui-même : Quoique je ne craigne point Dieu, et que je n'aie aucun égard pour aucun homme ; néanmoins, parce que cette veuve m'importune, je lui ferai Justice, afin qu'elle ne vienne pas toujours me rompre la tête (Lc 18.1-5). » Notre Seigneur fait l'application de cette parabole quand il dit : « Ecoutez ce que dit ce juge injuste », c'est-à-dire : Puisqu'elle persiste à demander, puisqu'elle ne se laisse pas rebuter par des refus, eh bien ! Je la vengerai. « Et Dieu ne vengera-t-il point ses élus, qui crient à lui Jour et nuit... ? Je vous dis qu'il les vengera bientôt » (Lc 18.6-8), s'ils prient toujours et ne se relâchent point.

5. En même temps qu'une recommandation expresse et explicite d'attendre les grâces de Dieu dans l'attitude de la prière, nous trouvons une promesse positive d'être exaucés si nous employons ce moyen, dans ces paroles bien connues de Jésus : « Mais toi, quand tu pries, entre dans ton cabinet, et ayant fermé la porte, prie ton Père qui est dans ce lieu secret ; et ton Père qui te voit dans le secret te le rendra publiquement (Mt 6.6). »

6. Aucun précepte ne saurait être plus clair, à moins que ce ne soit celui que le Seigneur nous a donné par son apôtre au sujet de la prière sous toutes ses formes, soit en public, soit en particulier, et au sujet de la bénédiction qui y est attachée : « Si quelqu'un de vous manque de sagesse, qu'il demande à Dieu, qui donne à tous libéralement, sans rien reprocher, et elle lui sera donnée (Jos 1.5). » Mais il faut demander. « Vous n'avez pas (ce que vous désirez), parce que vous ne demandez pas (Jos 4.2). »

Peut-être dira-t-on : « Mais ces conseils ne s'adressent qu'à des croyants, et non à ceux qui n'ont pas encore reçu le pardon du Seigneur ; car l'apôtre ajoute « Mais qu'il demande avec foi », ou bien « qu'il ne s'attende pas à recevoir aucune chose du Seigneur (Jos 1.6, 7). » Je réponds que l'apôtre lui-même, comme s'il eût prévu cette objection, a déterminé dans la fin du verset le sens qu'a ici le mot foi : « Qu'il demande avec foi, sans hésiter » (Jos 1.6), sans douter, sans douter que Dieu entend sa prière et accomplira le désir de son cœur.

Il y aurait absurdité grossière et presque blasphématoire à attribuer ici au mot foi toute la signification que l'Évangile y a attachée. Ce serait supposer, en effet, que le Saint-Esprit recommande à un homme qui sait qu'il n'a pas cette foi (ici désignée sous le nom de sagesse), de la demander à Dieu, en lui promettant qu'elle « lui sera donnée », mais en ajoutant aussitôt qu'elle ne lui sera accordée que s'il la possède avant de la demander. Une pareille supposition ne nous révolte-t-elle pas ? Ce passage, tout comme ceux précédemment cités, nous enseigne donc que tous ceux qui désirent obtenir la grâce divine doivent la chercher par la voie de la prière.

7. En second lieu, il faut que ceux qui veulent recevoir les bienfaits du Seigneur les cherchent, en sondant les Écritures.

Le précepte de Jésus, quant à l'emploi de ce moyen, est tout aussi clair, tout aussi positif qu'à l'égard de la prière. « Sondez les Écritures », dit-il aux Juifs incrédules ; car « ce sont elles qui rendent témoignage de moi ! » (Jn 5.39) Et c'était précisément pour qu'ils crussent en lui qu'il les engageait à sonder les Écritures.

L'objection que ce n'est point là une recommandation, mais seulement la constatation du fait qu'ils sondaient les Écritures, cette objection est de toute fausseté. J'invite ceux qui la font ; à nous indiquer comment une recommandation eût pu être énoncée plus clairement que par ces mots. Impossible de renfermer en moins de mots un précepte absolu.

La bénédiction attachée par Dieu à l'emploi de ce moyen, est indiquée dans ce qui est raconté des Béréens qui, après avoir entendu saint Paul, « examinaient tous les jours les Écritures, pour savoir si ce qu'on leur disait y était conforme. Plusieurs donc d'entre eux crurent » (Ac 17.11, 12) ; ils trouvèrent la grâce de Dieu en employant un moyen qu'il a prescrit.

Il est probable que, chez quelques-uns de ceux qui « reçurent la parole avec beaucoup de promptitude », la foi vint de l'ouïe » (Rm 10.17), comme a dit saint Paul, et fut seulement confirmée par la lecture des Écritures. Nous avons d'ailleurs indiqué plus haut que sonder les Écritures c'est, pour nous, entendre la prédication de l'Évangile, lire la Bible et la méditer.

8. C'est là un des moyens dont Dieu se sert pour nous donner la vraie sagesse, mais aussi pour l'affermir et l'augmenter en nous ; tel est l'enseignement que nous tirons de ces paroles de saint Paul à Timothée : « Tu as dès ton enfance la connaissance des saintes lettres qui peuvent, t'instruire pour le salut (te rendre sage à salut), par la foi qui est en Jésus-Christ (2 Tm 3.15). » Celte même vérité, savoir que l'étude de sa parole est le grand moyen institué par Dieu pour communiquer ses grâces diverses aux hommes, nous est révélée de la façon la plus complète qu'on puisse imaginer dans les versets qui suivent celui-là : « Toute l'Écriture est divinement inspirée » ; conséquemment toute l'Écriture est infailliblement vraie ; « et utile pour enseigner, pour convaincre, pour corriger, pour instruire dans la justice, afin que l'homme de Dieu soit accompli, et parfaitement propre pour toute bonne ouvre (2 Tm 3.16, 17). »

9. Il est bon d'observer que ces paroles s'appliquent premièrement, et spécialement aux Écritures que Timothée connaissait depuis son enfance, c'est-à-dire à l'Ancien Testament, le Nouveau n'étant point encore écrit. Saint Paul qui n'était « en rien inférieur aux plus excellents apôtres » (2 Co 11.5), et conséquemment, je suppose, inférieur à aucun homme qui soit sur la serre ; était donc bien éloigné de faire peu de cas de l'Ancien Testament. Faites attention à ceci, de peur qu'un jour « vous ne soyez étonnés et pâlissiez d'effroi (Ac 8.41) : vous qui tenez si peu de compte d'une moitié des oracles divins, et précisément de cette moitié au sujet de laquelle le Saint-Esprit a déclaré qu'elle est « utile (le Seigneur l'ayant donnée spécialement dans ce but) pour enseigner, pour convaincre, pour corriger, pour instruire dans la justice, afin que l'homme de bien soit accompli et parfaitement propre pour toute bonne œuvre ! »,

10. Les saintes Écritures ne sont pas utiles seulement à « l'homme de Dieu », à ceux qui marchent à la clarté de la face du Seigneur, mais aussi à ceux qui sont dans les ténèbres et, qui cherchent celui qui est encore pour eux un Dieu inconnu. C'est ce qu'affirme saint Pierre : « Nous avons aussi la parole des prophètes qui est très ferme (qui a été confirmée par nous qui avons vu la majesté de Jésus-Christ de nos propres yeux et qui avons entendu la voix qui venait du milieu de la gloire magnifique), à laquelle (parole des prophètes : c'est le nom que l'apôtre donne aux saintes Écritures) vous faites bien de vous attacher, et qui était comme une lampe qui éclairait dans un lieu obscur, jusqu'à ce que le jour commençât à luire, et que l'étoile du matin se levât dans vos cœurs » Que tous ceux qui désirent que ce jour commence à luire dans leur cœur, l'attendent en sondant les Écritures.

11. En troisième lieu, pour obtenir une mesure plus abondante de la grâce divine, il est bon d'être assidu à la table du Seigneur. Jésus lui-même nous a fait cette recommandation. « La nuit où il fut livré, il prit du pain, et, ayant rendu grâces, il le rompit et dit : Prenez, mangez ; ceci est mon corps (le symbole sacré de mon corps) ; … faites ceci en mémoire de moi. De même aussi … il prit la coupe et dit : Cette coupe est la nouvelle alliance en mon sang (le signe sacré de cette alliance) ; faites ceci en mémoire de moi toutes les fois que vous en boirez. Car toutes les fois que vous mangerez de ce pain et que vous boirez de cette coupe, vous annoncerez la mort du Seigneur jusqu'à ce qu'il vienne (1 Co 11.23-26) ; en faisant cela, vous déclarez ouvertement ce fait par ces signes visibles, devant Dieu, devant, les anges, devant les hommes ; vous manifestez solennellement le souvenir de sa mort, jusqu'à ce qu'il vienne sur les nuées du ciel.

Mais « que chacun s'éprouve soi-même », s'examine pour voir s'il comprend la nature et le but de cette institution divine, et, si réellement il désire être rendu conforme à Jésus-Christ dans sa mort ; et qu'alors, sans hésiter, « il mange de ce pain et boive de cette coupe » (1 Co 11.28).

Ici, l'apôtre répète de la façon la plus directe les recommandations faites précédemment par Jésus : « Qu'il mange, … qu'il boive », et ces expressions qui (en grec) sont à l'impératif, ne caractérisent pas une simple permission accordée, mais un commandement clair et positif, un commandement qui s'adresse à tous ceux qui sont déjà pleins de paix et de joie en croyant, ou qui peuvent dire en toute sincérité : « Le souvenir de nos péchés nous remplit de douleur, et le fardeau nous en est insupportable (Confession des péchés, dans le service de communion de la liturgie de l'Église anglicane). »

12. Le fait que la sainte Cène est aussi un des moyens ordinaires établis par Dieu pour nous communiquer sa grâce, résulte de ces paroles de saint Paul dans le chapitre précédent : « La coupe de bénédiction que nous bénissons n'est-elle pas la communion (la participation) au sang

de Christ ? Le pain que nous rompons n'est-il pas la communion au corps de Christ (1 Co 10.16) ? » Manger de ce pain, boire de cette coupe, n'est-ce pas un moyen extérieur, visible, dont Dieu se sert pour communiquer à nos âmes ces grâces spirituelles, cette justice, cette paix, cette joie par le Saint-Esprit, qui nous ont été acquises par le corps de Christ rompu pour nous, par le sang de Christ versé pour nous ? Que tous ceux donc qui soupirent après la grâce divine mangent de ce pain et boivent de cette coupe.

IV

1. Mais, bien que le Seigneur ait indiqué si exactement le chemin par lequel il veut qu'on le recherche, les hommes, toujours sages à leurs propres yeux, ont à plusieurs reprises dirigé contre ces moyens de grâce une foule d'objections. Il peut être à propos d'en examiner quelques-unes, non pas qu'elles aient grand poids par elles-mêmes ; mais parce qu'on s'en est servi, notamment dans ces derniers temps, pour détourner les faibles du bon chemin, et même pour troubler et bouleverser ceux qui « couraient bien » avant que Satan leur fût ainsi apparu « déguisé en ange de lumière (2 Co 11.14). »

Voici la principale de ces objections : « On ne peut pas employer ces moyens sans y mettre sa confiance. » Où cela est-il écrit dans la Bible ? Je vous le demande, et je vous invite à me prouver votre assertion par des textes de l'Écriture sainte ; sans quoi je ne puis l'admettre, n'étant pas convaincu que vous êtes plus sage que Dieu !

Si tel était le cas, Jésus-Christ ne l'aurait pas ignoré. Et, le sachant, il nous aurait avertis ; il y a bien longtemps qu'il nous l'aurait révélé. Puisqu'il ne l'a pas fait, puisqu'il n'y a pas un mot de cela dans les révélations faites par Jésus, je tiens vos assertions pour aussi fausses que ses révélations sont divines.

— « Eh bien, interrompez un peu l'usage de ces moyens, afin de vous assurer si, oui ou non, vous mettez votre confiance en eux. » Vous voulez donc que je désobéisse à Dieu, pour savoir si je mets de la confiance dans mon obéissance envers lui ? Vous avez le courage de me donner un pareil conseil ? Vous voulez de propos délibéré m'enseigner à « faire du mal pour qu'il en arrive du bien (Rm 3.8) ? » Oh ! craignez d'encourir la sentence prononcée contre ceux qui enseignent de pareilles choses ; car « leur condamnation est Juste (Rm 3.8). »

— « Mais si cela vous trouble d'y renoncer, c'est qu'évidemment vous y avez mis votre confiance. » Point du tout. Si, en désobéissant volontairement à Dieu, je me sens troublé ; c'est qu'évidemment son Esprit conteste avec moi ; si le péché commis volontairement ne me troublait pas, cela serait la preuve que je suis « livré à un esprit dépravé (Rm 1.28). »

Mais qu'entendez-vous par y mettre sa confiance ? Voulez-vous dire qu'on compte y trouver la bénédiction de Dieu ; que je crois pouvoir obtenir, en les cherchant de cette façon, des grâces que je n'obtiendrais pas différemment ? C'est bien là ce que je crois. Et, avec l'aide du Seigneur, je compte bien le croire, jusqu'à la fin de mes, jours. Par la grâce de Dieu, je veux mettre cette confiance-là en ces moyens de grâce jusqu'au jour de ma mort, c'est-à-dire que je continuerai à croire que Dieu est fidèle pour accomplir tout ce qu'il a promis. Et puisqu'il a promis de me bénir de cette façon, j'ai la confiance que ce sera selon sa parole.

2. Mais voici une seconde objection : « C'est là chercher le salut par les œuvres. » Comprenez-vous le sens de cette expression que vous employez ? Qu'est-ce que le salut par les œuvres ? Dans les écrits de saint Paul, cette expression signifie chercher à se sauver par la pratique des œuvres cérémonielles de la loi mosaïque ; elle signifie, aussi croire qu'on sera sauvé à cause de ses œuvres personnelles et, par les mérites de sa justice propre. Mais comment l'un ou l'autre de ces sentiments se trouve-t-il nécessairement chez moi parce que je cherche le Seigneur de la façon qu'il a prescrite, parce que je compte le rencontrer dans le chemin qu'il m'a tracé, et où il a promis que je le trouverais ?

Sans doute je compte sur l'accomplissement de sa parole ; je compte qu'il viendra à ma rencontre dans cette voie et qu'il m'y bénira. Mais ce n'est point à cause d'œuvres que j'aurai pu faire ou pour l'amour de ma justice, qu'il le fera ; ce sera uniquement à cause des mérites, des souffrances, de l'amour de son Fils en qui il a mis toute son affection.

3. Une troisième objection que l'on a soulevée avec beaucoup de fracas, est celle-ci : « Jésus-Christ est le seul moyen de grâce. » A cela je réponds que parler ainsi c'est jouer sur les mots et rien de plus. Dès qu'on veut préciser l'objection, elle s'évanouit. Quand nous disons que la prière est un moyen de grâce, nous voulons dire qu'elle est comme un canal par lequel la bénédiction divine nous arrive. Mais quand vous dites que Jésus-Christ est le seul moyen de grâce, vous entendez par là que c'est lui seul qui nous l'a acquise, lui seul qui en a été le pris ; vous voulez dire que « nul ne va au Père que par lui (Jn 14.6). » Mais qui est-ce qui le nie ? Vous êtes donc tout à fait en dehors de la question.

4. — « Mais la Bible ne nous recommande-t-elle pas d'attendre le salut ? David ne disait-il pas : « Quoi qu'il en soit ; mon âme se repose sur Dieu ; ma délivrance vient de lui (Ps 62.1). » Esaïe n'enseigne-t-il pas également la même chose lorsqu'il dit : « Éternel, nous t'avons attendu ? » (És 26.8) Tout cela est incontestable. Puisque le salut est un don de Dieu, évidemment il faut l'attendre de lui ; mais comment l'attendre ? S'il a prescrit lui-même un sentier, croyez-vous pouvoir en trouver un meilleur ? Or, nous avons déjà montré qu'il a prescrit un sentier, et ce qu'est ce sentier. Le même prophète que vous venez de citer va éclaircir tous nos doutes, car il s'exprime ainsi : « Éternel, nous t'avons attendu dans le sentier de tes jugements » (És 36.8) ou ordonnances. C'est de la même manière que David l'attendait, comme l'attestent ses propres paroles : « J'ai attendu ton salut, ô Éternel, et j'ai gardé ta loi (Cette citation n'a pu être retrouvée – Note du trad.). » « Éternel, enseigne-moi la voie de tes statuts, et je la garderai Jusqu'à la fin (Ps 119.33). »

5. — « Très bien, disent quelques-uns ; mais Dieu a institué un autre moyen : « Arrêtez-vous, et voyez la délivrance de l'Éternel ! (Ex 14.13)

Examinons les passages auxquels vous faites allusion. Voici le premier, avec ce qui s'y rattache : « Et comme Pharaon était déjà près, les enfants d'Israël levèrent leurs yeux … et ils eurent une fort grande peur … Et ils dirent à Moïse : Est-ce qu'il n'y avait point de sépulcres en Egypte, que tu nous aies emmenés pour mourir au désert ? … Et Moïse dit au peuple : Ne craignez point ; arrêtez-vous, et voyez la délivrance de l'Éternel, … Or, l'Éternel avait dit à Moïse : Parle aux enfants d'Israël, et dis-leur qu'ils marchent. Et toi, élève ta verge et étends ta main sur la mer et la fends ; et que les enfants d'Israël entrent au milieu de la mer à sec Ex 14.10-16 »

Telle fut la délivrance de l'Éternel ; et ils s'arrêtèrent pour la voir, mais après avoir marché en avant de toute leur force !

Voici maintenant l'autre passage où se trouve cette expression : « On vint faire ce rapport à Josaphat, et on lui dit : Il est venu contre toi une grande multitude — de gens de delà la mer … Alors Josaphat craignit, et se disposa à rechercher l'Éternel, et il publia un jeûne par tout Juda. Ainsi Juda fut assemblé pour demander du secours à l'Éternel ; et même on vint de toutes les villes de Juda pour invoquer l'Éternel. Et Josaphat tint debout dans l'assemblée de Juda et de Jérusalem, dans la maison de l'Éternel … Alors l'Esprit de l'Éternel fut sur Jahaziel. … et il dit : Ne craignez point, et ne soyez point effrayés à cause de cette grande multitude … Descendez demain vers eux … Ce ne sera point à vous de combattre dans cette bataille ; présentez-vous et tenez-vous debout, et voyez la délivrance que l'Éternel va vous donner … Puis ils se levèrent de grand matin et sortirent … Et à l'heure où ils commencèrent le chant du triomphe et la louange, l'Éternel mit, des embuscades contre les Hammonites, les Moabites et ceux du mont de Séhir … et ils aidèrent l'un l'autre à se détruire (2 Ch 20.2-23). »

Telle fut la délivrance que Dieu fit voir aux enfants de Juda. Mais en quoi cela prouve-t-il que, pour obtenir les grâces du Seigneur, nous ne devions pas faire usage des moyens qu'il a institués ?

6. Je ne relèverai plus qu'une seule autre objection qui, à vrai dire, est tout à fait déplacée, mais que je ne puis passer sous silence, attendu qu'on l'a souvent répétée.

— « Saint Paul ne dit-il pas : « Si vous êtes morts avec Christ, … pourquoi vous charge-t-on de ces préceptes (Col 2.20 — Dans la version anglaise, il y a : ces ordonnances.) ? » Le chrétien, étant mort avec Christ, n'a pas besoin de recourir à des préceptes ou ordonnances. »

Vous dites donc : « Puisque je suis chrétien, je ne suis pas assujetti aux ordonnances de Christ ! » Mais rien qu'à énoncer une pensée aussi absurde, on doit voir qu'il ne peut, pas s'agir ici des ordonnances de

Jésus-Christ, mais des ordonnances du judaïsme avec lesquelles un chrétien n'a rien à faire.

C'est ce que montrent aussi les paroles qui suivent ce texte : « Ne mange point de ceci, n'en goûte point, n'y touche pas » (Col 2.21) ; cela se rapporte évidemment à des préceptes de l'antique loi des Juifs.

Cette objection est donc la plus faible de toutes. Et, malgré tout, cette importante vérité demeure inébranlable, savoir que tous ceux qui veulent obtenir les grâces du Seigneur doivent les chercher par l'emploi des moyens qu'il a institués.

V

1. Mais, ce principe une fois admis que tous ceux qui veulent obtenir les grâces du Seigneur doivent les chercher par l'emploi des moyens qu'il a institués, il reste encore à examiner comment on doit se servir de ces moyens, dans quel ordre et de quelle façon ou il faut en user.

Quant au premier point, il faut remarquer que Dieu lui-même semble suivre un certain ordre dans l'emploi des moyens dont il se sert pour amener un pécheur au salut. Ce malheureux, ignorant et insensé, marchait, à l'aventure, n'ayant point Dieu dans ses pensées ; mais Dieu est venu le surprendre, en le réveillant peut-être par quelque prédication ou par un entretien, peut-être par quelque événement, solennel, ou bien encore par l'action directe de son Esprit qui convainc, et, sans employer aucun moyen extérieur. Alors ce pauvre pécheur éprouve le désir de fuir la colère à venir, et il se rend tout, exprès là où il pourra apprendre le moyen d'y échapper. S'il rencontre un prédicateur qui parle à son cœur, il est saisi et se met à sonder les Écritures « pour voir s'il en est ainsi », Et plus il entend de prédications, plus il lit la Bible, et plus aussi il est convaincu, plus il médite le jour et la nuit. Il peut encore arriver qu'il trouve un livre qui lui explique et lui confirme ce qu'il a entendu, ce qu'il a lu dans la parole de Dieu. À l'aide de ces divers moyens, les flèches de la conviction s'enfoncent toujours plus avant dans son âme. Bientôt il commence à parler de ces choses de Dieu qui remplissent continuellement son esprit ; bientôt il commence à parler à Dieu lui-même, à le prier ; et pourtant la honte et la crainte l'accablent tellement qu'il sait à peine quoi dire. Mais, qu'il sache quoi dire ou non, il ne peut plus s'empêcher de prier ; s'il ne peut faire mieux, ce sera « par des soupirs qui ne se peuvent exprimer (Rm 8.26). » Il se demande si « celui qui est haut et élevé, qui habite dans l'éternité » (És 57.15) fera attention à un pécheur tel que lui ; et alors il se sent attiré à prier avec ceux qui connaissent le Seigneur, avec les fidèles dans la grande assemblée. Mais, une fois là, il remarque que les autres s'approchent de la table du Seigneur, Il se rappelle que Jésus a dit : « Faites ceci » (1 Co 11.24) « Mais, se dit-il, je ne le fais pas. C'est que je suis un trop grand pécheur ; je ne suis pas en état de communier ; je n'en suis pas digne. » Ces scrupules l'arrêtent quelque temps ; mais il finit par les surmonter. Et c'est ainsi qu'il persévère à suivre la voie du Seigneur : il écoute la prédication, il lit, il prie, il participe à la sainte Cène, jusqu'à ce qu'enfin le Seigneur, se servant du moyen qu'il jugera à propos, vienne dire à son âme : « Ta foi t'a sauvée ; va-t'en en paix (Lc 7.50) ! »

2. En constatant cette méthode suivie par Dieu, nous pourrons déterminer quels sont les moyens à recommander dans divers cas. Si quelque moyen est de nature à agir efficacement sur un pécheur ignorant et indifférent, ce sera sans doute la prédication ou des entretiens. Et c'est là ce que nous lui recommanderions, si toutefois il pense jamais à son salut. Dans le cas d'une personne qui commence à sentir le fardeau de ses péchés, la prédication et la lecture de la parole de Dieu, et même d'autres livres sérieux, peuvent servir à produire des convictions plus profondes. On pourra aussi lui conseiller de méditer ce qu'elle lit, afin que cela agisse pleinement sur son cœur. Elle fera également bien d'en parler à cœur ouvert, surtout à ceux qui marchent dans le même chemin. Et quand le trouble et le chagrin s'emparent de cet homme, ne convient-il pas alors de l'exhorter à répandre son âme en la présence de Dieu, « à prier toujours et à ne point se relâcher (Lc 18.1) ? » S'il sent que ses prières sont insuffisantes, ne vous ferez-vous pas ouvriers avec Dieu pour l'engager à monter à la maison du Seigneur et à prier avec ceux qui craignent l'Éternel ? Et lorsqu'il fera cela, les paroles de son Sauveur près de s'immoler lui reviendront à la

mémoire ; et ce sera pour nous un signe évident que nous devons saisir ce moment pour seconder les efforts du Saint-Esprit. C'est ainsi que, pas à pas, nous pourrons conduire cette âme dans l'usage des moyens institués par Dieu, suivant en cela non pas notre volonté propre, mais les indications de la Providence et de l'Esprit qui marchent devant nous et nous frayent, la voie.

3. Néanmoins, la Bible d'un côté ne prescrit rien d'absolu quant à la méthode à suivre dans ces cas-là, et de l'autre côté ni la Providence ni le Saint-Esprit, n'en suivent aucune exclusivement : les moyens par lesquels Dieu attire les hommes et leur fait trouvé ses bénédictions, sont modifiées de mille manières, par toutes sortes de combinaisons et de transpositions. La sagesse consiste à suivre toujours les indications de la Providence et de l'Esprit de Dieu ; à nous laisser guider (surtout quant aux moyens de grâce qui nous sont personnellement nécessaires), soit par les circonstances providentielles qui nous fournissent l'occasion d'employer tantôt l'un, tantôt l'autre de ces moyens, soit encore par notre propre expérience, ce qui est bien la méthode dont l'Esprit de Dieu, agissant librement, se sert le plus souvent pour opérer dans nos cœurs. Quoi qu'il en soit, il y a une règle générale et qui convient parfaitement à tous ceux qui soupirent après le salut de Dieu. La voici : toutes les fois que l'occasion s'en présente, usez de tous les moyens de grâce que Dieu a institués ; car qui sait par le moyen duquel Dieu viendra au devant de vous dans sa grâce salutaire ?

4. Quant à la manière d'en user, d'où dépend en réalité l'efficacité du moyen pour transmettre à celui qui s'en sert les bénédictions du Seigneur, voici ce qu'il faut observer. D'abord, toujours se rappeler, toujours bien sentir que Dieu est par-dessus tous les moyens. Craignez donc de borner le Tout-Puissant. Il lait ce qu'il veut et quand il lui plaît. Il peut communiquer sa grâce soit par le canal de quelqu'un des moyens qu'il a institués, soit en dehors de tous ces moyens. Peut-être agira-t-il de cette dernière façon ! « Qui est-ce qui a connu la pensée du Seigneur, ou qui a été son conseiller (Rm 11.34) ? Attendez sa venue de moment en moment. Ce pourra être au moment où vous vaquez à ses ordonnances, ou bien avant, ou bien après ; ou même quand vous êtes empêché de le faire ; il n'y a point d'empêchement pour lui : il est toujours prêt, toujours capable de sauver, toujours disposé à sauver ! « C'est l'Éternel : qu'il fasse ce qui lui semblera bon (1 S 3.18) ! »

En second lieu, avant d'employer un moyen de grâce quelconque, cherchez à vous pénétrer de cette conviction qu'il ne possède par lui-même aucune vertu. Par lui-même c'est une chose sans valeur, sans vie, sans efficacité ; en dehors de l'action de Dieu, c'est comme une feuille morte, comme une ombre. Dites-vous encore ceci « Il n'y a pour moi aucun mérite à en faire usage ; il n'y a rien là qui puisse en soi plaire à Dieu, rien qui puisse me procurer une de ses faveurs, pas même une goutte d'eau pour me rafraîchir la langue ! Mais je fais cela, parce que Dieu me l'ordonne ; c'est parce qu'il m'invite à l'attendre ainsi que j'attends de cette façon sa miséricorde gratuite d'où découle mon salut ! »

Mettez-vous bien ceci dans l'esprit que le simple accomplissement d'une œuvre *(opta operatum)* ne sert de rien, qu'il n'y a de puissance pour sauver que dans l'Esprit de Dieu ; qu'il n'y a de mérites que dans le sang de Jésus-Christ ; que, conséquemment, même les choses que Dieu a instituées ne peuvent procurer de grâces à l'âme si l'on ne se confie en Dieu et en Dieu seul. D'un autre côté, celui qui se confie véritablement en lui ne saurait être privé de la grâce divine, fût-il privé de tous les moyens extérieurs, fût-il emprisonné dans les entrailles de la terre !

En troisième lieu, tout en usant de tous les moyens de grâce, n'y cherchez que Dieu seul. Dans toutes ces choses extérieures que vous emploierez, regardez uniquement à la puissance de son Esprit, aux mérites de son Fils. Ne vous laissez pas absorber par l'acte lui-même ; sinon, tout votre travail est peine perdue. Il n'y a que Dieu qui puisse rassasier votre âme. Cherchez donc à le voir en tout, au travers de tout et par-dessus tout.

Souvenez-vous aussi qu'il ne faut employer les moyens que comme des moyens, et comme instigués en vue, non de leur valeur intrinsèque, mais du renouvellement de votre âme dans la justice et dans une sainteté véritable. S'ils y aident, tout va bien ; sinon, cela n'est qu'ordures et crasse sans valeur.

Enfin, lorsque vous avez fait usage de quelque moyen de grâce, ayez soin de ne pas vous en croire meilleur, de ne pas vous en féliciter, comme si vous aviez fait quelque chose de bien grand.

Ce serait empoisonner tout ce que vous auriez fait. Dites-vous plutôt : « A quoi me servirait tout cela, si Dieu en était absent ? Ne serait-ce pas comme un nouveau péché ? Seigneur, sauve-moi, ou je péris ! Ne m'impute point ce péché-là ! » Mais si Dieu était là, si son amour remplissait votre cœur, alors vous avez en quelque sorte oubliée l'acte extérieur que vous accomplissiez. Vous voyez et savez et sentez que Dieu est pour vous tout en tout. Abaissez-vous, humiliez-vous devant lui,-donnez-lui toute gloire. « Qu'en toutes choses Dieu soif glorifié par Jésus-Christ ! (1 P 4.11 » Que tout ce qui est en vous s'écrie : « Je chanterai à jamais les bontés de l'Éternel ; je proclamerai de ma bouche ta fidélité, d'âge en âge (Ps 89.1) ! »

SERMON 17

La circoncision du cœur

La circoncision est celle du cœur, qui se fait selon l'Esprit et non selon la lettre.
— Romains 2. 29 —

1. Une remarque bien triste qu'ait faite un homme excellent, c'est qu'on ne peut prêcher maintenant les devoirs les plus essentiels du christianisme sans courir risque d'être pris, par une grande partie des auditeurs, pour un homme qui annonce des doctrines « nouvelles. » La plupart ont si bien « laissé écouler » la substance de cette religion dont ils retiennent encore la profession, que dès qu'on leur propose, l'une de ces vérités qui distinguent l'esprit de Christ de l'esprit du monde, ils s'écrient : « Nous t'entendons dire certaines choses fort étranges, nous voudrions bien savoir ce que c'est » ; — quoiqu'on ne leur prêche que « Jésus et la résurrection », avec cette conséquence rigoureuse qui en résulte : Si Christ est ressuscité, vous devez mourir au monde pour ne vivre qu'à Dieu.

2. Dure parole pour l'homme naturel, qui est vivant au monde et mort à Dieu ; parole qu'on ne lui persuadera pas facilement de recevoir comme vérité de Dieu, à moins que, par l'interprétation, on ne la rende vaine et sans effet. Quand les paroles de l'Esprit de Dieu sont prises dans leur sens simple et naturel, il ne les reçoit point ; « elles lui sont une folie » et « il ne peut même les entendre, car c'est spirituellement qu'on en juge » ; — pour les comprendre, il faut nécessairement ce sens spirituel qui ne s'est point encore éveillé en lui, et dans l'absence duquel il rejette, comme imagination des hommes, ce qui est la sagesse de Dieu et la puissance de Dieu. »

3. Que « la circoncision » soit « celle du cœur, qui se fait selon l'esprit et non selon la lettre », — que la marque distinctive d'un vrai disciple de Christ, d'une âme agréable à Dieu, ne soit ni la circoncision, ni le baptême, ni rien d'extérieur, mais un bon état d'âme, un cœur et un esprit « renouvelés à l'image de celui qui nous a créés », c'est une de ces vérités qui ne se discernent que spirituellement. Et c'est ce que l'apôtre indique lui-même en ajoutant : « Un tel homme tire sa louange, non des hommes, mais de Dieu » Comme s'il disait : Qui que tu sois, toi qui suis ainsi ton Maître, n'espère pas que le monde, que les hommes qui ne le suivent pas, te disent : « Cela va bien, bon et fidèle serviteur ! » Sache que la circoncision du cœur, le sceau de ta vocation, est une folie pour le monde. Résigne-toi à attendre ta louange jusqu'au jour où ton Seigneur paraîtra. En ce jour-là, tu seras loué de Dieu, dans la grande assemblée des hommes et des anges.

Je me propose de rechercher d'abord en quoi consiste cette circoncision du cœur, et d'indiquer ensuite quelques réflexions qui découlent naturellement de cet examen.

I

1. Recherchons d'abord en quoi consiste cette circoncision du cœur, qui recevra sa louange de Dieu. D'une manière générale, c'est cette disposition d'âme que l'Écriture appelle sainteté et qui implique directement la purification de tout péché, de toute souillure de la chair et de l'esprit » ; qui suppose, par conséquent, que nous avons revêtu les vertus qui étaient en Christ, et que nous sommes renouvelés « dans l'esprit de notre entendement pour être « parfaits comme notre Père qui est dans les cieux est parfait. »

2. Mais, pour entrer dans les détails, la circoncision du cœur renferme l'humilité, la foi, l'espérance et la charité. L'humilité, juste appréciation de nous-mêmes, nettoie nos âmes de cette haute estime de nos perfections, de cette fausse idée de nos talents et de nos mérites, qui est le vrai fruit d'une nature corrompue. Elle exclut entièrement cette vaine pensée : Je suis riche, je suis

sage, je n'ai besoin de rien ; elle nous convainc d'être, par nature « pauvres, misérables, aveugles et nus » ; elle nous montre que ce qu'il y a de mieux en nous n'est encore que péché et vanité ; que la confusion, l'ignorance et l'erreur dominent notre intelligence ; que des passions insensées, terrestres, sensuelles, diaboliques usurpent le gouvernement de notre volonté ; en un mot, qu'il n'y a « rien d'entier en nous », et que tous « les fondements » de notre nature « sont renversés. »

3. En même temps nous recevons la conviction que nous sommes incapables par nous-mêmes de sortir de notre misère ; que, sans l'Esprit de Dieu, nous ne pouvons faire autre chose qu'entasser péché sur péché ; que lui seul peut opérer en nous, par sa toute-puissance, soit la volonté du bien, soit l'exécution ; et qu'il nous est non moins impossible de produire en nous une bonne pensée sans l'assistance surnaturelle de cet Esprit, que de nous créer ou de nous renouveler nous-mêmes en justice et en vraie sainteté.

4. Le résultat nécessaire de cette juste idée de nos péchés et de notre impuissance naturelle, c'est le mépris de cette « gloire qui vient des hommes », de cet honneur qu'on rend d'ordinaire à nos mérites supposés. Celui qui se connaît lui-même n'estime ni ne désire des applaudissements qu'il sait ne pas mériter. C'est pourquoi il « lui importe fort peu d'être jugé d'aucun jugement d'homme. » La comparaison de ces jugements, favorables ou défavorables, avec le témoignage de sa conscience au dedans, lui donne toute raison de penser que le monde est comme le Dieu de ce monde, qui fut « menteur dès le commencement. » Et, même quant à ceux qui ne sont pas du monde, quoi qu'il désire, si c'est la volonté de Dieu, qu'ils le regardent comme quelqu'un qui veut être un fidèle économe des biens de son Seigneur, si cela peut lui donner le moyen de se rendre plus utile à ses frères ; toutefois ne désirant leur approbation pour aucun autre motif, il bien loin d'en faire son appui ; car il est assuré que, ce que Dieu veut, il aura toujours des instruments pour l'accomplir, puisqu'il peut « de ces pierres mêmes » se préparer des serviteurs qui fassent sa volonté.

5. Telle est cette humilité d'esprit qu'ont apprise de Christ ceux qui suivent son exemple et marchent sur ses traces. Et cette connaissance de leur misère, qui les nettoie toujours plus de l'orgueil et de la vanité, les dispose à embrasser avec empressement la seconde grâce renfermée dans la circoncision du cœur, savoir cette foi qui seule est capable de les rétablir, qui est le seul remède donné, sous les cieux, pour guérir leur maladie.

6. Le vrai conducteur des aveugles, la sûre lumière de ceux qui sont dans les ténèbres, le parfait docteur des ignorants et des simples, c'est la foi. Mais une foi « qui soit puissante, par la vertu de Dieu, pour renverser les forteresses », pour abolir tous les préjugés d'une fausse raison, toutes les maximes erronées que révèrent les hommes, toutes les mauvaises coutumes, toute cette « sagesse du monde qui est folie devant Dieu », une foi qui puisse détruire toutes les imaginations, tous les raisonnements, « tous les conseils et toute hauteur qui s'élève contre la connaissance de Dieu, et amener toutes les pensées captives et les soumettre à l'obéissance de Christ. »

7. A celui qui a cette foi, « toutes choses sont possibles. » Dieu a illuminé les yeux de son entendement et il reconnaît quelle est sa, vocation, savoir, de glorifier le Dieu qui l'a racheté à si grand prix, de le glorifier dans son corps et dans son esprit qui, maintenant, lui appartiennent par rédemption aussi bien que par création. Il sait « quelle est l'infinie grandeur du pouvoir » de Celui qui, ayant ressuscité Christ d'entre les morts, peut aussi, « par son Esprit qui habite en nous », nous ressusciter de la mort du péché. C'est cette foi qui est notre victoire sur le monde ; cette foi qui n'est pas seulement un ferme assentiment à toute la Bible, et en particulier à cette vérité : que Christ est venu au monde pour sauver les pécheurs ; — « qu'il a porté nos péchés en son corps sur le bois ; — qu'il est la propitiation pour nos péchés, et non seulement pour les nôtres, mais aussi pour ceux de tout le monde » ; — mais qui est, de plus, la révélation de Christ en nous, Une assurance, une conviction divine de sa miséricorde, de son amour libre et gratuit pour nous, pécheurs ; la ferme confiance que le Saint-Esprit nous inspire, en la miséricorde divine, la confiance par laquelle tout vrai croyant peut s'écrier : « Je sais que mon Rédempteur est vivant » — que, « j'ai un avocat auprès du Père » ; que Jésus-Christ, le Juste, est « la propitiation pour mes péchés », « qu'il m'a aimé, qu'il s'est donné lui-même pour moi » ; — et que, réconcilié moi-même avec Dieu par lui, j'ai, « par son sang, la rédemption, la rémission des péchés. »

8. Une telle foi ne peut manquer de montrer avec évidence le pouvoir de son auteur ; elle le fait en délivrant les enfants de Dieu du joug du péché, en « purifiant leurs consciences des œuvres mortes », et les purifiant de telle sorte qu'ils ne sont plus contraints d'obéir au péché dans sers convoitises ; mais qu'au lieu de lui « livrer leurs membres comme instruments d'iniquité, ils se consacrent maintenant entièrement à Dieu, « comme de morts étant faits vivants. »

9. Ceux qui par la foi sont ainsi nés de Dieu, ont aussi la ferme consolation de l'espérance. C'est la troisième chose comprise dans la circoncision du cœur : savoir le témoignage que leur propre esprit leur rend, aussi bien que l'Esprit de Dieu d'être les enfants de Dieu. Au fond, c'est aussi le Saint-Esprit qui leur donne cette joyeuse confiance d'avoir un cœur droit devant Dieu, c'est lui qui les assure qu'ils font maintenant par sa grâce les choses qui lui sont agréables, qu'ils sont maintenant dans le sentier qui mène à la vie et qu'ils persévéreront par la bonté de Dieu jusqu'à la fin. C'est lui qui leur donne une espérance vive de recevoir de Dieu toutes sortes de biens, une perspective joyeuse de cette couronne de gloire qui leur est réservée dans les cieux. Par cette ancre ferme, le chrétien demeure inébranlable au milieu des flots agités de ce monde, également à l'abri de deux funestes écueils : la présomption et le désespoir. Il n'est ni découragé par une fausse idée de la « sévérité » du Seigneur, ni prêt à « mépriser les richesses de sa bonté. » On ne le voit ni craindre que la course qui lui est proposée ait des difficultés au-dessus de la force qu'il a pour les vaincre, ni s'attendre à les trouver si légères qu'elles cèdent dans la lutte avant qu'il ait déployé toute sa force. Si, d'un côté, l'expérience qu'il a déjà dans le combat chrétien l'assure que « son travail ne sera, pas vain », s'il fait, selon son pouvoir tout ce qu'il a. occasion de faire, elle ne lui laisse point, de l'autre, la vaine pensée qu'aucune vertu puisse être déployée, aucune louange obtenue par des cœurs lâches et des mains languissantes, par d'autres que ceux qui, poursuivant le même but que le grand apôtre des Gentils, disent comme lui : « Je cours, non à l'aventure ; je frappe, mais non pas en l'air ; mais je traite durement mon corps et je le tiens assujetti, de peur qu'après avoir prêché aux autres, je ne sois moi-même rejeté. »

10. C'est par la même discipline que tout « bon soldat de Christ » doit s'endurcir à supporter les travaux ; affermi et fortifié par ce moyen, il pourra renoncer non seulement aux œuvres de ténèbres, mais à tout désir, à toute affection qui n'est point conforme à la loi de Dieu. Car « quiconque a cette espérance en lui » dit saint Jean, « se purifie lui-même, comme lui aussi est pur. » Il s'applique chaque jour, par la grâce de Dieu et par le sang de l'alliance, à nettoyer les derniers recoins de son âme des convoitises qui la possédaient et la souillaient auparavant ; à se purifier d'impureté, d'envie, de malice, de colère, de toute passion ou disposition qui est selon la chair, qui en découle ou qui flatte sa corruption ; car il sait que son corps étant le temple de Dieu, il ne doit y admettre rien de profane ou d'impur et que la sainteté convient pour toujours à la demeure qu'a daigné choisir l'Esprit de sainteté.

11. Mais il te manque encore une chose, ô homme, qui que tu sois, qui joins à une humilité profonde, à une foi ferme, une vive espérance, et qui as ainsi, en grande partie, nettoyé ton cœur de sa souillure native. À toutes ces choses, ajoute encore, si tu veux être parfait, l'amour ; tu auras alors la circoncision du cœur. La charité est « le but du commandement, l'accomplissement de la loi. » Ce qui se dit de la charité, ce sont des choses glorieuses : elle est « l'essence, l'esprit, la vie de toute vertu. Elle n'est pas seulement « le premier et le grand commandement », mais la réunion de tous les commandements en un. « Toutes les choses qui sont justes, toutes les choses qui sont pures, toutes les choses qui sont aimables » ou honorables ; « s'il y a quelque vertu ou quelque louange », tout cela se résume en un seul mot : — la charité. Dans l'amour est la perfection, la gloire, le bonheur. Car voici la loi royale du ciel et de la terre : « Tu aimeras le Seigneur ton Dieu de tout ton cœur, de toute ton, âme de toute ta pensée et de toutes tes forces. »

12. Ce n'est pas que ce commandement nous défende d'aimer autre chose que Dieu, car il renferme aussi l'amour pour nos frères ; ni qu'il nous interdise, comme quelques-uns en ont eu l'étrange idée, de prendre plaisir en autre chose qu'en Dieu. C'est faire faire de Celui qui est la source de la sainteté l'auteur direct du péché, puisqu'il a rendu le plaisir inséparable de l'usage des choses par lesquelles il nous faut soutenir la vie qu'il nous a donnée. Tel n'est évidemment pas le sens de son commandement. Mais le Seigneur lui-même et ses apôtres nous l'expliquent trop fréquemment et trop clairement, pour qu'il y ait de l'incertitude. Tous d'une voix ils nous

rendent témoignage que ces diverses déclarations : « Le Seigneur ton Dieu est un seul Seigneur » ; — « tu n'auras point d'autre Dieu que moi » ; — « tu aimeras le Seigneur ton Dieu de toute ta force », — reviennent à dire : le seul Bien parfait sera votre but suprême. Ne désirez, pour elle-même, qu'une chose, la jouissance de Celui qui est tout en tous. Ne proposez à vos âmes qu'un seul bonheur, — l'union avec Celui qui les a faites, la « communion avec le Père et avec le Fils », l'union avec le Seigneur dans un même Esprit. Vous n'avez qu'un seul but à poursuivre jusqu'à la fin :jouir de Dieu dans le temps et dans l'éternité. Désirez les autres choses, en tant, seulement, qu'elles concourent à celle-ci. Aimez la créature, en tant seulement qu'elle conduit au Créateur. Mais qu'en toutes vos démarches, ce soit là, votre glorieux point de mire. Que toute affection, toute pensée, toute parole, toute œuvre y soit subordonnée. Dans vos craintes, dans vos désirs, dans tout ce que vous fuyez ou recherchez, et quoi que vous puissiez faire, penser ou dire, que tout se rapporte à votre félicité en Dieu, le but, comme la source unique de votre être.

13. N'ayez, nous disent le Seigneur et ses apôtres, d'autre but, d'autre but suprême que Dieu. Ainsi notre Seigneur : « Une seule chose, est nécessaire », et « si ton œil est simple » c'est-à-dire uniquement fixe, sur cette seule chose, « tout ton corps sera éclairé. » Ainsi l'apôtre Paul : « Je fais une chose, je cours vers le but, vers le prix de la vocation céleste de Dieu en Jésus-Christ. » Ainsi saint Jacques : « Pécheurs, nettoyez vos mains, et vous qui avez le cœur partagé, purifiez vos cœurs. » Ainsi saint Jean : « N'aimez point le monde, ni les choses qui sont dans le monde ; car tout ce qui est dans le monde, la convoitise de la chair, la convoitise des yeux et l'orgueil de la vie, ne vient point du Père, mais du monde. » — Chercher son bonheur dans ce qui flatte, soit la convoitise de la chair, en charmant les sens extérieurs ; soit la convoitise des yeux ou de l'imagination, par sa nouveauté, sa grandeur et sa beauté ; soit l'orgueil de la, vie, par la pompe, la grandeur, le pouvoir, ou par l'admiration et les applaudissements qui en sont la conséquence ; — cela n'est, point du Père, — cela ne vient ni n'est approuvé du Père des esprits, — mais est du monde ; c'est la marque distinctive de ceux qui disent : « Nous ne voulons point que celui-ci règne sur nous. »

II

1. Maintenant que j'ai achevé de montrer en quoi consiste cette circoncision du cœur, qui obtiendra la louange de Dieu, il me reste à présenter quelques réflexions qui découlent naturellement de cet examen et par lesquelles chacun peut juger s'il appartient lui-même à Dieu ou au monde. Et d'abord on voit clairement, par ce qui précède, que nul ne peut prétendre à la louange qui vient de Dieu, s'il n'a un cœur circoncis, s'il n'est petit à ses propres yeux, vil et sans valeur à son propre jugement ; s'il n'est profondément convaincu de cette corruption innée, par laquelle il a si complètement perdu la justice originelle, étant enclin à tout mal, sans amour pour le bien, corrompu et abominable ; ayant cette affection de la chair qui est inimitié contre Dieu, qui ne se soumet pas à la loi de Dieu et ne peut s'y soumettre ; s'il ne sent continuellement au plus profond de l'âme, que sans l'action habituelle de l'Esprit, il ne peut ni penser, ni désirer, ni dire, ni faire rien de bon, ni d'agréable à Dieu. Personne, n'a de titre à la louange de Dieu, jusqu'à ce qu'il sente qu'il a besoin de Dieu ; jusqu'à ce qu'il cherche effectivement « la gloire qui vient de Dieu seul », qu'il cesse de désirer, de rechercher celle qui vient des hommes, ne faisant exception que pour celle qui se rattache à l'approbation de Dieu.

2. Une autre vérité qui résulte naturellement de ce que nous avons dit, c'est que nul n'obtiendra la louange qui vient de Dieu, si son cœur n'est circoncis par la foi, — par cette foi qui est un « don de Dieu » ; si désormais refusant d'obéir à ses sens, à ses appétits, à ses passions, ou même à cette aveugle conductrice d'aveugles, à cette raison naturelle, si idolâtrée du monde, — il ne vit et marche par la foi, il ne se conduit en toutes choses « comme voyant Celui qui est invisible », ne regardant pas aux choses temporelles qu'on voit, mais aux « choses éternelles qu'on ne voit point » et dans toutes ses pensées, ses actions et ses conversations, dans ses désirs et ses desseins, montrant qu'il est « entré au dedans du voile » où Jésus est assis à la droite de Dieu.

3. Plût à Dieu qu'ils connussent mieux cette foi, ceux qui emploient tant de temps et de peine à poser un autre fondement ; à baser la religion sur l'éternelle, convenance des choses, sur l'excellence intrinsèque de la vertu et sur la beauté des actions qui en découlent ; sur les raisons

d'être, comme ils les appellent, du bien et du mal, et sur les relations mutuelles des êtres ! Ou leurs expositions sont conformes à la vérité scripturaire, ou elles y sont contraires ; si elles y sont conformes, pourquoi détourner des hommes droits « des choses les plus importantes de la loi » et leur embrouiller l'esprit par un nuage de termes qui n'interprètent les plus simples vérités que pour les obscurcir ? Et si elles y sont contraires, qu'ils considèrent qui est l'auteur de cette doctrine ; si ce peut être un ange du ciel, puisqu'il prêche un autre Évangile que celui de Jésus-Christ ; et quand ce serait un ange, nous savons que Dieu lui-même a prononcé sa sentence : « Qu'il soit anathème ! »

4. Si notre Évangile nous montre la foi comme le seul fondement des bonnes œuvres, et Christ comme le seul fondement de la foi, il nous enseigne tout aussi clairement que nous ne sommes point ses disciples tant que nous refusons de le reconnaître pour l'auteur de nos œuvres, aussi bien que de notre foi, lesquelles il nous inspire et qu'il rend parfaites par son Esprit. « Si quelqu'un n'a pas l'Esprit de Christ, celui-là n'est point à lui. » Cet Esprit seul peut ressusciter les morts, les animer du souffle de la vie chrétienne, et, par la grâce dont il les prévient et les accompagne, accomplir et réaliser leurs bons désirs. « Tous ceux qui sont ainsi conduits par l'Esprit de Dieu, sont enfants de Dieu. » Telle est la courte et simple exposition que Dieu nous donne de la vraie religion et de la vertu ; et « personne ne peut poser d'autre fondement. »

5. Il découle encore de ce que nous avons dit que nul n'est véritablement « conduit par l'Esprit », si cet « Esprit ne rend témoignage avec son esprit qu'il est enfant de Dieu » ; s'il ne voit devant lui le prix et la couronne, s'il ne « se réjouit dans l'espérance de la gloire de Dieu. » Qu'elle est donc grande l'erreur de ceux qui ont enseigné que dans le service de Dieu ne doit point entrer la recherche de notre bonheur ! Au contraire, Dieu nous enseigne expressément et à plusieurs reprises, à avoir égard à la rémunération, à mettre en balance avec nos peines « la joie qui nous est proposée », et avec » notre légère affliction du temps présent, le poids éternel d'une gloire infiniment excellente. » Oui, nous sommes « étrangers à l'alliance de la promesse », jusqu'à ce que Dieu, « selon sa grande miséricorde, nous ait fait renaître en nous donnant une espérance vive de posséder l'héritage qui ne se peut corrompre, ni souiller, ni flétrir. »

6. Mais s'il en est ainsi, il est grand temps qu'ils prennent garde à leurs âmes, ceux qui, loin de sentir la joyeuse assurance de remplir les conditions de l'alliance et l'espérance d'avoir part à ses promesses, trouvent à redire à l'alliance elle-même et à ses conditions, et prétendent qu'elles sont trop sévères et que jamais personne n'a pu ni ne pourra s'y conformer. Qu'est-ce autre chose qu'accuser Dieu et lui reprocher d'être un maître dur, qui exige de ses serviteurs plus qu'il ne leur donne le moyen d'accomplir ? Comme s'il se moquait de ses faibles créatures en les liant à des impossibilités, en leur commandant de vaincre là où ni leur propre force, ni même sa grâce ne peuvent leur suffire !

7. Peu s'en faut qu'il n'y ait dans ces blasphèmes de quoi tranquilliser la conscience de ceux qui, se jetant dans un autre extrême, espèrent d'accomplir les commandements de Dieu sans aucun travail ! Mais quel vain espoir, pour un enfant d'Adam, de s'attendre à voir le royaume de Dieu et de Christ sans lutter, sans s'efforcer d'abord « d'entrer par la porte étroite » ; pour un homme conçu et né dans le péché et qui n'est que méchanceté au dedans, d'espérer jamais « devenir pur comme son Seigneur est pur », à moins de marcher sur ses traces, de se charger chaque jour de sa croix, de « couper sa main droite, de s'arracher l'œil droit et de le jeter loin de lui » ; vain espoir de rêver le renouvellement de ses opinions, de ses sentiments, de ses pensées, la sanctification entière de son esprit, de son âme, de son corps, sans renoncer à soi-même continuellement et en toutes choses !

8. N'est-ce pas là le moins que nous puissions inférer de notre citation de saint Paul, qui, bien que vivant pour l'amour de Christ, « dans les faiblesses, dans les opprobres, dans les misères et les persécutions, dans les afflictions extrêmes », bien que recommandable par toutes sortes de signes et de miracles et ayant été « ravi au troisième ciel », n'en estimait pas moins, comme on l'a dit avec énergie, « que toutes ses vertus seraient mal assurées, et même son salut en danger, sans ce renoncement constant à lui-même ? » « Je cours », dit-il, « non pas à l'aventure, je frappe, mais non pas en l'air », par où il nous montre bien que celui qui ne court pas ainsi, qui n'exerce pas

ainsi, jour par jour, le renoncement, court à l'aventure et sans plus d'effet que celui qui frappe en l'air.

9. Enfin (et c'est la dernière observation que nous tirons de ce qui précède), c'est aussi inutilement qu'il parle « de combattre le combat de la foi », c'est vainement qu'il espère atteindre la couronne incorruptible, celui dont le cœur n'est pas circoncis par la charité. L'amour, qui retranche à la fois la convoitise de la chair, la convoitise des yeux et l'orgueil de la vie, qui engage l'esprit, l'âme, le corps, en un mot, notre être entier dans la poursuite de ce seul objet, la charité est si essentielle à l'enfant de Dieu, que sans elle on est considéré devant le Seigneur comme « mort en vivant. » « Quand même je parlerais toutes les langues des hommes et même des anges, si je n'ai point la charité, je ne suis que comme l'airain qui résonne ou comme la cymbale qui retentit. Et quand même j'aurais le don de prophétie et que je connaîtrais tous les mystères et la science de toutes choses ; et quand même j'aurais toute la foi jusqu'à transporter les montagnes, si je n'ai point la charité, je ne suis rien. » Bien plus, « quand je distribuerais tout mon bien pour la nourriture des pauvres et que même je livrerais mon corps pour être brûlé, si je n'ai point la charité, cela ne me sert de rien. »

10. En elle est donc le sommaire de la loi parfaite ; en elle est la vraie circoncision du cœur. Que l'esprit retourne avec tout le cortége de ses affections, à Dieu qui l'a donné ! Que les fleuves retournent au lieu d'où ils découlent ! Dieu ne veut point de nous d'autres sacrifices que le sacrifice du cœur ; c'est là celui qu'il a choisi. Qu'il lui soit offert continuellement par Christ, dans les flammes d'un saint amour. Et qu'aucune créature ne soit admise à le partager avec Lui : car Dieu est un Dieu jaloux. Il ne partage point son trône avec un autre : il veut régner sans rival. Qu'aucun désir, aucun dessein n'y soit admis qui n'ait Dieu seul pour objet suprême. Ainsi marchèrent jadis ces enfants de Dieu qui, quoique morts, nous disent encore : « Ne désirez de vivre que pour louer le nom du Seigneur ; que toutes vos pensées, vos paroles et vos œuvres tendent à sa gloire. Attachez votre cœur à Lui, et, entre les autres choses, à celles seules qui sont en Lui et de Lui. Que votre âme soit tellement remplie de son amour, que vous n'aimiez rien, si ce n'est point Lui ! Ayez des intentions pures dans toutes vos actions, un constant désir de sa gloire. Fixez vos regards sur la sainte espérance de votre vocation, et faites-y servir toutes les choses de ce monde. » Alors, et seulement alors, nous avons en nous « les sentiments qui étaient en Jésus-Christ » ; lorsque dans tout mouvement de nos cœurs, de nos lèvres, de nos mains, nous ne nous proposons rien qui n'ait Dieu pour but et qui ne lui soit soumis ; lorsque aussi dans nos actions, nos pensées, nos paroles, nous cherchons à faire, « non pas notre volonté », « mais la volonté de celui qui nous a envoyés » ; lorsque, « soit que nous mangions, ou que nous buvions, ou que nous fassions quelque autre chose, nous faisons tout pour la gloire de Dieu. »

SERMON 18

Les marques de la nouvelle naissance

Il en est ainsi de tout homme qui est né de l'Esprit
— Jean 3.8) —

1. Quel est l'état de tout homme qui est « né de l'Esprit », — né de nouveau, né de Dieu ? Que signifient ces expressions : être fils ou enfants de Dieu ; avoir l'esprit d'adoption ; et que supposent-elles ? En quoi consistent ces privilèges ? Qu'est-ce que la nouvelle naissance ?

2. Peut-être n'est-il pas nécessaire d'en donner une définition, puisque l'Écriture n'en donne point. Mais puisque la question est, pour tout fils d'homme, du plus grand intérêt (car il est écrit : Si quelqu'un n'est né de nouveau, né de l'Esprit, il ne peut voir le royaume de Dieu), je me propose d'en indiquer simplement les marques, telles que je les trouve dans l'Écriture.

I

1. La première de toutes et le fondement des autres, c'est la foi. « Vous êtes tous », dit saint Paul, « les enfants de Dieu par la foi en Jésus-Christ. » (Ga 3.26) « A tous ceux qui L'ont reçu », dit saint Jean, « Il leur a donné le pouvoir (grec : *exousian* droit, privilège) de devenir enfants de Dieu », savoir : à ceux qui croient en son nom, lesquels (lorsqu'ils ont cru) ne sont point nés du sang, ni de la volonté de la chair (par une naissance naturelle), ni de la volonté de l'homme (comme ces enfants que les hommes adoptent et qui n'éprouvent aucun changement intérieur par suite de leur adoption), mais qui sont « nés de Dieu. » (Jn 1.12-13) Saint Jean ajoute encore, dans sa première épître : « Quiconque croit que Jésus est le Christ est né de Dieu. » (1 Jn 5 :1)

2. Mais quelle est la foi dont parlent ici les apôtres ? Ce n'est pas simplement une foi doctrinale ou spéculative. Ce n'est pas simplement un assentiment au dogme que « Jésus est le Christ », ni même à tous les dogmes contenus dans notre Credo, ou dans l'Ancien et le Nouveau Testament comme étant dignes d'être crus. Car alors (chose horrible à dire) les démons seraient enfants de Dieu, puisqu'ils ont cette foi et ils croient (et ils en tremblent) que Jésus est le Christ, et que toute l'Écriture, étant inspirée de Dieu, est véritable comme Dieu. Ce n'est point un simple assentiment à la vérité divine, fondé sur le témoignage de Dieu ou sur les miracles ; car, eux aussi, ils entendirent le Fils de Dieu, ils le reconnurent pour témoin fidèle et véritable. Ils ne purent se dispenser d'admettre son témoignage, soit quant à Lui-même, soit quant au Père qui L'avait envoyé. Ils virent aussi les œuvres de Sa puissance, et crurent qu'il était « issu de Dieu. » Mais en dépit de cette foi, ils sont encore « dans les abîmes de ténèbres, réservés pour le jugement dernier » (2 P 2.4)

3. Car tout cela n'est rien de plus qu'une foi morte. La vraie, la vivante foi chrétienne, dont on peut dire que celui qui la possède est enfant de Dieu, n'est pas seulement un acte de l'intelligence, mais c'est une disposition que Dieu Lui-même opère en son cœur ; c'est la ferme confiance en Dieu, par laquelle il s'assure, qu'à cause des mérites de Christ, ses péchés lui sont pardonnés et qu'il a retrouvé la faveur de Dieu. C'est-à-dire qu'il a commencé par se renoncer à lui-même ; que pour être « trouvé en Christ », et rendu agréable par Lui, il rejette toute « confiance en la chair » ; que « n'ayant pas de quoi payer », ne se fiant à aucune œuvre de justice qu'il ait faite, il vient à Dieu comme un pécheur, perdu, misérable, condamné, sans ressources ; comme un homme qui a la bouche fermée, et qui est reconnu « coupable devant Dieu. » Ce sentiment du

péché (que ceux qui médisent de ce qu'ils ignorent appellent, en général, désespoir) joint à une pleine et ineffable conviction que notre salut ne vient que de Christ, et à un vif désir de ce salut, doit précéder la foi vivante, la confiance en Celui qui a accompli la loi par Sa vie et payé notre rançon par Sa mort. Cette foi, par laquelle nous sommes enfants de Dieu, ne se borne donc pas à une simple croyance de tous les articles que nous professons, c'est de plus une confiance véritable en la miséricorde de Dieu, par Jésus-Christ Notre Seigneur.

4. Un fruit immédiat et constant de cette foi par laquelle nous sommes enfants de Dieu, un fruit qui ne peut en être séparé, non, pas même pour une heure, c'est la puissance sur le péché ; — sur le péché extérieur, quelle qu'en soit la nature ; sur toute parole ou action mauvaise ; car, partout où le sang de Christ est ainsi appliqué, il « purifie la conscience des œuvres mortes », — et sur le péché intérieur ; car le sang de Christ purifie le cœur de tout mauvais désir et de tout mauvais penchant. Ce fruit de la foi est décrit abondamment par saint Paul, dans le sixième chapitre de son Épître aux Romains : « Nous qui sommes (par la foi) morts au péché, dit-il, comment y vivrions-nous encore ? ... Notre vieil homme a été crucifié avec Christ, afin que le corps du péché soit détruit, et que nous ne servions plus le péché ... Reconnaissez que vous êtes morts au péché, et vivants pour Dieu en Jésus-Christ, Notre Seigneur. Que le péché ne règne donc plus en vos corps mortels, ... mais donnez-vous vous-mêmes à Dieu, comme étant vivants de morts que vous étiez ... Car le péché n'aura plus de domination sur vous ... Rendez grâces à Dieu de ce qu'après avoir été esclaves du péché, ... vous en avez été affranchis et êtes devenus les esclaves de la justice. »

5. Ce privilège inestimable des enfants de Dieu n'est pas moins fortement affirmé par Saint Jean, surtout en ce qui regarde l'empire sur le péché extérieur. Après s'être écrié, comme tout émerveillé de la profondeur et de la richesse de la grâce de Dieu : « Voyez quel amour le Père nous a témoigné, que nous soyons appelés enfants de Dieu ! Mes bien-aimés, nous sommes dès à présent enfants de Dieu, et ce que nous serons n'a pas encore été manifesté ; mais nous savons que quand il paraîtra, nous lui serons semblables, parce que nous le verrons tel qu'il est » (1 Jn 1.3) ; — il ajoute peu après : « Quiconque est né de Dieu ne fait point le péché ; parce que la semence de Dieu demeure en lui ; et il ne peut pécher parce qu'il est né de Dieu. » (1 Jn 3.9) « Oui », sans doute, dira quelqu'un, « celui qui est né de Dieu ne fait point habituellement le péché ». — Habituellement ! Où prenez-vous ce mot ? Je ne le vois point ; il n'est point écrit dans le Livre. Dieu dit simplement : « Il ne fait point le péché. » Et toi, tu ajoutes, habituellement ! Qui es-tu pour corriger les oracles de Dieu, pour « ajouter aux paroles de ce livre ? » Prends garde, je te prie, que « Dieu ne t'ajoute toutes les plaies qui y sont écrites ! » surtout si le commentaire que tu ajoutes est tel qu'il absorbe entièrement le texte, en sorte que par cette tromperie des hommes et cette adresse qu'ils ont de séduire artificieusement, la précieuse promesse disparaisse et la Parole de Dieu soit anéantie. Oh ! prends garde, toi qui retranches quoi que ce soit de ce livre, de manière à en affaiblir le sens et à n'y laisser qu'une lettre morte, prends garde que Dieu ne retranche ta portion du livre de vie !

6. Cherchons dans le contexte l'interprétation que l'apôtre donne lui-même de ses paroles. Il avait dit au verset cinq : « Vous savez que Jésus-Christ a paru pour ôter nos péchés, et il n'y a point de péché en lui. » Quelle est sa conclusion ? « Quiconque demeure en lui ne pèche point ; quiconque pèche ne l'a point vu ni ne l'a point connu. » (1 Jn 3.6) Puis, avant de réitérer avec force cette importante doctrine, il donne cet avertissement bien nécessaire : « Mes petits enfants, que personne ne vous séduise » (1 Jn 3.7) ; car plusieurs chercheront à le faire, plusieurs voudront vous persuader que vous pouvez être injustes et commettre le péché, tout en étant enfants de Dieu ! « Celui qui fait ce qui est juste, est juste comme Lui aussi est juste. Celui qui pèche est du diable ; car le diable pèche dès le commencement. » Puis vient le passage cité : « Quiconque est né de Dieu ne pèche point, parce que la semence de Dieu demeure en lui ; et il ne peut pécher, parce qu'il est né de Dieu. » « C'est à ceci », ajoute l'apôtre, « que l'on reconnaît les enfants de Dieu et les enfants du diable. » Pécher ou ne pas pécher, telle est la marque facile à identifier. Et l'apôtre nous dit encore, dans le même sens, au cinquième chapitre : « Nous savons que qui conque est né de Dieu ne pèche point ; mais celui qui est né de Dieu se conserve lui-même et le malin ne le touche point. » (1 Jn 5.18)

7. La paix est un autre fruit de cette foi vivante. Car « étant justifiés par la foi (ayant tous nos péchés effacés), nous avons la paix avec Dieu, par notre Seigneur Jésus-Christ » (Rm 5.1). En effet, c'est un legs que le Seigneur lui-même, la veille de sa mort, fit solennellement à tous ses disciples. « Je vous laisse la paix », leur dit-il (à vous qui « croyez en Dieu et qui croyez aussi en moi »), « je vous laisse ma paix, je ne vous la donne pas comme le monde la donne. Que votre cœur ne se trouble point et ne s'alarme point. » (Jn 14.27) Et au chapitre 16. « Je vous ai dit ces choses afin que vous ayez la paix en moi. » (Jn 16.22) C'est la paix de Dieu qui « surpasse toute intelligence », cette sérénité de l'âme qu'il n'est pas donné à l'homme naturel de concevoir, et que l'homme spirituel lui-même ne peut trouver de termes pour exprimer. Et c'est une paix que toutes les puissances de la terre et de l'enfer réunies ne sauraient lui enlever. Les flots et les orages se déchaînent contre elle, mais ne peuvent l'ébranler ; car elle est fondée sur le roc. En tous lieux, en tout temps, elle garde les cœurs et les esprits des enfants de Dieu. Qu'ils souffrent ou qu'ils soient à l'aise, qu'ils soient malades ou bien portants, dans la pauvreté ou dans l'abondance, ils sont heureux en Dieu. Ils ont appris à être toujours contents, en quelque position qu'ils se trouvent, et même à rendre toujours grâces à Dieu par Jésus-Christ ; étant assurés que ce qui est, l'est pour le mieux, puisque c'est, à leur égard, la volonté de Dieu ; en sorte que, quelles que soient les vicissitudes de la vie, « leur cœur demeure ferme, se confiant en l'Éternel. »

II

1. La seconde marque, selon la Bible, qui distingue ceux qui sont nés de Dieu, c'est l'espérance, comme nous le montrent ces paroles de Pierre, écrivant à tous les enfants de Dieu alors dispersés : « Béni soit le Dieu et Père de notre Seigneur Jésus-Christ qui, par sa grande miséricorde, nous a fait renaître, en nous donnant une espérance vive (1 P 1.3) ou vivante » L'apôtre la désigne ainsi parce qu'il y a une espérance morte, aussi bien qu'une foi morte ; une espérance qui ne vient point de Dieu, mais de l'ennemi de Dieu et des hommes ; et c'est ce que prouvent ses fruits ; car, étant le produit de l'orgueil, elle engendre à son tour toute sorte de mal en paroles et en œuvres ; tandis que quiconque a en Christ cette espérance vivante, est « saint comme Celui qui l'appelle est saint » ; quiconque peut dire en vérité à ses frères en Christ : « Bien-aimés, nous sommes dès à présent enfants de Dieu, et nous le verrons tel qu'il est », « se purifie lui-même comme Lui aussi est pur. »

2. Cette espérance suppose d'abord le témoignage de notre propre esprit ou de notre conscience, nous assurant que « nous marchons en simplicité et en sincérité selon Dieu », puis le témoignage de l'Esprit de Dieu, « rendant témoignage avec notre esprit ou à notre esprit, que nous sommes enfants de Dieu », et que, « si nous sommes enfants, nous sommes aussi héritiers, héritiers de Dieu et cohéritiers de Christ. »

3. Remarquons bien ce que Dieu Lui-même nous enseigne, ici, touchant ce glorieux privilège de ses enfants. Qui nous représente-t-Il comme rendant témoignage ? Ce n'est pas seulement notre propre esprit, c'en est un autre, savoir l'Esprit de Dieu : C'est Lui qui « rend témoignage à notre esprit. » Et que témoigne-t-Il ? « Que nous sommes enfants de Dieu » et, par conséquent, « héritiers de Dieu et cohéritiers de Christ, si toutefois nous souffrons avec Lui » (Rm 8.16-17), si nous renonçons à nous-mêmes, si nous nous chargeons chaque jour de notre croix, si nous endurons volontiers pour Lui les persécutions et les opprobres « pour être aussi glorifiés avec Lui. » Et en qui l'Esprit de Dieu rend-il ce témoignage ? En tous ceux qui sont enfants de Dieu. Car c'est par cela même que l'apôtre, aux versets précédents, prouve qu'ils le sont : « Tous ceux », dit-il, « qui sont conduits par l'Esprit de Dieu, sont enfants de Dieu. Ainsi vous n'avez pas reçu un esprit de servitude pour être encore dans la crainte ; mais vous avez reçu l'Esprit d'adoption, par lequel nous crions : Abba, Père ! » Puis il ajoute : « C'est ce même Esprit qui rend témoignage à notre esprit que nous sommes enfants de Dieu. »

4. Le changement du pronom au 15 verset, mérite notre attention : « Vous avez reçu l'Esprit d'adoption, par lequel nous crions : Abba, Père ! » Vous tous qui êtes enfants de Dieu, vous avez, comme fils, reçu ce même Esprit d'adoption, par lequel nous crions Abba, Père : nous apôtres, prophètes, enseignants (car cette interprétation est bien permise), nous par qui vous avez cru, nous, « les ministres de Christ et les dispensateurs des mystères de Dieu. » Comme nous n'avons,

133

vous et nous, qu'un seul Seigneur, ainsi nous n'avons qu'un seul Esprit ; comme nous n'avons qu'une foi, nous n'avons qu'une espérance. Vous et nous, nous sommes scellés du même « Esprit de promesse » qui est les arrhes de votre héritage comme du nôtre, et cet Esprit témoigne également à vos esprits comme aux nôtres, que nous sommes enfants de Dieu.

5. Et c'est ainsi que s'accomplit cette parole : « Heureux ceux qui pleurent, car ils seront consolés. » (Jn 16.22) Car il est clair que si la tristesse peut, avant ce témoignage, remplir notre cœur (ou plutôt doit, en quelque mesure, le remplir lorsque nous gémissons sous la crainte et sous le sentiment de la colère divine), dès l'instant qu'un homme sent ce témoignage en lui-même, « sa tristesse est changée en joie. » Quelle qu'ait été auparavant sa douleur, dès que cette heure est venue, il ne se souvient plus de son angoisse, tant est grande la joie qu'il a d'être né de Dieu. Vous êtes encore « privés du droit de cité en Israël », parce que vous sentez que vous n'avez pas cet Esprit ; que vous êtes « sans espérance et sans Dieu dans le monde. » Mais quand le Consolateur sera venu ! « alors vous vous réjouirez », et même « votre joie sera parfaite », et « nul ne vous ravira votre joie (Jn 16.22). » « Nous nous réjouissons en Dieu », direz-vous alors, « par notre Seigneur Jésus-Christ, par qui nous avons obtenu la réconciliation », « par qui nous avons accès à cette grâce, dans laquelle nous nous tenons fermes et nous nous réjouissons dans l'espérance de la gloire de Dieu. » (Rm 5.2) Vous que Dieu a « régénérés en vous donnant une espérance vivante », dit saint Pierre « vous êtes gardés par la puissance de Dieu, par la foi, pour obtenir le salut ; en quoi vous vous réjouissez, quoique maintenant vous soyez attristés pour un peu de temps par diverses épreuves, afin que l'épreuve de votre foi vous tourne à louange, à honneur et à gloire lorsque Jésus-Christ paraîtra » ; Lui que vous n'avez pas vu, mais en qui « vous vous réjouissez d'une joie ineffable et glorieuse. » (1 P 1.5) Oui vraiment, ineffable ! Il n'appartient pas à une langue humaine de décrire cette joie qui est par le Saint-Esprit. C'est « cette manne cachée que nul ne connaît que celui qui la reçoit. » Mais ce que nous savons, c'est que non seulement elle demeure, mais déborde dans les profondeurs de l'affliction. « Les consolations du Dieu fort sont-elles trop petites » pour ses enfants, quand tout bien terrestre leur fait défaut ? Au contraire : là où les souffrances abondent, les consolations de son Esprit surabondent ; tellement que les fils de Dieu « se moquent de la désolation », du mal, de la disette, de l'enfer et du sépulcre ; car ils connaissent Celui « qui tient les clés de la mort et du séjour des morts » et qui bientôt jettera toute souffrance dans l'abîme où elle sera pour toujours engloutie ; ils entendent déjà cette grande voix du ciel, disant : « Voici le tabernacle de Dieu avec les hommes et il habitera avec eux ; ils seront son peuple et Dieu sera lui-même avec eux. Et Dieu essuiera toute larme de leurs yeux et la mort ne sera plus ; et il n'y aura plus ni deuil, ni cri, ni douleur ; car les premières choses ont disparu. » (Ap 21.3-4)

III

1. La troisième marque distinctive de ceux qui sont nés de Dieu, et la plus grande de toutes, c'est l'amour, « l'amour de Dieu répandu dans leurs cœurs par le Saint-Esprit qui leur a été donné. » ! (Rm 5.5) « Parce qu'ils sont fils, Dieu a envoyé dans leur cœur l'Esprit de son Fils, criant Abba ! Père. » (Ga 4.6) Par cet Esprit, regardant toujours à Dieu comme à leur Père réconcilié et qui les aime, ils crient à Lui pour leur pain quotidien et pour tout ce qui leur est nécessaire, soit pour le corps, soit pour l'âme. Ils répandent sans cesse leur cœur en sa présence, « sachant qu'ils obtiennent les choses qu'ils Lui demandent. » (1 Jn 5.15) Tout leur plaisir est en Lui. Il est la joie de leur cœur, leur « bouclier et leur très grande récompense. » Il est l'objet de leurs désirs ; « leur nourriture, leur breuvage est de faire sa volonté » ; « leur âme est rassasiée comme de mœlle et de graisse, et leur bouche le loue avec un chant de réjouissance. » (Ps 63.5)

2. Et ici s'applique aussi ce que dit l'apôtre : « Quiconque aime celui qui l'a engendré, aime aussi celui qui est né de lui. » (1 Jn 5.1) Son esprit se réjouit en Dieu son Sauveur. Il aime « le Seigneur Jésus en toute sincérité. » Il est « uni au Seigneur dans un même esprit », son âme se repose sur Lui. Il est pour elle tout aimable et « le porte-étendard entre dix mille. » Il peut dire de cœur et avec intelligence : « Mon Bien-aimé est à moi et je suis à Lui. » (Ct 2.16) « Tu es plus beau qu'aucun des fils des hommes ; la grâce est répandue sur tes lèvres ; c'est pourquoi Dieu t'a béni éternellement. » (Ps 45.3)

3. Le fruit nécessaire de cet amour pour Dieu est l'amour pour notre prochain, pour toute âme que Dieu a faite, sans excepter nos ennemis, ceux-là mêmes qui maintenant « nous méprisent et nous persécutent », l'amour par lequel nous aimons tout homme comme nous-mêmes, comme nous aimons nos propre âmes. L'expression dont se sert le Seigneur est encore plus forte quand Il nous dit « de nous aimer les uns les autres comme Il nous a aimés. » Le commandement qu'il écrit dans le cœur de quiconque aime Dieu n'est donc rien de moins que ceci : « Comme je vous ai aimés, aimez-vous les uns les autres. » Mais nous avons connu ce qu'est l'amour, en ce que Jésus-Christ a donné sa vie pour nous ; nous devons donc, nous aussi, donner notre vie pour nos frères. (1 Jn 3.16) Si nous nous sentons prêts à cela, alors nous aimons véritablement notre prochain. « Alors nous connaissons que nous sommes passés de la mort à la vie, parce que nous aimons les frères. » (1 Jn 3.14) « A ceci nous connaissons que nous sommes nés de Dieu, que nous demeurons en Lui et Lui en nous, parce qu'il nous a donné de son Esprit » (1 Jn 4.13) d'amour. « Car l'amour est de Dieu, et quiconque aime (ainsi) est né de Dieu et il connaît Dieu. » (1 Jn 4.7)

4. Mais, objectera-t-on, l'apôtre dit encore : « C'est en ceci que consiste l'amour de Dieu, que nous gardions ses commandements. » (1 Jn 5.3) Oui, et cela n'est pas moins vrai de l'amour du prochain. Mais qu'en voulez-vous conclure ? Que l'observation du commandement extérieur est tout ce que renferme ce précepte d'aimer Dieu de tout notre cœur, de toute notre âme, de toute notre pensée, de toute notre force et notre prochain comme nous-mêmes ? Que l'amour de Dieu n'est pas une affection de l'âme, mais seulement un service extérieur ; que l'amour du prochain n'est pas une disposition du cœur, mais seulement une série d'œuvres extérieures ? Le simple énoncé d'une interprétation aussi extravagante suffit pour la réfuter. La pensée de l'apôtre est incontestablement que le signe ou la preuve que nous gardons le premier des commandements de Dieu, qui est de l'aimer, c'est si nous gardons le reste de ses commandements. Car le vrai amour, s'il est une fois répandu dans nos cœurs, nous pousse à le faire ; si nous aimons Dieu de tout notre cœur, nous ne pouvons que le servir de toutes nos forces.

5. Voici donc le deuxième fruit de l'amour de Dieu (pour autant toutefois qu'on peut l'en distinguer) : l'obéissance universelle à Celui que nous aimons : la conformité à sa volonté : l'obéissance à tous les commandements de Dieu, intérieurs et extérieurs : l'obéissance du cœur et de la vie, dans toutes nos dispositions et dans toute notre conduite. Et parmi nos dispositions, une des plus saillantes, c'est d'être « zélé pour les bonnes œuvres » ; c'est d'avoir faim et soif de faire à tous les hommes toute sorte de bien ; c'est de se réjouir « de dépenser et d'être dépensé pour eux », pour tout fils d'homme ; n'attendant point de récompense en ce monde, mais seulement dans la résurrection des justes.

IV

1. Telles sont, d'après les Écritures, les marques évidentes de la nouvelle naissance. Telle est la réponse que Dieu lui-même faite à cette grave question : Qu'est-ce qu'être né de Dieu ? et, si nous consultons les oracles de Dieu, « tel est l'homme qui est né de l'Esprit. » Etre fils ou enfant de Dieu, c'est, au jugement de l'Esprit Saint, croire en Dieu, par Christ, de telle manière qu'on ne « commet point le péché », et qu'on jouit, en tous temps et en tous lieux, de cette « paix de Dieu qui surpasse toute intelligence. » C'est espérer en Dieu, par le Fils de son amour, de telle manière que vous n'ayez pas seulement une bonne conscience, mais encore l'Esprit de Dieu, « témoignant à votre esprit que vous êtes enfants de Dieu », d'où résulte nécessairement que vous vous réjouissez en Celui « par qui vous avez obtenu la réconciliation. » C'est d'aimer, plus que vous n'aimâtes jamais aucune créature, le Dieu qui vous a tant aimés, en sorte que vous ne pouvez qu'avoir pour tous les hommes le même amour que pour vous-mêmes ; un amour qui, non seulement brûle toujours dans vos cœurs, mais dont les flammes réchauffent toutes vos actions, toute votre conduite, et font de toute votre vie « une œuvre d'amour », une obéissance permanente aux commandements qui nous disent : « Soyez miséricordieux comme Dieu est miséricordieux » ; « Soyez saints car je suis saint » ; « Soyez parfaits comme votre Père céleste est parfait. »

2. Or, quiconque est ainsi né de Dieu « connaît les choses qui lui sont données de Dieu », il sait qu'il est enfant de Dieu, et il « peut assurer son cœur devant lui. » Chacun d'entre vous qui a fait attention à mes paroles ne peut donc pas ne point reconnaître et sentir si, à cette heure, il est

ou n'est pas enfant de Dieu. Répondez à Dieu et non à un homme ! Point de subterfuge ! Il ne s'agit pas de votre baptême, mais de ce que vous êtes maintenant. L'esprit d'adoption est-Il maintenant dans votre cœur ? Interrogez votre cœur. Je ne demande pas si vous fûtes « nés d'eau et d'esprit », mais êtes-vous maintenant les temples du Saint-Esprit qui habite en vous ? J'admets que « vous avez été circoncis de la circoncision de Christ (selon l'image par laquelle saint Paul désigne le baptême), mais l'Esprit de gloire, l'Esprit de Christ repose-t-Il maintenant sur vous ? sans quoi, « avec votre circoncision vous devenez incirconcis. »

3. Ne dites donc pas en vous-mêmes : « J'ai été baptisé une fois, je suis donc maintenant enfant de Dieu. » Conséquence hélas ! tout à fait insoutenable. — Ils ont été baptisés tous ces gourmands, ces ivrognes, ces menteurs et ces jureurs, ces moqueurs et ces médisants, ces impurs, ces voleurs, ces extorqueurs ! Qu'en dites-vous ? Sont-ils maintenant enfants de Dieu ? En vérité, je vous dis, à vous, qui que vous soyez, à qui s'applique l'une de ces désignations précédentes : « Votre père c'est le diable, et vous faites les œuvres de votre père. » Au nom de Celui que vous crucifiez de nouveau, et dans les termes qu'Il employait pour vos prédécesseurs circoncis, je vous crie : « Serpents, race de vipères, comment éviterez-vous le jugement de la géhenne ? »

4. Comment, à moins que vous ne naissiez de nouveau ! Car maintenant vous êtes morts dans vos fautes et dans vos péchés. Dire qu'il n'y a de nouvelle naissance que dans le baptême, c'est donc vous sceller pour la damnation, vous condamner à l'enfer sans secours, sans espérance. Et n'est-ce pas ce que quelques-uns trouveraient bon et juste ? Dans leur zèle pour l'Éternel des armées, ils disent peut-être : « Oui, retranche ces pécheurs, ces Amalécites ! Que ces Gabaonites soient exterminés ! Ils ne méritent rien de moins ! » — sans doute, ni moi, ni vous non ne plus. Ce que je mérite, ce que vous méritez aussi bien qu'eux, c'est l'enfer ; et c'est par pure miséricorde que, contre nos mérites, nous n'avons pas été jetés nous-mêmes dans le feu qui ne n'éteint point. « Mais nous avons été lavés », direz-vous ; « nous sommes nés de nouveau d'eau et d'esprit. » Eux aussi ; cela n'empêche donc point que vous soyez aussi peu avancés qu'eux. Ne savez-vous pas que « ce qui est élevé devant les hommes est en abomination devant Dieu ? » (Lc 16.15) Venez, saints du monde, venez, gens honorés des hommes, qui d'entre vous jettera le premier la pierre contre eux, contre ces misérables indignes de vivre, contre ces prostituées publiques, ces adultères, ces meurtriers ? Mais apprenez d'abord ce que signifient ces paroles : « Celui qui hait son frère est un meurtrier. » (Jn 3.15) « Celui qui regard une femme pour la convoiter a déjà commis adultère avec elle dans son cœur. » (Mt 5.28) « Hommes et femmes adultères, ne savez vous pas que l'amour du monde est inimitié contre Dieu ? » (Jos 4.4)

5. « En vérité, en vérité, je vous le dis », vous aussi, « il faut que vous naissiez de nouveau. » « A moins que vous ne naissiez », vous aussi, « de nouveau, vous ne pouvez voir le royaume de Dieu. » Ne vous appuyez plus sur ce bâton brisé, en disant que vous êtes né de nouveau au moment de votre baptême. Qui est celui qui nie que vous étiez alors faits enfants de Dieu et héritiers du royaume des cieux ? Mais, en dépit de tout cela, vous êtes maintenant enfants du diable, de sorte que vous devez naître de nouveau. Et que Satan ne vous persuade pas de disputer sur les mots dans un sujet si clair. Vous avez vu quelles sont les marques des enfants de Dieu : baptisés ou non baptisés, si vous ne les avez pas, il vous faut les recevoir, ou bien vous ne manquerez pas de périr éternellement. Et si vous êtes baptisés, votre seul espoir c'est qu'après avoir été enfants du diable, malgré votre baptême, vous pouvez encore recevoir « le droit d'être faits enfants de Dieu », vous pouvez « recevoir l'Esprit d'adoption, qui crie dans vos cœurs : Abba, Père ! » (Rm 8.15)

Amen, Seigneur Jésus ! Que celui qui préparera son cœur pour rechercher de nouveau ta face, reçoive cet Esprit d'adoption et puisse s'écrier : Abba, Père !, qu'il puisse encore croire en ton nom pour être fait enfant de Dieu, pour savoir, pour sentir qu'il a par ton sang la rédemption, la rémission des péchés, et qu'il ne peut pécher parce qu'il est né de Dieu ! Qu'il puisse « renaître » encore pour avoir une espérance vive, pour « se purifier lui-même comme tu es pur ! » Étant fils, qu'il soit, par l'Esprit d'amour et de gloire reposant sur lui, « nettoyé de toute souillure de la chair et de l'esprit », et rendu capable « d'achever sa sanctification dans la crainte de Dieu ! » (2 Co 7.8)

SERMON 19

Le grand privilège de ceux qui sont nés de Dieu

Quiconque est né de Dieu ne fait point le péché.
—1 Jean 3.9—

1. On a souvent supposé qu'être né de Dieu et être justifié c'est tout un ; que les mots de justification et de nouvelle naissance ne sont que des désignations différentes d'une seule et même chose ; puisqu'il est certain, d'un côté, que quiconque est justifié est aussi né de Dieu ; et de l'autre, que quiconque est né de Dieu est aussi justifié ; et que ces deux grâces de Dieu sont données simultanément au croyant. À l'instant où ses péchés sont effacés, il est aussi né de nouveau.

2. Mais bien qu'il soit reconnu que la justification et la nouvelle naissance sont inséparables quant au temps, il est pourtant facile de les distinguer et de reconnaître que ce sont deux choses très différentes quant à leur nature. La justification n'implique qu'un changement relatif, la nouvelle naissance implique un changement réel. En nous justifiant, Dieu fait quelque chose pour nous ; en nous régénérant il fait l'œuvre en nous. La justification change nos relations avec Lui, en sorte que d'ennemis nous devenons enfants ; la nouvelle naissance change le fond de notre âme, en sorte que de pécheurs nous devenons saints. Celle-là nous rend la faveur de Dieu, celle-ci son image. L'une ôte la coulpe, l'autre la puissance du péché : ainsi donc, unies quant au temps, elles n'en sont pas moins pleinement distinctes.

3. Bien des auteurs qui ont traité ce sujet sont tombés dans les idées les plus confuses pour n'avoir pas discerné combien est grande la différence entre la nouvelle naissance et la justification, surtout lorsqu'ils ont voulu expliquer et définir le grand privilège que l'apôtre attribue ici aux enfants de Dieu :« Quiconque est né de Dieu ne fait point le péché. »

I

1. Considérons d'abord quel est le vrai sens de cette expression : « Quiconque est né de Dieu. » L'idée générale que nous en donnent tous les passages de l'Écriture où elle se trouve, c'est que cette expression ne désigne pas seulement le baptême, ou un changement extérieur quelconque, mais qu'elle suppose un grand changement intérieur, opéré dans l'âme par la puissance du Saint-Esprit ; un changement dans toute notre manière d'être ; car, du moment que nous sommes nés de Dieu, les conditions de notre vie sont changées ; nous sommes, pour ainsi dire, dans un monde nouveau.

2. Le choix même de cette expression se comprend facilement. Quand ce grand changement s'opère, on peut dire, à proprement parler, que nous naissons de nouveau, tant est grande la ressemblance entre les circonstances de la naissance naturelle et celles de la naissance spirituelle. Cette ressemblance est telle que considérer les circonstances de la naissance naturelle est le moyen le plus simple de comprendre la naissance spirituelle.

3. L'enfant qui n'est point encore né subsiste, il est vrai, par l'air aussi bien que tout être vivant, mais il ne le sent pas plus qu'il ne sent autre chose, si ce n'est d'une façon très imparfaite. Il n'entend que peu ou point, les organes de l'ouïe étant encore fermés. Il ne voit rien, car ses yeux sont fermés et il est environné d'épaisses ténèbres. À mesure que le temps de sa naissance approche, il y a, sans doute, en lui quelques mouvements qui le distinguent d'une masse inerte ; mais les sens lui manquent ; ces avenues de l'âme sont encore tout entièrement fermées. Il n'a, en

conséquence, presque aucun rapport avec ce monde visible, ni aucune connaissance, aucune conception, aucune idée des choses qui s'y passent.

4. S'il est étranger au monde visible, ce n'est pas qu'il en soit éloigné (il en est très près : il en est entouré de tous côtés) ; mais, c'est d'un côté, parce qu'il est privé des sens qui, en s'éveillant dans l'âme, peuvent seuls le mettre, en communication avec le monde matériel, et de l'autre à cause de ce voile épais qui l'en sépare et à travers lequel il ne peut rien distinguer.

5. Mais l'enfant n'est pas plutôt venu au monde, qu'il entre dans une existence toute nouvelle. Il sent maintenant l'air qui l'environne et qui, à chaque expiration, se répand en lui de tous côtés, pour entretenir la flamme de la vie : et il en tire un accroissement continuel de force, de mouvement, de sensations ; ses sens physiques étant tous éveillés maintenant et mis en rapport avec leurs objets. Ses yeux sont maintenant ouverts pour saisir la lumière qui, l'inondant silencieusement, lui fait connaître, en se manifestant elle-même, une variété infinie d'objets qui lui étaient naguère entièrement inconnus.

Ses oreilles sont ouvertes et les sons les plus divers y retentissent. Chaque sens est exercé sur ce qui lui convient ; et le monde visible pénétrant librement par ces avenues de l'âme, elle acquiert de plus en plus la connaissance des choses sensibles, de toutes les choses qui sont sous le soleil.

6. Il en est de même de la naissance de l'enfant de Dieu. Avant que ce grand changement s'opère, quoique subsistant par Celui « en qui nous avons la vie, le mouvement et l'être », il ne discerne point Dieu, il n'a pas le sentiment, la conscience intime de sa présence. Il n'a point conscience de ce divin souffle de vie, sans lequel il ne pourrait subsister un moment ; et les choses de Dieu lui sont étrangères et ne font aucune impression sur son âme. Dieu ne cesse de l'appeler d'en haut, mais il n'entend point : « comme l'aspic sourd qui n'écoute point la voix des enchanteurs, du charmeur expert en charmes. » Il ne voit point les choses de l'esprit de Dieu ; car les yeux de son entendement sont fermés et son âme entière est couverte et environnée de ténèbres. Il peut sans doute avoir quelques lueurs, quelques faibles commencements de mouvement et de vie spirituelle ; mais n'ayant point encore les sens spirituels qui seuls peuvent lui faire saisir les choses spirituelles, il ne « discerne point les choses de l'Esprit de Dieu » ; « et il ne peut les connaître, parce que c'est spirituellement qu'on en juge. »

7. De là vient qu'il est presque absolument étranger au monde invisible et qu'il en soupçonne à peine l'existence. Non qu'il en soit éloigné, il en est, au contraire, enveloppé, environné de toutes parts. L'autre monde, comme on l'appelle, n'est pas loin de chacun de nous : il est au-dessus, au-dessous de nous et à nos côtés, mais il est vrai que l'homme naturel ne le discerne point ; soit parce qu'il lui manque les sens spirituels, par lesquels seuls on discerne les choses de Dieu : soit à cause du voile épais qui l'en sépare et qu'il ne peut percer.

8. Mais quand il est né de Dieu, né de l'Esprit, comme les conditions de son existence sont changées ! Son âme entière sent et discerne Dieu, et il peut dire, par une sûre expérience : « Tu m'environnes, soit que je marche, soit que je m'arrête » ; je te retrouve dans toutes tes voies ; « tu me tiens serré par derrière et par-devant, et tu as mis sur moi ta main. » Le souffle de Dieu pénètre immédiatement dans l'âme ; nouvellement née ; et ce souffle de Dieu retournes à Dieu ; sans cesse reçu par la foi, sans cesse il retourne à Dieu par l'amour, par la prière, la louange, l'action de grâces ; car l'amour, la louange, la prière, sont le souffle de toute âme vraiment née de Dieu. Et par cette respiration d'un nouveau genre qui entretient la vie spirituelle, cette même vie s'accroît ; jour après jour, avec la force, le mouvement, la sensibilité spirituelle, tous les sens de l'âme étant maintenant éveillés et capables de discerner ce qui est bien ou mal spirituellement.

9. Les yeux de son entendement » sont « ouverts maintenant, et « il voit Celui qui est invisible. » Il voit « quelle est l'infinie grandeur de sa puissance » et de son amour envers ceux qui croient. Il voit que Dieu est miséricordieux envers lui, qu'il est réconcilié par le Fils de son amour. Il discerne clairement et l'amour par lequel Dieu pardonne et toutes « ses grandes et précieuses promesses ». « Dieu qui, au commencement, dit que la lumière sortît des ténèbres, a répandu et répand « sa lumière » dans son cœur, pour « l'éclairer de la connaissance de la gloire de Dieu, en la face de Jésus-Christ. » Maintenant les ténèbres sont passées et il demeure dans la lumière de la face de Dieu.

10. Ses oreilles sont ouvertes maintenant, et Dieu ne l'appelle plus en vain. Il entend, il suit la vocation céleste, il connaît la voix de son Berger. Tous ses sens spirituels étant éveillés, il est positivement en relation avec le monde invisible, et sans cesse il fait de nouveaux progrès dans la connaissance des choses qu'il n'était point entré dans son cœur de concevoir. Il sait maintenant ce qu'est la paix de Dieu, ce qu'est la joie du Saint-Esprit, ce qu'est l'amour de Dieu répandu dans les cœurs de ceux qui croient en Lui par Jésus-Christ. Débarrassé du voile qui interceptait auparavant la lumière et la voix, la connaissance et l'amour de Dieu, celui qui est né de l'Esprit demeure dans l'amour ; « il demeure en Dieu et Dieu en lui. »

II

1. Après avoir vu ce que signifie cette expression : « quiconque est né de Dieu », il nous reste, en second lieu, à examiner en quel sens l'apôtre dit que « celui qui est né de Dieu ne fait point le péché. » Or celui qui est né de Dieu, de la manière que nous avons décrite, qui continuellement reçoit de Dieu dans son âme le souffle de vie, l'influence de l'Esprit de grâce, et qui la reporte continuellement vers Dieu ; celui qui croit et qui aime, qui, par la foi, a le sentiment continuel de l'action de Dieu sur son esprit, et, par une sorte de réaction spirituelle, lui rend incessamment cette grâce en amour, en louanges, en prières ; celui-là seulement ne fait point de péché « pendant qu'il se conserve ainsi » lui-même ; mais tant que cette « semence demeure en lui, il ne peut pécher, parce qu'il est né de Dieu. »

2. Par le péché j'entends ici le péché extérieur, dans le sens ordinaire du mot ; une transgression actuelle et volontaire de la loi, de la loi révélée et écrite, de tout commandement de Dieu, reconnu pour tel au moment même où on le transgresse. Mais quiconque est né de Dieu, tant qu'il demeure dans la foi et dans l'amour, dans l'esprit de prière et d'action de grâces, ne commet ni ne peut commettre ainsi le péché. Tant que, de cette manière, il est dans la foi et dans l'amour de Dieu par Christ, et qu'il répand son âme en sa présence, il ne peut transgresser volontairement aucun commandement de Dieu ; cette semence qui demeure en lui, cette foi qui produit l'amour, la prière, l'action de grâces, l'oblige à s'abstenir de choses qu'il sait être une abomination devant Dieu.

3. Mais ici se présente immédiatement une difficulté, une difficulté telle que plusieurs l'ont trouvée insurmontable, et qu'elle les a induits à nier la claire affirmation de l'apôtre et à faire bon marché du privilège des enfants de Dieu.

En effet, nous voyons ceux que nous ne pouvons nier avoir été vraiment nés de Dieu (puisque l'Esprit de Dieu dans sa parole leur a rendu son témoignage infaillible) ; nous les voyons non seulement pouvoir commettre, mais commettre réellement le péché et même des péchés grossiers. Nous les voyons transgresser des lois divines claires et manifestes, en disant ou faisant ce qu'ils savaient être défendus de Dieu.

4. Ainsi David était incontestablement né de Dieu, avant d'être oint roi sur Israël. Il savait en qui il avait cru ; « il était fort dans la foi, donnant gloire à Dieu. » « L'Éternel est mon berger » dit-il, « je n'aurai point de disette. Il me fait reposer dans les parcs herbeux et il me conduit le long des eaux tranquilles. Même quand je marcherai par la vallée de l'ombre de la mort, je ne craindrai aucun mal, car tu es avec moi » (Psaume 23). Il était rempli d'amour et il s'écrie : « Je veux t'aimer, mon Dieu, ma force. Le Seigneur est mon rocher, la corne de mon salut et mon refuge » (Psaume 18.1, 2). C'était un homme de prière, qui répandait son âme en tout temps devant son Dieu, il abondait dans la louange et les actions de grâces : « Ta louange », dit-il, « sera continuellement dans ma bouche » (Psaume 34.1) ; « tu es mon Dieu fort, je te célébrerai ; tu es mon Dieu, je t'exalterai (Psaume 118.28). » Il était né de Dieu, et pourtant il put commettre, il commit le péché ; que dis-je ? L'horrible péché d'adultère et de meurtre.

5. Même après que le Saint-Esprit eut été plus abondamment répandu et que « la vie et l'immortalité eurent été manifestées par l'Évangile », nous trouvons encore de pareils exemples écrits, sans doute, pour notre instruction. Ainsi celui qui (probablement pour avoir vendu ses biens et en avoir appliqué le prix au soulagement de ses frères) fut surnommé par les apôtres eux-mêmes Barnabas, c'est-à-dire fils de consolation (Ac 4.36, 37), qui était si estimé à Antioche, qu'il fut choisi d'entre tous les disciples pour porter avec Saul les aumônes destinées aux frères

de Judée (Ac 11.29, 30) ; ce Barnabas qui, à son retour de Judée, fut mis à part solennellement par le Saint-Esprit, d'entre les autres prophètes et docteurs, « pour l'œuvre à laquelle Dieu l'avait appelé » (Ac 13.1, 4) pour accompagner parmi les Gentils, le grand apôtre, et pour être, en tout lieu, son compagnon d'œuvre, fut néanmoins si peu conciliant dans la contestation qu'il eut avec Paul au sujet de Jean surnommé Marc, qui les avaient quittés dès la Pamphylie et ne les avait pas accompagnés dans l'œuvre, qu'il abandonna lui-même cette œuvre pour prendre Marc, et fit voile pour l'île de Chypre, quittant celui à qui il avait été associé par une direction si immédiate du Saint-Esprit (Ac 15.35, 39).

6. Mais l'exemple que Paul nous rapporte dans l'Épître aux Galates est encore plus étonnant que ceux-là. « Quand Pierre », nous dit-il, « vint à Antioche », — Pierre, déjà avancé en âge, le zélé Pierre, le premier des apôtres, est l'un de ces trois qui avait été distingués par le Seigneur, — « je lui résistai en face, parce qu'il méritait d'être repris. Car avant que quelques-uns fussent venus de la part de Jacques, il mangeait avec les Gentils : — les païens convertis, ayant été spécialement enseigné de Dieu qu'il ne devait « tenir aucun homme pour impur ou souillé (Ac 10.28). » — « Mais dès qu'ils furent venus, il se retira et se sépara des Gentils, craignant ceux de la circoncision. Et les autres Juifs usaient aussi de la même dissimulation que lui, de sorte que Barnabas même se laissait entraîner à dissimuler comme eux. Mais quand je vis qu'ils ne marchaient pas de droit pied selon la vérité de l'Évangile, je dis à Pierre, en présence de !tous : Si toi qui es Juif, vis comme les Gentils et non comme les Juifs » — non selon les prescriptions extérieures de la loi, « pourquoi obliges-tu les Gentils à judaïser (Ga 2 :11) ? » Nous avons donc ici un péché évident, incontestable, commis par un homme qui était sans aucun doute enfant de Dieu. Mais comment concilier cela avec le sens littéral de cette assertion de saint Jean, que « celui qui est né de Dieu ne fait point le péché ? »

7. Je réponds : Ce que nous avons déjà avancé, c'est qu'aussi longtemps que « celui qui est né de Dieu se conserve lui-même » — (et il le peut par la grâce de Dieu) — « le malin ne le touche point » ; mais que s'il ne se conserve pas lui même, s'il ne demeure pas dans la foi, il peut pécher aussi bien qu'un autre homme.

Il est dès lors aisé de comprendre comment, malgré la chute de tel de ces enfants de Dieu, la grande vérité déclarée par l'apôtre demeure ferme et inébranlable. Il ne se conserva point par cette grâce qui lui était suffisante pour se garder. Il tomba par degrés, d'abord dans un péché intérieur négatif, ne « rallumant » pas « le don de Dieu » qui était en lui, négligeant de veiller, de prier et de « courir vers le prix de sa vocation céleste » ; puis dans un péché intérieur positif, inclinant vers le mal, ouvrant son cœur à quelque mauvais penchant, perdant bientôt sa foi, sa vue du pardon et de la grâce de Dieu, et par suite son amour ; alors devenu faible comme un autre homme, il put commettre même le péché extérieur et grossier.

8. Appliquons ceci à l'exemple de David. David était né de Dieu, et par la foi, il voyait Dieu. Il l'aimait en sincérité. Il pouvait vraiment dire : « Quel autre que toi ai-je au ciel ? Voici, je n'ai pris plaisir sur la terre qu'en toi. » Mais il y avait toujours dans son cœur cette corruption de nature qui est la semence de tout mal.

« Il se promenait sur la plate-forme du palais royal » (2 S 11.2), louant, peut-être, le Dieu qu'aimait son âme, quand ses regards tombèrent sur Bathscébah. Ici s'élève une tentation, une pensée tendant au mal. L'Esprit de Dieu ne manque pas de l'en convaincre il distingue, sans doute, cette voix bien connue, mais il ne chasse point cette pensée, et la tentation commence à le dominer. Son esprit en est souillé ; il voit encore Dieu, mais déjà plus obscurément. Il l'aime encore, mais non pas au même degré, ni avec la même ardeur. Cependant l'Esprit de Dieu, quoique contristé, continue à le reprendre ; et sa voix, quoique toujours plus faible, lui dit encore tout bas : « Le péché est à la porte ; regarde vers moi et sois sauvé ! » Mais fermant l'oreille, il regarde, non point vers Dieu, mais vers l'objet défendu, jusqu'à ce qu'enfin la nature l'emporte sur la grâce et allume la convoitise dans son âme.

L'œil de son âme se referme maintenant, et Dieu disparaît. La foi, communication divine et surnaturelle avec Dieu, et l'amour de Dieu, cessent en même temps ; il se précipite comme un coursier dans la bataille, et, de gaîté de cœur, il commet le péché grossier.

9. Vous voyez ici le passage graduel de la grâce au péché : la semence divine et victorieuse de la foi et de l'amour demeure dans l'homme qui est né de Dieu. Par la grâce, « il se garde lui-même et ne peut faire le péché. » Une tentation s'élève ; que ce soit du monde, de la chair ou du diable, peu importe. L'Esprit de Dieu l'avertit que le péché est à la porte et lui recommande plus expressément la vigilance et la prière. Il cède, en quelque mesure, à la tentation qui commence à lui plaire. Il a contristé le Saint-Esprit, sa foi devient plus faible et son amour se refroidit. L'Esprit le reprend avec plus de force : « C'est ici le chemin, marches-y. » Il se détourne de cette voix qui le blesse et prête l'oreille à la voix du tentateur qui lui plaît. La convoitise naît et grandit dans son âme jusqu'à en chasser la foi et l'amour ; dès lors il est capable de commettre le péché grossier ; car Dieu s'est retiré de lui.

10. Prenons un autre exemple : l'apôtre Pierre était rempli de foi et du Saint-Esprit ; et par là se conservant lui-même, il avait une conscience sans reproche devant Dieu et devant les hommes.

Marchant ainsi dans la simplicité et dans la sincérité devant Dieu, « il mangeait avec les Gentils avant que des messagers vinssent de la part de Jacques », sachant que rien de ce que Dieu a purifié n'est impur ou souillé.

Mais « lorsqu'ils furent venus », la tentation s'éleva en lui « de craindre ceux de la circoncision » (c'est-à-dire les Juifs convertis qui étaient zélés pour la circoncision et les autres rites mosaïques) et d'estimer la faveur et la gloire venant de ces hommes plus que la gloire de Dieu.

L'Esprit de Dieu l'avertit de l'approche du péché ; néanmoins il céda, en quelque mesure, à cette crainte coupable, et sa foi et son amour furent en proportion affaiblis.

Dieu lui reprocha de donner lieu au diable ; mais refusant d'écouter le bon Berger, il s'abandonna à cette crainte servile et éteignit l'Esprit.

Dieu disparut alors, la foi et l'amour s'éteignirent, et il commit le péché extérieur : ne marchant pas « de droit pied, selon la vérité de l'Évangile », il se sépara de ses frères en Christ, et par son exemple, si ce n'est même par ses avis, il contraignit les Gentils de judaïser, de se remettre de nouveau sous ce joug de servitude dont Jésus-Christ les avait affranchis.

Il est donc incontestable que celui qui est né de Dieu, se gardant lui-même, ne commet ni ne peut commettre le péché ; et néanmoins, s'il ne se garde point lui-même, il peut commettre, de gaîté de cœur, toutes sortes de péchés.

III

1. Des considérations qui précèdent, nous pouvons apprendre : à résoudre une question qui a souvent embarrassé des âmes sincères. Le péché précède-t-il ou suit-il la perte de la foi ? Un enfant de Dieu perd-il sa foi pour avoir péché ? Ou faut-il qu'il perde sa foi avant de pouvoir pécher ?

— Je réponds : Il faut bien que quelque péché d'omission, pour le moins, précède la perte de la foi ; quelque péché intérieur : mais le péché extérieur ne peut être commis que s'il a perdu la foi.

Plus un croyant examinera son cœur, plus il sera convaincu que la foi, opérant par la charité, exclut tout péché, intérieur ou extérieur, de l'âme qui veille et prie. Mais qu'alors même nous sommes sujets à la tentation, surtout du côté des péchés qui nous enveloppaient autrefois aisément ; que si l'œil de l'âme se fixe avec amour sur Dieu, la tentation s'évanouit bientôt ; mais que si, au contraire, comme le dit saint Jacques, nous sommes « tirés et amorcés » loin de Dieu « par notre propre ; convoitise », la convoitise, après avoir conçu ; enfante le péché, et ayant, par ce péché intérieur, détruit notre foi, elle nous précipite si bien dans les pièges du diable, que nous sommes capables de commettre toutes sortes de péchés extérieurs.

2. Nous pouvons apprendre, en second lieu, de ce qui a été dit, ce qu'est la, vie de Dieu dans l'âme d'un croyant ; en quoi elle consiste et ce qu'elle suppose nécessairement. Elle suppose nécessairement l'inspiration continue du Saint-Esprit ; la pénétration du souffle de Dieu dans l'âme et le retour continuel de ce souffle vers Dieu ; une action continuelle de Dieu sur l'âme et la réaction de l'âme sur Dieu ; la présence non interrompue du Dieu d'amour ; manifestée au cœur et perçue par la foi, et un retour non interrompu d'amour, de louanges et de prières, par lequel

nous offrons toutes nos pensées, nos affections, nos paroles et nos œuvres, en sacrifice saint et agréable à Dieu par Jésus-Christ.

3. Et c'est ce qui nous montre : l'absolue nécessité de cette, réaction de l'âme (s'il nous est permis de l'appeler ainsi) pour que la vie divine s'y maintienne. Car il est évident que Dieu ne continue pas à agir sur l'âme ; si l'âme ne réagit sur Dieu. Il nous prévient sans doute par les marques de sa bonté. Il nous aime le premier et se manifeste à nous. Quand nous sommes encore loin, il nous appelle, et fait luire sur nous sa lumière. Mais si nous n'aimons point alors Celui qui nous aima, le premier, si nous n'écoutons pas sa voix, si nous détournons de lui nos yeux, pour ne point voir la, lumière qu'il répand sur nous, son Esprit ne conteste point toujours ; il se retire par degrés et nous abandonne à nos propres ténèbres. Son souffle ne continue point en nous si notre âme cesse de le lui renvoyer, si nous cessons de lui offrir, par notre amour, nos prières et nos actions de grâces, le sacrifice qui lui est agréable.

4. Apprenons enfin à suivre cette recommandation du grand apôtre : « Ne t'élève point par orgueil, mais crains. » Craignons le péché, plus que la mort ou l'enfer. Redoutons d'une crainte, non servile, mais jalouse, de nous appuyer sur la tromperie de nos propres cœurs. « Que celui qui est debout prenne garde qu'il ne tombe. » Celui même qui maintenant est affermi dans la grâce et dans la foi qui surmonte le monde peut néanmoins tomber dans le péché intérieur, et par là faire naufrage quant à la foi Et qu'il est facile, dès lors ; au péché extérieur de reprendre son empire ! Toi donc, homme de Dieu, veille pour entendre toujours la voix de Dieu. Veille pour prier sans cesse ; répands en tout temps, en tous lieux, ton cœur en sa présence ! Ainsi tu pourras toujours croire, toujours aimer et ne jamais « faire le péché. »

SERMON 20

L'Éternel notre justice

C'est ici le nom dont on l'appellera : L'Éternel notre justice.
—Jérémie 23.6—

1. Combien de querelles, et quelles épouvantables querelles, il y a eu ici-bas à propos de religion ! Et Cela non pas seulement parmi les enfants du monde, parmi ceux qui ignorent ce qu'est la vraie religion, mais encore parmi les enfants de Dieu eux-mêmes, parmi ceux qui ont éprouvé que « le règne de Dieu est au-dedans de nous » (Lc 17.21), qui ont connu « la justice, la paix et la joie par le Saint-Esprit (Rm 14.17). » Combien d'entre ces derniers, et dans tous les siècles, au lieu de s'unir contre l'ennemi commun, ont tourné leurs armes les uns contre les autres, et ainsi non seulement gaspillé un temps précieux, mais encore affaibli les bras de leurs frères, et, de cette façon, entravé l'œuvre si importante de leur commun Maître ! Que de fois les faibles ont été scandalisés par cette conduite, les impotents spirituels égarés, les pécheurs encouragés à ne tenir aucun compte de la religion et à mépriser ceux qui en font profession ! Et que de fois « les saints qui sont sur la terre ; » (Psaume 16.3) ont dû « pleurer en secret » (Jr 13.17) ; sur cet état de choses !

2. Quiconque aime Dieu et le prochain donnerait tout au monde, souffrirait quoi que ce soit, pour apporter remède à ce grand mal, pour arrêter les disputes entre enfants de Dieu, pour rétablir et maintenir entre eux la paix. En vue de résultats si désirables, il pourrait tout sacrifier, sauf la possession d'une bonne conscience. Mais s'il ne nous est pas possible à cet égard de « faire cesser les guerres jusqu'au bout de la terre » (Ps 46.10), si nous ne pouvons pas rapprocher les uns des autres tous les enfants de Dieu, que du moins chacun de nous fasse ce qu'il pourra ; qu'il contribue, ne fût-ce que ses deux pites, à cette œuvre excellente. Bienheureux ceux qui aident tant soit peu à faire régner « paix et bienveillance parmi les hommes » (Lc 2.14), et surtout parmi les hommes de bien, parmi ceux qui sont enrôlés sous le drapeau du « Prince de la paix » (Ésaïe 9.5), et conséquemment tenus d'avoir, « autant qu'il dépend d'eux, la paix avec tous les hommes (Rm 12.18). »

3. On se serait considérablement rapproché du but, si l'on pouvait amener les gens de bien à s'entendre. Nombre de querelles viennent de simples malentendus. Il arrive souvent que ni l'une ni l'autre des parties ne comprend la pensée de ceux avec lesquels elle est en désaccord ; et il en résulte qu'elles s'attaquent violemment, lorsqu'il n'y a entre elles aucun motif sérieux de division. Mais il n'est pas toujours facile d'en convaincre les personnes intéressées, surtout si la passion s'en mêle ; c'est alors chose bien malaisée, et pourtant pas impossible, pourvu que nous l'entreprenions en nous confiant, non point en nous-mêmes, mais en celui à qui tout est possible. C'est lui qui peut promptement dissiper les nuages, répandre la lumière dans les cœurs et les rendre capables de se comprendre et de comprendre « la vérité qui est en Jésus (Ep 4.21). »

4. Les paroles de notre texte expriment un des points les plus importants de cette vérité : « C'est ici le nom dont ou l'appellera : L'Éternel notre justice. » Voilà, en effet, une vérité qui fait partie de l'essence même du christianisme qui en soutient tout l'échafaudage. On peut, à coup sûr, dire d'elle ce que Luther disait d'un autre article de foi qui se rattache étroitement à celui-ci, que c'est *articulus stantis vel cadentis ecclesiae*, une doctrine avec laquelle l'Église se tient debout ou tombe. C'est bien certainement la colonne et la base de cette foi qui seule procure le salut, de cette foi catholique ou universelle, qu'on trouve chez tous les enfants de Dieu et que nous devons conserver « pure et sans tache » (Jc 1.27), si nous ne voulons pas périr éternellement.

5. Ne semblerait-il pas naturel et raisonnable que tous ceux qui invoquent le nom de Christ fussent d'accord sur ce point, quelles que soient leurs différences de vues à d'autres égards ? Hélas ! qu'il est loin d'en être ainsi ! Il n'y a presque pas de question sur laquelle ils s'entendent moins, sur laquelle ceux qui professent de suivre Jésus-Christ paraissent aussi absolument éloignés et incapables de s'entendre. Je dis paraissent ; car je suis convaincu que, dans bien des cas, leurs divergences ne sont qu'apparentes. Entre eux il y a plutôt différence de mots que de sentiments ; ils sont plus rapprochés par la pensée que par le langage. Mais il y a positivement une énorme différence de langage, non seulement entre protestants et catholiques romains, mais entre protestants et protestants, voire même entre ceux qui professent de croire également à la justification par la foi, et qui sont, du même avis sur toutes les autres doctrines fondamentales de l'Évangile.

6. Si les chrétiens sont séparés ici plutôt par leurs opinions que par leurs expériences, plutôt même par les expressions qu'ils emploient que par les opinions qu'ils ont, comment se fait-il que les enfants de Dieu se disputent aussi violemment sur cette question ? On peut expliquer leur conduite par diverses raisons. La principale, c'est qu'ils ne se comprennent pas réciproquement ; ajoutez à cela qu'ils tiennent trop exclusivement à leur opinion et à leur façon particulière de l'exprimer.

Pour écarter, en quelque mesure du moins, ces obstacles et pour arriver à nous entendre sur ce point, je veux essayer, avec l'aide du Seigneur, de montrer d'abord ce qu'est la justice de Christ ; et ensuite à quel moment et dans quel sens elle nous est imputée ; puis je me propose de conclure par une application brève et directe.

I

Qu'est-ce que la justice de Christ ? Elle est double il y a sa justice divine et sa justice humaine.

1. Sa justice divine fait partie de sa nature divine, en tant qu'il est « celui qui existe » ! (Ap 1.4), celui « qui est Dieu au-dessus de toutes choses, béni éternellement » (Rm 9.5), l'Etre suprême, éternel, qui est « égal au Père, quant à sa divinité, bien qu'inférieur à lui par son humanité (Symbole de saint Athanase). » Cette justice divine de Jésus-Christ consiste donc dans sa sainteté éternelle, essentielle, immuable, dans son équité, sa miséricorde et sa vérité qui sont infinies, tous attributs dans lesquels le Père et lui sont un.

Mais, à mon sens, il n'est pas directement question ici de la justice divine de Christ. Personne, peut-être, ne voudrait soutenir que cette justice-là nous est imputée. Tous ceux qui croient à la doctrine de l'imputation, appliquent ce terme exclusivement, ou tout au moins principalement, à la justice humaine de Jésus.

2. La justice humaine de Jésus appartient, à sa nature humaine, en tant qu'il est le « seul médiateur entre Dieu et les hommes, Jésus-Christ homme » (1 Tm 2.5) Elle peut se diviser en justice intérieure et justice extérieure. Sa justice intérieure était l'image de Dieu empreinte sur toutes les facultés, sur tous les attributs de son âme. C'était la reproduction de la justice divine, autant qu'elle peut se communiquer à une âme humaine. C'était une fidèle image de la pureté de Dieu, de son équité, de sa vérité, de sa miséricorde. En Jésus cette justice embrassait aussi l'amour, le respect, la soumission vis-à-vis de son Père, l'humilité, la débonnaireté, la douceur, l'amour pour le genre humain perdu ; enfin, tous les sentiments qui sont saints et célestes ; et chacun de ces sentiments il le possédait dans sa plénitude, sans mélange de défauts ou d'impuretés.

3. Ce fut la moindre partie de sa justice extérieure qu'il ne fit rien de mal, qu'il ne commit aucun péché dans sa conduite, qu' « il ne s'est point trouvé de fraude dans sa bouche » (És 53.9 1 P 2.22), qu'il n'a jamais prononcé une parole répréhensible, jamais accompli un acte répréhensible. Tout cela ne constitue qu'une justice négative, mais telle pourtant que jamais elle n'a été, jamais elle ne peut être le partage d'un autre homme né de femme. Mais la justice extérieure de Jésus fut elle-même positive ; car « il a bien fait toutes choses » (Mc 7.37) ; toutes les fois qu'il parla, toutes les fois qu'il agit, ce fut pour faire exactement « la volonté de Celui qui l'avait envoyé (Jn 4.34). »Pendant tout le cours de sa vie, il fit, la volonté de Dieu sur la terre comme les anges la font dans le ciel. Chacun de ses actes et chacune de ses paroles étaient toujours ce qu'il fallait

qu'ils fussent. Son obéissance fut complète et dans l'ensemble et dans les détails : il accomplit « tout ce qui est juste (Mt 3.15). »

4. Mais cette obéissance comportait bien plus que tout cela. Elle consista pour lui, non seulement à agir ; mais aussi à souffrir, à souffrir toute la volonté de Dieu, depuis le jour où il entra dans le monde jusqu'à celui où il « a porté nos péchés en son corps sur le bois » (1 P 2.24), et où, les avant pleinement expiés, « il baissa la tête et rendit l'esprit. (Jn 19.30). » On désigne habituellement cette portion de la justice de Christ sous le titre de justice passive, et le reste sous celui de justice active. Mais puisque, en réalité, l'une n'a jamais été séparée de l'autre, il est inutile que, soit en en parlant, soit en y pensant, nous fassions cette distinction. C'est en embrassant ce double aspect de la justice de Christ qu'il est, appelé « l'Éternel notre justice. »

II

Mais à quel moment pouvons-nous dire en toute vérité : « l'Éternel notre justice ? » En d'autres termes, quand est-ce que la justice de Christ nous est imputée, et dans quel sens l'est-elle ?

1. En passant le monde en revue, on découvre que les hommes sont tous ou croyants ou incrédules. Les gens raisonnables ne contesteront point la vérité de cette première assertion, que la justice de Christ est imputée à tous les croyants, mais qu'elle ne l'est pas aux incrédules.

Mais quand est-elle imputée aux croyants ? Évidemment dès qu'ils croient ; dès ce moment la justice de Christ leur appartient. Elle est imputée à quiconque croit et dès qu'il croit ; la foi et la justice de Christ sont inséparables ; car si on croit selon la parole de Dieu, on croit à la justice de Christ. Il n'y a de vraie foi, de foi justifiante, que celle qui a la justice de Christ pour objet.

2. Il est vrai que tous les croyants pourront bien ne pas s'exprimer de la même façon, ne pas parler un même langage. Il ne faut pas s'y attendre, et il ne serait pas raisonnable de l'exiger. Mille raisons peuvent les amener à employer des expressions différentes — mais cette diversité d'expressions n'est pas nécessairement le fruit d'une différence dans les sentiments. La même pensée, exprimée par plusieurs individus, le sera dans des termes différents par chacun d'eux. Il n'y a rien de plus ordinaire que cela ; mais on n'en tient pas suffisamment compte. Une même personne, parlant du même sujet à deux époques un peu éloignées, aurait bien de la peine à retrouver les mêmes expressions, bien que ses sentiments n'aient pas changé. Pourquoi donc voudrions-nous exiger que les autres se servissent exactement des mêmes termes que nous ?

3. Faisons encore un pas. Les autres hommes peuvent avoir non seulement un langage différent du nôtre, mais même des opinions différentes, et cependant « avoir eu en partage avec nous ; une foi de même prix » (2 P 1.1) Il peut se faire qu'ils ne discernent ! pas exactement, la grâce dont ils jouissent ; leurs idées peuvent être moins claires que les nôtres, sans que leurs expériences religieuses soient moins réelles. On trouve de grandes inégalités parmi les hommes au point de vue des qualités morales, et surtout des facultés intellectuelles ; ces inégalités naturelles sont encore accrues par les différentes méthodes d'éducation. De fait, cela seul amène des différences d'opinion presque incroyables sur divers sujets ; et pourquoi pas sur celui-ci tout comme sur les autres ? Mais, bien qu'il y ait, de la confusion et de l'inexactitude dans les idées et dans le langage de certains hommes, il est très possible que leur cœur soit attaché à Dieu en son Fils bien-aimé et qu'ils aient vraiment part à sa justice.

4. Ayons donc pour les autres toute l'indulgence que nous voudrions que l'on eût pour nous si nous étions à leur place. Qui donc ne sait (pour revenir encore à une des choses que nous avons dites), qui ne sait quelle est la, grandeur de l'influence de l'éducation ? Et qui oserait, connaissant cela, s'attendre à ce qu'un catholique romain pensât ou parlât avec clarté sur ce sujet ? Et pourtant, si nous avions pu entendre Bellarmin lui-même, mourant, répondre à ceux qui lui demandaient lequel des saints il voulait, implorer : « *Fidere meritis Christi tutissimum* » ; le plus sûr est de se confier dans les mérites de Christ ; aurions-nous osé affirmer que ses vues erronées l'empêchaient d'avoir part à la justice de Christ ?

5. Mais dans quel sens cette justice est-elle imputée aux croyants ? Dans ce sens que tous ceux qui croient sont pardonnés et reçus par Dieu, non point à cause de quelque mérite qui est en eux ou de quelque chose qu'ils ont faite, qu'ils ! font ou qu'ils pourront faire ; mais entièrement et

uniquement pour l'amour de ce que Jésus-Christ a fait et a souffert pour eux. Je le répète : ce n'est pas à cause de quelque chose qui est en eux ou qu'ils ont faite, à cause de leur justice ou de leurs œuvres. « Il nous a sauvés, non à cause des œuvres de justice que nous eussions faites, mais selon sa miséricorde (Tt 3.4, 5). » — « Vous êtes sauvés par grâce, par la foi ; ce n'est point par les œuvres, afin que personne ne se glorifie (Ep 2.8, 9). » Nous sommes sauvés uniquement pour l'amour de ce que Christ a fait et a souffert pour nous. Nous sommes « justifiés gratuitement par sa grâce, par la rédemption qui est en Jésus-Christ (Rm 3.23). » C'est par là que nous obtenons la faveur de Dieu, et c'est par là aussi que nous la conservons. C'est de cette façon que nous nous approchons d'abord de Dieu, et c'est de la même façon que nous continuons à le faire toute notre vie. C'est dans un seul et même « chemin nouveau et vivant » (Hé 10.20) que nous marchons, jusqu'au jour où notre esprit retourne à Dieu qui l'a donné.

6. Telle est la doctrine que j'ai constamment crue et enseignée depuis près de vingt-huit ans. Je l'annonçai à tout le monde en l'année 1738, et je l'ai fait de nouveau dix ou douze fois depuis cette époque, en employant les termes suivants (ou d'autres qui reviennent au même), tirés du recueil des Homélies de notre Église (L'Église anglicane) : « Ces choses doivent nécessairement se rencontrer dans notre justification : du côté de Dieu, sa grande miséricorde et sa grande grâce ; du côté de Jésus, la satisfaction donnée par lui à la justice divine ; de notre côté enfin, la foi aux mérites de Christ. De telle sorte que, dans notre justification, la grâce de Dieu n'exclut pas la justice de Dieu, mais seulement celle de l'homme, comme cause méritoire de notre justification. » — « Il est dit que nous sommes justifiés seulement par la foi, afin d'exclure tout mérite provenant de nos œuvres et d'attribuer à Jésus-Christ seul tout le mérite de notre justification. Noire justification découle gratuitement de la pure miséricorde de Dieu. Car, lorsque le monde entier n'eût pu fournir la moindre portion de notre rançon, il lui a plu, sans que nous l'eussions en rien mérité, de nous préparer le corps et le sang de Christ qui ont payé notre rançon et apaisé sa justice. Jésus-Christ est donc maintenant, la justice de tous ceux qui croient véritablement en lui. »

7. Les cantiques que je publiai un an ou deux plus tard, et qui depuis lors ont été réimprimés plusieurs fois (ce qui montre clairement que mes sentiments n'ont pas changé), ces cantiques tiennent le même langage. Si je voulais en citer tous les passages qui se rapportent à ce sujet, il me faudrait transcrire ici une grande partie de ce recueil. Il suffira d'en prendre pour échantillon un qui a été réimprimé il y a sept, ans, puis il y a cinq ans, de nouveau il y a deux ans, et enfin il y a quelques mois

> De mon âme, ô Jésus, la robe sans défaut
>
> Et la beauté, ce sont ton sang et ta justice.
>
> Si j'en suis revêtu, ce terrestre édifice
>
> Peut s'embrasser ; joyeux mon cœur regarde en haut 1

Le cantique tout entier, du commencement à la fin, exprime les mêmes sentiments.

8. Dans le sermon sur la justification que je publiai d'abord il y a dix-neuf ans, puis de nouveau il y a sept ou huit ans, j'exprime les mêmes pensées dans les termes suivants : « En considération de ce que le Fils de Dieu « a souffert la mort pour tous » (Hé 2.9), Dieu a « réconcilié le monde avec soi, en ne leur imputant point leurs péchés (2 Co 5.19). » Ainsi, pour l'amour de son Fils bien-aimé et de ce qu'il a fait et a souffert pour nous, Dieu s'engage (en y mettant une seule condition, que lui-même nous aide à remplir), à nous affranchir du châtiment mérité par nos péchés, à nous faire rentrer dans sa faveur, et à rendre à nos âmes mortes la vie spirituelle, prémices de la vie éternelle. »

9. Ces sentiments sont exprimés d'une manière plus étendue et plus détaillée dans le traité sur la justification que je fis paraître l'an dernier ; « Si, par cette expression : Imputer la justice de Christ, nous voulons dire communiquer celle justice (y compris son obéissance, tant active que passive), dans les fruits qu'elle a produits dans les privilèges, grâces et bénédictions qu'elle nous procure, on peut dire, dans ce sens, que le croyant est justifié par l'imputation de la justice de Christ. La signification de ces mots sera donc que Dieu justifie le croyant pour l'amour de la justice de Christ, et non à cause d'une justice qui lui serait propre. De même Calvin a dit (Institution, liv. 2, ch 17) : « Christ, par son obéissance, nous a procuré et mérité la grâce et la faveur de Dieu le

Père. » Et plus loin : « Christ, par son obéissance, nous a acquis et procuré la justice. » Et encore : « Toutes ces expressions, que nous sommes justifiés par la grâce de Dieu, que Christ est notre justice, que la justice nous a été procurée par la mort et la résurrection de Christ, disent la même chose, savoir que la justice de Christ, tant active que passive, est la cause méritoire de notre justification et nous a obtenu cette grâce de Dieu que, dès que nous croyons, nous sommes par lui considérés comme justes ».

10. Mais peut-être quelqu'un me dira-t-il : « Comment donc affirmez-vous que la foi nous est imputée à justice ? » Saint Paul l'affirme à plusieurs reprises, et c'est pour cela que je l'affirme, moi aussi. La foi est imputée à justice à tout croyant, savoir la foi à la justice de Christ, ce qui est absolument ce que nous avons déjà dit ; car, en employant ces termes, je veux seulement dire que nous sommes justifiés par la foi et non par les œuvres, ou bien encore que celui qui croit est pardonné et reçu par Dieu uniquement à cause de ce que Jésus-Christ a fait et a souffert.

11. — « Mais le croyant n'est-il pas enveloppé ou revêtu de la justice de Christ ? » Oui, incontestablement ; et c'est pour cela que tout cœur croyant peut adopter le langage du cantique cité plus haut et qui signifie : Pour l'amour de la justice active et passive, je suis pardonné et reçu par Dieu.

— « Mais ne devons-nous pas quitter les misérables haillons de notre justice propre avant d'être revêtus de la justice sans tache de Christ ? » Oui, certainement c'est-à-dire, pour parler simplement, que nous devons nous repentir avant de pouvoir croire à l'Évangile. Il faut que nous ne comptions ! plus du tout sur nous-mêmes pour pouvoir nous appuyer véritablement sur Jésus-Christ. Si nous ne commençons pas par renoncer à toute confiance en notre propre justice, nous ne saurions avoir une confiance sincère en la sienne. Aussi longtemps que ! nous comptons sur quelque chose que nous pouvons faire, il est impossible que nous mettions une foi entière en ce que Jésus a fait et a souffert. D'abord, il nous faut nous regarder nous-mêmes comme condamnés à mort » (2 Co 1.9) ; puis, nous pourrons croire en celui qui a vécu et est mort pour nous.

12. — « Mais ne croyez-vous pas à une justice inhérente ? » Oui, sans doute ; mais en la mettant à sa place, c'est-à-dire non comme moyen de trouver grâce devant Dieu, mais comme fruit de cette bénédiction, non comme tenant lieu de la justice imputée, mais comme en étant la conséquence. Je crois, en effet, que Dieu met sa justice en tous ceux auxquels il l'a imputée. Je crois que « Jésus-Christ nous a été fait, de la part de Dieu, sanctification aussi bien que justice » (1 Co 1.30) c'est-à-dire qu'il justifie mais ! aussi sanctifie tous ceux qui croient en lui. Ceux à qui la justice de Christ a été imputée sont rendus justes par l'Esprit de Christ, sont « renouvelés et créés à l'image de Dieu dans une justice et une sainteté véritables. (Ep 4.23, 24). »

13. — « Mais ne mettez-vous pas la foi à la place de Christ et de sa justice ? » Aucunement ; je prends bien soin de mettre chaque chose à sa place. La justice de Christ est le fondement unique et entier de toutes nos espérances. C'est par la foi que, sous l'action du Saint-Esprit, nous pouvons bâtir sur ce fondement. Dieu nous donne cette foi, et dès ce moment nous sommes reçus par Dieu, non pas pourtant à cause de cette foi, mais à cause de ce que Jésus a fait et a souffert pour nous. Vous le voyez, chacune de ces choses est à sa place, et aucune d'elles n'est en conflit avec les autres. Nous croyons, nous aimons et nous nous efforçons de marcher sans reproche dans tous les commandements du Seigneur ; mais, tout en vivant ainsi, nous renonçons à nous-mêmes et cherchons notre refuge dans la justice de Jésus. Nous regardons sa mort comme notre unique fondement, et c'est au nom de Jésus que nous réclamons notre pardon et le salut éternel.

14. Je ne nie donc pas davantage la justice de Christ que je ne nie sa divinité : et l'on aurait aussi peu de raison de m'accuser de la première de ces a choses que de la seconde. Je ne nie pas non plus l'imputation de cette justice : sur ce point-là encore on m'accuse ! faussement et méchamment. J'ai toujours proclamé et je proclame encore constamment que la justice de Christ est imputée à quiconque croit. Qui sont d'ailleurs ceux qui le nient ? Ce sont tous les incrédules, baptisés ou non, tous ceux qui osent dire que le glorieux Évangile de notre Seigneur Jésus-Christ ! est une fable composée avec artifice ; ce sont tous les Ariens et tous les Sociniens : ce sont tous ceux qui nient la divinité absolue du Seigneur qui les a rachetés. Ceux-là ne peuvent faire autrement que de nier sa justice divine, puisqu'ils le considèrent comme un simple homme ; et ils nient

sa justice humaine, en tant qu'imputée à qui que ce soit, car ils croient que chacun trouve grâce par sa propre justice.

15. La justice humaine de Christ, tout au moins quant à son imputation et comme la cause unique et parfaite de la justification du pécheur devant Dieu, est aussi reniée par tous les membres de l'Église de Rome qui sont conséquents avec les principes de leur Église. Mais il y en a certainement parmi eux beaucoup qui, en fait d'expérience religieuse, valent mieux que leurs principes, et qui, tout en étant bien éloignés de parler de ces vérités d'une façon satisfaisante, ont une expérience intime bien supérieure à ce qu'ils savent exprimer. Tout en n'ayant à l'égard de cette grande vérité que des vues et un langage qui sont erronés, ils n'en croient pas moins du cœur, et, ils s'appuient sur Jésus-Christ seul en vue de leur salut présent et éternel.

16. On peut ajouter à ceux-là les membres des Églises réformées, auxquels on applique ordinairement le nom de Mystiques. Un des principaux, dans ce siècle, a été, en Angleterre, M. Law. C'est une chose ! bien connue ! qu'il niait absolument ! et hautement l'imputation de la justice de Christ, tout aussi hautement que ce Robert Barclay qui ne craignait pas de dire : « Justice imputée, absurdité imputée ! » Le gros de la communauté à laquelle on donne le nom de Quakers partage les mêmes vues. D'ailleurs, la plupart de ceux qui se considèrent comme membres de l'Église anglicane ignorent complètement ces choses, ne savent rien de la justice imputée de Christ, ou bien ils la nient, et la justification par la foi du même coup, comme étant contraires à la pratique des bonnes œuvres. Il y a encore à ajouter à cette énumération un grand nombre de ceux qu'on appelle communément Anabaptistes, et des milliers de Presbytériens et d'Indépendants, que sont venus récemment éclairer les écria du docteur Taylor. Je ne me sens pas appelé à juger ces derniers : je les laisse au jugement de celui qui les a créés. Mais quelqu'un oserait-il affirmer que tous ces Mystiques, et M. Law en particulier, tous ces Quakers, tous ces Presbytériens, tous ces Indépendants et tous ces Anglicans, dont les opinions ou le langage laissent à désirer, ne possèdent aucune connaissance expérimentale de la religion chrétienne, et qu'ils sont conséquemment dans un état de perdition, « n'ayant point d'espérance, et étant sans Dieu dans le monde ? » (Ep 2.12) Quelles que soient la confusion de leurs idées et l'incorrection de leur langage, ne peut-il pas y en avoir beaucoup parmi eux dont le cœur est droit devant Dieu et qui de fait connaissent « l'Éternel notre justice ? »

17. Quant à nous, béni soit Dieu I nous ne sommes pas de ceux qui ont, à l'égard de cette doctrine, des idées obscures ou un langage incorrect. Nous ne renions ni le fait ni l'expression ; mais, pour cette dernière, nous ne cherchons ! pas à l'imposer aux autres. Qu'ils l'emploient, ou bien tel ou tel autre terme qui leur paraît plus entièrement biblique, peu importe, pourvu que leur âme ne se confie qu'en ce que Jésus-Christ a fait et a souffert, et n'attende que de là le pardon, la grâce et la gloire. Je ne saurais mieux rendre mes sentiments à cet égard qu'en citant ces paroles de M. Hervey, qui mériteraient d'être écrites en lettres d'or : « Nous ne nous préoccupons pas de faire adopter une série particulière de termes religieux. Que les hommes s'humilient aux pieds de Jésus comme des criminels repentants, qu'ils s'appuient sur ses mérites comme sur leur ressource la plus chère, et ils sont incontestablement dans le chemin de la vie éternelle.

18. Est-il nécessaire, est-il possible d'en dire davantage ? Tenons-nous en à cette déclaration, et toute discussion au sujet des diverses façons de s'exprimer est comme coupée à la racine. Oui, tenons-nous en à ces paroles : « Tous ceux qui s'humilient aux pieds de Jésus comme des criminels repentants et s'appuient sur ses mérites comme sur leur ressource la plus chère, sont dans le chemin de la vie éternelle. » Après cela, sur quoi disputerait-on ? Qui est-ce qui nie cela ? Ne pouvons-nous pas tous nous rencontrer sur ce terrain ? À propos de quoi nous querellerions-nous ? Voici un homme de paix qui propose aux parties belligérantes les fermes d'un accommodement. Nous ne demandons pas mieux, et nous les acceptons, les signons des deux mains et de tout cœur. Et si quelqu'un refuse d'en faire autant, mettez une marque à côté du nom, de cet homme ; car il est un ennemi de la paix, il trouble Israël, il nuit à l'Église de Dieu.

19. Tout ce que nous craignons en ceci, c'est que quelqu'un ne se serve de ces expressions : « La justice de Christ », « la justice de Christ m'est imputée », comme d'un manteau pour couvrir son iniquité. Nous avons vu cela mille fois. Un homme, par exemple, est repris à cause de son ivrognerie ; « Oh ! répond-il, je ne prétends pas du tout être juste par moi-même ; c'est Christ qui

est ma justice. » On dit à un autre que « les injustes et les ravisseurs n'hériteront point le royaume de Dieu (1 Co 6.9, 10). » Il répond avec une assurance parfaite : « En moi-même je suis injuste, mais j'ai en Christ une justice sans tache ». Et c'est ainsi qu'un homme a beau n'avoir de chrétien ni les dispositions ni la conduite, il a beau ne rien posséder des sentiments qui étaient en Jésus-Christ et ne marcher en rien comme il a marché, il n'en résiste pas moins victorieusement à toute accusation ; car il a pour cuirasse ce qu'il appelle « la justice de Christ ».

20. C'est pour avoir vu bien des cas déplorables de ce genre que nous tâchons de ne pas abuser de ces expressions. Et je sens que je dois vous avertir, vous qui en faites un usage fréquent ; je dois vous supplier, au nom du Dieu sauveur auquel vous appartenez et que vous servez, de mettre tous ceux qui vous entendent en garde contre l'abus de telles expressions. Avertissez les (peut-être écouteront-ils votre voix !) de ne pas « demeurer dans le péché afin que la grâce abonde » (Rm 6.1), de ne pas faire « Christ ministre du péché » (Ga 2.17), de ne pas anéantir ce décret solennel de Dieu : « Sans la sanctification, personne ne verra le Seigneur » (Hé 12.14), et cela en se persuadant faussement qu'ils sont saints en Christ. Dites-leur que, s'ils demeurent dans l'iniquité, la justice de Christ ne leur servira de rien. « Criez à plein gosier » (És 58.1) (n'y a-t-il pas lieu de le faire ?) que la justice de Christ nous est imputée précisément « afin que la justice de la loi soit accomplie en nous » (Rm 8.4), et afin « que nous vivions dans le siècle présent dans la tempérance, dans la justice et dans la piété (Tt 2.12). »

III

Il ne me reste plus qu'à faire une application brève et directe de ce que je viens de dire. Tout d'abord, je m'adresserai à ceux qui font une violente opposition à l'emploi des termes que nous venons d'expliquer et sont tout disposés à condamner comme antinomiens tous ceux qui s'en servent. Mais n'est-ce pas là trop redresser l'arc et le courber en sens contraire ? Pourquoi condamner tous ceux qui ne parlent pas absolument comme vous ? Pourquoi leur chercher querelle parce qu'ils emploient les expressions qui leur conviennent, ou pourquoi vous en voudraient-ils de ce que vous faites de même ? Si l'on vous tracasse à cet égard, n'allez pas imiter une étroitesse que vous blâmez. Et dans ce cas, laissez-leur la liberté qu'ils devraient vous laisser. D'ailleurs, pourquoi se fâcher contre une expression ? — « Mais on en a fait abus !Et de quelle expression n'a-t-on pas abusé ? Ainsi, il faut empêcher l'abus, mais non supprimer l'usage. Par-dessus tout, n'allez pas oublier l'importante vérité que ces termes expriment : « Toutes les bénédictions dont je jouis, toutes les espérances que je possède dans le temps et pour l'éternité, tout cela m'est donné entièrement et uniquement pour l'amour de ce que Jésus a fait et, a souffert pour moi ! »

En second lieu, je veux dire quelques mots à ceux qui tiennent beaucoup à employer les expressions en question. Laissez-moi vous demander si vous ne trouvez pas que je suis allé assez loin. Que peut-on raisonnablement désirer de plus ? J'accepte tout entier le sens que vous attachez à ces termes, c'est-à-dire que nous devons toutes nos grâces à la justice de Dieu notre Sauveur. Je consens, d'ailleurs, à ce que vous vous serviez de telle ou telle expression que vous préférerez et à ce que vous la répétiez mille fois, pourvu que vous n'en fassiez pas le pernicieux usage contre lequel vous et moi devons également protester. Pour moi, j'emploie fréquemment cette expression de justice imputée, et souvent je l'ai mise sur les lèvres de tout mon auditoire (Par ses cantiques – Trad.). Mais laissez-moi à cet égard ma liberté de conscience ; laissez-moi exercer mon jugement en toute liberté. Qu'il me soit permis d'employer ces termes toutes les fois qu'ils me sembleront préférables à d'autres ; mais ne vous emportez pas contre moi si je ne trouve pas bon de répéter la même formule toutes les deux minutes. Vous pouvez le faire, si vous y tenez ; mais ne me condamnez pas si je ne le fais pas. N'allez pas pour cela me faire passer pour un papiste ou pour « un ennemi de la justice de Christ. » Supportez-moi, comme je vous supporte, sans quoi nous n'accomplirons pas la loi de Christ. Ne poussez pas les hauts cris et ne vous mettez pas à proclamer que je renverse les bases du christianisme. Ceux qui me traitent ainsi me traitent bien injustement : que le Seigneur ne le leur impute point ! Depuis de longues années, je pose le même fondement que vous ; « car personne ne peut poser d'autre fondement que celui qui a été posé, qui est Jésus-Christ. » (1 Co 3.11) Et sur ce fondement je bâtis, comme vous le faites, la sainteté intérieure et extérieure, mais la sainteté par la foi. N'entretenez donc point en vos cœurs de l'éloignement, de la malveillance, ou même de la méfiance et de la froideur à mon égard. Même en admettant qu'il y eût entre nous divergence de vues, à quoi nous sert notre religion, si nous ne pouvons pas penser librement et laisser les autres faires de même ? Pourquoi ne me pardonne-riez-vous pas aussi volontiers que je vous pardonne ? Mais, là vrai dire, il n'y a entre nous que des différences d'expression, et à peine cela, puisqu'il s'agit seulement de savoir si l'on emploie plus ou moins fréquemment un terme particulier. Assurément, il faut avoir bien envie de se que-reller pour trouver là une pomme de discorde. Oh ! ne fournissons plus, pour de semblables ba-gatelles, à nos adversaires communs une occasion de blasphémer ! Otons plutôt désormais tout prétexte à ceux qui ne cherchent qu'un prétexte. Unissons enfin (et que ne l'avons-nous fait plus tôt !) unissons nos cœurs et nos mains pour servir notre glorieux Maître. Puisque nous avons « un seul Seigneur, une seule foi, une seule espérance par notre vocation, » (Ep 4.4, 5) fortifions-nous les uns les autres en notre Dieu, et, d'un seul cœur comme d'une même bouche, confessons au monde entier « l'Éternel notre justice ! »

SERMON 21

Le sermon sur la montagne

Premier discours

Or Jésus, voyant le peuple, monta sur une montagne et s'étant assis,
ses disciples s'approchèrent de lui. Et ouvrant sa bouche, il les
enseignait en disant : Heureux les pauvres en esprit, car le royaume des
cieux est à eux. Heureux ceux qui sont dans l'affliction, car ils seront
consolés.
— Matthieu 5.1-4 —

1. Notre Seigneur venait de « parcourir toute la Galilée » (Mt 4.23), en commençant « après que Jean eut été mis en prison (Mt 4.12) ; et non seulement il avait enseigné dans leurs synagogues et prêché l'évangile du règne de Dieu, mais il avait aussi « guéri toutes sortes de maladies et de langueurs parmi le peuple. » C'est pour cela qu'une « grande multitude le suivit de Galilée, de la Décapole, de Jérusalem, de Judée, et de delà le Jourdain. » (Mt 4.25.) « Et voyant le peuple » qu'aucune synagogue ne pouvait contenir, « il monta sur une montagne » où il y avait de la place pour tous ceux qui venaient à lui de tous côtés, « et, s'étant assis », selon la coutume des Juifs, « ses disciples s'approchèrent de lui, et ouvrant sa bouche, il les enseignait en disant : « Heureux les pauvres en esprit, car le royaume des cieux est à eux. »

2. Remarquons d'abord qui est celui qui parle ici, afin que nous prenions garde de quelle manière nous l'écoutons. C'est le Seigneur du ciel et de la terre, le Créateur de tout ce qui existe, qui, comme tel, a le droit de disposer de toutes ses créatures ; c'est le Seigneur notre Souverain, qui règne de toute éternité et qui dirige tout ; c'est le grand Législateur qui peut bien mettre ses lois en vigueur, puisqu'il « peut sauver et détruire » (Jc 4.12), et même « punir d'une perdition éternelles par sa présence et par sa puissance glorieuses (2 Th 1.9). » C'est la sagesse éternelle du Père, qui sait de quoi nous sommes faits et qui a la plus parfaite intelligence de tout notre intérieur ; qui connaît quels sont nos rapports avec Dieu, avec notre prochain, avec les créatures de Dieu et qui, par conséquent, sait adapter les lois qu'il nous donne à toutes les circonstances dans lesquelles il nous a placés. C'est celui « qui est bon envers tous et dont les compassions sont pardessus toutes ses œuvres » (Ps 145.9) ; c'est ce Dieu d'amour qui s'est dépouillé de sa gloire éternelle pour venir du Père déclarer sa volonté aux enfants des hommes, et qui retourne vers le Père ; c'est celui qui est envoyé de Dieu pour « ouvrir les yeux des aveugles et éclairer ceux qui habitent dans les ténèbres (És 42.7). » C'est le grand Prophète du Seigneur, à l'égard duquel Dieu avait dit, longtemps auparavant : « Quiconque n'écoutera pas les paroles qu'il aura dites en mon nom, je lui en demanderai compte » ; ou bien, comme l'exprime l'Apôtre : « Quiconque ; n'écoutera pas ce prophète sera exterminé du milieu de son peuple (Ac 3.23). »

3. Et qu'est-ce qu'il nous enseigne ? Le Fils de Dieu, venu du ciel, nous montre ici le chemin du ciel, de ce lieu qu'il nous a préparé ; de la gloire qu'il avait avant que le monde fût. Il nous enseigne le vrai chemin de la vie éternelle, le chemin royal qui conduit au royaume de Dieu, et le seul vrai chemin, car il n'y en a pas d'autres ; tous les autres sentiers mènent à la perdition. D'après le caractère de celui qui nous parle ici, nous sommes assurés qu'il nous a déclaré pleinement et parfaitement la volonté de Dieu. Il ne nous a rien dit de trop, il ne nous a annoncé que ce qu'il avait reçu du Père ; il n'a rien omis, il n'a pas évité de déclarer tout le conseil de Dieu ; bien moins encore aurait-il dit quelque chose de mauvais, quelque chose de contraire à la volonté de

Celui qui l'avait envoyé. Toutes ses paroles sont bonnes et vraies, à tous égards, et elles subsisteront aux siècles des siècles.

Et il nous est facile d'observer que notre Seigneur, tout en expliquant et ratifiant ces paroles fidèles et véritables, prend soin de réfuter non seulement les erreurs des Scribes et des Pharisiens, c'est-à-dire les fausses explications par lesquelles les docteurs juifs de ce temps-là avaient corrompu la Parole de Dieu, mais encore toutes les erreurs pratiques, incompatibles avec le salut, qui devaient prendre naissance dans l'Église chrétienne ; il réfute, dis-je, toutes les explications par lesquelles les (soi-disant) docteurs chrétiens, de tout âge et de tout pays, pourraient corrompre la Parole de Dieu, et apprendre aux âmes qui ne seraient pas sur leurs gardes à chercher la mort dans l'erreur de leur voie.

4. Ceci nous conduit tout naturellement à demander qui sont ceux qu'il enseigne. Ce ne sont pas les Apôtres seulement ; s'il en eût été ainsi, il n'avait pas besoin de monter sur une montagne. Une chambre dans la maison de Matthieu, ou d'un autre de ses disciples, aurait pu contenir les douze. L'expression « ses disciples », sans y mettre une emphase particulière, signifie donc ici tous ceux qui désiraient apprendre de lui. Mais pour mettre ceci hors de doute, et pour montrer que lorsqu'il est dit : « Il les enseignait », le mot les renferme tout le peuple qui monta avec lui sur la montagne, il ne faut qu'observer les derniers versets du septième chapitre : « Et quand Jésus eut achevé ces discours, le peuple fut étonné de sa doctrine, car il les enseignait », le peuple, « comme ayant autorité et non comme les Scribes. »

Ajoutons même que ce n'était pas seulement à ce peuple qui se trouvait avec lui sur la montagne qu'il enseignait le chemin du salut, mais à tous les enfants des hommes, à l'humanité entière, aux enfants encore à naître, à toutes les générations futures, jusqu'à la fin du monde, qui entendront les paroles de cette vie.

5. Tous les hommes admettent cela quant à certaines parties du discours de notre Seigneur. Il n'y a personne, par exemple, qui nie ce qui est dit des pauvres en esprit ne se rapporte à toute l'humanité. Mais plusieurs personnes ont supposé que d'autres parties du sermon sur la montagne ne regardaient que les Apôtres, ou les chrétiens des temps apostoliques, ou les ministres de Christ, et ! ne furent pas prononcées pour la généralité des hommes, et que, par conséquent, ceux-ci n'ont pas à s'en inquiéter.

Mais ne pouvons-nous pas leur demander avec raison qui leur a enseigné que certaines parties de ce discours ne regardaient que les Apôtres, ou les chrétiens des temps apostoliques, ou les ministres de Christ ? De simples assertions ne sont pas des preuves suffisantes pour établir un point de si grand importance. Notre Seigneur nous a-t-il donc lui-même appris que quelques parties de son discours ne regardent pas toute l'humanité ? S'il en eût été ainsi, il nous l'eût dit, sans doute ; il n'aurait pu omettre un avis aussi important. Mais l'a-t-il fait ? Où ? Dans le discours lui-même ? Non : on n'en voit aucune trace. L'a-t-il dit ailleurs, dans quelque autre de ses exhortations ? Nous n'apercevons, dans tout ce qu'il a dit, soit au peuple, soit à ses disciples, rien qui puisse seulement nous le donner à entendre. Les autres écrivains sacrés nous ont-ils laissé quelque instruction à ce sujet ? Nullement. Il n'y a rien de tel dans tous les oracles de Dieu. Quels sont donc ces hommes dont la sagesse surpasse tellement celle de Dieu ? ces hommes qui pensent au-delà de ce qui est écrit ?

6. Peut-être diront-ils que le sujet même exige une semblable restriction. Si cela est vrai, il faut que ce soit parce que, sans une telle restriction, le sermon de notre Seigneur serait ou absurde ou contradictoire à quelque autre partie des Livres Saints. Mais il n'en est pas ainsi. Il sera clair, pour tous ceux qui en examineront les divers détails, qu'il n'est nullement absurde d'appliquer à toute l'humanité ce que Jésus-Christ a dit dans cette occasion. Une application générale ne mettra pas non plus ce discours en contradiction avec d'autres parties des Saintes Écritures. Au contraire, on verra même ou que toutes les portions de ce discours doivent être appliquées aux hommes en général, ou bien qu'aucune de ses parties ne les concerne tous, puisqu'elles sont toutes liées et jointes entre elles comme les pierres d'une arche, dont vous ne pouvez en ôter une sans que le bâtiment croule

7. Nous pouvons enfin remarquer de quelle manière notre Seigneur enseigne ici. Et d'abord, il parle, surtout dans cette occasion, « comme jamais homme ne parla (Jn 7.46). » Non pas comme

les saints hommes de Dieu, quoiqu'ils parlassent « étant poussés par le Saint-Esprit. » (2 P 1.20) Non pas comme Pierre, Jacques, Jean ou Paul ; ils étaient, il est vrai, de sages architectes dans son Église, mais cependant lorsqu'il s'agit de la mesure de la sagesse céleste, le serviteur n'est pas comme son Seigneur. Il ne parle pas comme en d'autres temps ou en d'autres occasions. Il ne paraît pas que c'ait jamais été son but dans aucun autre endroit, de proposer à la fois tout le plan de sa religion, de nous montrer l'ensemble du christianisme, de décrire en plein la nature de cette sainteté sans laquelle nul ne verra le Seigneur. Il en a bien décrit certaines parties en mille occasions différentes, mais il ne donna jamais une vue de l'étendue et de la spiritualité de la loi divine aussi générale qu'ici. Nous n'avons même rien de ce genre dans la Bible, si l'on en excepte la courte esquisse de sainteté donnée par Dieu à Moïse, dans les dix commandements, sur le Sinaï. Mais même ici, quelle différence entre ces deux révélations ! « Sous ce rapport, à cause de cette gloire surabondante, ce qui a été rendu glorieux n'a pas eu de gloire. (2 Co 3.10 Version de Lausanne)

8. Mais surtout avec quel amour étonnant le Fils de Dieu ne révèle-t-il pas ici à l'homme la volonté de son Père ? Il ne nous rapproche pas « de la montagne, qu'on pouvait toucher avec la main, ni du feu brûlant, ni de la nuée épaisse, ni de l'obscurité, ni de la tempête » (Hé 12.18). » Il ne parle pas comme il le fit lorsqu'il « tonna des cieux » ; que « le Souverain jeta sa voix avec de la grêle et des charbons de feu (Ps 18.13). » Il nous parle maintenant d'une voix douce et subtile (1 Co 19.12) : « Heureux les pauvres en esprit. » Heureux ceux qui sont dans l'affliction, les débonnaires, ceux qui ont faim et soif de la justice, les miséricordieux, ceux qui ont le cœur pur, heureux dans leur fin et dans leur pèlerinage ; heureux dans cette vie, et dans la vie éternelle ! Comme s'il avait dit : « Qui est l'homme qui prenne plaisir à vivre et qui aime la longue vie pour jouir du bien (Ps 34.12) ? » Voici, je vous offre ce qu'il vous tarde d'obtenir ! Voyez le chemin que vous avez si longtemps cherché en vain, cette voie agréable qui conduit à une paix pleine de tranquillité et de joie, à une félicité présente et éternelle ! »

9. En même, temps, avec quelle autorité il enseigne ! On pouvait bien dire : « Non pas comme les Scribes (Mt 7.29). » Ce n'est pas non plus comme Moïse, le serviteur de Dieu, ni comme Abraham, son ami, ni comme l'un des prophètes, ni comme l'un des fils des hommes. Il a quelque chose de surhumain, quelque chose de plus que ce qui peut appartenir à un être créé. On sent ici le Créateur de tout ce qui existe ! C'est Dieu qui se montre ! L'ÊTRE par excellence, JEHOVAH, celui qui existe par lui-même, le Suprême, celui qui est Dieu, au-dessus de toutes choses, béni éternellement !

10. Ce discours divin, prononcé d'après une méthode si excellente, puisque chaque partie est expliquée par celle qui la suit, est ordinairement, et avec raison, divisé en trois sections principales. La première est contenue dans le cinquième chapitre, — la seconde, dans le sixième, — et la troisième, dans le septième. Dans la première, Jésus-Christ propose le sommaire de toute vraie religion, sous huit chefs qu'il explique dans le reste du cinquième chapitre, en prémunissant ses auditeurs contre les fausses explications de l'homme. La seconde section renferme des règles quant à cette intention pure qui doit nous diriger dans toutes nos actions extérieures, sans mélange de désirs mondains et de soucis, même à l'égard des choses les plus nécessaires de la vie. Dans la troisième, nous sommes mis en garde contre les principaux empêchements qui s'opposent à la piété. Le tout se termine par une application générale. Considérons successivement, à part, les trois parties de ce discours.

I

1. Notre Seigneur donne premièrement le sommaire de toute vraie religion, avons-nous dit, sous huit chefs qu'il explique, en prémunissant ses auditeurs contre les fausses explications des hommes, jusqu'à la fin du cinquième chapitre.

Quelques-uns ont pensé qu'il avait en vue de désigner les différents degrés de la course chrétienne, les pas que fait successivement un chrétien dans son voyage vers la Canaan céleste ; — d'autres, que les qualités énumérées ici appartiennent de tout temps à tous les chrétiens. Et pourquoi n'accepterions-nous pas l'une et l'autre explication ? Qu'y a-t-il d'incompatible entre elles ? il est incontestable que la pauvreté d'esprit, et tous les autres états d'âme ici mentionnés, se trouvent de tout temps, plus ou moins, chez tout vrai chrétien. Et il est également vrai que le vrai christianisme commence toujours par la pauvreté d'esprit, et avance dans l'ordre posé par notre Seigneur, jusqu'à ce que « l'homme de Dieu soit accompli (2 Tm 3.17). » Nous commençons par le moindre de ces dons de Dieu, mais de manière à ne pas le perdre lorsque Dieu nous appelle à monter plus haut. Mais nous tenons ferme ce que nous avons déjà obtenu, pendant que nous avançons vers ce qui est encore devant nous, savoir : les bénédictions les plus relevées de Dieu en Jésus-Christ.

2. Le fondement de tout, c'est la pauvreté d'esprit. C'est pourquoi notre Seigneur commence par là : « heureux, dit-il, les pauvres en esprit ; car le royaume des, cieux est à eux. »

Il est assez probable que notre Seigneur regarda autour de lui, et que, voyant qu'il n'y avait pas beaucoup de riches, mais plutôt les pauvres de ce monde, il en prit occasion pour passer des choses temporelles aux spirituelles. « Heureux, dit-il, les pauvres en esprit. » Il ne dit pas ceux qui sont pauvres, quant à leurs circonstances extérieures, — car il n'est pas impossible pour quelques-uns de ceux-ci d'être aussi éloignés du bonheur qu'un monarque sur son trône ; « mais les pauvres en esprit », ceux qui, quelles que soient leurs circonstances extérieures, ont cette disposition d'âme qui est le premier pas vers tout bonheur réel et durable dans ce monde, et dans celui qui est à venir.

3. Quelques-uns ont cru que par les pauvres en esprit, il faut entendre ceux qui aiment la pauvreté, qui sont exempts d'avarice, de l'amour de l'argent, qui craignent les richesses plutôt que de les désirer. Ils ont peut-être été amenés à penser ainsi on n'examinant que le sens littéral du passage, ou bien en réfléchissant à cette remarque importante de saint Paul, que « l'amour des richesses est la racine de tous les maux (1 Tm 6.10). » ! Et c'est cette pensée qui pousse plusieurs personnes à se dépouiller entièrement, non seulement des richesses, mais encore de tous leurs biens terrestres. C'est aussi là ce qui a fait naître les vœux de pauvreté volontaire dans l'Église romaine ; celle-ci a cru qu'un degré si élevé de cette grâce fondamentale devait être un grand pas vers le « royaume, des cieux. »

Mais il ne paraît pas que ceux qui ont cette vue aient remarqué, premièrement, que l'expression de saint Paul, pour être vraie, doit être comprise avec quelques restrictions ; car l'amour des richesses n'est pas la seule racine de tous les maux. Il y a mille autres racines de mal dans ce monde, comme une triste expérience nous le montre chaque jour. La signification de ce passage ne peut être que : c'est la racine d'un très grand nombre de maux, d'un plus grand nombre, peut-être, qu'aucun autre vice. — Secondement, que le sens qu'ils donnent à cette expression, « les pauvres en esprit », n'est nullement d'accord avec le but de notre Seigneur, qui est de poser des fondements généraux de la vie divine, afin d'y élever tout l'édifice du christianisme, mais qu'il n'atteint pas en nous prévenant contre tel ou tel vice seulement. Ainsi donc, lors même que ce serait là une partie du sens de ce passage, ce ne pourrait en être toute la signification. — Troisièmement, ce ne peut guère être le sens de ce verset, à moins d'accuser Jésus d'une répétition inutile ; car si la pauvreté d'esprit n'était que l'exemption d'avarice, de l'amour de l'argent, ou du désir de posséder des richesses, cette grâce reviendrait à ce dont il parle plus tard, et ferait partie de la pureté de cœur.

4. Qui sont donc « les pauvres en esprit ? » Ce sont, sans doute, les humbles ; ceux qui se connaissent eux-mêmes, qui sont convaincus de péché, ceux à qui Dieu a donné cette première repentance qui précède la foi en Christ.

Un homme dans ce cas ne peut plus dire : « Je suis riche, je me suis enrichi, et je n'ai besoin de rien », sachant qu'il « est malheureux, et misérable, et pauvre, et aveugle et nu (Ap 3.17). » Il est convaincu qu'il est misérablement pauvre en esprit, et qu'aucun bien spirituel n'habite en lui. « Je sais, dit-il, que le bien n'habite point en moi » (Rm 7.18), mais au contraire tout ce qui est mauvais et abominable. Il a un sentiment profond de la lèpre dégoûtante du péché qu'il a apportée avec lui en naissant, qui couvre son âme entière et en corrompt l'énergie et les facultés. Il aperçoit de plus en plus les mauvaises passions qui naissent de cette mauvaise racine ; l'orgueil et la fierté d'esprit ; le penchant constant à avoir de lui-même une plus haute opinion qu'il ne devrait ; la présomption, la soif de l'estime ou de l'honneur qui vient des hommes ; la haine ou l'envie, la jalousie ou la vengeance, la colère, la malice ou l'amertume ; une inimitié innée contre

Dieu et contre l'homme, qui se montre sous dix mille formes différentes ; l'amour du monde, l'obstination, les désirs insensés et nuisibles qui s'attachent fortement à son âme. Il sent combien il a donné lieu au scandale par sa langue, sinon par des propos impies, immodestes, faux ou désobligeants, du moins par des discours qui ne servent pas à l'édification, qui ne communiquent pas la grâce à ceux qui les entendent » (Ep 4.29), et qui, par conséquent, sont corrompus aux yeux de Dieu, et contristent le Saint-Esprit. Il rappelle aussi sans cesse ses mauvaises actions dans sa mémoire : s'il les énumère, il y en a plus qu'il ne peut dire. Il lui serait tout aussi facile de compter les gouttes de pluie, le sable de la mer, ou les jours de l'éternité, que de faire le calcul de ses péchés.

5. Sa culpabilité est aussi maintenant devant ses yeux : il connaît la punition qu'il a méritée, ne fût-ce qu'à cause de son esprit charnel, de la corruption entière et totale de sa nature ; combien plus encore à cause de ses désirs dépravés et de ses mauvaises pensées, de ses paroles et de ses actions criminelles. Il ne doute pas un instant de la punition que mérite la moindre de ses fautes, savoir la condamnation aux enfers, — « ou leur ver ne meurt point, et ou le feu ne s'éteint point (Mc 9.46). » Et surtout le crime de ne pas avoir « cru au nom du Fils unique de Dieu » (Jn 3.18) pèse sur lui de tout son poids. Comment, dit-il, échapperai-je, moi qui néglige « un si grand salut ! » Celui qui ne croit point est déjà condamné », et « la colère de Dieu demeure sur lui (Jn 3.36). »

6. Mais que donnera-t-il en échange de son âme, qui est livrée à la juste vengeance de Dieu ? Avec quoi préviendra-t-il l'Éternel (Mi 6.6) ? » Comment lui paiera-t-il ce qu'il lui doit ? Lors même que depuis ce moment il obéirait parfaitement à tous les commandements de Dieu, ceci ne pourrait faire compensation pour un seul de ses péchés, pour un seul acte de désobéissance passée, puisqu'il doit à Dieu tout le service qu'il est en son pouvoir de lui rendre depuis le moment où il est né et à jamais. Quand même il pourrait payer sa dette dès ce moment, cela ne pourrait compenser ce qu'il aurait dû faire auparavant. Il se voit donc entièrement incapable d'expier ses péchés passés, entièrement incapable de faire quelque compensation à Dieu, de payer une rançon quelconque pour son âme.

Il sait même que si Dieu voulait lui pardonner tout le passé, sous la seule condition qu'il ne péchât plus, et que, pour l'avenir, il obéît entièrement et constamment à tous les commandements de Dieu ; il sait que cela ne lui servirait de rien puisqu'il ne pourrait remplir cette condition. Il sait et il sent qu'il n'est pas capable d'obéir même aux commandements de Dieu les plus faciles, tandis que son cœur est encore dans son état naturel de péché et de corruption, vu qu'un mauvais arbre ne peut porter de bons fruits. Et il ne peut purifier son mauvais cœur ; quant aux hommes, c'est impossible. Il ne sait donc pas comment s'y prendre, même pour commencer à marcher dans le sentier des commandements de Dieu ; comment avancer d'un seul pas dans ce chemin. Assiégé par le péché, la douleur et la crainte, et ne trouvant aucune voie de salut, il ne peut que s'écrier : « Seigneur, sauve-moi, ou je péris. »

7. La pauvreté d'esprit, en tant qu'elle marque le premier pas que nous faisons dans la course qui nous est proposée, est donc un juste sentiment de nos péchés intérieurs et extérieurs, de notre culpabilité et de notre faiblesse. C'est ce que quelques personnes ont appelé, d'un mot bien impropre, « la vertu de l'humilité », comme si c'était une grande vertu de reconnaître que nous méritons la condamnation éternelle. L'expression de notre Seigneur ne donne à l'auditeur que l'idée d'un grand besoin, du péché, d'une culpabilité, d'une misère sans remède.

8. Le grand Apôtre des Gentils, lorsqu'il s'efforce d'amener les pécheurs à Dieu, parle d'une manière semblable à celle-ci : « La colère de Dieu », dit-il, « se déclare du ciel contre toute l'impiété et l'injustice des hommes (Rm 1.18) ; accusation qu'il fait tomber d'abord sur les païens, prouvant par là qu'ils sont sous la colère de Dieu. Il montre ensuite que les Juifs, ne valant pas mieux qu'eux, étaient, par conséquent, sous la même condamnation ; et il dit tout cela non pour les exciter à rechercher « la noble vertu de l'humilité », mais « afin que tous aient la bouche fermée et que tout le monde soit reconnu coupable devant Dieu (Rm 3.19).

Il leur montre ensuite qu'ils étaient sans force, aussi bien que coupables, ce qui est évidemment le sens de ce qu'il ajoute : « C'est pourquoi personne ne sera justifié devant lui par les œuvres de la loi. » — Mais, dit-il encore, la justice de Dieu a été manifestée ; la justice, dis-je, de

Dieu, qui est par la foi en Jésus-Christ. » « Nous concluons donc que l'homme est justifié par la foi, sans les œuvres de la foi » ; expressions ayant toutes pour but « d'empêcher la fierté de l'homme de paraître » (Jb 33.17), de l'humilier jusque dans la poussière, sans lui apprendre à regarder son humilité comme une vertu ; de faire naître dans son cœur cette conviction vive et profonde de sa corruption complète, de sa culpabilité et de sa grande faiblesse, qui rejette le pécheur dépouillé de tout, perdu et ruiné, sur son puissant libérateur Jésus-Christ, le Juste.

9. On ne peut s'empêcher de remarquer ici, que le christianisme commence justement là où se termine la morale païenne, car la pauvreté d'esprit, la conviction de péché, le renoncement à soi-même, l'absence de notre propre justice (qui est le premier point exigé par la religion de Jésus-Christ) ; toutes ces choses laissent le paganisme bien loin derrière elles. Elles ont toujours été cachées aux sages de ce monde ; tellement, que la langue latine, même avec les perfectionnements qu'elle a reçus sous Auguste, ne contient pas même un seul mot pour désigner l'humilité (le mot latin d'où nous dérivons notre expression, ayant une signification différente) ; et il n'en existait point dans le grec, cette langue si riche, jusqu'à ce que le grand Apôtre en eût formé un.

10. Oh ! Puissions-nous sentir ce qu'ils ne pouvaient pas exprimer ! Pécheur ! Réveille-toi ! Connais-toi toi-même ! Souviens-toi et sens que « tu as été formé dans l'iniquité », que « ta mère t'a conçu dans le !péché » (Ps 51.7), et que tu as entassé toi-même péché sur péché, dès que tu as pu discerner le bien du mal ! Abaisse-toi sous la main puissante de Dieu, en te reconnaissant justement condamné à la mort éternelle, et mets de côté, abandonne, déteste toute idée de pouvoir jamais t'aider toi-même. Que tout ton espoir soit d'être lavé dans le sang de Christ et d'être renouvelé par l'Esprit tout puissant de Celui « qui a porté nos péchés en son corps sur le bois (1 P 2.24) ! » Alors tu pourras témoigner de la vérité de cette parole : « Heureux les pauvres en esprit, car le royaume des cieux est à eux. »

11. En disant que le royaume des cieux est aux pauvres en esprit, notre Seigneur parle ici de ce royaume des cieux (ou de Dieu), qui est en nous ; savoir : « la justice, la paix et la joie par le Saint-Esprit (Rm 14.17). » Et qu'est-ce que la justice, si ce n'est la vie de Dieu dans l'âme, les dispositions que Jésus-Christ a eues, l'image de Dieu empreinte dans le cœur renouvelé d'après l'image de celui qui l'a créé ? » Qu'est-ce, si ce n'est l'amour que nous devons à Dieu, parce qu'il nous a aimés le premier, et l'amour que nous devons à toute l'humanité, par amour pour Dieu ?

Qu'est-ce que la paix, la paix de Dieu, si ce n'est ce calme serein de l'âme, ce doux repos dans le sang de Jésus, qui ne nous laisse pas le moindre doute d'avoir été acceptés de lui ; qui exclut toute crainte, hormis la crainte affectionnée et filiale d'offenser notre père qui est aux cieux ?

Ce royaume intérieur consiste aussi dans la joie par le Saint-Esprit ; car cet Esprit scelle sur nos cœurs « la Rédemption acquise par le sang de Jésus » (Rm 3.23), la justice de Christ, qui nous est imputée par la rémission des péchés commis auparavant ; « et il nous donne maintenant le gage de notre héritage » (Ep 1.14), de la couronne que le Seigneur, le juste juge, donnera en ce jour-là. Et on peut bien l'appeler « le royaume des cieux », puisque c'est le ciel déjà ouvert sur la terre, la première source de ces plaisirs qui coulent à la droite de Dieu pour toujours.

12. « Le royaume des cieux est à eux. » Qui que tu sois, à qui Dieu a donné d'être pauvre en esprit, de te sentir perdu, tu as des droits à ce royaume, par la promesse gracieuse de Celui qui ne peut mentir. Il a été acheté pour toi par le sang de l'Agneau. Il est près de toi. Tu es à l'entrée du ciel ! Un pas de plus et tu entreras dans le royaume de justice, de paix et de joie ! N'es-tu que péché ? « Voici l'Agneau do Dieu qui ôte les péchés du monde (Jn 1.29) ! » — Qu'impureté ? Regarde à ton « avocat auprès du Père, savoir : Jésus-Christ, le Juste. » — Es-tu incapable d'expier la moindre de tes fautes ? — « C'est lui qui est la propitiation pour » tous tes « péchés. » Crois, maintenant, au Seigneur Jésus-Christ ; et tous tes péchés sont effacés ! — Es-tu entièrement souillé d'âme et de corps ? Voici « la source pour le péché et pour la souillure (Za 13.1) ! » « Lève-toi, et sois lavé de tes péchés ! » Que l'incrédulité ne te suggère ni doute, ni défiance quant à la promesse de Dieu ! donne gloire à Dieu, aie le courage de croire, écrie-toi, maintenant, du fond du cœur :

> Oui, je me soumets, je me soumets enfin,
> J'écoute ton sang qui plaide pour moi ;

Je me jette, avec tous mes péchés,
Aux pieds de mon Dieu, qui les a expiés.

13. C'est alors que tu apprends de lui à être « humble de cœur (Mt 11.29). » Voilà ce qui constitue la vraie humilité, l'humilité naturelle et chrétienne, qui découle du sentiment de l'amour de Dieu réconcilié avec nous en Jésus-Christ. La pauvreté d'esprit, d'après cette signification du mot, commence là où se termine le sentiment de notre culpabilité et de la colère de Dieu ; c'est un sentiment continuel de notre dépendance entière de lui, pour chaque bonne pensée, parole ou action ; de notre incapacité complète à faire le moindre bien, à moins qu'Il ne nous « arrose de moment en moment » (És 27.3) ; c'est aussi de l'aversion pour la louange qui vient des hommes, sachant que toute louange est due à Dieu seul. À cela se joignent une honte pleine d'amour, et une humiliation profonde devant Dieu, même pour les péchés qu'il nous a sûrement pardonnés, et pour le péché qui reste encore dans notre cœur, quoique nous sachions qu'il ne nous est pas imputé pour notre perdition. Cependant, la conviction de ce péché devient chaque jour plus intime. Plus nous croissons en grâce, plus nous nous apercevons de la désespérante méchanceté de notre cœur. Plus nous avançons dans la connaissance et dans l'amour de Dieu, par notre Seigneur Jésus-Christ (quelque mystérieux que ceci puisse paraître à ceux qui ne connaissent pas le pouvoir de Dieu à salut), plus nous sentons notre éloignement naturel à l'égard de Dieu, l'inimitié qui existe contre lui dans notre esprit charnel, et la nécessité d'être entièrement renouvelés en justice et en vraie sainteté.

II

Examinons maintenant la deuxième béatitude.

1. Celui qui commence à connaître par expérience le royaume intérieur des cieux, n'a, il est vrai, presque aucune conception de la nécessité dont nous venons de parler. « Dans sa prospérité, il dit : Je ne serai jamais ébranlé ; ô Éternel ! tu as mis la force dans ma montagne (Ps 30.7, 8). » Il a tellement écrasé le péché sous ses pieds, qu'il peut à peine croire qu'il existe en lui. Il impose même le silence à la tentation, et elle se tait ; elle ne peut approcher de lui pour le moment. Il est porté sur les nues par les chariots de la joie et de l'amour ; il prend son essor « comme sur des ailes d'aigle (És 19.4). » Mais notre Seigneur savait bien que souvent cet état de triomphe ne dure pas : c'est pourquoi il ajoute aussitôt : « Heureux ceux qui sont dans l'affliction, car ils seront consolés. »

2. Nous ne pouvons nous imaginer que cette promesse appartienne à ceux qui pleurent pour quelque sujet terrestre ; à ceux qui sont dans l'affliction et dans la tristesse, à cause de quelque peine ou de quelque désappointement terrestre, tels que la perte de leur réputation ou de leurs amis, ou la diminution de leur ! fortune ; non plus qu'à ceux qui s'affligent par crainte de quelque mal temporel ou qui désirent les choses terrestres qui « font languir le cœur (Pr 13.12). » Ne pensons pas que de telles gens « recevront quelque chose du Seigneur. » Ce n'est pas à lui qu'ils pensent » ; ils se promènent parmi ce qui n'a que de l'apparence, et se tourmentent en vain (Ps 39.7). » « C'est de ma part que tout ceci vous arrivera », dit le Seigneur ; « vous serez gisants dans les tourments (És 50.11 Ed angl. Des Bibles polyglottes). »

3. Notre Seigneur parle ici de ceux qui sont dans l'affliction pour une raison plus sainte ; de ceux qui soupirent après Dieu, après celui en qui ils se sont peut-être déjà « réjouis d'une joie ineffable » (1 P 1.8), lorsqu'il leur a donné de goûter la bonne parole qui nous annonce le pardon, « et les puissances du siècle à venir » (Hé 11.5), mais auxquels maintenant « il cache sa face ; et ils sont troublés (Ps 104.29). » Ils ne peuvent le voir à travers le nuage ténébreux. Ils croyaient (parce qu'ils le désiraient) que la tentation et le péché étaient partis pour toujours ; mais ils les voient revenir bientôt, les poursuivre avec une nouvelle vigueur, et les entourer de tous côtés. Il n'est pas étonnant que leur âme soit tourmentée, que le trouble et la tristesse s'emparent d'eux. Le grand ennemi ne manquera pas alors de saisir cette occasion, et de demander : « Où est maintenant ton Dieu ? Où est donc la félicité dont tu parlais ? le commencement du royaume des cieux ? Quoi ! Dieu t'a-t-il dit : Tes péchés te sont pardonnés ? Sûrement, Dieu ne te l'a pas dit. Ce n'était qu'un rêve, qu'une simple illusion, qu'une création de ta propre imagination. Si tes péchés sont

pardonnés, pourquoi es-tu dans cet état ? Est-ce qu'un pécheur pardonné peut-être si souillé ? »
— Et si alors, au lieu de crier aussitôt à Dieu, ces chrétiens affligés raisonnent avec l'esprit séduc-
teur, ils seront vraiment remplis de tristesse, de chagrin et d'une angoisse inexprimable, Et même
lorsque Dieu luit de nouveau sur l'âme, et éloigne tous les doutes au sujet de sa miséricorde passée, cependant, celui qui est faible dans la foi peut encore être tenté et troublé, à cause de ce qui
est à venir ; surtout lorsque le péché intérieur se réveille et l'attaque violemment pour le faire
tomber. C'est alors qu'il peut s'écrier de nouveau : J'ai encore un péché ! c'est la crainte qu'après
avoir achevé ma carrière, je ne périsse sur le rivage ! Je crains de faire naufrage quant à la foi, et
que mon dernier état ne soit pire que le premier : que tout mon pain de vie ne me manque, et que
je ne tombe en enfer irrégénéré !

4. Il est sûr que cette « affliction » semble d'abord un sujet de tristesse et non pas de joie ;
mais elle produit ensuite un fruit paisible pour ceux qui ont été ainsi exercés (Hé 12.11). » Heureux donc ceux qui sont ainsi affligés ! s'ils attendent le Seigneur, et ne se laissent pas détourner
de la voie par les pauvres consolations de ce monde ; s'ils rejettent hardiment toutes celles du
péché, de la folie et de la vanité ; tous les divertissements et les vains amusements du monde ;
tous les plaisirs « qui sont pernicieux par leurs abus » (Col 2.22), et qui ne tendent qu'à engourdir
et endormir l'âme, afin qu'elle perde le sentiment, soit d'elle-même, soit de Dieu. Heureux ceux
qui « continuent à connaître l'Éternel » (Os 6.3), et qui refusent constamment toute autre consolation. Ils seront consolés par son esprit, par une nouvelle manifestation de son amour, par un témoignage qui ne leur sera jamais ôté, de leur acceptation en Jésus-Christ, le Bien-Aimé. Cette
« confiance pleine et parfaite » (Hé 10.22) dissipe les doutes aussi bien que toutes les craintes qui
les tourmentent. Dieu leur donne maintenant une espérance assurée de quelque chose de durable, et « une consolation ferme par grâce. » Sans disputer, pour savoir s'il est possible à de telles
personnes, « qui ont été une fois illuminées, et qui ont été faites participantes du Saint-Esprit (Hé
6.4), de retomber ; qu'il leur suffise de dire, par le pouvoir de l'Esprit qui demeure en elles : « Qui
nous séparera de l'amour de Christ ? — Je suis assuré que ni la vie, ni la mort, ni les choses présentes, ni les choses à venir, ni les choses élevées, ni les choses basses, ne nous pourront séparer
de l'amour que Dieu nous a montré, en Jésus-Christ notre Seigneur (Rm 8.35-39). »

5. Ces états successifs de l'âme, celui dans lequel on soupire après un Dieu absent et celui
dans lequel on retrouve la joie de contempler sa face, semblent être esquissés dans les paroles que
notre Seigneur fit entendre à ses Apôtres, la nuit qui précéda sa passion : « Vous vous demandez
les uns aux autres ce que signifie ce que j'ai dit : dans peu de temps vous ne me verrez plus, et un
peu de temps après vous me reverrez. En vérité, en vérité, je vous dis que vous pleurerez et vous
vous lamenterez », lorsque vous ne me verrez pas ; « et le monde se réjouira », triomphera de
vous, comme si votre espoir vous avait abandonné. « Vous serez dans la tristesse » à cause de vos
doutes, de vos craintes, de vos tentations et de vos passions ; « mais votre tristesse sera changée
en joie » par le retour de Celui que votre cœur aime. « Quand une femme accouche, elle a des
douleurs parce que son terme est venu ; mais dès qu'elle est accouchée d'un enfant, elle ne se
souvient plus de son travail, dans la joie qu'elle a de ce qu'un homme est né dans le monde. De
même vous êtes maintenant dans la tristesse » ; vous êtes dans l'affliction et ne pouvez être consolés, « mais je vous verrai de nouveau, et votre cœur se réjouira » d'une joie calme et intérieure,
« et personne ne vous ravira votre joie (Jn 16.19-22). »

6. Mais quoique cette affliction soit passée, soit changée en une sainte joie, par le retour du
Consolateur, il y a encore une autre affliction bénie qui se trouve chez les enfants de Dieu. Ils
gémissent aussi à cause des péchés et des misères de l'humanité. « Ils pleurent avec ceux qui
pleurent (Rm 12.15). » Ils pleurent sur ceux qui ne pleurent pas sur eux-mêmes, sur ceux qui
pèchent contre eux-mêmes. Ils s'affligent à cause de la faiblesse, de l'infidélité de ceux mêmes qui
sont, jusqu'à un certain point, sauvés de leurs péchés. « Quelqu'un est-il affligé qu'ils n'en soient
aussi affligés ? Quelqu'un est-il scandalisé qu'ils n'en soient aussi comme brûlés (2 Co 11.29) ? Ils
sont attristés à cause de l'opprobre dont on couvre continuellement le Seigneur du ciel et de la
terre. Ils en ont toujours un sentiment profond qui les rend sérieux ; et ce sérieux n'est pas peu
augmenté depuis que les yeux de leur intelligence ont été ouverts, en voyant le vaste océan de
l'éternité, sans fond et sans bords, qui a déjà englouti des millions et des millions d'hommes ; et

qui demeure béant pour engloutir ceux qui restent encore. Ils voient, d'un côté, la maison éternelle de Dieu dans les cieux, et de l'autre, l'enfer et la destruction ; et cette vue leur fait sentir, l'importance de l'instant qui ne fait que passer et s'enfuit pour toujours.

7. Mais toute cette sagesse de Dieu est folie pour les hommes du monde. Cet état d'affliction et de pauvreté d'esprit n'est pour eux que stupidité et pesanteur. Et c'est beaucoup, s'ils ne décident pas même que c'est une simple rêverie ou une mélancolie, ou, plutôt, une frénésie et une folie évidentes. Et il n'est pas étonnant que ceux qui ne connaissent pas Dieu en jugent ainsi. Supposons que deux personnes marchent ensemble ; tout-à-coup l'un d'entre elles s'arrête et s'écrie, avec les signes de la crainte et de l'effroi : Au bord de quel précipice sommes-nous ! Regarde, nous allons périr ! Un pas de plus, et nous tombons dans ce gouffre sans fond ! Arrête, je n'irai pas plus loin, non ! pas pour tout au monde ! L'autre personne, au contraire, qui paraît, du moins, à ses propres yeux, douée d'une bonne vue, avance et ne voit rien du tout ; que pensera-t-elle de son compagnon, si ce n'est qu'il déraisonne, qu'il a perdu la tête, que tant de religion (s'il n'est pas coupable de posséder un grand savoir) l'a sûrement rendu fou !

8. Mais que les enfants de Dieu, ceux qui pleurent en Sion, ne soient agités par aucune de ces choses. Vous, dont les yeux sont éclairés, ne soyez pas troublés par ceux qui marchent encore dans les ténèbres. Vous ne poursuivez pas une ombre vaine : Dieu et l'éternité sont des réalités. Le ciel et l'enfer sont réellement ouverts devant vous, et vous êtes sur le bord du grand abîme. Cet abîme a déjà englouti des foules innombrables, peuples, nations, familles et langues ; et, la bouche béante, il est prêt à dévorer encore dans leur étourderie, les malheureux enfants des hommes, soit qu'ils le voient ou non. Oh ! criez à haute voix, et ne vous taisez pas ! Que votre prière s'élève vers Celui qui tient en ses mains le temps et l'éternité, pour qu'il ait pitié de vous et de vos frères, et qu'il vous juge dignes d'échapper à la destruction qui vient comme un tourbillon ! pour que vous puissiez arriver en sûreté à travers les flots et les tempêtes dans le port où vous désirez être recueillis ! Pleurez pour vous-mêmes, jusqu'à ce qu'il essuie toutes larmes de vos yeux. Et, alors, pleurez pour les calamités qui fondent sur la terre, jusqu'à ce que le Seigneur de tous ait fait cesser la misère et le péché, et qu'il ait essuyé les larmes de tous les yeux, jusqu'à ce qu'enfin « la terre soit remplie de la connaissance de l'Éternel, comme le fond de la mer des eaux qui le couvrent (És 11.9).

SERMON 22

Le sermon sur la montagne

Deuxième discours

« Heureux les débonnaires, car ils hériteront la terre. Heureux ceux qui ont faim et soif de la justice car ils seront rassasiés Heureux les miséricordieux, car ils, obtiennent miséricorde. » (Mt 5.5-7)

I

1. Lorsque « l'hiver est passé », lorsque « le temps des chansons est venu et que la voix de la tourterelle a déjà été ouïe dans la contrée » ; lorsque Celui qui console les affligés est revenu, « afin qu'il demeure éternellement avec eux », lorsqu'à la splendeur de sa présence, les nuages se dispersent — les nuages ténébreux du doute et de l'incertitude — les tempêtes de la crainte se dissipent, les flots du chagrin s'apaisent, et l'esprit de ceux qui gémissaient se réjouit de nouveau en Dieu, leur Sauveur ; c'est alors surtout que cette parole est accomplie, et que ceux qu'il a consolés peuvent rendre témoignage à la vérité de cette déclaration : « Heureux les débonnaires, car ils hériteront la terre. »

2. Mais qui sont « les débonnaires ? » Ce ne sont pas ceux qui ne s'affligent de rien, parce qu'ils ne connaissent rien, ou qui ne sont point émus par les maux qui surviennent, parce qu'ils ne discernent pas le mal du bien ; ce ne sont pas ceux qui sont abrités contre les chocs de la vie par une insensibilité stupide, et qui possèdent, soit naturellement, soit artificiellement, la vertu du bois et de la pierre, et ne s'émeuvent de rien parce qu'ils ne sentent rien. Les philosophes abrutis n'ont rien à faire ici. L'apathie est aussi éloignée de la débonnaireté que de l'humanité ; de sorte qu'il est difficile de concevoir que des chrétiens des siècles primitifs, surtout des Pères de l'Église, aient pu confondre ces deux qualités et prendre pour une branche du vrai christianisme, une des erreurs les plus impures du paganisme.

3. La débonnaireté chrétienne ne consiste pas non plus dans le manque de zèle pour Dieu, pas plus que dans l'ignorance ou l'insensibilité. Non, elle se garde de tout extrême, soit par excès, soit par défaut. Elle ne détruit pas, mais elle gouverne les affections que le Dieu de la nature n'a jamais eu l'intention d'arracher de nos cœurs par sa grâce, voulant seulement les placer sous l'empire de règles convenables. Elle maintient l'esprit dans une juste balance par rapport à la colère, au chagrin et à la crainte, tenant le juste milieu dans toutes les circonstances de la vie, sans pencher ni à droite, ni à gauche.

4. Il semblerait donc que la débonnaireté se rapporte proprement à nous-mêmes ; mais elle peut aussi se rapporter soit à Dieu, soit à notre prochain. Lorsque cette égalité d'âme a Dieu pour objet, on l'appelle ordinairement résignation, c'est-à-dire, acquiescement calme à la volonté de Dieu à notre égard, alors même que cette volonté peut n'être pas agréable à la nature ; soumission qui nous fait dire ! en toute circonstance « C'est l'Éternel ; qu'il fasse ce qui lui semblera bon. » Lorsque nous la considérons plus particulièrement dans ses rapports avec nous-mêmes, nous lui donnons le nom de patience ou de contentement d'esprit. Lorsqu'elle s'exerce enfin envers nos semblables, c'est alors douceur vis-à-vis des gens de bien, et support miséricordieux vis-à-vis des méchants.

5. Ceux qui sont véritablement débonnaires peuvent discerner clairement ce qui est mal, et ils peuvent aussi le supporter. Ils sont sensibles à toute chose mauvaise, mais cependant la débonnaireté a le dessus. Ils sont remplis de zèle pour l'Éternel des armées, mais leur zèle est toujours guidé par la connaissance, et modéré, dans toutes leurs pensées, leurs paroles et leurs actions, par

l'amour des hommes, aussi bien que par l'amour de Dieu. Ils ne cherchent point à éteindre aucune des passions que Dieu a placées dans leur nature, mais ils s'en rendent maîtres, ils les tiennent en sujétion et ne les emploient que pour le but voulu de Dieu. Et de cette manière on peut appliquer aux desseins les plus nobles même les passions les plus rudes et les plus désagréables : même la haine, la colère et la crainte, quand elles s'exercent contre le péché, et sont réglées par la foi et l'amour, peuvent servir de rempart et de défense à l'âme, en sorte que le malin ne puisse s'en approcher pour lui nuire.

6. Il est évident que cette disposition divine doit non seulement habiter, mais encore s'accroître en nous de jour en jour. Aussi longtemps que nous serons sur la terre, nous ne manquerons pas d'occasions pour l'exercer et pour la faire croître par cet exercice. « Car nous avons besoin de patience, afin qu'après avoir » fait et enduré « la volonté de Dieu, nous remportions l'effet de sa promesse. » Nous avons besoin de résignation pour pouvoir dire dans toutes les circonstances de la vie : « Qu'il en soit non comme je le voudrais, mais comme tu le veux. » Nous avons besoin de douceur envers tous les hommes, mais surtout envers les méchants et les ingrats ; autrement nous serons surmontés par le mal, au lieu de surmonter le mal par le bien.

7. La débonnaireté ne s'étend pas seulement aux actes extérieurs, comme les Scribes et les Pharisiens l'enseignaient autrefois, et comme ne manqueront pas de faire en tout temps les misérables docteurs qui ne sont point enseignés de Dieu. Notre Seigneur nous met en garde contre cette erreur et nous montre jusqu'où s'étend la débonnaireté, lorsqu'il dit : « Vous avez entendu qu'il a été dit aux anciens : Tu ne tueras point ; et celui qui tuera sera punissable par les juges. Mais moi je vous dis que quiconque se met en colère contre son frère sans cause, sera puni par le jugement ; et celui qui dira à son frère Raca, sera puni par le conseil ; et celui qui lui dira fou, sera puni par la géhenne du feu (Mt 5.21-22). »

8. Notre Seigneur place ici à l'égal du meurtre, même cette colère qui ne va pas plus loin que le cœur, qui ne se montre pas au dehors par de mauvais traitements, ni même par la vivacité des paroles :
« Quiconque se met en colère contre son frère », contre tout homme vivant, puisque nous sommes tous frères ; quiconque éprouve dans son cœur quelque rancune, quelque disposition contraire à l'amour ; quiconque se met en colère sans cause, sans motif suffisant, ou plus fortement que ce motif ne l'exige, « sera puni par le jugement », il sera, dès ce moment, exposé au juste jugement de Dieu.

Mais ne serait-on pas disposé, d'après quelques manuscrits, à omettre les mots sans cause ? Ne sont-ils pas tout-à-fait superflus ? Car si la colère contre une personne est contraire à la charité, comment peut-il y avoir une cause, une raison suffisante pour s'irriter, un motif pour justifier cette disposition aux yeux de Dieu ?

Quant à la colère contre le péché, elle est permise ; dans ce sens, nous pouvons nous mettre en colère et ne point pécher. Dans ce sens, il nous est rapporté que notre Seigneur lui-même s'est mis en colère : « Il les regarda tous avec indignation, étant affligé de l'endurcissement de leur cœur. » Il était affligé sur les pécheurs et irrité contre le péché. Et c'est là, sans aucun doute, une disposition qui est juste devant Dieu.

9. « Et celui qui, dira à son frère, Raca » — quiconque se laissera aller à la colère, au point de laisser échapper quelque expression de mépris. Les commentateurs remarquent que Raca est un mot syriaque qui signifie proprement vide, vain, sot ; de sorte que c'est l'expression la plus inoffensive dont nous puissions nous servir envers quelqu'un contre qui nous sommes en colère. Et cependant tout homme qui se servira d'une telle expression sera, comme notre Seigneur l'affirme, « puni par le conseil », ou plutôt sera jugé par le conseil : il sera exposé à une sentence plus sévère de la part du Juge de toute la terre.

« Et celui qui lui dira fou » ; — quiconque cèdera au Diable au point de se laisser aller, de propos délibéré, à des injures, à des outrages ou à des paroles offensantes, sera punissable par la géhenne du feu, sera, dès ce moment, exposé au plus terrible des châtiments. Il faut remarquer que notre Seigneur représente tous ces crimes comme sujets à une peine capitale. Le premier expose le coupable à être étranglé, punition ordinairement infligée à ceux qui étaient condamnés dans les cours inférieures ; le second l'expose à être lapidé, peine infligée généralement à ceux qui étaient condamnés par le grand conseil, à Jérusalem ; le troisième, à être brûlé vif, châtiment réservé aux criminels les plus grands, dans la « vallée des fils de Hinnom » ; d'où vient évidemment le mot géhenne.

10. Et comme les hommes sont naturellement portés à s'imaginer que Dieu excusera leur négligence à l'égard de quelques devoirs, en faveur de l'exactitude avec laquelle ils en remplissent d'autres, notre Seigneur prend soin tout aussitôt de couper court à cette imagination chimérique, quoique si commune. Il montre, qu'il est impossible à tout pécheur de transiger avec Dieu. Dieu n'acceptera point un devoir pour un autre et ne se contentera pas d'une demi-obéissance. Il nous fait savoir que l'accomplissement de notre devoir envers Dieu ne nous exemptera pas de notre devoir envers notre prochain ; que les œuvres de piété, comme on les appelle, bien loin de nous recommander à Dieu, si nous manquons de charité, seront au contraire une abomination à l'Éternel, à cause même de ce manque de charité.

« Si donc tu apportes ton offrande à l'autel, et que là tu te souviennes que ton frère a quelque chose contre toi », à cause de ta conduite désobligeante envers lui, des injures que tu lui as peut-être dites, en l'appelant Raca ou fou, ne pense pas que ton offrande puisse expier ta colère, ou être agréée par Dieu aussi longtemps que ta conscience est souillée d'un péché dont tu ne t'es pas encore repenti. « Laisse là ton offrande devant l'autel, et va-t'en premièrement te réconcilier avec ton frère » (fais, du moins, tout ce qui dépend de toi pour cela) ; « et, après cela, viens et offre ton offrande (Mt 5.23, 24). »

11. Et qu'il n'y ait aucun retard dans une affaire qui intéresse ton âme de si près. « Accorde-toi au plus tôt avec ta partie adverse », maintenant, sur-le-champ. « pendant que tu es en chemin avec elle », s'il est possible, avant de la perdre de vue, « de peur que ta partie adverse ne te livre au juge », de peur qu'elle n'en appelle à Dieu, le Juge suprême, « et que le Juge ne te livre au sergent », à Satan, l'exécuteur de la colère de Dieu ; « et que tu ne sois mis en prison », en enfer, on tu seras réservé pour le jugement du grand jour. « Je te dis en vérité que tu ne sortiras pas de là jusqu'à ce que tu aies payé le dernier quadrain (Mt 5.25, 26). » Mais il est impossible pour toi de jamais t'acquitter, puisque tu n'as rien pour payer. Si donc tu entres une fois dans cette prison, la fumée de ton tourment « montera aux siècles des siècles. »

12. Mais quant aux débonnaires, ils hériteront la terre. Telle est la folie de la sagesse mondaine ! Les sages de ce monde les avaient bien avertis mainte et mainte fois, — que s'ils supportaient sans vengeance de tels traitements, que s'ils se laissaient ainsi lâchement maltraiter sans résistance, il n'y aurait pas moyen pour eux de vivre sur cette terre, ils ne pourraient jamais se procurer les choses nécessaires à la vie, ni même conserver ce qu'ils avaient, qu'ils ne pourraient attendre ni paix, ni possession paisible, ni jouissance d'aucune chose. Ils auraient eu parfaitement raison s'il n'y avait point de Dieu dans le monde on s'il ne s'inquiétait en rien des enfants des hommes. Mais quand Dieu se lève pour exécuter ses jugements, pour délivrer tous les débonnaires de la terre », comme il se rit de toute cette sagesse païenne, comme il fait tourner la fureur de l'homme à sa gloire ! Il prend un soin particulier de fournir aux siens tout ce qui est nécessaire à la vie et à la piété ; en dépit de la force, de la fourberie ou de la malice des hommes, il leur assure ce qu'il a préparé pour eux, et toutes ces choses, il les leur donne abondamment pour en jouir ; que ce soit peu ou beaucoup, la jouissance leur en est douce. Comme ils possèdent leurs âmes par leur patience, de même aussi ils possèdent véritablement tout ce que Dieu leur a donné. Ils sont toujours contents, toujours satisfaits de ce qu'ils ont. Cette part, leur plaît parce qu'il a plu à Dieu de la leur assigner. En sorte que, pendant que leur cœur, leurs désirs, leur joie, sont dans le ciel, on peut dire d'eux avec vérité qu'ils héritent la terre.

13. Mais ces paroles semblent avoir encore une signification plus étendue, et indiquer, que les débonnaires auront une meilleure portion dans cette « nouvelle terre, où la justice habite », dans cet héritage, dont saint Jean nous a donné une description générale (et nous en connaîtrons les détails plus tard) dans le vingtième chapitre de l'Apocalypse : « Après cela, je vis descendre du ciel un ange, — et il saisit le dragon, l'ancien serpent, — et le lia pour mille ans. — Je vis aussi les âmes de ceux qui avaient été décapités pour le témoignage de Jésus et pour la Parole de Dieu, qui n'avaient point adoré la bête ni son image, et qui n'avaient point pris sa marque sur leurs fronts, ou à leurs mains, et qui devaient vivre et régner avec Christ, pendant ces mille ans. Mais le reste

des morts ne ressuscitera point, jusqu'à ce que les mille ans soient accomplis. C'est là la première résurrection. Heureux et saint celui qui a part à la première résurrection. La seconde mort n'a point de pouvoir sur eux ; mais ils seront sacrificateurs de Dieu et de Christ, et ils règneront avec lui mille ans (Ap 20.1-6). »

II

1. Jusqu'ici, notre Seigneur s'est principalement attaché à lever les obstacles qui s'opposent à la vraie religion. Tel est l'orgueil, le premier, le plus grand de tous ces obstacles qui est déraciné par la pauvreté d'esprit ; telles sont la légèreté et l'irréflexion qui empêchent la religion de prendre racine dans l'âme, jusqu'à ce qu'elles soient détruites par une sainte affliction à cause du péché ; tels sont encore la colère, l'impatience, le mécontentement, qui sont guéris par la débonnaireté chrétienne. Et dès que ces obstacles sont écartés, dès que ces maladies de l'âme, qui excitaient continuellement en elle de faux besoins et la remplissaient d'appétits dépravés, sont guéries, alors reparaissent les appétits naturels d'un esprit né pour le ciel ; il a faim et soif de la justice, et « bienheureux ceux qui ont faim et soif de la justice, car ils seront rassasiés. »

2. La justice, comme nous l'avons déjà dit, est l'image de Dieu, l'esprit qui était en Jésus-Christ ; c'est l'union de toutes les dispositions saintes et célestes prenant leur source et se résumant dans l'amour de Dieu, comme notre Père et notre Rédempteur, et dans l'amour de tous les hommes par amour pour Dieu.

3. « Heureux ceux qui ont faim et soif de la justice. » Pour comprendre toute la force de cette expression, remarquons premièrement, que la faim et la soif sont les plus énergiques de nos appétits corporels. De même cette faim de l'âme, cette soif de l'image de Dieu est le plus énergique de nos désirs spirituels ; dès qu'il est une fois réveillé dans le cœur, tout autre désir est absorbé par celui d'être renouvelé à l'image de Celui qui nous a créés. — Remarquons, en second lieu, que, dès le moment que nous commençons à ! Éprouver la faim et la soif, ces besoins ne cessent plus, mais deviennent de plus en plus pressants et importuns, jusqu'à ce que nous puissions manger et boire, ou que nous mourions. Et, de même, dès le moment que nous commençons à avoir faim et soif de l'esprit qui était en Christ, ces désirs spirituels ne cessent plus, mais nous font crier avec une importunité croissante après la nourriture qui peut les satisfaire, et il est impossible qu'ils s'apaisent avant d'être rassasiés tant qu'il y a en nous quelque reste de vie spirituelle. — Remarquons, en troisième lieu, que la faim et la soif ne peuvent se satisfaire avec rien autre que le manger et le boire. Donnez tout le monde à celui qui a faim ; donnez-lui les vêtements les plus somptueux, tout l'appareil de la grandeur, tous les trésors de la terre, entassez devant lui tout l'or et l'argent, rendez-lui tous les honneurs imaginables ; il n'y prendra pas garde, tout cela n'est rien pour lui en ce moment ; tout cela ne l'empêchera pas de dire : Ce n'est pas là ce qu'il me faut ; donnez-moi de la nourriture, ou je meurs ! Il en est exactement de même pour toute âme qui a véritablement faim et soif de la justice. Elle ne peut trouver de consolation nulle autre part ; elle ne peut se satisfaire d'aucune autre chose ; donnez-lui, en dehors de cela, tout ce que vous voudrez, richesses, honneurs, plaisirs, elle en fera peu de cas et vous dira encore : Ce n'est pas là ce qu'il me faut ; donnez-moi l'amour de Dieu ou je meurs !

4. Et il est aussi impossible de satisfaire une telle âme, une âme qui a soif de Dieu, du Dieu vivant, avec ce que le monde appelle religion, qu'avec ce qu'il appelle bonheur. La religion du monde implique trois choses : 1. ne pas faire de mal, s'abstenir de péchés extérieurs, de ceux au moins qui pourraient causer du scandale, tels que le brigandage, le vol, les jurements, l'ivrognerie. 2. faire du bien, soulager les pauvres, être charitable, comme on dit. 3. User des moyens de grâce ; au moins aller à l'église et participer à la Cène. Celui qui réunit ces trois caractères est appelé par le monde un homme religieux. Mais y a-t-il là de quoi satisfaire celui qui a soif de Dieu ? Non, ce n'est pas là de la nourriture pour son âme. Il lui faut une religion d'une plus noble espèce, une religion plus élevée et plus profonde que celle-là. Il lui est aussi impossible de se nourrir de ce misérable et vide formalisme, que de « remplir son cœur du vent d'Orient. » Il prend soin, il est vrai, de s'abstenir même de l'apparence du mal ; il est zélé pour les bonnes œuvres ; il profite de tous les moyens de grâce que Dieu a établis ; mais tout cela n'est pas ce qu'il désire si ardemment : ce n'est là que le dehors de cette religion dont il a une soif insatiable. Con-

naître Dieu en Jésus-Christ ; vivre de cette « vie » qui « est cachée avec Christ en Dieu » ; être
« uni au Seigneur dans un même esprit » ; avoir communion avec le Père et avec Jésus-Christ, son
Fils » ; « marcher dans la lumière, comme il est lui-même dans la lumière » ; « se purifier soi-
même, comme Lui aussi est pur », voilà la religion, la justice dont il a faim, et il ne peut goûter
aucun repos jusqu'à ce qu'il le trouve ainsi en Dieu lui-même.

5. « Heureux ceux qui ont » ainsi « faim et soif de la justice, car ils seront rassasiés. » Ils seront
rassasiés des choses après lesquelles ils soupirent, savoir : de justice et de vraie sainteté. Dieu les
rassasiera des bénédictions de sa bonté, de la félicité des élus. Il les nourrira du pain du ciel, de la
manne de son amour. Il les abreuvera de sa propre félicité comme de cette eau de laquelle celui
qui boit n'aura plus jamais soif, si ce n'est d'une mesure toujours plus abondante de cette eau
vive. Cette soif durera toujours. « Toute soif douloureuse, tout désir angoissant, disparaîtront
devant ta présence réjouissante ; mais, quoique rassasiée, mon âme demandera encore toute une
éternité pour aimer Dieu. »

6. Qui que tu sois, à qui Dieu a donné d'avoir « faim et soif de la justice », crie à l'Éternel
afin que tu ne perdes jamais ce don inestimable — afin que cet appétit céleste ne s'apaise jamais.
Si l'on te reprend pour te faire taire, n'y fais aucune attention, mais crie encore plus fort : « Seigneur Jésus, aie pitié de moi ! » Que je ne vive que pour être saint comme tu es saint ! Ne dépense
plus ton argent pour ce qui ne nourrit point, et ton travail pour ce qui ne rassasie point. » Espères-tu donc pouvoir trouver le bonheur en fouillant la terre, en le cherchant dans les choses de
ce monde ? Oh ! Foule aux pieds tous ses plaisirs, méprise ses honneurs, regarde ses richesses et
même tout ce qui est sous le soleil comme des ordures et du fumier, « en comparaison de
l'excellence de la connaissance de Jésus-Christ », en comparaison du renouvellement complet de
ton âme à l'image de Dieu, dans laquelle elle fut primitivement créée. Garde-toi d'assoupir cet
appétit spirituel avec ce que le monde appelle religion ; avec cette religion de forme, d'étalage
extérieur qui laisse le cœur aussi terrestre et aussi sensuel qu'auparavant. Que rien ne puisse te
satisfaire, si ce n'est la force de la piété, la religion qui est esprit et vie. Ne sois rassasié que lorsque tu demeureras en Dieu et Dieu en toi, que lorsque tu vivras dans le monde invisible, après
être entré par le sang de l'aspersion jusqu'au « dedans du voile » et t'être « assis dans les lieux
célestes en Jésus-Christ. »

III

1. Et plus on est rempli de la vie de Dieu, plus on s'intéresse tendrement à ceux qui sont encore sans Dieu dans le monde, qui sont encore morts dans leurs fautes et dans leurs péchés. Et cet
intérêt pour autrui ne perdra pas sa récompense : « Heureux les miséricordieux, car ils obtiendront miséricorde. »

Le mot employé ici par notre Seigneur désigne surtout ceux dont le cœur est compatissant et
sensible, et qui, bien loin de mépriser ceux qui n'ont pas faim et soif de Dieu, sont profondément
affligés à leur sujet.

Cette partie éminente de l'amour fraternel est ici, par une figure assez ordinaire, mise pour le
tout ; de sorte que les miséricordieux, dans la signification complète du mot, sont ceux qui aiment
leur prochain comme eux-mêmes.

2. A cause de la grande importance de cet amour, sans lequel, « quand même nous parlerions
toutes les langues des hommes et même des anges ; quand même nous aurions le don de prophétie, la connaissance de tous les mystères et la science de toutes choses ; quand même nous aurions
toute la foi, jusqu'à transporter les montagnes ; quand même nous distribuerions tous nos biens
pour la nourriture des pauvres, et que même nous livrerions nos corps pour être brûlés, nous ne
sommes rien », à cause, dis-je, de la grande importance de cet amour ; la sagesse de Dieu nous en
a donné, par l'apôtre Paul, une description complète et détaillée. En l'examinant, nous verrons
très clairement quels sont ces miséricordieux qui obtiendront miséricorde.

3. « La charité », ou l'amour (comme il serait à désirer qu'on eût traduit partout, parce que
c'est un mot beaucoup plus clair et moins équivoque), l'amour dont nous devons aimer notre
prochain comme Christ nous a aimés, « est patient » envers tous les hommes ; il supporte toutes
les faiblesses, l'ignorance, les erreurs, les infirmités, toute la mauvaise humeur et le peu de foi des

enfants de Dieu, toute la malice et la méchanceté des enfants du monde. Et il supporte tout cela, non seulement pour un peu de temps, mais jusqu'à la fin, donnant toujours à manger à son ennemi quand il a faim ; s'il a soif, lui donnant à boire, et lui amassant ainsi continuellement « des charbons de feu sur la tête. »

4. Et dans tout ce qu'elle fait pour atteindre un but si désirable, celui de surmonter le mal par le bien, la charité est « pleine de bonté. » Elle est tendre, douce, obligeante. Elle est aussi éloignée que possible de toute humeur chagrine, de toute rudesse et de toute aigreur, et elle remplit à la fois ceux qui souffrent de la douceur la plus aimable et de l'affection la plus vraie et la plus tendre.

5. Il en résulte nécessairement que « la charité n'est point envieuse. » Elle ne peut pas l'être, puisqu'elle est justement l'opposé de cette disposition funeste. Il est impossible à celui qui possède cette affection tendre pour tout le monde et qui souhaite sincèrement pour toute âme que Dieu a créée, toutes les bénédictions temporelles et spirituelles, toutes les bonnes choses de ce monde et du monde à venir, d'éprouver du chagrin de ce qu'il accorde des biens à l'un des enfants des hommes. S'il les a reçus, lui aussi, loin de s'affliger, il se réjouit de ce qu'un autre a part à la même grâce. Et si Dieu ne les lui a pas accordés, il le bénit cependant de ce que son frère au moins les possède, et de ce que ces biens augmentent son bonheur. Et plus son amour est grand, plus les bénédictions accordées à l'humanité lui procurent de plaisir, plus il est éloigné de toute sorte d'envie envers une créature quelconque.

6. La charité « n'est pas insolente », ou plutôt (comme le mot peut aussi se traduire), n'est pas téméraire ou précipitée dans ses jugements ; elle ne se hâtera pas de condamner quelqu'un. Elle ne prononce pas une sentence sévère d'après une vue superficielle ou rapide des choses : elle pèse d'abord toutes les preuves, surtout celles qui sont produites en faveur de l'accusé. Celui qui aime véritablement son prochain n'est pas comme la généralité des hommes qui, même dans les cas les plus difficiles, « voient un peu, conjecturent beaucoup, et alors arrivent d'un saut à la conclusion. » Non, il avance avec prudence et circonspection, prenant garde à chaque pas et se conformant volontiers à cette règle des anciens païens (si différente de celle de bien des chrétiens d'aujourd'hui) : « Je suis si éloigné de croire à la légère ce qu'un homme me dit contre un autre, que je crois à peine ce que quelqu'un me dit contre lui-même. Je lui donne toujours le temps de réfléchir et souvent de recevoir aussi des conseils. »

7. Il suit de là que la charité « ne s'enfle point » ; elle ne pousse aucun homme « à avoir de lui-même une plus haute opinion qu'il ne doit », mais elle lui donne des sentiments modestes et abaisse même son âme jusque dans la poussière ; elle détruit toute présomption qui engendre l'orgueil, et nous donne de la joie de n'être rien, d'être petits et méprisables, les moindres de tous, les serviteurs de tous. Ceux qui s'aiment réciproquement, d'une affection tendre et fraternelle, se préviennent les uns les autres par honneur. Ceux qui sont unis par une même affection, « estiment les autres, par humilité, plus excellents qu'eux-mêmes. »

8. « Elle n'est point malhonnête », elle n'offense personne volontairement. Elle « rend à chacun ce qui lui est dû : à qui la crainte, la crainte ; à qui l'honneur, l'honneur » ; à tous, à des degrés différents, la civilité, l'affabilité, l'humanité. Elle rend « l'honneur à tout le monde. » Un écrivain moderne définit ce qu'il y a de mieux en fait de bonnes manières, c'est-à-dire la politesse, en disant que c'est un désir continuel de plaire, qui paraît dans toute la conduite. S'il en est ainsi, personne n'est mieux élevé qu'un chrétien aimant toute l'humanité. Car il ne peut que désirer de complaire au prochain « pour le bien et pour l'édification » ; et ce désir ne peut être caché, il se montre nécessairement dans tous ses rapports avec tous les hommes, car sa charité est sans hypocrisie ; elle se montre dans toutes ses actions et tous ses discours ; elle le force même, mais, sans hypocrisie, « à se faire tout à tous, afin d'en sauver au moins quelques-uns. »

9. Et en se faisant tout à tous, la charité « ne cherche pas son propre intérêt. » En s'efforçant de plaire à tous les hommes, celui qui aime l'humanité n'a nullement en ! vue son avantage temporel à lui. Il ne désire « ni l'argent, ni l'or, ni les vêtements de personne » ; il ne veut que le salut des âmes. On pourrait même dire que, dans un sens, il ne cherche pas non plus son avantage spirituel ; car, tandis que toutes ses facultés sont employées pour sauver les âmes de la mort, il s'oublie pour ainsi dire lui-même. Il ne pense pas à lui-même, tant ce zèle pour la gloire de Dieu

le dévore. Et même, il semble parfois, par un excès d'amour, s'abandonner corps et âme et s'écrier avec Moïse : « Hélas ! je te prie, ce peuple a commis un grand péché ; mais maintenant pardonne-leur leur péché ou efface-moi maintenant de ton livre que tu as écrit » (Ex 32.31, 32) ; ou avec saint Paul : « Je désirerais moi-même d'être anathème à cause de Christ, pour mes frères, qui sont mes parents selon la chair (Rm 9.3). »

10. Il n'est pas étonnant, qu'un tel amour ne s'aigrisse point. Les paroles de saint Paul sont absolues ; « la charité ne s'aigrit point », elle n'est désobligeante envers personne. Les occasions ne manqueront pas, il est vrai, où elle sera assiégée par des provocations extérieures de divers genres ; mais celui qu'elle anime ne cède pas à la provocation ; il triomphe de tout ; dans toutes les épreuves, il regarde à Jésus et est « plus que vainqueur » en son amour.

11. La charité « ne pense point à mal » et prévient ainsi mille provocations : L'homme miséricordieux ne peut sans doute éviter de connaître bien des choses qui sont mauvaises, il ne peut s'empêcher de les voir de ses yeux et de les entendre de ses oreilles ; car la charité ne lui ferme pas les yeux, de manière à ce qu'il lui soit impossible de voir de telles choses ; elle ne lui ôte pas son intelligence ou ses sens, de manière qu'il ne puisse pas connaître qu'elles sont mauvaises. Lorsqu'il voit, par exemple, un homme frapper son prochain, ou lorsqu'il l'entend blasphémer, il ne peut mettre en question le fait qu'il vient de voir ou les paroles qu'il vient d'entendre, et il ne peut douter de leur caractère mauvais. Cependant elle ne soupçonne point le mal, ce qui ne se rapporte pas à ce que nous voyons et entendons, ni aux actes involontaires de notre intelligence ; mais nous péchons contre ce précepte, quand nous pensons volontiers à mal sans y être forcés par l'évidence ; quand nous concluons qu'il y a du mal là où il n'en paraît point, quand nous raisonnons sur des choses que nous ne voyons pas, quand nous supposons ce que nous n'avons ni vu ni entendu. Voilà ce que la vraie charité détruit entièrement. Elle arrache, racines et branches, tout ce qui peut nous faire concevoir le mal que nous ne connaissons pas. Elle rejette toute jalousie, tous les mauvais soupçons, toute promptitude à croire le mal. Elle est franche, ouverte, sans défiance ; et de même qu'elle ne peut machiner le mal, elle ne peut non plus le craindre.

12. « Elle ne se réjouit pas de l'injustice », bien que ce soit une chose ordinaire que ceux qui portent le nom de Christ ne se fassent pas scrupule de se réjouir quand leur ennemi est affligé, ou tombe dans l'erreur ou le péché. À la vérité, il est difficile à des gens animés de l'esprit de parti de ne pas éprouver de la joie lorsqu'ils découvrent, dans le parti opposé, une faute, une tache réelle ou supposée, — soit dans leurs principes, soit dans leur conduite. Parmi les chauds défenseurs d'une cause quelconque, en est-il un seul qui soit exempt de ce péché ? qui soit assez calme pour rester innocent ? qui ne se réjouit lorsque son adversaire fait un faux pas, si sa propre cause peut en retirer quelque avantage ? Ce ne peut-être qu'un homme rempli d'amour. Lui seul s'afflige du péché ou de la folie de son ennemi, ne trouve aucun plaisir à en entendre parler ou à en parler lui-même, mais souhaite plutôt qu'on l'oublie pour toujours.

13. Mais il « se réjouit de la vérité » partout où il la trouve, de cette « vérité qui est selon la piété », et qui produit des fruits convenables : la sainteté du cœur et la sainteté de la conduite. Il se réjouit de voir que ceux mêmes qui lui sont opposés, soit dans les opinions, soit dans la pratique, aiment cependant Dieu et sont d'ailleurs irréprochables. C'est avec joie qu'il entend dire du bien d'eux et qu'il en dit lui-même, autant qu'il le peut sans s'écarter ! de la justice et de la vérité. Et ! en général, il trouve, dans le bien répandu parmi la race humaine, que ce soit au loin ou au près, un sujet de joie. Comme citoyen du monde, il réclame une part au bonheur de tous ses habitants. Parce qu'il est homme, il n'est pas indifférent au bien-être de l'homme, mais il jouit de ce qui peut glorifier Dieu, et répandre la paix et la bienveillance parmi les hommes.

14. Cet amour « excuse tout. » Le miséricordieux ne parle pas volontiers de l'iniquité parce qu'il n'y prend pas de plaisir. Il tient secret tout le mal qu'il voit, qu'il entend ou qu'il sait, autant qu'il le peut, sans « participer aux péchés d'autrui. » En quelque lieu qu'il se trouve, et avec qui que ce soit, s'il voit quelque chose qu'il désapprouve, il n'en parle pas, si ce n'est à la personne intéressée, pour s'efforcer de gagner son frère. Il est si éloigné de faire, des fautes ou des chutes d'autrui, un sujet de conversation, qu'il ne parle jamais des absents, à moins qu'il ne puisse en dire du bien. Les rapporteurs, les médisants, les délateurs, les calomniateurs, sont à ses yeux des

meurtriers. Il aimerait tout autant couper la gorge à son prochain que de flétrir ainsi sa réputation. Il ne songera pas plus à incendier la maison de son voisin qu'à jeter ainsi « des tisons de feu, des flèches et des choses propres à tuer », et dire ensuite : « Ne me jouais-je pas (Pr 26.18, 19) ? »

Il ne fait qu'une seule exception. Quelquefois il est convaincu que la gloire de Dieu, ou (ce qui revient au même) le bien de son prochain, demande que le mal ne soit point caché. Dans ce cas, pour être utile à l'innocent, il est forcé de nommer le coupable. Mais, même alors il ne parlera que lorsque l'amour, un amour supérieur l'y contraindra. Il ne le fera pas, à cause d'un dessein confus de faire généralement le bien ou d'avancer la gloire de Dieu ; il faudra qu'il y soit poussé par la vue claire d'un but particulier, d'un bien déterminé. Même alors il ne parlera point sans être entièrement persuadé que ce moyen est nécessaire pour le but qu'il se propose, que le but ne peut être atteint, du moins aussi complètement, d'aucune autre manière. Il le fait alors avec chagrin et répugnance, comme s'il se servirait d'un remède violent pour un cas désespéré, d'un ! poison pour antidote à un autre poison. Par conséquent, il s'en sert aussi peu que possible, de peur qu'en parlant trop il ne viole la loi d'amour plus qu'il ne l'aurait fait en ne parlant pas du tout.

15. La charité « croit tout. » Elle a une aussi bonne opinion que possible de tout ; elle donne un sens favorable à tout. Elle est prête à croire tout ce qui peut être avantageux à la réputation de qui que ce soit. Elle est facilement convaincue de ce qu'elle désire vivement, de l'innocence et de l'intégrité d'un accusé, ou du moins de la sincérité de sa repentance s'il s'est égaré. Elle est heureuse d'excuser ce qui peut avoir été mal, de condamner le coupable aussi peu que possible, et d'avoir pour la faiblesse humaine autant d'indulgence qu'il est possible d'en avoir sans trahir la vérité de Dieu.

16. Et quand elle ne peut plus croire tout, alors la charité « espère tout. » A-t-on dit du mal de quelqu'un ? L'amour espère que le rapport est faux que l'action rapportée n'a pas eu lieu. — La chose est-elle certaine ? « Peut-être qu'elle n'a pas eu lieu de la manière qu'on la raconte, en sorte que l'on peut espérer qu'elle n'est pas aussi mauvaise qu'on l'a représentée. » — L'action est-elle évidemment mauvaise ? L'amour espère que l'intention ne l'est pas. — Est-il certain que le dessein aussi est mauvais ? « Il ne provient peut-être pas de la disposition habituelle du cœur, mais d'une impulsion soudaine des passions ou de quelque tentation violente qui aura entraîné la personne hors d'elle-même. » Et même lorsqu'elle ne peut plus douter que toutes les actions, les dispositions, les desseins sont également mauvais, la charité espère encore que Dieu déploiera la puissance de son bras en se soumettant le cœur rebelle, et qu'ainsi il y aura plus de joie dans le ciel sur la conversion de ce pécheur que pour quatre-vingt-dix-neuf justes qui n'ont pas besoin de repentance.

17. Enfin, « la charité endure tout », ce qui complète le caractère de celui qui est véritablement miséricordieux. Il n'endure pas quelques peines seulement, ni beaucoup de souffrances, ni même presque toutes, mais absolument toutes. Quelles que soient l'injustice, la malice, la cruauté des hommes, il peut les supporter. Rien n'est intolérable pour lui ; il ne dit jamais d'une chose : elle est insupportable. Non, il peut non seulement « faire » mais souffrir tout par Christ qui le fortifie ; et tout ce qu'il souffre ne détruit pas sa charité, n'y fait aucune brèche ; elle est à l'épreuve de tout ; c'est une flamme qui brûle même au milieu de l'abîme de la mer. « Beaucoup d'eaux ne pourraient éteindre cet amour-là ; et les fleuves mêmes ne le pourraient pas noyer. » Il triomphe de tout « il ne périt jamais », ni dans le temps ni dans l'éternité.

Et assurément les « miséricordieux obtiendront miséricorde », non seulement par la bénédiction de Dieu sur toutes leurs voies en leur rendant, dans une mesure mille fois plus abondante, l'amour qu'ils portent à leurs frères, mais aussi par « le poids éternel d'une gloire souverainement excellente » dans le royaume qui leur a été « préparé dès la fondation du monde. »

18. Pour un peu de temps, vous pouvez vous écrier « Hélas que je suis misérable de séjourner en Mésec et de demeurer dans les tentes de Kédar (Ps 120.5) ! Vous pouvez répandre votre âme en pleurs sur la perte de la vraie charité sur la terre ! Vous pouvez bien dire (mais non avec la signification primitive) « Voyez : comme ces chrétiens s'aiment » ; voyez ces royaumes chrétiens qui se déchirent les entrailles les uns aux autres, qui portent la désolation les uns chez les autres par le feu et par l'épée ! Ces armées chrétiennes dont les soldats se lancent les uns les autres en enfer par milliers, par myriades ! Ces nations chrétiennes qui sont toutes en feu par des troubles

intérieurs, parti se soulevant contre parti, faction contre faction ! Ces villes chrétiennes dont les rues sont remplies de tromperie et de fraude, d'oppression et d'injustice, et même de vol et de meurtre ! Ces familles chrétiennes, déchirées par l'envie, la jalousie, la colère, par des querelles domestiques sans nombre et sans fin ! et, ce qui est le plus terrible, le plus triste de tout, ces Églises chrétiennes ! — Églises (« ne l'annoncez point à Gath », — mais, hélas ! comment le cacher aux Juifs, aux Turcs, ou aux païens ?) qui portent le nom de Christ, le Prince de la paix, et qui se font continuellement la guerre ! qui convertissent les pécheurs en les brûlant tout vifs ! qui sont « ivres du sang des saints ! » Cette louange n'appartient-elle qu'à « Babylone la Grande, la mère des impudicités et des abominations de la terre ? » Non, certes ; des Églises réformées (appelées du moins ainsi) ont bien appris à marcher sur ses traces. Des Églises protestantes savent bien, elles aussi, persécuter, même jusqu'au sang, quand elles ont le pouvoir en main ; et en même temps comme elles se frappent réciproquement d'anathème ! comme elles se condamnent aux enfers les unes les autres ! Quelle colère, quelles disputes, quelle malice, quelle amertume se trouvent partout au milieu d'elles, même quand elles sont d'accord sur les points essentiels, et ne diffèrent que par des opinions secondaires dans la religion ! Qui est-ce qui ne poursuit que « les choses qui vont à la paix et à l'édification mutuelle ? » O Dieu ! jusqu'à quand ? Ta promesse pourrait-elle faillir ? « Ne crains point, petit troupeau, que cela puisse arriver ! » Espère contre tout sujet d'espérer, car c'est le bon plaisir de votre Père de renouveler encore la face de la terre. Tous ces maux finiront certainement, « et les habitants de la terre apprendront la justice. » « Une nation ne lèvera plus l'épée contre l'autre, et elles ne s'adonneront plus à faire la guerre. » « La montagne de la maison de l'Éternel sera affermie au sommet des montagnes », et « les royaumes du monde deviendront les royaumes de notre Dieu. » Alors « on ne nuira point et on ne fera aucun dommage à personne dans toute la montagne de sa sainteté » ; mais on appellera les murailles de l'Église, salut ; et ses portes, louanges. Les chrétiens seront sans tache et sans souillure, s'aimant les uns les autres, comme aussi Christ nous a aimés. — Sois un des premiers fruits, si la moisson n'est pas encore prête. Aime ton prochain comme toi-même. Que le Seigneur Dieu remplisse ton cœur d'un tel amour pour les âmes, que tu sois prêt à toute heure de donner ta vie pour elles ! Que ton âme déborde continuellement de cet amour qui engloutit toute disposition contraire à la bonté et à la sainteté, jusqu'à ce qu'il t'appelle à entrer dans le pays où l'amour seul existe, pour y régner avec lui pendant l'éternité.

Le sermon sur la montagne

Troisième discours

*Heureux ceux qui ont le cœur pur, car ils verront Dieu. Heureux ceux
qui procurent la paix, car ils seront appelés enfants de Dieu. Heureux
ceux qui sont persécutés pour la justice, car le royaume des cieux est à
eux. Vous serez heureux lorsqu'à cause de moi on vous dira des injures,
qu'on vous persécutera, et qu'on dira faussement contre, vous toute
sorte de mal. Réjouissez-vous alors et tressaillez de joie, parce que votre
récompense sera grande dans les cieux ; car on a ainsi persécuté les
prophètes qui ont été avant vous.*
—Matthieu 5.8-12—

I

1. Quelles excellentes choses nous dit la Bible sur l'amour de notre prochain ! Il est
« l'accomplissement de la loi, le but du commandement. » Sans cet amour, tout ce que nous pouvons posséder, faire ou souffrir, n'est d'aucun prix aux yeux de Dieu. Mais l'amour du prochain
dont il est question, c'est celui qui prend sa source dans l'amour de Dieu ; sans cela, il n'a de lui-
même aucune valeur. Il nous convient donc d'examiner soigneusement sur quel fondement repose l'amour que nous portons à notre prochain, de rechercher s'il est réellement fondé sur
l'amour de Dieu, si « nous l'aimons parce qu'il nous a aimés le premier, » si nous avons le cœur
pur, car c'est là un fondement qui ne peut être ébranlé : « Bienheureux ceux qui ont le cœur pur,
car ils verront Dieu. »

2. « Ceux qui ont le cœur pur » sont ceux dont Dieu a purifié le cœur, « comme Lui aussi est
pur ; » ceux qui sont purifiés par la foi dans le sang de Christ, de toute affection contraire à la
sainteté ; ceux qui étant nettoyés de toute souillure de la « chair et de l'esprit, achèvent leur sanctification dans la crainte » et dans l'amour « de Dieu. » La puissance de la grâce de Dieu les purifie — de l'orgueil, par la plus profonde pauvreté d'esprit ; — de la colère et de toute passion contraire à la bonté et à la patience, par la douceur et la débonnaireté ; — de tout désir autre que
celui de plaire à Dieu, de le posséder, de le connaître et de l'aimer de plus en plus, par cette faim
et cette soif de la justice qui absorbe maintenant toute leur âme, en sorte que maintenant ils aiment le Seigneur de tout leur cœur, de toute leur âme, de toute leur pensée et de toute leur force.

3. Mais combien peu les faux docteurs de toutes les époques ont donné d'attention à cette pureté de cœur ! Ils se sont contentés d'enseigner simplement aux hommes à s'abstenir de ces souillures extérieures que Dieu a nominativement défendues ; mais ils n'ont pas frappé au cœur, et, en
n'avertissant pas de se garder de la corruption intérieure, ils l'ont, par le fait, encouragé.

Notre Seigneur nous en donne lui-même un bien remarquable exemple dans les paroles suivantes (Mt 5.27-32) : « Vous avez entendu qu'il a été dit aux anciens : Tu ne commettras point
d'adultère ; » et, en expliquant ce commandement, ces aveugles, conducteurs d'aveugles,
n'insistaient que sur l'obligation de s'abstenir de l'acte extérieur. « Mais moi je vous dis que quiconque regarde une femme pour la convoiter, a déjà commis l'adultère avec elle dans son cœur, »
car Dieu « aime la vérité dans l'intérieur, » « il sonde le cœur et il éprouve les reins, » et si tu in-
clines ton cœur à l'iniquité, le Seigneur ne t'écoutera point.

4. Et, Dieu n'admet aucune excuse pour ne pas rejeter tout ce qui est une occasion d'impureté. « Si donc ton œil droit te fait tomber dans le péché, arrache-le et jette-le loin de toi ; car il vaut mieux pour toi qu'un de tes membres périsse, que si tout ton corps était jeté dans la Géhenne. » Si des personnes qui te sont aussi chères que ton œil droit, sont une occasion pour toi d'offenser ainsi Dieu, un moyen d'exciter dans ton âme des désirs contraires à la sainteté, n'hésite point, sépare-t'en violemment. « Et si ta main droite te fait tomber dans le péché, coupe-la et jette-la loin de toi ; car il vaut mieux pour toi qu'un de tes membres périsse, que si tout ton corps était jeté dans la Géhenne. » Si une personne qui semble t'être aussi nécessaire que ta main droite est pour toi une occasion de péché, de désir impur ; quand même ce péché n'irait pas plus loin que ton cœur et ne se manifesterait ni en parole, ni en action, impose-toi une séparation complète et définitive, retranche cette main droite d'un seul coup, abandonne tout pour Dieu. Plaisirs, fortune, amis, il faut tout perdre plutôt que de perdre ton âme.

Il n'y a que deux mesures qu'on puisse tenter avant d'en venir à cette séparation absolue et définitive. Premièrement, essaie si tu ne peux chasser l'esprit impur par le jeûne et par la prière, et en t'abstenant soigneusement de toute action, de toute parole et de tout regard, que tu as reconnu être pour toi une occasion de péché. En second lieu, si tu n'es pas délivré par ce moyen, demande conseil à celui qui veille sur ton âme, ou du moins à quelque personne expérimentée dans les voies du Seigneur, au sujet du temps et de la manière d'opérer cette séparation ; mais ne consulte point la chair ni le sang, de peur que tu ne sois abandonné « à un esprit qui donnera efficace à l'erreur » pour te faire croire au mensonge.

5. Et le mariage lui-même, saint et honorable comme il l'est, ne peut servir de prétexte pour lâcher la bride à nos désirs. Il est vrai « qu'il a été dit : Si quelqu'un répudie sa femme, qu'il lui donne la lettre de divorce ; » et alors tout allait bien, quand même le mari n'aurait donné d'autre motif de son divorce, que son peu de sympathie pour sa femme, ou son amour pour une autre femme. « Mais moi je vous dis que quiconque répudiera sa femme, si ce n'est pour cause d'adultère, il l'expose à devenir adultère, » si elle vient à se remarier ; « et que quiconque se mariera à la femme qui aura été répudiée, commet un adultère. »

Toute polygamie est clairement défendue par ces paroles, où notre Seigneur déclare expressément, que pour une femme dont le mari est encore vivant, se remarier est un adultère. Par la même raison, c'est un adultère pour un homme de se remarier, aussi longtemps qu'il a une femme encore vivante, fussent-ils même divorcés ; à moins que ce divorce n'ait pour cause l'adultère, car dans ce cas seul, il n'y a aucun texte de l'Écriture qui défende de se remarier.

6. Telle est la pureté de cœur que Dieu exige, et qu'il produit lui-même en ceux qui croient au Fils de son amour. Heureux ceux qui ont ainsi le cœur pur, car ils verront Dieu ; il se manifestera lui-même à eux, non seulement comme il ne se montre pas au monde, mais comme il ne le fait pas toujours à ses propres enfants ! Il les favorisera des communications les plus éclatantes de son Esprit, de la communion la plus intime avec le Père et avec le Fils. Il les fera continuellement marcher en sa présence et fera toujours briller sur eux la lumière de sa face. La prière incessante de leur cœur est : « Je te prie, fais-moi voir ta gloire, » et ils obtiennent ce qu'ils réclament ainsi de lui. Ils le voient maintenant par la foi, — le voile de la chair étant rendu, pour ainsi dire, transparent ; — ils le voient même dans ses œuvres inférieures qui nous environnent, dans tout ce que Dieu a fait et créé. Ils le voient remplissant toutes choses et accomplissant tout en tous. Ceux qui ont le cœur pur voient toute la création remplie de Dieu. Ils le voient dans la voûte des cieux, dans la lune lorsqu'elle est claire, dans le soleil lorsqu'il « se réjouit comme un homme vaillant pour faire sa course. » Ils le voient « faisant des grosses nuées son chariot et se promenant sur les ailes du vent. » Ils le voient « préparant la pluie pour la terre et en bénissant le fruit, faisant germer le foin pour le bétail et l'herbe pour le service de l'homme. » Ils voient le Créateur de tout, gouvernant tout avec sagesse, et « soutenant toutes choses par sa parole puissante. » « Éternel notre Seigneur, que ton nom est magnifique par toute la terre ! »

7. C'est aussi dans les dispensations de sa providence à leur égard, soit pour l'âme, soit pour le corps, que ceux qui ont le cœur pur voient Dieu plus particulièrement. Ils voient sa main continuellement étendue sur eux pour leur faire du bien, leur distribuant toutes choses dans la mesure convenable, tenant compte des cheveux de leur tête, dressant une haie protectrice autour d'eux et

de tout ce qui leur appartient, et disposant toutes les circonstances de leur vie selon la profondeur de sa sagesse et de sa miséricorde.

8. Mais c'est surtout dans les moyens de grâce qu'il a institués qu'ils voient Dieu d'une manière plus spéciale, soit qu'ils se présentent dans la grande assemblée « pour rendre à l'Éternel la gloire due à son nom » et pour l'adorer dans la magnificence de sa sainteté, ou qu'ils « entrent dans leur cabinet, » et que là ils répandent leur âme devant leur « Père qui les voit dans le secret ; » soit qu'ils sondent les oracles de Dieu ou qu'ils écoutent les ambassadeurs de Christ proclamant la bonne nouvelle du salut, soit enfin qu'ils « mangent de ce pain et boivent de cette coupe, qui annoncent la mort du Seigneur jusqu'à ce qu'il vienne » sur les nuées du ciel ; — dans tous ces moyens de grâce désignés par Dieu lui-même, ils trouvent auprès de lui un accès intime que la tangue ne peut exprimer. Ils le voient, pour ainsi dire, face à face ; ils parlent avec lui « comme un homme parte avec son intime ami, » et se préparent ainsi pour ces demeures célestes où ils le verront tel qu'il est.

9. Mais combien ils sont loin de voir Dieu ceux qui, ayant « entendu qu'il a été dit aux anciens : Tu ne te parjureras point, mais tu t'acquitteras envers le Seigneur de ce que tu auras promis avec serment (Mt 5.33), » interprètent ainsi cette défense : Tu ne te parjureras pas, lorsque tu jures par l'Éternel ton Seigneur ; tu t'acquitteras envers le Seigneur de ce que tu auras promis avec serment par le nom de l'Éternel, mais quant aux autres serments, Dieu ne s'en met pas en peine.

C'est ainsi qu'enseignaient les Pharisiens. Non seulement ils permettaient toute espèce de juréments dans la conversation ordinaire ; mais ils regardaient même le parjure comme peu de chose, pourvu qu'on n'eût pas juré par le nom particulier de Dieu.

Mais notre Seigneur défend ici d'une manière absolue tous les juréments dans la conversation, aussi bien que toute espèce de faux serments, et il montre le caractère odieux de tous les deux par une même considération solennelle, savoir : que toute créature appartient à Dieu et qu'il est présent en tous lieux, qu'il est en toutes choses et par-dessus toutes choses. « Je vous dis : Ne jurez du tout point, ni par le ciel, car c'est le trône de Dieu ; » et c'est par conséquent la même chose que de jurer par Celui qui est assis sur l'étendue des cieux ; « ni par la terre, car c'est son marchepied, » et il est aussi réellement présent sur la terre que dans le ciel ; « ni par Jérusalem, car c'est la grande ville du Roi, » et Dieu « est connu dans ses palais. » « Ne jure pas non plus par ta tête, car tu ne peux faire devenir un seul cheveu blanc ou noir, » parce que même cette petite chose n'est point en ta puissance, mais en celle de Dieu, qui seul peut disposer de tout ce qui existe dans le ciel et sur la terre. « Mais que votre parole soit : oui, oui, non, non, » une affirmation ou une négation simple mais sérieuse, car, « ce qu'on dinde plus vient du malin, » procède du démon et est une marque de ses enfants.

10. Pour se convaincre que notre Seigneur n'entend point ici défendre le serment fait pour attester la vérité en jugement, quand nous en sommes requis par un magistrat ; il suffit de considérer :

(1) l'occasion de cette partie de son discours, l'abus qu'il veut condamner ici, savoir : le faux serment et les juréments ordinaires ; le serment devant un magistrat étant tout-à-fait étranger à la question.

(2) Les mots mêmes qu'il emploie pour la conclusion générale de son précepte : « Que votre parole soit, oui, oui, non, non. »

(3) L'exemple même de notre Seigneur, car il répondit lui-même avec serment, quand il y fut appelé par un magistrat. Quand le souverain sacrificateur lui dit : « Je t'adjure, par le Dieu vivant, de nous dire si tu es le Christ le Fils de Dieu ? » Jésus répondit aussitôt affirmativement : « Tu l'as dit, » c'est la vérité ; « et même je vous dis que vous verrez ci-après le Fils de l'homme assis à la droite de la puissance de Dieu et venant sur les nuées du ciel (Mt 26.63, 64). »

(4) de Dieu, du Père ; qui, « voulant montrer encore mieux aux héritiers de la promesse la fermeté immuable de sa résolution, y fit intervenir le serment (He 6.17). »

(5) L'exemple de saint Paul, qui avait aussi, croyons-nous, l'Esprit de Dieu et comprenait bien la volonté de son Maître : « Dieu m'est témoin, dit-il aux Romains (Rm 1.9), que je fais sans cesse mention de vous dans mes prières. » Et aux Corinthiens (1 Co 2.1 ; 2 Co 1.23) : « Je prends Dieu à

témoin sur mon âme, que c'a été pour vous épargner que je ne suis point encore allé à Corinthe. » Et aux Philippiens (Ph 1.8) : « Dieu m'est témoin que je vous chéris tous d'une affection cordiale en Jésus-Christ, » De là résulte inévitablement que, si l'apôtre connaissait bien la vraie signification des paroles de son Maître, elles ne défendent pas l'emploi du serment dans des occasions importantes, même entre particulier, et combien moins par conséquent devant un magistrat !

(6) Enfin cette assertion du grand apôtre au sujet du serment solennel en général (ce qu'il eût été impossible de mentionner sans y joindre quelque indication de blâme, si son Maître l'avait complètement défendu) : « Les hommes jurent par Celui qui est plus grand qu'eux, et le serment fait pour confirmer une chose termine tous les différends (He 6.16). »

11. Mais la grande leçon que notre Sauveur veut nous inculquer ici et qu'il développe par cet exemple, c'est que Dieu est en toutes choses, et que nous devons voir Dieu en toute créature, comme dans un miroir ; que nous ne devons considérer aucune chose, ni en user, en la séparant de Dieu, ce qui ne serait réellement qu'une espèce d'athéisme pratique ; mais que nous devons, selon la magnifique expression du prophète, regarder le ciel et la terre et tout ce qui y est contenu, comme renfermés dans le creux de la main de Dieu qui, par sa présence intime, leur conserve l'existence, qui remplit et met en action toute la création sensible, et est, dans le sens vrai, l'âme de l'univers.

II

1. Jusqu'ici notre Seigneur s'est occupé plus particulièrement de nous enseigner la religion du cœur et de nous montrer ce que les chrétiens doivent être. Il va nous montrer maintenant ce qu'ils doivent aussi faire, comment la sainteté intérieure doit se traduire dans notre conduite extérieure ; « Heureux, dit-il, ceux qui procurent la paix, car ils seront appelés enfants de Dieu ! »

2. Il est bien connu que, dans le langage des saintes Écritures, « la paix » comprend souvent toute espèce de bien, toute bénédiction qui se rapporte au corps et à l'âme, au temps comme à l'éternité. Ainsi, lorsque saint Paul, dans le titre de ses Épîtres, souhaite la grâce et la paix aux Romains ou aux Corinthiens, c'est comme s'il disait : Puissiez-vous, comme fruit de l'amour et de la faveur, libres et immérités de Dieu, jouir de toute bénédiction spirituelle et temporelle, de toutes les bonnes choses que Dieu a préparées pour ceux qui l'aiment !

3. De là nous pouvons aisément comprendre quel sens étendu nous devons attribuer à cette expression « Ceux qui procurent la paix. » Dans sa signification littérale, elle renferme ces amis de Dieu et des hommes qui détestent et abhorrent profondément toute querelle et tout débat, tout désaccord et toute contention, et qui travaillent conséquemment de toutes leurs forces à empêcher ce feu d'enfer de s'allumer, d'éclater s'il est déjà allumé, ou s'il a déjà éclaté, de s'étendre davantage. Ils s'efforcent d'apaiser les tempêtes qui s'élèvent dans les esprits des hommes, de calmer les passions turbulentes, d'adoucir les esprits divisés, et, s'il est possible, de les réconcilier ensemble. Ils emploient toutes leurs forces, tous les talents que Dieu leur a donnés, à conserver la paix là où elle existe, et à la rétablir là où elle n'existe pas. C'est la joie de leur cœur de procurer, de confirmer, d'accroître la bienveillance mutuelle entre tous les hommes, mais surtout entre les enfants de Dieu, quoiqu'ils puissent se distinguer les uns des autres par des choses de moindre importance ; en sorte que, comme ils ont « un seul Seigneur et une seule foi, » comme ils sont « appelés à une seule espérance, » ils puissent aussi « marcher d'une manière digne de leur vocation, avec toute sorte d'humilité et de douceur, avec un esprit patient, se supportant les uns les autres avec charité, ayant soin de conserver l'unité de l'Esprit par le lien de la paix. »

4. Mais, dans le sens complet du mot, celui qui procure la paix est un homme qui, selon qu'il en trouve l'occasion, fait du bien à tous ; » un homme qui, rempli de l'amour de Dieu et de toute l'humanité ne peut en borner l'expression à sa propre famille, à ses amis, à ses connaissances, à son parti, à ceux qui partagent ses opinions, ni même à ceux qui participent avec lui à la même précieuse foi ; mais qui franchit toutes ces étroites barrières, afin de pouvoir faire du bien à tous les hommes, afin de pouvoir, d'une manière ou d'une autre, manifester son amour aux voisins et aux étrangers, à ses amis et à ses ennemis. Il leur fait du bien à tous, selon l'opportunité, c'est-à-dire, en toute occasion possible, « rachetant le temps » à cet effet, saisissant chaque circonstance favorable, mettant à profit chaque instant, ne perdant pas un moment pour se rendre utile à au-

trui. Il fait le bien, non d'une manière particulière, mais le bien en général, de toute manière possible ; en y employant tous les talents divers dont il est doué, toutes les puissances et toutes les facultés de son corps et de son âme, toute sa fortune, son intérêt, sa réputation, sans aucun autre désir que d'entendre dire, à son Maître quand il arrivera :« Cela va bien, bon et fidèle serviteur.

5. Il fait du bien, dans toute l'étendue de sa puissance, même aux corps des hommes. Il se réjouit de partager son pain avec celui qui a faim, et de couvrir d'un habillement celui qui est nu. Quelqu'un est-il étranger ? il le recueille et le secourt selon ses besoins. Y a-t-il des malades ou des prisonniers ? il les visite et leur fournit ce qui leur est nécessaire. Et tout cela, il le fait, non comme à un homme, mais en se rappelant celui qui a dit : « en tant que vous avez fait ces choses à l'un de ces plus petits de mes frères, vous me les avez faites » à moi-même.

6. Combien plus encore ne se réjouit-il pas, s'il peut faire quelque bien à l'âme d'un homme ! Ce pouvoir, il est vrai, n'appartient qu'à Dieu ; il n'y a que lui qui puisse changer le cœur, changement sans lequel tout autre changement est plus léger que la vanité. Néanmoins, il a plu à Celui qui fait tout en tous, de secourir l'homme principalement au moyen de l'homme, de communiquer sa propre puissance, sa bénédiction et son amour à chaque homme par le canal d'un autre homme. Par conséquent, quoiqu'il soit certain que tout ce qui est fait sur la terre est fait par Dieu lui-même, aucun homme ne doit, pour ce motif, demeurer inactif dans la vigne de son Maître. Cette inaction est impossible à celui qui veut procurer la paix, il est toujours occupé à travailler, et, comme un instrument dans la main de Dieu, à préparer le terrain pour son Maître, à semer la semence du royaume, ou à arroser ce qui est déjà semé, dans l'espoir que Dieu donnera l'accroissement. Selon la mesure de grâce qui lui a été départie, il met tous ses soins soit à reprendre les pécheurs scandaleux, et à avertir ceux qui se précipitent tête baissée dans le chemin large de la perdition, soit à apporter la lumière à ceux qui sont « assis dans les ténèbres » et prêts à périr « faute de connaissance, » à « supporter les faibles, » à « fortifier les mains affaiblies et les genoux relâchés, » ou à « guérir et ramener ceux qui sont boiteux ou égarés. » Il n'a pas moins de zèle pour venir en aide à ceux qui s'efforcent déjà d'entrer par la porte étroite, pour encourager ceux qui sont debout à poursuivre constamment la course qui leur est proposée pour édifier sur leur très sainte foi ceux qui savent en qui ils ont cru, et les exhorter : rallumer le don de Dieu qui est en eux afin que, croissant chaque jour dans la grâce, « l'entrée au royaume ; éternel de notre Seigneur et Sauveur Jésus-Christ leur soit pleinement accordée. »

7. Heureux ceux qui sont ainsi continuellement employés dans cette œuvre de foi et dans ce travail d'amour, « car ils seront appelés, » c'est-à-dire, suivant un hébraïsme commun, ils seront « enfants de Dieu. » Dieu leur continuera la jouissance de l'Esprit d'adoption, et même il en répandra dans leurs cœurs une mesure plus abondante ; il les bénira de toutes les bénédictions qui appartiennent à ses enfants ; il les reconnaîtra comme ses enfants devant les anges et devant les hommes ; et, « s'ils sont enfants, ils sont aussi héritiers, héritiers de Dieu, cohéritiers de Christ. »

III

1. On pourrait s'imaginer qu'un homme, tel qu'on vient de le décrire, si rempli d'une humilité sincère et d'un sérieux sans affectation, si doux et si paisible, si pur de toute intention égoïste, si dévoué à Dieu et si actif dans son amour pour les hommes, doit être chéri par tous ses semblables. Mais notre Seigneur connaissait mieux la nature humaine telle qu'elle est dans son état actuel. Il complète donc le portrait de cet homme de Dieu, en montrant quel traitement il doit attendre du monde : « Heureux, dit-il, ceux qui sont persécutés pour la justice, car le royaume des cieux est à eux. »

2. Pour comprendre pleinement cette déclaration, examinons d'abord quels sont ceux qui sont persécutés ? Nous l'apprendrons de la bouche de saint Paul : « Comme alors celui qui était né selon la chair persécutait celui qui était né selon l'Esprit, il en est de même maintenant (Ga 4.29). » « Aussi, tous ceux qui veulent vivre dans la piété selon Jésus-Christ seront persécutés (2 Tm 3.12). » Saint Jean nous enseigne la même chose « Mes frères, ne vous étonnez point si le monde vous hait. Quand nous aimons nos frères, nous connaissons par là que nous sommes passés de la mort à la vie (1 Jn 3.13, 14). » C'est comme s'il disait : Les frères, les chrétiens, ne peuvent être aimés que par ceux qui sont passés de la mort à la vie. Et notre Seigneur nous le déclare aussi

très expressément lui-même : « Si le monde vous hait, sachez qu'il m'a haï avant vous. Si vous étiez du monde, le monde aimerait ce qui serait à lui ; mais parce que vous n'êtes pas du monde ? c'est pour cela que le monde vous hait. Souvenez-vous de la parole que je vous ai dite, que le serviteur n'est pas plus grand que son maître. S'ils m'ont persécuté, ils vous persécuteront aussi (Jn 15.18-20). »

Tous ces textes montrent clairement quels sont ceux qui sont persécutés, savoir : les justes : — « Celui qui est né de l'Esprit ; » — « tous ceux qui vivent dans la piété selon Jésus-Christ ; » — ceux qui « sont passés de la mort à la vie ; » — ceux qui « ne sont pas du monde ; » — tous ceux qui sont doux et humbles de cœur, qui pleurent après Dieu, qui ont faim et soif de sa ressemblance ; tous ceux qui aiment Dieu et leur prochain, et qui, en conséquence, selon qu'ils en trouvent l'occasion, font du bien à tous les hommes.

3. Si l'on demande, en second lieu, pourquoi ils sont persécutés, la réponse est tout aussi simple et claire. C'est « pour la justice, » parce qu'ils sont justes, parce qu'ils sont nés selon l'Esprit, parce qu'ils veulent vivre dans la piété selon Jésus-Christ, parce qu'ils ne sont pas du monde. Quel que puisse être le prétexte mis en avant, c'est là le véritable motif. Quelles que soient d'ailleurs leurs infirmités personnelles, si ce n'était pour ce seul motif, on les supporterait, et le monde aimerait ce qui serait à lui. Ils sont persécutés, parce qu'ils sont pauvres en esprit, c'est-à-dire, comme le dit le monde : « des gens pauvres d'esprit, à l'âme basse et lâche, qui ne sont bons à rien et ne sont pas faits pour vivre dans le monde. » — Parce qu'ils sont dans l'affliction : « ce sont des créatures si lourdes, si tristes, si ennuyeuses ! Il suffit de les voir pour avoir l'esprit tout assombri. Ce sont de véritables têtes de mort ; ils proscrivent toute joie, même innocente, et troublent toute compagnie où ils entrent. » — Parce qu'ils sont débonnaires : « des fous sans énergie, qui ne sont bons qu'à se laisser molester, fouler aux pieds. » — Parce qu'ils ont faim et soif de la justice : « une poignée d'enthousiastes à tête chaude, courant, bouche béante, après ils ne savent quoi, ne pouvant se contenter d'une religion raisonnable, mais se rendant fous à la poursuite des extases et des sensations intérieures. » — Parce qu'ils sont miséricordieux, amis de tous les hommes, amis même des méchants et des ingrats : « Encourageant toute espèce de méchanceté et même induisant les gens à faire du mal par l'espérance de l'impunité ; des hommes qui, il y a lieu de le craindre, sont encore, malgré toutes leurs prétentions, sans règle religieuse, étant très relâchés dans leurs principes. » — Parce qu'ils ont le cœur pur : « des créatures sans charité, qui damnent tout le monde, excepté ceux de leur espèce ! Misérables blasphémateurs qui veulent faire Dieu menteur, en prétendant vivre sans péché ! » — Et par-dessus tout, parce qu'ils procurent la paix, parce qu'ils saisissent toute occasion de faire du bien à tous les hommes. C'est là la grande raison pour laquelle ils ont été persécutés de tout temps et le seront encore jusqu'au rétablissement de toutes choses : « s'ils voulaient seulement garder leur religion pour eux-mêmes, ce serait encore supportable ; mais c'est cette manie de répandre leurs erreurs et d'en infecter les autres, qu'on ne peut endurer. Ils font tant de mal dans le monde, qu'il est impossible de les supporter plus longtemps. Il y a en eux, il est vrai, quelques choses assez bonnes ; ils soulagent quelques pauvres ; mais ce n'est que pour mieux attirer les gens à leur parti, et pour faire ainsi, en définitive, encore plus de mal. » C'est ainsi que pensent et s'expriment, avec toute sincérité, les gens du monde ; et plus le royaume de Dieu s'étend, plus les hommes qui procurent la paix sont rendus capables de propager l'humilité, la douceur et toutes les autres dispositions divines, plus aux yeux du monde le mal est grand, et plus, par conséquent, ils s'irritent contre ceux qui en sont les auteurs, et les poursuivent avec une véhémence croissante.

4. Voyons, en troisième lieu, quels sont ceux qui les persécutent ? Saint Paul nous répond : « Celui qui est né selon la chair. » Tous ceux qui ne sont pas « nés de l'Esprit, » ou qui au moins ne sont pas désireux de l'être ; tous ceux qui n'essaient pas au moins « de vivre dans la piété, selon Jésus-Christ ; » tous ceux qui ne sont pas « passés de la mort à la vie, » et qui, par conséquent, ne peuvent « aimer leurs frères ; » « le monde, » c'est-à-dire, suivant l'explication de notre Sauveur, ceux qui « ne connaissent point Celui qui m'a envoyé, » ceux qui n'ont pas appris à connaître Dieu, le Dieu d'amour et de pardon, par l'enseignement de son Esprit.

La raison pour laquelle ceux-ci persécutent les enfants de Dieu est bien simple : l'esprit qui est dans le monde est directement contraire à l'esprit qui vient de Dieu. Il doit donc nécessairement se faire que ceux qui sont du monde soient opposés à ceux qui sont de Dieu. Il y a entre eux l'opposition la plus profonde dans toutes leurs opinions, leurs désirs, leurs intentions et leurs dispositions. Le léopard et le chevreau ne peuvent gîter paisiblement ensemble. L'orgueilleux, par le fait qu'il est orgueilleux, ne peut faire autrement que de persécuter celui qui est humble ; l'homme léger et folâtre, celui qui est dans l'affliction ; et ainsi de suite, la diversité d'humeur étant à elle seule un prétexte suffisant d'inimitié perpétuelle. Par conséquent, ne fût-ce que pour ce seul motif, tous les serviteurs du démon persécuteront les enfants de Dieu.

5. Si l'on demandait, quatrièmement, comment les persécuteront-ils ? On peut répondre, en général : Justement de la manière et dans la mesure que le sage Dispensateur de toutes choses jugera les plus convenables pour sa gloire, et les plus efficaces pour les progrès de ses enfants dans la grâce et pour l'agrandissement de son propre royaume. Il n'y a dans le gouvernement de Dieu rien de plus admirable que cela. Son oreille n'est jamais fermée aux menaces des persécuteurs, ni aux cris des persécutés ; son œil est toujours ouvert, et sa main toujours étendue pour diriger chacune des plus petites circonstances de la persécution. Quand la tempête doit commencer, à quelle hauteur elle doit s'élever, dans quelle direction elle doit s'étendre, quand et comment elle doit finir, tout est déterminé par son infaillible sagesse. Les impies ne sont qu'une épée dans sa main, un instrument dont il se sert selon son bon plaisir, et qu'il jette dans le feu quand il a accompli les desseins gracieux de sa providence.

Dans quelques rares circonstances, comme lorsque le christianisme fut d'abord planté et pendant qu'il prenait racine dans la terre, comme aussi quand la pure doctrine de Christ commença à être rétablie dans notre patrie, Dieu permit à la tempête de sévir avec violence, et ses enfants furent appelés à résister jusqu'au sang. Il y avait une raison particulière de permettre cela quant aux apôtres, afin que leur témoignage n'en fût que plus irrécusable. Mais les annales de l'Église nous apprennent une autre raison bien différente des cruelles persécutions qu'il a permises dans le second et le troisième siècle, savoir « le mystère d'iniquité qui se formait déjà, » les monstrueuses corruptions qui régnaient dès lors dans l'Église. Dieu châtiait son peuple, et en même temps s'efforçait de guérir ses plaies par ces jugements sévères mais indispensables.

Peut-être la même observation s'applique-t-elle à la grande persécution de notre pays (l'Angleterre). Dieu avait agi très miséricordieusement envers notre nation ; il avait répandu sur nous diverses bénédictions ; il nous avait donné la paix au dedans et au dehors, et un roi (Edouard VI) sage et bon au-dessus de son âge, et, par-dessus tout, il avait fait naître et briller parmi nous la pure lumière de l'Évangile. Mais que trouva-t-il en retour ? « Il attendait de la justice, et voici le cri, » un cri d'oppression, d'ambition et d'injustice, de malice, de fraude et de convoitise. Oui, le cri de ceux qui même alors expiraient dans les flammes, parvint jusqu'aux oreilles du Seigneur des armées. C'est alors que Dieu se leva pour défendre sa propre cause contre ceux qui supprimaient la vérité injustement ; il les vendit entre les mains de leurs persécuteurs par un jugement mêlé de miséricorde, châtiment pour punir les affligeantes infidélités de son peuple, et en même temps remède pour les guérir.

6. Mais il est rare que Dieu permette à la tempête de s'élever jusqu'aux tortures, à la mort, aux fers ou à l'emprisonnement. Ses enfants sont appelés habituellement à endurer des persécutions plus légères. Ils souffrent fréquemment l'aliénation des cœurs de leurs parents, la perte des amis qui étaient comme leur propre âme. Ils éprouvent la vérité de cette parole de leur Maître, concernant, non le but, mais l'effet de sa venue : « Pensez-vous que je sois venu apporter la paix sur la terre ? Non, vous dis-je, mais plutôt la division (Lc 12.51). » De là résulte naturellement la perte de leurs occupations, de leurs affaires, et par suite de leurs biens. Mais tous ces événements sont également sous la sage direction de Dieu, qui dispense à chacun ce qui lui est le plus salutaire.

7. Mais la persécution qui attend tous les enfants de Dieu est celle que notre Seigneur indique dans ces paroles : « Vous serez heureux lorsque, à cause de moi, on vous dira des injures, qu'on vous persécutera, » par des paroles injurieuses, « et qu'on dira faussement contre vous toute sorte de mal. » Cela ne peut manquer ; c'est le caractère propre de notre état de disciples, c'est un des sceaux de notre vocation, c'est une portion assurée et acquise à tous les enfants de Dieu. Si nous ne possédons pas cette part, nous sommes des bâtards et non point des enfants légitimes ; c'est

droit au milieu de la mauvaise réputation, comme de la bonne, que passe le seul chemin du royaume. Les amis de Dieu et des hommes, doux, sérieux, humbles et zélés, jouissent d'une bonne réputation parmi leurs frères, mais ils en ont une mauvaise auprès du monde, qui les regarde et les traite « comme les balayures du monde et le rebut de toute la terre. »

8. On a supposé, if est vrai, qu'avant que « la multitude des Gentils ne soit entrée » dans l'Église, le scandale de la croix cessera, et que Dieu fera que les chrétiens soient estimés et chéris même par ceux qui sont encore dans leurs péchés. Oui, sans doute, et même, dès à présent, il suspend quelquefois le mépris aussi bien que fa férocité des hommes ; pour un temps, il donne à un homme la paix avec ses ennemis et lui fait trouver faveur auprès de ses plus cruels persécuteurs ; mais, à part cette circonstance exceptionnelle, le scandale de la croix n'a pas encore cessé, et l'on peut encore dire : « Si je cherchais à plaire aux hommes, je ne serais pas serviteur de Christ. » Que personne donc ne se laisse prendre à cette agréable suggestion (agréable sans doute à la chair et au sang), savoir que les méchants prétendent bien haïr et mépriser les gens de bien, mais que dans leurs cœurs ils les aiment et les estiment réellement. Il n'en est rien ; ils peuvent bien les employer quelquefois, mais c'est uniquement pour leur propre avantage. Ils peuvent bien se confier à eux, car ils savent que leurs voies ne ressemblent pas à celles des autres hommes, mais ils ne les aiment cependant point, à moins que l'Esprit de Dieu n'agisse en eux. Les paroles de notre Sauveur sont expresses : « Si vous étiez du monde, le monde aimerait ce qui serait à lui ; mais parce que vous n'êtes pas du monde, c'est pour cela que le monde vous hait. » Oui, mettant à part les exceptions que peut produire la grâce prévenante ou quelque providence particulière de Dieu, le monde hait les disciples aussi cordialement et aussi sincèrement qu'il n'a jamais bai le Maître.

9. Il ne reste plus qu'à demander : Comment les enfants de Dieu doivent-ils se conduire à l'égard de la persécution ? Et d'abord ils ne doivent pas sciemment ou de propos délibéré l'attirer sur eux-mêmes. Ce serait contraire à la fois aux exemples et aux avertissements de notre Seigneur et de tous ses apôtres, qui nous enseignent non seulement à ne pas rechercher la persécution, mais à l'éviter, autant que faire se peut, sans faire tort à notre conscience, sans renoncer à aucune partie de cette justice que nous devons préférer à la vie elle-même. C'est ainsi que notre Seigneur dit expressément : « Quand ils vous persécuteront dans une ville, fuyez dans une autre ; » ce qui est réellement, quand on peut le faire, la manière la plus irréprochable d'éviter la persécution.

10. Cependant ne vous imaginez pas que vous puissiez toujours l'éviter de cette manière ou de toute autre. Si jamais cette vaine imagination se glisse dans votre cœur, écartez-la par ce sérieux avertissement : « Souvenez-vous de la parole que je vous ai dite, que le serviteur n'est pas plus grand que son Seigneur. S'ils m'ont persécuté, ils vous persécuteront aussi. » « Soyez prudents comme des serpents et simples comme des colombes. » Mais cela vous garantira-t-il de la persécution ? Non, à moins que vous n'ayez plus de sagesse que votre Maître ou plus d'innocence que l'Agneau de Dieu...

Ne désirez pas non plus l'éviter et y échapper totalement ; car si vous le faites, vous n'êtes pas des siens. Si vous échappez à la persécution, vous perdez la bénédiction, la bénédiction promise à ceux qui sont persécutés pour la justice. Si vous n'êtes pas persécutés pour la justice, vous ne pouvez entrer dans le royaume des cieux. « Si nous souffrons avec lui, nous règnerons aussi avec lui ; si nous le renions, il nous reniera aussi. »

11. Réjouissez-vous, » au contraire, « et tressaillez de joie, » quand les hommes vous persécutent pour l'amour de Jésus, quand ils vous persécutent par des paroles injurieuses et « en disant faussement contre vous toute sorte de mal, » ce qu'ils ne manqueront pas d'ajouter à tout genre de persécution : il faut bien qu'ils vous noircissent pour s'excuser eux-mêmes. « Car on a ainsi persécuté les prophètes qui ont été avant vous, » ceux qui étaient le plus éminemment saints dans leur cœur et dans leur vie, tous les justes, en un mot, qui ont jamais existé depuis le commencement du monde. Réjouissez-vous, parce que, à cette marque aussi, vous pouvez reconnaître à qui vous appartenez, et « parce que votre récompense sera grande dans les cieux, » la récompense acquise par le sang de l'alliance et accordée gratuitement en proportion de vos souffrances aussi bien que de votre sainteté de cœur et de vie. « Tressaillez de joie, » sachant que « votre légère affliction du temps présent produit en vous le poids éternel d'une gloire infiniment excellente. »

12. En attendant, qu'aucune persécution ne puisse vous détourner de la voie de l'humilité et de la douceur, de l'amour et de la bienfaisance. « Vous avez entendu, » sans doute, « qu'il a été dit : Œil pour œil et dent pour dent, » et vos misérables docteurs vous ont permis de vous venger vous-mêmes et de rendre le mal pour le mal. « Mais moi je vous dis de ne pas résister à celui qui vous fait du mal, » de ne pas lui résister de cette manière en lui rendant le mal qu'il vous fait ; mais plutôt que de faire cela, « si quelqu'un te frappe à la joue droite, présente-lui aussi l'autre ; et si quelqu'un veut plaider contre toi et t'ôter ta robe, laisse-lui encore l'habit ; et si quelqu'un veut te contraindre d'aller une lieue avec lui, vas-en deux. »

Que ta douceur soit ainsi inaltérable et que ton amour égale ta douceur. « Donne à celui qui te demande et ne te détourne pas de celui qui veut emprunter de toi. » Seulement ne donne point ce qui est à autrui, ce qui ne t'appartient point. Par conséquent, prends garde de ne rien devoir à personne ; car ce que tu dois n'est point à toi, mais à autrui. Subviens aux besoins de ceux de ta propre maison, car Dieu exige aussi cela de toi ; et ce qui est nécessaire pour les maintenir en vie et dans la piété n'est pas non plus à toi. Après cela, donne ou prête tout ce qui te reste, de jour en jour, ou d'année en année ; seulement, puisque tu ne peux donner à tous, souviens-toi d'abord des domestiques de la foi.

13. Dans les versets qui suivent, le Sauveur nous dépeint la débonnaireté et l'amour que nous devons éprouver pour ceux qui nous persécutent à cause de la justice, et la bonté que nous devons leur témoigner. Oh ! puissent ces paroles être gravées dans nos cœurs ! « Vous avez entendu qu'il a été dit : Tu aimeras ton prochain et tu haïras ton ennemi (Mt 5.43). » Dieu, il est vrai, n'avait prononcé que la première partie de cette phrase, « tu aimeras ton prochain ; » les enfants du diable avaient ajouté la seconde, « tu haïras ton ennemi. » Mais moi je vous dis : 1° « Aimez vos ennemis. » Ayez soin d'être portés de bonne volonté envers ceux dont l'esprit est le plus aigri contre vous et qui vous souhaitent toute sorte de mal. 2° « Bénissez ceux qui vous maudissent. » Y en a-t-il parmi eux dont l'amertume d'esprit éclate en paroles amères ? qui soient continuellement à vous maudire et à vous accabler de reproches quand vous êtes présents, et à dire toute sorte de mal contre vous quand vous êtes absents ? Bénissez-les d'autant plus : en parlant avec eux, employez le langage le plus doux et le plus paisible. Reprenez-les en leur montrant comment ils auraient dû parler. Et, en parlant d'eux, dites-en tout le bien possible, sans violer les règles de la vérité et de la justice. 3° « Faites du bien à ceux qui vous haïssent, » que vos actions témoignent que votre amour est aussi réel que leur haine. Rendez le bien pour le mal. « Ne vous laissez point surmonter par le mal, mais surmontez le mal par le bien. » 4° Si vous ne pouvez faire plus, au moins « priez pour ceux qui vous outragent et vous persécutent. » Vous ne pouvez jamais être incapables de le faire ; toute leur malice et leur violence ne peuvent vous en empêcher. Répandez vos âmes devant Dieu, non seulement pour ceux qui vous ont persécutés jadis, mais qui se repentent maintenant ; — c'est là peu de chose ; « si ton frère revient vers toi sept fois le jour et te dit : je me repens (Lc 17.4), » c'est-à-dire, si après même de si nombreuses rechutes, il te donne sujet de croire qu'il est réellement et complètement changé, alors tu lui pardonneras jusqu'à te confier à lui et te presser sur ton sein, comme s'il n'avait jamais péché contre toi ; — mais, prie pour ceux qui ne se repentent pas, lutte avec Dieu pour ceux qui, dans ce moment même, t'outragent et te persécutent. Pardonne-leur ainsi, « non pas seulement jusqu'à sept fois, mais jusqu'à septante fois sept fois (Mt 18.22). » Qu'ils se repentent ou non, qu'ils paraissent même s'éloigner de plus en plus du repentir, donnez-leur cependant cette preuve de bonté, « afin que vous soyez les enfants, » que vous prouviez que vous êtes réellement les enfants légitimes « de votre Père qui est dans les cieux, » qui montre sa bonté en répandant même sur ses ennemis les plus endurcis toutes les bénédictions qu'ils sont capables de recevoir ; « qui fait lever son soleil sur les méchants et sur les bons, et fait pleuvoir sur les justes et sur les injustes. » « Car, si vous n'aimez que ceux qui vous aiment, quelle récompense en aurez-vous ? Les péagers mêmes n'en font-ils pas autant (Mt 5.46)', » eux qui n'ont aucune prétention religieuse et que vous reconnaissez vous-mêmes comme étant sans Dieu dans le monde ? « Et si vous ne faites accueil, » si vous ne montrez de la bonté en paroles ou en actions, « qu'à vos frères, » à vos amis ou à vos parents ; « que faites-vous d'extraordinaire ? » de plus que ceux qui n'ont point de religion ? « Les péagers même n'en font-ils pas autant (Mt 5.47) ? » Mais, suivez un meilleur modèle qu'eux, vous chrétiens, « soyez par-

faits » en patience, en long support, en miséricorde, en bienfaisance de toute espèce, envers tous, même envers vos plus cruels persécuteurs, « soyez parfaits, comme votre père qui est dans les cieux est parfait (Mt 5.48) ; » c'est-à-dire que votre perfection ait le même caractère, quoiqu'elle ne puisse atteindre au même degré que la sienne.

IV

Voilà le christianisme dans sa forme primitive, tel qu'il nous est exposé par son grand Auteur ! Voilà la religion pure de Jésus-Christ ! C'est ainsi qu'elle se présente à celui dont les yeux sont ouverts. Voyez ce portrait de Dieu en tant que Dieu est imitable par l'homme ; un portrait tracé de la main du Seigneur lui-même. « Voyez, vous qui méprisez, et soyez étonnés, et pâlissez d'effroi, » ou plutôt soyez étonnés et adorez ! Ecriez-vous : est-ce là la religion de Jésus de Nazareth, la religion que j'ai persécutée ? Que l'on ne me voie plus combattre contre Dieu ! Seigneur, que veux-tu que je fasse ? Quelle beauté se manifeste dans l'ensemble de ce tableau ! Quelle juste symétrie, quelle exacte proportion dans chaque partie ! Que le bonheur qui est ici décrit est désirable ! Que la sainteté qui nous y est présentée est vénérable ! Qu'elle est aimable ! Voilà l'esprit de la religion, son essence même ; voilà les vrais fondements du christianisme. Oh ! Puissions-nous ne pas être seulement des auditeurs de ces vérités, « semblables à un homme qui regarderait dans un miroir son visage, naturel, et qui, après s'être regardé, s'en irait et oublierait aussitôt quel il était. » Non, mais plutôt « considérons avec attention la loi parfaite, qui est celle de la liberté, et persévérons-y. » Ne nous donnons aucun repos jusqu'à ce que chaque ligne de cette loi soit transcrite dans nos cœurs. Veillons, prions, croyons, aimons, combattons, jusqu'à ce que par le doigt de Dieu chacune de ses parties soit gravée sur notre âme, jusqu'à ce que nous soyons « saints comme Celui qui nous a appelés est saint, » « parfaits comme notre Père qui dans les cieux est parfait. »

SERMON 24

Le sermon sur la montagne

Quatrième discours

Vous êtes le sel de la terre ; mais si le sel pend sa saveur, avec quoi la lui rendra-t-on ? Il ne vaut plus rien qu'à être jeté dehors et à être foulé aux pieds par les hommes. Vous êtes la lumière du monde ; une ville située sur une montagne ne peut être cachée ; Et on n'allume point une chandelle pour la mettre sous un boisseau, mais on la met sur un chandelier et elle éclaire tous ceux qui sont dans la maison. Que votre lumière luise ainsi devant les hommes, afin qu'ils voient vos bonnes œuvres et qu'ils glorifient votre Père qui est dans les Cieux.

— Matthieu 5.13-16 —

1. La beauté de la sainteté, de cet homme intérieur qui vit dans un cœur renouvelé à l'image de Dieu, doit nécessairement frapper tout œil que Dieu a ouvert, toute intelligence qu'il a éclairée. L'ornement d'un cœur doux, humble et aimant doit attirer au moins l'approbation de ceux qui sont capables, à quelque degré, de discerner le bien et le mal spirituels. Dès le moment où les hommes commencent à sortir des ténèbres qui couvrent le monde insouciant et étourdi, ils ne peuvent que s'apercevoir combien c'est une chose désirable d'être ainsi transformés à l'image de Celui qui nous a créés. Cette religion intérieure porte si visiblement l'empreinte de Dieu, qu'une âme ne peut douter de sa ressemblance divine, à moins d'être totalement plongée dans le péché. Nous pouvons dire de cette religion, dans un sens secondaire, ce qui est dit du Fils de Dieu lui-même ; elle est « la splendeur de la gloire du Seigneur et l'image empreinte de sa personne ; » le rayonnement de sa gloire éternelle, si adouci cependant et si modéré, que même les enfants des hommes peuvent ici voir Dieu et vivre. Elle est la marque caractéristique, l'empreinte vivante de la personne de Celui qui est la source de la beauté et de l'amour, l'origine de toute excellence et de toute perfection.

2. Si donc la religion ne consistait qu'en cela, les hommes dont nous parlons ne pourraient douter de son excellence, ils ne feraient aucune difficulté de la chercher de toute l'ardeur de leur âme. Mais pourquoi, disent-ils, est-elle embarrassée d'autres choses ? Quelle nécessité de la surcharger d'œuvres et de souffrances C'est là ce qui ramollit la vigueur de l'âme et la fait retomber vers la terre. N'est-ce pas assez de « s'étudier à la charité, » de planer sur les ailes de l'amour ? Ne peut-il suffire d'adorer Dieu, qui est Esprit, avec l'esprit et l'entendement, sans nous encombrer de choses extérieures et même sans y songer du tout ? Ne vaut-il pas mieux que toutes nos pensées soient absorbées par de hautes et célestes contemplations, et que sans nous préoccuper de ce qui est extérieur, nous ayons seulement communion avec Dieu dans nos cœurs ?

3. C'est ainsi qu'ont parlé plusieurs hommes éminents, nous donnant le conseil de cesser toute action extérieure, de nous retirer absolument du monde, de laisser en arrière notre corps ; de nous séparer totalement des objets des sens ; de ne plus nous inquiéter de la religion extérieure, mais de pratiquer toutes les vertus dans notre volonté, comme étant de beaucoup la voie la plus excellente, la plus profitable aux progrès de notre âme et la plus agréable à Dieu.

4. Il n'était pas besoin de signaler à notre Sauveur ce chef-d'œuvre de la sagesse d'en bas, la plus belle de toutes les inventions au moyen desquelles Satan n'ait jamais perverti les voies droites de notre Seigneur. Et quels instruments n'a-t-il pas su mettre ainsi à son service, en diffé-

rents temps, pour manier cette grande arme de l'enfer contre quelqu'une des plus importantes vérités de Dieu ! — des hommes qui auraient pu « séduire les élus mêmes, s'il était possible, » des hommes de foi et d'amour, qui, pour un temps, en ont séduit et entraîné un grand nombre, à toutes les époques, les faisant tomber dans ce piège doré dont ils n'ont échappé qu'à grand' peine, y laissant tout, sauf leur vie.

5. Mais le Seigneur a-t-il négligé de nous prémunir suffisamment contre cette agréable séduction ? Ne nous a-t-il pas fourni une armure à l'épreuve des coups de Satan « transformé en ange de lumière ? » Oui, certainement ; de la manière la plus claire et la plus forte, il commande ici la religion d'activité et de souffrance qu'il vient de décrire. Qu'y a-t-il de plus complet et de plus simple que les paroles qui suivent immédiatement ce qu'il vient de dire des œuvres et des souffrances ? « Vous êtes te sel de la terre, mais si le sel perd sa saveur, avec, quoi la lui rendra-t-on ? Il ne vaut plus rien qu'à être jeté dehors et à être foulé aux pieds par les hommes. Vous êtes la lumière du monde ; une ville située sur une montagne ne peut être cachée, et on n'allume point une chandelle pour la mettre sous un boisseau, mais on la met sur un chandelier, et elle éclaire tous ceux qui sont dans la maison. Que votre lumière luise ainsi devant les hommes, afin qu'ils voient vos bonnes œuvres et qu'ils glorifient votre. Père qui est dans les cieux. »

Pour expliquer complètement ces paroles importantes et leur donner toute leur force, je tâcherai de montrer d'abord que le christianisme est essentiellement une religion sociale et que le changer en une religion solitaire, c'est le détruire ; — secondement : que cacher cette religion est aussi impossible que contraire aux intentions de son Auteur. — Je répondrai, en troisième lieu, à quelques objections, et je terminerai par une application pratique.

I

1. Premièrement, je veux montrer que le christianisme est essentiellement une religion sociale, et que le transformer en une religion solitaire c'est, en réalité, le détruire.

Par christianisme, j'entends cette manière d'adorer Dieu, qui est révélée à l'homme par Jésus-Christ. Quand je dis que c'est essentiellement une religion sociale, je veux dire non seulement qu'elle ne peut subsister aussi bien sans société, mais même qu'elle ne peut pas subsister du tout, sans que l'on vive et que l'on converse avec d'autres hommes ; pour le montrer, je me bornerai aux considérations qui découlent du discours même qui nous occupe ; et, si je prouve ce point, il sera indubitablement établi que faire du christianisme une religion solitaire, c'est le détruire.

Ce n'est pas que nous voulions condamner d'aucune manière l'habitude de passer fréquemment de la société dans la solitude ou la retraite. C'est là une chose non seulement permise, mais convenable et même nécessaire, comme le témoigne l'expérience de chaque, jour, pour tout homme qui est déjà ou désire être réellement chrétien. Il est presque impossible que nous puissions passer une journée en rapports continuels avec les hommes, sans souffrir quelque perte dans nos âmes, et sans attrister en quelque mesure le Saint-Esprit de Dieu. Nous avons besoin, chaque jour, de nous retirer du monde, au moins chaque matin et chaque soir, pour converser avec Dieu, pour communiquer plus librement avec notre Père, qui est dans le secret. Et même un homme d'expérience ne peut condamner des temps de retraite plus prolongés, en tant qu'ils n'impliquent aucune négligence des devoirs attachés à la position dans laquelle la Providence de Dieu nous a placés dans le monde.

2. Mais cette retraite ne doit pas absorber tout notre temps ; ce serait détruire et non avancer la vraie religion ; car, que la religion décrite par notre Seigneur dans tes paroles précédentes ne puisse subsister sans société, sans que l'on vive et que l'on converse avec les autres hommes, c'est ce qui est manifeste par cette considération, que plusieurs de ses branches les plus essentielles n'ont aucune raison d'être, si nous n'avons point de relations avec le monde.

3. Il n'y a point de disposition, par exemple, plus essentielle au christianisme que la débonnaireté. Or, quoique cette disposition, en tant qu'elle comprend la résignation à la volonté de Dieu ou la patience dans la douleur et la maladie, puisse subsister dans un désert, dans la cellule d'un ermite, dans une solitude complète ; cependant, en tant qu'elle comprend tout aussi nécessairement la douceur, l'affabilité, le long support, elle ne peut exister, elle n'a de place sous le ciel

que lorsque nous avons des relations avec d'autres hommes ; en sorte qu'essayer de la transformer en une vertu solitaire, c'est par le fait, l'effacer de dessus la terre.

4. Une autre branche également nécessaire du vrai christianisme, c'est le désir de procurer la paix, de faire du bien. Le plus fort argument que l'on puisse présenter pour établir que c'est là un caractère tout aussi essentiel qu'aucune autre partie de la religion de Jésus-Christ ; — c'est que notre Seigneur l'a inséré ici dans ce plan qu'il nous a tracé des principes fondamentaux de sa religion. Mettre de côté ce caractère, serait donc insulter tout aussi audacieusement à l'autorité de notre souverain Maître, que de rejeter la miséricorde, la pureté de cœur, ou toute autre partie de la religion qu'il a instituée. Mais ce caractère du christianisme est évidemment mis de côté par ceux qui nous appellent au désert, qui recommandent la solitude complète aux petits enfants et aux jeunes gens, aussi bien qu'aux pères en Christ. Car, qui voudra soutenir qu'un chrétien solitaire — (comme on dit, quoique ce ne soit guère moins qu'une contradiction dans les termes) — puisse être un homme miséricordieux, c'est-à-dire un homme qui saisit toute occasion de faire toute sorte de bien à tous ses semblables ? N'est-il pas de la dernière évidence que cette partie fondamentale de la religion de Jésus-Christ ne peut absolument subsister sans société, sans que l'on vive et que l'on converse avec les autres hommes ?

5. « Mais ne vaut-il pas mieux, » demandera naturellement quelqu'un, « ne vivre qu'avec des gens de bien, avec ceux-là seulement que nous savons être débonnaires et miséricordieux, saints de cœur et saints de vie ? Ne vaut-il pas mieux éviter toute conversation et tout rapport avec des hommes, d'un caractère opposé, qui n'obéissent, qui ne croient peut-être point à l'Évangile de notre Seigneur Jésus-Christ ? » Le conseil que saint Paul adresse aux chrétiens de Corinthe, peut sembler favorable à ce point de vue : « je vous ai écrit dans ma lettre de n'avoir aucune communication avec les impudiques (1 Co 5.9). » Et sans aucun doute, on ne peut conseiller à personne de s'allier aux impudiques ou à tout autre ouvrier d'iniquité, pour avoir avec eux une familiarité particulière ou une amitié intime. Contracter ou conserver de l'intimité avec de telles personnes ne peut, en aucune manière, être convenable pour un chrétien ; ces relations l'exposeraient nécessairement à une foule de piéges et de dangers, dont il ne pourrait avec raison espérer d'être délivré.

Mais l'apôtre ne nous défend point absolument tout rapport avec les hommes qui ne connaissent pas Dieu « Autrement, dit-il, il vous faudrait sortir du monde ; » ce qu'il ne pourrait jamais leur conseiller. Mais il ajoute : « si quelqu'un qui se nomme frère, » qui fait profession d'être chrétien, « est impudique, ou avare, ou idolâtre, ou médisant, ou ivrogne, ou ravisseur, » je vous ai écrit de ne point vous associer avec lui, et même de ne pas « manger avec un tel homme. » Ce qui implique nécessairement la rupture de toute familiarité, de toute intimité avec lui. « Toutefois, » dit ailleurs l'apôtre (2 Th 3.15), « ne le regardez pas comme un ennemi, mais avertissez le comme un frère, » montrant clairement par là que, même dans un cas pareil, nous ne devons pas renoncer à toute relation avec lui. Il n'y a donc ici aucune recommandation de nous séparer complètement des méchants, et ces paroles mêmes nous enseignent précisément le contraire.

6. Combien plus trouvons-nous encore le même enseignement dans les paroles de Jésus ! Il est si loin de nous commander de rompre tout commerce avec le monde, que même d'après son exposition du christianisme, sans ces relations nous ne pouvons pas être chrétiens du tout. Il serait aisé de montrer qu'il est absolument nécessaire d'entretenir quelques rapports même avec les méchants et les impies afin de mettre pleinement en action toutes les dispositions qui nous sont dépeintes comme la voie du royaume, et que cela est indispensable à l'exercice complet de la pauvreté d'esprit, de l'affliction, et de tous les sentiments qui ont leur place marquée dans la vraie religion de Jésus-Christ. Cela est indispensable à l'existence même de plusieurs de ces dispositions ; par exemple, de cette débonnaireté, qui au lieu d'exiger « œil pour œil, dent pour dent, » ne résiste point au mal, mais plutôt « si quelqu'un frappe à la joue droite, présente aussi l'autre ; » — de cette miséricorde par laquelle nous aimons nos ennemis, nous bénissons ceux qui nous maudissent, nous faisons du bien à ceux qui nous haïssent et nous prions pour ceux qui nous outragent et nous persécutent ; — et enfin à l'existence de ce mélange d'amour et de saintes dispositions qu'exerce et développe la souffrance endurée pour la cause de la justice. Bien évi-

demment, toutes ces vertus ne pourraient exister, si nous ne devions avoir de commerce qu'avec de vrais chrétiens.

7. Et véritablement, si nous devions nous séparer complètement des pécheurs, comment nous serait-il possible de répondre à ce caractère que nous attribue notre Seigneur dans ces paroles : Vous chrétiens, vous qui êtes humbles, doux et sérieux, vous qui avez faim et soif de la justice, de cet amour de Dieu et de l'homme qui fait du bien à tous et qui supporte le mal, « vous êtes le sel de la terre. » C'est dans votre nature même d'assaisonner tout ce qui vous entoure. C'est dans la nature de la saveur divine qui est en vous, de se communiquer à tout ce que vous touchez, de se répandre de toutes parts sur tous ceux au milieu desquels vous vivez. C'est là le grand motif pour lequel la providence de Dieu vous a tellement mêlés aux autres hommes, afin que toute grâce que vous receviez de Dieu puisse être, par votre moyen, communiquée aux autres ; que toutes vos saintes dispositions, que toutes vos paroles et vos œuvres puissent aussi avoir de l'influence sur les autres hommes. Par ce moyen, sera arrêtée dans une certaine mesure la corruption qui est dans le monde, et une petite portion de l'humanité, au moins, pourra être sauvée de la contagion générale et rendue sainte et pure devant Dieu.

8. Afin de nous exciter à répandre partout, avec plus de zèle, le sel de la sainteté, notre Seigneur nous montre l'état déplorable de ceux qui ne communiquent pas la religion qu'ils ont reçue, ce que, à la vérité, ils ne peuvent manquer de faire, aussi longtemps qu'elle demeure dans leur cœur. « Si le sel perd sa saveur, avec quoi la lui rendra-t-on ? Il ne vaut plus rien qu'à être jeté dehors et à être foulé aux pieds par les hommes. » Si vous qui étiez saints et célestes, et par conséquent zélés pour les bonnes œuvres, n'avez plus ce sel en vous-mêmes, et ne pouvez donc plus le communiquer aux autres, si vous êtes devenus insipides, insouciants sur votre salut et inutiles aux autres, avec quoi vous salera-t-on ? Comment recouvrer votre piété ? Quelle ressource y a-t-il pour vous ? Quelle espérance ? Le sel qui a perdu sa saveur, peut-il la recouvrer ? Non, il ne « vaut plus rien qu'à être jeté dehors, comme la boue dans les rues, et foulé aux pieds par les hommes ; » c'est ainsi que le chrétien qui a perdu le sel de la sainteté s'expose à être couvert d'une infamie éternelle. Si vous n'aviez jamais connu le Seigneur, si vous n'aviez point été unis à lui, il pourrait y avoir de l'espérance ; mais que pouvez-vous répondre à cette déclaration solennelle, tout-à-fait parallèle à celle que nous venons d'entendre ? Le Père retranche « tout sarment qui ne porte pas de fruit en moi. Celui qui demeure en moi porte beaucoup de fruit. Si quelqu'un ne demeure pas en moi » ou ne porte pas de fruit, il sera jeté dehors comme le sarment ; il sèche, puis on le ramasse, » non pour le replanter, mais « pour le jeter au feu (Jn 15.2, 5, 6). »

9. Sans doute, Dieu est rempli de pitié et de miséricorde envers ceux qui n'ont jamais goûté la bonne parole. Mais la justice seule se dresse devant ceux qui ont goûté que le Seigneur est bon, et qui se sont ensuite détournés du saint commandement qui leur avait été donné. « Car il est impossible que. ceux qui ont été une fois illuminés (He 6.4 et suiv.), » dans les cœurs desquels Dieu a une fois fait briller sa lumière, pour les éclairer par la connaissance de la gloire de Dieu en la présence de Jésus-Christ ; « qui ont goûté le don céleste » de la rédemption par son sang et du pardon des péchés ; « et qui ont été fait participants du Saint-Esprit, » de l'humilité, de la douceur, de l'amour de Dieu et des hommes, répandus dans leurs cœurs par le Saint-Esprit qui leur a été donné ; « s'ils retombent » (dans l'original il n'y a pas une supposition, mais la déclaration pure et simple d'un fait), « soient renouvelés à la repentance, puisque, autant qu'il est en eux, ils crucifient de nouveau le Fils de Dieu et l'exposent à l'ignominie. »

Mais pour que personne ne puisse se méprendre sur le sens de cette terrible déclaration, il faut remarquer soigneusement quels sont ceux dont il est ici parlé, savoir ceux et ceux-là seulement qui ont goûté le don céleste et qui ont été faits ainsi participants du Saint-Esprit, de sorte que tous ceux qui n'ont point expérimenté ces choses, ont ici complètement hors de question. — Quelle est cette rechute dont il est ici parlé ? C'est une apostasie absolue et complète. Un croyant peut tomber sans cependant tomber aussi profondément que l'indique l'Apôtre ; il peut tomber et se relever encore, et s'il tombe même dans le péché, son état, quelque terrible qu'il soit, n'est pas désespéré. Car « nous avons un avocat auprès du Père, Jésus-Christ le Juste, et c'est lui qui est la propitiation pour nos péchés. » Mais surtout qu'il prenne garde de peur que son cœur « ne s'endurcisse par la séduction du péché ; » de peur qu'il ne s'enfonce de plus en plus dans le mal, jusqu'à ce qu'il soit complètement retombé, et devenu comme le sel qui a perdu sa saveur. « Car, si nous péchons ainsi volontairement après avoir reçu la connaissance expérimentale de la vérité, il ne reste plus de sacrifice pour les péchés, et il n'y a plus rien à attendre qu'un jugement terrible et un feu ardent qui doit dévorer les adversaires. »

II

1. Mais en admettant que nous ne devons pas nous séparer complètement des hommes du monde, et que nous sommes appelés à leur communiquer le sel de la piété que Dieu a produite dans nos cœurs, cependant ne pouvons-nous le faire d'une manière insensible ? Ne pouvons-nous point exercer sur eux cette sainte influence d'une manière secrète et presque imperceptible, en sorte qu'on pourra à peine reconnaître quand et comment elle agit, — de même que le sel donne sa saveur aux choses qu'il assaisonne, sans bruit et sans rien qui attire l'attention ? Et si cela peut se faire, quoique nous ne sortions pas du monde, nous pouvons cependant y demeurer cachés, gardant ainsi notre religion pour nous-mêmes, sans offenser ceux que nous ne pouvons secourir.

2. Ces plausibles raisonnements de la chair et du sang ne pouvaient échapper à notre Sauveur, et il en a donné une complète réfutation dans les paroles qui nous restent à examiner. En les expliquant, je m'efforcerai de montrer, comme je me suis proposé de le faire, en second lieu, qu'aussi longtemps que la vraie religion demeure dans nos cœurs, la cacher, est aussi impossible qu'absolument contraire aux intentions de son grand Auteur.

Et, d'abord, il est impossible, pour quiconque la possède, de cacher la religion de Jésus-Christ. Notre Seigneur met cette vérité au-dessus de toute contradiction par une double comparaison : « Vous êtes la lumière du monde. Une ville, située sur une montagne, ne peut être cachée. » Vous chrétiens, vous êtes la lumière du monde, soit par vos dispositions, soit par vos actions. Votre sainteté vous rend aussi remarquables que le soleil au milieu du ciel. Comme vous ne pouvez sortir du monde, vous ne pouvez non plus y demeurer sans exciter l'attention de toute l'humanité. Vous ne pouvez fuir loin des hommes, et, pendant que vous vivez au milieu d'eux, il est impossible de cacher votre humilité, votre douceur, et tous les autres sentiments par lesquels vous aspirez à être parfaits comme votre Père qui est dans les cieux est parfait. L'amour ne peut pas plus se cacher que la lumière, surtout quand il se manifeste par l'action, quand vous vous exercez au travail de l'amour, à toute sorte de bienfaisance ; on pourrait tout autant songer à cacher une ville qu'un chrétien ; oui, on pourrait tout aussi bien cacher une ville située sur une montagne qu'un ami de Dieu et de l'homme, saint, zélé et actif.

3. Il est vrai que les hommes qui aiment mieux les ténèbres que la lumière, parce que leurs œuvres sont mauvaises, feront tout ce qu'ils pourront pour prouver que la lumière qui est en vous n'est que ténèbres. Ils diront du mal, toute sorte de mal, faussement contre vous ; ils vous accuseront de l'impossible, de ce qui est précisément l'opposé de tout ce que vous êtes et de tout ce que vous faites. Mais votre patiente persévérance dans le bien, votre support débonnaire de toutes choses pour l'amour du Seigneur, votre joie calme et humble au milieu des persécutions, vos efforts infatigables pour surmonter le mal par le bien, ne vous rendront que plus visibles et plus remarquables que vous ne l'étiez déjà.

4. Tant il est impossible d'empêcher que notre religion ne soit vue, à moins de la jeter au loin ! Tant il est inutile de songer à cacher la lumière, à moins de l'éteindre ! A coup sûr, une religion secrète et inaperçue ne peut être la religion de Jésus-Christ ; toute religion qu'on peut cacher, n'est pas le christianisme. Si un chrétien pouvait se cacher, il ne pourrait plus se comparer à une ville située sur une montagne, à la lumière du monde, au soleil qui brille du haut des cieux et qui est vu par tout le monde ici-bas. Que la pensée de cacher cette lumière n'entre donc jamais dans le cœur de celui que Dieu a renouvelé dans son esprit et dans son entendement, qu'il ne songe pas à garder sa religion pour lui-même ; qu'il considère qu'il est non seulement impossible de cacher le vrai christianisme, mais aussi qu'un pareil dessein est absolument contraire à l'intention de son divin Fondateur.

5. C'est ce qui ressort clairement des paroles suivantes « On n'allume point une chandelle pour la mettre sous un boisseau ; » c'est comme s'il avait dit : De même que les hommes n'allument point une chandelle pour la couvrir et la cacher, de même Dieu n'illumine point une âme par sa glorieuse connaissance et son amour, afin qu'on cache et qu'on dissimule cette lumière, soit par une fausse prudence, soit par honte ou par humilité volontaire, afin qu'on la cache, soit dans un désert, soit dans le monde, en évitant les hommes ou en conversant avec eux. « Mais on met la chandelle sur un chandelier et elle éclaire tous ceux qui sont dans la maison. » De la même manière, c'est l'intention de Dieu que tout chrétien soit exposé aux regards, afin qu'il puisse manifester visiblement la religion de Jésus-Christ.

6. C'est ainsi que dans tous les temps Dieu a parlé au monde, non seulement par des préceptes, mais aussi par des exemples. Il ne s'est laissé sans témoins dans aucune des nations auxquelles l'Évangile est parvenu, sans quelques hommes qui aient rendu témoignage à sa vérité par leurs vies aussi bien que par leurs paroles. Ils ont été « comme des lampes qui éclairaient dans des lieux obscurs ; » et, de temps en temps, ils ont été les moyens d'en éclairer quelques autres, de conserver un résidu, une petite postérité qui a été comptée parmi ceux qui servent le Seigneur. Ils ont retiré quelques pauvres brebis des ténèbres du monde et ont guidé leurs pas dans le chemin de la paix.

7. On pourrait s'imaginer que, lorsque l'Écriture et la raison s'accordent à parler d'une manière si claire et si expresse, il est difficile de leur opposer quoi que ce soit, au moins avec quelque apparence de vérité. Mais ceux qui pensent ainsi, connaissent peu les profondeurs de Satan. En dépit de l'Écriture et de la raison, il y a des prétextes si plausibles en faveur d'une religion solitaire, et de la fuite du chrétien loin du monde, ou au moins pour qu'il se cache au milieu du monde, qu'il nous faut toute la sagesse de Dieu pour discerner le piège, et toute sa puissance pour y échapper, tant sont nombreuses et fortes les objections qu'on élève contre un christianisme social, actif et qui se montre à découvert.

III

1. Répondre à ces objections, c'est le troisième point que je me suis proposé. Et, d'abord, on a souvent objecté que la religion ne consiste point dans l'extérieur, mais dans le cœur, dans le fond de l'âme ; que c'est l'union de l'âme avec Dieu, la vie de Dieu dans l'âme de l'homme ; que toute cette piété du dehors est sans valeur, vu que Dieu « ne prend point plaisir aux sacrifices, » au service extérieur, mais qu'un cœur pur et saint est le sacrifice que Dieu ne méprise point.

Je réponds : Il est très vrai que c'est dans le cœur, dans le fond de l'âme que se trouve la racine de la religion ; qu'elle est l'union de l'âme avec Dieu, la vie de Dieu dans l'âme de l'homme. Mais si cette racine est réellement dans le cœur, il ne peut se faire qu'elle ne pousse des branches. Ces branches sont les diverses parties de l'obéissance extérieure, qui sont de la même nature que la racine et qui, par conséquent, sont non seulement des marques et des indices, mais encore des parties essentielles de la piété.

Il est vrai aussi qu'une religion simplement extérieure, qui n'a point de racines dans le cœur, n'est d'aucune valeur ; que Dieu ne prend point plaisir à un tel service extérieur, pas plus qu'aux sacrifices juifs, et qu'un cœur saint et pur est le sacrifice auquel il prend toujours plaisir. Mais il prend aussi plaisir à tout service extérieur qui part du cœur, au sacrifice de nos prières, soit en public, soit en particulier, de nos louanges et de nos actions de grâces ; au sacrifice de nos biens, consacrés humblement et sans réserve à son service et à sa gloire ; au sacrifice de nos corps, qu'il réclame en particulier, et que l'apôtre nous exhorte « par les compassions de Dieu, à lui offrir en sacrifice vivant, saint, et qui lui soit agréable. »

2. Une seconde objection, liée de près à la première, c'est que l'amour est tout en tous ; qu'il est l'accomplissement de la loi, « le but du commandement, » de tout commandement de Dieu ; que tout ce que nous faisons, tout ce que nous souffrons, si nous n'avons pas la charité ou l'amour, ne nous sert de rien ; et que c'est pour cela que l'apôtre nous enseigne à nous « étudier à la charité, » ce qu'il appelle « la voie la plus excellente. »

Je réponds qu'il est indubitable que l'amour de Dieu et des hommes, provenant d'une foi sincère, est tout en tous, qu'il est l'accomplissement de la loi, le but de tout commandement de

Dieu ; il est vrai que, sans l'amour, tout ce que nous pouvons faire ou souffrir ne nous sert de rien. Mais il ne s'ensuit pas que l'amour soit tout, dans ce sens qu'il pourrait remplacer la foi ou les bonnes œuvres. Il est « l'accomplissement de la loi, » non parce qu'il nous en débarrasse, mais parce qu'il nous contraint de lui obéir. Il est « le but du commandement, » parce que tout commandement y aboutit comme vers un centre. Sans aucun doute, tout ce que nous pouvons faire ou souffrir, sans amour, ne nous sert de rien ; mais néanmoins rien de ce que nous faisons ou souffrons avec amour, ne fût-ce que d'endurer l'opprobre de Christ, ou de donner un verre d'eau froide en son nom, ne perdra sa récompense.

3. Mais l'apôtre ne nous dit-il pas de nous « étudier à la charité ? » N'est-ce pas ce qu'il appelle « la voie la plus excellente ? » — Il est vrai qu'il nous ordonne de nous étudier à la charité, mais non pas à la charité seule. Ses paroles sont : « Etudiez-vous à la charité ; désirez aussi avec ardeur les dons spirituels (1 Co 14.1). » Oui, étudiez-vous à la charité et désirez de vous dépenser pour vos frères ; étudiez-vous à la charité ; et selon que vous en avez l'occasion, faites du bien à tous les hommes.

Dans le même verset où il désigne le chemin de l'amour comme « la voie la plus excellente, » il engage les Corinthiens à désirer, en outre, d'autres dons et même à les désirer avec ardeur. « Désirez avec ardeur, dit-il, des dons plus utiles, et je vais vous montrer la voie la plus excellente (1 Co 12.31). » Plus excellente sans doute que les dons de guérir, de parler diverses langues, d'interpréter, qu'il mentionne dans les versets précédents, mais non pas plus excellente que la voie de l'obéissance. De celle-là, l'apôtre ne parle point, pas plus qu'il ne parle d'aucun acte extérieur de la religion, en sorte que ce texte est complètement étranger à la question actuelle.

Mais, même à supposer que l'apôtre ait voulu parler de la religion extérieure aussi bien que de la religion intérieure, et les comparer ensemble ; à supposer que dans la comparaison, il ait hautement donné la préférence à la seconde sur la première ; à supposer qu'il eût préféré, comme il le pouvait justement, un cœur aimant à quelque œuvre extérieure que ce fût, il ne s'ensuivrait pas que nous dussions rejeter l'une ou l'autre de ces deux parties de la religion. Non, Dieu les a inséparablement unies dès le commencement du monde, et que l'homme ne sépare point ce que Dieu a uni.

4. Mais, « Dieu est Esprit, et il faut que ceux qui l'adorent, l'adorent en esprit et en vérité. » Cela ne suffit-il point ? Ne devons-nous pas appliquer à ce culte spirituel toute la force de notre âme ? Cette préoccupation des choses extérieures, n'est-elle pas pour l'âme un embarras qui l'empêche de s'élever à de saintes contemplations ? Ne ramollit-elle pas la vigueur de nos pensées ? N'a-t-elle pas une tendance naturelle à surcharger et à distraire l'esprit ? tandis que saint Paul « voudrait que nous fussions sans inquiétude, et attachés au service du Seigneur sans distraction. »

Je réponds : « Dieu est Esprit, et il faut que ceux qui l'adorent, l'adorent en esprit et en vérité. » Cela est vrai, cela suffit, et nous devons employer à ce service toute la force de nos âmes. Mais je demanderai : Qu'est-ce donc qu'adorer Dieu, qui est Esprit, en esprit et en vérité ? C'est sans doute l'adorer avec notre esprit, le servir d'une manière dont les esprits seuls sont capables. C'est croire en lui, comme en un être sage, juste et saint, dont les yeux sont trop purs pour voir le mal, et cependant pitoyable, miséricordieux, tardif à colère, pardonnant l'iniquité, le crime et le péché, jetant tous nos péchés loin de lui, et nous acceptant en son bien-aimé ; c'est l'aimer, prendre plaisir en lui, le désirer de tout notre cœur, de toute notre pensée, de toute notre âme et de toute notre force ; c'est imiter celui que nous aimons, en nous purifiant comme lui aussi est pur ; c'est obéir à celui que nous aimons et en qui nous croyons, dans nos pensées, dans nos paroles, et dans nos actions. Par conséquent, l'une des parties du service que nous devons lui offrir et qui consiste à l'adorer en esprit et en vérité, c'est de garder ses commandements extérieurs. Ainsi donc, le glorifier dans nos corps aussi bien que dans nos esprits, accomplir nos œuvres extérieures avec des cœurs élevés vers lui, faire de notre travail journalier un sacrifice à Dieu, acheter et vendre, manger et boire en vue ; de sa gloire, — c'est là adorer Dieu en esprit et en vérité, tout autant que de le prier dans un désert.

5. La contemplation n'est donc qu'une des manières de servir Dieu en esprit et en vérité. Nous y abandonner complètement, ce serait annuler plusieurs parties du culte spirituel, qui sont

toutes également agréables à Dieu et également profitables à nos âmes, loin de leur être nuisibles. Car c'est une grande méprise de supposer que l'attention que réclament les œuvres extérieures auxquelles la Providence de Dieu nous appelle, soit un embarras pour le chrétien et qu'elle l'empêche de chercher constamment Celui qui est invisible. L'ardeur de sa pensée n'en est pas refroidie ; son esprit n'en est ni encombré ni distrait : il n'en éprouve aucune inquiétude pénible ou nuisible, lorsqu'il fait tout en vue du Seigneur, lorsqu'il a appris à tout faire, soit en paroles soit en œuvres, au nom du Seigneur Jésus, ayant un seul des yeux de son âme occupé de suivre les choses extérieures, et l'autre immuablement fixé sur Dieu. Apprenez à connaître cette vie, vous pauvres reclus, afin que vous puissiez discerner clairement la petitesse de votre foi ; et cessez de juger les autres par vous-mêmes, allez apprendre ce que signifie ceci :

« C'est toi, Seigneur, qui, dans ton tendre amour, portes toi-même tous mes fardeaux, qui élèves mon cœur vers les biens d'en haut et l'y tiens toujours fixé. Calme, je suis assis sur la roue du tumulte, seul au milieu de la multitude bruyante et affairée, attendant paisiblement à tes pieds jusqu'à ce que toute ta volonté soit accomplie. »

6. Mais la grande objection reste encore : « Nous en appelons, dit-on, à l'expérience. Notre lumière a brillé devant les hommes ; pendant de longues années nous avons mis en œuvres les moyens extérieurs, et ils ne nous ont servi de rien. Nous avons usé de toutes les ordonnances prescrites, mais sans nous en trouver mieux. Au contraire, nous étions pires, car nous nous imaginions être chrétiens à cause de ces œuvres, tandis que nous ne savions même pas ce que signifie le christianisme. »

Je l'accorde ; vous et des milliers d'autres, vous avez ainsi abusé des ordonnances de Dieu, confondant les moyens avec le but, supposant que l'accomplissement de telle ou telle œuvre extérieure était la religion de Jésus-Christ ou pouvait la remplacer. Mais que l'abus disparaisse et que l'usage légitime demeure. Usez maintenant des moyens extérieurs, mais usez-en, ayant constamment en vue le renouvellement de votre âme dans la justice et la sainteté véritables.

7. Mais ce n'est pas tout ; l'expérience montre également, affirment-ils, qu'essayer de faire du bien, c'est perdre sa peine. À quoi sert-il de nourrir ou de vêtir les corps des hommes, s'ils vont tomber dans le feu éternel ? Et quel bien peut-on faire à leurs âmes ? Si elles sont régénérées, c'est Dieu seul qui le fait. D'ailleurs tous les hommes sont ou bons, (au moins désireux de l'être,) ou obstinément méchants. Or, les premiers n'ont aucun besoin de nous ; qu'ils demandent du secours à Dieu et ils l'obtiendront ; quant aux seconds, ils refuseront toute aide de notre part ; d'ailleurs, notre Seigneur lui-même nous défend « de jeter nos perles devant les pourceaux. »

Je réponds : 1° qu'ils soient finalement perdus ou sauvés, vous avez reçu le commandement exprès de nourrir ceux qui ont faim et de couvrir ceux qui sont nus. Si, pouvant le faire, vous ne le faites pas, quel que puisse être leur sort, le vôtre sera d'être jetés dans le feu éternel. 2° Quoique Dieu seul puisse changer les cœurs, c'est cependant généralement par le moyen de l'homme qu'il le fait. Notre part à nous, c'est d'accomplir la tâche qui nous est confiée, avec autant de zèle que si nous pouvions changer les cœurs nous-mêmes, et puis d'abandonner à Dieu le résultat. 3° Dieu, en réponse aux prières de ses enfants, les fait croître l'un par l'autre dans tous les dons de sa grâce ; il nourrit et fortifie « tout le corps, par la liaison de ses parties qui communiquent les unes aux autres, » de sorte que « l'œil ne peut pas dire à la main : je n'ai pas besoin de toi ; ni aussi la tête aux pieds : je n'ai pas besoin de vous. » Enfin, comment savez-vous que les personnes auxquelles vous avez à faire sont des chiens ou des pourceaux ? Ne les jugez pas d'avance. Que sais-tu, ô homme, si tu ne sauveras point ton frère ? si comme instrument de Dieu tu ne sauveras point son âme de la mort ? Quand il aura repoussé ton amour et blasphémé contre la bonne parole, il sera temps alors de t'abandonner à Dieu.

8. Nous avons essayé, ajoute-t-on ; nous avons travaillé à réformer les pécheurs, et qu'avons-nous gagné ? Il en est beaucoup sur lesquels nous n'avons pu faire aucune impression ; et si quelques-uns se sont amendés pour un temps, leur piété n'a été que comme la rosée du matin, et bientôt ils sont redevenus aussi méchants et même pires qu'auparavant. En sorte que nous n'avons réussi qu'à leur faire du mal et à nous aussi, car nos esprits étaient troublés et découragés, peut-être même remplis de colère au lieu d'amour. Nous aurions donc mieux fait de garder notre religion pour nous-mêmes. »

Il est très possible qu'il en soit ainsi, que vous ayez essayé de faire du bien et que vous n'ayez pas réussi ; il est très possible que ceux qui semblaient corrigés, se soient replongés dans le péché et que leur dernier état soit pire que le premier. Mais qu'y a-t-il là d'étonnant ? Le serviteur est-il au-dessus de son Maître ? Que de fois ne s'est-il pas efforcé de sauver les pécheurs, et ils ont refusé de l'écouter, ou, après l'avoir suivi pour un temps, ils sont retournés comme le chien à son vomissement ! mais il n'a point cessé pour cela de s'efforcer de faire du bien ; et vous ne devez pas cesser non plus, quel que soit votre succès. À vous de faire ce qui vous est commandé ; le résultat est entre les mains de Dieu. Vous n'en êtes point responsables, laissez-le à Celui qui règle toutes choses avec justice. « Sème ta semence dès le matin, et ne laisse pas reposer tes mains le soir, car tu ne sais pas lequel réussira le mieux (Ec 11.6). »

Mais ces tentatives agitent et inquiètent vos âmes. Peut-être ont-elles eu cet effet par cela même que vous vous êtes crus responsables du résultat, tandis qu'aucun homme ne l'est ni ne peut l'être ; il se peut encore que vous n'ayez pas été sur vos gardes, vous n'avez pas veillé sur votre propre cœur. Mais ce n'est pas là une raison de désobéir à Dieu. Essayez de nouveau, mais essayez avec plus de prudence qu'auparavant. Faites le bien, comme vous devez pardonner, « non pas sept fois, mais jusqu'à septante fois sept fois. » Seulement que l'expérience vous rende plus sages ; que chaque fois vos tentatives soient de plus en plus circonspectes. Soyez plus humbles devant Dieu, plus intimement convaincus que de vous-mêmes vous ne pouvez rien faire. Surveillez avec plus de soin votre propre esprit ; soyez plus doux, plus vigilants dans la prière : Alors « jette ton pain sur la face des eaux, et après plusieurs jours tu le trouveras. »

IV

1. Nonobstant tous ces prétextes plausibles, pour cacher votre piété, « que votre lumière luise devant les hommes, afin qu'ils voient vos bonnes œuvres et qu'ils glorifient votre Père qui est dans les cieux. » C'est là l'application pratique que notre Seigneur lui-même fait des considérations précédentes.

« Que votre lumière luise ainsi, » — votre humilité de cœur, votre douceur, votre sagesse, votre souci sérieux et profond pour les choses de l'éternité, et votre affliction sur les péchés et les misères des hommes ; votre désir ardent de posséder l'entière sainteté et le parfait bonheur en Dieu ; votre tendre bienveillance pour toute l'humanité et votre amour fervent pour votre Bienfaiteur suprême. Ne cherchez pas à cacher cette lumière, dont Dieu a éclairé votre âme, mais qu'elle luise devant les hommes, devant tous ceux au milieu desquels vous vivez, dans toutes vos conversations ; qu'elle brille encore plus dans vos actions, dans tout le bien que vous pourrez faire à tous les hommes, enfin dans vos souffrances pour la justice, au milieu desquelles vous devez vous « réjouir et tressaillir de joie, sachant que votre récompense sera grande dans les cieux. »

2. « Que votre lumière luise devant les hommes, afin qu'ils voient vos bonnes œuvres ; » — tant un chrétien doit être loin d'avoir l'intention ou le désir de cacher sa piété ! Au contraire, que votre désir soit, non de la cacher, non de la mettre sous un boisseau, mais de la mettre « sur un chandelier, afin qu'elle éclaire tous ceux qui sont dans la maison. » Prenez garde seulement de ne pas chercher en cela votre propre gloire, de ne désirer aucun honneur pour vous-mêmes. Mais que votre seul but soit que ceux qui voient vos bonnes œuvres puissent « glorifier votre Père qui est dans les cieux. »

3. Que ce soit là votre but unique et final en toutes choses. Avec cette réserve, soyez simples, francs, sans déguisement ; que votre amour soit sans dissimulation ; pourquoi cacher un amour pur et désintéressé ? Qu'aucune fraude ne soit trouvée dans votre bouche ; que vos paroles soient l'image sincère de votre cœur ; qu'il n'y ait ni obscurité ni réserve dans votre conversation, ni déguisement dans votre conduite. Laissez cela à ceux qui ont d'autres desseins, des desseins qui ne peuvent supporter la lumière. Soyez simples et sans art devant les hommes, afin que tous puissent voir la grâce de Dieu qui est en vous. Et si quelques-uns endurcissent leurs cœurs, d'autres s'apercevront que vous avez été avec Jésus, et en retournant eux-mêmes au grand Évêque de leurs âmes, ils « glorifieront votre Père qui est dans les cieux. »

4. Avec ce seul objet en vue, la glorification de Dieu en vous par vos semblables, avancez en son nom et dans sa force toute puissante. N'ayez pas même honte d'être seul, pourvu que ce soit dans les voies de Dieu. Que la lumière qui est dans votre cœur brille en toute sorte de bonnes œuvres, œuvres de piété et œuvres de miséricorde ; et, afin d'accroître vos moyens de faire le bien, renoncez à toute superfluité, retranchez toute dépense inutile dans votre nourriture, votre ameublement, votre costume. Soyez un bon économe de tous les dons de Dieu, même de ses dons inférieurs. Renoncez à tout emploi de temps qui n'est pas nécessaire, retranchez toute occupation inutile ou frivole, et « fais selon ton pouvoir, tout ce que tu auras moyen de faire. » En un mot, sois rempli de foi et d'amour, fais le bien, supporte le mal, et en suivant cette voie « sois ferme, inébranlable, abondant toujours dans l'œuvre du Seigneur, sachant que ton travail ne sera pas vain auprès du Seigneur. »

SERMON 25

Le sermon sur la montagne

Cinquième discours

Ne pensez pas que je sois venu abolir la loi ou les prophètes ; je suis venu, non pour les abolir, mais pour les accomplir. Car je vous dis en vérité que, jusqu'à ce que le ciel et la terre passent, il ne passera pas un seul iota, ni un seul trait de lettre de la loi, jusqu'à ce que toutes choses soient accomplies. Celui donc qui aura violé l'un de ses plus petits commandements et qui aura ainsi enseigné les hommes, sera estimé le plus petit dans le royaume des cieux ; mais celui qui les aura enseignés et observés, celui-là sera estimé grand dans le royaume des cieux. Car je vous dis que si votre justice ne surpasse celle des scribes et des Pharisiens, vous n'entrerez point dans le royaume des cieux.[2]
— Matthieu 5.17-20 —

1. Parmi la multitude des reproches infligés à celui qui fut « le méprisé et le dernier des hommes, » devait naturellement se trouver celui d'être un docteur de nouveautés, l'introducteur d'une nouvelle religion. Ce reproche pouvait sembler d'autant plus légitime que plusieurs des expressions qu'employait Jésus n'étaient pas communes parmi les Juifs, soit qu'ils n'en fissent point usage, soit qu'ils ne s'en servissent pas dans le même sens ou avec une signification aussi complète et aussi forte. Ajoutez à cela que le culte de Dieu « en esprit et en vérité, » doit nécessairement toujours sembler une religion nouvelle à ceux qui n'ont connu jusque-là rien de plus que le culte extérieur, que « l'apparence de la piété. »

2. Peut-être bien aussi, quelques-uns pouvaient-ils espérer que Jésus venait abolir l'ancienne religion et en introduire une autre qui serait, s'en flattaient-ils peut-être, une voie plus aisée pour parvenir au ciel. Mais notre Seigneur réfute dans les paroles de notre texte, à la fois les vaines espérances des uns et les calomnies sans fondement des autres.

Je considérerai ces paroles dans l'ordre même où elles nous sont données, prenant successivement chaque verset pour sujet distinct de mon discours.

I

1. Et d'abord, « ne pensez pas que je sois venu pour abolir la loi ou les prophètes : je suis venu non pour les abolir, mais pour les accomplir. »

Quant à la loi rituelle ou cérémonielle, donnée par Moïse aux enfants d'Israël, renfermant toutes les injonctions et les ordonnances relatives aux anciens sacrifices et au service du temple, notre Seigneur est venu bien réellement pour la détruire, l'annuler et l'abolir entièrement. C'est ce que témoignent tous les apôtres ; non seulement Barnabas et Paul, qui résistèrent en face à ceux qui enseignaient que les chrétiens « devaient garder la loi de Moïse ; » non seulement Pierre, qui déclare qu'insister sur l'observation de la foi rituelle « c'est tenter Dieu, » et « imposer aux disciples un joug que ni nos pères, » dit-il, « ni nous-mêmes n'avons pu porter ; » — mais tous « les

---

[2] (Cette traduction, différente de la version française, mais plus littéralement conforme au texte original, est nécessaire pour l'intelligence du discours de Wesley.)

apôtres, les anciens et les frères, » « assemblés d'un commun accord, » ont déclaré « qu'ordonner de garder la loi de Moïse, » c'est « ébranler les âmes, » et « qu'il a semblé bon au Saint-Esprit » et à eux de ne leur point imposer une telle charge. « Cette obligation, qui était contre nous, laquelle consistait dans les ordonnances, » notre Seigneur « l'a effacée, et il l'a entièrement annulée, en l'attachant à la croix. »

2. Mais la loi morale, contenue dans les dix commandements et confirmée par les prophètes, notre Seigneur ne l'a point annulée. Sa venue n'avait point pour but d'en révoquer aucune partie. C'est une loi qui ne peut jamais être anéantie, et qui est aussi durable que le fidèle témoin qui est dans le ciel. La loi morale repose sur un tout autre fondement que la loi cérémonielle, qui n'était destinée qu'à servir de joug temporaire sur un peuple rebelle et de col roide, tandis que la première date du commencement du monde, étant « écrite non sur des tables de pierre, » mais dans le cœur de tous les enfants des hommes, lorsqu'ils sont sortis des mains de leur Créateur. Et quoique les caractères, tracés jadis par le doigt de Dieu, soient maintenant en grande partie effacés par le péché, encore ne peuvent-ils avoir complètement disparu, aussi longtemps que nous avons quelque conscience du bien et du mal. Chacune des parties de cette loi doit rester en vigueur pour toute l'humanité dans tous les âges, vu qu'elle ne dépend ni des temps, ni des lieux, ni d'aucune autre circonstance sujette au changement, mais uniquement de la nature de Dieu et de la nature de l'homme et de leurs inaltérables rapports l'un avec l'autre.

3. « Je ne suis point venu pour abolir cette loi, mais pour l'accomplir. » Quelques-uns ont compris que notre Seigneur voulait dire par là : Je suis venu pour l'accomplir, par mon obéissance entière et parfaite ; et l'on ne peut douter que, dans ce sens, il n'en ait accompli chaque partie. Mais ce sens ne paraît pas être dans l'intention de notre Sauveur, parce qu'il est étranger au dessein de son discours actuel. Indubitablement, le sens de ses paroles est ici, en tenant compte de tout ce qui précède et de tout ce qui suit : Je suis venu pour établir la loi dans sa plénitude, en dépit de tous les commentaires des hommes ; je suis venu pour placer dans un jour clair et complet, tout ce qui était auparavant obscur ; je suis venu pour déclarer le sens complet et vrai de chacune de ses parties, pour montrer la longueur et la largeur, — l'entière étendue de chaque commandement qu'elle renferme, — et la hauteur et la profondeur, — la pureté et la spiritualité inconcevables de cette loi dans toutes ses branches.

4. C'est là ce que notre Seigneur a abondamment accompli dans les parties qui précèdent et qui suivent du discours qui est devant nos yeux ; ce n'est point une religion nouvelle qu'il vient par là introduire dans le monde, c'est la même qui existait dès le commencement, une religion dont la substance est incontestablement aussi ancienne que la création, née avec l'homme et procédée de Dieu au moment même où « l'homme fut fait en âme vivante » (je dis la substance, car quelques circonstances de cette religion se rapportent maintenant à l'homme en tant que créature déchue) ; — une religion à laquelle rendent témoignage la loi et les prophètes, dans toutes les générations successives. Mais elle ne fut jamais aussi complètement expliquée, ni aussi parfaitement comprise, jusqu'à ce que son grand Auteur condescendît à donner lui-même à l'humanité ce commentaire authentique de toutes ses branches essentielles, déclarant en même temps qu'elle ne serait jamais changée, mais qu'elle demeurerait en vigueur jusqu'à la fin du monde.

II

1. « Car je vous dis en vérité, » — avertissement solennel qui dénote à la fois l'importance et la certitude de la déclaration, — « que, jusqu'à ce que le ciel et la terre passent, il ne passera pas un seul iota ni un seul trait de lettre de la loi, jusqu'à ce que toutes choses soient accomplies. »

Pas « un seul iota, » pas la moindre voyelle, « ni un seul trait de lettre, » un seul point ou accent sur une consonne. C'est une expression proverbiale pour signifier qu'aucun des commandements de la loi morale ne devait jamais être annulé, ni même la moindre partie d'aucun commandement, quelque peu considérable qu'elle pût paraître.

« Il ne passera » rien « de la loi. » Le texte original renferme une double négation qui renforce le sens et exclut toute contradiction ; et le mot grec n'est pas seulement un futur, indiquant ce qui arrivera, mais il a aussi la force d'un impératif, ordonnant ce qui doit être. C'est une parole d'autorité exprimant la volonté souveraine et la puissance de Celui qui parle, de Celui dont la parole est la loi du ciel et de la terre, qui demeure ferme à toujours et à perpétuité.

« Il ne passera pas un seul iota ni un seul trait de lettre de la loi, jusqu'à ce que le ciel et la terre passent, » ou, comme il est dit immédiatement après, « jusqu'à ce que toutes choses soient accomplies, » jusqu'à la consommation de toutes choses. Il n'y a donc aucune place ici pour cette pauvre évasion dont quelques-uns se sont grandement flattés, savoir qu'aucune partie de la loi ne passera jusqu'à ce que toute la loi soit accomplie ; or, la loi a été accomplie par Christ ; elle doit donc passer maintenant pour faire place à l'établissement de l'évangile. » Mais il n'en est point ainsi ; l'expression toutes choses ne signifie pas toute la loi, mais bien toutes choses dans l'univers, et le mot accomplies ne se rapportent point à la loi, mais à tout ce qui existe dans le ciel et sur la terre.

2. De tout cela, nous pouvons apprendre qu'il n'y a aucune opposition entre l'évangile et la loi, et qu'il n'est pas besoin que la loi disparaisse pour faire place à l'évangile. Aucun des deux ne doit céder à l'autre, mais ils s'accordent parfaitement ensemble. Les mêmes paroles, suivant le point de vue où on les considère, font partie à la fois de la loi et de l'évangile ; de la loi, si on les regarde comme des commandements ; de l'évangile, si on les regarde comme des promesses. Ainsi, ce passage : « Tu aimeras le Seigneur ton Dieu de tout ton cœur, » si on le considère comme un commandement, appartient à la loi ; si on le considère comme une promesse, il forme une partie essentielle de l'évangile, l'évangile n'étant autre chose que les commandements de la loi, proposés sous forme de promesses. Ainsi donc la pauvreté d'esprit, la pureté de cœur, et tout ce qui est prescrit par la sainte loi de Dieu, ne sont, quand on les regarde à la lumière de l'évangile, qu'autant de grandes et précieuses promesses.

3. Il y a donc la plus intime liaison qu'on puisse imaginer entre la loi et l'évangile. D'un côté, la loi prépare continuellement le chemin à l'évangile et nous y conduit ; de l'autre, l'évangile nous ramène à une observation toujours plus complète de la loi. La loi, par exemple, nous commande d'aimer Dieu, d'aimer notre prochain, d'être doux, humbles et saints ; nous sentons que nous ne sommes pas suffisants pour ces choses, et même que « quant à l'homme, cela est impossible. » Mais nous voyons la promesse de Dieu de nous donner cet amour et de nous rendre humbles, doux et saints ; nous saisissons cet évangile, cette bonne nouvelle, et il nous est fait selon notre foi, « la justice de la loi est accomplie en nous » par la foi en Jésus-Christ.

Nous pouvons même observer, de plus, que tout commandement dans la sainte Écriture n'est qu'une promesse couverte. Car, par cette solennelle déclaration « Voici l'alliance que je traiterai avec eux dans ces jours-là, dit le Seigneur ; je mettrai mes lois dans leur esprit et je les graverai dans leur cœur ; » Dieu s'est engagé à nous donner lui-même tout ce qu'il nous commande. Dès lors, nous commande-t-il de « prier sans cesse, » d'être « toujours joyeux, » d'être « saints comme il est saint ? » Cela suffit ; il produira en nous cela même qu'il demande : il nous sera fait suivant sa parole.

4. Mais, s'il en est ainsi, nous ne pouvons être embarrassés sur ce qu'il faut penser de ceux qui, dans tous les âges de l'église, ont entrepris de modifier ou d'abroger quelque commandement de Dieu, par une prétendue direction spéciale de son Esprit. Christ nous donne ici une règle infaillible pour juger de pareilles prétentions. Le christianisme renfermant toute la loi morale de Dieu, soit comme commandements ; soit comme promesses ; le christianisme, si nous voulons écouter le Seigneur lui-même, est dans le dessein de Dieu, la dernière de toutes ses dispensations. Aucune autre dispensation ne doit lui succéder ; il doit durer jusqu'à la consommation de toutes choses. Par conséquent, toute nouvelle révélation est de Satan et non point de Dieu, et toute prétention à une autre dispensation plus parfaite, tombe naturellement à terre. « Le ciel et la terre passeront, » mais cette parole « ne passera point. »

III

1. « Celui donc qui aura violé l'un de ces plus petits commandements et qui aura ainsi enseigné les hommes, sera estimé le plus petit dans le royaume des cieux ; mais celui qui les aura observés et enseignés, celui-là sera estimé grand dans le royaume des cieux. »

Qui sont-ils donc, ceux qui condamnent la prédication de la loi ? Ne voient-ils donc point sur qui retombe en définitive le reproche qu'ils nous font ? Quiconque nous méprise sous ce prétexte, méprise celui qui nous a envoyés ; car personne a-t-il jamais prêché la loi comme Jésus, alors même qu'il est venu, non pour condamner le monde, mais pour le sauver ; qu'il est venu tout exprès pour « mettre en évidence la vie et l'immortalité par l'évangile ? » Peut-on prêcher la loi plus expressément et plus rigoureusement que ne le fait Christ dans ces paroles ? Et qui osera les altérer ? Où est celui qui apprendra à prêcher au Fils de Dieu ? Qui lui enseignera une meilleure manière de communiquer le message qu'il a reçu de son Père ?

2. « Celui donc qui aura violé l'un de ces plus petits commandements, » ou l'un des plus petits de ces commandements. — « Ces commandements, » c'est là une expression que notre Seigneur emploie comme équivalente à la loi ou la loi et les prophètes, ce qui est exactement la même chose, vu que les prophètes n'ont rien ajouté à la loi, mais n'ont fait que la répéter, l'expliquer ou l'enjoindre, suivant qu'ils y étaient poussés par le Saint-Esprit. »

« Celui donc qui aura violé l'un de ces plus petits commandements, » surtout si cette violation a lieu volontairement ou avec présomption : l'un, un seul, car « quiconque aura observé toute la loi, s'il vient à pécher » de cette manière « dans un seul commandement, il est coupable comme s'il les avait tous violés, » la colère de Dieu demeure sur lui, aussi certainement que s'il avait violé chacun de ces commandements. Ainsi point de tolérance pour aucune convoitise dominante, point de réserve pour aucune idole, point d'excuses pour celui qui s'abstient de tout autre péché, à l'exception d'un seul péché qu'il caresse au fond de son cœur. Ce que Dieu demande, c'est une obéissance entière et complète ; nous devons tenir nos regards fixés sur tous ses commandements ; sans cela nous perdons toute la peine que nous prenons à en observer quelques-uns, et nous perdons nos pauvres âmes pour l'éternité.

« L'un de ces plus petits commandements » ou l'un des plus petits de ces commandements. — Encore une autre excuse retranchée, par laquelle plusieurs, s'ils ne peuvent tromper Dieu, trompent misérablement leurs propres âmes. « Ce péché, dit le pécheur, n'est-il pas petit ? Le Seigneur ne m'épargnera-t-il point par rapport à cette seule chose ? Certainement il ne sera point assez rigoureux pour y prendre garde, puisque je ne viole point les articles les plus importants de la loi. » — Vain espoir ! A parler suivant la manière des hommes, nous pouvons bien appeler certains commandements grands et d'autres petits, mais en réalité il n'en est point ainsi ; il n'existe point de petit péché, tout péché étant une transgression de la loi sainte et parfaite, et une insulte à la majesté du grand Roi des cieux.

3. « Et qui aura ainsi enseigné les hommes. » Dans un certain sens, on peut dire que quiconque transgresse ouvertement quelque commandement, apprend aux autres par là à faire la même chose ; car l'exemple parle, et souvent beaucoup plus haut que le précepte. Sous ce point de vue, il est évident que tout ivrogne enseigne l'ivrognerie ; tout violateur du sabbat enseigne constamment à son prochain à profaner de même le jour du Seigneur. Mais ce n'est pas tout. Celui qui a l'habitude de violer la loi se contente rarement d'en rester là, il excite ordinairement les autres à l'imiter, par ses paroles aussi bien que par son exemple, spécialement quand il raidit son cou et hait d'être repris. Un tel pécheur devient bientôt un avocat du péché, il défend ce qu'il est résolu à ne point abandonner, il excuse le péché auquel il ne veut pas renoncer, et enseigne ainsi directement chaque péché qu'il commet.

Celui-là « sera estimé le plus petit dans le royaume des cieux, » c'est-à-dire, il n'y aura aucune part. Il est étranger au royaume des cieux qui est sur la terre, il n'a aucune portion dans cet héritage ; aucune part à « la justice, à la paix et à la joie par le Saint-Esprit. » Il ne peut donc, par conséquent, avoir non plus aucune part à la gloire qui doit être révélée un jour.

4. Mais si ceux qui violent ainsi « l'un de ces plus petits commandements, » et enseignent aux autres à le faire pareillement ; si ceux-là seront « estimés les plus petits dans le royaume des cieux, » n'auront aucune part dans le royaume de Dieu et de Christ ; s'ils seront jetés dans les ténèbres de dehors, où il y aura des pleurs et des grincements de dents ; que deviendraient donc ceux que notre Seigneur a principalement en vue dans ces paroles ; — ceux qui, portant le caractère de docteurs envoyés de Dieu, violent cependant eux-mêmes ses commandements, et ensei-

gnent ouvertement aux autres à en faire autant, étant à la fois corrompus dans leur vie et dans leur doctrine ?

5. Il y en a de plusieurs sortes. Les premiers sont ceux qui vivent dans quelque péché volontaire et habituel. Or si un pécheur ordinaire prêche par son exemple, combien plus un ministre pécheur, quand même il n'essaie point de défendre, d'excuser ou d'atténuer son péché ! S'il le fait, il est un véritable meurtrier, le meurtrier de tout son troupeau ; il peuple les régions de la mort ; il est l'instrument de choix du prince des ténèbres. Quand il quitte ce monde, « le sépulcre profond s'émeut, pour aller au-devant de lui à sa venue ; » car il ne peut tomber dans l'abîme sans entraîner avec lui toute une multitude dans la perdition.

6. Ensuite viennent ces hommes d'un bon naturel, qui vivent à leur aise sans faire de mal à personne, ne faisant cas ni du péché extérieur, ni de la sainteté intérieure ; hommes qui ne se font remarquer ni d'une manière, ni de l'autre, ni pour la religion, ni pour l'irréligion ; réguliers dans leur conduite publique et privée, mais ne prétendant pas se montrer plus stricts que leurs voisins. Un ministre de cette espèce viole non seulement un ou plusieurs des plus petits commandements de Dieu, mais il viole toutes les grandes et importantes prescriptions de la religion qui se rapportent à la force de la piété, toutes celles qui nous ordonnent de « nous conduire avec crainte durant le temps de notre séjour sur la terre, » de « travailler à notre salut avec crainte et tremblement, » d'avoir « nos reins ceints et nos lampes allumées, » de « nous efforcer d'entrer par la porte étroite. » Et il enseigne aux autres à faire de même, par toute la forme de sa vie, et par l'esprit général de ses prédications, dont la tendance uniforme est de bercer dans leur rêve agréable ceux qui s'imaginent être chrétiens et ne le sont pas, et de persuader à tous ceux qui suivent son ministère, qu'ils peuvent dormir et se reposer tranquillement. Après cela, faudra-t-il s'étonner si lui-même et tous ceux qui le suivent, se réveillent ensemble un jour dans les flammes éternelles ?

7. Mais, par-dessus tous et au rang le plus élevé de ces ennemis de l'évangile de Christ, sont ceux qui ouvertement et explicitement « jugent la loi » elle-même et « médisent de la loi, » qui enseignent aux hommes à violer, non pas un seul des plus petits ou des plus grands commandements, mais tous les commandements d'un seul coup ; qui disent sans aucun déguisement, en tout autant de mots : « Qu'est-ce que notre Seigneur a fait de la loi ? Il l'a abolie ; il n'existe plus qu'un seul devoir, celui de croire. Tous les autres commandements ne conviennent plus à notre temps. Aucun ordre de la loi n'oblige plus personne maintenant à faire un seul pas, à donner un seul sou, à manger ou à se refuser un seul morceau. » C'est là, sans doute, mener les choses rondement ; c'est là résister en face au Seigneur et lui dire qu'il n'a pas compris la manière de remplir la mission pour laquelle il a été envoyé. O Seigneur, ne leur impute point ce péché ! Père, pardonne-leur, car ils ne savent ce qu'ils font !

8. Ce qu'il y a de plus surprenant dans cette étrange illusion, c'est que ceux qui s'y abandonnent, croient réellement honorer Christ en renversant sa loi, et magnifier son office, pendant qu'ils anéantissent sa doctrine ! Oui, ils l'honorent tout juste comme le faisait Judas quand « il lui dit : Maître, je te salue, et il le baisa. » Et Il peut bien justement dire aussi à chacun d'eux : « Trahis-tu ainsi le Fils de l'homme par un baiser ? » C'est certainement le trahir avec un baiser, que de parler de son sang et de lui arracher sa couronne, de mépriser une partie de sa loi, sous prétexte d'agrandir son évangile. Et personne ne peut échapper à cette accusation, lorsqu'il prêche la foi d'une manière qui tend directement ou indirectement à faire négliger quelque partie de l'obéissance ; lorsqu'il prêche Christ de manière à annuler ou à affaiblir en quoi que ce soit le moindre des commandements de Dieu.

9. Il est impossible, sans doute, d'avoir une trop haute estime pour « la foi des élus de Dieu ; » et nous devons tous prêcher : « vous êtes sauvés par la grâce, par la foi ; ce n'est point par les œuvres, afin que personne ne se glorifie. » Nous devons proclamer hautement à tout pécheur qui se repent : « Crois au Seigneur Jésus, et tu seras sauvé. » Mais, en même temps, nous devons prendre soin de faire savoir à tous les hommes que nous n'apprécions aucune foi, si ce n'est celle qui est agissante par la charité, et que nous ne sommes sauvés par la foi, qu'autant que nous sommes délivrés de la puissance aussi bien que de la condamnation du péché. Et quand nous disons : « Crois et tu seras sauvé ; » nous ne voulons pas dire : « Crois et tu ne feras qu'un pas du péché dans le ciel, sans aucune sainteté entre les deux, la foi remplaçant la sainteté, » mais nous

voulons dire : « Crois et tu seras saint ; crois au Seigneur Jésus et tu recevras à la fois la paix et le pouvoir de faire le bien ; tu recevras de Celui en qui tu crois la force nécessaire pour mettre le péché sous tes pieds ; la faculté d'aimer le Seigneur ton Dieu de tout ton cœur et de le servir de toute ta force. Tu obtiendras la puissance de « chercher la gloire, l'honneur et l'immortalité, en persévérant dans les bonnes œuvres ; » tu pourras alors à la fois pratiquer et enseigner tous les commandements de Dieu, depuis le plus petit jusqu'au plus grand. Tu les enseigneras par ta vie aussi bien que par tes paroles, et ainsi tu « seras estimé grand dans le royaume des cieux. »

IV

1. Quelque autre voie que l'on puisse enseigner pour conduire au royaume du ciel, à la gloire, à l'honneur et à l'immortalité, qu'on l'appelle la voie de la foi on qu'on la désigne par tout autre nom, ce n'est en réalité que la voie de la destruction ; elle ne peut procurer la paix à l'homme à la fin. Car, ainsi dit l'Éternel : « Je vous dis que si votre justice ne surpasse celle des Scribes et des Pharisiens, vous n'entrerez point dans le royaume des cieux. »

Les Scribes dont il est si souvent question dans le Nouveau Testament, comme étant au nombre des ennemis les plus constants et les plus véhéments de notre Seigneur, n'étaient pas simplement des secrétaires ou des écrivains, comme leur nom pourrait le faire croire. Ce n'étaient pas non plus des hommes de loi, dans le sens ordinaire de ce mot, quoique le mot ait cette signification ; leur emploi n'avait aucun rapport avec celui des hommes de foi parmi nous. C'était des lois de Dieu qu'ils s'occupaient et non de celles des hommes. Ces lois étaient l'objet de leurs études ; leur affaire propre et spéciale, c'était de lire et d'expliquer la loi et tes prophètes, particulièrement dans les synagogues. Ils étaient les prédicateurs ordinaires et établis parmi les Juifs ; en sorte qu'en nous attachant au vrai sens de leur nom, nous pourrions les appeler des théologiens. C'étaient en effet des gens qui faisaient de l'étude de la théologie leur profession, et c'était généralement, comme leur nom l'indique littéralement, des hommes de lettres, les hommes les plus marquants pour l'instruction, qui fussent alors dans la nation juive.

2. Les Pharisiens étaient une secte ou société très ancienne parmi les Juifs ; leur nom vient d'un mot hébreu qui signifie se séparer. Non qu'ils eussent fait aucune séparation formelle, ni aucune division dans l'église nationale ; ils ne se distinguaient des autres que par une vie plus stricte, une conduite plus réglée. Ils étaient très zélés pour la loi dans ses plus petits détails, payant la dîme de la menthe, de l'anet et du cumin ; aussi étaient-ils tenus en grand honneur parmi tout le peuple et considérés généralement comme les plus saints des hommes.

La plupart des Scribes appartenaient à la secte des Pharisiens. Ainsi saint Paul lui-même, qui avait été élevé pour être Scribe, d'abord à l'université de Tarse et ensuite à Jérusalem, aux pieds de Gamaliel (l'un des plus savants Scribes ou Docteurs de la loi, qu'il y eût alors dans la nation juive), se déclare lui-même devant le conseil « Pharisien, fils de pharisien (Ac 23.6), » et devant le roi Agrippa, il dit qu'il a « vécu Pharisien, selon cette secte, qui est la plus exacte de notre religion (Ac 26.5). » Le corps entier des Scribes pensait et agissait généralement de concert avec les Pharisiens. De là vient que notre Seigneur les place si souvent ensemble, comme sujets sous beaucoup de rapports, aux mêmes observations de sa part. Dans cet endroit ils semblent réunis, comme étant les plus éminents parmi ceux qui faisaient profession de religion, passant les uns pour les plus savants, les autres pour les plus saints des hommes.

3. Quelle était réellement « la justice des Scribes et des Pharisiens ? » C'est ce qu'il n'est point difficile de déterminer. Notre Seigneur nous en a conservé un tableau authentique, donné de lui-même par l'un d'entre eux, qui est clair et complet, dans la description qu'il nous fait de sa propre justice, et l'on ne peut supposer qu'il ait rien oublié. Ce Pharisien « monta au temple pour prier, » mais il fut tellement absorbé dans la contemplation de ses propres vertus, qu'il oublia l'intention même dans laquelle il était venu. Car il est très remarquable que, à proprement parler, il ne prie point du tout ; il dit seulement à Dieu, combien il est sage et bon : « O Dieu, je te rends grâces de ce que je ne suis point comme le reste des hommes, qui sont ravisseurs, injustes, adultères ; ni même aussi comme ce péager. Je jeûne deux fois la semaine, je donne la dîme de tout ce que je possède. » Sa justice consistait donc en trois points principaux : premièrement, dit-il, « je ne suis point comme le reste des hommes, » je ne suis ni ravisseur, ni injuste, ni adultère ; je ne suis

194

pas même comme ce péager. Secondement, « je jeûne deux fois la semaine ; » en troisième lieu, « je donne la dîme de tout ce que je possède. »

« Je ne suis point comme le reste des Hommes. » Ce n'est point certes là une petite chose, tout le monde ne peut pas en dire autant. C'est comme s'il disait : Je ne me laisse point entraîner par le grand torrent de la coutume. Ce n'est point sur la coutume, mais sur la raison que je règle ma vie ; non sur les exemples des hommes, mais sur la Parole de Dieu. Je ne suis point adultère, injuste ou ravisseur, quelque communs que soient ces péchés, même parmi ceux qui s'appellent le peuple de Dieu (l'injustice, par exemple, cette espèce d'injustice légale, qui échappe aux punitions de la loi humaine, et qui consiste à profiter de l'ignorance ou de la nécessité des autres, ayant envahi tout le pays) ; je ne suis pas même comme ce péager, n'étant point coupable d'aucun péché scandaleux ; je ne suis point extérieurement pécheur, mais un homme honnête et estimable, irréprochable dans ma vie et ma conduite.

4. « Je jeûne deux fois la semaine. » Cette déclaration comprend beaucoup plus de choses que nous ne pourrions le penser d'abord. Tous les Pharisiens rigides observaient les jeûnes hebdomadaires, savoir : chaque lundi et chaque jeudi. Le premier de ces jours, ils jeûnaient en mémoire du jour où Moïse avait reçu, suivant leur tradition, les deux tables de pierre écrites par le doigt de Dieu ; le second, en mémoire du jour où il les jeta par terre, en voyant le peuple danser autour du veau d'or. Dans ces jours-là, ils ne prenaient absolument aucune nourriture jusqu'à trois heures de l'après midi, heure à laquelle on commençait à offrir le sacrifice du soir dans le temple. Jusqu'à cette heure, ils avaient l'habitude de demeurer dans le temple, dans quelqu'une de ses chambres ou de ses cours, afin d'être prêts à assister à tous les sacrifices et à se joindre à toutes les prières. Le temps intermédiaire était employé par eux, soit à des prières particulières, soit à la lecture de la loi et des Prophètes, à la méditation des Écritures. Tout cela est compris dans cette déclaration : « Je jeûne deux fois la semaine, » ce qui forme la deuxième branche de la justice d'un Pharisien.

5. « Je donne la dîme de tout ce que je possède. » C'est ce que faisaient les Pharisiens avec la plus scrupuleuse exactitude, sans en excepter les choses de la moindre valeur, pas même la menthe, l'anet et le cumin. Ils n'auraient pas voulu garder la moindre partie de ce qu'ils croyaient appartenir proprement à Dieu ; mais ils donnaient une dîme complète de tout leur revenu annuel et de tous leurs gains, quels qu'ils fussent.

Et même, les Pharisiens les plus scrupuleux, comme font souvent fait remarquer les savants les plus versés dans les anciens écrits des Juifs, non contents de donner un dixième de leur fortune à Dieu dans la personne de ses prêtres et de ses lévites, lui donnaient un autre dixième dans la personne de ses pauvres, et cela d'une manière régulière et constante ; ils donnaient en aumônes la même proportion de leurs biens qu'ils avaient coutume de donner en dîmes : ils y mettaient la même rigoureuse exactitude, afin de ne garder aucune partie de ce qu'ils croyaient appartenir à l'Éternel, mais de lui rendre pleinement ce qui était à lui. De sorte qu'au bout du compte, ils donnaient, chaque année, le cinquième de tout ce qu'ils possédaient.

6. Telle était « la justice des Scribes et des Pharisiens, » justice qui s'étendait, sous beaucoup de rapports, beaucoup plus loin qu'on n'a coutume de se l'imaginer. Mais peut-être dira-t-on : « Ce n'était que fausseté et apparence, ils n'étaient qu'une troupe d'hypocrites. » Sans doute cela est vrai de quelques-uns d'entre eux ; dans leur nombre se trouvaient des hommes n'ayant aucune religion réelle, ni crainte de Dieu, ni désir de lui plaire ; ne s'inquiétant nullement de l'honneur qui vient de Dieu, mais uniquement des louanges des hommes Ce sont ceux-là que notre Seigneur condamne et censure avec tant de sévérité, dans plusieurs occasions. Mais il ne faut point supposer que, parce que quelques Pharisiens étaient hypocrites, tous le fussent ; et même l'hypocrisie n'est nullement essentielle au caractère d'un Pharisien. Ce n'est pas là la marque distinctive de leur secte ; la voici plutôt, d'après ce qu'en dit notre Seigneur lui-même : « Ils présumaient d'eux-mêmes comme s'ils étaient justes, et méprisaient les autres. » Voilà leur sceau particulier. Mais le Pharisien de ce caractère ne peut être un hypocrite ; il doit être sincère, dans le sens ordinaire de ce mot, autrement il ne saurait « présumer de lui-même qu'il est juste. » L'homme qui se recommandait ainsi lui-même à Dieu, se croyait incontestablement juste ; ce n'était donc, point un hypocrite, il n'avait point la conscience en lui-même d'aucun manque de

sincérité. Il disait à Dieu, tout juste ce qu'il pensait : qu'il était de beaucoup meilleur que le reste des hommes.

Mais à défaut de tout autre exemple, celui de saint Paul serait suffisant pour mettre ceci hors de doute. Il pouvait non seulement dire, après être devenu chrétien « Je travaille à avoir toujours la conscience sans reproche, devant Dieu et devant les hommes ; » mais, même en parlant du temps où il était Pharisien « Mes frères, j'ai vécu jusqu'à présent devant Dieu en bonne conscience. » Il était donc sincère pendant qu'il était Pharisien, aussi bien que lorsqu'il fut devenu chrétien. Il n'était pas plus hypocrite quand il persécutait l'Église, que lorsqu'il prêchait la foi qu'il s'efforçait jadis de détruire. Ajoutons donc à la « justice des Scribes et des Pharisiens, la croyance sincère qu'ils avaient en eux-mêmes d'être justes et de « rendre service à Dieu » en toutes choses.

7. Et cependant, dit le Seigneur : « Si votre justice ne surpasse celle des Scribes et des Pharisiens, vous n'entrerez point dans le royaume des cieux. » Solennelle et importante déclaration, qu'il convient à tous ceux qui sont appelés du nom de Christ, de considérer avec une sérieuse et profonde attention ! Mais avant d'examiner comment notre justice peut surpasser celle des Pharisiens et des Scribes, voyons d'abord si nous atteignons maintenant cette justice.

Et d'abord, un Pharisien n'était pas « comme le reste des hommes ; » extérieurement il était remarquablement bon. Le sommes-nous aussi ? Osons-nous nous faire remarquer en quoi que ce soit ? ou plutôt ne nageons-nous pas avec le courant ? Ne nous arrive-t-il pas souvent de nous dispenser à la fois des règles de la religion et de celles mêmes de la raison, parce que nous ne voulons pas paraître singuliers ? N'avons-nous pas souvent plus de peur d'être hors de la mode que hors du chemin du salut ? Avons-nous le courage de remonter le courant des idées mondaines, et de marcher à l'encontre du monde ? d'obéir à Dieu plutôt qu'aux hommes ? Sans cela, le Pharisien nous laisse bien loin derrière lui dès le premier pas, et ce sera bien si nous parvenons à l'atteindre du tout.

Mais continuons : pouvons-nous dire à Dieu comme lui : « Je ne fais point de mal ; je ne vis dans aucun péché extérieur ; je ne fais aucune chose en laquelle mon cœur me condamne ? » Le pouvez-vous ? en êtes-vous bien sûrs ? N'avez-vous aucune habitude que votre cœur condamne ? Si vous n'êtes ni adultère, ni impudique, soit en paroles, soit en actions, n'êtes-vous point injuste ? La grande règle de la justice, comme de la miséricorde, est celle-ci : « Faites aux autres comme vous voudriez qu'ils vous fissent. » Suivez-vous cette règle ? Ne faites-vous jamais à autrui ce que vous ne voudriez pas qui vous fût fait ? Et même, n'êtes-vous point grossièrement injuste ? N'usez-vous point d'extorsion ? Ne profitez-vous point de l'ignorance ou de la nécessité des autres, soit en vendant, soit en achetant ? Si vous êtes dans le commerce, ne demandez-vous, ne recevez-vous que la valeur réelle de ce que vous vendez ? Ne demandez-vous, ne recevez-vous rien de plus de l'ignorant, que de celui qui est au courant des choses, d'un petit enfant, que de celui qui a l'expérience du commerce ? Si vous le faites, pourquoi votre cœur ne vous condamne-t-il point ? Ce n'est là qu'une pure et simple extorsion ! Ne demandez-vous que le prix ordinaire des marchandises à celui qui en a un besoin pressant, à qui il faut, sans le moindre délai, les objets que seul vous pouvez lui fournir ? Si vous faites autrement, c'est encore une vraie extorsion, et il est clair que vous n'arriverez point à la justice d'un Pharisien.

8. Secondement, un Pharisien, pour approprier le sens de ses paroles à nos usages, usait de tous les moyens de grâce. De même qu'il jeûnait souvent deux fois la semaine, de même il assistait à tous les sacrifices ; il était assidu aux prières publiques et particulières, à la lecture et à l'ouïe des Écritures. Allez-vous jusque-là ? Jeûnez-vous souvent et, beaucoup ? Deux fois par semaine ? J'ai bien peur que non. Au moins une fois alors ? « Tous les vendredis de l'année ? » comme l'enjoint clairement et péremptoirement notre Église (anglicane) à tous ses membres. Jeûnez-vous deux fois par an ? J'ai bien peur encore que beaucoup d'entre vous ne puissent pas même l'affirmer. Ne négligez-vous aucune occasion d'assister et de participer à la sainte Cène ? Combien n'y en a-t-il pas qui se disent chrétiens, et qui cependant négligent complètement ce devoir, et ne mangent point de ce pain, ne boivent point de cette coupe, pendant des mois, peut-être pendant des années entières ! Avez-vous l'habitude, chaque jour, d'entendre les Écritures, ou de les lire et de les méditer ? Vous joignez-vous en prières avec tout le troupeau, chaque jour, si vous

en avez occasion ; sinon, chaque fois que cela vous est possible ; particulièrement le jour que vous devez vous souvenir de sanctifier ? Cherchez-vous à faire naître les occasions de vous unir aux prières de l'Église ? Vous réjouissez-vous quand on vous dit : « Nous irons à la maison de l'Éternel ? » Etes-vous zélés pour la prière secrète ? Ne laissez-vous jamais passer un jour sans vous y livrer ? Ou plutôt n'y en a-t-il point parmi vous, qui loin d'y consacrer, comme le Pharisien, plusieurs heures par jour, pensez au contraire qu'une heure est bien assez, si ce n'est trop ? Consacrez-vous donc une heure par jour, ou par semaine, à prier votre Père qui vous voit dans le secret ? ou même, une heure par mois ? Avez-vous même passé une heure de suite à prier en particulier, depuis que vous êtes né ? Ah ! pauvre chrétien ! le Pharisien ne s'élèvera-t-il point au jugement contre toi pour te condamner ? Sa justice est au-dessus de la tienne, autant que les cieux sont élevés par-dessus la terre !

9. Le Pharisien, en troisième lieu, payait la dîme de tout ce qu'il possédait, il faisait aussi des aumônes ; et avec quelle libéralité ! C'était donc, comme nous dirions, un homme qui faisait beaucoup de bien. L'égalons-nous en cela ? Qui de nous est aussi abondant que lui en bonnes œuvres ? Qui de nous donne à Dieu la cinquième partie de ses biens, tant du capital que des profits ? Qui de nous sur cent livres par an, je suppose, en donne vingt à Dieu et aux pauvres, sur cinquante, dix et ainsi de suite en proportion de son revenu, suivant qu'il est plus grand ou plus petit ? Quand donc, dans l'usage de tous les moyens de grâce, dans l'observation de toutes les ordonnances de Dieu, dans le renoncement au mal et dans le bien, quand notre justice égalera-t-elle enfin la justice des Scribes et des Pharisiens ?

10. Et à quoi nous servira-t-elle, si elle ne fait même que l'égaler ? « Car je vous dis en vérité que si votre justice ne surpasse celle des Scribes et des Pharisiens, vous n'entrerez point dans le royaume des cieux. » Mais comment notre justice peut elle surpasser la leur ? En quoi la justice chrétienne surpasse-t-elle celle d'un Scribe ou d'un Pharisien ? D'abord, en étendue. La plupart des Pharisiens, quelque rigoureusement exacts qu'ils fussent dans l'observation de beaucoup de points de la loi, s'étaient enhardis cependant, par les traditions des anciens, jusqu'à se dispenser d'en observer d'autres tout aussi importants. Ainsi ils étaient extrêmement scrupuleux dans l'observation du quatrième commandement, ils ne voulaient pas même froisser entre leurs mains un épi de blé au jour du sabbat ; mais ils n'avaient pas le même respect pour le troisième commandement et ne s'inquiétaient point de jurer légèrement et même faussement. Leur justice n'était donc que partielle, tandis que celle d'un véritable chrétien est universelle. Il n'observe pas une ou plusieurs parties de la loi de Dieu, en négligeant le reste ; mais il garde tous ses commandements, il les aime tous, il les estime au-dessus de l'or ou des pierres précieuses.

11. Il se peut, sans doute, que quelques-uns des Scribes et des Pharisiens s'efforçaient de garder tous les commandements, et étaient, en conséquence, quant à la justice de la loi, c'est-à-dire, suivant la lettre, sans reproche. Mais encore, la justice chrétienne surpasse toute cette justice d'un Scribe ou d'un Pharisien, en ce qu'elle accomplit l'esprit aussi bien que la lettre de la loi, par une obéissance intérieure aussi bien qu'extérieure. Sur ce point de la spiritualité de l'obéissance, il n'y a aucune comparaison à établir entre les deux justices. C'est là ce que notre Seigneur a si amplement prouvé dans toute l'étendue de son discours. Leur justice n'était qu'extérieure, la justice chrétienne existe dans l'homme intérieur. Le Pharisien « nettoyait le dehors de la coupe et du plat, » c'est dans l'intérieur que le chrétien est net. Le Pharisien s'efforçait de se présenter à Dieu avec une vie irréprochable ; le chrétien, avec un cœur saint. L'un secouait loin de lui les feuilles et peut-être même les fruits du péché ; l'autre met la cognée à la racine, ne se contentant pas de la forme extérieure de la piété, quelque exacte qu'elle soit, à moins que la vie, l'Esprit, la puissance de Dieu pour le salut, ne se fassent sentir jusqu'au fond de l'âme.

Ainsi, ne faire aucun mal, faire du bien, suivre les ordonnances de Dieu, tout cela est extérieur, c'est la justice du Pharisien ; tandis que, au contraire, la pauvreté d'esprit, l'affliction, la débonnaireté, la faim et la soif de la justice, l'amour de notre prochain et la pureté du cœur, qui forment justice du chrétien, sont toutes des dispositions intérieures ; et même la recherche de la paix ou la bienfaisance, et la souffrance pour la justice, n'ont droit aux bénédictions qui y sont attachées, qu'autant qu'elles impliquent ces dispositions intérieures, qu'elles en découlent, les exercent et les confirment. En sorte que, tandis que la justice des Scribes et des Pharisiens était tout extérieure, on peut dire, dans un certain sens, que la justice du chrétien est tout intérieure : toutes ses actions et ses souffrances n'étant rien en elles-mêmes, et n'ayant de valeur devant Dieu que par les dispositions dont elles découlent.

12. Qui que tu sois donc, toi qui portes le nom saint et vénérable de chrétien, prends garde d'abord que ta justice ne soit point au-dessous de la justice des Scribes et des Pharisiens. Ne sois point comme le reste des hommes ! Ose être seul ; ose, contre l'exemple des autres, être singulier pour le bien. Si tu suis la multitude, ce ne peut être que pour faire le mal. Que la coutume ou la mode ne soient point tes guides, mais bien la raison et la religion. Que t'importe la manière d'agir des autres ? « Chacun de nous rendra compte à Dieu pour soi-même. » Certes si tu peux sauver l'âme d'un autre, fais-le ; mais au moins sauves-en une, la tienne propre. Ne marche point dans le sentier de la mort, parce qu'il est large et qu'il y en a beaucoup qui le suivent : c'est à ce signe même que tu le reconnaîtras. Le chemin où tu marches maintenant, est-il large, bien fréquenté, est-ce le chemin à la mode ? En ce cas, il mène infailliblement à la destruction. Oh ! ne te perds point simplement pour avoir de la compagnie ! Détourne-toi du mal ; fuis le péché comme tu fuirais un serpent ! Au moins, ne fais point de mal. « Celui qui fait le péché est du diable. » Qu'on ne te trouve point au nombre des enfants du démon ! Maintenant même la grâce de Dieu te suffit pour te garder des péchés extérieurs. À cet égard au moins « travaille à avoir toujours la conscience sans reproche devant Dieu et devant les hommes. »

Secondement, que ta justice ne reste point au-dessous de la leur, en ce qui concerne les ordonnances de Dieu. Si ton travail ou ta faiblesse corporelle ne te permet point de jeûner deux fois la semaine, cependant agis fidèlement envers ta propre âme et jeûne aussi souvent que ta force te le permettra. Ne perds aucune occasion, soit en public, soit en particulier, de répandre ton âme en prières ; de manger de ce pain et de boire de cette coupe, qui est la communion au corps et au sang de Christ. Aie soin de sonder les Écritures, lis-les autant que tu le peux, et médite-les jour et nuit. Saisis avec joie toute occasion d'entendre « la parole de réconciliation, » annoncée par les « ambassadeurs de Christ, » les « dispensateurs des mystères de Dieu. » En un mot, dans l'usage de tous les moyens de grâce, dans l'observation constante et attentive de toute ordonnance de Dieu, atteins la justice des Scribes et des Pharisiens, au moins jusqu'à ce que tu puisses la surpasser.

En troisième lieu, ne reste point en dessous d'un Pharisien pour faire le bien. Donne l'aumône de tout ce que tu possèdes. Quelqu'un a-t-il faim ? donne lui à manger. A-t-il soif ? donne lui à boire. Est-il nu ? couvre-le d'un vêtement. Si tu possèdes les biens de ce monde, ne limite pas ta bienfaisance à une proportion mesquine. Sois miséricordieux dans toute l'étendue de tes ressources. Pourquoi pas tout autant que le Pharisien ? Maintenant, pendant que tu en as le temps, « fais-toi des amis avec les richesses injustes, afin que quand tu viendras à manquer, » quand ton tabernacle terrestre tombera en dissolution, « ils te reçoivent dans les tabernacles éternels. »

13. Mais n'en reste pas là. Que ta justice surpasse celle des Scribes et des Pharisiens. Ne te contente pas d'observer toute la loi et de ne pécher qu'en un seul point. Attache-toi à tous les commandements et aie en haine toute voie de mensonge. Fais absolument tout ce que Dieu a commandé, et fais-le de toute ta force ; tu peux tout par Christ qui te fortifie, quoique sans lui tu ne puisses rien.

Sur toutes choses, que ta justice surpasse celle des Scribes et des Pharisiens, par sa pureté et sa spiritualité. Que t'importent la forme la plus exacte de la religion, la justice extérieure la plus parfaite ? Monte plus haut et descends plus bas que tout cela. Que ta religion soit la religion du cœur. Sois pauvre en esprit, petit, bas et méprisable à tes propres yeux ; sois étonné et humilié dans la poussière, à la vue de l'amour de Dieu manifesté en Jésus-Christ, ton Seigneur ! Sois sérieux ; que tout le courant de tes pensées, de tes paroles et de tes œuvres, découle évidemment de la conviction la plus profonde que tu es sur le bord de l'abîme de l'éternité, toi et tous les enfants des hommes ; que vous êtes tous prêts à être reçus dans la gloire éternelle, ou précipités dans les flammes éternelles ! Sois débonnaire, que ton âme soit remplie de douceur, de bonté, de patience, de long support envers tous les hommes. En même temps que tout ce qui est en toi ait soif de Dieu, du Dieu vivant ; que ton âme soupire après le moment où tu te réveilleras dans sa justice et où tu seras rassasié de sa ressemblance ! Aime Dieu, aime toute l'humanité, et dans cet esprit, fais et souffre toutes choses. Surpasse ainsi la justice des Scribes et des Pharisiens, et tu seras « appelé grand dans le royaume des cieux. »

SERMON 26

Le sermon sur la montagne

Sixième discours

Prenez garde de ne pas faire votre aumône devant les hommes afin d'on être vus ; autrement vous n'en aurez pas de récompense de votre Père qui est aux cieux. Quand donc tu feras l'aumône, ne fais pas sonner la trompette devant toi, comme font les hypocrites, dans les synagogues et dans les rues, afin qu'ils eu soient honorés des hommes. Je vous dis en vérité qu'ils reçoivent leur récompense. Mais quand tu fais l'aumône, que la main gauche ne sache pas ce que fait ta droite ; afin que ton aumône se fasse eu secret ; et ton Père qui te voit dans le secret te le rendra publiquement. Et quand tu prieras, ne fais pas comme les hypocrites ; car ils aiment à prier en se tenant debout dans les synagogues et aux coins des rues afin d'être vus des hommes. Je vous dis en vérité qu'ils reçoivent leur récompense. Mais toi quand tu pries, entre dans ton cabinet et ayant fermé la porte, prie ton Père qui est dans ce lieu secret ; et ton Père qui te voit dans le secret te le rendra publiquement. Or quand vous priez n'usez pas de vaines redites comme les païens ; car ils croient qu'ils seront exaucés en parlant beaucoup. Ne leur ressemblez donc pas ; car votre Père sait de quoi vous avez besoin avant que vous le lui demandiez. Vous donc priez ainsi : Notre Père qui est aux cieux, ton nom soit sanctifié ; ton règne vienne ; ta volonté soit faite sur la terre comme au ciel. Donne-nous aujourd'hui notre pain quotidien. Pardonne-nous nos péchés comme aussi nous pardonnons à ceux qui nous ont offensés ; et ne nous induis point dans la tentation, mais délivre-nous du malin ; car à toi appartient le règne, la puissance et la gloire à jamais. Amen. Si vous pardonnez aux hommes leurs offenses, votre Père céleste vous pardonnera aussi les vôtres. Mais si vous ne pardonnez pas aux hommes leurs offenses, votre Père ne vous pardonnera pas non plus les vôtres.
—Matthieu 6.1-15—

1. Dans le chapitre qui précède Notre Seigneur a décrit, sous ses divers aspects, la religion du cœur. Il a mis devant nous ces dispositions d'âme qui constituent le vrai christianisme, cette sainteté intérieure ; « sans laquelle personne ne verra le Seigneur, » ces affections qui, provenant de la foi en Christ, sont essentiellement bonnes et agréables à Dieu. Passant maintenant aux actions, il va nous montrer que toutes, et même les plus indifférentes, peuvent aussi être rendues saintes et bonnes, même aux yeux de Dieu, par une pure et sainte intention. Hors de là, tout ce qu'on peut faire est sans valeur, il le déclare à plusieurs reprises ; mais toute œuvre extérieure ainsi consacrée à Dieu est d'un grand prix devant lui.

2. Cette pureté d'intention, il en montre la nécessité d'abord pour les œuvres qu'on considère comme religieuses et qui le sont en effet lorsqu'elles procèdent d'une intention droite. Les unes sont appelées communément œuvres de piété, et les autres œuvres de charité ou de miséricorde.

Entre celles-ci, il nomme particulièrement l'aumône ; pour celles-là la prière et le jeûne. Mais les directions qu'il donne sur ces deux chefs s'appliquent également à toute œuvre, soit de piété, soit de charité.

I

1. Et d'abord, par rapport aux œuvres de charité : « Prenez garde, » dit-il, « de ne pas faire votre aumône devant les hommes, afin d'en être vus ; autrement vous n'en aurez point de récompense de votre Père qui est aux cieux. » — « De ne pas faire votre aumône ; » — l'aumône seule est nommée, mais il faut sous-entendre toute œuvre de charité, tout don, toute parole, toute action profitable au prochain, d'où le prochain peut tirer quelque avantage pour son corps ou pour son âme : nourrir les affamés, vêtir ceux qui sont nus, recueillir ou aider les étrangers, visiter les prisonniers, les malades, consoler les affligés, instruire les ignorants, reprendre les pécheurs, exhorter et encourager les justes, toutes ces choses et les autres semblables sont comprises dans cette instruction. « Prenez garde de ne pas faire votre aumône devant les hommes, afin d'en être vus. » Ce qui est ici défendu, ce n'est pas de faire le bien en présence des hommes, être vus d'eux n'est pas ce qui rend une œuvre meilleure ou plus mauvaise ; — mais c'est de faire le bien devant eux, afin d'en être vus, dans ce but, dans cette intention seule. Je dis seule, car ce pourrait être, à bon droit, une partie de notre intention ; telle action, dont nous désirons qu'elle soit vue, peut néanmoins être agréable à Dieu. Notre intention peut être que notre lumière luise devant les hommes, si notre conscience nous rend témoignage par le Saint-Esprit qu'en nous proposant de leur faire voir nos bonnes œuvres, notre but est « qu'ils glorifient notre Père qui est aux cieux. » Mais gardez-vous de faire la moindre chose en vue de votre propre gloire, gardez-vous de laisser à l'amour de la louange la moindre part dans vos œuvres de charité. Si vous cherchez votre gloire, si vous avez en vue l'honneur qui vient des hommes, tout ce que vous pouvez faire est sans valeur, ce n'est point fait pour Dieu, il ne l'accepte point ; vous n'en aurez pas de récompense de votre Père qui est aux cieux.

2. « Quand donc tu feras l'aumône, ne fais pas sonner la trompette devant toi, comme font les hypocrites, dans les synagogues et dans les rues, afin qu'ils en soient honorés des hommes. » Le mot synagogue, ne désigne pas ici un lieu de culte, mais tout endroit où la foule s'assemble, comme la place publique, le marché. C'était parmi les Juifs riches et surtout parmi les Pharisiens une chose ordinaire que de faire sonner la trompette devant eux, dans les lieux de la ville les plus fréquentés, quand ils voulaient faire de grandes aumônes. Le prétexte était de convoquer les pauvres pour les recevoir ; mais leur but réel était de s'attirer les louanges des hommes. Ne leur ressemblez pas. Ne faites pas sonner la trompette devant vous. Fuyez l'ostentation. Recherchez cet honneur qui ne vient que de Dieu. Ceux qui cherchent l'honneur des hommes, reçoivent leur récompense. Ils n'auront de Dieu aucune louange.

3. « Mais quand tu fais l'aumône, que ta main gauche ne sache pas ce que fait ta droite. » Expression proverbiale qui veut dire ; Fais le bien aussi secrètement qu'il sera compatible avec son accomplissement même, et avec son accomplissement le plus efficace, car il faut qu'il s'accomplisse, soit en secret, soit en public. Si vous êtes pleinement persuadé dans votre esprit qu'en ne cachant pas le bien que vous faites, d'autres pourront être encouragés, ou vous pourrez vous-même en faire d'autant plus, alors ne le cachez pas ; alors que votre lumière » paraisse et « éclaire tous ceux qui sont dans la maison. » Mais hormis ces cas où la gloire de Dieu et le bien des hommes demandent le contraire, agissez d'une façon aussi secrète et aussi privée que la chose pourra l'admettre, « afin que ton aumône se fasse en secret, et ton père qui te voit dans le secret te récompensera publiquement, » peut-être déjà dans ce monde (il y en a des exemples dans tous les âges), mais infailliblement dans le monde à venir, devant la grande assemblée des hommes et des anges.

II

1. Des œuvres de charité ou de miséricorde notre Seigneur passe à ce qu'on appelle œuvres de piété. « Quand tu prieras, ne fais pas comme les hypocrites ; car ils aiment à prier en se tenant debout dans les synagogues et au coin des rues, afin d'être vus des hommes. — « Ne sois pas

comme les hypocrites. » L'hypocrisie, le manque de sincérité, voilà donc la première chose dont nous devons nous garder en priant. Ayez soin de ne rien dire contre votre pensée. Prier, c'est élever son âme à Dieu ; sans cela les plus belles paroles ne sont qu'hypocrisie. Songe donc, quand tu veux prier, à n'avoir qu'un dessein, celui d'élever ton cœur à Dieu, de « répandre ton âme en sa présence ; » et ne sois pas comme les hypocrites qui aiment à prier et qui ont l'habitude de le faire « en se tenant debout dans les synagogues, dans les lieux publics, aux coins des rues, parmi la foule, afin d'être vus des hommes ; » c'est le seul dessein, le seul but de leurs prières. Je vous dis en vérité qu'ils reçoivent leur récompense, ils n'en doivent point attendre de votre Père qui est aux cieux.

2. Toutefois ce désir de la gloire humaine n'est pas le seul qui nous prive des récompenses de Dieu, et qui prive nos œuvres de sa bénédiction. La pureté d'intention n'est pas moins détruite par toute autre vue temporelle. Prononcer des prières, assister au culte ou soulager les pauvres pour un gain ou un intérêt quelconque, ce n'est pas d'un fêtu plus estimable aux yeux de Dieu que de le faire par vaine gloire. Tout motif étranger à l'éternité, tout autre dessein que celui de glorifier Dieu ou de faire en son nom du bien aux hommes, fait de l'action la plus belle en apparence, une abomination devant Lui.

3. « Mais toi, quand tu pries, entre dans ton cabinet, et ayant fermé la porte, prie ton Père qui est dans ce lieu secret. » Il y a un temps pour glorifier Dieu publiquement, un temps où tu dois le prier, le louer « dans la grande assemblée. » Mais s'agit-il de lui exposer plus particulièrement tes besoins, « le soir, le matin, ou à midi, » entre dans ton cabinet et fermes-en la porte. Choisis le lieu le plus retiré (seulement pas de négligence, sous prétexte que tu n'aurais ni cabinet ni lieu de retraite ; prie si tu le peux, sans témoins, mais si tu ne le peux, ne manque pas de prier) ; répands ainsi tout ton cœur devant ton Père qui est dans le secret, et ton Père, qui te voit dans le lieu secret, te le rendra publiquement.

4. Mais « quand vous priez » même en secret « n'usez point de vaines redites, comme font les païens ; » de vaines redites, c'est-à-dire de beaucoup de paroles sans aucun sens, la vaine répétition des mêmes choses. Ne pensez pas que le succès de vos prières dépende de leur longueur, comme font les païens : « car ils croient qu'ils seront exaucés en parlant beaucoup. »

Deux choses sont ici condamnées : non pas proprement la longueur des prières, pas plus que leur brièveté, mais d'abord : la longueur insipide, parler beaucoup avec peu ou point de pensées ; l'usage, non pas de toute répétition (car le Seigneur lui-même pria trois fois répétant les mêmes paroles), mais de répétitions vaines comme celles des païens qui disent et redisent les noms de leurs dieux ; comme celles des papistes et des chrétiens de nom qui récitent toujours les mêmes prières sans avoir le sentiment de ce qu'ils expriment ; — en second lieu, croire être exaucé en parlant beaucoup, s'imaginer que Dieu mesure les prières à leur longueur, et qu'il prend surtout plaisir à celles qui contiennent le plus de mots et qui résonnent le plus longtemps à ses oreilles. Ce sont là des traits de superstition et de folie que tous ceux qui portent le nom de Christ devraient bien laisser aux païens, sur lesquels n'a jamais brillé la glorieuse lumière de l'Évangile.

5. « Ne leur ressemblez donc pas. » Vous qui avez goûté la grâce de Dieu en Jésus-Christ, vous êtes pleinement persuadés que « votre Père sait ce dont vous avez besoin avant que vous le lui demandiez ; » et le but de vos prières n'est pas de l'en instruire, mais plutôt de vous instruire vous-mêmes, de fixer plus profondément dans vos cœurs le sentiment de vos besoins et de la dépendance où vous êtes sans cesse de Lui ; ce n'est pas de l'incliner, Lui qui est toujours plus prompt à donner que vous à demander, mais plutôt de vous incliner vous-mêmes à recevoir volontiers et avec empressement les grâces qu'il vous a préparées.

III

1. Après avoir enseigné la vraie nature et le but de la prière, notre Seigneur joint l'exemple au précepte et nous donne ici surtout comme modèle (vous donc priez ainsi) cette forme divine de prière dont ailleurs (Lc 11.2), il commande aussi l'usage des propres termes.

2. Remarquons en général : 1° que cette prière contient tout ce que nous pouvons raisonnablement ou innocemment demander. De toutes les choses que nous avons besoin de demander à Dieu ou que, nous pouvons lui demander sans l'offenser, il n'en est aucune qui n'y soit directe-

ment ou indirectement comprise ; 2° qu'elle contient tout ce que nous pouvons raisonnablement ou innocemment désirer : tout ce qui est pour la gloire de Dieu, tout ce qui peut être nécessaire ou utile, non seulement pour nous-mêmes, mais encore pour toute créature au ciel ou sur la terre. Et, dans le fait, nos prières sont la vraie pierre de touche de nos désirs. Ce qui ne peut avoir place dans nos désirs ne doit pas non plus avoir place dans nos prières. Remarquons, en troisième lieu, qu'elle contient tous nos devoirs envers Dieu et envers les hommes, exprimant ou impliquant nécessairement tout ce qui est pur et saint, tout ce que Dieu requiert des fils des hommes, tout ce qui est agréable à ses yeux, tout ce par quoi nous pouvons être utiles à notre prochain.

3. On peut y distinguer trois parties : l'introduction ou invocation, les demandes et la doxologie ou conclusion. L'invocation « Notre Père qui es aux cieux » pose le fondement de toute prière ; car elle renferme ce qu'il nous faut savoir de Dieu pour le prier avec assurance, et elle nous indique dans quelles dispositions nous devons approcher de Dieu pour que nos prières, comme notre vie, lui soient agréables.

4. « Notre Père. » S'il est père, il est bon pour ses enfants ; il les aime. C'est là la première, la grande raison pour prier. Dieu a la volonté de bénir : réclamons sa bénédiction. « Père, » c'est-à-dire Créateur : l'auteur de notre être, qui nous tira de la poudre de la terre, qui souffla en nous une respiration de vie, et nous fûmes faits âmes vivantes. Mais, puisqu'il nous a faits, prions, il ne refusera rien de bon à l'œuvre de ses mains. « Père, » c'est-à-dire Conservateur : celui qui, jour par jour, soutient la vie qu'il a donnée, dont le constant amour nous donne à cette heure, comme à chaque moment, la vie, la respiration et toutes choses. Allons donc d'autant plus hardiment à Lui et « nous obtiendrons miséricorde, nous trouverons grâce et nous serons secourus dans le temps convenable. » « Père, » surtout Père de notre Seigneur Jésus-Christ et de tous ceux qui croient en Lui ; « qui nous justifie gratuitement par sa grâce, par la rédemption qui est en Jésus, » qui a « effacé tous nos péchés et guéri toutes nos infirmités, » qui nous a reçus pour ses enfants par adoption et par grâce ; qui, parce que nous sommes enfants, a envoyé dans nos cœurs l'Esprit de son Fils, criant Abba, Père ; qui nous a régénérés par une semence incorruptible et fait de nouvelles créatures en Jésus-Christ. C'est pourquoi nous savons qu'il nous exauce toujours ; c'est pourquoi nous le prions sans cesse. Parce que nous aimons, nous prions, et nous l'aimons « parce qu'il nous a aimés le premier. »

5. « Notre Père ; » non pas seulement mon Père à moi qui maintenant le prie, mais notre Père, dans le sens le plus étendu : le Dieu et « Père des esprits » de toute chair, le Père des anges et des hommes (les païens mêmes le reconnaissaient pour tel), le Père de l'univers et de toutes les familles du ciel et de la terre. Il n'y a donc chez lui « aucune acception de personnes. » Il aime tous ceux qu'il a faits. » Il est bon pour tous, et ses compassions s'étendent sur toutes ses œuvres. » Et son affection, « il la met en ceux qui le craignent et qui s'attendent à sa bonté, » en ceux qui se confient en Lui par « le Fils de son amour, » sachant qu'ils sont acceptés dans le Bien-Aimé. » Mais si Dieu nous a ainsi aimés, aimons-nous les uns les autres, aimons tous les hommes, car « Dieu a tant aimé le monde qu'il a donné son Fils unique afin que quiconque croit en Lui ne périsse point, mais qu'il ait la vie éternelle. »

6. « Qui es aux cieux ; » haut et élevé. « Dieu sur toutes choses, béni éternellement, » qui de la voûte des cieux où tu es assis, contemples toutes choses au ciel et sur la terre, dont l'œil embrasse toute la sphère des êtres créés et même de la nuit incréée, « à qui sont connues de toute éternité, d'éternité en éternité, toutes tes œuvres « et toutes les œuvres de toute créature, qui contrains les armées des cieux, aussi bien que les fils des hommes, à s'écrier pleins d'admiration et d'étonnement : ô profondeur ! « profondeur des richesses de la sagesse et de la science de Dieu ! » « Qui es aux cieux, » toi le « Seigneur et le Maître, » qui surveilles et gouvernes toutes choses, toi le Roi des rois, le Seigneur des seigneurs, le seul et bienheureux Potentat, toi qui es ceint de force pour faire tout ce qu'il te plaît, le Tout-Puissant. « Aux cieux, » dans les lieux les plus hauts. Le ciel est ton trône ; c'est là surtout que réside ta gloire, mais non pas là seulement, car tu remplis le ciel et la terre, toute l'étendue de l'espace. Les cieux et la terre sont pleins de ta gloire. Gloire soit à toi, ô Dieu très-haut ! « Servons donc l'Éternel avec crainte et réjouissons-nous avec tremblement. » Soit que nous parlions, pensions ou agissions, faisons-le toujours comme sous le regard et en la présence immédiate du Seigneur notre Roi.

7. « Ton nom soit sanctifié. » Voici la prière proprement dite ; et telle est la première des six demandes dont elle se compose. Le nom de Dieu, c'est Dieu lui-même, c'est sa nature en tant qu'elle peut être révélée à l'homme. Il embrasse donc, avec son existence, tous ses parfaits attributs : son éternité particulièrement signifiée par son nom incommunicable de Jéhovah ; c'est-à-dire, comme le traduit l'apôtre Jean, « l'alpha et l'oméga, le commencement et la fin, celui qui est, qui était et qui sera ; » son existence absolue et indépendante, exprimée par cet autre grand nom : « Je suis celui qui suis ! » sa toute-présence, et sa toute-puissance, car il est le seul principe actif du monde matériel, inerte par lui-même, et la seule source de l'activité de toutes les créatures visibles ou invisibles qui n'agissent, et même n'existent que par l'impulsion incessante de sa toute-puissance. Ce nom comprend sa sagesse, clairement établie par l'ordre divin des choses visibles ; sa trinité dans l'unité, et son unité dans la trinité, révélées dès la première ligne de la Bible (au commencement, *Barah Eloïm*, (Gn 1.1) littéralement, Dieux créa, un verbe au singulier avec un sujet pluriel), et confirmées par toute la suite de ses communications aux prophètes et aux apôtres ; sa pureté, sa sainteté essentielles, et, par dessus tout, son amour qui est proprement la splendeur de sa gloire. »

Par ces mots « que ton nom soit sanctifié » ou glorifié, nous demandons que Dieu soit reconnu tel qu'il est par tous les êtres capables de le connaître et avec les sentiments qui conviennent à cette connaissance ; en d'autres termes, qu'il soit dûment honoré, craint, aimé de tous, dans les cieux en haut et ici-bas sur la terre, par l'universalité des anges et des hommes que, dans ce but, il a créés capables de le connaître et de l'aimer pour l'éternité.

8. « Ton règne vienne. » Cette seconde demande est intimement liée à la première. Pour que le nom de Dieu soit sanctifié, nous demandons que son règne vienne. Ce règne vient pour une âme lorsqu'elle se repent et croit à l'Évangile, et lorsque Dieu lui enseigne à se connaître elle-même, puis à connaître Christ et Christ crucifié. Comme la vie éternelle, « c'est de connaître Dieu et Jésus-Christ qu'il a envoyé, » de même le royaume de Dieu est commencé sur la terre et établi dans le cœur du croyant, le Seigneur Dieu tout-puissant règne, alors qu'il est connu en Jésus-Christ. Il se revêt de son pouvoir vainqueur pour se soumettre toutes choses. Il entreprend et poursuit dans l'âme son œuvre de conquête jusqu'à ce qu'il ait « tout mis sous ses pieds et amené toute pensée captive à l'obéissance de Christ. »

Quand donc il donnera à son Fils « pour son héritage les nations et pour sa possession les bouts de la terre, » quand tous les royaumes s'inclineront devant lui et que tous les peuples le serviront, quand la montagne de la maison de l'Éternel, l'Église de Christ, sera établie par-dessus les montagnes, quand la plénitude des Gentils y sera entrée et que tout Israël sera sauvé, alors on verra que le Seigneur est Roi et qu'il s'est revêtu de magnificence, se montrant à toute âme d'homme comme Roi des rois et Seigneur des seigneurs. Il sied à ceux qui « aiment son avènement, » de prier qu'Il hâte ce temps, afin que ce règne de grâce vienne promptement absorber tous les pouvoirs terrestres, et que tous les hommes le reçoivent pour roi, croient en son nom et soient ainsi remplis de justice, de joie et de paix de sainteté et de bonheur, jusqu'à ce que d'ici-bas ils soient transportés dans son royaume céleste pour y régner avec Lui aux siècles des siècles.

Car lorsque nous disons « que ton règne vienne, » nous avons en vue cette dernière fin, nous demandons ce royaume éternel, ce règne glorieux des cieux, qui est la suite et l'accomplissement du règne de grâce sur la terre. Et par conséquent, cette demande aussi bien que la précédente est offerte pour toutes les créatures intelligentes, qui sont toutes intéressées à ce grand avènement, à ce renouvellement final où Dieu mettant fin à la misère, au péché, aux infirmités, à la mort, ramenant tout sous son sceptre, établira le royaume qui doit durer dans tous les siècles.

9. « Que ta volonté soit faite sur la terre comme au ciel ; » c'est ce qui arrivera nécessairement partout où viendra le règne de Dieu, où Dieu habitera dans l'âme par la foi, où Christ régnera dans le cœur par l'amour.

Plusieurs, je le crois, ne voient dans ces paroles qu'une expression de résignation ou que le désir de se soumettre à la volonté de Dieu, quelle qu'elle puisse être. Et c'est là sans doute une disposition excellente, un don très précieux de la grâce. Mais ce n'est pas de cette disposition qu'il s'agit ici, au moins directement. C'est pour une conformité active bien plus que passive à sa volonté, que nous prions, quand nous disons : « Que ta volonté soit faite sur la terre comme au ciel. »

Comment est-elle faite, dans le ciel, par les anges dont les chœurs joyeux environnent son trône ? Ils la font de bon cœur. Ils aiment ses commandements et prennent plaisir à ses paroles. C'est leur nourriture, leur breuvage que de lui obéir ; c'est leur gloire et leur joie lis la font continuellement ; il n'y a pas d'interruption dans leur libre service. De nuit comme de jour et à toute heure (pour parler un langage humain, car dans l'éternité il n'est proprement question ni de jour, ni de nuit, ni d'heures), ils sont occupés sans relâche à accomplir ses commandements, à exécuter ses desseins et ses conseils. Ils la font parfaitement. Le péché leur est étranger. Il est vrai que « les étoiles ne sont pas pures devant Lui, » même les « étoiles du matin qui chantent de joie en sa présence ; » devant Lui, c'est-à-dire comparés avec Lui, les anges mêmes ne sont pas purs. Mais ce n'est pas à dire qu'ils aient en eux-mêmes quelque impureté. Non, sans doute, Ils sont au contraire sans tâche, parfaitement dévoués à sa volonté et obéissants en toutes choses.

En d'autres termes, on peut dire que les anges de Dieu font sa volonté toute entière, qu'ils ne font rien d'autre, rien dont ils n'aient la pleine certitude que c'est sa volonté ; que de plus, ils font ce que Dieu veut, comme il le veut, de la manière qui lui plaît et non d'une autre, enfin qu'il font sa volonté seulement parce que c'est sa volonté, c'est là la seule raison qui les fait agir ; ils n'obéissent par aucun autre motif.

10. Ainsi donc, demander « que la volonté de Dieu soit faite sur la terre comme au ciel, » c'est demander que tous les habitants de la terre, que tous les membres de la famille humaine fassent la volonté de leur Père céleste aussi volontairement, aussi continuellement, aussi parfaitement que les saints anges, et que « le Dieu de paix par le sang de l'alliance éternelle les rende accomplis en toutes sortes de bonnes œuvres, pour faire sa volonté » et qu'il fasse lui-même en eux tout « ce qui lui est agréable. »

Ou, en d'autres termes, c'est demander que nous et tous les hommes nous fassions toute la volonté de Dieu et rien de plus, que nous la fassions de la manière qu'il veut, et qu'enfin nous fassions cette volonté parce que c'est sa volonté, sans avoir d'autre raison, d'autre motif dans tout ce que nous pouvons faire, dire ou penser.

11. « Donne-nous aujourd'hui notre pain quotidien. » Ce qui précède était pour tous les hommes ; maintenant nous prions pour nos propres besoins, sans que nous devions toutefois, même en ceci, prier exclusivement pour nous-mêmes, car cette demande et chacune des suivantes peut s'appliquer à tout le corps de Christ sur la terre.

Par « le pain » il faut comprendre tout ce qui est nécessaire tant pour nos âmes que pour nos corps. Nous ne l'entendons pas seulement du pain matériel, ou, comme dit le Seigneur, de « la nourriture qui périt, » mais bien plus encore du pain spirituel qui est la grâce de Dieu, ou « la viande permanente en vie éternelle. » Plusieurs des anciens Pères voyaient encore ici le pain de la sainte Cène, auquel participait chaque jour toute l'Église de Christ, et qui jusqu'à ce que « l'amour de plusieurs se fût refroidi, » fût considéré comme le grand canal par lequel son Esprit se communique à tous les enfants de Dieu.

« Notre pain quotidien. » Le mot grec que nous rendons par quotidien est diversement expliqué par les commentateurs : mais il paraît désigner ce qui est suffisant pour aujourd'hui et ainsi pour chaque jour successivement. C'est le sens le plus naturel et c'est ce qu'expriment les principales traductions.

12. « Donne-nous ; » car c'est un don, une grâce et non un droit que nous réclamons. Nous ne méritons ni l'air qui nous fait vivre, ni la terre qui nous porte, ni le soleil, qui nous éclaire. Notre seul droit, nous l'avouons, c'est l'enfer. Mais Dieu nous aime d'un amour gratuit ; c'est pourquoi nous le prions de nous donner ce que nous sommes aussi incapables de produire que de mériter de sa main.

Non que la bonté de Dieu ou sa puissance soit pour nous un motif de rester oisifs. Il veut plutôt qu'en toutes choses nous usions d'autant d'activité et nous employions d'aussi grands efforts que si notre succès devait être l'effet naturel de notre sagesse et de notre force ; puis que nous attendions, comme n'ayant rien fait, toute bénédiction de « l'Auteur de tout don et de toute grâce excellente. »

« Aujourd'hui : » car nous n'avons pas à nous inquiéter du lendemain. C'est même dans ce but que notre Créateur tout sage a partagé le temps de notre vie en ces petites portions si distinctes, afin que chaque nouveau jour nous apparaisse comme le don nouveau d'une vie à consacrer à sa gloire et que chaque soirée soit pour nous comme une fin de vie au-delà de laquelle nous n'apercevions rien que l'éternité.

13. « Et pardonne-nous nos offenses comme nous pardonnons à ceux qui nous ont offensés. » Le péché étant le seul obstacle qui empêche les bontés de Dieu de se répandre sur toute créature, nous demandons maintenant que cet obstacle soit ôté pour que nous puissions attendre de Lui avec confiance toutes sortes de biens.

« Nos offenses. » Le texte dit proprement nos dettes, et cette manière de désigner nos péchés est fréquente dans les Écritures, chaque péché étant pour nous comme une nouvelle dette envers Dieu, à qui nous devons déjà, pour ainsi dire, « dix mille talents. » Que pourrons-nous donc lui répondre ; s'il nous dit « Paie-moi ce que tu me dois ? » Nous avons tout dépensé, il ne nous reste rien, nous sommes tout-à-fait, insolvables. Si donc Il voulait nous traiter suivant la rigueur de sa loi et les exigences, de sa justice, il devrait commander « qu'on nous liât pieds et mains et qu'on nous livrât aux exécuteurs des tourments. »

Par le fait nous sommes déjà liés pieds et mains par les chaînes de nos péchés. Ce sont là, par rapport à nous-mêmes, des chaînes de fer, des entraves d'airain. Ce sont des blessures dont le monde, la chair et le diable nous ont tout meurtris et déchirés. Ce sont des maladies qui épuisent notre sang et nos forces et qui nous entraînent aux régions du sépulcre. Mais considérés comme ils le sont ici, par rapport à Dieu, ce sont des dettes immenses et sans nombre. Nous sommes insolvables. Ah ! crions donc à Lui pour qu'il nous quitte gratuitement le tout.

« Pardonne-nous. » L'expression du texte implique à la fois pardon et délivrance. Ces deux choses, en effet, sont dans une telle relation que si nous obtenons la première, la seconde suit d'elle-même ; si nos dettes nous sont quittées, les chaînes tombent de nos mains. Dès que par la grâce de Dieu en Christ nous recevons le pardon des péchés, nous recevons aussi une part avec ceux que sanctifie la foi en Lui. Le péché a perdu sa force. Il n'a « plus de domination sur ceux qui sont sous la grâce. » Puisqu'il « n'y a plus de condamnation pour ceux qui sont en Jésus-Christ, » ils sont affranchis du péché aussi bien que de la culpabilité. « La justice de la loi est accomplie en eux » et « ils ne marchent plus selon la chair, mais selon l'esprit. »

14. « Comme nous pardonnons à ceux qui nous ont offensés. » Ici le Seigneur dit clairement à quelle condition et dans quel degré nous pouvons attendre le pardon de Dieu. Nos transgressions et péchés nous sont pardonnés si nous pardonnons, et comme nous pardonnons aux autres. Ce point est de la plus haute importance ; et notre Seigneur tient si fort à nous l'inculquer et à ce que nous ne le perdions jamais de vue, que, non content de l'avoir inséré dans la prière même, il le répète deux fois aussitôt après. « Si vous pardonnez aux hommes leurs offenses, votre Père céleste vous pardonnera aussi les vôtres ; mais si vous ne pardonnez pas aux hommes leurs offenses, votre Père ne vous pardonnera pas non plus les vôtres. » (Mt 5.14, 15) Ou bien il vous pardonnera comme vous aurez pardonné. En sorte que s'il reste quelque malice ou quelque amertume, quelque levain d'aigreur ou de colère, si ce n'est pas du fond du cœur, clairement, pleinement, que nous pardonnons les fautes du prochain, nous restreignons d'autant le pardon des nôtres. Dieu ne peut nous pardonner pleinement, et lors même qu'il nous montre quelque degré de miséricorde, nous ne lui permettons pas « d'effacer tous nos péchés et de pardonner toutes nos iniquités. »

Mais s'il en est ainsi, que devient alors cette prière dans notre bouche quand nous l'offrons à Dieu sans pardonner du cœur à notre prochain ses offenses ? Ce n'est rien moins qu'un défi ouvert par lequel nous bravons ses plus terribles jugements. « Pardonne-nous comme nous pardonnons, » c'est-à-dire, pour parler net : ne nous pardonne pas du tout ; ne nous fais point de grâce ! Nous désirons que tu te souviennes de nos péchés et que ta colère demeure sur nous ! Mais y pensez-vous, d'offrir à Dieu une telle prière ? Et il ne vous a pas encore jetés en enfer ! Oh ! ne le tentez pas plus longtemps ! Dés maintenant, dès cette heure, par sa grâce, pardonnez comme vous voulez qu'il vous pardonne ! Dès cette heure, aie pitié de ton compagnon de service comme Dieu a eu et veut avoir pitié de toi !

15. « Et ne nous induis point en tentation, mais délivre-nous du malin. » « Ne nous induis point en tentation. » Le mot grec traduit par tentation signifie proprement une épreuve. Tel est aussi quelquefois le sens du mot dans notre langue, quoique plus souvent il exprime la sollicitation au mal. Saint Jacques l'emploie dans les deux sens. Dans le premier, quand il dit : « Heureux l'homme qui endure la tentation, car quand il aura été éprouvé » et trouvé fidèle « il recevra la couronne de vie. » Mais il ajoute aussitôt dans le second : « Que personne ne dise, lorsqu'il est tenté, c'est Dieu qui me tente ; car, comme Dieu ne peut être tenté par aucun mal, aussi ne tente-t-il personne ; mais chacun est tenté quand il est attiré (ou entraîné loin de Dieu) et amorcé par sa propre convoitise, » comme le poisson se laisse prendre par l'appât. C'est quand il est ainsi entraîné et amorcé qu'il entre proprement en tentation. C'est alors que la tentation le couvre comme une nuée et se répand sur toute son âme. Oh ! qu'il est difficile alors qu'il échappe ! C'est pourquoi nous supplions Dieu de ne pas « nous induire en tentation, » c'est-à-dire, « puisqu'il ne tente personne, » de ne pas souffrir que nous y soyons induits. « Mais délivre-nous du malin, » du méchant. C'est ainsi qu'est désigné, dans un sens particulier, le « Prince et le Dieu de ce monde, » qui « agit avec puissance dans les enfants de rébellion. » Mais tous ceux qui, par la foi, sont enfants de Dieu, sont arrachés de ses mains. Il peut les attaquer et il le fera ; mais il ne saurait les vaincre, à moins qu'ils ne trahissent leurs propres âmes. Il peut les tourmenter pour un temps, mais non les détruire ; car ils ont Dieu pour eux qui ne manquera pas de « venger » à la fin « ses élus qui crient à Lui jour et nuit. » Seigneur ! quand nous sommes tentés, ne permets pas que nous entrions en tentation ! Fraie-nous toi-même une porte d'issue, de sorte que le malin ne nous touche point !

16. La conclusion de cette divine prière, communément appelée doxologie, est une action de grâces solennelle, une confession sommaire des attributs et des œuvres de Dieu, « car à Toi est le règne, » la souveraineté sur toutes tes œuvres passées, présentes et futures ; car « ton royaume est un royaume éternel et ta domination est d'âge en âge « la puissance, » la force par laquelle cette souveraineté s'exerce dans ton royaume éternel, par laquelle tu fais ce qu'il te plaît dans tous les lieux de ton empire ; « et la gloire, » la louange que te doit toute créature pour ta puissance, pour la force de ton royaume et pour toutes les œuvres merveilleuses que tu opères depuis l'éternité et que tu opéreras toujours, « aux siècles des siècles. » Amen ! Ainsi soit-il !

Le sermon sur la montagne

Septième discours

Et quand vous jeûnez, ne prenez pas un air triste, comme les
hypocrites, car ils se rendent le visage tout défait, afin qu'il paraisse
aux hommes qu'ils jeûnent. Je vous dis en vérité qu'ils reçoivent leur
récompense. Mais toi, quand tu jeûnes, oins ta tête et lave ton visage,
afin qu'il ne paraisse pas aux hommes que tu jeûnes, mais seulement à
ton Père qui est en secret ; et ton Père, qui te voit dans le secret, te
récompensera publiquement.
—Matthieu 6.16-18—

1. Dès le commencement du monde, Satan s'est efforcé de séparer ce que Dieu a joint, de détacher la religion intérieure de celle du dehors, de les mettre en contradiction l'une avec l'autre ; et, en cela, ses tentatives n'ont point été vaines auprès de ceux « qui ignorent ces ruses. »

2. Beaucoup d'âmes, « ayant du zèle pour Dieu, mais sans connaissance, » se sont de tout temps attachées strictement à la « justice de la foi, » aux pratiques extérieures, tout en négligeant de rechercher la justice intérieure, la justice qui vient de Dieu par la foi ; » et beaucoup d'autres se sont jetées dans l'extrême opposé, méprisant toute obéissance extérieure, peut-être même « médisant de la loi et jugeant la loi, » en tant qu'elle commande ; cette obéissance.

2. C'est proprement par cette ruse de Satan que la foi et les œuvres ont été si souvent présentées comme ennemies et que tant d'hommes pieux sont tombés, pour un temps, dans des piéges opposés. Les uns ont exalté la foi, jusqu'à refuser entièrement aux bonnes œuvres, non seulement d'être la cause de notre justification (nous savons « que l'homme est justifié gratuitement par la rédemption de Jésus »), mais même d'en être nécessairement le fruit, et jusqu'à les exclure de la religion de Jésus-Christ. Les autres, pour éviter cette erreur dangereuse, se sont égarés d'autant dans la voie contraire, soutenant que les bonnes œuvres sont la cause ou tout au moins la condition préalable de la justification et parlant de ces œuvres comme si elles constituaient tout le christianisme.

3. La même contradiction s'est introduite entre le but que poursuit la religion et les moyens qu'elle emploie. Des gens bien intentionnés ont paru faire consister toute la religion à se joindre aux prières de l'Église, à prendre la Cène, à entendre des sermons, à lire des livres de piété, tandis qu'ils négligeaient le but de ces choses, qui est l'amour de Dieu et du prochain ; et d'autres ont trouvé dans cet abus même un prétexte pour négliger, pour mépriser peut-être les ordonnances de Dieu, qu'on faisait si malheureusement servir contre le but qu'elles étaient destinées à atteindre.

4. Mais de tous les moyens de grâce, le jeûne est peut-être celui pour lequel les hommes se sont jetés dans les extrêmes les plus opposés. Combien les uns l'ont exalté par delà les bornes de l'Écriture et de la raison, et combien les autres l'ont ravalé, comme pour se venger de l'exagération de l'estime par l'exagération du mépris ! Ceux-là en ont parlé comme s'il était tout, comme étant, sinon le but, au moins un moyen suffisant par lui-même pour y conduire ; ceux-ci l'ont présenté comme s'il n'était rien, comme un vain travail, sans rapport avec le but. La vérité est entre les deux. De ce que le jeûne n'est pas tout, il ne s'ensuit pas qu'il soit rien. Si ce n'est pas le but, c'est un moyen précieux, un moyen institué par Dieu lui-même et par lequel, si nous l'employons comme il faut, Dieu ne manquera pas de nous bénir.

Pour mettre ceci en évidence, j'essaierai de montrer : 1° la nature du jeûne, ses diverses sortes et ses degrés ; 2° quels en sont les fondements, les motifs, le but ; 3° comment il se justifie contre les objections les plus plausibles ; et 4° quelle est la manière de le pratiquer.

I

1. Voyons d'abord sa nature, ses diverses sortes et ses degrés. Quant au premier point, tous les auteurs inspirés, soit de l'Ancien, soit du Nouveau Testament, entendent par jeûner ne point manger, s'abstenir de nourriture. La chose est si claire qu'il serait superflu de citer les paroles de David, de Néhémie, d'Esaïe et des autres prophètes, de notre Seigneur et des apôtres ; jeûner fut pour eux tous s'abstenir de manger pendant un certain temps.

2. A la privation de nourriture les anciens joignaient certaines pratiques accessoires, telles que de négliger ses vêtements, de dépouiller ses ornements ordinaires, de prendre le deuil, de se jeter des cendres sur la tête, de porter sur la chair un sac ou cilice. Mais il est peu question de tout cela dans le Nouveau Testament. Il ne paraît pas non plus que les chrétiens des premiers siècles se soient attachés à ces choses indifférentes, quoique certains pénitents aient pu y avoir recours pour mieux marquer au dehors leurs humiliations. Rien moins encore trouvons-nous que les apôtres ou les chrétiens de leur temps aient flagellé ou déchiré leur propre chair. Une telle discipline pouvait convenir aux prêtres ou aux adorateurs de Baal. Les dieux des païens n'étaient que des démons, et à de tels dieux il était sans doute agréable que leurs prêtres « criassent à haute voix et se fissent des incisions, selon leur coutume, jusqu'à ce que le sang coulât sur eux ; » mais il en est autrement des adorateurs de Celui qui « n'est point venu pour détruire les hommes, mais pour les sauver. »

3. Quant au degré ou à la mesure du jeûne, il y a des exemples de personnes qui ont jeûné plusieurs jours de suite. Moïse, Elie et notre Seigneur, revêtus pour cela de la vertu d'en Haut, ont jeûné sans interruption « quarante jours et quarante nuits. » Mais la durée la plus ordinaire du jeûne, d'après les Écritures, était d'un jour, depuis le matin jusqu'au soir. C'était aussi le jeûne le plus commun chez les premiers chrétiens. En outre ils avaient, toute l'année, le quatrième et le sixième jour de la semaine (mercredi et vendredi), pour le demi-jeûne (comme l'appelle Tertullien), où ils ne prenaient rien jusqu'à trois heures après midi, heure à laquelle ils revenaient du service public.

4. Cette dernière sorte se rapproche de ce qu'on appelle dans notre Église abstinence, ou jeûne partiel, à l'usage des personnes faibles ou malades, et qui consiste à prendre moins de nourriture qu'à l'ordinaire. Je ne trouve aucun exemple de cet usage dans l'Écriture ; mais je ne puis non plus le condamner, car l'Écriture ne le condamne point. Il peut être utile et recevoir une bénédiction de Dieu.

5. Le moindre degré du jeûne, si l'on peut l'appeler jeûne, consiste à se priver des mets agréables. Nous en avons plusieurs exemples dans l'Écriture, outre celui de Daniel et de ses compagnons, qui, pour un motif particulier, savoir : « pour ne point se souiller par la portion de la viande du roi, ni du vin que le roi buvait, » demandèrent et obtinrent du chef des eunuques, « des légumes à manger et de l'eau à boire (Dn 1.8), » d'où est venu peut-être, par une imitation mal entendue, l'usage très ancien de s'abstenir de viande et de vin pendant les temps mis à part pour le jeûne et l'abstinence, à moins que ces choses, étant regardées comme particulièrement agréables, on ne jugeât convenable de s'en abstenir dans ces temps où l'on s'approche solennellement de Dieu.

6. Dans l'Église juive, il y avait des jeûnes réguliers. Tel était le jeûne du septième mois, que Dieu lui-même, sous les peines les plus sévères, avait imposé à tout Israël. L'Éternel parla à Moïse en disant : « Au dixième jour de ce septième mois, jour des propitiations, vous affligerez vos âmes (vous jeûnerez), pour faire propitiation pour vous devant l'Éternel votre Dieu. Car toute personne qui n'aura pas jeûné en ce même jour-là sera retranchée d'entre ses peuples (Lv 23.26)'. » A ce jeûne légal on en ajouta dans la suite plusieurs autres. Ainsi le prophète Zacharie fait mention, non seulement du jeûne du septième mois, mais encore de ceux du quatrième, du cinquième et du dixième (Za 8.19).

Dans l'Église chrétienne des premiers siècles, il y eut pareillement des temps fixés pour le jeûne, soit annuel, soit hebdomadaire. À la première sorte appartenait le jeûne avant Pâques, observé par les uns pendant quarante-huit heures, par d'autres pendant une semaine, et par plusieurs pendant deux semaines (on ne prenait chaque jour aucune nourriture jusqu'au soir). À la seconde appartenait le jeûne du quatrième et du sixième jour de la semaine, observé, selon le témoignage positif d'Epiphane, dans tout le monde habitable, partout où des chrétiens faisaient leur séjour. L'Église anglicane conserve encore pareillement des jeûnes annuels et hebdomadaires.

Mais, outre les jeûnes d'institution fixe, toute nation craignant Dieu en a toujours eu d'occasionnels, publiés de temps en temps selon les circonstances particulières où l'on se trouvait. Ainsi « quand les Moabites et les Hammonites vinrent pour faire la guerre à Josaphat, Josaphat craignit et se disposa à rechercher l'Éternel, et il publia un jeûne par tout Juda (2 Ch 20.1, 3). » Ainsi « la cinquième année de Jéhojakim, fils de Josias, au neuvième mois, les princes de Juda, dans la crainte qu'ils avaient du roi de Babylone, publièrent un jeûne devant l'Éternel, à tout le peuple de Jérusalem (Jr 36.9). »

Et, de la même manière, ceux qui prennent garde à leurs voies et qui veulent marcher humblement et entièrement avec Dieu, trouveront fréquemment occasion d'affliger ainsi leurs âmes en particulier devant leur Père qui est dans le secret. C'est à cette sorte de jeûne que s'appliquent surtout, et en premier lieu, les directions qui nous sont ici données.

II

1. Je vais montrer maintenant, en second lieu, les fondements, les motifs et le but du jeûne.

— Et d'abord, sous l'empire de fortes émotions ou absorbés par des passions violentes, telles que le chagrin ou la crainte, les hommes oublient souvent le besoin de manger. Dans de tels moments ils n'ont aucun souci même de ce qui est nécessaire pour soutenir la nature, à plus forte raison d'aliments délicats ou variés, dominés qu'ils sont de tout autres pensées. Ainsi lorsque Saül s'écriait : « Je suis dans une fort grande extrémité, car les Philistins me font la guerre et Dieu s'est retiré de moi, » le texte sacré rapporte qu'il « n'avait rien mangé de tout ce jour-là, ni de toute la nuit (1 S 28.15-20). » Ainsi les compagnons de saint Paul, dans le navire, lorsque « la tempête étaient si violente qu'ils avaient perdu toute espérance de se sauver, » continuaient à « ne rien manger, » quoiqu'ils n'eussent « rien pris » (qu'ils n'eussent fait aucun repas régulier) « depuis quatorze jours (Ac 27.33). » Ainsi David et tous les hommes qui étaient avec lui, quand ils apprirent que « le peuple avait fui dans le combat et que plusieurs du peuple avaient été défaits et étaient morts, et que Saül aussi et Jonathan, son fils, étaient morts, menèrent deuil et pleurèrent et jeûnèrent jusqu'au soir à cause de Saül et de Jonathan, son fils, et du peuple de l'Éternel (2 S 1.12). »

Souvent même ceux dont l'âme est ainsi profondément absorbée ne peuvent souffrir aucune interruption et ont en horreur toute espèce de nourriture, parce qu'elle détourne leurs pensées de ce qui réclame sans partage leur attention, comme Saül qui, « étendu sans force sur la terre, » disait encore : « Je ne mangerai point, » et ne se rendit qu'avec peine aux instances de ses serviteurs et de la pythonisse.

2. Tel est donc le fondement naturel du jeûne. Une âme profondément affligée, accablée par le sentiment de ses péchés et effrayée des jugements de Dieu, n'a pas besoin de règle, ni de savoir si le jeûne est ou non d'institution divine pour oublier de manger, pour s'abstenir, soit des mets délicats et agréables, soit même des plus nécessaires ; comme Paul qui, conduit à Damas et privé de la vue, fut « trois jours sans manger ni boire (Ac 9.9). »

Que dis-je ? Dans le fort de la tempête morale, lorsque les frayeurs accablent celui qui a vécu « sans Dieu dans le monde, » son âme « a en horreur toute sorte de nourriture ; » l'idée même lui en est à charge, il ne peut souffrir rien de ce qui pourrait l'empêcher de crier continuellement : « Seigneur, sauve-moi ou je péris. » avec, quelle forme cet état est dépeint par l'Église anglicane dans la première partie de l'homélie du jeûne ! « Quand l'homme sent le pesant fardeau du péché, entrevoit la damnation pour sa récompense, et contemple dans son âme ; les horreurs de l'enfer, il tremble, il frémit, il est rempli de tristesse, il ne peut s'empêcher de s'accuser lui-même, d'avouer au Tout-Puissant ce qui l'oppresse, d'implorer son pardon. S'il le fait sérieusement, son esprit est si absorbé, soit par la tristesse et la crainte, soit par le désir d'être délivré de ce danger de l'enfer et de la damnation, que tout désir de manger ou de boire est réprimé et remplacé par le dégoût des plaisirs et des choses du monde. Il ne peut que pleurer, se lamenter, gémir et montrer par ses paroles et par sa contenance combien la vie lui est à charge. »

3. Voici un autre motif pour le jeûne : plusieurs de ceux qui maintenant craignent Dieu, sentent vivement combien ils ont souvent péché par l'abus de ces choses légitimes, par l'excès dans le manger et dans le boire. Ils savent combien longtemps ils ont transgressé la sainte loi de Dieu par rapport à la sobriété et à la tempérance, combien en obéissant trop à leurs appétits sensuels, ils ont nui à leur santé peut-être, mais certainement à leur âme. Car c'est ainsi qu'ils ont nourri et développé continuellement cette vivacité folâtre, cette pétulance d'âme, cette légèreté de caractère, cette gaie indifférence pour les choses les plus importantes, cette étourderie et cette insouciance d'esprit qui ne sont rien moins qu'une ivresse morale et qui, aussi bien que l'excès du vin ou des liqueurs fortes, émoussent et détruisent les plus nobles facultés. Pour prévenir désormais l'effet, ils éloignent la cause. Ils se tiennent en garde contre tout excès. Ils s'abstiennent, autant que possible, des choses qui faillirent les plonger dans l'éternelle perdition. Souvent ils jeûnent entièrement ; toujours ils s'efforcent d'être sobres et tempérants en toutes choses.

4. Ils n'ont pas oublié non plus combien une nourriture abondante sert à accroître les désirs insensés et profanes, et même les affections viles et impures. C'est ce que l'expérience met hors de doute. La sensualité, même réglée et modérée, rend l'âme toujours plus sensuelle et la fait descendre au niveau des bêtes qui périssent. On ne saurait dire combien une alimentation délicate et variée influe sur le corps et sur l'âme, et nous dispose à nous livrer à tous les plaisirs des sens, dès que nous en trouvons seulement l'occasion. Ce sera donc, pour tout homme sage un nouveau motif de mettre un frein à son âme et de la tenir soumise, de la sevrer de plus en plus, quant à ces appétits inférieurs qui tendent à l'enchaîner à la terre et à la souiller en l'abrutissant. Retrancher l'aliment des convoitises et de la sensualité, retirer l'aiguillon des désirs insensés et pernicieux, des affections vaines et impures, c'est pour le jeûne un motif qui toujours subsiste.

5. Peut-être faut-il ne pas omettre entièrement (quoique je ne sache pas qu'il soit de grande importance), un motif sur lequel quelques hommes pieux ont beaucoup insisté, savoir de se punir soi-même de l'abus des dons de Dieu, par une privation temporaire, d'exercer sur soi-même comme une sainte vengeance pour la folie et l'ingratitude par laquelle nous tournâmes à notre perte ce que Dieu nous avait donné pour notre bien. C'est ce que David avait en vue, pensent-ils, lorsqu'il disait : « J'ai pleuré et j'ai affligé mon âme par le jeûne, » et saint Paul aussi, quand il parle de la « vengeance ou punition » que la tristesse, selon Dieu, avait provoquée chez les Corinthiens.

6. Mais un cinquième motif bien plus grave, c'est que le jeûne aide la prière, surtout quand nous mettons à part un temps considérable peur prier en secret. C'est alors spécialement que Dieu se plaît à élever les âmes de ses serviteurs au-dessus des choses terrestres, quelquefois même à les ravir, pour ainsi dire, jusqu'au troisième ciel. Et c'est principalement comme soutien de la prière que le jeûne s'est souvent montré si efficace, entre les mains de Dieu, pour affermir et accroître, non pas telle vertu particulière seulement (comme plusieurs l'ont imaginé sans fondement de la chasteté), mais aussi le sérieux, la gravité, la délicatesse de conscience, le détachement du monde, et par suite l'amour de Dieu et toute sainte et céleste affection.

7. Non qu'il y ait un lien naturel et nécessaire entre le jeûne et les bénédictions qu'il sert à obtenir de Dieu. Mais Dieu fait miséricorde comme il veut faire miséricorde, il donne ce qu'il juge bon par les moyens qu'il lui plaît d'employer ; et, dans tous les siècles, il a choisi le jeûne comme un moyen de détourner sa colère et d'obtenir les bénédictions particulières dont nous sentons souvent le besoin.

Quant à l'efficace de ce moyen pour détourner la colère de Dieu, nous la voyons par l'exemple si remarquable d'Achab. « En effet, il n'y avait point eu de roi comme Achab qui se fût vendu ; » livré comme un esclave acheté à prix d'argent « pour faire ce qui est mauvais devant l'Éternel. » Toutefois, lorsqu'il eut « déchiré ses vêtements, mis un sac sur sa chair et jeûné, et qu'il se fut traîné en marchant, » la parole de l'Éternel fut adressée en ces termes à Elie Tisbite :

« N'as-tu pas vu qu'Achab s'est humilié devant moi ? Parce qu'il s'est humilié devant moi, je ne ferai pas venir ce mal en son temps » (1 R 21.25-29)

Ce fut aussi pour détourner la colère de Dieu que Daniel « tourna son visage vers le Seigneur Dieu, cherchant à faire requête et supplication, avec jeûne, ou prenant le sac et la cendre. » C'est ce qui ressort de tout le contenu de sa prière, et particulièrement de cette solennelle conclusion : « Seigneur, je te prie, que selon toutes tes justices » (tes miséricordes), « ta colère et ton indignation soient détournées de ta ville de Jérusalem, la montagne de ta sainteté. — Ecoute la requête de ton serviteur, fais reluire ta face sur ton sanctuaire désolé, — Seigneur exauce, Seigneur pardonne, Seigneur sois attentif et opère, à cause de toi-même (Dn 6.3-19) ! »

8. Mais ce n'est pas seulement du peuple de Dieu, c'est même des païens que nous apprenons à le chercher avec et prière quand il est irrité. Quand Jonas eut crié : « Encore quarante jours et Ninive sera renversée, » « les hommes de Ninive crurent à Dieu, et ils publièrent un jeûne et se vêtirent de sacs, depuis le plus grand d'entre eux jusqu'au plus petit. Car le roi de Ninive se leva de son trône, ôta de dessus lui son vêtement magnifique et se couvrit d'un sac et s'assit sur la cendre ; et il fit crier et publier dans Ninive qu'aucun homme ni bête ne goûte d'aucune chose qu'ils ne se repaissent point et ne boivent point d'eau » (non que les bêtes eussent péché ou pussent se repentir, mais pour instruire les hommes en leur rappelant qu'à cause de leurs péchés la colère de Dieu menaçait toutes les créatures) ; « qui sait si Dieu ne se repentira point et s'il ne reviendra pas de l'ardeur de sa colère, en sorte que nous ne périssions point ? » Et ce ne fut pas peine perdue. « Dieu vit ce qu'ils avaient fait et comment ils s'étaient détournés de leur mauvaise voie, et Dieu se repentit du mal qu'il avait dit qu'il leur ferait, et ne le fit point (Jon 3.4-10). »

9. Non seulement le jeûne est un moyen pour détourner la colère de Dieu, mais il sert encore à nous faire obtenir toute bénédiction dont nous avons besoin. Ainsi, quand les tribus eurent été plusieurs fois battues par les Benjamites, « tous les enfants d'Israël montèrent à la maison de Dieu, et pleurèrent devant l'Éternel et jeûnèrent ce jour-là jusqu'au soir, » — « et l'Éternel dit : montez, car demain je les livrerai entre vos mains (Jg 20.26, 17). » Ainsi Samuel ayant assemblé tout Israël, pendant qu'ils étaient tributaires des Philistins, « ils jeûnèrent ce jour-là » devant l'Éternel, et « les Philistins s'étant approchés pour combattre contre Israël, l'Éternel, eu ce jour-là, tonna avec un bruit épouvantable sur les Philistins et il les mit en déroute, et ils furent battus devant Israël (1 S 7.6, 10). » Ainsi, nous lisons dans Esdras : « Je publiai un jeûne auprès du fleuve d'Ahava, pour nous humilier devant notre Dieu, en le priant de nous donner un heureux voyage pour nous et pour nos petits enfants, — et il fut fléchi par nos prières (Esd 8.21, 23). » Ainsi, dans Néhémie : « Je jeûnai et je fis ma prière devant le Dieu des cieux et je dis : fais, je te prie, aujourd'hui prospérer ton serviteur, et fais qu'il trouve grâce devant cet homme, » et Dieu lui fit trouver grâce devant le Roi (Ne 1.4-11).

10. De même les apôtres joignaient toujours le jeûne à la prière pour appeler la bénédiction de Dieu sur quelque entreprise importante. Ainsi, nous lisons dans les Actes (Ac 13.1-3) : « Il y avait dans l'église d'Antioche quelques prophètes et docteurs, — et comme ils vaquaient au service du Seigneur et qu'ils jeûnaient » — sans doute pour cet objet même, le Saint-Esprit leur dit : « séparez-moi Barnabas et Saül pour l'œuvre à laquelle je les ai appelés ; » — « et après avoir de nouveau jeûné et prié, ils leur imposèrent les mains et les firent partir.

Ainsi Barnabas et Saul eux-mêmes, quand ils revinrent à Lystre, à Icone et à Antioche, « fortifiant l'esprit des disciples, » établirent, « après avoir prié et jeûné, » des Anciens dans chaque Église, et les recommandèrent au Seigneur (Ac 14.23).

Comment douter, au reste, qu'il n'y ait des bénédictions attachées au jeûne qui ne pourraient être obtenues par d'autres moyens, après la déclaration suivante du Seigneur ; ses disciples lui ayant demandé « Pourquoi n'avons-nous pu chasser ce démon ? » Jésus leur répondit ; « C'est à cause de votre incrédulité ; car je vous dis en vérité que si vous aviez de la foi, aussi gros qu'un grain de moutarde, vous diriez à cette montagne : transporte-toi d'ici là, et elle s'y transporterait, et rien ne vous serait impossible. Mais cette sorte de démons ne sort que par la prière et par le jeûne (Mt 17.19-21) ; » — tels étant les moyens établis pour obtenir la foi par laquelle « les démons même vous seront assujettis. »

11. Je dis les moyens établis, car ce n'est pas seulement par la lumière de la raison ou de la conscience naturelle, comme on l'appelle, que le peuple de Dieu fut conduit, de tout temps, à employer dans ce but le jeûne, mais par le fréquent enseignement de Dieu même, et par la révélation claire et manifeste de sa volonté. Tel est, entre autres, ce passage remarquable du prophète Joël : « Maintenant donc, dit l'Éternel, convertissez-vous à moi de tout votre cœur, avec jeûne, avec larmes et avec lamentation ; — -qui sait si l'Éternel votre Dieu ne viendra point à se repentir et s'il ne laissera point après lui la bénédiction ? — Sonnez de la trompette en Sion, sanctifiez le jeûne, publiez l'assemblée solennelle ; — alors l'Éternel sera jaloux pour sa terre, il aura pitié de son peuple, » — et il lui dira : « Voici, je vous enverrai du froment, du vin et de l'huile,-et je ne vous exposerai plus à l'opprobre parmi les nations (Jl 2.12, 19). »

Et ce ne sont pas seulement des bénédictions temporelles que Dieu veut accorder à son peuple par l'emploi de ces moyens. Car, après avoir promis à ceux qui le chercheraient avec jeûne, avec larmes et lamentations « de leur rendre les fruits des années ravagées par les sauterelles, le grillon, le vermisseau et le hanneton, il ajoute : « vous aurez ainsi de quoi être rassasiés et vous louerez le nom de l'Éternel vôtre Dieu, et vous saurez que je suis au milieu d'Israël et que je suis l'Éternel votre Dieu ; » — et aussitôt après nous lisons la grande promesse évangélique. « Il arrivera après ces choses que je répandrai mon Esprit sur toute chair ; vos fils et vos filles prophétiseront, vos vieillards auront des songes et vos jeunes gens auront des visions ; et même en ces jours-là je répandrai mon Esprit sur mes serviteurs et sur mes servantes. »

12. Toutes les raisons qui pouvaient exciter les Anciens au zèle et à la persévérance dans ce devoir, ont encore pour nous la même force. Mais nous avons un motif supérieur et tout particulier d'être « en jeûnes souvent, » comme dit saint Paul, c'est le commandement de Celui dont nous portons le glorieux nom. Il est vrai qu'il n'ordonne ici expressément ni le jeûne, ni l'aumône, ni la prière ; mais ses directions sur la manière de jeûner, de prier, de faire l'aumône, impliquent une telle injonction. Car dire : faites telle chose ainsi, c'est évidemment commander de la faire, puisqu'il est impossible de la faire ainsi si on ne la fait point du tout. Nous dire : faites l'aumône, priez, jeûnez de telle manière, c'est donc nous ordonner clairement de remplir ces devoirs, — et de les remplir de la manière qui ne saurait perdre sa récompense.

Enfin il y a encore un motif et un encouragement de plus dans cette récompense que le Seigneur daigne, par grâce, nous promettre : « Ton père, qui te voit dans le secret, te récompensera publiquement. » Tels sont les motifs simples et clairs sur lesquels s'appuie le jeûne ; tels sont les encouragements que nous avons pour y persévérer, nonobstant la masse d'objections que n'ont cessé d'élever des hommes qui se sont crus plus sages que leur Seigneur.

III

1. Examinons maintenant les plus plausibles d'entre ces objections. Et d'abord, on a souvent dit : « Que le chrétien jeûne du péché, c'est là ce que Dieu lui demande. » Sans doute, mais il demande aussi le reste. Faites donc cela, mais que le reste ne soit point négligé.

Donnez à votre argument son expression rigoureuse, et vous pourrez en apprécier la force.

Si le chrétien doit s'abstenir du péché, il ne doit pas s'abstenir d'aliments ! –

Mais le chrétien doit s'abstenir du péché,

– Donc il ne doit pas s'abstenir d'aliments.

Le chrétien doit s'abstenir du péché, c'est incontestable ; mais s'ensuit-il qu'il ne doive pas s'abstenir d'aliments ? Souffrez donc qu'il fasse l'un et l'autre, que par la grâce de Dieu il s'abstienne toujours du péché, et que souvent il s'abstienne de nourriture pour les raisons et pour le but auxquels le jeûne répond d'après le clair témoignage de l'Écriture et de l'expérience.

2. Mais, objecte-t-on encore, s'abstenir d'orgueil, de vanité, de désirs insensés et pernicieux, d'humeur, de colère, de mécontentement, n'est-ce pas mieux que de s'abstenir de nourriture ? D'accord. Mais ici encore nous avons besoin de vous rappeler ces paroles du Seigneur : « Il fallait faire ces choses et ne pas négliger les autres. » Au fait, celles-ci n'ont d'importance qu'à cause de celles-là ; elles ne sont plus qu'un moyen. Nous jeûnons afin que par la grâce que Dieu fait découler de ce moyen extérieur comme des autres canaux spirituels qu'il a établis, nous soyons rendus

capables de nous abstenir de toute passion ou disposition qui lui déplaît. C'est une abstinence qui, par la vertu d'en Haut, doit nous en rendre d'autres plus faciles. En sorte que votre argument prouve juste le contraire de ce que vous voulez établir. Il prouve que nous devons jeûner. Car s'il nous faut nous abstenir des passions et des mauvais désirs, il faut donc aussi nous abstenir quant aux aliments, puisque ces exercices de renoncement dans les petites choses sont la voie que Dieu a choisie pour nous accorder de grandes délivrances.

3. « Mais en fait, dites-vous, nous ne trouvons pas qu'il en soit ainsi. Nous avons jeûné beaucoup et souvent, mais qu'avons-nous gagné ? Le jeûne ne nous a pas rendus meilleurs. Bien plus, il a arrêté plutôt que favorisé nos progrès. Au lieu de prévenir la colère, par exemple, ou la mauvaise humeur, il n'a servi qu'à l'accroître, à tel point que nous ne pouvions supporter ni les autres, ni nous-mêmes. » Il se peut bien qu'il en soit ainsi. Il vous est possible de jeûner et de prier de manière à devenir plus méchants, plus malheureux, plus charnels qu'auparavant. La faute n'en est pas au moyen lui-même, mais à votre manière de l'employer. Revenez-y, mais revenez-y d'une autre manière. Faites ce que Dieu veut comme il le veut, et la promesse ne manquera pas de s'accomplir, sa bénédiction ne sera plus retenue ; quand tu jeûneras « dans le secret, celui qui te voit dans le secret te récompensera publiquement. »

4. « Eh ! n'est-ce pas pure superstition que de croire que Dieu regarde à si peu de chose ? » Si vous parlez ainsi « vous condamnez toutes les générations de ses enfants. » Direz-vous que c'étaient tous des esprits faibles et superstitieux ? Aurez-vous la hardiesse de le dire de Moïse et de Josué, de Samuel et de David, de Josaphat, d'Esdras, de Néhémie et de tous les prophètes ? Que dis-je ? De Celui qui est plus grand qu'eux tous, du Fils même de Dieu ? Car il est certain que notre Seigneur a cru, aussi bien qu'eux, que le jeûne n'est pas peu de chose, et que le Dieu souverainement élevé y regarde. Il est certain que tous ses apôtres, après avoir été remplis du Saint-Esprit et de sagesse, étaient du même sentiment. Ayant reçu « l'onction du Saint qui leur enseignait toutes choses, » « ils se rendaient encore recommandables, comme ministres de Dieu, par les jeûnes » aussi bien que « par les armes de justice que l'on tient de la droite et de la gauche. » Quand l'époux leur eut été ôté, ils « jeûnèrent en ces jours-là, » et ils n'entreprenaient rien d'important pour la gloire de Dieu (comme nous l'avons vu pour l'envoi des missionnaires) sans la préparation solennelle du jeûne aussi bien que de la prière.

5. « S'il est vrai, disent enfin quelques-uns, que le jeûne ait tant d'importance et soit accompagné de tant de bénédictions, ne vaut-il pas mieux jeûner sans cesse, garder un jeûne habituel, user en tout temps d'autant d'abstinence que nos forces le permettent ? » Certes nous ne découragerons personne d'en agir ainsi. Oui certes, usez en tout temps d'aussi peu d'aliments et d'aliments aussi simples que possible, et exercez en cela autant de renoncement que vos forces physiques le permettent. Vous pourrez obtenir ainsi, par la bénédiction de Dieu, plusieurs des avantages ci-dessus mentionnés. Ce pourra être un grand secours, non seulement pour la chasteté, mais encore pour toute disposition céleste, pour sevrer vos affections des choses d'ici-bas et les attacher à celles d'en haut. Mais ce n'est point là jeûner selon le sens scripturaire : nulle part ce n'est appelé jeûne dans la Bible. Cela peut répondre en quelque mesure à tels et tels buts du jeûne, mais ce n'est pas moins autre chose. Suivez cette voie, vous le pouvez ; mais non pas de manière à vous dispenser d'une chose ordonnée de Dieu, d'un moyen qu'il a institué pour détourner sa colère et pour obtenir les bénédictions promises à ses enfants.

6. Que votre abstinence continuelle, qui ne sera ainsi autre chose que la tempérance chrétienne, n'empêche en rien l'observation solennelle du jeûne et de la prière dans des moments convenables. Car, par exemple, cette tempérance ne vous empêcherait pas de jeûner en secret si vous étiez soudainement accablé d'une immense tristesse, de remords, de craintes horribles et d'épouvante. Un tel état d'âme vous contraindrait presque à jeûner, vous auriez en horreur toute nourriture et pourriez à peine vous résoudre à prendre ce qui est nécessaire pour le corps, jusqu'à ce que Dieu vous eût tiré « de ce puits menant un grand bruit, qu'il eût mis vos pieds sur le roc et affermi vos pas. » De même si vous étiez dans l'agonie du désir, luttant ardemment avec Dieu pour sa bénédiction, vous n'attendriez pas alors qu'on vous dît de ne point manger jusqu'à ce que vous eussiez obtenu la requête de vos lèvres.

7. Et si vous eussiez été à Ninive quand on publia par la ville qu'aucun homme, ni bête, ne goûtât d'aucune chose et ne bût point d'eau, « mais qu'ils criassent à Dieu de toute leur force, » auriez-vous trouvé dans votre jeûne continuel quelque excuse pour ne point prendre part à cette humiliation générale ? Évidemment non. La défense de rien manger ce jour-là vous eût concerné autant qu'aucun autre.

Cette excuse n'eût pu dispenser non plus les enfants d'Israël de jeûner au dixième ; jour du septième mois, au grand jour annuel des propitiations, car le décret solennel n'admettait aucune exception. « Toute personne, » était-il dit, « qui n'aura pas jeûné en ce jour-là, sera retranchée d'entre ses peuples. »

Enfin, si vous eussiez été avec les frères à Antioche lorsqu'ils jeûnèrent, et prièrent pour envoyer Barnabas et Paul, pouvez-vous croire que votre jeûne habituel eût été un motif suffisant de ne pas vous joindre à eux ? Si vous aviez refuse de le faire, il n'est pas douteux que vous n'eussiez été bientôt retranché de la communion chrétienne. Vous en eussiez été justement rejeté, comme apportant le trouble dans l'Église de Dieu.

IV

1. Il me reste maintenant à montrer de quelle manière il faut jeûner pour que ce soit une œuvre agréable à Dieu. Et d'abord, que le jeûne s'adresse au Seigneur, nos regards étant uniquement fixés sur lui. Qu'en cela notre intention, notre unique intention soit de glorifier notre Père qui est aux cieux, d'exprimer notre tristesse, notre honte pour nos transgressions multipliées de sa loi sainte, d'attendre une nouvelle grâce purifiante qui tourne nos cœurs vers les choses d'en haut, de rendre nos prières plus sérieuses et plus ferventes, de détourner la colère de Dieu et d'obtenir l'effet de toutes tes grandes et précieuses promesses qu'il nous a faites en Jésus-Christ.

Gardons-nous de nous moquer de Dieu et de lui rendre abominables notre jeûne et nos prières, par quelque mélange de vues temporelles, ainsi, en particulier, par la recherche de la gloire humaine. C'est contre cet écueil que le Seigneur nous met surtout en garde dans ces paroles du texte : « Et quand vous jeûnez, ne soyez pas comme les hypocrites, » trop nombreux parmi ceux qu'on appelait le peuple de Dieu, « qui prennent un visage triste, » d'une tristesse sombre et affectée, donnant à leurs regards une expression particulière, « car ils se rendent le visage tout défait, » non seulement par des grimaces, mais encore en se couvrant de poussière et de cendres, « afin qu'il paraisse aux hommes qu'ils jeûnent ; » c'est leur but principal, sinon unique. — « Je vous dis en vérité qu'ils reçoivent leur récompense, » — savoir l'admiration et les louanges des hommes. « Mais toi, quand tu jeûnes, oins ta tête et lave ton visage ; » — prends de ta personne le soin habituel, — « afin qu'il ne paraisse pas aux hommes que tu jeûnes » (s'ils le voient pourtant sans ton intention, peu importe, tu n'en es ni meilleur, ni pire), — « mais seulement à ton Père, qui est en secret ; et ton Père, qui te voit dans te secret, te récompensera publiquement. »

2. Tout en désirant cette récompense, gardons-nous, en second lieu, de croire par nos jeûnes mériter quoi que ce soit de la part de Dieu. Nous ne saurions trop être avertis de cela, tant le désir « d'établir notre propre justice, » d'être sauvés de droit plutôt que par grâce a de profondes racines dans tous nos cœurs. Le jeûne n'est qu'un chemin ordonné de Dieu où nous attendons sa libre grâce, et où il a promis de nous donner sans aucun mérite de notre part sa gratuite bénédiction.

3. N'allons pas nous imaginer non plus que l'acte extérieur à lui seul puisse nous attirer quelque bénédiction. « Est-ce là le jeûne que j'ai choisi, dit le Seigneur, que l'homme afflige son âme un jour ? Est-ce en courbant sa tête comme un jonc et en étendant le sac et la cendre ? » — Ces actes extérieurs, quelque exactitude qu'on y mette, constituent-ils réellement l'affliction de l'âme ? — « Appelleras-tu cela un jeûne et un jour agréable à l'Éternel ? » — Non, sans doute. Si ce n'est qu'un service extérieur, ce n'est que peine perdue. Le corps peut être affligé, mais, quant à l'âme, cela ne sert de rien.

4. Le corps peut même parfois être trop affligé, jusqu'à devenir impropre aux travaux de notre vocation. C'est encore un écueil dont il faut soigneusement nous garder ; car nous devons conserver notre santé comme un précieux don de Dieu. Quand donc nous jeûnerons, proportion-

nons toujours le jeûne à nos forces. Voudrions-nous offrir à Dieu un meurtre pour un sacrifice, ou détruire nos corps pour sauver nos âmes ?

Mais dans des temps solennels, quelque faible que soit notre corps, nous pourrons toujours éviter cet autre extrême pour lequel Dieu condamnait jadis ceux qui lui reprochaient de ne point accepter leurs jeûnes. « Pourquoi avons-nous jeûné ? disaient-ils, et tu n'y as point eu d'égard. » — « Voici, dans le jour de votre jeûne vous trouvez votre volonté, dit le Seigneur. » Si nous ne pouvons nous abstenir de toute nourriture, nous pouvons au moins nous abstenir de celle qui plaît, et alors nous ne chercherons pas sa face en vain.

5. Mais ayons soin d'affliger nos âmes aussi bien que nos corps. Que tout jeûne, public ou privé, soit un temps consacré à l'exercice de ces saintes affections qui appartiennent à un cœur brisé et contrit ; que ce soit un temps de pieuse affliction, de tristesse selon Dieu, telle que celle des Corinthiens, dont l'apôtre dit « Je me réjouis, non de ce que vous avez été contristés, mais de ce que votre tristesse vous a portés à la repentance ; car vous avez été contristés selon Dieu, en sorte que vous n'avez reçu aucun préjudice de notre part. Car la tristesse qui est selon Dieu, » — don précieux de son Esprit qui élève vers lui nos âmes, — « produit une repentance à salut dont on ne se repent jamais. » Oui, et que cette tristesse selon Dieu produise en nous, au dedans et au dehors, la même repentance, le même changement de cœur, nous renouvelant à l'image de Dieu en justice et en sainteté véritables, et le même changement de vie, jusqu'à ce que nous soyons saints comme il est saint dans toute notre conduite ; — qu'elle produise en nous le même empressement d'être trouvés en lui irrépréhensibles et sans tache ; — la même apologie par notre vie plutôt que par nos paroles, par l'éloignement de toute apparence de mal ; — la même indignation, pour avoir en horreur tout péché ; — la même crainte quant aux ruses de nos cœurs ; — le même désir d'être en toutes choses rendus conformes à la sainte et agréable volonté de Dieu ; — le même zèle pour tout ce qui peut servir à sa gloire et à nos progrès dans la connaissance du Seigneur Jésus-Christ ; — et la même punition ou vengeance contre Satan et ses œuvres, contre toute souillure de la chair et de l'esprit (2 Co 7.9-11).

6. Au jeûne joignons toujours de ferventes prières, répandons tout notre cœur devant Dieu, confessant nos péchés avec ce qui les aggrave, humiliant nos cœurs sous sa puissante main, mettant à nu devant lui tous nos besoins, notre culpabilité, notre impuissance. C'est alors le moment de donner extension à nos prières, tant pour nous que pour nos frères ; de pleurer sur les péchés de notre peuple, de crier à Dieu pour la sainte cité, pour qu'il relève les murs de Sion et fasse luire sa face sur son sanctuaire désolé. C'est ainsi qu'on vit les hommes de Dieu, dans les anciens temps, joindre le jeûne à la prière ; c'est ainsi que l'ont fait les apôtres, et notre Seigneur les joint aussi de même dans notre texte.

7. Il ne reste plus, pour que notre jeûne soit tel que Dieu le demande, qu'à y joindre des aumônes, des œuvres de miséricorde, selon notre pouvoir, tant pour les âmes que pour les corps de nos semblables : tels sont aussi « les sacrifices auxquels Dieu prend plaisir. » C'est ainsi que l'ange disait à Corneille, jeûnat et priant dans sa maison : « Tes prières et tes aumônes sont montées en mémoire devant Dieu » (Ac 10.4) Et telle est aussi la déclaration expresse de Dieu lui-même dans Esaïe : « N'est-ce pas ici le jeûne que j'ai choisi, que tu dénoues les liens de la méchanceté, que tu délies les liens du joug, que tu laisses aller libres ceux qui sont foulés, et que vous brisiez tout joug ? N'est-ce pas que tu rompes ton pain à celui qui a faim, et que tu fasses venir dans ta maison les affligés qui sont errants ; que quand tu vois celui qui est nu tu le couvres et que tu ne te caches pas de ta propre chair ? Alors ta lumière éclora comme l'aube du jour et ta guérison germera incontinent ; ta justice ira devant toi, et la gloire de l'Éternel sera ton arrière-garde. Alors tu invoqueras l'Éternel et il t'exaucera, tu crieras et il dira me voici ! Si (quand tu jeûnes), tu ouvres ton âme à celui qui a faim, et que tu rassasies l'âme affligée, alors ta lumière se lèvera dans les ténèbres, et les ténèbres seront comme le midi. Et l'Éternel te conduira continuellement, et il rassasiera ton âme dans les grandes sécheresses et engraissera tes os, et tu seras comme un jardin arrosé et comme une source d'eau dont les eaux ne défaillent point (És 58.6-11).

SERMON 28

Le sermon sur la montagne

Huitième discours

Ne vous amassez pas des trésors sur la terre, où les vers et la rouille
gâtent tout, et où les larrons percent et dérobent ; mais amassez-vous
des trésors dans le ciel, où les vers ni la rouille ne gâtent rien et où les
larrons ne percent ni ne dérobent point ; car où est votre trésor, là sera
aussi votre cœur. L'œil est la lumière du corps. Si donc ton œil est sain,
tout ton corps sera éclairé ; mais si ton œil est mauvais, tout ton corps
sera ténébreux. Si donc la lumière qui est en toi n'est que ténèbres,
combien seront grandes ces ténèbres !
—Matthieu 6.19-23 —

1. Des actions qu'on appelle ordinairement religieuses et qui font réellement partie de la vraie religion quand elles découlent d'une intention pure et sainte, et que la manière de les accomplir y répond, notre Seigneur passe aux actions de la vie commune et montre que la même pureté d'intention n'est pas moins indispensablement requise dans nos affaires ordinaires que dans nos aumônes, nos jeûnes et nos prières.

Il est évident que la même pureté d'intention qui rend nos aumônes et nos dévotions agréables à Dieu, n'est pas moins nécessaire pour faire de notre travail et de nos occupations un service qui lui plaise. Si un homme s'attache au travail pour s'acquérir un rang et des richesses dans le monde, il ne sert point Dieu et n'a pas plus de titres à sa récompense que celui qui fait l'aumône pour être vu ou qui prie pour être entendu des hommes. Car des vues terrestres et vaines ne sont pas plus de mise dans nos emplois divers que dans nos aumônes ou nos dévotions. Ces vues ne sont pas mauvaises seulement quand elles se mêlent à nos bonnes œuvres, à nos actes religieux ; elles ont la même nature quand elles entrent pour quelque chose dans notre activité ordinaire. S'il était permis de les poursuivre dans nos soins temporels, il serait permis de les poursuivre dans nos dévotions. Mais comme nos aumônes et nos dévotions ne sont un service légitime que lorsqu'elles procèdent d'une pure intention, notre travail terrestre n'appartient au service de Dieu que s'il est dirigé par la même piété de cœur.

2. C'est ce que le Seigneur déclare de la manière la plus vivante dans ces fortes et riches expressions, sur l'explication, la démonstration et le développement desquelles roule tout ce chapitre. « L'œil est la lumière du corps. Si donc ton œil est sain, tout ton corps sera éclairé ; mais si ton œil est mauvais, tout ton corps sera ténébreux. » L'œil signifie ici l'intention : ce que l'œil est pour le corps, l'intention l'est pour l'âme. Comme l'un guide tous les mouvements du corps, l'autre guide tous les mouvements de l'âme. Cet œil de l'âme est appelé sain, ou mieux encore simple, s'il n'a en vue qu'une chose, si nous nous proposons uniquement de « connaître Dieu et Jésus-Christ qu'il a envoyé, » de le connaître de cœur comme d'intelligence, en l'aimant comme il nous a aimés, de lui plaire en toutes choses, de le servir comme nous l'aimons, savoir de tout notre cœur, de tout notre esprit, de toute notre âme et de toute notre force, et de prendre, en tout et par-dessus tout, notre plaisir en lui seul, dans le temps et dans l'éternité.

3. Si ton cœur a cette simplicité, cette pureté, « tout ton corps sera éclairé ; » — « tout ton corps, » — tout ce qui est guidé par l'intention comme le corps l'est par l'œil : tout ce que tu es, tout ce que tu fais, tes désirs, ton caractère, tes affections, tes pensées, tes paroles, tes actes. Tout cela sera éclairé, lumineux, plein d'une vraie, d'une divine lumière. — Ceci se rapporte d'abord à

la connaissance. « C'est par sa lumière que nous voyons clair. » « Celui qui a dit au commencement que la lumière sortît des ténèbres, répandra sa lumière dans vos cœurs ; » « il éclairera les yeux de votre entendement » par la connaissance de la gloire de Dieu. Son Esprit vous révèlera « les choses profondes de Dieu. » L'onction du saint « vous donnera l'intelligence et vous fera connaître « la sagesse dans le secret de votre cœur. » « Oui, cette onction même que vous recevez de Lui demeurera en vous » « et vous enseignera toutes choses.

Combien ceci est confirmé par l'expérience ! Même après que Dieu a ouvert les yeux de notre entendement, si nous cherchons autre chose que Lui, combien notre cœur devient aussitôt ténébreux ! De nouveaux nuages s'amassent sur lui ; les doutes et les craintes l'entourent encore. Nous sommes ballottés çà et là, incertains de ce que nous devons faire ou du sentier qu'il nous faut prendre. Mais si nous ne désirons et ne cherchons que Dieu seul, les nuages, les doutes s'évanouissent. Nous « qui étions autrefois ténèbres, nous sommes lumière dans le Seigneur. » La nuit brille maintenant comme le jour, et nous expérimentons que « le sentier du juste est une lumière resplendissante. » Dieu nous montre le chemin où nous devons marcher et dresser le sentier devant nos pas.

4. Ces paroles se rapportent, en second lieu, à la sainteté. Si tu cherches Dieu en tout, tu le trouveras en tout, comme la source de toute sainteté te revêtant continuellement de sa ressemblance, « de justice, de miséricorde, de fidélité. » Si tu ne regardes qu'à Jésus, tu seras rempli « des sentiments qui étaient en Jésus. » Ton âme sera renouvelée, jour par jour, « à l'image de Celui qui l'a créée. » Si tu ne le quittes point des yeux de ton âme, si tu demeures ferme comme voyant Celui qui est invisible, » ne cherchant « rien d'autre au ciel ou sur la terre, » alors « contemplant la gloire du Seigneur, » tu seras « transformé en la même image, comme par l'Esprit du Seigneur. »

Et sur ce point aussi l'expérience montre chaque jour que c'est ainsi que nous sommes « sauvés par grâce, par la foi. » C'est la foi qui ouvre les yeux de notre âme pour voir l'éclat de la gloire de l'amour de Dieu ; et pour autant qu'ils ne cessent de contempler ainsi fixement « Dieu manifesté en Christ, réconciliant le monde avec soi, » nous sommes de plus en plus remplis de l'amour de Dieu et du prochain, « de douceur, de bonté, de patience, » de tous les fruits de sainteté qui sont par Jésus-Christ à la gloire de Dieu le Père.

5. Ces paroles se rapportent en troisième lieu au bonheur, aussi bien qu'à la connaissance et à la sainteté. « Il est vrai que la lumière est douce et qu'il est agréable aux yeux de voir le soleil ; » mais combien plus de voir continuellement les rayons du « soleil de justice ! » Et « s'il y a quelque consolation en Christ, quelque soulagement dans l'amour, » s'il y a « une paix qui passe toute intelligence, » une « joie dans l'espérance de la gloire de Dieu, » tout cela appartient à celui dont l'œil est simple. — Ainsi « tout son corps est lumineux. » Il marche dans la lumière comme Dieu lui-même est dans la lumière, » « toujours joyeux, priant sans cesse, rendant grâce en toutes choses, » et trouvant sa joie dans tout ce qui est la volonté de Dieu en Jésus-Christ à son égard.

6. « Mais si ton œil est mauvais, tout ton corps sera ténébreux. » — « Si ton œil est mauvais, » — il n'y a pas de moyen terme entre un œil sain et un œil mauvais. Si l'œil n'est pas sain (ou simple), il est mauvais. Si notre intention, dans tout ce que nous faisons, n'est pas uniquement pour Dieu, si nous cherchons encore autre chose, alors « notre esprit est souillé ainsi que notre conscience. »

Notre œil est donc mauvais si, en quoi que ce soit, nous nous proposons autre chose que Dieu, autre chose que de connaître et d'aimer Dieu, de lui plaire et de le servir en toutes choses ; autre chose que de posséder Dieu, d'être heureux en lui dès maintenant et à toujours.

7. Si ton œil ne regarde pas uniquement à Dieu, « tout ton corps sera rempli de ténèbres. » Le voile, alors, demeure sur ton cœur. Ton esprit sera toujours plus aveuglé par « le Dieu de ce siècle, » pour ne pas voir « la lumière du glorieux Évangile de Christ. » Tu seras plein d'ignorance et d'erreurs sur les choses de Dieu, sans pouvoir ni les recevoir, ni les discerner. Et si même tu as quelque désir de servir Dieu, tu seras plein d'incertitude sur la manière de le servir, trouvant partout des doutes et des difficultés et ne sachant comment en sortir.

Que dis-je, si ton œil n'est pas simple, si tu poursuis quelque but terrestre, tu seras plein d'impiété et d'injustice, toutes tes affections, tous tes désirs et tes sentiments étant déréglés, ténébreux, profanes et vains. Et ta conversation sera mauvaise aussi bien que ton cœur, n'étant pas « assaisonnée de sel, » ni capable « de communiquer la grâce à ceux qui t'écoutent, » mais vaine, inutile, corrompue et propre seulement à « contrister le Saint-Esprit » de Dieu.

8. « La désolation et la ruine sont dans tes voies, » car « tu ne connais pas le chemin de la paix. » Il n'y a point de paix, de paix solide pour ceux « qui ne connaissent point Dieu. » Il n'y a pas de contentement vrai ni durable pour qui ne cherche pas de tout son cœur. Poursuivant un bien périssable, quel qu'il soit, tu n'en retires « que la vanité, » et de plus « le tourment d'esprit, » non seulement dans la recherche, mais dans la jouissance même. Tu poursuis, en effet, une ombre vaine, et c'est vainement que tu te tourmentes. Tu marches dans des « ténèbres qu'on peut toucher avec la main. » Dors toujours, mais tu ne pourras goûter de repos. Les rêves de la vie peuvent tourmenter, tu le sais bien ; mais ils ne peuvent donner la paix. Il n'y a, dans ce monde et dans le monde à venir, de paix qu'en Dieu seul, le centre des esprits. « Si la lumière qui est en toi n'est que ténèbres, combien seront grandes ces ténèbres ! » Si l'intention, dont la pureté devait éclairer l'âme entière, la remplir de connaissance, d'amour, de paix, et qui répond à ce but quand elle est simple et ne regarde qu'à Dieu, si cette intention n'est que ténèbres, si, regardant à autre chose qu'à Dieu, au lieu de répandre la lumière sur l'âme, elle la couvre de ténèbres, d'ignorance et d'erreur, de péché et de misère, — combien seront grandes ces ténèbres ! C'est la fumée qui monte du puits de l'abîme ! c'est la nuit absolue qui règne, dans le plus profond abîme, dans « la région de l'ombre de la mort ! »

9. « C'est pourquoi ne vous amassez pas des trésors sur la terre, où les vers et la rouille gâtent tout, et où les larrons percent et dérobent. » Si vous le faites, il est clair que votre œil est mauvais ; il ne regarde pas uniquement à Dieu.

Pour l'observation de la plupart des commandements de Dieu, soit intérieurs, soit extérieurs, nous trouvons peu de différence entre les païens d'Afrique et d'Amérique, et le plus grand nombre des chrétiens de nom. Les chrétiens, à peu d'exceptions près, les gardent aussi bien que les païens. Ainsi la généralité des Anglais, soi-disant chrétiens, sont aussi sobres et aussi tempérants que la généralité des païens du cap de Bonne-Espérance, et les chrétiens des Pays-Bas ou de France sont aussi humble ou aussi chastes que les Iroquois ou que les Chactas. (Wesley a publié ces discours en 1747 — Edit.) A considérer les masses, soit en Europe, soit en Amérique, il n'est pas aisé de dire de quel côté est la supériorité. En tout cas, l'Américain n'a pas de beaucoup l'avantage. Mais pour le commandement dont il s'agit ici, nous ne pouvons en dire autant. Ici païen a décidément la prééminence. Il ne désire, il ne recherche en fait de nourriture ou de vêtement que ce qu'il y a de plus simple, et il ne le recherche que jour par jour, ne réservant, n'amassant rien, si ce n'est peut-être assez de grain pour vivre d'une saison à l'autre. Ainsi donc, sans le connaître, les païens observent constamment et ponctuellement ce commandement ; ils ne s'amassent pas de trésors sur la terre, ni de pourpre ou de fin lin, ni d'or ou d'argent, « que les vers ou la rouille gâtent, que les larrons percent et dérobent. » Mais les chrétiens, comment observent-ils ce qu'ils professent de recevoir comme commandement du Dieu Très-Haut ? Ils ne l'observent pas du tout, ils ne l'observent à aucun degré, ils ne l'observent pas plus que si jamais pareil commandement n'eût été donné aux hommes. Même les bons chrétiens, comme on les appelle, et qui se tiennent eux-mêmes pour tels, ne le jugent digne d'aucune attention, et, pour le compte qu'ils en tiennent, autant vaudrait qu'il fût encore caché dans l'original grec. Dans quelle ville chrétienne trouve-t-on un homme sur cinq cents qui se fasse le moindre scrupule d'amasser autant de trésors qu'il peut, d'accroître ses biens autant qu'il en est capable ? On trouve, il est vrai, qui ne voudrait pas le faire illégalement ou même injustement, qui ne voudrait ni voler, ni dérober, ni peut-être user de fraude, ou même tirer profit de l'ignorance ou de la nécessité du prochain. Mais il ne s'agit point de cela ; et ce n'est point de la transgression de ce commandement, mais de la manière de le transgresser que ces personnes se font scrupule. Ce n'est pas d'amasser des biens sur la terre, mais de les amasser d'une manière déshonnête. Ce qui les révolte, ce n'est pas de désobéir à Christ, mais de faire brèche à leur moralité païenne. En sorte que ces honnêtes gens n'obéissent pas plus en ceci qu'un voleur de grand chemin ou qu'un larron. Que dis-je ? Ils n'ont jamais eu le dessein d'obéir. La chose ne leur est jamais venue à l'esprit. — Car, dès leur jeunesse, leurs parents, leurs maîtres et amis chrétiens les élevèrent sans leur donner à cet égard aucune instruction, si ce n'est peut-être celle de violer ce commandement le plus tôt et le plus possible, et de continuer à le violer jusqu'à la fin de leur vie.

10. Il n'y a pas au monde un exemple d'infatuation spirituelle plus étonnant que celui-là. La plupart de ces gens lisent la Bible, plusieurs même chaque dimanche. Ils ont lu ou entendu cent fois ces paroles, sans jamais soupçonner qu'ils soient plus condamnés par elles que par celles qui défendent aux parents de sacrifier leurs fils et leurs filles à Moloc. Oh ! que Dieu veuille, de sa voix, de sa puissante voix, parler à ces malheureux qui s'abusent eux-mêmes ; qu'ils puissent enfin « se réveiller des pièges du diable, » et que « les écailles tombent de leurs yeux ! »

11. Désirez-vous savoir ce que c'est que « d'amasser des trésors sur la terre ? » C'est ce qu'il importe de bien établir. Et d'abord distinguons ce que ce commandement ne défend pas, afin de pouvoir clairement discerner ce qu'il défend.

(1) Ce commandement ne nous défend pas de nous procurer ce qui est « honorable devant tous les hommes, » ce par quoi nous pouvons « rendre à chacun ce qui lui est dû, » et répondre à ce qu'on peut justement exiger de nous. Loin de là, Dieu lui-même nous exhorte à « ne devoir rien à personne. » Nous devons donc, dans notre vocation, montrer toute l'activité nécessaire pour ne devoir rien à personne ; c'est une loi toute simple de la justice commune que notre Seigneur « n'est pas venu détruire, mais accomplir. »

(2) Il ne nous défend pas non plus de pourvoir aux nécessités de notre corps par une quantité suffisante de bonne et simple nourriture et par des vêtements convenables. C'est même notre devoir de nous procurer cela selon les moyens que Dieu nous donne, afin que nous mangions notre propre pain et que nous ne soyons à charge à personne.

(3) Ce commandement ne nous défend pas de pourvoir aux besoins de nos enfants et des personnes de notre maison. C'est plutôt notre devoir, d'après les principes mêmes de la moralité païenne. Chacun doit procurer à sa femme et à ses enfants les choses nécessaires à la vie, et les mettre en état de se procurer eux-mêmes ces choses quand il ne sera plus dans ce monde. Je dis ces choses, — non pas des délicatesses, ni des superfluités, — mais les choses qu'exigent les simples besoins de la vie, et cela par leur travail assidu ; car nul homme n'est tenu de procurer à d'autres plus qu'à lui-même de quoi vivre dans l'oisiveté et le luxe. Mais celui qui, dans ces limites, refuse de prendre soin des siens (ou des veuves de sa propre maison, dont saint Paul parle particulièrement dans le passage auquel je fais allusion), « il a » pratiquement « renié la foi, et il est pire qu'un infidèle. »

(4) Enfin, ce commandement ne nous défend pas d'amasser ce qui nous est nécessaire, d'époque en époque, pour poursuivre nos affaires temporelles et pour les étendre autant que le demandent les divers buts ci-dessus mentionnés, savoir : de ne devoir rien à personne, de nous procurer les nécessités de la vie, d'entretenir nos enfants pendant notre vie et de les mettre en état de s'entretenir eux-mêmes quand nous serons retournés à Dieu.

13. D'après cela nous pouvons discerner clairement (à moins que nous ne voulions pas le discerner) quelle est la défense qui nous est faite ici. C'est de nous procurer de propos délibéré plus de biens terrestres qu'il ne nous en faut pour les buts mentionnés. Tel est le sens positif et absolu du texte ; il n'en peut avoir d'autre. La règle est donc certaine pour tous, et quiconque ne devant rien à personne, ayant le vêtement et la nourriture pour sa famille, et de quoi faire marcher ses affaires, quiconque, dis-je, étant déjà dans cette position, cherche encore une plus grande part des biens de la terre, — il renie ouvertement et habituellement le Seigneur qui l'a racheté ; il a pratiquement renié la foi, il est pire qu'un infidèle. Ecoutez ceci, vous tous qui vivez dans le monde et qui aimez ce monde où vous vivez ! peut-être êtes-vous en grande estime auprès des hommes, mais vous êtes « une abomination aux yeux de Dieu ! » Jusques à quand vos âmes seront-elles attachées à la poudre Jusques à quand vous chargerez-vous de cette argile épaisse ? Et quand ouvrirez-vous les yeux pour voir que les païens proprement dits sont plus près que vous du royaume des cieux ? Quand voudrez-vous choisir la bonne part qui ne peut vous être ôtée ? Quand voudrez-vous n'amasser des trésors que dans le ciel, rejetant, redoutant, abhorrant tout le reste ? Si vous cherchez à « amasser des trésors sur la terre, » non seulement vous perdez votre temps et vous consumez votre force pour ce qui ne nourrit point, car quels fruits retirez-vous de vos succès ? mais vous êtes les meurtriers de votre propre âme. Vous avez éteint en elle la der-

nière étincelle de vie spirituelle, vous êtes morts en vivant ! Vous vivez comme homme, mais vous êtes morts comme chrétiens. Car « là où est votre trésor, là sera aussi votre cœur. » Votre cœur est enfoncé dans la poussière, votre âme est collée à la poudre ; vos affections sont attachées, non aux choses d'en haut, mais aux choses de la terre, à de vaines écorces qui peuvent empoisonner, mais vides de ce qui peut satisfaire un esprit créé pour Dieu et pour l'éternité ! Votre amour, votre joie, vos désirs n'appartiennent qu'à des choses qui « se détruisent par l'usage. » Vous avez rejeté le trésor des cieux, vous avez perdu Christ, vous avez gagné des richesses et l'enfer !

14. Oh ! « qu'il est difficile que ceux qui ont des richesses entrent dans le royaume de Dieu ! » Lorsque les disciples parurent étonnés de ces paroles, le Seigneur, bien loin de se rétracter, répéta en des termes encore plus forts cette imposante vérité : « Il est plus aisé qu'un chameau passe par le trou d'une aiguille, qu'il ne l'est qu'un riche entre dans le royaume de Dieu. » Qu'il leur est difficile, à eux dont on applaudit toutes les paroles, de n'être pas « sages à leurs propres yeux ! » Qu'il leur est difficile de ne pas croire valoir mieux que la populace dégradée, pauvre et sans éducation ! Qu'il leur est difficile de ne pas chercher le bonheur dans leurs richesses ou dans les choses qui en dépendent, dans la satisfaction des « désirs de la chair, des désirs des yeux et de l'orgueil de la vie ! » O riches ! comment pourrez-vous échapper à la condamnation de l'enfer ? Avec Dieu seul « toutes choses deviennent possibles ! »

15. Et si même vous ne réussissez pas dans vos tentatives, en êtes-vous plus avancés pour vos âmes ? « Ceux qui veulent devenir riches, » — ceux qui font des efforts pour cela, qu'ils aient ou non du succès, — « tombent dans la tentation et dans le piège, » — dans les pièges du diable, — « et en plusieurs désirs insensés et pernicieux, » — des désirs où la raison n'a aucune part, et qui conviennent aux bêtes brutes plutôt qu'à des êtres immortels et raisonnables, — « qui plongent les hommes dans la ruine et dans la perdition, » — dans des misères temporelles et éternelles. Ouvrons les yeux seulement, et nous en verrons tous les jours la triste preuve. Des hommes qui, désirant, voulant être riches, convoitant ce qui est « la racine de tous maux, se sont eux-mêmes embarrassés dans bien du tourment, » anticipant ainsi sur l'enfer où ils se rendent !

Il faut remarquer la juste précision avec laquelle s'exprime l'apôtre. Il ne menace point absolument les riches, car un homme peut être riche sans que ce soit par sa faute, il peut l'être par une dispensation de la Providence indépendamment de son choix ; mais il s'adresse à ceux qui veulent devenir riches, qui le désirent et qui le cherchent. Quelque dangereuses que soient les richesses, elles ne précipitent pas toujours les hommes dans la perdition ; mais le désir des richesses le fait. Ceux qui les poursuivent de propos délibéré, qu'ils réussissent où non à faire fortune en ce monde, perdent infailliblement leurs âmes. Ce sont eux qui, pour quelques pièces d'or et d'argent, vendent Celui qui les a rachetés. Ce sont eux qui entrent en « alliance avec la mort et l'enfer ; » et cette alliance subsiste, car ils se rendent tous les jours plus propres à partager l'héritage du diable et de ses anges.

16. Oh ! qui avertira cette « race de vipères » de « fuir la colère qui est à venir ! » Non pas ceux qui sont couchés à leur porte ou rampent à leurs pieds, désirant se rassasier des miettes qui tombent de leur table ; non pas un de ceux qui courtisent leur faveur ou craignent leur courroux ; non pas un de ceux qui ont en vue les choses terrestres. Mais s'il y a sur la terre un chrétien, s'il y a un homme qui ait vaincu le monde, qui ne désire rien hors de Dieu, et ne craigne personne si ce n'est « Celui qui peut détruire l'âme et le corps dans la géhenne, » — toi, homme de Dieu, parle, ne t'épargne point ! élève ta voix comme un cornet, crie à haute voix et montre à ces pécheurs honorables la condition désespérée où ils se trouvent ! Peut-être y en aura-t-il au moins un sur mille qui ait des oreilles pour entendre, qui se relève de la poussière ; qui rompe les chaînes qui l'attachaient au monde et qui finisse par amasser des trésors dans le ciel.

17. Et s'il arrivait qu'une de ces âmes, réveillée par la puissance de Dieu, s'écriât : « Que faut-il que je fasse pour être sauvée ? » La réponse que fournissent les oracles de Dieu est claire, expresse et complète. Dieu ne te dit pas : « Vends ce que tu as. » Il est vrai que, dans un cas particulier, pour le jeune homme riche dont parle l'Évangile, Celui qui sonde le cœur des hommes, jugea nécessaire de donner cet ordre ; mais jamais il n'en a fait une règle générale pour tous les riches et pour toutes les générations. Voici ses directions générales :

Ne t'élève point par orgueil !» Dieu « n'a pas égard aux choses auxquelles l'homme a égard.» Il ne t'estimera point pour tes richesses, pour le faste de tes équipages, pour aucune qualité directement ou indirectement due à ton opulence. Tout cela n'est pour lui que de « l'ordure et du fumier.» Qu'il en soit de même pour toi. Garde-toi de te croire, pour toutes ces choses, plus sage ou meilleur d'un fétu. Sers-toi, pour te peser, d'une autre balance. Ne t'estime que selon le degré de foi et d'amour que Dieu t'a donné. Si tu as plus de connaissance de Dieu ou plus d'amour, pour ce motif seul, et non pour aucun autre, tu es plus sage, plus honorable que celui qui vit avec les chiens de ton troupeau. Mais si ce trésor-là te manque, tu es plus ignorant, plus vil, plus méprisable, je ne dirai pas que le dernier des serviteurs qu'abrite ton toit, mais que le mendiant couvert d'ulcères qui est couché à ta porte.

18. « Ne mets pas ta confiance dans l'instabilité des richesses.» N'en attends ni secours, ni bonheur.

Et d'abord n'en attends pas de secours. Tu t'abuses misérablement si tu espères un tel service de l'argent ou de l'or. Ils ne peuvent pas plus te mettre au-dessus du monde qu'au-dessus du diable. Sache que le monde et le prince de ce monde se rient également de telles armes. Elles servent peu dans le jour de l'affliction, lors même qu'alors elles demeurent. Mais qui te dit qu'elles te demeureront ? Combien souvent elles prennent alors des ailes et s'envolent ? Mais, si elles restent, que peuvent-elles même dans les peines ordinaires de la vie ? « Le désir de tes yeux,» la femme de ta jeunesse, ton fils, ton unique, l'ami « que tu aimais comme ton âme,» t'est enlevé par un coup soudain. Tes richesses ranimeront-elles leur argile ? y rappelleront-elles leur âme ? ou pourront-elles te garantir toi-même de maladies, d'infirmités, de souffrances ? Ces maux ne visitent-ils que le pauvre ? Ah ! le berger de ton troupeau, l'ouvrier qui laboure ton champ, en souffre moins que toi. Il est moins souvent visité de ces hôtes incommodes, et, s'ils viennent cependant, ils se laissent plus aisément chasser de l'humble chaumière que des palais dont les cimes sont dans les nuages. Et dans le temps où les infirmités te châtient, où la maladie te consume, que peuvent pour toi tes trésors ? Les païens eux-mêmes auraient pu répondre :

Ce que peut un tableau pour des yeux malades,

Ou les sons de la harpe pour des oreilles souffrantes.

19. Mais voici bien un autre tourment : il te faut mourir, il te faut descendre dans la poudre, retourner en la terre d'où tu as été pris et t'y confondre avec le vulgaire. Tu vas rendre ton corps à la terre d'où tu fus tiré et ton esprit à Dieu qui l'a donné. Et le temps marche, et les années s'écoulent d'un cours rapide, quoique silencieux. Peut-être es-tu près de la fin ; le midi de la vie est passé, les ombres du soir s'abaissent sur toi. Tu sens les sûres approches du dépérissement. Les sources de la vie s'épuisent avec rapidité. Que vont faire pour toi tes richesses ? T'adouciront-elles la mort, te feront-elles aimer cette heure solennelle ? Ah ! loin de là ! « O mort ! que tu es amère pour celui qui vit à l'aise dans ses possessions !» et qu'il reçoit mal cette terrible sentence : « Cette nuit même ton âme te sera redemandée !» Préviendront-elles ce coup fatal ou différeront-elles cette heure ? « Délivreront-elles votre âme en sorte qu'elle ne voie point la mort ?» Vous rendront-elles les années écoulées ? ajouteront-elles au temps qui vous est assigné, un mois, un jour, une heure, un moment ? Ou les biens dont vous aviez fait ici-bas votre portion vous suivront-ils au-delà de la fosse ? Non ; mais nu vous êtes entré dans le monde, et nu vous en sortirez.

Et, comme dit encore le poète païen :

Terres, maisons, tendre épouse, il faut tout laisser.

Et d'entre tous les arbres que tu cultives,

N'être accompagné que des tristes cyprès.

Oh ! oui, si ce n'était qu'on ne remarque pas ces vérités parce qu'elles sont trop claires, trop claires pour être contestées, nul homme appelé à mourir ne pourrait attendre de secours de l'instabilité des richesses.

21. N'en attendez pas non plus le bonheur. Car ici encore elles se montrent trompeuses quand on en fait l'épreuve. C'est ce que tout homme raisonnable peut déduire de ce qui précède.

Car si l'or ou les avantages qui en découlent ne peuvent nous empêcher d'être misérables, il est bien évident qu'ils ne peuvent nous rendre heureux. Quel bonheur peuvent-ils apporter à celui qui, malgré tout, est obligé de s'écrier :

La tristesse toujours vient hanter mes parois,

Et sous mes toits dorés voltigent les soucis.

De fait, l'expérience parle ici d'une manière si victorieuse, qu'elle rend tous les autres arguments inutiles. Qu'il nous suffise d'en appeler aux faits. Les riches et les grands sont-ils les seuls heureux, et leur mesure de bonheur est-elle en proportion de la mesure de leurs richesses ? Ont-ils même quelque bonheur ? j'allais dire ne sont-ils pas de tous les hommes les plus misérables ? Riches, dites une fois la vérité telle qu'elle est dans votre cœur, dites tous ensemble :

Toujours, du sein de l'abondance,

Un vide cruel dans nos cœurs

Empoisonne la jouissance.

Oui, et cet état durera jusqu'à ce que vos jours d'ennuyeuse vanité soient allés se perdre dans la nuit de la mort !

Il n'y a donc pas, sous le soleil, de plus grande folie que de s'attendre aux richesses pour être heureux. N'en êtes-vous pas convaincu ? Est-il possible que vous espériez encore trouver le bonheur dans l'argent ou dans ce qu'il procure ? Quoi ! de l'argent ou de l'or pourraient te rendre heureux ? Manger et boire, avoir des chevaux, des serviteurs, un appareil brillant, des distractions et des plaisirs (comme on les appelle), cela pourrait te rendre heureux ? Autant vaudrait dire que cela peut te rendre immortel !

21. Toutes ces choses ne sont qu'apparence et que mort. Ne les estime point. Confie-toi en Dieu, et tu seras tranquille « à l'ombre du Tout-Puissant. » Sa fidélité, sa vérité sera ton bouclier et ton écu. Sa délivrance est proche au temps de la détresse, et son secours ne peut tromper. Si tous tes amis viennent à te manquer, tu t'écrieras : L'Éternel vit ! béni soit mon puissant Sauveur ! Il se souviendra de toi quand tu seras couché sur ton lit privé de tout secours humain. Alors, dans l'impuissance de tout moyen terrestre, il « changera tout ton lit, » il soulagera tes douleurs ; dans les flammes mêmes, les consolations de Dieu te feront chanter de joie. Et, lors même que cette maison terrestre sera prête à crouler et à tomber en poussière, il t'enseignera à dire : « O mort ! où est ton aiguillon, ô sépulcre ! où est ta victoire ? » Grâces à Dieu, qui « me donne la victoire » par Jésus-Christ mon « Seigneur ! »

Oh ! attendez de Lui et bonheur et secours ! Toutes les sources du bonheur sent en Lui. : Attendez-vous à Celui, qui « nous donne toutes choses abondamment pour en jouir ; » qui, du trésor de ses libres miséricordes, nous les présente en quelque sorte de sa propre main, afin que, les recevant comme ses dons et comme un gage de son amour nous puissions en jouir. C'est son amour qui donne de la saveur à tout, qui met partout la vie et la douceur, et, réciproquement, tout nous élève à notre Créateur, et la terre entière est pour nous l'échelle des cieux. Il verse les « joies qui se trouvent à sa droite » dans tout ce qu'il donne à ses enfants, qui jouissent en tout et par dessus tout de la communion du Père en son Fils Jésus-Christ.

22. Ne cherche pas à devenir plus riche. « N'amasse point » pour toi-même des trésors sur la terre. C'est un commandement simple et positif, et tout aussi clair que « tu ne commettras point d'adultère. » Comment un homme riche pourrait-il donc s'enrichir encore sans renier le Seigneur qui l'a racheté ? Et même comment celui qui a le nécessaire de la vie pourrait-il sans péché chercher encore plus ? « Ne vous amassez pas de trésors sur la terre, » dit le Seigneur. Si, nonobstant cela, vous voulez toujours amasser des biens « que les vers et la rouille gâtent et que les larrons percent et dérobent ; » si vous voulez « joindre maison à maison, et approcher un champ de l'autre, » pourquoi vous donnez-vous le nom de chrétien ? Vous n'obéissez pas à Jésus-Christ, vous n'avez pas l'intention de lui obéir ; pourquoi donc vous réclamer de son nom ? « Pourquoi m'appelez-vous Seigneur, Seigneur, » dit-il lui-même, « pendant que vous ne faites pas ce que je dis ? »

23. Mais que faut-il faire de nos biens, demandez-vous, puisque nous en avons plus que nous ne saurions employer ? Faut-il donc les jeter ? Je réponds : Si vous les jetiez dans la mer, ou si vous les livriez aux flammes, cela vaudrait mieux que l'usage que vous en faites maintenant. Vous ne sauriez trouver une pire manière de les perdre que de les amasser pour votre postérité ou de les dépenser pour vous-mêmes dans le luxe et la folie. De toutes les manières de jeter l'argent à la rue, ces deux-là sont les plus mauvaises, les plus contraires à l'Évangile de Christ et les plus fatales à votre propre âme.

Quant à la dernière, écoutez ces excellentes réflexions d'un auteur :

« Si nous dissipons notre argent, non seulement nous sommes coupables de dissiper un talent que Dieu nous a confié, mais nous nous faisons encore tort à nous mêmes, nous employons ce talent précieux contre nous-mêmes comme un puissant moyen de corruption ; car le mal dépenser, c'est le dépenser au service de quelque mauvaise disposition et pour la satisfaction de désirs vains et déraisonnables auxquels, comme chrétiens, nous sommes tenus de renoncer. »

« Comme l'esprit et les talents qui, lorsqu'on en fait un vain usage, exposent ceux qui en sont doués à plus de folies, il en est de même de l'argent : non seulement on peut le dissiper vainement, mais, s'il n'est pas employé conformément à la raison et à la religion, il rend les gens plus insensés et plus extravagants dans leur conduite qu'ils n'eussent été s'ils n'en avaient eu. Si donc vous n'employez pas votre argent pour faire du bien à autrui, vous l'employez nécessairement pour vous faire du tort à vous-même. Vous faites comme celui qui refuserait à son ami malade le cordial qu'il ne peut prendre lui-même sans se rendre malade à son tour. Car telle est la condition du superflu, si vous le donnez à ceux qui ont besoin, c'est un cordial : si vous l'employez, sans besoin, pour vous-même, il ne fait que mettre la fièvre et la discorde dans votre âme. »

« Employer les richesses sans utilité réelle et sans vrai besoin, c'est les employer à, notre grand dommage, en provoquant de vains désirs, en nourrissant nos mauvais penchants, en flattant nos passions et nous encourageant dans une folle disposition d'âme. Car le luxe dans le manger et dans le boire, le luxe des habits et des maisons, le faste des équipages, les gais divertissements et les plaisirs, tout cela met naturellement le désordre dans notre cœur. Tout cela nourrit la folie et la faiblesse de notre nature et ne fait qu'entretenir et favoriser ce qui ne devrait pas l'être. Tout cela contrarie cette sobriété, cette piété de cœur qui goûte les choses divines. Ce sont autant de fardeaux qui pèsent sur notre âme et qui nous rendent moins désireux et moins capables d'élever nos pensées vers les choses d'en haut. »

« Dépenser ainsi l'argent, ce n'est donc pas seulement le perdre, mais c'est le dépenser dans un coupable but et pour de mauvais effets, pour mettre le désordre et la corruption dans nos cœurs, pour nous rendre incapables de suivre les doctrines sublimes de l'Évangile. Ce n'est rien moins que si nous le refusions aux pauvres pour en acheter du poison pour nous-mêmes. »

24. Ceux qui amassent sans besoin réel ne sont pas moins coupables :

« Si un homme avait en son pouvoir des mains, des yeux, des pieds à distribuer à ceux qui en manquent, et s'il les renfermait dans un coffre au lieu de les donner à ses frères aveugles ou estropiés, ne l'appellerions-nous pas méchant et cruel ? S'il s'amusait à en faire provision au lieu de s'acquérir par ses bienfaits un titre à d'éternelles récompenses, ne le tiendrions-nous pas pour un insensé ? »

« Or, l'argent est en réalité comme des mains, des pieds et des yeux. Si nous l'enfermons dans des coffres, pendant que les pauvres et les malheureux en manquent pour vivre, nous ne sommes guère moins cruels que celui lui amasserait des mains et des yeux plutôt que de les distribuer à ceux qui en manquent. Si vous aimez mieux l'amasser que d'acquérir par grâce des titres à une récompense éternelle en le distribuant à propos, vous tombez dans la culpabilité et la folie de celui qui renfermerait des pieds, des mains et des yeux plutôt que de se faire bénir à jamais en les donnant à qui en a besoin. »

25. N'est-ce pas aussi pour cela que les riches entreront si difficilement dans le royaume des cieux ? Ils sont pour la plupart sous la malédiction, sous une malédiction particulière de Dieu, en tant que, par la direction générale de leur vie, non contents de « piller Dieu, » de dissiper et de prodiguer continuellement les biens de leur Seigneur, et de corrompre ainsi leur âme, ils volent encore les pauvres, les affamés, les misérables ; ils font tort à la veuve et à l'orphelin, et se rendent

responsables de tous les besoins, de toutes les afflictions et les détresses qu'ils ne soulagent point quand ils pourraient le faire. Que dis-je ? Le sang de tous ceux qui périssent faute de ces biens, qu'ils amassent ou qu'ils prodiguent follement, ne crie-t-il pas de la terre contre eux ? Oh ! quel terrible compte n'auront-ils pas à rendre à Celui qui est « prêt à juger les vivants et les morts ! »

26. Apprenez en quatrième lieu la vraie manière d'employer votre superflu, par ces paroles du Seigneur qui font le pendant de celles qui précèdent : « Amassez-vous des trésors dans les cieux, où les vers ni la rouille ne gâtent rien, et où les larrons ne percent ni ne dérobent. » Place tes économies en un lieu plus sûr que tu ne peux trouver sur la terre. Mets tes fonds à la banque des cieux, et Dieu te les rendra au dernier jour. « Celui qui a pitié du pauvre, prête à l'Éternel, et il lui rendra son bienfait ; » ce qu'il dépense ainsi lui sera remboursé. « Porte-le-moi en compte, » lui dit-il, « pour ne pas dire que tu te dois toi-même à moi ! »

Donne au pauvre, avec un œil simple et un cœur droit ; puis écris : « Pour tant donné à Dieu. » Car « en tant que vous l'avez fait au plus petit de mes frères, » nous dit-il, « vous me l'avez fait à moi-même. »

Tel est donc le devoir d'un économe sage et fidèle ; non de vendre ses maisons, ses terres, ou d'aliéner ses capitaux, quelle qu'en soit la valeur, à moins que des circonstances particulières ne l'exigent ; non de chercher à les accroître, pas plus que de les dissiper dans la vanité ; — mais de les consacrer sans réserve aux usages sages et raisonnables pour lesquels son Maître les a placés entre ses mains. Le sage économe, après avoir pourvu les siens de ce qui est nécessaire pour la vie et la piété, se fait « des amis » avec tout ce qui lui reste chaque année, « de ce Mammon d'injustice, » — -« afin que quand il viendra à manquer, ils le reçoivent dans les tabernacles éternels ; » — afin que, dans la ruine de son tabernacle terrestre, ceux qui furent portés avant lui « dans le sein d'Abraham, » après avoir mangé son pain et porté la laine de ses troupeaux, et loué Dieu pour ses consolations, viennent le saluer à son entrée dans le Paradis et dans la maison éternelle de Dieu dans les cieux. »

27. Nous vous exhortons donc, en l'autorité de notre Seigneur et Maître, vous tous qui êtes « riches en ce monde, » « à faire du bien, » au point que votre vie soit une suite de bonnes œuvres. « Soyez miséricordieux comme votre Père céleste est miséricordieux ; » car « il agit » ainsi « continuellement. » Soyez miséricordieux : En quelle mesure ? Dans la mesure de votre pouvoir et selon toute la capacité que Dieu vous donne. Que ce soit là votre seule limite dans les bonnes œuvres au lieu des maximes précaires et des vaines coutumes du monde. Nous vous exhortons à être « riches en bonnes œuvres. » Vous avez abondamment : donnez abondamment. Et, comme vous avez reçu gratuitement, donnez gratuitement, en sorte que vous n'amassiez des trésors que dans les cieux. Soyez « prompts à donner » à chacun selon ses besoins. « Répandez, donnez aux pauvres ; » distribuez votre pain aux affamés. Revêtez ceux qui sont nus, recueillez l'étranger, portez ou envoyez des secours aux prisonniers, guérissez les malades, non par des miracles, mais par la bénédiction dont Dieu bénira vos soins empressés. Que la bénédiction de Celui qui allait périr de besoin vienne sur toi ! Défends l'opprimé, plaide la cause de l'orphelin et fais que le cœur de la veuve chante de joie.

28. Nous vous exhortons en nom de notre Seigneur Jésus-Christ à être « prompts à donner » et à faire volontiers « part de vos biens ; » étant dans le même esprit. (malgré la différence de position extérieure) que ces croyants des premiers jours qui « persévéraient dans la communion, » dans cette fraternité sainte et bénie, où « nul ne disait que rien lui appartînt en propre, mais où toutes choses leur étaient communes. » Soyez un économe, un fidèle et sage économe de Dieu et des pauvres, ne différant de ceux-ci qu'en ce que vos propres nécessités sont d'abord prélevées sur cette portion des biens de Dieu qui reste entre vos mains et qu'en ce que vous avez le « bonheur de donner. » Acquérez vous ainsi, non pour le temps présent, mais pour le siècle à venir, « un trésor placé sur un bon fondement, afin d'obtenir la vie éternelle. » Il est vrai que le grand fondement de toutes les bénédictions de Dieu, soit temporelles soit éternelles, c'est Jésus-Christ, notre Seigneur ; c'est sa justice, son sang, c'est ce qu'il a fait et souffert pour nous. Et, dans ce sens, nul ne peut poser d'autre fondement, non pas même un apôtre, pas même un ange du ciel. Mais, par ses mérites, tout ce que nous faisons en son nom est un fondement pour recevoir sa récompense, au jour où chacun recevra « sa propre récompense selon son propre travail. » Toi

donc, travaille « non pour la nourriture qui périt, mais pour celle qui demeure pour la vie éternelle. » Fais donc, « tout ce que tu as maintenant moyen de faire, selon ton pouvoir. »

Toi donc, saisis l'occasion avant qu'elle s'envole, assure, dans le temps, l'immense éternité !

« En persévérant à bien faire, » « cherche l'honneur, la gloire et l'immortalité. » Dans la pratique constante et zélée de toutes sortes de bonnes œuvres, attends l'heure bienheureuse où le Seigneur dira : « J'ai eu faim et vous m'avez donné à manger ; j'ai eu soif et vous m'avez donné à boire ; j'étais étranger et vous m'avez recueilli ; j'étais nu et vous m'avez vêtu ; j'étais malade et vous m'avez visité ; j'étais en prison et vous m'êtes venu voir. Venez, les bénis de mon Père, possédez en héritage le royaume qui vous a été préparé dès la fondation du monde ! »

Le sermon sur la montagne

Neuvième discours

Nul ne peut servir deux maîtres ; car ou il haïra l'un et aimera l'autre ;
ou il s'attachera à l'un et méprisera l'autre ; vous ne pouvez servir
Dieu et Mammon. C'est pourquoi je vous dis : ne soyez point en souci
pour votre vie, de ce que vous mangerez ou de ce que vous boirez ; ni
pour votre corps, de quoi vous serez vêtus. La vie n'est-elle pas plus que
la nourriture, et le corps plus que le vêtement ? Regardez les oiseaux de
l'air ; car ils ne sèment, ni ne moissonnent, ni n'amassent rien dans des
greniers, et votre Père céleste les nourrit. N'êtes-vous pas beaucoup
plus excellents qu'eux ? Et qui est-ce d'entre vous qui, par son souci,
puisse ajouter une coudée à sa taille ? Et, pour ce qui est du vêtement,
pourquoi en êtes-vous en souci ? Apprenez comment les lis des champs
croissent ; ils ne travaillent ni ne filent. Cependant je vous dis que
Salomon même, dans toute sa gloire, n'a point été vêtu comme l'un
d'eux. Si donc Dieu revêt ainsi l'herbe des champs, qui est aujourd'hui
et qui demain sera jetée dans le four, ne vous revêtira-t-il pas beaucoup
plutôt ? ô gens de petite foi ! Ne soyez donc point en souci, disant : Que
mangerons-nous, que boirons-nous, ou de quoi serons-nous vêtus ? car
ce sont les païens qui recherchent toutes ces choses, et votre Père céleste
sait que vous avez besoin de toutes ces choses-là. Mais cherchez
premièrement le royaume de Dieu et sa justice, et toutes ces choses
vous seront données par-dessus. Ne soyez donc pas en souci pour le
lendemain ; car le lendemain prendra soin de ce qui le regarde. À
chaque jour suffit sa peine.
—Matthieu 6.24-34 —

1. Nous lisons dans le livre des rois que les nations que le roi d'Assyrie plaça dans les villes de la Samarie, après avoir transporté Israël en captivité, « révéraient l'Éternel et servaient en même temps leurs dieux.» Ces nations, « dit l'auteur inspiré, » craignaient (ou révéraient) l'Éternel, « c'est-à-dire lui rendaient extérieurement une sorte de culte et en même temps elles servaient leurs images, et leurs enfants et les enfants de leurs enfants font jusqu'à ce jour comme leurs pères ont fait (2 R 17.33-41).

Combien la plupart des chrétiens actuels se rapprochent, dans leur conduite, de ces tribus païennes ! Eux aussi révèrent le Seigneur ; par le culte extérieur qu'ils lui rendent, ils montrent qu'ils le craignent en quelque mesure ; mais eux aussi servent leurs propres dieux. Eux aussi ont, comme ces Assyriens, des gens qui leur enseignent « la manière de servir le dieu du pays, » le dieu dont le pays porte le nom jusqu'à ce jour et qui y reçut jadis une plus véritable adoration ; toutefois ils ne le servent pas seul ; ils ne le craignent pas assez pour cela ; mais « chaque nation se fait ses » propres « dieux, » chaque nation dans les villes qu'elle habite. » Ces nations « craignent le Seigneur ; » elles n'ont pas mis de côté les formes de son service, mais « elles servent leurs images » d'argent et d'or, faites de main d'homme : l'argent, le plaisir, la gloire, — qui sont les dieux de ce monde, font plus que partager leurs hommages avec le Dieu d'Israël ; « et leurs enfants et les enfants de leurs enfants font jusqu'à ce jour comme leurs pères ont fait. »

2. Mais quoiqu'il soit dit, dans un sens peu rigoureux et selon le langage ordinaire des hommes, que ces pauvres païens « servaient l'Éternel, » il nous faut bien remarquer que le Saint-Esprit ajoute immédiatement après, parlant selon la vraie nature des choses : « Ils ne craignent donc point l'Éternel et ne suivent point les lois et les commandements que le Seigneur commanda aux enfants d'Israël, avec lesquels il fit une alliance et auxquels il commanda en disant : Vous ne craindrez point d'autres dieux et ne vous prosternerez point devant eux, mais vous craindrez l'Éternel et il vous délivrera de la main de vos ennemis. »

Tel est aussi le jugement que l'Esprit qui ne peut mentir (et même quiconque a les yeux ouverts pour discerner les choses de Dieu), porte sur ces pauvres chrétiens de nom. À parler selon la vérité et la nature réelle des choses, « ils ne craignent ni ne servent l'Éternel. » Car ils ne font ni selon l'alliance que le Seigneur a faite avec eux, ni d'après la loi et le commandement qu'il leur a donné, en disant : « Tu adoreras le Seigneur ton Dieu et tu le serviras lui seul. » Ils servent jusqu'à ce jour d'autres dieux et — « nul ne peut servir deux maîtres. »

3. Que ce désir de servir deux maîtres, qui que ce soit qui le forme, est insensé ! N'est-il pas aisé de prévoir la conséquence inévitable d'une telle tentative ? « Ou il haïra l'un et aimera l'autre, ou il s'attachera à l'un et méprisera l'autre. » Ces deux sentences, quoique présentées séparément, sont intimement liées, quant au sens, et l'une est la conséquence de l'autre. Naturellement il s'attachera à celui qu'il aime, en sorte qu'il lui rendra un service volontaire, fidèle et actif ; tandis que, pour le maître qu'il hait, il le méprisera au moins assez pour n'avoir que peu d'égards pour ses commandements et pour n'y prêter obéissance, si obéissance il y a, qu'imparfaitement et avec négligence. Ainsi donc, quoi qu'en pensent les sages de ce monde, « vous ne pouvez servir Dieu et Mammon. »

4. Mammon était le nom d'une divinité païenne qu'on supposait présider aux richesses. Il est pris ici pour les richesses elles-mêmes, pour l'argent et l'or, et, par une figure ordinaire de langage, pour tout ce qu'on peut se procurer à prix d'argent, — le bien-être, l'honneur et les plaisirs sensuels.

Mais que faut-il entendre ici par le service de Dieu et par le service de Mammon ?

Nous ne pouvons servir Dieu si nous ne croyons en lui. La foi est la vraie base de son service. Croire en Dieu comme « réconciliant le monde avec lui-même par Jésus-Christ, » croire en lui comme en un Dieu qui aime et qui pardonne, c'est par là qu'il faut commencer pour le servir.

Croire ainsi en Dieu, — c'est nous confier en lui comme en notre force sans laquelle nous ne pouvons rien, et qui nous revêt incessamment de cette vertu d'en haut qui est indispensable pour lui plaire ; comme en notre soutien, notre seul soutien qui, dans le temps de détresse, nous environne de chants de délivrance ; comme en notre bouclier, notre défenseur qui élève notre tête par-dessus nos ennemis qui campent autour de nous.

Croire ainsi en Dieu, — c'est nous confier en lui comme en notre vie, comme au Père des esprits, l'unique repos de nos âmes, le seul bien qui réponde à la grandeur de nos facultés et qui puisse suffire à remplir les désirs qu'il a lui-même mis au dedans de nous.

Croire ainsi en Dieu, — c'est nous confier en lui comme en notre fin, regarder à lui en toutes choses ; n'user des choses que par rapport à lui et comme moyen de le connaître et de le posséder ; c'est voir dans toutes nos allées et nos venues Celui qui est invisible nous regardant avec bienveillance, enfin c'est lui rapporter toutes choses en Jésus-Christ.

5. Croire ainsi en Dieu est la première partie du service de Dieu. La seconde, c'est de l'aimer.

Aimer Dieu, suivant la définition des Écritures et comme Dieu lui-même le requiert de nous et s'engage par cela même à opérer en nous dans ce but, c'est l'aimer comme le seul Dieu, c'est-à-dire « de tout notre cœur, de toute notre âme, de toute notre pensée et de toutes nos forces. » C'est désirer Dieu pour lui-même et ne rien désirer qu'à cause de lui ; c'est se réjouir en Dieu, mettre en lui ses délices, non seulement chercher mais trouver son bonheur en lui, l'aimer comme le premier « entre dix mille, » nous reposer en lui comme en notre tout ; — en un mot, c'est avoir de lui cette possession qui rend continuellement heureux.

6. Servir Dieu, c'est encore lui ressembler, l'imiter.

« La meilleure adoration de Dieu, » disait un ancien père, « c'est d'imiter celui que tu adores. »

L'imitation dont je parle est celle de notre esprit et de nos pensées, car c'est là que commence la manière chrétienne d'imiter Dieu. « Dieu est esprit, »et il faut que ceux qui l'imitent lui ressemblent « en esprit et en vérité. »

Or, « Dieu est amour ; » c'est pourquoi ceux qui lui ressemblent en esprit sont « transformés dans cette même image. » Ils sont « miséricordieux, comme il est miséricordieux. » Leur âme est tout amour. Ils sont doux, bienveillants, compatissants et tendres ; et cela non seulement pour ceux qui sont bons et doux, mais pour ceux-mêmes dont l'humeur est difficile et acariâtre. Comme lui ils sont « bons pour tous, » et leurs « compassions s'étendent à toutes ses œuvres. »

7. Servir Dieu, c'est enfin lui obéir, c'est le glorifier dans nos corps comme dans nos esprits, garder au dehors comme au dedans ses ordonnances, faire avec zèle tout ce qu'il commande, éviter avec soin tout ce qu'il interdit, accomplir les actes ordinaires de la vie d'un œil simple et d'un cœur pur, et les offrir par un amour saint et fervent, comme des sacrifices à Dieu par Jésus-Christ.

8. Considérons maintenant, d'autre part, ce qu'il faut entendre par servir Mammon. Servir Mammon, c'est, d'abord, nous confier aux richesses et en tout ce qu'elles procurent comme en notre force, comme au moyen d'accomplir tout ce qui nous plaît ; — comme en notre secours, par lequel nous comptons être consolés ou délivrés dans les jours de détresse.

Servir Mammon, c'est nous confier au monde pour notre bonheur ; c'est croire que lorsque « les biens abondent à quelqu'un, il a la vie, » le bonheur de la vie « par ses biens ; » c'est attendre notre repos des objets visibles, notre contentement de l'abondance extérieure, c'est attendre des choses du monde cette sorte de satisfaction qu'on ne saurait trouver hors de Dieu.

Et dès lors servir Mammon, c'est nécessairement faire du monde notre fin, le dernier but tout au moins d'un grand nombre de nos entreprises, d'un grand nombre de nos actions et de nos desseins, dans lesquels nous viserons uniquement à accroître notre fortune, à obtenir les plaisirs ou les louanges, à nous procurer plus de biens temporels sans avoir égard aux choses éternelles.

9. Servir Mammon, c'est, en deuxième lieu, aimer le monde ; c'est désirer le monde pour lui-même, c'est placer notre joie dans les choses du monde et y mettre notre cœur, c'est y chercher, bien vainement sans doute, notre bonheur, c'est nous appuyer de toute la puissance de notre âme sur ce roseau brisé, quoiqu'une expérience journalière nous montre qu'il ne peut servir d'appui, mais qu'il ne fait que nous « percer la main. »

10. Servir Mammon, c'est, en troisième lieu, ressembler au monde, s'y rendre conforme, c'est avoir non seulement des desseins, mais des désirs, des sentiments, des affections d'accord avec ceux du monde, c'est être terrestres, sensuels, enchaînés aux choses de la terre, c'est être attachés à notre volonté propre, amateurs passionnés de nous-mêmes, c'est avoir une haute opinion de nos qualités, c'est nous complaire dans les louanges des hommes, c'est craindre, éviter, détester ses reproches, c'est être impatients de la répréhension, irritables et prompts à rendre le mal pour le mal.

11. Servir Mammon, c'est, enfin, obéir au monde, en suivant, au dehors, ses maximes et ses coutumes, c'est faire comme les autres, marcher dans la route commune, dans le sentier large, facile et battu, c'est être à la mode et suivre la multitude, c'est faire, en un mot, la volonté de la chair et de nos pensées, caresser nos appétits et nos penchants, sacrifier à nous-mêmes et ne chercher dans l'ensemble de nos actions et de nos paroles que notre plaisir et notre propre satisfaction.

N'est-il donc pas évident par-dessus toute évidence qu'un tel service ne peut être rendu à la fois à Dieu et à Mammon ?

12. Qui ne voit qu'on ne peut commodément les servir tous deux ? Que flotter entre Dieu et le monde est le plus sûr moyen d'être désappointé des deux parts et de n'avoir de repos d'aucun côté ? Quelle condition que celle d'un homme qui, craignant Dieu sans l'aimer, le servant mais non de tout son cœur, ne recueille que les peines et non les plaisirs de la religion ? Il a tout juste assez de religion pour être misérable, mais pas assez pour être heureux ; la religion ne lui permet

pas de jouir du monde, et le monde ne lui permet pas de jouir de Dieu. En sorte que, pour se tenir entre deux, il les perd tous deux et n'a la paix ni avec Dieu ni avec le monde.

13. Qui ne voit qu'on ne peut de manière à être conséquent avec soi-même les servir tous deux ? Quelle plus éclatante contradiction peut-on concevoir que celle qui paraît continuellement dans la conduite d'un homme qui s'efforce de servir à la fois Dieu et Mammon ? C'est un pécheur qui « va par deux chemins, » un pas en avant, un pas en arrière. Sans cesse il bâtit d'une main et démolit de l'autre ; il aime le péché, et cependant il le hait ; toujours cherchant Dieu et toujours fuyant loin de Lui. Il veut et ne veut pas. Il n'est pas le même homme pendant un jour, que dis-je, pendant une heure entière. C'est un mélange bizarre de contrastes, un amas de contradictions fondues en une seule. Oh ! soyez, de manière ou d'autre, d'accord avec vous-même ! Prenez à droite ou à gauche. Si Mammon est Dieu, servez-le ! Si l'Éternel est Dieu, servez-le ! Mais n'allez pas croire que vous servez l'un ou l'autre, à moins que vous ne le fassiez de tout votre cœur.

14. Quel homme raisonnable et réfléchi ne voit qu'il est impossible de les servir tous deux, attendu qu'il y a entre eux l'opposition la plus absolue, l'inimitié la plus irréconciliable. L'opposition qui existe ici-bas entre les choses les plus contraires, entre le feu et l'eau, entre les ténèbres et la lumière, s'évanouit entièrement devant celle qui existe entre Dieu et Mammon, en sorte que vous ne pouvez servir l'un, en quoi que ce soit, sans renier l'autre. Vous croyez en Dieu par Jésus-Christ, vous l'embrassez comme votre force, votre secours, votre bouclier, votre « très grande récompense, » — comme votre vie, votre tout dans tout et par-dessus tout ? Mais alors vous ne vous confiez point aux richesses. Vous ne sauriez absolument le faire aussi longtemps que vous avez cette foi en Dieu. Vous vous confiez aux richesses ? Alors vous avez renié la foi, et vous ne vous confiez pas au Dieu vivant. Aimez-vous Dieu, avez-vous cherché et trouvé votre bonheur en lui ? Alors vous ne pouvez aimer le monde ni les choses du monde. Vous êtes crucifié au monde et le monde vous est crucifié. Aimez-vous le monde ? Vos affections appartiennent-elles aux choses d'ici-bas ? Y cherchez-vous votre bonheur ? Alors il est impossible que vous aimiez Dieu ; alors « l'amour du Père n'est point en vous. » Ressemblez-vous à Dieu ? Etes-vous miséricordieux comme votre Père est miséricordieux ? Etes-vous transformés par le renouvellement de votre esprit à l'image de celui qui vous a créés ? Alors vous ne pouvez « vous conformer au présent siècle. » Vous avez renoncé à ses affections et ses convoitises. Etes-vous conformes au monde ? Votre âme porte-t-elle encore « l'image du terrestre ? » Alors vous n'êtes pas renouvelé dans l'esprit de votre entendement ; vous ne portez pas « l'image du céleste. » Obéissez-vous à Dieu ? Etes-vous zélés pour sa volonté sur la terre comme les anges le sont dans le ciel ? Alors il est impossible que vous obéissiez à Mammon. Alors vous bravez le monde, vous foulez aux pieds ses coutumes et ses maximes, et vous ne voulez ni les suivre, ni vous laisser diriger par elles. Suivez-vous le monde ? Vivez-vous comme les autres hommes ? Plaisez-vous aux hommes ? Vous plaisez-vous à vous-mêmes ? Alors vous ne pouvez être serviteurs de Dieu ; vous servez le diable, votre maître et votre père.

15. C'est pourquoi « tu adoreras l'Éternel ton Dieu, et tu le serviras lui seul. » Tu renonceras à toute idée d'obéir à deux maîtres, de servir Dieu et Mammon. Tu ne te proposeras pas d'autre fin, d'autre aide, d'autre bonheur que Dieu. Tu ne chercheras « que lui dans le ciel et sur la terre, » tu n'auras d'autre but que de le connaître, de l'aimer et de le posséder : Et, puisque c'est là votre seule affaire ici-bas, la seule vue, le seul dessein que vous puissiez raisonnablement avoir et poursuivre en toutes choses, pour cette raison « je vous dis, » continue le Seigneur, « ne soyez point en souci de votre vie de ce que vous mangerez et de ce que vous boirez, ni pour votre corps de quoi vous serez vêtus ; » — profonde et importante instruction qu'il nous importe de bien considérer et de bien comprendre.

16. Ce que le Seigneur commande, dans ce passage, ce n'est pas que nous soyons absolument sans souci, même pour les intérêts de la terre. L'étourderie et l'insouciance sont aussi loin que possible de la religion de Christ. Il ne nous commande pas non plus d'être lâches, paresseux et lents dans les affaires. Ce n'est pas moins contraire à l'esprit tout entier de sa religion. Le chrétien abhorre la paresse autant que l'ivrognerie, et fuit l'oisiveté autant que l'adultère. Il est une sorte de soins auxquels Dieu prend plaisir, et qui sont nécessaires pour remplir comme il faut les devoirs extérieurs auxquels la providence de Dieu nous appelle.

Dieu veut que chacun travaille pour manger son propre pain et qu'il pourvoie au besoin des siens, de ceux de sa propre maison. Il veut aussi « que nous ne devions rien à personne, » recherchant « les choses qui sont honnêtes devant tous les hommes. » Mais cela ne peut se faire sans réflexion, sans quelque souci, souvent même sans de longues et sérieuses préoccupations et sans une grave sollicitude. Le Seigneur ne peut donc condamner ces pensées et ce souci indispensables. C'est, au contraire, une chose bonne et agréable à Dieu, notre Sauveur.

Il est bon et agréable à Dieu que nos pensées travaillent assez relativement à tout ce dont nous nous occupons pour bien comprendre et bien régler le plan de toute affaire avant de l'entreprendre. Il est bon aussi que, de temps en temps, nous considérions avec soin la marche qu'il faut y suivre, après avoir tout préparé d'avance pour y réussir de notre mieux. Ces « soucis de la tête, » comme quelques-uns les appellent, ne sont nullement ce que le Seigneur a eu l'intention de condamner.

17. Ce qu'il condamne ici ce sont les « soucis du cœur ; » les soucis inquiets, les soucis qui rongent, tout souci propre à faire du tort soit au corps, soit à l'âme. Ce qu'il interdit, c'est ce genre de soucis qui, comme le montre l'expérience, troublent notre sang et épuisent nos esprits, qui devancent la misère qu'ils redoutent, et qui viennent nous « tourmenter avant le temps ; » ces soucis qui empoisonnent la bénédiction d'aujourd'hui par la crainte de ce qui peut arriver demain, et empêchent de jouir de l'abondance actuelle par l'appréhension d'une indigence future. De tels soucis ne sont pas seulement une maladie, une grave maladie de l'âme, mais encore une offense odieuse envers Dieu, un très grand péché, un outrage au sage Dispensateur de toutes choses ; car c'est dire que le souverain Juge ne juge pas justement et qu'il n'ordonne pas bien les choses d'ici-bas. C'est dire ou qu'il manque de sagesse, s'il ne sait pas ce dont nous avons besoin, ou de bonté, s'il refuse de procurer ces choses à l'un de ceux qui se confient en lui. Gardez-vous donc de cette sorte de soucis ; n'ayez de soucis inquiets pour aucune chose. Ne vous tourmentez pas dans vos pensées ; cette règle est claire et certaine : tout souci inquiet est mauvais. Faites, d'un œil simple, tout ce qui est en votre pouvoir pour vous procurer les choses qui sont « honnêtes devant tous les hommes, » puis remettez le tout en de meilleures mains, et attendez le succès de Dieu.

18. Dans ce sens « ne vous inquiétez pas même, pour votre vie, de ce que vous mangerez, de ce que vous boirez, ni, pour votre corps, de quoi vous serez vêtus. La vie n'est-elle pas plus que la nourriture, et le corps plus que le vêtement ? » Dieu, qui vous a fait le plus grand don, celui de la vie, ne vous en accordera-t-il pas un moindre, la nourriture nécessaire à cette vie ? S'il vous a donné le corps, comment doutez-vous qu'il ne vous donne de quoi vêtir ? surtout si vous vous abandonnez à lui et le servez de tout votre cœur. « Considérez, » regardez devant vous « les oiseaux de l'air : ils ne sèment ni ne moissonnent, et n'amassent rien dans des greniers, » et cependant ils ne manquent de rien, mais « votre Père céleste les nourrit. » N'êtes-vous pas plus excellents qu'eux ? « Vous, créatures capables de posséder Dieu, n'avez-vous pas plus de valeur à ses yeux, et votre rang n'est-il pas plus élevé dans l'échelle des êtres ? « Et lequel de vous, par son souci, pourrait ajouter une coudée à sa taille ? » Que gagneriez-vous à vous inquiéter ? Ce souci est donc de toute manière inutile et sans fruit.

18. « Et pourquoi vous mettez-vous en peine pour le vêtement ? » N'avez-vous pas tous les jours, sous les yeux, votre censure ? « Apprenez comment les lis des champs croissent : ils ne travaillent ni ne filent. Cependant je vous dis que Salomon même, dans toute sa gloire, n'a point été vêtu comme l'un d'eux. Si donc Dieu revêt ainsi l'herbe des champs qui est aujourd'hui et qui demain sera jetée dans le four, ne vous revêtira-t-il pas beaucoup plutôt ? ô gens de petite foi, » vous qu'il a faits pour vivre toujours, pour être à l'image de son éternité ! Vous êtes vraiment de petite foi, car autrement vous ne pourriez douter de son amour et de sa sollicitude, non, pas même pour un moment.

19. « Ne soyez donc point en souci disant : Que mangerons-nous » si nous n'amassons des trésors sur la terre ? Que boirons-nous » si nous servons Dieu de toutes nos forces, si, d'un cœur simple, nous regardons à lui seul ? « De quoi serons-nous vêtus » si nous ne nous confions pas au monde, si nous heurtons ceux de qui nous pourrions tirer profit ? « Car ce sont les païens qui recherchent toutes ces choses, » les païens qui ne connaissent point Dieu. Mais vous n'ignorez pas

que « votre Père céleste sait que vous avez besoin de toutes ces choses-là. » Et il vous indique une marche infaillible pour en être toujours pourvus : « Cherchez premièrement le royaume de Dieu et sa justice, et toutes ces choses vous seront données par-dessus. »

20. « Cherchez premièrement le royaume de Dieu : » Avant toute autre pensée, tout autre souci, ayez le désir ardent que Dieu règne dans vos cœurs, lui le Dieu et Père de notre Seigneur Jésus-Christ, qui a donné son Fils unique pour vous, qu'il se manifeste en vous, qu'il y habite et y gouverne ; « qu'il renverse les forteresses et tout ce qui s'élève contre sa connaissance et soumette toutes vos pensées captives à l'obéissance de Christ ; » que Dieu seul ait domination sur vous ; que seul il soit votre attente, votre joie, votre amour ; en sorte que tout ce qui est en vous répète continuellement : « Le Seigneur Dieu tout-puissant règne ! »

« Cherchez le royaume de Dieu et sa justice. » La justice habite là où Dieu règne ainsi dans le cœur ; et qu'est-ce que la justice, si ce n'est l'amour ? l'amour de Dieu et de tous les hommes, découlant de la foi en Jésus-Christ et produisant l'humilité d'esprit, la douceur, la débonnaireté, la longanimité, la patience, le renoncement au monde, et toute bonne disposition envers Dieu et envers les hommes ; d'où naissent à leur tour, toutes les actions saintes, aimables et dignes de louange, toute œuvre de foi, tout travail de charité agréable à Dieu et utile au prochain.

« Sa justice. » — Tout cela demeure sa justice ; c'est le don libre de sa grâce envers nous, en Jésus-Christ le Juste, par qui seul elle nous est acquise ; et c'est son œuvre ; lui seul l'opère en nous par l'effusion du Saint-Esprit.

21. Ceci peut jeter du jour sur d'autres passages que nous n'avons peut-être pas clairement compris. Saint Paul, dans son Épître aux Romains, dit, en parlant des Juifs incrédules : « Ne connaissant pas la justice de Dieu, et voulant établir leur propre justice, ils ne se sont pas soumis à la justice de Dieu. » Je pense donc que par ces mots : « Ne connaissant pas la justice de Dieu, » il ne faut pas entendre seulement qu'ils ignoraient la justice de Christ imputée à tout croyant, par laquelle ses péchés sont effacés, en sorte qu'il retrouve la faveur de Dieu, mais aussi et plus immédiatement encore, qu'ils ignoraient cette justice intérieure, cette sainteté de cœur qui mérite parfaitement d'être appelée « justice de Dieu, » puisqu'elle est, à la fois, son don gratuit en Jésus et son œuvre par le Saint-Esprit. C'est parce qu'ils ignoraient cette justice qu'ils cherchaient à établir « leur propre justice. » Ils s'efforçaient d'établir cette justice extérieure ; qui méritait bien d'être appelée la leur, car elle n'était, ni produite par l'Esprit de Dieu, ni avouée et reconnue de lui. Ils pouvaient l'opérer eux-mêmes par leurs forces naturelles ; et quoique ce ne fût qu'une abomination devant Dieu et une puanteur à ses narines, cependant comme ils s'y confiaient, ils ne voulaient point se soumettre à la justice de Dieu, et même ils s'endurcissaient contre la foi par laquelle seule on peut l'atteindre. « Car Christ est la fin de la loi en justice à tout croyant. » Christ, lorsqu'il s'écria : « Tout est accompli, » mit fin à la loi, à la loi des cérémonies et des rites extérieurs, afin de nous procurer une justice plus excellente par son sacrifice, savoir le don de la ressemblance de Dieu gravée au plus profond de l'âme de tout croyant.

22. Je trouve un sens analogue dans ces paroles de Paul aux Philippiens : « Je ne regarde toutes choses que comme de l'ordure, pourvu que je gagne Christ et que je sois trouvé en lui, ayant non la justice qui me venait de la loi, mais celle qui vient de la foi en Christ, la justice qui est de Dieu par la foi. » « N'ayant pas la justice qui me venait de la loi, » une justice purement du dehors, la religion que j'avais autrefois quand je fondais mon espérance sur ce que, « à l'égard de la justice de fa loi, j'étais sans reproche, » mais « la justice qui vient de la foi en Christ, la justice qui est de Dieu par la foi, » ce renouvellement complet de l'âme, qui est l'œuvre de Dieu et non des hommes ; qui est « par la foi, » par la foi en Christ par laquelle seule nous obtenons la rémission des péchés et un héritage parmi ceux qui sont sanctifiés.

23. « Cherchez premièrement » ce « royaume de Dieu » qui s'établit dans le cœur, cette justice qui est le don et l'œuvre de Dieu et le renouvellement de l'image de Dieu dans vos âmes ; et « tout le reste, » c'est-à-dire, tout ce qui est nécessaire pour le corps, dans la mesure la plus convenable pour l'avancement de son règne, « tout le reste vous sera donné par-dessus. »Dieu vous le donnera par-dessus le marché. En cherchant la paix et l'amour de Dieu, vous ne trouverez pas seulement ce premier objet de vos désirs — « le royaume qui ne peut être ébranlé » — mais encore vous trouverez ce que vous ne cherchez point, et que du moins vous ne cherchez nullement

pour soi ; — vous trouverez sur votre chemin les biens extérieurs en tant qu'il vous convient d'en avoir ; c'est un soin que Dieu prend à sa charge ; jetez donc sur lui le fardeau de vos soucis. Il sait vos besoins et il ne manquera pas de suppléer à ce qui vous manque.

24. « Ne soyez donc point en souci pour le lendemain. » Non seulement ne vous mettez point en souci d'amasser des trésors sur la terre, d'asseoir votre position dans le monde, — mais, même pour ce qui est absolument nécessaire, n'ayez pas de souci inquiet. Ne vous tourmentez pas maintenant de ce que vous aurez à faire dans une éventualité encore éloignée. Peut-être ne viendra-t-elle jamais ou ne viendra-t-elle pas pour vous dont la nacelle aura déjà abordé dans l'éternité. Toutes ces vues éloignées doivent être étrangères à des créatures d'un jour. Et qu'avez-vous à faire proprement avec le lendemain ! pourquoi vous tourmenter sans nécessité ? Dieu prend soin pour aujourd'hui de soutenir la vie qu'il vous a donnée. Cela suffit. Mettez-vous entre ses mains. Un autre jour, si vous vivez, il prendra encore soin de vous.

25. Surtout que le souci de l'avenir ne vous soit pas un prétexte pour négliger le devoir présent. C'est la manière la plus funeste de prendre souci du lendemain. Et que ce travers est commun ! Que de gens, lorsque nous les exhortons à conserver une conscience pure, à s'abstenir de ce qu'ils savent être mal, ne se font aucun scrupule de répliquer : « Et que ferons-nous pour vivre ? Ne faut-il pas vivre, nous et notre famille ? » Ils croient cette raison suffisante pour persévérer volontairement dans le péché. Ils voudraient, disent-ils, sincèrement peut-être, ils voudraient servir Dieu aujourd'hui ; mais ils perdraient aussitôt leur pain. Ils voudraient se préparer pour l'éternité ; mais ils craignent de manquer du nécessaire. C'est ainsi qu'ils servent le diable pour un morceau de pain ; ils courent en enfer par crainte du besoin ; ils perdent leurs pauvres âmes de crainte de manquer, un jour ou l'autre, de ce qui est nécessaire pour le corps.

Empiétant ainsi sur l'action de Dieu et sur les soins qu'il s'est réservés, il n'est pas étonnant qu'ils soient souvent désappointés dans les choses mêmes qu'ils recherchent et que jetant les biens du ciel pour s'assurer ceux de la terre, ils perdent les uns sans gagner les autres. Le Dieu jaloux permet souvent cela dans sa providence ; et ceux qui ne veulent pas « rejeter leurs soucis sur l'Éternel, » perdent souvent cela même qu'ils ont choisi pour leur portion. Une malédiction visible repose ; sur toutes leurs entreprises, et ils échouent en tout et partout, en sorte qu'après avoir abandonné Dieu pour le monde, ils perdent ce qu'ils cherchent aussi bien que ce qu'ils ne cherchent point, et se trouvent privés du royaume de Dieu et de sa justice sans que les autres choses leur soient données en compensation.

26. Mais il est une autre manière de « se mettre en souci pour le lendemain » qui se rapporte aux choses spirituelles et qui n'est pas moins condamnée par ce texte. L'inquiétude pour un avenir plus ou moins éloigné peut nous faire négliger les devoirs que nous avons sous la main. Oh ! qu'il est facile, à moins de veiller et de prier sans cesse, de se laisser entraîner insensiblement dans cet écart, et de rêver pour ainsi dire, les yeux ouverts, formant des projets pour un avenir lointain et se repaissant des peintures séduisantes de l'imagination. Que de bien ne ferai-je pas quand je serai dans tel lieu, dans telle position ! Comme j'abonderai en bonnes œuvres quand je serai bien dans mes affaires ! Avec quel zèle je servirai Dieu quand je n'aurai plus tel ou tel obstacle sur mon chemin !

Vous êtes peut-être dans un pénible état d'âme ; Dieu semble vous cacher sa face, vous voyez peu sa lumière ; vous avez peu le sentiment de son amour. Dans cette position qu'il est naturel de penser : « Oh ! combien je louerai Dieu quand il aura fait lever de nouveau sur moi la clarté de sa face ! Comme j'exhorterai les âmes à le bénir quand son amour sera de nouveau répandu dans mon cœur ! Je rendrai partout témoignage à Dieu ; je n'aurai point honte de l'Évangile de Christ ; je rachèterai le temps, je ferai valoir tous les talents qu'il m'a donnés ! » Ne crois rien de tout cela. Tu ne le feras point alors, si tu ne le fais dès aujourd'hui. « Celui qui est fidèle dans les petites choses, » quelle qu'en soit la nature, qu'il s'agisse de la terre ou du ciel, « sera aussi fidèle dans les grandes. » Si tu caches maintenant dans la terre ce seul talent que tu possèdes, tu en cacheras alors cinq s'ils te sont donnés : mais il n'y a pas apparence que tu les obtiennes. » Car « à celui qui a, » c'est-à-dire qui emploie ce qu'il a, on donnera davantage ; mais « à celui qui n'a pas, » c'est-à-dire qui n'emploie pas la grâce petite ou grande qu'il a déjà reçue, « on lui ôtera même ce qu'il a. »

27. Ne vous préoccupez pas non plus des tentations du lendemain. Ce piège aussi est dangereux. Ne dites pas : « Que ferai-je en face de cette tentation et comment y résisterai-je ? Je me sens incapable de la surmonter. Je ne saurais vaincre cet ennemi. » Il est vrai, vous n'avez pas maintenant la force dont vous n'avez pas besoin maintenant. Vous ne sauriez vaincre à cette heure tel ennemi, mais à cette heure il ne vous attaque point. Avec la force que vous avez, vous ne sauriez résister aux tentations que vous n'avez poindre. Mais quand viendra la tentation, alors viendra la grâce. Dans une plus grande épreuve vous recevrez plus de force. Lorsque les souffrances abonderont, les consolations de Dieu abonderont dans la même proportion, en sorte que dans toute situation, vous puissiez dire : « Sa grâce me suffit. » Chaque jour vous pourrez dire : Il ne permet point aujourd'hui que je sois tenté au-dessus de mes forces. « Dans toute tentation, il vous donnera une issue. » « Ta force durera autant que tes jours. »

28. Que « le lendemain donc ait soin de ce qui le regarde, » c'est-à-dire, attends d'être au lendemain pour t'en occuper. Vis jour par jour. Que ton grand souci soit de mettre à profit l'heure présente. Elle t'appartient, et c'est tout ce qui t'appartient. Le passé n'est plus rien et c'est comme s'il n'avait jamais été. L'avenir n'est rien encore ; il n'est point encore à toi, peut-être ne sera-t-il jamais à toi. Tu ne peux y compter ; car tu ne sais ce qu'amènera le jour de demain. Occupe-toi donc d'aujourd'hui ; ne perds pas une heure ; emploie le moment présent, car c'est là ta portion. Qui est-ce qui connaît ce qui a été avant lui ou ce qui sera après lui sous le soleil ? « Les générations qui furent dès le commencement, où sont-elles ? Elles sont disparues, elles sont oubliées. Elles furent, elles vécurent leur jour ; puis elles tombèrent comme les feuilles d'un arbre qu'on secoue, et allèrent se confondre dans la commune poussière. Puis vinrent d'autres générations qui bientôt rejoignirent leurs pères pour « ne plus voir la lumière. » Maintenant tu es sur la terre à ton tour : « Jeune homme, réjouis-toi dans les jours de ta jeunesse. » Maintenant, maintenant embrasse Celui dont les années ne finissent point. Maintenant regarde d'un œil simple à Celui « en qui il n'y a ni variation ni ombre de changement. » Maintenant donne-lui ton cœur, maintenant appuie-toi sur lui ; maintenant sois saint comme il est saint ! Maintenant saisis l'occasion bénie de faire sa volonté agréable et parfaite ! Maintenant endure avec joie « la perte de toutes choses, afin de gagner Christ ! »

29. Souffre avec joie « aujourd'hui » pour son nom, mais ne t'inquiète pas des souffrances de demain : « A chaque jour suffit sa peine. » « Sa peine, » oui, c'est ainsi qu'il faut appeler, dans la langue des hommes, l'opprobre et le besoin, la douleur et la maladie ; mais dans la langue de Dieu, ce n'est que bénédiction. » C'est un baume précieux préparé par sa sagesse, et diversement distribué parmi ses enfants, suivant les diverses maladies de leurs âmes. Il en donne « chaque jour » une dose suffisante pour ce jour, selon le besoin et la force du malade. Si donc tu anticipes sur la dose de demain, la joignant à ce qui t'est donné pour aujourd'hui, ce sera plus que tu ne peux porter, et c'est le moyen non de guérir, mais de détruire ton âme. Contente-toi donc aujourd'hui de ce qu'il te prescrit pour aujourd'hui. Aujourd'hui, fais et endure sa volonté ! Aujourd'hui livre ton corps ton âme, ton esprit à Dieu par Jésus-Christ, ne désirant rien, si ce n'est de le glorifier dans tout ce que tu es, dans tout ce que tu fais, dans tout ce que tu souffres ; ne cherchant rien si ce n'est la connaissance de Dieu et de Jésus-Christ, son Fils, par l'Esprit éternel ; ne te proposant rien, si ce n'est de l'aimer, de le servir, et de le posséder à cette heure et dans toute l'éternité !

Or, à Dieu le père qui m'a créé, qui a créé le monde, – à Dieu le Fils qui m'a racheté, qui a racheté tous les hommes, – à Dieu le Saint-Esprit qui me sanctifie et qui sanctifie tous les élus de Dieu, soit honneur, louange, majesté et puissance, aux siècles des siècles ! Amen !

SERMON 30

Le sermon sur la montagne

Dixième discours

Ne jugez point afin que vous ne soyez point jugés ; car on vous jugera du même jugement que vous aurez jugé, et on vous mesurera de la même mesure que vous aurez mesuré les autres. Et pourquoi regardes-tu une paille qui est dans l'œil de ton frère, tandis que tu ne vois pas une poutre qui est dans ton œil ? On comment dis-tu à ton frère : permets que j'ôte cette paille de ton œil, toi qui as une poutre dans le tien ? Hypocrite ! ôte premièrement de ton œil la poutre et alors tu penseras à ôter ta paille de l'œil de ton frère. Ne donnez point les choses saintes aux chiens, et ne jetez point vos perles devant les pourceaux, de peur qu'ils ne les foulent à leurs pieds et que se tournant ils ne vous déchirent. Demandez et on vous donnera ; cherchez et vous trouverez ; heurtez et on vous ouvrira. Car quiconque demande reçoit, et qui cherche trouve, et l'on ouvre à celui qui heurte. Et qui sera même l'homme d'entre vous qui donne une pierre à son fils s'il lui demande du pain ? Et s'il lui demande du poisson, lui donnera-t-il un serpent ? Si donc vous, qui êtes mauvais, savez bien donner à vos enfants de bonnes choses, combien plus votre Père qui est dans les cieux donnera-t-il des biens à ceux qui les lui demandent ? Toutes les choses que vous voulez que les hommes vous fassent, faites-les-leur aussi de même ; car c'est là la loi et les prophètes.
—Matthieu 7.1-12—

1. Dans ce qui précède, le Seigneur a terminé ce qui a rapport à son sujet principal ; — après avoir présenté le tableau de la vraie religion débarrassé de toutes ces gloses par lesquelles les hommes anéantissent la Parole de Dieu, il a posé les règles de cette intention pure que nous devons conserver dans toutes nos actions. Maintenant il indique les principaux obstacles de cette religion, puis il conclut le tout par une application convenable.

2. Au chapitre cinq, notre grand docteur a pleinement décrit la religion intérieure sous ses divers aspects. Il a mis devant nous ces dispositions d'âme qui constituent le vrai christianisme, les caractères de cette sainteté sans laquelle personne ne verra le Seigneur, les affections qui, provenant de la foi en Jésus-Christ, leur vraie source, sont intrinsèquement, essentiellement bonnes et agréables à Dieu. Au chapitre six, il a montré comment toutes nos actions, même les plus indifférentes par leur nature propre, peuvent être, à leur tour, sanctifiées par une pure et sainte intention, et que sans cette intention tout ce qu'on peut faire est sans valeur devant Dieu, tandis que les actes extérieurs quelconques qu'on lui consacre par elle sont d'un grand prix à ses yeux.

3. Dans le chapitre sept, dont nous commençons la méditation, il indique d'abord les obstacles les plus communs et les plus funestes qu'on rencontre sur le chemin de la sainteté ; puis il nous exhorte par divers motifs à les surmonter et à assurer le prix de notre glorieuse vocation.

4. Le premier obstacle contre lequel il nous met en garde est l'esprit de jugement. « Ne jugez point afin que vous ne soyez point jugés ! Ne jugez point les hommes, afin que vous ne soyez point jugés par le Seigneur et que vous n'attiriez pas sa vengeance sur vos têtes. Car du jugement

dont vous jugez vous serez jugés, et on vous mesurera de la mesure dont vous aurez mesuré les autres ; » — règle simple et équitable d'où le Seigneur vous permet de déduire comment il procèdera avec vous au grand jour du jugement.

5. Il n'y a pas de condition dans la vie ni de degré de foi où cet avertissement ne soit nécessaire à tout enfant de Dieu, — depuis la première heure de notre conversion à l'Évangile, jusqu'à ce que nous soyons rendus parfaits dans l'amour. Car il ne se peut qu'il n'y ait toujours des occasions de juger ; les tentations à cet égard sont innombrables, et plusieurs d'entre elles sont si bien déguisées que nous tombons dans le péché, avant même de soupçonner aucun danger. Et qui pourra dire les maux qui résultent de ces jugements, toujours pour celui qui les porte et fréquemment pour ceux qui en sont l'objet ? Car le premier se fait tort à lui-même et s'expose au jugement de Dieu, et les autres sont souvent découragés et arrêtés dans leur course, si même ils ne sont pas entièrement scandalisés et rejetés dans le chemin de la perdition ! Oui, lorsque cette « racine d'amertume monte en haut » combien souvent n'arrive-t-il pas que « plusieurs en sont infectés » que la voie de la vérité en reçoit elle-même du blâme et que le beau nom que nous portons est exposé au blasphème !

6. Toutefois, il paraît que c'est moins aux enfants de Dieu qu'aux enfants du monde que le Seigneur adresse cet avertissement. Ceux-ci entendent nécessairement parler de gens qui suivent la religion que nous avons décrite, qui s'efforcent d'être humbles, sérieux, doux, miséricordieux et purs de cœur, qui désirent et attendent ardemment une plus grande mesure de ces grâces, en faisant du bien à tous et souffrant avec patience toute sorte de mal. Quiconque a atteint seulement ce degré ne saurait, en effet, être caché, pas plus qu'une ville située sur une montagne. D'où vient que « voyant leurs bonnes œuvres » ils ne glorifient pas leur Père qui est dans les cieux ? Quelle excuse ont-ils pour ne pas marcher sur leurs traces ? pour ne pas suivre leur exemple et être leurs imitateurs comme ils le sont eux-mêmes de Christ ? Ils n'ont pas d'excuse, mais, pour en trouver une, ils condamnent ceux qu'ils devraient imiter. Ils passent leur temps à découvrir les fautes de leur prochain au lieu d'amender les leurs. Trop occupés à voir si les autres s'écartent du chemin, ils ne songent pas à y entrer eux-mêmes ; ou tout au moins ne s'y engagent-ils bien avant et ne dépassent-ils jamais une forme de piété pauvre et sans vie.

7. C'est surtout à ceux-là que le Seigneur dit : « Pourquoi regardes-tu la paille qui est dans l'œil de ton frère » — les infirmités, les erreurs, l'imprudence, la faiblesse des enfants de Dieu, — « et tu ne vois pas la poutre qui est dans ton œil ? » — Tu ne considères pas la coupable impénitence, l'orgueil satanique, la propre volonté maudite, l'amour idolâtre du monde, qui sont en toi et qui font de ta vie entière une abomination devant Dieu ; et surtout avec quelle indifférence et quelle nonchalante insouciance tu danses sur l'abîme ouvert ! Comment donc peux-tu dire à ton frère : Permets que j'ôte de ton œil la paille — l'excès de zèle pour Dieu, les exagérations du renoncement, le trop de négligence pour les choses du monde, le désir de ne faire nuit et jour que prier ou entendre les paroles de la vie éternelle ! « Et voici, tu as dans ton œil une poutre » — non pas seulement une paille comme l'un d'eux ! « Hypocrite ! » qui affectes de prendre soin des autres, tandis que tu ne prends aucun soin de ton âme, qui fais parade de zèle pour Dieu, tandis qu'en réalité tu ne l'aimes ni ne le crains ! « Ote d'abord la poutre de ton œil » Ôte la poutre de l'impénitence ! Connais-toi toi-même ! Reconnais-toi pécheur ! Vois que tu n'as au dedans que méchanceté et corruption abominable, et que la colère de Dieu repose sur toi ! — Ote la poutre de l'orgueil, abhorre-toi toi-même, prosterne-toi comme dans la poudre et la cendre ; sois toujours plus petit, plus bas, plus vil à tes propres yeux. — Ote la poutre de ta propre volonté ; apprends pourquoi il est dit : « Si quelqu'un veut venir après moi, qu'il renonce à lui-même. » Renonce à toi-même et charge-toi chaque jour de ta croix. Dis du fond de ton âme : « Je suis descendu du ciel » — (oui, esprit immortel ! cela est vrai, que tu le saches eu ne le saches pas) ! « Je suis descendu du ciel pour faire non ma volonté, mais celle de mon Père qui m'a envoyé. » Ote la poutre de l'amour du monde ! « N'aime point le monde ni les choses qui sont dans le monde ! « Sois crucifié au monde et que le monde te soit crucifié. Use du monde, mais jouis de Dieu. Cherche tout ton bonheur en lui ! — Ote surtout la grande poutre — la nonchalante, l'insouciante indifférence ! Considère profondément qu'une seule chose est nécessaire — cette seule chose à laquelle tu n'as guère jamais pensé ! Sache et vois que tu n'es qu'un pauvre et misérable ver, tremblant

sur le bord du grand abîme ! Qu'es-tu encore ? Un pécheur né pour mourir, une feuille qu'emporte le vent, une vapeur prête à s'évanouir, qui paraît un instant pour perdre dans l'air et pour disparaître ! Considère cela, et puis tu penseras à ôter la paille de l'œil de ton frère, et puis, si le soin de ton âme t'en laisse le loisir, tu songeras à corriger ton frère !

8. Mais quel est proprement le sens de cette parole « Ne jugez point ; » et de quelle sorte de jugement est-il ici question ? Ce n'est pas la médisance, quoique les deux choses marchent souvent ensemble. Médire, c'est faire quelque mauvais rapport sur un absent, tandis que pour juger il est indifférent que la personne soit absente ou présente. Et même il n'est pas nécessaire de parler, il suffit de penser le mal. Mais penser mal de quelqu'un n'est pas toujours juger. Si je vois un homme voler ou tuer, ou si je l'entends blasphémer le nom de Dieu, je ne puis pas ne pas mal penser de ce voleur ou de ce meurtrier ou de ce blasphémateur ; mais ce n'est pas juger dans le mauvais sens du mot ; il n'y a là ni péché ni rien d'incompatible avec une vraie affection.

9. Mais avoir sur le prochain des pensées contraires à la charité, voilà ce que le Seigneur appelle ici juger, et nous pouvons commettre ce péché de diverses manières. Nous pouvons juger notre frère digne de blâme lorsqu'il ne l'est point. Nous pouvons le charger (ne serait-ce que dans notre esprit) de choses dont il n'est pas coupable, de paroles qu'il n'a point dites, de faits qu'il n'a point commis. Ou nous pouvons juger sa manière d'agir mauvaise, lorsqu'en réalité elle ne l'est point, ou même lorsqu'il n'y a rien à reprendre, ni dans ce qu'il fait ni dans la manière dont il le fait ; nous pouvons encore le condamner en lui supposant une mauvaise intention, pendant que Celui qui sonde les cœurs ne voit en lui que droiture et sincérité.

10. Mais ce n'est pas seulement en condamnant l'innocent, que nous pouvons pécher par un jugement mauvais, c'est encore en condamnant le coupable plus sévèrement qu'il ne mérite. Cette sorte de jugement blesse la charité aussi bien que la justice, et rien ne peut nous en préserver, si ce n'est le plus haut degré d'affection pour le prochain. Sans cela, lorsqu'un homme est trouvé en faute, nous le supposons volontiers plus coupable qu'il ne l'est réellement. Nous rabaissons ses bonnes qualités. Il nous est même difficile de ne lui en reconnaître encore aucune.

11. Tout cela indique, d'une manière évidente, l'absence de cette « charité qui ne soupçonne point le mal, » qui jamais ne tire de prémisses quelconques une conclusion injuste ou malveillante. De ce qu'un homme est une fois tombé dans un péché grossier, la charité ne conclut pas qu'il s'en rende habituellement coupable, ou de ce qu'il en avait autrefois l'habitude, elle se garde de conclure qu'il l'ait encore ; bien moins conclut-elle de sa culpabilité sur ce point à sa culpabilité à d'autres égards. Ce ne sont là que raisonnements malicieux qui appartiennent à cette coupable manière de juger contre laquelle le Seigneur nous met ici en garde, et que nous avons le plus grand intérêt à éviter si nous aimons Dieu et notre propre âme.

12. Mais ne pas condamner l'innocent et ne pas charger le coupable plus qu'il ne mérite, ce n'est pas encore être hors de tout piège, car il est encore une troisième sorte de jugements illicites, c'est de condamner qui que ce soit sans preuve suffisante. Que les faits que vous supposez soient aussi vrais qu'il vous plaira, cela ne vous excuse pas. Car ils ne devraient pas être supposés, mais prouvés, et jusqu'à ce qu'ils le fussent, vous devriez vous abstenir de juger. Je dis jusqu'à ce qu'ils le fussent, car quelque forte preuve qu'en puisse en donner, nous n'avons pas d'excuse, à moins que cette preuve n'ait été produite avant notre jugement et comparée aux témoignages contraires. Encore ne serions-nous pas excusables de porter une sentence définitive avant d'avoir entendu l'accusé parler pour sa défense. Les Juifs eux-mêmes auraient pu nous donner cette simple leçon de justice, pour ne pas dire de miséricorde et d'amour fraternel. « Notre loi, disait Nicodème, condamne-t-elle quelqu'un sans l'avoir entendu (Jn 7.51). » Et Festus, quoique païen, put répondre aux chefs des Juifs qui pressaient la condamnation de Paul : « Ce n'est pas la coutume des Romains de livrer qui que ce soit pour le faire mourir, avant que celui qui est accusé ait ses accusateurs présents, et qu'il ait la liberté de se justifier du crime dont on l'accuse (Ac 25.16). »

13. En effet, nous tomberions difficilement dans ce péché de juger, si nous observions seulement la règle qu'un autre de ces Romains (le philosophe Sénèque) affirme avoir prise pour base de sa propre conduite. « Je suis si loin, dit-il, de croire légèrement le témoignage du premier venu ou de qui que ce soit contre un homme, que je n'admets ni facilement ni immédiatement le témoignage d'un homme contre lui-même. Je lui laisse toujours le temps de réfléchir, et lui en

donne plusieurs fois le conseil. » Va, chrétien, et fais de même ! de peur que les païens « ne s'élèvent contre toi au jour du jugement ! »

14. Mais combien nos jugements seraient plus rares, ou combien nous en reviendrions plus facilement si nous voulions marcher d'après la règle claire et expresse posée par le Seigneur lui-même ! « Si ton frère a péché contre toi » ou si tu apprends ou crois qu'il l'a fait, « va et reprends-le entre toi et lui seul » voilà la première chose à faire ; « s'il t'écoute, tu auras gagné ton frère. Mais s'il ne t'écoute pas, prends avec toi encore une ou deux personnes, afin que tout soit, con-firmé sur la parole de deux ou de trois témoins. Que s'il ne daigne pas les écouter, dis-le à l'Église » soit aux anciens, soit à la congrégation entière ! Cela fait, n'y pense plus ; tu as rempli ton devoir, remets le reste à Dieu.

15. Mais je suppose que, par la grâce de Dieu, tu aies ôté la poutre de ton œil et que tu sois maintenant capable de discerner la paille ou la poutre qui se trouve dans l'œil de ton frère, prends garde néanmoins, on voulant le guérir, de te nuire à toi-même. Prends garde de donner « les choses saintes aux chiens. » N'attribue légèrement ce titre à personne, mais s'il en est qui évidemment le méritent, alors « ne jetez pas vos perles devant les pourceaux. » Craignez d'avoir ce zèle qui est sans connaissance ; car là est un autre obstacle pour ceux qui désirent être « par-faits, comme leur Père céleste est parfait. » En effet, ayant ce désir, ils ne peuvent que souhaiter à tous les hommes la même grâce. Or, lorsque nous avons part nous-mêmes « au don céleste, » à cette foi qui est « la démonstration des choses qu'on ne voit point, » nous nous étonnons que d'autres puissent ne pas voir ce que nous voyons si clairement, et nous croyons facile d'ouvrir les yeux de tous ceux avec qui nous avons quelque relation. Nous voilà donc attaquant sans plus tarder tous ceux que nous rencontrons, pour les contraindre à voir, bon gré mal gré ; et les suites fâcheuses d'un zèle si mal dirigé, nuisent souvent à nos propres âmes. C'est pour nous garder d'user ainsi notre force pour néant, que le Seigneur ajoute cet avertissement nécessaire à tous, mais surtout nécessaire aux nouveaux convertis qui brûlent du premier amour : « Ne donnez pas les choses saintes aux chiens, et ne jetez pas vos perles devant les pourceaux, de peur qu'ils ne les foulent aux pieds et que se tournant, ils ne vous déchirent. »

16. « Ne donnez pas les choses saintes aux chiens. » Gardez-vous de croire qui que ce soit digne de ce nom, jusqu'à ce que vous en ayez des preuves incontestables auxquelles vous ne puissiez résister. Mais s'il est clairement et irréfutablement prouvé que tels et tels sont des hommes impies et méchants, non seulement étrangers à Dieu, mais ennemis de Dieu, de toute justice et de toute vraie sainteté : alors « ne livrez pas la chose sainte, » comme il est dit emphati-quement dans le texte à de telles gens. Les doctrines particulières de l'Évangile, ces doctrines saintes, cachées dans les âges précédents, mais révélées maintenant pour nous en Jésus-Christ par le Saint-Esprit, ne doivent pas être prostituées à ces gens qui ne savent pas même s'il y a un Saint-Esprit. Non, sans doute, que les ambassadeurs de Christ puissent se dispenser de les déclarer dans la grande assemblée, là où se trouvent probablement quelques-uns de ces gens ; il faut que nous parlions, soit que les hommes écoutent, soit qu'ils n'en fassent rien ; mais pour le commun des chrétiens, le cas est différent. Ils ne sont pas revêtus de ce redoutable caractère et ne sont en aucune manière sous l'obligation de faire entendre à tout prix ces grandes et glorieuses vérités à ceux qui contredisent, qui blasphèment et qui ont contre elles une inimitié enracinée. Ils ont plu-tôt le devoir d'en agir tout autrement et de ne leur donner que ce qu'ils peuvent supporter. N'engagez donc pas avec eux d'entretien sur le pardon des péchés et le don du Saint-Esprit ; mais parlez-leur dans leur langue et d'après les principes qu'ils peuvent comprendre. À l'honorable, raisonnable et injuste épicurien, parlez « de la justice, de la tempérance et du jugement à venir. » Ce sera probablement le meilleur moyen de faire trembler Félix. Réservez de plus profonds sujets à des capacités plus hautes.

17. Et « ne jetez pas non plus vos perles devant les pourceaux. » Ne consentez qu'à contre-cœur à parler sur qui que ce soit un pareil jugement. Mais si le fait est clair, irrécusable et hors de toute contestation, si les pourceaux ne cherchent pas à se déguiser, s'ils « se glorifient de ce qui fait leur confusion, » si loin de prétendre à la pureté du cœur ou de la vie, ils commettent avec empressement toutes sortes d'impuretés, alors « ne jetez pas vos perles devant eux. » Ne leur parlez pas de ces mystères du royaume des cieux « que l'œil n'a point vus, que l'oreille n'a point

entendus, » et que par conséquent ils ne peuvent en aucune manière comprendre. » Ne leur dites rien « des grandes et précieuses promesses » que Dieu nous a données dans le Fils de son amour. Songeraient-ils à être « faits participants de la nature divine, » eux qui ne désirent pas même « échapper à la corruption qui règne dans le monde par la convoitise ? » Autant les pourceaux ont de sens et de goût pour les perles, autant ils en ont pour les choses profondes de Dieu, eux qui sont plongés dans la fange de ce monde, dans les plaisirs, les souhaits et les soucis de la terre. Oh ! ne jetez pas devant eux ces perles, « de peur qu'ils ne les foulent aux pieds, » de peur qu'ils ne fassent un souverain mépris de ce qu'ils ne peuvent comprendre, et ne médisent des choses qu'ils ne connaissent point. Il est même probable qu'il s'ensuivrait encore d'autres inconvénients. Et qu'y aurait-il d'étrange si, conformément à leur nature, ils se retournaient pour vous déchirer, s'ils vous rendaient le mal pour le bien, la malédiction pour la bénédiction, et la haine en échange de votre bonne volonté ? Telle est l'inimitié de l'âme charnelle contre Dieu et contre tout ce qui est de Dieu. Tel est le traitement que vous devez attendre d'eux si vous leur faites l'outrage impardonnable de chercher à sauver leurs âmes de la mort et à les arracher comme des tisons du feu !

18. Ne désespérez pourtant pas entièrement même de ceux qui, pour le présent, « se retournent et vous déchirent. » Car si tous vos arguments et toutes vos représentations manquent leur effet, il reste encore un remède, un remède dont l'efficace se montre souvent là où échouent tous les autres, la prière ! C'est pourquoi, dans tous vos besoins ou vos désirs pour les autres ou pour vous-mêmes : « Demandez et on vous donnera ; cherchez et vous trouverez ; heurtez et on vous ouvrira. » Ceci répond à un troisième grand obstacle que nous rencontrons sur le chemin de la sanctification. « Vous n'avez pas parce que vous ne demandez pas ! » Oh ! combien vous pourriez être à cette heure doux et débonnaires, humbles de cœur et pleins d'amour pour Dieu et pour les hommes, si seulement vous l'aviez demandé, si vous aviez persisté à le demander instamment ? Mais maintenant encore « demandez, et il vous sera donné. » « Demandez de pouvoir ressentir et pratiquer parfaitement cette religion dont le modèle est ici décrit dans toute sa beauté, et « il vous sera donné » d'être « saints comme il est saint, » dans votre cœur et dans toute votre conduite. « Cherchez » de la manière qu'il ordonne lui-même, en « sondant les Écritures, » en écoutant, en méditant sa parole, dans le jeûne et la participation à ta sainte Cène, et certainement « vous trouverez : » vous trouverez cette « perle de grand prix, » cette foi « qui surmonte le monde, » cette foi que le monde ne peut donner, cet amour qui est « les arrhes de votre héritage. » « Heurtez, » persévérez dans la prière et dans tous les autres moyens voulus par le Seigneur ; ne vous laissez ni décourager, ni abattre, persistez à demander « une marque de sa faveur, » n'acceptez pas de refus, et ne « le laissez point aller qu'il ne vous ait béni ; » et « on vous ouvrira » la porte de la grâce, la porte de la sainteté, la porte des cieux.

19. Par compassion pour la dureté de notre cœur si lent à croire de telles promesses, le Seigneur daigne encore les répéter et les confirmer : « Car, » dit-il, « quiconque demande, reçoit ; » en sorte qu'il n'est point nécessaire que personne soit privé de la bénédiction, « Et quiconque cherche, trouve, » trouve l'amour et la ressemblance de Dieu ; « et à celui qui heurte, » à quiconque heurte, la porte de justice sera ouverte. Il n'y a donc lieu pour personne de se décourager, comme si l'on pouvait demander, chercher, heurter en vain. Ayez seulement toujours à cœur de prier, de chercher, de heurter sans perdre courage, et la promesse est dès lors assurée. Elle est ferme comme les colonnes des cieux ; que dis-je, bien plus ferme : car « le ciel et la terre passeront, » dit le Seigneur, « mais mes paroles ne passeront point. »

20. Mais notre Sauveur va achever de nous ôter tout prétexte d'incrédulité, en faisant appel aux sentiments de nos propres cœurs. « Quel est l'homme d'entre vous, » dit-il, « qui donne une pierre à son fils, s'il lui demande du pain ? » L'affection naturelle permet-elle de refuser la juste requête de celui qu'on aime ? « Ou s'il lui demande du poisson, lui donnera-t-il un serpent ? » Au lieu de choses bonnes, lui donnera-t-il des choses nuisibles ? Vous pouvez donc tirer de vos propres sentiments et de votre propre conduite la pleine assurance, non seulement qu'aucun effet fâcheux ne peut résulter pour vous de vos prières, mais que plutôt elles auront pour effet la pleine satisfaction de tous vos besoins. « Car, si vous, qui êtes méchants, savez bien donner à vos enfants de bonnes choses, combien plus votre Père qui est dans les cieux, » qui est la bonté pure,

essentielle, sans mélange, « donnera-t-il de bonnes choses (ou, comme il est dit ailleurs, son Saint-Esprit) à ceux qui les lui demandent. » Dans le Saint-Esprit sont comprises toutes les bonnes choses, toute sagesse, toute paix, toute joie, tout amour, tous les trésors de sainteté et de félicité, tout « ce que Dieu a préparé pour ceux qui l'aiment. »

21. Mais, pour que vos prières aient tout leur poids auprès de Dieu, songez à être envers tous les hommes dans des sentiments de charité. Car autrement vous en recueilleriez plutôt une malédiction qu'une bénédiction. Ceci vous indique un autre obstacle qu'il vous faut avoir soin d'enlever au plus tôt. Affermissez-vous dans l'amour pour tous vos frères et pour tous les hommes. Et ne les aimez pas « des lèvres et en paroles seulement, mais en effet et en vérité. » « C'est pourquoi, tout ce que vous voulez que les hommes vous fassent, faites-le-leur pareillement, car c'est là la loi et les prophètes. »

22. C'est ici cette « loi royale, » cette règle d'or de la miséricorde et de la justice, que même un empereur païen fit écrire au-dessus de la porte de son palais ; cette règle que plusieurs croient être gravée naturellement dans le cœur de tout homme venant au monde. Toujours est-il certain qu'elle se recommande d'elle-même à la conscience et à la raison de quiconque l'entend prononcer, en sorte que nul ne peut sciemment y contrevenir sans se sentir aussitôt condamné par son propre cœur.

23. « C'est ici la loi et les prophètes. » Tout ce qui est écrit dans la loi de Dieu donnée autrefois aux hommes, tous les préceptes donnés de Dieu à ses saints prophètes dès la création du monde, sont sommairement contenus dans cette courte instruction, et, bien comprise, elle embrasse aussi toute la religion que notre Seigneur est venu établir sur la terre.

24. On peut la comprendre dans un sens positif et dans un sens négatif. Dans le sens négatif elle nous dit : « Ne faites pas aux hommes ce que vous ne voulez pas qu'ils vous fassent. » C'est une règle simple, toujours accessible et d'une application toujours facile. Dans tous les cas où vous avez affaire à votre prochain, mettez-vous d'abord à sa place. Supposez que vous êtes dans sa position et lui dans la vôtre ; vous apprendrez ainsi quels sont les sentiments, les pensées que vous devez réprimer, les paroles, les actes que vous devez éviter à son égard, puisque vous les auriez condamnés en lui. Dans le sens direct et positif, elle nous dit : Faites, de tout votre pouvoir, à tout enfant des hommes, tout ce que vous pourriez raisonnablement désirer de lui s'il était à votre place.

25. Prenons, comme au hasard, un ou deux exemples. Notre conscience nous dit à tous bien clairement que nous n'aimons pas qu'on nous juge, qu'on pense légèrement et sans cause du mal de nous ; bien moins encore qu'on parle mal de nous, et qu'on publie nos fautes réelles et nos faiblesses. — Tirez de cela l'application : ne faites pas à d'autres ce que vous ne voulez pas qu'ils vous fassent, et dès lors il ne vous arrivera plus de juger votre prochain, de penser légèrement du mal de qui que ce soit, et bien moins encore de médire ou même de mentionner les fautes réelles d'une personne absente, à moins que vous ne soyez convaincu que l'intérêt d'autres âmes vous y oblige.

26. Nous désirons que les hommes nous aiment et nous estiment, qu'ils pratiquent envers nous la justice, la miséricorde et la fidélité. Nous pouvons raisonnablement désirer qu'ils nous fassent tout le bien qu'ils peuvent nous faire sans se faire du tort à eux-mêmes, et pour les choses terrestres, nous pouvons même souhaiter (conformément à une règle bien connue) ; « que leur superflu cède à notre utilité, leur utilité à nos nécessités, et leurs nécessités à nos extrémités. » Eh bien donc ! marchons nous-mêmes d'après cette règle ; faisons à tous les hommes ce que nous voudrions qu'ils fissent pour nous. Aimons et honorons tous les hommes. Que la justice, la miséricorde et la fidélité gouvernent tous nos sentiments et toutes nos actions. Que notre superflu cède à l'utilité de notre prochain (et à qui restera-t-il alors du superflu ?), notre utilité à ses nécessités et nos nécessités à ses extrémités.

27. C'est là de la vraie, de la pure morale. « Fais cela, et tu vivras. » Et « pour tous ceux qui marchent suivant cette règle, que la paix soit sur eux, » car ils sont « l'Israël de Dieu. » Ajoutons maintenant que personne ne peut suivre cette règle (ni ne l'a fait depuis le commencement du monde), personne ne peut aimer son prochain comme lui-même, s'il n'a commencé par aimer Dieu ; et personne ne peut aimer Dieu s'il ne croit en Christ, s'il n'a la rédemption par son sang,

et si le Saint-Esprit « ne rend témoignage avec son Esprit qu'il est enfant de Dieu. » La foi demeure donc la racine de tout, du salut présent comme du salut éternel ; et toujours nous devons dire à chaque pécheur : « Crois au Seigneur Jésus-Christ, et tu seras sauvé. » Tu seras sauvé maintenant, afin que tu sois sauvé à toujours, sauvé sur la terre, pour être sauvé dans le ciel, crois en lui, et ta foi sera « agissante par la charité. » Tu aimeras le Seigneur ton Dieu, parce qu'il t'a aimé ; tu aimeras ton prochain comme toi-même ; et dès lors tu mettras ta gloire et ta joie à exercer et à accroître cet amour, non seulement en t'abstenant de ce qui y est contraire, de toute malveillance en pensées, en paroles ou en actions, mais encore en ayant pour tout homme la bonté que tu voudrais qu'il eût à ton égard.

SERMON 31

Le sermon sur la montagne

Onzième discours

Entrez par la porte étroite ; car la porte large et le chemin spacieux
mènent à la perdition, et il y en a beaucoup qui y entrent ; mais la porte
étroite et le chemin étroit mènent à la vie, et il y en a peu qui les
trouvent.
— Matthieu 7.13, 14 —

1. Notre Seigneur nous ayant avertis des dangers intérieurs qui nous assiègent facilement à nos premiers pas dans la vraie religion, des obstacles qui naissent naturellement de la perversité de nos propres cœurs, nous fait connaître maintenant les empêchements du dehors, particulièrement ceux qui proviennent des mauvais exemples et des mauvais conseils. Par l'une ou l'autre de ces deux influences, des milliers d'âmes qui « couraient bien » se sont retirées, pour marcher à la perdition, des âmes mêmes qui n'étaient plus novices dans la piété, mais qui avaient fait des progrès dans la justice. C'est pourquoi il nous donne, à ces deux égards, l'avertissement le plus pressant et le plus sérieux, et le répète sous plusieurs formes pour qu'en aucune manière nous ne le laissions écouler. Ainsi, pour nous garder contre le premier danger, il nous dit : « Entrez par la porte étroite, car la porte est large et le chemin est spacieux qui mène à la perdition, et il y en a beaucoup qui y entrent, mais la porte est étroite et le chemin est étroit qui mène à la vie, et il y en a peu qui le trouvent. » Et pour nous prémunir contre le second danger : « Gardez-vous des faux prophètes, » etc. Pour aujourd'hui nous nous en tiendrons au premier point.

2. « Entrez, dit le Seigneur, par la porte étroite, car la porte est large et le chemin spacieux qui mène à la perdition, et il y en a beaucoup qui y entrent, mais la porte est étroite et le chemin étroit qui mène à la vie, et il y en a peu qui le trouvent. »

3. Nous considèrerons ici trois choses : 1° les caractères propres et inséparables du chemin de l'enfer « La porte est large et le chemin spacieux qui mène à la perdition, et il y en a beaucoup qui y entrent. » 2° Les caractères propres et inséparables du chemin du ciel : « La porte est étroite et le chemin étroit qui mène à la vie, et il y en a peu qui le trouvent. » 3° L'exhortation sérieuse qui en est la conséquence « Entrez par la porte étroite. »

I

1. Et d'abord, quant au premier point, combien est large la porte, combien est spacieux le chemin qui mène à la perdition !

2. Car la porte de l'enfer, c'est le péché, et le chemin de la perdition, c'est la méchanceté ! Le « commandement de Dieu est d'une grande étendue, » puisqu'il s'étend non seulement à toutes nos actions, mais à toute parole qui sort de nos lèvres, à toute pensée même qui s'élève de nos cœurs. Or, l'étendue du péché est tout aussi grande, puisque toute violation du commandement est péché. Que dis-je ? elle est mille fois plus grande ; car il n'y a qu'une manière d'observer le commandement, puisque nous ne l'observons en réalité que si dans la chose même que nous faisons, dans la manière de la faire et dans tout ce qui s'y rattache, nous sommes irréprochables, tandis qu'il y a mille manières de violer chaque commandement. Cette porte est donc vraiment large !

3. Mais considérons ceci d'un peu plus près ; quelle n'est pas l'étendue de ces péchés fondamentaux d'où naissent tous les autres ; de cet « amour du monde qui est inimitié contre Dieu, de

l'esprit charnel, de l'orgueil, de la volonté propre ! Pouvons-nous leur assigner des limites ? Ne se répandent-ils pas à travers nos pensées, ne se mêlent-ils pas à tous nos sentiments ? Ne sont-ils pas comme un levain qui fait lever, plus ou moins, toute la masse de nos affections ? Et ne pouvons-nous pas, par une observation attentive et fidèle de nous-mêmes, voir ces « racines d'amertume bourgeonnant continuellement en haut, » infectant toutes nos paroles, souillant toutes nos actions ? Et que leurs rejetons sont innombrables de siècle en siècle ! assez pour couvrir la terre entière de ténèbres et « de demeures de violence ! »

4. Oh ! qui fera l'énumération de leurs fruits maudits ! Qui comptera tous les péchés qui se commettent, soit contre Dieu, soit contre le prochain ? Ce n'est point un rêve de notre imagination, mais on peut les constater par une triste et journalière expérience. Et pour les trouver nous n'avons pas besoin de courir le monde. Observez un seul royaume, une seule province, une seule ville, et vous ferez, en ce genre, une riche moisson ! Et ne prenez pas une contrée mahométane ou païenne, prenez une de celles qui se nomment du nom de Christ et qui se glorifient de la lumière de son Évangile. Arrêtez-vous dans notre pays même et dans la ville que nous habitons. Nous nous disons chrétiens et même des chrétiens par excellence, des chrétiens réformés ! Mais, hélas ! qui fera pénétrer dans nos cœurs et dans notre vie la réformation de nos opinions ? Car combien sont innombrables nos péchés, nos péchés les plus criants ! Les abominations les plus grossières n'abondent-elles pas parmi nous chaque jour ? Nos péchés, de toute sorte, ne couvrent-ils pas le pays comme le fond de la mer est couvert par les eaux ? Qui pourrait les compter ? Allez plutôt compter les gouttes de pluie, ou le sable des bords de la mer ! Tant est large la porte, tant est « spacieux le chemin qui mène à la perdition ! »

5. Et « il y en a beaucoup qui entrent » par cette porte, beaucoup qui vont par ce chemin, autant presque qu'il y en a qui entrent par la porte de la mort et qui descendent dans le sépulcre. Car on ne peut nier (quoiqu'on ne puisse non plus le reconnaître sans honte et sans douleur) que, même dans ce pays chrétien, les masses de tout âge, de tout sexe, de tout état, de tout rang, grands et petits, riches et pauvres, suivent le chemin de la perdition. Et, dans cette ville, les habitants, en grande majorité, vivent, jusqu'à ce jour, dans le péché, dans quelque transgression palpable, habituelle, consciente de la loi divine qu'ils font profession d'observer, et même dans quelque forme grossière d'impiété ou d'injustice, dans quelque violation ouverte de leurs devoirs, soit envers Dieu, soit envers les hommes. Ceux-là donc, évidemment, marchent tous dans le chemin de la perdition. Joignez-y ceux qui ont, il est vrai, « le bruit de vivre, » mais qui ne connaissent pas la vie de Dieu ; ceux qui, au dehors, paraissent beaux aux yeux des hommes, mais qui sont, au dedans, pleins de corruption, pleins d'orgueil et de vanité, de colère et de rancune, d'ambition et de convoitises, amateurs d'eux-mêmes, amateurs du monde et des plaisirs plutôt que de Dieu. Ceux-là peuvent être, sans doute, fort estimés des hommes, mais ils sont abominables aux yeux du Seigneur. Et combien ces saints du monde n'enfleront-ils pas le nombre des enfants de perdition ! Ajoutez encore ; quels qu'ils puissent être à d'autres égards, tous ceux qui ne connaissent pas la justice de Dieu et voulant établir leur propre justice, ne se soumettent point à la justice qui vient de Dieu par la foi. Tout cela joint ensemble, de quelle terrible vérité vous paraîtra cette assertion du Seigneur : « La porte est large et le chemin spacieux qui mène à la perdition, et il y en a beaucoup qui y entrent ! »

6. Encore ceci ne regarde-t-il pas uniquement le vulgaire, — le pauvre, stupide et vil troupeau de l'humanité. Des hommes éminents dans le monde, des hommes qui ont beaucoup de terres et de couples de bœufs, n'ont garde, en ceci, de se faire excuser. Au contraire, il y en a ici « beaucoup d'appelés » d'entre les sages selon la chair, d'entre les puissants, les courageux, les riches, les nobles au jugement des hommes, appelés dans la voie large par le monde, la chair et le diable, et qui obéissent avec empressement à cet appel. Que dis-je ? plus ils sont élevés en fortune et en puissance, plus ils se dégradent en perversité. Plus ils ont reçu de bénédictions de Dieu, plus ils l'offensent, employant leurs honneurs, leurs richesses, leur sagesse, leur science, non comme moyens de travailler à leur salut, mais plutôt comme moyens d'exceller dans le vice et de rendre leur perdition plus certaine.

II

1. Au reste, c'est précisément parce qu'il est large, que plusieurs suivent ce chemin avec tant de sécurité, ne considérant pas que c'est le caractère inséparable du chemin de la perdition. Ils y marchent par la raison même qui devrait le leur faire éviter, parce qu'il est large et parce que « le chemin de la vie est étroit et qu'il y en a peu qui le trouvent. »

2. « La porte de la vie est étroite, le chemin de la vie est étroit ; » si étroit qu'il ne peut y entrer « rien d'impur ni de souillé. » C'est un caractère inséparable du chemin du ciel. Nul pécheur ne peut passer par cette porte avant d'être sauvé de tous ses péchés. Non pas seulement de ses grossiers péchés, « de la vaine manière de vivre qu'il a apprise de ses pères. » Il ne suffit pas qu'il ait « cessé de mal faire, appris à bien faire, » ni qu'il soit sauvé de toute action impure, de toute parole inutile et mauvaise. Il faut encore qu'il soit changé intérieurement et complètement renouvelé dans l'esprit de son entendement ; sans quoi il ne peut passer, par la porte de la vie, ni entrer dans la gloire.

3. Car le chemin qui conduit à la vie, — le chemin de la parfaite sainteté est étroit. — Il est étroit, le chemin de la pauvreté d'esprit, le chemin de la sainte tristesse, le chemin de l'humilité, le chemin de la faim et de la soif de la justice. Il est étroit le chemin de la miséricorde, de la charité sans hypocrisie, de la pureté du cœur, de la bienfaisance envers tous les hommes, de la patience et de la joie lorsqu'on souffre le mal, toute sorte de mal pour la cause de la justice.

4. « Et il y en a peu qui le trouvent. » Hélas ! qu'il y en a peu qui trouvent même l'honnêteté païenne ! qu'il y en a peu qui s'abstiennent de faire à autrui ce qu'ils ne veulent pas qu'on leur fasse à eux-mêmes ! qui soient innocents devant Dieu d'actes injustes ou malveillants ! qui ne pèchent pas par leur langue, qui ne prononcent aucune méchanceté, aucun mensonge ! Qu'il est petit le nombre de ceux qui sont exempts des transgressions du dehors ! A plus forte raison sont-ils peu nombreux ceux dont le cœur est droit, pur et saint devant Dieu ! Où sont ceux que son œil scrutateur trouve vraiment humbles, s'abaissant et s'abhorrant eux-mêmes dans la poudre et la cendre, devant Dieu leur Sauveur, ceux qu'il voit profondément et constamment sérieux, sentant leurs besoins et se conduisant avec crainte durant le temps de leur séjour sur la terre ; ceux qu'il voit débonnaires et doux, n'étant jamais surmontés par le mal, mais surmontant le mal par le bien, toujours altérés de Dieu et soupirant pour le renouvellement à sa ressemblance ! Qu'ils sont clairsemés sur la terre ceux dont l'âme est élargie pour aimer tous les hommes, et qui aiment Dieu de toute leur force, qui lui ont donné leur cœur et qui ne souhaitent que lui dans le ciel et sur la terre ; ceux qui par amour pour Dieu et pour les hommes se dépensent entièrement à faire du bien aux hommes, et qui sont prêts à souffrir tout, même la mort, pour sauver une seule âme de la perdition !

5. Mais puisqu'il y en a si peu dans le chemin de la vie et tant dans le chemin de la perdition, il est fort à craindre que nous ne soyons entraînés avec ces derniers par le torrent de l'exemple. Quelle impression un exemple même isolé ne peut-il pas faire sur nous, s'il est continuellement sous nos yeux, surtout s'il a pour lui la nature, s'il s'accorde avec nos inclinations ! Combien grande sera donc la force d'exemples si nombreux et toujours placés devant nous, et tous conspirant avec nos propres cœurs à nous faire descendre le courant de la corruption ! Qu'il est difficile d'aller contre vent et marée et de nous conserver purs des souillures du monde !

6. Mais voici qui aggrave encore la difficulté : ce n'est pas la foule ignorante et sans entendement, ce n'est point elle seule du moins qui nous donne l'exemple, qui nous pousse dans le chemin de l'abîme ; mais ce sont les gens sages, polis, bien nés, les gens capables, instruits, éloquents, les gens de goût et de science, les gens raisonnables et qui ont la connaissance du monde ! Tous ceux-là, ou presque tous, sont contre nous. Et comment leur résister ? Leurs lèvres ne distillent-elles pas le miel et n'entendent-ils pas à fond la douce persuasion ? Ne sont-ils pas maîtres en fait de raisonnement, de controverse, de disputes de mots ? Ce n'est que jeu pour eux de prouver que le chemin est le droit chemin puisqu'il est large, qu'on ne peut faire le mal en suivant la multitude mais en refusant de la suivre, que votre chemin est le mauvais chemin puisqu'il est étroit et puisqu'il y en a si peu qui le trouvent. Ils prouveront jusqu'à l'évidence que le mal est bien et le

bien mal, que la voie de la sainteté est la voie de la perdition, et que le chemin du monde est le seul chemin qui mène au ciel.

7. Comment de pauvres ignorants pourraient-ils se défendre contre de tels opposants ? Et pourtant il faut encore qu'ils soutiennent contre d'autres adversaires une lutte non moins inégale. Car il y a encore dans le chemin qui mène à la perdition, « beaucoup de puissants et de nobles, » qui ont pour convaincre une voie plus courte que celle de la discussion et du raisonnement. Ce n'est point à l'intelligence qu'ils ont coutume de s'adresser, mais à la timidité de ceux qui leur résistent, et, là même où l'argumentation ne sert de rien, cette méthode d'intimidation manque rarement son effet, étant au niveau de la capacité de tous les hommes ; car tous sont accessibles à la peur, qu'ils sachent ou non raisonner. Et comment, sans une ferme confiance en Dieu, en sa puissance et en son amour, ne pas craindre de déplaire à ceux qui ont entre les mains la puissance de ce monde ? Il n'est donc pas étonnant que leur exemple soit une loi pour tous ceux qui ne connaissent point Dieu.

8. Il y a aussi, dans la voie large, « beaucoup de riches, » Et ceux-ci font appel aux espérances et aux vaines convoitises des gens avec non moins de force et de succès que les puissants et les nobles à leurs craintes. En sorte qu'il vous est difficile de persévérer dans le chemin du royaume, à moins que vous ne soyez morts à tout ce qui est d'ici-bas, que Dieu seul soit votre désir, que le monde soit crucifié à votre égard et que vous soyez crucifié au monde.

9. Car voyez comme tout, dans la voie opposée, paraît obscur, incommode, rebutant ! Une porte étroite ; un chemin étroit ! et peu de gens seulement qui trouvent cette porte ! peu qui suivent ce chemin ! Encore si ce peu de gens étaient des sages, des hommes instruits, éloquents ! mais loin de là, ils ne savent mettre ni clarté, ni forces dans leurs raisonnements ; ils ne savent soutenir aucune discussion à leur avantage. Ils sont incapables de prouver ce qu'ils font profession de croire, ou même de rendre compte de ce qu'ils appellent leur expérience : Evidemment de tels avocats, bien loin de recommander la cause qu'ils ont embrassée, ne peuvent que jeter sur elle du discrédit.

10. Ajoutez à cela qu'ils ne sont ni nobles, ni honorés dans le monde. S'ils l'étaient, vous supporteriez peut-être leur folie. Ce sont des gens sans crédit, sans autorité, des gens du commun, des gens de rien, et qui, lors même qu'ils le voudraient, n'auraient pas le pouvoir de vous nuire. Il n'y a donc rien à craindre d'eux, ni rien à espérer, car ils peuvent dire pour la plupart : « Je n'ai ni argent, ni or, » ou au moins ils en ont bien peu ; quelques-uns même ont à peine de quoi manger ou de quoi se vêtir. C'est pour cela aussi bien que pour la singularité de leurs voies, que partout on parle contre eux, on les méprise, on rejette leur nom comme mauvais, on les persécute, on les traite comme l'ordure et la balayure du monde. En sorte que soit vos craintes, soit vos espérances, soit vos désirs (excepté ceux qui vous viennent directement de Dieu), tout, en un mot, dans vos sentiments et dans vos passions naturelles vous pousse continuellement à retourner dans le chemin large et spacieux !

III

1. C'est pour cela que le Seigneur nous dit avec tant d'insistance : « Entrez, » ou, suivant l'expression d'un autre Évangile : « Efforcez-vous d'entrer par la porte étroite ; » l'expression du texte indique même un combat et comme une agonie. « Car plusieurs, » dit le Seigneur, « chercheront (il ne dit pas s'efforceront) d'y entrer, mais ils ne le pourront. »

2. Il est vrai que le verset suivant semble indiquer pour leur rejection une autre raison que leur tiédeur à chercher. Après avoir dit : « Plusieurs chercheront à y entrer, mais ils ne le pourront, » il ajoute immédiatement : « Quand le père de famille sera entré et qu'il aura fermé la porte ; et que vous, étant dehors, vous vous mettrez à heurter et à dire : Seigneur, Seigneur, ouvre-nous ! il vous répondra : Je ne sais d'où vous êtes ! retirez-vous de moi, vous tous qui faites métier de l'iniquité ! » (Lc 13.24-27)

3. Il paraîtrait de là, au premier abord, que s'ils ne peuvent entrer, c'est pour avoir différé de chercher plutôt que pour avoir cherché négligemment. Mais, au fond, cela revient au même. Ils reçoivent donc l'ordre de se retirer, pour avoir fait métier de l'iniquité, pour avoir marché dans la voie large, ou, en d'autres termes, pour ne pas s'être efforcés d'entrer. Quand la porte était ou-

verte, ils auront, sans doute, cherché, mais négligemment et sans succès ; et quand elle sera fermée, ils commenceront, mais trop tard, à s'efforcer.

4. Vous donc, efforcez-vous maintenant, dans ce jour qui vous est donné, efforcez-vous d'entrer par la porte étroite ! Et, pour cela, mettez-vous bien dans l'esprit et ne cessez de considérer que, si vous êtes dans la voie large, vous êtes dans le chemin de la perdition. Si vous marchez en grande compagnie, croyez, aussi sûr que Dieu est véritable, croyez que c'est vers l'enfer que tous ensemble vous marchez. Si vous faites comme fait la généralité des hommes, vous allez vers l'abîme sans fond. Vous avez pour compagnons de voyage beaucoup de sages, beaucoup de riches, beaucoup de puissants et de nobles ? C'est assez pour vous montrer, sans autre preuve, que vous ne suivez pas le chemin de la vie. Attachez-vous, sans autre indication, à cotte règle simple, courte et infaillible. Quelle que soit votre condition, il faut que vous paraissiez singulier ou que vous soyez damné ! Le chemin de l'enfer n'a rien de singulier, mais le chemin du ciel est singulier d'un bout à l'autre. Dès les premiers pas que vous faites sérieusement vers Dieu, vous n'êtes plus comme les autres hommes. Mais que vous importe ? Il vaut bien mieux être isolé que de tomber dans l'abîme ! « Poursuis donc patiemment la course qui t'est proposée, » bien qu'ayant peu de compagnons. Il n'en sera pas toujours ainsi. Encore un peu de temps, et tu seras réuni « aux milliers d'anges, à l'assemblée et à l'Église des premiers-nés, et aux esprits dos justes parvenus à la perfection. »

5. Maintenant, « efforcez-vous d'entrer par la porte étroite, » ayant un profond sentiment de l'inexprimable danger que court votre âme tant que vous êtes dans la voie large, tant que vous êtes sans cette pauvreté d'esprit, et, en général, sans cette religion intérieure que le grand nombre, que les riches, que les sages tiennent pour folie, « efforcez-vous d'entrer, » plein de chagrin et de honte pour avoir si longtemps couru avec la foule insouciante, et négligé si ce n'est méprisé, cette « sainteté sans laquelle personne ne verra le Seigneur. » « Efforcez-vous, » comme dans une sainte agonie, de peur que « la promesse vous étant faite d'entrer dans son repos, dans le repos qui reste pour le peuple de Dieu, vous n'en soyez pourtant exclu. » « Efforcez-vous » avec toute ardeur d'esprit et des « soupirs qui ne peuvent s'exprimer. » « Efforcez vous, » en « priant sans cesse, » partout et toujours, élevant vos cœurs à Dieu et ne lui laissant pas de repos jusqu'à ce que vous ressuscitiez à son image et que vous soyez « rassasié de sa ressemblance ! »

6. Un dernier mot : « efforce-toi d'entrer par la porte étroite ; » mais que ce ne soit pas seulement par cette agonie de repentance, d'inquiétude, de honte, de désirs, de craintes, et par ces prières incessantes ; que ce soit aussi en réglant ta conduite, en marchant de toutes tes forces dans les voies de Dieu, dans l'innocence, la piété et la miséricorde. Abstiens-toi de toute apparence de mal, fais autant de bien que possible à tous les hommes, renonce en tout à toi-même, à ta propre volonté, et charge-toi, chaque jour, de ta croix. Sois prêt à te couper la main droite, à t'arracher l'œil droit et à les jeter loin de toi, à souffrir la perte de tes biens, de tes amis, de ta santé, de tout sur la terre, pourvu que tu puisses entrer dans le royaume des cieux.

Le sermon sur la montagne

Douzième discours

Gardez-vous des faux prophètes qui viennent à vous en habits de brebis,
mais qui au dedans sont des loups ravissants. Vous les reconnaîtrez à
leurs fruits : cueille-t-on des raisins sur des épines ou des figues sur des
chardons ? Ainsi, tout arbre qui est bon porte de bons fruits, mais un
mauvais arbre porte de mauvais fruits. Un bon arbre ne peut porter de
mauvais fruits, ni un mauvais arbre porter de bons fruits. Tout arbre
qui ne porte pas de bons fruits est coupé et jeté au feu. Vous les
connaîtrez donc à leurs fruits.
—Matthieu 7.15-20 —

1. Il est presque impossible d'exprimer ou de concevoir quelle multitude d'âmes ont couru à la perdition pour ne pas vouloir, même en vue du salut, suivre un chemin étroit. Et c'est ce que nous observons encore journellement. Telle est la folie, la démence des hommes, que des milliers d'entre eux continuent à courir dans la voie de l'enfer, par le seul motif que c'est une voie large. Ils y marchent parce que d'autres y marchent. Puisqu'il y en a tant qui périssent, ils veulent grossir le nombre. Telle est sur les pauvres enfants des hommes la surprenante influence de l'exemple ! Elle ne cesse de peupler les régions de la mort et de précipiter d'innombrables multitudes dans la perdition éternelle !

2. Pour avertir les hommes et pour en sauver le plus possible de cette envahissante contagion, Dieu a commandé à ses sentinelles d'élever la voix et de leur montrer le danger où ils sont. C'est pour cela que de siècle en siècle il a envoyé ses serviteurs les prophètes pour indiquer l'étroit sentier et pour exhorter tout homme à ne point se conformer au siècle présent. Mais que sera-ce si les sentinelles mêmes tombent dans le piège qu'elles devraient signaler ? Que sera-ce si les prophètes prophétisent le mensonge et font détourner le peuple du chemin ? S'ils montrent comme chemin de la vie éternelle celui qui conduit en réalité à l'éternelle mort, et s'ils exhortent les gens à marcher, comme ils le font eux-mêmes, dans la voix large et non dans la voie étroite ?

3. Est-ce une chose inouïe ou peu commune ? Hélas, non ! Dieu le sait. Les exemples en sont presque innombrables, et cela dans tous les siècles et chez toute nation. Mais quoi ! les ambassadeurs de Dieu se changer en agents du Diable, ceux qui avaient charge d'enseigner aux hommes le chemin du ciel leur enseigner celui de l'enfer, n'est-ce pas terrible ? Ils sont comme les sauterelles d'Egypte « qui broutèrent tout ce que la grêle avait laissé de reste. » Ils dévorent le petit reste qui avait échappé au mauvais exemple. Est-ce donc sans motif que notre sage et miséricordieux Maître nous prévient si solennellement contre eux ? « Gardez-vous, nous dit-il, des faux prophètes qui viennent à vous en habits de brebis, mais qui, au dedans sont des loups ravissants. »

4. Grave et important avertissement ! Pour qu'il pénètre avec plus d'efficace dans nos cœurs, recherchons 1° qui sont ces faux prophètes ; 2° de quelle apparence ils se revêtent ; et 3° comment, en dépit de cette belle apparence, nous pouvons connaître ce qu'ils sont réellement.

I

1. Recherchons d'abord qui sont ces faux prophètes. C'est ce qu'il faut faire d'autant plus soigneusement qu'ils ont eux-mêmes plus travaillé à tordre cette parole, à leur propre perdition et à

celle d'autrui. Je vais donc pour couper court à toute dispute, sans me servir, comme quelques-uns, d'exclamations vagues et emphatiques, pour jeter de la poudre aux yeux et séduire les cœurs des simples, je vais, dis-je, présenter de ces vérités simples et sévères que doit reconnaître quiconque a un reste d'intelligence et de modestie ; des vérités d'ailleurs intimement liées à tout ce qui précède ; car trop souvent on a interprété ces paroles sans égard au contexte et comme si elles n'avaient aucune relation au discours dont elles forment la conclusion.

2. Par prophètes il faut entendre ici (comme dans plusieurs autres passages des Écritures et surtout du Nouveau Testament), non pas ceux qui prédisent l'avenir, mais ceux qui parlent au nom de Dieu, ceux qui font profession d'être envoyés de Dieu pour enseigner aux autres le chemin du ciel.

— Les faux prophètes sont donc ceux qui enseignent un faux chemin, un chemin qui ne conduit point au ciel, ou tout au moins ceux qui négligent d'enseigner le véritable.

3. Tout chemin large est infailliblement un faux chemin. De là cette règle simple et certaine : Quiconque enseigne aux hommes un chemin large, un chemin de multitude, est un faux prophète.

Réciproquement, le vrai chemin du ciel est un chemin étroit. De là cette autre règle non moins certaine : Quiconque n'enseigne pas aux hommes un chemin étroit, un chemin à part du grand nombre, est un faux prophète.

4. Et pour préciser encore plus, le seul vrai chemin est indiqué dans le discours précédent du Seigneur. Tous ceux qui n'enseignent pas aux hommes à marcher dans ce chemin, sont de faux prophètes.

Or le chemin indiqué dans ce qui précède est l'humilité, la tristesse à cause du péché, la douceur, les saints désirs, l'amour de Dieu et du prochain, la pratique du bien et la patience dans la persécution endurée pour l'amour de Christ. Ceux donc qui nous enseignent comme chemin du ciel un autre chemin quelconque, sont de faux prophètes.

5. Peu importe le nom qu'ils donnent à cette autre voie. Qu'ils l'appellent la foi — ou les bonnes œuvres, — ou la foi et les œuvres, — ou la repentance, — la foi et la nouvelle obéissance ; — tous ces noms sont excellents ; mais si, à l'abri de ces noms ou de tout autre, ils enseignent aux hommes un chemin différent de celui que Jésus nous trace dans ce discours, ils ne sont réellement que de faux prophètes.

6. Combien plus cette sentence retombe-t-elle sur ceux qui médisent du vrai chemin et surtout sur ceux qui enseignent un chemin directement contraire : le chemin de l'orgueil, de la légèreté, des passions, des désirs mondains ; qui enseignent à aimer le monde plutôt que Dieu, à être malveillant pour le prochain, à négliger les bonnes œuvres et à ne supporter ni maux, ni persécutions pour la cause de la justice !

7. Mais, dites-vous, qui a jamais enseigné ou qui enseigne que ce soit là le chemin du ciel ? — Je réponds : Ce sont des milliers et des dix milliers de gens sages et honorables, ce sont même, quelque nom qu'ils prennent, tous ceux qui laissent vivre dans l'espérance d'aller au ciel les orgueilleux, les gens frivoles, colères, amateurs du monde, les hommes de plaisir, les injustes ou les malveillants, les êtres inutiles et insouciants, ceux qui aiment leurs aises, ou ceux qui ne veulent souffrir aucun opprobre pour la cause de la justice. Ils ne sont rien moins que de faux prophètes, et, dans toute la force du terme, les premiers-nés de Satan, les fils d'Apollyon, « le destructeur ; » bien plus coupables que des meurtriers ordinaires, car ils sont les meurtriers des âmes. Sans cesse ils travaillent à peupler les régions de l'obscurité, et quand, à leur tour, ils descendront vers les pauvres âmes qu'ils ont fait périr, « l'enfer s'émouvra pour aller au-devant d'eux à leur venue. »

II

1. Mais se présentent-ils à vous maintenant sous leur vraie forme ? Nullement. S'il en était ainsi, ils ne pourraient vous nuire. Vous prendriez l'alarme et vous vous hâteriez de sauver votre vie. Ils se revêtent donc d'une apparence toute contraire (c'est le second point à considérer), « ils viennent à vous en habit de brebis, quoiqu'ils soient, au dedans, des loups ravissants. »

2. « Ils viennent à vous, 1° en habit de brebis, » c'est-à-dire sous une apparence innocente. Ils viennent de l'air le plus inoffensif, le plus doux, sans aucune marque, ni signe d'inimitié. Qui

pourrait croire que ces êtres paisibles voudraient nuire à âme qui vive ? Peut-être leur reproche-riez-vous quelque tiédeur, quelque défaut de zèle pour le bien. Néanmoins vous ne voyez pas de raison de les soupçonner d'en vouloir à qui que ce soit. Mais il y a plus :

3. Ils viennent à vous, 2° comme très capables de vous faire du bien. C'est, en effet, à cela qu'ils sont particulièrement appelés. Ils sont mis à part dans ce but. Ils ont charge spéciale de veiller sur vos âmes et de vous former pour la vie éternelle. Ils n'ont pas d'autre affaire que « d'aller de lieu en lieu, faisant du bien et guérissant ceux qui sont opprimés par le diable ; » et c'est sous cet aspect que vous êtes accoutumés à les considérer « comme des messagers de Dieu » qui vous apportent de sa part la bénédiction.

4. Ils viennent, en troisième lieu, avec une apparence de religion. Ne font-ils pas tout par conscience ? C'est par zèle pour Dieu, à les en croire, qu'ils font Dieu menteur ! C'est par zèle désintéressé pour la religion qu'ils voudraient la détruire jusqu'aux racines. S'ils parlent, ce n'est que par amour pour la vérité et pour la garantir d'outrages, c'est peut-être même par amour pour l'Église et par le désir de la défendre contre ses ennemis.

5. Surtout ils viennent à vous sous une apparence d'amour. N'est-ce pas uniquement pour votre bien qu'ils se donnent tant de peine ? Ils ne se tourmenteraient pas pour vous s'ils n'avaient de la tendresse pour vous. Ils feront de grandes protestations de leur bon vouloir, du souci que leur donne le danger où vous êtes, de leur vif désir de vous préserver de tomber dans l'erreur et d'être embarrassés dans des doctrines nouvelles et funestes. Ils auraient vraiment du chagrin à voir des gens sages comme vous jetés dans les extrêmes, embrouillés d'idées étranges et inintelli-gibles, ou séduits par les illusions de l'enthousiasme. C'est dans ce sentiment qu'ils vous avertis-sent de vous tenir toujours dans un juste milieu et de ne point être « justes plus qu'il ne faut, » de peur que vous ne vous perdiez.

III

1. Mais comment pourrons-nous, sous ces belles apparences, reconnaître leur vrai caractère ? Notre Sauveur, sachant combien il est nécessaire pour tous de discerner les faux prophètes, et combien la plupart des hommes sont incapables de suivre un raisonnement compliqué, nous donne ici une règle courte et facile, accessible aux intelligences les plus communes et d'une appli-cation aisée et constante : « Vous les connaîtrez à leurs fruits. »

2. Cette règle est d'une application facile et constante. Voulez-vous savoir si tel homme qui parle au nom de Dieu est ou non un vrai prophète ? Observez, vous le pouvez aisément, quels sont les fruits de sa doctrine, d'abord pour lui-même. Quel effet a-t-elle sur sa vie ? Est-il saint et irréprochable en toutes choses ? Quel effet sur son cœur : voit-on, par l'ensemble de sa conduite, qu'il soit dans des dispositions saintes et célestes ? qu'il ait en lui les mêmes sentiments que Jé-sus-Christ a eus ? qu'il soit doux, humble, patient, ami de Dieu et des hommes, et zélé pour les bonnes œuvres ?

3. Il vous sera facile, en second lieu, d'observer quels sont les fruits de sa doctrine pour ceux qui l'écoutent ; pour plusieurs, du moins ; non, il est vrai, pour tous ; car les apôtres eux-mêmes ne convertirent pas tous leurs auditeurs. Leurs disciples ont-ils les sentiments de Jésus-Christ, marchent-ils comme il a marché lui-même ? Est-ce en entendant cet homme qu'ils sont devenus tels ? Avant de l'entendre étaient-ils intérieurement et extérieurement adonnés au mal ? S'il en est ainsi, c'est une preuve manifeste que cet homme est un vrai prophète, un docteur envoyé de Dieu. Mais s'il n'en est point ainsi, s'il n'apprend réellement l'amour et l'obéissance de Dieu ni aux autres, ni à lui-même, c'est une preuve manifeste que c'est un faux prophète, et que Dieu ne l'a point envoyé.

4. « Cette parole est dure, qui peut l'ouïr ! » Le Seigneur sachant cela daigne la confirmer par plusieurs arguments clairs et convaincants. « Cueille-t-on, dit-il, des raisins sur des épines, ou des figues sur des chardons ? » (Verset 16.) Pouvez-vous attendre que ces hommes méchants portent de bons fruits ? Autant auriez-vous le droit d'espérer que les épines produisent des raisins ou les chardons des figues ! « Tout bon arbre porte de bons fruits. » (Verset 17.) Tout vrai prophète, tout docteur que j'ai envoyé, porte le bon fruit de la sainteté. Mais tout faux prophète, tout docteur que je n'ai point envoyé, ne produit que péché et méchanceté. « Un bon arbre ne peut porter de

mauvais fruits, ni un mauvais arbre porter de bons fruits. » Un vrai prophète, un docteur envoyé de Dieu produit de bons fruits, non pas quelquefois seulement, mais toujours ; ce n'est pas un accident, mais comme une nécessité. De même un faux prophète, un docteur que Dieu n'a pas envoyé, ne produit pas de mauvais fruits accidentellement ou quelquefois seulement, mais toujours et nécessairement. « Tout arbre qui ne produit pas de bons fruits est coupé et jeté au feu. » (Verset 19.) Tel sera infailliblement le sort de ces prophètes qui ne portent pas de bons fruits, qui ne sauvent pas les âmes du péché, qui n'amènent pas les pécheurs à la repentance. Qu'ainsi donc cette règle demeure : « Vous les connaîtrez à leurs fruits. » (Verset 20.) Ceux qui, de fait, amènent les orgueilleux, les amateurs du monde, les hommes colères et sans miséricorde, à la douceur, à l'humilité, à l'amour de Dieu et des hommes, ceux-là sont de vrais prophètes ; Dieu les a envoyés, c'est pourquoi il confirme leur parole. Mais, par contre, ceux dont les auditeurs, injustes qu'ils étaient, demeurent injustes, ou du moins sans une « justice qui surpasse celle des Scribes et des Pharisiens, » ceux-là sont de faux prophètes ; Dieu ne les a pas envoyés, c'est pourquoi leurs paroles tombent à terre, et à moins d'un miracle de la grâce, ils tomberont, avec ceux qui les écoutent, dans l'abîme !

5. Oh ! gardez-vous de ces faux prophètes ! car s'ils viennent en habit de brebis, ils n'en sont pas moins au dedans « des loups ravissants ; » ils ne font que détruire et dévorer le troupeau, ils le mettent en pièces, s'il n'y a personne pour le délivrer de leurs mains. Ils ne veulent ni ne peuvent vous conduire au chemin des cieux. Comment le pourraient-ils s'ils ne le connaissent pas eux-mêmes ? Oh ! prenez garde qu'ils ne vous détournent du bon chemin, et ne vous fassent perdre le fruit de votre travail !

6. Mais, si leurs paroles sont si dangereuses, demandera quelqu'un, dois-je en aucune manière les écouter ? Grave question qui mérite l'examen le plus sérieux et qui ne doit être résolue qu'après la plus calme et la plus mûre délibération. Pendant bien des années, j'ai redouté, même d'en parler, étant incapable de rien décider ni pour ni contre, ou de me prononcer en aucun sens. Bien des raisons plausibles me porteraient encore à dire : Ne les écoutez point ! Et pourtant ce que le Seigneur déclare touchant les faux prophètes de son temps, semble nous diriger en sens contraire. « Alors Jésus parlant au peuple et à ses disciples, leur disait : Les Scribes et les Pharisiens sont assis dans la chaire de Moïse, » — sont les docteurs ordinaires, les docteurs établis de votre Église ; « observez donc et faites tout ce qu'ils vous diront d'observer ; mais ne faites point comme ils font, car ils disent et ne font pas (Mt 23.1, 3). » Or, que ce fussent de faux prophètes dans toute la force du terme, c'est ce que le Sauveur a montré par tout son ministère, comme il le montre, au reste, par ces paroles mêmes : « Ils disent et ne font pas. » Il était donc impossible que ses disciples ne les « connussent pas à leurs fruits, » puisque ces fruits étaient évidents pour tous les hommes. C'est pourquoi il ne cesse de les prémunir contre ces faux prophètes. Et néanmoins il ne défend pas à ses disciples de les écouter, il le leur commande plutôt en disant : « Observez et faites tout ce qu'ils vous diront d'observer ; » car, à moins de les écouter, ils ne pouvaient connaître, combien moins garder ce qu'ils ordonnaient de garder. Ici donc le Seigneur lui-même donne à ses apôtres et à toute la multitude une direction claire d'écouter, dans certaines circonstances, même de faux prophètes manifestement connus et reconnus pour tels.

7. Mais, dira-t-on peut-être, il voulait seulement qu'on les écoutât lorsqu'ils lisaient l'Écriture dans les synagogues. Je réponds : Lorsqu'ils lisaient ainsi les Écritures, ils avaient coutume d'en faire aussi l'explication. Et rien ici ne dit que les disciples dussent écouter la lecture et non l'explication. Mais plutôt les termes mêmes : « tout ce qu'ils vous diront d'observer, » excluent absolument un tel partage.

8. Il y a plus. À de tels faux prophètes, bien manifestés comme tels, est souvent confiée (oh ! douleur ! car il ne devrait sûrement pas en être ainsi) l'administration des sacrements. Défendre aux hommes de les écouter, ce serait donc, par le fait, les priver des ordonnances de Dieu. Mais nous n'avons pas le droit de le faire. Car l'efficacité de l'ordonnance ne dépend pas de la pureté de celui qui l'administre, mais uniquement de la fidélité de Dieu, qui veut bien se faire trouver par, nous, et qui effectivement vient à nous dans la voie qu'il a lui-même établie. Pour ce motif encore je me fais scrupule de dire, même pour les faux prophètes : Ne les écoutez point. Même par ces hommes sur qui repose la malédiction, Dieu peut et veut vous bénir. Car le pain qu'ils

rompent, nous le savons par expérience, est pour nous « la communion du corps de Christ, » et la coupe que Dieu bénit par leurs mains profanes, est pour nous « la communion du sang de Christ. »

9. Voici donc ce que je puis dire : Dans chaque cas particulier, consultez Dieu par d'humbles et ferventes prières, puis agissez pour le mieux, selon vos lumières ; faites ce que vous croirez convenir le mieux à votre avantage spirituel. Gardez-vous bien de juger personne témérairement, de considérer légèrement qui que ce soit comme faux prophète, et même, si les preuves sont convaincantes, n'ayez ni colère ni mépris dans vos cœurs. Prenez alors, dans la crainte et sous le regard de Dieu, une détermination pour vous-même. Je vous dirai seulement : Ne les écoutez pas si vous éprouvez que cela nuise à votre âme. Retirez-vous en paix vers ceux qui vous font du bien. Si vous trouvez, au contraire, que votre âme n'en souffre pas, continuez à les écoutez. Seulement « prenez garde à ce que vous écoutez ! » Gardez-vous d'eux et de leur doctrine. Ecoutez « avec crainte et tremblement, » de peur que vous ne soyez séduits et livrés, comme eux, à l'efficace de l'erreur. Ils mêlent sans cesse le mensonge et la vérité ; qu'il vous est difficile de ne pas les recevoir ensemble ! Ecoutez, mais en adressant de ferventes et continuelles prières à Celui qui seul enseigne la sagesse. Et tout ce que vous entendrez, ayez soin de le rapporter « à la loi et au témoignage. » Eprouvez avant de recevoir, pesez toutes choses « à la balance du sanctuaire ; » ne croyez rien qui ne soit clairement confirmé par les passages des saints livres. Rejetez absolument tout ce qui en diffère, tout ce qui n'y trouve pas sa confirmation. Repoussez surtout, avec horreur, toute voie de salut étrangère ou inférieure à celle que notre Seigneur indique lui-même dans le discours qui précède.

10. Je ne puis terminer, sans adresser aussi quelques paroles simples et claires à ceux dont nous nous occupons. O vous, faux prophètes ! O vous, ossements secs ! Écoutez, une fois, la Parole du Seigneur ! Jusques à quand mentirez-vous au nom de Dieu, disant :« Ainsi dit l'Éternel, » quand l'Éternel ne parle point par vous ? jusques à quand pervertirez-vous les voies de Dieu qui sont droites, faisant des ténèbres la lumière et de la lumière les ténèbres ? Jusques à quand donnerez-vous le chemin de la mort pour le chemin de la vie ? Jusques à quand livrerez-vous à Satan les âmes que vous faites profession de conduire à Dieu ?

11. « Malheur à vous ! aveugles, conducteurs d'aveugles ! » car vous fermez aux hommes le royaume des cieux : vous n'y entrez point vous-mêmes et vous ne laissez point entrer ceux qui y entrent. S'efforcent-ils d'entrer par la porte étroite ? vous les rappelez dans la voie large. Ont-ils fait un premier pas dans les voies de Dieu ? vous leur donnez l'avertissement satanique de ne pas aller trop loin. Commencent-ils à avoir faim et soif de la justice ? vous leur recommandez de n'être pas justes plus qu'il ne faut. C'est ainsi que sur le seuil même vous les faites broncher, que dis-je ? tomber pour ne plus se relever ! Oh ! pourquoi agissez vous de la sorte ? Quel profit avez-vous à leur sang s'ils descendent dans la fosse ? Triste profit pour vous ! car « ils périront dans leur iniquité, mais Dieu redemandera leur sang de votre main ! »

12. Où sont vos yeux ? Où est votre intelligence ? À force de séduire, vous êtes-vous séduits vous-mêmes ? Qui vous donne à enseigner un chemin que vous n'avez jamais connu ? Etes-vous tellement livrés à l'efficace de l'erreur que vous croyiez vous-mêmes le mensonge que vous enseignez ? et pouvez-vous penser que Dieu vous envoie, que vous êtes ses messagers ? Ah ! si le Seigneur vous avait envoyés, l'œuvre du Seigneur prospèrerait entre vos mains. Aussi vrai que Dieu est vivant, si vous étiez ses messagers, il confirmerait votre parole. Mais l'œuvre du Seigneur ne prospère point entre vos mains, car vous n'amenez point les pécheurs à la repentance. Le Seigneur ne confirme point votre parole, car vous ne sauvez point les âmes de la mort.

13. Comment pouvez-vous éluder la force des paroles du Seigneur, qui sont si complètes, si fortes, si expresses ? Comment fermez-vous les yeux à l'évidence pour ne pas vous reconnaître à vos fruits, fruits mauvais d'arbres mauvais ? Et s'ils sont mauvais, qu'y a-t-il d'étonnant ? Cueille-t-on des raisins sur des épines, ou des figues sur des chardons ? Prenez à cœur ces paroles qui s'adressent à vous, ô arbres stériles ! Pourquoi occupez-vous inutilement la terre ? « Tout bon arbre porte de bons fruits. » Ne voyez-vous pas qu'il n'y a point d'exception ? Reconnaissez-le donc, vous n'êtes pas de bons arbres puisque vous ne portez pas de bons fruits. « Mais tout mauvais arbre porte de mauvais fruits, » et c'est ce que vous avez fait depuis le commencement. En

parlant au nom de Dieu, vous n'avez fait qu'affermir vos auditeurs dans les dispositions ou même dans les œuvres du diable. Oh ! recevez instruction de Celui au nom de qui vous parlez, avant que s'accomplisse cette sentence qu'il a prononcée : « Tout arbre qui ne porte pas de bons fruits sera coupé et jeté au feu ! »

14. Frères, n'endurcissez pas vos cœurs ! Trop longtemps vous avez fermé les yeux pour ne pas voir la lumière. Ouvrez-les, maintenant, avant qu'il soit trop tard, avant que vous soyez jetés « dans les ténèbres du dehors ! » Qu'aucune considération temporelle ne pèse sur vous, car l'éternité est en jeu. Vous avez couru avant d'être envoyés. Oh ! n'allez pas plus loin ! Ne persistez pas à vous perdre en perdant ceux qui vous écoutent ! Vous n'avez pas de fruits de votre travail, et pourquoi ? Par cette raison même que le Seigneur n'est point avec vous. Mais iriez-vous à cette guerre à vos propres dépens ? Cela ne se peut. Humiliez-vous donc devant Lui. Crie à lui, le front dans la poussière, pour qu'il vivifie premièrement ton âme, pour qu'il te donne à toi-même la foi qui opère par l'amour, la foi qui est humble et douce, pure et compatissante, zélée pour les bonnes œuvres, et qui se réjouit dans les tribulations, dans les opprobres, dans les détresses, dans les persécutions pour la justice ! C'est ainsi que l'Esprit de gloire, l'Esprit de Christ reposera sur toi, et qu'on pourra connaître que Dieu t'a envoyé. C'est ainsi que tu feras « l'œuvre d'un évangéliste » et que tu « rempliras ton ministère. » C'est ainsi que la Parole de Dieu sera dans ta bouche comme un marteau qui brise la pierre ! » Alors tu seras manifesté comme prophète de l'Éternel par les fruits, savoir : par « les enfants que le Seigneur t'aura donnés. » Et après en avoir « amené plusieurs à la justice, tu luiras comme les étoiles, à toujours et à perpétuité !

SERMON 33

Le sermon sur la montagne

Treizième discours

Ceux qui me disent ; Seigneur, Seigneur, n'entreront pas tous au
royaume des cieux ; mais celui-là seulement qui fait la volonté de mon
Père qui est dans les cieux. Plusieurs me diront en ce jour-là :
Seigneur, Seigneur, n'avons-nous pas prophétisé en ton nom ? Et
n'avons-nous pas chassé les démons en ton nom ? Et n'avons-nous pas
fait plusieurs miracles en ton nom ? Alors je leur dirai ouvertement : Je
ne vous ai jamais connus ; retirez-vous de moi, vous qui faites métier
d'iniquité. Quiconque donc entend ces paroles que je dis et les met en
pratique, je le comparerai à un homme prudent qui a bâti sa maison sur
le roc. Et la pluie est tombée, et les torrents se sont débordés, et les
vents ont soufflé et sont venus fondre sur cette maison-là et elle n'est
point tombée, car elle était fondée sur, le roc. Mais quiconque entend
ces paroles que je dis, et ne les met pas en pratique, sera comparé à un
homme insensé qui a bâti sa maison sur le sable. Et la pluie est tombée,
et les torrents se sont débordés, et les vents ont soufflé et sont venus
fondre sur cette maison-là ; elle est tombée, et sa ruine a été grande.
— Matthieu 7.21-27 —

1. Notre divin Maître ayant déclaré tout le conseil de Dieu quant au chemin du salut, et fait remarquer les principaux obstacles que rencontrent ceux qui désirent y marcher, conclut maintenant son discours par ces graves paroles par lesquelles il met, pour ainsi dire, le sceau à sa prophétie, et imprime toute son autorité sur son témoignage, afin qu'il demeure ferme dans tous les siècles.

2. Car, ainsi a dit le Seigneur, afin que jamais personne ne s'imagine qu'il y a une autre voie de salut : « Ceux qui me disent : Seigneur, Seigneur, n'entreront pas tous au royaume des cieux ; mais celui-là seulement qui fait la volonté de mon Père qui est dans les cieux. Plusieurs me diront en ce jour-là Seigneur ! Seigneur, n'avons-nous pas prophétisé en ton nom ? Et n'avons-nous pas chassé les démons en ton nom ? Et n'avons-nous pas fait plusieurs miracles en ton nom ? Alors je leur dirai ouvertement : Je ne vous ai jamais connus. Retirez-vous de moi, vous qui faites métier d'iniquité. Quiconque donc entend ces paroles que je dis, et ne les met pas en pratique, sera comparé à un homme insensé qui a bâti sa maison sur le sable. Et la pluie est tombée, et les torrents se sont débordés, et les vents ont soufflé et sont venus fondre sur cette maison-là, elle est tombée, et sa ruine a été grande ! »

3. Je me propose dans ce discours : 1° de considérer le cas de celui qui bâtit sa maison sur le sable ; 2° de montrer la sagesse de celui qui bâtit sa maison sur le roc ; et 3° de terminer par une application qui fasse ressortir l'importance pratique des avertissements du Seigneur Jésus.

I

1. Je considère d'abord le cas de celui qui bâtit sa maison sur le sable. C'est pour lui que le Seigneur dit : « Ceux qui me disent Seigneur, Seigneur, n'entreront pas tous au royaume des cieux. » C'est un décret irrévocable et qui demeure pour toujours ferme. Il nous importe donc, au

plus haut degré, d'en comprendre entièrement le sens et la force. Eh bien ! Que faut-il entendre par cette expression : « Ceux qui me disent, Seigneur ! Seigneur ? » Elle désigne indubitablement ceux qui pensent aller au ciel par quelque autre chemin que celui qui vient d'être décrit par Jésus. Elle implique donc (pour commencer par le plus bas degré) toute religion en paroles ; — à cela se rapportent tous nos symboles, toutes nos professions de foi, tout ce que nous pouvons dire ou répéter en fait de prières et d'actions de grâces. Nous pouvons bénir le nom de Dieu et déclarer sa bonté aux enfants des hommes ; nous pouvons discourir de ses faits merveilleux, nous entretenir chaque jour de son salut, et comparant entre elles les choses spirituelles, nous pouvons en tirer l'explication des oracles de Dieu. Nous pouvons éclaircir les mystères de son royaume, qui étaient demeurés cachés dès le commencement du monde ; nous pouvons parler la langue des anges plutôt que des hommes, concernant les choses profondes de Dieu ; nous pouvons crier aux pécheurs : « Voilà l'Agneau de Dieu qui ôte les péchés du monde ; » que dis-je ? Nous pouvons le faire avec une telle puissance de Dieu, une telle démonstration de son Esprit, que nous sauvions beaucoup d'âmes de la mort, et couvrions une multitude de péchés ; nous pouvons faire tout cela et pourtant n'avoir rien fait de plus que de nous écrier : « Seigneur ! Seigneur ! » Après avoir efficacement prêché aux autres, je puis moi-même n'être qu'un réprouvé. Après avoir, dans la main de Dieu, arraché beaucoup d'âmes à l'enfer, je puis, en fin de compte, y tomber moi-même. Après en avoir conduit plusieurs au royaume des cieux, il se peut que moi-même je n'y entre jamais. Lecteur, si jamais Dieu a béni ma parole pour ton âme, prie-le d'avoir compassion de moi qui suis pécheur !

2. Dire : « Seigneur ! Seigneur ! » peut impliquer, en second lieu, l'innocence dans les actions ; ne pas faire le mal. Nous nous abstenons peut-être de tout acte de présomption, de toute méchanceté extérieure ; nous nous abstenons de tous ces actes, de toutes ces paroles qu'interdit l'Écriture ; nous pouvons dire à tous ceux qui nous entourent. « Qui de vous me convaincra de péché ? » Nous pouvons avoir la conscience nette de toute offense extérieure envers Dieu et envers les hommes, être exempts de toute impureté, de toute impiété, de toute injustice quant au dehors, ou comme l'apôtre le témoigne de lui-même, être, quant à la justice de la loi, « sans reproche. » Mais pour tout cela, nous ne sommes pas justifiés. Ce n'est encore rien de plus que dire, « Seigneur ! Seigneur ! » Et si nous en demeurons là, jamais nous n'entrerons au royaume des cieux.

3. Dire : « Seigneur ! Seigneur ! » peut impliquer, en troisième lieu, plusieurs de ces œuvres qu'on appelle particulièrement « les bonnes œuvres. » Je puis participer à la Cène du Seigneur, entendre force excellents sermons et n'omettre aucune occasion de prendre part aux autres moyens de grâce ordonnés de Dieu ; je puis faire du bien à mon prochain, rompre mon pain aux affamés, vêtir ceux qui sont nus et pousser le zèle jusqu'à donner tout mon bien pour la nourriture des pauvres ; que dis-je ? je puis faire tout cela avec le désir de plaire à Dieu et la ferme persuasion de lui plaire en effet (comme c'était indubitablement le cas pour ceux que Jésus représente ici, lui disant : Seigneur ! Seigneur !), et néanmoins n'avoir aucune part à la gloire qui doit être révélée au dernier jour.

4. Si cette doctrine vous surprend, reconnaissez par là même que vous êtes encore étrangers à la religion de Jésus-Christ ; et, en particulier, au parfait tableau qu'il en a tracé devant nous dans ce discours. Car combien tout cela est peu de chose en comparaison de cette justice et de cette vraie sainteté qu'il y décrit ! Combien c'est loin de ce royaume des cieux qui s'établit dans l'âme croyante ; de cette piété qui, d'abord semée dans le cœur comme un grain de semence de moutarde, pousse bientôt de grandes branches, oh croissent tous les fruits de justice et tout ce qui est bien en fait de sentiments, de paroles et d'actions !

5. Mais, quelque clarté qu'il eût mise dans cette déclaration, quelque soin qu'il eût pris de répéter qu'aucun de ceux qui n'ont point reçu dans leur cœur ce royaume de Dieu, n'entrera dans le ciel, notre Sauveur n'ignorait pas que plusieurs hésiteraient à recevoir cette parole : c'est pourquoi il veut bien encore la confirmer : « Plusieurs, » dit-il (non pas un seulement ou quelques-uns, mais) « plusieurs me diront en ce jour-là, » non seulement nous avons dit beaucoup de prières, nous avons célébré tes louanges, nous nous sommes abstenus du mal et exercés à bien faire, mais ce qui est beaucoup plus que tout cela, — « n'avons-nous pas prophétisé en ton nom ? n'avons-

nous pas chassé les démons en ton nom ? n'avons-nous pas fait plusieurs miracles en ton nom ? »
— Nous avons prophétisé, c'est-à-dire nous avons déclaré ta volonté aux hommes ; nous avons
montré aux pécheurs le chemin de la paix et de la gloire, et cela en ton nom, c'est-à-dire conformément à la vérité de ton Évangile, et avec ton autorité, ton Saint-Esprit envoyé du ciel confir-
mant notre prédication. Car en ton nom ou par ton nom, par la puissance de ta Parole et de ton
Esprit, nous avons chassé les démons hors des âmes sur lesquelles ils avaient longtemps maintenu leur empire et dont ils avaient une pleine et paisible possession. Par ton nom, par ta puissance
et non par la nôtre, nous avons fait plusieurs miracles, tellement que même les morts revenaient à
la vie en entendant, par notre bouche, la voix du Fils de Dieu. « Mais à ceux-là même je dirai
ouvertement : Je ne vous ai jamais connus ! » — Non, je ne vous ai jamais connus comme miens,
pas même lorsque vous chassiez les démons en mon nom, car votre cœur n'était pas droit devant
Dieu. Vous n'étiez pas, quant à vous, doux et humbles, vous n'aviez pas l'amour de Dieu et du
prochain, vous n'étiez pas renouvelés à l'image de Dieu, vous n'étiez pas saints comme je suis
saint. Retirez-vous de moi, vous qui êtes, malgré tout cela, « des ouvriers d'iniquité ; » vous qui
êtes transgresseurs de ma loi, de ma loi de parfaite sainteté et de parfait amour !

6. C'est pour rendre la chose entièrement évidente et incontestable, que le Seigneur la confirme par cette frappante comparaison : « Quiconque entend ces paroles que je dis, et ne les met
pas en pratique, sera comparé à un homme insensé qui a bâti sa maison sur le sable, et la pluie est
tombée et les torrents se sont débordés, et les vents ont soufflé et sont venus fondre sur cette
maison-là, » — comme ils le feront sûrement un jour ou l'autre sur toute âme d'homme : les flots
de l'affliction au dehors, ou de la tentation au dedans ; les vents de l'orgueil, de la colère, de la
crainte, de la convoitise ; — « et elle est tombée et sa ruine a été grande ! » Telle sera nécessairement la portion de tous ceux qui restent en quelque chose en dessous de cette religion précédemment décrite. Et leur ruine sera d'autant plus grande qu'ils « ont entendu ces paroles et ne les
ont pas mises en pratique. »

II

1. Je dois maintenant montrer la sagesse de celui qui les met en pratique, de celui qui bâtit sa
maison sur le roc. Il est sage, en vérité, « celui qui fait la volonté de mon Père qui est aux cieux. »
Il est vraiment sage celui dont « la justice surpasse celle des Scribes et des Pharisiens. » Il est
« pauvre en esprit, » se « connaissant lui-même comme il est connu. » Il voit, il sent combien il est
pécheur et coupable, jusqu'à ce qu'il soit lavé par le sang expiatoire. Il sait qu'il est perdu, que la
colère de Dieu repose sur lui, et il se sent incapable de rien faire à moins qu'il ne soit rempli « de
paix et de joie par le Saint-Esprit. » Il est humble et doux patient envers tous, ne rendant jamais
mal pour mal, ni injure pour injure, mais au contraire bénissant, jusqu'à « surmonter le mal par le
bien. » Son âme n'a soif que du Dieu vivant. Il a pour tous les hommes « des entrailles
de miséricorde, » et il est prêt à donner sa vie pour ses ennemis. Il aime le Seigneur son Dieu « de
tout son cœur, de toute son âme, de toute sa pensée et de toutes ses forces. » Celui-là seul entrera
au royaume des cieux qui, dans cet esprit, fait du bien à tous les hommes, et qui, méprisé et rejeté
par cela même, haï, injurié, persécuté des hommes, « se réjouit et tressaille de joie, » sachant en
qui il a cru et ne doutant pas que « ces légères afflictions du temps présent » ne produisent en lui
« le poids éternel d'une gloire infiniment excellente. »

2. Que cet homme est vraiment sage ! Il se connaît lui-même, il sait qu'il est un esprit immortel, issu de Dieu et envoyé ici-bas dans une maison d'argile peur faire, non sa volonté, mais la
volonté de Celui qui l'a envoyé. Il sait ce qu'est le monde, — le lieu où il doit passer un petit
nombre de jours on d'années, non comme habitant, mais comme un étranger et un voyageur qui
se dirige vers les demeures de l'éternité. Et c'est pour cela qu'il « use du monde comme n'en abu-
sant pas, » sachant que « la figure de ce monde passe. » Il connaît Dieu comme son père et son
ami, l'auteur de tout bien, le Dieu des esprits de toute chair, le seul centre de bonheur pour tous
les êtres intelligents. Il voit, plus clairement que par le soleil en plein midi, que le tout de
l'homme, c'est de glorifier Celui qui l'a créé pour soi, c'est de l'aimer et de le posséder à jamais.
Et il ne voit pas moins clairement que le moyen de parvenir à cette possession de Dieu dans la

255

gloire, c'est de le connaître, de l'aimer, de l'imiter dès maintenant, et de croire en Jésus-Christ qu'il a envoyé.

3. Cet homme est sage, même au jugement de Dieu, car il bâtit sa maison « sur le roc, » — sur « le rocher des siècles, » sur le Seigneur Jésus-Christ le rocher éternel. Jésus mérite bien ce titre, puisqu'il ne change point, puisqu'il est « le même hier, aujourd'hui et éternellement, » suivant qu'il est dit dans ce témoignage d'un homme de Dieu des anciens temps, cité par l'apôtre dans son Épître aux hébreux : « C'est toi, Seigneur, qui as fondé la terre au commencement, et les cieux sont l'ouvrage de tes mains. Ils périront, mais tu subsistes toujours. Ils vieilliront tous comme un vêtement, tu les plieras comme un habit, et ils seront changés. Mais toi tu es toujours le même, et tes années ne finiront point. » Bien sage est donc l'homme qui bâtit sur Lui comme sur son unique fondement, sur son sang et sa justice, sur ce qu'il a fait et souffert pour nous. Il établit sa foi sur cette « pierre du coin, » il y repose son âme entière. Enseigné de Dieu, il peut dire : Seigneur, j'ai péché, et je mérite d'être ; jeté aux dernières profondeurs de l'enfer. Mais je suis « justifié gratuitement par ta grâce, par la rédemption qui est en Jésus-Christ. Et je vis, non plus moi-même, mais Christ vit en moi ; je vis d'une vie cachée avec Christ en Dieu, » et « si je vis encore dans ce corps mortel, je vis par la foi au Fils de Dieu qui m'a aimé et qui s'est donné lui-même pour moi. » Je vis, même dans la chair, d'une vie d'amour, d'un amour pur pour Dieu et pour les hommes ; d'une vie de sainteté et de bonheur, louant Dieu et faisant toutes choses à sa gloire.

4. Toutefois, qu'il ne se persuade pas qu'il n'aura plus de combats, qu'il est désormais hors des atteintes de la tentation. Dieu veut montrer en lui la réalité de sa grâce. Il sera donc éprouvé « comme l'or dans le feu. » Il sera tenté non moins que ceux « qui ne connaissent point Dieu ; » peut-être beaucoup plus encore ; car Satan ne manquera pas de cribler à l'excès ceux qu'il ne peut détruire. C'est pourquoi « la pluie tombera » avec force ; seulement ce sera quand et comme il plaira, non pas au « Prince de la puissance de l'air, » mais à Celui « dont le règne a la domination sur tout. » « Les torrents déborderont, » ils élèveront leurs vagues avec fureur. Mais ici encore le Seigneur qui a présidé sur le déluge et qui préside comme roi éternellement, dira : « Vous viendrez jusqu'ici et vous ne passerez pas plus avant, » et « ici s'arrêtera l'élévation de vos ondes. » « Les vents souffleront et fondront sur cette maison-là, » comme pour l'arracher de ses fondements ; mais leurs efforts seront vains ; elle ne tombe point, car elle est fondée sur « le roc. » Cet homme prudent a bâti sur Christ par la foi et l'amour ; il ne sera point ébranlé. « Il ne craindra point, quand même la terre se bouleverserait et que les montagnes se renverseraient au milieu de la mer, et que ses eaux viendraient à bruire, et à se troubler et que les montagnes seraient ébranlées par l'élévation de ses vagues. » Il habite toujours dans « la retraite secrète du souverain ; » il est en sûreté « à l'ombre du Tout-Puissant. »

III

1. N'est-ce donc pas la grande affaire de tout enfant de Dieu de s'appliquer ces choses à lui-même ? D'examiner avec soin sur quel fondement il bâtit sur le sable ou sur le rocher ? N'avez vous pas le plus profond besoin de vous demander : Quel est le fondement de mon espérance ? Sur quoi fais-je reposer mon attente d'entrer au royaume des cieux ? N'est-ce pas sur le sable ? Sur mon orthodoxie c'est-à-dire, sur la vérité de mes opinions religieuses que par un grossier abus de langage je décore du nom de foi ? Sur ce que j'ai un formulaire de doctrine plus rationnel, peut-être, ou plus scripturaire que celui de tels ou tels ? Hélas, quelle folie ! Certes, c'est bien là bâtir sur le sable, ou mieux encore sur l'écume de la mer ! — Ou bien encore n'ai-je point bâti sur un autre fondement non moins fragile, peut-être sur ce que j'appartiens à une Église si excellente, réformée suivant le vrai patron des Écritures, dotée de la plus pure doctrine, de la liturgie, de la discipline la plus ancienne, la plus apostolique ? Ce sont là, indubitablement, tout autant de raisons de bénir Dieu, et ce peuvent être tout autant de moyens de sanctification, mais ce n'est pas la sanctification elle-même, et sans elle, ils ne me profitent de rien, ils me rendent, au contraire, d'autant plus inexcusable, et m'exposent à une condamnation d'autant plus grande. Mon espérance est donc bâtie sur le sable si elle repose sur ce fondement.

2. Vous ne pouvez, vous n'oseriez vous y appuyer. Mais sur quoi bâtirez-vous donc pour votre salut ? Sur votre innocence ? Sur ce que vous ne faites de tort à personne et ne commettez

point de mal ? Bien, j'admets qu'il en soit ainsi : vous êtes justes en toute affaire ; vous êtes un franc honnête homme, vous rendez à chacun ce qui lui est dû, vous ne vous rendez coupable ni de fraude, ni d'extorsion, vous avez de la bonne foi et de la conscience, et l'on ne vous connaît aucun péché. Jusque-là c'est très bien ; mais ce n'est pas de cela qu'il s'agit. Vous pouvez avoir toutes ces qualités et n'aller jamais au ciel. Toute cette innocence, si même elle part d'un bon principe, n'est encore que la moindre partie de la religion de Christ. Mais chez vous le principe n'en est pas le droit, en sorte qu'elle n'a rien à faire avec la religion. En bâtissant là-dessus, vous bâtissez donc encore sur le sable.

3. Faites-vous un pas de plus, et à cette innocence ajoutez-vous l'usage des moyens de grâce ordonnés de Dieu ? Participez-vous, en toute occasion, à la Cène du Seigneur ? Priez-vous en public et en particulier ? Jeûnez-vous souvent ? Écoutez-vous, méditez-vous, sondez-vous la sainte Parole ? Ces choses pareillement, étaient, de tout temps, votre devoir. Mais ces choses ne sont encore rien à elles seules. Elles ne sont rien sans « les choses les plus importantes de la loi » que vous oubliez ou dont au moins vous n'avez aucune expérience : « la justice, la miséricorde et la fidélité » l'amour de Dieu, la sainteté de cœur, le ciel commencé dans l'âme. Vous bâtissez donc encore sur le sable.

4. Je vais plus loin : êtes-vous zélé pour les bonnes œuvres ? Faites-vous, selon votre pouvoir, du bien à tous les hommes ? — donnant du pain aux affamés, et des vêtements à ceux qui sont nus, « visitant les orphelins et les veuves dans leurs afflictions ? » Visitez-vous les malades et consolez-vous les prisonniers ? Recueillez-vous les étrangers ? Montez encore plus haut, ami. Prophétisez-vous au nom de Christ ? Prêchez-vous la vérité telle qu'elle est en Jésus ? et votre parole, accompagnée de son Esprit, est-elle puissante à salut et amène-t-elle les pécheurs « des ténèbres à la lumière » et « de la puissance de Satan à Dieu ? Alors, allez et appliquez-vous ce que vous avez si souvent enseigné : « Vous êtes sauvés par grâce, par la foi » — « non par des œuvres de justice que vous ayez faites, mais par sa grande miséricorde. » Apprends à t'appuyer uniquement sur la croix de Christ, dépouillé de tout et comptant tout ce que tu as pu faire pour de l'ordure. Invoque-Le, ni plus ni moins, comme le brigand crucifié, comme la prostituée qui avait sept démons ! Autrement tu bâtis encore sur le sable, et après avoir sauvé les autres, tu perdras ta propre âme.

5. Seigneur ! si je crois, augmente-moi la foi ! sinon, donne-moi la foi, ne serait-ce que comme un grain de semence de moutarde ! Mais « à quoi servirait-il à un homme de dire : J'ai la foi, s'il n'avait pas les œuvres ? Cette foi le pourrait-elle sauver ? » Oh non ! Cette foi qui est sans les œuvres, qui ne produit pas au dedans et au dehors la sainteté, qui n'a point pour effet d'imprimer l'image entière de Dieu, sur le cœur, et de nous rendre purs comme Dieu est pur, cette foi qui n'opère pas, dans son ensemble, la religion décrite dans ces trois chapitres, cette foi n'est pas la foi de l'Évangile, la foi chrétienne, la foi qui conduit à la gloire Oh ! par-dessus tous les autres piéges du diable, gardez-vous de vous reposer sur une foi sans sainteté et sans efficace ! Si c'est là votre appui, vous êtes à jamais perdu ; vous bâtissez encore votre maison sur le sable. La pluie venant à tomber et les torrents à se déborder, elle tombera infailliblement et la ruine en sera grande.

6. Toi donc, maintenant, bâtis sur le rocher ! Par la grâce de Dieu, connais-toi toi-même. Vois et sens que tu as été « formé dans l'iniquité et que ta mère t'a conçu dans le péché » et que tu n'as fait toi-même qu'accumuler péché sur péché dès l'âge où tu as pu « discerner le bien du mal. » Confesse que tu as encouru la peine d'une mort éternelle, et renonce à tout espoir de jamais te sauver toi-même. Que ton seul espoir soit d'être lavé, purifié, par le sang, par l'Esprit, de Celui qui « a lui-même porté tes péchés en son corps sur le bois. » Et si tu peux dire : « Je sais qu'il a lui-même ôté mes péchés, » abaisse-toi d'autant plus devant lui, dans le sentiment constant que tu dépends de lui pour toute bonne pensée, toute bonne parole, toute bonne œuvre, et que tu es entièrement incapable de faire aucun bien, à moins qu'il ne t'arrose de moment en moment.

7. Toi donc, pleure sur tes péchés et mène deuil devant Dieu, jusqu'à ce qu'il change en joie ta tristesse. Mais alors même « pleure avec ceux qui pleurent, » et pour ceux qui ne pleurent point encore pour eux-mêmes. Mène deuil sur les péchés et les misères des hommes ; et vois, oui là, devant tes yeux, l'océan de l'éternité, immense, sans fond et sans rivages, qui a déjà englouti des

milliers, des millions d'hommes, et dont les gouffres ouverts attendent ceux qui restent encore ! Vois d'un côté « la maison de Dieu éternelle dans les cieux ; » de l'autre l'enfer et le gouffre sans couverture, et apprends de là le prix de chacun de ces moments qui paraissent et ne sont déjà plus !

8. Toi donc, au sérieux, ajoute la douceur de la sagesse. Tiens en balance toutes les passions, mais particulièrement la colère, la tristesse et la crainte. Accepte avec calme toute dispensation de Dieu. Apprends à être toujours content de la position où tu te trouves. Sois affable avec les bons, doux envers tous les hommes, mais surtout envers les méchants et les ingrats. Garde-toi non seulement des manifestations extérieures de la colère (comme, par exemple, d'appeler ton frère raca ou fou), mais de toute émotion intérieure contraire à l'amour, lors même qu'elle resterait cachée au fond du cœur. Aie de l'indignation contre le péché, comme portant atteinte à la majesté de Dieu, mais aime toujours le pécheur, comme Jésus qui « regarda avec indignation les Pharisiens, étant indigné de l'endurcissement de leurs cœurs. » Il s'affligeait pour les pécheurs ; il était courroucé contre le péché. De la même manière, mets-toi en colère, « mais ne pèche point. »

9. Toi donc aie faim et soif, rien de la nourriture qui périt, mais de celle qui demeure pour la vie éternelle. Foule à tes pieds le monde et les choses du monde, toutes les richesses, tous les honneurs, les plaisirs du temps présent. Qu'est le monde pour toi ? « Laisse les morts ensevelir leurs morts ; » mais toi poursuis l'image de Dieu. Et si déjà cette soif bénie est dans ton âme, garde-toi de vouloir l'apaiser avec ce qu'on appelle vulgairement religion ; pauvre et stupide comédie, affaire de forme et de vaine apparence qui laisse le cœur aussi terrestre et aussi sensuel que jamais ! Que rien ne puisse te satisfaire, si ce n'est la force de la piété, si ce n'est une religion qui soit « esprit et vie, » par laquelle Dieu demeure en toi et tu demeures en Dieu, si ce n'est d'être dès à présent un habitant de l'éternité, d'entrer « par le sang de l'aspersion » au dedans du voile et d'être « assis dans les lieux célestes avec Jésus-Christ. »

10. Toi donc, puisque « tu peux toutes choses par Christ qui te fortifie, » sois miséricordieux comme ton Père céleste est miséricordieux ! « Aime ton prochain comme toi-même ; » aime amis et ennemis comme ta propre âme, et que ta charité soit magnanime et patiente envers tous les hommes. Qu'elle soit bonne, douce, bienveillante, t'inspirant l'amabilité la plus agréable, les plus tendres et les plus vives affections. Qu'elle se réjouisse de la vérité où elle la trouve, de la vérité « qui est selon la piété. » Sois heureux de tout ce qui avance « la gloire de Dieu, la paix et la bonne volonté parmi les hommes. » Couvre tout de ta charité, ne parlant jamais qu'en bien des morts ou des absents ; crois tout ce qui tend à excuser ou à justifier le prochain, espère tout en sa faveur, et supporte tout, triomphant de toute opposition, car la vraie « charité ne périt jamais » dans le temps ou dans l'éternité.

11. Toi donc, aie « le cœur pur, » étant purifié par la foi de toute affection qui n'est pas sainte, « de toute souillure de la chair et de l'esprit, » et « achevant ta sanctification dans la crainte de Dieu ; » étant, par la puissance de la grâce, purifié d'orgueil par une profonde pauvreté d'esprit, de colère et de toute passion haineuse ou turbulente par la douceur et par la miséricorde, de tout désir autre que celui de plaire à Dieu et de le posséder, par la faim et la soif de la justice. Toi donc, aime le Seigneur ton Dieu de tout ton cœur et de toute ta force !

12. En un mot : que ta religion soit la religion du cœur ! Qu'elle soit enracinée au plus profond de ton âme. Sois petit, bas et vil, au-delà de toute expression à tes propres yeux, et que l'amour de Dieu révélé en Jésus-Christ t'humilie jusque dans la poussière, et te remplisse d'étonnement et d'admiration. Sois sérieux. Que toutes tes pensées, tes paroles et tes actions découlent de la conviction profonde que tu es, ainsi que tous les hommes, sur le bord de l'éternité, prêt à entrer dans la gloire éternelle, ou à tomber dans l'éternelle perdition. Que ton âme soit pleine d'affection, de débonnaireté, de patience, de support envers tous les hommes, et qu'elle ait « soif de Dieu, du Dieu fort et vivant, » soupirant après le moment de te « réveiller à sa ressemblance, » et d'en être « rassasié ! » Sois l'ami de Dieu et des hommes ; fais et supporte tout dans cet esprit ; « montre » ainsi « ta foi par tes œuvres ; » fais ainsi « la volonté de ton Père qui est aux cieux ; » et autant il est vrai que c'est là « marcher avec Dieu » sur la terre, autant il est certain que tu régneras avec lui dans la gloire !

SERMON 34

La Loi : son origine, sa nature, ses qualités, son usage

La loi est sainte, et le Commandement est saint, juste et bon.
— Romains 7.12 —

1. Entre tout le su, jets qu'embrasse la religion, il n'en est guère peut-être de plus mal compris que celui-ci. Le lecteur de cette épître, entendant communément dire que par la loi saint Paul désigne la loi, juive, et pensant n'avoir rien à démêler avec elle, passe outre sans y songer davantage. Il en est, il est vrai, que ne satisfait pas celle explication, et qui, voyant que l'épître est adressée aux romains, en concluent que l'apôtre, au commencement de ce chapitre, fait allusion à l'ancienne loi romaine ; et, comme ils n'ont pas plus affaire avec celle-ci qu'avec la loi cérémonielle de Moïse, ils ne s'arrêtent guère à ce qui leur semble n'avoir été mentionné et comme simple éclaircissement d'un autre sujet.

2. Mais celui qui étudiera attentivement le discours de l'apôtre ne pourra se contenter d'explications aussi superficielles. Plus il en pèsera les termes, plus il sera convaincu que, par « la Loi, » saint Paul n'entend, dans ce chapitre, ni la loi de Rome, ni la loi cérémonielle de Moïse. Pour n'avoir pas de doute à cet égard, il suffit de considérer la portée générale de ce que dit l'apôtre. « Ne savez-vous pas, mes frères, dit-il en commençant, (car je parle à des personnes qui connaissent la loi, qui en ont été instruites dès leur jeunesse) que la loi n'a de pouvoir sur l'homme que pendant qu'il est en vie ? » (Rm 7.1) — S'agirait-il ici seulement de la loi romaine ou de la loi cérémonielle ? Non assurément ; mais de la loi morale. Car — pour citer un exemple bien simple, — « une femme qui est sous la puissance d'un mari, est liée par la loi. » — la loi morale, — « à son mari tant qu'il est vivant ; mais si le mari meurt, elle est dégagée de la loi qui la liait à son mari. Si donc, durant la vie de son mari, elle épouse un autre homme, elle sera appelée adultère ; mais si son mari meurt, elle est affranchie de cette loi, en sorte qu'alors elle n'est point adultère, si elle épouse un autre mari (Rm 7.2, 3). » De cet exemple particulier, l'apôtre tire ensuite une conclusion générale « Ainsi, mes frères, » dit-il, par une raison analogue, « vous êtes aussi morts à l'égard de la loi, » — à l'économie mosaïque tout entière, — « par le corps de Christ, » — offert pour vous et qui vous introduit dans une économie nouvelle, — « pour être, » — sans aucun reproche, « à un autre, savoir à celui qui est ressuscité des morts, » — et qui par là a affirmé ses droits, — « afin que nous portions des fruits pour Dieu (Rm 7.4) . » Et nous pouvons en porter maintenant, tandis qu'auparavant nous ne le pouvions pas. « Car quand nous étions dans la chair, » — sous la puissance de la chair, c'est-à-dire de la nature corrompue, ce qui était nécessairement le cas tant que nous ignorions le pouvoir de la résurrection de Christ, — « les passions des péchés qui s'excitent par la loi, » — que la loi mosaïque mettait en évidence et qu'elle enflammait, sans pouvoir les vaincre, — « agissaient dans nos membres et produisaient des fruits pour la mort. Mais maintenant nous sommes délivrés de la loi » — de toute l'économie mosaïque, morale aussi bien que cérémonielle, — « étant morts à celle sous laquelle nous étions retenus ; » — cette économie entière étant comme morte, et n'ayant pas plus d'autorité sur nous que le mari mort n'en a sur sa femme ; — « afin que nous servions » celui qui est mort et ressuscité pour nous, « dans un esprit nouveau, et non point selon la lettre qui a vieilli (Rm 7.5, 6), » c'est-à-dire sous une économie nouvelle et spirituelle, et non par un service tout extérieur, conforme à la lettre de la dispensation mosaïque.

3. Ayant ainsi prouvé que la dispensation chrétienne a pris la place de la dispensation juive, et que la loi morale elle-même, quoiqu'elle ne puisse passer, repose maintenant sur d'autres bases que celles d'autrefois, l'apôtre s'arrête pour se poser et pour résoudre une objection : « Que dirons-nous donc ? La loi est-elle péché ? » comme on pourrait le conclure de cette expression : « les passions des péchés qui s'excitent par la loi. » — « Nullement, » répond-il, puisque la loi est l'ennemie irréconciliable du péché et qu'elle le poursuit partout où il se cache. « Au contraire, je n'ai connu le péché que par la loi ; car je n'eusse point connu la convoitise, » — je n'aurais pas su que le mauvais désir est un péché, — « si la loi n'eût dit : Tu ne convoiteras point, » (Rm 7.7) Il achève d'exposer cela dans les quatre versets suivants, puis il arrive à celle conclusion générale, qui se rapporte surtout à la loi morale, à laquelle l'exemple qui précède est emprunté : « La loi donc est sainte, et le commandement est saint, juste et bon. »

4. Pour l'éclaircissement et pour l'application de ces paroles importantes, si peu écoutées parce qu'elles sont si peu comprises, je m'efforcerai de montrer l'origine de cette loi, sa nature, ses qualités, savoir qu'elle est sainte, juste et bonne, et enfin son utilité.

I

1. Essayons de montrer, d'abord, l'origine de la loi morale, ou, comme on l'appelle plus simplement, de la Loi. Elle ne date pas seulement du temps de Moïse, comme on pourrait l'imaginer. Longtemps auparavant, Noé l'avait déclarée aux hommes, et Hénoc avant lui. Mais nous pouvons suivre sa trace bien plus haut encore, et même par delà la création du monde, jusqu'à cette période inconnue sans doute aux hommes, mais inscrite assurément dans les annales de l'éternité, où « les étoiles du matin poussaient ensemble des cris de joie (Jb 38.7), » et « les fils de Dieu » se réjouissaient d'avoir reçu l'existence. À ces premiers-nés de la création, Dieu voulut bien donner une intelligence pour connaître Celui qui les avait créés, pour discerner la vérité de l'erreur, le bien du mal ; et par suite, la liberté et la capacité de choisir l'un et de repousser l'autre. Et ils devinrent ainsi capables de lui offrir un libre et volontaire service, un service digne en lui-même de récompense et souverainement agréable à leur miséricordieux Maître.

2. Afin d'exercer toutes les facultés dont il les avait doués, et, en première ligne, leur intelligence et leur liberté, il leur donna une loi, type suprême de toute vérité accessible à des êtres finis, et de tout bien que des esprits angéliques peuvent concevoir. Par là aussi leur souverain bienfaiteur voulait préparer pour eux un accroissement continuel de félicité ; chaque acte d'obéissance à cette loi devant ajouter à la perfection de leur nature et les rendre dignes d'une plus haute récompense, que le juste Juge leur donnerait en son temps.

3. De même, lorsque Dieu, au temps déterminé par lui, voulut créer un nouvel ordre d'êtres intelligents, lorsqu'il eut tiré l'homme de la poudre de la terre, soufflant en lui une respiration de vie et le créant en âme vivante, capable de discerner entre le bien et le mal, il donna à cette créature intelligente et libre la même loi qu'à ses fils premiers-nés ; loi écrite, non sans doute sur des tables de pierre, ni sur aucune substance corruptible, mais dans leur cœur, gravée par le doigt de Dieu dans le sens intime des hommes et des anges ; afin qu'elle fût toujours à sa portée, toujours facile à comprendre, toujours claire et lumineuse, comme le soleil au milieu des cieux.

4. Telle fut l'origine de la loi de Dieu. Quant à l'homme, elle remonte jusqu'à sa création ; mais quant aux fils aînés de Dieu, elle brillait de toute sa splendeur « avant que les montagnes fussent nées et qu'il eût formé la terre (Ps 90.2). » Mais l'homme ne tarda pas à se rebeller contre Dieu, et, en transgressant cette loi glorieuse, peu s'en fallut qu'il ne l'effaçât entièrement de son cœur, les yeux de son entendement s'obscurcissant de ténèbres dans la proportion où il s'éloignait de la vie de Dieu. Et pourtant Dieu ne rejeta pas l'ouvrage de ses mains, mais réconcilié avec l'homme par le Fils de son amour, il retraça en quelque mesure, la loi dans le cœur ténébreux de sa coupable créature. Il te déclara de nouveau, « ô homme ! » quoique moins parfaitement qu'à l'origine, « ce qui est bon, savoir de faire ce qui est droit, d'aimer la miséricorde et de marcher dans l'humilité avec ton Dieu » (Mi 6.8)

5. Et cela, il le fit voir, non seulement à nos premiers parents, mais à toute leur postérité, par cette « vraie lumière qui éclaire tout homme venant au monde (Jn 1.9). » Mais, malgré cette lumière, « toute chair » ayant, dans la suite des temps, « corrompu sa voie devant lui » (Gn 6.12) il

choisit, du sein de l'humanité, un peuple particulier, auquel il donna une connaissance plus parfaite de sa loi. Et, pour en faciliter l'intelligence à leurs esprits lents à comprendre, il en écrivit, le résumé sur deux tables de pierre, commandant aux pères de l'enseigner à leurs enfants, de génération en génération.

6. Et c'est encore ainsi que la loi de Dieu est enseignée à ceux qui ne connaissent point Dieu. Leurs oreilles entendent les choses qui furent écrites dans les temps anciens pour notre instruction. Mais cela ne peut suffire. Ils n'en peuvent, par ce moyen, comprendre la hauteur, la profondeur, la longueur et la largeur. Dieu seul peut révéler cela par son Esprit. Et c'est ce qu'il fait, pour tous ceux qui croient véritablement, car il a fait à tout l'Israël de Dieu cette miséricordieuse promesse : « Voici, les jours viennent, dit le Seigneur, que je traiterai une nouvelle alliance avec la maison d'Israël. Et c'est ici l'alliance que je traiterai avec eux : je mettrai ma loi au-dedans d'eux et je l'écrirai dans leurs cœurs ; et je serai leur Dieu et ils seront mon peuple (Jr 31.31-33). »

II

1. Je me suis proposé, en second lieu, de montrer quelle est la nature de cette loi qui, à l'origine, fut donnée aux anges dans le ciel et à l'homme dans l'Eden, et que Dieu a si miséricordieusement promis d'écrire à nouveau dans le cœur de tous les vrais croyants. Observons d'abord que les deux mots « loi » et « commandement », quoique n'ayant pas toujours le même sens (puisque le commandement n'est proprement qu'une partie de la loi), sont employés, dans mon texte, comme des termes synonymes, qui signifient une seule et même chose. Mais ni l'un ni l'autre ne peuvent désigner ici la loi cérémonielle. Ce n'est pas de cette loi que l'apôtre dit, dans un des versets cités : « Je n'ai point connu le péché ce n'est par la loi (Rm 7.7) ; » il serait superflu de le prouver. C'est pas en effet la loi cérémonielle qui dit, dans ce verset : « Tu ne convoiteras point » (Rm 7.7) La loi des cérémonies n 'a donc rien à faire avec notre sujet.

2. La Loi, dont parle le texte, ne peut pas désigner non plus la dispensation mosaïque en général. Il est vrai que c'est le sens du mot dans quelques passages ; ainsi, quand l'apôtre dit, écrivant aux Galates : « L'alliance que Dieu a auparavant confirmée en Christ », avec Abraham, le père des croyants, « n'a pu être annulée, ni la promesse abolie par la loi, qui n'est venue que quatre cent trente ans après (Ga 3.17), » il est clair que la loi signifie ici la dispensation mosaïque. Mais ce ne peut être le sens ici ; car jamais l'apôtre ne parle en termes si favorables de cette dispensation imparfaite et crépusculaire. Nulle part il ne dit que la loi mosaïque soit « spirituelle », ni qu'elle soit « sainte, juste et bonne ». Il n'est pas vrai non plus de cette loi, que Dieu veuille l'écrire dans le cœur de ceux de l'iniquité desquels il ne se souviendra plus. La Loi, nommée ainsi au sens absolu, ne peut être que la loi morale.

3. Or, cette loi est le portrait incorruptible du Dieu saint qui habite l'éternité. C'est en elle que Celui que, dans son essence, aucun homme n'a vu ni ne peut voir, est rendu visible aux hommes et aux anges. C'est Dieu se montrant sans voiles ; Dieu se manifestant à ses créatures, dans la mesure où elles peuvent le supporter ; se manifestant, pour donner, et non pour ôter la vie, en sorte qu'ils puissent voir Dieu et vivre. C'est le cœur de Dieu qui se découvre à l'homme. Oui, nous pouvons même appliquer ; en quelque mesure, à cette loi, ce que l'apôtre dit du Fils de Dieu : qu'il est « le reflet de sa gloire et l'image empreinte de sa personne (He 1.3). »

4. « Si la vertu, » disaient les anciens, « pouvait prendre une forme qui la rendît visible à nos yeux, de quel amour merveilleux nous nous mettrions à l'aimer ! » Mais cette supposition s'est réalisée. La loi de Dieu renferme en elle toutes les vertus, la vertu parfaite, et tous ceux à qui Dieu a ouvert les yeux peuvent l'y contempler à visage découvert. La loi de Dieu, qu'est-elle, si ce n'est la vertu et la sagesse divines prenant une forme visible ? Qu'est-elle, si ce n'est le type originel du vrai et du juste, qui, de l'esprit incréé qui les renferme de toute éternité, s'est manifesté à l'homme en revêtant une forme appropriée à son intelligence ?

5. Considérée à un autre point de vue, la loi de Dieu est la raison suprême et immuable, la rectitude absolue, l'harmonie éternelle de toutes les créations passées ou présentes. Je sens bien tout ce qu'il y a d'étroit et d'impropre dans toutes ces expressions humaines par lesquelles nous essayons d'esquisser et de rendre les choses profondes de Dieu. Mais dans notre étal actuel d'enfance, nous ne pouvons faire ni mieux, ni autrement. « Ne connaissant encore

qu'imparfaitement, » nous ne pouvons « prophétiser, » c'est-à-dire parler des choses de Dieu, « qu'imparfaitement (1 Co 13.9). » Tant que nous sommes dans cette maison d'argile, « nous ne saurions rien dire par ordre, à cause de nos ténèbres (Jb 37.19). » N'étant qu'un enfant, « je parle comme un enfant mais bientôt je quitterai ce qui tient de l'enfant ; » car, « Lorsque la perfection sera venue, alors ce qui est imparfait sera aboli. (1 Co 13.10, 11). »

6. Mais revenons. La loi de Dieu (dans notre langage humain) est l'empreinte de l'esprit éternel, la reproduction écrite de la nature divine, l'œuvre la plus belle du Père éternel, la plus brillante émanation de sa sagesse, la beauté visible du Très-Haut. Elle fait les délices et l'admiration des chérubins et des séraphins et de tous les habitants des cieux, et elle est, sur la terre la gloire et la joie de tout croyant doué de sagesse, de tout enfant de Dieu bien instruit.

III

1. Telle est la nature de cette loi de Dieu à jamais bénie. Je dois, en troisième lieu, en montrer les qualités : — non pas toutes, car cela demanderait plus que la science d'un ange ; mais seulement celles qui sont mentionnées dans mon texte. Elles sont au nombre de trois « Le commandement est saint, juste et bon. »

2. Ainsi, la première qualité de la loi, c'est qu'elle est sainte. Il semble que, par cette expression, l'apôtre veuille parler de sa nature plutôt que de ses effets ; dans le même sens où saint Jacques dit : « La sagesse qui vient d'en haut (ou, en d'autres termes, la loi écrite dans nos cœurs) est premièrement, pure (Jos 3.17), » c'est-à-dire sans tache ni souillure, éternellement et essentiellement sainte. Et en tant qu'elle se réfléchit dans la vie aussi bien que dans l'âme, elle est, comme le dit le même apôtre, « la religion pure et sans tache » ou le culte pur, sans alliage impur, rendu à Dieu.

3. Elle est, en effet, au plus haut degré ; pure, nette, chaste, sainte. Sans cela comment pourrait-elle être l'œuvre directe, ou, mieux encore, la parfaite image du Dieu dont l'essence est la sainteté ? Elle est pure de tout péché, pure de toute tache, de toute teinte de mal. C'est une vierge chaste, qui n'admet aucune souillure, aucune participation à ce qui est, contraire à la pureté et à la sainteté ! Elle ne s'accorde avec aucune sorte de péché ; car « quelle communion y a-t-il entre la lumière et les ténèbres ? » (2 Co 6.14) Et comme le péché est de sa nature, « inimitié contre Dieu, » (Jc 4.4) la loi est inimitié contre le péché.

4. Aussi l'apôtre rejette-t-il avec horreur la supposition blasphématoire que la loi de Dieu puisse être péché elle-même, ou la cause du péché. À Dieu ne plaise que nous la supposions cause du péché, parce que c'est elle qui le manifeste, parce qu'elle découvre les choses cachées dans les ténèbres et les amène en pleine lumière. Il est vrai que par là, comme le dit l'apôtre, « le péché parait péché (Rm 7.13). » Tous ses voiles sont déchirés, et il se montre dans sa difformité native. Il est vrai que le péché est ainsi devenu « excessivement péchant, par le commandement (Rm 7.13) ; » entrant maintenant en lutte directe avec la lumière, étant, dépouillé de sa dernière excuse, l'ignorance, et ne se déguisant plus, il devient bien plus odieux à Dieu et, aux hommes. Il est vrai même que ce le péché cause la mort par une chose qui est bonne (Rm 7.13), » qui est en elle-même pure et sainte. Mis au grand jour, il s'irrite d'autant plus ; comprimé, il éclate avec d'autant plus de violence. « Le péché, » dit l'apôtre, parlant au nom de celui qui est convaincu de péché, mais non encore délivré, « le péché, avant pris occasion du commandement, » qui le découvre et veut le réprimer, a repoussé cette contrainte, et « a produit en moi toute sorte de convoitises (Rm 7.8), » toute sorte de désirs insensés et funestes, que le commandement tendait à réprimer. Ainsi, « quand le commandement est venu, le péché a repris vie (Rm 5.9) ; » il s'est agité et irrité d'autant plus. Mais cela ne jette aucun déshonneur sur le commandement. On peut en abuser, non le souiller. C'est, une preuve seulement que « le cœur de l'homme est désespérément malin » (Jr 17.9) Mais la loi de Dieu demeure sainte.

5. Sa deuxième qualité est d'être juste. Elle rend à chacun ce qui lui est dû. Elle prescrit exactement ce qui est juste, précisément ce que nous devons faire, dire ou penser, à l'égard de l'Auteur de notre être, à l'égard de nous-mêmes, à l'égard des autres créatures. Elle est, en tout, adaptée à la nature des choses, soit, qu'on les considère dans leur ensemble ou dans leurs détails. Elle convient aux circonstances particulières des êtres et à leurs mutuelles relations aussi bien à

celles qui ont existé dès l'origine qu'à celles qui sont plus récentes. Elle s'harmonise avec les propriétés accidentelles ou essentielles des choses. Elle n'entre en conflit avec aucune de ces propriétés en aucune façon, et n'est jamais sans relations avec aucune. En ce sens, on peut dire qu'il n'y a rien d'arbitraire dans la loi de Dieu ; quoique, dans son ensemble ainsi que dans ses détails, elle ne dépende jamais que de sa volonté, et que « Ta volonté soit faite » demeure toujours la loi suprême et universelle, tant sur la terre que dans le ciel.

6. Mais la volonté de Dieu est-elle la cause de sa loi ? Cette volonté est-elle l'origine du juste et de l'injuste ? Ce qui est juste ne l'est-il que parce que Dieu le veut ? ou Dieu ne le veut-il que parce que c'est juste ?

Cette fameuse question est, je le crains, plus curieuse qu'utile. Et peut-être qu'en l'étudiant on n'y apporte pas suffisamment ce respect que la créature doit à Celui qui a créé et qui gouverne toutes choses ? Toutefois nous parlerons, avec respect et crainte. Et si nous parlons mal, que le Seigneur veuille nous pardonner !

7. Il nous semble donc que toute la difficulté provient de ce qu'on considère la volonté de Dieu comme distincte de Dieu. Autrement la difficulté disparaît. Car il est évident que Dieu est la cause de la loi de Dieu. Mais la volonté de Dieu, c'est Dieu lui-même ; c'est Dieu considéré comme voulant ceci ou cela. Dire que la loi a pour cause la volonté de Dieu équivaut donc à dire que la cause en est Dieu.

8. De même, si la loi, règle immuable du juste et de l'injuste, dépend de la nature et des propriétés des choses et de leurs relations essentielles (je dis essentielles, et non éternelles, ce qui, pour des choses existant dans le temps, serait contradictoire) ; si elle dépend, dis-je, de leur nature et de leurs relations, c'est dire qu'elle dépend de Dieu ou de la volonté de Dieu, puisque toutes ces choses avec leurs relations sont l'ouvrage de ses mains. Ce n'est que « par sa volonté qu'elles subsistent et qu'elles ont été créées (Ap 4.11). »

9. Néanmoins on peut accorder (et c'est sans doute tout ce que réclameront les esprits sages) qu'en chaque cas particulier, Dieu veut ceci ou cela (par exemple, qu'il veut que nous honorions nos parents) parce que c'est juste et en accord avec la nature des choses et avec leurs mutuelles relations.

10. La loi est donc juste et droite en toutes choses. Mais elle est bonne autant que juste. Il suffit, pour nous en convaincre, de considérer de quelle source elle a jailli. Celte source n'est autre que la bonté de Dieu. Quel autre mobile que sa bonté put l'engager à donner aux saints anges cette divine expression de lui-même, ou à accorder à l'homme ce même reflet de sa nature ? Et n'est-ce pas son tendre amour qui seul put le contraindre à renouveler la manifestation de sa volonté à l'homme déclin, à Adam d'abord, puis à ses descendants, « privés » comme lui « de la gloire de Dieu (Rm 3.22) ; » à publier sa loi, alors que l'esprit des hommes était obscurci de ténèbres, et à envoyer ses prophètes pour déclarer cette loi aux hommes aveugles et insouciants ? Oui certes, ce fut sa bonté qui suscita Hénoc et Noé pour être prédicateurs de la justice ; Abraham, l'ami de Dieu, Isaac et Jacob, pour rendre témoignage à sa vérité. Ce fut sa bonté seule qui, lorsque « les ténèbres couvraient la terre et l'obscurité les peuples (És 60.2), » donna une loi écrite à Moïse et par lui à la nation qu'il avait choisie. Ce fut son amour qui interpréta ces divins oracles par la bouche de David et de tous les prophètes, jusqu'à ce qu'au temps marqué, il envoyât son Fils unique, « non pour abolir la loi, mais pour l'accomplir (Mt 5.17), » pour la confirmer « jusqu'à un iota et un seul trait de lettre ; » pour la graver dans le cœur de tous ses enfants ; jusqu'à ce que, ayant « mis tous ses ennemis sous ses pieds » il « remette son royaume » de médiateur « à Dieu son Père, afin que Dieu soit tout en tous (1 Co 15.24, 25, 28)

11. Et cette loi que la bonté de Dieu donna au commencement et qu'elle a conservée à travers les âges, cette loi est, comme la source d'où elle sort, pleine de bonté et de bénignité ; elle est, comme le dit le Psalmiste, « plus douce : que le miel et que ce qui découle des rayons de miel » (Ps 19.11). » Elle est attrayante et aimable. Elle renferme « toutes les choses qui sont aimables, de bonne réputation, où il y a quelque vertu, et qui sont dignes de louange » (Ph 4.8) devant Dieu et devant ses saints anges, et en elles sont tous les trésors de la sagesse, de la science et de l'amour de Dieu.

12. La loi de Dieu n'est pas moins bonne dans ses effets que dans sa nature. Tel qu'est l'arbre, tels sont les fruits. Les fruits de la loi de Dieu dans le cœur de l'homme sont : la justice, la paix et l'assurance à jamais. Ou plutôt, la loi elle-même est justice, et elle remplit l'âme d'une paix qui passe toute intelligence et nous procure une joie incessante, par le témoignage d'une bonne conscience devant Dieu. Elle n'est pas simplement la garantie, elle « est, les arrhes de notre héritage » (Ep 1.14) car elle fait partie de la possession qui nous est acquise. C'est Dieu manifesté dans la chair des hommes, et nous apportant la vie éternelle ; nous assurant, par son pur et parfait amour, que nous sommes « scellés pour le jour de la rédemption (Ep 4.38) ; » qu'il nous « épargnera comme un père épargne son fils qui le sert » (Ml 3.17) au jour où il rassemblera ses joyaux ; et qu'il nous réserve une couronne incorruptible de gloire.

IV

1. Il ne nous reste plus qu'à montrer, en dernier lieu, l'usage de la loi, ou à quoi elle sert. Et, sans contredit, son premier usage c'est de convaincre le monde de péché. Cette œuvre appartient, il est vrai, au Saint-Esprit, et il peut l'opérer sans moyens quelconques, ou par ceux qu'il lui plaît d'employer, quelque insuffisants ou impropres qu'ils soient en eux-mêmes à produire un tel effet. Ainsi, il y a des gens dont le cœur a été brisé en un moment, soit dans la santé, soit dans la maladie, sans cause visible, sans moyen extérieur ; et d'autres (un par génération peut-être) se sont réveillés au sentiment de « la colère de Dieu demeurant sur eux (Jn 3.36). », à l'ouïe de cette déclaration : « Dieu était en Christ, réconciliant le monde avec soi » (2 Co 5.19) Mais la méthode ordinaire de l'Esprit de Dieu est de convaincre les pécheurs par la loi. C'est elle qui, prenant possession de la conscience, brise, le plus souvent, le rocher. C'est surtout cette partie de la Parole de Dieu qui est « vivante et efficace et plus pénétrante qu'aucune épée à deux tranchants (He 4.12) ; » c'est elle qui, entre les mains de Dieu et de ses envoyés, pénètre à travers tous les replis d'un cœur brisé, et « atteint jusqu'à la séparation de l'âme et de l'esprit, des jointures et des moelles » (He 4.12) C'est elle qui découvre le pécheur à lui-même ; qui arrache toutes ses feuilles de figuier et lui montre qu'il est « misérable, pauvre, aveugle et nu » (Ap 3.17) C'est la loi qui, comme un éclair, porte partout la conviction. L'homme se sent pécheur ; il se reconnaît insolvable. « Sa bouche est fermée », et il s'avoue « coupable devant Dieu » (Rm 3.19)

2. Tel est donc le premier usage de la loi : frapper de mort le pécheur, détruire la vie et la force auxquelles il se confie et le convaincre qu'il est « mort en vivant (1 Tm 5.6) ; » non seulement placé sous une sentence de mort, mais réellement mort à Dieu, privé de toute vie spirituelle, « mort, dans ses fautes et dans ses péchés (Ep 2.1). » Le second usage de la loi, c'est de le conduire à la vie, à Christ, afin qu'il vive. Dans ces deux offices, elle agit, il est vrai en pédagogue sévère. Elle nous contraint par la force, plus qu'elle ne nous attire par l'amour. Et pourtant l'amour demeure le ressort tout puissant. C'est l'esprit d'amour qui, par ces moyens douloureux nous arrache notre confiance en la chair, ne nous laisse aucun roseau cassé pour nous y appuyer, et contraint ainsi le pécheur, dépouillé de tout, à s'écrier dans l'amertume de son âme ou à soupirer du plus profond de son cœur :

> Je ne veux plus, Seigneur, m'excuser devant toi.
>
> Je suis perdu, mais Christ, ton Fils, mourut pour moi !

3. La loi sert, en troisième lieu, à nous maintenir en vie. Elle est le grand moyen dont se sert l'Esprit de grâce pour préparer le croyant à une communication plus abondante de la vie de Dieu.

Cette grande et importante vérité est peu comprise, je le crains, non seulement du monde, mais même de plusieurs de ceux que Dieu a pris du monde et qui sont véritablement enfants de Dieu par la foi Plusieurs d'entre eux tiennent pour incontestable qu'une fois venus à Christ, nous n'avons plus affaire avec la loi et que, dans ce sens, « Christ est la fin de la loi » (Rm 10.4) pour tout croyant. « La fin de la loi », il l'est sans doute, mais « pour la justification de tous ceux qui croient ». C'est-à-dire que là finit la loi. Elle ne justifie personne, mais elle conduit à Christ, qui est aussi, dans un autre sens, la fin, le but, vers lequel elle tend sans cesse. Mais quand elle nous a conduits à lui, elle a un autre office, celui de nous garder près de lui. Car plus les croyants découvrent la hauteur, la profondeur, la largeur de la loi, plus ils sont poussés à s'exhorter ainsi les uns les autres :

Frères, plus près, toujours plus près.
De cet amour qui nous embrasse !
Attendons-en les sûrs effets,
Et demandons grâce sur grâce !

4. Ainsi, tout en accordant que c'en est fait de la loi pour le fidèle, en tant qu'il s'agit de la loi cérémonielle des Juifs, ou de l'ensemble de la dispensation mosaïque (car, en ce sens, elle est abolie par Christ) ; accordant même que nous n'avons plus affaire à la loi morale, comme moyen de justification, car nous sommes « justifiés gratuitement par sa grâce, par la rédemption qui est en Jésus-Christ (Rm 3.23) ; » nous devons reconnaître que, dans un autre sens, nous n'en avons pas fini avec cette loi. Elle nous est en effet infiniment utile, d'abord pour nous convaincre du péché qui reste encore dans notre cœur et dans notre vie, et nous amener par là à une communion toujours plus intime avec Christ, en sorte que son sang nous purifie de moment en moment. Elle sert ensuite à faire passer la vie du chef dans les membres vivants de son corps, et les rendre par là capables d'accomplir ses commandements Elle sert enfin à confirmer notre espérance relativement à ceux de ses commandements que nous n'avons pas encore atteints, notre espérance de recevoir grâce sur grâce, jusqu'à ce que nous possédions réellement la plénitude de ce qu'il nous promet.

5. Et quelle confirmation donne à tout ceci l'expérience du vrai croyant ! Tandis qu'il s'écrie : « Oh ! combien j'aime ta loi ; c'est ce dont je m'entretiens tout le jour ! » (Ps 119.97) dans ce divin miroir, il découvre chaque four un peu mieux sa souillure. Il y voit toujours plus clairement, qu'il est encore à tous égards un pécheur, que ni son cœur ni ses œuvres ne sont ce qu'ils devraient être devant Dieu ; et cette conviction le presse à chaque instant d'aller à Christ. Il comprend mieux ce commandement de l'ancienne loi : « Tu feras une lame d'or pur, sur laquelle tu graveras : Sainteté à l'Éternel ! Et elle sera sur le front d'Aaron (type de notre grand sacrificateur), afin qu'Aaron porte les péchés commis par les enfants d'Israël dans leurs saintes offrandes (bien loin que nos offrandes spirituelles puissent expier ce qui nous reste du péché), et cette lame sera continuellement sur son front, pour les rendre agréables devant l'Éternel (Ex 28.36, 38). »

6. Ainsi, pour ne citer qu'un exemple, la loi dit : « Tu ne tueras point », et notre Seigneur nous enseigne qu'elle défend par là non seulement l'acte extérieur, mais toute parole, toute pensée contraires à la charité. Mais, plus je regarde à cette loi parfaite, plus je sens que je suis loin d'y atteindre ; et plus je sens cela, plus je sens quel besoin j'ai du sang de Christ pour expier tout mon péché, et de son Esprit pour purifier mon cœur, en sorte que je sois « parfait et accompli et qu'il ne me manque rien » (Jc 1.4)

7. Je ne puis donc me passer de la loi un seul moment, pas plus que de Christ, puisqu'elle m'est aussi nécessaire maintenant pour me garder près de Christ, qu'elle le fut pour me conduire à lui. Sans cela, ce « mauvais, cœur incrédule » abandonnerait aussitôt « le Dieu vivant. (He 3.12). » En vérité l'un me renvoie toujours à l'autre, la loi à Christ et Christ à la loi. D'une part, la hauteur et la profondeur de la loi me contraignent à chercher un refuge dans l'amour de Dieu en Christ ; de l'autre, l'amour de Dieu en Christ me fait aimer sa loi « plus que l'or et, les pierres précieuses, » en me montrant que chacun de ses articles contient une promesse miséricordieuse que mon Seigneur accomplira en son temps.

8. Qui es-tu donc, ô homme, « qui juges la loi et qui médis de la loi ! » qui la renvoies en enfer, avec le péché, Satan et la mort, en les mettant sur le même rang ! Juger la loi ou médire de la loi était, aux yeux de l'apôtre Jacques, un acte si prodigieux de méchanceté, que, pour condamner les jugements à l'égard de nos frères, il lui suffit qu'ils impliquent ce péché : « Tu n'es point observateur, de la loi, dit-il, mais tu t'en fais le juge (Jc 4.11) ; » le juge de ce que Dieu a établi pour te juger ! Te voilà donc assis sur le siège judicial de Christ et foulant à tes pieds la règle d'après laquelle il, jugera le monde ! Oh ! considère quel avantage Satan a pris sur toi, et abstiens-toi à l'avenir de penser ou de parler légèrement de cet instrument béni de la grâce de Dieu ; à plus forte raison garde-toi d'en faire un épouvantail. Que dis-je ? aime-le et l'estime, à cause de celui

de qui il vient, de celui à qui il conduit. Que la loi soit, après la croix de Christ, ta gloire et ta joie. Publie ses louanges, et rends-lui honneur devant tous les hommes.

9. Et si tu es pleinement convaincu qu'elle émane de Dieu ; qu'elle est l'empreinte de ses perfections communicables, et qu'elle est « sainte, juste, et bonne », surtout pour les croyants ; alors, au lieu de la rejeter comme souillée, aie soin de t'y attacher de plus en plus. Que la loi de miséricorde et de vérité, d'amour pour Dieu et pour les hommes, d'humilité, de douceur et de pureté, ni te quitte jamais. « Lie-la à ton cou, écris-la sur la table de ton cœur (Pr 3.3). » Tiens-toi près de la loi, si tu veux te tenir près de Christ. Saisis-la ; ne la laisse point aller. Qu'elle te conduise sans cesse au sang expiatoire et confirme sans cesse ton espérance, jusqu'à, ce que toute « la justice de la loi soit accomplie » (Rm 8.4) en toi, et que tu sois « rempli de tonte la plénitude de Dieu » (Ep 3.19)

10. Et si ton Maître a déjà accompli sa parole, s'il a déjà « écrit sa loi dans ton cœur, » alors « tiens-toi ferme dans la liberté dans laquelle Christ l'a placé. (Ga 5.1). » Tu es affranchi, non seulement des cérémonies juives, non seulement de la culpabilité du péché ou de la crainte de l'enfer (ce n'est là que la moindre partie de la liberté chrétienne), mais, ce qui est infiniment plus, tu es affranchi de la puissance du péché, du service de Satan, et libre de ne plus offenser Dieu. Oh ! tiens-toi ferme dans cette liberté, en comparaison de laquelle tout le reste ne mérite pas d'être nommé. Tiens ferme en aimant Dieu de tout ton cœur et en le servant de toutes tes forces. Là est la liberté parfaite : garder sa loi et marcher sans tache dans tous ses commandements. « Ne te remets pas sous le joug de la servitude (Ga 5.1) ; » je n'entends pas de la servitude juive ou de la crainte de l'enfer ; elles sont, je l'espère, loin de toi. Mais prends garde de retomber sous le joug du péché, d'une transgression intérieure ou extérieure de la loi. Aie en horreur le péché plus que la mort ou l'enfer même ; aie en horreur le péché lui-même, plus encore que la peine qui en est le châtiment. Tiens-toi en garde contre l'esclavage de l'orgueil, de la convoitise, de la colère, de toute disposition, de toute parole, de toute œuvre mauvaise. « Regarde à Jésus » (He 12.2), et, pour le faire, regarde toujours plus à la loi parfaite, « la loi de liberté ; » fais-le avec persévérance ; c'est ainsi que tu croîtras tous les jours, dans la grâce et dans la connaissance de notre Seigneur Jésus-Christ.

SERMON 35

La Loi établie par la foi

Premier discours

Anéantissons-nous donc la loi par la foi ? Dieu nous en garde ! Au
contraire, nous établissons la loi.
— Romains 3.30 —

1. Après avoir posé, dès le commencement de cette épître, sa proposition générale, savoir que « l'Évangile de Christ est la puissance de Dieu pour le salut de tous ceux qui croient » (Rm 1.16), — le puissant moyen par lequel Dieu rend tout croyant participant, d'un salut présent et éternel ; — l'apôtre saint Paul s'applique à montrer qu'il n'y a pas sous les cieux d'autre chemin par lequel nous puissions être sauvés. Il parle surtout de la délivrance de la coulpe, appelée d'ordinaire justification. Et par divers arguments, adressés aux Juifs aussi bien qu'aux païens, il prouve surabondamment que tous les hommes ont besoin de cette délivrance, et que nul ne peut être tenu pour innocent. De là, la conclusion à laquelle il arrive, dans le verset 19 de notre chapitre : qu'il faut « que tous (Juifs ou païens), aient la bouche fermée et que tout le monde soit reconnu coupable devant Dieu. C'est pourquoi, dit-il, personne ne sera justifié devant lui par les œuvres de la loi. Mais maintenant la justice de Dieu a été manifestée sans la loi, » — sans notre obéissance préalable, — « savoir la justice de Dieu qui est par la foi en Jésus-Christ, en tous ceux et sur tous ceux qui croient. Car il n'y a point de différence (soit quant au besoin de la justification, soit quant à la manière d'y parvenir), puisque tous ont péché et sont privés de la gloire de Dieu (savoir de la glorieuse image de Dieu d'après laquelle ils furent créés), et qu'ils sont justifiés (ceux qui le sont) gratuitement par sa grâce, par la rédemption qui est en Jésus-Christ ; lequel Dieu avait destiné pour être une victime propitiatoire par la foi en son sang, — afin qu'on reconnaisse qu'il est juste et qu'il justifie celui qui a la foi en Jésus, » — afin qu'il pût montrer sa miséricorde sans entraver sa justice. — « Nous concluons donc, dit enfin l'apôtre (ramenant la grande thèse qu'il voulait établir), nous concluons donc que l'homme est justifié par la foi, sans les œuvres de la loi (Rm 3.20-27). »

2. Il était aisé de prévoir une objection qu'on pouvait faire et qu'on a présentée en effet dans tous les âges ; savoir qu'on abolit la loi si l'on dit que nous sommes justifiés sans les œuvres de la loi. L'apôtre se contente de repousser ce reproche, sans le discuter. « Anéantissons-nous donc la loi par la foi ? s'écrie-t-il. Dieu nous en garde ! Au contraire, nous établissons la loi. »

3. Dès l'abord, ces paroles montrent combien est vaine l'imagination de ceux qui ont prétendu que Paul, lorsqu'il dit que l'homme est justifié sans les œuvres de la loi, n'entend que la loi cérémonielle. Faut-il donc traduire ici : « Nous établissons la loi cérémonielle ? » Evidemment non. Paul anéantissait cette loi par la foi, et ne s'en cachait nullement. C'est de la loi morale seule qu'il pouvait vraiment dire : « Nous ne l'anéantissons pas, nous l'établissons par la foi. »

4. Mais en ceci, tous ne sont pas d'accord avec lui. Dans tous les âges de l'Église, il y a eu des gens qui ont prétendu que « la foi donnée une fois aux saints » (Jude 1.3) devait abolir toute la loi. Ils n'épargnaient pas plus la loi morale que la loi cérémonielle, mais voulaient, pour ainsi dire, « la mettre en pièces devant le Seigneur, » (1 S 15.33) disant aux chrétiens avec véhémence : « Si vous établissez une loi quelconque, Christ ne vous profite de rien. Christ vous devient inutile et vous êtes déchus de la grâce. »

5. Mais le zèle de ces gens n'est-il point sans connaissance ? Ont-ils observé la connexion étroite qu'il y a entre la loi et la foi, et, que, par suite de celte connexion, détruire l'une, c'est dé-

truire l'autre ? qu'abolir la loi morale, c'est abolir, du même coup, la loi et la foi ; car c'est détruire le vrai moyen, soit de nous conduire à la foi, soit de ranimer ce don de Dieu dans notre âme ?

6. Il importe donc à tous ceux qui désirent, soit d'aller à Christ, soit de marcher en celui en qui ils ont cru, de prendre garde qu'ils « n'abolissent la loi par la foi » ; et, pour nous en garder, en effet, recherchons : d'abord quelles sont les manières les plus ordinaires d'anéantir la loi par la foi ; et ensuite comment nous pouvons imiter l'apôtre, et, par la foi, « établir la loi ».

I

1. Voyons d'abord quelles sont les manières les plus ordinaires d'anéantir la loi par la foi. Or, le moyen, pour un prédicateur, de l'anéantir d'un seul coup, c'est de ne point la prêcher du tout. C'est tout comme s'il l'effaçait des oracles de Dieu. Surtout s'il le fait avec intention ; s'il s'est posé pour règle de ne point prêcher la loi, tenant à opprobre le titre même de « prédicateur de la loi », comme synonyme, ou peu s'en faut, de celui d'ennemi de l'Évangile.

2. Tout, cela vient, d'une profonde ignorance de la nature, des qualités et de l'usage de la loi ; et ceux qui agissent ainsi montrent qu'ils sont étrangers à Christ et à une foi vivante, ou, tout au moins, qu'ils ne sont que des « enfants en Christ », et, comme tels, « sans expérience de la parole de la justice ».

3. Leur grand argument, c'est que la prédication de l'Évangile, qui, suivant eux, consiste à ne parler d'autre chose que des souffrances et des mérites de Christ, répond à toutes les fins de la loi. Mais c'est ce que nous nions formellement. Elle ne répond pas à la toute première, qui est de convaincre les hommes de péché, de réveiller ceux qui dorment encore sur la pente de l'enfer. On a pu signaler, çà et là, une exception. L'Évangile peut en avoir réveillé un sur mille ; mais ce n'est point la règle ; la voie ordinaire de Dieu, c'est de convaincre les pécheurs par la loi et par elle seule. Ce n'est point l'Évangile que Dieu a ordonné, ni que le Seigneur lui-même a employé dans ce but. Nous n'avons rien dans l'Écriture qui nous autorise à l'appliquer ainsi, ni qui nous fasse espérer de le faire avec succès. Nous ne pouvons pas nous appuyer davantage sur la nature même de la chose. « Ce ne sont point ceux qui sont en santé qui ont besoin de médecin, mais ceux qui sont malades (Mt 9.12). » Il serait absurde d'offrir un médecin à ceux qui sont en santé ou qui, du moins, se croient tels. Prouvez-leur d'abord qu'ils sont malades, ou ils ne vous sauront, pas gré de votre peine. Il n'est pas moins absurde d'offrir Christ à ceux dont le cœur n'est point encore brisé. C'est, à proprement parler, « jeter les perles devant les pourceaux. » Ils ne manqueront pas de « les fouler aux pieds », et s'ils « se retournent et vous déchirent, » (Mt 7.6) c'est tout ce que vous pouviez attendre.

4. — « Mais si nous ne trouvons pas dans l'Écriture le commandement de prêcher Christ au pécheur endormi, cette prédication n'a-t-elle pas des précédents scripturaires ? » — Je n'en connais point. Je ne crois pas que vous en puissiez produire un seul, ni des quatre évangiles, ni des Actes des apôtres. Et vous ne pouvez non plus, par aucun passage de leurs épîtres, prouver que telle ait été la pratique des apôtres.

5. — « Quoi ! l'apôtre saint Paul ne dit-il pas, dans sa première épître aux Corinthiens : « Nous prêchons Christ crucifié ? » (1 Co 1.23) et, dans la seconde : « Nous ne nous prêchons pas nous-mêmes, mais Jésus-Christ le Seigneur ? » (2 Co 4.5)

— Nous voulons bien que ceci décide la cause. Oui, suivons son exemple. Prêchez vous-mêmes comme saint Paul, et nous ne demandons plus rien.

Car sans doute il prêchait Christ d'une manière parfaite, ce prince des apôtres ; mais qui prêcha la loi plus que lui ? Il ne croyait donc pas, comme vous, que l'Évangile réponde au même but.

6. Le premier discours de Paul que les Actes nous rapportent se termine ainsi : « C'est par Lui que tous ceux qui croient sont justifiés de toutes les choses dont vous n'avez pu être justifiés par la loi de Moïse. Prenez donc garde qu'il ne vous arrive ce qui a été dit dans les prophètes : Voyez, vous qui me méprisez, et soyez étonnés et pâlissez d'effroi ; car je vais faire une œuvre en vos jours, une œuvre que vous ne croirez point si quelqu'un vous la raconte (Ac 13.39-41). » C'était là, évidemment, prêcher la loi, dans le sens que vous entendez ; quand bien même une grande partie, si ce n'est la totalité de ses auditeurs, étaient des Juifs ou des prosélytes (Ac 13.43) d'où l'on peut conclure que plusieurs d'entre eux étaient, au moins en quelque degré, convaincus de péché.

Il commence par leur dire qu'ils ne peuvent être justifiés que par la foi en Christ, à l'exclusion de la loi de Moïse ; puis il les menace sérieusement des jugements de Dieu, ce qui est, dans le sens le plus fort, prêcher la loi.

7. Au chapitre suivant, dans son discours aux païens de Lystre (Ac 14.15-17), le nom de Christ n'est pas même prononcé. Il se borne à les exhorter à « quitter ces vaines idoles pour se convertir au Dieu vivant. » Maintenant confessez la vérité. Ne pensez-vous pas que ; si vous aviez été à sa place, vous eussiez pu prêcher beaucoup mieux ? Qui sait même si vous ne pensez pas que c'est pour avoir si mal prêché qu'il fut si maltraité, et que, s'il fut lapidé, il le méritait bien pour n'avoir pas prêché Christ.

8. Sans doute, quand « le geôlier entra promptement et se jeta tout tremblant aux pieds de Paul et de Silas, et leur dit : « Seigneurs, que faut-il que je fasse pour être sauvé ? » il lui dit aussitôt Crois au Seigneur Jésus-Christ, (Ac 16.29-31 » Et qui aurait pu dire autre chose à un homme si profondément convaincu de péché ? Mais aux habitants d'Athènes, il tient, vous le savez, un autre langage ; reprenant leur superstition, leur ignorance, leur idolâtrie, et les exhortant fortement à la repentance, par la considération du jugement à venir et de la résurrection des morts (Ac 17.22-31). De même, lorsque « Félix envoya quérir Paul et qu'il l'entendit parler de fa foi en Christ, » au lieu de prêcher Christ dans votre sens (ce qui n'eût provoqué que les moqueries ou les blasphèmes du gouverneur), « il parla de la justice, de la continence et du jugement à venir » jusqu'à faire « trembler Félix, » malgré son endurcissement (Ac 24.24, 25). Allez et faites de même. Prêchez Christ au pécheur insouciant, en « parlant de la justice, de la tempérance et du jugement à venir ! »

9. — « Mais, dites-vous, il prêchait Christ tout autrement dans ses épîtres. » — Je réponds d'abord qu'il n'y prêchait pas du tout, dans le sens que nous entendons ; car il s'agit ici de la prédication devant une assemblée. Mais, à part cela, voici ma réponse : ses épîtres s'adressaient, non à des incrédules tels que ceux dont nous parlons, mais « aux saints », qui étaient à Rome, à Corinthe, ou dans d'autres villes, et auxquels il parlait plus de Christ, cela va sans dire, qu'à ceux qui étaient « sans Dieu dans le monde » (Ep 2.12). Et pourtant il n'en est ; pas une qui ne soit, pleine de la loi, même celles aux Romains et aux Galates ; et dans ces deux épîtres, « il prêche la loi », et cela aux croyants aussi bien qu'aux incrédules.

10. Reconnaissez par là que vous ne savez ce que c'est que de prêcher Christ, dans le sens apostolique. Car sans doute Paul entendait bien prêcher Christ à Félix, ainsi que dans ses discours à Antioche, à Lystre et à Athènes ; et tout homme réfléchi conclura de son exemple qu'on ne prêche pas Christ seulement quand on annonce son amour pour les pécheurs, mais aussi quand on annonce qu'il viendra du ciel avec des flammes de feu ; que prêcher Christ, dans le sens apostolique et dans la plénitude du sens scripturaire, c'est prêcher tout ce qu'il a révélé, soit dans l'Ancien, soit dans le Nouveau Testament, en sorte que, lorsque vous dites : « Les méchants seront jetés en enfer, toutes les nations qui oublient Dieu (Psaume 9.18 – Nos traductions françaises mettent sépulcre ou séjour des morts.), » — vous prêchez Christ aussi réellement que lorsque vous dites : « Voici l'Agneau de Dieu qui ôte le péché du monde (Jn 1.29). »

11. Pesez bien ceci : que prêcher Christ, c'est prêcher toutes les paroles de Christ, toutes ses promesses, toutes ses menaces et tous ses commandements, tout ce qui est écrit dans son Livre ; alors vous saurez comment prêcher Christ sans anéantir la loi.

12. — « Mais les discours où nous prêchons particulièrement les souffrances et les mérites de Christ ne sont-ils pas particulièrement bénis ? »

Sans doute, si nous prêchons à des âmes travaillées, ou à des croyants ; car de tels discours leur sont surtout appropriés. Ils sont au moins les plus propres à consoler. Mais ce n'est pas toujours là la plus grande bénédiction. Je puis en recevoir parfois un bien plus grand d'un discours qui me blesse au cœur et qui m'humilie dans la poussière. Et cette consolation me ferait même défaut, si je n'entendais prêcher que sur les souffrances de Christ. Ces discours tournant toujours dans le même cercle perdraient leur force, deviendraient insipides et morts jusqu'à n'être plus que de vaines paroles. Et cette manière de prêcher Christ aboutirait, à la longue, à anéantir l'Évangile aussi bien que la loi.

II

1. Une seconde manière d'anéantir la loi par la foi, c'est d'enseigner que la foi supprime la nécessité de la sainteté. C'est une voie qui se ramifie en mille sentiers, et il y en a beaucoup qui y marchent. Bien rares sont ceux qui y échappent complètement ; il est peu d'âmes, convaincues du salut par la foi, qui tôt ou tard, du plus au moins, ne se laissent entraîner dans ce chemin détourné.

2. C'est dans ce chemin détourné que marchent tous ceux qui, sans affirmer peut-être que la foi en Christ supprime entièrement la nécessité de garder sa loi, supposent cependant : ou que la sainteté est moins nécessaire maintenant qu'avant la venue de Christ, — ou qu'un moindre degré de sainteté est nécessaire, — ou qu'elle est moins nécessaire à ceux qui ont la foi qu'à ceux qui ne l'ont pas. Ceux-là mêmes y marchent aussi qui, tout bien pensants qu'ils sont en général, croient pourtant pouvoir prendre, dans tels cas particuliers, plus de liberté qu'ils n'auraient pu le faire avant de parvenir à la foi. Et même le fait seul qu'ils abusent du mot liberté pour désigner la liberté de désobéir et le droit de n'être pas saint, montre aussitôt que leur jugement est perverti et qu'ils sont coupables de ce dont ils se croiraient bien exempts, savoir d'anéantir la loi par la foi, en s'imaginant que la foi rend inutile la sainteté.

3. Ceux qui font de cette prétention un enseignement exprès, donnent pour premier argument que nous sommes maintenant sous l'alliance de la grâce, et non des œuvres, et qu'ainsi nous ne sommes plus sous la nécessité de l'accomplissement des œuvres de la loi.

Et qui fut, jamais sous l'alliance des œuvres ? Personne, si ce n'est Adam avant la chute. Il était, au sens propre et absolu, sous cette alliance qui requérait de l'homme une obéissance parfaite et entière, comme l'unique condition pour plaire à Dieu, et ne laissait point de place à la grâce, pas même pour la plus petite transgression. Mais nul autre que lui, Juif ou païen, ne fut jamais sous cette alliance, ni avant Christ ni depuis. Tous les enfants d'Adam furent et sont encore sous l'alliance de grâce. Voici quelle en est la condition : la libre grâce de Dieu, par les mérites de Christ, accorde le pardon à ceux qui croient, de cette foi « agissante par la charité » (Ga 5 :6), qui produit toute obéissance et toute sainteté.

4. C'est donc sans raison que vous supposez que les hommes furent autrefois plus strictement obligés d'obéir à Dieu ou de faire les œuvres qu'ordonne sa loi, qu'ils ne le sont maintenant. C'est une supposition que vous ne sauriez justifier. Mais, si nous eussions vécu sous l'alliance des œuvres, nous aurions dû accomplir ces œuvres avant que Dieu pût, nous accepter. Tandis qu'à présent, quoique les bonnes œuvres soient aussi nécessaires que jamais, elles ne précèdent pas, mais elles suivent notre acceptation de la part de Dieu. La nature de l'alliance de grâce ne vous fournit donc ni motif ni encouragement quelconque à négliger, en aucun cas et à aucun degré, l'obéissance et la sainteté.

5. — « Mais ne sommes-nous pas justifiés par la foi, sans les œuvres de la loi ? » — Incontestablement, et sans celles de la loi morale tout aussi bien que sans celles de la loi cérémonielle. Et plût à Dieu que tous les hommes en fussent convaincus ! Cela préviendrait d'innombrables maux, l'antinomianisme en particulier ; car, généralement parlant, ce sont les pharisiens qui font les antinomiens. En se jetant dans un extrême si évidemment opposé à l'Écriture, ils font que d'autres se jettent dans un excès tout contraire. Cherchant à être justifiés par les œuvres, ils poussent les autres à n'accorder aucune place aux œuvres.

6. La vérité est entre ces extrêmes. Nous sommes, sans nul doute, justifiés par la foi. C'est là la pierre angulaire de tout l'édifice chrétien. Nous sommes justifiés sans les œuvres de la loi, en tant que condition préalable de justification ; mais elles sont le fruit immédiat de cette foi qui nous justifie. En sorte que si les bonnes œuvres, si toute sainteté intérieure et extérieure ne suit pas notre foi, il est évident que notre foi ne vaut rien et que nous sommes encore dans nos péchés. Notre justification par la foi sans les œuvres n'est donc pas un motif pour anéantir la loi par la foi, ou pour nous imaginer que la foi soit, en quelque manière ou à quelque degré, une dispense de sainteté.

7. « Mais saint Paul ne dit-il pas expressément : « A celui qui n'a point travaillé, mais qui croit en Celui qui justifie le méchant, sa foi lui est imputée à justice ? » (Rm 4.5) Et ne suit-il pas de là

que, pour le croyant, la foi tient lieu de justice ? Mais si la foi tient lieu de justice ou de sainteté, en quoi la sainteté est-elle encore nécessaire ? »

Ceci, il faut l'avouer, touche au point essentiel, à ce qui est la colonne maîtresse de l'édifice antinomien. Et pourtant la réponse ne sera ni longue ni difficile. Nous accordons :

(1) Que Dieu justifie le méchant, celui qui, jusqu'à ce moment, est tout à fait méchant, adonné à tout mal, étranger à tout bien ;

(2) Qu'il justifie le méchant qui ne travaille pas, qui jusqu'alors n'a fait aucune bonne œuvre, étant même incapable d'en faire aucune, puisqu'un mauvais arbre ne peut porter de bon fruit ;

(3) Qu'il le justifie par la foi seule, sans aucune bonté ou justice préalable ;

(4) Qu'alors la foi lui est comptée pour justice préalable, c'est-à-dire que Dieu, par les mérites de Christ, accepte le croyant comme s'il avait accompli déjà toute justice. Mais que fait tout cela pour votre thèse ? L'apôtre dit-il, ici ou ailleurs, que cette foi lui soit comptée comme justice subséquente ? Il enseigne qu'il n'y a pas de justice avant la foi ; mais où dit-il qu'il n'y en ait point après la foi ? Il affirme que la sainteté ne peut précéder la justification, mais non qu'elle ne doit pas la suivre. Saint Paul ne vous autorise donc en aucune façon à anéantir la loi, en enseignant que la foi supprime la nécessité de la sainteté.

III

1. Une autre manière d'anéantir la loi par la foi (et, c'est de toutes la plus commune) consiste à le faire en pratique ; à l'anéantir, non en principe, mais en fait ; à vivre comme si la foi nous était donnée pour nous dispenser de vivre saintement.

Ecoutez avec quelle vivacité l'apôtre nous met en garde contre cet écart : « Quoi donc ! Pécherons-nous parce que nous ne sommes point sous la loi, mais sous la grâce ? Dieu nous en garde ! » (Rm 6.15) Avertissement qu'il nous faut attentivement considérer, car il est de la dernière importance.

2. Etre « sous la loi » peut, signifier ici :

(1) Etre tenu d'observer la loi rituelle

(2) Etre tenu de se conformer à toute l'économie mosaïque ;

(3) Etre tenu de garder toute la loi morale, comme condition pour être accepté de Dieu ; enfin,

(4) Etre sous la colère et sous la malédiction, sous une sentence de mort éternelle, être rempli du sentiment de la condamnation et d'une crainte servile et pleine d'effroi.

3. Or, à tous ces égards, il est certain que le croyant n'est plus « sous la loi », quoiqu'il ne soit « pas sans loi quant à Dieu, mais qu'il soit sous la loi de Christ (1 Co 9.21). » Il est au contraire « sous la grâce ». N'étant plus sous la loi des rites, ni sous l'économie mosaïque en général, ni sous l'obligation de garder même la loi morale, comme condition préalable pour être accepté de Dieu, il est délivré de la colère et de la malédiction de Dieu, du poids de la condamnation et de cette crainte horrible de la mort et de l'enfer, par laquelle il était auparavant assujetti à la servitude. Et maintenant (ce qui lui était impossible sous la loi), il exerce en toutes choses une joyeuse et entière obéissance. Son obéissance provient, non d'une crainte servile, mais d'un plus noble principe, de la grâce de Dieu qui, régnant dans son cœur, lui donne de tout faire dans l'amour.

4. Quoi ! ce principe évangélique d'action serait-il moins puissant que le principe légal ? Obéirons-nous moins à Dieu par amour filial, que nous ne le faisons par crainte servile ?

Hélas ! est-il bien sûr que ce ne soit point là le cas général et que cet antinomianisme pratique, cette manière non avouée d'anéantir la loi par la foi, n'ait pas infecté des milliers de croyants ?

Et vous, ne vous a-t-il pas infectés ? Examinez-vous loyalement et de près. Ne faites-vous pas maintenant ce que vous n'eussiez osé faire quand vous étiez « sous la loi, » ou, comme on dit communément, sous la conviction ? Ainsi, par exemple, pour les aliments, vous n'osiez alors vous livrer à votre sensualité ; vous ne preniez que le nécessaire et ce qu'il y avait de moins coûteux. Ne vous donnez-vous pas plus de latitude à présent ? Oh ! prenez garde que vous ne « péchiez parce que vous êtes, non sous la loi, mais sous la grâce. »

5. Quand vous étiez sous le poids de la loi, vous n'osiez vous livrer, en aucune manière, à la convoitise des yeux. Vous ne faisiez rien pour la seule satisfaction de votre curiosité. Vous ne

cherchiez, pour les meubles et les habillements, que ce qui était nécessaire et décent, ou, tout au plus, ce qui vous paraissait modestement convenable ; toute espèce de luxe, de superfluité on d'élégance à la mode, vous était en effroi ou en abomination.

En est-il encore ainsi ? Votre conscience est-elle, à tous égards, aussi délicate ? Suivez-vous toujours la même règle, foulant aux pieds tout luxe, toute vanité, toute parure inutile ? Ou plutôt n'avez-vous pas repris ce que vous aviez quitté et ce qui blessait alors votre conscience ? N'avez-vous pas appris à dire : « Oh ! je ne suis plus si scrupuleux ! » Plût à Dieu que vous le fussiez encore, vous ne commettriez pas ainsi le péché, parce que vous êtes non sous la loi, mais sous la grâce.

6. Autrefois, vous vous faisiez scrupule de louer les gens en face, et plus encore d'accepter des louanges. Vous vous en sentiez blessé au cœur ; vous ne pouviez les supporter ; vous cherchiez l'honneur qui vient de Dieu seul. Vous ne pouviez souffrir aucune conversation inutile ou qui ne tendait pas à l'édification. Tout vain propos, tout discours frivole vous faisait horreur, car vous sentiez profondément la valeur du temps et de chaque moment, qui s'enfuit, vous abhorriez et ne craigniez pas moins les dépenses vaines, estimant la valeur de l'argent presque à l'égal de celle du temps et craignant d'être trouvé infidèle, même comme économe du « Mammon d'injustice »

Et maintenant, regardez-vous la louange comme un poison mortel, que vous ne pouvez donner ou recevoir qu'au péril de votre âme ? Avez-vous encore cette crainte et cette horreur de toute conversation qui ne tend pas à l'édification, et ce zèle à profiter du temps, de manière que chaque moment qui passe marque pour vous un progrès ? N'êtes-vous pas moins économe et du temps et de l'argent ? Et ne vous est-il pas facile de dépenser l'un et l'autre, comme vous n'auriez pu le faire autrefois ? Hélas ! Comment ce qui vous était donné pour votre bien s'est-il trouvé pour vous une occasion de chute ? Comment avez-vous « péché, parce que vous êtes, non sous la loi, mais sous la grâce ? »

7. A Dieu ne plaise que vous continuiez plus longtemps à « changer la grâce de Dieu en dissolution ! » (Jude 1 :4) Oh ! Rappelez-vous quelle claire et forte conviction vous aviez sur toutes ces choses. Et vous n'aviez alors aucun doute sur l'origine de cette conviction. Le monde vous criait : Illusion ! Mais vous, vous saviez que c'était la voix de Dieu. Vous n'étiez pas trop scrupuleux dans ces choses ; mais vous ne l'êtes pas assez maintenant. Dieu vous tint longtemps à cette, rude école, pour mieux vous inculquer ces grandes leçons. Les avez-vous déjà oubliées ! Ah ! Souvenez-vous-en, avant qu'il soit trop tard ! Avez-vous tant souffert en vain ? Mais j'espère que ce n'est point en vain. Et maintenant gardez la conviction sans le tourment ! Pratiquez la leçon sans la verge ! Que la miséricorde n'ait pas pour vous moins de poids aujourd'hui que n'en eut auparavant l'ardente indignation ! L'amour est-il un motif moins puissant que la crainte ? Dites-vous donc, comme règle invariable : « Ce que je n'eusse point osé faire quand j'étais sous la loi, je ne le ferai point maintenant que je suis sous la grâce. »

8. Avant de finir, je dois aussi vous exhorter à vous examiner vous-même, quant aux péchés d'omission ; en êtes-vous aussi net, maintenant « sous la grâce » que lorsque vous étiez « sous la loi ? » Quel zèle vous aviez pour ouïr la parole de Dieu ! Négligiez-vous de nuit ou de jour une seule occasion ? Vous laissiez-vous arrêter par un faible obstacle, une petite affaire, une visite, une indisposition légère, un bon lit, une matinée sombre ou froide ? Ne jeûniez-vous pas souvent alors, ou n'exerciez-vous pas l'abstinence, selon votre pouvoir ? Froid et pesant comme vous l'étiez, n'étiez-vous pas souvent en prières, tandis que vous vous sentiez comme suspendu sur la gueule béante de l'enfer ? Et n'annonciez-vous pas, sans vous épargner, un Dieu encore inconnu ? Ne plaidiez-vous pas hardiment sa cause, reprenant les pécheurs et confessant la vérité devant la génération adultère ? Et maintenant, vous croyez en Christ, vous avez la foi qui surmonte le monde … Et vous êtes moins zélé pour votre Maître que lorsque vous ne le connaissiez point ! Moins zélé à jeûner, à prier, à ouïr sa parole, à appeler à Dieu les pécheurs ! Ah ! Repentez-vous ! Voyez, sentez votre perte ! Souvenez-vous d'où vous êtes tombé ! Pleurez votre infidélité ! Ayez du zèle et faites vos premières œuvres ; de peur que, si vous continuiez à « anéantir la loi par la foi, » Dieu ne vous retranche et ne vous donne « votre portion avec les infidèles ! »

SERMON 36

La Loi établie par la foi

Deuxième discours

Anéantissons-nous donc la loi par la foi ? Dieu nous en garde ! Au
contraire, nous établissons la loi.
— Romains 3.30 —

1. Dans un premier discours, nous avons montré quelles sont les manières les plus ordinaires d'anéantir la loi par la foi ; savoir :

(1) de ne point du tout prêcher la loi, ce qui en effet l'anéantit d'un seul coup ; et cela, sous prétexte de prêcher Christ et de glorifier l'Évangile, quoique ce soit, en réalité, détruire l'un et l'autre ;

(2) d'enseigner (directement ou indirectement,) que la foi supprime la nécessité de la sainteté ; que la sainteté est moins nécessaire, ou qu'un moindre degré de sainteté est nécessaire maintenant qu'avant la venue de Christ ; qu'elle nous est moins nécessaire, en tant que nous croyons, qu'elle ne l'eût été sans cela, ou que la liberté chrétienne nous affranchit d'un genre ou d'un degré quelconque de sainteté (triste abus de cette grande vérité, que nous sommes maintenant, non sous l'alliance des œuvres, mais sous celle de la grâce ; que l'homme est justifié par la foi, sans les œuvres de la loi ; qu'à celui qui n'a point travaillé, mais qui croit, sa foi lui est imputée à justice) ;

(3) enfin, d'anéantir la loi en pratique, sinon en principe ; de vivre ou d'agir comme si la foi nous était donnée pour nous dispenser de la sainteté ; de nous permettre le péché parce que nous ne sommes pas sous la loi, mais sous la grâce. Il nous reste à voir comment, nous pouvons suivre une meilleure règle et être rendus capables de dire avec l'apôtre : « Anéantissons-nous donc la loi par la foi ? Dieu nous en garde ! Au contraire, nous établissons la loi. »

2. Nous n'établissons pas, il est vrai, l'ancienne loi rituelle : nous savons qu'elle est abolie pour toujours. Bien moins encore établissons-nous l'économie mosaïque en général ; sachant que le Seigneur l'a clouée à sa croix. Nous n'établissons même pas la loi morale (ce que font, nous le craignons, un trop grand nombre de personnes), comme si son accomplissement était la condition de notre justification ; s'il en était ainsi, « personne ne serait justifié devant Dieu (Rm 3.20). » Mais tous ces points concédés, toujours est-il que, dans le même sens que l'apôtre, « nous établissons la loi », la loi morale !

I

1. Nous établissons la loi, en premier lieu, par notre doctrine ; en nous efforçant de prêcher la loi dans toute son étendue, d'en exposer avec insistance toutes les parties, comme le faisait sur la terre notre divin Maître. Nous l'établissons en suivant cette direction de saint Pierre : « Si quelqu'un parle, qu'il parle selon les oracles de Dieu (1 P 4.11), » c'est-à-dire comme ont parlé et écrit, pour notre instruction, les saints hommes de Dieu d'autrefois, poussés par le Saint-Esprit, et les apôtres de notre Seigneur, dirigés par le même Esprit. Nous l'établissons lorsque, prêchant au nom de Christ, nous ne cachons rien aux auditeurs, mais que nous leur déclarons, sans limitation ni réserve, tout le conseil de Dieu. Et pour l'établir plus complètement, nous usons, dans nos discours, d'une grande simplicité. « Nous ne falsifions pas la parole de Dieu, comme le font plusieurs (2 Co 2.17. – Le terme de l'original, s'emploie pour la fabrication des vins.) ; » nous ne la fraudons, nous ne la mêlons, nous ne l'altérons, nous ne l'adoucissons pas, pour l'accommoder au goût des auditeurs ; mais nous parlons avec sincérité, comme de la part de Dieu, et, en la présence de Dieu en Jésus-Christ », comme n'ayant d'autre but que de nous rendre « recomman-

dables à la conscience de tous les hommes devant Dieu, par la manifestation de la vérité (2 Co 4.2). »

2. Ainsi nous établissons la loi par notre doctrine, quand nous la déclarons ouvertement à tous les hommes ; et cela dans la plénitude dans laquelle nous la donnent le Seigneur et ses apôtres, quand nous la publions dans sa hauteur, sa profondeur, sa longueur et sa largeur. Ainsi nous établissons la loi quand nous en déclarons chaque partie, chaque commandement, non seulement dans la plénitude du sens littéral, mais en même temps dans le sens spirituel ; non seulement quant aux actes extérieurs qu'elle commande ou défend, mais aussi quant à son principe intime, quant aux pensées, aux désirs et, aux intentions du cœur.

3. Et quant à ceci, nous y mettons d'autant plus de soin, que c'est non seulement de la plus haute importance, — puisque, si l'arbre est mauvais, si les dispositions du cœur ne sont pas droites devant Dieu, le fruit (paroles ou œuvres) ne peut qu'être mauvais en tout temps, — mais aussi parce que ces choses, quelque importantes qu'elles soient, sont peu méditées ou peu comprises, — si peu comprises que nous pouvons appliquer à la loi, prise dans toute sa signification spirituelle, ce que saint Paul dit de l'Évangile, que c'est le mystère qui avait, été caché dans tous les temps et dans tous les siècles » (Col 1.26) Elle fut entièrement cachée aux païens. Avec toute leur prétendue sagesse, ils n'avaient trouvé ni Dieu ni la loi de Dieu ; ils en ignoraient la lettre et bien plus encore l'esprit. « Leur cœur, destitué d'intelligence, se remplit de plus en plus de ténèbres ; se disant sages, ils étaient devenus fous (Rm 1.21, 22). » Et la masse des Juifs n'était, pas moins étrangère au sens spirituel de la loi. Quelque prompts qu'ils fussent à dire d'autrui : « Cette populace, qui n'entend point la loi, est exécrable (Jn 7.49), » ils prononçaient en cela leur propre sentence, étant dans une ignorance non moins funeste et sous la même malédiction. Témoin les reproches continuels que le Seigneur adresse aux plus sages d'entre eux pour les erreurs grossières de leurs interprétations de la loi. Témoin le préjugé par lequel ils s'imaginaient généralement qu'ils n'avaient qu'à « nettoyer le dehors de la coupe et du plat » qu'à « payer la dîme de la menthe, de l'aneth et du cumin (Mt 23.23-25), » et que cette exactitude au dehors servirait d'expiation pour les souillures du dedans, pour l'oubli total de la justice et de la miséricorde, de la foi et de l'amour de Dieu. Que dis-je ? le sens spirituel de la loi était tellement caché aux plus sages d'entre eux que voici le commentaire d'un de leurs plus éminents rabbins sur ce verset du psalmiste : « Si j'eusse pensé quelque iniquité dans mon cœur, le Seigneur ne m'eût point écouté » (Ps 66.18), c'est-à-dire, dit-il, « que si c'est seulement dans mon cœur, et non au dehors, que je commets l'iniquité, le Seigneur n'y prendra pas garde ; il ne me punira point, à moins que je n'aille jusqu'à l'acte extérieur ! »

4. Mais, hélas ! la loi de Dieu, quant à sa signification intérieure et spirituelle, n'est point cachée seulement aux Juifs et aux païens, elle l'est encore aux chrétiens ; au moins à la grande majorité d'entre eux. Pour eux aussi, cette signification spirituelle est encore un mystère. Et cela ne se voit pas seulement dans les pays que Rome a enveloppés de ténèbres et d'ignorance, mais il n'est que trop certain que la plupart de ceux même qu'on appelle chrétiens réformés sont encore totalement étrangers à la loi de Christ, dans sa pureté et sa spiritualité.

5. Il en résulte que, de nos jours aussi, « les scribes et les pharisiens », c'est-à-dire ceux qui ont la forme et non la force de la religion, et qui sont en général sages à leurs propres yeux, et justes dans l'opinion qu'ils ont d'eux-mêmes, « sont scandalisés quand ils entendent ces choses », et sont profondément blessés quand nous parlons de la religion du cœur, et surtout quand nous montrons que, sans elle, « quand même nous donnerions tous nos biens pour la nourriture des pauvres, cela ne nous servirait de rien (1 Co 13.3). » Mais il faut qu'ils soient scandalisés ; car nous ne pouvons pas ne pas dire la vérité, telle qu'elle est en Jésus. « Soit qu'ils écoutent, soit qu'ils n'en fassent rien (Eze 2.5), » nous devons, quant à nous, « délivrer notre âme (Ez 3.19). » Et tout ce qui est écrit dans le livre de Dieu, nous devons le déclarer, non pour plaire aux hommes, mais pour plaire au Seigneur. Nous devons déclarer, non seulement toutes les promesses, mais aussi toutes les menaces que nous y trouvons. En même temps que nous proclamons toutes les bénédictions, tous les privilèges que Dieu a préparés pour ses enfants, nous devons « leur apprendre à garder toutes les choses qu'il a commandées (Mt 28.20). » Et nous savons qu'elles ont toutes leur importance, soit pour réveiller ceux qui dorment, pour instruire les ignorants, pour

consoler les faibles, soit pour développer et perfectionner les saints. Nous savons que « toute l'Écriture divinement inspirée est utile pour enseigner, pour convaincre, pour corriger et pour instruire dans la justice », et que l'homme de Dieu a besoin de toutes les parties de l'Écriture pour que l'œuvre divine se fasse complètement dans son âme, et qu'il soit enfin « accompli et parfaitement propre pour toute bonne œuvre (2 Tm 3.16, 17). »

6. C'est ainsi que nous devons prêcher Christ, en prêchant tout ce qu'il nous a révélé. Nous pouvons assurément, en bonne conscience, et même avec une bénédiction particulière de Dieu, faire connaître l'amour de notre Seigneur Jésus-Christ ; parler d'une manière spéciale de « l'Éternel notre justice (Jr 23.6) ; » nous étendre sur la grâce par laquelle « Dieu était en Christ réconciliant le monde avec soi ; » (2 Co 5.19) nous pouvons, quand l'occasion s'en présente, célébrer les louanges de Celui qui a porté « les iniquités de nous tous », qui a été « navré pour nos forfaits, frappé pour nos iniquités », et qui nous donne « la guérison par ses meurtrissures. » (És 53.5, 6) Toutefois nous ne prêcherions pas Christ selon sa parole, si nous bornions à cela notre prédication ; nous devons, pour être nous-mêmes nets devant Dieu, proclamer Christ, dans toutes ses fonctions. Pour faire l'œuvre d'un ouvrier sans reproche, il nous faut prêcher Christ, non seulement comme notre grand Sacrificateur, « pris d'entre les hommes et établi pour les hommes dans les choses qui regardent Dieu (He 5.1), » nous réconciliant, comme tel, avec Dieu par son sang, et à toujours vivant pour intercéder pour nous (He 7.25) ; » — mais aussi comme le prophète du Seigneur, « qui nous a été fait sagesse de la part de Dieu (1 Co 1.30) ; » qui, par sa parole et par son Esprit, est toujours avec nous, « nous conduisant dans toute la vérité (Jn 16.13) ; » — et comme notre Roi pour toujours, donnant des lois à tous ceux qu'il a rachetés par son sang, rétablissant à l'image de Dieu ceux qu'il a rétablis dans sa faveur, et régnant dans tous les cœurs croyants jusqu'à ce qu'il se soit « assujetti toutes choses » (1 Co 15.28) ; jusqu'à ce qu'il ait rejeté dehors toute iniquité et « amené la justice des siècles (Dn 9.24). »

II

1. En second lieu, nous établissons la loi, quand nous prêchons Christ de manière, non à rendre superflue la sainteté, mais à la produire, sous toutes ses formes, négatives et positives, dans le cœur et dans la vie.

Dans ce but, nous ne cessons de déclarer (et c'est ce que devrait toujours considérer attentivement quiconque désire ne point « anéantir la loi par la foi, ») que la foi elle-même, la foi chrétienne, la foi des élus de Dieu, la foi que Dieu opère, n'est cependant que la servante de l'amour. Quelque glorieuse et honorable qu'elle soit, elle n'est pas « la fin du commandement (1 Tm 1.5). » Dieu a donné cet honneur au seul amour. L'amour est la fin de tous les commandements de Dieu. L'amour est l'unique fin de toute dispensation divine, depuis le commencement du monde jusqu'à la consommation des siècles, et il subsistera quand auront passé les cieux et la terre ; car « l'amour » seul « ne périt jamais (1 Co 13.8). » La foi périra tout entière ; elle se perdra dans la vue, dans l'éternelle vision de Dieu. Mais alors même l'amour

Toujours de même usage et de même nature,

Vivra dans son triomphe aux parvis éternels,

Conservant son flambeau, son feu qui toujours dure,

Répandant le bonheur parmi les immortels.

2. Des choses magnifiques sont dites de la foi ; et quiconque la possède peut bien s'écrier avec l'apôtre : « Grâces soient rendues à Dieu pour son don ineffable ! » (2 Co 9.15) Mais toute son excellence disparaît comparée à celle de l'amour. Ce que dit saint Paul de la gloire de l'Évangile par-dessus celle de la loi peut aussi se dire à propos de la gloire de l'amour pardessus celle de la foi : « Et même ce qui a été si glorieux ne l'a point été en comparaison de ce qui le surpasse de beaucoup en gloire. Car si ce qui devait prendre fin a été glorieux, ce qui doit toujours subsister l'est bien davantage (2 Co 3.10, 11). » Et même la gloire qui appartient présentement à la foi provient tout entière de ce qu'elle sert à l'amour ; c'est le grand moyen temporaire que Dieu a ordonné pour accomplir ce but éternel.

3. Que ceux qui exaltent démesurément la foi jusqu'à anéantir tout ce qui n'est pas elle, et qui se méprennent sur sa nature jusqu'à imaginer qu'elle remplace l'amour, considèrent de plus que, si l'amour doit survivre à la foi, il a aussi existé longtemps avant la foi. Les anges qui, dès leur création, contemplaient la face de leur Père céleste, n'avaient nul besoin de foi, dans son sens général, c'est-à-dire comme « démonstration des choses qu'on ne voit point. (He 11.1).»Elle ne leur était pas non plus nécessaire dans son acception spéciale, c'est-à-dire comme foi au sang de Jésus, « car il n'a pas pris les anges, mais il a pris la postérité d'Abraham (He 2.16).» Il n'y avait donc, avant la création du monde, aucun lieu pour la foi, ni dans le sens particulier, ni dans le sens général. Mais il y avait lieu pour l'amour ; l'amour existait de toute éternité, en Dieu, le grand océan d'amour. L'amour fut dans tous les enfants de Dieu, dès leur création ; leur miséricordieux Créateur leur donna, en même temps, d'exister et d'aimer.

4. Il n'est pas même certain (malgré tout ce qu'on a pu dire d'ingénieux et de plausible là-dessus) que la foi, même dans le sens général ; ait eu une place dans le paradis terrestre. On peut admettre, d'après le court récit des Écritures, qu'Adam, avant sa révolte, marchait avec Dieu par la vue, et non par la foi.

Car d'un œil d'aigle alors sa raison pénétrante

Aurait pu, d'aussi près qu'un ange radieux,

Contempler fixement la face éblouissante

De son Créateur glorieux.

Il pouvait parler face à face à Celui dont nous ne pouvons voir la face et vivre ; il n'avait donc nul besoin de cette foi dont l'office est de suppléer à la vue qui nous manque.

5. D'autre part, il est certain que la foi, dans son sens particulier, n'avait alors aucune raison d'être. Car, dans ce sens, elle présuppose nécessairement le péché, et la colère de Dieu déclarée au pécheur. Comme donc l'expiation n'était pas nécessaire avant la chute, il n'y avait non plus lieu à croire en cette expiation, l'homme étant alors pur de toute souillure de péché et saint comme Dieu est saint. Mais, alors même, l'amour remplissait son cœur ; il y régnait sans rival ; et ce fut seulement quand le péché eut chassé l'amour, que la foi fut donnée, mais non pour elle-même, ni pour exister plus longtemps que jusqu'à ce qu'elle eût atteint le but pour lequel elle était établie, savoir de rétablir l'homme dans l'amour d'où il était, déchu. Après la chute donc, survint la foi, cette démonstration, auparavant superflue, des choses qu'on ne voit point, cette confiance en l'amour du Rédempteur, laquelle ne pouvait exister, jusqu'à ce que fût faite la promesse que « la postérité de la femme écraserait la tête du serpent (Gn 3.15).»

6. Puis donc que la foi fut destinée dès l'origine à rétablir la loi d'amour, en parler ainsi, ce n'est pas la rabaisser, ni lui dérober sa louange ; mais, au contraire, c'est montrer son vrai prix, c'est l'exalter dans les vraies proportions, et lui donner la place même que la sagesse de Dieu lui assigna dès le commencement. Elle est le grand moyen de rétablir ce saint amour que l'homme avait reçu du Créateur. Il s'ensuit que, bien que la loi n'ait pas de valeur en elle-même (puisqu'elle n'est qu'un moyen), cependant, comme elle conduit à ce grand but le rétablissement de l'amour dans nos cœurs, et que, dans l'état présent des choses, elle est sous les cieux l'unique moyen pour y parvenir, la foi est dès lors une bénédiction ineffable pour l'homme et une chose infiniment précieuse devant Dieu.

III

1. Ceci nous conduit naturellement au troisième et au plus important moyen d'établir la loi ; il consiste à établir la loi dans nos propres mœurs, dans notre propre vie. Et sans cela, je le demande, à quoi servirait tout le reste ? Nous pourrions établir la loi par notre doctrine ; la prêcher dans toute son étendue ; en exposer, en presser chaque commandement ; en découvrir le sens le plus spirituel et faire connaître les mystères du royaume ; prêcher Christ dans toutes ses fonctions, et la foi en Christ comme ouvrant tous les trésors de son amour ; nous pourrions faire tout cela, et pourtant, si nous prêchions ainsi sans que cette loi fût établie dans nos mœurs, nous ne serions rien de plus devant Dieu que « l'airain qui résonne ou la cymbale qui retentit ; » bien loin

de nous être de quelque avantage, toute notre prédication ne ferait qu'accroître notre condamnation.

2. Voici donc le grand point à considérer : Comment ; établir la loi dans nos propres cœurs, de manière qu'elle exerce toute son influence sur notre vie ? Or, ceci n'est possible que par la foi.

La foi seule répond efficacement à ce but, comme nous l'apprend, chaque jour, l'expérience. Car aussi longtemps que nous marchons par la foi, et non par la vue, nous courons dans la voie de la sainteté. Tant que nous fixons nos regards, non sur les choses visibles, mais sur les invisibles, nous sommes de plus en plus crucifiés au monde et le monde nous est crucifié. Que l'œil de l'âme regarde constamment, non aux choses temporelles, mais à celles qui sont éternelles, et nos affections, se détachant toujours plus de la terrer, s'attacheront aux choses d'en haut. En sorte que la foi, prise dans le sens général, est le moyen le plus direct et le plus efficace de nous faire avancer dans la justice et, dans la sainteté et d'établir la loi dans le cœur des croyants.

3. Mais dans sa signification spéciale, c'est-à-dire comme confiance en un Dieu qui pardonne, la foi établit la loi dans nos cœurs d'une manière encore plus efficace. Car rien n'est plus puissant, pour nous porter à aimer Dieu, que le sentiment de l'amour de Dieu en Christ. Rien n'est plus propre à nous faire donner notre cœur à Celui qui s'est donné pour nous. Et, de ce principe d'amour pour Celui qui nous pardonne, découle aussi l'amour pour nos frères. Nous ne pouvons même ne pas aimer tous les hommes, si nous croyons véritablement à l'amour dont Dieu nous a aimés. Or cet amour pour les hommes, fondé sur la foi et sur l'amour pour Dieu, « ne fait pas de mal au prochain ; » cet amour est donc, comme le dit l'apôtre, « l'accomplissement de la loi ; » et d'abord de la loi négative : « car ce qui est dit : tu ne commettras point d'adultère ; tu ne tueras point ; tu ne déroberas point ; tu ne diras point de faux témoignage ; tu ne convoiteras point. ; et s'il y a quelque autre commandement, tout est compris sommairement dans cette parole : Tu aimeras ton prochain comme toi-même (Rm 13.9, 10) ; » mais aussi de la loi positive ; car il ne suffit pas à l'amour de ne pas faire de mal au prochain. Il nous excite continuellement, suivant que nous en avons le temps et l'occasion, à lui faire du bien ; à faire à tous les hommes et en toutes choses le plus de bien possible.

4. La foi ne se contente pas non plus d'accomplir la loi négative ou positive quant, au dehors, mais elle agit au dedans par l'amour ; d'abord pour la purification du cœur, pour le nettoyer de toute impure affection. Quiconque a celle foi « se purifie soi-même comme lui aussi est pur (1 Jn 3.3) ; » se purifie de tout désir sensuel et terrestre, de toute affection déréglée, en un mot de toute cette affection de la chair qui est inimitié contre Dieu. Puis, afin que son œuvre soit parfaite, elle le remplit aussi de toute bonté, de justice et de vérité. Elle fait descendre le ciel dans son âme, et le fais, marcher dans la lumière comme Dieu lui-même est dans la lumière.

5. Efforçons-nous d'établir ainsi la loi au dedans de nous ; ne péchant pas « parce que nous sommes sous la grâce, » mais nous servant plutôt du pouvoir de la grâce, pour accomplir toute justice. Nous rappelant quelle lumière nous reçûmes de Dieu quand son Esprit nous convainquit de péché, gardons-nous d'éteindre cette lumière ; retenons ferme ce qu'alors nous obtînmes. Que rien ne nous induise à rebâtir ce qu'alors nous démolîmes ; à reprendre aucune chose, grande ou petite, que nous vîmes clairement alors n'être pas pour la gloire de Dieu ; ni à négliger aucune chose, grande ou petite, que nous ne pouvions alors négliger sans être repris par notre conscience ; et à cette lumière, qu'alors nous reçûmes, joignons, pour l'accroître et la rendre parfaite, la lumière de la foi. Confirmons ainsi ces premiers dons de Dieu, par un sentiment plus profond des choses mêmes qu'alors il nous montra, par une plus grande délicatesse de conscience. Marchant maintenant dans la joie et non dans la crainte, dans une claire contemplation des choses éternelles, nous regarderons les plaisirs, les richesses, les louanges, toutes les choses terrestres, comme des bulles de savon sur l'eau ; rien ne nous paraissant important, ni désirable, ni digne d'occuper nos pensées, si ce n'est ce qui est « au delà du voile, » là où Jésus « est assis à la droite de Dieu. »

6. Pouvez-vous dire : « Il pardonne toutes mes iniquités, il ne se souvient plus de mes péchés ? » Alors songez désormais à fuir le péché, comme on fuit un serpent. Car maintenant, combien il vous paraît odieux et « excessivement péchant ! » Et, par contre, sous quel aspect nouveau et aimable vous apparaît maintenant la sainte et parfaite volonté de Dieu ! Travaillez donc pour

qu'elle soit accomplie en vous, par vous et pour vous. Travaillez maintenant et priez, afin que vous ne péchiez plus, mais que vous voyiez et évitiez jusqu'à la moindre transgression de la loi divine ! Quand le soleil pénètre dans un lieu obscur, vous voyez des atomes qui vous échappaient auparavant. Il en est de même, quant au péché, maintenant que le soleil de justice luit dans votre cour. Appliquez-vous donc de toutes vos forces à marcher maintenant, à tous égards ; selon celle lumière. Soyez maintenant zélés, pour recevoir chaque jour plus de lumière, pour croître dans la connaissance et l'amour de Dieu, pour recevoir une plus grande mesure de l'Esprit de Christ, de sa vie et de la puissance de sa résurrection ! Faites valoir maintenant tout ce que vous avez reçu de connaissance, d'amour, de vie, de force ; et vous irez ainsi de foi en foi, et vous croîtrez sans cesse dans un saint amour, jusqu'à ce que la foi se change en vue et que la loi d'amour soit établie pour l'éternité !

SERMON 37

L'essence du fanatisme

Festus dit à haute voix : Tu as perdu le sens, Paul !
— Actes 26.24) —

1. C'est ainsi que parlent les hommes du monde qui ne connaissent point Dieu, au sujet de tous ceux qui sont de la religion de Paul, au sujet de quiconque est son imitateur, comme il l'a été de Christ. Il est vrai qu'il y a une sorte de religion, que l'on décore même du nom de christianisme, laquelle n'expose en aucune façon ses partisans à passer pour fous, et qui est , dit-on ; conciliable avec le sens commun ; elle consiste en un ensemble de formes et de pratiques extérieures, accomplies de la façon la plus décente et la plus régulière. Ajoutez-y de l'orthodoxie, un système de croyances irréprochables et une close suffisante de moralité païenne, et vous ne vous exposerez pas à vous entendre dire que trop de religion vous a rendu fou. Mais si votre religion est celle du cœur, si vous vous avisez de parler « de justice, de paix et de joie par le Saint-Esprit (Rm 14.17), » oh ! alors on ne tardera pas à prononcer sur vous ce verdict : « Tu as perdu le sens ! »

2. Et, en vous traitant de la sorte, les hommes du monde n'entendent pas simplement vous faire un mauvais compliment. Ce qu'ils disent, ils le pensent. Ils n'affirment pas seulement, mais ils croient sérieusement qu'un homme a perdu le sens, quand il prétend que « l'amour de Dieu a été répandu dans son cœur par le Saint-Esprit qui lui a été donné (Rm 5.5) ; » et que Dieu l'a rendu capable de se réjouir en Christ « d'une joie ineffable et glorieuse (1 P 1.8). » Dès qu'un homme en est arrivé à vivre pour Dieu ; dès qu'il est mort à toutes les choses, d'ici-bas ; dès qu'il voit continuellement celui qui est invisible, et marche désormais par la foi et non par la vue, sa situation est claire, et sans hésitation on dira de lui : Trop de religion l'a rendu fou !

3. Il est bien évident que ce que le monde appelle folie, c'est justement ce souverain mépris de toutes les choses temporelles, cette suite persévérante des choses éternelles, cette divine persuasion des choses invisibles, cette joie que donne à l'âme sa réconciliation avec Dieu, cet amour de Dieu qui la rend heureuse et sainte, et ce témoignage que le Saint-Esprit, rend à notre esprit que nous sommes enfants de Dieu ; en un mot, tout ce qui constitue l'esprit, la vie et la puissance de la religion de Jésus-Christ.

4. On veut bien reconnaître toutefois qu'en toute autre matière, le chrétien agit et parle comme un homme de sens rassis. Il est raisonnable pour tout le reste ; sur ce point seulement il a un grain de folie. On déclare donc que la folie qui le tient est d'une espèce très particulière ; aussi lui donne-t-on un nom particulier ; on l'appelle de l'enthousiasme (Ce mot a souvent en anglais une signification analogue à celle du mot fanatisme, et c'est dans ce sens spécial que Wesley l'emploie dans ce sermon. Nous avons dû conserver habituellement ce mot dans notre traduction, bien qu'en français il ne soit guère employé en mauvaise part. (Trad.)).

5. C'est là un terme très fréquemment employé de nos jours, et qui est constamment sur les lèvres de certains hommes, On peut toutefois affirmer qu'il est rarement compris, même par ceux qui s'en servent le plus. Il pourra donc être utile aux hommes sérieux, qui désirent comprendre ce qu'ils disent ou ce qu'ils entendent, que j'essaie d'expliquer le sens de ce terme et de montrer ce qu'est l'enthousiasme. En le faisant, j'apporterai peut-être quelque soulagement à ceux qui sont injustement accusés, et je pourrai être de quelque utilité à ceux qui mériteraient cette accusation, comme aussi à d'autres qui seraient en damer de ce côté-là, s'ils n'étaient avertis.

6. Quant au terme lui-même, on accorde généralement qu'il est d'origine grecque. Mais on n'a pas encore établi clairement d'où vient le mot grec lui-même, Quelques-uns ont essayé de le

279

faire dériver des mots, en Dieu, en disant que tout enthousiasme se rapporte à Dieu (C'est l'étymologie adoptée aujourd'hui par les lexicographes. (Trad.). Mais cette étymologie est forcée ; la ressemblance est faible entre le mot dérivé et ceux d'où l'on tente de le faire dériver. D'autres le tirent de : en sacrifice, pour cette raison que c'était au moment des sacrifices que certains enthousiastes des temps anciens étaient le plus violemment affectés. C'est peut-être un mot factice, inventé d'après le bruit que faisaient ceux qui étaient affectés de la sorte.

7. Il est assez probable qu'une raison pour laquelle, ce mot étrange a été conservé dans tant de langues, c'est que les hommes n'en saisissaient guère mieux le sens que la dérivation. Ils adoptèrent d'autant plus facilement le terme grec qu'ils le comprenaient moins. S'ils ne le traduisirent pas, c'est qu'ils auraient eu la plus grande peine à rendre dans d'autres langues un mot dont. le sens était obscur et incertain et auquel ne s'attachait aucune idée bien précise.

8. Il ne faut donc pas s'étonner qu'il soit pris de nos jours dans des acceptions si diverses, et que, en passant d'une personne à une autre, il signifie des choses tout à fait contradictoires. Les uns, l'entendant dans un sens favorable, y voient une impulsion ou une impression divine, supérieure à toutes les facultés naturelles et qui amène, pour un temps, la suspension totale ou partielle de la raison et des sens physiques. Dans ce sens, les prophètes et les apôtres de jadis auraient été de vrais enthousiastes, puisque, à certains moments, ils étaient tellement remplis de l'Esprit et tellement placés sous son influence, que l'exercice de leur raison, de leurs sens et de leurs facultés naturelles était suspendu et que, sous l'action absolue du pouvoir divin, ils ne parlaient plus que « poussés par le Saint-Esprit (2 P 1.21). »

9. D'autres entendent ce mot dans un sens indifférent, je veux dire dans un sens qui n'implique moralement ni bien ni mal. C'est ainsi qu'ils parlent de l'enthousiasme des poètes, d'Homère et de Virgile, par exemple. Un éminent écrivain de notre temps a été jusqu'à dire qu'aucun homme ne peut exceller dans sa profession, quelle qu'elle soit, sans avoir dans le tempérament une forte teinte d'enthousiasme. Ce qu'ils paraissent entendre par enthousiasme, c'est une vigueur peu commune de pensée, une ferveur particulière d'esprit, une vivacité et une force qui ne se trouvent pas dans les hommes ordinaires, et qui élèvent l'âme à des choses plus grandes et plus hautes que celles où la froide raison peut atteindre.

10. Mais aucune de ces acceptions n'est celle dans laquelle le mot enthousiasme est le plus ordinairement employé. La plupart des hommes s'accordent au moins en ceci que l'enthousiasme est quelque chose de mauvais ; et c'est tout particulièrement la pensée de ceux qui flétrissent de ce nom la religion du cœur. Dans les pages suivantes, je le prendrai donc dans cette acception, et je l'envisagerai comme un malheur, sinon comme une faute.

11. Pour ce qui est de la nature de l'enthousiasme, c'est évidemment un désordre de l'esprit, et un désordre tel qu'il nuit grandement à l'exercice de la raison. Parfois même il la supplante complètement ; il n'obscurcit pas seulement les yeux de l'entendement, il les ferme. On peut donc le considérer comme une sorte de folie, et non simplement comme étant de la sottise. Un sot est, à proprement parler, un homme qui tire de fausses conclusions de prémisses vraies, tandis qu'un fol est celui qui tire des conclusions justes de prémisses fausses. Ainsi fait l'enthousiaste. Supposez ses prémisses vraies, et vous êtes forcé d'admettre ses conclusions. Mais justement il se trompe en posant des prémisses fausses. Il s'imagine qu'il est ce qu'il n'est pas ; et son point de départ étant faux, plus il avance et plus il s'égare.

12. Tout enthousiaste est donc, à bien, parler, un fou. Seulement sa folie n'est pas ordinaire, elle est religieuse. Je ne veux pas dire par là qu'elle constitue un des éléments de la religion ; bien au contraire. La religion est le fait d'un esprit sain ; et conséquemment est en opposition directe avec toute espèce de folie. Mais je veux dire que cette sorte de folie a la religion pour objet, et qu'elle se meut dans cette sphère. Aussi l'enthousiaste parle-t-il généralement de religion ; de Dieu et des choses de Dieu, mais il en parle de telle façon que tout chrétien raisonnable peut discerner le désordre qui règne dans son esprit. L'enthousiasme, en général, peut être décrit ainsi : une folie religieuse résultant d'une prétendue influence ou inspiration divine, ou tout au moins une folie qui attribue à Dieu ce qui ne doit pas lui être attribué, ou qui attend de lui ce qu'on ne doit pas en attendre.

13. Il y a d'innombrables espèces d'enthousiasmes. Afin qu'on puisse plus aisément s'y reconnaître et les éviter, j'essaierai de grouper sous quelques chefs généraux, celles qui sont les plus communes, et par conséquent les plus dangereuses.

La première espèce d'enthousiasme que je mentionnerai est celui des gens qui imaginent qu'ils possèdent la grâce qu'ils n'ont pas. Quelques-uns croient, sans raison, avoir la rédemption par Christ, « savoir la rémission de leurs péchés (Ep 1.7). » Ce sont ceux qui « n'ont pas de racine en eux-mêmes (Mt 13.5, 6, 20, 21), » ni repentance profonde, ni vraie conviction. « Ils reçoivent d'abord la parole avec joie, » mais comme « elle n'entre pas profondément dans la terre, » qu'il n'y a pas d'œuvre profonde dans leur cœur, la semence « lève aussitôt, » il s'accomplit un changement superficiel immédiat, qui, combiné avec leur joie légère, avec l'orgueil de leur cœur qui n'a pas été brisé et avec leur amour désordonné d'eux-mêmes, les persuade aisément qu'ils ont « goûté la bonne parole de Dieu et les puissances du siècle à venir (He 6.5). »

14. C'est là une sorte de folie, qui provient de ce qu'on s'imagine avoir reçu une grâce que l'on n'a pas reçue, en se décevant ainsi soi-même. Pure folie en effet que celle-là ! Le raisonnement serait bon, si les prémisses n'étaient pas fausses ; mais comme elles ne sont que le fruit de l'imagination, tout ce qui s'appuie sur elles s'écroule pitoyablement. Toutes les rêveries de ces pauvres gens partent de cette supposition qu'ils ont la foi en Christ. S'ils l'ont, ils sont « sacrificateurs et rois (1 P 2.9), » possesseurs « d'un royaume qui ne peut être ébranlé (He 12.28). » Mais comme ils n'ont pas en réalité cette foi, tout ce qu'ils prétendent en tirer est aussi vide de vérité et de sens que les prétentions d'un fou ordinaire qui, se croyant roi, parle et agit en conséquence.

15. Il y a bien d'autres enthousiastes de cette sorte. Tel est, par exemple, cet orgueilleux zélote, fanatique, non de la religion, mais des opinions et, des formes de cultes auxquelles il donne ce nom. Celui-là aussi s'imagine qu'il est un croyant, voire même un champion de la foi qui a été donnée aux saints. Aussi, toute sa conduite s'appuie sur cette vaine imagination. Sa manière de faire aurait quelque raison si sa supposition était juste ; mais il n'est que trop évident qu'elle est l'effet d'un esprit et d'un cœur mal équilibrés.

16. Mais les plus nombreux parmi les enthousiastes de cette catégorie, ce sont ceux qui imaginent qu'ils sont chrétiens, tandis qu'ils ne le sont pas. Ils abondent, non seulement dans toutes les parties de notre pays, mais à peu près sur tout les points de la terre habitée. Si les oracles de Dieu sont vrais, il est clair et incontestable que ces gens-là ne sont pas chrétiens. Les chrétiens sont saints : eux ne le sont pas. Les chrétiens aiment Dieu : eux aiment le monde. Les chrétiens sont humbles : eux sont orgueilleux. Les chrétiens sont doux : eux sont irritables, les chrétiens ont l'esprit qui était en Christ : eux en sont éloignés autant que possible. Conséquemment ils ne sont pas plus des chrétiens qu'ils ne sont des archanges. Pourtant ils prétendent à ce titre, et voici quelques-unes des raisons qu'ils invoquent à l'appui : on les a toujours désignés ainsi ; ils ont été baptisés, il y a de longues années ; ils professent les opinions chrétiennes, ou, comme on dit, la foi chrétienne et catholique ; ils pratiquent les rites religieux que pratiquaient leurs pères avant eux ; ils mènent, comme leurs voisins, ce que l'on appelle une bonne vie chrétienne. Et qui osera prétendre que ces gens-là ne sont pas chrétiens ? Quoique, il est vrai, ils n'aient pas une parcelle de vraie foi en Christ ou de véritable sainteté intérieure, quoiqu'ils n'aient jamais goûté l'amour de Dieu et n'aient pas été « faits participants du Saint-Esprit (He 6.4). »

17. Ah ! Pauvres victimes de l'illusion ! Non, vous n'êtes pas chrétiens ! Vous n'êtes que des enthousiastes à la plus haute puissance ! Médecins, guérissez-vous vous-mêmes ! Mais d'abord apprenez à connaître votre maladie. Votre vie tout entière est dominée par ce mauvais enthousiasme et faussée par cette illusion qui vous fait croire que vous avez reçu la grâce de Dieu, laquelle vous n'avez pas reçue. Par suite de cette erreur fondamentale, vous errez chaque jour davantage, usurpant, tant dans vos paroles que dans vos actes, un caractère qui ne vous appartient à aucun degré. De là, dans toute votre conduite, une inconséquence palpable et flagrante, un bizarre mélange de paganisme réel et de christianisme imaginaire. Toutefois, comme les majorités sont de votre côté, vous réussirez toujours à obtenir de la multitude ce verdict : que vous êtes les seuls chrétiens de bon sens, et : que tous ceux qui ne sont pas tels que vous sont des fous. Mais cela ne change en rien la vraie nature des choses. Au point de vue de Dieu et de ses saints anges, et aussi au point de vue de tous les vrais enfants de Dieu qui sont sur la terre, c'est vous qui êtes

des insensés et de pauvres enthousiastes ! En voulez-vous la preuve ? Ne marchez-vous pas au milieu d'ombres vaines, une ombre de religion, une ombre de bonheur ? Ne vous agitez-vous pas en vain au sujet d'infortunes aussi imaginaires que votre bonheur ou votre religion ? Ne vous croyez-vous pas grands et bons, très expérimentés et très sages ? Jusques à quand dureront vos illusions ? Peut-être jusqu'à ce que la mort vienne vous ramener assez à la raison pour vous faire déplorer à jamais voir folie.

18. Une seconde espèce d'enthousiastes sont ceux qui imaginent avoir reçu de Dieu des dons qu'ils n'ont pas reçus. Il en est qui se sont mis dans l'esprit qu'ils ont reçu le don de faire des miracles, de guérir les malades par la parole ou par l'attouchement, de rendre la vue aux aveugles, voire même de ressusciter les morts ; un cas de ce genre s'est récemment produit parmi nous. D'autres ont entrepris de prophétiser, d'annoncer les choses à venir avec certitude et précision. Lorsque les faits viennent démentir leurs prédictions, l'expérience accomplit ce que la raison n'avait pu faire et se charge de les ramener au bon sens.

19. A cette même classe appartiennent ceux qui s'imaginent à tort que leurs prédications ou leurs prières sont inspirées par l'Esprit de Dieu. Je sais bien que sans lui nous ne pouvons rien faire, spécialement dans notre ministère public ; que toutes nos prédications sont vaines, si elles ne sont pas accompagnées de la puissance d'en haut, et qu'il en est de même de nos prières, si « l'Esprit ne nous aide dans nos infirmités » (Rm 8 :26). Je sais que si nous prêchons et prions sans l'Esprit, tout notre travail est stérile ; et je crois que tout ce qui se fait de bon ici-bas est l'œuvre de celui qui accomplit toutes choses en tous. Mais ceci ne change rien au cas qui est devant nous. S'il existe une influence réelle de l'Esprit de Dieu, il y en a aussi de purement imaginaires, et bien des gens s'y trompent. Tels supposent qu'ils se trouvent sous cette influence, alors qu'ils sont bien loin d'y être. D'autres supposent y être à un degré où ils n'y sont pas réellement. Je crains qu'il ne faille mettre dans ce nombre tous ceux qui imaginent que Dieu leur dicte les paroles qu'ils prononcent, et qui, conséquemment, croient qu'il est impossible qu'ils se trompent, soit pour le fond, soit pour la forme. On sait quel nombre prodigieux d'enthousiastes de cette sorte a produit notre siècle, et parmi ceux-là il s'en trouve qui parlent d'une manière plus autoritaire que ne l'ont jamais fait saint Paul ou les autres apôtres.

20. Cette même espèce de fanatisme se trouve fréquemment, quoique à un moindre degré, chez des hommes non revêtus d'un caractère public. Ils peuvent aussi s'imaginer à tort qu'ils sont placés sous l'influence et sous la direction de l'Esprit. Je reconnais que « si un homme n'a pas l'Esprit de Christ, il n'est pas à lui (Rm 8.9) ; » et que c'est toujours par le secours de cet Esprit que nous pensons bien, que nous parlons bien, que nous agissons bien. Mais que de gens lui imputent des choses, ou en attendent de lui, sans avoir pour le faire aucune base ni rationnelle ni scripturaire ! Tels sont ceux qui s'imaginent qu'ils peuvent ou doivent recevoir des directions particulières de Dieu, non seulement dans des affaires importantes, mais dans des choses sans importance et dans les plus petites circonstances de la vie. C'est là oublier que Dieu nous a donné notre raison pour guide dans ces choses, sans exclure jamais toutefois l'assistance secrète de son Esprit.

21. Ce sont encore des enthousiastes du même ordre, ceux qui s'attendent à être dirigés de Dieu, soit pour les choses spirituelles, soit pour la vie commune, d'une manière qu'ils appellent extraordinaire ; je veux dire au moyen de visions et de songes, par de fortes impressions ou par de soudaines impulsions de leur esprit. Je ne nie pas que Dieu ait autrefois manifesté sa volonté de cette manière, ou qu'il puisse encore le faire ; je crois même qu'il le fait dans quelques cas très rares. Mais que de fois les hommes se trompent à cet égard ! Combien souvent l'orgueil ou une imagination échauffée les pousse à attribuer à Dieu des impulsions ou des impressions, des rêves ou des visions absolument indignes de lui ! C'est là du pur fanatisme, aussi de la religion que de la vérité et, du bon sens.

22. Quelqu'un demandera peut-être : « Ne devons-nous donc pas en toutes choses chercher à connaître quelle est la volonté de Dieu ? Et ne devons-nous pas faire de cette volonté la règle de notre conduite ? » Sans aucun doute. Mais comment un chrétien sensé cherchera-t-il à discerner la volonté de Dieu ? Non en attendant des rêves surnaturels ou des visions peur la lui manifester ; pas davantage en attendant des impressions particulières ou des impulsions soudaines dans son esprit ; mais en consultant les oracles de Dieu. « A la loi et au témoignage (És 8.20) ! » C'est là

la méthode ordinaire de « connaître la volonté de Dieu, qui est bonne, agréable et parfaite (Rm 12.2), »

23. — « Mais, demande-t-on, comment connaîtrai-je quelle est la volonté de Dieu, dans tel et tel cas particulier, en une chose de nature indifférente, et sur laquelle l'Écriture ne se prononce pas ? » Je réponds : Les Écritures vous donnent elles-mêmes une règle générale applicable à tous les cas particuliers : « La volonté de Dieu, c'est notre sanctification (1 Th 4.3). » C'est sa volonté que nous soyons saints intérieurement et extérieurement ; que nous soyons bons, que nous fassions le bien, en toute manière et au degré le plus élevé dont nous sommes capables. Nous sommes ici sur un terrain solide. Cette règle est aussi claire que la lumière du soleil. Nous n'avons donc, pour connaître quelle est la volonté de Dieu dans un cas particulier, qu'à appliquer cette règle générale.

24. Supposez, par exemple, qu'on propose à un homme raisonnable de se marier ou d'entreprendre une affaire. Pour savoir quelle est la volonté de Dieu, il se dira : « C'est la volonté de Dieu à mon égard que je sois aussi saint et que je fasse autant de bien que je le puis, » et, partant de ce principe, il se demandera simplement : « Dans lequel de ces états puis-je être le plus saint et faire le plus de bien ? » Et à cette question il répondra en consultant la raison et l'expérience. L'expérience lui dira, quels avantages lui offre sa condition présente pour être saint et utile ; et, la raison lui montrera ce que lui apporterait en échange la situation qui lui est proposée. Il établira ainsi une comparaison et jugera quelle est la voie dans laquelle il pourra être le plus saint et le plus utile, et il pourra de la sorte déterminer, avec quelque certitude, quelle est la volonté de Dieu.

25. Il va sans dire que nous supposons l'aide du Saint-Esprit, pendant tout le cours de cette recherche. Il n'est pas facile sans doute de dire de quelle manière cette aide nous est envoyée. Dieu peut nous remettre en mémoire diverses circonstances, mettre plus fortement en lumière certains faits, disposer insensiblement notre esprit à recevoir une conviction, et fixer cette conviction sur notre cœur. Et à un concours de circonstances de cette nature, il peut ajouter une paix intérieure si profonde et une mesure si grande de son amour, qu'il ne nous reste plus aucune possibilité de douter quelle est, dans ce cas particulier, sa volonté à notre égard.

26. Telle est la manière simple, scripturaire et rationnelle de connaître ta volonté de Dieu dans un cas déterminé. Mais quand on considère combien peu cette méthode est suivie, et à quel débordement de fanatisme nous assistons de la part de ceux qui veulent connaître la volonté de Dieu par des méthodes contraires à l'Écriture et à la raison, on en vient à se demander s'il n'y aurait pas lieu d'user plus discrètement de cette expression. Bien des gens, qui disent vouloir chercher à connaître la volonté de Dieu, lorsqu'il s'agit des choses les plus triviales, se rendent coupables de la violation du troisième commandement ; ils prennent le nom de Dieu en vain et commettent à son égard une coupable irrévérence. Ne vaudrait-il pas mieux employer d'autres expressions, qui seraient moins sujettes à la critique ? Au lieu de dire, par exemple, dans tel cas particulier : « Je désire connaître la volonté de Dieu ; » ne vaudrait-il pas mieux dire : « Je désire connaître ce qui contribuera le mieux à me rendre plus saint et plus utile ? » Cette manière de parler est claire et inattaquable ; elle est d'accord avec les saintes Écritures, et écarte le danger de fanatisme.

27. Une troisième et très commune espèce d'enthousiastes (que nous aurions peut-être pu rattacher à la première catégorie) comprend ceux qui veulent atteindre la fin sans se servir des moyens, et qui attendent une intervention directe de Dieu. Leur attente serait justifiée, si Dieu lui-même refusait les moyens. Dieu peut certainement, en un tel cas, exercer directement sa puissance, et il l'a fait quelquefois. Mais ceux qui attendent son intervention, et qui, lorsque les moyens extérieurs existent, refusent de s'en servir, ceux-là sont des fanatiques. Sur le même rang nous placerons ceux qui s'attendent à comprendre les Saintes Écritures sans les lire et sans les méditer, et en dédaignant les secours qui sont à leur portée et qui leur en feraient pénétrer le sens. Tels sont aussi ceux qui, de propos délibéré, prennent la parole dans une assemblée religieuse sans aucune préparation préalable. Je dis : de propos délibéré ; car il peut y avoir telle circonstance où l'on soit contraint, de parler sans préparation. Mais quiconque méprise ce moyen de parler utilement se montre en cela un enthousiaste.

28. On peut s'attendre que je mentionne ici, comme formant une quatrième catégorie d'enthousiastes, ceux qui attribuent à la Providence de Dieu des choses qui ne devraient pas lui être attribuées. Mais j'avoue que je ne connais pas moi-même quelles choses ne doivent pas être attribuées à la Providence, quelles choses demeurent en dehors ; du gouvernement divin et ne s'y rattachent pas, soit directement, soit indirectement. Je n'excepte que le péché ; et encore, dans les péchés des autres, je reconnais la Providence de Dieu envers moi. Je ne dis pas : la Providence générale ; car c'est là un grand mot qui ne signifie rien du tout. Et s'il existe une Providence particulière, elle doit s'étendre à tous les hommes et à toutes choses. Notre Seigneur l'entendait ainsi ; sans quoi il n'eût jamais dit : « Les cheveux même de votre tête sont tons comptés (Mt 10.30) ; » et encore : « Un passereau ne tombe pas à terre sans la permission de votre Père (Mt 10.29). » Mais s'il en est ainsi, si Dieu préside *universis tanquam singulis*, et *singulis tanquam universis*, (sur les individus, comme sur les individus comme sur l'univers,) que reste-t-il (sauf nos propres pêchés) que nous puissions soustraire à la Providence de Dieu ? Je ne puis donc comprendre qu'on élève ici l'accusation de fanatisme.

29. On me dira : « Vous vous considérez donc comme particulièrement favorisé du ciel. » Je réponds : Vous oubliez ce que nous venons de dire, que la Providence veille sur tous les hommes, aussi bien que sur chacun individuellement. Ne comprenez vous pas que l'homme qui croit cela considère tout homme comme autant favorisé d'eu haut, qu'il l'est lui-même ?

30. Nous devons nous garder avec le plus grand soin contre toutes ces formes du faux enthousiasme et considérer les déplorables effets qu'il a souvent produits et qui en sont le résultat naturel. L'orgueil vient en première ligne ; c'est l'orgueil qui alimente sans cesse la source d'où il dérive ; et c'est lui qui nous sépare toujours plus de la faveur et de la vie de Dieu, c'est lui qui tari en nous les sources de la foi, de l'amour, de la justice et de la vraie sainteté, en nous séparant de la grâce qui les produit ; car « Dieu résiste aux orgueilleux, mais il fait grâce aux humbles (Jc 4.6). »

31. En même temps que l'esprit de l'enthousiaste est dominé par l'orgueil, il devient absolument rebelle à la persuasion et même aux conseils. Il en résulte que quelles que soient les erreurs ou les fautes auxquelles il succombe, il n'y a guère lieu d'espérer son relèvement. On a souvent et justement remarqué que la raison doit avoir bien peu de poids pour celui qui s'imagine être conduit par un guide supérieur à elle, par la sagesse même de Dieu. À mesure donc que son orgueil grandit, l'enthousiaste devient toujours plus entêté et rétif aux avis d'autrui, toujours moins susceptible d'être convaincu ou persuadé, toujours plus attaché à son propre sens et à sa propre volonté, jusqu'à devenir absolument fermé à toute bonne influence.

32. Ainsi cuirassé à la fois contre la grâce de Dieu et contre les avis et l'aide de ses semblables, il n'a plus d'autres guides que son propre cœur et que Satan, prince des orgueilleux. Il n'est pas étonnant qu'il s'enracine toujours plus dans son mépris pour les autres hommes, dans ses dispositions irritables et malveillantes, et qu'il manifeste des sentiments terrestres et diaboliques. Il ne faut pas non plus s'étonner des terribles effets qui, dans tous les temps, ont découlé de telles dispositions ; on peut dire que toute espèce de méchanceté ; toutes les œuvres de ténèbres ont été commises par des gens qui se nomment chrétiens et qui font ce que des païens rougiraient de faire.

Telle est la nature, tels sont les tristes effets de ce monstre à plusieurs têtes, le faux enthousiasme. De cet examen nous pouvons maintenant déduire quelques simples conclusions pratiques.

33. Et d'abord, si l'enthousiasme est un terme peu compris, quoique fréquemment employé, évitez soigneusement d'employer un mot que vous comprenez mal. À cet égard, comme à tous les autres, apprenez à penser avant de parler. Rendez-vous bien comble de la signification de ce terme étrange, et ne l'employez qu'à bon escient.

34. Prenez garde, en second lieu, d'appeler quelqu'un enthousiaste, simplement parce que tout le monde l'appelle ainsi. On n'est pas fondé, pour une pareille raison à appliquer à qui que ce soit une appellation malsonnante, et celle-là moins encore qu'aucune autre. Il n'est ni juste ni miséricordieux de porter sans preuve une aussi grave accusation contre quelqu'un.

35. Mais si le faux enthousiasme est un si grand mal, prenez garde de n'en être atteint. Veillez et priez, pour ne pas succomber à une tentation qui menace ceux qui ont la crainte et l'amour de Dieu. Prenez garde de n'avoir pas de vous-même une plus haute opinion qu'il ne faut. Ne vous imaginez pas avoir atteint telle grâce de Dieu, à laquelle vous n'êtes pas en réalité parvenu. Vous pouvez avoir beaucoup de joie et une certaine mesure d'amour, et n'avoir pas encore une foi vivante. Demandez à Dieu qu'il ne permette pas que, aveugle comme vous l'êtes, vous sortiez du bon chemin ; que vous ne vous imaginiez pas être un croyant aussi longtemps que Christ ne s'est pas révélé en vous, et que son Esprit n'a pas témoigné à votre esprit que vous êtes enfant de Dieu.

36. Ne soyez pas un enthousiaste persécuteur. Ne vous imaginez pas que Dieu vous a appelé (contrairement à l'Esprit qui était en Jésus) à faire périr les hommes, et non à les sauver. Ne songez pas à contraindre les hommes à entrer dans les voies de Dieu. Pensez pour vous-mêmes et laissez penser les autres. N'usez pas de contrainte en matière de religion. N'essayez pas de contraindre même les plus égarés, par d'autres moyens que la raison, la vérité et l'amour.

37. Ne vous imaginez pas que vous êtes un chrétien, si vous ne l'êtes pas. N'usurpez pas ce nom vénérable, si vous n'y avez un titre clair et scripturaire, et surtout si vous n'avez pas l'Esprit qui était en Christ, en sorte que vous marchiez comme il a marché lui-même.

38. Ne vous imaginez pas avoir reçu de Dieu des dons que vous n'avez pas reçus, Ne vous fiez pas aux visions ou aux songes, et pas davantage aux impressions soudaines ou aux fortes impulsions, de quelque nature qu'elles soient. Souvenez-vous que ce n'est pas ainsi que vous devez chercher à connaître la volonté de Dieu dans ou telle ou telle occasion particulière ; mais ayez recours tout simplement à l'Écriture, en vous aidant de l'expérience et de la raison, et en réclamant le secours de l'Esprit de Dieu. N'employez pas à la légère le nom de Dieu : n'alléguez pas sa volonté à propos des plus futiles circonstances ; mais que vos paroles comme vos actions, soient empreintes de révérence et d'une crainte pieuse.

39. Enfin, gardez-vous d'imaginer que vous pouvez obtenir la fin sans vous servir des moyens qui y conduisent. Dieu peut sans doute donner la fin sans les moyens ; mais vous n'avez aucune raison de penser qu'il veuille le faire. Servez-vous donc constamment et avec soin de tous les moyens qu'il a établis pour être les canaux ordinaires de sa grâce. Servez-vous de tous les moyens indiqués par la raison ou par l'Écriture, pour obtenir ou pour augmenter en vous les dons de Dieu. Cherchez à croître journellement dans cette pure et sainte religion, que le monde appelle et appellera toujours de l'enthousiasme, mais qui, pour tous ceux qui sont délivrés du mauvais enthousiasme et du christianisme purement nominal, est « la sagesse de Dieu et la puissance de Dieu » (1 Co 1.24), la glorieuse image du Très-haut « la justice et la paix » (Rm 14.17), et une « source d'eau vive qui jaillit jusqu'en vie éternelle » (Jn 4.14).

SERMON 38

Avertissement contre le bigotisme

Alors Jean, prenant la parole, lui dit : Maître, nous avons vu quelqu'un
qui chassait les démons en ton nom et qui ne nous suit pas ; et nous
nous y sommes opposés ; parce qu'il ne nous suit pas. Et Jésus leur dit :
Ne vous y opposez pas.
— Marc 9.38, 39 —

1. Nous lisons, dans les versets qui précèdent notre texte, que les douze disciples ayant « dis-puté en chemin qui d'entre eux serait le plus grand », Jésus, « ayant pris un petit enfant, le mit au milieu d'eux ; et, le tenant entre ses bras, il leur dit : Quiconque reçoit un de ces petits enfants à cause de mon nom, il me reçoit ; et, quiconque me reçoit, ce n'est pas moi (seulement) qu'il reçoit, mais il reçoit celui qui m'a envoyé (Mc 9.34, 37). » C'est, alors que Jean « répondit » (ce qui signi-fie que cela se rattachait à ce que Jésus venait de dire) : « Maître, nous avons vu quelqu'un qui chassait les démons en ton nom et nous nous y sommes opposés parce qu'il ne nous suit pas. » Il voulait dire : « Aurions-nous dû le recevoir ? Et, en le recevant, t'aurions-nous reçu ? N'était-ce pas plutôt notre devoir de l'empêcher ? N'avons-nous pas bien fait ? » « Mais Jésus leur dit : Ne vous y opposez pas ! »

2. Saint Luc rapporte aussi cet incident, et presque dans les mêmes termes. On dira peut-être : « Que nous importe cela, puisqu'il n'y a plus personne qui chasse les démons ? Est-ce que la puissance d'accomplir ce miracle n'a pas été refusée à l'Église chrétienne depuis douze à qua-torze siècles ? Et s'il en est ainsi, qu'avons-nous à voir dans le cas mentionné par le texte et dans la solution que notre Sauveur en donna ? »

3. La question nous intéresse plus qu'on ne pense généralement ; car le cas dont il s'agit ici se présente assez fréquemment. Et pour que nous retirions de ce texte tout le profit possible, je me propose de montrer d'abord, dans quel sens il est vrai qu'on peut encore chasser les démons et qu'on les chasse encore maintenant ; ensuite, ce que signifient ces paroles : « Il ne nous suit pas » ; j'expliquerai, en troisième lieu, la recommandation faite par notre Seigneur : « Ne vous y opposez pas » ; et enfin, je m'efforcerai de tirer du tout une conclusion.

I

1. Je veux, tout d'abord, expliquer dans quel sens on peut encore chasser et, on chasse les démons.

Pour bien comprendre cela, il faut se rappeler ce que nous enseigne l'Écriture sainte, savoir que, comme Dieu habite et agit dans les enfants de lumière, de même le diable habite et agit dans les enfants de ténèbres. Comme le Saint-Esprit possède des justes, ainsi l'esprit du mal possède l'âme des méchants. C'est pour cela que l'apôtre l'appelle « le dieu de ce monde » (2 Co 4.4), tant est absolu son empire sur les mondains ! De même encore notre bon Sauveur le nomme « le prince de ce monde » (Jn 14.30), à cause du pouvoir souverain qu'il y exerce. Saint Jean dit aussi : « Nous savons que nous sommes de Dieu, et que tout le monde (tout, ce qui n'est pas de Dieu) est (gît) dans le malin (1 Jn 5.19 – Le même mot a été traduit le malin au vers ; 18 – Trad.), et non « dans le mal » ; le monde vit et se meut dans le malin, tout comme ceux qui ne sont pas du monde vivent et se meuvent en Dieu.

2. C'est qu'en effet le diable ne nous apparaît pas seulement « comme un lion rugissant, cher-chant qui il pourra dévorer », ou seulement comme un ennemi rusé qui surprend de pauvres âmes et « les prend pour faire sa volonté » (2 Ti 2.26) ; mais aussi comme celui qui demeure au

dedans des méchants et y marche, qui est prince des ténèbres ou de la méchanceté qui existe dans ce monde, prince des mondains et de tous leurs desseins et actes ténébreux, et, qui les gouverne en se maintenant dans leur cœur, en y établissant son trône, en y amenant toute pensée captive à son obéissance. C'est ainsi que « l'homme fort et bien armé garde l'entrée de sa maison » (Lc 11.21) ; et si cet esprit immonde, impur, sort parfois d'un homme, souvent aussi il y revient avec sept autres esprits pires que lui, « et ils y entrent et y demeurent (Lc 11.24-26). » Le malin n'habite point dans un cœur pour n'y rien !aire ; sans cesse il « agit dans les enfants de rébellion » (Ep 2 :2) Il agit en eux avec puissance, avec une énergie redoutable, pour leur imprimer son image, pour effacer en eux les derniers vestiges de celle de Dieu, enfin pour les disposer à toutes sortes de paroles et d'actions mauvaises.

3. Il est donc incontestablement certain que Satan, le dieu, le prince de ce monde, possède tous ceux qui ne connaissent point le Seigneur. Mais la manière dont il les possède de nos jours ne ressemble pas à celle dont il les possédait autrefois. Jadis il torturait fréquemment le corps aussi bien que l'âme et cela ouvertement, sans se cacher ; maintenant, sauf de rares exceptions, c'est l'âme seule qu'il tourmente, et il le fait en se dissimulant autant que possible. Il est facile d'expliquer ce changement de tactique. Autrefois ses efforts tendaient à pousser l'humanité à la superstition ; c'est pour cela qu'il agissait aussi ouvertement qu'il le pouvait. Aujourd'hui il vise à nous porter à l'incrédulité ; et, dans ce but, il cache ses menées tant qu'il peut ; car plus il se dissimule et plus il a de succès.

4. Mais il y a encore aujourd'hui des pays où, si l'on peut en croire les récits, Satan agit tout aussi ouvertement qu'il le faisait autrefois. Pourquoi est-ce seulement dans des contrées barbares et sauvages Pourquoi n'agit-il plus ainsi en Italie, en France, en Angleterre ? La raison en est bien simple, c'est qu'il connaît son monde, et sait ce qu'il a à faire selon les cas. Chez les Lapons il se montrera sans déguisement, parce qu'il travaille à les confirmer dans leurs superstitions et dans leur idolâtrie grossière. Mais vis-à-vis de vous, il se propose un autre but. Il se propose de vous amener à vous idolâtrer vous-mêmes, à vous croire plus sages que Dieu lui-même et que tous les oracles de Pieu. Pour obtenir ce résultat, il doit bien se garder d'apparaître tel qu'il est ; cela ruinerait ses desseins. Aussi met-il tout son art à contribution pour vous faire douter de son existence, jusqu'au jour où vous serez pour jamais tombés entre ses mains.

5. Il règne donc, il règne de diverses manières, mais partout d'une façon aussi absolue. L'élégant incrédule d'Italie est dans ses griffes tout autant que le grossier Tartare ; mais le premier dort, pour ainsi dire, dans la gueule du lion, qui est bien trop avisé pour aller le réveiller. Pour le moment, il se contente de jouer avec sa proie, en attendant qu'il se décide à l'engloutir.

Le dieu de ce monde s'est emparé de ses adorateurs d'Angleterre tout aussi solidement que de ceux de Laponie. Mais son intérêt est de ne point les effrayer, de peur qu'ils ne cherchent un refuge auprès du Dieu des cieux. Le prince de ce monde ne se montre pas à ceux-là ; il se contente de les avoir pour sujets soumis de son royaume. Le tyran est d'autant plus sûr de ses prisonniers lorsque ceux-ci se croient libres. Et voilà comment « l'homme fort et bien armé garde sa maison, et tout ce qu'il a est en sûreté (Lc 11.21). » Le déiste, le chrétien de nom ne se doutent pas : qu'il est là ; aussi vivent-ils ensemble en parfaite paix.

6. Mais il ne perd pas de temps et agit énergiquement en eux. Il aveugle les yeux de leur esprit, pour que la lumière du glorieux Évangile de Jésus-Christ ne vienne pas les éclairer. Il enchaîne leur âme à la terre et à l'enfer lui-même par les liens de leurs passions dépravées. Il les lie à la terre par l'amour du monde, par l'amour de l'argent ou des plaisirs ou de la gloire. Au moyen de l'orgueil, de l'envie, de la colère, de la haine, de la vengeance, il les entraîne vers l'enfer. Et sa puissance sur eux est d'autant plus ferme, d'autant moins disputée, qu'ils ne se doutent pas même qu'il agit.

7. Mais aux effets qui se produisent, on peut aisément reconnaître quelle en est la cause. Ces effets sont, parfois évidents jusqu'à être palpables, tout comme ils l'étaient jadis parmi les nations païennes les plus cultivées. Sans aller plus loin, prenons ces vertueux Romains qu'on admire tant. Quand chez eux la science et la gloire étaient à leur apogée, vous trouverez ces Romains « remplis de toute de méchanceté, d'avarice, de malice, pleins, de meurtres, de querelles, de tromperies et de malignité ; rapporteurs médisants, ennemis de Dieu, outrageux, orgueilleux, vains, inven-

teurs de méchancetés, désobéissants à père et mère ; sans intelligence, sans foi, sans affection naturelle, implacables, sans compassion (Rm 1.29-31). »

8. Les traits les plus saillants de ce tableau sont confirmés par un témoin qui, aux yeux de quelques-uns, pourra sembler plus irrécusable que saint Paul. Je veux parler de l'historien romain et païen Dion Cassius. Il constate que, avant le moment, où César revint des Gaules, non seulement la gourmandise et les débauches de toutes sortes allaient dans Rome à découvert et le front levé ; non seulement le mensonge, l'injustice et la cruauté y abondaient, tant dans les tribunaux qu'au sein des familles ; mais encore les vols les plus insolents, les rapines, les meurtres étaient si fréquents dans tous les quartiers de la cité que peu de gens osaient sortir de chez eux sans avoir mis ordre à leurs affaires, tant ils étaient peu assurés d'y rentrer en vie !

9. Les œuvres du diable se montrent d'une façon tout aussi brutale, tout aussi palpable, chez la plupart des païens d'à présent, sinon chez tous. La religion naturelle des Creeks, des Chérokees, des Chicasaws, et autres tribus indiennes qu'on trouve dans le voisinage de nos colonies du sud (Dans l'Amérique septentrionale (Trad.)), (et je ne parle pas ici de quelques individus, mais de peuples entiers), leur religion naturelle consiste à torturer leurs prisonniers sans distinction du matin jusqu'au soir, pour finir par les brûler à petit feu ; et si un des leurs même les a offensés le moins du monde et sans le vouloir, ils se glisseront par derrière et le transperceront d'un trait. Chez eux, si un fils trouve que son père a assez vécu, il n'est pas rare qu'il lui casse la tête ; si une mère est fatiguée de ses enfants, elle leur attachera une pierre au cou et en lancera trois ou quatre l'un après l'autre à la rivière.

10. On pourrait espérer que des païens seuls ont pu se livrer à des œuvres du diable aussi brutalement palpables ; mais nous nous garderions bien de l'affirmer. Même en fait de cruauté et de massacres, à vrai dire, les chrétiens ne le cèdent guère aux païens. Et ce ne sont pas seulement les Espagnols ou les Portugais, qui ont égorgé des milliers d'hommes dans l'Amérique du Sud ; ce ne sont pas seulement les Hollandais aux Indes, ou les Français dans l'Amérique septentrionale, imitant trop fidèlement les Espagnols ; nos propres compatriotes se sont aussi baignés dans le sang et ont exterminé des nations entières, et ainsi clairement démontré quelle sorte d'esprit habite et agit dans les enfants de rébellion.

11. De pareilles monstruosités seraient presque de nature à nous faire oublier les œuvres du diable qui se produisent au sein même de notre pays. Hélas ! On peut à peine ouvrir les yeux sans les rencontrer partout. La manifestation du pouvoir de Satan laisse-t-elle à désirer, quand les blasphémateurs, les ivrognes, les débauchés, les adultères, les fripons, les voleurs, les sodomites et les meurtriers se rencontrent encore sur tous les points de notre territoire ? Comme il règne, comme il triomphe, le prince de ce monde, en tous ces enfants de rébellion !

12. C'est moins ouvertement, mais non moins effectivement qu'il agit chez ceux qui sont dissimulés, rapporteurs, menteurs, ou calomniateurs, chez ceux qui oppriment ou pressurent, leurs semblables, chez les parjures, chez ceux qui vendent leurs amis, leur honneur, leur conscience, leur patrie ! Et ils parleront pourtant encore de religion et de conscience, d'honneur, de vertu et de patriotisme ! Mais ils ne trompent point Dieu ni Satan non plus ; car ce dernier connaît, lui aussi, ceux qui sont siens ; et ils sont une grande multitude, venue de toute nation et de tout peuple ; et il les possède d'une manière absolue, aujourd'hui comme jadis.

13. Si vous admettez ces choses, vous n'aurez pas de peine à comprendre dans quel sens on peut encore de nos jours chasser les démons. C'est tellement vrai que tout ministre de Jésus-Christ en chasse, si l'œuvre de son Maître prospère entre ses mains. En effet, quand sa prédication est accompagnée de la puissance divine, il amène les pécheurs à la repentance, à un changement complet, intérieur aussi bien qu'extérieur, par lequel ils passent de tout ce qui est mauvais à tout ce qui est bon. Et c'est là bien réellement chasser les démons des âmes qui en étaient auparavant possédées. Alors l'homme fort n'est plus en état de conserver sa maison ; car un plus fort que lui est survenu, et l'a mis dehors, et s'en est emparé pour lui-même, et en a fait une maison de Dieu par son Esprit. À ce point donc la puissance de Satan expire ; le Fils de Dieu « détruit les œuvres du diable (Jn 3 :8). » Dès ce moment l'esprit, du pécheur est éclairé et son cœur doucement attiré vers Dieu. Ses désirs sont transformés ; ses affections sont purifiées ; il est rempli du

Saint-Esprit, et désormais il grandit en grâce jusqu'à ce qu'il devienne, non seulement saint par le cœur, mais aussi saint dans toute sa conduite.

14. Assurément, tout cela est bien l'œuvre de Dieu, Dieu seul peut chasser Satan. Mais, en il trouve bon de le faire par le moyen de l'homme, en se servant de lui comme d'instrument ; et alors on peut dire de celui-ci qu'il chasse les démons au nom du Seigneur, par sa puissance et par son autorité. Pour cette œuvre si haute, Dieu envoie qui il veut envoyer (Ex 4.13) ; et d'ordinaire ce sont des hommes auxquels on n'aurait pas pensé ; « car ses pensées ne sont pas nos pensées, et ses voies ne sont pas nos voies (És 55.8). » Il choisit donc le faible pour confondre le fort, le simple pour confondre le sage ; et il agit ainsi afin de se réserver toute la gloire et « afin que personne ne se glorifie devant lui » (1 Co 1.29)

II

1. Mais ne devons-nous pas nous opposer à un homme qui chasse ainsi les démons, lorsqu'il « ne nous suit pas ? » tel était, parait-il, le sentiment, telle aussi avait été la façon d'agir de l'apôtre Jean, lorsqu'il soumit le cas au jugement de son Maître. « Nous nous y sommes opposés, lui dit-il, parce qu'il ne nous suit pas. » Et il croyait évidemment que cette raison était plus que suffisante. Nous devons maintenant examiner ce point-là ; que signifie cette expression : « Il ne nous suit pas ? »

2. Le moins que cela puisse vouloir dire, c'est ceci : « Il ne nous est pas associé visiblement ; nous ne travaillons pas de concert ; il n'est pas notre compagnon d'œuvre dans l'Évangile. » Mais quand il plaît au Seigneur d'envoyer beaucoup d'ouvriers dans sa moisson, il est impossible que, pour agir, ils soient tous subordonnés ou liés les uns aux autres. Il est même impossible qu'ils se connaissent tous personnellement ou seulement de nom. De toute nécessité, il s'en trouvera beaucoup, dans les diverses portions du champ, qui, non seulement n'entretiendront point de rapports les uns avec les autres, mais seront tout aussi étrangers les uns aux autres, que s'ils avaient vécu à des époques différentes. Il est bien sûr que de chacun de ces chrétiens que nous ne connaissons pas, nous pourrions dire : « Il ne nous suit pas ! » On peut attacher un autre sens à cette expression, celui-ci : « Il n'est pas de notre parti. » Depuis longtemps déjà, tous ceux qui prient pour la paix de Jérusalem, s'étonnent et s'affligent de ce qu'il y a encore tant de partis divers parmi ceux qui tous portent, le nom de chrétiens. Ce fait attire l'attention, surtout dans notre pays où l'on voit les chrétiens se séparer à tout propos pour des questions sans importance, souvent pour des choses dans lesquelles la religion n'a rien à voir. Des circonstances insignifiantes ont amené la création de partis qui subsistent pendant plusieurs générations, et dont chacun est très porté à dire de celui qui occupe le bord contraire : « Il ne nous suit pas ! »

3. Mais cette expression peut encore avoir un troisième sens : « Ses opinions religieuses diffèrent des nôtres. Il fut sans doute un temps où tous les chrétiens avaient la même pensée, tout comme ils n'étaient qu'un seul cœur, tant était grande la grâce qui reposait sur eux tous, après qu'ils eurent été remplis du Saint Esprit ! Mais combien peu dura cet état béni ! Qu'elle disparut vite, cette unanimité ! Bientôt on vit renaître, au sein même de l'Église de Christ, les divergences d'opinion ; et ce n'était point entre des chrétiens de nom, mais entre de vrais chrétiens, et même entre les principaux, entre les apôtres eux-mêmes ! De plus, rien ne prouve que les divergences de vues qui se manifestèrent alors, n'aient jamais complètement disparu. Nous n'avons pas lieu de croire que même les apôtres, ces colonnes du temple de Dieu, sont jamais arrivés à avoir les mêmes idées, les mêmes vues, surtout par rapport à la loi cérémonielle. Il n'est donc pas étonnant qu'on rencontre aujourd'hui dans l'Église chrétienne tant d'opinions diverses. Il arrive ainsi tout naturellement que tel homme que nous voyons « chasser les démons », se trouvera être un homme « qui ne nous suit pas », dans ce sens qu'il n'a pas les mêmes idées que nous. Mais on ne peut guère espérer qu'il pensera comme nous en toutes choses, ou même en matière religieuse. Il est très possible que ses opinions diffèrent des nôtres sur des points importants, tels que la nature et le but de la loi morale, les décrets éternels de Dieu, l'étendue et l'efficacité de sa grâce, la persévérance de ses enfants.

4. En quatrième lieu, entre cet homme et nous il peut avoir non seulement des différences de vues mais aussi des différences quant à certains détails de pratique. Peut-être n'approuve-t-il pas

la façon dont se célèbre le culte divin dans nos assemblées, et pense-t-il que les formes instituées par Calvin ou par Luther sont plus édifiantes pour son âme. Peut-être y a-t-il bien des choses qu'il n'accepte pas dans la liturgie que nous préférons à toutes les autres. Ou bien encore il aura des préventions défavorables au genre d'organisation ecclésiastique que nous considérons comme biblique et, apostolique. Il est même possible qu'il s'éloigne davantage encore de notre manière de voir, et que, par scrupule de conscience, il néglige certaines choses que nous regardons comme des institutions de Jésus-Christ. Et quand nous serions d'accord, lui et nous, pour admettre que Dieu les a instituée, nous pourrions ne pas nous entendre quant à la manière de les pratiquer ou quant au caractère des personnes que nous pouvons y admettre. La conséquence inévitable de n'importe laquelle de ces divergences sera que celui qui diffère ainsi de nous devra relativement aux points en question, se séparer de notre communauté particulière. De cette façon, on peut dire qu'il « ne nous suit pas », ou bien (pour employer le langage d'aujourd'hui), qu'il n'est pas « de notre Église ».

5. A bien plus forte raison« ne nous suit pas » celui qui, non seulement appartient à une autre Église, mais appartient à une Église que nous regardons comme étant, à bien des égards, antibiblique et antichrétienne ; une Église dont nous tenons la doctrine pour fausse et absolument erronée et les pratiques pour vicieuses et pernicieuses ; à une Église que nous croyons coupable de superstitions grossières et même d'idolâtrie ; à une Église, enfin, qui a ajouté de sa propre autorité plusieurs articles de foi à cette « foi qui a été donnée une fois aux saints (Jude 1.3), »qui a supprimé tout entier un des commandements de Dieu, et anéanti plusieurs autres par ses traditions ; qui, tout en feignant de vénérer par dessus tout l'Église primitive et de lui ressembler en tout point, a cependant autorisé une multitude d'innovations qui ne peuvent s'appuyer ni sur le passé de l'Église, ni sur les Saintes Écritures. À coup sûr, un homme qui est séparé de nous si complètement est un homme qui « ne nous suit pas ».

6. Et pourtant, l'éloignement peut être encore plus grand que tout cela. L'homme dont les idées et les pratiques diffèrent des nôtres, pourra être éloigné de nous par les sympathies encore plus que par les principes. En général, et très naturellement, c'est ce qui arrive. Les divergences d'opinions aboutissent à autre chose. D'habitude, elles envahissent le cœur lui-même et divisent les meilleurs amis. Il n'y a point de haines, plus profondes, plus implacables que celles qui naissent des divisions religieuses. C'est pour cela que les plus cruels ennemis d'un homme seront les membres de sa propre famille (Mt 10.33). C'est pour cela que le père s'élèvera contre ses propres enfants et les enfants contre leur père ; qu'ils se persécuteront peut-être les uns les autres, croyant de cette façon rendre service à Dieu. Nous devons donc nous attendre à ce que ceux qui s'éloignent de nous, en matière de doctrine ou de pratique religieuse, nous traitent bientôt avec aigreur et même avec une sorte d'amertume, et soient toujours davantage prévenus contre nous jusqu'à en venir à détester nos personnes tout autant, que nos idées. Par une conséquence presque immanquable, ces personnes diront, de nous tout le mal qu'elles en pensent. Elles se mettront en opposition directe avec nous et, autant qu'elles le pourront, contrecarreront notre œuvre, attendu qu'à leurs yeux ce n'est pas l'œuvre de Dieu, mais celle de l'homme ou du diable. Un individu qui pense, qui parle, qui agit ainsi est, bien, autant que possible, quelqu'un qui « ne nous suit pas ».

7. A la vérité, je ne me figure pas celui dont l'apôtre Jean parle dans notre texte (et que rien d'ailleurs, ni dans le contexte ni dans d'autres portions de la Bible, ne nous fait connaître), soit jamais allé jusque là. Il n'y a pas lieu de supposer qu'il y ait eu quelque différence essentielle entre lui et les apôtres, et encore moins qu'il ait été mal disposé à leur égard ou à l'égard de leur Maître. On peut ; en effet, tirer cette conclusion des paroles de Jésus qui suivent notre texte : « Il n'y a personne qui fasse des miracles en mon nom et qui puisse en même temps parler mal de moi (Mc 9.39). » Mais c'est à dessein que j'ai supposé un cas extrême, en y introduisant les circonstances diverses que l'on peut imaginer, afin qu'étant mis en garde contre tout ce qui constitue la force de cette tentation, nous puissions n'y jamais succomber et ne jamais faire la guerre à Dieu.

III

1. Ainsi donc, en supposant un homme qui n'a point de rapports avec nous, qui n'est pas des nôtres, qui se sépare de notre Église et qui même est bien loin de nous, tant par ses opinions que par ses pratiques et par ses sympathies ; si, malgré cela, nous le voyons « chasser les démons », Jésus nous dit : « Ne vous y opposez pas ! » C'est cet ordre important du Seigneur que je vais maintenant essayer d'expliquer.

2. Si nous le voyons chasser les démons, ai-je dit. Mais il est à craindre qu'en pareil cas nous ne croyions pas même ce que nous voyons de nos yeux et que nous ne récusions le témoignage de nos propres sens. Il faut bien peu connaître la nature humaine pour ne pas sentir que nous ne serons guère disposés à admettre qu'un homme, chasse réellement les démons, du moment qu'il « ne nous suit pas » en toutes choses ou dans la plupart des choses indiquées ci-dessus. J'allais dire en quelqu'une des choses ; et nous découvrons, en effet, par l'examen de ce qui se passe dans notre propre âme, combien peu l'on est disposé à reconnaître ce qu'il peut y avoir de bon chez ceux qui ne sont pas d'accord avec nous sur tous les points.

3. — « Mais à quoi connaîtrons-nous, d'une façon rationnelle et satisfaisante, qu'un homme « chasse les démons », au sens spécifié précédemment ? » — La réponse à cette question est facile. Est-il bien prouvé, d'abord, qu'un certain individu vivait ouvertement et scandaleusement dans le péché ; ensuite, qu'il n'en est plus et que maintenant il a rompu avec ses péchés et mène une vie chrétienne ; enfin, que ce changement s'est accompli grâce aux prédications d'un certain homme ? Si ces faits sont établis et incontestables, vous avez la preuve rationnelle et satisfaisante que cet homme-là chasse les démons, et vous ne sauriez, sans pécher volontairement, rejeter cette preuve.

4. Ne vous opposez point à un tel homme. Gardez-vous d'essayer de l'arrêter, soit en employant votre autorité, soit en vous servant auprès de lui du raisonnement et de la persuasion. Ne cherchez d'aucune façon à l'empêcher de déployer toute la puissance que Dieu lui a confiée. Si vous possédez quelque autorité à son égard, ne vous servez pas de cette autorité pour arrêter l'œuvre de Dieu. Ne lui fournissez pas des raisons tendant à prouver qu'il doit s'abstenir de parler au nom de jésus. Satan lui en fournira bien assez, sans que vous l'aidiez à le faire. Ne travaillez pas à persuader cet homme d'abandonner son œuvre. S'il allait écouter le diable et vous, bien des âmes pourraient mourir dans leur iniquité, et c'est de votre main à vous que Dieu redemanderait, leur sang.

5. « Mais si cet homme qui chasse les démons n'est qu'un laïque, ne dois-je pas m'opposer à lui ? ». — Je réponds : Est-ce un fait admis, une chose suffisamment prouvée que cet homme a chassé des démons ou en chasse actuellement ? Dans ce cas, ne vous y opposez point ; je vous en conjure par le salut de votre âme. Voudriez-vous empêcher Dieu d'agir par ceux qu'il juge bon d'employer ? Aucun homme ne saurait faire ces choses, si Dieu n'est avec lui, si Dieu ne l'a envoyé expressément pour cela. Et si Dieu l'a envoyé, voudriez-vous prendre sur vous de le rappeler, voudriez-vous lui défendre d'avancer ?

6. « Mais j'ignore si Dieu l'a envoyé ! » Le premier venu de ceux qui ont servi de sceau à sa mission, de ceux qu'il a fait passer de la puissance de Satan à Dieu, pourrait vous répondre : « C'est une chose étrange que vous ne sachiez pas d'où il est ; et cependant il m'a ouvert les yeux. Si celui-ci n'était pas de Dieu, il ne pourrait rien faire (Jn 9.30, 33). » Si vous doutez encore de la réalité des faits, faites venir les parents de l'individu converti, ses frères, ses amis, ses connaissances. Mais si vous n'en pouvez plus douter, si vous êtes forcé d'avouer que « c'est une chose connue qu'il s'est fait un miracle évident (Ac 4.16 Ost. révisé.), » alors, comment pourriez-vous en bonne conscience avoir le courage de défendre à celui que Dieu a envoyé « de parler désormais en ce nom-là (Ac 4.17) ? »

7. Je dois convenir qu'il est tout à fait désirable une quiconque prêche au nom du Seigneur ait reçu un appel du dehors aussi bien qu'un appel intérieur ; mais que ce soit absolument indispensable, c'est ce que je nie.

— « Mais la parole de Dieu ne dit-elle pas formellement : « Personne ne peut s'attribuer cette dignité que celui qui y est appelé de Dieu, comme Aaron (He 5.4) ? »

Maintes fois l'on a cité ce texte à propos de cette question, et comme s'il était l'argument capital de cette cause ; mais jamais citation ne fut plus malheureuse. Car, premièrement, Aaron ne fut point appelé à prêcher, mais à « offrir des dons et des sacrifices pour le péché (He 5.1) ; » secondement, les hommes dont il s'agit ici n'offrent point de sacrifices ; ils prêchent uniquement, et c'est ce que ne fit point Aaron. Il serait donc impossible de trouver dans toute la Bible un texte moins adapté aux besoins de la cause.

8. — « Mais quelle ligne de conduite suivait-on dans le siècle apostolique ? » — Il vous sera facile de le voir dans les Actes des apôtres. Nous lisons dans le huitième chapitre : « Il s'éleva une grande persécution contre l'Église, de Jérusalem, et tous les fidèles, les apôtres furent dispersés dans les quartiers de la Judée et de la Samarie. Ceux donc qui furent dispersés, allaient de lieu en lieu, et ils annonçaient la parole de Dieu (Ac 8.1, 4). » Ces gens étaient-ils tous appelés à prêcher par un appel du dehors ? Aucun homme de bon sens ne le soutiendra. Voilà donc un exemple irrécusable de ce qui se faisait à l'époque des apôtres. Vous voyez là, non pas un seul prédicateur laïque, mais une multitude ; et ces hommes n'avaient reçu que l'appel de Dieu.

9. Nous avons si peu de raison pour croire qu'au siècle des apôtres il n'était pas permis de prêcher sans avoir été consacré, qu'il semblerait plutôt qu'on jugeât nécessaire d'avoir prêché avant d'être consacré. En tous cas, c'était évidemment l'usage de l'apôtre saint Paul, et c'est aussi ce qu'il recommandait, d'éprouver un homme avant de le consacrer. En parlant des diacres, il dit : « Que ceux-ci soient premièrement éprouvés ; qu'ensuite ils servent (1 Tm 3.10). » Comment devaient-ils être éprouvés ? Était-ce en leur donnant à traduire et à analyser une phrase de grec ; ou en leur posant quelques questions banales ? La belle épreuve pour un ministre de Jésus-Christ ! Non, c'était en les soumettant à un essai public et satisfaisant (comme on le fait encore dans la plupart des Églises d'Europe), afin de déterminer si non seulement leur vie était sainte et irréprochable, mais encore s'ils possédaient les dons qui sont absolument indispensables pour édifier l'Église de Dieu.

10. — « Mais si un homme possède ces dons et a amené des pécheurs à la repentance, et que pourtant l'évêque (Il s'agit ici des évêques anglicans qui, dans leur Église, ont le monopole de la consécration et l'accordent ou la refusent selon qu'ils le trouvent bon – Trad.) refuse de le consacrer ! » — Dans ce cas là, c'est l'évêque qui s'oppose à ce que cet homme chasse les démons. Quant à moi, je ne m'y opposerais pas ; je ne l'oserais pas ; et j'ai publié mes raisons pour agir ainsi. Cela n'empêche pas qu'on soutienne encore que je devrais m'y opposer. Mais, vous qui soutenez cela ; répondez donc à mes raisons. Je ne sache pas que personne l'ait encore fait, ou même ait essayé de le faire. Quelques-uns, à la vérité, ont avancé que ces raisons étaient faibles et insignifiantes. Ils ne risquaient rien à parler ainsi ; car il est bien plus aisé de dédaigner (ou du moins d'affecter de dédaigner) certains arguments que de les réfuter. Aussi longtemps donc qu'on ne l'aura pas fait, je soutiendrai que, lorsqu'il m'est clairement prouvé qu'un homme chasse les démons, je ne me crois pas autoriser, quoi que fassent, les autres ; à m'y opposer, de peur qu'il ne se trouvât que je fais la guerre à Dieu.

11. Et toi aussi qui crains Dieu, qui que tu sois, ne t'oppose point, ni directement ni indirectement. Il y a, en effet, plusieurs manières de s'opposer. Par exemple, on s'oppose indirectement à un homme si l'on nie absolument ou si l'on méprise et rabaisse l'œuvre que Dieu a faite par son moyen. C'est encore s'opposer indirectement à lui que de le décourager de son travail, en l'entraînant dans des discussions à ce sujet, en soulevant des objections contre cette œuvre, en cherchant à l'effrayer par toutes sortes de prédictions qui, probablement, ne se réaliseront jamais. C'est s'opposer à lui que de lui montrer de la malveillance, soit dans nos discours, soit dans notre attitude ; et encore davantage si nous parlons de lui à d'autres personnes avec animosité ou mépris, si nous essayons de le faire voir à quelqu'un sous un jour défavorable et propre à attirer sur lui la déconsidération. On s'oppose à lui toutes les fois qu'on parle mal de lui ou qu'on déprécie son travail. Oh ! ne vous opposez à lui d'aucune de ces façons-là ; et ne le faites pas non plus en défendant d'aller l'entendre, en détournant, les pécheurs d'aller écouter la parole qui peut, sauver leur âme !

12. Il y a plus ; si vous voulez vous conformer pleinement et exactement aux instructions de notre Seigneur, rappelez-vous ce qu'il a dit ailleurs : « Celui qui n'est pas avec moi est contre moi,

et celui qui n'assemble pas avec moi disperse (Mt 12.30). » Celui qui n'assemble pas les hommes pour le royaume de Dieu, les disperse et les en éloigne. Car on ne peut rester neutre dans cette guerre-là. On est du côté de Dieu ou du côté de Satan. Etes-vous du côté de Dieu ? S'il en est ainsi, non seulement vous ne vous opposerez pas à quiconque chasse les démons, mais vous l'aiderez autant que vous le pourrez dans son œuvre. Vous serez toujours prêt à reconnaître l'œuvre de Dieu et à en proclamer la grandeur. Autant que cela sera possible, vous écarterez les obstacles et les objections que cet homme pourra rencontrer sur sa route. Vous fortifierez ses bras en parlant favorablement de lui à tout le monde, et en rendant témoignage de ce que vous avez vu et entendu. Vous encouragerez les gens à aller l'entendre prêcher, puisque Dieu l'a envoyé. Et vous ne négligerez aucune occasion que le Seigneur vous accordera de donner à cet homme des preuves positives de sincère affection.

IV

1. Si nous nous écartons volontairement de cette ligne de conduite ; si, directement ou indirectement, nous nous opposons à quelqu'un parce qu'il « ne nous suit pas », c'est que nous sommes entachés de bigotisme. Telle est la conclusion que je rattache à tout ce que nous venons de dire. Mais le mot bigotisme, si souvent employé, n'est guère mieux compris que le mot enthousiasme. Il signifie un attachement trop grand, une trop grande inclination pour notre parti, pour notre opinion, pour notre Église, pour notre religion. Celui-là donc est un bigot qui tient tellement à ces choses, y est si fortement attaché qu'il s'opposera à quiconque chasse les démons, mais ne s'accorde pas avec lui sur tous les points, ou même sur un point.

2. Vous donc, tenez-vous en garde contre cela. Prenez garde, d'abord, de ne pas vous montrer bigot en refusant de croire que quelqu'un qui n'est pas des vôtres peut chasser les démons. Et, si en cela vous n'êtes point coupable, si vous admettez, les faits, demandez-vous ensuite : N'ai-je pas été coupable d'intolérance en m'opposant directement ou indirectement à cet homme ? Est-ce que je ne me suis pas opposé à lui ouvertement parce qu'il n'était pas de mon bord, parce qu'il n'acceptait pas mes vues, ou bien parce qu'il n'adorait pas Dieu d'après le système religieux que mes pères m'ont transmis ?

3. Demandez-vous encore : Est-ce que je m'oppose à lui, au moins d'une façon indirecte, pour l'une l'autre ou de ces raisons ? Est-ce que je ne regrette pas que Dieu honore et bénisse ainsi un homme qui a des vues si erronées ? Est-ce que je n'essaye pas de le décourager parce qu'il n'est pas de mon Église, en discutant avec lui sur ce sujet, en soulevant des objections, en lui faisant entrevoir toutes sortes d'éventualités propres à troubler son esprit ? Est-ce que je ne lui témoigne ni colère, mépris, ni malveillance d'aucune sorte, soit dans mes discours, soit dans ma conduite à son égard ? Est-ce que par derrière lui, je signale ses fautes, réelles ou imaginaires, ses défauts, ses infirmités ? Est-ce que je n'empêche pas les pécheurs d'aller l'entendre ? Sachez que vous faîtes l'une ou l'autre de ces choses-là, vous n'êtes qu'un bigot.

4. « O Dieu fort, sonde-moi et considère mon cœur éprouve-moi et considère mes discours ; et regarde s'il y a en moi aucun dessein de nuire à personne (aucun bigotisme), et conduis-moi par la voie du monde (Psaume 139.23, 24) ! » Afin de nous examiner à fond sur ce point, supposons le cas le plus extrême. Que ferais-je si je voyais un papiste, un arien, un socinien, qui chasse les démons ? Même en pareil cas, je ne pourrais pas m'y opposer sans me rendre coupable de bigotisme. Allons plus loin ! A supposer que je rencontrasse un juif, un déiste ou un musulman qui accomplit cette œuvre, je ne pourrais m'y opposer, directement ou indirectement, sans être un bigot, et rien de plus.

5. Oh ! évitez soigneusement ce mal. Mais ne vous contentez pas de ne point vous opposer à ceux qui chassent les démons. Aller jusque là, c'est bien ; mais il ne faut pas s'y arrêter ; si vous voulez échapper à tout bigotisme, il faut aller plus loin. Dans tous les cas de ce genre, quel que soit l'instrument dont Dieu se sert, reconnaissez la main de Dieu. Ne vous contentez pas de la reconnaître ; réjouissez-vous de cette œuvre, et louez le nom du Seigneur avec des actions de grâces. Encouragez celui que Dieu daigne employer ainsi, à se consacrer entièrement à sa tâche bénie. Parlez favorablement, de lui partout où vous irez ; faites-vous le défenseur de sa réputation et de sa mission. Travaillez à agrandir autant que vous le pourrez sa sphère d'activité ; té-

moignez-lui de la bienveillance de toutes les manières, par vos paroles, mais aussi par vos actes ; et ne cessez point de prier Dieu pour lui, de demander qu'il soit sauvé avec ceux qui l'écoutent.

6. Je n'ai plus qu'un seul avertissement à vous adresser. Ne croyez pas que le bigotisme d'autrui excuserait le vôtre. Il peut se faire que tel homme qui chasse des démons, s'opposera à ce que vous en fassiez autant. Remarquez que c'est précisément ainsi que les choses s'étaient passées dans le cas mentionné par notre texte : les apôtres s'opposèrent à ce qu'un autre fît ce qu'eux-mêmes faisaient. Gardez-vous d'agir par un esprit de représailles. Vous ne devez pas rendre le mal pour le mal. Parce qu'un autre ne suit pas les instructions données par le Seigneur, ce n'est pas une raison pour que vous vous en écartiez. Laissez-lui donc le monopole de l'étroitesse. S'il s'oppose à vous, ne vous opposez point à lui. Faites au contraire plus d'efforts, veillez et priez davantage, pour vous affermir dans l'amour à son égard. S'il dit de vous toute sorte de mal, dites de lui toute sorte de bien, pourvu que ce soit la vérité. Imitez en cela un grand homme (plût à Dieu qu'il eût toujours été animé du même esprit !) qui prononça cette parole admirable : « Que Luther m'appelle diable cent fois, s'il le veut ; je ne cesserai pas de le vénérer comme étant un messager de Dieu ! »

SERMON 39

L'esprit catholique

Jéhu, étant parti de là, rencontra Jonadab, fils de Récab, qui venait au-
devant de lui ; et il le salua, et lui dit : Ton cœur est-il aussi droit
envers moi, que mon cœur l'est à ton égard ? Et Jonadab répondit : Il
l'est. S'il l'est, dit Jéhu, donne-moi la main.
— 2 Rois 10.15 —
Version d'Ostervald révisée.

1. Nous devons aimer tous les hommes ; c'est une dette que ceux même qui ne l'acquittent pas reconnaissent ; car la loi royale : « Tu aimeras ton prochain comme toi-même, » porte avec elle son évidence ; non pas, toutefois, selon la misérable interprétation qu'en donnaient « aux anciens » leurs docteurs : « Tu aimeras ton prochain, » tes parents, tes connaissances, tes amis, et « tu haïras ton ennemi. » Non ! Mais « moi Je vous dis : Aimez vos ennemis », dit le Seigneur, « bénissez ceux qui vous maudissent, faites du bien à ceux qui vous haïssent, et priez pour ceux qui vous outragent et qui vous persécutent, afin que vous soyez enfants de votre Père qui est dans les cieux ; car il fait lever son soleil sur les méchants et sur les bons, et, il fait pleuvoir sur les justes et sur les injustes (Mt 5.43-45).

2. Mais il y a, sans contredit, une sorte d'amour que nous devons particulièrement à ceux qui aiment Dieu. Ainsi, David dit : « C'est dans les saints qui sont sur la terre que je prends tout mon plaisir (Ps 16.3). » Et un plus grand que David : « Je vous donne un commandement nouveau : c'est que vous vous aimiez les uns les autres, comme je vous ai aimés. À ceci tous connaîtront que vous êtes mes disciples, si vous avez de l'amour les uns pour les autres (Jn 13.34, 35). » C'est sur cet amour que l'apôtre saint Jean insiste fréquemment et avec tant de force.

« C'est ici ce que vous avez ouï annoncer dès le commencement, que nous nous aimions les uns les autres » (1 Jn 3.11) — « Nous avons connu la charité en ce que Jésus-Christ a mis sa vie pour nous ; nous devons donc, aussi, » si l'amour nous y appelle, « mettre notre vie pour nos frères (1 Jn 3.16). » — « Bien-aimés, aimons-nous les uns les autres ; car l'amour est de Dieu. Celui qui n'aime point n'a point connu Dieu ; car Dieu est amour » (1 Jn 4.7, 8)-« Non que nous avons aimé Dieu, mais c'est lui qui nous a aimés et qui a envoyé son Fils pour faire la propitiation de nos péchés. Bien-aimés, si Dieu nous a ainsi aimés, nous devons nous aimer les uns les autres (1 Jn 3.10, 11). »

3. Ici, tous les hommes approuvent, mais tous pratiquent-ils ? L'expérience de chaque jour montre le contraire. Où sont même les chrétiens qui « s'aiment les uns les autres, comme il nous l'a commandé ? » Que d'obstacles encombrent le chemin ! Il y en a deux principaux : d'abord, qu'ils ne peuvent tous avoir les mêmes vues ; puis, et conséquemment, qu'ils ne peuvent tous suivre la même voie ; et qu'en fait, sur certaines questions d'ordre secondaire, leur pratique diffère dans la proportion où diffèrent leurs opinions.

4. Mais, quoiqu'une différence dans les opinions ou dans les formes de culte puisse empêcher une complète union extérieure, faut-il cependant qu'elle empêche l'union des sentiments ? Si nous ne pouvons pas penser de la même façon, ne pouvons-nous pas nous aimer de la même façon ? Si nous ne pouvoirs avoir les mêmes vues, ne pouvons-nous avoir le même amour ? Oui, sans doute, nous le pouvons, et en ceci tous les enfants de Dieu peuvent s'unir, quelles que soient les différences de détail qui les séparent. Ils peuvent, sans renoncer à leurs divers points de vue, s'exciter les uns les autres à la charité et aux bonnes œuvres.

5. Sous ce rapport, tout équivoque qu'était le caractère de Jéhu, l'exemple qu'il nous donne mérite bien d'être considéré et imité par tout chrétien sérieux. « Étant parti de là, il rencontra Jonadab, fils de Récab, qui venait au-devant de lui ; et il le salua, et lui dit : Ton cœur est-il aussi droit envers moi, que mon cœur l'est à ton égard ? Et Jonadab répondit : Il l'est. — S'il l'est, dit Jéhu, donne-moi la main » (Version anglaise)

Le texte a deux parties ; d'abord, une question proposée par Jéhu à Jonadab : « Ton cœur est-il aussi droit envers moi, que mon cœur l'est à ton égard ? » puis, sur la réponse de Jonadab : « Il l'est, » l'offre de Jéhu : « S'il l'est, donne-moi la main. »

I

1. Considérons d'abord la question de Jéhu à Jonadab : « Ton cœur est-il aussi droit envers moi que mon cœur l'est à ton égard ? »

La première chose à observer dans ces paroles, c'est que Jéhu ne s'enquiert pas des opinions de Jonadab. Et pourtant il en avait de très extraordinaires et qui lui étaient particulières, qui avaient la plus stricte influence sur sa pratique et auxquelles il attachait tant de prix qu'il les légua à ses enfants et aux enfants de ses enfants, jusqu'à la postérité la plus reculée ; c'est ce que nous voyons par le récit que fait Jérémie, longtemps après : « Je pris Jaazanja et ses frères, et tous ses fils, et toute la maison des Récabites, et je mis devant eux. Des vases pleins de vin et des coupes, et je leur dis : Buvez du vin ; mais ils répondirent : Nous ne boirons point de vin ; car Jonadab, fils de Récab, notre père, nous a donné un commandement, disant : Vous ne boirez point de vin, ni vous, ni vos enfants, à jamais. Et vous ne bâtirez aucune maison, vous ne sèmerez aucune semence, vous ne planterez aucune vigne, et vous n'en aurez point ; mais vous habiterez sous des tentes, tous les jours de votre vie. Nous avons donc obéi à la voix de Jonadab, fils de Eécab, notre père, dans toutes les choses qu'il nous a commandées (Jr 35.3-10). »

2. Et pourtant Jéhu, quoique accoutumé à « marcher avec furie » (2 R 9.20), en religion sans doute comme pour tout le reste, ne s'inquiète nullement de tout cela. Il laissa Jonadab abonder dans son propre sens. El, il ne paraît pas qu'aucun des deux ait, le moins du monde, tracassé l'autre pour ses opinions.

3. Aujourd'hui encore, il est fort possible que beaucoup d'hommes de bien entretiennent des opinions particulières et qu'il y en ait qui se singularisent, en cela, autant que Jonadab. Il est bien certain que, tant que nous ne connaîtrons « qu'en partie », tous les hommes n'auront pas en tout les mêmes vues. La faiblesse et le peu d'étendue de notre intelligence, dans son état présent, amène comme conséquence inévitable que, là où sont plusieurs hommes, il existe aussi plusieurs opinions sur les choses religieuses, comme sur celles de la vie commune. Il en est ainsi depuis le commencement du monde, et il en sera ainsi jusqu'au « rétablissement de toutes choses. »

4. Il y a plus : quoique tout homme croie nécessairement que chacune de ses opinions est vraie, néanmoins nul ne peut être assuré que tout l'ensemble de ses opinions soit vrai. Tout homme qui pense est bien plutôt assuré du contraire, puisque notre lot, il le sait, est « d'errer et d'ignorer *(« Errare et nescire humanun est. »).* » Il sent bien qu'il ne saurait faire exception à la règle. Il sait donc, d'une manière générale, qu'il a des erreurs, quoiqu'il ne sache, ni ne puisse peut-être savoir, sur quoi elles portent.

5. Je dis que peut-être il ne peut le savoir ; car qui dira jusqu'où peut aller l'ignorance invincible ou, ce qui revient au même, le préjugé insurmontable, qui souvent s'implante si avant dans l'esprit dés le jeune âge, que plus tard il est impossible d'arracher ce qui a jeté de si profondes racines ? Qui dira, à moins d'en connaître l'origine et les circonstances, jusqu'à quel point une erreur est coupable ? Puisque la culpabilité suppose nécessairement un concours de la volonté, dont celui qui sonde les cœurs est seul juge.

6. Tout homme sage accordera donc aux autres la même liberté de pensée qu'il désire pour lui-même, sans plus insister pour qu'ils embrassent ses opinions qu'il ne voudrait qu'ils insistassent pour qu'il embrassât les leurs. Il supporte ceux qui diffèrent de lui, et à celui à qui il désire s'associer dans l'amour, il ne fait que cette seule question : « Ton cœur est-il aussi droit envers moi que mon cœur l'est à ton égard ? »

7. La seconde chose à observer, c'est que Jéhu ne s'enquiert pas des formes du culte préféré par Jonadab, quoiqu'ils différassent sans doute beaucoup l'un de l'autre, aussi sous ce rapport. Car nous avons tout lieu de croire que Jonadab, comme tous ses descendants, servait Dieu à Jérusalem, ce que ne faisait point Jéhu, qui avait plus à cœur la politique que la religion. Bien qu'ayant fait mourir les adorateurs de Baal et extirpé Baal du milieu d'Israël, il ne se détourna point du péché de Jéroboam qui, par intérêt politique, avait érigé le culte des veaux d'or (2 R 10.29). Mais, même parmi les hommes droits de cœur, parmi ceux qui désirent avoir « une conscience sans reproche, » il y aura diverses formes de culte, tant qu'il y aura des diversités d'opinion ; car la diversité d'opinion implique nécessairement des pratiques diverses. Et comme, dans tous les temps, c'est surtout quant aux idées qu'ils se sont faites de l'Être suprême, que les hommes ont le plus différé les uns des autres, aussi ne se sont-ils séparés en rien plus que dans la manière de l'adorer. S'il n'en avait été ainsi que dans le monde païen, il n'y aurait pas lieu de s'en étonner ; car puisqu'ils n'avaient pas trouvé la connaissance de Dieu par leur sagesse, ils ne pouvaient non plus savoir comment lui rendre un culte. Mais n'est-il pas surprenant que, parmi les chrétiens eux-mêmes, bien qu'ils reconnaissent tous que « Dieu est esprit, et qu'il faut que ceux qui l'adorent, l'adorent en esprit et en vérité (Jn 4.24), » les formes d'adoration soient pourtant presque aussi diverses que parmi les païens ?

9. Et comment choisir parmi tant de variétés ? Nul ne peut choisir pour son frère, ni rien prescrire à son frère. Mais chacun doit, en simplicité et dans une pieuse sincérité, suivre ce que lui dicte sa propre conscience. Que chacun soit persuadé dans son esprit, et qu'ensuite il agisse suivant ses lumières. Il n'est pas davantage au pouvoir d'une créature d'en contraindre une autre à suivre la règle qu'elle s'est faite pour elle-même. Dieu n'a donné à aucun fils d'homme le droit de dominer ainsi sur la conscience d'autrui ; mais de même que chacun est responsable envers Dieu pour lui-même, chacun doit aussi décider pour lui-même.

10. Ainsi, bien que tout disciple de Christ soit obligé, par la nature même des institutions chrétiennes, d'être membre de telle ou telle congrégation ou Église particulière — ce qui implique une forme particulière de culte, car pour que « deux marchent ensemble, il faut qu'ils s'accordent » (Am 3.3), néanmoins — il n'y a sur la terre d'autre pouvoir que sa conscience qui puisse l'obliger à préférer telle ou telle congrégation, telle ou telle forme de culte. Je sais qu'en général on suppose que le lieu de notre naissance fixe l'Église à laquelle nous devons appartenir, que l'individu né en Angleterre, par exemple, doit être membre de ce qu'on appelle l'Église d'Angleterre, et par conséquent servir Dieu suivant les prescriptions particulières de cette Église. Autrefois je défendais moi-même avec ardeur cette opinion ; mais, pour diverses raisons, j'ai dû rabattre de mon zèle à cet égard. Cette opinion en effet prête à de sérieuses objections qui doivent faire réfléchir tout homme raisonnable : celle-ci, entre autres, qui n'est pas l'une des moindres, que la Réformation n'eût pas été possible, si l'on s'en fût tenu à cette règle. La Réformation, en effet, a eu pour premier principe le droit de libre examen pour tous.

11. Je ne présume donc point d'imposer ma forme de culte à qui que ce soit. Je la crois vraiment primitive et apostolique ; mais ma conviction ne fait pas règle pour les autres. Je ne demande donc pas à celui à qui je veux m'unir dans l'amour : Etes-vous de mon Église ou de ma congrégation ? Admettez-vous le même gouvernement ecclésiastique, les mêmes ministères ? Suivez-vous la même liturgie ? Je ne demande pas : Recevez-vous la Cène du Seigneur, dans la même posture et avec les mêmes rites que moi ? quant au baptême, vous accordez-vous avec moi quant aux garanties à établir pour ceux qu'on baptise, quant à la manière de l'administrer, quant à l'âge de ceux à qui on l'administre ? Je ne demande pas même (quelque assuré que je sois moi-même à cet égard) si vous êtes partisan ou non du baptême et de la sainte Cène. Laissons tout cela pour le moment ; nous en parlerons, s'il le faut, dans un temps plus favorable ; je ne vous adresse, à cette heure, que cette seule question : « Ton cœur est-il aussi droit envers moi que mon cœur l'est à ton égard ? »

12. Mais quel est proprement le sens de cette question ? Je ne veux pas dire : comment l'entendait Jéhu ? Mais dans quel sens devrait l'entendre un disciple de Christ, s'il l'adressait à l'un de ses frères ?

Cela voudrait dire, d'abord : Ton cœur est-il droit à l'égard de Dieu ? Crois-tu en son existence, en ses perfections : son éternité, son immensité, sa sagesse, sa puissance, sa justice, sa miséricorde ; sa vérité ? Crois-tu qu'il soutient maintenant toutes choses par sa parole puissante ? et qu'il les gouverne toutes, et même les plus insignifiantes ou les plus nuisibles, de manière à les faire servir à sa gloire et au bien de ceux qui l'aiment ? As-tu une certitude divine, une conviction surnaturelle des choses de Dieu ? Marches-tu par la foi et non par la vue, regardant, non aux temporelles, mais aux choses éternelles ?

13. Crois-tu au Seigneur Jésus-Christ, « Dieu au-dessus de toutes choses béni éternellement ? » S'est-il révélé à ton âme ? Connais-tu Jésus-Christ et Jésus-Christ crucifié ? Demeures-tu en lui et lui en toi ? Christ est-il formé en ton cœur par la foi ? Répudiant, entièrement tes propres œuvres, ta propre justice, t'es-tu « soumis à la justice de Dieu » qui est par la foi en Jésus-Christ ? Es-tu « trouvé en lui, ayant non ta propre justice, mais la justice qui est par la foi ? » Et, par lui, « combats-tu le bon combat de la foi, saisissant, la vie éternelle ? »

14. Ta foi est-elle « agissante par la charité » (Ga 5.6) ? Aimes-tu Dieu, (je ne dis pas « par-dessus tout », expression qui a le double défaut de ne pas être dans la Bible et d'être ambiguë), mais de tout ton cœur, de toute ta pensée, de toute ton âme et de toute ta force ? » Cherches-tu en lui seul tout ton bonheur et l'y trouves-tu ? Ton âme « magnifie-t-elle le Seigneur, et, ton esprit se réjouit-il en Dieu ton Sauveur ? » Ayant appris à « rendre grâces en toutes choses, » sens-tu que la reconnaissance est une chose bonne et agréable ? Dieu est-il le centre d'attraction de ton âme, le résumé de tous tes désirs ? Et mets-tu ton trésor dans les cieux, ne regardant tout le reste que comme du fumier et des balayures ? L'amour de Dieu a-t-il chassé de ton âme l'amour du monde ? Tu es alors crucifié au monde, tu es mort aux choses d'ici-bas ; et ta vie est cachée avec Christ en Dieu. »

15. T'appliques-tu à faire « non ta volonté, mais la volonté de celui qui t'a envoyé ? » de celui qui t'envoya ici bas pour un court séjour, pour passer quelques moments dans une terre étrangère, jusqu'à ce qu'ayant fini l'œuvre qu'il t'a donnée à faire, tu retournes chez ton Père céleste ? Ta nourriture est-elle de faire la volonté de ton Père qui est dans les cieux ? Ton œil est-il simple en toutes choses, toujours fixé sur lui ? toujours regardant à Jésus ? Est-ce à lui que tu vises dans tout ce que tu fais ? dans tes travaux, tes affaires, ta conversation ? ne cherchant, en toutes choses, que la gloire de Dieu, et quoi que tu fasses, « soit par paroles, soit par œuvres, faisant tout au nom du Seigneur Jésus, rendant grâces par Lui à notre Dieu et Père. »

16. L'amour de Dieu te presse-t-il de le servir avec crainte ? de te « réjouir » en lui « avec tremblement ? », crains-tu plus de lui déplaire que tu ne crains la mort ou l'enfer ? Ne vois-tu rien de si affreux que d'offenser son regard glorieux ? Et as-tu « en haine toute voie mauvaise, » toute transgression de sa loi sainte et parfaite, t'exerçant à avoir « une conscience sans reproche, pure devant Dieu et devant les hommes ? »

17. Ton cœur est-il droit à l'égard de ton prochain ? Aimes-tu, sans exception, tous les hommes comme toi-même ? « Si vous n'aimez que ceux qui vous aiment, quel gré vous en saura-t-on ? » Aimez-vous vos ennemis ? Votre âme est-elle pour eux pleine de bonne volonté et d'une affection cordiale ? Aimez-vous les ennemis de Dieu, les méchants et les ingrats ? Vos entrailles sont-elles émues pour eux ? Voudriez-vous être, dans le sens temporel, « anathème » pour eux ? Et le prouvez-vous en « bénissant ceux qui vous maudissent et en priant pour ceux qui vous outragent et qui vous persécutent ? »

18. Montrez-vous votre amour par vos œuvres ? Selon le temps et l'occasion, faites-vous réellement du bien à tous les hommes connus et inconnus, amis ou ennemis, bons ou méchant ? Leur faites-vous tout le bien que vous pouvez, vous efforçant, autant qu'il est en vous, de fournir à tous leurs besoins pour le corps et pour l'âme ? Si tel est ton état d'âme, peut dire le chrétien, ah si seulement tu désires sincèrement que ce soit ton état d'âme, et si tu fais tes efforts pour y parvenir, alors ton cœur est aussi droit envers moi que le mien l'est à ton égard ! »

II

1. « S'il en est ainsi, donne-moi la main. » Je ne dis pas : « Sois de mon opinion. » Ce n'est point, nécessaire ; je ne le demande ni ne l'attends. Je ne dis pas davantage que je veuille être de

votre opinion. Je ne le puis, ce n'est pas à mon choix ; je ne suis pas plus libre de penser que de voir ou d'entendre à ma volonté. Gardons chacun notre opinion et cela aussi décidément que jamais. Ne vous efforcez même ni de venir à moi ni de m'amener à vous. Je ne vous demande ni de disputer sur ces points, ni même d'en parler. Que les opinions restent, de part et d'autre, ce qu'elles sont. Seulement « donne-moi la main. »

2. Je ne dis pas : « Embrasse mon culte, » ni « J'embrasserai le tien. » C'est encore une chose qui ne dépend ni de votre choix ni du mien. Chacun de nous doit agir comme il est pleinement persuadé dans son esprit. Estimez que ce que vous croyez est le plus agréable à Dieu ; je ferai de même. Je tiens la forme épiscopale pour scripturaire et apostolique. Si vous pensez que la presbytérienne ou l'indépendante vaut mieux, gardez votre pensée et agissez en conséquence. Je crois qu'il faut baptiser les enfants, et que ce baptême peut se faire soit par immersion soit par aspersion. Si vous pensez autrement, gardez votre pensée et suivez votre persuasion. Les prières liturgiques me paraissent d'un excellent usage, surtout dans « la grande assemblée. » Si vous croyez les prières improvisées plus utiles, agissez selon votre propre jugement. Mon sentiment est que je ne puis refuser l'eau du baptême et que je dois manger le pain et boire le vin, en mémoire de mon Maître mourant ; mais cependant, si ma conviction n'est pas la vôtre, agissez suivant vos lumières. Je ne veux disputer avec vous sur aucun de ces points ; laissons ces choses secondaires et qu'il n'en soit jamais question. « Si ton cœur est comme mon cœur », si tu aimes Dieu et tous les hommes, je ne demande rien de plus : « donne-moi la main. »

3. « Donne-moi la main », c'est-à-dire, d'abord aime-moi, mais non pas seulement comme tu aimes tous les hommes ; comme tu aimes tes ennemis, ou les ennemis de Dieu, ceux qui te haïssent, qui t'outragent et qui te persécutent, comme tu aimes celui qui t'est étranger et que tu ne connais ni en bien ni en mal ; non, cela ne me suffit point ; « si ton cœur est aussi droit envers moi que mon cœur l'est à ton égard, » aime-moi d'une affection tendre et cordiale, comme un ami plus attaché qu'un frère, comme un frère en Christ, comme un concitoyen de la nouvelle Jérusalem ; comme un compagnon d'armes, engagé dans la même guerre et sous le même capitaine de notre salut. Aime-moi comme compagnon dans le royaume et la patience de Jésus, et comme cohéritier de sa gloire.

4. Aime-moi (mais à un plus haut degré que tu ne le fais pour le commun des hommes) de cette charité qui est patiente et pleine de bonté, qui, si je suis ignorant ou si je m'égare, m'aide à porter mon fardeau, bien loin de l'aggraver ; de cette charité qui ne sera point envieuse, si jamais il plaît à Dieu de bénir mes travaux plus que les tiens ; qui ne s'aigrit point, si j'ai des folies ou des infirmités, ou même s'il te semble quelquefois que je n'agis pas selon la volonté de Dieu. Aime-moi de cette charité qui ne soupçonne point le mal, pour n'avoir jamais à mon égard de mauvais soupçons ; de cette charité qui excuse tout, pour ne jamais révéler mes fautes ou mes infirmités ; qui croit tout, pour prendre toujours en bien mes paroles et mes actions ; qui espère tout, pour espérer, si l'on me reproche quoi que ce soit de mal, que je n'ai rien fait de semblable, ou que les circonstances étaient autres qu'on ne les rapporte, ou que c'était dans une intention pure, ou, enfin, sous le coup soudain de la tentation ; pour espérer toujours, que tout ce qui est défectueux sera redressé par la grâce de Dieu, et qu'il suppléera à tout ce qui manque par les richesses de sa grâce en Jésus-Christ.

5. « Donne-moi la main, » c'est-à-dire, en second lieu, recommande-moi à Dieu dans toutes tes prières ; lutte avec lui en ma faveur, afin qu'il veuille promptement redresser ce qui est mal et suppléer à ce qui me manque. Quand ton accès au trône de la grâce est le plus intime, demande à celui qui est alors tout près de toi que mon cœur devienne plus semblable à ton cœur, plus droit envers Dieu et envers les hommes ; que j'aie une conviction plus entière des choses qu'on ne voit point, et une vue plus distincte de l'amour de Dieu en Jésus-Christ ; que je sois plus ferme à marcher par la foi, et, non par la vue, et plus ardent à saisir la vie éternelle ; demande que l'amour de Dieu et des hommes soit répandu plus abondamment dans mon cœur, que je sois plus fervent et plus actif à faire la volonté de mon Père céleste, plus zélé pour les bonnes œuvres et plus attentif à m'abstenir de toute apparence de mal.

6. « Donne-moi la main, » c'est-à-dire, en troisième lieu, encourage moi à la charité et aux bonnes œuvres. Après avoir prié pour moi, dis-moi, avec amour, selon l'occasion, tout ce que tu

crois salutaire à mon âme. Aiguillonne-moi à faire l'œuvre que Dieu m'a donnée à faire, et enseigne-moi à la mieux faire. « Frappe-moi » et je reprends, lorsqu'en quoi que ce soit je te parais faire ma volonté, plutôt que celle de celui qui m'a envoyé. Oh ! ne crains pas de me dire tout ce qui, dans ton opinion, peut servir soit à corriger mes fautes, soit à fortifier ma faiblesse, soit à m'édifier dans l'amour, ou à me rendre plus propre, en quoi que ce soit, au service de mon Maître.

7. « Donne-moi la main, » c'est-à-dire, enfin, aime-moi, non en paroles seulement, mais en effet et en vérité. Joins-toi à moi, autant que tu le peux en conscience (retenant tes vues particulières et ton culte), et donnons-nous la main pour l'œuvre de Dieu. Tu peux aller jusque-là. Parle honorablement, en tous lieux, de l'œuvre de Dieu, quel qu'en soit l'instrument ; parle avec amour de ses messagers. Et, lorsqu'ils sont dans les difficultés et dans les détresses, ne te contente pas de sympathiser avec eux, mais donne-leur, selon ton pouvoir, une assistance joyeuse et efficace, afin qu'ils puissent glorifier Dieu à ton sujet.

8. Et ici, qu'on se rappelle deux choses : la première, que tout cet amour, toutes ces marques d'amour que je réclame de celui dont le cœur est droit comme mon cœur, je suis prêt, par la grâce de Dieu selon ma propre mesure, à les lui rendre ; la seconde, que je ne réclame point, cela pour moi seul, mais que je le demande en faveur de quiconque est, droit de cœur envers Dieu et envers les hommes, afin que nous nous aimions les uns les autres comme Christ nous a aimés.

III

1. Tirons maintenant une conséquence de ce que nous avons dit, et apprenons de là ce qu'est le véritable esprit catholique.

Peu d'expressions ont été plus sujettes à des malentendus grossiers ou à des applications fausses et dangereuses ; mais il sera facile, à quiconque pèsera avec calme les observations précédentes, de corriger tous ces malentendus et de prévenir toutes ces fausses applications.

Car nous pouvons déjà conclure de ce qui précède, que l'esprit catholique n'est pas un latitudinarisme spéculatif. Ce n'est point l'indifférence pour toutes les opinions ; une telle indifférence est vomie par l'enfer, bien loin d'être un fruit venu du ciel. Cette instabilité d'esprit, cette facilité d'être « emporté çà et là par le vent de toutes sortes de doctrines, » n'est point un bien ; c'est une malédiction ; ce n'est point l'ami, c'est l'ennemi irréconciliable de l'esprit « catholique ». L'homme d'un esprit vraiment catholique n'a plus à chercher sa religion. Les grandes vérités du christianisme lui sont aussi claires que le soleil. Il est, sans doute, toujours prêt à entendre et à peser tout ce qu'on peut opposer à ses principes ; mais cela n'indique ni ne produit aucune vacillation dans son esprit. Il n'hésite pas entre deux opinions contraires ; il ne tente pas davantage le vain travail de les mettre d'accord. Pesez bien ceci, vous qui ne savez de quel esprit vous êtes ; qui ne vous réclamez de l'esprit « catholique » que parce que vous avez l'intelligence bourbeuse et l'esprit dans les brouillards ; parce que, manquant de vues consistantes et fixes, vous ne savez que brouiller ensemble toutes les opinions. Croyez-moi, vous avez fait fausse route. Vous ne savez où vous en êtes. Vous vous croyez parvenus à l'esprit même de Christ, tandis que vous vous êtes, en réalité, rapprochés de l'esprit de l'Antéchrist. Allez et apprenez d'abord les premiers éléments de l'Évangile ; et puis vous apprendrez à avoir véritablement l'esprit catholique.

2. Nous pouvons encore conclure de ce qui précède, que l'esprit catholique n'est pas davantage un latitudinarisme pratique. Ce n'est point l'indifférence pour le culte public, ni pour les formes. Cette indifférence aussi serait une malédiction. Bien loin de favoriser le culte en esprit et en vérité, elle y opposerait les plus grands obstacles. Mais l'homme à l'esprit vraiment catholique, ayant tout pesé dans la balance du sanctuaire, n'a ni doute, ni scrupule quant au culte auquel il se joint. Il ne doute pas qu'il ne soit rationnel et scripturaire. Il n'en connaît pas au monde de plus rationnel ni de plus scripturaire. Il s'y tient donc ; sans courir çà et là, et loue Dieu de pouvoir y prendre part.

3. Concluons, en troisième lieu, de ce qui précède, que l'esprit catholique n'est pas l'indifférence ecclésiastique ; autre sorte de latitudinarisme, qui n'est pas moins que l'autre absurde et antiscripturaire. Mais l'homme d'un esprit vraiment catholique en est bien éloigné. Autant il est fixé pour ses principes, autant il l'est, pour le choix d'une Église particulière. Il en a

choisi une, à laquelle il est fixé pour ses principes autant qu'il l'est pour le choix d'une Église particulière. Il en a choisi une, à laquelle il est uni non seulement en esprit, mais par tous les liens extérieurs de la communion chrétienne. C'est là qu'il participe à toutes les institutions de Dieu ; c'est là qu'il reçoit la Cène du Sauveur ; c'est là que son âme s'unit aux prières publiques, et qu'il se répand avec ses frères en louanges et en actions de grâces ; c'est là qu'il entend avec joie la parole de la réconciliation, l'Évangile de la grâce de Dieu. Avec ses frères plus rapprochés et particulièrement aimés, il cherche Dieu par le jeûne, dans des occasions solennelles. Il veille sur eux, comme ils veillent sur lui, dans l'amour ; s'avertissant, s'exhortant, se reprenant et se consolant les uns les autres, pour s'édifier en toutes manières sur leur très sainte foi.

Il les regarde comme étant de sa maison et de sa famille, et, par conséquent, il prend un soin tout particulier, autant que Dieu l'en rend capable, pour qu'ils aient tout ce qui est nécessaire pour la vie et pour la piété.

4. Mais s'il est décidé dans ses principes religieux, dans ce qu'il croit être la vérité selon Jésus, s'il est, fermement attaché au culte qu'il regarde comme le plus agréable à Dieu, et uni à une Église par les plus tendres et les plus étroits liens, son cœur n'en est pas moins élargi pour tous les hommes, connus et inconnus, amis et ennemis ; il les embrasse tous dans une vive et cordiale affection. Tel est l'amour catholique ou universel. Celui qui aime ainsi a l'esprit catholique ; car l'amour seul donne droit à ce titre. L'esprit catholique, c'est l'amour catholique.

5. Si donc nous prenons cette expression dans son sens le plus précis, l'homme d'un esprit catholique est celui qui, de la manière indiquée, donne la main à tous ceux, dont le cœur est droit envers lui ; c'est celui qui sait bien apprécier tous les avantages qu'il doit à Dieu, soit quant à la connaissance des choses de Dieu, soit quant à la forme scripturaire du culte, soit enfin quant à son union avec une Église craignant Dieu et pratiquant la justice ; c'est celui qui, retenant avec le plus grand soin ces bénédictions, les gardant comme la prunelle de son œil, en même temps aime comme amis, comme frères du Seigneur, comme membres de Christ et comme enfants de Dieu, comme coparticipants du royaume, actuel de Dieu et cohéritiers de son royaume éternel tous ceux qui, de quelque opinion, culte ou congrégation qu'ils soient, croient au Seigneur Jésus-Christ ; tous ceux qui aiment Dieu et les hommes ; qui, mettant leur joie à plaire à Dieu et craignant de l'offenser, s'abstiennent avec soin du mal et sont zélés pour les bonnes œuvres, L'homme d'un esprit vraiment catholique les porte continuellement dans son cœur : ayant une tendresse inexprimable pour leurs personnes et désirant vivement leur bien, il ne cesse de les recommander à Dieu dans ses prières, ni de plaider leur cause devant les hommes. Il leur parle selon leur cœur, et travaille ainsi continuellement à fortifier leurs mains en Dieu. Il les aide, au spirituel et au temporel, autant qu'il le peut. Il est prêt à dépenser son argent et à se dépenser lui-même pour eux ; il est prêt, au besoin, à donner sa vie pour eux.

6. Toi donc, ô homme de Dieu, pense à ces choses ! Si tu marches déjà dans ce chemin, persé-vères-y. Si tu l'as manqué jusqu'ici, bénis Dieu qui t'y ramène. Et désormais poursuis la course qui t'est proposée, dans la voie royale de l'universel amour ! Prends garde de n'être ni flottant dans ton propre jugement, ni étroit dans ton cœur ; mais marche d'un pas égal, étant enraciné dans la doctrine une fois donnée aux saints, et fondé dans l'amour, dans l'amour vraiment catho-lique, jusqu'à ce que tu sois consommé dans l'amour aux siècles des siècles !

SERMON 40

La perfection chrétienne

*Non que j'aie déjà atteint le but, ou que je sois déjà parvenu à la
perfection.*
—Philippiens 3.12—

1. Il n'y a peut-être pas dans l'Écriture sainte un mot qui ait causé plus de scandale que le mot perfection. Bien des personnes ne peuvent pas même souffrir de l'entendre prononcer ; il leur est en abomination, et quiconque prêche la perfection, ou, en d'autres termes, enseigne qu'elle est réalisable dans ce monde, court grand risque d'être, à leurs yeux, mis au-dessous d'un païen ou d'un péager.

2. Aussi plusieurs nous ont-ils conseillé de mettre complètement de côté ces expressions, parce que, disent-ils, « elles ont causé tant de scandale. » Mais ne se trouvent-elles pas dans les oracles de Dieu ? Et s'il en est ainsi, de quel droit un messager de Dieu les mettrait-il de côté, alors même que tous les hommes en seraient scandalisés ? Ce n'est pas de cette manière que nous avons appris Christ, et il ne faut pas que nous donnions ainsi lieu au diable. Tout ce que Dieu a dit, nous le dirons, « soit que les hommes écoutent, soit qu'ils n'en fassent rien (Ez 2.5) ; » sachant qu'un ministre de Christ ne peut être « net du sang de tous les hommes, » que lorsqu'il n'a pas craint de leur « annoncer tout le dessein de Dieu (Ac 20.26, 27). »

3. Nous ne pouvons donc pas mettre de côté ces expressions, puisqu'elles sont les paroles de Dieu et non celles de l'homme. Mais ce que nous pouvons et devons faire, c'est d'en expliquer le sens ; afin que ceux qui sont sincères de cœur ne s'écartent ni à droite ni à gauche du but et du prix de la vocation céleste. Cela est d'autant plus nécessaire que, dans notre texte, l'apôtre parle de lui-même comme n'étant pas parfait : « Non, dit-il, que je sois déjà parvenu à la perfection ; » et néanmoins, immédiatement après, au verset 15, il parle de lui-même, et de beaucoup d'autres, comme s'ils étaient parfaits : « Nous tous donc, dit-il, qui sommes parfaits, ayons ce même sentiment. »

4. En vue donc de lever la difficulté qui résulte pour nous de cette contradiction apparente, ainsi que pour éclairer ceux qui tendent vers le but et pour retenir sur le bon chemin ceux qui seraient en train de s'en écarter ; je m'efforcerai de montrer : Dans quel sens les chrétiens ne sont pas parfaits : et dans quel sens ils sont parfaits.

I

1. En premier lieu, je vais essayer de montrer dans quel sens les chrétiens ne sont pas parfaits.

Il est évident, d'abord, d'après le témoignage de l'expérience et de l'Écriture sainte, que les chrétiens ne sont pas parfaits en connaissance ; ils ne sont pas exempts d'ignorance. Ils peuvent, de même que d'autres hommes, connaître bien des choses relatives à la vie présente, et ils connaissent, relativement à la vie à venir, les vérités générales que Dieu a révélées. Ils savent également (ce que l'homme naturel ne comprend pas, puisque c'est spirituellement qu'on juge de ces choses) « quel amour le Père a eu pour eux, qu'ils soient appelés enfants de Dieu (1 Jn 3.1). » Ils connaissent l'action puissante de son Esprit dans leurs cœurs, et la sagesse de sa Providence, dirigeant tous leurs pas et faisant concourir toutes choses à leur bien. Ils savent même ce que, dans chaque circonstance de la vie, le Seigneur demande d'eux, et comment ils peuvent avoir une conscience sans reproche devant Dieu et devant les hommes.

2. D'autre part, elles sont innombrables les choses qu'ils ne connaissent pas. En ce qui concerne le Tout-Puissant Lui-même, ils ne peuvent Le connaître que très imparfaitement. « Voici,

nous ne connaissons que les bords de ses voies ; et qui pourra comprendre le grand éclat de sa puissance ? » (Jb 26.14) Ils ne peuvent comprendre un seul des attributs ni un seul des éléments de la nature divine ; encore moins peuvent-ils comprendre comment « il y en a trois qui rendent témoignage dans le ciel : le Père, la Parole et le Saint Esprit, » et comment « ces trois là sont un (1 Jn 5.7) ; » ni comment le Fils éternel de Dieu « a pris la forme d'un serviteur (Ph 2.7). » Il ne leur est pas non plus donné de connaître les temps et les moments où Dieu accomplira ses desseins suprêmes sur la terre, pas même ceux qu'il a en partie révélés, par le moyen de ses serviteurs et de ses prophètes, depuis le commencement du monde. Bien moins encore savent-ils quand Dieu, ayant « accompli le nombre de ses élus (Ap 6.11), » établira son royaume ; quand « les cieux passeront avec le bruit d'une effroyable tempête, et les éléments embrasés seront dissous ! » (2 P 3.10)

3. Ils ne savent pas même quels sont les motifs d'un grand nombre des dispensations actuelles de Dieu envers les fils des hommes ; mais ils doivent se contenter de savoir que, si « les nuages et l'obscurité l'environnent, la justice et le jugement sont la base de son trône (Ps 97.2). » Et souvent, à l'égard des voies de sa Providence dans leur propre vie, le Seigneur leur dit : « Tu ne sais pas maintenant ce que je fais, mais tu le sauras dans la suite (Jn 13.7). » Il n'est pas jusqu'aux objets qui sont continuellement devant leurs yeux, et qui sont les œuvres visibles de ses mains, qui ne renferment pour eux des secrets impénétrables. Ils ignorent « comment il étend le septentrion sur le vide, et suspend la terre sur le néant (Jb 26.7) ; » comment il unit toutes les parties de ce vaste mécanisme par une chaîne secrète qui ne peut être rompue ; tant est grande l'ignorance et borné le savoir, même des meilleurs d'entre les hommes. Nul donc, dans la vie présente, n'est parfait au point d'être exempt d'ignorance.

4. En second lieu, nul ici-bas n'est exempt d'erreur. C'est là une conséquence presque inévitable de ce qui précède ; car ceux qui ne connaissent qu'en partie sont continuellement sujets à se tromper sur les choses qu'ils ignorent. Les enfants de Dieu ne se trompent sans doute pas dans les choses essentielles au salut : ils ne font pas « les ténèbres lumière, ni la lumière ténèbres (És 5.20) ; » ils ne cherchent pas la mort dans l'égarement de leur vie, car ils sont « enseignés de Dieu (Jn 6.45), » et le chemin où il les conduit, le chemin de la sainteté, est si bien tracé que « ceux qui le suivent, même les insensés, ne s'y fourvoieront pas (És 35.8). » Mais, dans les choses non essentielles au salut, ils se trompent, et même fréquemment. Les meilleurs et les plus sages d'entre les hommes sont souvent induits en erreur, même en ce qui concerne les faits, se figurant que telle chose n'a pas eu lieu lorsqu'elle a réellement eu lieu, ou que telle chose s'est faite lorsqu'il n'en a pas été ainsi. Ou bien, à supposer qu'ils ne se trompent pas quant au fait lui-même, ils peuvent se tromper quant aux circonstances dans lesquelles il s'est produit : croyant que ces circonstances, ou plusieurs d'entre elles, ont été tout autres qu'elles n'ont été en réalité. De là peuvent naître beaucoup d'autres méprises : ils peuvent prendre pour de bonnes actions celles qui sont mauvaises, et pour mauvaises celles qui sont bonnes. C'est ainsi également qu'ils peuvent être conduits à des appréciations erronées sur la valeur morale des hommes, non seulement en supposant que certains hommes de bien sont meilleurs qu'ils ne le sont, ou que certains méchants sont pires qu'ils ne le sont réellement, mais même en prenant des gens très méchants pour des gens de bien, ou peut-être en prenant pour des méchants ceux qui ont été ou qui sont saints et irrépréhensibles.

5. Il y a plus : à l'égard des saintes Écritures elles-mêmes, malgré tous leurs efforts pour l'éviter, les hommes les plus pieux sont sujets à se tromper, et se trompent journellement, surtout en ce qui concerne ces portions de l'Écriture qui ne se rapportent pas directement à la vie pratique. C'est ce qui fait que même les enfants de Dieu ne sont pas d'accord sur la signification de beaucoup de passages ; et cette différence d'opinion n'est pas la preuve qu'ils ne soient pas enfants de Dieu aussi bien les uns que les autres ; c'est une preuve seulement que nous ne pouvons pas plus attendre d'aucun être vivant qu'il soit infaillible, que nous ne pouvons attendre de lui qu'il ait la toute science.

6. Si l'on objecte à ce que nous venons de dire que saint Jean, parlant de ses frères dans la foi, dit : « Vous avez reçu l'onction de la part du Saint, et vous connaissez toutes choses (1 Jn 2.20), » la réponse est facile. C'est comme s'il avait dit : « Vous connaissez toutes les choses qui sont nécessaires à la santé de vos âmes. » Ce qui prouve que l'apôtre n'a pas voulu parler dans un sens

absolu, c'est que d'abord, s'il en était ainsi, il mettrait le disciple au-dessus du Maître, puisque Christ lui-même, comme homme, ne connaissait pas toutes choses. « Pour ce qui est du jour et de l'heure, est-il dit, personne ne le sait, pas même le Fils, mais seulement le Père (Mc 13.32). » Et ensuite, comment aurait-il dit dans le même chapitre : « Je vous ai écrit ces choses au sujet de ceux qui vous séduisent (Mc 13.26) ; » et pourquoi aurait-il répété si souvent cet avertissement : « Que personne ne vous séduise, » si ceux auxquels il s'adressait, et qui avaient reçu l'onction de la part du Saint, n'avaient pas été sujets à l'ignorance et à l'erreur ?

7. Ainsi donc, même les chrétiens ne sont pas parfaits au point d'être exempts d'ignorance et d'erreur. Nous ajoutons, en troisième lieu, qu'ils ne sont pas exempts d'infirmités. Toutefois, entendons-nous sur le sens de ce mot, et n'allons pas l'appliquer à des péchés manifestes, comme le font quelques-uns. Tel homme nous dit : « Chacun a son infirmité ; la mienne, c'est l'intempérance ; » pour un autre, c'est l'impureté. Celui-ci a pour infirmité de prendre le nom de Dieu en vain ; celui-là l'habitude de dire à son frère : « Fou », ou de rendre injure pour injure. Sachez, vous tous qui parlez ainsi, que, si vous ne vous repentez pas, vous irez droit en enfer avec vos infirmités ! J'entends par ce mot, non seulement les infirmités physiques proprement dites, mais toutes ces imperfections intérieures et extérieures qui n'entachent pas le caractère moral. Telles sont la faiblesse ou la lenteur d'intelligence, une conception difficile et confuse des choses, l'incohérence de la pensée, la lourdeur d'esprit, une mauvaise mémoire. Telles sont, d'autre part, les imperfections qui sont ordinairement, dans une certaine mesure, la conséquence des premières, savoir : la lenteur de la parole, l'incorrection du langage, une prononciation désagréable ; à quoi on pourrait ajouter mille autres défauts dans la conversation ou dans la manière d'être, qu'il n'est pas besoin de nommer. Ce sont là des infirmités qu'on rencontre chez les meilleurs d'entre les hommes ; dans des proportions plus ou moins grandes. Et nul ne peut espérer d'en être entièrement délivré jusqu'à ce que l'esprit retourne à Dieu qui l'a donné.

8. Nous ne pouvons pas non plus jusqu'alors nous attendre à être entièrement exempts de tentations. Une telle perfection n'appartient pas à la vie présente. Il en est, il est vrai, qui sont tellement adonnés à « commettre toute espèce d'impureté avec une ardeur insatiable (Ep 4.19), » qu'ils s'aperçoivent à peine des tentations auxquelles ils ne résistent pas ; et ainsi ils y paraissent étrangers. Il en est aussi beaucoup que l'ennemi rusé des âmes voit si bien endormis dans le formalisme religieux, qu'il n'a garde de leur présenter des tentations grossières, de crainte qu'ils ne se réveillent avant de tomber dans le feu éternel. Je sais également qu'il y a des enfants de Dieu qui, venant d'être justifiés gratuitement, ayant trouvé la rédemption dans le sang de Christ, n'éprouvent pour un temps aucune tentation. Dieu a dit à leurs ennemis : « Ne touchez pas à mes oints ; ne faites point de mal à mes enfants (Ps 105.15). » Et pendant cette période, qui peut durer des semaines ou des mois, il les fait monter sur les lieux élevés, il les porte comme sur des ailes d'aigle, au-dessus des dards enflammés du Malin. Mais cet état ne durera pas toujours, comme nous pouvons nous en convaincre par ce seul fait que le Fils de Dieu lui-même, pendant les jours de sa chair, a été tenté, même jusqu'à la fin de sa vie. Que ses serviteurs s'attendent donc, à l'être eux aussi ; car « il suffit au disciple d'être comme son Maître (Mt 10.25). »

9. Ainsi, la perfection chrétienne n'implique pas (comme certains semblent l'avoir imaginé) l'exemption de l'ignorance, de l'erreur, des infirmités ou des tentations. Au fond, ce n'est qu'un autre mot pour désigner la sainteté. Ces deux mots expriment la même chose. Quiconque est saint est parfait, d'après l'Écriture. Pourtant nous devons faire observer que, même dans ce sens, il n'y a pas de perfection absolue sur la terre ; il n'existe pas une perfection de degrés, suivant le terme usité, une perfection qui exclut le progrès continuel. Si avancé que soit un chrétien, si élevé que soit le degré de sainteté auquel il est parvenu, il a encore à « croître dans la grâce (2 P 3.18). » il a à grandir journellement dans la connaissance et dans l'amour de. Dieu son Sauveur.

II

1. Dans quel sens les chrétiens sont-ils donc parfaits ? C'est ce que je vais essayer de montrer en second lieu.

Remarquons d'abord qu'il y a plusieurs périodes dans la vie chrétienne comme dans la vie physique. Il y a, des enfants de Dieu, qui ne sont que des enfants nouveaux-nés ; d'autres sont parvenus à la maturité. C'est ce qui fait que saint Jean, dans sa première épître (1 Jn 2.12, etc.), s'adresse successivement à ceux qu'il appelle petits enfants, à ceux qu'il désigne sous le nom de jeunes gens, et à ceux auxquels il donne le titre de pères. « Petits enfants, dit-il, je vous écris parce que vos péchés vous sont pardonnés » ; parce que vous avez fait cette expérience, qu'étant « justifiés gratuitement vous avez la paix avec Dieu par notre Seigneur Jésus-Christ (Rm 5.1). » « Jeunes gens ; je vous écris, parce que vous avez vaincu le Malin ; » ou, comme il dit plus loin, « parce que vous êtes forts, et que la parole de Dieu demeure en vous ? » Vous avez éteint les dards enflammés du Malin, les doutes et les craintes par lesquels il troublait votre première paix ; le témoignage de Dieu, vous assurant que vos péchés sont pardonnés, demeure maintenant dans votre cœur. « Pères, je vous écris, parce que vous avez connu Celui qui est dès le commencement. » Vous avez connu à la fois le Père, et le Fils, et l'Esprit de Christ au plus profond de votre âme. Vous êtes des hommes parfaits, ayant atteint la « mesure de la stature parfaite de Christ (Ep 4.13). »

2. Je parlerai principalement de ceux-là dans la dernière partie de ce discours ; car ceux-là seuls sont des chrétiens parfaits. Mais même les enfants en Christ sont parfaits en ce sens qu'ils ne commettent pas le péché. Si quelqu'un doute que ce soit là le privilège des enfants de Dieu, la question ne peut pas être résolue par des raisonnements abstraits, qui pourraient être démesurément étendus sans le moindre résultat ; elle ne peut non plus être résolue par l'expérience de telle ou telle personne : il en est beaucoup qui peuvent s'imaginer qu'ils ne commettent pas de péchés quand ils en commettent ; et, du reste, cela ne prouve rien ni d'un côté ni de l'autre. Nous en appelons à la loi et au témoignage. « Que Dieu soit reconnu véritable, et tout homme menteur (Rm 3.4). »C'est sur sa parole que nous voulons nous fonder, et sur elle seulement. C'est sa parole qui doit nous juger.

3. Or, la parole de Dieu déclare nettement que, même ceux qui sont justifiés, qui sont nés de nouveau dans le sens le plus élémentaire de ce mot, « ne demeurent pas dans le péché, qu'ils ne peuvent y vivre encore (Rm 6.1, 3, 5-7, 11, 14, 18) ; qu'ils ont été faits une même plante avec Christ par la conformité de sa mort ; que leur vieil homme a été crucifié avec lui, le corps du péché étant détruit, afin qu'ils ne soient plus asservis au péché, mais que, morts avec Christ, ils soient quittes du péché ; qu'ils sont morts au péché et qu'ils vivent à Dieu en Jésus-Christ ; que le péché n'a plus de domination sur eux parce qu'ils ne sont plus sous la loi, mais sous la grâce ; qu'ayant été affranchis du péché, ils sont devenus esclaves de la justice. »

4. Le moins que l'on puisse inférer de ces paroles, c'est que ceux dont il est question, savoir, tous les vrais chrétiens, c'est-à-dire ceux qui croient en Christ, sont affranchis du péché extérieur. Et cet affranchissement que saint Paul décrit avec une telle variété d'expressions, saint Pierre le décrit en cette seule phrase : « Celui qui a souffert en la chair a cessé de pécher, afin qu'il ne vive plus selon les convoitises des hommes, mais selon la volonté de Dieu (1 P 4.1, 2). » Que signifie en effet l'expression cesser de pécher, à l'entendre dans son sens le plus restreint, comme se rapportant à la conduite extérieure, si ce n'est s'abstenir de toute transgression extérieure de la loi ?

5. Plus explicites encore sont les paroles bien connues de saint Jean : « Celui qui fait le péché est du diable ; car le diable pèche dès le commencement. Or, le Fils de Dieu a paru pour détruire les œuvres du diable. Quiconque est né de Dieu ne fait point le péché, parce que la semence de Dieu demeure en lui ; et il ne peut pécher parce qu'il est né de Dieu (1 Jn 3.8, 9). » Et plus loin : « Nous savons que quiconque est né de Dieu ne pèche point ; mais celui qui est né de Dieu se conserve soi-même, et le Malin ne le touche point (1 Jn 5.18). »

6. On a dit, il est vrai, que ces paroles signifient seulement : il ne pèche pas volontairement ; ou bien : il ne commet pas le péché habituellement ; ou bien : il ne le commet pas comme d'autres le font ; ou encore il ne le commet pas comme il le faisait auparavant. Mais qui donc a dit cela ? Saint Jean ? Non. Il n'y a pas un mot semblable dans le texte, ni dans tout le chapitre, ni dans toute son épître, ni dans aucune partie de ses écrits. Cela étant, la meilleure manière de réfuter ces assertions ; c'est tout simplement de les démentir. Que si quelqu'un peut prouver ce qu'il avance, d'après la parole de Dieu, qu'il veuille bien nous présenter ses puissants arguments.

7. Il y a une espèce d'argument que l'on a souvent fait valoir pour soutenir les étranges assertions que nous venons de citer, un argument tiré des exemples que nous raconte la parole de

Dieu : « Eh quoi ! dit-on, Abraham lui-même n'a-t-il pas péché en dissimulant et en reniant sa femme ? (Gn 12.13) Moïse n'a-t il pas péché, en irritant l'Éternel près des eaux de Mériba ? (Ex 17.7 Nb 20.12) Et, pour tout résumer en un seul exemple, David, lui même, cet « homme selon le cœur de Dieu », n'a-t-il pas péché dans l'affaire d'Urie le Héthien, au point de se rendre coupable d'adultère et de meurtre ? » (2 S 11) — Tout cela est parfaitement vrai. Mais que voulez-vous en conclure ? On doit reconnaître d'abord que David, dans le cours ordinaire de sa vie, a été l'un des hommes les plus saints parmi les Israélites, et ensuite que les hommes les plus saints d'entre les Israélites commettaient quelquefois des péchés. Mais si vous voulez en conclure que tous les chrétiens pèchent et doivent pécher toute leur vie, nous repoussons absolument cette conclusion ; elle ne découle pas des prémisses.

8. Ceux qui raisonnent ainsi paraissent n'avoir jamais fait attention à cette déclaration de notre Seigneur « Je vous dis en vérité qu'entre tous ceux qui sont nés de femme, il n'en a été suscité aucun plus grand que Jean Baptiste ; toutefois celui qui est le plus petit dans le royaume des cieux est plus grand que lui (Mt 11.11). » Je crains, à la vérité, que plusieurs ne se soient imaginés que le royaume des cieux désigne ici le royaume de la gloire, comme si le Fils de Dieu nous avait voulu faire connaître que le moindre d'entre les saints glorifiés est plus grand que qui que ce soit sur la terre ! Il suffit d'énoncer cette interprétation pour en faire sentir la fausseté. À n'en pas douter, le royaume des cieux, dans ce verset (comme dans le verset suivant, où il est dit qu'il doit être forcé), ou « le royaume de Dieu », comme s'exprime saint Luc, c'est le royaume de Dieu sur la terre, celui auquel appartiennent tous ceux qui croient véritablement en Christ, tous les vrais chrétiens. Par ces paroles, notre Seigneur affirme donc deux choses : premièrement, qu'avant sa venue en chair, parmi tous les enfants des hommes, il n'y en avait pas eu un plus grand que Jean-Baptiste, d'où il résulte évidemment que ni Abraham, ni David, ni aucun Israélite ne fut plus grand que Jean. Secondement, notre Seigneur déclare que celui qui est le plus petit dans le royaume de Dieu (dans ce royaume qu'il est venu établir sur la terre, et que les violents commençaient alors à ravir), est plus grand que lui, non pas un plus grand prophète, comme quelques-uns l'ont expliqué, car les faits prouvent le contraire, mais plus grand dans la grâce de Dieu et dans la connaissance de notre Seigneur Jésus-Christ. Par conséquent, nous ne pouvons pas estimer les privilèges des vrais chrétiens d'après ceux qui furent autrefois accordés aux Juifs. Leur ministère (ou leur dispensation) « a été glorieux, » il est vrai : mais le nôtre « le surpasse de beaucoup en gloire (2 Co 3.7, 9). » C'est pourquoi, quiconque voudrait rabaisser la dispensation chrétienne au niveau de celle des Israélites, quiconque rassemble les exemples de défaillance rapportés dans la Loi et les Prophètes, pour en conclure que ceux qui ont « revêtu Christ » ne sont pas en possession d'une plus grande force que la leur, se trompe grossièrement, « ne connaissant pas les Écritures ni la puissance de Dieu (Mt 22.29). »

9. « Mais, poursuit-on, si ces exemples ne sont pas une démonstration suffisante de notre manière de voir, celle-ci n'est-elle pas démontrée par des déclarations de l'Écriture ? N'est-il pas dit expressément : « Le juste pèche sept fois par jour ? » — Je réponds non ; l'Écriture ne dit rien de semblable ; il n'y a pas un tel passage dans la Bible. Celui qu'on paraît avoir en vue est le verset 16 du chapitre XXIV des Proverbes ; où il est dit : « Le juste tombera sept fois, et il sera relevé. » (Pr 24.16). Mais ceci est tout autre chose. D'abord les mots : « par jour, » ne sont pas dans le texte ; en sorte que, si un homme juste tombe sept fois dans sa vie, c'est tout ce qui est affirmé ici. Ensuite, il n'est pas du tout fait mention dans cette parole de « tomber dans le péché ; » il a parlé seulement de tomber dans les afflictions temporelles. C'est ce qui ressort clairement du verset précédent, où il est dit : « Méchant, n'épie point le domicile du juste, et ne détruis point sa demeure. » Suit alors cette parole : « Car le juste tombera sept fois et sera relevé, mais les méchants tomberont dans le mal. » C'est comme s'il était dit : « Dieu le délivrera de son affliction ; mais si tu tombes, ô méchant, il n'y aura personne pour te délivrer. »

10. « Mais encore, disent nos contradicteurs, dans d'autres passages, Salomon dit positivement : « Il n'y a personne qui ne pèche (1 R 8.4 ; 2 Ch 6.36). » « Certainement, il n'y a point d'homme juste sur la terre, qui agisse toujours bien et qui ne pèche point (Ec 7.20). » — Je réponds : Sans aucun doute, il en était ainsi du temps de Salomon ; il en a même été ainsi depuis Adam jusqu'à Moïse, depuis Moïse jusqu'à Salomon, et depuis Salomon jusqu'à Christ. Il n'y

avait alors aucun homme qui ne péchât. Dès le jour où le péché entra dans le monde, il n'y eut pas sur la terre un homme juste qui fit le bien et ne péchât point, jusqu'à ce que le Fils de Dieu fût manifesté pour ôter nos péchés. Il est incontestablement vrai que « l'héritier ; tant qu'il est enfant, ne diffère en rien du serviteur (Ga 4.1) ; » et que de même ; tous les saints de l'antiquité, qui étaient sous l'ancienne dispensation, furent, durant cet âge préparatoire de l'Église, « sous l'esclavage des rudiments du monde (Ga 4.3). » « Mais lorsque les temps ont été accomplis. Dieu a envoyé son Fils, assujetti à la loi, afin qu'Il rachetât ceux qui étaient sous la loi, et qu'ils reçussent l'adoption des enfants (Ga 4.4, 5) ; » afin qu'ils fussent rendus participants de cette grâce, « qui a été maintenant manifestée par l'avènement de notre Sauveur Jésus-Christ, qui a détruit la mort et mis en évidence la vie et l'immortalité par l'Évangile. (2 Tm 1.10). » C'est pourquoi ils ne sont plus désormais « des esclaves, mais des fils (Ga 4.7). » Quoi qu'il en soit donc de ceux qui étaient sous la loi, nous pouvons affirmer en toute sûreté avec saint Jean que, depuis les temps évangéliques, « celui qui est né de Dieu ne pèche point (1 Jn 3.9). »

11. Il est très important de remarquer, et cela avec plus de soin qu'on ne le fait ordinairement, la grande différence qui existe entre la dispensation juive et la dispensation chrétienne, ainsi que la cause que saint Jean assigne à cette différence dans le chapitre VII de son Évangile (Jn 7.38 etc.). Après avoir rapporté les paroles de notre Seigneur : « Qui croit en moi, des fleuves d'eau vive couleront de lui, comme l'Écriture le dit, » il ajoute immédiatement : « Or, il disait cela de l'Esprit que devaient recevoir ensuite ceux qui croiraient en lui ; car le Saint-Esprit n'avait pas encore été donné, parce que Jésus n'était pas encore glorifié. » L'apôtre ne peut pas avoir voulu dire par là (comme plusieurs l'ont enseigné) que le pouvoir miraculeux du Saint-Esprit n'avait pas encore été donné ; car il avait déjà été donné ; notre Seigneur l'avait communiqué à tous les apôtres, dès le jour qu'il les envoya prêcher l'Évangile. Il leur donna alors le pouvoir de chasser les malins esprits, de guérir les malades et même de ressusciter les morts. Mais le Saint-Esprit n'avait pas encore été donné dans sa vertu sanctifiante, comme il le fut après que Jésus-Christ eut été glorifié. C'est lorsqu'Il monta en haut et mena captifs les prisonniers, qu'Il « reçut ces dons pour les hommes, et même pour les rebelles, afin que l'Éternel Dieu habitât parmi eux (Ps 68.19). » Et c'est lorsque le jour de la Pentecôte fut arrivé que, pour la première fois, ceux qui « attendaient la promesse du Père » furent rendus plus que vainqueurs du péché par le Saint-Esprit qui leur fut donné (Ac 2 et suivants.).

12. Saint Pierre aussi, dans sa première épître, déclare formellement que cette grande délivrance du péché n'a été donnée qu'après que Jésus-Christ a été glorifié. Parlant de ses frères en la chair, comme remportant maintenant « le prix de leur foi, qui est le salut des âmes, » il ajoute : « C'est ce salut qui a été l'objet de l'exacte recherche et de la profonde méditation des prophètes, qui ont prophétisé touchant la grâce, » c'est-à-dire l'économie de la grâce, « qui nous était destinée ; tâchant de découvrir pour quel temps et pour quelles conjonctures l'Esprit de Christ qui était en eux, et qui rendait témoignage à l'avance, leur faisait connaître les souffrances de Christ, et la gloire, » ou le salut glorieux, « dont elles seraient suivies. Mais il leur a été révélé que ce n'était pas pour eux-mêmes, mais pour nous, qu'ils étaient dispensateurs de ces choses, qui vous ont été maintenant annoncées par ceux qui vous ont prêché l'Évangile, par le Saint-Esprit envoyé du ciel (1 P 1.11, 12), » le jour de la Pentecôte, et depuis lors de génération en génération, dans les cœurs de tous les vrais croyants. Certes, l'apôtre pouvait bien s'appuyer sur ce don de Dieu en Jésus-Christ, pour fonder cette exhortation si énergique : « Ayant donc ceint les reins de votre esprit, comme celui qui vous a appelés est saint, vous de même soyez saints dans toute votre conduite (1 P 3.15). »

13. Quiconque a sérieusement examiné ces choses, doit convenir que les privilèges des chrétiens ne doivent être, en aucune manière, estimés d'après ce que l'Ancien Testament nous dit de ceux qui étaient sous la dispensation juive ; attendu que l'accomplissement des temps est maintenant arrivé, que le Saint-Esprit est maintenant donné, que le grand salut de Dieu est apporté aux hommes, par la manifestation de Jésus-Christ. Le royaume des cieux est aujourd'hui établi sur la terre, ce royaume dont le Saint-Esprit disait autrefois (tant David est loin d'être le modèle ou le type de la perfection chrétienne) : « Le plus faible d'entre eux sera, en ce temps-là, comme David,

et la maison de David sera comme des anges, comme l'ange de l'Éternel devant leur face (Za 12.8). »

14. Si donc vous voulez démontrer que les paroles de saint Jean : « Quiconque est né de Dieu ne pèche point, » ne doivent pas être prises dans leur signification simple, naturelle et évidente, c'est du Nouveau Testament que vous devez tirer vos preuves ; autrement vous combattez comme quelqu'un qui frappe en l'air.

Dans cet ordre de preuves, la première que l'on allègue ordinairement est tirée des exemples rapportés dans le Nouveau-Testament. « Les apôtres eux-mêmes, dit-on, ont péché, et en particulier les principaux d'entre eux, Pierre et Paul : saint Paul par sa vive altercation avec Barnabas (Ac 15.39), et saint Pierre par sa dissimulation à Antioche (Ga 2.11-14). » Eh bien ! Supposons que Pierre et Paul aient vraiment péché dans ces deux circonstances, que voulez-vous en conclure ? Que tous les autres apôtres ont péché quelquefois ? Il n'y a pas ombre de logique dans une telle conclusion. Ou bien voudriez-vous en conclure que tous les autres chrétiens de l'âge apostolique commettaient des péchés ? C'est raisonner de plus en plus mal ; il ne semble pas qu'un homme dans son bon sens pût jamais songer à une telle conclusion. Ou bien raisonneriez-vous comme suit : « Deux des apôtres ayant une fois commis un péché, tous les autres chrétiens, de tous les siècles, commettent et commettront le péché aussi longtemps qu'ils vivront ? » Hélas ! mon frère, un enfant d'une intelligence ordinaire aurait honte de raisonner ainsi. Encore moins auriez-vous, en aucune manière, raison d'en conclure que tout homme doit nécessairement commettre le péché ! Non. À Dieu ne plaise que nous parlions ainsi. Aucune obligation de pécher n'a été imposée aux apôtres ; la grâce de Dieu était assurément suffisante pour eux ; et elle est suffisante pour nous aujourd'hui. Avec la tentation qui leur est survenue, leur a été donnée une issue ; et de même pour toute âme d'homme, à l'occasion de chaque tentation. En sorte que quiconque est tenté par quelque péché que ce soit peut éviter de succomber ; car nul n'est « tenté au-delà de ses forces (1 Co 10.13).

15. « Mais, dites-vous, saint Paul pria trois fois le Seigneur, et pourtant il ne put pas échapper à la tentation dont il était l'objet. Considérons ses propres paroles, en les traduisant littéralement : « Il m'a été mis une écharde dans la chair, un ange (un messager) de Satan pour me souffleter. J'ai prié trois fois le Seigneur que cela (ou qu'il) se retirât de moi. Mais il m'a dit : Ma grâce te suffit, car ma force s'accomplit dans la faiblesse. Je me glorifierai donc plus volontiers dans mes faiblesses, afin que la force de Christ demeure en moi. C'est pourquoi, je me plais dans les faiblesses ; car lorsque je suis faible, c'est alors que je suis fort (2 Co 12.7-10). »

16. Ce passage étant l'un des principaux retranchements des défenseurs du péché, il convient de l'examiner soigneusement. Qu'on remarque donc, premièrement, que cette écharde ; quelle qu'elle fût, ne paraît pas avoir été le moins du monde pour saint Paul une occasion de péché ; encore moins le mettait-elle en aucune façon dans la nécessité de pécher. Aussi est-il impossible de démontrer par là que tout chrétien doit pécher. Secondement, les Pères de l'Église nous disent qu'il s'agissait dans cette parole d'une souffrance corporelle ; c'était un violent mal de tête, dit Tertullien (Deutéronome Pudic) ; c'est ce que s'accordent aussi à dire Chrysostome et saint Jérôme. Saint Cyprien (Deutéronome Mortalitate) s'exprime d'une manière un peu plus générale et voit dans l'écharde de saint Paul de nombreuses et accablantes tortures de la chair et du corps (*carvis et corporis multa ac gravia tormenta*). Troisièmement, les propres paroles de l'apôtre s'accordent parfaitement avec cette interprétation : « une écharde dans la chair, pour me frapper, me battre ou me souffleter. » « Ma force s'accomplit dans la faiblesse. » Et ce mot ne se trouve pas moins de quatre fois dans ces deux seuls versets (2 Co 12.9, 10). Mais, quatrièmement, quelle que fût cette écharde, ce ne pouvait pas être le péché, ni celui du dedans, ni celui du dehors. Ce ne pouvait pas plus être les mouvements intérieurs que les manifestations extérieures de la colère, de l'orgueil ou de la convoitise. C'est ce qui ressort, avec une évidence qui ne petit laisser subsister aucun doute, des paroles qui suivent immédiatement : « Je me glorifierai donc volontiers dans mes faiblesses, afin que la force de Christ habite en moi (vers. 9). » Quoi ! Se glorifiait-il dans l'orgueil, dans la colère, dans la convoitise ? Etait-ce par ces faiblesses-là que la force de Christ habitait en lui ? Il poursuit : « Je me plais donc dans les faiblesses ; car quand je suis faible, c'est alors que je suis fort ; » en d'autres termes, quand je suis faible de corps, je suis fort en esprit.

Mais quelqu'un oserait-il dire : « Quand je suis faible par l'orgueil ou par la convoitise, alors je suis fort en esprit ? » Je vous prends à témoin, aujourd'hui, vous tous qui avez la force de Christ demeurant en vous, pouvez-vous vous glorifier dans la colère, dans l'orgueil ou dans la convoitise ? Pouvez-vous vous plaire dans de telles infirmités ? Ces faiblesses vous rendent-elles forts ? N'iriez-vous pas jusqu'en enfer, si c'était possible, pour y échapper ? Jugez donc, d'après vous-mêmes, si l'apôtre pouvait s'en glorifier et y prendre plaisir ! Qu'on veuille bien remarquer ; enfin, que cette écharde fut envoyée à saint Paul plus de quatorze ans avant, la composition de cette épître, laquelle fut écrite elle-même plusieurs années avant qu'il finît sa carrière. Aussi eut-il, après cette époque, une longue course à parcourir, bien des batailles à livrer ; bien des victoires à remporter, bien des dons nouveaux à recevoir de la part de Dieu, et de grands progrès à réaliser dans la connaissance de Jésus-Christ. C'est pourquoi, à supposer qu'il ressentît alors quelque faiblesse spirituelle, nous ne sommes nullement en droit d'en inférer qu'il n'a jamais été rendu fort ; que Paul avancé en âge et père en Christ, gémissait encore sous le poids des mêmes faiblesses, et qu'il n'est pas arrivé à un état spirituel plus élevé jusqu'au jour de sa mort. Ainsi donc, cette parole de saint Paul est tout à fait étrangère à la question et n'est nullement en opposition avec la déclaration de saint Jean : « Celui qui est né de Dieu ne pèche point. »

17. « Mais, objecte-t-on encore, saint Jacques ne dit-il pas absolument le contraire dans cette parole : « Nous bronchons tous en plusieurs choses ? » (Jc 3.2) Et broncher, n'est-ce pas la, même chose que pécher ? » Je reconnais qu'il en est ainsi dans ce passage, et je vous accorde que ceux dont il est ici parlé commettaient le péché, que tous même commettaient de nombreux péchés. Mais de qui a voulu parler l'apôtre ? De cette multitude de « maîtres » que Dieu n'avait pas envoyés (probablement de ces hommes vains qui enseignaient la doctrine de la foi sans les œuvres, qui est si vivement censurée dans le chapitre précédent ;) il ne s'agit pas de l'apôtre lui-même, ni d'aucun vrai chrétien. Il est évident qu'en employant le mot nous (suivant une forme de langage usitée dans les écrits profanes aussi bien que dans les écrits inspirés,) saint Jacques ne voulait, en aucune manière, parler de lui-même, ou de tout autre véritable croyant. Ce qui le prouve, c'est qu'il se sert du même mot au verset 9 « Par elle nous bénissons Dieu notre Père, et par elle nous maudissons les hommes … D'une même bouche sortent la bénédiction et la malédiction. » Cela est vrai, mais non de la bouche de l'apôtre, ni de celle d'aucun homme devenu une nouvelle créature en Jésus-Christ. Du reste, dans le verset qui précède immédiatement le passage en question et auquel il se rattache évidemment, il est dit : « Mes frères, qu'il n'y ait pas plusieurs maîtres parmi vous, sachant que nous en recevrons une plus grande condamnation. »

Car nous bronchons tous en plusieurs choses. » Nous ! Qui ? Non les apôtres, ni les vrais croyants ; mais ceux qui savaient qu'ils recevraient une plus grande condamnation, à cause de leurs méfaits multipliés. Cela ne pouvait s'appliquer à l'apôtre lui-même, ni à aucun de ceux qui marchaient sur ses traces, attendu qu'« il n'y a aucune condamnation pour ceux qui ne marchent pas selon la chair, mais selon l'Esprit … » (Rm 8.1) Enfin le verset lui-même contient la preuve que ces mots « nous bronchons tous » ne se rapportent pas à tous les chrétiens ; car il y est fait mention d'un homme qui ne bronche pas, comme le font ceux qui sont désignés par le pronom nous. Aussi est-il nettement mis en contraste avec ce dernier et déclaré un homme parfait.

18. C'est ainsi que saint Jacques explique lui-même sa pensée et fixe le sens de ses propres paroles. Néanmoins, pour qu'il ne reste aucun doute dans l'esprit de personne, saint Jean, écrivant bien des années après saint Jacques, met la question au-dessus de toute contestation par les déclarations formelles citées plus haut.

Une nouvelle objection peut s'élever ici dans les esprits : « Comment mettrons-nous saint Jean d'accord avec lui-même ? Dans un endroit, il dit : « Quiconque est né de Dieu ne pèche point (Jn 3.9) ; » et encore : « Nous savons que celui qui est né de Dieu ne pèche point (Jn 5.18). » Par contre, il dit : « Si nous disons que nous n'avons point de péché, nous nous séduisons nous-mêmes, et la vérité n'est point en nous (Jn 5.18), » et plus loin : « Si nous disons que nous n'avons pas péché, nous le faisons menteur, et sa parole n'est point en nous (Jn 1.10). »

19. Quelque spécieuse que puisse paraître au premier abord cette objection, elle tombe, si nous considérons, premièrement, que le verset 10 fixe le sens du verset 8 ; les mots : « Si nous disons que nous n'avons point de péché, » étant expliqués par les mots : « Si nous disons que

nous n'avons pas péché ; » secondement, que la question qui nous occupe n'est pas de savoir si nous avons péché ou si nous n'avons pas péché dans le passé ; ni l'un ni l'autre de ces versets ne dit que nous péchons ou commettons le péché maintenant ; et troisièmement, que le verset 9 explique à la fois le huitième et le dixième : « Si nous confessons nos péchés, il est fidèle et juste pour nous les pardonner, et pour nous purifier de toute iniquité. » C'est comme si l'apôtre avait dit : « Je viens d'affirmer que le sang de Jésus-Christ nous purifie de tout péché ; » mais que nul homme ne dise : « Je n'en ai pas besoin ; je n'ai pas de péché dont il me faille être purifié. « Si nous disons que nous n'avons pas de péché, que nous n'avons pas commis de péché, nous nous séduisons nous-mêmes, et nous faisons Dieu menteur ; mais si nous confessons nos péchés, Il est fidèle et juste, » non seulement « pour nous pardonner nos péchés, » mais aussi pour nous purifier de toute iniquité, » en sorte que nous ne péchions plus désormais.

20. Saint Jean est donc parfaitement d'accord avec lui-même, aussi-bien qu'avec les autres écrivains sacrés. C'est ce qui ressort avec plus d'évidence encore, si nous embrassons d'un seul regard toutes ses assertions sur ce sujet. Il déclare, en premier lieu, que le sang de Jésus-Christ nous purifie de tout péché ; en second lieu, que nul ne peut dire ; je n'ai pas péché, il n'y a rien en moi dont j'aie besoin d'être purifié ; en troisième lieu, que Dieu est disposé à pardonner nos péchés passés, en même temps qu'à nous en délivrer pour l'avenir, : en quatrième lieu, l'apôtre dit : Je vous écris ces choses afin que vous ne péchiez point ; si quelqu'un venait à pécher, (ou a péché), il n'est pas nécessaire qu'il continue à pécher ; puisque « nous avons un avocat auprès du Père, savoir, Jésus Christ le juste ? » (1 Jn 2.1) Jusqu'ici tout est clair. Mais, de peur qu'il ne subsiste ; quelque doute sur un sujet d'une aussi grande importance, l'apôtre le reprend dans le chapitre III, et explique sa pensée tout au long : « Mes petits enfants, dit-il, que personne ne vous séduise, » (en vous faisant croire que j'aie donné le moindre encouragement à ceux qui continuent à pécher). « Celui qui fait ce qui est juste, est juste comme lui aussi est juste ; celui qui fait le péché est du diable ; car le diable pèche dès le commencement. Or, le Fils de Dieu a paru pour détruire les œuvres du diable. Quiconque est né de Dieu ne pèche pas, parce que la semence de Dieu demeure en lui ; et il ne peut pécher parce qu'il est né de Dieu. C'est à ceci que l'on reconnaît les enfants de Dieu et les enfants du diable. » (Versets 7 à 10.) Ces paroles du dernier écrivain inspiré rendent le doute impossible sur la question qui nous occupe et la décident de la façon la plus claire. C'est pourquoi, conformément à la doctrine de saint Jean, aussi bien qu'à l'esprit de l'enseignement tout entier du Nouveau Testament, nous affirmons qu'un chrétien peul être parfait au point de ne pas pécher.

21. C'est là le glorieux privilège de tout chrétien, même de celui qui n'est qu'un enfant en Christ. Mais c'est seulement de ceux qui sont forts dans le Seigneur, et qui ont « vaincu le malin », ou plutôt de ceux qui ont « connu celui qui est dès le commencement (1 Jn 2.14), » qu'on peut affirmer qu'ils sont parfaits en ce sens qu'ils sont exempts des mauvaises pensées et des mauvaises dispositions.

En premier lieu, ils sont exempts des pensées mauvaises ou coupables. Mais ici qu'on veuille bien remarquer que des pensées concernant ce qui est mauvais ne sont pas toujours de mauvaises pensées, que penser à quelque chose de coupable et avoir une pensée coupable sont deux choses très différentes. Par exemple, un homme peu pensé à un meurtre qu'un autre a commis ; mais ce n'est pas là une pensée mauvaise ou criminelle. Notre Seigneur lui-même a sans doute pensé ou réfléchi à ce qui lui fut dit par le démon dans cette parole : « Je te donnerai toutes ces choses, si, en te prosternant, tu m'adores (Mt 4.9). » Et pourtant il n'a eu aucune mauvaise pensée ; car il n'était pas capable d'en avoir ; d'où il résulte que le vrai chrétien n'en a pas non plus ; car « tout disciple accompli sera comme son Maître (Lc 6.40). » Si donc il a été exempt de pensées mauvaises ou coupables, les vrais chrétiens le sont également.

22. D'ailleurs, d'où sortiraient les mauvaises pensées chez le serviteur qui est comme son Maître ? C'est « du dedans, c'est-à-dire, du cœur des hommes que sortent les mauvaises pensées (Mc 8.21). » Si donc son cœur n'est plus mauvais, les mauvaises pensées ne peuvent plus en sortir. Si l'arbre était mauvais, le fruit le serait aussi. Mais l'arbre est bon ; donc le fruit est bon également (Mt 12.33). C'est ce que déclare le Seigneur lui-même « Tout arbre qui est bon porte de

bons fruits. Un bon arbre ne peut porter de mauvais fruits, ni un mauvais arbre porter de bons fruits (Mt 7.17, 18). »

23. Saint Paul, d'après sa propre expérience ; affirme que c'est là l'heureux privilège des vrais chrétiens. « Les armes avec lesquelles nous combattons, dit-il, ne sont pas charnelles ; mais elles sont puissantes par la vertu de Dieu, pour renverser les forteresses, et détruire tous les conseils (ou plutôt les raisonnements, car c'est là le sens de tous les raisonnements de l'orgueil et de l'incrédulité contre les déclarations, les promesses ou les dons de Dieu), et toute hauteur qui s'élève contre la connaissance de Dieu ; et pour amener toutes les pensées captives à l'obéissance de Christ (2 Co 10.4, 5). »

24. En second lieu, les chrétiens sont délivrés de toute mauvaise disposition aussi bien que de toute mauvaise pensée. C'est ce qui ressort de la déclaration du Seigneur mentionnée plus haut : « Le disciple n'est point au-dessus de son Maître » (Lc 6.40). Il venait d'exposer quelques-unes des doctrines du christianisme à la fois les plus sublimes et les plus dures à la chair et au sang : « Je vous dis : Aimez vos ennemis, faites du bien à ceux qui vous haïssent ; et à celui qui te frappe à une joue, présente-lui aussi l'autre (Lc 6.27, 29). » Il savait bien que le monde ne recevrait pas de tels préceptes. C'est pourquoi il ajoute immédiatement « Un aveugle peut-il conduire un autre aveugle ? Ne tomberont-ils pas tous deux dans la fosse ? » (Lc 6.39) C'est comme s'il avait dit : « Ne consultez pas, sur ces choses, la chair et le sang, c'est-à-dire des hommes dénués de discernement spirituel, auxquels Dieu n'a pas ouvert les yeux de l'entendement, de peur que vous et eux ne périssiez ensemble. » Dans le verset suivant, il réfute les deux grandes objections que nous font à chaque instant ces insensés prétendus sages : « Ces injures sont trop difficiles à supporter, » ou bien : « Ces préceptes sont trop élevés pour être réalisés. » A quoi le Seigneur répond : « Le disciple n'est pas au-dessus de son Maître ; » c'est pourquoi, si j'ai souffert, soyez satisfaits de marcher sur mes traces ; et alors ne doutez pas que j'accomplisse ma parole : « Car tout disciple accompli sera comme son Maître ! » Or, le Maître a été exempt de tout mauvais sentiment, de toute mauvaise disposition ; donc son disciple l'est aussi, et tout vrai chrétien le sera.

25. Chaque chrétien peut dire avec saint Paul : « Je suis crucifié avec Christ ; et ce n'est plus moi qui vis, mais Christ vit en moi (Ga 2.20). » Ces paroles décrivent évidemment la délivrance du péché intérieur aussi bien que du péché extérieur. C'est ce qui est exprimé, soit négativement : ce n'est plus moi qui vis, (ma mauvaise nature a disparu, le corps du péché est détruit) ; soit positivement : Christ vit, en moi, et par conséquent tout ce qui est saint ; juste et bon, vit en moi. Du reste, ces deux choses : Christ vit en moi et ce n'est pas moi qui vis, sont inséparables l'une de l'autre ; « car quelle union y a-t-il entre la lumière et les ténèbres, entre Christ et Bélial ? » (2 Co 6.14, 15)

26. Celui donc qui vit dans les vrais croyants a « purifié leurs cœurs par la, foi (Ac 15.9) ; » de telle sorte que quiconque a Christ en lui, l'espérance de la gloire, « se purifie soi-même comme Lui est pur (1 Jn 3.3). » Il est purifié de l'orgueil ; car Christ était humble de cœur. Il est purifié de l'égoïsme et de la convoitise ; car Christ n'a pas désiré autre chose que de faire la volonté de son Père, et d'accomplir son œuvre. Il est purifié de la colère, dans le sens ordinaire du mot ; car Christ était doux et débonnaire, patient et plein de support. Je dis dans le sens ordinaire du mot ; car toute espèce de colère n'est pas mauvaise. Il nous est dit que le Seigneur lui-même un jour « regarda autour de lui avec colère (Mc 3.5). » Mais avec quelle espèce de colère ? Le mot qui suit le montre : « étant attristé de l'endurcissement de leur cœur. » Ainsi donc, il était au même moment en colère à l'égard du péché et attristé à l'égard des pécheurs ; saisi d'indignation et de déplaisir pour l'offense, mais ému de pitié pour les auteurs de l'offense. C'est avec colère et même avec horreur qu'il considérait la chose, mais c'est avec douleur et avec amour qu'il considérait les personnes. Va, toi qui es parfait, et fais de même. Mets-toi en colère de cette manière, et tu ne pécheras pas ; ressentant du déplaisir et de l'indignation pour toute offense envers Dieu, mais rien que de l'amour et de la tendre compassion pour le pécheur.

27. Ainsi donc Jésus sauve son peuple de ses péchés (Mt 1.21), non seulement des péchés extérieurs, mais aussi des péchés du cœur, des mauvaises pensées et des mauvaises dispositions.

« Cela est vrai, disent quelques-uns, nous serons sauvés de nos péchés ; mais non pas avant la mort, non pas dans ce monde. » — Comment alors expliquer cette déclaration de saint Jean :

« C'est en ceci que notre charité est accomplie, afin que nous ayons de la confiance au jour du jugement : que nous soyons dans ce monde tels qu'il est lui-même (1 Jn 4.17). » L'apôtre parle ici, sans contredit, de lui-même et de tous les chrétiens d'ici-bas ; et (comme s'il avait prévu cette fausse interprétation, et avait voulu la renverser dans son fondement), il affirme catégoriquement que, non seulement à la mort ou après la mort, mais dans ce monde, ils sont tels que leur Maître.

28. Saint Jean exprime la même chose dans ce texte « Dieu est lumière, et il n'y a point en lui de ténèbres. Si nous marchons dans la lumière, nous avons une communion mutuelle, et le sang de son Fils Jésus-Christ nous purifie de tout péché (1 Jn 1.5, 7, 9). » Et plus loin « Si nous confessons nos péchés, il est fidèle et juste pour nous les pardonner, et pour nous purifier de toute iniquité, » Il est évident que l'apôtre parle encore ici d'une délivrance accomplie en ce monde ; car il ne dit pas que le sang de Christ nous purifiera à l'heure de la mort, ou au jour du jugement, mais qu'il « nous purifie », maintenant même, « de tout péché. » Il est également évident que s'il reste en nous quelque péché, nous ne sommes pas purifiés de tout péché ; que s'il reste quelque iniquité dans notre âme, celle-ci n'est pas purifiée de toute iniquité.

D'autre part, qu'aucun pécheur ne dise, au détriment de sa propre âme, que ces paroles se rapportent seulement à la justification ou à notre purification de la culpabilité du péché ; car leur donner ce sens, c'est d'abord confondre deux choses que l'apôtre distingue nettement, nous pardonner nos péchés, et nous purifier de toute iniquité ; et ensuite c'est affirmer la justification par les bonnes œuvres de la façon la plus catégorique, c'est dire que toute sainteté intérieure aussi bien qu'extérieure précède nécessairement la justification. En effet, si la purification dont il est ici parlé est la même que notre purification de la culpabilité du péché, nous ne sommes purifiés de la culpabilité, en d'autres termes nous ne sommes justifiés qu'à la condition de « marcher dans la lumière, comme Lui est dans la lumière. » Il demeure certain que les vrais chrétiens sont délivrés dans ce monde de tout péché, de toute iniquité ; qu'ils sont dès maintenant parfaits, en ce sens qu'ils ne commettent pas le péché, et sont exempts à la fois des mauvaises pensées et des mauvaises dispositions.

29. Ainsi sont accomplies les choses dont le Seigneur a parlé par la bouche de ses saints prophètes des siècles passés : — en particulier par Moïse, lorsqu'il dit : « L'Éternel ton Dieu circoncira ton cœur, et le cœur de ta postérité, afin que tu aimes l'Éternel ton Dieu de tout ton cœur, et de toute ton âme (Dt 30.6), » — par David qui s'écriait : « Crée en moi un cœur net, et renouvelle au dedans de moi un esprit droit (Ps 51.12) ; » — et plus particulièrement encore par Ezéchiel : « Je répandrai sur vous des eaux pures, et vous serez nettoyés ; je vous nettoierai de toutes vos souillures et de tous vos dieux infâmes. Et je vous donnerai un nouveau cœur, et je mettrai en vous un esprit nouveau ; et j'ôterai de votre chair le cœur de pierre, et je vous donnerai un cœur de chair ; et je mettrai mon Esprit au dedans de vous, et je ferai que vous marcherez dans mes statuts, que vous garderez mes ordonnances, et que vous les pratiquerez … Vous serez mon peuple, et je serai votre Dieu. Et je vous délivrerai de toutes vos souillures. Ainsi a dit le Seigneur l'Éternel, au jour que je vous aurai nettoyés de toutes vos iniquités, les nations sauront que moi, l'Éternel, j'ai rebâti les lieux détruits ; moi l'Éternel, je l'ai dit, et je le ferai (Ez 36.25-36). »

30. Ayant donc, bien-aimés, de telles promesses, dans la loi et dans les prophètes, mais surtout dans l'Évangile par la bouche de Jésus-Christ et de ses apôtres, « nettoyons-nous de toute souillure de la chair et de l'esprit, achevant notre sanctification dans la crainte de Dieu » (2 Co 7.1). Craignons que, après avoir reçu tant de promesses d'entrer dans son repos, quelqu'un de nous ne s'en trouve exclu (He 4.1). Faisons une seule chose, oubliant les choses qui sont derrière nous, et nous avançant vers celles qui sont devant nous ; courons vers le but, vers le prix de la vocation céleste qui est de Dieu en Jésus-Christ (Ph 3.14) ; criant à lui jour et nuit, jusqu'à ce que nous soyons « délivrés de la servitude de la corruption, pour être dans la liberté glorieuse des enfants de Dieu (Rm 8.21). »

SERMON 41

Les pensées vagabondes

*Pour amener captives toutes les pensées et les soumettre à l'obéissance
de Christ.*
—2 Corinthiens 10.5—

1. Dieu amènera-t-il toutes les pensées captives à l'obéissance de Christ, à tel point qu'il n'y ait plus place dans notre esprit pour des pensées vagabondes, quoique nous demeurions encore dans ce corps ? Quelques-uns ont répondu très affirmativement à cette question ; il s'est même trouvé des chrétiens pour soutenir que personne n'est parfait dans l'amour à moins d'avoir atteint une perfection de l'esprit telle que l'on soit débarrassé de toute pensée vagabonde ; il faut, d'après eux, que non seulement toutes les dispositions et tous les sentiments du cœur soient saints, justes et bons, mais que chaque pensée qui naît dans l'esprit soit empreinte de sagesse et de régularité.

2. Cette question ne manque pas d'importance. Combien, en effet, de ceux qui craignent Dieu, qui l'aiment, peut-être de tout leur cœur, ont été profondément troublés à cet égard ! Combien, ne comprenant pas ce sujet, ont éprouvé non seulement du trouble, mais un vrai dommage spirituel ! Ils sont tombés dans des raisonnements inutiles, qui pis est nuisibles, et leurs progrès vers Dieu se sont ralentis ; ils n'ont plus couru avec la même ardeur la course qui leur était proposée. Il en est même beaucoup qui, pour avoir conçu de fausses idées sur ce point, ont rejeté le précieux don du Seigneur. D'abord, ils ont été conduits à mettre en doute l'œuvre opérée par Dieu dans leur âme ; puis ils en sont venus à la nier, et ainsi ils ont contristé l'Esprit de Dieu qui fini par se retirer d'eux, les laissant dans des ténèbres profondes.

3. Comment se fait-il que, parmi cette multitude de livres écrits récemment sur tous les sujets possibles, il ne s'en trouve pas un qui traite des pensées vagabondes ? En tout cas, il n'y en a point qui soit de nature à satisfaire un esprit sage et sérieux. Pour combler un peu cette lacune, je voudrais examiner :

(1) Quelles sont les différentes sortes de pensées vagabondes ;

(2) Quelles sont, en général, les occasions qui les font naître ;

(3) Quelles sont celles qui sont coupables, et quelles sont, celles qui ne le sont pas

(4) Desquelles de ces pensées nous pouvons espérer et demander d'être délivrés.

I

1. Tout d'abord, je voudrais rechercher quelles sont les différentes sortes de pensées vagabondes. Les espèces particulières de ces pensées sont innombrables ; mais, d'une façon générale, elles appartiennent à l'une ou l'autre de ces deux classes-ci : pensées qui s'éloignent de Dieu, pensées qui s'éloignent de l'objet spécial qui doit nous occuper.

2. Toutes nos pensées naturelles portent le premier de ces deux caractères ; car elles s'éloignent invariablement de Dieu ; nous ne pensons point à lui : il n'est pas dans nos pensées. Nous sommes tous, comme l'apôtre l'a dit, « sans Dieu dans le monde (Ep 2.12). » Quand nous aimons quelque chose, nous y pensons ; mais nous n'aimons pas Dieu : aussi ne pensons-nous pas à lui. Et si de temps à autre nous nous voyons contraints de penser à lui, ne trouvant là rien qui nous plaise, mais plutôt quelque chose qui non seulement nous ennuie, mais encore nous répugne et nous fatigue, nous nous empressons de bannir ces pensées dès que nous le pouvons et de retourner à celles que nous aimons. C'est pour cela que tous nos moments sont envahis, toutes nos pensées remplies par le monde et les choses du monde, par ce que nous mangerons, ce que

nous boirons et ce dont nous serons vêtus, par ce que nous verrons et ce que nous entendrons, par ce que nous pourrons gagner, par ce que nous pourrons découvrir pour satisfaire nos sens ou notre imagination. Et tant que nous aimons le monde, c'est-à-dire aussi longtemps que nous sommes dans notre état naturel, toutes nos pensées, du matin au soir et du soir au matin, ne peuvent, qu'être des pensées vagabondes.

3. Mais il arrive bien souvent que nous ne sommes pas seulement « sans Dieu dans le monde, » mais aussi en guerre avec lui. Car il y a chez tout homme naturel cette « affection de la chair qui est ennemie de Dieu (Rm 8.7). » Il n'est donc point surprenant que les pensées d'incrédulité abondent chez lui, et qu'il dise dans son cœur qu'il n'y a point de Dieu, ou bien mette en doute (s'il ne les nie pas) sa puissance, sa sagesse, sa bonté, sa justice ou sa sainteté. Il n'est point étonnant que cet homme doute de la Providence, ou du moins de son intervention perpétuelle et universelle, et que, s'il admet cette intervention, il ait à son égard des pensées de murmure ou de révolte. À côté de ces pensées et souvent en rapport étroit avec elles, il y a des pensées d'orgueil et de vanité. L'homme naturel peut aussi être absorbé par des pensées de colère, de haine ou de vengeance ; ou bien son esprit se livre aux enchantements des rêves de plaisir, soit pour les sens, soit dans le domaine de l'imagination, rêves qui ont pour effet de rendre l'esprit qui était déjà terrestre et sensuel, encore plus terrestre, encore plus sensuel. Toutes ces pensées sont en guerre ouverte avec Dieu ; ce sont là des pensées vagabondes au suprême degré.

4. Il y a une énorme différence entre ce genre de pensées vagabondes et celles qui font, non pas que le cœur s'éloigne de Dieu, mais que l'esprit s'écarte de l'objet spécial qui devait l'occuper à un moment donné. Prenons un exemple. Je me mets à étudier le verset qui précède mon texte : « Les armes avec lesquelles nous combattons ne sont pas charnelles, mais puissantes par la vertu de Dieu (2 Co 10.4). » Je me prends à réfléchir comme suit : « C'est ainsi que devraient agir tous les vrais chrétiens. Mais qu'ils sont loin de le faire ! Jetons un coup d'œil sur ce qu'on appelle la chrétienté. De quelles armes s'y sert-on ? Quel genre de guerre s'y fait-il ?

Le genre humain

Lui-même se déchire,

Se perce de sa propre main.

Satan l'inspire ;

De l'infernal empire

Tous les feux brillent dans son sein.

« Voyez donc comme ces chrétiens s'entr'aiment ! En quoi valent-ils mieux que des Turcs ou des païens ? Quelles abominations trouverait-on chez les mahométans ou chez les idolâtres qui n'existent pas aussi parmi les chrétiens ? » Et c'est ainsi qu'avant que je m'en sois aperçu, mon esprit s'est mis à voltiger d'une chose à une autre. Ce sont bien là, dans un certain sens, des pensées vagabondes. Car si elles ne s'éloignent pas de Dieu, si elles sont encore moins en guerre avec lui, il demeure pourtant vrai qu'elles s'écartent de l'objet spécial qui devait m'occuper.

II

1. Telle est la nature et telles sont les espèces des pensées vagabondes : je parle ici le langage de la pratique plutôt que celui de la philosophie. Mais quelles sont les circonstances qui les font naître ? Tel est le second point que nous devons examiner.

On découvre sans peine que la source de la première espèce de celles qui font la guerre à Dieu ou s'éloignent de lui, se trouve en général dans nos dispositions pécheresses, mauvaises. Par exemple, pourquoi Dieu n'est-il pas dans toutes les pensées, pourquoi n'est-il dans aucune des pensées de l'homme naturel ? Par une raison bien simple : c'est que cet homme, qu'il soit riche ou qu'il soit pauvre, qu'il soit instruit ou qu'il soit ignorant, est un athée, bien qu'on ne le qualifie pas habituellement de ce nom : il ne connaît pas Dieu, il ne l'aime pas. Pourquoi ses pensées errent-elles sans cesse du côté du monde ? C'est parce que cet homme est un idolâtre. Sans doute il n'adore pas une image taillée, il ne se prosterne pas devant un tronc d'arbre, mais il est plongé dans une idolâtrie tout aussi abominable : il aime, il adore le monde. Il cherche son bonheur dans les choses visibles, dans les plaisirs « qui périssent par l'usage (Col 2.22). » (Dans ce passage toutes nos traductions donnent à peu près ce sens « Préceptes qui sont tous pernicieux par leur abus. » La traduction de Vevey a seule imité la version anglaise. Celle-ci présente le sens adopté par Luther et approuvé par le commentaire de Lange. Ce sont nos traducteurs qui ont inventé que cette clause s'appliquait à des préceptes, ce qui les a conduits à un sens abstrait et qui n'est pas d'accord avec les habitudes du style apostolique. (Trad.) Pourquoi ses pensées s'éloignent-elle continuellement, de ce qui devrait être le but même de son existence, la connaissance de Dieu en Jésus-Christ ? Parce que cet, homme est un incrédule. Il n'a pas de foi, ou du moins il n'en a pas plus que les démons. Toutes ces pensées vagabondes naissent spontanément et, sans effort de cette mauvaise racine, l'incrédulité.

2. Les choses se passent ainsi dans le cas d'autres passions, comme l'orgueil, la colère, la vengeance, la vanité, la convoitise, l'avarice, dont chacune engendre des pensées en rapport avec la nature du sentiment qui les produit. Il en est de même de toutes les dispositions pécheresses, mauvaises, qui peuvent exister dans le cœur de l'homme. Il serait à peine possible, et il n'est point nécessaire de les énumérer en détail : il nous suffira de constater qu'autant il y a de penchants mauvais qu'on peut rencontrer dans une âme, autant il y a de chemins ouverts par lesquels cette âme s'éloignera de Dieu, en se livrant à la pire espèce de pensées vagabondes.

3. Pour ce qui est de la seconde classe de pensées errantes, les occasions qui les font naître sont très diverses. Un grand nombre proviennent de l'union qui subsiste naturellement entre le corps et l'âme. Les maladies du corps n'agissent-elles pas bien promptement et bien gravement sur l'intelligence ? Si seulement la circulation du sang dans le cerveau devient irrégulière, il n'y a plus moyen de penser régulièrement. Une folie furieuse survient, et l'esprit a perdu tout équilibre. Qu'il y ait seulement un trouble, une agitation dans les humeurs du corps, et il se produit un délire, une folie momentanée qui suspend toute action normale de là pensée. Les maladies nerveuses n'amènent-elles pas toujours, à quelque degré, ce même désordre dans nos pensées ? C'est ainsi que « le corps mortel pèse sur l'âme et la force de rêver à bien des choses.

4. Mais cette pression du corps sur l'âme s'exerce-t-elle seulement en temps de maladie ou d'indispositions extraordinaires ? Nullement ; cela arrive presque en tous temps, et même lorsqu'on est en parfaite santé. Un homme a beau se bien porter, il aura plus ou moins de délire dans l'intervalle de vingt-quatre heures. En effet, il dort, n'est-ce pas ? En dormant n'est-il pas exposé à rêver ? Et qui donc alors est maître de ses idée et capable d'y conserver de l'ordre et de la liaison ? Qui pourrait dans cet état tenir ses pensées fixées sur un sujet quelconque, ou les empêcher de vagabonder d'un pôle à l'autre ?

5. Mais, à supposer que nous soyons éveillés, le sommes-nous toujours suffisamment pour diriger comme il faut nos pensées ? Ne sommes-nous pas irrémédiablement exposés, par la nature même de cette machine qui s'appelle le corps, à l'influence des extrêmes les plus contraires ? Tantôt nous sommes trop lourds, trop affaissés et trop las pour suivre l'enchaînement de la pensée. À d'autres moments, nous sommes au contraire trop surexcités, et notre imagination, sans que nous le lui ayons permis, part d'ici ou de là, nous emporte à droite ou à gauche, que nous le voulions ou non : il suffit pour cela des mouvements naturels de notre sang, de la vibration de nos nerfs.

6. Autre chose. Combien de pensées vagabondes naissent des diverses associations d'idées qui se produisent chez nous à notre insu, sans que nous en sachions rien, tout à fait indépendamment de notre volonté ! Nous ignorons comment se forment ces associations d'idées, mais c'est certainement de mille façons différentes. Les plus sages, les plus saints des hommes ne sauraient empêcher ces associations d'idées de se produire et de produire tel ou tel effet inévitable, comme on peut l'observer tous les jours. Que le feu prenne à un bout de la traînée, et, en rien de temps, il atteint l'autre bout.

7. Encore un détail. Nous aurons beau fixer notre attention sur un sujet aussi soigneusement que nous le pourrons, s'il survient une cause de plaisir ou de souffrance, surtout si c'est quelque chose d'un peu vif, notre attention sera attirée par ce nouvel objet, et il absorbera nos pensées. Il interrompra la plus profonde des méditations, et il entraînera l'esprit loin de ses préoccupations favorites.

8. Ces occasions de vagabondage pour la pensée ont leur siège en nous et s'entrelacent avec notre constitution même. Mais les objets extérieurs, par leurs impulsions diverses, en font naître d'autres tout aussi naturellement et tout aussi invinciblement. Tout ce qui agit sur nos organes, sur nos sens, par nos yeux, par nos oreilles, éveille une idée dans notre esprit. Et de cette manière tout ce que nous voyons, tout ce que nous entendons vient se mêler aux pensées qui nous occupaient. C'est ainsi que toute personne qui fait quelque chose sous nos yeux, ou dit quelque chose que nous pouvons entendre, est cause que notre esprit s'écarte plus ou moins du sujet auquel il réfléchissait.

9. On ne saurait douter que les esprits du mal qui toujours cherchent qui ils pourront dévorer, ne profitent de toutes les occasions que nous venons d'indiquer pour troubler et dissiper notre esprit. Tantôt par l'un de ces moyens, tantôt par l'autre, ils nous harcèlent et, nous inquiètent ; autant que Dieu le leur permet, ils tâchent d'interrompre le cours de nos pensées, surtout si nous réfléchissons aux choses les plus sérieuses. Il n'y a là rien d'étonnant ; car ils comprennent sans doute le mécanisme de la pensée et savent avec lesquels de nos organes physiques, l'imagination, l'intelligence et les autres facultés de l'âme sont en rapport immédiat. Et de cette façon ils savent, en agissant sur ces organes, influer sur les opérations de l'esprit qui en dépendent. Il faut aussi tenir compte de ce fait qu'ils peuvent nous suggérer mille pensées diverses sans recourir aux moyens en question ; car il est tout, naturel que l'esprit puisse agir sur l'esprit, comme la matière sur la matière. Si nous considérons toutes ces choses, nous ne serons pas surpris de ce que si souvent nos pensées s'égarent loin de l'objet qui devait les occuper.

III

1. Quelles sont celles de ces pensées vagabondes qui sont coupables, et quelles sont celles qui ne le sont pas ? Tel est le troisième point que nous voulons étudier. Et, d'abord, toutes les pensées qui s'éloignent de Dieu, qui ne lui laissent point de place dans notre esprit, sont évidemment coupables. Car, toutes, elles supposent un athéisme pratique, et font que nous sommes sans Dieu dans le monde. Encore plus coupables sont celles qui sont opposées à Dieu, dans lesquelles il y a hostilité et inimitié contre lui. Telles sont toutes les pensées de murmure, de mécontentement qui reviennent à dire :

« Nous ne voulons pas que tu règnes sur nous (Lc 19.14). » Telles sont aussi toutes les pensées d'incrédulité, soit qu'elles se rapportent à l'existence de Dieu, ou bien à ses attributs ou à sa providence. Je veux parler de cette providence de détail, qui s'étend à tout et à tous dans l'univers, sans la permission de laquelle « un passereau ne tombe point à terre (Mt 10.29), » et par qui « tous les cheveux de notre tête sont comptés » ; (Mt 10.30). Car pour ce qui est d'une providence générale, comme disent bien des gens, ce n'est là qu'un mot, bienséant et qui fait bon effet, mais ne signifie absolument rien.

2. De plus, toute pensée qui provient de nos penchants mauvais ne peut qu'être coupable. Telles sont, par exemple, les pensées qui naissent d'un désir de vengeance, de l'orgueil, de la convoitise ou de la vanité. « Un mauvais arbre ne peut porter de bons fruits (Mt 7.18) ; » si l'arbre ne vaut rien le fruit ne saurait valoir davantage.

3. Sont aussi nécessairement coupables les pensées qui produisent ou entretiennent des dispositions coupables, celles qui engendrent l'orgueil, la vanité, la colère, l'amour du monde, et développent ou augmentent dans l'âme ces penchants mauvais et toute autre passion ou inclination coupable. Car ce n'est pas seulement tout ce qui découle du péché qui est péché ; c'est aussi tout ce qui y conduit, c'est tout ce qui tend à séparer l'âme de Dieu, à la rendre « terrestre, sensuelle et diabolique (Jc 3.15), » ou à la maintenir dans cet état.

4. Ainsi, toutes ces pensées qui nous viennent par suite de faiblesse ou de maladie, par l'action naturelle du mécanisme du corps ou des lois qui l'unissent à l'âme, ces pensées, tout innocentes qu'elles soient par elles-mêmes, deviennent pourtant coupables lorsqu'elles font naître ou bien encouragent et développent en nous un penchant mauvais quelconque, par exemple la convoitise de la chair, la convoitise des yeux, ou l'orgueil de la vie. De même, les pensées vagabondes qui nous viennent sous l'influence des paroles ou des actes de nos semblables, deviennent coupables dès qu'elles ont pour effet de susciter ou d'alimenter chez nous une inclination mau-

vaise. On peut en dire autant, de celles que le diable nous suggère ou nous inspire. Quand elles contribuent à satisfaire quelque disposition terrestre ou diabolique (et c'est le cas toutes les fois que nous leur donnons accès chez nous et qu'ainsi nous nous les approprions) ; alors elles sont coupables tout aussi bien que les penchants auxquels elles prêtent la main.

5. Mais, à part ces cas, les pensées vagabondes, dans le second sens attaché à cette expression, c'est-à-dire celles qui détournent notre esprit de l'objet qui devait, l'occuper, ne sont pas plus coupables, que ne le sont les mouvements des humeurs ou du sang dans nos veines et dans notre cerveau. Si elles proviennent d'une constitution maladive ou d'une faiblesse, d'une indisposition accidentelles, elles ne sont pas davantage condamnables qu'il ne l'est d'avoir une santé délicate ou un corps malade. À coup sûr, personne ne doute qu'une personne tout à fait irréprochable peut souffrir de désordres nerveux, d'attaques de diverses fièvres, de délire passager ou d'une longue durée. Ces pensées peuvent aussi se produire dans une âme qui habite un corps parfaitement sain, soit par suite de cette union du corps avec l'âme, soit à cause de mille et un accidents qui peuvent survenir dans les fonctions de ceux de nos organes qui concourent à la formation de la pensée. Mais, dans tous ces divers cas, les pensées errantes ne sont pas plus coupables que ne le sont les causes d'où elles naissent. On peut en dire tout autant du cas où ces pensées viennent d'associations d'idées qui sont absolument fortuites et involontaires.

6. Si nos semblables, en agissant de diverses façons sur nos sens, réussissent à détourner nos pensées du sujet qui les occupait, nous sommes pourtant innocents ; car ce n'est pas davantage un péché de percevoir les choses qu'on voit ou qu'on entend (et que souvent, on ne peut faire autrement que d'entendre, de voir et de comprendre), que ce n'est un péché d'avoir des yeux et des oreilles. « Mais, dira quelqu'un, si le diable m'inspire des pensées vagabondes, est-ce qu'elles ne sont pas coupables ? » Elles sont gênantes, dans ce sens-là elles sont mauvaises ; mais elles ne sont pas coupables. Je ne sais si Satan parla à Jésus d'une voix perceptible pour l'oreille, ou si ce fut seulement à son esprit qu'il s'adressa lorsqu'il lui dit : « Je te donnerai toutes ces choses si, en te prosternant, tu m'adores (Mt 4.9). » Mais qu'il lui ait parlé extérieurement ou intérieurement, il est certain que notre Seigneur comprit ce qu'il lui disait. Et il eut nécessairement une pensée en rapport avec ces paroles. Mais cette pensée fut-elle coupable ? Nous savons que non ; car il n'y a pas eu en lui de péché, pas plus en pensée qu'en parole ou en action. Et il n'y a pas non plus de péché dans mille et mille pensées du même genre que Satan peut suggérer à chacun des disciples de Jésus.

7. Il s'ensuit qu'aucune de ces pensées vagabondes n'est incompatible avec l'amour parfait, quoi qu'en aient pu dire certains hommes téméraires qui ont ainsi affligé ceux que le Seigneur n'avait pas voulu affliger. S'il en était autrement, une vive douleur et le sommeil lui-même seraient incompatibles avec l'amour parfait ; car dès qu'une douleur un peu vive survient, elle interrompt le cours de nos pensées, quel qu'en fût l'objet, et elle les entraîne dans une autre direction ; et le sommeil n'est-il pas un état où l'on est inconscient et, comme privé de raison, un état où généralement nos pensées vont errant par la terre, incohérentes et extravagantes ? Ces pensées sont pourtant compatibles avec l'amour parfait : on peut en dire autant de toutes les pensées vagabondes qui appartiennent à cette classe.

IV

1. Après tout ce que nous venons de dire, il sera facile de répondre clairement à cette question : quelles sont les pensées vagabondes dont nous pouvons demander et espérer d'être délivrés ?

Tous ceux qui sont rendus parfaits dans l'amour sont incontestablement délivrés de la première espèce de ces pensées, c'est-à-dire de celles qui détournent de Dieu notre cœur, qui sont en opposition avec sa volonté ou qui nous laissent sans Dieu dans le monde. Nous pouvons donc compter sur cette délivrance ; nous pouvons et nous devons la demander à Dieu. Ce genre de pensées errantes implique de l'incrédulité, si ce n'est même de l'inimitié contre Dieu ; et il veut détruire, anéantir absolument ces mauvais sentiments. Oui, Dieu nous délivrera entièrement de toute pensée vagabonde qui est coupable. Tous ceux qui sont parfaits dans l'amour en ont été délivrés, sans quoi ils ne seraient pas sauvés du péché. Les hommes et les démons pourront les tenter de mille manières ; mais ils ne prévaudront point, contre eux.

2. Pour ce qui est ; de la seconde espèce de pensées errantes, c'est un tout, autre cas. On ne peut pas raisonnablement, s'attendre à voir cesser les effets avant que la cause en ait été supprimée. Or, les causes ou occasions de ce genre de pensées subsisteront aussi longtemps que nous habiterons ce corps. Nous avons donc tout lieu de croire que les effets en question continueront à se produire pendant tout ce temps.

3. Entrons dans quelques détails. Représentez-vous une âme, si sainte qu'elle puisse être, habitant un corps maladif ; imaginez que le cerveau est si complètement affecté qu'il se produit une folie furieuse : est-ce que les pensées ne seront pas extravagantes et incohérentes aussi longtemps que la maladie persistera ? Supposez que ce soit une fièvre qui produit cette folie temporaire qu'on nomme le délire : peut-il y avoir quelque liaison dans les pensées jusqu'à ce que le délire ait cessé ? Supposez encore que ce qu'on appelle une maladie nerveuse ait tellement empiré qu'il s'en soit ensuivi une folie, au moins partielle : cet état n'occasionnera-t-il pas une foule de pensées errantes ? Et ces pensées irrégulières ne persisteront-elles pas aussi longtemps que le mal qui les occasionne ?

4. Il en sera de même pour les pensées qu'une douleur violente fait naître. Tant que durera cette douleur, nous aurons plus ou moins ces pensées : c'est dans l'ordre invariable de la nature. Les choses suivront également cet ordre dans le cas où nos pensées sont troublées, embarrassées ou interrompues par suite de quelque défaut de perception, de jugement ou d'imagination, résultant de la constitution particulière de notre corps. Que d'interruptions dans la pensée proviennent de cette association des idées qui est inexplicable autant qu'involontaire ! Toutes ces choses viennent, directement ou indirectement, de ce que notre corps corruptible pèse sur l'esprit, et nous ne pouvons pas compter d'en être exempts avant que « ce corps corruptible soit revêtu de l'incorruptibilité (1 Co 15.53). »

5. C'est seulement alors, quand nous serons couchés dans la poussière, que nous serons délivrés de toutes les pensées errantes que nous amenaient les choses que nous voyions ou entendions parmi ceux qui nous entouraient ici-bas. Pour échapper à ces pensées, il nous faudrait sortir du monde ; car tant que nous y resterons, tant qu'il y aura autour de nous des hommes et des femmes, et tant que nous aurons des yeux pour voir et des oreilles pour entendre, les choses que nous voyons et entendons journellement agiront sur notre esprit, et plus ou moins elles se mêleront au cours de nos pensées pour l'interrompre.

6. Et aussi longtemps que les mauvais esprits rôderont, dans ce monde bouleversé et misérable, ils ne manqueront pas d'assaillir tous ceux qui « participent à la chair et au sang (He 2.14), » qu'ils puissent ou non les vaincre. Ceux qu'ils ne peuvent faire périr, ils les troubleront ; s'ils ne peuvent pas en venir à bout, ils ne laisseront pas de les attaquer. Et à l'égard de ces attaques de la part de nos ennemis toujours actifs, infatigables, ne comptons pas d'en être entièrement délivrés avant d'être « là où les méchants ne tourmentent plus personne, et où se reposent ceux qui sont fatigués (Jb 3.17). »

7. Résumons-nous. Espérer être délivrés des pensées vagabondes que nous suggèrent les esprits malins, ce serait, espérer que le diable va mourir, ou qu'il s'endormira, tout au moins qu'il cessera de « tourner autour de nous comme un lion rugissant (1 P 5.8) : » Espérer être délivrés des pensées que nos semblables font naître en nous ce serait espérer que tous les hommes disparaissent de la terre, ou bien que nous pourrions nous isoler complètement d'eux et ne plus rien avoir à faire avec eux ; ou bien encore ce serait, espérer que nous aurons des yeux et ne verrons pas, que nous aurons des oreilles et n'entendrons pas, que nous serons aussi insensibles que des pierres ou des morceaux de bois. Demander à être délivrés des pensées dont notre corps est l'occasion, revient à demander de quitter ce corps ; sinon, c'est demander des choses impossibles et absurdes ; c'est prier Dieu de faire des choses contradictoires, de supprimer les conséquences naturelles et nécessaires de l'union de l'âme avec un corps corruptible, tout en laissant subsister cette union. C'est comme si nous demandions à être hommes et anges en même temps, à la fois mortels et immortels. Non ! pour que ce qui est mortel disparaisse, il faut que ce qui est immortel soit venu.

8. Demandons plutôt à Dieu, « par l'esprit, et avec intelligence (1 Co 14.15 Ostervald révisée), » « que toutes ces choses concourent ensemble à notre bien (Rm 8.28), » et que nous puissions endurer toutes les infirmités de notre nature, tous les dérangements que nous causent les hommes, tous les assauts et toutes les suggestions des esprits malins, et « dans toutes ces choses être plus que vainqueurs (Rm 8.37). » Demandons à être délivrés de tout péché, et qu'il n'en reste ni racine ni rameau ; que nous soyons « nettoyés de toute souillure de la chair et de l'esprit, » (2 Co 7.1) de toute pensée, parole ou action mauvaise ; que nous puissions « aimer le Seigneur notre Dieu de tout notre cœur, de toute notre âme, de toute notre force et de toute notre pensée (Lc 10.27) ; » que tous « les fruits de l'Esprit » se trouvent en nous, non seulement « la charité, la joie, la paix, » mais aussi « la patience, la douceur, la bonté, la fidélité, la bénignité, la tempérance (Ga 5.22). » Oui, prions Dieu de faire que toutes ces choses fleurissent, abondent et se multiplient de plus en plus en nous, jusqu'à ce que « l'entrée au royaume éternel de notre Seigneur et Sauveur Jésus-Christ nous soit pleinement accordée (2 P 1.11). »

SERMON 42

Les desseins de Satan

Nous n'ignorons pas ses desseins.
— 2 Corinthiens 2.11 —

1. Le mot grec employé ici par saint Paul est rendu dans nos versions françaises par desseins : il signifie pensées, intentions, inventions.[3] Les inventions que, dans son habileté, le dieu de ce monde emploie pour essayer de faire périr les enfants de Dieu, ou tout au moins de tourmenter ceux qu'il ne peut faire périr, de les embarrasser et de les retarder dans la course qui leur a été proposée, ces inventions sont aussi innombrables que les étoiles du ciel ou les sables de la mer. Mais je ne me propose de parler ici que d'une seule de ces inventions, laquelle, toutefois, revêt diverses formes dans l'application, et qui tend à « diviser contre lui-même » (Mt 12.25, 26) l'Évangile, à en démolir une portion en se servant pour cela de l'autre.

2. Le royaume intérieur des cieux, celui qui est établi dans le cœur de tous ceux qui se repentent et croient à l'Évangile, « consiste en justice, paix et joie par le Saint-Esprit (Rm 14.17). » Le plus petit « enfant en Christ (1 Co 3.1), » sait par expérience que nous jouissons de ces biens dès l'instant où nous croyons en Jésus. Mais ce ne sont là que les prémices de son Esprit ; ce n'est pas encore la moisson. Et, quoique ces bénédictions soient plus grandes qu'on ne saurait le penser, nous espérons voir de plus grandes choses encore. Nous comptons arriver à aimer le Seigneur notre Dieu, non seulement comme nous le faisons actuellement, d'une affection sincère, quoique faible, mais bien « de tout notre cœur, de toute notre âme, de toute notre pensée et de toute notre force (Mc 12.30). » Nous attendons de Dieu la grâce d' « être toujours joyeux, de prier sans cesse, et de rendre grâces en toutes choses ; car c'est la volonté de Dieu en Jésus-Christ à notre égard (1 Th 5.16-18)

3. Nous comptons être rendus « parfaits dans l'amour » (1 Jn 4.18) dans « l'amour qui bannit toute crainte accompagnée de peine » et tout désir qui ne tend pas à glorifier celui que nous aimons, qui ne tend pas à l'aimer et à le servir de plus en plus. Nous nous attendons à éprouver un tel accroissement de la connaissance et de l'amour de notre Dieu Sauveur que nous pourrons « marcher dans la lumière comme il est lui-même dans la lumière (1 Jn 1.7). » Nous croyons qu'il nous sera donné d' « avoir les mêmes sentiments que Jésus-Christ a eus (Ph 2.5), » d'aimer tous les hommes assez pour être prêts à « donner notre vie (Jn 15.13 ; 1 Jn 3.16[8]) pour eux, assez pour être par cet amour délivrés de la colère et de l'orgueil, et de toute autre disposition malveillante. Nous comptons être « purifiés de toutes nos idoles » (Ez 36.25), » et « de toute souillure de la chair et de l'esprit (2 Co 7.1), » être nettoyés de toutes nos impuretés tant intérieures qu'extérieures, enfin être « purifiés comme lui aussi est pur (1 Jn 3.3). »

4. Nous comptons sur la promesse de celui qui ne peut mentir, qu'un jour viendra certainement où, par toutes nos paroles comme par toutes nos actions, nous ferons sa sainte volonté sur la terre comme elle est faite dans le ciel ; où « nos discours seront toujours accompagnés de grâce et assaisonnés de sel, de manière que nous sachions répondre à chacun comme il faut (Col 4.6) ; » où, « soit que nous mangions, ou que nous buvions, on que nous fassions quelque autre chose, nous ferons tout pour la gloire de Dieu (1 Co 10.31) ; » où, enfin, « soit par nos paroles, soit par

---

[3] Ce dernier sens se rapproche beaucoup de la traduction anglaise (devices) sur laquelle est fondé le sermon de J. Wesley. Trad.

nos actions, nous ferons tout au nom du Seigneur Jésus, rendant grâces par lui à Dieu notre Père (Col 3.17).

5. Eh bien, l'invention capitale de Satan consiste à détruire l'œuvre que Dieu a déjà faite dans notre âme, ou du moins à en retarder le développement, par l'attente même où nous sommes d'une œuvre plus grande. Je me propose donc en ce moment, d'abord, de signaler les divers moyens qu'il emploie pour atteindre ce but ; ensuite, d'indiquer comment nous pouvons repousser ces traits enflammés du Malin, et même nous élever plus haut à l'aide de ce qu'il avait préparé pour nous faire tomber.

I

1. Je dois donc, tout d'abord, signaler les divers moyens employés par Satan pour essayer de ruiner l'œuvre que Dieu a déjà faite dans notre âme, ou tout au moins d'en retarder le développement par le fait même de notre attente d'une œuvre plus grande. En premier lieu, il s'efforce de rabattre la joie que nous avons dans le Seigneur en nous invitant à considérer combien nous sommes par nous-mêmes vils, pécheurs et indignes, et qu'il faut que nous soyons bien autrement changés que nous ne le sommes, sans quoi nous ne saurions voir le Seigneur. Si nous étions assurés que, jusqu'à l'heure de la mort, nous devons demeurer ce que nous sommes, peut-être trouverions-nous dans cette nécessité une sorte de consolation, si faible qu'elle fût. Mais nous savons que nous ne sommes pas condamnés à rester dans cet état ; nous sommes certains qu'un plus grand changement doit se produire et que, si le péché n'est pas entièrement anéanti dès cette vie, nous ne pourrons voir Dieu dans sa gloire. Notre adversaire rusé en profite pour rabattre la joie que pourrait nous causer ce que nous avons déjà obtenu, en nous rappelant dans un but pervers tout ce que nous ne possédons pas et la nécessité absolue de le posséder. Il arrive donc que nous ne pouvons pas être joyeux à cause de ce que nous avons, parce qu'il y a bien davantage que nous n'avons pas. Nous ne pouvons plus savourer comme il faut la bonté de Dieu qui a fait pour nous de si grandes choses, parce qu'il en reste de beaucoup plus grandes qu'il n'a pas encore faites. Il arrive même que plus Dieu produit en nous une profonde conviction de notre manque de sainteté actuel, plus nous avons dans le cœur un ardent désir de cette sainteté complète qu'il a promise, et plus aussi nous sommes tentés de faire peu de cas des dons accordés par le Seigneur, et de ne pas apprécier à sa juste valeur ce que nous avons déjà reçu, à cause de ce que nous n'avons pas reçu.

2. Mais si Satan peut gagner ce point de rabattre notre joie, il s'attaquera bientôt à notre paix. Il nous suggérera des pensées comme celles-ci : « Es-tu en état de voir Dieu ? Il a les yeux trop purs pour voir le mal (Ha 1.13). Comment donc oserais-tu t'imaginer qu'il te contemple avec approbation ? Dieu est saint : tu es impur. Quelle union y a-t-il entre la lumière et les ténèbres ? (2 Co 6.14) Comment serait-il possible que, souillé comme tu l'es, tu possédasses la faveur de Dieu ? Sans doute tu aperçois le but, le prix de ta céleste vocation ; mais ne vois-tu pas qu'il est bien loin de toi ? Et comment peux-tu croire que tous tes péchés sont effacés ? Ne faut-il pas, avant cela, que tu sois plus près de Dieu, que tu lui ressembles davantage ? » C'est ainsi qu'il s'efforcera, non seulement d'ébranler votre paix, mais d'en renverser même les fondements, de vous ramener par degrés et insensiblement à votre point de départ, c'est-à-dire à chercher la justification par vos œuvres ou par votre propre justice, à chercher en vous-mêmes ce qui vous fera agréer par Dieu ou tout au moins quelque chose d'indispensable pour que vous soyez agréés.

3. Et si nous tenons bon, si nous disons : « Personne ne peut poser d'autre fondement que celui qui a été posé, qui est Jésus Christ (1 Co 2.11) ; » je suis « justifié gratuitement par sa grâce, par la rédemption qui est en Jésus-Christ (Rm 3.23) ; » Satan nous répliquera sans se lasser : « Mais on connaît. L'arbre par ses fruits. Portes-tu les fruits de la justification ? As-tu les mêmes sentiments que Jésus-Christ a eus ? Es-tu mort au péché et, vivant pour la justice ? As-tu été rendu conforme à Christ dans sa mort et connais-tu le pouvoir de sa résurrection ? » Alors, comparant en nous-mêmes les faibles résultats obtenus avec l'ampleur des promesses, nous serons tout près d'arriver à ces tristes conclusions : « Bien certainement Dieu ne m'a pas dit que tous mes péchés m'étaient pardonnés ! Bien certainement je n'ai pas obtenu la rémission de mes fautes. Car quelle part ai-je dans l'héritage des saints ? »

4. Mais c'est surtout au moment de la maladie et de la souffrance que Satan y insistera de toutes ses forces : « Celui qui ne peut mentir n'a-t-il pas dit : Sans la sanctification, personne ne verra le Seigneur ? (He 12.14) Et toi, tu n'es pas saint ! Tu le sais bien, car tu n'ignores pas que la sainteté, c'est une ressemblance parfaite avec Dieu. Et combien tu es au-dessous de cela : à peine l'entrevois-tu ! Tu ne peux pas y arriver. Ainsi tous tes efforts ont été vains. Tout ce que tu as enduré, tu l'as enduré pour néant. Tu as dépensé tes forces inutilement. Tu es encore dans tes péchés, et tu y périras finalement ! » Et c'est de cette façon que, si vous ne tenez pas vos regards invariablement fixés sur celui qui a porté vos péchés, Satan vous ramènera sous le joug de cette « crainte de la mort, » par laquelle si longtemps vous fûtes « assujettis à la servitude (He 2.15). » C'est ainsi qu'il diminuera, s'il ne les détruit pas entièrement, la paix aussi bien que la joie que vous aviez dans le Seigneur.

5. Mais le chef-d'œuvre de sa ruse est encore à venir. Non content de battre en brèche votre paix et votre joie, il portera ses efforts encore plus loin, jusqu'à assaillir votre justice elle-même. Il tâchera d'ébranler et, s'il le peut, de ruiner la sainteté que vous avez déjà obtenue, et cela en profitant de cette espérance même que vous avez de recevoir davantage, de posséder un jour l'image parfaite du Seigneur.

6. Le procédé qu'il emploie pour atteindre son but a été partiellement indiqué dans les remarques qui précèdent. Car, tout d'abord ; lorsqu'il s'attaque à votre joie dans le Seigneur, il s'attaque du même coup à votre sainteté, attendu que la joie du Saint-Esprit contribue admirablement à entretenir toutes les dispositions saintes ; attendu qu'elle est un instrument précieux entre les mains de Dieu pour avancer son œuvre dans l'âme croyante. Cette joie aide puissamment à pratiquer la sanctification tant extérieure qu'intérieure. Elle affermit nos mains pour que nous poursuivions « les œuvres de notre foi et les travaux de notre charité (1 Th 1.3), » pour que nous combattions courageusement. « Dans le bon combat de la foi, remportant la vie éternelle (1 Tm 6.12). » Dieu a expressément voulu que celle joie fit contrepoids à nos souffrances du dedans et du dehors, et que, par son moyen ; fussent « fortifiés, les mains qui sont affaiblies et les genoux qui sont relâchés (He 12.12). » Conséquemment tout ce qui tend à diminuer notre joie dans le Seigneur, met obstacle dans la même mesure à notre sanctification. Et c'est de cette manière que Satan, en ébranlant notre joie, entrave aussi notre sanctification.

7. Les mêmes effets se produiront s'il réussit, de quelque façon que ce soit, à détruire ou à ébranler notre paix. Car la paix de Dieu est, elle aussi, un moyen précieux d'imprimer plus parfaitement l'image de Dieu en nous. Rien peut-être ne contribue plus au développement de la sainteté que cette tranquillité d'esprit permanente, cette sérénité d'une âme qui s'appuie sur Dieu, ce repos si calme qu'on trouve dans le sang de Jésus. Privés de cela, nous ne pouvons guère croître en grâce et dans la connaissance vitale de notre Seigneur Jésus-Christ. Car toute crainte, sauf pourtant la crainte filiale et pleine de tendresse, glace et engourdit l'âme. Elle arrête le jeu de tous les ressorts de la vie spirituelle ; elle suspend les battements du cœur dans son élan vers Dieu. Le doute embourbe l'âme en quelque sorte, et elle reste là attachée à l'ornière. Nos progrès dans la sainteté sont donc entravés dans la mesure où nous sommes sous l'empire de l'un ou l'autre de ces sentiments.

8. En même temps qu'il s'efforce de trouver, dans notre conviction de la nécessité de l'amour parfait, un moyen d'ébranler notre paix par des doutes et des craintes, notre habile adversaire tache d'affaiblir ou même de détruire notre foi. C'est qu'en effet notre foi et notre paix sont étroitement liées, si étroitement qu'elles doivent subsister ou périr ensemble. Tant que la foi persiste, nous conservons la paix : notre cœur demeure ferme aussi longtemps qu'il croit au Seigneur. Mais si nous lâchons notre foi, notre confiance filiale en ce Dieu qui aime et qui pardonne, c'en est fait de notre paix ; car le fondement même en est renversé. Ce fondement est celui de notre sainteté aussi bien que celui de notre paix. Aussi tout ce qui l'ébranle ébranle en nous la base de notre sainteté. Sans cette foi, en effet, sans le sentiment constant que « Christ m'a aimé et s'est donné pour moi (Ga 2.20), » sans cette conviction permanente que Dieu, pour l'amour de Christ, est apaisé envers moi pécheur, il est impossible que j'aime Dieu. « Nous l'aimons parce qu'il nous a aimés le premier (1 Jn 4.19), » et nous l'aimons d'autant plus que nous avons une conviction plus forte et plus nette du fait qu'il nous a aimés et nous a reçus en son Fils. Mais si nous

n'aimons pas Dieu, nous ne pouvons aimer notre prochain comme nous-mêmes, et nous ne pouvons, conséquemment, posséder les dispositions convenables soit vis-à-vis de Dieu, soit vis-à-vis des hommes. Donc, tout ce qui affaiblit notre foi doit nécessairement au même degré entraver notre sanctification. Et c'est là le moyen le plus sûr et aussi le plus prompt de ruiner toute sainteté ; car cela n'agit pas seulement sur quelque trait du caractère chrétien, cela n'affecte pas seulement quelque grâce ou quelque fruit de l'Esprit : c'est un procédé qui, s'il peut réussir, déracinera en nous l'œuvre divine tout entière.

9. Il n'est donc pas étonnant que ce soit sur ce point que le prince des ténèbres de ce monde déploie toute sa puissance. C'est ce que notre expérience nous confirme. Il est, en effet, plus facile d'imaginer que de décrire la violence incroyable des tentations qui assaillent à cet égard ceux qui ont faim et soif de justice. Quand une clarté vive et puissante vient leur montrer, d'un côté, combien leur cœur est désespérément mauvais, et, de l'autre ; à quelle sainteté sans tache ils sont appelés en Jésus-Christ ; d'un côté, la profondeur de leur dépravation et leur éloignement absolu de Dieu, de l'autre, la hauteur de la gloire du Seigneur, de cette image du Saint des saints selon laquelle ils doivent être renouvelés : alors il arrive bien souvent que tout courage les abandonne et qu'ils seraient prêts à s'écrier : « C'est impossible pour Dieu lui-même ! » Ils semblent alors sur le point de renoncer à leur foi et à leur espérance, d'abandonner cette confiance à l'aide de laquelle ils pourront tout surmonter et tout faire par Christ qui les fortifie, cette confiance par laquelle, « après avoir fait la volonté de Dieu, ils remporteront l'effet de sa promesse (He 10.35, 36). »

10. S'ils « conservent jusqu'à la fin ce qui les soutient dès le commencement (He 3.14), » ils remporteront certainement l'effet de la promesse de Dieu qui embrasse et le Temps et l'Éternité. Mais voici un autre piège tendu devant nos pas. Tandis que nous soupirons ardemment après la réalisation de cette promesse en ce qui touche à la vie présente, après « la liberté glorieuse des enfants de Dieu (Rm 8.21), » il peut se faire que, sans nous en apercevoir, nous arrivions à négliger de penser à « la gloire à venir qui doit être manifestée (Rm 8.18). » Il se peut que nos regards se détournent insensiblement de cette couronne que le juste Juge a promis de donner au grand jour « à tous ceux qui auront aimé son avènement (2 Tm 4.8) ; » et que nous cessions de contempler l'héritage incorruptible qui nous est réservé dans les cieux. Cela aussi serait au détriment de nos âmes et mettrait obstacle à notre sanctification. Car nous avons besoin, pour être soutenus en courant la course qui nous est proposée, de ne jamais perdre de vue le but. Ce fut ainsi encouragé et « parce qu'il avait en vue la rémunération » que Moïse autrefois « choisit, d'être affligé avec le peuple de Dieu plutôt que de jouir pour un peu de temps des délices du péché, regardant l'opprobre de Christ comme des richesses plus grandes que les trésors de l'Égypte.

Il est même dit de celui qui fut plus grand que Moïse, que, « à cause de la joie qui lui était proposée, il a souffert la croix, méprisant l'ignominie, et s'est assis à la droite du trône de Dieu » (He 12.2) Nous pouvons apprendre par cela qu'à plus forte raison nous avons besoin de regarder à la joie qui nous est proposée, afin que nous puissions porter la croix, quelle qu'elle soit, que nous imposera la sagesse divine, et marcher à la gloire par la sainteté.

11. Tout en tendant à cette gloire aussi bien qu'à la glorieuse liberté qui y conduit, nous pouvons être exposés à tomber dans un autre piège du Diable, piège au moyen duquel il tâche d'enlacer les enfants de Dieu. C'est de prendre trop « souci du lendemain » (Mt 6.34) et d'oublier de mettre à profit « aujourd'hui (He 3.13). » Nous pourrions vivre dans l'attente de l'amour parfait et ne pas mettre en œuvre l'amour déjà répandu dans nos cœurs. Il ne manque pas d'exemples de personnes qui ont de cette façon reçu un grand dommage. Elles étaient tellement préoccupées de ce qu'elles devaient recevoir plus tard, qu'elles en négligeaient absolument ce qu'elles avaient déjà reçu. Dans leur attente de recevoir cinq talents de plus, elles ont enterré leur unique talent, ou du moins elles ne l'ont pas fait valoir, comme elles auraient pu le faire, à la gloire de Dieu et pour le bien de leurs propres âmes.

12. C'est ainsi que l'ennemi rusé de Dieu et des hommes s'efforce de rendre inutile le conseil de Dieu, en divisant l'Évangile contre lui-même, de façon à ce qu'une portion en renverse l'autre, le commencement de l'œuvre du Seigneur dans l'âme étant ruiné par l'attente même d'une œuvre plus parfaite. Nous venons de voir quelques-uns des moyens par lesquels il cherche à

atteindre ce résultat : il tâche de tarir pour nous les sources de la sainteté. Mais il y arrive aussi par une méthode plus directe, c'est-à-dire en nous faisant trouver dans cette espérance bénie une occasion de nous laisser aller à des sentiments contraires à la sainteté.

13. Par exemple, lorsque notre cœur a faim et soif de l'accomplissement de toutes « les grandes et précieuses promesses » (2 P 1.4) quand nous soupirons après la plénitude de Dieu comme le cerf après les eaux courantes, quand notre âme, pleine d'ardents désirs, s'écrie « Pourquoi son char tarde-t-il à venir ? » (Jg 5.28) Satan ne laisse pas échapper cette occasion de nous provoquer au murmure contre Dieu. En pareil cas, il déploie toute son habileté, toutes ses ressources, pour nous amener, si possible, dans un moment de surprise, à nous plaindre de ce que le Seigneur diffère ainsi sa venue ; il tâchera de produire chez nous tout au moins un peu de mécontentement et d'impatience, peut-être de l'envie à l'égard de ceux que nous croyons avoir déjà obtenu le prix de leur céleste vocation. Il sait parfaitement qu'en donnant lieu à quelqu'un de ces mauvais sentiments, nous démolissons l'édifice que nous voudrions bâtir. Une telle manière de rechercher la sainteté parfaite fait que nous en sommes plus loin qu'auparavant. Il y a même grand danger que notre « dernière condition ne devienne pire que la première (2 P 2.29), » comme pour ceux au sujet desquels l'apôtre écrivait ces paroles terribles : « Il leur eût mieux valu de n'avoir point connu la voie de la justice que de se détourner, après l'avoir connue, du saint commandement qui leur avait été donné (2 P 2.21).

14. Satan compte aussi obtenir de cette façon un autre avantage, qui est de mettre le bon chemin en mauvais renom. Il sait bien que fort peu de personnes peuvent (sans parler d'un trop grand nombre qui pourraient, mais ne veulent pas) distinguer entre l'abus éventuel d'une doctrine et sa tendance naturelle. Il profite de cela pour confondre perpétuellement les deux choses à propos de la doctrine de la perfection chrétienne, afin d'inspirer aux hommes qui ne se tiennent pas en garde, des préventions contre les précieuses promesses du Seigneur. Et combien souvent, combien généralement, j'allais dire combien invariablement il y réussit ! Car, où sont ceux qui, après avoir constaté quelques conséquences fâcheuses résultant accidentellement de cette doctrine, ne vont pas tout droit à cette conclusion que c'est là sa tendance naturelle, et ne s'empressent pas de dire « Voyez quels fruits cette doctrine porte ! » entendant par là que tels sont ses fruits naturels et nécessaires. Mais ce n'est pas cela : ce sont des fruits qui peuvent provenir accidentellement de l'abus d'une vérité importante et précieuse. Or, l'abus d'une doctrine biblique quelconque n'entraîne pas la suppression de son usage. L'infidélité de l'homme qui corrompt son droit chemin, n'anéantit pas non plus la promesse de Dieu. Oh non ! que Dieu soit reconnu véritable et tout homme menteur. La parole de l'Éternel subsistera. « Celui qui a fait les promesses est fidèle (He 10.23), » « et il le fera aussi (1 Th 5.24). » Ne nous laissons pas entraîner à « abandonner jamais les espérances de l'Évangile » (Col 1.23) Tâchons plutôt de découvrir comment on peut repousser ces traits enflammés du Malin et même faire de plus grands progrès au moyen des choses sur lesquelles Satan comptait pour nous faire tomber. Tel est le second point que nous voulons examiner.

II

1. Et d'abord, Satan vient-il essayer de rabattre votre joie qui est dans le Seigneur, en vous rappelant votre état de péché et en y ajoutant ceci que, sans une sainteté complète et parfaite, personne ne verra le Seigneur ! Vous pouvez lui renvoyer son projectile aussi longtemps que, par la grâce de Dieu, tout en sentant profondément votre indignité, vous vous réjouirez d'autant plus dans l'espérance ferme que vous serez délivrés de tout cela. Tant que vous retiendrez cette espérance, tout mauvais sentiment que vous éprouvez peut servir non à diminuer, mais à augmenter votre joie pleine d'humilité. Car vous pouvez dire : « Ceci, et cela encore, doit être anéanti par la présence du Seigneur. Comme la cire fond au feu, ainsi tout ce mal fondra devant sa face. » De cette façon, plus est grand le changement qui doit s'accomplir encore dans votre âme, et plus vous devez triompher en l'Éternel et vous réjouir dans le Dieu de votre salut, en celui qui a déjà fait pour vous de si grandes choses et qui en fera d'encore plus grandes.

2. En second lieu, si Satan cherche à ébranler violemment votre paix par des insinuations comme celle-ci : « Dieu est saint ; toi tu ne l'es pas. Tu es à une distance infinie de cette sanctifica-

tion sans laquelle tu ne peux voir Dieu. Comment donc pourrais-tu jouir de sa faveur ? Comment peux-tu te figurer que tu es justifié ? » prenez d'autant plus garde de vous tenir fermement attachés à ceci : « Ce n'est pas par des œuvres de justice que j'ai pu faire que je puis être trouvé en lui (Ph 3.9), être « reçu en son bien-aimé (Ep 1.6 — d'après la version anglaise.), » ayant, non ma propre justice pour cause absolue ou partielle de ma justification devant Dieu, mais la justice « qui vient de la foi en Christ, savoir la justice qui vient de Dieu par la foi (Ph 3.9). » Oh ! que cette vérité soit comme un collier à votre cou ; écrivez-la sur les tables de vos cœurs ; portez-la comme un bracelet autour de votre bras, comme un fronteau entre vos yeux : « Je suis justifié gratuitement par sa grâce, par la rédemption qui est en Jésus-Christ » (Rm 3.23) Appréciez et chérissez toujours plus cette précieuse vérité : « Vous êtes sauvés par grâce par la foi (Ep 2.8). » Admirez de plus en plus la libéralité de la grâce de Dieu, en ce qu'il « a tellement aimé le monde qu'il a donné son Fils unique, afin que quiconque croit en lui ne périsse point mais ait la vie éternelle (Jn 3.16). » C'est ainsi que le sentiment, de votre misère d'un côté et d'un autre votre attente de la sainteté contribueront l'un et l'autre à affermir votre paix et à la rendre « comme un fleuve (És 48.18). » Alors cette paix coulera avec un cours tranquille, malgré les montagnes de l'impiété, qui seront aplanies au jour où le Seigneur viendra prendre entière possession de votre cœur. Ni la maladie, ni la souffrance, ni l'approche de la mort ne pourront vous causer des doutes ou de la crainte. Vous savez que, pour Dieu, un jour, une heure, un instant est comme mille ans. Il ne saurait être arrêté par des limites de temps dans l'œuvre qu'il lui reste à accomplir dans votre âme. Le moment voulu par Dieu est, toujours le meilleur moment. Ne te mets donc en peine, de rien. Expose-lui seulement tes besoins, sans te laisser aller au doute ou à la crainte, avec des actions de grâces, puisque tu sais d'avance qu'il ne t'épargnera aucun bien.

3. En troisième lieu, plus vous vous verrez tentés de jeter votre bouclier, d'abandonner votre foi, votre confiance en l'amour de Dieu, plus il vous faudra prendre garde de bien conserver « les choses auxquelles vous êtes parvenus (Ph 3.16 — d'après la version anglaise), » et plus vous devrez vous efforcer de « rallumer le don de Dieu qui est en vous (2 Tm 1.6). » Ne lâchez jamais cette foi qui peut dire : « J'ai un avocat auprès du Père, Jésus-Christ le juste (1 Jn 2.1) ; » « si je vis encore dans ce corps, je vis dans la foi au Fils de Dieu qui m'a aimé et qui s'est donné soi-même pour moi (Ga 2.20). » Que ce soit là ta gloire et ta couronne de joie. Et prends garde « que personne ne prenne ta couronne (Ap 3.11). » Retiens bien ceci : « Pour moi, je sais que mon Rédempteur est vivant, et qu'il demeurera le dernier sur la terre » (Jb 19.25) et ceci : « J'ai maintenant la rédemption par son sang la rémission des péchés (Ep 1.7). » Alors, rempli de toute sorte de paix et de joie en croyant, cours, dans cette paix et cette joie de la foi, cours vers le renouvellement de ton âme tout entière à l'image de celui qui te créa. Et, en attendant cela, crie continuellement à Dieu pour qu'il te fasse voir le prix de ta vocation céleste, non pas tel que Satan te le montre, sous une forme terrible et épouvantable, mais dans la beauté si réelle qui lui appartient ; non pas comme quelque chose qu'il te faut posséder sous peine d'aller en enfer, mais comme une grâce que tu peux recevoir et qui te conduira au Ciel. Considère-le comme le don le plus digne d'envie que Dieu ait en réserve dans les trésors de ses grandes miséricordes. Car si tu l'aperçois ainsi sous son vrai jour, tu auras toujours plus faim et soif de le posséder ; ton âme entière soupirera après Dieu et après cette glorieuse conformité à son image. Et, ayant obtenu par la grâce de Dieu une espérance ferme de ces bénédictions et une puissante consolation, ton cœur ne sera plus lassé ni languissant ; tu marcheras en avant jusqu'à ce que tu atteignes le but.

4. Soutenu par cette force que donne la foi, cours aussi vers la gloire. À vrai dire, ces deux buts n'en font qu'un ; Dieu a, dès le commencement, uni ces trois choses pardon, sainteté, ciel. Et pourquoi l'homme les séparerait-il ? Gardons-nous en bien ! Ne brisons pas un seul anneau de cette chaîne d'or : « Dieu m'a pardonné pour l'amour de Christ ; il me transforme maintenant à son image ; bientôt il me rendra digne de lui et m'admettra en sa présence. Il m'a justifié par le sang de son Fils, et quand je serai pleinement sanctifié par son Esprit, je ne tarderai pas à monter à la nouvelle Jérusalem, à « la cité du Dieu vivant (He 12.22). » Oui, dans peu de temps je parviendrai « à l'assemblée et à l'Église des premiers-nés..., à Dieu le juge de tous et à Jésus le médiateur de la nouvelle alliance (He 12.23). » Bientôt les ombres vont se dissiper ; bientôt luira sur moi le jour l'Eternité ! Bientôt je boirai à ce « fleuve d'eau vive qui sort du trône de Dieu et de

l'Agneau (Ap 22.1). » Là tous « ses serviteurs le serviront ; ils verront sa face, et son nom sera écrit sur leurs fronts. Il n'y aura plus là de nuit, et ils n'auront point besoin de lampe ni de la lumière du soleil parce que le Seigneur Dieu les éclairera ; et ils règneront aux siècles des siècles (Ap 22.3, 5). »

5. Quand vous aurez ainsi « goûté la bonne parole de Dieu, et les puissances du monde à venir (He 6.5), » vous ne pourrez plus murmurer contre le Seigneur de ce que vous n'êtes pas encore en état de participer à l'héritage des saints dans la lumière. Au lieu de vous plaindre de ce que vous n'êtes point encore pleinement délivrés, vous louerez Dieu de ce qu'il vous a délivrés au point où vous l'êtes. Vous bénirez le Seigneur pour ce qu'il a fait, et vous regarderez cela comme les arrhes de ce qu'il va faire. Vous ne vous impatienterez pas contre lui de ce que vous n'êtes pas encore transformés : vous le bénirez de ce que vous devez l'être, de ce que le salut, la délivrance de tout péché, est maintenant plus près de vous que lorsque vous avez cru (Rm 13.11). Au lieu de vous tourmenter inutilement de ce que le moment n'est pas encore tout à fait arrivé, vous l'attendrez paisiblement, calmement, sachant qu'il viendra et ne tardera point (He 10.37). Vous pouvez donc endurer bravement le présent, le fardeau du péché qui reste encore en vous, d'autant plus qu'il n'y doit pas toujours rester. Encore un peu de temps, et il disparaîtra entièrement. Sachez seulement attendre le moment du Seigneur ; fortifiez-vous et il consolera votre cœur ; mettez votre confiance en l'Éternel.

6. Et si vous en rencontrez qui vous paraissent, autant que vous pouvez en juger (car Dieu seul sonde les cœurs), déjà en possession de ce qu'ils avaient espéré, déjà perfectionnés dans l'amour, loin d'être jaloux de la grâce que Dieu leur a accordée, réjouissez-vous-en et que votre cœur y trouve de la consolation. Glorifiez Dieu à leur sujet. « Quand un membre est honoré, tous les autres membres n'en ont-ils pas la joie ? » (1 Co 12.26) Au lieu d'éprouver de l'envie ou de vous laisser aller à des pensées de méfiance à leur égard, bénissez Dieu pour cet encouragement. Réjouissez-vous de ce que Dieu vous donne là une nouvelle preuve de la fidélité avec laquelle il accomplit toutes ses promesses. Et faites d'autant plus d'efforts « pour parvenir à ce pourquoi Jésus Christ vous a pris à lui (Ph 3.12 – d'après la version anglaise »

7. Pour qu'il en soit ainsi, rachetez le temps. Profitez du moment présent. Saisissez toutes les occasions d'avancer dans la grâce et de faire du bien. Que la pensée que vous pourrez recevoir plus de grâces demain, ne vous fasse pas négliger celles d'aujourd'hui. Vous avez actuellement un talent ; si vous espérez en obtenir cinq, raison de plus pour que vous fassiez valoir celui que vous avez. Plus vous comptez recevoir du Seigneur plus vous devez travailler pour lui dès maintenant. À chaque jour suffit sa grâce. Dieu répand sur vous ses bienfaits en ce moment ; en ce moment donc montrez-vous économe fidèle des grâces accordées par le Seigneur aujourd'hui. Quel que puisse être demain, il faut qu'aujourd'hui vous « apportiez tous vos soins à ajouter à votre foi le courage, la tempérance, la patience, l'amour fraternel (2 P 1.5-7), » et la crainte de Dieu, jusqu'au jour où vous arriverez à l'amour pur et parfait. « Que ces choses soient en vous et qu'elles y abondent » (2 P 1.8) dés aujourd'hui. Ne soyez aujourd'hui ni paresseux ni stérile. « Et, par ce moyen, l'entrée au royaume éternel de notre Seigneur et Sauveur Jésus-Christ vous sera pleinement accordée (2 P 1.11). »

8. En dernier lieu, si par le passé vous avez abusé de cette glorieuse espérance d'être un jour saint comme lui est saint, n'allez pas la rejeter loin de vous pour cela. Que l'abus cesse, et que l'usage soit maintenu. Oui, usez-en aujourd'hui pour la plus grande gloire de Dieu et pour le bien de votre propre âme. Dans une foi inébranlable, dans une parfaite sérénité d'âme, dans la pleine assurance que donne l'espérance, étant toujours joyeux à cause de ce que Dieu a déjà fait, marchez vers la perfection. Et ; croissant de jour en jour dans la connaissance de notre Seigneur Jésus-Christ, allant de force en force, dans la résignation, dans la patience, dans une humble reconnaissance pour ce que vous avez obtenu et pour ce que vous obtiendrez encore, courez. « la course qui vous est proposée, regardant à Jésus (He 12.1, 2), » jusqu'à ce qu'enfin, par l'amour parfait, vous entriez dans sa gloire !

Le chemin du salut d'après la Bible

Vous êtes sauvés par la foi.
—Ephésiens 2.8—

1. Rien de plus embrouillé, rien de plus abstrait, de moins intelligible que la religion telle qu'on l'a souvent représentée ! Et ceci est vrai, non seulement de la religion des païens décrite par ses organes les plus sages, mais encore de celle de gens qui, jusqu'à un certain point, étaient des chrétiens, qui même ont eu de la célébrité dans la chrétienté et semblaient être les colonnes du christianisme. Et pourtant, qu'elle est simple et facile à comprendre, la vraie religion de Jésus-Christ ! A condition toutefois qu'on la cherche là où elle apparaît sous ses formes primitives, dans les oracles divins. Celui dont la sagesse a créé et régit l'univers, a soigneusement adapté cette religion aux ressources limitées de l'intelligence humaine, telle que nous la connaissons, dans son état de déchéance. Ce fait apparaît clairement dès qu'on considère, d'un côté, le but qu'elle se propose et de l'autre, les moyens qu'elle emploie pour arriver à ce but. Ce but, c'est pour tout dire en un mot, le salut ; le moyen d'y parvenir, c'est la foi.

2. On peut voir du premier coup d'œil que ces deux petits mots : Salut et Foi, résument toute la Bible et contiennent, en quelque sorte, la moëlle de toutes les Écritures. Il nous importe d'autant plus de nous préserver de toute erreur à leur sujet, et de nous faire une idée juste et complète du sens de l'un et de l'autre.

3. Appliquons-nous donc à rechercher ce que c'est que le salut, quelle est la foi par le moyen de laquelle nous sommes sauvés, et enfin de quelle façon elle nous sauve.

I

1. Nous rechercherons, en premier lieu, ce que c'est que le salut. Celui dont il s'agit dans le texte, n'est pas ce qu'on a souvent désigné par ce mot ; c'est-à-dire l'entrée de l'âme dans le ciel, dans le bonheur éternel. Ce n'est pas la possession de ce paradis que notre Seigneur appela « le sein d'Abraham (Lc 16.22). » Ce n'est pas une bénédiction qui se reçoive de l'autre côté du tombeau ou, comme on dit vulgairement, dans l'autre monde. Les termes eux-mêmes de notre texte décident irrévocablement la question : « Vous êtes sauvés. » La chose n'est pas dans l'avenir ; c'est quelque chose d'actuel ; c'est une grâce, que la miséricorde gratuite du Seigneur nous accorde dès à présent. Il y a plus ; on eût pu traduire avec tout autant de raison : « Vous avez été, sauvés. » Ainsi le salut dont il s'agit ici comprendrait l'œuvre de Dieu tout entière, depuis l'apparition des premiers rayons de la grâce dans l'âme humaine jusqu'à son plein couronnement dans la gloire.

2. Si nous considérons cette œuvre dans toute son étendue, nous prendrons pour point de départ les opérations de ce qu'on a souvent nommé la conscience naturelle, mais qu'on appelle avec plus de raison la grâce prévenante ; ce sont ces attraits du Père, ces aspirations après Dieu qui, si nous y obéissons, iront toujours croissant ; c'est cette lumière dont le Fils de Dieu « éclaire tout homme qui vient au monde (Jn 1.9), » et qui lui enseigne à « faire ce qui est droit, à aimer la miséricorde et à marcher dans l'humilité avec son Dieu (Mi 6.8) ; » ce sont enfin toutes les convictions que, de temps à autre, le Saint-Esprit : produit dans le cœur des hommes. Sans doute la plupart se hâtent de les étouffer ; et, peu à peu, ils finissent par oublier, ou tout au moins par nier, qu'elles ne se soient jamais produites chez eux.

3. Mais tenons-nous en au salut dont parle ici tout spécialement l'apôtre Paul. Ce salut peut se décomposer d'une manière générale en justification et sanctification.

Justification est synonyme de pardon. C'est la rémission de tous nos péchés et notre réconciliation avec Dieu ; car ces deux grâces sont nécessairement enchaînées l'une à l'autre. Le prix auquel elles nous ont été acquises, ce qu'on nomme communément la cause méritoire de notre justification, c'est le sang et la justice de Christ, ou, pour parler plus clairement, tout ce que Jésus a fait et a souffert pour nous jusqu'au moment où il « livra son âme » (És 53.12) pour les pécheurs. Les résultats immédiats de la justification sont la paix de Dieu, cette « paix qui surpasse toute intelligence » (Ph 4.7) et cette « joie ineffable et glorieuse (1 P 1.8), » par laquelle « nous nous glorifions dans l'espérance de la gloire de Dieu (Rm 5.2). »

4. Lorsque nous sommes justifiés et, à vrai dire, dès le moment où nous le sommes, notre sanctification commence. Car alors nous naissons « de nouveau, d'en haut, de l'Esprit (Jn 3 :3, 5). » Il s'opère donc un changement réel aussi bien qu'un changement relatif. La puissance de Dieu nous régénère intérieurement. Nous sentons que « l'amour de Dieu est répandu dans nos cœurs par le Saint-Esprit qui nous a été donné (Rm 5.5), » et qu'il y fait naître de l'affection pour tous les hommes, surtout pour les enfants du Seigneur. Cet amour exclut de notre âme l'amour du monde, l'amour des plaisirs, de la mollesse, des honneurs, de l'argent ; et il en bannit également l'orgueil, la colère, la volonté charnelle et autres vices. En un mot, il convertit notre caractère « terrestre, sensuel et diabolique (Jc 3.15), » en ces « sentiments que Jésus-Christ a eus (Ph 2.5). »

5. Qu'il paraît naturel à ceux chez qui se produit cette transformation, de supposer que tout péché a disparu de leur cœur, qu'il en a été complètement déraciné, qu'il ne s'y trouve plus ! Comme on fait volontiers alors ce raisonnement : « Je ne sens pas de péché en moi ; j'en suis donc exempt ! » Ce qui revient à dire : Il ne bouge pas, conséquemment il n'existe pas ; il est immobile, donc il est mort.

6. Mais on ne tarde guère à se désillusionner sur ce point ; on apprend bientôt que le péché n'était pas détruit, mais seulement suspendu en nous. La tentation revient et le péché revit, montrant par là qu'il n'était pas mort, mais uniquement engourdi. Alors on trouve en soi ces deux principes qui sont directement opposés l'un à l'autre, « la chair qui a des désirs contraires à ceux de l'Esprit (Ga 5.17), » la nature humaine résistant à la grâce divine. Ceux en qui cela se passe ne sauraient nier que, tout en possédant la même foi en Christ, le même amour pour Dieu, tout en éprouvant encore que « l'Esprit rend témoignage à leur esprit qu'ils sont enfants de Dieu (Rm 8.16), »ils ne ressentent aussi en eux-mêmes, tantôt de l'orgueil, tantôt de la volonté charnelle, ou bien de la colère ou de l'incrédulité. Ils sentent fréquemment l'un ou l'autre de ces penchants se remuer dans leur cœur, sans y gagner le dessus toutefois ; ces ennemis cachés les « poussent rudement pour les faire tomber ; mais l'Éternel les secourt (Ps 118.13). »

7. Avec quelle exactitude. Macaire (Saint Macaire, moine de la Thébaïde, mort vers 390.) décrivait, il y a quatorze siècles, ce qu'éprouvent les enfants de Dieu de nos jours ! « Les gens sans capacité (ou sans expérience) s'imaginent, dès que la grâce vient à opérer en eux, qu'ils sont sans péché. Mais les hommes qui sont plus avancés doivent avouer que nous6mêmes qui possédons la grâce divine, pouvons être assaillis par le mal. Car il est souvent arrivé parmi nous que des frères ont reçu une grâce si grande qu'ils affirmaient avoir été délivrés de tout péché. Cependant, au moment où ils s'en croyaient tout à fait affranchis, le mal qui sommeillait dans leurs cœurs s'est réveillé, et il s'en est peu fallu qu'ils n'aient été consumés. »

8. A partir de l'heure où nous naissons de nouveau, l'œuvre graduelle de notre sanctification s'accomplit. Nous apprenons « à mortifier (ou faire mourir) par l'Esprit les œuvres du corps (Rm 8.12), » les œuvres de notre mauvaise nature. Et mourant de plus en plus au péché, de plus en plus nous devenons vivants à Dieu. Nous marchons de grâce en grâce, ayant toujours soin de « nous abstenir de tout ce qui a quelque apparence de mal (1 Th 6.22), » d'être « zélés pour les bonnes œuvres (Tt 2.14), » et de faire du bien à tous les hommes, selon que nous en avons l'occasion ; persévérant aussi dans les ordonnances de Dieu d'une façon irréprochable et l'adorant en esprit en en vérité ; et enfin, nous chargeant de notre croix et nous privant de tout plaisir qui ne nous ramène pas à Dieu.

9. C'est dans ces dispositions que nous attendons une entière sanctification, une délivrance complète de tous nos péchés, de l'orgueil, de la volonté charnelle, de la colère, de l'incrédulité ;

c'est ainsi que, pour emprunter le langage de saint Paul, nous « tendons à la perfection (He 6.1). » Mais qu'est-ce donc que la perfection ? Ce mot a plusieurs sens distincts ; ici il veut dire amour parfait. C'est un amour qui bannit le péché, qui remplit le cœur, qui absorbe toute l'âme. C'est cet amour qui « est toujours joyeux, prie sans cesse et rend grâces à Dieu en toutes choses (1 Th 5.16-18). »

II

1. Mais quelle est la foi qui nous procure ce salut ? tel est le second point que nous désirons examiner.

L'apôtre Paul définit la foi d'une manière générale en ces termes : « une démonstration (ou conviction, car le mot grec peut se traduire de ces deux manières), une démonstration et une conviction divines des choses invisibles (He 11.1), » de celles que nous n'apercevons ni de nos yeux, ni par quelque autre de nos sens physiques. Dans la foi se trouvent donc réunies, d'un côté une démonstration surnaturelle de l'existence de Dieu et des choses qui se rapportent à lui, démonstration qui est pour l'âme une lumière spirituelle, et de l'autre une perception surnaturelle de cette démonstration, une vision surnaturelle de cette lumière. Aussi la parole de Dieu nous montre-t-elle le Seigneur donnant d'abord la lumière, puis le pouvoir de la discerner. Saint Paul parle ainsi : « Dieu, qui a dit que la lumière sortit des ténèbres, a répandu sa lumière dans nos cœurs, afin que nous éclairions (ou soyons éclairés) par la connaissance de Dieu en présence de Jésus-Christ (2 Co 4.6). » Et ailleurs : « Qu'il éclaire les yeux de votre esprit (Ep 1.18). » Cette double opération du Saint-Esprit, qui ouvre nos yeux et les illumine, nous rend capables d'apercevoir « les choses que l'œil (Deutéronome la chair) n'a point vues, ni l'oreille entendues (1 Co 2.9). » Alors nous découvrons les choses invisibles de Dieu, ce monde spirituel qui nous environne, et que pourtant nos sens physiques et nos facultés naturelles ne discernent pas davantage que s'il n'existait point. Nous voyons alors le monde éternel apparaître à travers le voile qui sépare le temps de l'éternité. Les nuées et l'obscurité ne l'enveloppent plus pour nous ; déjà nous contemplons la gloire qui doit être un jour manifestée.

2. Mais si nous nous attachons au sens spécial du mot foi, nous définirons la foi : une démonstration et une conviction divines que, non seulement « Dieu était en Christ, réconciliant le monde avec soi (2 Co 5.19), » mais encore que « le Fils de Dieu m'a aimé et s'est donné soi-même pour moi (Ga 2.20). » C'est par la foi (appelez cet acte l'essence de la foi ou l'une de ces applications, peu importe), c'est par la foi que nous recevons Jésus, que nous le recevons dans toutes ses fonctions, comme prophète, comme sacrificateur et comme roi. C'est par elle qu'il « nous est fait, de la part de Dieu, sagesse, justice, sanctification et rédemption (1 Co 1.30). »

3. — « Mais, dira quelqu'un, est-ce là la, foi d'assurance ou la foi d'adhésion ? » Ces distinctions n'existent pas dans l'Écriture Sainte. Saint Paul dit au contraire : « Il y a une seule foi, comme vous êtes appelés à une seule espérance par votre vocation ; » il y a une seule foi chrétienne et salutaire, comme « il y a un seul Seigneur, » en qui nous croyons, et « un seul Dieu et Père de tous (Ep 4.4-6). » Il est bien vrai que la foi suppose une assurance (ou démonstration, ce qui revient au même) que « le Fils de Dieu m'a aimé et s'est donné soi-même pour moi. » Car « celui qui croit (d'une foi véritable et aimante) a le témoignage en lui-même (1 Jn 5.10) ; » « l'Esprit rend témoignage à son esprit qu'il est enfant de Dieu ; » et, en lui donnant cette assurance, il lui inspire aussi une confiance filiale en Dieu. Mais, ne l'oublions pas, il est dans la nature même des choses que l'assurance précède cette confiance. Personne, en effet, ne saurait avoir en Dieu une confiance filiale s'il ne se sent déjà enfant de Dieu. Aussi la confiance, sous tous les noms qu'on voudra lui donner, n'est pas la première branche, le premier acte de la foi, comme quelques-uns le croient, mais seulement le second.

4. C'est par cette foi que nous sommes sauvés, justifiés et sanctifiés ; sauvés dans le sens le plus élevé de ce mot. Mais de quelle façon la foi nous justifie-t-elle, nous sanctifie-t-elle ? Telle est la troisième question à laquelle nous avons à répondre. Et attendu que c'est là le côté le plus important de notre sujet, il convient que nous lui accordions un examen plus spécial et plus complet.

III

1. Et d'abord, comment sommes-nous justifiés par la foi ? Quel sens faut-il attacher à cette expression ? Je réponds : « Celui-ci : que la foi est la condition, l'unique condition. Nul autre que le croyant n'est justifié ; sans la foi aucun homme ne reçoit cette grâce, mais c'est aussi l'unique condition, car la foi suffit, à elle seule, pour le justifier. Quiconque croit est justifié, quelles que soient les autres qualités qu'il possède ou ne possède pas. En d'autres termes, personne n'est justifié avant d'avoir cru, et tout homme qui croit est justifié dès le moment où il croit. »

2. — « Mais, dira quelqu'un, Dieu ne nous a-t-il pas aussi commandé de nous repentir, et même de « faire des fruits convenables à la repentance ? » (Mt 3.8) Par exemple, de cesser de mal faire et d'apprendre à bien faire ? Et n'est-il pas essentiel que nous fassions ces deux choses qu'il nous commande, si essentiel que, si nous négligeons volontairement soit de nous repentir, soit de porter des fruits de repentance, nous n'avons aucune raison de compter sur notre justification ? S'il en est ainsi, pourquoi dire que la foi est la seule condition de justification ? »

Il est très certain, en effet, que Dieu nous commande et de nous repentir et de porter des fruits convenables à la repentance ; il est tout aussi évident que, si nous négligeons volontairement d'obéir à ces deux commandements, nous n'avons pas le droit de nous attendre à être justifiés ; d'où il suit que, jusqu'à un certain point et dans un certain sens, la repentance et les fruits de repentance sont nécessaires pour la justification. Mais ils ne le sont ni dans le même sens, ni au même degré que la foi. Ce n'est pas au même degré, car ces fruits ne sont exigés que conditionnellement, c'est-à-dire si le temps et l'occasion ont permis de les porter. Quand ces deux conditions font défaut, on peut être justifié sans cela, comme le fut le brigand sur la croix, (je ne sais si nous devrions dire le brigand, attendu qu'un écrivain de nos jours a découvert que c'était un personnage honnête et respectable.) Mais, dans aucun cas, on ne saurait être justifié sans la foi ; c'est une chose impossible. D'un autre côté, un homme pourrait montrer un repentir absolu et porter des fruits innombrables de repentance, tout cela ne servirait à rien ; tant qu'il ne croit pas, il n'est pas justifié. Mais du moment où il croit, il l'est, avec ou sans ses fruits, et même avec un degré plus ou moins grand de repentance. Ce n'est pas non plus dans le même sens que la foi et la repentance avec ses fruits sont nécessaires ; car le repentir et les œuvres qui s'y rattachent ne sont indispensables qu'accessoirement et pour conduire à la foi, tandis que celle-ci est nécessaire d'une façon directe et immédiate. La conclusion de tout ceci est donc que la foi est la seule condition immédiate et absolue de la justification.

3. — « Mais, ajoutera-t-on, croyez-vous aussi que l'on soit sanctifié par la foi ? Nous savons que vous croyez à la justification par la foi ; mais ne croyez-vous pas à la sanctification par les œuvres, et ne la prêchez-vous pas ? » Telle est l'accusation que ; depuis vingt-cinq ans, on lance contre moi avec assurance, avec violence même. Cependant, j'ai toujours prêché une doctrine diamétralement opposée, et je l'ai fait sur tous les tons. J'ai sans cesse déclaré, soit en public, soit en particulier, que la foi nous sanctifie comme elle nous justifie. Et, à vrai dire, l'une de ces grandes doctrines jette un jour merveilleux sur l'autre. Tout comme on est justifié par le moyen de la foi, on est aussi sanctifié par son moyen. Dans le second cas, comme dans le premier, elle est la condition, l'unique condition. Elle est la condition, parce que nul autre que le croyant n'est sanctifié, parce que sans la foi on ne saurait obtenir la sanctification. Elle est l'unique condition, parce qu'à elle seule elle suffit pour que nous soyons sanctifiés. Quiconque croit est sanctifié, quelles que soient les autres qualités qu'il possède ou qui lui manquent. En d'autres termes, personne n'est sanctifié avant d'avoir cru ; tout homme qui croit est sanctifié dès l'instant où il croit.

4. — « Mais n'y a-t-il pas une repentance qui suit la justification, comme il y en a une qui la précède ? Et le devoir d'être « zélés pour les bonnes œuvres » n'est-il pas imposé à tous ceux qui ont obtenu le pardon ? » Les bonnes œuvres ne sont elles pas même si importantes que l'homme qui les négligerait volontairement n'aurait pas le droit de s'attendre à être jamais sanctifié dans toute l'étendue de ce mot ; c'est-à-dire perfectionné dans l'amour ? Il y a plus : pourrait-il même croître en grâce et dans la connaissance et l'amour, de notre Seigneur Jésus-Christ, ou même conserver les grâces qu'il a précédemment reçues de Dieu ? Peut-il persévérer sans cela dans la foi, ou conserver la faveur de Dieu ? N'est-ce pas là ce que vous admettez ; ce que vous affirmez

constamment ? Mais s'il en est ainsi, comment ; pouvez-vous dire que la foi est la seule condition de la sanctification ?

5. Oui, sans doute, c'est là ce que j'admets et ce que j'affirme constamment comme étant la vérité divine. J'admets qu'il y a une repentance qui suit la justification, comme il y en a une qui la précède. J'admets que tous ceux qui ont été justifiés sont tenus d'être zélés pour les bonnes œuvres, et que celles-ci sont si nécessaires que l'homme qui les négligerait volontairement n'aurait plus le droit de s'attendre à être sanctifié. Je crois qu'il ne pourrait croître en grâce, croître à l'image de Dieu et dans les sentiments qui étaient en Jésus. J'admets même que, sans elles, il ne saurait conserver les grâces déjà reçues, ou persévérer dans la foi, ou demeurer dans la faveur de Dieu.

Mais que devons-nous conclure de cela, sinon que la repentance bien comprise, et la pratique de toutes les bonnes œuvres, soit œuvres de piété, soit œuvres de charité, (œuvres qu'on peut appeler bonnes, puisqu'elles découlent de la foi), sont l'une et l'autre, dans un certain sens, nécessaires pour notre sanctification ?

6. J'ai dit : la repentance bien comprise. C'est qu'il ne faudrait pas confondre cette repentance-ci avec la première. Celle qui suit la justification diffère considérablement de celle qui la précède ; car elle n'apporte à l'âme ni remords, ni sentiments de condamnation, ni appréhension de la colère de Dieu ; elle ne suppose pas nécessairement de doute quant à la faveur divine, ou cette « crainte qui est accompagnée de peine (1 Jn 4.18). » C'est, à proprement parler, une conviction qu'opère en nous le Saint-Esprit, relativement au péché qui existe encore dans notre cœur, relativement à cette inclination charnelle qui, pour emprunter le langage de notre Église (L'Église anglicane.), « subsiste encore, même chez ceux qui sont régénérés, » bien qu'elle n'y règne pas, bien qu'elle n'y ait plus de domination. La seconde repentance est une conviction intime de notre inclination naturelle au mal, de l'existence en nous d'un cœur prompt à se détourner de Dieu, et de cette disposition constante de la chair à s'opposer à l'esprit. À moins que nous ne veillions et ne prions sans cesse, ce cœur mauvais nous porte tantôt à l'orgueil, tantôt à la colère, tantôt encore à l'amour du monde, de la mollesse, ou des honneurs, ou à aimer les plaisirs plus que Dieu. Cette repentance est enfin la conviction que notre cœur est enclin à la rébellion, à l'athéisme, à l'idolâtrie, mais surtout à l'incrédulité qui, à chaque moment, de mille manières et sous mille prétextes divers, nous fait plus ou moins abandonner le Dieu vivant.

7. A cette conviction qu'il reste du péché dans nos cœurs, se joint une conviction non moins profonde qu'il en reste aussi dans notre conduite et que toutes nos actions, toutes nos paroles en sont entachées. Nous arrivons ainsi à démêler dans les meilleures de ces paroles, de ces actions, un alliage de mal ; c'est tantôt dans nos dispositions, tantôt dans notre intention, tantôt enfin dans l'exécution elle-même que se manifeste ce mal, ce quelque chose qui ne pourrait trouver grâce devant la justice divine, « si Dieu prenait garde (regardait rigoureusement) aux iniquités (Ps 130.3). » Là où nous y aurions le moins songé, nous découvrons l'empreinte funeste de l'orgueil ou de la volonté charnelle, de l'incrédulité ou de l'idolâtrie. Aussi advient-il alors que nous rougissons davantage de nos meilleures œuvres, que nous ne faisions jadis de nos péchés les plus grossiers. Bien loin de croire que ces œuvres possèdent quelque mérite, bien loin même de les regarder comme pouvant trouver grâce devant la justice divine, nous sentons que, n'était le sang de l'alliance, elles ne feraient qu'ajouter à notre condamnation devant le Seigneur.

8. L'expérience démontre qu'outre cette conviction, relative au péché qui reste encore dans notre cœur et s'attache à toutes nos paroles ; à tous nos actes ; outre le sentiment que nous serions frappés de condamnation si nous n'avions continuellement recours à l'aspersion du sang expiatoire, il entre encore un élément dans cette repentance : c'est la conviction de notre, impuissance, de l'incapacité absolue où nous nous trouvons de penser une bonne pensée, de concevoir un bon désir, à plus forte raison de prononcer une bonne parole ou d'accomplir une bonne œuvre, à moins que la grâce toute-puissante de Dieu ne nous y dispose tout d'abord, et ne nous soutienne ensuite jusqu'au bout.

9. — « Mais quelles sont donc les bonnes œuvres dont la pratique vous semble nécessaire pour notre sanctification ? » En premier lieu, il y a les œuvres de piété ; par exemple, la prière en public, en famille et en secret, la participation à la Cène du Seigneur, l'étude des Écritures qui

consiste à les entendre expliquer, à les lire et à les méditer, et l'emploi du jeûne et des abstinences, dans la mesure où le permet notre santé.

10. En second lieu viennent les œuvres de miséricorde, tant celles qui s'adressent au corps que celles qui ont en vue l'âme de nos semblables. À la première classe de ces œuvres appartiennent le soulagement des affamés et de ceux qui sont nus, l'hospitalité accordée aux étrangers et la visite des prisonniers ; des malades et de ceux qui sont affligés par diverses épreuves. À la seconde se rattachent les efforts faits pour instruire les ignorants, pour réveiller les pécheurs indifférents, pour stimuler les âmes tièdes, pour affermir ceux qui chancellent, pour encourager ceux qui se laissent abattre, pour secourir ceux qui sont tentés, enfin pour aider d'une façon quelconque à arracher des âmes à la mort éternelle. Telle est la repentance, tels sont les fruits de repentance qui sont nécessaires pour notre sanctification entière. Tel est le chemin où Dieu veut que ses enfants marchent pour arriver au salut parfait.

11. Tout ceci sert bien à montrer le caractère funeste de cette opinion, si inoffensive en apparence, qu'il ne reste pas de péché en celui qui a cru, que tout péché a été détruit depuis la racine jusqu'aux rameaux, dès le moment où il a été justifié. Cette doctrine, dispensant le croyant de la seconde repentance, lui ferme l'accès de la grâce de la sanctification ; car il n'y a pas lieu de se repentir quand on croit son cœur et sa conduite également exempts de péché, et il n'y a pas davantage lieu de se perfectionner dans l'amour, puisque la repentance est essentielle, indispensable en vue de ce perfectionnement.

12. De ce que nous avons dit on peut également tirer cette conclusion, qu'il ne saurait y avoir le moindre danger à attendre le salut parfait dans ces dispositions. À supposer que cette grâce n'ait jamais été reçue ou ne puisse s'obtenir, on ne perdrait pourtant rien à agir ainsi. Car le simple fait que nous attendons cette grâce nous excite à faire valoir tous les talents que Dieu nous a confiés, à les mettre tous à profit et de telle sorte que, lorsque notre Maître viendra, il puisse « retirer ce qui est à lui avec l'intérêt (Mt 25.27). »

13. Mais reprenons notre sujet. Bien que nous admettions que cette seconde repentance et ses fruits sont nécessaires pour le salut parfait, nous maintenons cependant que ce n'est ni dans le même sens, ni au même degré que la foi. Ce n'est pas au même degré ; car ces fruits ne sont exigés que conditionnellement ; c'est-à-dire en supposant qu'on en trouve le temps et l'occasion. Mais on ne saurait aucunement être sanctifié sans la foi. On aurait beau fournir une repentance aussi complète que l'on voudra la supposer, ou des fruits aussi abondants que possible, cela ne change rien à la chose ; on n'est sanctifié que lorsqu'on croit. Mais dès le moment où l'on croit, on est sanctifié, que l'on ait d'ailleurs porté ces fruits ou non. Ce n'est pas non plus dans le même sens ; car cette repentance et ces fruits ne sont nécessaires qu'accessoirement, pour l'entretien et l'accroissement de la foi, tandis que celle-ci est nécessaire d'une manière directe et absolue. D'où il suit que la foi est la seule condition directe et immédiate de la sanctification.

14. — « Mais quelle est la foi spéciale, par le moyen de laquelle nous sommes sanctifiés, délivrés du péché et perfectionnés dans l'amour ? » C'est, une démonstration et une conviction divines des vérités suivantes. Premièrement, que Dieu l'a promise dans sa sainte parole. Impossible d'avancer d'un seul pas, tant que nous ne sommes pas convaincus de cela. Mars il me semble qu'il devrait suffire, pour assurer de ce fait un homme raisonnable, de cette promesse si ancienne :

14. « L'Éternel ton Dieu circoncira ton cœur et le cœur de ta postérité, afin que tu aimes l'Éternel ton Dieu de tout toit cœur et de toute ton âme (Dt 30.6). » Avec quelle clarté ces paroles expriment le perfectionnement de l'amour ! Avec quelle énergie elles indiquent la délivrance complète du péché ! En effet, aussi longtemps que le cœur est tout rempli d'amour, quelle place le péché y trouverait-il ?

15. C'est, en second lieu, la démonstration et la conviction divine de cette vérité que le Seigneur peut faire ce qu'Il a promis. Bien que nous croyons que c'est une rouvre « impossible quant aux hommes » (Mc 10.27) « de tirer une chose nette de ce qui est souillé (Jb 14.4), » de purifier le cœur de tout péché et de le remplir de toute sainteté, cela ne doit pas nous embarrasser, puisque « toutes choses sont possibles à Dieu (Mc 10.27). » Et à coup sûr personne n'irait supposer que

cette œuvre pût s'accomplir autrement que par la puissance du Tout-Puissant ! Mais que Dieu parle et la chose se fera « Dieu dit : Que la lumière soit ! et la lumière fut (Gn 1.3). »

16. C'est, en troisième lieu, la démonstration et la conviction divine de cette vérité qu'il peut et veut le faire maintenant. Et pourquoi pas maintenant ? Un moment n'est-il pas pour lui comme mille ans ? Il ne lui faut pas plus de temps que cela pour accomplir ce qu'Il veut accomplir. Il n'a pas non plus besoin d'attendre que les personnes qu'Il veut bénir soient plus dignes de sa bénédiction ou mieux préparées. Nous pouvons donc, à quelque instant que ce soit, dire hardiment : « Voici maintenant le jour du salut ! » (2 Co 6.2). « Si aujourd'hui vous entendez sa voix, n'endurcissez pas votre cœur (Ps 95.8). » « Tout est prêt ; venez aux noces (Mt 22.4). »

17. A cette persuasion, que Dieu peut et veut nous sanctifier maintenant, il faut ajouter une chose de plus, savoir une certitude et une conviction célestes que Dieu le fait maintenant. Et dans l'instant même il en est ainsi. Dieu dit à l'âme : « Qu'il te soit fait selon ta foi ! » (Mt 9.29) Aussitôt l'âme est lavée de toutes les taches du péché, purifiée de toute iniquité. Alors le croyant sent toute la profondeur de ces paroles solennelles : « Si nous marchons dans la lumière, comme Il est lui-même dans la lumière, nous avons une communion mutuelle, et le sang de son Fils Jésus-Christ nous purifie de tout péché (1 Jn 1.7). »

18. — « Mais est-ce graduellement ou bien instantanément que Dieu accomplit dans l'âme cette grande œuvre ? » Peut-être est-il des personnes en qui elle s'accomplit graduellement, en ce sens du moins qu'elles ne savent pas le moment précis où le péché cesse d'exister en elles. Mais il est infiniment préférable, si Dieu le veut ainsi, que ce soit fait en un instant, que le Seigneur détruise le mal « par le souffle de sa bouche (2 Th 2.8), » en un moment, en un clin-d'œil. Et c'est là ce qu'Il fait en général ; la chose est assez évidente pour que tout homme qui n'est pas prévenu puisse s'en convaincre.

Toi donc, âme qui attends cette délivrance, attends-la de moment en moment. Attends-la de la manière que nous indiquions tout à l'heure, c'est-à-dire en accomplissant ces « bonnes œuvres pour lesquelles tu as été créée de nouveau en Jésus-Christ (Ep 2.10). » Alors vous ne courrez aucun risque ; si vous ne gagnez rien à vivre dans cette attente, au moins n'y perdrez-vous rien. Car à supposer que votre espérance fût déçue, vous n'auriez rien perdu à cause d'elle. Mais votre espérance ne sera point déçue : « Il viendra assurément et il ne tardera point (He 10.37). » Attendez donc cette grâce chaque jour, à chaque heure, à chaque instant. Et pourquoi pas dans cette heure-ci, dans ce moment ? À coup sûr, si vous croyez que c'est par la foi, vous pouvez l'attendre maintenant. Et c'est à ceci que vous reconnaîtrez si vous la cherchez par la foi ou si c'est par les œuvres. Si c'est par les œuvres, vous voulez faire quelque chose d'abord, avant d'être entièrement sanctifié. Vous vous dites :

« Il faut que je devienne ceci, ou que je fasse cela auparavant. » S'il en est ainsi, sachez que jusqu'à ce jour vous cherchez cette, grâce par vos œuvres. Si, au contraire, c'est par la foi, alors vous devez l'attendre tel que vous êtes et par conséquent l'attendre maintenant. Il importe que vous remarquiez le rapport intime qui existe entre ces trois choses : attendez-la par la foi ; attendez-la tel que vous êtes ; attendez-la maintenant. En rejeter une, c'est les rejeter toutes les trois ; en admettre une, c'est les admettre toutes. Croyez-vous que c'est par la foi qu'on est sanctifié ? Soyez donc fidèle à votre principe, et cherchez cette grâce telle que vous êtes, sans prétendre vous améliorer, comme un pauvre pécheur qui n'a d'autre rançon, d'autre plaidoyer que la mort de Christ. Et si c'est tel que vous êtes que vous voulez l'attendre, attendez-la donc maintenant. Pourquoi tarderiez-vous davantage ? Rien ne vous y oblige ; Jésus est prêt, et c'est Lui qui doit être tout pour vous. Il vous attend : il se tient à la porte ! Oh ! que votre âme lui dise avec transport :

> Entre chez moi, Jésus, hôte divin,
>
> Et pour toujours dans ma demeure ;
>
> Et pour banquet donne-moi d'heure en heure
>
> Ton amour sans bornes, sans fin !

SERMON 44

Le péché originel

Et l'Éternel vit que la malice des hommes était très grande sur la terre,
et que toute l'imagination des pensées de leur cœur n'était que mal en
tout temps.
—Genèse 6.5—

1. Combien ce portrait de la nature humaine ne diffère-t-il pas de ces beaux tableaux que les hommes en ont faits de tout temps ? On trouve à chaque instant, dans les écrits de plusieurs des anciens, de riantes descriptions de la dignité de l'homme ; quelques-uns d'entre eux le représentent comme un composé de tout ce qu'il y a de plus vertueux et de plus heureux, ou tout au moins comme ayant tout cela à sa disposition et sans avoir d'obligations vis-à-vis de personne ; ils nous le peignent comme pouvant se suffire à lui-même et vivre de ses propres ressources, comme presque égal à Dieu.

2. Mais ce ne sont pas seulement des païens, des hommes qui n'ont que le pâle flambeau de la raison pour les éclairer dans leurs recherches de la vérité, qui tiennent ce langage ; beaucoup de ceux qui portent le nom de chrétiens, et a qui les oracles de Dieu ont été confiés (Rm 3.2), ont aussi tracé des tableaux magnifiques de la nature humaine, tout comme si elle n'était qu'innocence et perfection. On a fait quantité de ces descriptions dans notre siècle (Le dix-huitième siècle), et peut-être nulle part plus que dans notre pays (L'Angleterre). Plusieurs de nos compatriotes, gens de grand talent et d'un savoir étendu, se sont exercés de leur mieux à montrer ce qu'ils ont appelé le beau côté de la nature humaine. Et il faut convenir que, si leurs descriptions étaient exactes, l'homme ne serait qu' « un peu inférieur aux anges » (He 2.7 cité de Ps 8.6) ou, comme on pourrait traduire plus littéralement, « un peu inférieur à Dieu !). » (Ps 8.6) (version de Lausanne : « Tu l'as fait de peu inférieur à Dieu. »)

3. Faut-il s'étonner de ce que ces descriptions ont été en général accueillies avec faveur ? Mais qui est-ce qui n'est pas disposé à avoir de lui-même une bonne opinion ? Aussi ces écrivains-là ont-ils été lus, admirés, applaudis par tous. Ils ont trouvé des disciples sans nombre, non seulement dans le beau monde ; mais aussi dans le monde savant. Il en résulte qu'aujourd'hui il est de mauvais ton de parler autrement, de rien dire pour critiquer la nature humaine, qui passe généralement pour être, en dépit de quelques infirmités, parfaitement innocente, sage et vertueuse.

4. Mais, en attendant, que ferons-nous de nos Bibles Car il est impossible de les faire accorder avec cet enseignement. Ces descriptions qui flattent si agréablement la chair et le sang, sont irréconciliables avec les Écritures Saintes. En effet, celles-ci affirment que « par la désobéissance d'un seul homme, plusieurs ont été rendus pécheurs ; » (Rm 5.19) que « tous meurent par Adam (1 Co 15.22), » sont morts spirituellement, ont perdu la vie et l'image de Dieu ; que, lorsqu'Adam fut déchu et pécheur, il « engendra un fils à sa ressemblance et à son image (Gn 5.3) ; (comment eût-il pu en être autrement ? car « qui est-ce qui tirera une chose nette de ce qui est souillé ? » (Jb 14.4) ; que, par conséquent, nous étions, tout comme les autres, par nature « morts dans nos fautes et dans nos péchés (Ep 2.1), » « n'ayant point d'espérance, et étant sans Dieu dans le monde (Ep 2.12), » et, par suite, étant « des enfants de colère (Ep 2.3) ; » qu'ainsi tout homme peut dire : « J'ai été formé dans l'iniquité, et ma mère m'a conçu dans le péché (Ps 51.7), » et qu' « il n'y a point de distinction ; puisque tous ont péché et sont privés de la gloire de Dieu (Rm 3.22), » de cette image glorieuse de Dieu, selon laquelle l'homme fut créé à l'origine. Aussi, quand « Dieu a regardé des cieux sur les fils des hommes, » il a vu que « tous se sont dévoyés ; Ils se sont corrompus tous ensemble ; il n'y a, personne qui fasse le bien, non pas même un (Ps 53.3, 4) ; » il n'y en a point

qui cherche véritablement Dieu. Cela correspond parfaitement à ce que le Saint-Esprit, déclare dans notre texte, que l'Éternel, regardant des cieux, comme dans le passage que nous venons de citer, « vit que la malice (ou méchanceté) des hommes était très grande sur la terre, » si grande que « toute l'imagination des pensées de leur cœur n'était que mal en tout temps. »

Telle est la description que Dieu fait de l'homme. En partant de là je me propose, premièrement, de montrer ce qu'étaient les hommes avant le déluge ; en second lieu, d'examiner s'ils sont les mêmes aujourd'hui qu'alors ; et, enfin, de tirer quelques conclusions.

I

1. Je voudrais d'abord, en développant les paroles de mon texte, montrer ce qu'étaient les hommes avant le déluge. Nous pouvons compter sur la parfaite exactitude des renseignements qui nous sont donnés ici ; car c'est Dieu qui l'a vu, et il ne peut se tromper. « Il vit que la malice des hommes était très grande ; » non pas de tel ou tel homme, ou de quelques hommes seulement, ou de la plupart, mais des hommes en général, de la totalité des hommes. Ce mot comprend toute la race humaine, tous ceux qui participent à la nature humaine. Il ne serait pas facile de calculer combien il pouvait y en avoir, à cette époque, de milliers ou de millions. La terre possédait encore en grande partie sa beauté et sa fécondité primitives. La surface du globe n'était pas déchirée et bouleversée comme elle l'est aujourd'hui. Le printemps et l'été s'y donnaient toujours la main. Il est donc probable que la terre était alors capable de nourrir beaucoup plus d'habitants qu'elle ne le pourrait actuellement ; et les hommes doivent s'être multipliés très rapidement dans un temps où ils engendraient des fils et des filles pendant sept ou huit cents ans. Et pourtant, dans cette foule innombrable, Noé seul « trouva grâce devant l'Éternel (Gn 6.8). » Lui seul (peut-être avec une partie de sa famille) faisait exception dans cette méchanceté universelle qui devait bientôt, par un juste jugement de Dieu, aboutir à une destruction universelle. Tous les autres participaient ensemble au crime et participèrent ensemble au châtiment.

2. Dieu vit « toute l'imagination des pensées de leur cœur c'est-à-dire de leur âme, de l'homme intérieur, de cet esprit qui est en l'homme et qui est le principe de tous ses actes, soit intérieurs, soit extérieurs. Toute l'imagination ! » aucun autre terme ne saurait avoir une portée plus étendue ; car ce mot imagination embrasse tout ce qui se forme, se fait ou s'invente au dedans de l'homme : tout ce qui existe ou se passe dans son âme ; toutes ses inclinations, affections, passions et convoitises ; tous ses sentiments, tous ses desseins, toutes ses pensées. Ce mot comprend même les paroles et les actions, puisqu'elles découlent nécessairement de cette même source, et que leur qualité est bonne ou mauvaise selon que la source est bonne ou mauvaise.

3. Eh bien, Dieu vit que tout cela, sans aucune réserve, était mauvais, contraire. à la droiture morale ; contraire à la nature divine qui renferme nécessairement tout ce qui est bon : contraire là la volonté divine qui est la règle éternelle du bien et du mal ; contraire à l'image pure et sainte, de Dieu selon laquelle l'homme fut créé à l'origine et qu'il portait lorsque Dieu, contemplant les œuvres de ses mains, vit que tout ce qu'il avait fait était très bon ; contraire enfin à la ,justice, à la miséricorde et à la vérité, aux rapports intimes qui doivent unir l'homme à son créa leur et à ses semblables.

4. Mais ce mal n'était-il pas mélangé de quelque bien ? N'y avait-il aucune lumière qui se mêlât à ces ténèbres ? Non, il n'y en avait point : « Dieu vit que toute l'imagination des pensées de leur cœur n'était que mal. » Il est certain qu'en beaucoup de ces hommes, en tous peut-être, il se produisait de bons mouvements ; car l'Esprit de Dieu, déjà alors, « contestait avec les hommes (Gn 6.3), » pour les porter à la repentance, surtout pendant ce sursis miséricordieux qui dura cent vingt ans, tandis que l'arche se bâtissait. Mais « en eux, en leur chair, n'habitait aucun bien (Rm 7.18) la nature humaine était foncièrement mauvaise, et elle était tout d'une pièce, sans alliage d'aucun bon élément.

5. On pourrait cependant se demander encore : « Mais ce mal régnait-il sans interruption aucune ? N'y avait-il pas chez l'homme des moments lucides où l'on eût pu trouver quelque chose de bon dans son cœur ? » Nous ne devons pas faire entrer ici en ligne de compte ce que la grâce divine pouvait, par moments, produire dans ces âmes ; et, en faisant abstraction de cela, nous avons tout lieu de croire que le mal était sans intermittence. Car Dieu qui avait vu que « toute

l'imagination des pensées de leur cœur n'était que mal, » vit également que c'était toujours de même, que ce « n'était que mal en tout temps, » d'année en année, chaque jour et à tout moment. L'homme ne se tournait jamais vers le bien.

II

1. Telle est la description authentique de l'état du genre humain tout entier, qui a été tracée pour notre instruction par Celui qui sait ce qui est en l'homme, qui sonde les cœurs et éprouve les reins. C'était là ce qu'étaient les hommes avant que Dieu. Envoyât le déluge sur la terre. Nous avons maintenant à examiner si ceux d'aujourd'hui sont dans le même état.

Il est certain que rien, dans la Bible, ne permet de croire qu'ils valent mieux. Tous les passages énumérés ci-dessus se rapportent, en effet, aux hommes qui ont vécu après le déluge. C'est plus de mille ans après cet événement que Dieu, parlant par David, s'exprimait ainsi au sujet des enfants des hommes :

« Ils se sont tous dévoyés (du chemin de la vérité et de la sainteté) ; il n'y a personne qui fasse le bien, non pas même un (Ps 53.4). » Et tous les prophètes, de siècle en rendent témoignage à ce fait lamentable. Esaïe dit, en parlant du peuple particulier de Dieu, (et assurément les païens ne valaient pas mieux) « Toute la tête est en douleur et tout le cœur est languissant. Depuis la plante du pied jusqu'à la tête, il n'y a rien d'entier en lui : il n'y a que blessure, meurtrissure et plaies purulentes (És 1.5, 6). » Tous les apôtres tiennent le même langage ; c'est là le sens uniforme des Écritures Saintes. Partout elles nous enseignent que, pour ce qui est de l'homme naturel, sans le secours de la grâce de Dieu, « toute l'imagination des pensées de son cœur n'est que mal, et mal en tout temps, » aujourd'hui comme autrefois.

2. L'expérience journalière vient à l'appui de ces révélations sur l'état actuel de l'humanité. Il est vrai que l'homme naturel ne discerne pas ces choses ; mais faut-il s'en étonner ? Aussi longtemps que l'aveugle-né demeure aveugle, il a à peine conscience de ce qui lui manque. À plus forte raison, si nous pouvions imaginer un pays où tout le monde serait aveugle, on y aurait encore moins le sentiment de cette infirmité. C'est ainsi que les hommes ne sentent point leurs besoins spirituels, et surtout leur état de péché, aussi longtemps qu'ils demeurent dans l'état d'esprit qui leur est naturel. Mais, dès que le Seigneur ouvre leur âme, ils aperçoivent l'état dans lequel ils étaient ; ils deviennent profondément convaincus que « tout homme qui subsiste n'est que vanité » (Ps 39.6), qu'il n'est, par nature, que folie et ignorance, péché et méchanceté et que cela est tout spécialement vrai d'eux-mêmes.

3. Quand Dieu nous ouvre les yeux, nous voyons qu'auparavant nous étions « sans Dieu (ou mieux athées) dans le monde » (Ep 2.12). Par nature, nous n'avions aucune connaissance de Dieu, aucun rapport avec lui. Il est vrai que, lorsque nous avons commencé à faire usage de notre raison, nous avons appris à connaître « les choses invisibles de Dieu, savoir : sa puissance éternelle et sa divinité, qui se voient comme à l'œil, depuis la création du monde, quand on les considère dans ses ouvrages » (Rm 1.20). De ces choses qu'on voit nous avons conclu à l'existence d'un Etre qu'on ne voit pas, et qui est éternel et tout puissant. Mais, tout en reconnaissant son existence, nous n'avions aucun rapport avec lui. C'était comme pour l'empereur de la Chine ; nous savons qu'il y en a un, mais nous ne le connaissons, pas. Ainsi nous savions qu'il y avait un Roi de l'univers, mais nous ne le connaissions pas. Et, à la vérité nous ne pouvions pas le connaître par nos facultés ordinaires ; aucune d'elles ne pouvait nous procurer la connaissance de Dieu. Nous ne pouvions pas davantage l'apercevoir à l'aide de notre intelligence naturelle que nous n'aurions pu le voir avec nos yeux. Car « nul ne connaît le Fils que le Père, » et celui à qui cela a été révélé par le Père ; « et nul ne connaît le Père que le Fils, et celui à qui le Fils aura voulu le faire connaître. » (Mt 11.27 ; 16.17)

4. On raconte qu'un roi, dans l'antiquité, voulant découvrir quelle était la langue naturelle des hommes, crut pouvoir arriver à un résultat concluant en faisant l'expérience suivante : Deux enfants qui venaient de naître furent transportés dans un endroit spécialement préparé pour les recevoir, où on les éleva sans leur rien enseigner et sans que jamais ils entendissent une voix humaine. Qu'arriva-t-il ? C'est que, lorsqu'on les retira de cette solitude, ils ne parlaient aucun langage ; ils poussaient seulement des cris inarticulés comme ceux des animaux. Eh bien, si on

élevait ainsi deux enfants dès leur naissance, sans leur donner la moindre instruction religieuse, il est, plus que probable qu'à moins d'une intervention de la grâce divine, on obtiendrait un résultat analogue : ils n'auraient point de religion ; ils n'auraient pas plus de connaissance de Dieu que n'en ont les bêtes des champs, que n'en a le poulain de l'âne sauvage. Et c'est là tout ce qui reste de la religion naturelle, si l'on fait abstraction des traditions religieuses et de l'action du Saint-Esprit !

5. Ne connaissant pas Dieu, nous ne pouvons pas L'aimer ; on ne peut aimer quelqu'un qu'on ne connaît pas. Il est vrai que la plupart des hommes parlent d'aimer Dieu, et peut être croient-ils L'aimer ; en tout cas, il y en a peu qui confessent qu'ils ne L'aiment pas. Mais le fait est trop évident pour qu'on puisse le nier : aucun homme n'aime Dieu naturellement, pas plus qu'il n'aime une, pierre ou le sol qu'il foule sous ses pieds. Nous trouvons notre bonheur dans l'objet que nous aimons ; mais aucun homme ne trouve par nature le moindre, bonheur en Dieu. Dans notre état naturel, nous ne pouvons pas même concevoir que quelqu'un y trouve son bonheur ; car pour nous, nous n'y prenons aucun plaisir ; Dieu nous est complètement insipide. Aimer Dieu ! Oh ! c'est bien au delà et bien au-dessus de notre portée. Dans notre état naturel, nous ne saurions y parvenir.

6. Par nature, nous n'avons pas plus de crainte de Dieu que d'amour pour lui. On s'accorde à dire que, tôt ou tard, il se produit chez la majeure partie des hommes une espèce de crainte sotte et irréfléchie ; qui s'appelle de son vrai nom superstition quoique des Epicuriens peu intelligents lui aient donné celui de religion. Mais cette crainte elle-même n'est pas quelque chose de naturel ; on l'acquiert en s'entretenant avec d'autres hommes, ou bien c'est le fruit de leurs exemples. Dans notre état naturel, « nous n'avons pas Dieu dans toutes nos pensées (Ps 10 :4 d'après la version anglaise.). » Nous le laissons faire ses propres affaires, tranquillement assis dans le ciel (car c'est ainsi que nous nous le figurons), et nous laissant faire les nôtres sur la terre. Ainsi, nous n'avons pas davantage la crainte de Dieu devant nos yeux que nous n'avons son amour dans nos cœurs.

7. C'est dans ce sens que, tous les hommes sont « des athées dans le monde ». Maïs cet athéisme n'empêche pas d'être aussi idolâtre. Dans son état de nature, tout homme qui vient au monde est un idolâtre consommé. Nous ne le sommes peut-être pas au sens vulgaire de ce mot. Nous n'adorons pas, comme les païens idolâtres, des images taillées ou fondues. Nous ne nous prosternons pas devant un tronc d'arbre façonné par nos propres mains. Nous n'invoquons pas les anges ni les saints qui sont dans le ciel, pas plus que ceux qui sont sur la terre. Qu'adorons-nous donc ? Ah ! c'est dans nos cœurs que nous avons érigé nos idoles, devant lesquelles nous nous prosternons et que nous adorons ; nous nous adorons nous-mêmes, quand nous nous attribuons à nous-mêmes l'honneur qui est dû à Dieu seul. Tout orgueil est donc une idolâtrie ; car il consiste à nous attribuer ce qui n'appartient qu'à Dieu. Et bien que Dieu n'ait pas fait l'homme pour l'orgueil, quel est l'homme qui n'est pas né orgueilleux ? Par notre orgueil, nous dérobons au Seigneur ce qui lui revient en vertu d'un droit inaliénable ; nous usurpons sa gloire par notre idolâtrie.

8. Mais l'orgueil n'est pas la seule espèce d'idolâtrie dont nous soyons coupables par nature. Satan a, aussi imprimé sur notre âme un autre trait de son image c'est la volonté charnelle. Avant d'être précipité du ciel, il dit : « Je serai assis sur la montagne de l'assemblée, aux côtés d'Aquilon (És 14.13) ; » ce qui voulait dire : « Je veux faire ma volonté, agir selon mon bon plaisir, sans tenir compte de la volonté de mon Créateur. » Et c'est là ce que dit tout homme venant au monde, et non pas une fois, mais mille ; et il l'avoue sans en rougir, sans éprouver ni honte ni crainte. Demandez-lui : « Pourquoi as tu fais ceci ou cela ? » Il vous répondra : Parce que cela me plaît ; » ce qui revient à dire. « Parce que c'est ma volonté, parce que le diable et moi nous sommes d'accord, parce que lui et moi nous suivons la même ligne de conduite. » Et, en attendant, la volonté de Dieu n'entre pour rien dans ses pensées ; il ne la consulte aucunement, bien qu'elle soit la loi suprême de toute créature raisonnable dans les cieux ou sur la terre, bien qu'elle soit l'expression des rapports essentiels et immuables qui existent entre toutes ces créatures et leur Créateur.

9. Jusqu'ici nous tenons pied à Satan et nous portons son image. Mais encore un pas, et nous le dépassons, en commettant une idolâtrie dont lui ne se rend pas coupable. Je veux parler de

l'amour du monde, aussi naturel à tout homme que d'aimer à faire sa propre volonté. Quoi de plus naturel pour nous que de chercher notre bonheur dans la créature plutôt que dans le Créateur, de chercher dans l'œuvre de ses mains la jouissance qui ne peut se trouver qu'en Lui ? Quoi de plus naturel que « la, convoitise de la chair » (1 Jn 2.16), le désir des plaisirs des sens dans leur diversité Sans doute on entend les hommes, surtout ceux qui sont instruits et cultivés, se vanter hautement de mépriser ces plaisirs terre à terre. Ils prétendent ne pas tenir à satisfaire ces penchants qui mettent l'homme au même niveau que la brute qui périt. Mais ce n'est là qu'une prétention vaine ; car tout homme sait parfaitement bien qu'à cet égard il est par nature une vraie brute. Les appétits sensuels, et même les plus bas, ont plus ou moins d'empire sur lui. Il en est l'esclave ; ils l'entraînent et le mènent, en dépit de sa prétendue raison. Malgré toute son éducation, malgré toutes ses belles manières, il ne l'emporte pas sur le bouc lui-même. On pourrait même se demander si ce n'est pas l'animal qui l'emporte sur l'homme. Et il l'emporte en effet, si nous nous en rapportons au, dire d'un des oracles modernes de ce monde :

Uniquement en sa saison

L'animal privé, de raison

Aux plaisirs de l'amour se livre ;

L'homme, de sa raison si fier,

Des convoitises de la chair

Toute l'année, hélas ! s'enivre.

Il est vrai qu'à cet égard il y a d'un homme à l'autre beaucoup de différence, ce qui tient (sans parler de l'influence de la grâce), à la différence des tempéraments et de l'éducation. Mais, malgré cela, qui est-ce qui se connaît, assez peu lui-même pour être disposé à jeter la première pierre à son prochain ? Qui est-ce qui est de force à subir sans reproche l'application que Jésus fait du septième commandement :

10. « Quiconque regarde une femme pour la convoiter a déjà commis l'adultère avec elle dans son cœur (Mt 5.28). » Aussi ne sait-on de quoi il faut s'étonner le plus, si c'est de l'ignorance ou bien de l'impudence de ces hommes qui parlent avec un si grand dédain de leurs semblables, parce qu'ils ont cédé à des désirs que tout homme a ressentis dans son cœur : car le désir des plaisirs sensuels de toute sorte, innocents ou coupables, est naturel à tous les enfants des hommes.

Il en est de même de « la convoitise des yeux (1 Jn 2.16), » du désir des plaisirs que donne l'imagination. Ces plaisirs, on les cherche dans les objets remarquables par leur grandeur, leur beauté ou leur rareté. Mais peut-être les deux premières de ces qualités se confondent-elles avec la dernière ; car, en examinant bien les choses, ou découvrirait probablement que les objets doués de grandeur et ; de beauté cessent de plaire dès qu'ils ne sont plus nouveaux. Dès que la nouveauté en est passée, presque tout le plaisir qu'ils donnaient est aussi passé ; dans la mesure où l'on s'y accoutume, ils deviennent ennuyeux et insipides. Mais on a beau répéter cent fois cette expérience, le désir persiste dans l'âme. Cette soif innée du cœur ne le quitte pas, ou plutôt elle ne fait qu'augmenter, plus on s'efforce de la satisfaire ; elle nous excite à poursuivre de nouveaux objets l'un après l'autre, bien que toujours nous voyions nos espérances avorter et nos illusions s'évanouir.

Malgré les cheveux gris qui recouvrent sa tête,

Ce fou, qui rencontra tant de maux en chemin,

Refuse d'obéir à la voix qui l'arrête.

Son enjeu, le dernier, il le met sur demain !

Mais demain est venu : ce jour aussi s'envole ;

L'oubli, comme un linceul, s'étend pour le couvrir.

Le fou marche toujours dans son espoir frivole,

Jusqu'au jour qui lui dit : « Ce soir il faut mourir ! »

11. Un troisième symptôme de cette maladie fatale, de cet amour du monde qui a des racines si profondes dans notre âme, c'est « l'orgueil de la vie (1 Jn 2.16), » le désir des louanges, de l'honneur qui vient des hommes. Les plus grands admirateurs de la nature humaine considèrent ce désir, comme tout à fait naturel, tout autant que la vue, l'ouïe ou quelque autre de nos sens physiques. Et en rougissent-ils, notamment les littérateurs, les hommes de goût et de culture ? Bien loin de là : ils en sont fiers ! Ils s'applaudissent d'aimer à être applaudis. Il se trouve même des gens illustres parmi les chrétiens (Deutéronome nom) qui ne se font pas scrupule d'approuver cette maxime d'un païen vaniteux de l'antiquité : *Animi dissoluti est et nequam negligere quid de se homines sentiant*. « C'est la marque d'une âme sans principes et méchante que de ne pas faire cas de l'opinion des hommes à notre égard. » Ainsi, lorsqu'un individu demeure calme et impassible dans l'opprobre comme dans l'honneur, au travers de la mauvaise réputation comme dans la bonne, c'est pour ces gens-là la preuve qu'il ne mérite pas de vivre : « Ote-le du monde ! » (Ac 21.36) Qui supposerait qu'ils ont jamais entendu parler de Jésus et de ses apôtres, ou qu'ils savent de qui est cette parole : « Comment pouvez-vous croire, vu que vous aimez à recevoir de la gloire les uns des autres, et que vous ne recherchez point la gloire qui vient de Dieu seul ? » (Jn 5.44) Et s'il en est ainsi effectivement, s'il est impossible de croire, impossible par suite de plaire à Dieu, aussi longtemps que l'on attend ou qu'on recherche de la gloire les uns des autres, aussi longtemps qu'on ne recherche pas celle qui vient de Dieu seul, quelle est donc la situation morale de l'humanité entière, des chrétiens comme des païens ? Car tous ils cherchent à recevoir de la gloire l'un de l'autre, et c'est pour eux, ils l'avouent, chose aussi naturelle que de voir la lumière qui vient frapper leurs yeux, ou d'entendre les sons qui retentissent à leurs oreilles. Et même, ils considèrent comme la marque d'une âme vertueuse de chercher la gloire qui vient des hommes, et comme le signe d'un esprit pervers qu'on se contente de celle qui vient de Dieu seul !

III

1. Il me reste à, tirer quelques conclusions de ce que nous avons dit. Tout d'abord, nous pouvons y puiser la connaissance d'un trait fondamental qui distingue le christianisme, comme ensemble de doctrines, des formes les moins grossières du paganisme. Beaucoup de païens dans l'antiquité ont décrit de la façon la plus détaillée les vices de certains individus. Ils ont invectivé contre l'avarice, la cruauté, le luxe, la prodigalité de certains hommes. Il s'en est trouvé, pour dire que « nul homme ne naît sans quelques vices, d'une espèce ou d'autre ». Mais nul d'entre eux ne connaissant l'histoire de la chute de l'homme, n'a soupçonné sa complète dépravation. Ils ne savaient pas que tous les hommes sont vides de tout bien et remplis de toute sorte de mal. Ils ignoraient absolument l'entière déchéance de la nature humaine tout entière, de tout homme venant au monde, et dans toutes les facultés de son âme ; cette dépravation qui ne se manifeste pas tant par les vices particuliers à tel ou tel individu, que par le débordement universel de l'athéisme et de l'idolâtrie, de l'orgueil, de la volonté charnelle et de l'amour du monde. Tel est le premier, le grand trait qui distingue le christianisme du paganisme. Ce dernier reconnaît bien que beaucoup d'hommes sont atteints de vices nombreux, et même qu'ils naissent enclins à ces vices ; mais il suppose pourtant qu'il en est d'autres chez qui le bien contrebalance largement le mal. Le christianisme, lui, proclame que tous ont été « conçus dans le péché et formés dans l'iniquité (Ps 51.7) ; » que par suite il y a, en tout homme une « affection de la chair qui est ennemie de Dieu, qui ne se soumet pas à la loi de Dieu et qui ne le peut (Rm 8.7), » qui corrompt tellement l'être moral tout entier que « dans sa chair, (c'est-à-dire dans son état naturel), le bien n'habite point en lui (Rm 7.18), » mais que « toute l'imagination des pensées de son cœur n'est que mal en tout temps (Gn 6.5). »

2. La seconde leçon que nous apprenons ici, c'est que tous ceux qui nient cet état de choses, qu'on l'appelle péché originel ou autrement, ne sont encore que des païens, en ce qui constitue la distinction fondamentale entre le paganisme et le christianisme. Ils accorderont peut-être qu'il y a bien des vices parmi les hommes, que certains vices naissent avec nous, et que, par suite, nous ne naissons pas aussi sages, aussi vertueux qu'on pourrait le désirer. Car, de fait, il y a peu de gens qui iraient jusqu'à dire tout carrément : « Nous naissons avec, autant de penchants pour le bien

que pour le mal, et tout homme est, par nature, aussi vertueux et aussi sage qu'Adam l'était quand il fut créé. » Mais voici ce qui servira de Schibboleth (Jg 12.6) : L'homme, par nature, est-il plein de toute sorte de mal ? Est-il vide de tout bien ? Est-il entièrement déchu ? Son âme est-elle totalement corrompue ? Ou bien, pour en revenir à mon texte, toute l'imagination des pensées de son cœur n'est-elle que mal en tout temps ? Si vous admettez cela, vous êtes chrétiens sur ce point. Si vous le niez, vous n'êtes encore qu'un païen !

3. En troisième lieu, nous apprenons par ces choses qu'elle est la vraie nature de la religion, de celle de Jésus Christ. C'est la méthode divine pour guérir l'âme qui est atteinte de cette maladie. Voici comment le grand médecin des âmes applique les remèdes qui font disparaître le mal et guérissent la nature humaine, qui s'était corrompue dans toutes ses facultés. Dieu guérit entièrement notre athéisme par la connaissance de lui-même et de Jésus-Christ qu'Il a, envoyé ; en nous donnant la foi, preuve et conviction divines de l'existence de Dieu et des choses de Dieu, en particulier de cette vérité importante « Le Fils de Dieu m'a, aimé et s'est donné pour moi (Ga 2.20). » Par la repentance et l'humiliation du cœur est guérie la maladie mortelle de l'orgueil ; celle de la volonté charnelle est guérie par la résignation, par une soumission, pleine de candeur et de reconnaissance, à la volonté du Seigneur ; pour l'amour du monde dans toutes ses variétés, c'est l'amour de Dieu qui est le remède souverain. Voilà l'essence de la religion, « la foi agissante par la charité (Ga 5.6), » produisant l'humilité sincère et candide, une mort effective au monde et une adhésion aimante et reconnaissante, une parfaite conformité à toute la volonté, à toute la parole de Dieu.

4. Mais si l'homme n'était pas déchu à ce point, tout cela ne serait pas nécessaire. Il n'y aurait pas lieu de faire cette œuvre dans son cœur, de renouveler ainsi son âme. Excès de piété, serait alors une expression bien plus juste que celle d' « excès de malice (Jc 1.21). » Une religion tout extérieure et sans aucune piété suffirait pour s'acquitter de ce qui serait strictement raisonnable. Aussi bien cela suffit-il aux yeux de tous les hommes qui nient la corruption de notre nature. Ils ne font guère plus de cas de la religion que le fameux Hobbes n'en faisait de la raison. D'après lui, la raison ne serait qu' « un bel enchaînement de mots. » Et, d'après eux, la religion ne serait, elle aussi, qu'un bel enchaînement de mots et d'actes. En cela ils sont conséquents ; car si le dedans n'est point rempli de méchanceté, s'il est déjà net, que reste-t-il à faire si ce n'est de « nettoyer le dehors de la coupe ? » (Mt 23.25). Si leur hypothèse est fondée, une réforme extérieure est la seule chose nécessaire.

5. Mais ce n'est pas ainsi que vous avez appris les oracles de Dieu. Vous savez que celui qui voit ce qui est en l'homme a décrit tout autrement la nature et la grâce, notre chute et notre relèvement. Vous savez que le grand but que se propose la religion ; c'est de renouveler nos cœurs à l'image de Dieu ; c'est de réparer la perte absolue de toute justice, de toute vraie sainteté qui a été pour nous la conséquence du péché de notre ancêtre Adam. Vous savez que toute religion qui n'atteint pas ce but, qui n'arrive pas à changer notre âme en lui rendant la ressemblance divine, l'image de son Créateur, n'est qu'une lamentable comédie ; c'est tout simplement se moquer de Dieu et perdre sa propre, âme. Fuyez donc ces docteurs de mensonges qui voudraient vous faire accepter cela pour le christianisme. Ne les écoutez pas, lors même s'ils viennent à vous « avec toutes les séductions de l'iniquité (1 Th 2.10), » avec un langage parfaitement agréable, parfaitement convenable avec de belles phrases bien élégantes, avec toutes sortes de professions de zèle pour vos intérêts et ; de respect pour les Saintes Écritures. Tenez-vous en à la simple foi du temps passé, à celle qui « a été donnée une fois aux saints (Jude 1.3), » à cette que l'Esprit de Dieu a donnée à votre âme. Reconnaissez votre mal et reconnaissez-en le remède. Vous êtes nés dans le péché ; il faut donc que vous naissiez de nouveau, que vous naissiez de Dieu (Jn 3.3 ; 1.13). Par nature vous êtes totalement corrompus ; il faut que vous soyez totalement renouvelés par la grâce. Vous êtes tous morts en Adam ; tous vous revivrez en Jésus-Christ, le nouvel Adam. « Vous étiez morts dans vos fautes et dans vos péchés ; » mais « Il vous a vivifiés (Ep 2.1, 5) ; » Il vous a communiqué le principe de la vie, la foi en Celui qui vous a aimés et s'est donné pour vous. Allez donc maintenant « de foi en foi (Rm 1.17), » jusqu'à ce qu'en vous tout mal soit guéri, jusqu'à ce que vous « ayez les mêmes sentiments que Jésus-Christ a eus ! » (Ph 2.5)

SERMON 45

La nouvelle naissance

Il faut que vous naissiez, de nouveau.
—Jean 3.7 —

1. Si, parmi les doctrines dont l'ensemble constitue le christianisme, il y en a deux qu'on peut qualifier de fondamentales, ce sont bien celles de la justification et de la nouvelle naissance. La première se rapporte à l'œuvre importante que Dieu accomplit pour nous, en nous pardonnant nos péchés ; la, seconde, à l'œuvre importante que Dieu accomplit en nous, en renouvelant notre nature déchue. Au point de vue chronologique, l'une de ces grâces ne précède point l'autre : au moment même où nous sommes justifiés par la grâce de Dieu, par la rédemption qui est en Jésus, nous naissons de l'Esprit ; mais au point de vue logique, la justification précède la nouvelle naissance. Dans nos conceptions de l'œuvre de Dieu, nous voyons d'abord sa colère apaisée, puis son Esprit à l'œuvre dans nos cœurs.

2. Combien donc il importe que chacun comprenne parfaitement ces doctrines fondamentales ! C'est sous l'influence de cette conviction que beaucoup d'hommes excellents ont écrit, d'une façon très étendue, sur la justification, expliquant point par point tout ce qui s'y rapporte, et développant les portions de l'Écriture Sainte qui en parlent. D'autres, également, ont écrit sur la, nouvelle naissance, et quelques uns d'une façon assez volumineuse, mais pas aussi clairement qu'on eût pu le désirer, ni avec assez de profondeur et de précision ; leur manière de la décrire a été tantôt obscure et trop abstraite, tantôt vague et trop superficielle. Il semble donc qu'un exposé, complet et net à la fois, de la nouvelle naissance soit encore à faire, exposé qui résoudrait d'une façon satisfaisante ces trois questions :

(1) Quel est le point de départ de cette doctrine ?
(2) Quelle est la nature de la nouvelle naissance ?
(3) En vue de quoi faut-il que nous naissions de nouveau ? Dans quel but est-ce nécessaire ?

Avec l'aide du Seigneur je vais répondre à ces questions aussi brièvement et simplement que possible ; puis j'énumérerai quelques-unes des conséquences qui découleront naturellement du sujet.

I

1. Et d'abord, quel est le point de départ de cette doctrine ? Son point de départ remonte à la création du monde. Dans le récit que la Bible nous donne de ce fait, il est dit : « Puis Dieu (un seul Dieu en trois personnes) dit : Faisons l'homme à notre image, selon notre ressemblance … Dieu donc créa l'homme à son image ; il le créa à l'image de Dieu (Gn 1.26, 27). » Ce ne fut pas seulement à son image naturelle, en faisant de lui une reproduction de l'immortalité divine, un être spirituel doué d'intelligence, d'une volonté libre, d'affections diverses. Ce ne fut pas seulement, si je puis ainsi dire, à son image politique, en le faisant roi de ce bas monde, et en lui donnant de « dominer sur les poissons de la mer … et sur toute la terre (Gn 1.26). » Mais ce fut principalement à son image morale qui, d'après l'apôtre, consiste « dans une justice et une sainteté véritable (Ep 4.24). » L'homme fut créé à cette image de Dieu. « Dieu est amour (1 Jn 4.8, 16). » Au moment où il fut créé, l'homme était donc plein d'amour : c'était là l'unique source de tous ses sentiments, de toutes ses pensées, de toutes ses paroles, de tous ses actes. Dieu est plein de justice, de miséricorde et de vérité : l'homme était tel, quand il sortit des mains de son Créateur. Dieu est la pureté même, la pureté sans tache : de même l'homme fut au commencement pur de toute souillure, sans quoi Dieu ne l'eût pas déclaré, en commun avec ses autres œuvres, « très bon (Gn 1.31). » Il

n'aurait pas été très bon s'il n'eût pas été pur de tout péché, rempli de justice, et de véritable sainteté. Car il n'y a pas de terme moyen : si nous supposons un être intelligent ; qui n'aime pas Dieu et qui n'est ni juste ni saint, nous supposons un être qui, loin d'être « très bon, » n'est point bon du tout.

2. Mais, bien que créé à l'image de Dieu, l'homme n'était pas immuable. C'eût été incompatible avec l'état de probation où Dieu trouva bon de le placer. Il fut donc créé avec la faculté de se maintenir debout et avec la possibilité de tomber. Dieu le lui fit comprendre et l'avertit solennellement à ce sujet. Mais l'homme ne persévéra point dans cette position d'honneur : il abandonna sa haute origine. Il mangea du fruit dont Dieu avait dit : « Tu n'en mangeras point (Gn 2.17 ; 3.16). » Par cet acte de désobéissance volontaire à son Créateur, pair, cette révolte ouverte contre son Maître, il déclarait hautement qu'il ne voulait plus que Dieu régnât sur lui ; qu'il entendait se gouverner d'après sa propre volonté, et non d'après celle du Créateur ; qu'il ne chercherait point sa félicité en Dieu, mais dans le monde et dans l'œuvre de ses mains. Or, Dieu lui avait dit d'avance : « Au jour où tu en mangeras, tu mourras de mort (Gn 2.17 ; 3.16). » Et l'Éternel ne peut violer sa parole. Aussi l'homme mourut-il dès ce jour : il mourut à, Dieu, ce qui est bien la plus terrible des morts. Il perdit la vie divine ; il fut séparé de Celui avec qui il devait rester uni pour vivre de la vie spirituelle. Le corps meurt lorsqu'il est séparé de l'âme ; l'âme meurt quand elle est séparée de Dieu. Cette séparation d'avec Dieu, Adam l'éprouva dès le jour, dès l'heure où il mangea du fruit défendu. On en vit aussitôt chez lui des symptômes certains ; car il ne tarda pas à montrer par sa conduite que l'amour de Dieu était éteint dans son âme, et qu'elle était désormais « éloignée de la vie de Dieu (Ep 4.18). » Il était maintenant sous l'empire d'une crainte servile, ce qui fit qu'il s'enfuit de devant la face de l'Éternel. Il avait même conservé si peu de connaissance de Celui qui remplit la terre et les cieux qu'il essaya, de « se cacher de devant la face de l'Éternel parmi les arbres du jardin (Gn 3.8). » Il avait ainsi perdu à la fois la connaissance de Dieu et l'amour pour Dieu, et sans ces vertus l'image divine ne pouvait subsister en lui. Il la perdit donc du même coup, et devint en même temps pécheur et malheureux. Au lieu de cette image, il n'eut plus que l'orgueil et la volonté charnelle, c'est-à-dire l'image propre de Satan ; il tomba dans les appétits et les convoitises des sens, ce qui constitue l'image des bêtes qui périssent.

3. Mais quelqu'un dira peut-être. « Ce n'est pas cela. La menace : « Au jour où tu en mangeras, tu mourras de mort, » se rapportait à la mort physique, à la mort du corps exclusivement. » Nous répondrons : Affirmer cela, ce serait tout simplement et tout uniquement faire Dieu menteur ; ce serait dire que le Dieu de vérité a affirmé une chose qui n'était pas vraie. Car il est évident qu'Adam ne mourut pas dans ce sens là, de la mort du corps, au jour où il mangea du fruit défendu. Il vécut, de la vie du corps, encore plus de neuf cents ans. On ne saurait donc entendre ces paroles de la mort physique sans révoquer en doute la véracité du Seigneur, et il faut les entendre de la mort spirituelle, qui est la perte de la vie de Dieu, de l'image de Dieu.

4. En Adam tous sont morts, toute l'humanité, tous ceux qui devaient naître de ce premier homme. De ce fait découle une conséquence toute naturelle : c'est que chacun de ses descendants vient au monde mort spirituellement, mort quant à Dieu, absolument mort dans le péché, absolument privé de la vie de Dieu, de l'image de Dieu, de toute cette justice et cette sainteté que reçut Adam quand il fut créé. Et au lieu de cela, tout homme naît avec l'image de Satan, l'orgueil et la volonté charnelle, et même avec l'image de la brute, consistant en appétits et désirs sensuels. Tel est le point de départ de la nouvelle naissance : c'est l'entière dépravation de notre nature. Il suit de là qu'étant nés dans le péché, nous devons naître de nouveau ; que tout homme né de femme doit naître de l'Esprit de Dieu.

II

1. Mais comment faut-il qu'un homme naisse de nouveau ? Quelle est la nature de la nouvelle naissance ? Telle est la question qui est devant nous. Elle est de la plus haute importance. Nous devons étudier ce grave sujet, non à la légère, mais avec la plus sérieuse attention, et le méditer intérieurement jusqu'à ce que nous comprenions parfaitement ce point essentiel, et sachions bien comment nous pouvons naître de nouveau.

2. Cela ne veut pas dire qu'il nous faille attendre un compte rendu minutieux et raisonné de la manière dont ces choses s'accomplissent. Notre Seigneur nous met suffisamment en garde contre une attente de ce genre, dans les paroles qui suivent immédiatement notre texte. Dans ces paroles, il rappelle à Nicodème un fait naturel des plus incontestables, et qui pourtant ne saurait être entièrement expliqué par le plus grand savant qu'il y ait sous le soleil. « Le vent souffle où il veut ; » ce n'est ni ta puissance ni ta sagesse qui le font souffler ; « et tu en entends le bruit, » de telle sorte que tu sais, à n'en pas douter, qu'il souffle ; « mais tu ne sais d'où il vient, ni où il va ; » personne ne peut dire exactement comment il commence et comment il finit, comment il s'élève et comment il tombe. « Il en est de même de tout homme qui est né de l'Esprit (Jn 3.8). » Tu peux avoir de ce dernier fait une certitude aussi absolue que du premier ; mais ni toi, ni même le plus sage de tous les enfants ales hommes, ne pouvez expliquer exactement comment il s'accomplit, comment le Saint-Esprit l'opère dans une âme.

3. Tout ce qu'on peut désirer, à un point de vue rationnel et chrétien, c'est que, sans s'arrêter à des recherches curieuses et minutieuses, nous décrivions simplement et bibliquement la nature de la nouvelle naissance. Cela suffira pour satisfaire tout homme raisonnable qui n'a d'autre désir que de sauver son âme. Cette expression : « naître de nouveau, » ce ne fut pas notre Seigneur qui l'employa le premier, dans son entretien avec Nicodème. On la connaissait parfaitement avant ce temps-là, et les Juifs s'en servaient couramment à l'époque où Jésus parut au milieu d'eux. Quand un païen adulte était convaincu que la religion juive venait de Dieu, et qu'il désirait l'embrasser, il était d'usage de commencer par le baptiser, avant de l'admettre à la circoncision. Et quand il était baptisé, on disait qu'il était né de nouveau, ce qui voulait dire que cet homme, d'enfant du diable qu'il était auparavant, devenait par adoption membre de la famille de Dieu, était mis au nombre de ses enfants. Notre Seigneur employa donc, dans son entretien avec Nicodème, un terme que lui, « docteur en Israël » (Jn 3.10), aurait dû comprendre sans peine ; mais Jésus l'employa dans un sens plus élevé que celui qui était familier à Nicodème. C'est sans doute pour cela qu'il dit : « Comment ces choses se peuvent-elles faire ? » (Jn 3.9) Elles ne peuvent se faire à la lettre : un homme ne peut pas « rentrer dans le sein de sa mère et naître une seconde fois (Jn 3.4) ; » mais elles peuvent se faire spirituellement : un homme peut naître d'en haut, de Dieu, de l'Esprit, et d'une façon qui, à bien des égards, rappelle la naissance physique.

4. Avant que l'enfant soit entré dans le monde, il a des yeux, mais il ne voit pas ; il a des oreilles, mais il n'entend pas. Tous ses sens sont très limités dans leur exercice. Il ne connaît aucun des objets de ce monde ; il n'a point d'intelligence. On n'appelle pas même du nom de Vie le genre d'existence qui lui est propre à ce moment-là. C'est seulement lorsqu'un homme est né, que nous disons de lui qu'il commence à vivre. Dès qu'il est né, il commence à voir la lumière, et les objets divers qui l'environnent. Ses oreilles s'ouvrent, et il perçoit les sons qui viennent successivement les frapper. Ses autres organes entrent aussi en activité, chacun dans la direction qui lui est propre. Il respire, il vit d'une façon toute différente de son état antérieur. Combien, dans tous ces détails, les deux cas sont parallèles ! Tant qu'un homme demeure dans son état naturel, tant qu'il n'est pas né de Dieu, il a, spirituellement parlant, des yeux qui ne voient point : un voile épais, impénétrable, les recouvre ; il a des oreilles, mais il n'entend point ; il est absolument sourd à tout ce qu'il aurait le plus besoin d'entendre. Tous ses organes spirituels sont comme emprisonnés ; il est comme s'il ne les possédait .pas. Aussi n'a-t-il aucune connaissance de Dieu, aucun rapport avec lui ; il ne le connaît aucunement. Il ne sait véritablement rien des choses de Dieu, rien des choses spirituelles, rien des choses éternelles ; il peut donc être vivant comme homme, mais, comme chrétien, il est mort. Dès qu'il est né de Dieu, tout cela change, et change du tout au tout. « Les yeux de son esprit sont ouverts (Ep 1.18) ; » tel est le langage du grand apôtre ; et « Dieu qui a dit que la lumière sortit des ténèbres, éclairant son cœur, il voit la lumière de la gloire de Dieu sur le visage de Jésus-Christ (2 Co 4.6 d'après la version anglaise), » la lumière de son glorieux amour. Ses oreilles s'ouvrent, et désormais il peut entendre la voix de Dieu lui dire intérieurement : « Prends courage, tes péchés te sont pardonnés (Mt 9.2) ; va-t'en, et ne pèche plus à, l'avenir (Jn 8.11). » C'est là le sens de ce que Dieu dit à son cœur, bien que peut-être ce ne soit pas en ces propres termes. Il est maintenant en état d'entendre ce que « Celui qui enseigne la science aux hommes » (Ps 94.10) voudra bien lui révéler jour après jour. Pour employer le lan-

gage de notre Église (L'Église anglicane), « il ressent en son cœur la puissante opération de l'Esprit de Dieu ; » mais non pas d'une façon matérielle et charnelle, comme les gens du monde, dans leur stupidité volontaire, interprètent faussement cette expression, bien que nous leur ayons dit et répété que par là, nous voulons dire simplement que le chrétien sent ces choses, qu'il a conscience au dedans de lui des grâces que l'Esprit de Dieu communique à son âme. Il éprouve, il sent en lui une « paix qui surpasse toute intelligence (Ph 4.7). » Souvent il goûte en Dieu « une joie ineffable et glorieuse (1 P 1.8). » Il sent « l'amour de Dieu qui est répandu dans son cœur par le Saint-Esprit qui lui a été donné (Rm 5.5). » Tous ses sens spirituels entrent en exercice pour discerner le bien spirituel d'avec le mal. En les exerçant il croît de jour en jour dans la connaissance de Dieu, de Jésus-Christ qu'Il a envoyé et de tout ce qui se rapporte au royaume de Dieu qui est au dedans de nous. Maintenant on peut dire avec raison qu'il vit ; car, Dieu l'ayant vivifié par son Esprit, il est « vivant pour Dieu par Jésus-Christ (Rm 6.11). » il vit d'une vie que le monde ne connaît point, d'une « vie cachée avec Christ en Dieu (Col 3.3). » Dieu souffle, en quelque sorte, continuellement sur cette âme, et cette âme ne respire que pour Dieu. La grâce descend dans ce cœur, et de ce cœur montent vers le ciel la prière et la louange ; et par cette communication entre Dieu et l'homme ; par cette communion avec le Père et le Fils, comme par une sorte de respiration spirituelle, la vie de Dieu s'entretient dans l'âme, et l'enfant de Dieu grandit jusqu'à ce qu'il parvienne « à la mesure de la stature parfaite de Christ (Ep 4.13). »

5. Ce que nous venons de dire montre clairement quelle est la nature de la nouvelle naissance. C'est ce grand changement que Dieu opère dans une âme quand Il la fait entrer dans la vie, quand Il la ressuscite de la mort du péché à la vie de la justice. C'est la transformation accomplie dans l'âme toute entière par le tout-puissant Esprit de Dieu quand elle est de nouveau « créée en Jésus-Christ (Ep 2.10), » « créée à l'image de Dieu, dans une justice et une sainteté véritable (Ep 4.24) ; » quand en elle l'amour de Dieu remplace l'amour du monde, l'humilité remplace l'orgueil, la douceur remplace la colère ; quand, au lieu de haine, d'envie ; de malice, il n'y a plus qu'amour sincère, tendre, désintéressé pour l'humanité toute entière. En un mot, c'est ce changement par lequel les dispositions terrestres, sensuelles et diaboliques font place aux « sentiments que Jésus-Christ a eus » (Ph 2.5). Telle est la nature de la nouvelle naissance ; « il en est ainsi de tout homme qui est né de l'Esprit (Jn 3.8). »

III

1. Toute personne qui a fait attention à ces choses, doit voir sans peine la nécessité de la nouvelle naissance, et pouvoir répondre à la troisième question qui est : En vue de quoi et dans quel but faut-il que nous naissions de nouveau ? Il est bien évident, tout d'abord, que cela est nécessaire pour que nous soyons saints. Car qu'est-ce que la sainteté, d'après les oracles divins ? Ce n'est pas tout simplement une religion extérieure, une routine de devoirs matériels, quel qu'en soit le nombre, quel que soit le soin avec lequel on les accomplit. Non ! la sainteté évangélique, c'est l'image de Dieu imprimée dans l'âme ; ce sont les mêmes sentiments que Jésus-Christ a eus ; ce sont toutes les affections et toutes les dispositions célestes confondues de manière à n'en faire plus qu'une. La sainteté ne va point sans un amour constant et reconnaissant pour Celui qui, à cause de nous, n'a point épargné son Fils, son unique, sans un amour tel qu'il nous devient facile et comme indispensable d'aimer tous nos semblables ; car, avec cet amour nous recevons « des entrailles de miséricorde, de, bonté, de douceur de patience (Col 3.12). » Et cet amour de Dieu nous enseigne aussi à être irréprochables dans toute notre conduite, à offrir à Dieu nos corps et nos âmes, tout ce que nous sommes et tout ce que nous avons, toutes nos pensées, toutes nos paroles, toutes nos actions, en sacrifice perpétuel, agréable par Jésus-Christ. Mais cette sainteté ne saurait exister en nous tant que nous n'avons pas été renouvelés dans notre esprit et dans notre entendement. Elle ne peut commencer dans l'âme avant que ce changement n'ait été opéré, avant que la puissance du Très-Haut ne nous ait couverts et qu'ainsi nous ne soyons « passés des ténèbres dans la lumière, de la puissance de Satan à Dieu (Ac 26.18), » c'est-à-dire avant que nous ne soyons nés de nouveau. La nouvelle naissance est donc absolument nécessaire pour que nous devenions saints.

2. Or, « sans la sanctification (ou sainteté) personne ne verra le Seigneur (He 12.14), » ne verra sa face dans la gloire. Par conséquent, il faut absolument naître de nouveau pour être sauvé éternellement. Le cœur de l'homme est si désespérément mauvais, si rusé, qu'il y a des gens qui se persuadent qu'on peut vivre dans ses péchés jusqu'à la fin et après tout aller vivre auprès de Dieu. Il y en a des milliers qui croient avoir trouvé en réalité un chemin large qui ne mène pas à la perdition. « Que peut risquer, vous diront-ils, une femme si bonne, si vertueuse ? Comment craindre qu'un homme si honnête, d'une moralité, si parfaite n'aille pas tout droit au ciel ? surtout si, avec toutes ces qualités, ils ont assidus au culte et reçoivent les sacrements ? » Un autre vous dira avec le plus grand sérieux : « Comment donc ? est-ce que je ne m'en tirerai pas tout aussi bien que mes voisins ? » Oui, tout aussi bien que vos voisins sans piété et qui meurent dans leurs péchés. Car tous ensemble vous tomberez dans le gouffre, au plus profond de l'enfer ! Tous vous serez gisants « dans l'étang ardent de feu et de soufre (Ap 19.20). » Alors vous verrez (mais Dieu fasse que vous le voyiez auparavant !) qu'il faut être saint pour avoir part à la gloire ; qu'il faut conséquemment naître de nouveau, puisque sans la nouvelle naissance il n'y a pas de sainteté possible.

3. De même, sans la nouvelle naissance personne ne peut être heureux, même dans ce monde. Car il est dans la nature des choses qu'un homme ne puisse être heureux s'il n'est saint. Un pauvre païen, un poète ne nous dit-il pas lui-même : « *Nemo malus felix ; nul méchant n'est heureux.* » Cela se comprend. Toutes les dispositions mauvaises sont des dispositions qui troublent l'âme. Ce n'est pas seulement la malice, la haine, l'envie, la jalousie, la vengeance qui allument dès ici-bas un enfer dans notre sein. Des passions moins violentes que celles-là, si on ne les contient pas dans de justes limites, donnent elles-mêmes mille fois plus de tourment que de plaisir. L'espoir lui-même, s'il est différé, comme cela arrive souvent, « fait languir le cœur (Pr 13.12). » Tout ce qu'on désire qui n'est pas selon la volonté de. Dieu ; risque de nous causer bien des chagrins qui nous transperceront. Les grandes sources du péché, l'orgueil, la volonté charnelle, l'idolâtrie sont aussi, dans la mesure ; où ces péchés ont le dessus en nous, des sources de malheur. Aussi longtemps que ces péchés règnent dans une âme, le bonheur n'y saurait être. Et ils y régneront jusqu'à ce que la perte de notre nature ait été changée, jusqu'à ce que nous soyons nés de nouveau. La nouvelle naissance est donc absolument nécessaire pour être heureux dans ce monde, tout autant que pour l'être dans le monde à venir.

IV

1. Je me suis proposé, en dernier lieu d'énumérer quelques-unes des conséquences qui découlent naturellement de ce qui précède.

Tout d'abord, il en résulte cette conclusion que le baptême n'est pas la nouvelle naissance : ces deux choses sont distinctes. Bien des gens paraissent croire qu'elles ne font qu'un ; ils en parlent, du moins, comme s'ils le croyaient ; mais je ne sache pas qu'il y ait aucune dénomination chrétienne qui professe ouvertement cette opinion. À coup sûr, il n'y en a pas dans ce royaume (La Grande-Bretagne), que ce soit dans l'Église établie (L'Église anglicane), ou parmi les dissidents. Le sentiment de ces derniers est nettement exprimé dans leur Grand Catéchisme — Demande : Combien de parties y a-t-il dans un sacrement ? — Réponse : Il y en a deux : la première est un signe extérieur et sensible ; la seconde, une grâce intérieure et spirituelle, représentée par ce signe. « Demande : Qu'est-ce que le baptême ? — Réponse : Le baptême est un sacrement dans lequel Jésus-Christ a institué le lavage avec de l'eau comme signe et sceau de la régénération par son Esprit. » Il est évident que dans ces paroles le signe, qui est le baptême, est présenté comme distinct de la chose qu'il signifie et qui est la régénération.

De même, dans le catéchisme de l'Église anglicane, la pensée de notre Église est exprimée avec la plus grande clarté : « Demande : Qu'entends-tu par ce mot sacrement ? — Réponse : J'entends le signe extérieur et visible d'une grâce intérieure et spirituelle. Demande : Quelle est la partie extérieure ou forme du baptême ? — Réponse : C'est l'eau avec laquelle la personne est baptisée, au nom du Père, du Fils et du Saint-Esprit. — Demande : Quelle est la partie intérieure du baptême ou la chose signifiée

— Réponse : C'est la mort au péché et la nouvelle naissance pour la justice. » Il est donc, bien évident que, selon l'Église anglicane, le baptême n'est pas la nouvelle naissance.

L'explication de ce cas est d'ailleurs, si simple, si claire, qu'il est inutile de recourir à d'autres preuves. Car on voit sans peine qu'il y a là, en effet, deux opérations, l'une extérieure, l'autre intérieure, l'une visible et l'autre invisible, par conséquent tout à fait distinctes l'une de l'autre, car l'une est un acte de l'homme ; acte qui nettoie le corps ; l'autre est un changement accompli par Dieu dans l'âme. Ainsi la première est tout aussi distincte de la seconde que l'âme l'est du corps, que l'eau l'est du Saint Esprit.

2. Ce qui précède nous apprend, en second lieu, que, la nouvelle naissance ne se confondant pas avec le baptême, il arrive qu'elle n'accompagne pas toujours le baptême : ces deux choses ne vont pas invariablement ensemble. Un homme peut naître d'eau sans naître de l'Esprit. Il peut y avoir le signe extérieur quand il n'y a pas la grâce intérieure.

3. Une troisième conclusion à tirer de ce que nous avons dit, c'est que la nouvelle naissance n'est pas la sanctification. C'est pourtant la manière de voir de bien des gens, par exemple de l'éminent auteur de l'essai sur la nature et les bases de la régénération chrétienne. Laissant de côté diverses objections sérieuses qu'on pourrait formuler contre cet écrit, en voici une qui est bien fondée : c'est que, d'un bout à l'autre, il parle de la régénération comme d'une œuvre graduelle qui se poursuit lentement dans l'âme à partir du moment où nous nous tournons vers Dieu. Cela est incontestablement vrai de la sanctification ; mais ce n'est pas vrai de la régénération, de la nouvelle naissance. Celle-ci est une partie de la sanctification, mais ce n'en est pas le tout ; c'en est la porte, c'en est l'entrée.

C'est quand nous naissons de nouveau que commence notre sanctification, notre sainteté intérieure et extérieure. Dès lors nous devons, par degrés, « croître en toutes choses dans Celui qui est le chef (la tête) (Ep 4.15). » Cette expression de l'apôtre marque admirablement la différence qui existe entre ces deux expériences ; et de plus elle indique une analogie étroite entre les choses naturelles et les choses spirituelles.

L'enfant naît en un instant, ou du moins en peu de temps ; puis il grandit, par degrés et lentement, jusqu'à ce qu'il ait atteint la taille d'homme. De même, l'enfant de Dieu naît en un temps qui est court, peut-être en un moment ; mais ce n'est que par degrés et lentement qu'il grandit et arrive à la mesure de la stature parfaite de Christ. Il y a donc entre notre nouvelle naissance et notre sanctification le même rapport qu'il y a entre notre naissance et notre croissance physiques.

4. Les considérations qui précèdent nous enseignent encore une chose. Mais ce point est si important, qu'il nous sera permis de l'examiner avec la plus grande attention et de consacrer un peu de temps à le développer. Que doit dire un homme qui aime les âmes et s'afflige de ce qu'elles pourraient périr, que doit-il dire à un individu qu'il voit vivre dans la violation du jour du repos, dans l'ivrognerie, ou dans tel autre péché volontaire ? Si ce que nous avons avancé ci-dessus est vrai, peut-il faire autrement que de dire : « Il faut que vous naissiez de nouveau ? » — « Mais non, s'écrie un de ces hommes qui font du zèle, il ne faut pas faire cela. Comment osez-vous parler avec aussi peu de charité à cet homme ? N'a-t-il pas été baptisé ? Il ne peut pas maintenant naître de nouveau. » Comment ? il ne peut pas naître de nouveau ? Est-ce bien là ce que vous affirmez : Mais alors il ne peut pas être sauvé. Car fût-il aussi âgé que l'était Nicodème, « s'il ne naît de nouveau, il ne peut voir le royaume de Dieu (Jn 3.3). » En disant qu'il ne peut pas naître de nouveau, en réalité vous l'abandonnez à la perdition. Et alors, où est le manque de charité ? est-ce de mon côté ou du vôtre ? Moi, je dis qu'il peut naître de nouveau et devenir ainsi un des héritiers du salut. Vous, vous dites : « Il ne peut naître de nouveau ; » et dans ce cas il doit inévitablement périr. Vous lui fermez donc complètement le chemin du salut et vous l'envoyez en enfer, le tout par pure charité.

Mais peut-être est-ce le pécheur lui-même, auquel nous disons par un amour très sincère : « Il faut que tu naisses de nouveau ! » qui a appris à nous faire la réponse suivante : « Je repousse votre doctrine nouvelle. Je n'ai pas besoin de naître de nouveau. Je suis né de nouveau quand j'ai été baptisé. Voudriez-vous me faire renier mon baptême ? » Je lui répondrai : Tout d'abord, si ce n'était que rien au monde ne peut excuser un mensonge, je dirais à quelqu'un qui vit ouvertement dans le péché : Si vous avez été baptisé, n'en convenez pas ; car vous ne faites ainsi qu'aggraver hautement votre culpabilité, et cela ne fait qu'aggraver votre perdition. Fûtes-vous vraiment consacré à Dieu quand vous n'aviez que huit jours ? Et depuis, pendant tant d'années, vous n'avez fait autre chose que vous consacrer au diable ! Est-il vrai qu'avant que vous eussiez l'usage de la raison, on vous a consacré à Dieu le Père, le Fils et le Saint-Esprit, et que, depuis que la raison vous est venue, vous vous êtes révolté contre Dieu et consacré à Satan ? Est-ce que cette abomination de désolation, l'amour du monde, l'orgueil, la colère, la convoitise, les désirs insensés et tout le cortège des viles inclinations, a été érigée là où elle ne devrait point ? Avez-vous dressé toutes ces idoles maudites dans cette âme qui fut mise à part « pour être la maison de Dieu en esprit » (Ep 2.22), et qui Lui fut consacrée solennellement ? Et vous osez vous glorifier d'avoir appartenu à Dieu ? Oh ! soyez-en honteux, rougissez-en, cachez-vous sous terre ! Ne vous vantez plus jamais d'une chose qui devrait vous remplir de confusion et de honte devant Dieu et devant les hommes.

Mais, en second lieu, je vous réponds que vous avez déjà, renié votre baptême, et de la manière la plus positive. Vous l'avez renié mille et mille fois ; vous le reniez encore tous les jours. Toutes les fois que vous cédez au diable et que vous faites quelqu'une de ses œuvres, vous reniez votre baptême. Vous le reniez par tout péché volontaire, par tout acte d'impureté, d'intempérance ou de vengeance, par toute parole obscène ou profane, par tout juron qui sort de votre bouche. Vous reniez votre baptême chaque fois que vous violez le jour du Seigneur ; vous le reniez toutes les fois que vous faites à autrui ce que vous ne voudriez pas que l'on vous fît.

En troisième lieu, je vous réponds que, baptisé ou non, « il faut que vous naissiez de nouveau ; » sans quoi il est impossible que vous soyez saint intérieurement : et sans la sainteté intérieure et extérieure vous ne sauriez être heureux dans ce monde, et encore moins dans le monde à venir.

Direz-vous : « Mais je ne fais tort à personne ; je suis juste et honnête dans les affaires : je ne jure pas, je ne prends pas le nom de Dieu en vain ; je ne viole pas le jour du Seigneur ; je ne suis pas un ivrogne je ne calomnie pas mon prochain ; je ne vis dans aucun péché volontaire. » S'il en est ainsi, il serait à désirer que tout le monde en fît autant que vous : Mais il faut que vous fassiez encore davantage, ou bien vous ne pouvez être sauvé ; il faut que vous naissiez de nouveau !

Peut-être ajouterez-vous : « Mais je fais encore davantage, puisque non seulement je ne fais de mal à personne, mais je fais tout le bien que je puis. » Je doute de cela : je crains fort que vous n'avez négligé une multitude d'occasions de faire du bien qui se sont présentées et dont il vous faudra rendre compte à Dieu. Mais eussiez-vous profité de toutes et fait à tous tout le bien en votre pouvoir, cela ne changerait rien à votre situation : il faut encore que vous naissiez de nouveau ! En dehors de cela, rien ne fera du bien à votre pauvre âme coupable et souillée.

— « Mais, dites-vous encore, je profite régulièrement de tous les moyens de grâce ; je suis assidu à mon église et aux sacrements. » Vous faites bien ; mais cala ne vous sauvera pas de l'enfer, si vous ne naissez de nouveau ! Vous pouvez aller à l'église deux fois par jour ; vous approcher de la table du Seigneur chaque semaine, répéter en votre particulier tant et plus de prières, écouter tant et plus de sermons excellents, lire tant et plus de bons livres, encore faut-il que vous naissiez de nouveau ! Aucune de ces choses ne peut remplacer pour vous la nouvelle naissance : rien au monde ne saurait vous en tenir lieu. Si donc vous n'avez pas encore éprouvé cette œuvre intime de Dieu, que ce soit ici votre prière continuelle : « Seigneur, ajoute à tes autres bienfaits envers moi celui-ci, que je naisse de nouveau ! Refuse-moi ce que tu voudras ; mais accorde-moi ceci, que je naisse de nouveau. Ote-moi ce que tu trouveras bon de m'ôter, renommée, biens, amis, santé ; mais donne-moi ceci, de naître de l'Esprit, de devenir enfant de Dieu ! Oh ! que je renaisse, « non par une semence corruptible, mais par une semence incorruptible, par la parole de Dieu qui vit et qui demeure éternellement (1 P 1.23), » et que, de jour en jour, je « croisse dans la grâce et dans la connaissance de notre Seigneur et Sauveur Jésus-Christ ! » (2 P 3.18)

SERMON 46

Le chrétien dans le désert

*Vous êtes maintenant dans la tristesse ; mais je vous verrai de
nouveau, et votre cœur se réjouira, et personne ne vous ravira votre
joie.*
— Jean 16.22 —

1. Quand Dieu eut accordé au peuple d'Israël une grande délivrance en le tirant de la maison
de servitude, ce peuple n'entra pas immédiatement dans le pays que l'Éternel avait promis à ses
pères. Les Israélites errèrent dans le désert (Ex 13.18), et y furent tentés et affligés de diverses
manières. Ainsi, lorsque le Seigneur a délivré ceux qui le craignent de l'esclavage du péché et de
Satan, « et qu'ils sont justifiés gratuitement par sa grâce, par la rédemption qui est en Jésus-Christ
(Rm 3.23), » peu d'entre eux cependant entrent aussitôt dans ce repos qui « reste pour le peuple
de Dieu (He 4.9). » La plupart errent, plus ou moins, hors du bon chemin où l'Éternel les avait
introduits. Ils passent, pour ainsi dire, « par un pays désert et par un lieu hideux, où l'on
n'entend que hurlements de désolation » et là ils sont tentés et tourmenté de diverses manières.
C'est cet état que quelques personnes ont appelé, par allusion à l'histoire des Israélites, le désert.

2. Il est bien certain que les âmes qui sont dans cet état ont droit à nos plus vives sympathies.
Elles souffrent d'un mal funeste et cruel, mais qui n'est pas généralement compris, ce qui fait,
qu'elles ont encore plus de peine à en trouver le remède. Étant elles-mêmes comme dans des
ténèbres, on ne peut guère s'attendre à ce qu'elles comprennent la maladie dont elles sont atteintes. Et bien peu de leurs frères, peut-être même de leurs conducteurs, connaissent la nature de
ce mal ou le moyen de le guérir. Raison de plus pour que nous examinions : D'abord, quelle est la
nature de ce mal ; en second lieu, quelle en est la cause ; en troisième lieu, quel en est le remède.

I

1. Tout d'abord, quelle est la nature de cette maladie qui attaque tant d'âmes après qu'elles
ont cru ? En quoi consiste-t-elle réellement, et quels en sont les vrais symptômes ? Ce mal consiste
principalement en ce que ces personnes ont perdu la foi que Dieu avait produite dans leur cœur.
Ceux qui sont dans le désert n'ont plus en eux comme auparavant cette démonstration divine,
cette conviction satisfaisante des choses qu'on ne voit point (He 11.1). Ils n'ont plus cette manifestation intérieure de l'Esprit qui les rendait tous capables de dire :
« Si je vis encore dans ce corps mortel, je vis dans la foi au Fils de Dieu qui m'a aimé et qui
s'est donné pour moi (Ga 2.20). » La lumière d'en haut ne vient plus « briller dans leurs cœurs (2
Co 4.6) ; » ils ne « voient : plus celui qui est invisible (He 11.27) ; » les ténèbres s'étendent de nouveau sur la face de leur âme, et l'aveuglement sur les yeux de leur esprit. Le Saint-Esprit ne vient
plus « rendre témoignage à leur esprit qu'ils sont enfants de Dieu (Rm 8.16) ; » il n'est plus pour
eux cet « Esprit d'adoption par lequel ils criaient (intérieurement) : Abba, Père » (Rm 8.15) Ils ne
possèdent plus une ferme confiance en son amour, et la liberté de s'approcher de lui avec une
sainte hardiesse. Leur cœur ne dit plus : « Voilà, quand il me tuerait, je ne laisserais pas d'espérer
en lui (Jb 13.15) ; » ils sont privés de leur force ; ils sont devenus faibles et timides comme les
autres hommes (Allusion à Samson Jg 16.17).

2. De cette perte de la foi provient ensuite la perte de l'amour qui doit nécessairement croître
ou diminuer en même temps que la foi véritable et vivante, et dans les mêmes proportions. Aussi,
tous ceux chez qui la foi disparaît, voient aussi disparaître leur amour pour Dieu. Alors ils ne
peuvent plus dire :« Seigneur ; tu connais toutes choses ; tu sais que je t'aime (Jn 21.17). » Ils ne

trouvent plus en Dieu cette félicité dont jouit celui qui l'aime. Ils ne prennent point leur plaisir en lui comme autrefois, et ne sentent point « l'odeur de son parfum (Jn 12.3). » Naguère, « c'était, vers son nom et vers son souvenir que tendait le désir de leur âme (És 26.8) ; » mais aujourd'hui leurs désirs sont refroidis et amortis, sinon tout à fait éteints. Leur amour pour Dieu s'étant attiédi, leur amour pour le prochain a eu le même sort. On ne trouve plus chez eux ce zèle pour les âmes, qui faisait qu'ils désiraient ardemment les voir sauvées, ni ce besoin vif, pressant et, agissant de les amener à se réconcilier avec Dieu. Ils ne sentent plus en eux ces « entrailles de miséricorde » (Col 3.12) pour les brebis perdues, cette tendre « compassion pour ceux qui pèchent par ignorance et par erreur (He 5.2). » Autrefois, ils « témoignaient une parfaite douceur envers tous les hommes (Tt 3.2) ; » ils instruisaient avec bonté ceux qui étaient opposés à la vérité et « si quelqu'un venait à tomber dans quelque faute, ils le redressaient avec un esprit de douceur » (Ga 6.1) Mais, après un intervalle qui a duré peut-être bien des jours, la colère commence à reprendre son empire ; la mauvaise humeur et l'impatience les attaquent vigoureusement pour les faire tomber ; et c'est beaucoup s'ils n'en viennent pas à « rendre mal pour mal et injure pour injure (1 P 3.9). »

3. Par suite de cette perte de la foi et de l'amour, il y a aussi une troisième perte : celle de la joie inspirée par le Saint-Esprit. Car si nous n'avons plus le sentiment, de notre pardon, avec l'amour qui en résulte, nous ne saurions conserver la joie qui en résulte aussi. Si l'Esprit ne témoigne pas à notre esprit que nous sommes enfants de Dieu, c'en est fait de la joie que nous procurait ce témoignage intime. De même, chez ceux qui « se réjouissaient d'une joie ineffable (1 P 1.8), » « dans l'espérance de la gloire de Dieu (Rm 5.2), » une fois que cesse cette espérance pleine d'immortalité, il y a privation de la joie qui s'y attachait, comme aussi de la joie que leur donnait la possession de « l'amour de Dieu répandu dans le cœur (Rm 5.5). » La cause n'existant plus, l'effet ne se produit pas ; la source étant fermée, les eaux vives n'en jaillissent plus pour rafraîchir l'âme.

4. A ces pertes de la foi, de l'amour, de la joie, vient s'en ajouter une quatrième, celle de la paix qui surpasse toute intelligence. Ce doux calme de l'esprit, cette sérénité de l'âme ont disparu. Les doutes pénibles reviennent : nous nous demandons si jamais nous avons cru, peut-être même si jamais nous aurons la foi. Nous nous mettons à douter d'avoir éprouvé dans nos cœurs le témoignage réel du Saint-Esprit ; il nous semble que, nous nous sommes fait illusion, et que nous avons pris la voix de la nature pour celle de Dieu, et nous allons craindre de ne plus entendre la voix du Seigneur, de ne plus trouver grâce devant lui. Ces doutes font renaître en nous la crainte servile, la crainte qui est accompagnée de peine. Nous craignons la colère de Dieu, tout comme avant d'avoir cru ; nous craignons d'être rejetés loin de sa présence ; aussi retombonsnous dans cette crainte de la mort dont nous avions été entièrement affranchis.

5. Ce n'est pas tout ; car la privation de paix amène une privation de force. Nous savons que quiconque possède la paix avec Dieu par Jésus-Christ, possède la force de vaincre tout péché. Mais dès qu'on perd la paix du Seigneur, on perd aussi cet ascendant sur le péché. Tant qu'il y eut paix, il y eut aussi force, même vis-à-vis du péché qui nous enveloppe aisément ; que ce soit d'ailleurs un péché qui résulte de notre naturel, de notre tempérament, de notre éducation ou de notre position on avait même l'ascendant sur des dispositions coupables et des désirs mauvais, que l'on n'avait pu vaincre avant cela. Alors le péché ne dominait pas sur l'âme ; mais maintenant, c'est l'âme qui ne domine pas sur le péché. Le chrétien lutte bien encore ; mais il ne peut vaincre ; la couronne est tombée de son front. Ses ennemis triomphent de nouveau de lui, et plus ou moins ils le réduisent en esclavage. « La gloire est transportée » (1 S 3.21) loin de lui ; le royaume de Dieu n'est plus dans son cœur. Il est dépouillé de sa justice, comme de sa paix et, de sa joie venant du Saint Esprit.

II

1. Telle est la nature de cet état d'âme que l'on a appelé assez justement le désert. Mais on s'en rendra compte mieux encore en examinant, en second lieu quelles en sont les causes. Il y en a de diverses espèces. Je n'ose pas mettre parmi ces causes une volonté de Dieu purement souveraine et arbitraire. Non ! Dieu « veut la paix de son serviteur » (Ps 35.27) et « ce n'est pas volon-

tiers qu'il afflige et qu'il contriste les fils des hommes (Lm 3.33). » Sa volonté invariable, c'est notre sanctification, ayant pour conséquences « la paix et la joie par le Saint-Esprit (Rm 14.17). » Ce sont là ses dons généreux, et il nous est déclaré que « les dons de Dieu sont irrévocables (Rm 11.29) Il ne se repent jamais de nous les avoir accordés ; il n'a jamais la pensée de nous les reprendre. Ce n'est donc jamais lui qui nous déserte, comme disent quelques-uns : c'est toujours nous qui le désertons (Allusion au titre même de ce discours).

2. La cause la plus ordinaire de ces ténèbres intérieures, c'est le péché sous une forme ou sous une autre. C'est généralement lui qui amène ce qui souvent ressemble à une complication de péché et de misère. Ce peut être, d'abord, une faute commise : cela suffit fréquemment pour plonger aussitôt l'âme dans l'obscurité, surtout si ce péché a été commis en connaissance de cause, volontairement, « par fierté (Ps 19.14). » Si, par exemple, une personne qui « marche à la clarté de la face de Dieu (Ps 59.16), » se laissait aller à commettre un seul acte d'intempérance ou d'impureté, il ne serait pas étonnant qu'elle se trouvât instantanément plongée dans de profondes ténèbres. Il y a eu, sans doute, quelques cas, d'ailleurs bien rares, dans lesquels le Seigneur n'a pas permis que cela arrivât et l'a empêché en déployant, presque au même instant, sa miséricorde et son pardon d'une façon tout à fait extraordinaire. Mais, en général, un tel abus de la bonté de Dieu, une insulte aussi faite à son amour, amènent aussitôt un sentiment de séparation d'avec Dieu et « des ténèbres qu'on pourrait toucher avec la main (Ex 10.21). »

3. Il faut espérer que ce cas-là ne se présente pas souvent, et qu'il n'y a pas beaucoup d'hommes qui méprisent tellement les richesses de la bonté de Dieu, que de se révolter contre lui sans transition et sans ménagements, au moment, même où ils marchent dans sa clarté. Cette clarté, on la perd bien plus fréquemment par le moyen des péchés d'omission. Ceux-ci, à la vérité, n'éteignent pas l'Esprit immédiatement, mais ils le font par degrés et lentement. Les autres, c'est comme de l'eau qu'on jette sur le feu ; ceux-ci, c'est comme si on refusait au feu l'aliment combustible. L'Esprit d'amour nous reprend pour nos négligences, et il le fait bien des fois avant de nous abandonner à nous-mêmes. Que d'avertissements intérieurs, que d'appels secrets il nous adresse avant de nous retirer les bienfaits de son action sur nous ! Il faut donc toute une suite de péchés d'omission dans lesquels on persévère volontairement, pour attirer sur l'âme ces ténèbres épaisses.

4. Aucun, peut-être, de ces péchés d'omission n'aboutit plus fréquemment à ce triste état, que la négligence du devoir de la prière en secret, négligence qui ne peut, être compensée par l'assiduité à d'autres moyens de grâce. Il est plus que certain que la vie de Dieu ne peut subsister, encore moins grandir, dans notre âme, si nous ne recherchons pas les occasions de nous mettre en communion avec Dieu et de répandre notre cœur en sa présence. Si donc nous négligeons cela et si nous laissons les affaires, la société ou d'autres occupations prendre la place de ces exercices spirituels du cabinet, ou bien nous porter à expédier ces devoirs religieux le plus lestement possible et sans réfléchir à rien, ce qui a le même effet que si on les supprimait, oh ! alors, la vie de Dieu doit nécessairement baisser dans l'âme. Et si ces négligences se répètent et se prolongent, cette vie s'éteindra graduellement.

5. Un autre péché d'omission qui souvent amène l'âme, du croyant à cet état d'obscurité, c'est la négligence du devoir qui, sous la dispensation judaïque, avait été enjoint de cette façon si formelle « Tu ne haïras point ton frère dans ton cœur. Tu reprendras avec soin ton prochain, et tu ne souffriras point de péché en lui (Lv 19.17). » Car, si nous haïssons notre frère dans notre cœur, et si, quand nous lui voyons commettre une faute, nous ne le reprenons pas, mais souffrons le péché en lui, cette conduite attirera bientôt la maigreur sur notre propre âme, attendu que par là nous participerons à son péché, En négligeant de reprendre notre prochain, nous prenons sa faute à notre compte, et nous aurons à en répondre devant Dieu. Nous l'avons vu en danger et nous ne l'avons pas averti ; s'il vient à « mourir dans son iniquité, » Dieu pourra justement « redemander son sang de notre main (Ez 3.18). » Est-il donc surprenant que, si nous attristons ainsi son Esprit, nous soyons privés de la clarté de sa face ?

6. Une troisième cause peut nous en priver. C'est quand nous cédons à quelque péché intérieur. Par exemple, nous savons que « quiconque est hautain de cœur est en abomination devant l'Éternel (Pr 16.5), » lors même que cet orgueil ne se montrerait pas dans sa conduite extérieure.

Mais combien il est facile, pour une âme qui était pleine de paix et de joie, de tomber dans ce piège du diable ! Comme il est naturel de se croire plus de grâce, plus de sagesse ou plus de force qu'on n'en a, et d'avoir ainsi « de soi-même une plus haute opinion qu'on ne doit ! » (Rm 12.3) Comme il est naturel de « se glorifier de quelque chose qu'on a reçu, comme si l'on ne l'avait pas reçu ! » (1 Co 4.7) Mais puisque, de tout temps, « Dieu résiste aux orgueilleux, et fait grâce aux humbles » (Jc 4.6) seulement, une pareille attitude ne peut manquer d'obscurcir, sinon d'éteindre, la, clarté qui brillait dans l'âme.

7. Les mêmes effets pourront se produire si l'on cède à la colère, même lorsqu'on y est provoqué par certaines circonstances même quand cette colère peut se couvrir du nom de zèle pour la vérité ou pour la gloire de Dieu. C'est qu'en réalité tout zèle qui n'est pas allumé par la flamme de l'amour, est « terrestre, animal et diabolique (Jc 3.15). » C'est la flamme de la colère : c'est pure colère, colère coupable ni plus ni moins. Et rien n'est plus contraire à l'amour divin si doux, si bienveillant ! Ces deux sentiments ne peuvent exister en même temps dans un cœur ; cela ne s'est jamais vu. À mesure que la colère domine quelqu'un, l'amour et la joie du Saint-Esprit diminuent proportionnellement chez lui. Cela se voit surtout là où il y a brouille, je veux dire lorsque nous sommes irrités contre quelqu'un de nos frères, de ceux qui tiennent à nous par des liens sociaux ou par des attaches religieuses. Si nous cédons à cet esprit de brouille, ne fût-ce que pendant une heure, nous perdrons la douce communion du Saint-Esprit ; et ainsi, au lieu d'améliorer les autres, nous nous nuirons à nous-mêmes nous serons la proie du premier qui nous attaquera.

8. Mais si nous nous tenons en garde contre ce piège du diable, il se peut qu'il nous attaque d'un autre côté. Quand la violence et la colère sommeillent et que l'amour seul veille dans l'âme, elle peut se trouver en aussi grand danger par la passion qui, elle aussi, tend à nous plonger dans les ténèbres. C'est là, en effet, « la conséquence infaillible de tout désir insensé, de toute affection folle on déréglée. Si nous nous affectionnons aux choses de la terre, à qui que ce soit ou à quoi qui-ce soit d'ici-bas ; si nous désirons quelque autre chose que Dieu et que ce qui nous ramène à Dieu ; si nous cherchons le bonheur dans une créature, Dieu qui est jaloux contestera certainement avec nous, car il ne souffre point de rival. Et si nous ne voulons pas écouter sa voix qui nous avertit, et revenir à lui de tout notre cœur, si nous continuons à l'affliger par nos idoles et à courir après les dieux étrangers, nous serons bientôt dans un état de froideur, d'aridité et de sécheresse ; le dieu de ce monde aveuglera notre cœur et l'obscurcira.

9. Il réussit d'ailleurs souvent à le faire sans même que nous ayons cédé à quelque péché proprement dit. Il suffit, pour qu'il prenne le dessus, que nous négligions de « rallumer le don de Dieu qui nous a été communiqué (2 Tt 1.6), » que nous ne persévérions pas sans cesse à « nous efforcer d'entrer par la porte étroite (Lc 13.24), » que nous cessions de lutter ardemment pour la victoire et de « forcer et ravir le royaume des cieux » (Mt 11.12) Il n'y a qu'à ne plus combattre, et nous sommes certains d'être vaincus. Il n'y a qu'à être insouciant ou découragé, paresseux ou indolent, et bientôt les ténèbres naturelles nous envahiront de nouveau et rempliront notre âme. Il suffit donc de se laisser aller à la négligence spirituelle pour que notre âme soit positivement obscurcie ; ce péché nous dérobera la clarté divine, tout aussi sûrement, bien que plus lentement peut-être, qu'un meurtre ou un adultère.

10. Mais il faut bien considérer ceci, que la cause de cet obscurcissement, quelle qu'elle soit, péché de commission ou péché d'omission, péché intérieur ou péché extérieur, n'est pas toujours dans le voisinage immédiat de ses tristes effets. Il arrivera parfois qu'un intervalle considérable séparera la faute le ses conséquences. Elle peut avoir été commise plusieurs jours, plusieurs semaines auparavant. Et si Dieu nous retire aujourd'hui sa clarté et sa paix, à cause de ce qui s'est passé il y a si longtemps, ce n'est pas, comme on pourrait le croire à première vue, une preuve de sévérité de sa part, mais plutôt une preuve de sa patience et de sa tendre miséricorde. Il a attendu tout ce temps pour voir si nous sentirions, reconnaîtrions et redresserions ce qui, en nous, était défectueux ; et si nous ne le faisons pas, il finit par nous manifester son déplaisir afin de nous amener encore, si possible, à la repentance.

(II) 1. Une autre des causes principales de cet assombrissement de notre âme, c'est l'ignorance, qui, d'ailleurs, affecte diverses formes. Si un homme ne connaît pas les Écritures et s'imagine qu'il y a, dans l'Ancien Testament ou dans le Nouveau, des passages qui enseignent que tous les croyants sans exception doivent, de temps à autre, passer par cette obscurité, cette ignorance amènera tout naturellement chez lui cette obscurité à laquelle il s'attend. Et combien ce cas est fréquent parmi nous ! Combien peu de chrétiens ont des vues justes à cet égard ! Ce n'est pas étonnant pourtant ; car on leur a appris qu'il fallait s'attendre à cela ; leurs conducteurs spirituels les y ont encouragés. Et ce ne sont pas seulement les écrivains mystiques de l'Église romaine, ce sont aussi beaucoup des plus spirituels et des plus pratiques de la nôtre (à part quelques uns du siècle dernier) (Le dix-septième siècle.) , qui présentent cet enseignement avec une entière assurance, comme une des doctrines les plus claires et les plus certaines de la Bible, et citent quantité de textes à l'appui.

2. Cet obscurcissement provient aussi fréquemment de ce qu'on ne comprend pas la manière dont Dieu opère dans l'âme. Les chrétiens se figurent (sur la foi des écrivains de l'Église romaine en particulier, qui ont été suivis sans examen suffisant par beaucoup de protestants), qu'ils ne peuvent pas toujours marcher dans une foi lumineuse ; que c'est là un état inférieur ; qu'à mesure qu'ils grandissent, ils doivent renoncer aux grâces sensibles, et vivre par la foi toute nue. Et elle sera nue, en effet, si on la dépouille de l'amour, de la paix et de la joie du Saint-Esprit ! Ils croient qu'un état de lumière et de joie est bon sans doute, mais qu'un état d'obscurité et de sécheresse spirituelles vaut encore mieux ; que c'est ainsi seulement que nous pouvons être purifiés de l'orgueil, de l'amour du monde et d'un amour-propre déréglé ; et que, conséquemment, nous ne devons ni espérer ni désirer de marcher toujours dans la lumière. C'est pour cela (bien que d'autres causes concourent aussi à ce résultat) que la plupart : des gens pieux dans l'Église romaine passent leur vie dans l'obscurité et le trouble, et que, s'ils sont parfois réjouis par la lumière divine, ils s'en voient, bientôt privés.

(III.) 1. Une troisième cause générale d'obscurcissement spirituel se trouve dans les tentations. Au début, lorsque le flambeau du Seigneur vient briller sur notre sentier, il arrive souvent que la tentation s'enfuie et que nous en sommes entièrement exempts. Tout est tranquille en nous, et peut-être au dehors ; Dieu a contraint nos ennemis à nous laisser, en paix. Il semble tout naturel alors de nous figurer que nous n'aurons plus de combats. On a vu des cas où ce calme durait, non pas seulement quelques semaines, mais des mois et des années. D'ordinaire les choses se passent autrement, et avant longtemps les vents soufflent, la pluie tombe et tes torrents débordent tout de nouveau. Ceux qui ne connaissent ni le Fils ni le Père et qui, conséquemment, haïssent les enfants de Dieu, manifestent cette haine de diverses façons, dès que le Seigneur relâche tant soit peu le frein qu'il a mis à leur bouche. « Mais, comme autrefois celui qui était né selon la chair persécutait celui qui était né selon l'Esprit, il en est de même maintenant (Ga 4.29) ; » les mêmes causes produisent les mêmes effets. Le péché qui reste encore dans le cœur recommence à s'agiter ; la colère et beaucoup d'autres « racines d'amertume » He 12.15) tendent à « pousser en haut. » Satan ne manquera pas de saisir ce moment pour lancer ses traits enflammés, et notre âme aura à combattre non seulement contre le monde, non seulement « contre la chair et le sang, mais contre les principautés ; contre les puissances, contre les princes des ténèbres de ce siècle, contre les esprits malins qui sont dans les airs » (Ep 6.12) Et quand des assauts si divers se produisent simultanément, quand peut-être ils se déchaînent avec une fureur inouïe, il n'est pas surprenant qu'un homme encore faible dans la foi se trouve l'âme oppressée et même obscurcie dans ces circonstances, surtout s'il ne veillait pas à ce moment-là, si ces assauts surviennent à l'heure où il ne s'y attendait pas où il n'attendait rien de pareil, croyant ou du moins espérant que les jours mauvais ne reviendraient plus.

2. La puissance des tentations qui viennent du dedans sera considérablement accrue, si nous avions auparavant une plus haute opinion de nous-mêmes que nous n'aurions dû, jusqu'à nous croire purifiés de tout péché. Et combien nous sommes portés à le croire, pendant que nous ressentons l'ardeur du premier amour ! Comme nous sommes disposés alors à penser due Dieu a « accompli en nous puissamment … l'œuvre de la foi » (2 Th 1.11) tout entière, qu'il n'y a plus de péché en nous puisque nous n'y en sentons plus, et enfin que notre âme appartient complètement à l'amour divin ! L'attaque impétueuse d'un ennemi, que l'on croyait non seulement vaincu, mais mort, ne peut guère manquer d'accabler lourdement notre âme, et même parfois de la plonger dans d'épaisses ténèbres, surtout si nous raisonnons avec cet ennemi, au lieu de crier immédia-

tement à Dieu et de nous jeter, avec une foi enfantine, dans les bras de celui qui « saura délivrer les siens de l'épreuve (2 P 2.19). »

III

1. Telles étant les causes habituelles de cet obscurcissement qui s'empare de nouveau de l'âme, il nous reste à chercher quel en peut être le remède.

Ce serait une erreur grave et même fatale que de supposer qu'un seul et même traitement peut convenir à tous les cas. Cette idée est pourtant fort répandue, même parmi beaucoup de chrétiens qui passent pour être expérimentés, qui ont peut-être la prétention d'être des docteurs en Israël et de servir de guides aux autres. En conséquence, ces hommes ne connaissent et n'emploient qu'un seul remède, quelle que soit la cause de la maladie. Ils se mettent aussitôt à faire une application des promesses de Dieu, à « prêcher la bonne nouvelle, » comme ils disent. Consoler, voilà tout, ce qu'ils se proposent ; et, pour y arriver, ils disent toutes sortes de choses tendres et douces sur l'amour de Dieu pour les pauvres pécheurs perdus, sur l'efficacité du sang de Jésus-Christ. C'est bien là du charlatanisme, et de la pire espèce ; car s'il n'a pas pour effet de ruiner le corps humain, il pourrait bien, si le Seigneur n'intervenait dans sa grande miséricorde, « perdre l'âme et le corps dans la géhenne (Mt 10.28). » Il est malaisé de trouver des termes suffisants pour faire bonne justice de ces gens qui « enduisent de mortier mal lié (Ez 13.10), » de ces marchands de promesses. Ils méritent bien le surnom qu'on a donné à d'autres mal à propos, celui de comédiens religieux. Ce sont eux qui « tiennent pour une chose profane le sang de l'alliance (He 10.29). » C'est une vraie prostitution des promesses de Dieu que de les appliquer ainsi sans distinction au premier venu. Le traitement des maux spirituels ne doit-il pas varier selon les causes de ces maux, tout comme lorsqu'il s'agit des maladies du corps ? La première chose à faire, c'est de découvrir la cause ; cela même fera trouver le remède.

2. Demandez-vous donc : « Cette obscurité me vient-elle du péché, et de quel péché ? Est-ce d'un péché visible que j'ai commis ? » Demandez-vous si votre conscience ne vous accuse pas de commettre habituellement quelque péché, par lequel vous contristez le Saint Esprit. Serait-ce pour cette raison qu'il s'est retiré de vous et qu'avec lui ont disparu votre joie et votre paix ? Et comment pourriez-vous les retrouver sans jeter loin de vous l'interdit ? « Que le méchant délaisse sa voie (És 55.7). « Pécheurs, nettoyez vos mains (Jc 4.8). » « Otez de devant mes yeux la malice de vos actions (És 1.16). » Alors « ta lumière se lèvera dans les ténèbres (És 58.10) ; » l'Éternel se retournera vers vous et il vous pardonnera « abondamment (És 55.7). »

3. Si, après vous être examiné consciencieusement, vous ne pouvez pas découvrir de péché par vous commis, qui soit cause de l'obscurité dans laquelle votre âme s'est trouvée plongée, il convient, que vous recherchiez alors si ce ne serait pas quelque péché d'omission qui a mis séparation entre Dieu et vous. Serait-ce que vous avez « souffert du péché en votre prochain ? » (Lv 19.17) Reprenez-vous ceux qui pèchent devant vous ? Suivez-vous toutes les ordonnances du Seigneur ? Êtes-vous assidu au culte ? Pratiquez-vous la prière en famille et en particulier ? Si vous ne le faites pas, si vous négligez habituellement un de ces devoirs bien connus ; comment oseriez-vous espérer que le Seigneur continuera à faire luire sur vous la clarté de sa face ? « Affermis le reste » (Ap 3.2) au plus tôt, et ton âme vivra. « Si vous entendez aujourd'hui sa voix (He 3.7), » et si vous l'écoutez, il suppléera lui-même par sa grâce à votre insuffisance. Quand vous entendez cette voix derrière vous qui dit : « C'est ici le chemin ; marchez-y (És 30.2), » n'endurcissez point votre cœur ; « ne résistez point à la vision céleste (Ac 26.19). » Aussi longtemps que le péché, que ce soit une faute commise ou bien un devoir omis, n'aura pas été enlevé, toutes les consolations qu'on pourrait vous donner seraient vaines et trompeuses. Ce serait comme cette peau qui se referme sur une plaie tandis qu'au dessous l'abcès continue à se former et à s'étendre. N'attendez aucune paix intérieure avant d'avoir fait votre paix avec Dieu ; et vous ne pouvez la faire sans porter « des fruits convenables à la repentance (Mt 3.8). »

4. Mais peut-être ne trouvez-vous pas même chez vous un péché d'omission qui ait pu ainsi troubler votre paix et votre joie émanant du Saint-Esprit. Serait-ce alors quelque péché secret qui, semblable à une « racine d'amertume », pousse en haut et infecte votre cœur ? Cet état de sécheresse et de stérilité, dans lequel est votre âme, ne provient-il pas de ce que votre mauvais cœur

« vous a fait abandonner le Dieu vivant » ? (He 3.12) « Le pied de l'orgueil » (Ps 36.12 d'après la version anglaise) ne s'est-il pas avancé contre vous ? N'avez-vous pas eu de vous-même « une plus haute opinion que vous ne deviez ? » (Rm 12.3) N'avez-vous point, pour telle ou telle chose, « sacrifié à votre filet et encensé à vos rets ? (Ha 1.16). N'avez-vous pas attribué votre succès dans quelque entreprise à votre courage, à votre force, à votre sagesse ? Ne vous êtes-vous pas glorifié de quelque chose que vous aviez reçue, « comme si vous ne l'aviez pas reçu ? » (1 Co 4.7) Ne vous êtes vous pas glorifié « en autre chose qu'en la croix de notre Seigneur Jésus-Christ (Ga 6.14). » N'avez-vous ni recherché ni désiré l'honneur qui vient des hommes ? N'y avez-vous pas pris plaisir ? S'il en était ainsi, vous savez ce qu'il vous faut faire. Si c'est l'orgueil qui a occasionné votre chute, « humiliez-vous sous la puissante main de Dieu, afin qu'il vous élève quand il en sera temps (1 P 5.6). N'auriez-vous pas contraint le Seigneur â s'éloigner de vous, en vous livrant à la colère ? Ne vous êtes-vous point« irrité à cause des impies, » et, n'avez-vous pas été « jaloux de ceux qui s'adonnent à la perversité » ?(Ps 37.1) Ne vous êtes-vous point emporté contre quelqu'un de vos frères, à cause de quelque péché réel ou imaginaire que vous avez vu en lui, mais vu, de telle façon qu'à votre tour vous avez péché contre la sainte loi de l'amour en fermant votre cœur à ce frère ? Dans ce cas, regardez au Seigneur pour qu'il renouvelle vos forces et afin que toute cette dureté et cette froideur disparaissent, afin que l'amour, la paix et la joie vous reviennent du même coup et que vous puissiez toujours être « bons les uns pour les autres, pleins de compassion, vous pardonnant mutuellement, comme Dieu vous a aussi pardonnés par Christ. (Ep 4.32). » Serait-ce que vous vous êtes laissé aller à quelque désir insensé, à quelque affection déplacée ou excessive ? S'il en est ainsi, l'amour de Dieu ne saurait habiter dans votre cœur, à moins celle vous n'en bannissiez vos idoles. « Ne vous abusez point ; on ne se joue pas de Dieu » (Ga 6.7) il n'habitera point dans un cœur partagé. Aussi longtemps que vous demeurerez attaché à Délila, l'Éternel ne saurait posséder votre âme. Vainement vous espéreriez retrouver sa clarté, si vous n'arrachez pas « l'œil droit » pour le jeter loin de vous. Oh ! Ne tardez pas davantage, et criez à lui pour qu'il vous donne la force de le faire ! Reconnaissez avec tristesse votre incapacité, votre impuissance ; et, soutenus par son secours entrez par la porte étroite et emportez d'assaut le royaume des cieux ! Expulsez toute idole du sanctuaire de l'Éternel, et bientôt sa gloire apparaîtra !

5. Peut-être est-ce précisément parce que vous ne vous efforcez pas, parce que vous êtes tombé dans l'indolence spirituelle, que votre âme est pleine d'obscurité. Vous habitez le pays en sécurité ; point de guerre dans vos parages ; aussi êtes-vous tranquille et sans souci. Vous suivez la routine des devoirs extérieurs, et vous vous en tenez là. Peut-on s'étonner alors que votre âme soit morte ? Oh ! Secouez-la et la réveillez sous le regard du Seigneur ! Levez-vous et secouez la poussière de dessus vous ; luttez avec Dieu pour remporter sa puissante bénédiction ; répandez votre âme devant lui par la prière, et ne manquez pas d'y persévérer. Veiller ! Sortez de votre sommeil, et n'y retombez plus, sans quoi vous n'avez, devant vous que la perspective de perdre toujours plus la lumière et la vie de Dieu.

6. Mais si, après un examen complet et sincère de vous-même, il est évident pour vous que vous n'êtes pas actuellement asservi à l'indolence spirituelle et que vous ne commettez pas tel ou tel autre péché intérieur ou extérieur, alors vous devez passer en revue le passé. Réfléchissez aux dispositions, aux paroles, aux actions qui ont marqué ce temps. Ont-elles été bonnes devant le Seigneur ? « Entre dans ton cabinet (És 26.20), » « pense en toi-même sur ton lit, et demeure en repos (Ps 4.5). » Demandez à Dieu de sonder le fond de votre cœur, et de vous rappeler tout ce qui a pu dans le passé « irriter les yeux de sa gloire (És 3.8). » Si votre âme demeure entachée de la responsabilité de quelque péché dont vous ne vous êtes pas repenti, vous ne pouvez manquer d'être dans l'obscurité spirituelle jusqu'au jour où, ayant été « renouvelé à la repentance (He 6.6), » vous aurez été de nouveau lavé par la foi dans « la source ouverte pour le péché et pour la souillure (Za 13.1). »

7. Le traitement de votre cas devra être tout différent si la cause de votre mal se trouve être, non pas le péché, mais l'ignorance. Peut-être est-ce l'ignorance du sens des Écritures, ignorance provenant de celle des interprètes de la parole de Dieu, qui peuvent être fort instruits, fort savants à d'autres égards, mais dans l'ignorance sur un point particulier. S'il en est ainsi, il faut

commencer par dissiper cette ignorance, afin de dissiper l'obscurité dont elle est cause. Il faudra donc que nous découvrions quel est le sens véritable des textes bibliques qui ont été mal compris. Il n'entre pas dans mon intention d'examiner ici tous les passages de nos saints livres qui ont été associés à la question qui nous occupe ; mais je dois en indiquer deux ou trois qu'on allègue souvent pour prouver que, tôt ou tard, tous les croyants ont à passer par l'obscurité.

8. On cite entre autres Es 50.10 : « Qui est celui d'entre vous qui craint l'Éternel et qui écoute la voix de son serviteur ? Que celui qui marche dans les ténèbres, et qui n'a point de lumière, ait sa confiance au nom de l'Éternel, et qu'il s'appuie sur son Dieu. Mais rien, pas plus dans le contexte que dans le texte, ne prouve qu'il s'agit ici d'un individu qui possédait antérieurement la lumière du Seigneur. Car il suffit d'être convaincu de péché pour « craindre l'Éternel et écouter la voix de son serviteur. » Et on pourrait donner à une personne qui est dans cet état, et bien que son âme soit encore dans les ténèbres et n'ait jamais vu la clarté de la face du Seigneur, le conseil de mettre sa confiance au nom de l'Éternel et de s'appuyer sur son Dieu, » Ce passage ne saurait donc aucunement servir à prouver que celui qui croit en Jésus-Christ est appelé à marcher de temps à autre dans l'obscurité.

9. On a cru trouver aussi cette doctrine dans Os 2.14 : « C'est pourquoi, voici, je l'attirerai, après que je l'aurai fait aller dans le désert, et je lui parlerai selon son cœur. » On a voulu conclure de ce passage que Dieu conduira tous les croyants « dans le désert, » dans un état d'anéantissement et d'obscurité. Mais il est bien certain qu'il n'y a rien de pareil dans ce texte ; il n'y est, pas question d'une certaine classe de croyants, mais du peuple juif en particulier, et peut-être exclusivement. Et si l'on voulait absolument l'appliquer à des cas individuels, voici comment il faudrait entendre ce passage : « Je l'attirerai par mon amour ; ensuite, je le convaincrai de son péché, et finalement je le consolerai par ma miséricorde et mon pardon. »

10. Un troisième texte, sur lequel on a fondé cet enseignement, est, celui qui est, inscrit, en tête de ce discours : « Vous êtes maintenant dans la tristesse ; mais je vous verrai de nouveau, et votre cœur se réjouira, et personne ne vous ravira votre joie » (Jn 16.22) On s'est imaginé que Dieu s'éloignait, au bout d'un certain temps, de tous ceux qui ont cru, et qu'il fallait qu'ils passassent par cette tristesse pour posséder cette joie que personne ne pourra leur ravir. Mais le contexte tout entier nous montre que Jésus s'adresse ici uniquement à ses apôtres et qu'il fait allusion à des événements particuliers, sa mort et sa résurrection. « Dans peu de temps vous ne me verrez plus, » (Jn 16.16) leur dit-il, c'est-à-dire pendant que je serai dans le tombeau ; « et, un peu de temps après, vous me reverrez, » quand je serai ressuscité. « En vérité, en vérité je vous dis que vous pleurerez et vous vous lamenterez, et le monde se réjouira ; vous serez dans la tristesse ; mais votre tristesse sera changée en joie (Jn 16.20). »

« Vous êtes maintenant dans la tristesse, » parce que je ais vous manquer comme conducteur ; « mais je vous verrai de nouveau, » après ma résurrection, « et votre cœur se réjouira, et personne ne vous ravira votre joie, » celle que je vous donnerai. Nous savons que tout cela s'est accompli à la lettre dans le cas des apôtres. Mais il n'y a pas lieu de tirer de là des conséquences relativement aux dispensations de Dieu à l'égard des croyants en général.

11. Pour ne pas aller plus loin, nous nous bornerons à rappeler un quatrième passage, qu'on cite fréquemment à l'appui de la doctrine que nous examinons ; c'est 1 P 4.12 : « Mes bien-aimés, ne trouvez point étrange, si vous êtes comme dans une fournaise pour être éprouvés. » Mais ce texte est tout aussi étranger à la question que le précédent. En voici la traduction littérale : « Bien-aimés, ne vous étonnez pas du feu, qui est parmi vous et qui est pour votre épreuve. » En admettant qu'on puisse appliquer ces paroles, par voie d'extension, à des épreuves intérieures, il n'en reste pas moins vrai qu'elles ont dû se rapporter d'abord au martyre et aux souffrances qui l'accompagnaient. Ce passage ne peut donc servir à prouver le point dont il s'agit ici. Et nous pouvons bien mettre au défi qui que ce soit de trouver, soit dans l'Ancien Testament, soit, dans le Nouveau Testament, un seul texte qui soit plus probant que celui-ci à l'égard de la doctrine que nous combattons.

12. — « Mais, nous dira-t-on, cette obscurité n'est-elle pas plus salutaire que la lumière elle même ? L'œuvre de Dieu ne s'accomplit elle pas plus rapidement et plus sûrement dans l'âme quand celle-ci passe par des souffrances intimes ? Le croyant n'est-il pas purifié par la douleur

bien plus promptement, bien plus efficacement que par la joie ? L'angoisse et le tourment, la détresse, le martyre spirituel, ne font ils pas plus de bien qu'une paix continuelle ? » — C'est là, en effet ce qu'enseignent les auteurs mystiques ; mais si tel est le langage de leurs écrits, tel n'est pas celui des oracles divins, Nulle part, la Bible n'enseigne que c'est par le moyen de son absence que Dieu avance le plus son œuvre dans un cœur. C'est au contraire par sa présence et par une communion bien franche avec le Père et le Fils ; un sentiment très vif de cette présence et de cette communion feront plus, dans une heure, que l'absence du Seigneur n'accomplirait en un siècle. La joie que donne le Saint-Esprit purifiera le cœur bien mieux que la privation de cette joie ; la paix de Dieu est le moyen le plus sûr de débarrasser l'âme de la crasse et de l'écume des affections terrestres. Loin de nous donc cette invention étrange, que le royaume de Dieu est divisé contre lui-même, que la paix de Dieu et la joie que procure le Saint-Esprit sont incompatible avec la justice, et que nous sommes sauvés, non par la foi et l'espérance, mais par l'incrédulité et le désespoir !

13. Aussi longtemps qu'on croira à de pareilles rêveries, on peut s'attendre à marcher dans les ténèbres. L'effet ne cessera de se produire que lorsque la cause disparaîtra. Et pourtant, ne nous figurons pas que l'effet va disparaître aussitôt que la cause aura été supprimée. Quand l'ignorance ou le péché ont amené cette obscurité dans l'âme, il peut arriver qu'ils soient, détruits sans qu'immédiatement la lumière qu'ils avaient éclipsée reparaisse. Elle est essentiellement un don de Dieu, et il l'accordera plus tôt ou plus tard, selon sa volonté. Quand il y a eu péché, il est assez naturel que la lumière d'en haut ne revienne pas tout de suite ; car le péché ayant commencé avant le châtiment, il n'est que juste que celui-ci lui survive. C'est ainsi que, dans le domaine des maux physiques, une blessure ne saurait se guérir tant que le trait y demeure enfoncé, et, d'un autre côté, la plaie n'est pas guérie instantanément quand on en a retiré le projectile ; le mal et la douleur persistent encore longtemps.

14. En dernier lieu, si les ténèbres proviennent de tentations diverses, pénibles et imprévues. le meilleur moyen d'éloigner ces ténèbres et d'en préserver l'âme, c'est d'avertir les croyants qu'ils doivent toujours s'attendre à être tentés, puisqu'ils sont dans un monde mauvais entourés d'esprits malfaisants, malicieux, rusés, et, que leur cœur lui-même est capable de tout mal. Persuadez-leur que l'œuvre entière de la sanctification ne s'accomplit pas dès le commencement, comme ils se le sont imaginé, mais que, lorsqu'ils sont arrivés à la foi, ils ne sont encore que des enfants nouvellement nés qui doivent s'attendre à rencontrer plus d'une tempête avant de parvenir à la stature parfaite de Christ. Et surtout, avertissez-les que, lorsque l'ouragan fond sur eux, il faut prier, et non raisonner avec Satan ; il faut répandre notre âme en la présence du Seigneur et lui exposer nos difficultés. C'est à ceux-là principalement que nous devons appliquer les grandes et précieuses promesses de Dieu ; ce n'est pas à ceux qui sont encore dans l'ignorance ; car il faut d'abord les tirer de cette ignorance ; encore moins ces promesses sont-elles pour les pécheurs impénitents. Aux âmes croyantes seules nous pourrons annoncer sans réserve et avec affection, les bontés de Dieu notre Sauveur ; nous pourrons auprès d'elles nous étendre ces miséricordes qui sont de tout temps. C'est le cas d'insister sur la fidélité de ce Dieu dont « toute la parole est éprouvée (Pr 30.5), » sur l'efficacité de ce sang qui fut versé pour nous et qui « nous purifie de tout péché (1 Jn 1.7). » Le Seigneur rendra lui-même témoignage à sa parole et fera sortir ces âmes de leurs ennuis. Il leur dira : « Lève-toi ; sois illuminée ; car ta lumière est venue, et la gloire de l'Éternel s'est levée sur toi (És 60.1). » Et si elles marchent humblement et fidèlement avec Dieu, cette lumière « augmentera son éclat jusqu'à ce que le jour soit en sa perfection (Pr 4.18). »

SERMON 47

L'accablement résultant des épreuves

Quoique vous êtes maintenant attristés pour un peu de temps par
diverses épreuves.
—1 Pierre 1.6—[4]

1. Dans le discours qui précède, j'ai parlé tout spécialement de cet obscurcissement de l'âme qu'on observe fréquemment chez des personnes qui marchaient autrefois à la clarté de la face du Seigneur. Il y a beaucoup de rapport entre cet état et un certain accablement moral qui se rencontre encore plus souvent, même parmi ceux qui ont cru. De fait, presque tous les enfants de Dieu éprouvent cela, les uns plus, les autres moins. Ces deux états d'âme se ressemblent tellement qu'on les confond assez souvent et qu'on dit indifféremment d'un homme : « Il passe par l'obscurité » ; ou bien : « Il passe par l'accablement. » On fait comme si ces expressions étaient équivalentes, comme si elles disaient exactement la même chose. Mais il s'en faut de beaucoup qu'il en soit, ainsi. L'obscurcissement de l'âme est une chose, et son accablement en est une autre. Non seulement il y a une différence entre ces deux situations ; mais c'est une différence profonde, essentielle. La distinction à faire entre les deux est de telle nature qu'il importe que tous les enfants de Dieu la comprennent, sans cela, rien de plus facile que de glisser de l'accablement dans les ténèbres.

Afin d'écarter ce danger, je vais essayer d'indiquer d'abord, à quelle classe de personnes l'apôtre dit : « Vous êtes maintenant attristés » (ou accablés) ; en second lieu, de quel genre était leur accablement ; en troisième lieu, quelles en étaient les causes ; quatrièmement, dans quel but cela leur arrivait ; et, enfin, je tirerai quelques conclusions du tout.

I

1. Cherchons d'abord à quelle classe de personnes l'apôtre disait. « Vous êtes maintenant attristés » (ou accablés.) Il est, en tout cas, évident que ces personnes avaient la foi, à l'époque où saint Pierre leur adressait ces paroles ; car il le dit positivement au verset 5 : « Vous qui êtes gardés par la puissance de Dieu, par la foi, pour obtenir le salut. » Et de nouveau, au verset 7, il dit : « L'épreuve de votre foi qui est beaucoup plus précieuse que l'or périssable. » Dans le verset 9 également : « Remportant le prix de votre foi qui est le salut des âmes. » Ainsi, tout en étant dans l'accablement, ces personnes possédaient une foi vivante ; cette profonde tristesse n'anéantissait pas leur foi ; « elles demeuraient fermes, comme voyant celui qui est invisible (He 11.27).

2. Leur accablement ne leur avait pas non plus fait perdre leur paix, celle « paix de Dieu qui surpasse toute intelligence (Ph 4.7), » et qui est inséparable d'une foi sincère et vivante. Cela découle tout naturellement du second verset de ce chapitre, où l'apôtre demande à Dieu pour ces chrétiens, non pas que la grâce et la paix leur soient données, mais qu'elles leur soient multi-

---

[4] Dans la version anglaise il y a appesantis, et J. Wesley a intitulé son discours : L'appesantissement par diverses tentations. Le mot appesantissement rappelle l'abattement, l'accablement qui accompagne un violent chagrin ou des afflictions prolongées. (Trad.)

pliées, c'est-à-dire que les bénédictions dont ils jouissaient déjà leur fussent accordées encore plus abondamment.

3. Ceux à qui saint Pierre s'adresse ici possédaient également une espérance vivante. Car il écrit, au verset 3 : « Béni soit le Dieu et le Père de notre Seigneur Jésus-Christ qui, selon sa grande miséricorde, nous a fait renaître, » vous et moi, tous ceux qui « sont, sanctifiés par L'Esprit et ont part à l'aspersion du sang de Jésus-Christ », (vers. 2) « en nous donnant une espérance vive (ou vivante) de posséder l'héritage qui ne se peut ni corrompre, ni souiller, ni flétrir. » Malgré leur accablement, ces chrétiens conservaient donc une espérance immortelle.

4. Ils avaient aussi la joie, « se glorifiant dans l'espérance de la gloire de Dieu (Rm 5.2). » Ils étaient remplis de joie par le Saint-Esprit. Aussi l'apôtre, ayant parlé du moment « où Jésus-Christ paraîtra » (vers. 7), c'est-à-dire où il viendra, à la fin, pour juger le monde, ajoute aussitôt « En qui vous croyez, quoique vous ne le voyiez pas encore, » des yeux de votre corps, « et en croyant, vous vous réjouissez d'une joie ineffable et glorieuse » (vers.8). Cet accablement de la tristesse n'excluait conséquemment ni une espérance vive, ni une joie ineffable. Ils étaient tout à la fois attristés et, pleins d'une joie glorieuse.

5. Au sein de cet accablement moral, ils jouissaient cependant encore de l'amour de Dieu répandu dans leur cœur. « Lequel vous aimez, quoique vous ne l'ayez pas vu, » dit saint Pierre (vers.8). Quoique vous ne l'ayez pas vu face à face, leur dit-il, vous avez appris à le connaître par la foi, et vous avez obéi à sa parole : « Mon fils, donne-moi ton cœur ! » (Pr 23.26) Il est votre Dieu, l'objet de votre amour, le désir de vos yeux, votre « très grande récompense » Vous avez cherché et trouvé votre bonheur en lui ; vous « prenez votre plaisir en l'Éternel, et il vous accorde les demandes de votre cœur (Ps 37.4).

6. Il reste à ajouter ceci. Tout en étant accablés, ils demeuraient saints, ils conservaient le même ascendant sur le péché. À l'égard du péché, ils étaient encore et toujours « gardés par la puissance de Dieu (vers.5) ; » ils étaient « comme des enfants obéissants, se conformant point aux convoitises d'autrefois (vers. 14) ; » et, « comme celui qui les avait appelés est saint, » eux aussi de même étaient « saints dans toute leur conduite (vers. 15). » « Sachant qu'ils avaient été rachetés par le précieux sang de Christ, comme de l'Agneau sans défaut : et sans tache (vers. 18), » ils avaient, par la foi et l'espérance qu'ils mettaient en Dieu, « purifié leurs âmes en obéissant à la vérité par l'Esprit (vers. 22). » Voilà donc, en résumé, une tristesse, un accablement qui n'empêchent pas la foi, l'espérance, l'amour de Dieu et du prochain, la paix de Dieu, la joie du Saint-Esprit, la sainteté au dedans et au dehors. Cet état n'anéantissait pas l'œuvre de Dieu dans l'âme de ces chrétiens, ne la dégradait en rien. Cela ne nuisait point chez eux à cette sanctification par l'Esprit qui est la racine de toute vraie obéissance à Dieu ; cela ne leur ôtait même pas ce bonheur qui découle nécessairement de la grâce et de la paix du Seigneur, lorsqu'elles règnent dans un cœur.

II

1. Ce que nous venons de dire aide à comprendre quelle était la nature de l'accablement, qui pesait, sur ces personnes ; et c'est là le second point que nous voulons éclaircir. Le mot employé dans le texte grec signifie attristés, chagrinés ; (c'est qui vient de tristesse, chagrin.) Tel est le sens littéral et invariable de ce mot. Il suit de là que cette expression ne saurait être ambiguë et qu'il ne peut pas être difficile d'en saisir la portée. Les personnes dont il s'agir ici étaient attristées ; leur accablement était, ni plus ni moins, du chagrin, de la douleur, et tout enfant des hommes sait par expérience ce que cela veut dire.

2. Il est probable que nos traducteurs (Ceux de la version anglaise, dite autorisée. Elle fut publiée en 1611 Il en a paru une révision en 1881 et le mot appesantis y est remplacé par attristés. (Trad.) ont employé ici le mot appesantis (ou accablés, qui est un peu plus spécial,) parce qu'ils voulaient exprimer deux choses, le degré et la durée de cette tristesse. Et on peut supposer, en effet, que le chagrin dont il est question dans notre texte n'était pas léger et insignifiant, mais de ceux qui font sur l'âme une forte impression et qui y pénètrent profondément. Ce n'était pas une de ces douleurs passagères qui s'envolent au bout d'une heure ; mais plutôt une de celles qui s'emparent tellement du cœur qu'on ne peut s'en débarrasser promptement ; c'est une tristesse

qui persiste, comme si elle devenait une habitude ; au lieu d'être une simple émotion, et cela chez des hommes qui ont une foi vivante en Jésus-Christ et un amour sincère pour Dieu.

3. Même chez de tels chrétiens, cet accablement peut être parfois si grand qu'il projette une ombre sur l'âme tout entière, qu'il déteigne en quelque sorte sur nos sentiments et que cela s'aperçoive dans toute notre manière d'agir. Cela peut aussi influer sur le corps, en particulier chez les personnes dont la constitution est faible naturellement ou a été affaiblie par quelque maladie, et surtout par une maladie des nerfs. Dans bien des cas, c'est le corps mortel qui pèse sur l'âme ; mais ici c'est l'âme qui pèse sur le corps et qui l'affaiblit de plus en plus. Je ne suis pas même certain qu'un chagrin violent et prolongé ne puisse pas affaiblir une constitution solide et y déposer les germes de maladies qu'on ne guérira pas facilement. Mais tout cela peut se produire sans que l'âme cesse de posséder un certain degré de cette foi qui agit par l'amour.

4. C'est bien là ce qu'on peut appeler « une fournaise. » Et quoique ce genre d'épreuve ne soit pas celui dont l'apôtre parle dans le quatrième chapitre de cette épître, plusieurs des expressions dont il se sert en cet endroit pour caractériser les souffrances extérieures peuvent s'appliquer à la souffrance intime dont nous nous occupons. Il ne conviendrait pas de s'en servir en parlant de ceux qui sont « dans les ténèbres ». Car ceux-là ne se réjouissent pas : ils ne le peuvent ; et il ne serait pas vrai non plus de dire d'eux : « L'Esprit de gloire, qui est l'Esprit de Dieu, repose sur vous (1 P 4.2). » Mais cet Esprit repose souvent sur ceux qui sont attristés ou accablés, de sorte que, tout en étant tristes, ils sont pourtant « toujours joyeux. »

III

1. Passons à notre troisième point : Quelles sont les causes qui produisent cette tristesse, cet accablement chez des croyants sincères ? Saint Pierre le dit clairement : « Vous êtes maintenant attristés par diverses épreuves, » par des épreuves variées, non seulement nombreuses, mais de divers genres. Elles peuvent, en effet, être modifiées et diversifiées de mille façons par l'introduction d'une foule de circonstances particulières. Cette variété, ces différences font qu'il est encore plus difficile de se défendre contre l'épreuve. Parmi ces afflictions diverses, on peut compter tous les maux physiques, et tout spécialement les maladies aiguës et tous les genres de souffrance violente, que le siège en soit d'ailleurs le corps tout entier ou bien une portion très minime de notre organisme. Sans doute, les gens qui ont toujours joui d'une santé parfaite et qui n'ont rien éprouvé de pareil, tiennent fort peu de compte de ces choses, et s'étonnent qu'une maladie ou une douleur physique aient pour effet d'accabler l'esprit. Peut-être y en a-t-il un sur mille qui soit constitué si exceptionnellement qu'il ne sente pas la souffrance comme le reste des hommes. Il a plu à Dieu de montrer sa toute-puissance en créant de ces natures prodigieuse, que la douleur ne semblait, point affecter, même quand elle était à son paroxysme ; mais il a pu se faire aussi que ce mépris de la douleur provînt soit d'une forte éducation, soit même de causes surnaturelles, par exemple, de l'assistance d'esprits bons ou mauvais qui ont pu élever ces indi-vidus au-dessus des conditions ordinaires de l'existence. Mais, en réservant ces cas extraordi-naires, on peut dire :

La souffrance suffit pour abattre et troubler ;

Et, quand elle est extrême,

Il peut arriver même

Que les plus patients se laissent accabler.

Et lorsque ce dernier effet est écarté par la grâce divine, lorsque les chrétiens ont appris à « posséder leur âme par leur patience (Lc 21.19), » il peut cependant en résulter un grand acca-blement intérieur dû à la sympathie qui existe entre l'âme et le corps.

2. Toutes les maladies prolongées, bien qu'elles fassent moins souffrir, ont une tendance à produire, les mêmes résultats. Quand Dieu nous envoie la phtisie, ou bien une fièvre chaude avec ses alternatives de frissons, si ces maux ne sont pas promptement guéris, ils« consumeront nos yeux, et tourmenteront aussi nos âmes (Lv 26.16). » Tel est tout spécialement l'effet de toutes les affections qu'on appelle maux de nerfs. La foi n'a pas le privilège de suspendre le cours de la nature. Les causes naturelles continuent à produire leurs effets naturels. La foi n'empêche pas

davantage l'esprit de s'abattre dans une maladie hystérique, qu'elle n'empêche le pouls de battre plus vite quand on a la fièvre.

3. D'un autre côté, « quand la calamité surviendra comme un tourbillon » (Pr 1.27) quand « la pauvreté et la disette viendront comme un homme armé, (Pr 6.11), » l'épreuve sera-t-elle insignifiante ? Faudra-t-il s'étonner si elle occasionne du chagrin et de l'accablement ? Pour ceux qui voient cela de loin et, après l'avoir vu, passent outre, ces afflictions peuvent sembler petites ; mais il en est autrement pour ceux qui les traversent. « Pourvu que nous ayons la nourriture et de quoi nous vêtir », (le mot employé ici, se rapporte au logement, aussi bien qu'au vêtement, de quoi nous couvrir,) cela nous suffira (1 Tm 6.8), » si nous avons l'amour de Dieu dans le cœur. Mais que feront ceux qui n'ont pas même ces choses-là ? ceux qui sont réduits à « chercher leur retraite dans les rochers (Jb 24.8), » ceux qui n'ont que la terre pour lit et que le ciel pour couverture, qui n'ont point pour eux et pour leur famille une demeure chaude ou même sèche, encore moins une maison propre, qui ne possèdent pas assez de vêtements pour se préserver, eux et ceux qu'ils aiment comme eux-mêmes, du froid perçant, soit de jour, soit de nuit ? Je ne puis m'empêcher de rire quand j'entends cette absurde exclamation d'un auteur païen :

Nil habet infelix paupertas durius in se Quàm quod ridiculos homines facit ! (Juvénal, Satire 3, vers. 152, 153)

Est-il donc vrai que « la pauvreté malheureuse ne renferme rien de plus dur que ceci, qu'elle rend les hommes ridicules, » les expose à ce qu'on rie d'eux ? Est-ce que la privation de nourriture n'est rien ? Dieu prononça cette malédiction contre l'homme : « Tu mangeras le pain à la sueur de ton visage (Gn 3.19). » Mais que de gens n'y a-t-il pas dans ce pays chrétien qui travaillent, et peinent, et suent pour n'avoir pas même, après tout, ce pain, qui ont à lutter à la fois contre la fatigue et contre la faim ! N'est-ce pas un surcroît de maux, quand on a travaillé dur toute la journée, de rentrer dans un logement pauvre, glacé, sale et misérable, où l'on ne trouve pas même la nourriture qu'il faudrait pour réparer ses forces ? J'en appelle à vous qui vivez dans l'aisance ici-bas et à qui il ne manque que des yeux pour voir, des oreilles pour entendre, et un cœur pour comprendre tout ce que Dieu a fait pour vous ; dites-moi, n'est-ce rien que de chercher à gagner son pain, jour après jour, sans y réussir, et, pour comble d'infortune, d'avoir à écouter les cris de cinq ou six petits enfants qui réclament ce qu'on ne peut pas leur donner ? Si une main invisible ne retenait pas un homme qui en est là, comment pourrait-il éviter de « maudire Dieu et mourir ensuite ! » (Jb 2.9) Point de pain, point de pain ! pour savoir ce que cela veut dire, il faudrait l'avoir éprouvé. Je trouve surprenant que cela ne cause que de l'accablement, même quand on a la foi !

4. On pourrait mentionner, comme venant ensuite, la perte des êtres qui nous sont chers, des nôtres, d'un père, d'une mère, peut-être encore peu avancés en âge ; d'un enfant bien-aimé qui entrait dans la vie et dont l'âme était étroitement liée à la nôtre ; ou bien d'un ami, qui était comme notre propre âme, d'un ami, don suprême, don le plus excellent du ciel après la grâce de Dieu ! Mille circonstances ont pu aggraver ces afflictions. Peut-être cet enfant, cet ami est-il mort dans nos bras ! peut-être nous a-t-il été au moment où nous y pensions le moins : il fleurissait, et il a été coupé comme une fleur ! Dans des cas pareils, non seulement l'épreuve peut nous toucher, mais elle le doit : Dieu a voulu qu'il en fût ainsi. Il ne nous a pas faits semblable au bois ou à la pierre. Il ne veut pas étouffer nos affections, mais les régler. Ainsi, laissons couler, sans les condamner, ces larmes que réclame la nature. On peut être affligé sans pécher.

5. C'est une douleur encore plus cruelle pour nous quand nous avons affaire à des âmes mortes en vivant, quand nous rencontrons méchanceté, ingratitude, apostasie chez ceux qui autrefois étaient unis à nous par les liens les plus forts. Qui dira le qu'un chrétien qui aime les âmes ressent en voyant son ami, son frère, perdu loin de Dieu ? en voyant un époux ou une épouse, un père ou une mère, un enfant se lancer dans le péché, comme le cheval dans la bataille, travailler ardemment à sa perte éternelle, malgré tous les raisonnements et toutes les supplications ? Et cette angoisse sera cent fois plus amère si l'on peut se souvenir d'un temps où cette personne, qui maintenant court à sa ruine, marchait dans le chemin de la vie. Le souvenir de ce qu'elle était autrefois ne sert plus qu'à envenimer toujours davantage l'aiguillon de la douleur qu'on éprouve en réfléchissant à son état actuel.

6. Il va sans dire que, dans ces diverses situations, notre grand adversaire mettra tout à profit pour faire son œuvre. « Il tourne autour de nous, cherchant qui il pourra dévorer (1 P 5.8), » et il déploiera toute sa puissance, toute sa ruse pour essayer de triompher d'une âme qui déjà est abattue. Il ne ménagera pas ses traits enflammés ; il lancera ceux qu'il juge les plus propres à pénétrer dans l'âme et à s'y planter profondément, en raison même de leur adaptation aux circonstances dans lesquelles la tentation a lieu pour cette âme. Il s'efforcera d'y insinuer l'incrédulité, le blasphème, le murmure contre Dieu. Il suggère à l'esprit cette pensée que décidément Dieu ne « s'inquiète pas de ce monde et ne le dirige pas, ou bien qu'il ne le dirige pas comme il faudrait, selon les lois de la justice et de la bonté. Il cherchera à insurger le cœur de l'homme contre Dieu, à ressusciter notre ancienne inimitié naturelle contre le Seigneur. Et si nous entreprenons de le combattre avec ses propres armes, si nous nous mettons à raisonner avec lui, notre accablement ne fera qu'augmenter et aboutira peut-être aux ténèbres les plus profondes.

7. Plus d'une fois on a exprimé l'opinion qu'il y a une autre cause d'accablement, sinon d'obscurité, pour l'âme : ce serait que Dieu se retire d'elle, uniquement parce que telle est sa volonté souveraine. Bien certainement il se retirera si nous contristons son Saint-Esprit par des péchés visibles ou cachés, soit en commettant le mal, soit en négligeant de faire le bien, en nous laissant aller à l'orgueil ou à la colère, à la nonchalance spirituelle, à des désirs insensés ou à des affections déréglées. Mais qu'il nous abandonne jamais simplement parce qu'il le veut, simplement parce que tel est son bon plaisir, je le nie formellement. Il n'y a pas un seul texte de ta Bible qui puisse fournir l'ombre d'un prétexte pour faire une pareille supposition. Cette idée est contraire non seulement à tel ou tel passage des Écritures saintes, mais à tout l'ensemble de la révélation divine. Elle répugne à la nature même de Dieu : c'est une insulte à sa majesté, à sa sagesse ; ce serait, comme l'a dit énergiquement un grand écrivain, « jouer à cache-cache avec ses créatures. » Ce serait incompatible avec sa justice et avec sa miséricorde, comme avec l'expérience authentique de son peuple.

8. Une autre cause d'accablement a été indiquée par certains auteurs qu'on a qualifiés du nom de Mystiques. Et, je ne sais trop comment, leurs vues se sont propagées parmi de braves gens qui ne connaissent pourtant pas ces écrivains. Je ne saurais mieux rendre compte de ces idées particulières qu'en citant les paroles d'une femme (John Wesley cite peut-être ici les idées de Madame Guyon ou plus probablement celles d'Antoinette Bourignon, qui a publié vingt et un volumes d'écrits mystiques. Madame Guyon en a laissé trente-neuf. (Trad.)) Qui raconte ainsi ce qu'elle a éprouvé : « Je continuais à être si heureuse en mon Bien-aimé que, s'il m'avait fallu vivre errante dans un désert, cela ne m'aurait pas paru difficile. Mais cet état ne dura pas longtemps ; car je me trouvai effectivement bientôt conduite dans un désert. Je me trouvai dans un état d'abandon, tout à fait pauvre, malheureuse, misérable. La vraie source de cette tristesse, c'est la connaissance que nous gagnons de nous-mêmes, et par laquelle nous apercevons combien peu nous ressemblons à Dieu. Nous nous voyons tout le contraire de lui ; nous voyons notre âme entièrement corrompue et dépravée, toute pleine de péché et de méchanceté, du monde et de la chair, de toute sorte d'abominations. » C'est de considérations de ce genre qu'on a conclu que la connaissance de nous-mêmes, qui est essentielle pour que nous ne périssions pas éternellement, ne peut manquer, lorsque nous sommes déjà arrivés à la foi par laquelle on est justifié, de produire chez nous le plus profond des accablements.

9. A propos de cette théorie, je ferai les observations suivantes. Dans un paragraphe précédent, l'auteur que je viens de ci ter disait : « Avant compris que je n'avais pas la vraie foi en Jésus-Christ, je me consacrai à Dieu, et aussitôt je sentis son amour. » C'est possible ; mais il n'est pas prouvé que ce fût la grâce de la justification. Il est plus probable que ce n'était que ce qu'on a appelé les attraits du Père. Et, s'il en était ainsi, l'accablement et les ténèbres qui suivirent étaient tout simplement les convictions de péché qui, dans l'ordre naturel des choses, doivent précéder la foi par laquelle on est justifié. D'un autre côté, si nous supposons qu'elle fut justifiée presqu'en même temps qu'elle s'apercevait qu'elle n'avait pas la foi, alors elle n'a pas eu le temps d'arriver à cette connaissance graduelle de soi-même qui d'ordinaire précède la justification ; et, dans ce cas, cette connaissance serait venue après ; et, comme elle ne s'y attendait pas, l'effet en aurait été d'autant plus accablant. De plus, je rappelle qu'après notre justification nous apprenons à con-

naître bien mieux qu'auparavant, d'une façon plus claire et plus complète, notre péché intérieur, l'entière dépravation de notre nature. Il n'y a pas de raison pour que cela plonge notre âme dans les ténèbres, et je n'oserais pas même affirmer que cela causera nécessairement de l'accablement. S'il en était ainsi, l'apôtre n'aurait pas employé cette expression : « S'il le faut (Notre traduction dit : « Vu que cela est convenable. » (1 P 1.6)). Car, alors, il serait absolument indispensable de passer par là si on veut arriver à se connaître, c'est-à-dire en réalité si on veut connaître l'amour parfait de Dieu et être « rendus capables d'avoir part à l'héritage des saints dans la lumière (Col 1.12). » Mais il n'en est rien. Au contraire, Dieu peut augmenter en nous indéfiniment cette connaissance de nous-mêmes, et en même temps y augmenter dans la même proportion la connaissance de lui-même et le sentiment de son amour. Cela suffit pour qu'il n'y ait plus pour nous de désert, de misère, d'abandon, pour que tout en nous soit amour, paix et joie, jaillissant toujours plus jusqu'en vie éternelle.

IV

1. Et maintenant, quel but le Seigneur se propose-t-il en permettant cet accablement chez un si grand nombre de ses enfants ? Voici la réponse nette et simple de l'apôtre à cette question : « Afin que l'épreuve de votre foi, qui est beaucoup plus précieuse que l'or périssable, et qui toutefois est éprouvé par le feu, vous tourne à louange, à honneur et à gloire, lorsque Jésus-Christ paraîtra (vers. 7). » Il peut y avoir une allusion à ce même but dans le passage bien connu, qui toutefois, nous l'avons déjà dit, se rapporte à un sujet tout à fait distinct : « Ne trouvez point étrange, si vous êtes comme dans une fournaise, pour être éprouvés, comme s'il vous arrivait quelque chose d'extraordinaire ; mais réjouissez-vous de ce que vous avez part aux souffrances du Christ, afin que, lorsque sa gloire se manifestera, vous soyez aussi comblés de joie (1 P 4.1, 13).

2. Ces paroles nous apprennent que le but principal que Dieu se propose en permettant les tentations qui causent de l'accablement chez ses enfants, c'est d'éprouver leur foi, et cela l'éprouve comme le leu éprouve l'or, Nous savons que, quand l'or est éprouvé par le feu, il est ainsi purifié, dégagé de toute crasse. Eh bien, la même chose arrive à notre foi quand elle passe par la fournaise de la tentation ; plus elle est éprouvée, plus elle est purifiée, et plus aussi elle se fortifie, elle s'affermit, elle s'augmente puissamment, trouvant dans cette épreuve des marques nombreuses de la sagesse, de la puissance, de l'amour et de la fidélité du Seigneur. Accroître notre foi, telle est donc une des intentions de Dieu lorsqu'il permet que nous soyons tentés de diverses manières.

3. Ces afflictions servent aussi purifier, à affermir et à augmenter en nous cette espérance vive, à laquelle « le Dieu et le Père de notre Seigneur Jésus-Christ, dans sa grande miséricorde, nous a fait renaître (1 P 1.3). » D'ailleurs, l'espérance ne peut manquer de grandir chez nous dans les mêmes proportions que la foi. Voici, en effet, sur quelle base elle repose. Nous croyons au nom de Jésus, nous vivons dans la foi au Fils de Dieu, et nous espérons, nous attendons avec confiance la gloire qui doit être révélée ; d'où il suit que tout ce qui sert à fortifier notre foi doit servir aussi à augmenter notre espérance. Et du même coup, cela augmentera notre joie, cette joie dans le Seigneur qui est inséparable d'une espérance pleine d'immortalité. C'est dans cette pensée que Saint-Pierre écrit plus loin à ces chrétiens : « Ré, jouissez-vous de ce que vous avez part aux souffrances de Christ ; » et qu'il ajoute : « Vous êtes bien heureux ; car l'Esprit de gloire, qui est l'Esprit de Dieu, repose sur vous ; » et par là vous pouvez, même au sein de la souffrance, vous réjouir « d'une joie ineffable et glorieuse. »

4. Les chrétiens se réjouissent alors d'autant plus, que ces épreuves, qui augmentent leur foi et leur espérance, accroissent aussi leur amour, leur reconnaissance envers Dieu pour tous ses bienfaits, leur bienveillance envers tous les hommes. Plus ils sentent la grandeur de l'amour de Dieu leur Sauveur, plus aussi leur cœur s'embrase d'amour pour celui qui les « a aimés le premier (1 Jn 4.19). » Plus ils ont une assurance nette et ferme de la gloire qui doit être manifestée, plus aussi ils aiment celui qui la leur a acquise et qui leur « a donné les arrhes dans leurs cœurs (2 Co 1.22). » Ainsi, voilà encore un but, en vue duquel Dieu a permis que ces tentations survinssent.

5. Un autre but qu'il se propose, c'est de nous faire faire des progrès dans la sainteté, tant celle du cœur que celle de la conduite ; la seconde procède tout naturellement de la première ; car un bon arbre produira de bons fruits. Or, toute sainteté intérieure est le fruit immédiat de cette foi qui agit par l'amour. L'Esprit divin se sert de ce moyen pour purifier le cœur de l'orgueil, de la volonté charnelle, de la colère, de l'amour du monde, des désirs insensés et funestes, des affections basses et vaines. De plus, il est certain que, par l'action de la grâce de Dieu, les épreuves sont sanctifiées pour notre bien et nous portent à la sainteté d'une manière très directe. Grâce aux opérations de son Esprit, elles humilient de plus en plus notre âme et la courbent devant le Seigneur. Elles calment et adoucissent notre esprit remuant, elles domptent la violence de notre naturel, elles assouplissent notre volonté personnelle revêche, elles nous crucifient à l'égard du monde, et enfin elles nous amènent à attendre de Dieu toute notre force, a ne chercher notre bonheur qu'en Dieu.

6. Tous ces effets concourent à l'accomplissement de ce but suprême, que notre foi, notre espérance, notre amour et notre sainteté « nous tournent à louange » de la part de Dieu lui-même, « à honneur » devant les hommes et les anges, « et à gloire » même ; car le Juge souverain décernera la gloire à ceux qui auront persévéré jusqu'à la fin. Il l'accordera, dans ce jour solennel, « à chacun selon ses œuvres (Mt 16.27 etc.) ; » selon l'œuvre accomplie par Dieu lui-même dans le cœur de chaque homme, les œuvres visibles qu'il aura faites pour le Seigneur, et aussi selon ce qu'il aura souffert. Ainsi, toutes ces épreuves sont pour nous un gain indicible. Ainsi, de mille manières, « notre légère affliction du temps présent produit en nous le poids éternel d'une gloire infiniment excellente (2 Co 4.17). »

7. Il faut également tenir compte des bons effets produits sur ceux qui nous verront endurer l'épreuve comme il faut. L'expérience nous enseigne que l'exemple a plus d'influence que le précepte. Et quel exemple pourrait exercer une influence plus puissante, non seulement sur ceux qui ont reçu une foi du même prix, mais aussi sur ceux qui ne connaissent pas le Seigneur, que l'exemple d'une attitude d'esprit calme et sereine au milieu des tempêtes ; que la conduite d'un chrétien qui est attristé, mais pourtant toujours joyeux ; qui accepte avec douceur la volonté de Dieu quelle qu'elle soit, même lorsqu'elle est le plus pénible pour la nature humaine, qui , dans la maladie et dans la souffrance, peut, dire : « Ne boirai-je pas la coupe que le Père m'a donnée à boire ? » (Jn 18.11) qui, dans le deuil ou les privations, peut s'écrier : « L'Éternel l'avait donné ; l'Éternel l'a ôté ; que le nom de l'Éternel soit béni » (Jb 1.21)

V

1. Pour terminer, tirons de ce qui précède quelques conclusions. Et d'abord, quelle différence absolue entre l'obscurité spirituelle et l'accablement de l'âme ! Et, cependant, ces deux états sont généralement confondus, même par des chrétiens d'expérience. L'obscurité spirituelle, le passage du désert, comme on l'a surnommée, signifie une privation complète de cette joie que donne le Saint-Esprit. Il n'en est pas ainsi dans l'accablement de l'âme ; car, même alors, on peut se réjouir d'une joie ineffable. Ceux qui sont dans les ténèbres ont perdu la paix de Dieu, ceux qui passent par l'accablement la conservent, et même c'est à ce moment-là que la paix et la grâce peuvent leur être multipliées. Chez les premiers, l'amour de Dieu s'est refroidi, sinon tout à fait éteint ; chez ceux-ci, il a gardé toute sa vigueur et même il grandit de jour en jour. Chez les uns, la foi est sérieusement entamée, si même elle n'est anéantie ; car leur conviction et leur assurance des choses invisibles, et en particulier de l'amour de Dieu et de son pardon, ne sont plus nettes et fermes comme auparavant, et leur confiance dans le Seigneur est diminuée d'autant. Quant aux autres, bien qu'ils ne voient pas Dieu, ils ont en lui une confiance profonde et inébranlable ; ils possèdent une certitude constante de cet amour qui efface tous leurs péchés. Ainsi donc, tant que la foi et l'incrédulité, l'espérance et le désespoir, la paix et la guerre, l'amour de Dieu et l'amour du monde resteront choses distinctes, nous pouvons reconnaître infailliblement un état d'obscurcissement d'avec un état d'accablement.

2. Une leçon à apprendre ici, c'est qu'il peut être nécessaire que nous passions par l'accablement, mais il ne peut pas l'être que nous passions par les ténèbres. Il peut être bon que nous soyons attristés pour un peu de temps en vue des résultats indiqués plus haut, ou du moins

dans ce sens que ces résultats découleront naturellement de ces diverses afflictions qui auront servi à éprouver et à augmenter notre foi, à affermir et à développer nos espérances, à purifier notre cœur de tous les sentiments contraires à la sainteté, à nous perfectionner dans l'amour enfin. Et c'est de la même façon que, finalement, ces afflictions contribueront à rendre notre couronne plus brillante, à accroître pour nous le poids de la gloire éternelle. Mais nous ne pouvons pas dire que les ténèbres soient utiles pour produire ces mêmes effets. Car elles n'aboutissent à rien de pareil.

La perte de notre foi, de notre espérance, de notre amour, ne tendent ni à nous rendre plus saints, ni à nous préparer dans le ciel une récompense plus éclatante, mais qui doit toujours être en rapport avec le degré de sainteté atteint ici-bas.

3. De ce que dit saint Pierre, nous pouvons aussi tirer cette conséquence que l'accablement lui-même n'est pas toujours nécessaire. « Maintenant », « pour un peu de temps », « vu que cela est convenable », cela signifie bien que ce n'est pas nécessaire pour tous ; et que ce n'est pas invariablement nécessaire pour une même personne. Dieu peut (il est assez grand et assez sage pour cela), accomplir, s'il le juge à propos, cette œuvre dans une âme par toute sorte d'autres moyens. Il y a des cas où il le fait : il y a des chrétiens qu'il trouve bon de faire aller de force en force jusqu'à ce qu'ils aient « achevé leur sanctification dans la crainte de Dieu (2 Co 7.1), » sans presque avoir affaire à l'accablement spirituel. C'est qu'il a un pouvoir absolu sur les âmes et en fait jouer tous les ressorts comme il veut. Mais ces cas-là sont rares. En général, Dieu trouve bon de faire passer par le creuset de l'affliction les hommes qu'il agrée. Aussi, des tentations diverses et plus ou moins d'accablement sont-ils habituellement la portion de ses enfants les plus chers.

4. En dernier lieu, tout cela nous rappelle qu'il faut veiller et prier, qu'il faut faire tous nos efforts pour ne point tomber dans un état ténébreux. Mais, quant à l'accablement, il ne s'agit pas tant d'y échapper que de mettre à profit cette dispensation. Notre grande préoccupation doit être de nous y comporter de telle sorte, d'y suivre le Seigneur de si près que nous y réalisions pleinement les intentions de son amour qui a permis que cela nous arrivât ; de telle sorte, enfin, que cela serve à augmenter notre foi, à affermir notre espérance, à nous rendre parfaits en toute sainteté. Et dès que nous sentirons approcher cet accablement, pensons à ce que Dieu a en vue en permettant que nous passions par cet état, et efforçons-nous de ne frustrer en rien ses plans en notre faveur. Soyons ouvriers avec lui de tout notre cœur par la grâce qu'il veut nous accorder sans cesse, afin que nous puissions « nous nettoyer de toute souillure de la chair et de l'esprit (2 Co 7.1) ; » et grandir de jour en jour dans la grâce de notre Seigneur Jésus-Christ, jusqu'au moment où il nous recevra dans son royaume éternel !

SERMON 48

Le renoncement à soi-même

*Et il disait à tous : si quelqu'un veut venir après moi, qu'il renonce à
soi-même, qu'il se charge chaque jour de sa croix et qu'il me suive.*
— Luc 9.23 —

1. Beaucoup de personnes ont supposé que le conseil donné dans notre texte s'appliquait surtout, sinon exclusivement, aux apôtres, peut-être encore aux chrétiens des premiers siècles ou bien en général à ceux qui sont persécutés. Mais c'est là une erreur sérieuse. Car si, dans ce passage, notre Seigneur s'adressait tout spécialement à ses apôtres et aux autres disciples qui le suivaient « pendant les jours de sa chair, » (He 5.7) il parlait aussi par leur intermédiaire à nous tous, à l'humanité entière, sans aucune exception, sans distinction aucune. Il est tout simplement évident et incontestable que le devoir ici prescrit ne regardait pas seulement les apôtres ou les premiers chrétiens. Il n'incombe ni à une classe d'hommes particulière, ni à une époque spéciale, ni à un certain pays. De sa nature il est absolument universel : il s'applique à tous les temps, à toutes les personnes, voire même à toutes les choses, et pas seulement au manger et au boire ou à d'autres objets se rapportant aux sens. La signification de cette parole, la voici : Si quelqu'un, quels que soient son rang, sa, position, sa situation, sa nationalité ou le siècle dans lequel il vit, veut réellement venir après moi, qu'il renonce à soi-même en toutes choses, qu'il se charge de sa croix, quelle qu'en soit la nature, qu'il s'en charge chaque jour, et qu'il me suive.

2. Ce n'est pas une chose de petite importance que de renoncer à nous-mêmes, que de nous charger de notre croix, en acceptant ce devoir dans toute l'étendue du mot. Ce n'est pas seulement une chose désirable, comme certains détails accessoires de la religion. Non : c'est absolument nécessaire, c'est indispensable, soit pour devenir, soit pour demeurer disciple de Jésus. Il le faut absolument, c'est essentiel pour que nous venions après Lui, pour que nous Le suivions ; à tel point que, dans la mesure où nous ne pratiquons pas ce devoir ; nous ne sommes pas ses disciples. Si nous ne renonçons pas sans cesse à, nous-mêmes, c'est d'autres maîtres que nous apprenons ; ce n'est pas de Lui. Si nous ne nous chargeons pas de notre croix chaque jour, ce n'est pas Lui que nous suivons : c'est le monde, c'est le prince de ce monde, c'est notre cœur charnel. Si nous ne marchons pas dans le chemin de la croix, nous ne suivons pas Jésus, nous ne marchons pas sur ses traces : nous Lui tournons le dos, ou tout au moins nous nous écartons de Lui.

3. C'est pour cela que tant de serviteurs de Jésus-Christ, dans tous les temps et dans tous les pays, et surtout depuis que l'Église a été réformée à l'endroit des innovations et des abus qui s'y étaient glissés, ont écrit et parlé aussi fréquemment sur cet important devoir, et l'ont fait dans leurs entretiens particuliers comme dans leurs discours publics. C'est aussi ce qui les a décidés à répandre dans le monde, beaucoup de traités relatifs à ce sujet. Quelques-uns ont été publiés spécialement pour notre peuple. Ces hommes pieux avaient appris, dans les oracles divins et par leur propre expérience, combien il est impossible que nous ne renoncions pas à notre divin Maître que nous ne le reniions pas (En anglais, comme d'ailleurs dans le grec du Nouveau Testament, le même mot signifie renoncer et renier. Renoncer avait autrefois le sens de renier, et la version de Saci l'emploie ainsi. — Trad.), si nous ne voulons pas renoncer à nous-mêmes ; combien il est inutile d'entreprendre de suivre le divin Crucifié, à moins que nous ne nous chargions chaque jour de notre propre croix.

4. Mais ce que nous venons de dire ne conduit-il pas à se demander si, après tout ce qui a été dit et écrit sur le sujet en question, il y a lieu d'en parler ou d'en écrire davantage ? À cet égard, je dirai d'abord que bien des gens, même parmi ceux qui craignent Dieu, n'ont pas eu l'occasion

d'entendre ce qui a été dit ou de lire ce qui a, été écrit relativement à ce devoir. Et puis, s'ils avaient lu une bonne partie de ce qui a été écrit sur cette matière, peut-être n'y auraient-ils pas gagné grand-chose ; car beaucoup de ceux qui ont composé ces ouvrages, dont quelques uns font de gros volumes, semblent n'avoir guère compris leur sujet : Ou bien ils n'avaient pas saisi complètement la nature même de ce devoir, et, dans ce cas, ils ne pouvaient l'expliquer à d'autres ; ou bien ils en ignoraient toute la portée ; ils ne voyaient pas « combien ce commandement est d'une grande étendue (Ps 119.96). » ou bien peut-être encore n'en sentaient-ils pas la nécessité absolue, le caractère indispensable. Il en est qui parlent de cela, d'une façon si obscure, si embarrassée, si enchevêtrée, si mystique ; qu'on dirait qu'ils ont voulu le cacher au commun de l'humanité au lieu d'en instruire la masse des lecteurs. D'autres parlent admirablement bien, avec beaucoup de force et de clarté, de la nécessité du renoncement à soi-même ; mais ils s'en tiennent à des généralités, ils n'en viennent pas aux cas particuliers, et ainsi ne rendent presque aucun service au gros de l'humanité, aux gens de capacité moyenne et d'instruction ordinaire. Il s'en trouve aussi qui entrent bien dans les détails, mais c'est pour résoudre des cas exceptionnels qui ne sauraient intéresser le grand nombre, puisqu'ils se présentent rarement, si toutefois ils se présentent dans la vie ordinaire : par exemple l'emprisonnement ou les tortures, ou bien l'abandon absolu, littéral, de nos maisons et de nos terres, de nos maris ou de nos femmes, de nos enfants, de notre vie elle-même, toutes choses auxquelles nous ne sommes pas appelés et auxquelles nous ne serions exposés que si Dieu permettait le retour des temps de persécution. En somme, je ne connais aucun écrivain anglais qui ait exposé la nature du renoncement là soi-même d'une manière claire et simple, qui soit au niveau des intelligences ordinaires et qui embrasse les petits détails de la vie journalière. Un discours sur ce sujet est donc nécessaire, d'autant plus nécessaire que, dans toutes les phases de la vie spirituelle, bien qu'il se présente une grande variété de circonstances qui empêchent que nous recevions la grâce de Dieu ou que nous croissions dans cette grâce, elles s'expliquent toutes par l'une ou l'autre de ces deux causes : ou bien nous ne renonçons pas à nous-mêmes, ou bien nous ne nous chargeons pas de notre croix.

Afin de combler cette lacune en quelque mesure, je vais m'efforcer de montrer : premièrement, ce que c'est que de renoncer à soi-même et de se charger de sa croix ; secondement, que si un homme n'est pas complètement disciple de Jésus-Christ, cela tient à ce qu'il n'accomplit pas son devoir.

I

1. Je veux, d'abord, essayer d'expliquer ce que c'est que de « renoncer à soi-même et se charger de sa croix. » Ce point doit, plus que tout autre, être examiné, et bien éclairci, attendu qu'il soulève plus que tout autre l'opposition d'ennemis nombreux et puissants. La nature humaine tout entière proteste contre cet enseignement, comme par un instinct de conservation personnelle : le monde, de même, tous ceux qui sont conduits par la grâce, mais par leur propre nature, ne veulent point en entendre parler. Il va sans dire que le grand adversaire de nos âmes, qui connaît parfaitement l'importance de cet enseignement, ne peut manquer de faire tout son possible pour le renverser. Ce n'est pas tout : ceux-mêmes qui ont, en quelque mesure, secoué le joug du diable et qui, dans ces derniers temps par exemple, ont vu s'accomplir dans leur âme une œuvre sérieuse de la grâce divine, même ceux-là n'éprouvent aucune sympathie pour cette doctrine capitale du christianisme que, pourtant, leur divin Maître a si fortement accentuée. Il y en a dont l'ignorance à cet égard est si profonde, si absolue, qu'il semblerait que la Bible ne dit pas un mot de ces choses. D'autres sont encore plus éloignés du but, puisque sans s'en douter ils ont conçu des préventions très arrêtées contre cette doctrine. Ces préventions, ils les doivent en partie à des chrétiens de nom, d'apparence, gens qui parlent bien, qui ont une bonne tenue, qui ont tout de la piété sauf la force, qui possèdent de la religion tout, excepté son esprit ; en partie aussi, à certains chrétiens qui ont autrefois, comme ils ne le font plus maintenant, « goûté les jouissances à venir (He 6.5). » — Mais, direz-vous, y a-t-il vraiment des chrétiens qui ne pratiquent pas le renoncement à eux-mêmes et ne le recommandent pas aux autres ? » Ce serait bien mal connaître le genre humain que de poser ainsi la question. Il y a, en effet, des quantités de gens qui se contentent de ne pas attaquer cette doctrine en face. N'allons pas plus loin que Londres. Voyez la

masse des adeptes de la prédestination que Dieu, dans sa grande miséricorde, a fait récemment passer de leurs ténèbres naturelles à la lumière de la foi. Sont-ils des modèles de renoncement à soi même ? Combien peu d'entre eux font même profession de pratiquer tant soit peu ce devoir ! Combien peu d'entre peu l'inculquent à d'autres ou sont heureux qu'on le leur inculque ! N'est-il pas vrai plutôt qu'ils représentent de la façon la plus défavorable le renoncement à soi-même, comme si c'était « le salut par les œuvres, » et « chercher à établir sa propre justice ? » (Rm 10.3) Et avec quel empressement les antinomiens de toute nuance depuis le morave doucereux jusqu'à l'exalté bruyant et profane, font écho à cette clameur et y joignent leur sotte et folle accusation de légalisme (Attachement exagéré à la loi) et de « prêcher la loi. » Ainsi on est toujours exposé à être détourné de cette importante doctrine de l'Évangile, soit par les sophismes, soit par les bravades, soit par le ridicule, armes qu'emploient tour à tour les faux docteurs et les faux frères qui se sont plus ou moins écartés de « la simplicité qui est en Christ (2 Co 11.3) ; » ou bien il faut qu'on soit bien affermi sur ce point. Que nos prières les plus ferventes précèdent donc, accompagnent et suivent ce que vous allez lire, de sorte que cela soit écrit dans vos cœurs « du doigt de Dieu » (Ex 31.18) lui-même et de façon à n'en être jamais effacé !

2. Mais qu'est-ce que le renoncement à soi-même ? En quoi devons-nous renoncer à nous-mêmes ? D'où vient la nécessite de ce renoncement ? Voici ma réponse. La volonté de Dieu est la règle suprême et immuable de tout être intelligent, et elle est tout aussi obligatoire pour les anges du ciel, sans exception, que pour tous les hommes qui sont sur cette terre. Il ne saurait en être autrement ; car telle est la conséquence ; naturelle et nécessaire des rapports qui unissent la créature à son créateur. Mais si la volonté de Dieu doit être notre règle de conduite en toutes choses, dans les petites comme dans les grandes, il s'ensuit incontestablement que nous ne devons plus, dans aucun cas, faire notre volonté propre. Du même coup nous apercevons ici quelle est la vraie nature du renoncement à soi-même et quelles sont ses bases et sa raison d'être. Quant à sa nature, c'est de renoncer à faire notre propre volonté, de refuser même de la faire, et cela parce que nous sommes convaincus que c'est à la volonté de Dieu qui doit être pour nous l'unique règle de conduite. La raison d'être de ce devoir se trouve dans le fait que nous sommes des créatures de Dieu : « C'est Lui qui nous a formés ; ce n'est pas nous qui nous sommes faits (Ps 100.3). »

3. Ce motif pour renoncer à soi-même doit être également valable, qu'il s'agisse des anges du ciel ou de l'homme innocent et saint, tel enfin qu'il sortit des mains de son créateur. Mais nous trouvons une raison de plus pour accepter ce devoir, dans la situation où se trouve l'humanité depuis sa chute. Actuellement nous pouvons dire tous : « Voilà, j'ai été formé dans l'iniquité, et ma mère m'a conçu dans le péché (Ps 51.7). Toutes les facultés, toutes les forces vives de notre nature sont entièrement dépravées. Notre volonté, corrompue elle aussi, emploie tout son ressort uniquement en vue de satisfaire nos penchants mauvais. D'un autre côté, Dieu veut que nous luttions contre cette dépravation, que nous la surmontions, non seulement sur tel ou tel point et à tel ou tel moment, mais en tout et toujours. Voilà donc un motif de plus pour renoncer continuellement et en tout à nous-mêmes.

4. Mais éclaircissons encore mieux ces principes. La volonté de Dieu est comme un chemin qui mène droit à Lui. La volonté humaine, qui à l'origine était parallèle à celle de Dieu, est devenue comme un chemin tout à fait distinct et dont la direction n'est pas seulement différente, mais totalement opposée, à prendre les choses telles qu'elles sont maintenant ; de fait, c'est un chemin qui éloigne de Dieu. Pour marcher dans l'une de ces deux voies, il faut nécessairement sortir de l'autre ; car nous ne pouvons les suivre toutes les deux en même temps. L'homme dont le cœur est lâche et dont les mains sont faibles, pourra bien marcher dans deux chemins différents, suivant tantôt l'un, tantôt l'autre ; mais il ne saurait marcher en même temps dans les deux ; il ne peut au même moment faire sa propre volonté et se conformer à celle de Dieu. Il faut donc qu'il choisisse, qu'il renonce à la volonté divine pour accomplir la sienne, ou bien qu'il renonce à lui-même pour obéir à la volonté de Dieu.

5. Il est vrai que, sur le moment, il est bien plus agréable de faire notre propre volonté et d'accorder successivement à notre nature déchue toutes les satisfactions qu'elle réclame. Mais, chaque fois que nous agissons ainsi, nous confirmons d'autant le dérèglement de notre volonté ; et, en satisfaisant les mauvais penchants de notre nature, nous ne faisons qu'en augmenter la

dépravation. C'est ainsi qu'en prenant certains aliments qui plaisent à notre palais, il nous arrive souvent d'empirer une maladie : un de nos goûts est satisfait, mais le mal s'est accru ; nous nous sommes accordé un plaisir ; mais il faudra le payer de notre vie.

6. En résumé, renoncer à nous-mêmes, c'est renoncer à notre volonté toutes les fois qu'elle ne coïncide pas avec celle de Dieu, et quel que soit le plaisir que nous aurions à faire la nôtre. C'est donc renoncer à toute jouissance qui ne vient pas de Dieu et ne ramène pas à Lui : ce qui revient à dire que nous refuserons de quitter le chemin où nous sommes appelés à marcher, même s'il s'agit d'entrer dans un sentier attrayant et bordé de fleurs ; nous refuserons de prendre ce que nous savons être un poison mortel, bien que le goût en soit agréable.

7. Quiconque voudra suivre Jésus-Christ, voudra être un de ses vrais disciples, devra non seulement renoncer à lui-même, mais aussi se charger de sa propre croix. Une croix, c'est tout ce qui est en opposition avec notre volonté, tout ce qui déplaît à notre nature déchue. Ainsi, nous charger de notre croix est quelque chose de plus que renoncer à nous-mêmes ; c'est monter d'un degré, c'est un effort plus pénible pour la chair et le sang ; car il est plus facile de renoncer à un plaisir que d'endurer une souffrance.

8. Mais si nous voulons « poursuivre constamment la course qui nous est proposée (He 12.1), » et marcher selon la volonté de Dieu, nous rencontrerons souvent une croix en travers de notre chemin, c'est-à-dire quelque chose qui non seulement n'est pas agréable, mais est même très fâcheux, quelque chose qui contrarie notre volonté et déplaît à notre nature. Que faire alors ? Il n'y a qu'à choisir : ou bien nous charger de notre croix, ou bien nous détourner du chemin de Dieu, « du saint commandement qui nous a été donné (2 P 2.21), » peut-être même nous arrêter tout à fait et reculer pour nous perdre éternellement.

9. Pour arriver à nous guérir du péché, de ce mal pernicieux que tout homme apporte avec lui en venant au monde, il faudra souvent que nous arrachions un œil droit, que nous coupions une main droite, ce qui veut dire que la chose à faire est fort pénible, ou bien que c'est la façon de l'accomplir qui est douloureuse. C'est peut-être le sacrifice d'un caprice vain ou d'une affection déréglée, ou bien l'abandon de ce qui en était l'objet, abandon sans lequel cette passion ne saurait être vaincue. Dans le premier cas, l'extirpation de ce désir insensé, de cette affection folle, quand ils ont jeté de profondes racines en nous, est souvent comme une épée aiguë qui « atteint jusqu'au fond de l'âme et de l'esprit, des jointures et des moelles (He 4.12). » C'est alors que l'Éternel s'assied dans notre âme comme celui qui l'affine par le feu et en consume toute l'écume. C'est bien là une croix ; car c'est essentiellement douloureux, et il est dans la nature même des choses qu'il en soit ainsi. L'âme ne peut pas se déchirer ou passer par la fournaise sans souffrir.

10. Dans le second cas, il est évident que le procédé employé pour guérir une âme du péché, pour la débarrasser d'un vain caprice ou d'une affection déréglée, peut être souvent fort pénible ; mais cela ne vient pas tant du moyen employé que de la nature même de la maladie. Quand, par exemple, notre Seigneur dit au jeune homme riche : « Va ; vends tout ce que tu as, et le donne aux pauvres » (Mc 10.21) (et il lui commanda cela parce qu'il savait que c'était l'unique moyen de le guérir de son avarice), la seule pensée de ce sacrifice lui causa tant de douleur qu' « il s'en alla tout triste (Mc 10.22), » préférant abandonner l'espérance du ciel plutôt que ses biens terrestres. Ce fut là le fardeau qu'il ne voulut pas soulever, la croix dont il ne voulut pas se charger. D'ans l'un ou l'autre cas, il faudra très certainement que celui qui veut suivre Jésus se charge de sa croix chaque jour.

11. Se charger de sa croix n'est pas tout à fait la même chose que porter sa croix. À proprement parler, nous portons notre croix lorsque nous endurons avec patience et résignation une chose qui nous est imposée sans que nous ayons été consultés. Mais pour que nous nous chargions de notre croix, il faut que nous souffrions volontairement ce que nous pourrions éviter de souffrir ; c'est choisir librement la volonté de Dieu, bien qu'elle soit opposée à la nôtre ; c'est choisir ce qui est pénible, et le choisir parce que c'est là la volonté de notre Créateur qui est à la fois sage et bon.

12. C'est ainsi qu'il convient que tout disciple de Christ prenne et porte sa croix. Dans un certain sens, sans doute, elle n'est pas seulement la sienne ; elle est commune à lui et à beaucoup d'autres, puisqu' « aucune tentation ne vous survient qui ne soit une tentation humaine », (1 Co

10.13), c'est-à-dire commune aux hommes, inhérente et adaptée à la nature humaine ordinaire et à ses rapports avec le monde où nous vivons. Mais, dans un autre sens et en tenant compte de tous les détails, c'est bien la sienne que cette croix ; elle lui est particulière ; Dieu la lui a préparée et la lui donne comme un gage de son amour. Et s'il la reçoit comme telle ; si, après avoir employé, pour en alléger le poids, les moyens qu'autorise la sagesse chrétienne, il demeure comme l'argile entre les mains du potier, il éprouvera que Dieu a tout réglé et arrangé en vue de son bien, tant la nature de cette épreuve que sa mesure et son intensité, sa durée et toutes les autres circonstances accessoires.

13. Il doit nous être facile de nous représenter notre bon Sauveur agissant en tout cela comme le médecin de nos âmes, agissant ainsi non pour son plaisir, mais « pour notre profit, afin de nous rendre participants de sa sainteté (He 12.10). » Si, en sondant nos blessures, il nous fait souffrir, ce ne peut être qu'en vue de nous guérir. Il ampute ce qui est gangrené et perdu, afin de conserver ce qui est bien portant. Et puisque nous acceptons volontiers la perte d'un membre, plutôt que de laisser périr le corps entier, combien ne devrions-nous pas préférer couper notre main droite, figurativement parlant, plutôt que d'exposer notre âme à être jetée tout entière en enfer !

14. Voilà donc bien nettement devant nous la vraie nature et la raison d'être de ce devoir : nous charger de notre croix. Cela ne signifie pas qu'il faut nous macérer, comme disent quelques-uns, nous déchirer la chair, porter un cilice ou une ceinture de fer, ou toute autre chose qui est de nature à compromettre notre santé. Il est possible que Dieu tienne compte de l'intention de ceux qui font ces choses par pure ignorance. Mais notre devoir consiste à accepter la volonté de Dieu, bien qu'elle soit contraire à la nôtre ; à prendre un remède qui, s'il est amer, est salutaire ; à endurer volontiers des souffrances temporaires, quelle qu'en soit la nature, quelle qu'en soit la mesure, dès qu'elle sort nécessaires, soit absolument, soit accessoirement ; pour notre bonheur éternel.

II

1. Je veux démontrer, en second lieu, que si un homme ne suit pas entièrement Jésus, n'est pas même son disciple, cela vient toujours ou de ce qu'il ne renonce pas à lui-même ou de ce qu'il ne se charge pas de sa croix.

Sans doute, cela pourrait aussi provenir dans certains cas de l'absence des moyens de grâce, de ce qu'on est privé d'une prédication vivante et puissante de la parole de Dieu, ou de la participation aux sacrements, ou de l'association avec des chrétiens. Mais là où ces secours ne font pas défaut, ce qui met le plus d'empêchement à ce que nous recevions la grâce de Dieu et grandissions dans cette grâce, c'est toujours le fait que nous ne renonçons pas à nous-mêmes et que nous ne nous chargeons pas de notre croix.

2. Pour éclaircir ce point, prenons quelques exemples. Un homme a entendu cette parole « qui peut sauver son âme (Jc 1.21). » Il approuve ce qu'il a entendu, il en reconnaît la vérité, il en est même un peu touché ; mais il reste « mort dans ses fautes et dans ses péchés (Ep 2.1), » indifférent et endormi. Pourquoi cela ? Parce qu'il ne veut pas rompre avec son péché favori, bien qu'il sache que c'est une abomination devant l'Éternel. Pendant qu'il écoutait la parole de Dieu, son âme était pleine de convoitise et de mauvais désirs ; et il n'a pas voulu s'en séparer. Aussi les impressions produites chez lui sont-elles sans profondeur et son cœur insensé s'endurcit ; il demeure endormi et indifférent, parce qu'il n'a pas voulu renoncer à lui-même.

3. Mais supposons qu'il ait commencé à se réveiller, que ses yeux se soient entr'ouverts, pourquoi donc se referment-ils si vite ? Pourquoi retombe-t-il dans son sommeil de mort ? Parce qu'il a cédé de nouveau à son péché favori ; de nouveau, il a bu ce délicieux poison. Voilà pourquoi son âme ne reçoit point d'impressions profondes. Il retombe dans son engourdissement fatal, parce qu'il ne veut pas renoncer à lui-même.

4. Mais il n'en est pas ainsi dans tous les cas. Il y a beaucoup d'hommes qui, une fois réveillés, ne se rendorment plus. Les impressions qu'ils ont reçues ne s'effacent pas ; non seulement elles sont profondes, mais elles sont durables. Et pourtant, plusieurs d'entre eux ne trouvent pas ce qu'ils cherchaient. Ils pleurent et ne sont pas consolés. D'où vient cela ? De ce qu'ils « ne portent pas des fruits convenables à la repentance (Mt 3.8), » de ce qu'avec le secours de la grâce qu'ils ont reçue, ils n'ont pas « cessé de mal faire et appris à bien faire (És 1.16, 17). » Ils n'ont pas

abandonné, le péché qui les enveloppe aisément, celui qui tient leur tempérament, à leur éducation ou à leur profession. Ou bien, peut-être, c'est qu'ils négligent de faire le bien qu'ils pourraient faire et qu'ils savent qu'ils devraient faire, et le négligent parce que cela entraînerait certains ennuis. Ils n'arrivent pas à la foi parce qu'ils ne veulent pas renoncer à eux-mêmes, parce qu'ils ne veulent pas se charger de leur croix.

5. Mais voici un homme qui a « goûté le don céleste et les puissances du siècle à venir (He 6.4, 5), » qui a vu « la lumière de la gloire de Dieu sur la face de Jésus Christ (2 Co 4.6 — d'après la version anglaise) ; » « la paix de Dieu qui surpasse tonte intelligence » (Ph 4.7) a rempli son cœur et son esprit ; « l'amour de Dieu a été répandu dans son cœur par le Saint-Esprit qui lui a été donné » (Rm 5.5). Et cependant il est devenu faible comme les autres hommes ; de nouveau ; il a pris goût aux choses de la terre, et il a plus d'inclination pour les visibles que pour les invisibles ; les yeux de son esprit se sont refermés, de telle sorte qu'il ne voit plus « Celui qui est invisible (He 11.27) ; » son amour s'est refroidi, et la paix de Dieu ne remplit plus son cœur. Il n'y a là rien d'étonnant ; car il a de nouveau « donné lieu a diable (Ep 4.27), » et « attristé le Saint-Esprit de Dieu (Ep 4.30). » Il est retourné à ses égarements, à quelque péché attrayant : s'il ne l'a pas fait visiblement, il l'a fait par le cœur. Il s'est laissé aller à l'orgueil, ou à la colère, ou à quelque convoitise, ou bien à sa volonté charnelle et à la rébellion. Peut-être a-t-il oublié de faire revivre le don de Dieu qui était en lui ; peut-être a-t-il ouvert la porte à l'indolence spirituelle et n'a pas voulu prendre la peine de « prier sans cesse, » (1 Th 5.17) et de « veiller à cela avec persévérance (Ep 6.18). » Et c'est ainsi qu'il a fait naufrage de la foi, pour n'avoir pas renoncé à lui-même et ne s'être pas chargé de sa croix de jour en jour.

6. Mais peut-être n'a-t-il pas fait naufrage de la foi ; peut-être possède-t-il en quelque, mesure cet Esprit d'adoption qui témoigne avec son esprit qu'il est enfant de Dieu. Quoi qu'il en soit ; il est certain qu'il ne « tend » plus « à la perfection (He 6.1) ; » il n'est pas, comme jadis, affamé et altéré de justice ; il ne soupire pas après une ressemblance entière avec Dieu, après une pleine jouissance de Dieu, comme le cerf après les eaux courantes. Il est bien plutôt las et découragé ; il semble suspendu entre la vie et la mort.

Pourquoi se trouve-t-il dans cet état ? C'est parce qu'il a oublié cette parole du Seigneur : « Par ses œuvres sa foi fut rendue parfaite (Jc 2.22). » Il ne s'applique plus diligemment à faire les œuvres de Dieu. Il n'est plus « persévérant dans la prière (Rm 12.12), » en particulier comme en public. Il néglige la sainte Cène, la prédication, la méditation, le jeûne, les entretiens religieux. S'il n'a pas abandonné, l'emploi de ces moyens de grâce, du moins il en use sans entrain. Peut-être s'est-il relâché dans les œuvres de charité comme dans celles de piété ; il n'exerce plus la libéralité selon son pouvoir, selon les ressources que Dieu lui donne. Il ne sert plus le Seigneur en faisant du bien aux hommes, de toutes manières et dans tous les sens, tant au corps qu'à l'âme. Mais pourquoi s'est-il relâché dans la prière ? Parce que, dans les moments de sécheresse spirituelle, il éprouvait de la difficulté et comme une souffrance à prier. Il néglige les services de prédication, parce qu'il aime à dormir, ou bien parce qu'il fait froid ou obscur, ou bien parce qu'il pleut. Pourquoi délaisse-t-il les œuvres de charité ? Parce que, pour nourrir ceux qui ont faim ou vêtir ceux qui sont nus, il devrait diminuer ses dépenses de toilette, et se contenter d'une nourriture plus simple et de mets moins coûteux. Et puis, la visite des malades ou des prisonniers entraîne plusieurs désagréments. Il en est de même pour la plupart des devoirs spirituels imposés par la charité, par exemple lorsqu'il s'agit de reprendre quelqu'un : Cet homme. reprendrait bien son prochain ; mais un jour c'est la fausse honte, un autre, jour c'est la crainte qui l'arrête ; ne va-t-il pas s'exposer non seulement au mépris, mais à des ennuis bien plus graves encore ? Pour ces raisons-là et pour d'autres qui ne valent pas mieux, il s'abstient, partiellement ou totalement de pratiquer les œuvres de charité et de piété. Ainsi sa foi n'est pas rendue parfaite, et il ne croît pas dans la grâce, parce qu'il ne veut pas renoncer lui-même, ni se charger de sa croix.

7. Nous concluons donc que c'est parce qu'un homme refuse de renoncer à lui-même et de se charger de sa croix, qu'il ne peut pas suivre fidèlement le Seigneur, qu'il n'est pas un disciple dévoué de Jésus. C'est à cause de cela que celui qui est mort dans ses péchés ne se réveille pas, bien que la trompette sonne ; c'est pour cela que celui qui avait commencé à se réveiller n'a pourtant pas des convictions profondes et durables ; c'est pour cela que tel autre qui était sérieuse-

ment et profondément convaincu du péché, n'obtient pas le pardon ; c'est pour cela que d'autres qui avaient reçu ce don céleste, ne l'ont pas conservé et ont fait naufrage de la foi ; c'est pour cela, enfin, que quelques-uns, s'ils ne reculent pas pour se perdre, sont en tous cas las et découragés et ne courent plus « vers le but, vers le prix de la vocation céleste de Dieu en Jésus Christ (Ph 3.14). »

III

1. Combien ce que nous venons de dire montre clairement que ceux qui, soit directement, soit indirectement, en public ou en particulier, s'opposent à la doctrine du renoncement, à soi-même de la croix à porter chaque jour, ne connaissent ni les Écritures ni la puissance de Dieu ! Il faut que ces hommes ignorent absolument cent textes de la Bible qui ont rapport à ce sujet, aussi bien que la portée générale des oracles divins. Il faut qu'ils ne sachent rien des expériences les plus vraies, les plus authentiques du chrétien, et de la façon dont le Saint-Esprit a de tout temps opéré, et opère encore à cette heure ; dans le cœur des hommes. Ils pourront, à la vérité, parler très haut, avec beaucoup d'assurance, comme cela, arrive naturellement là où il y a ignorance, parler comme s'ils étaient seuls à comprendre la Parole de Dieu et l'expérience chrétienne ; mais leurs discours sont, à tous égards, des paroles vaines : ils ont été pesés dans la balance et trouvés légers.

2. Nous apprenons également par ce qui précède pourquoi tant d'individus, et même d'associations, qui jadis étaient autant de flambeaux allumés et brillants, ont maintenant perdu leur lumière, et leur chaleur. Ils n'ont peut-être pas haï et combattu ce précieux enseignement de l'Évangile, mais à coup sûr ils en ont fait peu de cas. Ils n'ont peut-être pas, comme quelqu'un, dit fièrement : *Abnegationem omnem proculcamus, internecioni damus* ; « nous foulons aux pieds tout renoncement et le vouons à la destruction. » Mais ils n'ont pas su voir toute l'importance de ce grand devoir, et ne se sont pas mis en peine de le pratiquer. *Hanc mystici docent* ; « les écrivains mystiques le prêchent, » disait encore, ce même auteur, homme aussi pernicieux que grand ! Non ! lui répondons-nous ; ce sont les écrivains sacrés qui l'enseignent ; c'est Dieu lui-même qui le prêche à toute âme qui veut écouter sa, voix.

3. Mais nous devons aussi conclure de ces vérités qu'il ne suffit point qu'un ministre de l'Évangile ne combatte pas cette doctrine du renoncement à soi même ou qu'il n'en dise rien. Il ne suffirait même pas qu'il se contentât de dire, quelques mots pour l'appuyer. Pour être net du sang de tous les hommes, il faut qu'il en parle fréquemment et amplement ; il faut qu'il en inculque la nécessité de la façon la plus nette et la plus énergique ; il faut qu'il y insiste : de toutes ses forces, auprès de tout le monde, en tout temps, en tout lieu, « commandement après commandement, commandement après commandement, ligne après ligne, ligne après ligne (És 28.10). » Alors seulement il aura une conscience, sans reproche et « pourra se sauver lui-même avec ceux qui l'écoutent (1 Tm 4.16). »

4. En dernier lieu, que chacun de vous fasse l'application de ces vérités à sa propre âme. Méditez-les quand vous êtes seuls ; pesez-les dans vos cœurs. Tâchez non seulement de les bien comprendre, mais de vous en souvenir jusqu'à la fin de votre vie. Implorez Celui qui est fort, afin qu'il vous fortifie, et que vous n'ayez pas plus tôt compris votre devoir qu'aussitôt vous l'accomplirez. Ne renvoyez pas à plus tard, mais mettez tout de suite en pratique. Oui, pratiquez ceci en toutes choses, dans les mille occasions que nous offrent les circonstances variées de notre existence. Pratiquez-le chaque jour, sans interruption, depuis le moment où vous avez mis la main à la charrue et jusqu'à ce que la fin arrive, jusqu'à l'heure où votre esprit retournera à Dieu !

SERMON 49

Le remède contre la médisance

Si ton frère a péché contre toi, va et reprends-le entre toi et lui seul ; s'il
t'écoute, tu auras gagné ton frère ; mais s'il ne t'écoute pas, prends
avec, toi encore une ou deux personnes, afin que tout soit confirmé sur
la parole de deux ou trois témoins. S'il ne daigne pas les écouter, dis-le
à l'Église, et s'il ne daigne pas écouter l'Église, regarde-le comme un
païen et un péager.
— Matthieu 18.15-17 —

1. « Avertis-les … de ne médire de personne » (Tt 3.1, 2) a dit le grand apôtre. Et ce commandement est tout aussi formel que cet autre : « Tu ne tueras point (Ex 20.13). » Mais qui donc, même parmi les chrétiens, fait attention à ce commandement ? Combien peu le comprennent ! Qu'est-ce donc que la médisance ? Ce n'est pas, comme quelques-uns le pensent, la même chose que le mensonge ou la calomnie. Ce qu'un homme dit peut être entièrement vrai, aussi vrai que la Bible, et pourtant être de la médisance. Car la médisance, consiste à dire du mal d'une personne absente, à rapporter quelque chose de mauvais qui a été fait ou dit par quelqu'un qui n'est pas là lorsqu'on le raconte. Supposons que j'aie vu un homme en état d'ivresse, ou que je l'aie entendu jurer ou blasphémer ; si je raconte cela en son absence, c'est là médire. C'est ce qu'on pourrait aussi appeler mordre par derrière. Il n'y a réellement pas de différence entre médire et rapporter. On peut d'ailleurs rapporter les choses tranquillement, d'une voix douce, et même en donnant à entendre qu'on veut du bien à la personne en question, qu'on espère que le mal a été exagéré ; c'est là procéder par insinuation. Mais de quelque façon qu'on s'y prenne, c'est toujours la même chose, sinon dans la forme, du moins en substance, C'est toujours médire, c'est toujours fouler aux pieds ce commandement : « Ne médire de personne. » Car c'est raconter les fautes d'un tiers qui n'est pas là pour se défendre.

2. Combien ce péché est commun, à tous les rangs et dans toutes les classes de la société ! Grands et petits, riches et pauvres, sages et fous, savants et ignorants, tous y tombent sans cesse. Des gens qui ne se ressemblent en rien d'autre sont pourtant les mêmes sur ce point-là. Combien peu pourraient dire devant Dieu : « Je suis innocent à cet égard ; j'ai gardé ma bouche ; j'ai gardé l'ouverture de mes lèvres ! » (Allusion à Ps 141.3) Dans quelle, conversation tant soit peu longue, ne rencontrez-vous pas cet élément de la médisance, même parmi des personnes qui en général ont la crainte de Dieu devant leurs yeux et désirent sincèrement avoir une conscience sans reproche devant Dieu et devant les hommes ?

3. Et c'est précisément parce que ce péché est si ordinaire, qu'il est difficile à éviter. Il nous environne de toutes parts, et si nous ne sentons pas vivement le danger, si nous ne sommes pas sans cesse en garde contre lui, nous pourrons bien être entraînés par le courant. Sur ce point le monde tout entier semble conspirer contre nous. L'exemple des autres influe sur nous, nous ne savons pas comment, et nous arrivons insensiblement à faire comme eux. Et puis, la médisance ne trouve-t-elle pas un appui au dedans de nous, tout comme au dehors ? Presque tous les mauvais sentiments de l'âme y trouvent à l'occasion une jouissance, et c'est ce qui fait que nous y sommes disposés. C'est pour notre orgueil une satisfaction que de raconter les fautes d'autrui, quand nous croyons n'être pas coupables de ces mêmes fautes. La colère, la rancune, toutes les dispositions malveillantes du cœur trouvent leur compte au mal que nous disons de ceux que nous n'aimons pas. C'est souvent en racontant les péchés de leur prochain que les hommes arrivent à satisfaire leurs désirs insensés et coupables.

4. La médisance est d'autant plus difficile à éviter que c'est fréquemment sous un masque qu'elle nous aborde. N'est-ce pas une indignation noble et généreuse, nous dirions sainte, si nous l'osions, qui nous fait parler ainsi de ces indignes personnes ? Si nous péchons, c'est par haine pour le péché. Autant vaut dire que nous servons le diable par pur zèle pour le Seigneur, et que ce n'est que pour ne pas laisser le mal impuni que nous commettons du mal ! Voilà comment nos passions se justifient toutes, et cherchent à faire passer le péché en le voilant de sainteté !

5. Mais n'y a-t-il aucun moyen d'éviter de piège ? Il y en a un certainement : notre bon Maître l'a clairement indiqué à ses disciples dans paroles de notre texte. Quiconque marchera dans ce chemin avec prudence et constance, sera préservé de médire. La règle qu'il nous donne prévient sûrement ce mal, et c'en est le remède infaillible. Dans les versets qui précèdent, Jésus avait dit : « Malheur au monde à cause des scandales (Mt 18.7) ; » c'est-à-dire que des maux indicibles découleront de cette source pernicieuse ; les scandales, c'est tout ce qui peut détourner ou arrêter ceux qui marchent dans les voies du Seigneur. « Car il est, nécessaire qu'il arrive des scandales (Mt 18.7) ; » c'est dans la nature des choses, vu la méchanceté, la folie, la faiblesse des hommes. « Mais malheur à l'homme par qui le scandale arrive ! » ((Mt 18.7) Son sort sera misérable. « Si donc ta main, ou ton pied … ou ton œil te fait tomber, » si ton plaisir le plus cher, si la personne que tu aimes le plus et qui t'est le plus utile, te détourne ou t'arrête dans le chemin du salut, « coupe-le, arrache-le, et le jette loin de toi ((Mt 18.8). »

Mais comment éviterons-nous d'être en scandale aux autres ou de nous scandaliser à cause des autres, surtout si ceux-ci ont absolument tort et que nous le voyions de nos propres yeux ? Notre Seigneur nous l'enseigne ici, en nous donnant un moyen certain d'éviter les scandales et la médisance en même temps : « Si ton frère a péché contre toi, va et reprends-le entre toi et lui seul. S'il t'écoute, tu auras gagné, ton frère. Mais s'il ne t'écoute pas, prends avec toi encore une ou deux personnes, afin que tout soit confirmé sur la parole de deux ou trois témoins. Et s'il ne daigne pas les écouler, dis-le à l'Église. Et s'il ne daigne pas écouter l'Église, regarde-le comme un païen et un péager. »

I

1. En premier lieu, « si ton frère a péché contre toi, va et reprends-le entre toi et lui seul. » Là où c'est possible, la façon la plus simple de pratiquer cette règle est aussi la meilleure. Ainsi, quand tu vois de tes propres yeux ou entends de tes oreilles un frère, un chrétien, commettre un péché positif, tellement que pour toi la chose est évidente, alors voici ce que tu as à faire : saisir la première occasion qui se présentera et où tu pourras l'aborder, et le reprendre au sujet de sa faute « entre toi et lui seul. » Il va sans dire qu'il faut avoir grand soin de le faire dans un bon esprit et de la manière la plus judicieuse. Le succès d'une répréhension dépend beaucoup de la façon dont elle est administrée. Ne manque donc pas de prier ardemment le Seigneur qu'il t'accorde de reprendre avec humilité, avec la conviction vive et profonde que c'est la grâce de Dieu seule qui te rend supérieur à ton frère dans cette occasion, et que, si ce que tu vas dire fait quelque bien, ce sera Dieu lui-même qui aura fait ce bien.

Demande-lui de garder ton cœur, d'éclairer ton esprit, de mettre dans ta bouche des paroles qu'il daignera bénir. Tâche de parler avec douceur aussi bien qu'avec humilité ; « car la colère de l'homme n'accomplit point la justice de Dieu (Ga 6.1). » — « Si quelqu'un vient à tomber dans quelque faute, » il n'y a qu'une manière de le « redresser, » c'est « avec un esprit de douceur » (Ga 6.1). S'il résiste à la vérité, ce ne peut être que par la bonté qu'on l'amènera à la reconnaître. Parlez donc avec cet amour tendre que beaucoup d'eaux ne pourraient pas éteindre » (Ct 8.7) Pourvu que l'amour ne se laisse pas vaincre, il sera vainqueur de tout. Qui pourrait dire toute la puissance de l'amour ?

L'amour seul peut courber un front rebelle,

Humilier le pécheur le plus fier,

Fondre, briser, fléchir l'âme charnelle,

Changer le cœur de pierre en cœur de chair.

Augmentez donc votre amour pour ce frère, et par là « vous lui amasserez des charbons de feu sur la tête (Rm 12.20)

2. Mais veillez aussi à ce que les formes mêmes, dans votre façon de reprendre, soient selon l'Évangile de Christ. Evitez tout ce qui, dans vos regards ; dans vos gestes, dans votre langage ou même dans le ton de votre voix, sentirait l'orgueil ou la suffisance. Evitez avec soin tout ce qui rappellerait le juge ou le docteur, tout ce qui ressemblerait à de l'arrogance ou à de la supériorité. Gardez-vous bien de quoi que ce soit qui serait dédaigneux, hautain, ou méprisant. Qu'il n'y ait pas non plus chez vous ombre de colère ; et, tout en étant très franc, ne vous laissez pas aller à faire toutes sortes de reproches et d'accusations blessantes ; ne vous échauffez pas, à moins que ce ne soit de la chaleur de la charité. Par-dessus tout, qu'on ne puisse pas soupçonner chez vous la moindre haine, la plus petite malveillance ; que votre langage soit exempt d'amertume et d'aigreur ; que tout, dans votre physionomie comme dans vos paroles, respire la douceur et la bonté, et qu'on voie que tout découle de l'amour qui est dans votre cœur. Mais, tout en étant doux, vous pouvez et devez parler de la façon la plus sérieuse, la plus solennelle, employant autant que possible les termes mêmes de la parole de Dieu — car « il n'y en a point de semblable, (1 S 21.9) et faisant tout comme en la présence de Dieu qui doit juger les vivants et les morts.

3. Si vous n'avez pas l'occasion de parler à la personne elle-même, si vous ne pouvez avoir accès auprès d'elle, vous pourrez lui envoyer un message, en vous servant pour cela d'un ami commun dont la prudence et l'intégrité vous seront bien connues, et auquel vous pourrez vous fier entièrement. Le but pourra être atteint si quelqu'un possédant ces qualités parle en votre nom, dans l'esprit et de la façon ci-dessus exprimés ; cela pourra, en une bonne mesure, suppléer à votre absence. Mais n'allez pas, pour éviter une croix, faire semblant que les occasions vous manquent ; ne vous persuadez pas, avant d'avoir essayé, que vous ne pouvez pas aborder cette personne. Toutes les fois que vous pourrez parler vous-même, cela vaudra infiniment mieux. Mais plutôt que de ne rien faire, employez quelqu'un ; cela vaudra mieux que de ne pas agir du tout.

4. Que faire si vous ne pouvez parler vous-même à cette personne, ni lui envoyer quelqu'un qui ait toute votre confiance ? En pareil cas, il vous reste la ressource d'écrire. Dans certaines circonstances cela peut même être préférable. Par exemple, si la personne à qui l'on a à faire est d'une humeur si vive, si impétueuse qu'elle n'endure que bien difficilement d'être reprise, surtout par un de ses égaux ou par un inférieur. En écrivant, on peut présenter les choses et les adoucir de telle façon qu'elles soient plus aisées à accepter. D'ailleurs, bien des gens peuvent supporter par écrit des paroles qu'elles n'auraient pas consenti à entendre. Leur orgueil n'en reçoit pas un choc si violent ; leur amour-propre n'en est pas atteint d'une façon aussi sensible. Et à supposer que ce message ne fasse d'abord que peu d'impression, il peut être relu et il se peut qu'à la réflexion on profite d'avertissements qu'on avait d'abord négligés. Si l'on signe cette communication, c'est à peu près comme si l'on allait en personne, comme si on parlait de vive voix ; mais il faut toujours signer, à moins de raisons très spéciales qui pourraient rendre la chose déplacée.

5. N'oublions pas que c'est Jésus qui nous commande de la manière la plus absolue de faire ces démarches et de les faire avant tout, de commencer par là. Il ne nous laisse point d'alternative ; nous n'avons pas à choisir entre ceci ou cela ; c'est là le chemin, il faut y marcher ! Il est vrai qu'il nous recommande deux autres mesures qu'il faudra prendre, s'il y a lieu ; mais ce ne doit être qu'après celle-ci, jamais avant. Faire autre chose ou bien omettre ce point, c'est, dans les deux cas, agir d'une façon inexcusable.

6. Ne croyez pas pouvoir vous justifier d'avoir agi d'une tout autre manière en disant : « Je n'en ai parlé à personne que lorsque je n'ai plus pu y tenir, tant la chose me pesait ! » Elle vous pesait ! Ce n'est pas étonnant, à moins que vous n'eussiez eu la conscience cautérisée ; car vous étiez coupable d'un péché, vous aviez désobéi à un ordre positif du Seigneur. Vous auriez dû aller tout de suite reprendre votre prochain entre vous et lui seul. Si vous ne l'avez pas fait, vous ne pouviez manquer d'avoir un poids sur le cœur (sinon, vous seriez tout à fait endurci), car, en agissant ainsi vous fouliez aux pieds le commandement de Dieu, et vous faisiez ce qui est appelé « haïr son frère dans son cœur (Lv 19.17). » Et quel triste moyen vous avez trouvé de vous dé-

charger ! Dieu vous reprenait à cause de votre péché d'omission, parce que vous ne repreniez pas votre frère ; et pour vous consoler de sa répréhension vous allez commettre un péché positif, en racontant à un autre les fautes de votre prochain ! C'est payer le soulagement bien cher que de l'acheter par un péché. Mais je demande à Dieu que vous n'ayez point ce soulagement, que plutôt la chose vous pèse toujours plus jusqu'à ce que vous soyez allé la dire à votre frère, et à lui seul !

7. Je ne connais qu'une seule exception à cette règle ; il peut y avoir des cas où pour préserver un innocent, on est obligé d'accuser un absent qui est le vrai coupable. Par exemple, il peut arriver que vous connaissiez l'intention qu'a un homme d'enlever à son semblable sa vie ou ses biens, et qu'il n'y ait pas d'autre moyen de l'en empêcher que d'en faire part sans aucun délai à celui qui est menacé. En pareil cas, la règle indiquée par Jésus doit être mise de côté, ainsi que celle donnée par l'Apôtre : « Ne médire de personne. » Il est permis, c'est même notre devoir absolu de parler mal d'une personne absente, quand ainsi nous pouvons l'empêcher de nuire à d'autres, et à elle-même en même temps. Mais n'oubliez jamais que toute médisance est de sa nature un poison mortel. Si donc vous vous voyez contraint de dire du mal d'un absent, et d'employer le poison comme remède, servez-vous-en avec crainte et tremblement ; car c'est un remède dangereux et dont l'emploi ne peut être légitimé que par une nécessité absolue. N'en faites donc usage que le plus rarement possible, seulement lorsque c'est tout à fait nécessaire. Et même alors, que ce soit aussi peu que vous pourrez, juste assez pour atteindre le but désiré. Dans tous les autres cas, « va et reprends-le entre toi et lui seul. »

II

1. Mais que faudra-t-il faire, « s'il ne t'écoute pas ; » s'il te rend le mal pour le bien, s'il s'irrite au lieu de se laisser convaincre ? Que faut-il faire s'il ne profite pas de ce qu'on lui a dit, et persévère dans sa mauvaise conduite ? Nous devons nous attendre à ce que pareille chose arrive fréquemment. Les réprimandes les plus douces et les plus affectueuses n'auront produit aucun bien ; mais la bénédiction que nous voulions attirer sur autrui retournera à nous. Que devrons-nous faire ensuite ? Notre Seigneur nous a donné à cet égard des instructions claires et complètes. Dans ce cas, « prends avec toi encore une ou deux personnes : » telle est la seconde mesure à prendre. Choisissez une ou deux personnes que vous connaissez pour avoir des dispositions charitables, et comme aimant Dieu et leur prochain. Qu'ils ne soient pas des gens fiers, mais des hommes « ornés d'humilité (1 P 5.5). » Qu'ils soient débonnaires et doux, patients et calmes, « ne rendant point mal pour mal, ni injure pour injure, mais au contraire bénissant (1 P 3.9). » Qu'ils soient des hommes intelligents et revêtus de la sagesse d'en haut, des hommes d'esprit libre, impartiaux, sans aucune espèce de préventions. Il faut avoir soin de prendre des personnes qui, tant pour leur individualité que pour leur caractère moral, soient bien connues de celui à qui on a à faire ; et de préférence il faut choisir celles qu'on sait lui être le plus agréables.

2. L'amour chrétien prescrira lui-même la méthode à suivre, en rapport avec chaque cas particulier. Car on ne peut pas adopter une marche uniforme pour tous les cas. Peut-être serait-il bon, avant que ces amis entrent en matière, qu'ils fassent à cet individu une déclaration conciliante et affectueuse, portant sur le fait qu'ils ne sont mus par aucun sentiment de colère ou de prévention contre lui, que c'est uniquement dans une pensée bienveillante qu'ils sont venus le trouver et se mêlent de choses qui le concernent. Pour confirmer cela, il conviendrait qu'ensuite ils écoutassent, sans interrompre et avant de se prononcer sur quoi que ce soit, l'exposé de la conversation que vous avez eue précédemment et de ce qu'il a pu avancer pour se justifier. Après quoi, ils pourront mieux déterminer ce qu'ils ont à faire, « afin que tout, soit confirmé sur la parole de deux ou trois témoins, » c'est-à-dire afin que les choses que vous aurez pu dire produisent tout leur effet, étant appuyées par l'autorité morale de ces personnes.

3. Pour atteindre ce but, je leur conseillerais ce qui suit. Premièrement, rappeler en peu de mots ce que vous avez dit et ce que l'autre personne a pu répliquer ; en second lieu, développer, exposer, confirmer les raisons données par vous ; en troisième, donner du poids à votre répréhension en montrant combien elle était juste, charitable et à propos ; enfin, insister sur les conseils et les appels dont vous avez fait suivre la répréhension. Ces amis pourront plus tard, si c'est nécessaire, servir de témoins relativement à ce qui s'est dit.

4. Au sujet de cette seconde règle de conduite, comme pour la première, il est bon de faire observer que Jésus ne nous laisse pas le choix, ne nous met pas en présence d'une alternative, mais nous commande expressément, de faire cela, et non quelque autre chose à la place. Il nous indique aussi à quel moment il faut recourir à ce second moyen : c'est lorsqu'on a employé le premier, et c'est avant d'arriver au troisième. Ce n'est qu'après avoir fait ces deux choses que nous pourrons raconter le mal qui a été commis à ceux que nous voudrons intéresser avec nous dans cet effort spécial de l'amour fraternel. Mais tant que nous n'avons pas fait ces démarches, évitons d'en parler à d'autres gens. Si nous ne suivons pas ces directions, si nous essayons d'autre chose, nous ne pouvons faire autrement que de rester sous le fardeau. Car, en agissant ainsi, nous péchons contre Dieu et contre notre prochain ; et quels que soient les prétextes spécieux que nous invoquions, si nous avons une conscience, notre péché nous trouvera et notre âme en sera comme accablée.

III

1. Pour que nous sachions parfaitement comment nous conduire dans ces affaires importantes, notre Sauveur nous donne encore un conseil : « S'il ne daigne pas les écouter, dis-le à l'Église. » C'est là la troisième mesure à prendre. Toute la difficulté ici, c'est de savoir ce qu'il faut entendre par « l'Église. » La nature même des choses nous enseignera à fixer d'une façon suffisamment certaine le sens de cette expression. Il ne s'agit pas de le dire à votre Église nationale tout entière, à tous les gens qui se rattachent à l'Église anglicane. Le pussiez-vous, ce ne serait d'aucune utilité au point de vue chrétien ; telle n'est donc point la signification de ce mot. Vous ne pouvez pas non plus en faire part à tous ceux qui, dans ce pays, sont dans des rapports religieux plus directs avec vous. D'ailleurs, cela ne produirait aucun bien. Ce n'est pas là non plus le sens. Il ne servirait également à rien de raconter les fautes de chacun de ses membres à l'Église (si vous voulez l'appeler ainsi), à la congrégation, à la société de ceux qui se sont unis dans Londres. Concluons que c'est au pasteur ou aux anciens de l'Église qu'il vous faut en parler, à ceux qui ont la surveillance du troupeau de Christ auquel vous appartenez l'un et l'autre, et qui veillent sur votre âme et sur celle de la personne en question « comme devant en rendre compte (He 13.17). » Si la chose est possible cette communication devrait leur être faite en présence de la personne intéressée, et très franchement, mais aussi avec tous les ménagements et toute la charité que l'affaire comporte. C'est à ces hommes qu'il appartient de juger la conduite de ceux qui sont confiés à leurs soins et de la censurer, si la nature du délit le requiert, « avec une pleine autorité » (Tt 2.15) Et quand vous aurez fait cela, vous aurez fait tout ce qu'exigent de vous la parole de Dieu et les lois de la charité ; ainsi « vous ne participerez point aux péchés d'autrui (1 Tm 5.22). » Si cet homme périt, son sang sera sur sa propre tête.

2. Encore ici, faisons observer que c'est bien là la troisième démarche à faire, et qu'une autre ne saurait en tenir lieu ; qu'il nous faut la faire à son tour, c'est-à-dire après les deux autres, pas avant la seconde, bien moins encore avant la première, sauf dans des cas tout à fait exceptionnels. De fait, il peut arriver que la troisième se confonde avec la seconde, et qu'elles n'en fassent qu'une. Les relations entre le frère qui a fait une faute et le pasteur ou les anciens de l'Église, peuvent être de telle nature qu'il n'y ait pas lieu de chercher un ou deux témoins, parce qu'ils en serviront eux-mêmes ; dans ces circonstances il suffit de les prévenir, après l'avoir « dit à ton frère entre toi et lui seul. »

3. Quand vous aurez, accompli ces devoirs, vous aurez « délivré votre âme (Ez 3.19). » Mais « s'il ne daigne pas écouter l'Église, » s'il persiste dans son péché, « regarde-le comme un païen et un péager. » Vous n'êtes plus obligé alors de vous occuper de lui, à moins que ce ne soit quand vous prierez pour lui. Il est inutile de parler de lui désormais ; laissez-le au jugement de son Maître.

Il va sans dire que vous lui devez, comme à tout païen d'ailleurs, une bienveillance sincère et affectueuse ; vous lui devez de la courtoisie et tout ce que les devoirs de l'humanité pourront exiger de vous. Mais ne soyez point avec lui dans des rapports d'amitié, d'intimité ; n'ayez pas d'autres relations avec lui que celles que vous auriez avec un païen avoué.

4. Si telle doit être la règle de conduite des chrétiens, ne peut-on pas se demander où il y en a ? Vous en trouverez peut-être quelques-uns çà et là, qui se font un devoir d'agir ainsi ; mais qu'il y en a peu ! Comme ils sont clairsemés sur la terre ! Où trouverions-nous une communauté religieuse qui tout entière suive cette marche ? Serait-ce en Europe, ou, pour ne pas aller plus loin, dans la Grande-Bretagne ou en Irlande ? Je crains que non ; je crains qu'on cherchât vainement pareille chose dans nos pays. Pauvre monde chrétien ! Pauvres protestants, pauvres réformés ! « Qui est-ce qui se lèvera pour moi contre les méchants ? » (Ps 94.16) dit l'Éternel, qui est ce qui prendra parti pour Dieu contre les médisants ? Est-ce toi ? Veux-tu, avec l'aide de la grâce divine, être de ceux qui ne se laissent point emporter par le courant ? Es-tu bien décidé, en comptant sur Dieu, à veiller sur ta bouche dorénavant et sans cesse, à « garder ta bouche et l'ouverture de tes lèvres ? (Ps 141.3) Veux-tu désormais pratiquer cette règle : « Ne médire de personne ? » (Tt 3.2) Si tu vois ton frère faire le mal, aller le lui dire entre toi et lui seul ; » puis, le cas échéant, prendre deux ou trois témoins, et, en dernier lieu seulement, le dire à l'Église ? Si telle est ton intention bien arrêtée, retiens encore ceci : n'écoute jamais une médisance ! On ne dirait pas de mal du prochain, s'il ne se trouvait personne pour écouter. Et, comme dit le proverbe, s'il n'y avait point de receleurs, il n'y aurait point de voleurs.[5] Si donc quelqu'un se met à médire devant toi, arrête-le tout de suite. Refuse d'écouter la voix de cet enchanteur, si enchanteur qu'il puisse être, quelles que soit la douceur de ses manières, de ses intonations, quelles que soient ses protestations de sympathie pour celui qu'il poignarde dans l'ombre, qu'il frappe à la cinquième côte ! Refusez absolument d'écouter le médisant, quand bien même la chose lui pèse tellement qu'il faut absolument qu'il parle, à ce qu'il dit. Elle te pèse, pauvre fou ! Ton secret te tourmente, comme si tu avais les douleurs de l'enfantement ? Va donc t'en décharger, selon la méthode prescrite par le Seigneur. « Va premièrement, et reprends ton frère entre toi et lui seul. » Ensuite, s'il le faut, « prends avec toi encore une ou deux personnes, » des amis communs, et dis-lui devant eux ce que tu as à lui dire ; et si ces deux démarches ne produisent aucun effet, alors « dis-le à l'Église. » Mais, si tu ne veux perdre ton âme, n'en parle à personne d'autre, soit avant, soit après avoir fait ces démarches, sauf dans le cas unique où cela serait indispensable pour sauver un innocent ; et pourquoi, en te déchargeant, en chargerais-tu un autre, en le faisant participer à ton péché ?

Oh ! Combien je voudrais que vous tous qui portez l'opprobre de Christ et qu'on appelle par dérision méthodistes, vous donnassiez, au moins sur ce point-là, un bon exemple au monde chrétien ou soi-disant tel ! Mettez donc de côté les médisances, les rapports, les insinuations ; que rien de pareil ne sorte de vos bouches ! Veillez à « ne médire de personne, », à ne dire que du bien des absents. S'il faut que vous portiez, bon gré mal gré, quelque signe distinctif comme méthodistes, que ce soit là votre marque particulière : « Ce sont des gens qui ne blâment pas par derrière ; on les connaît à ce trait. » Quels bienheureux effets ce renoncement à nous-mêmes ne produirait-il pas en nos âmes sans tarder ? Notre paix coulerait « comme un fleuve, » (És 48.18) si nous recherchions « la paix avec tout le monde (He 12.14). » Et comme l'amour de Dieu abonderait en nous si nous manifestions ainsi notre amour pour nos frères ! Quel effet bienfaisant cela produirait sur tous ceux qui s'unissent au nom du Seigneur Jésus ! Combien l'amour fraternel n'augmenterait-il pas, dès que cet obstacle formidable aurait disparu ! Tous les membres du corps spirituel de Jésus-Christ auraient alors l'un pour l'autre une sollicitude instinctive. « Lorsqu'un des membres souffre, dit saint Paul, tous les autres membres souffrent avec lui ; lorsqu'un des membres est honoré, tous en ont de la joie (1 Co 12.26). » Il en serait ainsi, et chacun aimerait son frère « d'un cœur pur, avec une grande affection (1 P 1.22). » Mais ce n'est point tout. Quelle impression cela ne produirait-il pas, sans doute, sur le monde dissipé et insouciant ? Comme il reconnaîtrait vite en nous ce trait qui est inconnu dans ses rangs, et s'écrierait (comme Julien l'Apostat devant ses courtisans païens) : « Voyez comme ces chrétiens s'entr'aiment ! » Dieu se servirait de ce moyen,

---

[5] (C'est la forme française du proverbe anglais ; *The receiver is as bad as the thief* ; littéralement : Le receleur ne vaut pas mieux que le voleur).

plus que de tout autre, pour convaincre le monde et préparer les hommes pour son ciel, ainsi que nous l'apprennent ces paroles remarquables de la dernière prière de notre Seigneur, prière si solennelle : « Je prie aussi pour ceux qui croiront en moi par leur parole, afin que tous ne soient qu'un, comme toi, ô Père, tu es en moi et moi en toi, et afin que le monde croie que c'est toi qui m'as envoyé ! » (Jn 3.18) Oh ! Que le Seigneur hâte ce temps béni ! Que le Seigneur nous apprenne à nous entr'aimer, « non pas seulement de paroles et de la langue, mais en effet et en vérité (1 Jn 3.18), » à nous entr'aimer « comme Christ nous a aimés ! » (Ep 5.2)

SERMON 50

L'emploi de l'argent

Et moi je vous dis : Faites-vous des amis avec les richesses injustes, afin
que, lorsqu'elles viendront à vous manquer, ils vous reçoivent dans les
tabernacles éternels.
— Luc 16.9 —

1. NOTRE SEIGNEUR, après avoir raconté la belle parabole de l'enfant prodigue, adressée surtout à ceux qui murmuraient de ce qu'Il recevait les péagers et les gens de mauvaise vie, ajoute un récit d'un autre genre, à l'adresse plus spécialement des enfants de Dieu. « Jésus disait à ses disciples (et non pas aux Scribes et aux Pharisiens, auxquels il avait parlé en premier lieu) : Un homme riche avait un intendant qui fut accusé devant lui de lui dissiper son bien. Et l'ayant fait venir, il lui dit : Qu'est-ce que j'entends dire de toi ? Rends compte de ton administration ; car tu ne pourras plus désormais administrer mon bien. » (Lc 16.1-2). Après avoir signalé le moyen que l'intendant infidèle employa pour se garantir contre les temps de disette, notre Seigneur ajoute : « Son maître loua cet intendant infidèle ; » il le loua d'avoir eu de la prévoyance. Puis vient cette réflexion importante : « Les enfants de ce siècle sont plus prudents en leur génération que les enfants de lumière (Lc 16.8), » Ce qui signifie que ceux qui n'ont leur portion que dans ce monde sont plus sages ; non pas d'une manière absolue, car ils sont tous, sans exception, les plus grands insensés, les fous les plus remarquables que la terre porte ; mais « dans leur génération, » dans la voie qu'ils suivent, ils sont plus d'accord avec eux-mêmes, ils sont plus fidèles aux principes qu'ils ont adoptés, plus persévérants dans la poursuite de leur but, « que les enfants de lumière, » que ceux qui voient « la lumière de la gloire de Dieu dans la personne de Jésus-Christ. » Viennent ensuite les paroles de notre texte : « Et moi (le Fils unique de Dieu, le Créateur, le Seigneur, le Maître des cieux et de la terre et de tout ce qui y est contenu, le juge de tous les hommes, à qui vous devrez rendre compte de votre administration, quand vous cesserez d'être Ses intendants), je vous dis (vous avez une leçon à apprendre même de cet infidèle économe) : faites-vous des amis (par une sage prévoyance) avec ces richesses injustes. » Plus littéralement : avec ce Mammon d'iniquité. « Mammon » signifie richesses, ou argent. Jésus appelle les richesses « Mammon d'iniquité, » soit à cause de la manière injuste dont on se les procure souvent, soit à cause de l'emploi malhonnête que l'on fait de ce qui a été honorablement gagné. « Faites-vous des amis » avec cet argent, en faisant tout le bien possible, aux enfants de Dieu surtout, « afin que lorsqu'elles viendront à vous manquer, » quand vous retournerez à la poussière et que vous n'aurez plus votre place sous le soleil, ceux qui vous ont précédé « vous reçoivent, » en vous souhaitant la bienvenue, « dans les tabernacles éternels. »

2. Notre Seigneur donne ici à tous Ses disciples, une excellente leçon de morale chrétienne sur le bon emploi de l'argent. C'est là un sujet dont les gens du monde parlent souvent à leur manière ; mais qui n'a été que très imparfaitement étudié par ceux que Dieu a appelés du milieu de ce monde. Ceux-ci n'attachent généralement pas à cette question du bon emploi de cet excellent talent, l'importance dont elle est digne. Ils ne comprennent pas comment ils doivent l'employer pour lui faire produire la plus grande somme possible de bien. L'introduction de l'argent dans le monde est un exemple admirable du sage et bonne Providence de Dieu. Néanmoins, les poètes, les orateurs, les philosophes, dans presque tous les âges et tous les pays, sont d'accord pour flétrir l'argent comme le plus grand corrupteur du monde, la ruine de la vertu, le fléau de la société. Rien n'est plus commun que de les entendre dire :

Nocens ferrum, ferroque nocentius aurum. Le fer est nuisible ; mais l'or l'est bien plus.

De là la plainte lamentable :

Effodiuntur opes, irritamenta malorum. On creuse la terre pour des richesses qui excite nos mauvaises passions !

Un auteur célèbre exhorte gravement ses concitoyens, pour en finir avec tous les vices, à jeter « dans la mer la plus rapprochée la cause d'un si grand mal. »

In mare proximum … Summi materiem mati !

Mais tout cela n'est-il pas un pur bavardage ? Y a-t-il là la moindre raison ? Pas la moindre. Car, enfin, si le monde est corrompu, la faute en est-elle à l'or et à l'argent ? « C'est l'amour de l'argent, » et non pas l'argent lui-même « qui est la racine de tous les maux. » (1 Tm 6.10) La faute ne retombe pas sur l'argent, mais sur ceux qui l'emploient. On peut en faire un mauvais usage ; de quoi n'abuse-t-on pas ? Mais il y a aussi une bonne manière de s'en servir. On peut en faire le meilleur ou le pire des usages. Impossible de dire les avantages que les nations civilisées en retirent dans les affaires ; c'est l'instrument le plus commode pour toute espèce de commerce, et, si nous nous en servions avec une sagesse chrétienne, il nous offrirait le moyen de faire toutes sortes de bonnes choses. Il est évident que, si les hommes avaient conservé leur innocence primitive, s'ils étaient « pleins du Saint-Esprit, » comme l'étaient les membres de la jeune Église de Jérusalem, où « personne ne disait que ce qu'il possédait fut à lui en particulier, » mais où « toutes choses étaient communes, » (Ac 4.32) on en viendrait à abandonner l'emploi de l'argent. Nous n'imaginons pas, par exemple, que, dans le ciel, il existe quelque chose d'analogue à l'argent. Mais, dans l'état actuel de la société, l'argent est un don excellent de Dieu ; il répond à Ses plus nobles desseins. Dans la main des enfants de Dieu, l'argent est du pain pour celui qui a faim, un breuvage pour celui qui a soif, des vêtements pour ceux qui sont nus ; il procure au voyageur et à l'étranger un lieu où ils peuvent reposer leur tête. Il nous permet en quelque sorte, de tenir lieu de mari à la veuve, de père à l'orphelin. Il nous fournit le moyen de défendre l'opprimé, de ramener à la santé le malade, de donner du repos à celui qui souffre ; il peut suppléer aux yeux de l'aveugle, aux pieds du boiteux ; il peut aider à ramener le mourant des portes du tombeau.

3. Il est doc du plus haut intérêt que tous ceux qui craignent Dieu sachent comment employer ce précieux talent, afin de lui faire produire ces résultats magnifiques, dans la plus large mesure possible. Il me semble que toutes les directions nécessaires à cet effet peuvent se résumer en trois règles de la plus grande simplicité. En les observant rigoureusement, nous pourrons devenir des économes fidèles du « Mammon d'iniquité. »

I

1. La première de ces règles, (que celui qui écoute comprenne !) c'est : Gagnez tout ce que vous pouvez ! Ici nous pouvons tenir le même langage que les enfants de ce siècle ; nous les rencontrons sur leur propre terrain. C'est notre devoir, notre impérieux devoir de gagner autant que possible, à condition toutefois de ne pas acheter trop cher les richesses, de ne pas les payer plus qu'elles ne valent. Nous ne devons pas, par exemple, pour gagner de l'argent, perdre notre vie, ni, ce qui revient au même, ruiner notre santé. Par conséquent, l'espoir du gain ne doit pas nous porter à entreprendre ou à continuer un travail tellement pénible ou tellement prolongé qu'il puisse altérer notre constitution. Nous ne devons ni commencer ni continuer un travail qui nécessite la privation de la somme de nourriture ou de sommeil que la nature réclame. Il faut en convenir, il y a une grande différence dans la nature des occupations. Il y a des travaux qui sont tout à fait malsains, comme ceux qui nécessitent la manipulation de l'arsenic ou d'autres substances nuisibles, ou la respiration d'un air vicié par les exhalaisons du plomb fondu, travaux qui, à la longue, doivent ruiner les constitutions les plus robustes. Il y en a d'autres qui ne sont préjudiciables qu'à des personnes à la constitution faible tels que les travaux de bureau, surtout lorsqu'on est obligé d'écrire assis, la poitrine penchée sur la table, et cela pendant de longues heures entières. Il ne faut à aucun prix se soumettre à ce que la raison ou l'expérience nous démontre être nuisible à la santé ou aux forces. « La vie n'est-elle pas plus que la nourriture, et le corps plus que le vêtement ? » (Mt 6.25) Si nous sommes engagés dans un de ces emplois, nous devons le

quitter le plus tôt possible et le remplacer par quelque autre, moins lucratif peut-être, mais qui ne sera pas nuisible à notre santé.

2. Il faut, en deuxième lieu, gagner autant qu'on peut, sans nuire à l'esprit, pas plus qu'au corps. Nous n'avons pas le droit de nuire à notre esprit ; nous devons, en tout cas, conserver l'avantage d'une bonne conscience. Nous ne devons pas entreprendre ou continuer un commerce illicite, contraire à la loi de Dieu ou à celle de notre pays. Tel serait, par exemple, un commerce qui frauderait l'Etat sur les droits de douane qui lui sont dus ; car il y a au moins autant de mal à voler l'Etat qu'à voler notre voisin. L'Etat a autant de droit sur les impôts que nous sur nos maisons et nos vêtements. Il y a d'autres industries légitimes en elles-mêmes, qu'on ne peut plus exercer, au moins en Angleterre, sans être obligé de mentir ou de tromper, ou sans se conformer à quelque usage qui n'est pas d'accord avec une bonne conscience. Il faut s'éloigner de pareils commerces avec une sainte horreur, sans s'inquiéter du gain que l'on pourrait y faire à la condition de pécher comme les autres ; car, pour gagner de l'argent, nous ne devons pas perdre notre âme. Il y a d'autres emplois, auxquels bien des gens peuvent vaquer sans exposer soit leur corps soit leur âme ; mais vous, peut-être, vous ne le pourriez pas ; vous vous laisseriez entraîner dans une société qui perdrait votre âme ; l'expérience a dû vous apprendre qu'il vous est impossible de vous livrer à une telle occupation sans subir une influence mauvaise. Il y a peut-être une idiosyncrasie, une particularité dans votre tempérament moral (comme il y en a dans notre constitution physique) qui rendrait mortel pour vous ce qui ne fait aucun mal à un autre. Je suis convaincu, pour en avoir fait l'expérience, que je ne pourrais pas me livrer tout entier à l'étude des sciences exactes (mathématiques, arithmétique, algèbre), sans courir le risque de devenir déiste, peut-être même athée. D'autres, je le sais, consacrent toute leur vie à ces études sans en souffrir. Personne ici ne peut se prononcer pour un autre. Chaque homme doit juger pour lui-même et s'abstenir de tout ce qui peut nuire à son âme.

3. Nous devons, en troisième lieu, gagner autant que possible, sans nuire à notre prochain. Nous ne devons, nous ne pourrons lui nuire, si nous l'aimons comme nous-mêmes. En aimant notre prochain comme nous-mêmes, il nous sera impossible de lui nuire dans ses biens. Nous ne pourrons pas lui ravir le revenu de ses terres, encore moins ses terres elles-mêmes et ses maisons, soit par le jeu, soit par des honoraires exorbitants (comme médecins, notaires, etc.) soit en exigeant un taux d'intérêt que la loi ne permet pas. Tout ce qui a rapport à l'exploitation de la misère par des prêts sur gages doit être exclu. Tout homme impartial reconnaîtra que les avantages qu'on en retire sont bien contrebalancés par les maux qui en résultent. Et quand bien même il n'y aurait pas de conséquences fâcheuses, il ne nous est jamais permis de « faire le mal pour qu'il en résulte du bien. » Nous ne pouvons pas, avec une bonne conscience, vendre au dessous du cours ; nous ne pouvons pas ruiner le commerce du voisin, afin d'écouler notre marchandise ; nous pouvons encore moins débaucher ou recevoir les domestiques ou ouvriers dont il a besoin. Celui qui, pour gagner, dévore le bien de son frère, gagnera la condamnation de l'enfer.

4. Il est interdit de gagner en faisant du tort à son frère dans son corps. Nous ne devons rien vendre qui puisse nuire à sa santé ; et en première ligne, ce feu liquide, connu sous le nom d'eau-de-vie et de spiritueux Il est vrai que ces spiritueux ont leur place dans la médecine et peuvent être utiles dans certaines maladies ; mais leur usage serait rarement nécessaire si l'on n'avait pas, par leur moyen, à suppléer à la maladresse du médecin. Il n'y a que ceux qui les fabriquent et qui les vendent comme remèdes qui puissent avoir la conscience nette. Mais où sont-ils ? Qui sont ceux qui ne préparent leurs spiritueux que dans ce but ? En connaissez-vous dix en Angleterre ? Ceux-là, vous pouvez les excuser. Mais tous ceux qui vendent ces liqueurs à qui veut les acheter, sont des empoisonneurs publics. Ils tuent leurs concitoyens en masse, sans grâce, ni pitié. Ils les poussent en enfer, comme un troupeau de brebis à la boucherie. Et que gagnent-ils ? N'est-ce pas le sang de ces hommes ? Qui donc leur envierait leurs vastes domaines, leurs somptueux palais ? Une malédiction repose sur ces demeures, la malédiction de Dieu s'attache aux pierres, à la charpente et au mobilier de leur maison. Maudits de Dieu sont leurs jardins, leurs avenues, leurs bosquets ; c'est un feu qui brûle jusqu'au fond de l'abîme. Il y a du sang, du sang partout. Les fondements, les planchers, les murailles, les toits, tout est teint de sang. Et peux-tu espérer, ô homme de sang, quoique tu sois « vêtu d'écarlate et de fin lin et que tu te traites somptueusement

tous les jours, » que tu pourras faire passer tes champs du sang à la troisième génération ? Certainement non ! Car il y a un Dieu dans le ciel ; ton nom sera effacé comme celui de ceux que tu as perdus corps et âme ; "ton monument périra avec toi !"

5. Et ne sont-ils pas presque aussi coupables ces chirurgiens, ces pharmaciens, ces médecins qui jouent avec la vie ou la santé de leurs clients, afin de gagner davantage, en prolongeant la douleur ou la maladie qu'ils pourraient enlever promptement, et qui reculent la guérison de leur malade pour piller son argent ? Sera-t-il innocent devant Dieu, celui qui ne diminuera pas, autant que possible, la souffrance et qui ne la supprimera pas le plus tôt qu'il pourra ? Il ne saurait l'être. Il « n'aime pas son prochain comme lui-même, » cela est de toute évidence. Il ne « fait pas aux autres ce qu'il voudrait que les autres lui fissent. »

6. Ce gain-là a coûté bien cher ; n'en est-il pas ainsi de tout ce que l'on obtient en portant atteinte à l'âme de son frère, en nourrissant directement ou indirectement ses convoitises ou son intempérance, ce que ne pourra jamais faire celui qui a la crainte de Dieu et le désir de Lui plaire ? Que tous ceux qui sont en rapport avec les cabarets, les théâtres, les maisons de jeux et les autres lieux de dissipation, y fassent bien attention. Si ces maisons contribuent aux intérêts des âmes, vous êtes libres de tout blâme, votre vocation est bonne, votre gain est innocent ; mais si ces maisons sont mauvaises en elles-mêmes, ou si elles favorisent le mal, alors il est à craindre que vous n'ayez un bien triste compte à rendre. Oh ! Prenez garde que Dieu ne dise en ce jour-là : « Ce méchant-là mourra dans son iniquité ; mais je redemanderai son sang de ta mains. » (Éz 3.18)

7. Ces restrictions et ces réserves faites, il est du devoir de tous ceux qui sont dans le commerce de pratiquer cette première règle de la sagesse chrétienne : « Gagnez tout ce que vous pouvez. » Gagnez donc tout ce que vous pouvez par un travail honnête ; déployez la plus grande diligence dans l'exercice de votre vocation ; ne perdez pas de temps. Si vous comprenez bien la nature des rapports que vous soutenez avec Dieu et avec les hommes, vous savez bien que vous n'avez pas un moment à perdre. Si vous comprenez votre tâche comme vous le devez, vous ne saurez pas ce que c'est que d'avoir du temps inoccupé. Dans chaque métier, il y a de quoi remplir toutes les heures de toutes les journées. Quel que soit votre travail, si vous vous y mettez de tout votre cœur, vous n'aurez pas de loisir pour d'inutiles et frivoles passe-temps. Il y a toujours quelque chose de mieux à faire, quelque chose qui peut vous être utile, sans gaspiller ainsi votre temps. « Tout ce que ta main trouve à faire, fais-le de tout ton pouvoir (Ec 9.10), » et cela sans retard, sans le remettre d'un jour à l'autre, ni même d'une heure à l'autre. Ne renvoie pas à demain ce que tu peux faire aujourd'hui. Travaille aussi bien que possible ; ne dors pas, ne bâille pas sur ton ouvrage. Mets-y tout ton âme. Ne t'épargne aucune peine. Ne fais rien à moitié, ou d'une manière légère et insouciante. Que rien dans ton commerce ne soit négligé de ce qui peut être fait par le travail et par la patience.

8. Gagnez tout ce que vous pouvez, en faisant usage de votre bon sens, et de toute l'intelligence que Dieu vous a donnée. Il est étonnant de voir combien peu de personnes font cela et combien d'hommes se contentent de marcher dans les vieilles ornières tracées par leurs ancêtres ! Que ceux qui ne connaissent pas Dieu agissent ainsi, il ne faut pas s'en étonner. Ce ne sera pas votre cas. C'est une honte pour un chrétien de ne pas mieux faire que les autres dans tout qu'il entreprend. Vous devriez toujours apprendre quelque chose, soit de l'expérience des autres, soit de la vôtre, par la lecture ou par la réflexion de manière à faire mieux aujourd'hui que vous ne faisiez hier. Ayez soin de mettre en pratique ce que vous apprenez, afin de tirer le meilleur parti de tout ce que vous avez en main.

II

1. Après avoir gagné tout ce que vous pourrez, par une sage honnêteté et une persévérance infatigable, n'oubliez pas que la seconde règle de prudence chrétienne, c'est : Epargnez tout ce que vous pouvez. Ne jetez pas ce précieux talent à la mer ; laissez cette folie aux philosophes païens. Ne le gaspillez pas en dépenses inutiles, ce qui serait la même chose que de le jeter à l'eau. N'en dépensez aucune partie pour la satisfaction des convoitises de la chair, des convoitises des yeux, ou de l'orgueil de la vie.

2. Reprenons ces trois idées. Ne dépensez rien pour la satisfaction des convoitises de la chair, pour vous procurer les plaisirs des sens, notamment ceux de la table. Je ne dis pas seulement : évitez la gloutonnerie et l'intempérance ; un honnête païen condamnerait ces choses. Mais il y a une espèce de sensualité rangée et reçue, un élégant épicurisme, qui ne dérange pas tout de suite l'estomac, qui ne détériore pas, d'une manière sensible au moins, l'intelligence, mais qui (pour ne pas parler d'autres effets) ne peut être satisfait qu'au prix de dépenses considérables. Retranchez toute cette dépense. Méprisez ces délicatesses et cette variété de mets ; contentez-vous de donner à la nature le nécessaire.

3. Ne gaspillez pas votre argent en satisfaisant la convoitise des yeux, par une toilette inutile ou dispendieuse, ou par de vains ornements. Ne le gaspillez pas en ornements superflus dans votre maison, en meubles inutiles ou coûteux, en tableaux de prix, en peinture et dorure, en livres rares, ou bien encore en jardins plutôt fastueux que productifs. Que votre voisin, qui ne sait rien de mieux, fasse cela ; « laissez les morts ensevelir leurs morts. » (Mt 8.22) Mais, à vous, le Maître dit : « Que t'importe ! Toi, suis-moi. » (Jn 21.22) Si vous le voulez, vous le pouvez.

4. Ne dépensez pas votre argent pour satisfaire l'orgueil de la vie, pour obtenir l'admiration et les louanges des hommes. Ce motif de dépense accompagne souvent l'un des précédents, ou même il se combine avec l'un et l'autre. On fait de grosses dépenses de table, de toilette, d'ameublement, non pas seulement pour satisfaire son appétit, le plaisir de ses yeux ou son imagination, mais surtout par vanité. Aussi longtemps que vous vous traiterez bien, vous trouverez des gens pour chanter vos louanges. Aussi longtemps que vous vous serez « vêtus de pourpre et de fin lin et que vous vous traiterez bien et magnifiquement tous les jours, » (Lc 16 :19) il y aura des gens pour vanter votre bon goût, votre générosité, votre hospitalité. Mais c'est payer trop cher leur approbation. Contentez-vous de l'honneur qui vient de Dieu.

5. Qui voudrait dépenser son argent en satisfaisant ses convoitises, quand on sait que leur complaire c'est augmenter leur force ? Il n'y a rien de plus sûr, et l'expérience de tous les jours le prouve ; plus on leur accorde, plus elles sont exigeantes. Quand vous dépensez quelque chose pour la satisfaction de vos sens, vous payez tant pour votre sensualité. Quand vous réservez tant pour le plaisir de vos yeux, vous augmentez d'autant votre curiosité et votre attachement pour ces choses qui périssent. Lorsque vous achetez ce que les hommes louent, vous achetez un peu plus de vanité. N'aviez-vous donc pas déjà assez de sensualité, de curiosité, de vanité ? Cette augmentation vous était-elle nécessaire ? Et voudriez-vous avoir à débourser de l'argent pour cela ? Mais quelle étrange sagesse que la vôtre ! Pensez-vous que jeter son argent à la mer serait une folie plus nuisible ?

6. Et ce que vous ne devez pas faire pour vous-même, pourquoi le feriez-vous pour vos enfants ? Pourquoi gaspilleriez-vous l'argent pour leur donner une nourriture délicate, de riches habits et des bagatelles de tous genres ? Pourquoi leur achèteriez-vous encore plus d'orgueil, de convoitise, de vanité, de désirs insensés et pernicieux ? Hélas ! N'en ont-ils pas assez ? La nature les en a amplement pourvus. Pourquoi accroîtriez-vous vos dépenses pour augmenter leurs tentations et leurs périls, et pour leur percer le cœur de plus de chagrins ?

7. Ne leur laissez pas cet argent pour qu'ils le gaspillent. Si vous avez quelque raison de croire qu'ils dissiperont ce qui est à vous, pour la satisfaction et l'accroissement de la convoitise de la chair, de la convoitise des yeux ou de l'orgueil de la vie ; c'est-à-dire au péril de leurs âmes et de la vôtre, ne placez pas ces pièges sous leurs pas. Vous ne voulez pas donner vos fils et vos filles à Moloch ; ne les livrez pas à Bélial. Ayez pitié d'eux et éloignez d'eux ce qui serait, vous pouvez le prévoir facilement, une pâture pour leurs péchés et le moyen d'augmenter leur perdition éternelle. Combien se trompent ces parents qui croient qu'ils n'en pourront jamais laisser assez à leurs enfants ! Quoi ! Vous craignez donc de ne pas les pourvoir suffisamment de flèches, de brandons, de désirs insensés et nuisibles, d'orgueil, de convoitise, d'ambition, de vanité et de feux éternels ! Malheureux que tu es ! Tu crains où il n'y a aucun sujet de crainte Assurément eux et toi, quand vous lèverez vos yeux dans les enfers, vous en aurez assez de « ce ver qui ne meurt point, de ce feu qui ne s'éteint point. » (Mc 9.48)

8. « Que feriez-vous, me direz-vous, à ma place, si vous aviez une fortune considérable à laisser ? » je ne sais pas ce que je ferais, mais je sais bien ce que je devrais faire, sur ce point, il n'y a

pas de doute raisonnable. S j'avais un enfant, le plus jeune ou le plus âgé, peu importe, qui connût la valeur de l'argent, qui, dans ma conviction, en ferait le meilleur usage, je considérerai, que mon devoir absolu et impérieux serait de lu laisser la meilleure partie de ma fortune, en ne léguant aux autres que juste assez pour leur permettre de vivre comme ils ont été élevés. « Mais quoi ! Si tous vos enfants ignoraient le véritable usage de l'argent, que feriez-vous ? » je devrais (c'est là, je le sais, une parole dure, et qui peut l'entendre ?), je devrais leur laisse tout juste ce qu'il leur faudrait pour vivre, et puis disposer du reste au mieux de mes lumières, en ayant en vue la gloire de Dieu.

III

1. Mais que personne ne croie qu'il a fait son devoir en se bornant à « gagner le plus possible et à épargner le plus possible, » s'il s'arrête là. Tout cela n'est rien, s'il ne fait un pas de plus, s'il n'a pas en vue un but plus élevé. Peut-on dire qu'un homme épargne, quand c'est tout simplement pour amasser qu'il ne dépense rien ? Autant vaudrait jeter votre argent à la mer que de l'enfouir dans la terre, et autant vaudrait l'enfouir dans la terre que de l'entasser dans un coffre-fort ou dans une banque. Ne pas s'en servir, c'est le jeter. Si, vraiment, vous voulez « vous faire des amis avec ce Mammon d'iniquité, » ajoutez la troisième règle aux deux autres. Vous avez d'abord gagné autant que possible, puis épargner autant que possible ; enfin, « donnez tout ce que vous pouvez. »

2. Pour vous aider à voir le bien-fondé de cette règle, rappelez-vous que le Possesseur du ciel et de la terre, en vous donnant l'existence, en vous plaçant ici-bas, ne vous y a pas mis comme propriétaire, mais comme intendant. Comme tel, Il vous a confié, pour un moment, toutes sortes de biens ; mais la propriété de Ses biens est inaliénable, elle est entièrement à Lui. Vous-même, vous ne vous appartenez pas ; vous êtes à Lui ; ainsi en est-il de tout ce que vous possédez. Votre âme n'est pas à vous, votre corps n'est pas à vous ; ils sont à Dieu. Vos biens ne Lui appartiennent-ils pas aussi ? Il vous a dit, de la façon la plus directe et la plus claire, que vous devez vous en servir de telle sorte que ce soit un sacrifice saint et agréable par Jésus-Christ. C'est ce service facile qu'Il a promis de récompenser par le poids d'une gloire éternelle.

3. On peut résumer en quelques mots les directions que Dieu nous a données sur la manière d'utiliser notre argent. Si vous voulez être un intendant fidèle et sage des biens que Dieu vous a confiés, et qu'Il pourrait reprendre quand bon Lui semblera, prenez d'abord ce qu'il vous faut pour vous-même, pour votre nourriture, vos habits, tout ce que la nature réclame raisonnablement pour la conservation du corps ; faites la même chose pour votre femme et pour vos enfants, vos domestiques et tous ceux qui vivent sous votre toit. Si, après il reste quelque chose, alors « faites du bien aux frères dans la foi. » (Ga 6.10) S'il reste encore quelque chose, « pendant que nous en avons l'occasion, faisons du bien à tous. » (Ga 6.10) En faisant cela vous donnerez autant que possible je me trompe, vous donnerez, dans un sens, tout ce que vous avez ; car tout ce qui est dépensé, non seulement pour le soulagement des pauvres, mais pour vos propres besoins et ceux de votre famille, est dépensé pour Dieu. Vous aurez rendu « à Dieu ce qui appartient à Dieu. » (Mt 22.21)

4. Mais si jamais un doute s'élève dans votre esprit, au moment de faire une dépense pour vous ou pour votre famille, vous pouvez aisément le faire disparaître. Demandez-vous sérieusement et calmement :

(1) En faisant cette dépense, est-ce que j'agis comme un chrétien doit agir, comme l'intendant et non comme le propriétaire des biens de mon Maître ?

(2) En faisant cette dépense, est-ce que j'obéis à la Parole de Dieu ? Dans quel passage de l'Écriture me recommande-t-il d'agir ainsi ?

(3) Puis-je présenter cet acte, cette dépense comme un sacrifice à Dieu par Jésus-Christ ?

(4) Suis-je en droit d'attendre une récompense lors de la résurrection des justes pour ce que je vais faire ? Vous n'aurez pas souvent besoin d'aller plus loin pour chasser le doute qui se sera élevé dans votre esprit ; mais, au moyen de ces quatre questions, vous recevrez la lumière dont vous aurez besoin pour choisir le chemin où vous devez marcher.

5. Si le doute persiste, priez et reprenez tous les points indiqués. Essayez de dire, avec une bonne conscience, à Celui qui sonde les cœurs : « Seigneur, tu sais que je suis sur le point de faire une dépense, pour cet article de nourriture, de toilette ou d'ameublement. Tu sais que j'agis dans cette circonstance avec sincérité, comme un intendant de Tes biens ; je suis sur le point d'en dépenser une partie pour l'usage pour lequel Tu me les a confiés. Tu sais que je fais ceci pour obéir à Ta parole, comme Tu le commandes et parce que Tu le commandes. Que ce soit, je T'en supplie, un sacrifice saint, qui Te soit agréable par Jésus-Christ ! Donne-moi une preuve en moi-même que pour ceci, pour ce travail d'amour, Tu me récompenseras, quand Tu rendras à chacun selon ses œuvres. » Si votre conscience, éclairée par le Saint-Esprit, vous rend témoignage que cette prière est agréable à Dieu, vous n'avez aucune raison de douter que cette dépense est juste et bonne, et vous n'aurez pas lieu de vous en repentir.

6. Vous voyez maintenant ce que c'est que de se faire « des amis de ces richesses injustes, » et par ce moyen vous pouvez vous assurer que, « lorsqu'elles viendront à vous manquer, ils vous reçoivent dans les tabernacles éternels. » Vous voyez la nature et l'étendue de la vraie prudence chrétienne, en rapport avec l'usage à faire de ce grand 'talent, l'argent. Gagnez tout ce que vous pouvez, sans nuire à votre prochain ni à vous-même, ni dans le corps ni dans l'âme, en vous appliquant à votre tâche avec une diligence sans relâche et avec toute l'intelligence que Dieu vous a donnée. Epargnez tout ce que vous pouvez, en retranchant tout ce qui pourrait satisfaire les désirs insensés, la convoitise de la chair, la convoitise des yeux, l'orgueil de la vie ; ne gaspillez rien pour le péché et pour la folie dans l'emploi de vos biens, soit pendant votre vie, soit dans vos dispositions testamentaires, soit pour vous-même, soit pour vos enfants. Donnez tout ce que vous pouvez ou, en d'autres termes, donnez tout ce que vous avez à Dieu. Ne fixez pas de limites ; vous êtes chrétien et non pas juif. Rendez à Dieu, non pas un dixième, non pas un tiers, non pas la moitié, mais tout ce qui est à Lui, que ce soit peu ou beaucoup, en employant le tout pour vous, pour votre famille terrestre, pour votre famille spirituelle, pour l'humanité. C'est ainsi que vous pourrez rendre un bon compte de votre administration, quand vous ne serez plus intendant. C'est ainsi que les oracles de Dieu vous enseignent à agir, par des préceptes généraux ou particuliers, et c'est ainsi que tout ce que vous ferez sera « un sacrifice d'agréable odeur, » et que toutes vos actions seront récompensées, le jour où Dieu viendra avec tous Ses saints.

7. Frères, pouvons-nous être de sages et fidèles intendants, à moins d'en agir ainsi avec les biens du Seigneur ? Nous ne le pouvons pas ; non seulement les oracles de Dieu, mais nos consciences, nous le déclarent. Pourquoi tarder ? Pourquoi consulter plus longtemps la chair et le sang, ou les hommes du monde ? Notre royaume et notre sagesse ne sont pas de ce monde ; les coutumes païennes ne nous regardent pas. Nous ne suivons les hommes que dans la mesure où ils suivent Jésus-Christ. Ecoutez-Le aujourd'hui, pendant qu'il est dit : « Aujourd'hui. » Ecoutez Sa voix, obéissez-Lui. Dès maintenant faites Sa volonté. Réalisez les prescriptions de Sa Parole, en ceci et en tout le reste. Je vous en supplie, au nom du Seigneur Jésus, agissez d'une manière digne de votre vocation. Plus de paresse ! Tout ce que ta main trouve à faire, fais-le de tout ton cœur. Plus de gaspillage ! Supprimez toutes les dépenses que la mode, le caprice, la chair et le sang réclament. Plus d'avarice ! Que tout ce que Dieu vous a confié soit bien employé, pour faire autant de bien que possible, de toute manière, à la famille de Dieu et à tous les hommes. Ce n'est pas là, croyez-le, une petite portion « de la sagesse du juste. » Donnez tout ce que vous avez, tout ce que vous êtes, en sacrifice à Celui qui n'a pas épargné Son Fils, Son Fils unique pour vous, afin que vous vous « amassiez pour l'avenir un trésor placé sur un bon fondement, afin d'obtenir la vie éternelle. » (1 Tm 6.19)

SERMON 51

L'économe fidèle

*Rends compte de ton administration ; car tu ne pourras plus désormais
administrer mon bien.*
— Luc 16.2 —

1. Les rapports qui existent entre Dieu et l'homme, entre le Créateur et sa créature, sont re-
présentés dans la Bible par diverses images. Considérée comme pécheur, comme créature déchue, l'homme y apparaît comme le débiteur de Dieu. Souvent aussi il y est représenté comme
étant un serviteur, caractère qui se rattache nécessairement à sa qualité de créature ; c'est tellement vrai que ce titre est donné au Fils de Dieu dans son abaissement : « Il s'est anéanti soi-
même, en prenant la forme de serviteur, et se rendant semblable aux hommes (Ph 2.7). »

2. Mais aucune image n'exprime mieux la situation actuelle de l'homme, que celle d'un économe ou intendant. Notre bon Sauveur s'en est servi fréquemment, et elle convient tout particulièrement à notre état. Celle de débiteur ne se rapporte qu'à l'homme considéré comme pécheur ;
et celle, de serviteur a quelque chose de trop général, de trop peu défini. Mais l'économe est un
serviteur qui a des fonctions spéciales, fonctions qui rappellent à tous égards la situation de
l'homme. Ce titre indique fidèlement quelle est sa position ici-bas, ce qu'il doit être comme serviteur, et quel genre de service son Maître attend de lui.

Il pourra donc nous être utile d'examiner sérieusement ce point de vue et d'en tirer tout le
parti possible. Pour obtenir ces résultats, recherchons d'abord à quels égards nous sommes actuellement les économes du Seigneur. Nous considérerons ensuite cette déclaration que, lorsqu'il
rappelle à lui nos âmes, nous ne pouvons plus désormais « administrer son bien. » Et, enfin, nous
parlerons du compte à rendre ; « Rends compte de ton administration. »

I

1. A quels égards sommes-nous les économes de Dieu ? Nous lui devons tout ce que nous
possédons. Mais si un débiteur doit rendre tout ce qu'on lui a prêté, il est libre d'en faire l'usage
qu'il veut jusqu'à l'époque fixée pour le remboursement. Telle n'est pas la situation d'un intendant. Il n'a pas le droit d'employer comme il juge bon ce qui lui est confié ; il doit s'en servir selon
la volonté de son maître. Il ne peut disposer de ce qu'il a entre ses mains que d'après cette volonté, car il n'en est pas le propriétaire ; on lui en a confié le dépôt mais à la condition expresse qu'il
suive dans son emploi, les ordres de son maître. Telle est précisément la situation de tout homme
vis-à-vis de Dieu. Nous ne sommes pas libres de faire ce que nous voulons de ce qu'il nous a
confié ; nous devons en user selon la volonté du Maître de la terre et des cieux, du Maître de
toute créature. Nous n'avons pas le droit de disposer de quoi que ce soit autrement qu'à son gré ;
car nous ne sommes propriétaires de rien : toutes choses sont, quant à nous, comme dit Jésus, des
biens d'autrui ; rien, dans ce monde, ou nous sommes voyageurs, n'est réellement à nous. Nous
ne posséderons ce qui est à nous, que lorsque nous serons arrivés chez nous. Il n'y a que les
choses éternelles qui soient à nous : les choses du temps présent nous sont simplement prêtées ou
confiées par celui qui est le souverain Maître de tout. Et il ne nous les confie qu'à la condition
expresse que nous n'en userons que comme de biens appartenant à notre Maître et en suivant les
instructions qu'il nous a laissées dans sa parole touchant l'emploi qu'il faut en faire.

2. C'est à cette condition qu'il nous a confié une âme, un corps, des biens et tous les autres talents que nous avons reçus. Mais, pour graver dans nos cœurs cette importante vérité, il convient
d'entrer dans les détails.

Et d'abord, Dieu nous a confié la charge de notre âme, esprit immortel, créé à son image ; d'une âme avec toutes ses facultés et tous ses attributs, intelligence, imagination, mémoire, volonté et affections de divers genres qui font partie de la volonté ou en dépendent étroitement : l'amour et la haine, la joie et la tristesse, pour ce qui est des choses qui nous affectent en bien ou en mal ; le désir et l'aversion, l'espérance et la crainte, pour ce qui est des choses à venir. Saint Paul a résumé toutes ces facultés de l'âme en deux mots quand il a dit : « La paix de Dieu . . . gardera vos cœurs et vos esprits (Ph 4.7). » Peut-être, cependant, vaudrait-il mieux rendre le dernier mot par pensées, à la condition d'entendre ce mot dans sa signification la plus étendue qui embrasserait toutes les perceptions de l'esprit, soit au sens actif, soit au sens passif.

3. Il est bien certain que nous ne sommes que les économes de tout cela. Dieu nous a confié ces attributs et ces facultés pour que nous nous en servions, non point selon notre propre volonté, mais selon les ordres positifs qu'il nous a donnés. Il n'en est pas moins vrai qu'en obéissant à sa volonté, nous assurerons notre vrai bonheur car c'est uniquement de cette façon que nous pouvons être heureux dans le temps et dans l'éternité. Nous devons donc nous servir de notre intelligence, de notre imagination, de notre mémoire, uniquement pour la gloire de celui qui nous les a données. Il faut que notre volonté lui soit entièrement soumise, et que nos penchants soient réglés d'après ce qu'il a prescrit. Nous devons aimer ou haïr, nous réjouir ou nous attrister, désirer ou éviter, espérer ou craindre, suivant les règles qu'a tracées celui à qui nous appartenons et que nous devons servir en toutes choses. Dans ce sens-là, nos pensées elles-mêmes ne sont point à nous ; nous ne pouvons pas en disposer à notre gré ; et nous devons rendre compte à notre souverain Maître de tous les mouvements volontaires de notre esprit.

4. En second lieu, Dieu nous a confié la charge de notre corps et de tous les membres, de tous les organes, qui le composent. Et quel merveilleux mécanisme que ce corps fait d'une étrange et, admirable manière » (Psaume 139.14) Dieu nous a donné nos divers sens, la vue, l'ouïe, etc. Mais il ne nous en a donné aucun pour qu'il fût à nous en propre et que nous en fissions ce que nous voudrions. Il ne nous le prête pas en nous laissant la liberté d'en faire, pendant un temps plus ou moins long, l'emploi qu'il nous plaira. Au contraire, ces organes physiques ne demeurent à notre disposition qu'à la condition que nous nous en servirons comme Dieu lui-même l'a voulu.

5. C'est dans les mêmes vues qu'il nous a donné celle faculté si précieuse, la parole. Un ancien écrivain a dit « Tu m'as donné une langue pour que je puisse te louer. » Et c'est en effet pour cela que Dieu l'a donnée aux enfants des hommes ; pour que tous s'en servent pour le glorifier. Il y a donc ingratitude et folie à dire : « Nos lèvres sont en notre puissance (Ps 12.5). » Cela serait vrais, si nous nous étions créés nous-mêmes et, étions ainsi indépendants de Dieu. Mais non ! « C'est lui qui nous a formés, et ce n'est pas nous qui nous sommes faits (Ps 100.3). » D'où il suit clairement qu'il demeure notre Maître à cet égard comme à tous égards, et que nous aurons à lui rendre compte de toute parole que nous prononçons.

6. Nous sommes également responsables devant Dieu pour l'usage que nous faisons de nos mains, de nos pieds, de tous les membres de notre corps. Ce sont là autant de talents qui nous sont confiés jusqu'au temps marqué par le Père. Jusqu'à ce moment nous pouvons nous en servir, non comme propriétaires, mais comme intendants de Dieu ; nous ne devons pas « livrer nos membres au péché pour servir d'instruments d'iniquité, mais les consacrer à Dieu pour être des instruments de justice (Rm 6.13). »

7. En troisième lieu, Dieu nous a confié quelques biens terrestres, de quoi nous nourrir, de quoi nous vêtir, un endroit où nous pouvons reposer notre tête, ce qui est indispensable à l'existence et même ce qui est simplement utile et agréable Il nous a en particulier confié ce talent précieux qui résume tous les autres, l'argent. Et il est effectivement très précieux si nous nous en servons comme des économes prudents et fidèles de notre bon Maître, si nous l'appliquons soigneusement aux usages qu'il a lui-même désignés.

8. Enfin, Dieu nous a confié divers dons que nous n'avons pu classer dans les catégories énumérées ci-dessus. De ce nombre sont la force physique, la santé, un extérieur agréable, un naturel engageant, les connaissances et les sciences possédées à des degrés divers, et tous les autres avantages que confère l'éducation. De ce nombre est aussi l'influence que nous exerçons sur les autres, soit à cause de l'amour ou de l'estime qu'ils ont pour nous, soit à cause de notre

puissance, du pouvoir que nous possédons de leur faire du bien ou du mal, de les aider ou de leur nuire dans les affaires de la vie. À celle liste des dons de Dieu, il faut ; ajouter encore celui d'où découlent tous les autres et sans lequel tous les autres seraient des malédictions et non des bienfaits, je veux dire la grâce du Seigneur, le secours de son Saint-Esprit qui seul peut produire un nous ce qui trouvera grâce devant Dieu.

II

1. Les hommes sont donc, à l'égard de toutes ces choses, les économes du seigneur, du Maître des cieux et de la terre ; il leur a confié l'administration de tous ces biens divers qui sont à lui. Mais ce n'est pas pour toujours ; ce n'est même pas pour bien longtemps. Cette administration ne nous est laissée que pour le temps si court, si incertain, que nous avons à passer ici-bas, le temps où nous sommes sur la terre, où le souffle est dans nos narines. Elle approche, à grands pas, elle est là l'heure où a nous ne pourrons plus administrer. » Dès l'instant où « la poudre retourne dans la terre, comme elle y avait été, et où l'esprit retourne à Dieu qui l'a donné (Ec 12.9), » nous perdons ces fonctions ; notre administration est finie. Une partie de ces biens qui nous furent confiés n'existe plus dès ce moment, n'existe plus pour nous du moins, et nous n'en avons plus l'usage ; quant aux autres ils existent encore, mais le moment de s'en servir est passé.

2. Une partie de ces biens, disons-nous, n'existe plus, du moins pour nous. Qu'avons-nous à faire, en effet, une fois cette vie terminée, avec la nourriture et le vêtement, avec nos maisons et, nos richesses ? La nourriture des morts, c'est la poussière ; leur vêtement, ce sont les vers, c'est la pourriture. Ils habitent la maison qui attend tous les vivants, et leur lieu ne les connaît, plus. Tous leurs biens terrestres ont passé en d'autres mains ; « ils n'ont plus aucune part au monde, dans tout ce qui se fait sous le soleil. » (Ec 9.6)

3. Il en est de même pour ce qui est du corps. A. partir du moment où l'âme retourne à Dieu, nous ne sommes plus les intendants de cet organisme, qui dès lors « est semé corruptible et mé-prisable (1 Co 15.42, 43). » Toutes ses parties, tous ses membres vont maintenant se décomposer dans le sol. La main ne remuera plus ; les pieds n'auront plus à marcher ; la chair, les tendons, les os du corps, tout va bientôt se dissoudre et tomber en poussière.

4. C'est aussi la fin de certains autres dons que Dieu nous avait confiés, comme la force, la santé, la beauté, l'éloquence, l'agilité ; de même pour le privilège que nous avions de plaire à nos semblables, de les gagner, ou de les convaincre. C'est la fin de tous les honneurs dont nous avons joui, de toute la puissance que nous avons possédée, de toute l'influence que nous exercions sur les hommes par l'amour ou par l'estime que nous leur inspirions. Tout est mort avec nous, notre amour, nos haines, nos ambitions : personne ne s'inquiète plus des sentiments que nous avions à leur égard. Les morts, on se dit, qu'ils ne peuvent plus faire ni bien ni mal : « un chien vivant vaut mieux qu'un lion mort » (Ec 9.4).

5. Il est tels des dons qui nous sont confiés, au sujet desquels on peut se demander si vrai-ment ils n'existeront plus une fois que nous serons morts, ou s'ils cesseront seulement d'être à notre disposition. Mais il est, évident que, par exemple, le langage qui nous sert ici-bas et qui exige l'emploi de certains organes physiques, n'existera plus dès que ces organes auront été dé-truits. Il est bien certain que, lorsque nous serons morts, notre langue ne fera plus vibrer l'air et que notre oreille ne recevra plus l'impression des ondes sonores. Nous ne pouvons pas même admettre l'existence de ce *sonus exilis,* de cette voix grêle et perçante qu'un poète[6] a assignée aux esprits séparés du corps : c'est là un rêve enfanté par l'imagination. Evidemment, on ne peut douter que ces esprits n'aient le moyen de communiquer entre eux ; mais qui donc, parmi ceux qui participent encore à la chair et au sang, pourrait nous dire quel est ce moyen ? Ils ne sauraient avoir ce que nous appelons un langage. Ainsi, c'est là un des talents dont nous n'aurons plus l'administration, lorsque nous serons du nombre des trépassés.

---

[6] Probablement Virgile ; car on y trouve (Enéide, VI, 492) l'expression *vocem exiguam* en par-lant des morts (Trad.)

6. Il est également permis de se demander si nos sens survivront à la perte des organes par le moyen desquels ils s'exercent, N'est-il pas probable que ceux qui sont d'un ordre inférieur, comme le toucher, l'odorat, le goût, disparaîtront, étant dans un rapport, intime avec le corps et, sinon uniquement, du moins principalement destinés à assurer sa conservation ? Mais on peut supposer que, même quand nos yeux seront clos par le sommeil de la mort, nous aurons quelque faculté analogue à la vue. Et de même, notre âme jouira sans doute de quelque chose qui équivaudra au sens de l'ouïe. Je vais plus loin : n'est-il pas probable que l'esprit séparé du corps, non seulement possédera ces prérogatives, mais même les possédera d'une façon toute spéciale et beaucoup plus étendue ; que l'âme, dégagée de l'enveloppe d'argile, ne sera plus comme une étincelle qui s'éteint au milieu de l'ombre, ne sera plus bornée à ce qu'elle peut apercevoir à travers ces ouvertures des yeux et des oreilles, mais sera tout yeux et tout oreilles, comme si chez elle les sens n'étaient plus localisés, mais répartis d'une manière inconcevable pour nous actuellement ? N'avons-nous pas déjà une preuve certaine que c'est possible, et qu'on peut voir sans les yeux, entendre sans les oreilles ? N'en avons-nous pas la garantie constante dans ce fait que l'âme voit, et de la façon la plus nette, dans les songes, alors que nos yeux ne nous sont d'aucun secours ? N'est-il pas vrai qu'alors également elle possède la faculté d'entendre sans que l'oreille y soit pour rien ? Quoi qu'il en soit, il est bien positif que ni l'usage des sens ni celui de la parole ne nous seront plus confiés par le Seigneur, comme il nous les confie maintenant, une fois que nos corps auront été déposés dans le silence du tombeau.

7. Impossible de dire jusqu'à quel point nous conserverons ou perdrons alors les connaissances et la science que nous avions acquises ici-bas par l'éducation. Il est vrai que Salomon a dit : « Dans le sépulcre, où tu vas, il n'y a ni discours, ni science, ni sagesse » (Ec 9.10) Mais il est évident qu'il ne faudrait pas entendre ces paroles d'une façon trop absolue. Tant s'en faut même qu'il n'y ait plus de science ou de connaissance pour ceux qui sont morts, qu'on pourrait, plutôt se demander si ce n'est pas le contraire et s'il y a quelque vraie science de ce côté-ci du tombeau, si ce n'est, pas purement et simplement une réalité qu'expriment ces vers :

Les choses d'ici-bas, ce sont des ombres vaines

Comme ces rêves creux desquels nos nuits sont pleines.

Il va sans dire qu'on fait une exception à l'égard des vérités qu'il a plu à Dieu de révéler luimême aux hommes. Voici mon témoignage personnel. Pendant un demi-siècle, j'ai recherché la vérité avec quelque soin, et, aujourd'hui je ne me sens absolument certain de presque rien, en dehors des choses que la Bible m'a enseignées. Il y a plus : j'affirme solennellement qu'à part ces vérités révélées, il n'y a rien dont je sois tellement, assuré que je pusse consentir à en faire dépendre mon salut éternel.

Nous pouvons, en tout cas, conclure de ces paroles de Salomon, que dans le sépulcre il n'y a ni science ni sagesse, de nature à être utiles à une âme perdue, aucun moyen pour elle de tirer encore parti des talents qui lui furent confiés sur la terre. Car il n'y a plus de temps ; le temps de notre probation en vue d'un bonheur ou d'un malheur éternels, est écoulé. Notre jour, le jour de la vie humaine, est fini ; le jour du salut est lassé ! Tout ce qui reste désormais, c'est « le jour du Seigneur » (1 Co 5.5) qui annonce la venue de l'immense et immuable éternité !

8. Mais nos âmes, qui sont d'une essence incorruptible et immortelle, qui sont par nature seulement « un peu inférieures aux anges ; (Ps 8.6), » (même en supposant que cette expression ne s'applique qu'à l'homme avant sa chute, ce qui est tout au moins douteux), nos âmes subsisteront avec toutes leurs facultés lorsque nos corps se seront dissous en poussière. Notre mémoire, notre intelligence, loin d'être anéanties ou même affaiblies par la dissolution du corps, seront plutôt, il y a tout lieu de le supposer, développées d'une façon incroyable. Ne devons-nous pas admettre, en effet, qu'elles seront alors affranchies complètement des défauts qu'on y remarque ici-bas et qui proviennent de l'union de l'âme avec un corps assujetti à la corruption ? Il est plus que probable que, dès l'instant où cessera cette union, notre mémoire ne laissera plus rien échapper et même nous rappellera de la façon la plus fidèle, la plus vivante, tout ce qui lui a été confié dans le passé. Il est vrai que le monde invisible est nommé dans la Bible « le pays de l'oubli » (Ps 88.13) ou, comme dit une vieille traduction plus énergique, « le pays où tout est oublié. » Tout oublié !

mais par qui donc ? Ce ne sont pas les habitants de ce pays qui oublient ; ce sont les habitants de notre terre. C'est par rapport à eux que le monde invisible est le pays de l'oubli. C'est par eux que trop, souvent les choses de ce monde-là sont oubliées ; mais les esprits qui sont sortis du corps n'oublient pas. On ne peut guère supposer qu'ils oublient quoi que ce soit à partir du jour où ils quittent la tente d'argile.

9. De même, il est à présumer que notre intelligence sera alors affranchie des imperfections qui l'accompagnent invariablement ici-bas. Il y a bien des siècles que cette maxime est universellement admise : « Humanum est errare et nescire » ; l'erreur et l'ignorance sont inséparables de la nature humaine. Mais cette assertion n'est tout entière vraie que par rapport à l'homme sur la terre ; elle ne s'applique qu'au temps pendant lequel le corps mortel pèse sur l'âme. Sans doute, aucune intelligence limitée ne peut être exempte d'ignorance, et il n'y a que Dieu qui connaisse toutes choses ; mais il n'en est pas ainsi de l'erreur ; et, quand l'âme s'est séparée du corps, elle a aussi rompu pour toujours avec l'erreur.

10. Que dirons-nous, après cela, de la découverte faite récemment par un homme d'esprit, à savoir que non seulement les esprits sortis du corps n'ont plus de sens, pas même la vue ou l'ouïe, mais qu'ils n'ont ni mémoire ni raison, point de pensées, aucune perception de rien, pas même conscience de leur propre existence, de telle sorte que, depuis l'heure de la mort jusqu'à celle de la résurrection, ils sont plongés dans un sommeil profond comme le trépas lui-même ? C'est bien le cas de dire ; « Consanguineus lethi sopor ; sommeil proche parent de la mort ; » à moins que ce ne soit la mort elle-même ! Que dire de cela, sinon que les hommes d'esprit font parfois des rêves étranges qu'ils prennent ensuite pour la réalité ?

11. Mais revenons à notre sujet. Si l'âme conserve, malgré la dissolution du corps, toute son intelligence, toute sa mémoire, il en sera certainement de même de la volonté et des affections de tout genre qui conserveront toute leur vigueur. Si notre amour on notre colère, nos espérances on nos désirs périssent, ce ne peut être que relativement à ceux que nous laissons derrière nous. Il ne leur importe plus, à eux, qu'ils aient été les objets de notre affection ou de notre haine, de nos aspirations ou de notre aversion. Mais rien ne nous autorise à croire qu'un seul de ces sentiments s'éteigne dans l'esprit séparé du corps. Il est plutôt probable que toutes ces choses l'agitent d'autant plus vivement qu'il n'est plus surchargé du fardeau de la chair et du sang.

12. Mais quand même tout cela, nos connaissances, nos sens, notre mémoire, notre raison, notre volonté, notre amour, notre haine, toutes nos passions enfin, quand tout cela subsisterait après la mort du corps, ce serait pour nous comme si nous ne l'avions pas, dans ce sens que nous n'en aurons plus l'administration. Ces objets demeureront ; mais nous ne serons plus intendants ; nous ne pourrons plus remplir les fonctions d'économes de Dieu. La grâce divine elle-même qui nous était accordée comme un dépôt, afin de nous rendre capables d'agir en économes prudents et fidèles, ne nous sera plus accordée en vue de ces fonctions ; car les jours de notre administration seront finis.

III

1. N'étant plus intendants du Seigneur, il faudra que nous rendions compte de notre administration. Certaines personnes pensent que cela a lieu immédiatement après la mort, dès qu'on entre dans le monde des esprits C'est même ce que l'Église de Rome enseigne expressément, et dont elle fait un article de foi. Nous accordons bien ceci que, dès qu'une âme se sépare du corps et comparaît comme nue devant Dieu, elle ne peut pas ignorer ce que son sort éternel va être. Elle doit alors avoir devant elle une perspective nette, soit de son éternel bonheur, soit de son malheur éternel ; car, dès ce moment-là, l'homme ne pourra plus se faire illusion en se jugeant lui-même ;

2. D'un autre côté, la Bible ne nous fournit aucun motif de croire que Dieu nous fera passer alors en jugement. Aucun texte inspiré n'affirme pareille chose. Celui qu'on a souvent cité dans le but de prouver cette doctrine, semblerait plutôt démontrer le contraire ; c'est Héb. IX, 27 : « Il est ordonné que tous les hommes meurent une fois ; après quoi le jugement. » Il n'est que raisonnable d'appliquer l'expression « une fois » au jugement aussi bien qu'à la mort. Et alors il s'ensuivra, non pas qu'il y a deux jugements, l'un individuel, l'autre général mais plutôt que

nous ne devons être jugés (comme mourir) qu'une seule fois ; et que cet Unique jugement aura lieu, non pas immédiatement après la mort, mais seulement « quand le Fils de l'homme viendra dans sa gloire avec tous les saints anges (Mt 25.31). » Ceux qui font de la parole écrite de Dieu la seule et entière règle de leur foi, ne sauraient donc admettre cette hypothèse d'un jugement qui suit la mort et d'un autre ayant lieu à la fin du monde.

Le temps où nous serons appelés à rendre compte de notre administration, c'est celui où apparaîtra « un grand trône blanc, et quelqu'un assis dessus, devant qui la terre et les cieux s'enfuiront, et on ne les trouvera plus (Ap 20.11). » Alors « les morts, grands et petits, se tiendront debout, devant Dieu, et les livres seront ouverts, » (Ap 20.12) le livre des Écritures saintes pour ceux à qui le dépôt en a été confié ; le livre de la conscience pour tous les hommes ; le « livre de mémoire » (Ml 3.16) aussi, pour employer une autre expression biblique, qui s'écrit depuis le commencement du monde, et qui alors sera ouvert sous les yeux de tous. Et c'est devant tous, oui, devant le genre humain tout entier, devant le diable et ses anges, devant l'assemblée innombrable des saints anges, devant Dieu, le Juge de tous, que tu paraîtras, sans que rien puisse te couvrir, t'abriter, te déguiser le moins du monde, et que tu auras à rendre un compte exact de la manière dont tu t'es servi de tous les biens de ton Maître !

3. C'est alors que le juge te demandera « Qu'as-tu fait de ton âme ? Je t'avais confié la charge d'un esprit : immortel, doué de facultés et d'attributs divers, d'une raison, d'une imagination, d'une mémoire, d'une volonté et de nombreuses passions. Je te donnai en même temps des instructions complètes et expresses sur la façon dont tu devais te servir de toutes ces choses. As tu employé ton intelligence selon ces instructions, dans la mesure tes capacités ? L'as-tu employée à te connaître toi-même et à me connaître, à connaître ma nature, mes attributs, mes œuvres, tant celles de la nature que celles de la Providence et celles de la grâce ? L'as-tu employée à étudier ma parole, à mettre à profit tout ce qui pouvait te la faire mieux comprendre, à la méditer jour et nuit ? As-tu fait servir ta mémoire, comme je le voulais, à amasser des connaissances dont la possession devait contribuer à ma gloire, à ton salut, au bien de tes semblables ? Y as-tu accumulé, non point des choses sans valeur, mais tous les enseignements que te fournissait ma parole, et tout ce que l'expérience t'apprenait concernant ma sagesse, ma vérité, ma puissance et ma miséricorde ? Et ton imagination, l'as-tu fait servir, non à te représenter des choses vaines, ou même des choses qui alimentaient « plusieurs désirs insensés et pernicieux » (1 Tm 6.9) mais à te rappeler ce qui pouvait être utile à ton âme et t'exciter à rechercher la sagesse et la sainteté ? As-tu obéi à mes ordres au sujet de ta volonté ? Me l'as-tu soumise entièrement ? A-t-elle été tellement confondue avec la mienne qu'elles n'aient jamais été opposées, mais toujours parallèles l'une à l'autre ? Tes affections ont-elles été appliquées et réglées selon les ordonnances de ma parole ? M'as-tu donné ton cœur ? N'as-tu aimé ni le monde, ni les choses du monde ? Ai-je été l'objet de ton amour ? Tous tes désirs ont-ils été tournés vers moi et vers la mémoire de mon nom ? Ai-je été la joie et les délices de ton âme, « le principal entre dix mille (Ca 5.10. Dans Ostervald : « Il porte l'étendard au milieu de dix mille ») pour elle ? Ne t'es-tu affligé de rien, si ce n'est de ce qui pouvait attrister mon Esprit ? N'as-tu craint, n'as-tu haï rien plus que le péché ? Le courant tout entier de tes affections allait-il vers cet océan d'où il était, venu ? Tes pensées, étaient-elles occupées, comme je le désirais, non pas à vagabonder jusqu'aux extrémités ; de la terre, non pas à des choses folles ou coupables, mais à tout ce qui est pur, à tout, ce qui est saint, à tout ce qui peut me glorifier et établir la paix et la bienveillance parmi les hommes ? »

4. Le Seigneur te dira aussi alors : « Quel usage as-tu fait du corps que je t'avais confié ? Je t'avais donné une langue pour me louer : l'as-tu employée à cela ? L'as-tu fait servir, non à médire ou à dire des riens, non à des conversations malveillantes ou inutiles, mais à des entretiens profitables, se rapportant à des choses nécessaires ou utiles soit à toi, soit à ton prochain, à des entretiens qui, directement ou indirectement, « servent à l'édification et communiquent la grâce à ceux qui les entendent » (Ep 4.29) ? » Je t'avais donné, avec d'autres sens, la vue et l'ouïe, ces deux moyens précieux d'information : les as-tu utilisés en vue des résultats excellents que je m'étais proposés en te les accordant, en vue de t'instruire de plus en plus dans la justice et la sainteté véritables ? Je t'avais donné des mains, des pieds, d'autres membres encore, pour accomplir, « les bonnes œuvres, pour lesquelles Dieu nous a préparés, afin que nous y marchions

(Ep 2.10 La version anglaise et la révision d'Ostervald disent : « Les bonnes œuvres que Dieu a préparées ».) ; » les as-tu employés, non a faire « la volonté de la chair (Jn 1.13). » la volonté de ta nature déchue, ou la volonté de ton propre esprit, les choses que te dictait, ta raison ou bien ton imagination, mais « la volonté de celui qui t'a envoyé » (Jn 4.34) dans ce monde pour que tu y travailles à ton salut ? As-tu consacré tous tes membres, non au péché pour servir d'instruments d'iniquité, mais à moi seul, en mon Fils bien-aimé, « pour être des instruments de justice (Rm 6.13) ? »

5. Le Maître de toutes choses te demandera encore : « Quel usage as-tu fait des biens terrestres que je t'avais confiés ? As-tu considéré tes aliments, non pas comme une chose où tu devais chercher et mettre ton bonheur, mais comme un moyen d'entretenir la santé, la force, la vigueur de ton corps, pour qu'il fût l'instrument docile de ton âme ? As-tu considéré le vêtement, non point comme une affaire d'orgueil, de vanité, ou, pis encore, comme un moyen de tenter les autres et de tes faire pécher, mais comme destiné à te protéger d'une façon commode et décente contre les intempéries de l'air ? En préparant et en faisant servir ta maison ou tel autre objet, as-tu eu en vue surtout ma gloire ? As-tu cherché en tout mon honneur plutôt que le tien, cherché à me plaire plutôt qu'à toi-même ? Voyons, comment as-tu employé ce dépôt qui en renferme tant d'autres, l'argent ? Ne l'as-tu pas fait servir à satisfaire la convoitise de la chair, la convoitise des yeux ou l'orgueil de la vie ? Ne l'as-tu pas gaspillé pour des bagatelles, comme si tu l'avais jeté à l'eau ? Ne l'as-tu pas thésaurisé pour tes héritiers comme si tu l'enterrais ? Ou bien, après avoir pourvu à tes besoins réels et à ceux de ta famille, m'as-tu approprié le reste dans la personne des pauvres que j'ai désignés pour le recevoir ? T'es-tu regardé toi-même comme étant un de ces pauvres aux besoins desquels tu devais suffire avec les ressources que je le confiais, te réservant toutefois cet avantage d'être servi le premier, et aussi le bonheur qui consiste à donner au lieu de recevoir ? En agissant ainsi, es-tu devenu un bienfaiteur pour l'humanité en général et as-tu nourri les affamés, vêtu ceux qui étaient nus, secouru les malades, aidé les étrangers, soulagé les affligés, en tenant compte des nécessités de chacun ? As-tu servi d'yeux à l'aveugle et de pieds au boiteux ? As-tu été le père des orphelins et le mari de la veuve ? As-tu, enfin, pratiqué diligemment toutes les œuvres de charité comme un moyen de sauver des âmes de la mort ? »

6. Enfin, ton Maître te demandera, encore : « As-tu été un économe prudent, et fidèle quant aux talents de diverses natures que je t'avais confiés ? As-tu employé ta santé et tes forces, non pour la folie et le péché, non pour ces plaisirs qui périssent à mesure qu'on en jouit, pour « avoir soin de la chair et satisfaire ses convoitises (Rm 13.14), » mais à rechercher ardemment cette bonne part que personne ne pourra t'ôter ?As-tu fait servir à la propagation de ce qui est bien et à l'agrandissement de mon royaume sur la terre, les avantages personnels et extérieurs que tu possédais, et ceux que tu avais acquis par l'éducation, comme aussi tes connaissances plus ou moins étendues et ton expérience des hommes et des choses ? La portion d'autorité que tu avais, et l'influence que tu exerçais sur les semblables, grâce à leur estime ou à leur amour pour toi, les as-tu mises à profit pour augmenter parmi eux la sagesse et la sainteté ? Ce talent inestimable, le temps, l'as tu employé discrètement et prudemment, appréciant chaque minute à sa juste valeur et te souvenant qu'elles comptent toutes dans l'éternité ? Et par-dessus tout, as-tu été un économe fidèle de ma grâce qui t'a prévenu, accompagné et suivi ? As-tu fait attention à tous les mouvements de mon Esprit, et essayé de profiter de tout bon désir qu'il t'inspirait, de tout degré de lumière qu'il t'apportait, de toutes ses répréhensions sévères ou tendres ? As-tu su tirer parti du ministère de l'esprit de servitude et de crainte qui a précédé l'Esprit d'adoption ? (Rm 8.15) Et après avoir reçu ce dernier qui criait dans ton cœur : Abba, Père ! As-tu su te tenir ferme dans la liberté glorieuse où je t'avais mis ? As-tu, depuis lors, offert ton corps et ton âme, toutes tes pensées, toutes les paroles, tous les actes en un sacrifice saint que l'amour enveloppait et embrasait, et par lequel tu me glorifiais dans ton corps et dans ton esprit ? S'il en a été ainsi, « cela va bien, bon et fidèle serviteur ; entre dans la joie de ton Seigneur » (Mt 25.21)

Et qu'adviendra-t-il alors de l'économe ; fidèle ou infidèle, de Dieu ? La sentence du juste Juge n'aura plus qu'à s'accomplir, cette sentence qui fixera ton sort irrévocablement aux siècles des siècles ! A ce moment-là, il ne le restera plus qu'à être rétribué selon les œuvres et pour l'éternité.

IV

1. Les réflexions simples et sérieuses que nous venons de faire nous suggèrent plusieurs leçons. Et d'abord, que le temps de notre vie est court et incertain ! Combien chaque fragment de cette existence est précieux, au delà de tout ce qu'on peut dire ou concevoir !

De nos instants le moindre est un trésor :
Sable menu du Temps, mais sable d'Or !

Et combien il importe à tout homme de n'en point laisser perdre, de les faire tous servir à l'accomplissement du but le plus élevé, aussi longtemps que Dieu nous laissera le souffle !

2. En second lieu, nous apprenons par ce qui précède que l'emploi de notre temps, nos actions, nos paroles, ne sauraient jamais être chose indifférente. Chaque chose est en soi bonne ou mauvaise ; car ni le temps lui-même, ni quoi que ce soit ne nous appartient en propre. Tout cela est, comme a dit Jésus, la propriété d'autrui, celle de Dieu notre Créateur. Ces choses peuvent être employées selon sa volonté ou contrairement à sa volonté. Dans le premier cas, tout va bien ; dans le second, tout est mal. C'est sa volonté que nous croissions continuellement dans la grâce et dans la connaissance vivante de notre Seigneur Jésus-Christ. Ainsi donc, toute pensée, parole ou action qui augmentera en nous cette connaissance et nous fera croître en grâce, sera bonne ; mais tout ce qui ne contribuera pas à ce résultat sera réellement et radicalement mauvais.

3. En troisième lieu, nous apprenons encore qu'il n'y a point d'œuvres de surérogation, que nous ne pouvons jamais faire au-delà de notre devoir ; car rien de ce que nous avons n'est à nous ; tout est à Dieu, et conséquemment tout ce que nous pouvons faire lui revient. Nous n'avons pas reçu de lui ceci ou cela seulement, ou même bien des choses, mais tout, absolument tout ; c'est pour cela que nous lui devons tout. Celui qui nous a tout donné a droit à tout. Et si nous lui rendions moins que ce tout, nous ne serions pas des économes fidèles. Puisque « chacun recevra sa propre récompense selon son propre travail (1 Co 3.8), » nous ne pouvons être bons économes qu'à la condition de travailler de toutes nos forces, de déployer toutes nos ressources, pour ne rien omettre de ce que nous pouvons faire.

4. Mes frères, « y a-t-il parmi vous quelque homme sage et intelligent (Jc 3.13) ? » Qu'il montre qu'il possède la sagesse qui vient d'en haut, en marchant d'une manière conforme à sa profession. S'il se regarde comme économe des biens divers du Seigneur, qu'il s'attache à mettre toutes ses pensées, toutes ses paroles, toutes ses œuvres en harmonie avec les fonctions que Dieu lui a confiées. Ce n'est pas peu de chose que d'avoir à employer au service de Dieu tout ce que vous avez reçu de lui. Cela demande toute votre sagesse, tout votre courage, toute votre patience et toute votre persévérance ; cela en exige beaucoup plus que vous n'en possédez naturellement, mais pas davantage que vous n'en pouvez obtenir de la grâce de Dieu. Car sa grâce vous suffira, et vous savez que toutes choses sont possibles pour celui qui croit (Mc 9.23). » Ainsi donc, par la foi « revêtez-vous du Seigneur Jésus-Christ (Rm 13.14), » « prenez toutes les armes de Dieu (Ep 6.13), » et il vous sera donné de le glorifier par toutes vos paroles et par tous vos actes, et même « d'amener captives toutes vos pensées pour les soumettre à l'obéissance de Christ (2 Co 10.5) ! »

SERMON 52

La réforme des mœurs

Qui est-ce qui se lèvera pour moi contre les méchants ?
— Psaume 94.16 —

1. Sermon prêché devant les membres de la Société pour la réforme des mœurs, le dimanche 30 janvier 1763. Cette société exista pendant plusieurs années et fit un bien incalculable. Mais elle a été complètement ruinée par un arrêt de la Cour royale, qui la frappa d'une amende de sept mille cinq cents francs. Ma conviction est que les témoins, le jury et tous ceux qui furent impliqués dans ce procès inique, auront à rendre un compte bien sérieux devant Dieu. (Note de J. Wesley.)

On a vu dans tous les temps des hommes « qui ne craignaient point Dieu, et qui n'avaient aucun égard pour personne (Lc 18.2), » s'associer et se liguer pour mieux accomplir leurs œuvres de ténèbres. En agissant ainsi, ils se sont montrés « prudents dans leur génération (Lc 16.8) ; » car ces associations ont contribué à l'extension du règne de leur père qui était le diable, plus que tous les autres moyens qu'ils auraient pu employer.

2. Mais, d'un autre côté, ceux qui craignent Dieu et veulent le bonheur de leurs semblables, ont aussi dans tous les siècles compris la nécessité de s'unir pour lutter ensemble contre ces œuvres de ténèbres, pour répandre la connaissance de Dieu leur Sauveur, et pour propager son royaume sur la terre. À la vérité, c'est Dieu lui-même qui leur a enseigné à faire cela. Depuis que la terre est habitée, il a prescrit à ses enfants de s'associer pour le servir, et par son Esprit il les a réunis en un seul corps. Et s'il les a ainsi groupés ensemble, c'est « pour détruire les œuvres du diable (1 Jn 3.8), » d'abord en ceux qui sont ainsi associés, et puis, par eux, en tous ceux qui les entourent.

Tel fut le but primitif de l'Église de Christ. C'est une société d'hommes qui s'unissent, premièrement en vue de travailler chacun d'eux à son propre salut ; ensuite, pour s'entraider dans ce saint travail du salut, de leurs âmes ; et enfin, autant qu'ils le pourront, pour sauver tous les hommes du malheur présent et à venir, pour renverser le règne de Satan et établir celui de Jésus-Christ. Telles doivent être aussi la grande préoccupation et la continuelle occupation de tous les membres de l'Église chrétienne, sans quoi ils ne méritent pas de porter ce titre, attendu qu'ils ne sont pas des membres vivants de Jésus-Christ.

3. Cela devrait donc être l'objet constant des pensées et des efforts de tous ceux qui, dans ce pays, constituent par leur union ce qu'on appelle l'Église anglicane. Ils sont associés en vue de résister au diable et à toutes ses œuvres, de faire la guerre à la chair et au monde, ces alliés permanents et fidèles de Satan. Mais en est-il effectivement ainsi ? Tous ceux qui se nomment membres de l'Église d'Angleterre sont-ils engagés de tout cœur dans la lutte contre les œuvres du diable, dans le combat contre le monde et la chair ? Hélas ! Nous n'osons l'affirmer. Il serait, plutôt vrai de dire qu'une grande partie de ces personnes (et je crains que ce ne soit la majorité), forme elle-même ce qu'on appelle le monde, c'est-à-dire ce peuple qui ne connaît point Dieu d'une manière salutaire ; qu'au lieu de faire mourir la chair avec ses passions et ses convoitises, ils les satisfont et accomplissent eux-mêmes ces œuvres du diable qu'ils étaient tout spécialement appelés à détruire.

4. Il est donc encore nécessaire, même dans ce pays chrétien (comme on nomme par complaisance la Grande-Bretagne), même dans cette Église chrétienne (s'il est permis de désigner ainsi la masse de nos compatriotes), qu'il se trouve des hommes qui se lèvent contre les méchants et se liguent contre les ouvriers d'iniquité. Aujourd'hui plus que jamais, il est urgent que « ceux qui

394

craignent l'Éternel parlent l'un à l'autre » (Ml 3.16) sur ce sujet, pour essayer de lever l'étendard contre l'iniquité qui inonde le pays. Oui certes, il y a lieu, pour tous ceux qui servent Dieu, de se liguer contre les œuvres du diable, de prendre le parti du Seigneur en unissant leurs cœurs, leurs projets et leurs efforts, pour contenir, autant que cela dépend d'eux, ces « torrents des méchants (Ps 18.5). »

5. C'est, dans ce but que, vers la fin du siècle dernier (Le dix-septième), quelques personnes s'associèrent à Londres et bientôt reçurent la qualification de Société pour la réforme des mœurs. Pendant près de quarante années, cette société fit un bien incroyable. Mais, les fondateurs étant morts, ceux qui les remplacèrent se laissèrent décourager et abandonnèrent la tâche. C'est pourquoi cette société disparut, il y a quelques années, et, rien d'analogue n'existait plus dans notre pays.

6. C'est une association du même genre qui s'est constituée récemment. Je me propose aujourd'hui d'indiquer : premièrement, la nature de cotte entreprise, et ce qu'ont déjà fait les membres de la Société ; en second lieu, l'excellence de cette œuvre, en mentionnant les diverses objections qu'on a dirigées contre elle ; en troisième lieu, ce que doivent être les hommes qui s'en occupent ; et, enfin, dans quel esprit et de quelle manière ils doivent travailler à l'accomplissement de leur dessein. Je terminerai par des exhortations s'appliquant aux membres de la Société et, en général, à tous ceux qui craignent Dieu.

I

1. Je veux, d'abord, indiquer la nature de l'entreprise et ce qui a déjà été fait.

Ce fut un dimanche, au mois d'août 1757, que, dans une petite réunion dont le but était la prière et un entretien religieux, on vint à parler de la profanation publique et scandaleuse du saint jour qui avait lieu dans cette ville, du fait de gens qui vendaient et achetaient, tenaient boutique ouverte, s'enivraient dans les brasseries, ou débitaient leurs denrées comme les autres jours de la semaine, debout ou assis dans les rues, le long des routes et par les champs, surtout à Moorfields qui, d'un bout à l'autre, en était plein chaque dimanche. On se demanda ce qu'il y aurait à faire pour arrêter ces désordres ; et il fut convenu que six des personnes présentes se rendraient, le lundi matin, chez Sir John Fielding pour le consulter. Cela fut fait : il approuva cette idée, et indiqua comment il fallait s'y prendre pour la réaliser.

2. On commença par adresser des pétitions à Son Excellence le lord-maire, et, au conseil des aldermen, aux juges qui siègent à Hick's-Hall, et à ceux de Westminster. De ces divers corps de magistrats on reçut des encouragements chaleureux.

3. Il parut convenable ensuite de porter ce projet à la connaissance de divers personnages de distinction, et du clergé tout entier, y compris les pasteurs de diverses dénominations se rattachant aux Églises et congrégations des cités de Londres et de Westminster aussi bien que des environs. On eut la satisfaction de rencontrer chez eux tous une adhésion et une approbation cordiales.

4. Après cela, la Société fit imprimer et répandre, à ses frais, plusieurs milliers d'exemplaires d'un ouvrage renfermant des instructions adressées aux constables (Sergents de ville) et aux autres agents municipaux, pour leur expliquer et leur enjoindre leurs devoirs respectifs. De plus, pour éviter, autant que possible, d'avoir à recourir aux tribunaux pour assurer l'exécution des lois, la Société fit imprimer et répandre dans tous les quartiers de la capitale des invitations à ne plus profaner le jour du repos, ainsi que des extraits des Actes du Parlement se rapportant à cette question, et enfin, des avertissements à ceux qui se mettraient en contravention.

5. Après avoir pris ces précautions et ouvert ainsi la voie, après avoir fois sur fois envoyé des avertissements dont nul compte n'était tenu, la Société, au commencement de l'année 1755, se décida à porter plainte auprès des magistrats contre les individus qui violaient publiquement le jour du Seigneur. Le premier fruit de cette mesure fut d'obtenir que les rues et la campagne fussent délivrées de la présence de ces gens qui, ne respectant ni Dieu, ni le roi, y vendaient habituellement leurs denrées du matin au soir. On rencontra plus de difficultés dans la réalisation de la seconde partie du programme, qui était d'empêcher la population de se livrer aux excès de boisson le dimanche et de passer dans les brasseries le temps qu'on eût dû consacrer au culte

divin. En poursuivant ce but, les membres de la Société se virent exposés à beaucoup d'opprobres, d'outrages et d'insultes de tout genre. Ils avaient à lutter non seulement contre les buveurs, mais aussi contre les cabaretiers qui les recevaient, et contre des gens riches et honorés, les uns propriétaires de ces brasseries, les autres fournisseurs des boissons qu'on y consommait, contre tous ceux enfin qui retiraient quelque profit de ces transgressions. Parmi ces derniers, il y avait des hommes qui non seulement étaient riches, mais exerçaient des fonctions publiques, de telle sorte que, dans plus d'un cas, ce fut précisément devant eux que comparurent les délinquants. Le mauvais accueil que ces hommes firent à ceux qui portaient plainte, encourageai la lie de la population à suivre leur exemple, et à traiter les membres de la Société comme des gens indignes de vivre. On ne se gêna plus, non seulement pour les injurier de la façon la plus grossière, non seulement pour leur jeter de la boue, des pierres on tout autre projectile qu'on avait sous la main, mais encore et plusieurs fois pour les battre cruellement et les traîner sur le pavé et dans les ruisseaux des rues. Si on ne les tua pas, ce ne fut pas faute de l'avoir voulu, mais parce que les méchants furent contenus, par un frein.

6. Dieu soutint les membres de la Société en question, et ils entreprirent encore d'empêcher les boulangers de consacrer un si grande portion du dimanche au travail de leur métier. Beaucoup de ceux-ci se conduisirent plus honorablement que les cabaretiers. Au lieu d'en vouloir à ceux qui faisaient ces démarches et de considérer leurs efforts comme des provocations, plusieurs qui avaient été entraînés, par le courant des exigences de la clientèle, à agir contrairement aux inspirations de leur conscience, remercièrent les membres de la Société pour leur intervention qu'ils considéraient comme un acte de bienveillance.

7. En expulsant des rues, de la banlieue et des brasseries ceux qui profanaient le jour du repos, les membres de la Société rencontrèrent une autre catégorie de malfaiteurs non moins nuisibles que les autres, les joueurs de toutes sortes. Il s'en trouvait parmi eux qui appartenaient à l'espèce la plus vile, celle qu'on appelle des grecs, gens qui se font une profession d'attirer les jeunes gens sans expérience et de les dépouiller de tout leur argent en trichant au jeu : parfois après les avoir ruinés, ils les initient à leurs mystères d'iniquité. Les agents de la Société ont déniché plusieurs de ces industriels, et en ont réduit quelques-uns à gagner leur pain à la sueur de leur front et par le travail de leurs mains.

8. Le nombre des membres et les ressources de la Société avaient augmenté ; ils en profitèrent pour élargir leur programme, et, non contents de réprimer les jurons blasphématoires, ils entreprirent de débarrasser nos rues de ce qui est à la fois un fléau public et un scandale pour le nom chrétien : je veux parler des femmes publiques. Plusieurs d'entre elles furent arrêtées au milieu de leur carrière de dissipation et de vice. Pour couper le mal à fa racine, on s'attacha à découvrir les maisons où ces femmes étaient reçues et, à la suite de poursuites légales, on les fît fermer absolument. Quelques-unes de ces pauvres créatures déchues, déjà arrivées au degré le plus bas de l'infamie, ont depuis reconnu que c'était la grâce de Dieu qui avait dirigé cette intervention, et elles ont renoncé au péché par une repentante qui n'a point été passagère. Un certain nombre ont été mises en service ; d'autres ont été reçues dans l'hospice de la Madeleine.

9. Que l'on me permette une petite digression. Qui pourrait assez admirer la sagesse de la Providence qui ajuste les temps et les moments de façon à faire correspondre les uns avec les autres certains événements ? Par exemple, dans ce cas où beaucoup de ces infortunées, se voyant tout à coup arrêtées dans leur carrière coupable, éprouvèrent le désir de changer de vie et se firent peut-être cette question lamentable : « Que ferai-je pour vivre si je renonce à l'existence que je mène actuellement ? Car je ne sais pas travailler, et je n'ai pas d'amis pour me recevoir ! » Mais ce fut précisément pour ce moment que Dieu avait préparé l'ouverture de cet hospice de la Madeleine. Là, ces femmes qui n'ont pas de gagne-pain, qui n'ont point d'amis pour les recueillir, sont reçues de la façon la plus charitable. On pourvoit à leurs besoins et même très convenablement ; on leur fournit « tout ce qui regarde la vie et la piété » (2 P 1.3).

10. Revenons à notre sujet.

Le nombre des individus poursuivis, d'août 1757 à août 1762, s'éleva à 9596.

Voici ceux qui l'ont été depuis et à ce jour :

Pour jeux non autorisés ou pour jurons blasphématoires : 40

Pour profanation du dimanche : 400
Prostituées et teneurs de maisons de débauche : 550
Pour avoir mis en vente des gravures obscènes : 2
Total : 10588

11. Quand il s'agit d'admettre de nouveaux membres, la Société pour la réforme des mœurs ne s'inquiète pas de savoir à quelle secte ou à quel parti ils appartiennent. L'essentiel est que les renseignements qu'on reçoit prouvent qu'on a affaire à des hommes de bien. D'ailleurs, des égoïstes ou des gens intéressés dans les questions d'argent ne resteraient pas longtemps membres de la Société, non seulement parce qu'ils n'y gagneraient rien, mais aussi parce qu'ils auraient bientôt à débourser, attendu qu'en devenant membre on devient, souscripteur. On a répandu le bruit que c'étaient tous des disciples de Whitefield. Mais c'est une erreur. Une vingtaine seulement des souscripteurs réguliers de la Société sont liés avec M. Whitefield ; une cinquantaine avec M. Wesley ; une vingtaine sont membres de l'Église nationale et n'ont aucun rapport avec l'un ou l'autre, et, enfin, soixante et dix environ sont des dissidents, ce qui donne un total de cent soixante membres. Il est vrai qu'il y a, en outre, beaucoup de personnes qui aident l'œuvre par des dons non réguliers.

II

1. Tels sont les efforts déjà accomplis en vue de l'œuvre dont nous nous entretenons. Mais je veux, en second lieu, en démontrer le caractère excellent, et cela malgré les objections que l'on a fait entendre à l'encontre. L'excellence de cette œuvre résulte des considérations suivantes. D'abord, que cette guerre ouverte déclarée à toutes les impiétés et les iniquités qui, semblables à un déluge, inondent notre pays, est bien un des plus nobles témoignages qu'on puisse rendre à Jésus-Christ en face de ses ennemis. C'est la glorifier Dieu et montrer au genre humain que, même en nos jours mauvais, il se trouve des âmes, peu nombreuses, hélas ! Qui conservent fidèlement leur foi et leur piété devant Dieu. Peut-on imaginer un but plus excellent que celui-là : rendre à Dieu l'honneur dû à son nom, adhérer non par des paroles, mais par des souffrances endurées et par des périls encourus, à cette déclaration : « Quoi qu'il en soit, il y a du fruit (ou : une récompense) pour le juste ; quoi qu'il en soit, il y a un Dieu qui juge sur la terre (Ps 58.12) ? »

2. N'est-ce pas une entreprise bien excellente que celle qui tend à empêcher, autant que possible, que le glorieux nom du Seigneur soit profané, que l'autorité des lois divines soit foulée aux pieds, que notre sainte religion soit déshonorée par la conduite coupable et scandaleuse de gens qui portent, encore le nom de chrétiens ? Oui, chercher à refouler le courant des vices, à contenir « les torrents des méchants Ps 18.5 », supprimer en quelque mesure tout ce qui peut souiller le beau nom que nous portons, ce sont là des pensées nobles entre toutes celles qu'une âme humaine peut concevoir.

3. Mais si cette entreprise tend manifestement à ce résultat : « Gloire à Dieu dans les plus hauts cieux » (Lc 2.14), elle ne contribuera pas moins à réaliser cette autre parole : « Paix sur la terre ! » (Lc 2.14) Car puisque tout péché a pour effet direct de détruire notre paix avec Dieu que nos transgressions provoquent, mais aussi de bannir toute paix de notre âme et d'armer chaque homme contre son frère, il se trouvera que toute œuvre qui empêche ou fait disparaître le péché favorise, dans une mesure correspondante, l'établissement de la paix, soit dans notre propre cœur, soit entre Dieu et nous, soit entre nous et nos semblables. Voilà quels sont les fruits que porte cette œuvre dès à présent et dans ce monde-ci. Mais pourquoi nous laisserions-nous arrêter dans nos réflexions par les étroites limites du temps et de l'espace ? Franchissons-les et entrons dans le domaine de l'éternité. Quels fruits de cette œuvre y constaterons-nous ? Voici la réponse d'un apôtre : « Frères, si quelqu'un d'entre vous s'écarte de la vérité, et que quelqu'un le redresse (le ramène, le convertisse, non pas à telle ou telle opinion, mais à Dieu) ; qu'il sache que celui qui aura ramené un pécheur de son égarement, sauvera une âme de la mort, et couvrira une multitude de péchés (Jc 5.19, 20).

4. Mais ce n'est pas seulement au bonheur des individus que cette œuvre contribue, tant de ceux qui peuvent entraîner les autres à la transgression que de ceux qui peuvent s'y laisser entraîner et y succomber ; elle a aussi en vue la prospérité de la communauté tout entière à laquelle

nous appartenons. C'est ici, en effet, une vérité reconnue : « La justice élève une nation (Pr 14.34) ; » mais celle-ci n'est pas moins certaine : « Le péché est la honte des nations (Pr 14.34). » Oui, le péché attire sur elles la malédiction de Dieu. En soutenant les intérêts de ta justice, de la piété, on soutient les intérêts de la nation. Et dans la mesure où l'on peut contenir le péché et le vice, on éloigne d'elle une honte et une malédiction. Tous ceux donc qui participent à cette œuvre sont les bienfaiteurs de leurs semblables, et les meilleurs soutiens de leur roi et de leur patrie. Et il n'y a pas lieu de douter que, dans la proportion où cette entreprise réussira, Dieu accordera au pays, la prospérité, et accomplira ainsi fidèlement sa parole : « J'honorerai ceux qui m'honorent » (1 S 2.30)

5. Mais voici une critique qu'on a adressée à cette Société : « Vos intentions sont excellentes ; mais ce sont là des choses qui ne vous pas. N'y a-t-il pas des personnes dont c'est l'affaire spéciale de constater ces délits et de faire châtier les délinquants ? N'y a-t-il pas des constables et d'autres agents municipaux qui ont prêté serment de veiller à cela ? » C'est vrai. Les constables et les représentants de paroisse sont tout particulièrement obligés, par le serment solennel qu'ils ont prêté, de porter plainte contre tous ceux qui violent le jour du repos et contre tous ceux qui commettent des actes scandaleux. Mais s'ils ne font pas leur devoir, si, malgré leur serment, ils ne se mettent point en peine de ces choses, il convient alors que tous ceux qui craignent Dieu, qui aiment leurs semblables et veulent servir leur roi et leur pays, s'appliquent à cette tâche tout comme s'il n'y avait pas d'agents désignés pour cela ; car, s'ils n'agissent pas, c'est absolument comme s'ils n'existaient pas.

6. Autre critique : « Ce n'est là qu'un prétexte ; Le but réel de ces gens est de se faire payer comme dénonciateurs. » On a affirmé cela fréquemment et carrément, mais sans qu'il y eût ombre de vérité dans cette accusation. Nous pourrions prouver par mille exemples que c'est tout le contraire. Aucun membre de la Société ne touche quoi que ce soit des indemnités accordées par la loi aux dénonciateurs. C'a été ainsi dès le début ; et ils n'acceptent, pas davantage les sommes qui leur sont offertes en vue d'empêcher ou d'arrêter les poursuites. C'est donc là une erreur sans fondement, si toutefois ce n'est une calomnie volontaire.

7. — « Mais, dit-on encore, la chose est impraticable. Le vice est arrivé à un tel point qu'il est impossible de l'arrêter ; surtout avec de pareils moyens. Que peut une poignée de gens coutre la population tout entière ? » — « Quant aux hommes, cela est impossible, mais non pas quant à Dieu (Mc 10.27). » Et ce n'est pas en eux-mêmes, mais en Dieu que se confient les membres de cette association. Ceux qui protègent le vice ont beau être forts, ils ne sont devant luire que des sauterelles. Il peut se servir de toutes sortes de moyens ; il peut également « délivrer, soit avec beaucoup, soit avec peu de gens (1 S 14.6). » Il importe peu que le petit nombre soit pour lui et le grand nombre contre lui ; car il peut faire tout ce qui lui plaît ; « il n'y a ni sagesse, ni intelligence, ni conseil, pour résister à l'Éternel (Pr 21.30). »

8. — « Mais, dira-t-on peut-être, si vous visez réellement à convertir les pécheurs, vous ne devriez pas employer ces moyens. Ce ne sont pas les lois humaines, c'est la parole de Dieu qui peut accomplir cette œuvre. C'est l'affaire des pasteurs, et non celle des magistrats ; et, en vous adressant à ces derniers, vous obtiendrez une réforme extérieure, mais les cœurs ne seront pas changés. »

Il est vrai que Dieu se sert habituellement et surtout de sa parole pour changer le cœur et la vie des pécheurs, et que c'est principalement par le moyen des ministres de l'Évangile qu'il accomplit cette œuvre. Mais il est également vrai que le magistrat est « le ministre de Dieu, et vengeur pour punir celui qui fait mal (Rm 13.4), » et cela de la part de Dieu, en veillant à l'exécution des lois humaines. Il est vrai que cela ne change pas les cœurs ; mais c'est bien quelque chose d'empêcher que le péché se commette. Cela diminue d'autant l'outrage fait au Seigneur, l'opprobre jeté sur notre sainte religion, la honte et la malédiction tombant sur notre peuple, les tentations offertes aux âmes, enfin la colère amassée par les transgresseurs eux-mêmes pour le jour de la colère.

9. — « C'est le contraire pour ces derniers ; car de beaucoup d'entre eux vous faites des hypocrites qui font semblant d'être ce qu'ils ne sont pas. Et y en a d'autres que vous exaspérez et con-

duisez à une rage de désespoir dans la carrière du mal, en attirant sur eux la honte et les frais d'un jugement. Ainsi, ils ne valent pas mieux qu'auparavant ; peut-être valent-ils moins. »

Rien de cela n'est exact. Où sont les hypocrites en question ? Nous ne connaissons aucune personne qui ait fait semblant, ce qu'elle n'était pas. La honte et les frais auxquels sont exposés les coupables n'ont pas pour effet de les exaspérer et de les endurcir dans le mal, mais bien de leur inspirer une crainte salutaire. Il y en a qui, loin d'avoir empiré, sont, tout compté, meilleurs ; car le cours de leur vie est changé. Et même il y en a dont le cœur a été changé, qui sont « passés des ténèbres à la lumière et, de la puissance de Satan à Dieu (Ac 26.18). »

10. — « Mais il y a bien des gens qui ne sont pas convaincus que ce soit un péché de vendre ou d'acheter le dimanche ! »

S'ils n'en sont pas convaincus, ils devraient l'être, et il est grand temps qu'ils le soient. La chose est bien simple. Si ce n'est pas un péché que de violer ouvertement et volontairement la loi de Dieu et celle du pays en même temps, qu'est-ce qui sera péché, je vous le demande ? Et si on ne doit pas punir cette violation des lois humaines et divines, simplement parce que le coupable n'est pas convaincu que ce soit un péché, il faudra donc renoncer à faire exécuter les lois, et laisser chacun faire ce qu'il voudra !

11. — « Mais il faudrait d'abord essayer des mesures de douceur ! » On l'a fait, et on le fait encore. On avertit d'une façon bienveillante ceux qui sont en faute avant de porter plainte contre eux ; on ne poursuit personne avant de lui avoir fait entendre bien clairement que, s'il veut éviter des poursuites, il doit renoncer à ce qui les motive. Dans chaque cas on emploie les moyens les plus conciliants que comporte la situation, et l'on n'a recours aux mesures rigoureuses que lorsque les moyens de conciliation ont complètement échoué.

12. — « En fin de compte, après tout le mouvement que l'on s'est donné pour réformer, quel bien réel a-t-on fait ? » Cette œuvre a fait un bien incalculable, beaucoup plus de bien qu'on eût pu en attendre en peu de temps, avec si peu d'ouvriers, et en présence de si grandes difficultés. Elle a empêché beaucoup de mal, elle en a fait disparaître beaucoup. Chez beaucoup de pécheurs, il y a eu une réforme extérieure, et chez quelques-uns un changement intérieur. L'honneur de celui dont nous portons le nom, était insulté publiquement : il a été publiquement défendu. Il est, d'ailleurs, impossible de dire toutes les bénédictions, petites et grandes, que ce faible effort, tenté pour Dieu et pour sa cause et contre ses ennemis audacieux, a pu attirer sur notre peuple. En résumé, malgré toutes les objections qu'on a soulevées contre elle, cette entreprise demeure, tout homme raisonnable en conviendra, une des plus excellentes qu'une âme d'homme ait jamais conçues.

III

1. Mais que doivent-ils être, ceux qui s'associent à cette entreprise ? Bien des gens ont pu s'imaginer qu'on doit admettre avec empressement tous ceux qui sont disposés à aider, et que plus il y aura de membres, plus l'influence de la Société sera grande. Il n'en est point ainsi : les faits ont prouvé le contraire jusqu'à l'évidence. Tandis que la première Société pour la réforme des mœurs ne compta qu'un petit nombre de membres bien triés, bien qu'ils ne fussent ni riches, ni puissants, elle surmonta toute opposition et réussit admirablement dans les divers objets qu'elle avait en vue. Mais lorsqu'on y reçut un plus grand nombre d'hommes moins soigneusement choisis, l'utilité de l'association commença à diminuer jusqu'à ce qu'enfin, par une décadence graduelle, les choses se trouvèrent réduites à rien.

2. Il ne faut donc pas davantage compter sur le grand nombre des membres que sur leur fortune ou sur leur rang. C'est une œuvre de Dieu : elle a été entreprise en son nom et pour l'amour de lui. Il suit, de là que ceux qui n'aiment point Dieu et ne le craignent même pas n'ont « point de part, ni rien à prétendre dans cette affaire (Ac 8.21). » A ceux-là le Seigneur pourrait dire : « Est-ce à toi de réciter mes statuts et de prendre mon alliance en ta bouche, puisque tu hais la correction, et que tu as jeté mes paroles derrière toi ? » (Ps 50.16, 17) Quiconque vit sciemment dans le péché est par cela même impropre pour cette œuvre de réforme des pécheurs ; surtout si cette personne est coupable, même occasionnellement, même tant soit peu, de profanation du nom de Dieu, d'acheter, de vendre, ou de faire quelque travail qui n'est pas indispensable le dimanche ; ou bien

encore si elle fait quelqu'une des choses que la Société a pour but spécial de combattre. Qu'aucun homme qui à lui-même besoin de se réformer n'ose donc demander à prendre part à cette œuvre. Qu'il « ôte premièrement de son œil la poutre (Mt 7.5) ; » qu'il commence par être lui-même irréprochable à tous égards.

3. Je ne veux pas dire que cela soit suffisant. Il faut que celui qui s'engage dans cette œuvre soit quelque chose de plus qu'un homme inoffensif. Il a besoin d'être un homme de foi ; il doit avoir au moins assez de cette « démonstration des choses qu'on ne voit point (He 11.1), » pour « ne point regarder aux choses visibles, mais aux invisibles ; car les choses visibles ne sont que pour un temps, mais les invisibles sont éternelles (2 Co 4.18). » Il doit avoir cette foi qui produit une crainte sérieuse de Dieu et la détermination durable de s'abstenir, avec l'aide de sa grâce, de tout ce qu'il défend et de pratiquer tout ce qu'il commande. Il a tout particulièrement besoin de cette branche spéciale de la foi qui se nomme la confiance en Dieu. Car c'est là foi qui « transporte les montagnes (1 Co 8.2), » « éteint la force du feu (He 11.34), » renverse tous les obstacles, et rend capable d'en combattre et d'en « poursuivre mille (Dt 32.30) » parce qu'on sait où est la source de la force et parce que, tout en « se regardant soi-même comme condamné à mort, » on a « confiance en Dieu qui ressuscite les morts » (2 Co 1.9)

4. L'homme qui a cette foi, cette confiance en Dieu, ne peut manquer d'être courageux. Et il faut absolument l'être quand on s'associe à cette entreprise. Car on est certain d'y rencontrer dans l'exécution bien des choses qui sont pénibles pour la nature humaine, si pénibles que quiconque voudra « consulter la chair et le sang » (Ga 1.16), craindra de s'y exposer. C'est donc ici le cas de posséder un vrai courage ; il en faut, et beaucoup. Or, c'est la foi seule qui peut le donner. C'est le croyant qui peut dire :

Qui se confie

En toi, Jésus,

Brave et défie

Echecs, refus.

Pour lui l'épreuve

Est sans effroi.

Rien qui l'émeuve :

Il sert son Roi !

5. La patience tient de très près au courage ; celui-ci affronte les dangers à venir ; elle endure les maux présents. Quiconque veut prendre part à l'œuvre en question aura grand besoin de patience. Car il aura beau être irréprochable : il se trouvera dans la situation d'Ismaël ; « il lèvera sa main contre tous, et tous lèveront la main contre lui (seulement 16.12). » Rien d'étonnant dans cela ; car si « tous ceux qui veulent vivre dans la piété selon Jésus-Christ seront persécutés (2 Tm 3.12), » à plus forte raison ceux qui, non contents de vivre eux-mêmes dans la piété, ont la prétention de contraindre les méchants d'en faire autant, ou du moins de renoncer à leur impiété ouverte ! N'est-ce pas là se mettre en guerre avec le monde entier ? N'est-ce pas là jeter un défi à tous les enfants du diable ? Et Satan lui-même, « prince de ce monde » (Jn 14.30) « prince des ténèbres de ce siècle » (Ep 6.12) ne déploiera-t-il pas toute sa et toute sa force pour soutenir son trône qui chancelle ? Qui s'imagine que le lion rugissant va se laisser arracher sa proie sans résister ? Ainsi, « vous avez besoin de patience, afin qu'après avoir fait la volonté de lieu, vous remportiez l'effet de sa promesse (He 10.36). »

6. Il vous faut aussi de la constance, pour que vous « reteniez constamment la profession de votre espérance sans varier (He 10.23). » Cette qualité est indispensable aux membres de cette Société ; ce n'est point l'affaire de « l'homme dont le cœur est partagé et qui est inconstant en toutes ses voies (Jc 1.8 » Celui qui ressemble à un roseau agité par le vent ne vaut rien pour une pareille lutte : un cœur résolu et inébranlable. Si quelqu'un « met la main à la charrue » sans avoir ces qualités-là, il « regardera en arrière » (Lc 9.62) avant longtemps. « Il n'est que pour un temps ; et lorsque l'affliction ou la persécution (les épreuves particulières ou publiques) surviendront à cause de la parole (ou de cette œuvre), il se scandalisera aussitôt (Mt 13.21), »

7. A vrai dire, il est bien difficile de persévérer dans cette rude tâche, si l'on n'a pas l'amour qui surmonte et la souffrance et la crainte. Il importe donc au plus haut point que ceux qui veulent s'associer à ces efforts aient « l'amour de Dieu qui est répandu dans nos cœurs (Rm 5.5), » et qu'ils puissent tous dire : « Nous l'aimons, parce qu'il nous a aimés le premier » (1 Jn 4.19) Alors la présence de celui qu'aime leur âme leur rendra le travail facile. Alors ils pourront s'écrier, non pas dans un élan fougueux de l'imagination, mais en toute vérité et en toute simplicité :

Quand je marche avec toi, Seigneur, mon âme oublie

Fatigues et soucis ;

Mon devoir semble aisé ; ma tâche est ennoblie ;

Mes maux sont adoucis.

8. Ce qui fait paraître encore plus doux les travaux et même les souffrances, c'est que le chrétien aime son semblable. Quand on « aime son prochain », c'est-à-dire toute âme humaine, « comme soi-même (Mt 22.39), » comme sa propre âme, quand « l'amour de Christ nous presse » (2 Co 5.14) de nous aimer les uns les autres « de même qu'il nous a aimés (Ep 5.2) ; » quand, à l'exemple de Jésus qui « a souffert la mort pour tous (He 2.9), » nous sommes prêts à « mettre notre vie pour nos frères (1 Jn 3.16), » pour tout homme, pour toute âme pour qui Jésus est mort, quelle menace de danger pourrait nous détourner de ces « travaux de notre charité (1 Th 1.3) ? » Quelles souffrances n'endurerait-on pas volontiers pour sauver une âme du feu éternel ? Quelle série de travaux, de désappointements et de douleurs ne faudrait-il pas pour venir à bout d'une résolution si bien trempée ? De pareilles âmes se raidissent contre tous les mauvais accueils, et ne se laissent décourager ni par des jours fatigants ni par des nuits sans repos. « La charité espère tout, et supporte tout : elle ne périt jamais (1 Co 13.7, 8). »

9. Tous les membres d'une association comme celle-ci ont besoin de l'amour, de la charité pour un autre motif encore : c'est que « l'amour ne s'enfle point d'orgueil (1 Co 13.4) ; » il produit le courage et la patience, mais aussi l'humilité. Et combien cette vertu est nécessaire à tous ceux qui s'occupent de cette œuvre ! Rien n'est plus important que ceci, qu'ils soient à leurs propres yeux petits, faibles, misérables et même vils. Car s'il en était autrement, s'ils allaient se croire quelque chose, s'ils s'attribuaient quoi que ce fût à eux-mêmes ; ou s'ils glissaient dans des dispositions pharisaïques et « présumaient d'eux-mêmes comme s'ils étaient justes, et méprisaient les autres (Lc 18.9), » le résultat serait ce qu'il peut y avoir de plus fatal pour cette entreprise. Car alors ils auraient contre eux tout le monde, y compris Dieu lui-même, puisque « Dieu résiste aux orgueilleux, mais fait grâce aux humbles (Jc 4.6), » et aux humbles seuls. Il faut donc que tout membre de cette Société sente son ignorance, sa faiblesse, son incapacité, et qu'il dépende absolument de celui qui seul possède sagesse et force, convaincu, plus qu'il ne pourrait le dire, que c'est Dieu qui opère tout le bien qui se fait sur la terre, et que « c'est, lui qui produit en nous et la volonté et l'exécution, selon son bon plaisir (Ph 2.13). »

10. Il y a encore un point dont tous ceux qui travaillent à cette œuvre doivent être persuadés et se souvenir : c'est que « la colère de l'homme n'accomplit point la justice de Dieu (Ep 4.1, 2). » Qu'ils apprennent donc de celui qui n'était pas seulement humble, mai débonnaire et doux ; et qu'ils conservent, eux aussi, la douceur avec l'humilité. Qu'ils apprennent à « se conduire d'une manière digne de leur vocation, avec toute sorte d'humilité et de douceur (Ep 4.1, 2). » Il faut qu'un homme qui a en vue de faire du bien soit « doux envers tous (2 Tt 2.24), » qu'ils soient bons ou méchants, et cela dans son propre intérêt, et pour l'amour des âmes comme pour l'amour de Christ. Il doit « avoir compassion de ceux qui pèchent par ignorance et par erreur (non seulement 5.2). » A-t-il même affaire à des gens qui résistent à la parole et à l'œuvre du Seigneur, qui vont jusqu'à leur déclarer la guerre ? Raison de plus pour « instruire avec douceur ceux qui sont d'un sentiment contraire, afin qu'ils se réveillent et se dégagent du piège du diable, par lequel ils ont été pris pour faire sa volonté (2 Tm 2.25, 26). »

IV

1. Après avoir passé en revue les qualités requises chez ceux qui veulent s'associer à une entreprise comme celle-ci, je vais essayer de montrer dans quel esprit et de quelle manière il con-

vient de s'y livrer. Et d'abord, dans quel esprit ? Ceci a rapport, en premier lieu, au motif qui doit inspirer toutes les démarches que l'on fait ; car si, en certains cas, « la lumière qui est en toi n'est que ténèbres, combien seront grandes ces ténèbres ? » Mais « si ton œil est sain, tout ton corps sera éclairé (Mt 6.22, 23). » Il ne faut jamais oublier ce principe, mais l'appliquer à chacune de nos paroles, à chacun de nos actes. Il ne faut rien dire, rien faire, ni petite chose ni grande, en vue de quelque avantage matériel qui pourrait nous en revenir, rien non plus en vue de gagner l'approbation, l'estime, l'amour ou les louanges des hommes. Il faut que l'intention, cet œil de l'âme, soit toujours tourné vers ces deux objets, la gloire de Dieu, le bien de nos semblables.

2. Mais l'esprit dans lequel vous devez agir, ce sont les sentiments, aussi bien que les motifs, qui accompagneront vos actes. Nous avons déjà décrit ces sentiments. Car ce courage, cette patience, cette constance que l'on doit avoir pour entrer dans cette œuvre, il faut les déployer sans cesse pendant l'exécution. Que celui qui veut y travailler « prenne par-dessus tout le bouclier de la foi, par le moyen duquel un peut éteindre tous les traits enflammés du malin » (Ep 6.16) Qu'il il mette en exercice, aux heures difficiles, toute la foi que Dieu lui a donnée. Et que tout ce qu'il fait soit fait dans l'amour et rien comme par force. Et que cet amour soit de ceux que beaucoup d'eaux ne sauraient éteindre, qu'un déluge d'ingratitude ne pourra submerger. Qu'il ait aussi cet esprit humble qui était en Jésus-Christ ; qu'il soit « orné d'humilité (1 P 5.5) ; » que l'humilité remplisse son cœur et qu'elle soit la parure de toute sa conduite. Qu'il se revête également « des entrailles de miséricorde, de bonté, ... de patience (Col 3.12) ; » qu'il évite tout ce qui pourrait ressembler à de la malice, à de l'aigreur, à de la colère ou à de la rancune : car nous sommes appelés à« ne point nous laisser surmonter par le mal, mais à surmonter le mal par le bien (Rm 12.21). » Pour demeurer dans cet amour humble et doux, il est très nécessaire de tout faire avec recueillement, d'éviter une hâte excessive et la dissipation d'esprit, tout aussi soigneusement que l'orgueil, l'emportement ou la mauvaise humeur. Mais pour conserver ces dispositions, il n'y a qu'un moyen c'est d'être «persévérant dans la prière (Rm 12.12), » soit avant d'agir, soit après avoir agi, mais aussi pendant qu'on est à l'œuvre ; c'est de tout faire dans l'esprit du sacrifice, de tout offrir à Dieu en son Fils bien-aimé.

3. Quant aux procédés à employer, prenez pour règle générale qu'ils doivent correspondre aux dispositions dont nous venons de parler. Mais entrons dans quelques détails. Ayons bien soin de « ne pas faire du mal afin qu'il en arrive du bien (Rm 3.8). » « C'est pourquoi, renonçant au mensonge, que chacun de vous parle en vérité à son prochain. » (Ep 4.25) N'employez ni détour ni ruse pour surprendre ou pour faire châtier des coupables ; mais, par la sincérité (2 Co 1.12), » rendez-vous « recommandable à la conscience de tous les hommes devant Dieu (2 Co 4.2). » Il se peut qu'en vous conformant à cette règle, vous n'atteigniez pas un aussi grand nombre de délinquants ; mais, d'un autre côté, la bénédiction du Seigneur reposera d'autant plus sur votre entreprise.

4. Tout en étant innocents, soyez prudents, mais de la vraie prudence. Je ne vous recommande pas ce produit de l'enfer que le monde appelle prudence et qui n'est que de la ruse, de la fraude, de la dissimulation. Ayez cette « sagesse qui vient d'en haut (Jc 3.15), » et que Jésus recommande tout particulièrement à ceux qui veulent établir son royaume sur la terre : « Soyez prudents comme des serpents, et simples comme des colombes (Mt 10.16). » Cette sagesse vous enseignera à adapter vos paroles et l'ensemble de votre conduite au caractère des gens avec qui vous avez affaire, comme aussi au temps, au lieu et aux autres circonstances dans lesquelles vous êtes appelés à agir. Cette sagesse vous apprendra à ne pas donner de prétexte de se plaindre à ceux qui ne cherchent que des prétextes, et à accomplir les devoirs les moins agréables de la façon la moins désagréable qui soit possible.

5. Votre manière de parler, surtout quand vous vous adressez à des coupables, doit toujours être profondément sérieuse, autrement ils pourraient croire que vous les insultez ou que vous jouissez de leur embarras. Il est même convenable que le ton de vos paroles soit triste, pour qu'ils sentent que vous les plaignez d'avoir commis ces fautes et que vous avez pitié d'eux lorsqu'ils en souffrent. Il faut que, sur votre visage, comme dans le ton de votre voix et dans les paroles que vous dites, on sente que vous n'êtes pas emportés, mais calmes et modérés, Rien n'empêche même que, dans tous les cas où cela peut se faire sans dissimulation, vous ne vous montriez ani-

més d'un esprit bienveillant et amical. Dans certains cas où l'on ne risque guère d'en abuser, vous pouvez exprimer vos sentiments de bienveillance ; mais, afin que les gens ne s'imaginent pas que vous le faites parce que vous avez peur, ou par quelque autre motif suspect, faites bien entendre que vous n'êtes point effrayés, que vous êtes déterminés à opposer au vice une résistance inflexible et à en poursuivre la répression jusqu'au bout.

V

1. Il ne nous reste plus qu'à faire l'application des choses que nous venons de dire, d'abord à vous qui êtes engagés dans cette œuvre, ensuite à tous ceux qui craignent Dieu, et tout spécialement à ceux qui aiment Dieu en même temps qu'ils le craignent.

Quant à vous qui déjà prenez part à cette œuvre, le premier conseil, que je désire vous donner, c'est de réfléchir avec soin et sérieusement à la nature de l'entreprise qui est devant vous. Rendez-vous compte de ce que vous voulez faire ; étudiez bien la question qu'il s'agit de résoudre ; examinez les objections qu'on dirige contre l'ensemble de vos opérations, et, avant d'aller plus loin, assurez-vous que ces critiques ne reposent sur aucun fondement. Cela fait, que chacun agisse selon qu'il est pleinement persuadé dans son esprit.

2. Je vous donnerai un second conseil : c'est de ne pas vous presser d'augmenter le nombre des membres de votre Société. Et quand vous en recevrez de nouveaux, ne tenez compte ni de la fortune, ni du rang, ni d'aucune autre circonstance purement extérieure : attachez-vous à rencontrer les qualités énumérées tout à l'heure. Informez-vous soigneusement si la personne proposés a une conduite irréprochable ; si c'est un homme de foi, courageux, patient, constant ; et s'il aime Dieu et le prochain. Si le membre proposé répond à ce signalement, son admission ajoutera à votre force aussi bien qu'à votre nombre, Mais s'il n'en est pas ainsi, son entrée parmi vous serait une perte plutôt qu'un gain : car vous n'auriez pas l'approbation de Dieu. Ne craignez pas non plus de rejeter du sein de votre association tout membre qui ne posséderait pas toutes les qualités requises. Diminuer votre nombre de cette manière, ce sera augmenter votre force ; car vous serez « des vaisseaux propres au service du Seigneur (2 Tm 2.21). »

3. Je vous conseille, en troisième lieu, de vous observer vous-mêmes sérieusement pour savoir quel est, dans chaque cas, le motif qui vous fait parler ou agir. Veillez à ce que vos intentions ne soient jamais entachées par une préoccupation d'intérêt matériel ou de gloire humaine. Tout ce que vous faites, faites-le pour le Seigneur, et comme serviteurs de Christ. Ne cherchez en rien votre propre satisfaction, mais de celui à qui vous êtes et que vous servez. Regardez à Dieu et à lui seul, du commencement à la fin, dans tout ce que vous direz, dans tout ce que vous ferez.

4. Un autre conseil que je vous présente, c'est de tout faire dans un esprit convenable, avec humilité, avec douceur, avec patience et avec bonté, comme le demande l'Évangile de Jésus-Christ. Accomplissez chaque détail de votre œuvre avec confiance en Dieu et dans les sentiments les plus bienveillants, les plus charitables. Tenez-vous en garde contre toute précipitation et contre les distractions ; priez sans cesse, avec ferveur, avec persévérance, afin que votre foi ne défaille point. Et que rien ne vienne détruire en vous cet esprit de sacrifice qui vous portera à vous offrir tout entiers, et avec tout ce que vous possédez, avec tout ce que vous pouvez faire ou même souffrir, en offrande d'agréable odeur, à Dieu par Jésus-Christ.

5. Relativement à la façon dont vous devez agir et parler, je vous rappelle qu'il faut le faire en toute simplicité, sans détours, mais aussi avec prudence et sérieux. Montrez-vous également aussi calmes, aussi modérés que possible ; et même usez d'autant de bienveillance que les circonstances le permettront. Vous ne devez pas agir en bouchers ou en bourreaux, mais plutôt en médecins qui n'infligent à leurs malades que tout juste les souffrances inévitables dans le traitement du mal. Il faut, pour cela, que chacun de vous ait la main d'une femme avec le cœur d'un lion. Alors beaucoup, même de ceux contre lesquels vous aurez eu à sévir, « glorifieront Dieu au jour où il les visitera (1 P 2.12). »

6. Quant à vous tous qui craignez Dieu, je vous conjure, au nom même de l'espérance que vous avez de trouver grâce devant lui, au nom de la crainte que vous devez avoir « qu'il ne se trouve que vous ayez fait la guerre à Dieu » (Ac 5.39) même à votre insu, je vous exhorte à n'empêcher ni n'entraver pour aucun motif ou sous aucun prétexte, ni directement, ni indirecte-

ment, cette entreprise si humaine et si propre à glorifier Dieu. Mais ce n'est pas tout. Si vous aimez vos semblables, si vous avez à cœur de diminuer la somme de leurs péchés et de leurs misères, pourriez-vous vous contenter (et pourriez-vous vous justifier devant Dieu de vous en tenir là ?) de ne point mettre obstacle à cette bonne œuvre ? Ne vous sentez-vous pas tenus par les obligations les plus solennelles de « faire du bien à tous, pendant que nous en avons l'occasion (Ga 6.10) ? » Et n'avez-vous pas ici une occasion de faire du bien à beaucoup, voire même un bien du genre le plus relevé ? Je vous exhorte donc, au nom du Seigneur, à profiter de cette occasion. Si vous ne pouvez faire davantage, aidez au moins par de ferventes prières ceux qui sont personnellement engagés dans ce saint : labeur. Aidez-les aussi, selon vos forces, à supporter les frais qu'entraîne nécessairement cette œuvre, frais qui les écraseraient si les âmes charitables ne leur prêtaient leur concours. Aidez-les, si vous le pouvez, par des dons trimestriels ou annuels. En tout cas, venez à leur aide maintenant ; faites votre devoir aujourd'hui ; faites ce que Dieu vous mettra à cœur de faire. Qu'il ne soit pas dit que vous avez vu vos frères travailler pour le Seigneur et que vous n'avez pas voulu les aider, même du bout du doigt ! De ces deux manières, donc ; venez « au secours de l'Éternel, au secours de l'Éternel contre les puissants (Jg 5.23) ! » D'après la, version anglaise. Ostervald dit : « avec les hommes puissants. »

7. Mais, j'exigerai davantage de vous qui ne craignez pas seulement Dieu, qui l'aimez aussi. Celui que vous craignez et aimez vous a doués spécialement pour que vous preniez part à son œuvre d'une façon plus complète. Aimant Dieu, vous aimez aussi vos frères ; vous n'aimez pas seulement vos amis, mais vos ennemis, pas seulement les amis de Dieu, mais ses ennemis. « Comme élus de Dieu, » vous vous êtes « revêtus … d'humilité, de douceur, de patience » (Col 3.12) Vous avez foi en Dieu et en Jésus-Christ qu'il a envoyé, cette foi par laquelle le monde est vaincu. Par cette foi vous pouvez aussi vaincre le mal et la fausse honte, cette « crainte de l'homme qui fait tomber dans le piège. » Vous pouvez donc relever le front devant ceux qui vous méprisent, vous et vos efforts. Préparés comme vous l'êtes, armés pour le combat, feriez-vous comme « les enfants d'Ephraïm, équipés et tirant de l'arc, qui ont tourné le dos au jour de la bataille (Ps 78.9) ? » Voudriez-vous laisser quelques-uns de vos frères seuls à soutenir le choc de toute l'armée ennemie ? Oh ! Ne dites pas : « Cette croix est trop lourde ; je n'ai ni le courage lit la force de la porter ! » Cela peut être vrai ; vous ne pouvez pas par vous-mêmes. Mais si vous croyez, vous pouvez dire : « Je puis tout par Christ qui me fortifie (Ph 6.13). » « Si tu peux croire, toutes choses sont possibles pour celui qui croit (Mc 9.2). » Pour celui-là, aucune croix n'est trop lourde ; car il sait que « si nous souffrons, avec lui nous régnerons lui (2 Tm 2.12). » Ne dites pas non plus « Mais je ne voudrais pas passer pour singulier ! » Dans ce cas, vous ne sauriez entrer dans le royaume des cieux. Car, pour y entrer, il faut nécessairement marcher dans le chemin étroit ; et tous ceux qui y marchent passent pour singuliers. Ne dites pas davantage : « Je ne puis pas supporter l'opprobre qui s'attache à la qualification odieuse de dénonciateur ! » Mais jamais homme a-t-il sauvé son âme sans devenir un objet de moquerie et de mépris pour le monde ? Tu ne saurais non plus sauver la tienne, si tu n'acceptes pas que les hommes disent contre toi faussement toute sorte de mal. Ne dis pas : « Mais si je m'occupe personnellement de cette œuvre, je perdrai, avec ma réputation, mes amis, ma clientèle, mon gagne-pain, tout moyen d'existence ; je serai réduit à l'indigence. » Non ! tu ne le seras pas, tu ne saurais l'être ; c'est absolument impossible, à moins que Dieu ne le veuille ainsi ; car « son règne a la domination sur tout (Ps 103.19), » et « les cheveux même de votre tête sont tous comptés (Mt 10.30). » Mais si Dieu qui est sage et bon t'appelle à passer par là, te plaindras-tu et murmureras-tu contre lui ? Ne diras-tu pas plutôt : « Ne boirai-je pas la coupe que le Père m'a donnée à boire (Jn 18.11) ? » Si vous souffrez pour Jésus-Christ, « vous êtes bien heureux ; car l'Esprit de gloire, qui est l'Esprit de Dieu, repose sur vous (1 P 4.14). »

Ne dis pas : « Je consentirais bien à tout endurer ; mais ma femme ne veut pas ; et, vous le savez, l'homme doit quitter père, mère et toutes choses pour s'attacher à sa femme ! » Tout, si vous le voulez ; mais tout excepté Dieu, tout excepté Jésus-Christ. L'homme ne doit pas renoncer à Dieu pour l'amour de sa femme. La parenté la plus étroite, la plus chère ne doit pas nous faire négliger un seul devoir. C'est précisément dans ce sens que Jésus a dit : « Celui qui aime son père ou sa mère », ou bien « femme et enfants », « plus que moi, n'est pas digne de moi (Mt 10.37 Lc

14.26). » Ne dites pas : « Je quitterais bien tout pour Christ ; mais un devoir n'en anéantit pas un autre, et ce genre de devoir m'empêcherait souvent d'assister au culte public. » Il est possible que cela arrivât de temps à autre. Mais « allez et apprenez ce que signifie cette parole : Je veux la miséricorde et non pas le sacrifice » (Mt 9.13) Tout ce que tu perdras en pratiquant ainsi la miséricorde, Dieu te le rendra dans ton sein et sept fois autant. Ne dis pas : « Je ferais du mal à ma propre âme. Je suis un jeune homme, et si je m'occupais des femmes de mauvaise vie, je m'exposerais à des tentations. » Oui, sans doute, si vous le faisiez avec vos propres forces ou pour votre plaisir. Mais tel n'est point le cas. Vous vous confiez en Dieu, et tout votre but est de lui plaire. Et même s'il vous appelait à entrer dans une fournaise ardente, n'a t-il pas dit : « Quand tu marcheras dans le feu, tu ne seras point brûlé, et la flamme ne t'embrasera point ? » (És 43.2) Vous direz peut-être : « Cela serait vrai s'il m'avait appelé lui-même à y entrer ; mais je ne crois pas qu'il l'ait fait. » Peut-être est-ce que tu ne veux pas le voir. Et d'ailleurs, si le Seigneur ne t'a pas déjà appelé, moi je t'appelle en son nom aujourd'hui. Prends ta crois et suis Jésus-Christ ! Ne consulte plus la chair et le sang, mais décide-toi à être désormais compté parmi les plus méprisés, les plus honnis de ses disciples, à être regardé « comme les balayures du monde et le rebut de toute la terre (1 Co 4.13) ! » Je t'adresse un appel encore plus spécial, à toi qui jadis soutenais les bras de ces ouvriers du Seigneur et qui maintenant t'es retiré. Prends courage et fortifie-toi ! Viens rendre leur joie parfaite en leur apportant de nouveau une coopération cordiale ! Qu'ils sentent que, « si tu as été séparé d'eux pour quelque temps, c'était afin qu'ils te recouvrassent pour toujours. (Ph 1.15) ! » Oh ! ne « résiste point à la vision céleste (Ac 26.19) » Et pour vous qui comprenez à quoi vous avez été appelés, considérez tout le reste comme une perte, si vous pouvez sauver une âme pour laquelle Jésus-Christ est mort ! « Ne soyez point en souci pour le lendemain (Mt 6.34), » tandis que vous vaquez à celte œuvre ; mais « déchargez-vous sur lui de tous vos soucis, parce qu'il a soin de vous (1 P 5.7) ! », « Recommandez lui, comme au Créateur fidèle » et miséricordieux, « vos âmes (1 P 4.19), » vos corps, vos biens, enfin tout !

SERMON 53

A l'occasion de la mort de Whitefield

Que je meure de la mort des hommes droits, et que ma fin soit
semblable à la leur.
—Nombres 23.10—

Sermon prêché par deux fois le dimanche 18 novembre 1770, dans deux chapelles de Londres, et une troisième fois, le 23, dans la ville de Greenwich.

1. « Que ma fin soit semblable à la sienne ! » Tel est, à coup sûr, le vœu formé par beaucoup d'entre vous. Peut-être n'y en a-t-il guère, dans cette nombreuse assemblée, qui ne le fasse pas. Puisse ce désir s'entretenir en vous, et ne jamais cesser jusqu'à ce que vous soyez parvenus, vous aussi, « là où les méchants ne tourmentent plus personne, et où ceux qui sont fatigués se reposent ! » (Jb 3.17)

2. Dans les circonstances spéciales qui nous réunissent, vous ne vous attendez pas à une étude complète de notre texte. Cela détournerait trop longtemps vos pensées de l'objet qui les remplit, objet triste et doux en même temps, le souvenir de celui en qui vous avez chéri un frère, un ami, un pasteur, je pourrais dire un père ; car combien n'y en a-t-il pas ici qu'il a « engendrés en Jésus-Christ (1 Co 4.15) ? » Ce discours sera sans doute plus en rapport avec vos préoccupations et avec la solennité de la circonstance, si nous nous entretenons immédiatement de l'homme de Dieu qui, si souvent, vous a adressé la parole dans ce lieu de culte, et dont la vie se résume, vous le savez, dans ces mots : « Jésus-Christ est le même hier, aujourd'hui et éternellement ! » (He 13.8)

Il convient donc que d'abord nous rappelions quelques-uns des traits de sa vie et de sa mort ; qu'ensuite nous disions quelque chose de ses qualités distinctives ; et enfin que nous cherchions à profiter de l'événement solennel qui vient de l'enlever soudainement du milieu de nous.

I

1. Rappelons d'abord quelques détails relatifs à sa vie et à sa mort. Il naquit à Gloucester, en décembre 1714, et, à l'âge de douze ans, il entra dans l'école secondaire de cette ville. Il avait dix-sept ans lorsqu'il commença à s'occuper sérieusement de religion et à servir Dieu du mieux qu'il savait. Vers l'âge de dix-huit ans, il se rendit à l'université d'Oxford, et fut admis dans le collège de Pembroque. Un an plus tard, il faisait connaissance avec ceux qu'on appelait les méthodistes et, à partir du premier jour, il les aima comme sa propre âme.

2. Ce fut par leur moyen qu'il arriva à la conviction qu'il nous faut naître de nouveau, ou bien notre religion n'étant qu'extérieure, ne nous servira de rien. Il s'associa avec eux pour jeûner, le mercredi et le vendredi, pour visiter les malades et les prisonniers, et pour « ramasser les miettes » (Jn 6.12) du temps, afin qu'aucun moment ne se perde. Il modifia la direction de ses études et se mit à lire surtout des livres qui allaient droit au cœur de la religion, qui menaient directement à connaître par expérience Jésus-Christ et Jésus-Christ crucifié.

3. Bientôt il fut éprouvé comme par une fournaise. Non seulement il dut faire le sacrifice de sa réputation et voir quelques-uns de ses meilleurs amis lui tourner le clos, mais il passa par des épreuves intérieures, extrêmement pénibles. Il resta sans dormir pendant bien des nuits ; et, pendant bien des jours, il demeura prosterné sur le sol. Mais, après avoir gémi plusieurs mois sous le

joug de « l'esprit de servitude » ; il sentit que Dieu enlevait son fardeau écrasant et lui donnait « l'Esprit d'adoption (Rm 8.15), » en lui faisant la grâce de s'attacher ; par une foi vivante, à « son Fils bien-aimé » (Col 1.13)

4. On crut qu'un changement d'air était nécessaire pour le rétablissement de sa santé, qui avait beaucoup souffert, et il se rendit à Gloucester, où Dieu lui accorda de contribuer à réveiller plusieurs jeunes personnes. Celles-ci formèrent bientôt, en se groupant, une petite société ; ce furent là les prémices de son ministère. Peu de temps après, il commença à faire, deux ou trois fois par semaine, des lectures à quelques pauvres gens de la ville, et chaque jour il allait lire et prier avec ceux qui étaient détenus dans la prison du comté.

5. Il avait alors environ vingt et un ans, et on le pressait d'entrer dans les rangs du clergé. Mais il hésitait fort à le faire, se sentant insuffisant pour cette œuvre. L'évêque le fit appeler et lui dit : « J'avais résolu de ne consacrer personne avant l'âge de vingt-trois ans ; mais je vous consacrerai dès que vous voudrez. » Cela, joint à diverses autres circonstances providentielles, le décida à accepter, et il fut consacré le dimanche de la Trinité 1736 (Dimanche après celui de Pentecôte). Le dimanche suivant, il prêcha devant un auditoire très nombreux, dans l'église même où il avait été baptisé. Dans la semaine qui suivit, il retourna à Oxford et y prit son grade de bachelier. À partir de ce moment, il trouva là abondance d'occupations ; car c'était surtout à lui qu'on laissait le soin des pauvres et des prisonniers.

6. Mais, peu de temps après, il fut invité à aller remplacer à Londres un de ses amis qui se rendait, à la campagne. Il y passa deux mois, pendant lesquels il logeait à la Tour de Londres ; et, deux fois par semaine, il présidait un service liturgique dans la chapelle de la Tour ; il y faisait le catéchisme et y prêchait une fois, et de plus il visitait les soldats dans leurs casernes et à l'infirmerie. Outre cela, il tenait chaque soir un culte dans la chapelle de Wapping, et chaque mardi il prêchait, dans la prison de Ludgate. Tandis qu'il était à Londres, il reçut de ses amis qui étaient en Géorgie (Les deux frères Wesley étaient partis comme chapelains de la nouvelle colonie qui s'était formée en Géorgie, (Amérique du Nord)) des lettres qui lui firent désirer d'y aller pour les aider ; mais, n'étant, pas bien convaincu que Dieu l'y appelât, il retourna, au bout de ces deux mois, à Oxford, pour y reprendre sa petite œuvre. Plusieurs jeunes gens s'y réunissaient tous les jours dans son appartement, pour s'affermir mutuellement dans leur très sainte foi.

7. Mais il dut bientôt tout quitter, étant appelé à desservir temporairement la paroisse de Dummer, dans le Hampshire. Dans cette Église, il présidait un culte deux fois par jour, le matin de bonne heure et le soir quand les gens étaient de retour de leurs travaux. Chaque jour aussi, il donnait une instruction religieuse aux enfants et visitait les familles « de maison en maison (Ac 20.20). » A. cette époque, il divisait sa journée en trois portions : huit heures pour le sommeil ou les repas, huit heures pour l'étude et le recueillement, huit heures pour le culte public, les catéchismes et les visites. Un serviteur fidèle de Jésus-Christ et de son Église pourrait-il mieux agir ? Si l'on admet que c'est impossible, alors nous dirons : « Va et fais de même ! » (Lc 10.37)

8. Mais la pensée qu'il devait aller à l'étranger le poursuivait. Étant à ce moment-là bien convaincu que Dieu l'y appelait, il lit tous ses préparatifs et se rendit à Gloucester, en janvier 1737, pour y prendre congé de ses amis. Ce fut au cours de ce voyage que Dieu commença à bénir extraordinairement son ministère. Partout où il prêcha, à Gloucester, à Stotnehouse, à Bath, à Bristol, des foules d'auditeurs accoururent, à tel point qu'on pouvait à peine endurer la chaleur dans les églises. Les impressions produites sur l'esprit de beaucoup de personnes furent très remarquables. Quand il fut de retour à Londres, où le général Oglethorpe le retint semaine après semaine et mois après mois, le Seigneur daigna bénir encore davantage sa prédication. Il se montrait infatigable ; le dimanche il prêchait en général quatre fois, sans parler des prières liturgiques qu'il lisait deux ou trois fois en public, et sans compter qu'il faisait souvent seize à dix-huit kilomètres.

9. Le 28 décembre, il quitta Londres. Ce fut le 29 que, pour la première fois, il prêcha sans le secours de notes écrites. Le 30 décembre, il s'embarqua ; mais un mois s'écoula avant que le bateau perdit de vue les côtes. Cette traversée si longue eut d'heureux effets, comme le montre ce qu'il écrivit au mois d'avril : « Béni soit Dieu ! Nous sommes maintenant très heureux dans le grand salon du bateau. On n'y parle plus guère que de Dieu et de Jésus-Christ ; quand nous y

sommes réunis, on s'entretient presque uniquement de choses qui se rattachent, soit à notre chute par le premier Adam, soit à notre nouvelle naissance par le second. » Ils s'arrêtèrent quelque temps à Gibraltar, et cela aussi paraît avoir été un arrangement providentiel ; car, dans cette ville, tant les civils que les militaires, riches et pauvres, jeunes et vieux, tous « reconnurent le temps où ils étaient visités (Lu 19.44). »

10. A partir du dimanche 7 mai 1738 et jusqu'à la fin d'août de la même année, il remplit les devoirs de son ministère dans la Géorgie, et en particulier à Savannah. Chaque jour, il présidait le culte par deux fois et y expliquait la parole de Dieu ; puis il visitait les malades. Le dimanche, il expliquait la parole de Dieu à cinq heures du matin ; à dix heures du matin et à trois heures de l'après-midi, il lisait les prières et prêchait ; dans la soirée, à sept heures, il expliquait le caté-chisme de l'Église. Nos collègues dans le ministère en Angleterre en Écosse, en Irlande trouveront sans doute qu'il est plus facile de critiquer un pareil ouvrier du Seigneur que d'imiter son exemple.

11. Il fut frappé de la triste situation où se trouvaient beaucoup d'enfants dans ce pays, et Dieu lui mit au cœur la pensée d'y fonder un orphelinat. Dans ce but, il songea à collecter des fonds en Angleterre, si le Seigneur lui accordait un heureux retour. Au mois de décembre, il se trouvant rentré à Londres, et le dimanche 14 janvier 1730, il reçut les ordres de la prêtrise (L'Église anglicane a retenu des expressions qui chez nous, appartiennent au catholicisme romain – Trad.) dans l'église du Christ à Oxford. Le jour suivant, il retourna à Londres, où il prêcha deux fois le dimanche 21. Bien que les églises fussent vastes et que les auditeurs fussent entassés, des cen-taines de gens restaient dehors dans les cimetières, autour des églises ; des centaines retournaient chez eux, sans avoir pu entrer. C'est ce qui lui donna la première idée de prêcher en plein air. Mais quand il en parla à quelques-uns de ses amis, cela leur parut une folie ; il n'exécuta donc point ce projet pendant son séjour à Londres. Ce fut un mercredi, le 21 février, à Bristol, que, trouvant fermées les portes de toutes les églises (sans compter qu'aucune n'eut pu contenir la moitié de l'auditoire), il se rendit à trois heures de l'après-midi à Kingswood, où il prêcha dans la campagne à environ deux mille personnes. Le vendredi, il y prêcha à quatre à cinq mille ; le di-manche suivant, à dix mille, autant qu'on en put juger. Le nombre de ses auditeurs alla en aug-mentant pendant tout le temps qu'il passa à Bristol, et, il s'est allumé là un foyer d'amour céleste qui ne s'éteindra pas de sitôt. Les mêmes effets se produisirent ensuite en diverses partie du pays de Galles et des comtés de Gloucester et de Worcester. De fait, Dieu confirma le témoignage ren-du par son envoyé, partout où il passa.

12. Le dimanche 29 avril, il prêcha pour la première fois à Moorfields et sur le communal de Kennington (A Londres), et les milliers de gens qui l'écoutèrent là furent aussi tranquilles que si l'on avait été dans l'enceinte d'un temple. Se voyant de nouveau retenu en Angleterre, mois après mois, il fit de petits voyages dans différents comtés, et reçut les offrandes empressées de la multi-tude en faveur de son orphelinat de la Géorgie. À cette époque, le gouvernement mit l'embargo (Défense de sortir des ports ; on faisait cela en vue de réquisitionner les services des vaisseaux qui seraient jugés utiles – Trad.) sur les vaisseaux, ce qui empêcha notre frère de partir et lui donna l'occasion de faire, dans diverses portions de l'Angleterre, des tournées pour lesquelles beaucoup d'âmes rendront grâces à Dieu pendant toute l'éternité. Il s'embarqua finalement le 14 août ; mais il n'aborda en Pennsylvanie, que le 30 octobre. Il traversa les colonies de Pennsylvanie de New-Jersey, de New York, de Maryland, de Virginie et les Carolines du Nord et du Sud, prêchant partout, à des foules immenses, avec tout autant de bénédiction qu'en Angleterre. Le 10 janvier 1740, il parvint à Savannah.

13. Le 29 du même mois, il ajouta trois pauvres orphelins à une vingtaine d'autres qu'il avait déjà réunis. Le jour suivant, il traça le plan de son établissement, à environ 16 kilomètres de Sa-vannah. Le 11 février, il admit quatre orphelins de plus ; puis il partit pour Frédérica, en vue d'y recueillir quelques orphelins venus des régions méridionales de la colonie. À son retour, il établit une école pour enfants et pour adultes à Darien, et là encore il trouva quatre orphelins. Le 25 mars, il posa les fondements de l'orphelinat, auquel il donna le nom bien approprié de Béthesda. Bien des enfants encore à naître béniront Dieu de ce que cette œuvre a été commencée. Il avait dès lors près de quarante orphelins, et en tout presque une centaine de bouches à nourrir tous les

jours, Mais il ne s'inquiétait d'aucune chose, et se déchargeait de tout souci sur celui qui nourrit les petits du corbeau quand ils crient.

14. Au mois d'avril, il fit une nouvelle tournée en Pennsylvanie et dans les colonies de New Jersey et de New York. Des foules incroyables accouraient pour l'entendre, et, dans le nombre, des quantités de noirs. Partout la masse des auditeurs étaient touchés d'une façon merveilleuse. Beaucoup furent profondément convaincus de leur état de perdition ; beaucoup se convertirent sincèrement au Seigneur. Dans certaines localités, des milliers de personnes poussaient des cris d'angoisse, et nombre d'entre elles semblaient à l'agonie, la plupart versant des torrents de larmes, quelques-unes devenant, pâles comme la mort, d'autres se tordant les mains, d'autres gisant à terre, d'autres encore tombant, entre les bras de leurs amis, et presque tous levant les yeux au ciel et implorant la miséricorde

15. Le 5 juin, il était de retour à Savannah. Dans la soirée du lendemain, pendant le culte public, tout l'auditoire, tant les vieux que les jeunes, fondit larmes, et, à l'issue du service ; plusieurs de ses paroissiens et aussi toute sa propre famille, surtout les petits enfants, rentrèrent chez eux en pleurant tout le long du chemin, et même quelques-uns ne pouvaient s'empêcher de prier à haute voix. Les sanglots et les pleurs des enfants continuèrent pendant toute la nuit, et pendant une bonne partie de la journée suivante.

16. Au mois d'août, il se remit, en route et, traversant diverses provinces, il parvint à Boston. Pendant le temps qu'il passa là ou dans des localités voisines, il eut à endurer une grande faiblesse physique, ce qui n'empêcha point les auditoires d'être si considérables et si extraordinairement affectés par la prédication que, de mémoire d'homme, on n'avait rien vu de pareil dans le pays. La même démonstration de puissance accompagna sa parole à New York, et tout particulièrement le dimanche 2 novembre. Il avait à peine commencé de parler que de tous côtés on entendit des cris, des pleurs, des sanglots. Beaucoup tombèrent à terre. Le cœur transpercé ; mais beaucoup aussi furent remplis des consolations divines. Vers la fin de ce voyage, il faisait les réflexions suivantes : « Il y a soixante-cinq jours que j'arrivai à Rhode Island, extrêmement affaibli dans mon corps. Cependant Dieu m'a donné la force de prêcher dans cet intervalle cent soixante et quinze fois en public, sans compter de nombreuses exhortations en particulier. Jamais Dieu ne m'avait accordé tant de bonheur ; jamais je n'ai éprouvé moins de fatigue en voyageant ; jamais je n'ai joui si constamment du sentiment de la présence de Dieu, au milieu des assemblées auxquelles je prêchais. » Au mois de décembre, il revint à Savannah, et, en mars de l'année suivante, il se trouvait de nouveau en Angleterre.

17. Vous aurez compris déjà que le récit que je viens de vous faire est tiré principalement du journal de sa vie, journal qui, par sa simplicité naïve et exempte de toute affectation, se place au premier rang parmi les écrits de ce genre. Et ce qui précède est un échantillon fidèle de ses travaux en Europe et en Amérique pendant les trente années qui ont suivi, comme aussi des pluies continuelles de bénédictions que le Seigneur a répandues comme récompense des efforts de son serviteur. N'est-il pas bien regrettable qu'il se soit laissé arrêter dans la rédaction de ce journal et ne l'ait reprise que vers l'époque où Dieu allait le rappeler à lui pour le faire jouir du fruit de ses travaux ? Mais s'il a laissé d'autres écrits de cette nature, et si ses amis me jugent digne de cet honneur, je me ferais un plaisir, et ce serait pour moi une gloire, de les mettre en ordre, de les transcrire et de les préparer en vue de leur publication.

18. Un monsieur qui habite Boston nous fournit les détails qui suivent sur les derniers moments de Whitefield :

« Après avoir passé environ un mois avec nous, à Boston ou dans le voisinage, prêchant tous les jours pendant ce temps, il se rendit à Old-York et y prêcha le jeudi 27 septembre. De là il alla à Portsmouth et y prêcha le vendredi. Il se mit en chemin pour Boston le samedi matin ; mais avant qu'il fût arrivé à Newbury, où il avait promis de prêcher dans la matinée du lendemain, on insista pour qu'il donnât une prédication en route ; et, la maison où il était ne pouvant contenir la foule, ce fut dans un champ, en plein air, qu'il prêcha. Mais il était indisposé depuis plusieurs semaines, et cet effort l'épuisa tellement qu'en arrivant à Newbury, il fallut que deux hommes l'aidassent à sortir du bac. Cependant il se remit dans la soirée et retrouva son entrain habituel. Il se retira dans sa chambre à neuf heures, selon son usage, auquel il ne dérogeait pour personne, et il reposa mieux qu'il n'avait fait depuis plusieurs semaines. Le 30 septembre, il se leva à quatre heures du matin, et entra dans son cabinet pour prier ; son compagnon de voyage remarqua qu'il y était resté beaucoup plus longtemps que d'habitude, Quand il en sortit et vint retrouver son compagnon, il se jeta sur le lit et y demeura à peu près dix minutes. Puis il se mit à genoux et demanda au Seigneur avec beaucoup d'ardeur que, si c'était selon sa volonté, il lui permit d'achever ce jour-là son ministère. Il chargea ensuite son serviteur d'appeler M. Parsons, le pasteur chez qui il était logé ; mais une minute plus tard, avant l'arrivée de Parsons, il expirait, sans avoir poussé un gémissement ou un soupir. En apprenant la nouvelle de sa mort, six messieurs partirent pour Newbury afin de ramener ici sa dépouille mortelle ; mais il ne fut pas possible de la transporter, de telle sorte que ses cendres vénérées reposeront à Newbury. Le fait qu'on s'attendait à ce qu'il fût enterré ici, a empêché des centaines de personnes de Boston d'assister à son ensevelissement. Que cette dispensation de la Providence soit sanctifiée pour l'Église de Dieu tout entière, et en particulier pour cette province-ci ! »

II

1. Nous voudrions maintenant rappeler quelques traits de son caractère. La Gazette de Boston publia, à l'époque de sa mort, une courte notice à laquelle nous empruntons ce qui suit :

« Pendant bien des années qu'il déployait dans son ministère public, ont été un sujet d'étonnement pour le monde entier. C'était du cœur que venaient ses discours, et pareille ferveur ne fut peut-être jamais vue depuis le temps des apôtres. Il n'avait point de rival comme prédicateur et pour l'influence qu'il exerçait sur d'immenses auditoires. Sa conversation particulière n'était pas moins agréable et instructive que ses prédications ; il avait une remarquable facilité d'expression, il aimait à s'entretenir, et il visait à l'édification. Puisse la génération naissante conserver quelques étincelles du feu sacré dont brûlait ce fidèle serviteur du Très-Haut et qui jetait un éclat si brillant et si pur sur son caractère et sur sa vie ! »

2. Un journal anglais a publié une appréciation plus détaillée et non moins exacte, que vous me permettrez de reproduire en substance :

« Le souvenir de cet éminent chrétien mérite d'être gravé dans le cœur de tous ceux qui aiment une religion vivante et efficace. En dépit d'une constitution qui était faible, Whitefield a continué jusqu'à son dernier jour à prêcher plus fréquemment et avec plus de chaleur qu'on ne serait en droit de l'attendre même des plus robustes. Appelé à remplir cette fonction à un âge où la plupart des jeunes gens commencent seulement à s'y préparer, il n'avait pas eu le temps d'étudier à fond les langues sacrées. Mais cette lacune fut comblée amplement par son talent plein de vie et de fécondité, par son zèle ardent, et par sa parole puissante et persuasive. Bien qu'en chaire il crût devoir souvent, « sachant quelle est la crainte qu'on doit avoir du Seigneur, tacher d'en persuader les hommes (1 Co 5.11), » il n'avait cependant rien de triste dans le caractère ; il était au contraire d'une humeur gaie, et ses dispositions naturelles étaient douces, et même tendres. Ceux qui s'adressaient à lui le trouvaient tout aussi prêt à s'occuper de leurs nécessités matérielles que de leurs besoins spirituels. Il est bon aussi de constater qu'il insistait constamment auprès de ses auditeurs sur l'importance de tous les devoirs moraux, et en particulier sur la nécessité d'être diligent dans la vocation ou le métier qu'on exerce, et sur celle d'obéir à ceux qui sont nos supérieurs. Par son activité extraordinaire dans la prédication en divers lieux, et même en plein air, il s'efforçait d'atteindre les classes inférieures de la population qui étaient plongées dans l'indifférence et l'ignorance les plus profondes, et de réveiller chez elles le sentiment religieux. »

« A cause de ces efforts et des autres travaux auquel, il s'est consacré, George Whitefield vivra longtemps dans notre souvenir, entouré de notre estime et de notre vénération. »

3. On ne peut nier que ces appréciations ne soient exactes et impartiales, aussi loin qu'elles vont ; mais elles ne vont guère plus loin que la surface de son caractère ; elles vous montrent le prédicateur, mais non l'homme, le chrétien, le saint. Me sera-t-il permis de compléter son portrait de ce côté-là, en mettant à profit une connaissance personnelle de près de quarante ans ? Je sens bien qu'il est difficile de parler convenablement sur un point si délicat, et qu'on a besoin de beaucoup de prudence pour éviter les deux extrêmes et n'en dire ni trop ni trop peu. Il y a plus : je sais

qu'il est impossible de parler dans un sens ou dans l'autre, sans s'exposer à être accusé, par les uns d'en avoir trop dit, par les autres de n'en avoir pas dit assez. Mais, sans m'arrêter à cela, je dirai ce que je sais et rien de plus, comme en la présence de celui auquel nous devons tous rendre compte,

4. Nous avons signalé son zèle incomparable, son infatigable activité, sa sympathie pour les affligés, sa charité envers les pauvres. Mais ne rappellerons-nous pas également sa reconnaissance profonde à l'égard de tons ceux dont Dieu s'était servi pour lui faire du bien, et comment il n'a jamais cessé jusqu'à son dernier jour d'en parler avec la plus grande considération ? Ne rappellerons-nous pas qu'il avait un cœur capable de l'amitié la plus généreuse et la plus tendre ? Il m'est souvent arrivé de penser que ce dernier trait était le trait caractéristique de son individualité. Chez combien d'hommes avons-nous rencontré autant de bienveillance, des affections aussi larges, aussi expansives ? N'est-ce pas surtout cela qui lui attirait et lui attachait les cœurs d'une façon si étonnante ? Autre chose que l'amour peut-il engendrer l'amour ? Cette bonté brillait sur son visage, s'exprimait par toutes ses paroles, soit en public, soit en particulier. N'est-ce pas elle qui, rapide et envahissante comme l'éclair, courait d'un cœur à l'autre, animant ses sermons, ses entretiens, ses lettres ? À vous de répondre ! »

5. Loin de nous les commentaires de ces esprits corrompus qui ne connaissent qu'un amour terrestre et sensuel ! Il ne faut point oublier de dire que, chez notre frère, on rencontrait la modestie la plus délicate, la plus parfaite. Son ministère l'appelait fréquemment à avoir de longues conversations, non seulement avec des hommes, mais aussi avec des femmes de tout âge et de tout rang. Ses rapports avec elles réalisaient pleinement les recommandations faites par saint Paul à Timothée :

« Exhorte les femmes âgées comme des mères, les jeunes comme des sœurs, avec une entière pureté (1 Tm 5.2). »

6. Et, d'un autre côté, à ces dispositions aimables s'alliaient harmonieusement la franchise et la sincérité de ses conversations ; mais il ne tombait pas davantage dans la brusquerie que dans la dissimulation. Cette franchise elle-même n'était-elle pas une preuve, en même temps qu'un fruit, de son courage, de son intrépidité ? C'est parce qu'il était revêtu de ces qualités qu'il n'avait peur de personne et parlait très simplement, très librement à tous, quel que fût leur rang ou leur position sociale, aux grands comme aux petits, aux riches comme aux pauvres ; sa seule préoccupation était de « se rendre recommandable à la conscience de tous les hommes devant Dieu, par la manifestation de la vérité (2 Co 4.2) . »

7. Il ne redoutait pas davantage les travaux ou les souffrances qu'il ne craignait « ce que peut faire l'homme (Ps 118.6), il se montrait aussi patient pour endurer les maux que persévérant dans l'accomplissement des bonnes œuvres. De là cette constance qu'il a fait paraître dans tout ce qu'il avait entrepris au nom de son Maître. Je n'en citerai qu'un exemple, l'orphelinat de la Géorgie, qu'il fonda et acheva malgré toutes sortes de découragements. Pour ce qui ne touchait qu'à lui il se montrait souple et, accommodant, il se laissait facilement persuader et gagner. Mais dès qu'il s'agissait des intérêts du Seigneur, ou que sa conscience était en jeu, il était inébranlable. Personne n'eut pu l'entraîner, soit par des raisonnements, soit en l'intimidant, à s'écarter tant soi peu de cette intégrité qui était à la base de son caractère moral tout entier et qui déterminait toutes ses paroles et tous ses actes. Sur ce point-là il était, « ferme comme un pilier de fer, aussi résistant qu'une muraille d'airain ».

8. Si maintenant on se demande d'où venaient cette intégrité, cette sincérité, ce courage, cette patience, et tant d'autres qualités aimables et précieuses, la réponse est facile. Cela ne venait pas de ce qu'il possédait un excellent naturel ou une intelligence hors ligne ; ce n'était pas non plus le fruit de l'éducation ou de l'influence de ses amis ; non, cela provenait de sa foi à un Sauveur crucifié, d'une foi qui était l'œuvre de Dieu. Cela venait de ce qu'il avait « une espérance vive de posséder l'héritage qui ne se peut corrompre, ni souiller ; ni flétrir (1 P 1.3, 4). » de ce que « l'amour de Dieu avait été répandu dans son cœur par le Saint-Esprit qui lui avait été donné (Rm 5.5 » et remplissait son âme d'une affection tendre et généreuse pour tous ses semblables. C'est de là que, comme d'une source, jaillissait ce torrent d'éloquence qui souvent semblait tout entraîner ; de là aussi ce don merveilleux de persuasion qui triomphait de la résistance des pêcheurs les

plus endurcis. Cela explique pourquoi si fréquemment « sa tête se fondait en eau et ses yeux étaient une vive fontaine de larmes (Jr 9.1) ; » et comment son âme pouvait s'épancher dans la prière d'une façon tout à fait unique, avec tant d'abondance et d'abandon, avec tant de force et de variété dans les expressions comme dans les pensées.

9. Pour terminer ce que je voulais dire sur ce point, laissez-moi vous faire remarquer quel honneur Dieu accorda à ce fidèle serviteur en l'appelant à proclamer son Évangile éternel en tant de pays divers, à de si grandes multitudes, avec des effets si puissants sur tant d'âmes précieuses ! Avons-nous appris, par l'histoire ou autrement, qu'il y ait eu quelqu'un, depuis le temps des apôtres, qui ait annoncé la bonne nouvelle de la grâce divine dans un rayon aussi étendu, sur une portion aussi considérable de la surface du globe ? Quelqu'un à qui il ait été donné d'appeler au repentant tant de milliers, tant de myriades de pécheurs ? Connaissez-vous un instrument béni davantage par le Seigneur pour, faire passer des âmes en grand nombre « des ténèbres à la lumière et de la puissance de Satan à Dieu (Ac 26.18) ? » Je n'oublie pas qu'en parlant ainsi nous ferions aux esprits frivoles du monde l'impression de gens sans culture, de vrais barbares. Mais vous, mes frères, vous comprenez ce langage ; car c'est celui de la patrie vers laquelle vous marchez et où notre ami bien-aimé nous a précédés de quelques pas seulement.

III

Que ferons-nous pour mettre à profit cet événement solennel ? Tel est le troisième point que nous sommes appelées à examiner ensemble. La réponse à une question si sérieuse est pourtant facile (et que Dieu veuille la graver dans tous nos cœurs !) : il faut demeurer attachés aux doctrines importantes que notre frère a prêchées, et être animés du même esprit que lui.

1. Et d'abord, restons attachés aux importantes doctrines bibliques qu'il a partout enseignées. Certaines doctrines n'ont pas un caractère très essentiel, et relativement à elles, grâce à l'état d'infirmité où se trouve l'intelligence humaine, il y a, comme il y a eu depuis des siècles divergence d'opinion parmi les vrais enfants de Dieu eux-mêmes. Quant à ces doctrines, nous pouvons réserver notre manière de voir et nous devons respecter celle des autres ; qu'il soit entendu que sur ces points-là on peut n'être pas d'accord. Mais retenons d'autant plus fermement les éléments essentiels de « la foi qui a été donnée une fois aux saints (Jude 1.3), » ces choses sur lesquelles ce vaillant soldat de Jésus-Christ insistait partout et toujours !

2. L'article fondamental, c'était pour lui ceci : « Attribuer à Dieu toute la gloire de tout le bien qui peut se trouver en l'homme » ; ou encore : « Mettre, dans l'œuvre de notre salut, Jésus-Christ aussi haut que possible, l'homme aussi bas que possible ». Ce fut là son point de départ, et ce fut celui de ses amis d'Oxford, les premiers méthodistes, comme on les appela. Leur grand principe, c'était que l'homme n'a par lui-même ni force ni mérites. Ils soutenaient que c'est de l'Esprit de Christ seul que vient le pouvoir de penser, de parler, d'agir comme il faut, et qu'il n'y a des mérites que dans le sang de Jésus, et point en l'homme, quel que soit le degré de grâce qu'il ait atteint. Aussi notre frère enseignait avec ses amis que, s'il ne l'a reçue d'en haut, l'homme n'a pas la puissance de produire une seule bonne œuvre, de prononcer une seule bonne parole, de concevoir un seul bon désir. Il ne suffit pas, en effet, de dire que le péché a rendu tous les hommes malades ; le fait est que nous sommes tous « morts dans nos fautes et dans nos péchés (Ep 2.1). » D'où il suit que tous les enfants des hommes sont « naturellement des enfants de colère (Ep 2.3). » Nous sommes tous « coupables devant Dieu (Rm 3.19), » tous en danger de mort, temporelle et éternelle.

3. Nous sommes tous également incapables de nous soustraire, soit à notre culpabilité, soif à l'empire du péché. Car « qui est-ce qui tirera une chose nette de ce qui est souillé ? Personne » (Jb 14.4) que le Tout-Puissant ! Qui pourrait ressusciter ceux qui sont morts, dont l'âme est morte par le péché ? Celui-là seul qui nous a tirés de la poussière de la terre. Mais en considération de quoi le fera-t-il ? Ce ne sera pas « à cause des œuvres de justice que nous aurions faites (Tt 3.5). » « Les morts ne loueront point l'Éternel (Ps 115.17) ; » ils ne peuvent rien faire qui leur obtienne la grâce d'une résurrection. Aussi, tout ce que Dieu fait à cet égard, il le fait uniquement pour l'amour de son Fils bien-aimé, qui « a été navré pour nos forfaits et frappé pour nos iniquités (És 53.5), » qui « a porté nos péchés en son corps sur le bois (1 P 2.24), » qui « a été livré pour nos offenses et qui

est ressuscité pour notre justification (Rm 4.25). » Telle est la seule source de mérites et de grâces que nous possédions, la seule que nous puissions avoir ; telle est en particulier la source de notre pardon, de notre réconciliation avec Dieu, de notre justification pleine et entière. Mais par quel moyen arrivons-nous à avoir part à ce que Jésus-Christ a fait et a souffert ? « Ce n'est point par les œuvres, afin que personne ne se glorifie (Ep 2.9) ; » c'est par la foi seule. « Nous concluons donc, dit l'Apôtre, que l'homme est justifié par la fois sans les œuvres de la loi (Rm 3.27). » Et « à tous ceux qui l'ont rem (Deutéronome cette manière), il leur a donné le droit (la puissance) d'être faits enfants de Dieu, savoir à ceux qui croient en son nom, qui ne sont point nés . . . de la volonté de l'homme, mais de Dieu (Jn 1.12, 13). »

4. « Si (Deutéronome cette manière-là) un homme ne naît de nouveau, il ne peut voir le royaume de Dieu (Jn 3.3). » Mais tous ceux qui sont ainsi « nés de l'Esprit » (Jn 3.6) ont « le royaume de Dieu au dedans d'eux (Lc 17.21 – d'après la version anglaise). » Jésus établit son règne dans leurs cœurs ; et ce règne « consiste dans la justice, dans la paix, et dans la joie par le Saint-Esprit (Rm 14.17). » Ils ont « les mêmes sentiments que Jésus-Christ a eus (Ph 2.5) ; » et cela les rend capables de « marcher comme il a marché lui-même (1 Jn 2.6). » Son Esprit qui habite en eus les rend saints intérieurement, par le cœur, mais aussi « saints dans toute leur conduite (1 P 1.15). » Toutefois, puisque tout cela est le don gratuit de Dieu, procuré par la justice et le sang de Jésus-Christ, il y aura toujours également lieu de dire : « Que celui qui se glorifie, se glorifie dans le Seigneur (1 Co 1.31). »

5. Vous n'ignorez pas que c'est sur ces doctrines fondamentales que notre frère insistait partout. Et ne peut-on pas les résumer en ces deux expressions, la nouvelle-naissance et la justification par la foi ? Insistons donc, nous aussi, sur ces choses avec une pleine hardiesse, en tout temps et en tout lieu, soit en public pour ceux d'entre nous qui sont appelés à le faire, soit en particuliers quand l'occasion s'en présente. Demeurez attachés à ces bonnes vieilles doctrines qui ne sont guère à la mode et ne vous inquiétez ni des contradictions ni des calomnies. Avancez donc, mes frères, avancez au nom du Seigneur et par sa force toute-puissante. Appliquez-vous diligemment à « gardez le bon dépôt (2 Tm 1.14), » sachant que la terre et les cieux passeront, mais que cette vérité ne passera point.

6. Mais suffit-il de rester attaché aux doctrines qu'il prêchait, si pures qu'elles fussent ? N'est-il pas encore plus important d'être animés du même esprit que lui, d'être ses imitateurs en cela comme il le fut de Christ ? S'il n'en était ainsi, la pureté des doctrines professées par nous ne ferait qu'augmenter notre condamnation. Voilà donc ce qu'il y a de plus essentiel, être animés du même esprit que lui. Et s'il est vrai que, sur certains points, nous devrons nous contenter de l'admirer sans être en état de l'imiter, nous pourrons néanmoins en beaucoup d'autres participer aux mêmes grâces et aux mêmes bénédictions que lui. Si vous sentez vos besoins et croyez à l'amour généreux du Seigneur « qui donne à tous libéralement et sans rien reprocher (Jc 1.5), » implorez celui qui opère tout en tous afin d'obtenir une mesure de cette foi précieuse, de ce zèle et de cette activité, de cette tendresse de cœur, de cette charité, de ces « entrailles de miséricorde (Col 3.12). » Luttez avec Dieu pour recevoir quelque chose de ces dispositions reconnaissantes, amicales, affectueuses, quelque chose de cette droiture, de cette simplicité, de cette sincérité chrétienne, de cet « amour sans hypocrisie. » (1 P 1.22) Luttez jusqu'à ce que la puissance d'en haut ait produit en vous le même courage et la même patience, et, par-dessus tout, puisque c'est là comme le couronnement de tout, la même intégrité à toute épreuve !

7. N'y a-t-il pas encore quelque fruit de la grâce divine qui ornait spécialement l'âme de notre frère et dont il déplorait fréquemment et hautement l'absence chez les enfants de Dieu ? Oui, il y en avait un, L'amour fraternel pour tous, cette affection sincère et tendre que nous devrions éprouver pour tous ceux que nous croyons enfants du Seigneur par la foi, pour tous ceux qui, quelle que soit la dénomination qu'ils portent, « craignent Dieu et s'adonnent à la justice (Ac 10.35). » Il eût voulu voir tous ceux « qui ont goûté la borne parole de Dieu » (He 6.5) animés de cet esprit de largeur chrétienne qui est si mal compris et surtout si peu pratiqué, même parmi beaucoup de ceux qui en parlent constamment. Où sont-ils les hommes qui ont ces dispositions, qui montrent une vraie largeur chrétienne, qui aiment comme des amis, comme des frères dans le Seigneur, comme des co-partageants du royaume des cieux sur la terre et des co-héritiers du

royaume éternel, tous ceux qui, quelles que soient leurs opinions, les formes de leur culte ou la communion particulière à laquelle ils se rattachent, croient au Seigneur Jésus, aiment Dieu et leurs semblables, cherchent à plaire à l'Éternel et craignent de l'offenser, s'abstiennent soigneusement du mal et sont zélés pour les bonnes œuvres ? Pour être un chrétien vraiment large, il faut porter ainsi tous ses frères dans son cœur constamment, éprouver une affection indicible pour eux, être si désireux de contribuer à leur bien-être qu'on ne cesse point de les recommander au Seigneur par des prières et de témoigner en leur faveur devant les hommes ; il faut leur parler selon leur cœur et tâcher, par tout ce qu'on peut dire, de fortifier leurs mains dans l'œuvre de Dieu. Il faut aussi leur aider, autant qu'on le peut en tout, soit matériellement, soit spirituellement ; il faut être prêt à donner et à se donner pour eux, et même à « donner sa vie pour ses frères » (1 Jn 3.16). »

8. Quel type aimable que celui que nous venons d'esquisser ! Combien chaque enfant de Dieu devrait chercher à le réaliser ! Pourquoi donc le rencontre-t-on si rarement ? Comment se fait-il que, lorsque nous avons goûté l'amour de Dieu, nous puissions nous donner quelque repos aussi longtemps que nous ne sommes pas tels ? Ah ! C'est que Satan a inventé un moyen bien subtil de prouver à des milliers de chrétiens qu'ils peuvent, sans être coupables, se dispenser de réaliser cet idéal. Je souhaite qu'il n'y en ait pas, parmi ceux qui sont ici présents, beaucoup qui aient été « pris dans ce piège du diable, pour faire sa volonté (2 Tm 2.26). « Peut-être quelqu'un dit-il : « Pour moi, j'aime ainsi tous ceux que je crois enfants de Dieu. Mais jamais je ne croirai qu'on peut être enfant de Dieu quand on appartient à cette secte abominable ! Croyez-vous qu'on puisse avoir ces opinions détestables et être un enfant de Dieu ? Qu'on puisse être enfant de Dieu et prendre part à un culte aussi absurde, aussi superstitieux et même idolâtre ? » C'est là essayer d'excuser un péché en y en ajoutant un nouveau. Pour nous justifier d'un manque de charité, nous en rejetons la faute sur les autres. Pour déguiser nos dispositions diaboliques, nous déclarons que nos frères sont enfants du diable. Oh ! Fuyez ce piège, et si vous y avez déjà été pris, sortez-en au plus tôt. Tâchez donc d'apprendre à aimer de cet amour plein de largeur chrétienne, qui « n'est point emporté », prompt à juger, de cet amour qui « ne soupçonne point le mal », qui « croit tout, espère tout (1 Co 13.4, 5, 7), » qui tient compte de toutes les circonstances pour les autres comme nous désirons qu'on en tienne compte pour nous-mêmes. Alors nous reconnaîtrons la grâce de Dieu en tout : homme qui la possède, sans nous arrêter, à ses idées particulières ou aux formes de son culte. Alors tous ceux qui craignent le Seigneur nous seront chers comme nos plus proches « dans les entrailles de Jésus-Christ (Ph 1.8 – d'après le texte grec). »

9. N'est-ce pas là l'esprit qui animait notre cher ami ? Pourquoi ne serait-ce pas aussi le nôtre ? O Dieu d'amour, jusqu'à quand ton peuple sera-t-il un objet de risée pour les païens ? Jusqu'à quand se moquera-t-on de lui en disant : « Voyez comme ils s'entr'aiment, ces chrétiens-ci ? » Quand donc ôteras-tu de dessus nous cet opprobre ? L'épée ne cessera-t-elle point de dévorer ? Quand commanderas-tu aux tiens de ne plus poursuivre l'un l'autre ? Maintenant même, que tout le peuple s'arrête et ne poursuive plus ses frères ! Quoi que fassent les autres, nous tous du moins, ô mes frères, entendons la voix de ce serviteur de Dieu qui, quoique mort, parle encore. Ne vous semble-t-il pas l'entendre vous dire : « Soyez désormais mes imitateurs comme je l'ai été de Christ. Qu'aucun frère ne lève plus l'épée contre son frère, et qu'on ne s'adonne plus à la guerre ! Revêtez-vous plutôt, comme étant les élus de Dieu, d'entrailles, de miséricorde, d'un esprit d'humilité, de bonté fraternelle, de douceur, de patience, vous supportant mutuellement par amour. Que le temps passé ait plus que suffi pour s'être haïs, jalousés et querellés, pour s'être mordus et dévorés les uns les autres ! Bénissez Dieu de ce que vous ne vous êtes pas entre-détruits depuis longtemps, et dorénavant conservez l'unité de l'Esprit par le lien de la paix ! »

10. Ô Dieu, rien n'est impossible pour toi : tu fais tout ce qu'il te plaît. Veuille donc faire tomber sur nous maintenant le manteau du prophète que tu viens d'enlever. « Où est l'Éternel, le Dieu d'Elie ? » (2 R 2.14) Que l'esprit de ton serviteur descende sur nous tes serviteurs ! Montre-nous que tu es le Dieu qui répond par le feu ! Que le feu de ton amour vienne embraser tous nos cœurs. Et puisque nous t'aimons, fais que nous nous aimions les uns les autres d'un amour plus fort que la mort ! « Que toute aigreur, toute animosité, toute colère, toute crierie, toute médisance et toute malice soient bannies du milieu de nous ! » (Ep 4.31) Que ton Esprit repose si puissam-

ment sur nous, qu'à partir de ce moment nous soyons « bons les uns envers les autres, pleins de compassion, nous pardonnant mutuellement, comme Dieu nous a pardonnés par Christ ! » (Ep 4.32)

CANTIQUE I

Cela va bien, serviteur du saint Maître !
De tes travaux le cours est terminé.
Tu combattis ; ta vainquis ; tu vas être
Par le seigneur de gloire couronné.
Dès maintenant ton âme les possède,
Ces biens du ciel désirés ici-bas.
Celui qui fut ton refuge et ton aide
T'a recueilli sur son sein, dans ses bras.

II

Dans son amour ce Sauveur charitable
Exauce ainsi tous tes vœux de ton cœur.
Sans longs délais il t'admet à sa table ;
De son repos tu jouis en vainqueur.
O messager de la paix, de la grâce,
Que sur les monts ils étaient beaux tes pieds !
Mais Jésus vit que ton âme était lasse ;
Il te fit signe : à ses pieds tu t'assieds.

III

Là haut ta voix s'unit aux voix des anges
Pour entonner le cantique nouveau ;
Mieux que jamais tu chantes les louanges
De Jéhovah, le Sauveur et l'Agneau !
Amis, ton âme enfin nage et se plonge
Dans l'océan de l'amour infini.
Et ton bonheur, ce n'est pas un vain songe
Tes yeux ont vu Jésus, le Roi béni !

IV

Oh ! quand là-haut irons-nous te rejoindre,
Loin des combats, dans le sein de Jésus ?
En y pensant notre exil semble moindre ;
Nos ennemis, nos dangers ne sont plus !
Viens donc, Seigneur, viens bientôt à notre âme
Ouvrir le ciel : « C'est assez ; monte ici ! »
Ton peuple élu t'adore et te proclame
Et nous voulons te louer aussi !

415

SERMON 65

Le devoir de réprimander notre prochain

N'aie aucune pensée de haine contre ton frère, mais n'hésite pas à réprimander ton compatriote pour ne pas te charger d'un péché à son égard.
—Lévitique 19.17—

Une grande partie du livre de l'Exode et presque tout le Lévitique retracent les cérémonies de la loi mosaïque, qui avait été donnée particulièrement aux enfants d'Israël, et laquelle était un tel joug, dit l'apôtre Pierre, que ni nos pères, ni nous, n'aurions pu le supporter. Nous en sommes donc délivrés : c'est là une branche de la liberté chrétienne que Christ nous a procurée. Il est cependant facile d'observer que plusieurs excellents préceptes moraux sont parsemés dans l'exposition de ces lois cérémonielles. Nous en trouvons plusieurs dans ce chapitre 19 ; ceux-ci, par exemple : Tu ne recueilleras point les grains de ta vigne, mais tu les laisseras au pauvre et à l'étranger ; je suis l'Éternel votre Dieu. Vous ne déroberez point, et aucun de vous ne mentira à son prochain. Tu n'opprimeras point ton prochain et tu ne le pilleras point : le salaire de ton mercenaire ne demeurera point chez toi jusqu'au lendemain. Tu ne maudiras point le sourd, et tu ne mettras rien devant l'aveugle qui le puisse faire tomber, mais tu craindras ton Dieu : Je suis l'Éternel. Vous ne ferez point d'iniquité en jugement ; tu n'auras point d'égard à l'apparence du pauvre, et tu n'honoreras point la personne du grand, ce à quoi poussent mille tentations. Tu n'iras point médisant ton peuple, crime que les lois humaines n'ont jamais pu prévenir. Viennent ensuite ces paroles. N'aie aucune pensée de haine contre ton frère, mais n'hésite pas à réprimander ton compatriote pour ne pas te charger d'un péché à son égard.

Pour bien comprendre cette importante direction, et pour que nous puissions l'appliquer salutairement à nos âmes, examinons ces trois points :

I. Que devons-nous réprimander ou reprendre ? Quelle est la chose ici prescrite ?

II. Quels sont ceux que nous avons reçu l'ordre de réprimander ?

III. Comment faut-il les réprimander ?

I

1. Examinons premièrement la nature du devoir qui est prescrit : que devons-nous réprimander ou reprendre ? Mais qu'est-ce que réprimander ? C'est dire à chacun ses défauts. Ce sens est clairement indiqué par les mots qui suivent : Tu ne souffriras pas de péché en lui. C'est donc le péché que nous sommes appelés à réprimander, ou plutôt c'est celui qui commet le péché : nous devons faire tout ce qui est en notre pouvoir pour le convaincre de ses fautes, et le conduire dans la bonne voie.

2. La charité exige que nous l'avertissions de ses péchés avant tout, mais aussi de toute erreur, qui pourrait l'entraîner au péché, s'il y persévérait. Si nous ne haïssons pas notre frère dans notre cœur, si nous l'aimons comme nous-mêmes, nous nous efforcerons toujours de le prémunir contre toute mauvaise voie, et contre toute erreur qui conduit au mal.

3. Mais si nous désirons ne pas voir nos efforts rendus inutiles, nous devons réprimander rarement quelqu'un pour ce qui est sujet à discussion et pour ce qui admet le pour et le contre. Une chose me paraît mauvaise : Je me fais un scrupule de la faire ; et tout aussi longtemps que ce

scrupule existe, si je la fais, je pèche devant Dieu. Mais un autre ne doit pas être jugé d'après ma conscience ; s'il se tient ferme ou s'il tombe, c'est à son maître à le juger. C'est pourquoi je ne le reprendrai que pour ce qui est évidemment mauvais. De ce genre, sont les jurements, les malédictions que n'osent pas défendre, ceux-même qui les prononcent, quand on les en réprimande avec douceur. De ce genre est encore l'ivrognerie condamnée par l'ivrogne lui-même quand il est dans son bon sens ; de ce genre est aussi, aux yeux de la généralité, la profanation du dimanche ; car s'il y en a parmi ceux qui se rendent coupables de ces péchés, qui essaient parfois de les excuser, il en est peu qui persisteront à le faire, si vous les regardez d'un œil fixe, et si vous en appelez à leur conscience devant Dieu.

II

1. Voyons, en second lieu, quels sont ceux que nous sommes appelés à réprimander. Il est d'autant plus nécessaire d'examiner ce point, que plusieurs personnes bien disposées affirment que l'Évangile nous défend de réprimander certains pécheurs. C'est le sens qu'on a voulu donner à cet avertissement solennel du Seigneur, dans son sermon sur la montagne : Ne jetez pas vos perles aux pourceaux, de peur qu'ils ne les foulent à leurs pieds, et que se tournant ils ne vous déchirent. Mais voici le sens de ces paroles : Ne jetez pas vos perles, c'est-à-dire, les sublimes doctrines, les mystères de l'Évangile, à ces hommes que vous savez être abrutis, plongés dans le péché, et dépourvus de toute crainte de Dieu : ce serait exposer ces joyaux précieux au mépris, et vous-même à un traitement injurieux. Cependant, notre devoir est de reprendre ceux que nous savons être des chiens et des pourceaux, dans le sens des paroles du Seigneur, quand nous leur entendons dire ou que nous leur voyons faire ce qu'ils n'ignorent pas être mauvais. — Si nous ne le faisons pas, nous haïssons notre frère dans notre cœur.

2. Le mot prochain comprend tout enfant d'Adam, tout être qui respire, qui a une âme à sauver. Et s'il y a quelques pécheurs, à l'égard desquels nous n'accomplissions pas ce devoir d'amour, parce qu'ils sont plus méchants que le reste des hommes ; il se peut qu'ils persévèrent dans leurs iniquités, mais Dieu redemandera leur sang de nos mains.

3. Comme elle est frappante la remarque présentée par Baxter, dans son ouvrage qui a pour titre : L'éternel repos des saints. « Suppose que tu viennes à rencontrer dans l'autre monde un pécheur à qui tu as refusé cet office d'amour, tandis que vous viviez tous les deux sous le soleil ; que répondras-tu à ses reproches ? — À telle époque et dans tel lieu, Dieu m'avait remis entre tes mains ; je ne connaissais pas alors le chemin du salut, et je cherchais la mort dans mes voies trompeuses, et tu m'y as laissé, sans essayer une seule fois de m'arracher à ce sommeil ! Si tu m'avais fait part de ta science ; si tu m'avais exhorté à fuir la colère à venir, ni toi, ni moi, n'aurions été forcés de venir dans ce lieu de tourment !

4. Quiconque à une âme à sauver peut attendre de ta part ce bon office d'amour. Ce qui ne veut pas dire cependant qu'il doit être accordé à tous les hommes, avec la même mesure. On ne peut pas nier qu'il en est auxquels il est dû plus particulièrement. Nos parents sont les premiers dans ce cas ; après eux viennent nos époux et nos enfants ; puis nos frères et sœurs, et notre parenté, selon le degré de proximité ; puis nos domestiques, qu'ils aient pris avec nous un engagement pour plusieurs ou pour peu d'années ; enfin, nous devons ce bon office d'amour à nos compatriotes, aux membres de la société soit civile, soit religieuse, dont nous faisons partie. Ceux-ci surtout y ont un droit particulier, parce que les sociétés religieuses sont formées dans le but que nous veillions les uns sur les autres, pour ne pas souffrir de péché en notre frère. Si nous négligeons de réprimander quelques-uns d'entre eux, quand une belle occasion s'en présente, nous devons, sans aucun doute, être classés avec ceux qui haïssent leurs frères dans leur cœur. Et comme elle est sévère la sentence que prononce l'Apôtre contre ceux qui sont ainsi disposés ! Celui qui haït son frère, quoique cette haine ne se montre ni par des faits, ni par des paroles, est un meurtrier ; et vous savez, ajoute-t-il, qu'aucun meurtrier n'a la vie éternelle demeurante en lui ; Il n'a point en lui la semence qui croît en vie éternelle ; en d'autres termes, son état spirituel est tel, que s'il y mourrait, il ne pourrait pas voir le ciel. Négliger ce devoir, n'est donc pas une petite chose, c'est exposer évidemment noire salut final à un grand danger.

III

Nous avons vu ce que c'est que réprimander notre frère et quels sont ceux qu'il faut reprendre ; il nous reste à examiner le point le plus essentiel : Comment, de quelle manière devons-nous les réprimander ?

1. Il faut l'avouer : bien accomplir ce devoir est une chose très-difficile, quoique plus difficile pour les uns que pour les autres. Il y a des hommes particulièrement qualifiés pour cela, soit par la nature, soit par l'usage, soit par la grâce, qui ne sont embarrassés, ni par la fausse honte, ni par ce pesant fardeau, — la crainte de l'homme ; qui sont à la fois prêts à entreprendre cette œuvre d'amour et habiles à l'exécuter. Elle ne leur est donc qu'une très légère croix, si même elle leur est une croix. Ils éprouvent un certain goût pour elle, et ils en ressentent un plus grand contentement que celui qui résulte du sentiment que nous avons fait notre devoir. Mais que ce devoir soit une grande ou une petite croix, nous savons que nous sommes appelés à le pratiquer et fussent les difficultés plus grandes encore, nous savons en Qui nous avons mis notre confiance, et qu'il accomplira certainement sa promesse : Ta force durera autant que tes jours.

2. De quelle manière réprimandons-nous donc notre frère, pour rendre cette répréhension très utile ? D'abord, prenons bien soin de le faire dans un esprit d'amour, dans un esprit de tendre bienveillance pour notre prochain, comme envers un être qui est l'enfant de notre Père commun, et pour lequel Christ est mort, afin qu'il eut part au salut. Alors, par la grâce de Dieu, l'amour produira l'amour : l'affection de celui qui parle se répandra dans le cœur de celui qui écoute ; et vous verrez, dans la saison convenable, que voire travail n'aura pas été en vain auprès du Seigneur.

3. En même temps, veillez avec grand soin à ce que vous parliez dans un esprit d'humilité. Prenez garde à ne pas avoir de vous-même une plus haute opinion que vous ne devez. Si vous avez une trop haute opinion de vous-même, vous pourrez à peine éviter de mépriser votre frère ; et si vous montrez, ou même éprouvez le plus léger mépris pour celui que vous reprenez, votre œuvre sera détruite, et vous serez exposé à perdre votre travail. Aussi, pour prévenir la seule apparence d'orgueil, il vous sera souvent nécessaire d'être très explicite sur ce sujet : repoussez toute préférence de vous sur lui ; et tandis que vous réprimandez ce qu'il y a de mauvais, reconnaissez ce qu'il y a de bon, et bénissez-en le Seigneur.

4. Il faut encore avoir grand soin de parler dans un esprit de douceur, aussi bien qu'avec humilité. L'Apôtre nous assure que la colère de l'homme n'accomplit point la justice de Dieu. La colère, quoiqu'embellie du nom de zèle, produit la colère, et jamais l'amour ou la sainteté. C'est pourquoi nous devons, par tous les moyens possibles, en éviter même l'apparence : qu'il n'y en ait pas la plus petite trace dans nos yeux, dans nos gestes, dans le ton de notre voix, qui doivent au contraire exprimer une disposition calme, humble, aimante...

5. Mais en même temps, ne vous reposez pas sur vous-même ; ne mettez aucune confiance en votre sagesse, dans votre manière de parler, ou dans quelque capacité que ce soit. Pour que ce que vous dites ou faites réussisse, ne regardez pas à vous-même, mais à l'Auteur de tout don parfait. Tandis que vous parlez, ayez donc vos cœurs levés continuellement vers celui qui opère tout en tous ; et ce qui sera dit dans un esprit de prière, ne tombera pas à terre.

6. Voilà ce qui regarde les dispositions avec lesquelles vous devez parler quand vous reprenez votre prochain. J'en viens maintenant à ce qui regarde la manière. On a vu souvent que commencer la répréhension par une profession franche de bienveillance, faisait pénétrer profondément dans le cœur ce qu'on avait dit ; en général, cela produira un bien meilleur effet, que ce grand ressort à la mode, — la flatterie, qui a souvent aidé les hommes du monde à exécuter des choses étonnantes ; mais les mêmes choses, et de plus grandes encore, ont été produites plus souvent par une simple et candide déclaration d'amour désintéressé. Quand vous éprouvez que Dieu a allumé cette flamme dans votre cœur, ne la cachez pas ; donnez-lui sortie : elle s'élancera comme l'éclair, et les cœurs durs, froids, se fondront en votre présence, et connaîtront que Dieu est véritablement avec vous.

7. Quoiqu'il soit vrai que le point principal, quand nous reprenons notre prochain, est de le faire dans un bon esprit, néanmoins il faut avouer que plusieurs petites circonstances, qui regar-

dent la manière, ne sont pas sans influence, et par conséquent ne doivent pas être négligées. Ainsi, quand vous reprenez quelqu'un, vous devez le faire avec gravité, pour que vous paraissiez être ce que vous êtes en réalité, sérieux. Une répréhension plaisante produit peu d'effet, et est vite oubliée. D'ailleurs, elle est bien des fois prise en mauvaise part, comme si vous ridiculisiez la personne que vous reprenez ; et certes ceux qui ne sont pas accoutumés à railler, ne veulent point qu'on les raille. Un moyen de donner un air sérieux à ce que vous dites, c'est, autant que possible, de vous servir des propres expressions des Écritures. Nous observons souvent que la parole de Dieu, dans une conversation particulière, a une énergie à elle ; et le pécheur, au moment qu'il s'y attend le moins, éprouve qu'elle est plus perçante qu'une épée à deux tranchants.

8. Cependant cette règle générale de réprimander avec sérieux, a quelques exceptions. Il est des cas rares où, comme le remarque un bon juge de la nature humaine, *ridiculum acri fortius,* — une petite raillerie bien placée pénètre plus au vif qu'un solide argument. Cette manière de reprendre peut surtout être employée, quand nous avons à faire à des personnes étrangères à la religion ; et quand nous condescendons à agir ainsi, nous y sommes autorisés par cet avis de Salomon : réponds au fou selon sa folie, de peur qu'il ne s'imagine qu'il est sage.

9. Le mode de la répréhension peut, à d'autres égards, varier selon l'occasion. Tantôt vous jugerez convenable de vous servir de beaucoup de paroles, pour exprimer votre avis avec détail ; tantôt vous jugerez bon de n'employer que très-peu de mots, qu'une courte phrase ; et quelquefois, peut-être serait-il sage, quand la personne que vous voulez réprimander est bien votre supérieur, surtout, de ne pas prononcer une seule parole, et de ne faire usage que d'un soupir, ou d'un regard, ou d'un geste ; et ce blâme muet sera souvent accompagné de la bénédiction de Dieu ; et, par conséquent, produira un bien meilleur effet que ne le ferait un long discours étudié...

10. N'oubliez pas aussi la remarque de Salomon : une parole dite à propos est bonne. Sans doute, si la providence vous appelle à réprimander quelqu'un que vous ne verrez plus probablement, vous devez saisir l'occasion qui s'offre, et parler en temps et hors de temps. Mais quand il s'agit de ceux que vous voyez fréquemment, vous pouvez attendre le temps le plus opportun. C'est ici que le conseil du poète trouve place. Parlez *Si validus, si lactus erit, si denique pascit,* — quand on est en bonne humeur ou qu'on vous le demande. Dans ce cas vous devez choisir le moment *mollia tempora fundi* — où son esprit est calme et bien disposé ; et Dieu vous enseignera alors la manière de parler, puis bénira ce que vous aurez dit.

11. Permettez-moi maintenant de vous prémunir contre une erreur. On fait passer pour une maxime incontestable, qu'il ne faut pas essayer de reprendre un homme qui est pris de vin. La répréhension, dit-on, est alors repoussée, et ne peut avoir aucun bon effet. Je n'ose pas dire cela. J'ai vu plusieurs exemples du contraire. En voici un : Il y a maintes années, que passant à Moorfield, près d'un homme tellement ivre, qu'il ne pouvait pas se tenir debout, je mis une brochure dans sa main ; il la regarde, et dit : Un mot — un mot à un ivrogne ! Cela me concerne, Monsieur ! J'ai tort, je le sais ; permettez-moi de vous parler quelques moments. Il me retint une bonne demi-heure par la main ; et je crois ne s'est jamais plus enivré.

12. Je vous en conjure, frères, par les miséricordes de Dieu, ne méprisez pas les pauvres ivrognes ; ayez pitié d'eux ; reprenez-les en temps et hors de temps ; que la fausse honte, ou la crainte des hommes ne vous empêche pas de retirer du feu ces tisons. Plusieurs d'entre eux se condamnent — et ne se cachent pas leur mauvaise situation, dans laquelle ils se trouvent — Mais ils désespèrent : ils n'ont aucun espoir d'en sortir, et ils s'y enfoncent d'avantage parce que personne n'espère pour eux ! J'ai vu des pécheurs de tout genre, disait un vieux vénérable ministre, retourner souvent à Dieu, mais je n'ai jamais vu un ivrogne converti. Moi, j'en ai connu des milliers. Toi qui lis ces lignes, es-tu adonné à ce vice ? Eh bien ! Écoute les paroles du Seigneur ! J'ai un message de la part de Dieu pour toi, Pécheur ! Ainsi a dit le Seigneur ; n'abandonne pas ton espérance. Je ne t'ai pas délaissé. Celui qui te dit qu'il n'y a pas de secours pour toi, est un menteur dès le commencement. Regarde ! Voilà l'Agneau de Dieu qui ôte les péchés du monde ! Le salut est venu aujourd'hui vers ton âme ; prends garde seulement de ne pas mépriser Celui qui parle. En ce moment même, Il te dit : mon fils, aie bon courage, tes péchés te sont pardonnés !

13. Enfin, vous qui êtes actifs dans cette œuvre d'amour, ne soyez pas découragés, quand même, après avoir fait tous vos efforts, vous ne verriez pas de fruit. Vous avez besoin de patience

en cela ; puis, quand vous aurez fait la volonté de Dieu, la moisson viendra. Ne vous lassez point de faire le bien, car vous moissonnerez en son temps, si vous ne vous relâchez pas. Suivez l'exemple d'Abraham qui espéra contre toute espérance. Jette ton pain sur la face des eaux, et après plusieurs jours tu le trouveras.

14. Je n'ai plus que quelques mots pour vous, mes frères, qui êtes ordinairement appelés méthodistes. Je n'ai jamais entendu dire ou lu, qu'un grand réveil religieux eut été opéré sans être suivi de cette disposition à réprimander. Je crois qu'il n'en peut pas être autrement ; car qu'est-ce que la foi, si elle n'agit pas par la charité ? C'est ce qui eut lieu dans toutes les parties de l'Angleterre, quand le réveil actuel commença : tous les membres de ce réveil, tous les Méthodistes, comme on les nomme, réprouvaient partout le péché extérieur. Certes c'est aussi là ce que font, au commencement de leur conversion, tous ceux qui étant justifiés par la foi, ont la paix avec Dieu, par notre Seigneur Jésus-Christ. Et quand ils emploient ce talent précieux, il ne leur est jamais ôté. Au nom de Dieu ! Recommençons cette œuvre d'amour : venez, frères, riches et pauvres, levons-nous comme un seul homme, et que chacun de nous reprenne avec soin son prochain, et ne souffre pas de péché en lui. Alors toute la Grande-Bretagne et l'Irlande connaîtront que nous n'allons pas à la guerre à nos propres dépens : Oui, Dieu nous bénira, et les extrémités de la terre le craindront.

Manchester, juillet 28, 1787

SERMON 77

Le culte spirituel

C'est lui qui est le vrai Dieu et la vie éternelle.
—1 Jean 5, 20—

1. Dans cette épître, l'apôtre Jean s'adresse non pas à quelque église particulière, mais à tous les chrétiens de son époque, quoique plus spécialement à ceux parmi lesquels il habitait alors ; et en leur parlant, il parle aussi à toute l'Église chrétienne pendant la suite des temps.

2. Dans cette lettre, ou plutôt dans ce discours (car l'Apôtre était au milieu de ceux à qui il s'adressait plus immédiatement, mais il ne pouvait probablement plus prêcher à cause de son grand âge), il ne traite pas directement de la foi, ce qu'avait fait Saint Paul ; il ne s'occupe pas non plus de la sainteté intérieure et extérieure, dont St. Paul, St. Jacques et St. Pierre avaient tous trois parlé, mais il traite du fondement de tout le christianisme : l'heureuse et sainte communion du fidèle avec le Père, le Fils et le Saint Esprit.

3. Dans la préface il indique par quelle autorité il a écrit et parlé (chap. 1, 1-4), et il fait connaître le but de son écrit ; à cette préface répond exactement la conclusion de l'épître, qui explique plus au large ce même but, et contient les mots, nous connaissons, trois fois répétés en récapitulant les marques de notre communion avec Dieu (chap. 5, 18-20).

4. Le discours lui-même traite :

(1) En différents endroits, de la communion avec le Père (chap. 1, 5-10), de la communion avec le Fils (chap. 2 et 3) et de la communion avec l'Esprit (chap. 4) ;

(2) Il traite conjointement du témoignage du Père, du Fils et du Saint Esprit, sur lequel témoignage sont fondés la foi en Christ, la nouvelle création en Dieu, l'amour de Dieu pour ses enfants, l'observation de ses commandements et la victoire sur le monde (chap. 5, 1-12).

5. La récapitulation commence ainsi : (chap. 5, 18) nous savons que quiconque est né de Dieu, quiconque voit et aime Dieu, ne pèche point, aussi longtemps que sa foi d'amour demeure en lui. Nous savons que nous sommes de Dieu, enfants de Dieu par le témoignage et les fruits de l'Esprit, et que tout le monde, tous ceux qui n'ont pas l'Esprit, demeurent dans le malin : ils sont en lui, ils vivent et ils demeurent en lui, comme les enfants de Dieu sont, vivent et demeurent en Dieu. Nous savons que le fils de Dieu est venu, et qu'il nous a donné l'intelligence spirituelle pour connaître le vrai Dieu, le Fidèle et le Véritable ; et nous sommes en ce vrai Dieu comme les sarments en la vigne ; c'est lui qui est le vrai Dieu et la vie éternelle.

En considérant ces paroles importantes, nous rechercherons :

1. Comment il est le vrai Dieu ;

2. Comment il est la vie éternelle ;

3. Viendront ensuite, quelques inférences.

I

1. Recherchons d'abord comment il est le vrai Dieu. Il est Dieu par-dessus toutes choses, béni éternellement. Il était avec Dieu, avec Dieu le Père, dès le commencement, de toute éternité, et il était Dieu. Lui et le Père sont un ; et en conséquence, il n'a point regardé comme une usurpation d'être égal à Dieu. C'est pourquoi les écrivains inspirés lui donnent tous les titres du Très-Haut ; fréquemment ils l'appellent du nom incommunicable, Jehova, qui ne fut jamais donné à aucune créature. Ils lui assignent tous les attributs et toutes les œuvres de Dieu ; de telle sorte que nous ne nous faisons point scrupule de le déclarer Dieu de Dieu, lumière de la lumière, vrai Dieu du vrai Dieu, égal en gloire et co-éternel en majesté avec le Père.

2. Il est le vrai Dieu, la seule cause, le seul créateur de toutes choses. C'est par lui, dit l'apôtre Paul, qu'ont été créées toutes les choses qui sont dans les cieux et sur la terre ; oui, la terre et les cieux eux-mêmes ; mais les habitants sont nommés comme étant plus que l'habitation ; les choses visibles et les invisibles, dont les différentes espèces sont indiquées : soit les trônes ou les dominations, ou les principautés, ou les puissances. Et l'apôtre Jean dit aussi toutes choses ont été faites par lui et rien de ce qui a été fait n'a été fait sans lui. Et en conséquence Saint Paul lui applique ces paroles expressives du Psalmiste : c'est toi, Seigneur, qui a fondé la terre dés le commencement ; et les cieux sont l'ouvrage de tes mains.

3. Et parce qu'il est le vrai Dieu, il est aussi celui qui supporte toutes les choses qu'il a faites. Il continue, il maintient, et préserve toutes les choses créées par la parole de son pouvoir, par cette puissante parole qui les a tirées de rien ; et de même qu'il était absolument nécessaire pour le commencement de leur existence, il est encore nécessaire pour la continuation de cette existence : s'il retirait son influence puissante, toutes choses cesseraient aussitôt d'exister : tenez une pierre élevée en l'air ; aussitôt que vous retirez votre main, la pierre tombe naturellement à terre : il en serait ainsi avec la création, elle serait réduite à rien, si pour un instant Jésus lui retirait la force de son bras.

4. Comme étant le vrai Dieu, il est aussi le conservateur de toutes choses. Non seulement il leur continue l'existence, mais il les maintient dans ce degré de bien-être qui est convenable à leurs natures diverses. Il les conserve dans leurs différentes relations, connexions et dépendances, de manière à en composer un système d'êtres, un univers complet, suivant le conseil de sa volonté. C'est ce qui est exprimé d'une manière si belle, si énergique par ces paroles : τα πάντα εν αυτω ουνέσηκε. Par lui toutes choses subsistent ; ou, plus littéralement par lui et en lui toutes choses sont rendues compactes en un système. Il est non seulement celui qui supporte, mais encore celui qui cimente l'univers entier.

5. Je désire faire observer (ce qu'on n'a pas peut-être suffisamment remarqué), qu'il est le véritable auteur de tout le mouvement qui règne dans l'univers. Il est vraie qu'aux esprits il a donné, en un faible degré, cette puissance de mouvement inhérent que ne possède point la matière, qui est absolument et complètement inerte ; quelle que soit son espèce en aucun cas elle ne se meut et ne peut se mouvoir d'elle-même ; et chaque fois que quelqu'une de ses parties semble se mouvoir, c'est qu'en réalité elle est mue par quelque antre chose. Voyez cette poutre qui, à parler vulgairement, se remue sur la mer : elle est en réalité remuée par l'eau ; l'eau est mue par le vent, c'est-à-dire, un courant d'air ; et l'air lui-même doit tout son mouvement au feu éthéré, dont une particule s'attache à chaque particule d'air ; privez-le de ce feu, et il ne se meut plus : il reste immobile, inerte comme le sable. Retirez de l'eau la fluidité qui lui est donnée par le feu éthéré mêlé à elle, et l'eau n'aura pas plus de mouvement que la poutre. Communiquez du feu au fer en le frappant lorsqu'il est rouge, et il n'a pas plus de mouvement que l'air immobile, ou l'eau gelée. Mais lorsque l'air est mobile, lorsqu'il est dans la plus grande activité, qu'est-ce qui donne le mouvement au feu ? — Le païen lui-même vous le dira : c'est *magnam mens agitans molem*, et *vasto se corpore miscens :* l'Esprit qui se communique à l'univers pour l'animer.

6. Poursuivons ceci un peu plus loin : nous disons, la lune tourne autour de la terre ; la terre et les autres planètes se meuvent autour du soleil ; le soleil se meut sur son axe ; mais ce sont là des expressions vulgaires ; car, à parler proprement, ni le soleil, ni la lune, ni les étoiles ne se meuvent : ces astres sont mus à chaque moment par la main puissante qui les a faits.

Oui, dit Sir Isaac, le soleil, la lune et les corps célestes se meuvent et gravitent les uns vers les autres. — Ils gravitent ! qu'est-ce que cela ? — Eh bien ! Ils s'attirent les uns les autres en proportion de la quantité de matière qu'ils contiennent. — Non-sens d'un bout à l'autre, dit M. Hutchison, jargon, contradiction ! Une chose peut-elle agir où elle n'est pas, — non, ils sont continuellement poussés les uns vers les autres. — Poussés ! Par quoi ? — Par la matière subtile, l'air éthéré ou le feu électrique. — Mais, prenez-y garde ; quelque subtile que soit la matière, elle demeure toujours matière, et en conséquence elle est, par elle-même, aussi inerte que le sable ou le marbre. La matière ne peut donc se mouvoir elle-même, mais elle est probablement le premier moteur matériel, le ressort principal au moyen duquel il plaît au Créateur et au conservateur de toutes choses de mouvoir l'univers.

7. Le vrai Dieu est aussi le rédempteur de tous les enfants des hommes. Il a plu au Père de faire venir sur lui les iniquités de tous, afin que par l'oblation de lui-même une fois offerte, lorsqu'il goûta la mort pour tout âme, il fit un sacrifice, une oblation et satisfaction entière pour les péchés de tout le monde.

8. En outre, le vrai Dieu est le gouverneur de toutes choses : son royaume subsiste par-dessus tout ; il gouverne et il régnera pendant la suite des âges ; il est le Seigneur et le maître de toute la création et de chacune de ses parties. Et de quelle manière admirable ne gouverne-t-il pas le monde ? Combien ses voies sont au-dessus des pensées humaines ! Combien peu nous connaissons sa méthode de gouvernement ! Nous savons seulement ceci : *ita præsides singulis sicut universis, et universis sicut singulis ;* tu veilles sur chaque créature comme si elle était l'univers, et sur l'univers comme sur chaque créature individuellement. Arrêtons-nous un peu sur cette pensée ; quel glorieux mystère elle contient !

O Père, Seigneur de l'univers et mon Seigneur, que ta gloire brille au loin ! Ta bonté veille sur les mondes comme si les mondes n'étaient qu'une âme, et elle conserve chacun de mes cheveux, comme si j'étais le seul objet de tes soins.

9. Comme nous l'avons déjà dit, il y a de la différence dans son gouvernement providentiel sur les enfants des hommes. Un écrivain pieux observe que la providence s'exerce sur un triple cercle : le dernier cercle extérieur, renferme tous les fils des hommes, les païens, les mahométans, les juifs et les chrétiens ; il fait lever, son soleil sur tous ; il leur donne la pluie et les saisons ; il répand sur eux des milliers de bienfaits, il remplit leurs cœurs de vie et de joie. Le cercle intérieur contient toute l'Église Chrétienne visible, tous ceux qui invoquent le nom de Christ ; à ceux-ci il accorde une protection plus particulière, et il prend un soin plus tendre de leur bien-être. Enfin le cercle le plus intérieur de sa providence renferme seulement l'Église invisible de Christ, tous les chrétiens véritables, tous les coins de la terre, où ils ont été dispersés, tous ceux (quelque soit leur dénomination) qui adorent Dieu en esprit et en vérité. Ceux-ci il les garde comme la prunelle de son œil ; il les cache à l'ombre de ses ailes ; et c'est à eux en particulier que s'adresse notre Seigneur, lorsqu'il dit : tous les cheveux mêmes de votre tête sont comptés.

10. Enfin, comme étant le vrai Dieu, il est la fin de toutes choses, suivant cette déclaration solennelle de l'Apôtre (Rm 11, 36) : toutes choses sont de lui, et par lui, et pour lui : de lui, comme Créateur ; par lui, comme conservateur et gouverneur ; et pour lui, comme la dernière fin de tout.

II

Dans tous ces sens Jésus-Christ est le vrai Dieu. Voyons maintenant de quelle manière il est la vie éternelle.

1. La chose déclarée directement par ces paroles, ce n'est pas qu'il sera la vie éternelle, quoique cette grande et importante vérité ne doive jamais être oubliée. Il est l'auteur du salut éternel pour tous ceux qui lui obéissent ; c'est lui qui a acheté cette couronne de vie qui sera donnée à tous ceux qui seront fidèles jusqu'à la mort ; et il sera l'âme de toutes les joies des saints dans la gloire.

2. La chose déclarée directement par ces mots, n'est pas qu'il est la résurrection ; quoique cela aussi soit vrai, d'après sa propre déclaration : Je suis la résurrection et la vie ; à quoi sont conformes ces paroles de St. Paul : De même que tous sont morts en Adam, ainsi tous seront rendus vivants en Christ. En sorte que nous pouvons bien nous écrier : Béni soit le Dieu et le père de notre Seigneur J.-C. qui, selon sa grande miséricorde, nous a faits renaître en nous donnant, par la résurrection de J.-C. d'entre les mort, une espérance vive de posséder l'héritage qui ne se peut corrompre, ni souiller, ni flétrir.

3. Mais, sans mentionner ce qu'il sera dans l'avenir, nous sommes ici appelés à considérer ce qu'il est maintenant. Maintenant, il est la vie de tout ce qui existe, en quelque degré ou de quelque sorte que ce soit ; il est la source de la plus basse espèce de vie, celle des végétaux, comme étant la source de tout le mouvement nécessaire à la végétation ; il est la fontaine de la vie des animaux, il est le pouvoir par lequel leur cœur bat et leur sang circule ; il est la fontaine de toute la vie que possède l'homme en commun avec les autres animaux ; et si nous distinguons la vie raisonnable de la vie animale, il est aussi la source de celle-là.

4. Mais combien tout ceci reste éloigné de la vie indiquée ici, et dont l'Apôtre parle si explicitement dans les versets qui précèdent (v. 11-12) : et voici quel est ce témoignage, c'est que Dieu nous a donné la vie éternelle, et cette vie est en son fils. Celui qui a le fils a la vie (la vie éternelle dont il est parlé ici) ; et celui qui n'a point le fils de Dieu n'a point la vie. Comme s'il disait : c'est là le résumé du témoignage que Dieu a rendu de son Fils, que Dieu nous a donné, non seulement un titre à la vie éternelle, mais le commencement réel de la vie éternelle ; et cette vie est achetée par son Fils et amassée en son Fils qui en lui-même en a toutes les sources et la plénitude, qu'il communique à son corps, l'Église.

5. Cette vie éternelle commence lorsqu'il plaît au Père de révéler son Fils à nos cœurs ; lorsque connaissant Christ pour la première fois, nous pouvons l'appeler Seigneur, par le St-Esprit ; lorsque nous pouvons testifier, notre conscience nous rendant témoignage dans le Saint-Esprit, que la vie que je vis maintenant, je la vis par la foi au Fils de Dieu, qui m'a aimé et s'est donné pour moi. Et c'est alors que commence le bonheur, un bonheur réel, solide, substantiel. C'est alors que le ciel s'ouvre dans l'âme, que l'état céleste commence ; tandis que l'amour de Dieu qui nous aime, est répandu dans le cœur, où il produit aussitôt l'amour de l'humanité, une bienveillance générale, pure, en même temps que ses fruits véritables : l'humilité, la douceur, la patience, le contentement dans toute position, un acquiescement entier, clair, complet, à toute la volonté de Dieu, avec la force de nous réjouir sans cesse et de rendre grâces en toutes choses.

6. À mesure que la connaissance et l'amour de Dieu s'augmentent en nous, au même degré et selon la même proportion le royaume céleste intérieur doit nécessairement s'augmenter aussi, tandis que nous croissons en toutes choses en Celui qui est le chef ; et quand nous sommes εν αυτω πεπληρωμενοι complets en lui, comme le rendent nos traducteurs ; et plus proprement, remplis de lui ; quand Christ en nous, l'espérance de la gloire, est notre Dieu et notre tout ; lorsqu'il a pris possession entière de notre cœur ; lorsqu'il y règne sans rival, et maître de chacun de ses battements, alors nous habitons en Christ et Christ habite en nous, nous sommes un avec Christ, et Christ est un avec nous ; alors nous sommes complètement heureux, alors nous vivons une vie cachée avec Christ en Dieu ; alors, et seulement alors, nous éprouvons véritablement ce que signifie cette parole : Dieu est amour ; quiconque demeure dans l'amour habite en Dieu, et Dieu en lui.

III

Je n'ai plus qu'à ajouter quelques inférences aux observations qui précèdent.

1. De tout ceci nous pouvons apprendre 1.° que comme il n'y a qu'un seul Dieu en haut dans le ciel et ici-bas sur la terre, ainsi il n'y a qu'un bonheur pour les esprits créés, soit dans le ciel, soit sur la terre. Ce Dieu a fait notre cœur pour lui-même, et notre cœur ne peut trouver de repos jusqu'à ce qu'il se repose en Dieu. Il est vrai que pendant la vigueur de la jeunesse et de la santé, pendant que le sang nous bouillonne dans les veines, pendant que le monde nous sourit et que nous jouissons des aisances et des superfluités de la vie, nous avons fréquemment des rêves agréables et nous jouissons d'une espèce de bonheur ; mais ce bonheur ne peut continuer, il s'évanouit comme une ombre, et dans le temps même qu'il subsiste, il n'est ni solide, ni substantiel, il ne peut satisfaire l'âme ; nous soupirons pour quelqu'autre chose, quelqu'autre chose dont nous sommes privés. Donnez à un homme tout ce que le monde peut offrir, et encore, comme Horace l'a observé il y a près de deux mille ans, encore *Curtæ nescio quid semper abest rei* ; il manque toujours quelque chose à ses désirs. Ce quelque chose, ce n'est ni plus ni moins que la connaissance et l'amour de Dieu, sans lesquels aucun esprit ne peut être heureux ni dans le ciel ni sur la terre.

2. En confirmation de cette vérité permettez-moi de vous raconter mon expérience : je me rappelle très bien que, même dans ma jeunesse, lorsque j'étais à l'école, je répétais souvent : on dit que la vie de l'écolier est la plus heureuse du monde ; mais, à coup sûr, je ne suis pas heureux, car je ne suis pas content : donc je ne puis être heureux. Quelques années plus tard, étant dans la vigueur de l'âge, étranger à la maladie, à la souffrance et particulièrement à l'abattement d'esprit (que je ne me rappelle pas avoir éprouvé pendant un quart d'heure depuis ma naissance), ayant toutes choses avec abondance, au milieu d'amis aimables et dévoués, qui m'aimaient et que

j'aimais, suivant la carrière où m'appelait mon inclination, pourtant je n'étais point heureux. Je m'étonnais de ne point l'être, sans pouvoir m'imaginer quelle en était la raison ; certainement la raison en était que je ne connaissais point Dieu, la source du bonheur présent aussi bien que du bonheur éternel. Et une preuve claire que je n'étais point heureux, c'est qu'après la plus calme réflexion, je ne me rappelle pas une seule semaine que j'eusse jugée digne d'être recommencée, une seconde fois, à la prendre avec toutes ses sensations intérieures et extérieures, sans aucun changement.

3. Mais un homme de piété dit : dans ma jeunesse j'étais heureux, quoique je fusse tout à fait sans Dieu dans le monde. — Je ne vous crois point, quoique je sois persuadé que vous vous croyez vous-même ; mais, vous êtes déçu comme je l'ai été tant de fois ; tel est le sort de la vie humaine :

Des fleurs et des myrtes odoriférants semblent se montrer ; vu à distance, tout cela est beau ; mais quand vous en êtes près, vos yeux détrompés n'aperçoivent plus que des épines, des bruyères et un sable aride.

Regardez ce paysage éloigné de vous : combien ne parait-il pas beau ! Approchez-en, et sa beauté s'évanouit ; il est raboteux et désagréable. Voilà la vie ! Mais lorsque la scène est passée, elle reprend sa première apparence, et nous pensons sérieusement qu'alors nous étions heureux, quoique en réalité il en était bien autrement. Car de même que personne n'est heureux, à présent, sans la connaissance et l'amour du vrai Dieu, ainsi personne ne l'a jamais été sans cette connaissance et cet amour.

4. De ceci nous apprenons, 2.° que cette heureuse connaissance du vrai Dieu n'est qu'un autre nom pour la religion, je veux dire, la religion chrétienne, qui seule mérite ce nom. La religion, quant à son essence ou sa nature, ne consiste point dans tel ou tel système d'opinions, vulgairement appelé la foi, ni dans aucun cercle de devoirs, tout exempt qu'il puisse être d'erreurs et de superstitions ; elle ne consiste point en un certain nombre d'actions extérieures ; non, elle consiste proprement et directement dans la connaissance et l'amour de Dieu, manifestés dans le Fils de son amour, par l'Esprit éternel ; et cet Esprit conduit naturellement à toutes les dispositions saintes, à toutes les bonnes paroles, à toutes les bonnes œuvres.

5. Nous apprenons 3.° que personne n'est heureux, excepté le chrétien ; personne, excepté le véritable chrétien de cœur. Le gourmand, l'ivrogne, le joueur peut être gai, mais il ne peut être heureux. Le petit maître et l'étourdi peuvent manger, boire et jouer, malgré cela ils sentent qu'ils ne sont point heureux. Les hommes et les femmes peuvent chérir leurs personnes et les parer de toutes les couleurs de l'arc-en-ciel ; ils peuvent danser, chanter, s'agiter et voltiger çà et là ; ils peuvent s'étendre dans leurs brillant équipages, et babiller insipidemment les uns avec les autres ; ils peuvent courir d'un divertissement à un autre ; mais le bonheur n'est point là ; et ils marchent encore dans une ombre vaine, se tourmentant eux-mêmes inutilement. Un de leurs propres poètes a déclaré avec raison, que la vie entière de ces fils du plaisir, — n'est qu'une plate farce et un songe creux.

Je ne puis m'empêcher de faire remarquer que cet illustre écrivain s'approcha du but, mais cependant qu'il n'y arriva pas. Dans son Salomon (un des plus beaux poèmes de la langue anglaise), il montre clairement où n'est pas le bonheur ; il fait voir qu'il ne le trouve pas dans la science naturelle, dans le pouvoir, dans les plaisirs des sens ou de l'imagination ; mais il n'indique point où il se trouve. Et il ne le pouvait, car il ne le connaît pas lui-même ; cependant il en approche lorsqu'il dit :

O Père Souverain ! Régénère et instruis ton fils ; et que ta sainte volonté soit accomplie par moi.

6. Nous apprenons 4.° que tout chrétien est heureux, et que celui qui n'est pas heureux n'est pas chrétien. Si, comme on vient de le voir, la religion est le bonheur, quiconque est religieux doit être heureux. C'est ce qui résulte de la nature même de la chose : car, si la religion et le bonheur sont, en fait, une même chose, il est impossible qu'aucun homme puisse posséder la première sans posséder aussi le second ; on ne peut être religieux sans être heureux, puisque la religion et le bonheur sont tout à fait inséparables.

D'un autre côté, il est également certain que tout homme qui n'est pas heureux, n'est pas chrétien, puisque, s'il était un chrétien véritable, il lui serait impossible de ne pas être heureux. Toute fois, j'admets ici une exception en faveur de ceux qui sont dans des tentations violentes, et de ceux dont le système nerveux est fortement attaqué, ce qui cause une espèce de folie. Les nuages et l'obscurité qui alors accablent l'âme, suspendent sa félicité ; principalement si Satan a la permission de lancer ses dards enflammés, qui secondent l'affection des nerfs. Mais, ces cas exceptés, l'observation subsiste, et il faut qu'on y fasse bien attention : — Celui qui n'est pas heureux, oui ! Heureux en Dieu, celui-là n'est pas chrétien.

7. N'êtes-vous pas une preuve vivante de cette vérité ? N'errez-vous pas encore çà et là, cherchant du repos et n'en trouvant point ; poursuivant le bonheur, sans jamais le saisir. Ce n'est pas qu'on puisse vous blâmer de poursuivre le bonheur : il est la fin de votre existence ; le grand Créateur n'a fait aucune créature pour la rendre misérable, mais il a créé toute créature pour être heureuse dans son espèce, et après avoir examiné les œuvres de ses mains, il les a toutes déclarées très bonnes ; ce qui n'aurait pu être si chaque créature intelligente, toute créature capable de plaisir et de peine, n'avait pas été heureuse en répondant au but de sa création. Si vous êtes malheureux maintenant, c'est que maintenant vous êtes dans un état qui n'est pas naturel : — ne soupirerez-vous pas pour en être délivré ? La création entière étant maintenant assujettie à la vanité, soupire et est en travail. Seulement, je vous blâme, ou plutôt je vous plains, de suivre une voie qui ne peut vous conduire au but, de chercher le bonheur où il ne fut et où il ne sera jamais. Vous cherchez le bonheur dans les créatures, au lieu du Créateur ! Mais vos semblables ne peuvent pas plus vous rendre heureux, qu'ils ne peuvent vous rendre immortel. Si vous avez des oreilles pour entendre, écoutez chaque créature vous crier : le bonheur n'est point en moi ! Ce sont en vérité tout autant de citernes crevassées qui ne contiennent pas d'eau ! Connaissez le repos véritable ! Oh ! Tournez-vous vers Celui en qui sont cachés les trésors du bonheur ! Tournez-vous vers Celui qui donne libéralement à tous, et il vous donnera à boire gratuitement de l'eau de la vie.

8. Ce bonheur cherché si longtemps, vous ne pouvez le rencontrer dans aucun des plaisirs du monde ? Ne sont-ils pas tous trompeurs et plus légers que la vanité ? Combien de temps vous nourrirez-vous de ce qui ne nourrit pas ? Les plaisirs ne peuvent qu'étourdir, ils ne sauraient satisfaire. Vous ne pouvez trouver le bonheur dans la religion du monde, dans de simples opinions, ou un cercle de devoirs purement extérieurs ; c'est peine inutile ! Dieu n'est-il pas esprit, et ne faut-il pas qu'on l'adore en esprit et en vérité ? Le bonheur que vous poursuivez se trouve seulement dans ceci, dans l'union de votre esprit avec le Père des esprits, dans la connaissance et l'amour de Celui qui est la source du bonheur, suffisante pour toutes les âmes qu'il a faites.

9. Mais, où le trouver ? Monterons-nous au ciel, ou descendrons-nous dans l'enfer pour le chercher ? Prendrons-nous les ailes du matin et le chercherons-nous dans les profondeurs de la mer ? Point du tout ; *quod petis, hic est !* Quelle étrange déclaration s'échappe de la plume du païen ! Ce que vous cherchez est ici ; il est autour de votre lit ; il est dans votre sentier ; il vous environne par-devant et par-derrière ; il a la main sur vous. Voilà ! Dieu est ici ; il n'est pas loin. Maintenant, croyez-le et sentez-le tout près. Qu'il se révèle maintenant à votre cœur ! Connaissez-le, aimez-le et vous êtes heureux !

10. Êtes-vous déjà heureux en lui ? Alors faites attention à retenir ferme les choses, à la connaissance desquelles vous êtes arrivés ; — veillez et priez afin que vous ne tombiez point de votre assurance ; veillez sur vous de peur que vous ne perdiez pas ce que vous avez déjà acquis, et afin que vous receviez une pleine récompense. En agissant ainsi, attendez-vous à une augmentation continuelle de la grâce et de l'amour de notre Seigneur Jésus-Christ. Attendez-vous à ce que le pouvoir du Très-Haut vous couvre soudainement de son ombre et détruise en vous tout péché, afin qu'en votre cœur il ne reste plus rien que la sainteté à l'Éternel. Dans ce moment, et dans tous les instants, offrez-vous à Dieu en sacrifice vivant, saint et agréable, et glorifiez-le dans votre corps et dans votre esprit qui lui appartiennent !

SERMON 85

Travailler à son salut

Travaillez à votre salut avec crainte et tremblement, car c'est Dieu qui produit en vous et la volonté et l'exécution, selon son bon plaisir.
— Philippiens 2.12-13 —

1. Quelques grandes vérités, telles que l'existence et les attributs de Dieu, et la différence entre le bien et le mal moral, étaient connues, en partie, au monde païen : on en trouve des traces dans toutes les nations ; de sorte que l'on peut dans un certain sens, dire à tout enfant d'homme : Il t'a déclaré, ô homme, ce qui est bon ; et qu'est-ce que l'Éternel demande de toi, sinon de faire ce qui est droit, d'aimer la miséricorde, et de marcher dans l'humilité avec ton Dieu ? Le Seigneur a plus ou moins fait connaître cette vérité à tout homme qui vient au monde ; et ainsi tous ceux qui n'ont pas de loi écrite, sont à eux-mêmes : Ils montrent que l'œuvre de la loi (sa substance, bien que ce n'en soit pas la lettre) est écrite dans leurs cœurs, par la même main qui l'écrivit jadis sur des pierres ; leur conscience leur rendant témoignage s'ils se conduisent ou non conformément à cette loi.

2. Mais il y a deux grands chefs de doctrines, qui contiennent plusieurs vérités de la plus importante nature, et qu'ignoraient totalement les païens éclairés de l'ancien monde comme les ignorent aussi les païens éclairés qui vivent maintenant sur la surface de la terre : je veux parler de ces doctrines qui concernent le Fils éternel de Dieu, se donnant pour être la propitiation des péchés des hommes, et l'Esprit de Dieu, renouvelant la créature à l'image du Créateur selon laquelle elle fut créée. Car après toutes les peines que se sont données des hommes ingénieux et savants (en particulier le célèbre chevalier de Ramsay) pour trouver quelques traits de ces vérités parmi les immenses décombres des auteurs païens, la ressemblance trouvée est si faible, qu'une imagination très vive peut seule l'apercevoir ; de plus cette ressemblance , toute faible qu'elle est, ne se trouve que dans les écrits d'un très petit nombre d'auteurs, les plus avancés et les plus profonds de leur siècle ; tandis que les foules incalculables qui les entouraient, peu avancées par la connaissance de leurs philosophes, ignoraient aussi profondément ces vérités que les brutes qui périssent.

3. Il est certain que ces vérités, n'avaient jamais été connues du vulgaire, de la généralité des hommes, avant qu'elles fussent mises au jour par l'Évangile. En dépit de quelques rayons de lumière, qui brillaient çà et là, toute la terre était couverte de ténèbres, jusqu'à ce que le Soleil de justice se levât et dissipât les ombres de la nuit : depuis cette époque une vive lumière brille autour de ceux qui, auparavant, étaient assis dans les ténèbres et l'ombre de la mort. Et des milliers d'hommes ont connu dans tous les âges, que Dieu a tant aimé le monde qu'il a donné son fils unique, afin que quiconque croit en lui ne périt point, mais qu'il eut la vie éternelle ; et par les oracles de Dieu qui leur ont été confiés, ils ont aussi connu que Dieu nous a donné son saint Esprit, qui produit en nous et la volonté et l'exécution, selon son bon plaisir.

4. Les paroles de l'Apôtre, qui précèdent ce verset, sont bien remarquables : — qu'il y ait donc en vous le même sentiment qui a été en Jésus-Christ, lequel étant en forme de Dieu, (la nature incommunicable de Dieu) n'a point regardé comme une usurpation (mais comme son droit indisputable) d'être égal à Dieu. Le mot exprime la plénitude et la suprême élévation de la divinité ; il est opposé aux deux mots anéanti et abaissé. Il s'est anéanti lui-même, en voilant aux yeux des hommes sa divine plénitude, ayant pris ainsi la forme de serviteur, fait à la ressemblance des hommes, homme comme eux ; — et s'étant trouvé en figure comme un homme, comme un homme ordinaire ; — il s'est abaissé lui-même, encore davantage, et a été obéissant à Dieu,

quoique son égal, jusqu'à la mort, à la mort même de la croix : — Le plus grand exemple possible et d'humiliation et d'obéissance.

Après leur avoir proposé l'exemple de Christ, l'Apôtre exhorte les Philippiens à s'assurer le salut que Christ leur a procuré : — C'est pourquoi travaillez à votre salut avec crainte et tremblement ; car c'est Dieu qui produit en vous et la volonté et l'exécution, selon son bon plaisir.

Nous pouvons observer dans ces mots significatifs :

1. Cette grande vérité, que nous ne devons jamais perdre de vue, savoir : que c'est Dieu qui produit en nous la volonté et l'exécution, selon son bon plaisir :

2. La leçon que nous devons en tirer : — travaillé à notre salut avec crainte et tremblement ;

3. La liaison qui existe entre cette vérité et cette leçon : — C'est Dieu qui produit cela en vous ; donc travaillez à votre salut.

I

1. Nous avons à observer premièrement, cette importante et grande vérité, que nous ne devons jamais perdre de vue, savoir : que c'est Dieu qui produit en nous la volonté et l'exécution, selon son bon plaisir. On peut rendre le sens de ces mots plus clair, par cette petite transposition : c'est Dieu qui, selon son bon plaisir, produit en vous la volonté et l'exécution ; ainsi transposés, ces mots lient la phrase : selon son bon plaisir, au mot : produit, — éloignent ainsi toute idée de mérite en l'homme, et rendent à Dieu toute la gloire de son œuvre. Autrement nous aurions quelque sujet de nous vanter, comme si c'était quelque mérite, quelque bonté en nous ou quelque bonne action faite par nous, qui avait d'abord excité Dieu à opérer ; mais cette expression met fin à toute vanterie, et montre clairement que le motif qui porte Dieu à agir n'a pris source qu'en lui, qu'en sa pure grâce, qu'en sa miséricorde non méritée.

2. C'est seulement cela qui le porte à produire en l'homme l'exécution et la volonté. Ces deux mots sont susceptibles de deux interprétations qui sont incontestablement vraies : — premièrement, la volonté peut signifier l'ensemble de la religion intérieure ; l'exécution, l'ensemble de la religion extérieure ; et si on leur donne ce sens, ils impliquent que c'est Dieu qui produit la sainteté intérieure et extérieure ; deuxièmement, la volonté peut s'entendre de tout bon désir ; l'exécution, de tout ce qui en résulte ; et cette phrase signifie alors que c'est Dieu qui nous inspire tout bon désir, et qui les amène à un bon résultat.

3. Les mots τὸ θελεῖν et τὸ ενεργεῖν paraissent favoriser cette dernière interprétation : car τὸ θελεῖν que nous traduisons par volonté, implique évidemment tout bon désir ; et τὸ ενεργεῖν, que nous traduisons par exécution, implique aussi clairement tout ce pouvoir d'en haut, toute cette énergie qui produit en nous toute bonne disposition et nous rend capable de toute bonne parole et œuvre.

4. Rien ne peut détruire l'orgueil en l'homme, comme une profonde conviction de ces vérités. Car si nous comprenons bien que nous avons reçu tout ce que nous avons, nous glorifierions-nous, comme si nous ne l'avions pas reçu ? Si nous savons et si nous éprouvons que le premier mouvement bon, ainsi que le pouvoir qui le conduit à une fin, vient d'en haut ; si c'est Dieu qui non seulement nous communique tout bon désir, mais qui l'accompagne, l'observe, sans quoi ce désir s'éteint ; — il s'ensuit évidemment que celui qui se glorifie, doit se glorifier au Seigneur.

II

1. Nous passons au second point : si Dieu opère en vous, travaillez donc à votre salut. Le mot grec traduit par : travaillez, implique que l'on fait la chose avec énergie ; à votre salut, car c'est vous-mêmes qui devez faire cela, ou bien ce ne sera jamais fait. Votre salut : le salut commence par ce qui est appelé ordinairement, et avec raison, la grâce prévenante ; et renferme le premier désir de plaire à Dieu, le premier rayon de lumière sur sa volonté, et la première conviction fugitive d'avoir péché contre lui. Tout cela implique un certain mouvement vers la vie, un certain degré de salut, le commencement d'une délivrance accordée à un cœur aveugle, endurci, insensible à Dieu et aux choses spirituelles. Le salut est continué par la grâce qui persuade, qui produit une plus grande connaissance de nous-mêmes, et une délivrance plus parfaite de l'endurcissement du cœur. Après cela, nous faisons l'expérience du salut, à proprement parler,

chrétien : par grâce, par la foi nous sommes sauvés ; lequel consiste en deux parties : la justification et la sanctification. Par la justification, nous sommes sauvés de la culpabilité du péché et rétablis dans la faveur de Dieu ; par la sanctification, nous sommes délivrés de la puissance du péché, rétablis à l'image de Dieu. Toute l'expérience, aussi bien que l'Écriture, montre que ce salut est instantané et progressif. Il commence, au moment que nous sommes justifiés, par un amour pour Dieu et pour l'homme, humble, doux, patient ; puis il croît jusqu'à ce que le cœur soit purifié de tout péché, et rempli d'amour pour Dieu et l'homme, semblable au grain de moutarde, qui d'abord est la plus petite des semences, mais qui par la suite jette de larges branches, et devient un grand arbre. Et cet amour augmente même, jusqu'à ce que nous croissions en toutes choses en celui qui est notre chef, et que nous atteignions à la mesure de la parfaite stature de Christ.

2. Mais comment devons-nous travailler à notre salut ? L'Apôtre répond : avec crainte et tremblement. Cette expression se trouve dans un autre passage de l'apôtre Paul, qui peut jeter du jour sur notre texte : — serviteurs, obéissez à ceux qui sont vos maîtres selon la chair, selon l'ordre actuel des choses, tout en sachant que dans peu de temps le serviteur n'aura plus de maître, — avec crainte et tremblement. C'est une expression proverbiale, qui ne peut pas être prise à la lettre ; car quel maître pourrait tolérer, et à plus forte raison exiger, que son serviteur se tînt en sa présence craintive et tremblante ? Les mots qui suivent ce passage, détruisent d'ailleurs ce sens : dans la simplicité de votre cœur, avec le vrai désir de faire la volonté de Dieu ; ne les servant point seulement sous leurs yeux, comme cherchant à plaire aux hommes ; mais comme serviteurs de Christ, faisant de bon cœur la volonté de Dieu, c'est-à-dire, faisant ce qu'ils font parce que c'est la volonté de Dieu, et le faisant, par conséquent, de tout leur cœur. Il est facile de voir que ces fortes expressions de l'Apôtre impliquent clairement deux choses : 1. que l'on doit faire tout avec énergie, avec le plus grand soin ; ce qui semble se rapporter aux mots, μετὰ φόβου, avec crainte ; 2. que l'on doit le faire avec diligence, avec exactitude et ponctualité ; ce qui se rapporte assez probablement aux derniers mots, μετὰ τρόμου, avec tremblement.

3. Nous pouvons facilement appliquer cela à l'œuvre de notre salut, la grande affaire de la vie : de la même manière, et avec les mêmes dispositions que les domestiques chrétiens servent leurs maîtres terrestres, les Chrétiens doivent servir leur Maître qui est au ciel, c'est-à-dire qu'ils doivent le servir, premièrement, avec énergie, avec le plus grand soin ; et deuxièmement en toute diligence, avec exactitude et ponctualité.

4. Mais quels sont les degrés que l'Écriture nous prescrit de suivre, quand nous travaillons à notre salut ? Le prophète Esaïe répond d'une manière générale, quant aux premiers pas à faire : — Cessez de mal faire et apprenez à bien faire : si vous désirez que Dieu opère en vous cette foi, qui est le canal du salut présent et éternel, fuyez, par la grâce qui vous est déjà donnée, tout péché, comme la présence d'un serpent ; évitez soigneusement toute œuvre et paroles mauvaises ; même abstenez-vous de toute apparence de mal. Et apprenez à bien faire : soyez zélé pour les bonnes œuvres, pour les œuvres de piété et de charité ; suivez le culte domestique ; priez en particulier ; jeûnez en secret, et votre Père qui vous voit vous récompensera publiquement ; sondez les Écritures : écoutez-les quand on les lit en public, lisez-les dans votre particulier, et méditez-les ; quand l'occasion s'en présentera, participez à la sainte cène : faites cela en mémoire de Christ, et il vous visitera à sa table ; conversez avec les enfants de Dieu, et que vos entretiens soient assaisonnés avec grâce ; autant que cela vous est possible, faites du bien à tous les hommes, à leurs âmes et à leurs corps ; et soyez ainsi fermes, inébranlables, vous appliquant toujours avec un nouveau zèle à l'œuvre du Seigneur. Il ne vous reste plus qu'à renoncer à vous-mêmes et à vous charger de votre croix de jour en jour ; renoncez à tout plaisir qui ne vous prépare pas à trouver votre plaisir en Dieu, et saisissez avec avidité toute occasion de vous approcher de Dieu, fut-elle une croix, un fardeau pour la chair et le sang. De cette manière, après avoir la rédemption par le sang de Christ, vous vous avancerez vers la perfection, jusqu'à ce que, marchant dans la lumière comme il est dans la lumière, vous soyez mis à même de témoigner qu'il est fidèle et juste, non seulement pour pardonner vos péchés, mais aussi pour vous purifier de toute injustice.

III

1. Mais, dira quelqu'un, quelle liaison y a-t-il entre la première et la dernière partie du texte ? Plutôt ne se contredisent-elles pas positivement ? Si c'est Dieu qui produit en nous la volonté et l'exécution, pourquoi faut-il que nous travaillions à notre salut ? Son opération ne rend-elle pas notre œuvre inutile, impraticable ? Car, si nous nous reconnaissons que Dieu fait tout, que nous reste-t-il à faire ?

2. C'est ainsi que la chair et le sang raisonnent ; ce raisonnement est d'abord très plausible, mais il n'est pas solide, comme cela paraîtra, si nous examinons le sujet plus sérieusement : nous verrons qu'il n'existe aucune opposition entre les deux parties de la phrase : Dieu opère ; donc, travaillez, mais qu'il y a une parfaite liaison ; et cela, à deux égards : premièrement Dieu opère ; donc, vous pouvez travailler ; deuxièmement, Dieu opère, c'est pourquoi vous devez travailler.

3. Premièrement, Dieu opère en vous, c'est pourquoi, vous pouvez travailler : autrement cela vous serait impossible ; s'il n'opérait pas, vous ne pourriez pas travailler à votre propre salut : il est impossible, quant aux hommes, dit le Seigneur, qu'un riche entre dans le royaume des cieux ; que tout homme entre dans ce royaume à moins que Dieu n'opère en lui. Puisque tous les hommes sont par nature, non seulement malades, mais morts dans leurs pèches et dans leurs fautes, il leur est impossible de rien faire de bien, jusqu'à ce que Dieu les ressuscite d'entre les morts. Lazare ne put sortir du tombeau, que lorsque le Seigneur lui eut rendu la vie ; de même il nous est impossible de sortir de nos péchés, ou de faire le plus petit mouvement vers cela, jusqu'à ce que le Seigneur, qui a tout pouvoir au ciel et sur la terre, appelle nos âmes à la vie.

4. Cela cependant n'excuse pas ceux qui continuent à vivre dans le péché, et qui en jettent le blâme sur leur Créateur, en disant : c'est Dieu seul qui doit nous réveiller ; car nous ne pouvons pas nous réveiller nous-mêmes. — En avouant même que toutes les âmes des hommes soient mortes par nature, cela ne les excuse pas, puisqu'il n'y a pas un seul homme qui soit dans un état de simple nature, et qui soit, à moins qu'il n'ait éteint l'Esprit, totalement dénué de la grâce de Dieu. Nul homme n'est privé de ce que l'on appelle ordinairement la conscience naturelle, que l'on appellerait avec plus de raison la grâce prévenante, parce qu'elle n'est pas le fruit de la nature ; tout homme a un plus ou moins grand degré de cette grâce, qui n'attend pas l'appel de l'homme ; chacun, tôt ou tard, éprouve quelques bons désirs, quoique la plupart des hommes les étouffent avant qu'ils puissent jeter de profondes racines, ou produire quelque fruit important. Chacun possède quelques rayons de cette lumière, qui tôt ou tard et plus ou moins, éclaire tout homme qui vient au monde. Et chacun, à moins qu'il n'appartienne à cette petite classe d'hommes dont la conscience est cautérisée, se sent plus ou moins inquiet, quand il agit contre la lumière de sa conscience ; de manière qu'aucun homme ne pèche parce qu'il n'a pas de grâce, mais parce qu'il ne met pas à profit la grâce qu'il a.

5. C'est pourquoi, tout autant que Dieu opère en vous, vous êtes maintenant capables de travailler à votre salut. Puisqu'il opère en vous la volonté et l'exécution selon son bon plaisir, sans aucun mérite de votre part, il vous est possible d'accomplir toute justice, d'aimer Dieu, parce qu'il nous a aimés le premier, — et de marcher dans l'amour, selon le modèle de notre grand Maître. Certes, nous savons que ces paroles : sans moi vous ne pouvez rien faire, sont absolument vraies ; mais nous savons aussi que chaque croyant peut dire : Je peux toutes choses par Christ qui me fortifie.

6. Rappelons nous, cependant, que Dieu a uni ces deux choses dans l'expérience de chaque croyant ; et prenons garde de ne pas nous imaginer qu'elles doivent être séparées. Nous devons nous garder de cette fausse humilité qui, pour excuser notre désobéissance volontaire, nous enseigne à dire : oh ! Je ne peux rien faire, et qui s'arrête là, sans mentionner une seule fois la grâce de Dieu. Je vous en prie, pensez-y à deux fois. Considérez ce que vous dites. J'espère que vous n'êtes pas justes envers vous-mêmes ; car, s'il est vrai que vous ne puissiez rien faire, vous n'avez pas la foi. Et si vous n'avez pas la foi, vous êtes dans une déplorable condition : vous n'êtes pas dans un état de salut. Certes, ce n'est pas là le cas : vous pouvez faire quelque chose par Christ qui vous fortifie. Ranimez l'étincelle de grâce qui est maintenant en vous ; et il vous donnera plus de grâce.

7. Deuxièmement, Dieu opère en vous, c'est pourquoi vous devez travailler ; vous devez être ouvrier avec Lui (ces mots sont de l'Apôtre), ou il cessera d'opérer. Le Seigneur dispense ses grâces, en général, selon cette règle : à celui qui a, il sera donné ; mais à celui qui n'a rien, qui ne fait pas usage de la grâce qu'il lui a été déjà donné, cela même qu'il a lui sera ôté. Saint Augustin, que généralement l'on suppose favoriser la doctrine opposée, présente cette bonne remarque : *qui fecit nos sine nobis, non salvabit nos sine nobis,* celui qui nous a faits sans nous, ne nous sauvera pas sans nous. Il ne nous sauvera pas, à moins que nous nous séparions de cette génération perverse, à moins que nous combattions, nous-mêmes, le bon combat de la foi et à moins que nous saisissions la vie éternelle, que nous nous efforcions d'entrer par la porte étroite, que nous renoncions à nous-mêmes, que nous nous chargions de notre croix, et que, par tous les moyens possibles, nous nous étudions à affermir notre vocation et notre élection.

8. Travaillez donc, frères, non point après la viande qui périt, mais après celle qui est permanente jusque dans la vie éternelle. Dites avec notre Seigneur, quoique dans un sens un peu différent : mon Père travaille jusqu'à maintenant, et je travaille aussi. Parce qu'il travaille en vous, ne vous relâchez point en faisant le bien ; continuez à marcher dans l'œuvre de la foi, dans la patience de l'espérance, dans le travail de notre charité, en vertu de la grâce de Dieu, laquelle vous prévient, vous accompagne et vous suit ; soyez fermes, inébranlables, vous appliquant toujours avec un nouveau zèle à l'œuvre du Seigneur. Et le Dieu de paix qui a ressuscité d'entre les morts, Jésus, le grand pasteur des brebis, vous rende accomplis en toute bonne œuvre, pour faire sa bonne volonté, en faisant en vous ce qui lui est agréable, par Jésus-Christ, auquel soit gloire aux siècles des siècles.

SERMON 92

Sur le zèle

Il est bon d'être toujours zélé pour le bien.
—Galates 4.18—

1. Il y a peu de sujets religieux, qui soient d'une plus grande importance que celui qui est présenté par ce texte : car sans zèle, il est impossible de faire quelques progrès dans la piété, et de rendre à notre prochain quelque service réel soit pour le temps, soit pour l'éternité. — Et d'un autre côté il est certain que rien n'a plus mal servi les intérêts de la religion, et plus nui à l'humanité, comme une espèce de zèle qui a prévalu pendant bien des années dans les pays mahométans, païens et chrétiens : à ce point que l'on peut bien dire que l'orgueil, l'avarice, l'ambition, la vengeance ont immolé des centaines de victimes, mais que le zèle en a immolé des milliers. — Il y a eu de terribles exemples de cela dans les anciens temps, parmi les nations païennes les plus civilisées. C'est à cette espèce de zèle que l'on doit attribuer les persécutions barbares que subirent les chrétiens primitifs, les persécutions non moins barbares que l'Église de Rome, dans les temps modernes, fit subir aux Protestants, et le feu qui dévora notre nation dans le règne de là sanguinaire Marie. — Ce fut encore ce zèle qui, quelque temps après, changea plusieurs provinces de la France en un champ de sang ; — qui assassina des milliers de Protestants dans le massacre à jamais mémorable de la Saint Barthélemy ; — qui provoqua le massacre plus horrible qui eut lieu en Irlande, lequel n'a jamais eu son pareil, je crois depuis le commencement du monde, soit à cause du nombre des victimes, soit à cause des circonstances révoltantes qui entourèrent cet acte hideux. Quant aux autres parties de l'Europe, un célèbre écrivain allemand s'est donné beaucoup de peine en examinant les diverses chroniques et les récits les plus authentiques, pour acquérir une idée assez exacte du sang répandu depuis la réformation ; et il calcule que dans le cours de quarante années, à partir de l'année 1520, plus de quarante millions de personnes ont perdu la vie soit dans des persécutions particulières, soit dans des guerres de religion.

2. Mais ne peut-on pas distinguer le faux zèle, du zèle vrai ? Oui, on le peut, sans aucun doute : mais cela est difficile ; si grande est la ruse du cœur humain, si habiles à se justifier sont les passions. Il y a très peu de traités, au moins dans la langue anglaise, sur ce sujet : jusqu'à ce jour je n'ai entendu parler que d'un seul sermon sur cette question, lequel a été écrit, il y a cent ans, par le docteur Sprat, alors évêque de Rochester ; de sorte que ce discours est maintenant très rare.

3. C'est avec plaisir que je vais contribuer avec mes petites lumières à éclaircir cette question importante, afin d'aider les âmes bien disposées, et désireuses de plaire à Dieu, à distinguer le vrai zèle chrétien de toutes ses contrefaçons ; ce qui est plus nécessaire de nos jours que cela ne l'était dans les temps passés : car il y a soixante ans quelque chose ressemblant au zèle ne paraissait même pas exister dans notre nation ; les gens , en général étaient merveilleusement froids, et très peu inquiets de cette bagatelle, appelée religion. Mais il est facile d'observer que depuis cette époque les choses ont bien changé : des milliers d'âmes presque dans toutes les parties de ce royaume, ont éprouvé un véritable désir de sauver leur âme ; et je suis persuadé qu'il y a plus de zèle aujourd'hui en Angleterre, qu'il n'y en a eu pendant tout le siècle passé.

4. Mais ce zèle a t-il été bon ou mauvais ? — Probablement il a été quelquefois bon et quelquefois mauvais ? Voyons si nous ne pouvons pas séparer le zèle bon du zèle mauvais, afin d'éviter ce dernier et de nous attacher au premier. — Pour parvenir à ce but, j'examinerai :

Premièrement, la nature du zèle vraiment chrétien ;

Secondement, ses qualités ;

Et troisièmement, je tirerai quelques leçons pratiques.

I

Quel est la nature du zèle en général, et du véritable zèle chrétien en particulier ?

1. Le mot zèle, dans l'original veut dire, selon sa signification ordinaire, chaleur, comme la chaleur de l'eau bouillante ; — appliqué, dans un sens figuré, à l'esprit, il signifie toute affection ou émotion chaleureuse ; — il est encore pris quelquefois dans le sens d'envie : c'est le sens qui lui est donné dans ce verset des Actes : alors le souverain sacrificateur et tous ceux qui étaient avec lui, furent remplis d'envie, que l'on pourrait cependant rendre tout aussi bien de cette manière-ci : ils furent remplis de zèle. Quelquefois on se sert de ce mot pour exprimer la colère ou l'indignation ; quelquefois, pour exprimer un désir véhément ; et lorsque quelques unes de nos passions sont fortement excitées par quelque cause religieuse, soit bonne, soit mauvaise, nous appelons cela zèle religieux.

2. Mais tout ce qui est appelé zèle religieux ne mérite certes pas ce nom : car ce zèle, qui n'est pas uni à la charité n'est pas religieux ou chrétien à proprement parler. Un bon écrivain (l'évêque Sprat) pousse la chose plus loin : on a affirmé, dit-il, que tout zèle, qui n'est qu'en partie charitable, n'est pas pur, la charité devant en être la partie principale, mais ne peut-on pas aller encore plus loin, et dire que le vrai zèle n'est pas : en partie charitable, mais qu'il l'est entièrement, en prenant le mot charité dans le sens que lui donne St. Paul, dans le sens d'amour pour Dieu et pour l'homme : car c'est une vérité certaine, quoiqu'elle soit peu comprise du monde, que le zèle chrétien est tout amour ; il n'est pas autre chose : c'est l'amour pour Dieu et pour l'homme, qui fait son essence.

3. Cependant ce n'est pas à chaque degré de cet amour, que l'on applique le mot zèle : il peut exister un peu d'amour là où il n'y a point de zèle ; tandis que le vrai zèle chrétien est l'amour fervent, porté au plus haut point. C'est là sa véritable nature.

II

1. Il suit de là que les propriétés de l'amour appartiennent aussi au zèle. Or une des principales propriétés de l'amour, c'est l'humilité : la charité ne s'enfle point ; l'humilité donc, est une des propriétés inséparables du zèle. Plus le zèle est grand plus l'humilité est grande ; le premier tombe ou croit avec l'autre : le même amour qui remplit un homme de zèle pour Dieu, le rend petit, pauvre, vil à ses propres yeux.

2. La douceur est une autre propriété de l'amour : elle est donc aussi une propriété du zèle. L'amour nous rend doux, aussi bien qu'humbles et supérieurs à l'orgueil ou à la colère. Comme la cire se fond au feu, ainsi devant cette flamme sainte les passions inquiètes se fondent et laissent l'âme calme et sereine.

3. Une autre propriété de l'amour, et par conséquent du zèle, c'est une patience tenace : car l'amour supporte tout. — L'amour nous rend parfaitement soumis à toutes les dispensations de la divine providence ; il nous enseigne à dire toujours : c'est le Seigneur qui l'a fait ; qu'il fasse comme il lui semble bon ; et il nous donne la force d'être content dans toutes les positions, de ne jamais murmurer, et de rendre grâces en toutes choses.

4. Le zèle chrétien a une quatrième propriété qui mérite un examen plus particulier. — C'est ce que nous enseigne l'Apôtre dans ce passage : Il est bon d'être zélé toujours pour le bien ; car l'objet propre du zèle, c'est le bien, le bien en général, c'est-à-dire tout ce qui est bon, aux yeux de Dieu.

5. Mais qu'est-ce qui est bon aux yeux de Dieu ? Quelle est la religion que Dieu a toujours en bon plaisir ? — Quelle est la valeur comparative de ses parties ?

Ce point est très peu examiné et par conséquent très peu compris. Plusieurs personnes ont quelque connaissance de la théologie positive ; mais peu de personnes connaissent la théologie comparative. Je n'ai vu qu'un seul traité sur ce point ; il ne sera pas inutile d'en joindre ici une analyse.

Dans le cœur du chrétien, l'amour de Dieu et de l'homme règne en maître, est assis sur le trône : dans un cercle, autour de ce trône, sont rangées les dispositions saintes : la douceur, la patience, la longanimité, la fidélité, la tempérance, et toutes les vertus exprimées par ces mots : l'Esprit qui était en Christ. — Dans un autre cercle se trouvent toutes les œuvres de miséricorde, par lesquelles nous fortifions nos bonnes dispositions ; en sorte que, quoiqu'on le remarque peu, ces œuvres de piété sont de véritables moyens de grâce. — Après ces œuvres, viennent les œuvres ordinairement appelées œuvres de piété : la lecture et la méditation des Écritures, la prière en particulier et en public, la fréquentation de la Ste. Cène, le jeûne ou l'abstinence. Enfin pour que ses disciples s'excitent mutuellement à l'amour, à la piété, et aux bonnes œuvres, notre Seigneur, les a unis en un corps, en église, laquelle est dispersée dans toute la terre, et dont chaque congrégation chrétienne est un emblème.

6. C'est là cette religion que notre Seigneur à établie sur la terre depuis la descente du St. Esprit, le jour de la pentecôte ; c'est là tout le système du Christianisme, dont chaque partie, depuis le plus bas degré : — l'assemblée des frères, jusqu'au degré le plus élevé : l'amour régnant dans notre cœur, s'élève au-dessus de l'autre. — Or, il nous est facile d'apprendre par là quelle est la valeur relative de chaque branche de la religion. — Cela nous enseigne encore une cinquième propriété du vrai zèle, savoir qu'il est toujours proportionne au degré de bien qui existe dans son objet.

7. Par exemple : un chrétien doit sans aucun doute être zélé pour l'Église, ressentir pour elle une forte affection et désirer avec ardeur sa prospérité et son accroissement : il doit toujours prier pour l'Église universelle, et surtout pour cette communauté dont il est membre ; il faut qu'il se serve de tout les moyens en son pouvoir pour en étendre les limites, et pour fortifier ses frères afin qu'ils rendent honorable la doctrine de Dieu notre sauveur.

8. Mais il doit être plus zélé pour les ordonnances de Christ, que pour l'Église elle-même : — pour la prière en secret et en public, pour la cène du Seigneur, pour la lecture et la méditation de la parole de Dieu, et pour le devoir trop négligé du jeûne. Il doit recommander ses moyens de grâce, premièrement par son exemple ; et puis par des avis, par des arguments et des exhortations, aussi souvent qu'il en a l'occasion.

9. C'est ainsi qu'il doit montrer son zèle pour les œuvres de piété ; mais il doit en montrer davantage pour les œuvres de miséricorde, parce que Dieu préfère la miséricorde au sacrifice. C'est pourquoi lorsque les unes viennent en contact avec les autres, les œuvres de miséricorde doivent être préférées : la prière, la lecture, la méditation de la parole de Dieu doivent même être omises ou renvoyées à un autre temps, quand la charité l'exige et nous appelle à soulager les misères corporelles ou les misères morales de notre prochain.

10. Mais tout zélés que nous soyons pour toutes les bonnes œuvres, nous devons l'être encore plus pour les bonnes dispositions, pour former et faire croître, soit dans nos âmes soit dans les âmes des personnes avec lesquelles nous avons quelque communion, la douceur, la bonté, la patience, le contentement, la résignation à la volonté de Dieu, la mort au monde et aux choses du monde, comme les seuls moyens d'être vivant pour Dieu. Nous ne pouvons pas être assez zélés pour ces preuves et ces fruits de la foi. Nous devrions en parler quand nous sommes dans nos maisons, sur la route, quand nous sommes sur le point de nous endormir et quand nous nous levons. Elles devraient être le sujet constant de nos prières, vu qu'elles sont les plus excellentes de toutes les œuvres extérieures : car nous laisserons celles-ci par delà le tombeau, tandis que celles-là nous suivront jusque dans l'éternité.

11. Cependant notre zèle le plus pur doit être réservé pour l'amour qui est la fin des commandements, l'accomplissement de la loi. — L'Église, les observances, toutes les œuvres extérieures, toutes les plus excellentes dispositions même sont inférieures à l'amour, et n'ont de valeur que tout autant qu'elles sont plus unies à ce principe. — C'est donc là l'objet premier du zèle chrétien. Que chaque vrai chrétien s'adresse à Dieu le Père, par Jésus-Christ, afin que l'amour de Dieu et de l'humanité augmente dans son cœur : s'avancer vers ce prix de sa haute vocation doit donc être son unique but.

III

Il me reste à tirer quelques leçons pratiques des observations précédentes.

1. C'est pourquoi, en premier lieu, si le vrai zèle n'est pas autre chose que l'amour, toute espèce d'animosité contre ceux qui s'opposent à nous, loin donc de mériter le nom de zèle, lui est directement opposé. — Si le zèle n'est pas autre chose qu'un amour fervent, il est donc à une immense distance du préjugé, de la jalousie, des dispositions à soupçon, puisque l'amour ne pense pas à mal. — Enfin la bigoterie de toute espèce, et par dessus tout un esprit de persécution sont incompatibles avec le zèle. Il ne faut donc pas que ces mauvaises dispositions empruntent ce beau nom : puisqu'elles sont les œuvres du diable, elles doivent paraître sous leur véritable forme ; il ne faut pas que, déguisées, elles séduisent les enfants de Dieu qui ne sont pas sur leur garde.

2. En second lieu, si la modestie est une propriété du zèle, l'orgueil est donc incompatible avec lui : — il est vrai qu'un certain degré d'orgueil peut exister, après que l'amour de Dieu a été répandu dans le cœur, car c'est un des mauvais germes qui restent à déraciner ; mais il ne règne pas et n'exerce pas une grande influence partout ou l'amour fervent existe. Certainement même, il refroidirait ce feu sacré, si nous nous y abandonnions ; et si nous n'allions pas tout de suite à Christ, il éteindrait l'Esprit.

3. En troisième lieu, si la douceur est une propriété inséparable du zèle, que devons-nous dire de ceux qui appèlent leur colère de ce nom ? Certes, nous devons dire qu'ils se méprennent totalement sur la vérité ; qu'ils font, dans toute la force du mot, la lumière ténèbres, et les ténèbres lumière. Nous ne pouvons pas assez nous précautionner contre cette délusion, parce qu'elle est générale dans le monde chrétien : presque dans tous les lieux, la colère et le zèle sont des termes équivalents, et il y a peu de personnes qui trouvent quelque différence entre eux. Que de fois n'entendons-nous pas dire : voyez comme cet homme est zélé ! Certes, il ne peut pas être zélé, car il est en colère, et la colère est aussi incompatible avec le zèle que la lumière avec les ténèbres et les cieux avec l'enfer.

Il serait bon que l'on comprît bien ce point. Arrêtons-nous y un peu plus. — Nous observons souvent qu'un homme, passant pour être religieux, est fort en colère contre son prochain ; il appelle son frère raca, fou ; il l'accuse avec aigreur. — Vous l'avertissez de sa vivacité, il répond : c'est mon zèle qui me pousse à tout cela. — Non : c'est votre corruption qui vous y pousse, et à moins que vous ne vous repentiez, elle vous précipitera dans les enfers. Il y a beaucoup de ce zèle dans l'abyme sans fond. C'est de là que vient tout ce zèle, et c'est là que le votre ira avec vous, à moins que vous n'en soyez délivré avant de sortir de ce monde.

4. En quatrième lieu, si la patience, le contentement et la résignation sont des propriétés du zèle, dès lors le murmure, l'inquiétude, le mécontentement et l'impatience lui sont incompatibles. Et cependant comme l'espèce humaine ignore cela ! Combien de fois ne voyons-nous pas des hommes murmurer contre les pécheurs non convertis, dire qu'ils ne peuvent pas supporter de semblables choses, appelant cela avoir du zèle. Oh ! N'épargnez aucune peine pour les détromper ! Si cela est possible, enseignez-leur ce qu'est le vrai zèle, et persuadez les que tout murmure, toute fâcherie contre le péché, est elle-même une espèce de péché, et n'a pas plus de ressemblance que de liaison avec le vrai zèle.

5. En cinquième lieu, si le bien est l'objet du zèle, donc la ferveur pour ce qui est mal n'est pas le zèle chrétien. Ainsi l'homme qui est tellement attaché à des pratiques d'idolâtrie, comme l'adoration de la croix, des images, des anges, des saints, jusqu'à se laisser brûler plutôt que de ne pas les suivre, vous pouvez l'appeler un bigot, un superstitieux, si vous voulez, mais ne l'appelez pas zélé : ceci est une tout autre chose.

Il suit encore de ces principes que la ferveur pour des choses indifférentes n'est pas le zèle chrétien. Cependant comme cette erreur est commune ! — Certes on penserait que des hommes intelligents ne sont pas capables d'une telle faiblesse ; mais hélas ! L'histoire de tous les âges prouve le contraire. Il n'y a point eu d'hommes supérieurs en intelligence aux évêques Ridley et Hooper, qui ont néanmoins, ainsi que plusieurs grands hommes de leur siècle, disputé avec chaleur sur les habits ecclésiastiques. Avec quelle amertume n'a-t-on pas disputé pour et contre un surplis ! O honte à l'homme ! J'aurais tout autant aimé disputer sur une paille ou sur un épi de blé. — Or l'on appellerait cela du zèle ? Et pourquoi ne l'appelerait-on pas aussi bien sagesse ou sainteté ?

6. Il suit encore des mêmes principes que la ferveur pour des opinions n'est pas le zèle chrétien. Mais comme il y a peu de personnes qui comprennent cela ! Quel incalculable nombre de maux cette espèce de zèle a causé dans le monde chrétien ! Que de milliers de vies ont été anéanties par ceux qui étaient zélés pour les opinions catholiques ! Que de personnes pieuses ont été sacrifiées par des fanatiques, à l'opinion stupide de la transubstantiation ! Cependant toute personne sans préjugé voit que ce zèle est terrestre, sensuel, diabolique, et qu'il est à une immense distance de ce zèle qui est recommandé dans le texte par l'apôtre.

C'est donc un excès de zèle que notre grand poète exprime dans son poème sur le dernier jour, où il parle de rencontrer dans le ciel ceux qui, animés par le feu du zèle pour leurs opinions individuelles, se sont assassinés. Cela, du zèle ? Quel zèle que ce sentiment qui les a poussés à se couper la gorge ! Ceux qui ont été animés par cet esprit, et qui moururent sans s'en repentir, auront sans aucun doute leur portion, non pas dans le ciel où l'amour seul existe, mais dans le feu qui ne sera jamais éteint.

7. Enfin si le vrai zèle est toujours proportionné au degré de bonté qui est dans son objet, il doit donc augmenter en raison de la valeur relative des diverses parties de la religion. Ainsi, tous ceux qui craignent vraiment le Seigneur doivent être zélés pour l'Église universelle et pour cette portion de l'Église dont ils sont membres. L'Église n'est pas d'institution humaine, elle est d'institution divine : car Dieu vit que, même dans le sens spirituel, il n'était pas bon que l'homme fut seul, et que tout le corps de ses enfants devait être bien serré ensemble. Néanmoins ils doivent être plus zélés pour les ordonnances de Dieu : c'est-à-dire pour la prière en secret et en public, pour la lecture et la méditation de la parole de Dieu, pour le jeûne et pour la cène du Seigneur. Mais ils doivent être plus zélés pour les œuvres de miséricorde que pour les œuvres de piété, et ils doivent l'être encore plus pour les dispositions saintes, pour la douceur, la modestie, la résignation, et surtout pour ce qui est la fin et l'essence de la religion, c'est-à-dire pour l'amour de Dieu et de l'homme.

8. Il nous reste à faire à nos âmes une application franche et claire de ces choses. Nous connaissons tous en général qu'il est bon d'être toujours zélé pour le bien ; que chacun de nous fasse donc maintenant une application particulière de cette vérité à son âme.

9. Ceux qui sont encore morts dans leurs fautes et leurs péchés, à la vérité n'ont rien à faire avec ce sujet : c'est encore le cas de ceux qui vivent ouvertement dans la pratique de quelque péché, comme l'ivrognerie, la profanation du dimanche, les jurements. Ces gens là n'ont rien à faire avec le zèle ; ils ne devraient même pas se servir de ce mot : parler de zèle pour Dieu quand on fait les œuvres du diable, c'est le comble de l'impertinence et de la folie. Mais si vous avez renoncé au diable et à toutes ses œuvres, et si vous avez pris dans votre cœur la décision de n'adorer et servir que le Seigneur votre Dieu, prenez garde d'être ni froid, ni bouillant : soyez zélé pour Dieu. — Vous pouvez commencer au plus bas degré de zèle : soyez zélé pour l'Église, en particulier pour cette branche de l'Église à laquelle vous appartenez, étudiez ce qui peut lui être utile, et suivez en soigneusement toutes les règles par conscience. En même temps ne négligez aucune des ordonnances de Dieu ; car l'Église n'a été établie, en grande partie, que pour leur conservation ; en sorte qu'il serait absurde de parler de zèle pour l'Église, si vous n'étiez pas plus zélés pour ses ordonnances. Mais êtes-vous même plus zélés pour les œuvres de miséricorde, que pour les œuvres de piété ? Suivez-vous l'exemple de votre Seigneur, et préférez-vous la miséricorde au sacrifice ? — Autant que cela vous est possible, nourrissez-vous ceux qui ont faim, vêtez-vous les pauvres, visitez-vous ceux qui sont malades et en prison ? Et surtout employez-vous tous les moyens qui sont en votre pouvoir, pour sauver les âmes de la mort ? Si, tout autant que le temps vous le permet, vous faites du bien à tous les hommes et surtout aux domestiques de la foi, votre zèle pour l'Église est agréable au Seigneur, mais si vous ne le faites pas, si vous n'êtes pas soigneux de vous adonner aux bonnes œuvres, qu'avez-vous à faire avec l'Église ? — Si vous n'avez pas compassion de vos compagnons, le Seigneur n'aura pas compassion de vous. N'apportez plus de vains sacrifices : tout votre service est en abomination au Seigneur.

10. Êtes-vous assez ignorant pour diviser ce que Dieu a uni, pour séparer les œuvres de piété des œuvres de miséricorde ? Êtes-vous constamment zélé pour les unes et les autres ? — Jusquelà vous vous conduisez d'une manière agréable à Dieu, c'est-à-dire si vous avez toujours présent

à l'esprit que Dieu sonde les cœurs et les reins ; — qu'il est esprit, et que ceux qui l'adorent doivent l'adorer en esprit et en vérité ; — et par conséquent que les œuvres extérieures ne lui sont agréables que tout autant qu'elles découlent de dispositions saintes, sans lesquelles nul homme n'aura une place dans le royaume de Christ et de Dieu.

11. Mais surtout soyez plus zélé pour l'amour que pour toutes les autres dispositions saintes. Considérez toutes choses comme une perte en comparaison de l'amour pour Dieu et pour l'homme. Il est très certain que si vous donnez tous vos biens aux pauvres, et votre corps pour être brûlé, cela ne vous sert de rien, si vous n'avez pas un amour humble, doux, patient. Gravez profondément sur votre cœur cette maxime : tout n'est rien sans l'amour.

12. Prenez donc toute la religion, telle que Dieu vous l'a révélée dans sa parole ; et soyez toujours zélé pour, chacune de ses parties, selon leur excellence relative, faisant reposer votre zèle sur ce fondement : Jésus et Jésus crucifié ; — retenant ferme ce principe : ce que je vis maintenant en la chair, je le vis en la foi du fils de Dieu qui m'a aimé et s'est donné pour moi. — Proportionnez votre zèle à la valeur de son objet. — C'est pourquoi soyez zélé, premièrement, pour l'Église militante sur la terre, et en particulier pour cette branche de l'Église avec laquelle vous êtes plus étroitement lié. Soyez plus zélé pour toutes ces ordonnances que notre divin maître a instituées pour qu'elles existent jusqu'à la fin des siècles. — Soyez plus zélé pour ces œuvres de miséricorde, ces sacrifices agréables à Dieu, marques auxquelles le berger d'Israël reconnaîtra ses brebis au dernier jour. Soyez plus zélé pour les dispositions saintes, pour la patience, pour la douceur, pour la modestie, pour l'humilité et la résignation. Mais surtout soyez plus zélé pour la charité, la reine de toutes les grâces, la plus grande perfection possible sur la terre et dans le ciel, l'image même de Dieu dans les hommes et dans les anges : car Dieu est amour et celui qui demeure dans l'amour demeure en Dieu et Dieu en lui.

SERMON 93

Le rachat du temps

Rachetant le temps.
— Ephésiens 5.16 —

1. Prenez donc garde comment, dit l'Apôtre dans le verset précédent, vous vous conduirez soigneusement, non point comme étant dépourvus de sagesse, mais comme étant sages : — épargnant tout le temps possible pour les meilleurs desseins ; rachetant chaque minute de la puissance du péché et de Satan, des mains de la mollesse, du plaisir, des affaires mondaines, avec d'autant plus de soin que les jours présents sont mauvais, — sont des jours d'ignorance, d'immoralité, et de dépravation.

2. Il parait que c'est là le sens général de ces paroles ; mais je me propose aujourd'hui de ne considérer qu'un seul moyen de racheter le temps, en ce qui regarde le sommeil.

3. Les hommes pieux se sont occupés très peu de ce sujet ; plusieurs même, qui d'ailleurs étaient très consciencieux à d'autres égards, ne l'ont pas été sur ce point : ils semblent avoir regardé comme assez différent s'ils dormaient plus ou moins ; et ne pas l'avoir considéré sous son véritable point de vue, comme une branche importante de la tempérance chrétienne. Pour que nous puissions avoir des vues plus claires sur ce sujet, je m'efforcerai de montrer,

I. Ce que c'est que racheter le temps du sommeil ;

II. Le mal qu'il y a à ne pas racheter le temps de cette manière ;

III. Et le moyen le plus efficace de le faire.

I

1. Qu'est-ce que racheter le temps du sommeil ? — C'est en général ne consacrer au sommeil, chaque nuit, que cette portion de temps exigée par la nature, et la plus utile à la santé, à la vigueur de l'esprit et du corps.

2. Mais on objecte qu'une portion égale de sommeil ne suffit pas à tous les hommes ; — que les uns ont besoin de plus de temps que les autres ; — que la même personne ne peut pas toujours dormir les mêmes heures ; — que lorsqu'une personne est malade, ou affaiblie par une maladie ancienne, elle a plus besoin de ce restaurant naturel que lorsqu'elle est en bonne santé ; ce qui est encore le cas quand ses forces et ses esprits sont épuisés par un travail pénible et continuel.

3. Tout cela sans aucun doute est vrai et confirmé par mille faits. C'est pourquoi tous ceux qui ont essayé de fixer la même quantité de sommeil pour toute personne, ne comprenaient pas la nature du corps humain, laquelle varie tant d'individu à individu ; et ceux qui ont imaginé que la même quantité suffit, dans tous les temps, à la même personne, ne l'ont pas mieux comprise. On ne peut qu'être étonné de voir que l'Evêque Taylor ait eu cette singulière idée, et encore plus de voir qu'il ait fixé la quantité de sommeil nécessaire, à trois heures dans les vingt-quatre heures. L'excellent et célèbre Baxter ne s'approche pas davantage de la vérité, quand il suppose que quatre heures ne suffisent à toute personne. J'ai encore connu un homme très instruit, qui prétendait que nul être vivant ne devait dormir plus de cinq heures dans les vingt-quatre. Mais quand il voulut en faire l'essai, il fut obligé d'abandonner son opinion. Des observations nombreuses, recueillies pendant plus de cinquante années, m'ont convaincu que, malgré quelques cas extraordinaires d'hommes remarquables, qui ont vécu plusieurs semaines ou mois avec peu de sommeil, le corps humain ne peut pas conserver sa santé, sa vigueur, s'il n'a pas au moins six

heures de sommeil dans les vingt-quatre. Ce qu'il y a de certain, c'est que je n'ai point connu d'homme ou de femme qui ait conservé toutes ses forces, en dormant moins que six heures.

4. J'ai observé depuis longtemps que les femmes en général ont besoin de plus de sommeil que les hommes, ce qui peut résulter de ce qu'elles sont d'ordinaire plus faibles, plus molles qu'eux. C'est pourquoi si l'on peut oser fixer une règle, sans cependant laisser de côté les exceptions et les altérations inévitables, je suis disposé à croire que celle-ci est la plus raisonnable : — un peu plus de six heures de sommeil est assez en général pour un homme sain ; un peu plus de sept heures, pour une femme saine. Quant à moi il me faut six heures et demie, et je ne peux guère faire à moins.

5. Si quelqu'un désire de connaître exactement la quantité de sommeil que sa constitution exige, il peut facilement faire l'essai que je fis il y a à-peu-près soixante ans. Alors je m'éveillais chaque nuit vers minuit ou une heure, et restais éveillé pendant quelques instants. Je conclus que cela venait de ce que je restais au lit plus longtemps que la nature l'exigeait. Afin de savoir si tel était le cas, je me procurai un réveille-matin, qui me réveilla le lendemain à sept heures, une heure plutôt que le jour précédent ; cependant la nuit suivante, je me réveillai encore. Le lendemain je me levai à six heures ; pendant là nuit le même fait arriva. Le troisième jour, je me levai à cinq heures ; et je m'éveillai encore pendant la nuit. Le quatrième jour, je me levai à quatre heures, (ce que par la grâce de Dieu, j'ai toujours fait depuis lors), et je ne m'éveillai plus. Et maintenant, prenant le long d'une année, je ne reste pas éveillé un quart d'heure par mois, dans la nuit. En faisant cet essai, c'est-à-dire en se levant de meilleure heure chaque matin, qui que ce soit peut savoir quelle quantité de sommeil lui est nécessaire.

II

1. Mais pourquoi se donner tant de peine ? Pourquoi ces scrupules ? Quel mal y a-t-il à faire comme notre prochain, à rester couché depuis dix heures jusqu'à six ou sept heures du matin dans l'été, et jusqu'à huit ou neuf heures, dans l'hiver.

2. Si vous voulez bien examiner cette question il vous faut beaucoup de candeur et d'impartialité ; car ce que je vais vous dire vous paraîtra probablement nouveau, différent de tout ce que vous avez entendu, différent du jugement, au moins de l'exemple que vous ont donné vos plus proches parents, et peut-être les personnes les plus pieuses que vous connaissez. C'est pourquoi élevez vos cœurs à Dieu, et suppliez-le de vous éclairer afin que, sans égard à qui que ce soit, vous puissiez voir et suivre la vérité telle qu'elle est en Jésus.

3. Désirez-vous vraiment savoir le mal qu'il y a à ne pas racheter du sommeil tout le temps possible, à dormir chaque jour une heure de plus que ce que demande la nature ? Eh bien ! Premièrement, cela nuit à vos affaires : — c'est perdre six heures par semaine dont vous pourriez tirer bon profit. Si vous connaissez quelque métier, vous pourriez dans ces six heures gagner quelque argent ; et fut-ce peu de chose, il n'est pas nécessaire que vous le jetiez : si vous n'en avez pas besoin vous-même, donnez-le à ceux qui en ont besoin ; vous en connaissez sans doute qui ne vivent pas loin de vous. Si vous ne connaissez pas de métier, vous pouvez encore vous employer de manière à gagner quelque argent, ou quelque chose équivalente à de l'argent pour vous ou pour les autres.

4. En dormant plus que l'exige votre constitution, vous faites tort, en second lieu, à votre santé ; rien n'est plus certain que cela, quoique ce mal, qui se glisse en nous peu à peu, ne soit pas observé ordinairement. D'une manière imperceptible, ce mal jette les premières semences de beaucoup de maladies ; en particulier il est la première cause, mais ignorée, des maladies de nerfs. On a souvent demandé pourquoi ces maladies sont plus communes de nos jours, que du temps de nos pères : — d'autres causes souvent concourent à les produire ; mais la principale cause, c'est que nous restons au lit trop longtemps. Au lieu de se lever à quatre heures, la plupart d'entre nous qui ne sont pas obligés de travailler pour leur pain, restent couchés jusqu'à sept, huit, ou neuf heures. Il n'est pas besoin de chercher ailleurs une autre cause à ces maladies : leur accroissement s'explique assez par ce mal.

5. On peut aussi observer que la plupart de ces maladies résultent non seulement de ce que l'on dort trop, mais aussi de ce que l'on reste trop longtemps dans son lit, chose regardée

d'ailleurs comme très innocente ; se reposer dans des draps chauds, échauffe le corps, le rend moite ; les nerfs en sont détendus ; et par suite le cortège des symptômes de la mélancolie, — les faiblesses, les évanouissements, l'abattement, arrive au point que la vie devient un fardeau.

6. Dormir trop longtemps ou rester trop longtemps couché affaiblit souvent la vue, et procure surtout une faiblesse nerveuse dans cet organe. Quand j'étais jeune, ma vue était très faible. Pourquoi est-elle maintenant plus forte qu'il y a trente ans ? Je l'attribue d'abord à Dieu qui nous prépare pour toute œuvre à laquelle il nous appelé ; mais sans aucun doute le moyen qu'il a bien voulu bénir pour cela, c'est le lever de bon matin.

7. Une objection encore plus grande contre ce mal, c'est qu'il nuit à l'âme : — c'est un péché contre Dieu. Il faut que cela soit à cause des deux observations précédentes ; car nous ne pouvons ni dépenser, ou, ce qui est la même chose, ne pas mettre à profit notre avoir, ni affaiblir notre santé sans pécher contre Dieu.

8. Mais cette intempérance à la mode nuit aussi plus directement à l'âme : — elle sème les germes de désirs vains et insensés ; elle excite dangereusement nos appétits naturels ; elle fomente et accroît la mollesse, si souvent reprochée à la nation anglaise ; elle prépare l'âme pour tout autre espèce d'intempérance ; elle rend nos esprits si mols que nous nous effrayons du plus petit dérangement, et que nous ne voulons ni renoncer à nous-mêmes, ni nous charger de notre croix. Or, comment pouvons-nous alors (et sans cela nous devons aller en enfer) ravir le ciel ? Cette intempérance nous rend tout à fait incapables d'endurer les travaux comme un bon soldat de Jésus-Christ, et par conséquent de combattre le bon combat de la foi, et de saisir la vie éternelle.

9. Le célèbre Law traite ce sujet avec beaucoup de beauté. Je ne peux me refuser de transcrire, pour l'usage du lecteur, une partie de ce qu'il dit sur ce sujet : —

« Je prends pour une chose reconnue que tout chrétien, qui est en bonne santé, se lève de bonne heure ; car il est bien plus raisonnable de supposer qu'une personne se lève de bonne heure, par un principe chrétien, que par tout autre principe humain. »

« Nous voyons avec peine un homme au lit quand il devrait être à ses travaux : il nous est impossible de bien penser de celui qui est esclave de la mollesse jusqu'au point de négliger ses occupations. »

« Que cela nous enseigne combien nous devons paraître odieux à Dieu, lorsque nous sommes au lit, dormants, tandis que nous devrions être occupés à louer le Seigneur ; et lorsque nous sommes esclaves de la mollesse, jusqu'au point d'oublier nos devoirs religieux. »

« Le sommeil est un état d'être, si monotone, si stupide, que nous méprisons même parmi les animaux ceux qui s'y livrent le plus. Celui donc qui préfère satisfaire ce penchant, à faire ses dévotions de bonne heure, préfère le plus stupide bien-être du corps aux plus nobles jouissances de l'âme : il préfère cet état, qui est une honte chez les animaux, à cet exercice qui fait la gloire des anges. »

10. « En outre celui qui ne sait pas renoncer à ce penchant, n'est pas plus préparé, quand il est éveillé, pour la prière qu'il ne l'est pour le jeûne ou tout autre acte de renoncement. Il peut à la vérité lire des prières écrites plus facilement qu'il ne peut remplir ces devoirs ; mais il n'est pas plus disposé à un véritable esprit de prière qu'il ne l'est au jeûne. Car le sommeil, quand on s'y livre ainsi, donne une certaine mollesse à toutes nos dispositions, et nous rend incapables de jouir de quoique ce soit, si ce n'est de ce qui encourage la paresse d'esprit. De manière que l'esclave de cette paresse l'est aussi quand il est éveillé : — tout ce qui est sensuel ou efféminé lui plaît ; et tout ce qui exige de la peine ou du renoncement, lui est odieux, parce qu'il n'aime pas de se lever de bonne heure. »

11. « Il n'est pas possible qu'un épicurien soit pieux : il faut qu'il renonce à sa sensualité avant qu'il puisse goûter les plaisirs de la religion. Or celui qui fait du sommeil ses délices, corrompt son âme jusqu'au point de la rendre esclave des appétits sensuels, tout autant que le fait un épicurien : il ne ruine pas ainsi sa santé, comme il pourrait le faire par des actes visibles d'intempérance ; mais par cette habitude, peu à peu, il énerve toutes ses dispositions religieuses, et précipite son âme dans la stupidité et la sensualité. »

« Le renoncement de toute espèce est la vie, l'âme de la piété ; mais celui qui n'en a pas assez pour pouvoir se livrer de bon matin à ses dévotions, ne peut pas penser qu'il suit le Christ : Quelle main droite s'est-il coupée ? Quelles sont les épreuves auxquelles il est préparé ? Quel sacrifice est-il prêt à offrir à Dieu, celui qui ne peut être assez cruel envers lui pour se lever pour prier à l'heure où bien des gens se lèvent avec satisfaction pour aller à leurs rudes travaux ? »

12. « Bien des personnes ne se feront pas scrupule d'avouer, qu'elles s'abandonnent au sommeil parce qu'elles n'ont rien à faire ; et que si elles avaient besoin de se lever, elles ne perdraient pas tant de temps à dormir. Mais on doit leur dire qu'elles se trompent ; car elles ont beaucoup de choses à faire : elles ont un cœur endurci à changer ; elles ont tout l'esprit de la religion à acquérir. Car certainement celui qui peut n'avoir rien a faire, parce qu'il n'a rien autre chose à faire qu'à prier, doit savoir certes qu'il a l'esprit de la religion à rechercher. »

« C'est pourquoi vous ne devez pas considérer si c'est une légère faute de vous lever tard ; mais vous devez réfléchir combien il est déplorable de manquer de l'esprit de religion, et de vivre dans une mollesse et dans une paresse qui vous rendent incapable de remplir les devoirs fondamentaux du christianisme. »

« Si je vous engageais à ne pas satisfaire votre gourmandise, je n'insisterais pas sur le péché de mal dépenser votre argent, quoi que ce soit un grand péché ; mais je vous prierais de renoncer à une telle manière de vivre, parce qu'elle vous maintient dans un état de sensualité qui vous rend incapable de goûter les doctrines les plus essentielles de la religion. »

« Pour la même raison je n'insisterai pas sur le péché de perdre votre temps à dormir, quoique ce soit un grand péché ; mais je vous engage à renoncer à cette indulgence parce qu'elle rend votre âme molle, paresseuse, et qu'elle est contraire à cet esprit de zèle, de vigilance, de renoncement, qui a caractérisé Christ, les apôtres, les chrétiens et les martyrs de tous les temps, et qui doit caractériser ceux qui ne veulent pas tomber dans les souillures du monde. »

13. « Voici donc la base de notre accusation contre cette habitude : — nous la blâmons, non parce qu'elle renferme tel ou tel mal particulier, mais parce qu'elle étend son influence sur toute notre âme, et qu'elle soutient un état d'esprit qui est mauvais ; elle est contraire à la piété, non point comme des méprises ou des fautes accidentelles peuvent l'être ; mais dans le même sens qu'un mauvais état de corps est contraire à la santé. »

« D'un autre côté, si chaque matin vous vous leviez de bonne heure, — par renoncement à vous-même, — pour racheter votre temps et vous préparer à la prière, vous en ressentiriez bientôt tous les avantages. Ce moyen, quoique en apparence de petite importance, peut devenir un grand moyen de piété : — il vous ferait garder toujours en vue que la mollesse et la paresse sont la peste de la religion ; il vous enseignerait à exercer l'empire sur vous-même, et à renoncer aux autres plaisirs, aux autres dépositions qui font la guerre à l'âme. — Or ce qui est ainsi planté et arrosé sera certainement béni de Dieu. »

III

1. Il me reste à examiner comment nous pouvons racheter le temps, comment nous pouvons le plus efficacement pratiquer cette importante branche de la tempérance.

Je vous conseille, à vous qui êtes bien convaincus de cette importance, de ne pas permettre que cette conviction s'éteigne, et de commencer tout de suite à la suivre. Seulement ne vous confiez pas à votre propre force ; si vous vous confiez à vous, vous serez bientôt renversés. Sentez bien que comme vous ne pouvez rien faire de bon par vous-même, de même, dans ce cas particulier, vos forces, vos résolutions ne serviront de rien : — quiconque se confie à soi-même sera confondu. Je n'ai point connu de personne qui, en se confiant à elle-même, ait pu garder ses résolutions pendant un espace de douze mois.

2. Je vous conseille, en second lieu, de demander à Dieu des forces ; invoquez Celui qui a tout pouvoir aux cieux et sur la terre ; et croyez qu'il exaucera la prière sincère. Si vous ne pouvez pas assez vous méfier de vous, vous ne pouvez pas aussi assez vous confier à Lui. Commencez donc par la foi ; et certainement sa force s'accomplira dans votre infirmité.

3. Je vous conseille, en troisième lieu, à ajouter la prudence à la foi : servez vous des moyens les plus raisonnables pour parvenir à votre but. En particulier, pour que votre travail ne soit pas

inutile, commencez bien : — si vous désirez vous lever de bonne heure, allez au lit de bonne heure ; quoi qu'il arrive faites cela : malgré les plus agréables compagnons, malgré leurs plus pressantes sollicitations, leurs reproches et leurs railleries, ne laissez pas l'heure fixée ; quand elle est arrivée, levez-vous, et sans cérémonie quittez la société ; malgré les plus pressantes affaires, n'oubliez pas cette heure : mettez-les de côté jusqu'au lendemain matin. Fut-ce même un grand renoncement, une grande croix, soyez ponctuel, à l'heure ; autrement, tout est perdu.

4. Je vous conseille, en quatrième lieu, d'être constant : sans intermission conservez l'heure fixée. Ne vous levez pas une heure pendant deux matins, pour rester tard au lit le troisième matin ; mais ce que vous faites une fois, faites-le toujours. — Oui, mais ma tête souffre. — N'y faites pas attention ; cela passera bientôt. — Mais je suis endormi, mes yeux sont pesants. — Dans ce cas ne raisonnez pas, ou la résolution est perdue ; mais levez-vous de suite. Et si vous continuez à être endormi, couchez-vous un peu, deux ou trois heures après votre lever. Mais que rien ne vous fasse violer votre règle : à l'heure, levez-vous et habillez-vous.

5. « Peut-être direz-vous que le conseil est bon ; mais qu'il, vient trop tard ; — que vous avez déjà violé la règle ; — que vous vous êtes levé pendant quelque temps très régulièrement, sans que rien vous en empêchât, mais que degrés par degrés, vous avez laissé totalement de côté votre première résolution. » — Eh bien ! Au nom de Dieu, commencez de nouveau ! Commencez demain, ou plutôt ce soir même, en allant au lit de bonne heure nonobstant toute compagnie et toute affaire. Commencez avec moins de confiance en vous-même, et avec plus de confiance en Dieu qu'auparavant. — Suivez ces quelques règles, et, pour certain, Dieu vous donnera la victoire : avant peu toute difficulté sera détruite ; mais les avantages resteront à toujours.

6. Si vous dites : mais je ne peux faire ce que je faisais jadis, parce que je ne suis plus ce que j'étais : — j'ai plusieurs maladies ; mes mains tremblent ; mes esprits sont moins forts ; je suis tout affaibli ; — a cela, je réponds que tous ces symptômes sont nerveux ; qu'ils résultent en partie de ce que vous dormez trop, et qu'il n'est pas probable qu'ils soient jamais détruits, à moins que vous n'en détruisiez la cause. C'est pourquoi, non seulement pour vous punir de votre folie et de votre infidélité, mais aussi pour le rétablissement de votre santé, vous devez recommencer à vous lever de bonne heure : il n'y a pas d'autre chose à faire ; il n'y a pas d'autre moyen de rétablir assez bien et la santé de votre corps et celle de votre esprit. Ne vous suicidez pas ! Ne courrez pas dans la voie qui mène aux portes de la mort ! Ce que j'ai dit d'abord, je le dis encore, commencez de nouveau, aujourd'hui même. Il est vrai que cela vous sera plus difficile qu'au commencement ; mais supportez ces difficultés que vous avez créées vous-même ; d'ailleurs elles ne dureront pas : le Soleil de justice se lèvera bientôt, et guérira votre âme et votre corps.

7. Mais ne vous imaginez pas que cette seule chose — se lever de bonne heure — suffit pour rendre chrétien. Non, quoique ce seul point — ne pas vous lever de bonne heure — puisse vous laisser païen, sans l'esprit du christianisme ; quoique ce seul point, surtout si vous avez remporté la victoire, puisse vous rendre froid, formaliste, sans vie, et incapable de faire un pas de plus dans la sainteté véritable, cependant ce seul point ne peut pas aller bien loin pour faire de vous un chrétien. Ca n'est là qu'un pas, mais c'est un pas. Quand vous l'aurez fait, allez en avant : marchez à un renoncement universel à vous-même, à la tempérance en toutes choses, à la ferme résolution, de prendre chaque jour la croix que Dieu vous donne ; marchez à la recherche de tout l'esprit qui était en Christ : ainsi vous serez tout à fait chrétien ; ainsi vous finirez votre course avec joie, et vous ressusciterez à son image et serez satisfait.

SERMON 98

Visite des malades

J'étais malade et vous m'avez visité.
—Matthieu 25, 36—

1. On suppose en général que les moyens de grâce et les ordonnances de Dieu sont des mots synonymes, dont on se sert ordinairement pour désigner les œuvres de piété, comme écouter et lire la Bible, recevoir la cène, la prière publique et secrète, et le jeûne. Et il est certain que ces moyens de grâce sont les canaux ordinaires qui portent aux âmes des hommes la grâce de Dieu. Mais n'y en a-t-il point d'autres ? N'y a-t-il pas encore quelques moyens de grâce par lesquels Dieu veut quelquefois, même ordinairement, communiquer ses grâces à ceux qui le craignent ou qui l'aiment ? — Sans aucun doute, il y a des œuvres de miséricorde, aussi bien que des œuvres de piété, qui sont de vrais moyens de grâce. — Ces œuvres de miséricorde sont surtout des moyens de grâce pour ceux qui les pratiquent avec un œil net, avec une intention pure ; et quant à ceux qui les négligent, ils ne reçoivent pas ces grâces qu'ils auraient eues, s'ils les eussent pratiquées : ils perdent même, en continuant à les négliger les bénédictions qui leur ont été accordées. N'est-ce pas là ce qui fait que plusieurs, jadis forts dans la foi, sont maintenant faibles et débiles ? Et toutefois, comme ils ne négligent aucun des premiers moyens de grâce mentionnés, ils ne savent pas d'où vient cette faiblesse ; ce qu'il leur serait facile d'apprendre cependant, s'ils considéraient sérieusement l'exposé du caractère des vrais fidèles que trace l'apôtre St. Paul dans ces paroles : nous sommes son ouvrage, étant créés en Jésus-Christ pour les bonnes œuvres, que Dieu a préparées, pour que nous marchions en elles. (Ep 2, 10)

2. Marcher en ces œuvres est essentiellement nécessaire, pour que nous conservions cette foi, par laquelle nous sommes déjà sauvés par grâce, et pour que nous parvenions au salut éternel. Nous n'en douterons pas si nous considérons avec attention ces paroles prononcées par le grand Juge lui-même : venez, les bénis de mon père, possédez en héritage le royaume qui vous a été préparé dès la fondation du monde ; car j'ai eu faim, et vous m'avez donné à manger ; j'ai eu soif, et vous m'avez donné à boire ; j'étais étranger, et vous m'avez recueilli ; j'étais nu, et vous m'avez vêtu ; j'étais malade, et vous m'avez visité ; j'étais en prison, et vous êtes venu vers moi. (Mt 25, 34 etc.) — En vérité, je vous dis qu'en tant que vous avez fait ces choses à l'un de ces plus petits de mes frères, vous me l'avez fait à moi-même. — Si quelqu'un n'est pas convaincu par ces passages que la pratique des œuvres de miséricorde, est nécessaire au salut, qu'il considère ce que le juge de tous les vivants dira à ceux qui sont à sa gauche : maudits, retirez-vous de moi, et allez au feu éternel, qui est préparé au diable et à ses anges. Car j'ai eu faim, et vous ne m'avez pas donné à manger ; j'ai eu soif, et vous ne m'avez pas donné à boire ; j'étais étranger, et vous ne m'avez pas recueilli ; j'ai été nu, et vous ne m'avez point vêtu ; j'ai été malade, et en prison, et vous ne m'avez point visité. — En vérité, je vous dis que parce que vous n'avez point fait ces choses à l'un de ces plus petits, vous ne me l'avez point fait aussi. — Or, ne fut-ce que pour cela ils doivent se retirer de Dieu pour aller aux punitions éternelles.

3. N'est-il pas étrange que cette importante vérité soit si peu comprise par ceux qui craignent Dieu, ou du moins qu'elle exerce si peu d'influence sur leur conduite ? Dans la supposition que cet exposé soit juste, que le Juge de toute la terre dise la vérité, ceux-là seuls qui nourrissent les affamés, qui donnent à boire aux altérés, qui vêtent les indigents, qui recueillent les étrangers, qui visitent les prisonniers, selon leur pouvoir et l'occasion, ceux-là seuls hériteront le royaume éternel ; et ceux qui ne font pas ces choses, iront au feu éternel préparé pour le diable et ses anges.

4. Je me propose maintenant de concentrer mon discours sur un seul de ces points : — la visite des malades, un devoir que toute personne bien portante peut plus ou moins pratiquer, et qui cependant est bien négligé, même par celles qui professent d'aimer Dieu. Je vais donc examiner :

1. Ce que c'est que visiter les malades ;
2. De quelle manière on doit pratiquer ce devoir ;
3. Et qui doit le pratiquer.

I

J'ai à examiner la nature de ce devoir, ou ce que c'est que visiter les malades.

1. Par malades, je n'entends pas uniquement ceux qui gardent leur lit, ou qui sont malades dans toute la force du mot ; j'entends par là tous ceux qui sont dans un état d'afflictions corporelles, ou spirituelles, qu'ils soient pieux ou méchants, qu'ils craignent le Seigneur ou ne le craignent pas.

2. Mais est-il nécessaire de visiter les malades en personne ? Ne peut-on pas le faire sans les voir ? Cela ne répond-il pas au même but, si on leur fait remettre des secours ? — Plusieurs personnes sont dans des circonstances qui ne leur permettent pas de visiter les malades ; et quand c'est là le cas, c'est assez pour elles de leur faire porter des secours, puisqu'elles n'ont pas d'autre moyen. Mais ce n'est pas à proprement parler visiter les malades ; c'est une toute autre chose : faire remettre des secours aux pauvres, est un devoir qu'il ne faut pas négliger ; les visiter est un autre devoir tout aussi important.

Mais j'envoie à ceux qui sont malades un médecin, qui peut leur être plus utile que moi. — Cela est vrai : dans un sens, il peut être plus utile que vous à leur santé corporelle ; mais il ne peut pas être plus utile à leurs âmes, qui sont d'un bien plus haute importance que leurs corps. Et s'il le pouvait, cela ne vous excuserait pas : en faisant son devoir, il ne ferait pas le vôtre. Vous n'en retireriez d'ailleurs aucun profit pour vous-même : si vous ne les visitez pas, vous négligez un moyen de grâce ; vous perdez une excellente occasion d'augmenter votre reconnaissance envers le Dieu qui vous préserve de la souffrance, et qui vous conserve en force et en santé, — et d'augmenter votre sympathie pour les affligés, votre bienveillance et vos affections sociales.

3. C'est surtout parce qu'ils ne visitent pas les pauvres, que les riches éprouvent si peu de sympathie pour eux ; — voilà pourquoi, selon une observation générale, la moitié des hommes ne savent pas ce que souffre l'autre moitié : la plupart d'entre eux ne le savent pas, parce qu'ils ne se soucient pas de le savoir ; ils se mettent en dehors du moyen de le savoir, et peuvent ils allèguent pour excuse leur ignorance involontaire ! — Je suis riche, assure quelqu'un, et généreux ; mais pour dire la vérité, je ne connais personne qui soit dans le besoin. — D'où vient cela ? — Certes cet homme riche a bien soin de s'éloigner des pauvres, et s'il en rencontre un, comme par hasard, il passe de l'autre côté.

4. Comme la conduite et l'esprit des personnes dans une nation voisine, même parmi celles qui appartiennent à un très haut rang, sont différents ! A Paris, les dames de la première société, même des princesses de la famille royale visitent constamment les malades, surtout ceux qui sont aux hôpitaux. Et, non seulement elles leur remettent des secours, quand ce qu'ils ont ne leur suffit pas, mais elles les soignent, pansent leurs plaies, et leur rendent les plus petits services. Voilà un exemple pour les Anglais, qu'ils soient riches ou pauvres, bas ou haut placés dans la société ! Depuis plusieurs années, nous avons assez imité les folies des Français : imitons une fois leur sagesse, leur vertu, digne d'être imitée par tout le monde chrétien. Que les dames respectables, que les comtesses même n'aient pas honte d'imiter ces princesses du sang ! — C'est une mode qui fait honneur à la nature humaine : elle a commencée en France ; mais Dieu veuille qu'elle ne finisse pas là !

5. Si votre délicatesse ne vous permet pas d'imiter ces personnes vraiment honorables, en vous humiliant de la même manière qu'elles s'humilient, en rendant comme elles les plus petits services aux malades, vous pouvez cependant, sans aller aussi loin, fournir à ces malheureux ce dont ils ont besoin ; et surtout vous pouvez leur être plus utile encore en leur donnant des instructions religieuses, si elles leur sont nécessaires, en essayant de leur montrer que par le péché leur situation morale est très dangereuse, et en leur montrant l'agneau de Dieu qui ôte les péchés

du monde. — Outre ces instructions générales, vous auriez souvent occasion de consoler ceux qui souffrent dans leur corps ou dans leur esprit, — d'encourager les faibles, — de relever ceux qui sont abattus, — de fortifier ceux qui ont cru et de les engager à s'avancer vers la perfection. Mais ces choses, vous devez les faire vous-même : vous voyez qu'elles ne peuvent être faites au moyen d'un représentant. Et, supposez que vous puissiez, au moyen d'un autre, procurer quelque soulagement aux pauvres, vous ne pouvez pas en retirer le même avantage : vous ne pouvez pas en retirer cette augmentation d'humilité, de patience, de bienveillance, de sympathie pour les affligés, que vous auriez pu en retirer, si vous les aviez visités vous-même ; d'ailleurs, vous n'en recevrez pas la même récompense au grand jour du jugement, alors que tout homme recevra sa rémunération selon son travail.

II

1. Je vais examiner, en second lieu, de quelle manière nous devons visiter les pauvres. — Comment cette œuvre d'amour peut-elle être le mieux accomplie pour la gloire de Dieu et pour le bien de notre prochain ? — Or, avant d'entreprendre cette œuvre, vous devez être profondément convaincu que vous n'êtes pas suffisant pour ces choses, et que vous n'avez ni assez de grâce, ni assez d'intelligence pour l'accomplir le mieux possible. Cette conviction vous montrera la nécessité de vous adresser à Celui qui donne la force, et de recourir au Père des lumières, au Dispensateur de tout don parfait, afin de recevoir de lui la sagesse, vous rappelant qu'il y a un Esprit qui la communique, et une inspiration du Très Saint qui donne l'intelligence. C'est pourquoi, quand vous êtes sur le point de vous mettre à l'œuvre, cherchez en Dieu ces secours par d'ardentes prières : criez à lui pour qu'il vous accorde une véritable humilité, de peur que l'orgueil, en s'emparant de vous et vous faisant attribuer à vous même quelque mérite, ne perde votre âme, tandis que vous cherchez à sauver celle des autres. Commencez et poursuivez cette œuvre dans un esprit de prière, demandant toujours au Seigneur toute la douceur, toute la patience dont vous avez besoin pour n'être ni irrité, ni découragé par divers traitements auxquels vous êtes exposés. Ne soyez pas rebutés par la profonde ignorance des uns, par l'étonnante stupidité des autres. Ne vous étonnez pas de leur dureté, de leur malhonnête, de leur absence de progrès malgré toutes les peines que vous vous donnez : ne soyez même pas surpris s'il y en a qui retournent vers la perdition, et qui deviennent pires qu'auparavant.

2. Quant à la méthode à suivre dans vos visites auprès des malades, il n'est pas nécessaire de vous lier à une seule : il vaut mieux varier vos moyens selon les circonstances. Cependant ce ne sera pas mal, en général, de commencer en vous informant de leur situation temporelle : vous pouvez leur demander s'ils ont ce qui est nécessaire à la vie ; si leur nourriture et leurs vêtements leur suffisent ; quand il fait froid, s'ils ont assez de feu ; si on les soigne bien ; s'ils ont, pour ce qui regarde la santé de leur corps, les avis d'un habile médecin sur plusieurs de ces points, vous pouvez leur donner quelques secours, et surtout vous pouvez exciter ceux qui sont plus capables que vous à faire ce que vous ne sauriez faire. — Quand il s'agit de vous, avec juste raison vous pouvez dire : j'ai honte de mendier ; mais n'ayez jamais honte de mendier pour les pauvres ; soyez dans ce cas un mendiant importun : n'acceptez pas facilement un refus ; servez-vous de toute votre intelligence, de toute votre influence, vous confiant toujours à Celui qui a les cœurs de tous les hommes entre ses mains.

3. Il vous sera facile de voir alors s'il y a quelques services que vous puissiez vous-même rendre aux malades. En général les personnes qui les entourent peuvent mieux faire que vous ; mais peut-être avez-vous plus d'habileté ou d'usage qu'elles pour certaines choses ; si c'est là le cas, ne vous laissez pas arrêter par une fausse délicatesse ou par un faux honneur : rappelez-vous cette parole du Maître : en tant que vous avez fait cela à l'un de ces plus petits, vous me l'avez fait ; et ne pensez pas qu'aucune chose soit trop vile, quand il s'agit de Christ : réjouissez-vous d'être abaissés pour l'amour de lui.

4. Ces petits offices d'amour vous mettront sur la voie pour des services d'une plus haute importance. Après avoir montré de l'intérêt pour leur corps, vous pouvez leur adresser quelques questions sur l'âme. Ici, un vaste champ s'ouvre devant vous, ou vous pouvez déployer tous les talents que Dieu vous a confiés ; vous pouvez leur adresser des questions analogues à celles-ci :

— avez-vous jamais pensé quelquefois que c'est Dieu qui gouverne le monde, et que sa providence veille sur toutes les créatures et sur vous en particulier ? Quelque chose peut-il donc vous arriver sans sa connaissance, et sans qu'il le permette pour votre bien ? Il connaît vos souffrances, vos besoins ; il voit votre affliction dans toutes ses plus petites circonstances. — Ne regarde-t-il pas du ciel sur toutes ces choses, et ne les dispose-t-il pas pour votre bien ? — Vous pouvez ensuite vous informer s'il connaît les principes généraux de la religion ; puis, avec amour et prudence, rechercher si sa vie a été conforme à ces principes, ou s'il a été un pécheur débouté, scandaleux. Après cela, voyez s'il a une idée de ce que c'est qu'adorer Dieu en esprit et en vérité ; si vous trouvez qu'il ne le sait pas, efforcez-vous de lui montrer que sans la sanctification nul ne verra le Seigneur, et que si un homme ne naît de nouveau, il ne peut voir le royaume de Dieu. Lorsqu'il commencera à comprendre la nature de la sainteté et la nécessité de la nouvelle naissance, vous devez l'exhorter à la repentance envers Dieu et à la foi au Seigneur Jésus-Christ.

5. Quand vous apercevez que quelques-uns d'entre eux commencent à craindre Dieu, il conviendrait de leur donner un écrit simple. À votre prochaine visite, vous pouvez leur demander ce qu'ils ont lu, ce qu'ils en ont retenu, ce qu'ils en ont compris ; après quoi vous devez développer ce qu'ils comprennent, et si cela est possible, l'imprimer sur leur cœur. Surtout terminez chaque visite par la prière, si vous ne pouvez pas prier sans un formulaire, faites usage de l'un de ces ouvrages qui contiennent d'excellentes prières ; mais plus vite vous romprez cette fausse honte, mieux cela sera. Demandez à Dieu qu'il ouvre vos lèvres, et il le fera.

6. Outre ces importantes leçons que vous vous efforcez de donner aux pauvres, quand vous les visitez, vous feriez une œuvre de charité si vous leur enseigniez deux autres principes, savoir l'ordre et la propreté. Un homme pieux disait que la propreté vient après la sainteté ; ce qu'il y a de certain c'est que le manque de propreté est un scandale contre la religion et fait mal parler de la vérité. Et sans activité, nous ne sommes propres ni à ce monde, ni au monde à venir : En tout ce qui concerne ces deux mondes, fais selon ton pouvoir tout ce que tu auras moyen de faire.

III

1. La troisième question à considérer est celle-ci : par qui ce devoir doit-il être observé ? La réponse est prête : par tous ceux qui désirent hériter le royaume céleste qui a été préparé pour eux dès la fondation du monde. Car, ainsi a dit le Seigneur : venez, les bénis de mon père, possédez en héritage le royaume ; car j'étais malade et vous m'avez visité. Et à ceux qui seront à sa gauche, il leur dira : maudits, retirez-vous de moi ; car j'ai été malade et vous ne m'avez pas visité : — Or, ces paroles n'impliquent-elles pas que comme tous ceux qui observent ce devoir sont bénis et posséderont le royaume, de même tous ceux qui ne l'observent pas sont maudits, et iront aux peines éternelles ?

2. Il importe donc à tous ceux qui désirent échapper à la colère à venir et posséder le royaume éternel, de pratiquer selon leur pouvoir, cet important devoir : vieux et jeunes, riches et pauvres, hommes et femmes, sont tenus de le faire. Personne n'est trop jeune, quand on veut sauver son âme, pour être dispensé d'assister son prochain. Personne n'est assez pauvre, à moins que de manquer des choses nécessaires à la vie, pour ne pas être appelé à faire quelque chose, plus ou moins, et quand cela est possible, pour le soulagement et le bien de leurs frères affligés.

3. Mais les riches de ce monde, qui possèdent plus que les choses nécessaires à la vie, sont particulièrement appelés de Dieu à cette belle œuvre et mis à part pour elle par la divine providence. N'étant pas obligés de travailler pour gagner votre pain, votre temps, riches, est à votre disposition : vous pouvez donc en mettre à part une partie chaque jour, pour cette œuvre d'amour. Si c'est possible, fixez une heure pour cela, et ne l'employez pas à autre chose sans une pressante nécessité. Votre position présente aussi un avantage tout particulier sur les autres, parce que votre rang élevé vous donne de l'influence. Vos inférieurs sans aucun doute vous regardent avec respect ; et la condescendance que vous leur montrez, en les visitant, les dispose à vous écouter avec attention et à recevoir volontiers tout ce que vous dites. Servez-vous bien de cette disposition pour le bien de leur âme et de leur corps ; tout en étant le guide de l'aveugle, le soutien des impotents, le père de l'orphelin, le mari de la veuve, ayez toujours en vue ce grand but, savoir le salut de leur âme ; et voyez que tout ce que vous dites et faites tende là.

4. Mais les pauvres ont-ils quelque chose à faire avec ce devoir ? Doivent-ils aussi visiter les pauvres ? — Ceux qui ont à peine les choses nécessaires à leur existence, peuvent-ils secourir les autres ? — S'ils n'ont rien à donner, il n'est pas nécessaire pour cela de les exclure de la bénédiction qui accompagne la pratique de ce devoir. Ils peuvent encore se rappeler cette règle excellente : les nécessités de notre prochain doivent passer avant nos commodités ; et les extrémités de notre prochain avant nos nécessités. Il y a peu de gens assez pauvres pour ne pas pouvoir donner deux mites ; et si quelqu'un ne peut même pas aller jusque-là, il peut donner ce qui est d'un prix bien plus élevé, ce qui vaut mieux que tout l'or d'un monde : il peut leur parler du Seigneur Jésus. Or si vous parlez au nom de Jésus de Nazareth, vos paroles ne peuvent-elles pas être la cause de la santé spirituelle du pauvre que vous visitez ? — Ne pouvez-vous leur rien donner ? Certes, en leur administrant la grâce de Dieu, vous leur donnez plus que ce monde ne vaut. Va, disciple pauvre d'un maître pauvre, fais comme il le faisait dans les jours de sa chair : quand tu en as l'occasion, va de lieu en lieu faisant le bien, guérissant tous ceux qui sont opprimés par le diable, et les encourageant à secouer les chaînes et à se réfugier entre les mains de Celui qui délivre les prisonniers ; par dessus tout, accordes-leur tes prières : pries avec eux ; et qui sait si tu ne les rendras pas à la vie ?

5. Vous qui êtes avancés en âge, et sur le point de descendre dans la tombe, ne pouvez-vous pas faire un peu plus de bien, avant votre départ de ce monde. Rappelez-vous que, c'est alors le temps de bien vivre, et de bien employer les dernières heures de votre existence. Vu votre âge, on peut espérer que vous avez acquis une science qui peut être utile aux autres. Vous avez certainement cette connaissance des hommes que l'on achète par de pénibles expériences. Employez les moments et la force qui vous restent au bien de ceux qui sont plus faibles que vous. — Vos cheveux blancs ne peuvent manquer de vous donner de l'autorité et d'ajouter du poids à ce que vous dites. Pour réveiller leur attention, vous pouvez souvent leur dire : — croyez moi, jeunes gens ; car j'ai lu dans les soucis humains, et plus de soixante années pèsent sur moi. — Vous avez souffert souvent, et peut-être souffrez-vous encore : c'est pourquoi procurez-leur tous les secours que vous pouvez, et pour l'âme et pour le corps, avant que vous et eux n'alliez à ce lieu d'où vous ne reviendrez pas.

6. D'un autre côté, vous, qui êtes jeunes, vous avez plusieurs avantages qui vous sont particuliers : vous jouissez en général d'une vivacité d'esprit, d'une force de tempérament, qui par la grâce de Dieu vous font entreprendre volontiers, et avec succès plusieurs bonnes œuvres par lesquelles d'autres que vous seraient découragés ; — Votre santé et les forces de votre corps vous qualifient aussi très bien pour secourir les malades : — vous êtes capables de supporter les croix auxquelles on doit s'attendre dans une telle manière de se conduire. Employez donc toute la vigueur de votre corps et de votre esprit au service de vos frères affligés, et bénissez le Seigneur de ce que vous pouvez la consacrer à ce but, agissant ainsi comme les célestes serviteurs du Très Haut qui font sa volonté en servant toujours les héritiers du salut.

7. Mais les femmes ne peuvent-elles pas, aussi bien que les hommes, prendre part à cet honorable service ? Sans aucun doute : elles le doivent même ; c'est leur privilège, c'est leur devoir ; dans ce cas il n'y a point de différence : en Christ il y a ni homme ni femme. À la vérité c'est une maxime chez de certaines personnes que les femmes doivent se faire voir et ne jamais se faire entendre ; c'est pour cela que plusieurs d'entre elles sont élevées, comme si elles étaient destinées à être d'agréables jouets. Mais est-ce là honorer le sexe ? — Est-là de la bienveillance ? Non, c'est de la plus horrible cruauté ; c'est une véritable barbarie turque. — Et je ne vois pas comment une femme de tête et de cœur veut s'y soumettre. Femmes, quand vous le pouvez, revendiquez les droits que le Dieu de la nature vous a donnés. Ne vous soumettez pas plus longtemps à ce vil esclavage ! Vous êtes, tout aussi bien que les hommes, des créatures raisonnables ; — comme eux, créées à l'image de Dieu, des candidats à l'immortalité ; — Vous aussi vous êtes appelées de Dieu à faire du bien à tous les hommes, selon le temps que vous avez. Ne soyez pas infidèles à votre céleste vocation. Quand l'occasion se présente, faîtes à votre prochain pauvre et malade tout le bien que vous pouvez lui faire. Et vous aussi vous recevrez votre récompense, selon votre travail.

8. C'est un fait bien connu, que dans l'église primitive, il y avait des femmes particulièrement chargées de la visite des malades : chaque assemblée chrétienne en avait une ou plusieurs, qui

portaient le nom de diaconesses, c'est-à-dire servantes, par ce qu'elles servaient l'Église et son grand Maître. Telle était Phœbé, dont parle St. Paul, la diaconesse de l'Église de Cenchrée. — A la vérité ces femmes étaient avancées en âge, et avaient une grande expérience de l'œuvre de Dieu. Mais les jeunes étaient-elles entièrement exclues de ce service ? — Non ; et il n'est pas nécessaire de les en exclure, pourvu qu'elles sachent en qui elles ont cru, et qu'elles montrent la pureté de leur cœur par la pureté de toute leur conduite. La Miranda de M. Law, si elle répondait à son portrait, était une telle diaconesse. Quelqu'un voudrait-il objecter aux visites qu'elle faisait aux pauvres malades, aux services qu'elle leur rendait, parce qu'elle était femme et jeune ? Y en a-t-il, parmi vous qui êtes jeunes, une qui désire marcher sur ses traces ? — Avez-vous une figure agréable, une aimable manière de vous présenter ? — Tant mieux, si vous êtes entièrement dévouée à Dieu. Le Seigneur se servira de ces qualités, si votre œil est net, pour rendre vos paroles plus pénétrantes. — Or, tandis que vous vous rendez ainsi utile aux autres, que de bénédictions vous pouvez recevoir en retour ! Votre légèreté naturelle peut être détruite ; votre attachement pour les bagatelles peut être guéri ; vos mauvaises dispositions en seront corrigées ; vos habitudes mauvaises, affaiblies et déracinées : et vous serez préparé à rendre honorable la doctrine de votre Sauveur dans toutes les scènes futures de votre vie. Soyez bien sur vos gardes cependant, si vous visitez les personnes de l'autre sexe, ou si vous causez avec elles, de peur que vos affections ne soient surprises d'une manière ou d'autre, et que vous ne trouviez alors une malédiction au lieu d'une bénédiction.

9. Puisque ce devoir nous regarde tous, riches et pauvres, vieux et jeunes, hommes et femmes (et il serait bien que les parents accoutumassent leurs enfants à ce devoir, comme ils les accoutument à répéter leurs prières et à fréquenter l'Église) qu'il nous suffise, pour le passé, de l'avoir négligé presque tous, comme par un consentement unanime. Oh ! Pourquoi chacun de nous se mettrait-il dans la position de devoir dire : Seigneur, pardonne-moi mes péchés d'omission ! Eh bien ! Au nom du Seigneur commençons dès ce jour à pratiquer ce devoir, d'un consentement unanime. Et surtout n'oubliez jamais, je vous en prie, que vous ne pouvez pas l'accomplir par le moyen d'un représentant, si ce n'est dans le cas où vous en êtes empêché par souffrance ou par faiblesse de santé : c'est le seul cas où il suffit d'envoyer l'assistance que vous auriez apportée vous-même. Commencez, mes chers frères, commencez maintenant : que savez-vous si l'impression que vous ressentez dans ce moment ne s'effacera pas, pour ne plus revenir ! Puis, quelle en serait la conséquence ? — Au lieu d'entendre ces paroles : venez, vous les bénis de mon père ; car j'ai été malade et vous m'avez visité, vous auriez à entendre cette terrible sentence : retirez-vous maudits ; car j'ai été malade et vous ne m'avez point visité.

SERMON 106

Sur la foi

Il est impossible de lui plaire sans la foi.
—Hébreux 11, 6—

1. La foi est une conviction divine des choses qui ne sont pas vues maintenant, qu'elles soient invisibles par leur nature, ou qu'elles ne le soient pas : c'est plus particulièrement une divine conviction de Dieu et des choses de Dieu. Cette définition est la plus complète de toutes les définitions de la foi que l'on a données ou que l'on puisse donner, puisqu'elle renferme toutes les espèces de foi. — Cependant je n'ai pas connaissance que quelque écrivain éminent ait tracé un exposé clair et vrai des différentes espèces de foi, malgré tous les traités verbeux et fatigants que l'on a publiés sur ce sujet.

2. À la vérité, le célèbre et pieux M. La Fléchère a écrit quelque chose de ce genre dans son *Traité sur les différentes dispensations de la grâce de Dieu*. Il remarque, dans ce traité, qu'il y a quatre dispensations, qui se distinguent l'une de l'autre par le degré de lumière que Dieu accorde à ceux qui sont placés sous elles : un petit degré de lumière est accordé à ceux qui sont placés sous la dispensation païenne, lesquels croyaient en général qu'il y a un Dieu qui récompense ceux qui le cherchent avec zèle. Un plus grand degré de lumière était accordé à la nation juive, en tant que les oracles de Dieu, ces grandes sources de lumières, — leur avaient été confiés. Aussi plusieurs d'entre eux avaient des vues claires et élevées de Dieu et de ses perfections, de leur devoir envers leur Créateur et leur prochain, et même de cette grande promesse : la semence de la femme brisera la tête du serpent, faite à nos premiers parents, et transmise par eux à leur postérité.

3. Mais la dispensation de Jean-Baptiste était encore plus parfaite que les dispensations juive et païenne ; une lumière plus pure lui avait été accordée : il lui fut donné de voir l'agneau de Dieu qui ôte les péchés du monde. Le Seigneur affirme aussi qu'entre ceux qui sont nés de femme il n'en avait été suscité, avant ce temps-là, aucun plus grand que Jean-Baptiste ; et cependant il nous informe que celui qui est le moindre dans le royaume des cieux, — la dispensation chrétienne, — est plus grand que lui. La Fléchère entend par un homme qui est placé sous la dispensation chrétienne, un homme qui a reçu l'Esprit d'adoption, qui a le témoignage de l'Esprit divin qu'il est un enfant de Dieu.

Afin d'expliquer plus au long ce sujet, je m'efforcerai premièrement, d'indiquer les différentes espèces de foi ; et secondement, je tirerai quelques conséquences pratiques.

I

En premier lieu, j'ai à indiquer les différentes espèces de foi. Or, il serait facile de les réduire à un petit nombre d'espèces, ou de les diviser en un plus grand nombre, mais il ne me paraît pas que ce fut d'une grande utilité.

1. La plus faible foi, si c'est une foi, est celle du matérialiste, un homme qui, comme Lord Kames, croit qu'il n'y a dans l'univers que de la matière : j'ai dit si c'est une foi, car à proprement ce n'en est pas une : ce n'est pas une démonstration de Dieu, puisqu'il ne croit pas qu'un tel être existe ; et ce n'est pas une démonstration des choses invisibles, puisqu'il en nie l'existence. Car, si par pudeur, il reconnaît qu'il y a un Dieu, toujours le fait-il matériel : une de ses maximes c'est que tout ce que l'on voit, est Dieu. — Un Dieu visible, tangible ? quelle théologie ! quel non-sens !

2. La deuxième espèce de foi, si vous en reconnaissez une au matérialiste, c'est la foi du déiste, lequel croit à un Dieu distinct de la matière, sans croire la Bible. — On peut distinguer les déistes en deux classes : les premiers ne sont que des brutes à forme humaine, tout à fait sous

l'empire des plus viles passions ; les seconds, à plusieurs égards, sont des créatures raisonnables, quoique malheureusement elles soient prévenues contre le christianisme. La plupart de ceux-ci croient à l'existence et aux attributs de Dieu ; ils croient encore que Dieu a créé et qu'il gouverne le monde, — que l'âme ne périt point avec le corps et qu'elle restera toujours dans un état de misère ou de félicité.

3. La foi qui vient après, c'est la foi des païens, à laquelle je joins celle des mahométans. — Je ne peux que préférer cette foi à celle des déistes, parce que, quoiqu'elles embrassent à peu près les mêmes vérités, les païens et les mahométans sont plus à plaindre qu'à blâmer pour l'étroitesse de leur foi ; car s'ils ne croient pas à toute la vérité, ce n'est pas faute de sincérité, mais faute d'une plus grande lumière. Chicoli, vieux chef indien, à qui l'on demandait : pourquoi, vous hommes rouges, n'êtes vous pas aussi instruits que nous, hommes blancs ? répondit tout de suite : parce que vous possédez la grande parole, et que nous ne la possédons pas.

4. On ne peut pas douter que cette excuse ne serve à des millions de païens modernes : peu leur ayant été donné, peu leur sera redemandé. Quant aux anciens païens, dont plusieurs millions étaient sauvages, il ne leur sera redemandé que d'avoir vécu selon la lumière qu'ils avaient. Mais nous avons lieu d'espérer que plusieurs parmi eux, surtout dans les nations civilisées, avaient, quoiqu'ils vécussent avec des païens, un tout autre esprit : Dieu leur ayant enseigné par sa voix intérieure les vérités essentielles de la véritable religion. Tel était aussi le cas de cet arabe, qui a écrit, il y a un ou deux siècles, la vie de Ilai Ebu, Yokdan : histoire qui, quoique elle paraisse inventée, renferme tous les principes de la religion pure et sans tache.

5. Mais en général nous pouvons mettre la foi du juif au-dessus de celle des païens et des mahométans : par la foi du juif, j'entends la foi de ces juifs qui vécurent à commencer de l'époque où la loi fut donnée, jusqu'à la venue de Christ. — Or ceux, parmi ces juifs, qui étaient sincères, croyaient tout ce qui est écrit dans le Vieux Testament ; ils croyaient surtout que le messie viendrait dans la plénitude des temps abolir l'infidélité, consumer le pèche et amener la justice des siècles.

6. Il n'est pas aussi facile de décider la question quant à la foi des juifs modernes. Il est clair que le voile est encore sur leurs yeux, quand ils lisent Moïse et les Prophètes. Le Dieu de ce monde endurcit encore leurs cœur et aveugle leur entendement, afin que la lumière de l'Évangile ne resplendisse point à leurs yeux ; en sorte que nous pouvons dire de ce peuple, ce que le St-Esprit disait jadis à leurs pères : le cœur de ce peuple est engraissé ; et ils ont ouï dur de leurs oreilles et ont fermé leurs yeux, de peur qu'ils ne voient des yeux, qu'ils n'entendent des oreilles, qu'ils ne comprennent du cœur, qu'ils ne se convertissent, et que je ne les guérisse. (Ac 28, 27). Cependant ce n'est pas à nous à les juger ; laissons-les entre les mains de leur Maître.

7. Il n'est pas nécessaire que je m'arrête à examiner la foi de Jean-Baptiste, et la dispensation sous laquelle il était placé, parce que, comme le dit très bien La Fléchère, ces choses lui étaient particulières. Le laissant donc de côté, la foi des catholiques romains, en général, paraît être au-dessus de, celle des anciens juifs. Si la plupart d'entre eux, sortes de volontaires en croyance, croient plus que Dieu n'a révélé, on ne peut pas nier toutefois qu'ils ne reçoivent tout ce que Dieu a révélé comme nécessaire au salut. — Nous nous en réjouissons à cause d'eux, et nous voyons avec plaisir qu'aucun des nouveaux articles qu'ils ont ajoutés dans le concile de Trente à la foi jadis donnée aux saints, ne contredit les anciens articles, assez essentiellement pour les rendre inefficaces.

8. En général la foi des protestants embrasse uniquement ces vérités, comme nécessaires au salut, que les Oracles de Dieu révèlent clairement : tout ce qui est évidemment enseigné dans le Vieux et le Nouveau Testament fait l'objet de leur foi ; ils ne croient que ce qui est contenu dans les Écritures, ou ce qui peut être prouvé par elles. La parole de Dieu est une lampe à leurs pieds et une lumière à leurs sentiers. Ils n'osent pas sous aucun prétexte, en dévier pour aller à droite ou à gauche. La parole écrite est l'unique règle de leur foi et de leur conduite : ils croient tout ce que Dieu a révélé, et professent de pratiquer tout ce qu'il a commandé. Telle est la foi des protestants, à laquelle seule ils veulent demeurer attachés.

9. Jusqu'ici la foi n'a été considérée que comme une croyance à telle ou telle vérité, ce qui est le sens que l'on donne de nos jours à ce mot dans le monde chrétien. Toutefois il faut observer

avec soin, — car l'éternité en dépend, — que la foi d'un catholique romain, et celle d'un protestant, si elles ne sont pas autre chose qu'un assentiment à telle ou telle vérité, ne sont pas plus salutaires devant Dieu que la foi d'un mahométan, d'un païen, d'un matérialiste ou d'un déiste même. Car une telle foi, peut-elle sauver l'homme ? Peut-elle le sauver du péché ou de l'enfer ? Non, pas plus qu'elle n'a sauvé Judas Iscariote ; pas plus qu'elle ne peut sauver le diable et ses anges, qui sont tous convaincus que chaque lettre des Écritures est vraie.

10. Quelle est donc la foi qui sauve, qui procure le salut à tous ceux qui la gardent jusqu'à la fin ? C'est une démonstration de Dieu et des choses divines, telle que, même dans son principe, elle rend tout homme qui la possède capable de craindre Dieu et de faire des œuvres de justice. Or l'Apôtre déclare que celui qui croit ainsi, est accepté de Dieu : mais il n'est à proprement parler que serviteur de Dieu, et pas enfant de Dieu. — Il faut bien observer cependant que la colère de Dieu ne demeure plus sur lui.

11. Il y a près de cinquante ans, quand les prédicateurs appelés communément méthodistes, commencèrent à prêcher la grande doctrine du salut par la foi, ils ne connaissaient pas encore assez la différence qui existe entre un enfant et un serviteur de Dieu : ils ne comprenaient pas bien que celui qui craint Dieu et s'adonne à la justice, lui est agréable. Par suite ils étaient exposés à décourager les cœurs que Dieu ne décourageait pas : car ils demandaient souvent à ceux qui craignaient Dieu : — savez vous si vos péchés vous sont pardonnes ? et quand ceux-ci répondaient : non, ils ajoutaient, eux, tout de suite : vous êtes donc enfant du diable. — Non, la conséquence n'est pas juste : ils auraient pu dire, tout ce que l'on peut dire avec raison dans ces cas : vous n'êtes que serviteur, vous n'êtes pas encore enfant de Dieu ; vous avez grand sujet de louer le Seigneur de ce qu'il a bien voulu vous appeler à ce service honorable ; ne craignez pas ; continuez de crier à lui ; et vous verrez de plus grandes choses que celles-ci.

12. Oui, certes, les serviteurs de Dieu, à moins qu'ils ne s'arrêtent au milieu de la route, recevront l'adoption d'enfants : Dieu leur donnera la foi de ses enfants, en révélant dans leur cœur son fils unique. Ainsi la foi d'un enfant de Dieu est à proprement parler et directement une conviction divine, qui rend tout enfant de Dieu capable de dire : ce que je vis maintenant en la chair, je le vis en la foi du Fils de Dieu, qui m'a aimé, et qui s'est donné lui-même pour moi. Et l'Esprit de Dieu témoigne à l'esprit de quiconque a cette conviction, qu'il est enfant de Dieu : c'est ce que l'Apôtre écrit aux Galates : vous êtes les enfants de Dieu par la, foi. Et parce que vous êtes enfants, Dieu a envoyé l'Esprit de son fils dans vos cœurs, criant Abba, Père, c'est-à-dire vous inspirant une confiance enfantine et une tendre affection pour lui. C'est cela donc, si l'apôtre Paul était enseigné de Dieu et écrivait sous l'inspiration du Saint-Esprit, qui constitue la différence entre un serviteur de Dieu et un enfant de Dieu : Celui qui croit, a, comme enfant de Dieu, ce témoignage au-dedans de lui-même ; le serviteur ne possède pas cela. Cependant que personne ne le décourage ; il faut plutôt l'exhorter avec amour à attendre ce témoignage à chaque instant.

13. Il est facile de remarquer que l'on peut réduire toutes les sortes imaginables de foi à l'une ou à l'autre de celles que j'ai mentionnées. Mais recherchons les dons les plus excellents et suivons la meilleure route. Pourquoi vous contenteriez-vous de la foi du matérialiste, du païen ou du déiste, même de la foi d'un serviteur de Dieu ? Je ne sache pas que Dieu exige cela de vous. — A la Vérité, si vous avez reçu cela, vous ne devez pas le jeter, vous ne devez pas le déprécier ; au contraire vous devez en être sincèrement reconnaissant. Toutefois n'en restez pas là : allez en avant jusqu'à ce que vous ayez reçu l'Esprit d'adoption ; ne vous donnez pas de repos jusqu'à ce que cet Esprit témoigne clairement avec votre esprit que vous êtes un enfant de Dieu.

II

Je vais, en second lieu, tirer quelques conséquences pratiques des observations précédentes.

1. J'en conclus, d'abord, que s'il y a un Dieu, bien triste est la condition du matérialiste, qui nie non seulement le Dieu qui l'a acheté, mais qui nie aussi le Dieu qui l'a fait. — Sans la foi il est impossible de plaire à Dieu. Mais il est impossible que le matérialiste ait quelque foi, — quelque conviction d'un monde invisible, car il croit qu'une telle chose n'existe pas ; — quelque conviction de l'existence d'un Dieu, car un Dieu matériel n'est certes pas un Dieu. Vous ne pouvez pas en effet supposer que le soleil ou le ciel soit Dieu, pas plus que vous ne pouvez supposer un Dieu

de pierre ou de bois. Et d'ailleurs quiconque croit que tout n'est que pure nature, doit croire que tout est gouverné par une cruelle nécessité : une nécessité inexorable comme les vents, dure comme les rochers, insensible comme les flots qui se brisent contre les malheureux naufragés ! Qui peut donc venir à ton aide, infortuné, quand tu as le plus grand besoin de secours ? Vents, mer, rochers, tempêtes, voilà les meilleurs amis que le matérialiste a à attendre !

2. Aussi triste est la condition des pauvres déistes, quelles que soient leur instruction et leur moralité ; car vous aussi, déistes, sans le savoir peut-être, vous vivez sans Dieu dans ce monde. Voyez votre religion bien développée par l'ingénieux M. Wollaston, que je me rappelle avoir vu assister, quand j'étais à l'école, aux services religieux de l'église de Charter-House. — Fait-il reposer sa religion sur Dieu ? Nullement : il la fait reposer sur la vérité abstraite. Ne veut-il pas par là entendre Dieu ? Non : il le met hors de la question et bâtit un beau château en l'air, sans le moindre rapport à Dieu. Voyez votre orateur à doucereuses paroles de Glascon, l'un des plus agréables écrivains du siècle. Dieu occupe-t-il une plus grande place dans son système que dans celui de Wollaston ? Déduit-il ses idées de vertu de Dieu, comme le père des lumières, la source de tout bien ? — Tout au contraire : non seulement il forme toute sa théorie, sans s'occuper de Dieu, mais il demande même, vers la fin de son œuvre, si une action est rendue plus vertueuse par le désir de plaire à Dieu ; à quoi il répond : « non, loin de là ; car si en faisant une action ver- tueuse, c'est-à-dire bienveillante, l'homme y mêle le désir de plaire à Dieu, plus ce désir est fort, moins il y a de vertu dans l'action. » — Je ne connais ni juif, ni turc ni païen qui ait si positi- vement renoncé à Dieu comme ce professeur chrétien !

3. Nous n'avons rien à faire pour le moment avec les juifs, les païens et les mahométans, si ce n'est qu'à désirer que leur vie ne fasse pas honte à plusieurs d'entre nous qui se nomment chré- tiens ; nous n'avons rien à faire avec les membres de l'église de Rome, quoique nous ne puissions pas douter que plusieurs d'entre eux, comme l'excellent archevêque de Cambrai, ne retiennent, malgré quelques erreurs, la foi opérante par la charité. Or y a-t-il beaucoup de protestants, qu'ils appartiennent à l'Église nationale, ou à des congrégations dissidentes, qui possèdent cela ? Nous avons sujet de croire que le nombre en est grand, et qu'il s'accroît chaque jour, grâces à Dieu, dans les diverses parties de notre pays.

4. Vous qui craignez le Seigneur et pratiquez la justice, vous qui êtes serviteurs de Dieu, je vous exhorte en premier lieu, à éviter tout péché, comme vous évitez un serpent ; à pratiquer la justice, selon les forces que vous avez reçues ; à faire beaucoup d'œuvres de piété et de charité. Je vous exhorte, en second lieu, à crier sans cesse à Dieu, afin qu'il révèle son Fils à vos cœurs, pour que vous soyez ses enfants, plus que ses serviteurs, pour que son amour soit répandu dans vos âmes, et que vous marchiez dans la glorieuse liberté des enfants de Dieu.

5. Enfin je vous exhorte, vous à qui l'Esprit de Dieu témoigne que vous êtes déjà enfants de Dieu, à suivre cet avis d'un Apôtre : marchez dans toutes les bonnes œuvres pour lesquelles vous avez été créés en Christ. Puis laissant la parole qui n'enseigne que les premiers principes du Christianisme, et ne vous arrêtant pas à jeter tout de nouveau le fondement de la repentance des œuvres mortes, et de la foi envers Dieu, tendez à la perfection. Et même lorsque vous aurez obte- nu une certaine mesure de l'amour parfait, lorsque Dieu aura circoncis vos cœurs, et que vous serez rendu capable de l'aimer de toute votre âme, ne pensez pas à en rester là. Cela ne se peut pas : vous ne pouvez pas rester à la même place : vous devez ou marcher, ou reculer. C'est pour- quoi, Dieu crie aux enfants d'Israël, aux chrétiens : marchez en avant ! Oubliant donc les choses qui sont derrière vous, et vous avançant vers celles qui sont devant vous, courez vers le but, sa- voir au prix de la céleste vocation, qui est de Dieu en Jésus-Christ.

SERMON 113

Marcher par la foi et marcher par la vue

Nous marchons par la foi et non par la vue.
—2 Corinthiens 5.7—

1. Cette description du vrai chrétien, quoique brève, est cependant très complète : elle comprend, elle résume toute leur expérience, du moment où ils sont nés de Dieu jusqu'à ce qu'ils soient appelés dans le sein d'Abraham. Mais, quels sont ces nous dont il est parlé ici ? Tous les sincères croyants chrétiens ; je dis, les croyants chrétiens, et non pas juifs, — tous ceux qui sont non-seulement esclaves, mais enfants de Dieu ; — qui ont l'esprit d'adoption, criant dans leur cœur, Abba, c'est-à-dire Père ; — auxquels l'Esprit de Dieu rend témoignage avec leur esprit qu'ils sont enfants de Dieu.

2. Ceux-là seuls peuvent dire : Nous marchons par la foi et non par la vue. Mais avant de pouvoir marcher par la foi, nous devons vivre par la foi, et non par la vue. Et le Seigneur dit à tous les vrais chrétiens : parce que je vis, vous vivez aussi, d'une vie que le monde, qu'il soit instruit ou ignorant, ne connaît pas. Il vous a réveillés, vous qui étiez jadis, comme ce monde, morts en vos fautes et en vos péchés ; il vous a vivifiés, vous a donné de nouveaux sens spirituels, capables de distinguer le bien du mal.

3. Pour comprendre parfaitement cette vérité importante, il ne sera pas inutile de considérer tout le sujet. — Tous les hommes, qui ne sont pas nés de Dieu, marchent par la vue, parcequ'ils n'ont pas de motif plus élevé. La vue doit s'entendre des sens ; la partie représente ici le tout, peut-être parce que ce sens est le plus parfait de tous les autres. Les trois sens inférieurs : le tact, l'odorat, le goût, ne peuvent discerner que très-peu d'objets ; ils ne le peuvent même pas, s'ils ne sont pas en contact immédiat avec ces objets. L'ouïe, à la vérité, a une plus large sphère d'action, et nous communique quelque connaissance des choses qui sont éloignées. Mais comme elle est petite cette distance, fut-elle même de trente ou de quarante lieues, comparée à celle qui sépare le soleil de la terre ! Et, celle-ci, qu'est-elle à côté de la distance qui sépare le soleil de la lune et des étoiles fixes ! Or la vue discerne continuellement des objets qui se trouvent à cette distance étonnante.

4. Par la vue, nous connaissons le monde visible, depuis la surface de la terre jusqu'aux étoiles fixes. Or ce monde visible n'est qu'un atome comparé à tout l'univers, au monde invisible, — cette partie de la création que nous ne pouvons voir, à cause de son éloignement de nous, et qui, à cause de l'imperfection de nos sens, ne nous apparaît que comme un vide immense.

5. Outre ces objets que l'imperfection de nos sens ne nous permet pas de voir, n'avons-nous pas encore assez de motifs pour croire qu'il y en a beaucoup d'autres d'une nature trop délicate pour que nos sens puissent les discerner ? Tous les hommes à raison libre de préjugés (je n'appelle pas hommes de raison les Matérialistes et les Athées) ne reconnaissent-ils pas aussi qu'il existe un monde, par la nature des choses, invisible, aussi bien qu'un monde visible ? — Mais quel est celui de nos sens qui est assez délicat pour en acquérir la plus petite connaissance ? Notre vue ne le peut pas plus que notre tact. Tout en supposant avec un ancien poète que 'des millions de créatures spirituelles se promènent sur la terre sans être vues, le jour et la nuit', — et que Dieu, le père de tous les esprits, remplit la terre et les cieux, il est néanmoins vrai que notre sens le plus délicat est tout-à-fait incapable de voir soit Dieu, soit ces esprits.

6. Tous nos sens externes sont évidemment adaptés à ce monde visible : ils ne sont destinés qu'à nous servir ici, tandis que nous habitons ces demeures de poudre ; ils n'ont rien à faire avec le monde invisible, auquel ils ne sont pas adaptés. Ils ne peuvent pas plus entrer en rapport avec le monde éternel qu'avec le monde invisible, quoique nous soyons aussi convaincus de son existence que de celle de toute autre chose. Nous ne pouvons pas croire que la mort mette un terme à notre vie ; il est vrai que le corps retourne à la poudre ; mais cela n'affecte en rien notre âme qui est d'une plus noble nature. Il y a donc un monde éternel, quelle qu'en soit la nature ; mais comment le connaître ? Qui nous enseignera à tirer le voile qui sépare les êtres mortels des êtres immortels ? Nous savons bien tous que l'océan vaste et sans bornes est devant nous, mais nous sommes forcés d'ajouter : Hélas ! Il n'y a que des nuages et des ténèbres au-dessus.

7. Dans ce cas, c'est évident, le plus parfait de nos sens ne peut pas nous rendre le plus petit service. Et que peut faire notre raison tant vantée ? On reconnaît généralement que *Nihil est in intellectu quod non fuit prius in sensu*, — c'est-à-dire que rien n'existe dans l'intelligence, sans avoir d'abord passé par les sens ; c'est pourquoi, manquant ici de données, elle ne peut nous être d'aucun secours. En sorte que, malgré tout ce que la raison ou les sens peuvent nous enseigner, le monde éternel et invisible n'est pas connu de ceux qui marchent par la vue.

8. Mais n'y a-t-il pas quelque remède ? L'homme doit-il rester dans une complète ignorance du monde invisible et éternel ? Nous ne pouvons pas l'affirmer : Les païens mêmes ne furent pas tous à cet égard dans les ténèbres ; quelques faibles rayons de lumière ont lui, dans tous les âges, au milieu de l'obscurité. Différentes sources fournissaient cette lumière sur le monde invisible : Les cieux déclaraient aux païens, quoique ce ne fut pas à leur vue, la gloire de Dieu ; le firmament révélait l'existence de leur Créateur aux yeux de leur intelligence. Ils inféraient de la création l'existence d'une cause puissante et sage, juste et miséricordieuse ; et ils concluaient de cette existence à celle d'un monde éternel, d'un état futur, qui commencerait après le temps, dans lequel la justice de Dieu, en punissant les méchants, et sa miséricorde, en récompensant les justes, seront manifestées clairement aux yeux de toute créature intelligente.

9. Nous pouvons aussi raisonnablement supposer que quelques traces de connaissance, quant au monde invisible et éternel, avaient passé de Noé et de ses fils à leurs descendants les plus éloignés. Et quoiqu'elles fussent obscurcies et altérées par de nombreuses fables, cependant un peu de vérité s'y mêlait : ces traces prévinrent aussi une complète obscurité. Ajoutez à cela que Dieu ne s'est jamais laissé sans témoignage, dans le cœur des hommes, car tandis qu'il leur donnait la pluie et de belles saisons, il leur accordait quelque imparfaite connaissance du Donateur. Il est encore la lumière qui, en quelque degré, éclaire tout homme qui vient au monde.

10. Mais tous ces rayons réunis, ne produisaient qu'une demi-lumière ; ils ne produiraient pas, même chez les hommes les plus éclairés, un 'ἔλεγχος, une démonstration, une conviction forte de l'existence soit du monde invisible, soit du monde éternel. Notre poète philosophe appelle Socrate, avec raison, 'le plus sage des hommes moraux', — c'est-à-dire de tous ceux qui n'avaient pas connu la révélation divine. Et cependant, quelle évidence avait-il d'un autre monde quand il parla ainsi à ceux qui le condamnèrent à mort : — Juges ! Vous continuerez à vivre, et moi, je vais mourir ! Dieu seul sait ce qui vaut mieux, et je suppose que nul homme ne le sait ? — Hélas ! quelle confession ! Est-ce là toute l'évidence d'un monde invisible ou éternel que ce pauvre Socrate mourant possédait ? Néanmoins elle est préférable à la connaissance qu'en avait le grand et bon empereur Adrien. Rappelez-vous, Païens modernes, et imitez son allocution touchante à son âme mourante.

11. Ainsi donc l'homme ne posséda aucune connaissance de ce qu'il y avait à craindre ou à espérer après la mort, jusqu'à ce que le soleil de justice se leva, dissipa toutes vaines conjectures, et mit la vie et l'immortalité, c'est-à-dire la vie immortelle, en évidence par l'Évangile : alors, et seulement alors, si ce n'est dans quelques rares exceptions, Dieu révéla, dévoila le monde invisible ; il se révéla aux enfants des hommes : Le Père révéla à leurs cœurs le Fils, et le Fils révéla le Père ; Celui qui, dans les anciens temps, dit que la lumière sorte des ténèbres, a répandu sa lumière, dans leurs cœurs, et les a éclairés par la connaissance de la gloire de Dieu, en la présence de Jésus-Christ.

12. C'est dans les cas où la raison ne peut plus nous servir, que la foi vient à notre secours : elle est le grand desideratum, qui fait ce qu'aucun sens ne peut faire, même avec tous les moyens inventés par l'art. Tous nos instruments, ainsi que les travaux des âges passés, ne nous rendent pas capables de faire la plus petite découverte dans ces régions : ces choses servent seulement aux usages pour lesquels elles ont été formées dans ce monde visible.

13. Comme elle est différente la position ! Quelle supériorité de ceux qui marchent par la foi. Dieu, ayant ouvert les yeux de leur entendement, répand sa divine lumière dans leur âme, au moyen de laquelle ils sont rendus capables de voir Celui qui est invisible, Dieu et les choses de Dieu. Il leur révèle, de temps à autre, par l'onction d'en haut, qui enseigne toutes choses, ce que leur œil n'avait point vu, ce que leur oreille n'avait point entendu, et ce qui n'était pas monté à leur cœur. Chacun d'entre eux, étant entré dans les lieux saints par le sang de Jésus, par ce chemin vivant et nouveau, et étant uni à l'assemblée, à l'Église des premiers-nés, à Dieu qui est le juge de tous, et à Jésus le médiateur de la nouvelle alliance, peut dire : Je vis, non pas maintenant moi, mais Christ vit en moi ; Je vis de cette vie qui est cachée avec Christ en Dieu ; et quand Christ, qui est ma vie, apparaîtra, je paraîtrai aussi alors avec lui en gloire.

14. Ceux qui vivent par la foi, marchent par la foi. Or que comprend cela ? — Qu'ils règlent tous leurs jugements, touchant le bien et le mal, non pas sur les choses visibles et temporelles, mais sur les choses invisibles et éternelles ; — Qu'ils pensent que les choses visibles sont d'une petite importance, parce qu'elles passent comme un songe ; tandis qu'ils considèrent les choses spirituelles d'un très grand prix, parce qu'elles ne doivent jamais passer. Tout ce qui est invisible est éternel ; les choses qui ne sont pas vues, ne passent pas ; ainsi l'affirme l'Apôtre : Les choses visibles ne sont que pour un temps, mais les choses invisibles sont éternelles. C'est pourquoi ceux qui marchent par la foi ne désirent et ne recherchent pas les choses visibles : ils cherchent les choses qui sont en haut, et non point celles qui sont sur la terre. Parce qu'ils savent que les choses visibles ne sont que pour un temps, et qu'elles passent comme une ombre, ils ne les ont pas en vue, et ne les désirent pas ; ils les considèrent comme rien, et regardent aux choses invisibles, éternelles, qui ne passent jamais : c'est par elles qu'ils forment leurs jugements. Ils jugent que telle ou telle chose est bonne ou mauvaise, selon qu'elle sert ou nuit à leurs intérêts éternels : c'est dans cette balance qu'ils pèsent tout : leurs dispositions, leurs désirs, leurs craintes, leurs joies, leurs passions ; ils dirigent leurs pensées, leurs desseins, leurs paroles, leurs actions, de manière à ce qu'elles les préparent pour ce monde invisible et éternel, où ils arriveront bientôt. Ils ne demeurent pas ici, ils ne font qu'y séjourner, ne regardant pas cette terre comme leur patrie, mais passant à travers le pays d'Emmanuel, pour arriver aux belles contrées du ciel.

15. Frères, vous qui êtes ici en présence de Dieu, êtes-vous de ce nombre ? Voyez-vous celui qui est invisible ? Avez-vous la foi, — une foi vivante, — la foi d'un enfant ? Pouvez-vous dire : Ce que je vis maintenant, je le vis en la foi du Fils de Dieu, qui m'a aimé et qui s'est donné lui-même pour moi ? Marchez-vous par la foi ? Observez la question : je ne vous demande pas, si vous blasphémez, si vous jurez, si vous violez le jour du dimanche, ou si vous vivez dans quelque péché extérieur ; je ne vous demande pas si vous faites plus ou moins de bien, ou si vous êtes attentifs à vous servir des moyens de grâce ; non, en supposant même que vous êtes sans reproche à tous ces égards, je vous demande, au nom de Dieu, d'après quelle règle, vous jugez de la valeur des choses. Est-ce par le monde visible ; ou par le monde invisible ? Décidez la chose par ce seul cas. Aimeriez-vous mieux voir votre fils cordonnier pieux, que noble incrédule ? Choisiriez-vous pour votre fille plutôt la piété avec la pauvreté, que la fortune et l'absence de la piété ? Quand il s'agit du mariage de votre fille, si vous faites plus attention aux intérêts de son corps qu'à ceux de son âme, sachez que vous êtes dans la route qui conduit en enfer ; car vous marchez par la vue, et non par la foi. — Je ne demande pas si vous vivez dans la pratique de quelque péché grossier ; mais cherchez-vous, dans l'ensemble de votre vie, les choses qui sont en haut, ou celles qui sont de la terre ? Si ce dernier cas est le vôtre, vous êtes aussi certainement dans le chemin de la perdition, que peut l'être un voleur ou un ivrogne. Mes chers amis, que chaque femme, que chaque homme, parmi vous, se conduise droitement avec lui-même. Demandez à votre propre cœur : — Qu'est-ce que je cherche jour après jour ? Qu'est-ce que je désire ? Que poursuis-je ? La terre ou le ciel ? Les choses visibles ou les choses invisibles ? — Quel est

votre but, — Dieu ou le monde ? Aussi sûr que le Seigneur est vivant, si le monde est votre but, votre religion est encore vaine.

16. Voyez donc, chers frères, que, vous choisissiez la meilleure part, dès ce jour. Que votre jugement sur tout ce qui vous entoure, se forme d'après la valeur réelle des choses, en vue du monde invisible et éternel. Ayez soin de juger que telle chose doit être évitée ou recherchée, selon l'influence qu'elle aura sur votre éternelle condition. Ayez soin de donner vos affections, vos joies, vos espérances, vos désirs, non pas à ces objets qui s'évanouissent comme un songe, qui passent comme une ombre, mais à ces objets qui ne sont pas susceptibles de changement, qui sont incorruptibles, et ne passent point, — à ces objets qui resteront les mêmes alors que les cieux et la terre n'existeront plus. Ayez soin, dans tout ce que vous pensez, dites et faites, que votre œil soit droit, soit fixé sur Celui qui est invisible, et sur les gloires qui seront révélées. Puis, tout votre corps sera plein de lumière : Votre âme jouira de la lumière de Dieu ; et vous contemplerez sans cesse l'éclat du glorieux amour du Seigneur, dans la présence de Christ.

17. Ayez soin, surtout, que le désir de votre âme tende vers le nom et vers le souvenir de Dieu. Gardez-vous de tout désir insensé, tels que ceux qui résultent de quelque objet visible et temporel. L'Apôtre Jean nous précautionne contre ces désirs, qu'il désigne par amour du monde. Ce n'est pas tant aux hommes non convertis, qu'aux enfants de Dieu qu'il donne cet avis important : — N'aimez pas le monde, ni les choses qui sont au monde. Ne vous abandonnez pas aux convoitises de la chair, à la gratification de vos sens, que ce soit le goût, ou tel autre sens. Ne vous abandonnez pas aux convoitises des yeux, — au sens interne ou imagination, en le satisfaisant, par des objets grands, beaux, ou extraordinaires. Ne vous abandonnez pas à l'orgueil de la vie, — au désir de la fortune, de la pompe, ou de l'honneur qui vient des hommes. St. Jean confirme cet avis par une observation conforme à celle que St. Paul présente aux Corinthiens : car le monde, dit-il, avec sa convoitise passe ; — sa convoitise, c'est-à-dire ses objets, ses plaisirs, ses inquiétudes, ses affaires, tout ce qui attire nos regards ou notre attention, — passe, pour ne plus revenir. C'est pourquoi ne désirez pas ces choses passagères, mais désirez cette gloire qui demeure éternellement.

18. Observez bien que cela seul est la religion, la vraie religion chrétienne, qui ne consiste pas dans une opinion, ou dans une série d'opinions, fussent-elles aussi vraies, aussi scripturaires que possible. À la vérité, on donne à ces choses le nom de foi. Mais ceux qui prennent cela pour la religion sont abandonnés à une dangereuse illusion, et ceux qui le prennent pour un passeport vers le ciel, marchent dans la route large de l'enfer. Observez bien que la religion n'est pas la même chose que la bénignité, qu'un sévère observateur de la nature humaine appelle, bénignité infernale, parce qu'elle précipite des milliers d'âme dans l'abime éternel ; — qu'elle n'est pas le formalisme, l'exacte pratique des observances divines : cela même, à moins que le motif en soit pur, n'est pas plus agréable à Dieu que l'acte de couper la tête à un chien ; — qu'elle n'est pas la moralité, qui est excellente quand elle repose sur une bonne base, sur une foi vivante, mais qui, autrement, n'est d'aucun prix aux yeux de Dieu ; — Oui, la religion n'est pas autre chose que vivre pour l'éternité, et marcher en vue de l'éternité, avec un cœur plein d'amour pour Dieu, et pour l'homme, avec douceur, avec humilité et résignation. Cela seul est cette vie cachée avec Christ en Dieu. Celui-là seul qui éprouve ces choses demeure en Dieu, et Dieu en lui.

19. On observera facilement que c'est précisément là ce que les hommes du monde appellent fanatisme, mot, qui répond très bien à leur but, car personne ne peut ni en dire le sens, ni en indiquer la racine ; et s'il a un sens, il signifie une espèce de folie religieuse. Aussi, à peine parlez-vous de votre expérience, qu'ils s'écrient tout de suite : trop de religion t'a mis hors de sens ! et ils supposent que tout ce que vous dites du monde invisible, n'est que les rêveries d'une imagination exaltée. Il n'en peut pas être autrement, quand des aveugles-nés veulent raisonner sur la lumière et les couleurs : — ils déclarent vite insensés ceux qui affirment l'existence de ces objets dont ils n'ont pas la plus petite idée.

20. On peut voir, avec la plus grande clarté d'après tout ce qui vient d'être dit, la nature de cette chose qu'il est à la mode d'appeler dissipation. Que celui qui a des oreilles pour entendre, écoute ! C'est là la quintessence pure de l'athéisme : C'est l'impiété naturelle unie à une impiété factice ; — C'est l'art d'oublier Dieu, de vivre tout-à-fait sans Dieu et sans espérance dans le

monde ; — C'est l'art de l'exclure, sinon du monde qu'il a créé, au moins de l'esprit de ses créatures intelligentes ; — C'est une absence étudiée d'attention pour tout le monde invisible, surtout pour la mort, — la porte de l'éternité, et pour tous ses graves résultats, — le ciel et l'enfer.

21. Voilà la véritable nature de la dissipation. Or, est-ce bien une chose aussi innocente qu'on l'imagine généralement ? C'est un des plus puissants instruments, forgés dans les magasins de l'enfer, pour détruire les âmes immortelles : — il a servi à plonger dans le feu éternel qui est réservé au diable et à ses anges, des milliers de pécheurs, qui auraient pu jouir de la gloire de Dieu ; — il détruit d'un seul coup toute religion, et rabaisse l'homme au niveau des brutes qui périssent. O, vous qui craignez Dieu, fuyez toute dissipation ! Craignez, détestez-en même le mot ! Travaillez à avoir toujours Dieu en vue ! que l'éternité soit toujours devant vos yeux ! regardez sans cesse aux choses invisibles et non pas aux choses visibles ! fixez vos affections sur ce séjour, où Christ est assis à la droite de Dieu, afin qu'après votre mort, l'entrée au royaume éternel vous soit abondamment donnée.

Londres, Déc. 30, 1788

L'œil net

Si ton œil est net, tout ton corps sera éclairé. Mais si ton œil est mal
disposé, tout ton corps sera ténébreux ; si donc la lumière qui est en toi
n'est que ténèbres, combien grandes seront les ténèbres mêmes
— Matthieu 6.22-23 —

1. La simplicité, principe qui gît dans l'intention, et la pureté, qui gît dans les affections, sont, dit un homme pieux, les deux ailes qui élèvent l'âme au ciel. Le célèbre et bon évêque Taylor recommande avec force le premier de ces principes au commencement de son excellent livre intitulé : *Règles pour vivre et mourir saintement.* Il commence cet ouvrage par insister sur cela, comme étant le premier point de la vraie religion, et il nous y avertit que sans cette pureté nos efforts pour parvenir là sont inutiles et impuissants. M. Law, un élégant et solide écrivain, appuie avec force sur cette même vérité dans l'appel sérieux a une vie pieuse, un livre qui n'est pas surpassé, et qui n'est peut-être pas égalé par aucun livre écrit en anglais, soit pour la beauté des expressions, soit pour la justesse et la profondeur des pensées. Et quiconque considérera de quelle manière notre Maître la recommande dans les versets cités ci-dessus, ne pourra pas blâmer un disciple de Christ de ce qu'il insiste fortement sur ce point.

2. Examinons attentivement tout le passage pris dans son sens littéral. — L'œil est la lumière du corps. Or, ce qu'est l'œil pour le corps, l'intention l'est pour l'âme. — Nous pouvons observer avec quelle exacte justesse notre Seigneur place la simplicité dans l'intention entre les désirs mondains et les soins mondains qui tendent tous les deux à la détruire. — Si donc ton œil est pur, ajoute le Seigneur, c'est-à-dire si ton œil n'a que le Seigneur en vue, tout ton corps, c'est-à-dire toute ton âme, — sera éclairé, rempli de sainteté et de bonheur. Mais si ton œil est mal disposé, s'il a tout autre objet que Dieu en vue, tout ton corps sera ténébreux ; si donc la lumière qui est en toi n'est que ténèbres, combien grandes seront les ténèbres mêmes ? Combien n'es-tu pas privé de toute vraie connaissance, de toute vraie sainteté et de tout vrai bonheur !

3. En considérant ces choses, nous pouvons bien nous écrier : comme c'est une grande chose que d'être un vrai chrétien, un chrétien dans le sens de l'Évangile, conforme dans sa vie et dans son cœur à la volonté de Dieu ! Qui est suffisant pour cela ? — Certes, nul homme qui n'est pas né de Dieu. — Je ne suis pas surpris qu'un des plus sages déistes ait prononcé ces paroles : « Je crois que la Bible est le plus beau livre que j'aie lu dans ma vie. Et cependant j'ai contre lui une objection insurmontable : il est trop beau ; il propose un plan, il présente un corps de doctrines et de préceptes beaucoup trop excellent pour que des êtres bornés et faibles, comme les hommes, puissent parvenir à le pratiquer. » — Cela est vrai dans toute autre supposition que celle des Écritures, qui, si on l'admet, détruit toute difficulté : car si toutes choses sont possibles avec Dieu, alors toutes choses sont possibles à celui qui croit.

4. Mais examinons, d'abord, la première partie de la déclaration de notre Seigneur : si ton œil est net tout ton corps sera éclairé ; en second lieu, la dernière partie de cette déclaration : si ton œil est mal disposé, tout ton corps sera ténébreux ; et en troisième lieu, le terrible état de ceux dont les yeux ne sont pas nets : si la lumière qui est en toi n'est ténèbres, combien grandes seront les ténèbres mêmes ?

I

1. Si ton œil est net tout ton corps sera éclairé : — si ton œil est net, c'est-à-dire si Dieu est dans toutes les pensées ; si tu l'as toujours en vue ; si ton désir est, dans les grandes choses

comme dans les petites, dans toute ta conduite, de faire sa volonté et non la tienne ; si tu peux lui dire, à lui, et non à une créature : Seigneur, tu es le maître et le but de mes désirs, — alors la promesse s'accomplira en toi : tout ton corps sera éclairé ; la lumière céleste éclairera ton âme ; dans toutes tes actions tu auras et le témoignage d'une bonne conscience envers Dieu, et le témoignage de l'Esprit Saint que toutes tes voies sont agréables au Seigneur.

2. Lorsque ton âme sera pleine de cette lumière, tu seras capable, suivant l'ordre donné aux Thessaloniciens par Saint Paul, de te réjouir toujours, de prier sans cesse, et de rendre grâces à Dieu en toutes choses. Car qui peut posséder toujours la présence et l'amour de Dieu, et ne pas se réjouir toujours ? Qui peut toujours fixer un regard d'amour sur Dieu, et ne pas prier sans cesse ? Le cœur n'est-il pas alors toujours tourné vers Dieu ? — Qui de nous peut être assuré que ce tendre père est satisfait de toutes ses actions et de ses souffrances, et ne pas être forcé à rendre grâces en toutes choses, sachant que toutes choses concourent à son bien ?

3. Ainsi tout son corps sera éclairé ; il faut sans aucun doute entendre par cela, la lumière de la connaissance, laquelle résulte de l'onction d'en Haut qui demeure en lui, et lui enseigne toutes les choses, qu'il lui est indispensable de savoir pour plaire à Dieu. — C'est par cette lumière, qu'il a, dans toutes les circonstances de sa vie, une connaissance claire de la volonté divine ; non pas sans les moyens, mais dans l'usage de tous ces moyens que Dieu lui a donnés. Et marchant dans cette lumière, il ne peut que croître dans la connaissance et l'amour du Seigneur Jésus, et faire de continuels progrès dans la sainteté.

II

1. Notre Seigneur observe en second lieu : si ton œil est mal disposé, tout ton corps sera ténébreux. — Si ton œil est mal disposé, c'est-à-dire si ton œil n'est pas net, — car l'œil qui n'est pas net, est mal disposé, — tout ton corps sera ténébreux, — Il est certain qu'il ne peut pas y avoir de milieu entre un œil net et un œil mal disposé : car toutes les fois que nous n'avons pas Dieu en vue, c'est à la créature que nous demandons le bonheur ; ce qui n'est pas autre chose que de se rendre coupable d'idolâtrie, quelle que soit cette créature, — peu importe que nous nous attachions aux plaisirs des sens, aux plaisirs de l'imagination, à la louange des hommes, aux richesses, toutes choses que l'apôtre Jean désigne par les mots : amour du monde ; si ces choses sont notre but final, notre œil est mal disposé ; tout autant que vous aspirez à l'une d'entre elles, à ce qui n'est pas Dieu, toute votre âme, toute votre vie sera ténébreuse : une ignorance entière de vous-même, de vos meilleurs intérêts, de vos relations avec Dieu vous entourera des plus épaisses ténèbres ; et ce sera votre état, tout aussi longtemps que l'œil de votre âme se fixera sur l'une de ces choses.

2. Que de preuves n'avons-nous pas autour de nous de cette triste vérité, savoir que ceux dont l'œil n'est pas net, ignorent entièrement la nature de la vraie religion ! comme il y en a, même parmi les hommes aimables et dont la vie est sans reproche, qui ignorent, tout autant que les mahométans et les païens, Dieu, le culte qu'on doit lui rendre en esprit et en vérité, et leur propre condition. — Cependant ils ne sont nullement dépourvus d'intelligence : plusieurs d'entre eux même ont fortifié leurs facultés naturelles par une solide éducation, et ont acquis un grand fond de science. Comme ils sont néanmoins ignorants sur Dieu et sur les choses de Dieu ! Comme ils ignorent tout ce qui a rapport au monde invisible et éternel ! — Oh ! Pourquoi restent-ils dans cette déplorable ignorance ? — Simplement parce que leur œil n'est pas net : ils n'ont pas Dieu en vue ; il n'est pas dans toutes leurs pensées ; ils ne désirent pas le ciel et n'y pensent pas ; — c'est pourquoi ils tombent aussi bas que l'enfer.

3. C'est par la même raison qu'ils sont aussi dépourvus de sainteté que d'une science utile : c'est parce que leur œil n'est pas net qu'ils sont étrangers à la religion vitale. Malgré toutes leurs belles qualités, toute leur instruction, leur connaissance des diverses branches de la littérature, malgré même leur courtoisie, leur humanité, — si leur œil n'est uniquement fixé sur Dieu, ils ne peuvent rien connaître de la religion scripturaire ; ils ne savent même pas ce que signifie la sainteté chrétienne, ce que c'est que la nouvelle naissance, qui en est comme la porte ; ils ne connaissent pas plus ces choses que les connaissent les brutes des champs ; il ne se repentent pas et ne croient pas à l'Évangile ; ils sont encore moins renouvelés dans leur cœur à l'image de Celui

qui les a créés. N'ayant éprouvé rien de tout cela, ils n'en ont pas la plus petite idée : si vous venez à parler d'une telle chose, attendez-vous à entendre dire : trop de religion t'a mis hors de sens ! tant ils sont dépourvus, quelles que soient leurs qualités, de cette religion qui est utile auprès de Dieu !

4. Et jusqu'à ce que leur œil soit net, ils sont aussi éloignés du bonheur que de la sainteté. La fortune, les honneurs, les plaisirs, en un mot, tout ce que ce monde passager donne, peut leur procurer de temps à autre quelques songes agréables ; mais cela peut-il satisfaire aux désirs d'une âme immortelle ? — Hélas ! toutes ces choses réunies ne peuvent donner le repos, — la plus petite partie du bonheur, — à un esprit immortel créé pour Dieu. L'âme affamée, va comme l'abeille, de fleur en fleur ; et retourne avec une espérance déçue et une attente trompée. Chaque créature s'écrie, l'une à haute voix, l'autre en secret : — le bonheur n'est pas ça moi ! et l'univers entier proclame à toute oreille attentive, que le Créateur ne lui a pas accordé la capacité de donner le bonheur, et que, par conséquent, malgré tous leurs efforts et leur fatigue, les humains ne peuvent pas trouver là la félicité. Oui, plus les hommes se donnent de peines pour arracher le bonheur aux objets terrestres, plus grand est leur chagrin, plus certain est leur désappointement.

5. Quoique le commun des hommes ne puisse pas trouver le bonheur dans les vains plaisirs du monde, celui dont l'œil n'est pas net, ne peut-il pas cependant le trouver dans la science ? — Nullement, tout au contraire ; car on a observé de tout temps que les hommes les plus savants étaient les hommes les plus mécontents ; ce qui forçait une personne d'une grande instruction à déclarer : un sot peut trouver une espèce de paradis sur ta terre, (quoique ce soit une grande erreur), mais un homme instruit ne le peut pas ? L'instruction naturellement produit l'impatience, le mécontentement : la science, dit l'Apôtre, enfle. Or, où existe l'orgueil, là n'existe pas le bonheur : ces deux choses sont incompatibles. Aussi la triste réflexion faite dans les lignes suivantes est très vraie, partout où un sentiment réel de religion n'existe pas : — « O raison, à quoi sert-il d'être savant ? à voir mieux cette pénible scène ! à savoir se plaindre avec plus de cause ! à souffrir avec une plus exquise sensibilité. »

III

1. Il nous reste à examiner, en troisième lieu, cette question importante de notre Seigneur : si donc la lumière qui est en toi n'est que ténèbres, combien seront grandes les ténèbres mêmes ? Voici le vrai sens de ces paroles : si le principe qui doit communiquer la lumière à toute ton âme, comme l'œil le fait pour le corps, — diriger l'entendement, tes passions, tes affections tout ton caractère, tes pensées, tes paroles, tes actions, — si ce principe dis-je, est obscurci, ténébreux et faux, comme les conséquences doivent en être terribles !

2. Afin de mieux voir cela, considérons cette vérité dans quelques cas particuliers ; commençons par un fait qui a plus qu'une petite importance. C'est un homme qui cherche un emploi pour son fils : Si l'œil de ce père n'est pas net, s'il n'a pas en vue la gloire de Dieu, si son premier motif n'est pas de lui procurer une position qui soit utile avant tout à ses intérêts spirituels, la lumière qui est en lui n'est évidemment que ténèbres. Et quelles ténèbres ! l'erreur qui le trompe n'est certes pas petite ; elle est immense. Quoi ! Ne préférez-vous pas que votre fils soit savetier sur la terre, et un saint glorieux dans le ciel, à ce qu'il soit un riche seigneur sur la terre et un damné en enfer ? — Si ce n'est pas là ce que vous préférez, combien grandes sont vos ténèbres ! — Comme il est stupide, insensé celui qui préfère un palais sur la terre à un trône dans les cieux ! Comme il doit être profondément ténébreux l'entendement de ce père qui, pour procurer à son fils l'honneur qui vient des hommes, l'expose à une honte éternelle, dans la compagnie du diable et de ses anges !

3. Je ne peux pas encore laisser de côté ce sujet à cause de son énorme importance. — Combien doivent être grandes les ténèbres de cet exécrable malheureux, — je ne peux pas l'appeler autrement, que ce soit un riche ou un pauvre, — qui vend son propre enfant au diable ! — Ne considérerait-on pas comme un monstre celui qui dévorerait ses enfants ? Et celui qui, par ses actes, donne sa fille à ce lion rugissant, pour la laisser dévorer, n'est-il pas un plus grand monstre ? — Mais le futur est riche : il a deux cents cinquante mille francs. — Qu'importe même s'il avait dix fois plus que cela : plus il a, plus il est à craindre qu'elle n'échappe pas à la damna-

tion. De quel œil la regarderas-tu, cruel père, quand elle te dira dans les abymes de l'enfer : — tu m'as plongée dans ce lieu de tourments, — Si tu m'avais donnée à un homme pieux et pauvre, je pourrais maintenant me reposer sur le sein d'Abraham. Oh ! de quoi m'ont servi les richesses ? Elles m'ont précipitée, ainsi que toi, dans l'enfer !

4. Vous qui êtes appelés Méthodistes, y en a-t-il parmi vous qui soient ainsi cruels envers leurs enfants, et qui cherchent à les marier bien, selon l'expression du monde, c'est à dire, a les vendre à un acheteur, qui a beaucoup d'argent, mais qui n'a que peu ou point de religion ? — La lumière qui est en vous n'est-elle aussi que ténèbres ? Vous aussi estimez-vous Dieu moins que Mammon ? Etes-vous aussi dépourvus d'intelligence ? Avez-vous aussi peu profité de ce que vous avez entendu ? — Femme, homme, pense à ce que tu fais ! Oses-tu aussi vendre ton enfant au diable ? Or, c'est ce que vous faites, autant que cela dépend de vous, quand vous mariez un fils ou une fille à un enfant du diable, quelle que soit sa fortune. — O ! recevez conseil à temps ! prenez garde à cet hameçon doré ! — la mort et l'enfer sont à sa suite. — Préférez la grâce à la fortune, la gloire dans les cieux aux richesses sur la terre ! si vous ne le faites pas vous êtes pire que les Cananéens : ils ne faisaient passer leurs enfants que par le feu à Moloch ; vous faites passer les vôtres par un feu qui ne s'éteint pas, et vous les y fixez à jamais ! — Oh ! combien grandes doivent être les ténèbres qui vous portent, après avoir agi ainsi, à dire que vous n'avez point fait de mal !

5. Considérons un fait à peu près semblable. Supposez qu'un jeune homme, après avoir terminé ses études à l'Université, désire se consacrer an ministère de l'évangile : avec cette intention il reçoit les ordres. Quel motif le dirige dans tout cela ? Quel but se propose-t-il ? Si son œil est net, son but unique c'est de sauver son âme et celle de ceux qui l'écoutent, — c'est de servir à conduire autant d'âmes que possible, des ténèbres à la lumière de la vérité. Si son œil, au contraire n'est pas net, s'il a en vue ses aises, l'honneur, l'argent, ou l'avancement, — le monde peut le croire sage, mais Dieu lui dit : tu es un insensé ! — Et tandis que la lumière qui est en lui n'est que ténèbres, combien grandes sont ces ténèbres ! quelle folie peut être comparée à la sienne ? — Être mis à part pour le service de Dieu, et ne rechercher que les choses terrestres ! — un pasteur mondain est un fou pire que tous les fous, un insensé pire que tous les insensés ! Ces êtres vils, infâmes sont la cause du mépris qui tombe sur le clergé : oui les pasteurs qui aiment les plaisirs, l'argent, la gloire, l'avancement, font mépriser leurs collègues ; ils sont la peste de la société chrétienne ; ils font le malheur de l'espèce humaine ; ils font fumer les vengeances de l'Éternel. St. Chrysostome les avait en vue, quand il disait : l'enfer est pavé des âmes de pasteurs se disant chrétiens.

6. Voici un autre fait. — Une jeune demoiselle, à fortune, est courtisée en même temps par un homme riche et sans piété, et par un homme pieux sans fortune ; en d'autres termes, par un riche enfant du diable et par un enfant pauvre de Dieu. Que dirons-nous, toutes circonstances étant égales, si elle préfère l'homme riche à l'homme pieux ? — Il est évident alors que son œil n'est pas net : par conséquent son esprit insensé est obscurci ; et combien grandes sont les ténèbres qui lui font croire que l'or et l'argent sont une plus forte recommandation que la sainteté, — qui lui rendent un enfant du diable, qui a de la fortune, plus aimable qu'un enfant de Dieu, qui n'en a pas ? Quels mots peuvent exprimer la folie inexcusable d'un tel choix ? Quel objet de raillerie ne sera-t-elle pas, si elle ne se repent point, pour tous les diables de l'enfer, quand son riche compagnon l'aura conduite, avec lui, dans ce lieu de tourments.

7. Y a-t-il quelqu'un de ceux qui se trouvent ici, qui soient concernés par ces réflexions ? Il faut qu'il me permette de les appliquer à sa conscience avec simplicité, en présence de Dieu. — Vous à qui Dieu a confié des enfants, votre œil est-il net quand vous choisissez pour eux un compagnon pour la vie ? Quelles qualités cherchez-vous chez vos gendres et chez vos belles-filles ? — L'argent ou la religion ? Quelle est votre première considération ? — Comme l'enseigne le vieux poète latin, demandez-vous d'abord la fortune et puis la vertu ? — Jugez-en par ceci : — Préféreriez-vous un riche païen à un pieux chrétien, — un enfant du diable, avec de grand biens, à un enfant de Dieu sans biens, — un seigneur qui a le diable dans son cœur, (ce qu'il laisse bien voir) à un négociant, dans le cœur duquel vous avez lieu de penser que Christ habite ? — Oh ! combien grandes sont les ténèbres qui vous font préférer un enfant du diable à un enfant de Dieu !

8. C'est vous surtout, qui êtes appelés ordinairement méthodistes, à qui je parle. Je suis votre fidèle serviteur depuis plus de cinquante années, en présence de Dieu. Je vous ai souvent exhortés sur ce point. Je vous donne encore un avertissement, qui sera peut-être le dernier. — Quelqu'un d'entre vous ose-t-il, dans le choix d'une profession, avoir plutôt en vue les choses de la terre que les choses de Dieu ? Quand vous choisissez un compagnon pour la vie, pour vos enfants, pensez-vous au ciel ou à la terre ? Et pouvez-vous de sang-froid préférer soit pour vous, soit pour un membre de votre famille, un enfant du diable qui a de l'argent, à un enfant de Dieu qui n'en a pas ? — Quoi ! les païens mêmes s'écrient : âmes, courbées vers la terre, et étrangères au ciel ! Repentez-vous, repentez-vous de cette vile mondanité ! renoncez au titre de chrétien, ou préférez, soit pour vous, soit pour vos enfants, la grâce à l'argent, le ciel à la terre ! Pour le temps à venir, que votre œil soit net, afin que tout votre corps soit éclairé !

SERMON 119

Sur la folie mondaine

Mais Dieu lui dit : Insensé.
— Luc 12, 20 —

I

1. Mais un de ces insensés est ordinairement plus sage à ses propres yeux que sept hommes qui donnent de sages conseils. — S'il était possible que le vrai chrétien méprisât quelqu'un, il mépriserait de bon cœur ceux qui se croient ainsi les seuls sages. Vous pouvez voir le caractère de l'un de ces hommes, tracé au naturel dans les versets qui précèdent mon texte. — Les champs d'un homme riche avaient, dit le Sauveur, rapporté en abondance, et il pensait en lui-même, disant : que ferai-je, car je n'ai point où je puisse assembler mes fruits ? Puis il dit : voici ce que je ferai ; j'abattrai mes greniers, et j'en bâtirai de plus grands, et j'y assemblerai tous mes revenus et mes biens. Puis je dirai à mon âme : mon âme, tu as beaucoup de biens assemblés pour beaucoup d'années, repose-toi, mange ; bois, et fais grande chère, Mais Dieu lui dit ; insensé !

2. Je me propose, avec le secours de Dieu,
Premièrement, d'expliquer et de développer ces quelques paroles si pleines de sens,
Secondement, de les appliquer à votre conscience.
Premièrement, d'expliquer et de développer ces quelques paroles.

Peu de temps auparavant, Jésus avait donné un avertissement solennel à un homme qui lui parlait de partager un héritage : il lui avait dit : gardez-vous d'avarice ; car encore que les biens abondent à quelqu'un, il n'a pourtant pas la vie, c'est-à-dire le bonheur, par ses biens ; et ce fut pour établir cette importante vérité, que notre Seigneur raconta ce fait remarquable. Il est probable que ce fait, ayant eu lieu peu de jours auparavant, étaient encore présent à la mémoire de quelques personnes présentes. — Les champs d'un homme avaient rapporté en abondance. Les fruits de la terre composaient surtout les richesses des anciens. — Et il pensait en lui-même, disant : que ferai-je ? C'est bien là le langage du besoin et de la détresse, la voix d'un affligé qui soupire sous le poids d'un fardeau ! Que feras-tu ? — Quoi ! N'y a-t-il pas à ta porte des gens auxquels Dieu t'a commandé de donner ce que tu peux épargner ? — Que feras-tu ? Donne aux pauvres et distribue tes biens, donne à manger à ceux qui ont faim, des vêtements à ceux qui sont nus ; deviens le père de l'orphelin, le mari de la veuve ; donne en un mot gratuitement ce que tu as reçu gratuitement. Mais non ! il est plus sage que cela ; il connaît une meilleure voie.

Puis il dit : voici ce que je ferai : — sans en demander la permission à Dieu, ou sans penser à Lui pas plus que si Dieu n'existait pas ; j'abattrai mes greniers, et j'en bâtirai de plus grands et j'y assemblerai tous mes revenus et mes biens. — Mes biens ! Ils sont tout autant à toi que les nuages qui passent au-dessus de ta tête, que les vents qui soufflent, et que tu peux, sans doute, renfermer dans le creux de ta main ! — Puis je dirai à mon âme : mon âme, tu as beaucoup de biens assemblés pour beaucoup d'années. — Mon âme, tu as beaucoup de biens ! le blé, le vin, et l'huile sont donc les biens d'un esprit immortel ? — Assemblés pour beaucoup d'années ! Qui te l'a dit ? Si c'est le diable, ne le crois pas : il est menteur dès le commencement ; s'il le voulait, il ne pourrait pas prolonger tes jours : car Dieu seul est le dispensateur de la vie et de la mort ; et s'il le pouvait il ne le voudrait pas, mais il le traînerait tout de suite à son horrible demeure. — Mon âme, repose-toi, mange, bois, et fais grande chère. Comme chaque partie de cet étonnant soliloque est pleine de folie ! mange et bois ; ton âme donc mange et boit ? Oui, mais ce ne sera pas des aliments terrestres : tu te nourriras bientôt des flammes, et tu boiras des eaux du lac de feu et de souffre. Mais alors seras-tu dans le repos, dans la joie ? Ah ! il n'y aura plus de joie dans cet horrible séjour : ces cavernes n'entendront d'autre musique que celle des pleurs, des cris, et des grincements de dents.

3. Mais tandis qu'il s'applaudissait de sa sagesse, Dieu lui dit : insensé, en cette même nuit, ton âme te sera redemandée ; et les choses que tu as préparées, à qui seront-elles ?

4. Considérons ces paroles un peu plus attentivement. — Que ferai-je ? Mais la réponse n'est-elle pas toute prête ? — Fais autant de bien que tu peux en faire ; — satisfais de ton abondance aux besoins de ton prochain ; et tu ne manqueras jamais de quelque chose à faire. Ne peux-tu pas trouver quelqu'un qui manque des choses nécessaires à la vie, quelqu'un qui soit serré par le froid ou la faim, qui soit dénué de vêtements, qui n'ait point de lieu pour reposer sa tête, quelqu'un qui soit dévoré par la maladie, ou qui languisse en prison ? — Si tu considérais bien ces paroles de notre Seigneur : vous avez toujours des pauvres avec vous, tu ne demanderais plus : que ferai-je ?

5. Comme les desseins de ce pauvre insensé étaient différents ! j'abattrai mes greniers, et j'en bâtirai de plus grands ; et j'y assemblerai tous mes biens. — Il vaudrait tout autant les enfouir dans la terre ou les jeter dans la mer : cela répondrait aussi bien au but pour lequel Dieu te les a confiés.

6. Mais examinons encore plus la dernière partie de sa résolution. Je dirai à mon âme : mon âme tu as beaucoup de biens assemblés pour beaucoup d'années ; repose-toi, mange, bois et fais grande chère. — Quoi ! sont-ce là les biens d'un esprit immortel ? Ton corps peut plutôt se nourrir des vents, que ton âme de ces biens terrestres. Engager un esprit immortel à boire et à manger, quel conseil pour un esprit fait l'égal des anges, créé à l'image incorruptible de Dieu, et destiné à se nourrir, non de choses corruptibles, mais du fruit de l'arbre de vie, lequel croît au milieu du paradis de Dieu !

7. Il ne faut donc pas s'étonner si Dieu lui dit : insensé. Par ce motif, n'y en eût-il même point d'autre, en cette même nuit, ton âme te sera redemandée. —

> « Or es-tu né pour mourir,
>
> pour quitter ce corps de poudre,
>
> et ton âme tremblante doit-elle prendre son vol
>
> vers un pays inconnu,
>
> pays ténébreux,
>
> que l'œil de l'homme n'a point sondé,
>
> et où toutes les choses sont oubliées ? »
>
> et tes choses que tu as préparées, à qui seront-elles alors ?

II

1. Je m'étais proposé en second lieu, de faire une application de ces considérations, qui, très certainement, sont des plus importantes qui puissent entrer dans le cœur de l'homme. — Dans un sens, cette application a déjà été faite ; car tout ce qui a été dit, n'était qu'application ; mais je désire que chaque homme qui entend ou qui lit ces paroles, les applique directement à son âme.

2. Quiconque entend ces paroles : les champs d'un homme avaient rapporté en abondance, doit se demander : cela a-t-il jamais été mon cas ? Ai-je eu plus de biens que ce qu'il me fallait ? Quelles étaient alors mes pensées ? Me disais-je en moi-même : que ferai-je ? — Etais-je rendu triste par mon abondance ? Pensais-je avoir beaucoup de biens assemblés pour beaucoup d'années ? — Plusieurs années ! hélas ! qu'est ce que ta vie, fut-elle même le plus prolongé possible ? N'est-ce pas une vapeur qui paraît et vite s'évanouit ? Ne dis donc pas : j'abattrai mes greniers ; mais dis à Dieu dans le secret de ton cœur : Seigneur, sauve-moi ou je péris ! Voilà, mes richesses augmentent ! Ne permets pas que j'y abandonne mon cœur ! Tu me vois sur un terrain glissant ; c'est, pourquoi entreprends l'œuvre pour moi !

> « Soutiens-moi, Seigneur, ou je tombe !
>
> Donne-moi la main miséricordieuse :
>
> mon secours n'est qu'en toi ! »

Vois, Seigneur, comme ma fortune s'accroît ! Rien que ton pouvoir ne saurait m'empêcher d'y donner mon cœur, et d'être précipité dans l'abyme !

3. Seigneur que faut-il que je fasse ? — D'abord efforce-toi d'avoir une connaissance claire de ton danger, et prie souvent et avec ardeur, pour que tu n'en perdes pas le sentiment : prie, pour que tu puisses toujours te sentir sur le bord d'un précipice. Puis, il faut que ton cœur dise : ayant plus de biens, je ferai, avec la grâce de Dieu, plus de bien qu'auparavant. — Tous les nouveaux biens que Dieu m'a donnés, je suis décidé à les dépenser avec soin, en de nouvelles œuvres de miséricorde.

4. Ne parle donc plus de tes biens, de tes revenus, puisque tu sais qu'ils ne t'appartiennent pas, mais qu'ils sont à Dieu. La terre et tout ce qu'elle renferme appartient au Seigneur : il est le grand propriétaire des cieux et de la terre ; il ne peut pas se dépouiller de sa gloire : il doit rester le Seigneur, le maître de tout ce qui existe. Il ne t'a laissé des biens entre les mains, que pour le but qu'il a prescrit. Tu ne sais pas combien de temps, il te les laissera ; peut-être ne sera-ce que jusqu'à demain. C'est pourquoi ne penses pas à plusieurs années : ne sais-tu pas que tu es une créature d'un jour ? Que ton souffle peut être anéanti par Celui qui te l'a donné, à chaque instant, même quand tu n'y penses pas ? — Comment sais-tu, si, quand tu seras dans ton lit, tu n'entendras pas cette voix : cette nuit même ton âme te sera redemandée ?

5. Ta vie n'est-elle pas aussi mobile qu'un nuage ? Aussi rapide qu'une vapeur sur l'eau ? Elle s'évanouit comme une ombre, pour ne plus revenir. — Pour beaucoup d'années ! Qui est assuré d'un seul jour ? Et Dieu ne donne-t-il pas une preuve de sa sagesse et de sa bonté, en tenant ta vie en ses mains, et en te la dispensant moment après moment, afin que tu puisses toujours le rappeler de vivre comme si chaque jour était le dernier de ton existence ? Et après les quelques jours que tu auras passé sous le soleil, on dira bien vite de toi :

« Il ne reste de lui que quelques grains de poussière ;

c'est là tout ce qu'il est devenu ; et tel sera le sort de tous les orgueilleux ! »

6. Considérez encore l'extrême folie de ces paroles : mon âme, tu as beaucoup de biens. Les produits de la terre sont donc une nourriture pour un esprit d'origine divine ? Y a-t-il quelque objet terrestre qui puisse nourrir ces êtres d'un ordre plus élevé ? Quel rapport y a-t-il entre ces esprits éternels et ces morceaux de terre ? — Examinez le reste de ce sage soliloque et voyez comment il s'applique à votre cas. — Mon âme, repose-toi. Vaine espérance ! La terre peut-elle donner le repos à un esprit ? — mange, bois et fais bonne chère. Quoi ! Ton âme peut-elle manger de cette manne céleste, la nourriture des anges et le seule traite pour les esprits ? — Mais cette manne ne croît pas ici-bas : elle ne se trouve que dans le paradis de Dieu.

7. Mais suppose que cette voix qui commande en maître à la vie et à la mort, te dise : cette nuit ton âme te sera redemandée, que deviendront ces biens que tu as amassés ? Hélas, ils ne sont pas à toi : tu n'as plus aucune part dans ces choses qui sont sous le soleil ; c'est pourquoi ces choses terrestres sont pour toi, comme si elles n'existaient plus ; tu es sorti nu du sein de ta mère, et nu tu retourneras à la poudre. Tu as amassé beaucoup de biens ; mais à quelle fin ? Pour tout laisser derrière toi ! Pauvre ombre ! Tu es dépouillé maintenant de tout : l'espérance même ne te reste pas.

8. Observez la remarque que le Seigneur a faite sur toute cette scène : il en est ainsi de celui qui fait de grands amas de biens pour soi-même, et qui n'est pas riche en Dieu : telle est sa folie, que les mots ne peuvent pas l'exprimer. Cet homme qui amasse de grands biens pour les laisser bientôt, quelque sage qu'il soit à ses yeux et aux yeux de son prochain, est en réalité le plus grand insensé qui existe ; et celui qui cherche le bonheur dans ces choses qui périssent, amasse des trésors pour lui-même ; ce qui est tout à fait incompatible avec le caractère du riche en Dieu, avec la pratique de ce commandement : mon fils, donne moi ton cœur. Celui qui est un enfant de Dieu peut vraiment dire :

« Mes richesses sont en haut ;

l'amour de Dieu est tout mon trésor ; »

Il peut déclarer que tout le désir de son âme est vers l'Éternel.

9. Toi qui lis ces paroles, sonde bien ton cœur. — Où as-tu placé ton trésor jusqu'à ce moment ? Où l'amasses-tu à cette heure même ? Travailles-tu à être riche en Dieu ? ou amasses-tu des biens sur la terre ? Toi qui te conduis avec soin quant aux choses extérieures, et qui remplis exactement les devoirs extérieurs, garde-toi de l'avarice, de cet amour pour l'argent, qui est respecté dans le monde, et du désir d'amasser des trésors sur la terre. Amasse des trésors dans les cieux. Dans peu de jours, tu entreras sur une terre de ténèbres, ou les fruits de la terre ne te serviront de rien, où tu ne pourras ni manger, ni boire, ni satisfaire à tes sens ; quel avantage retireras-tu de tout ce que tu as amassé dans ce monde ? De tout ce que tu auras laissé derrière toi ? Laissé derrière toi ! Quoi ! Ne pourras-tu donc rien emporter avec toi dans les demeures éternelles ? Oh ! amasse donc, avant de quitter ce monde, des trésors qui ne périssent jamais.

SERMON 125

Vivre sans Dieu

Vivre sans Dieu au monde.
—Ephésiens 2.13—

1. Les mots de ce texte seraient mieux rendus par cette phrase : athées au monde, qui paraît plus forte que celle-ci : sans Dieu dans ce monde, laquelle ne présente qu'un sens négatif et n'implique pas autre chose qu'une absence de communion avec Dieu, tandis que le mot athée, au contraire, selon le sens qu'on donne en général à ce mot, implique non seulement qu'on n'est pas en communion avec Dieu, mais aussi qu'on nie son existence même.

2. Un fait arriver naguères, et que l'on ne saurait raisonnablement nier, puisqu'il a été vu par une foule de témoins, peut servir à jeter quelque jour sur le cas des malheureux athées. On venait de couper et de partager un chêne, quand du milieu de cette fente sortit un large crapaud, qui s'enfuit de toutes ses forces. Combien de temps avait il été là ? il est vraisemblable qu'il y avait passé cent ans ; et que son séjour dans le creux de ce chêne remontait à la plantation de l'arbre : il n'est donc pas improbable qu'il avait vécu ainsi au moins un siècle. Je dis vécu ; mais quelle vie ! qui voudrait l'envier ?

Arrêtons-nous quelques instants sur ce fait si extraordinaire, pour en retirer quelques leçons.

3. Ce pauvre animal avait les organes des sens, sans éprouver de sensation. Il avait des yeux ; mais la lumière ne pénétrait jamais dans son noir séjour : depuis le moment ou il avait été enfermé dans ce creux, il se trouvait entouré des plus épaisses ténèbres, et privé de voir le soleil, la lune, les étoiles, le monde visible, tout autant que s'il n'existait pas.

4. Comme l'air ne pouvait pénétrer dans son triste séjour, il ne pouvait pas ouïr : ses organes, ne pouvaient pas lui servir à cet égard, puisque aucune vibration d'air ne pouvait lui parvenir. Il n'y a point de motif pour croire qu'il avait des sens analogues à ceux du goût et de l'odorat : le premier de ces sens aurait été inutile à un animal qui n'avait pas besoin de nourriture ; on ne voit pas davantage comment les objets, qui réveillent le goût ou l'odorat pouvaient parvenir jusqu'à lui. S'il connaissait même le sens universel du tact, ce n'était que très peu : car comme sa position était toujours la même, les objets avec lesquels il était en contact, devaient enfin ne plus exercer d'influence sur lui ; en sorte que pendant toute son existence, heure après heure, journée après journée, il éprouvait toujours la même sensation.

5. Ce pauvre animal devait aussi être dépourvu de toute réflexion. Sa tête, quelle que fut sa nature, n'ayant aucuns matériaux, aucune idée de sensation, ne pouvait pas produire de réflexions. Il ne pouvait donc pas avoir de mémoire, d'imagination ; son activité devait encore être nulle ; et s'il avait quelques ressorts pour agir, il ne pouvait pas les exercer, car le petit espace de sa demeure ne lui permettait pas de changer de place.

6. On peut établir un parallèle très exact entre cette pauvre créature, à peine digne du nom d'animal, et un homme qui est sans Dieu au monde. Or le nombre de ceux qui sont ainsi fait la grande majorité même de ceux qui sont appelés chrétiens : Je ne veux pas dire qu'ils soient athées, dans le sens ordinaire de ce mot, car je ne crois pas que les vrais athées soient aussi nombreux que l'ont pensé plusieurs personnes : malgré toutes les observations que j'ai pu faire, il m'a été impossible pendant le cours de cinquante années d'en trouver vingt qui niassent sérieusement l'existence de Dieu ; je n'en ai rencontré que deux dans les Iles-Britanniques. Et ceux-là même, quoiqu'ils eussent fait longtemps profession d'athéisme à Londres, où ils vivaient, furent convaincus avant de paraître devant Dieu, qu'il y a un être suprême ; et ce qu'il y a de plus remarquable, ils crurent d'abord qu'il est un Dieu terrible ; puis, ils crurent que c'est un Dieu miséri-

cordieux. Je cite ces deux faits, pour prouver qu'il y a de vrais athées dans le monde, et pour prouver surtout, que si les athées condescendent un jour à chercher la grâce, ils la trouveront pour en être aidés dans le besoin.

7. Mais je ne parle pas de ces athées, je parle des athées pratiques, de ceux qui n'ont pas Dieu dans toutes leurs pensées, qui n'ont aucune communion avec lui, et qui n'entretiennent pas plus de rapport avec l'Être suprême ou avec le monde invisible, que ce pauvre crapaud n'en entretenait avec le monde visible. Je vais m'efforcer d'établir le parallèle : veuille le Seigneur appliqué mes réflexions au cœur de ces malheureux !

8. Chaque athée pratique est, quant au monde invisible, dans une position exactement semblable à celle de ce crapaud, quant au monde visible. — Cet animal avait sans aucun doute une espèce de vie, quelle que fût sa nature : il avait certainement toutes les parties intérieures et extérieures, qui sont essentielles à la vie animale ; et de certains esprits vitaux étaient aussi positivement en circulation dans son corps. Or c'était-là une espèce de vie. Toute semblable est celle de l'athée, de l'homme qui est sans Dieu au monde. Quel voile épais existe entre lui et le monde invisible ! Quant à lui ce monde est comme s'il n'existait pas : il n'en a pas la plus petite idée ; il n'a pas la plus petite connaissance de Dieu ; il ne désire même pas le connaître ; quoique tout répète la grandeur de Dieu, cependant il ne reçoit aucun de ces accents ; il ne goûte pas le moins du monde la bonté de Dieu ; il ne sent pas, comme le dit notre église, les opérations intérieures de l'Esprit saint ; en un mot, il n'a pas plus communion avec le monde spirituel, que le crapaud, dans sa sombre retraite, n'avait communion avec le monde visible.

9. Mais quand l'Esprit du Tout-puissant frappe le cœur de cet homme, auparavant sans Dieu dans le monde, il amollit ce cœur, et rend toutes choses nouvelles. Le soleil de justice brille sur son âme, et lui révèle la lumière de la gloire de Dieu dans la personne de Jésus-Christ : il est dans un nouveau monde, tout lui parait changé. Il voit, tout autant que ses yeux ouverts depuis peu le peuvent, les saintes et magnifiques réalités du ciel ; il voit qu'il a un avocat auprès du Père, savoir Jésus-Christ le juste, par lequel il a la rémission de ses péchés ; il voit que nous avons liberté d'entrer dans les lieux saints par le sang de Jésus : et la lumière qu'il reçoit, augmente de jour en jour.

10. Par suite des attraits de l'Esprit, cet homme, naguères sourd, est rendu capable d'entendre la voix de Celui qui ressuscite les morts : il n'est plus sourd aux invitations ou aux ordres, aux promesses ou aux menaces de Dieu ; mais il les entend avec joie, et y conforme sa conduite, ses pensées, ses paroles.

11. Il reçoit encore de nouveaux sens spirituels : il est rendu capable de goûter combien le Seigneur est bon ; il entre dans les lieux saints par le sang de Christ ; il éprouve la douceur inexprimable de l'amour de Jésus ; il comprend le sens de ces paroles : Ce n'est que myrrhe, aloès et casse de tous les vêtements ; il ressent l'amour de Dieu répandu dans son cœur par le St. Esprit qui lui ait donné, ou, comme le dit l'Église anglicane, il ressent dans son cœur les opérations de l'Esprit de Dieu. Toutefois on peut observer que le sens de toutes ces expressions figurées est renfermé dans un seul mot : la foi, pris dans toute son étendue ; car celui qui croit au Fils de Dieu, jouit plus ou moins de tous ces privilèges. Ce changement, ce passage de la mort spirituelle à la vie spirituelle, est à proprement parler la nouvelle naissance, dont tous les détails sont très bien exprimés par le docteur Watts dans les lignes suivantes : — réforme ma vue, ouvre mes oreilles, rends mon âme nouvelle ; donne-moi de nouvelles affections, de nouveaux désirs, de nouvelles joies ; et change en cœur affectueux mon cœur de pierre !

12. Mais avant que ce changement soit opéré , l'homme naturel peut subir plusieurs changements partiels, qu'il prend souvent pour la nouvelle naissance, et au moyen desquels, il dit, paix, paix, à son âme, quand il n'y a point de paix pour elle : et ces changements partiels s'étendent quelquefois non seulement à la réforme de quelque penchant ou de quelque passion chérie, mais aussi à la réforme des sentiments , et peuvent être accompagnés de convictions de péché, de désirs ardents, et de bonnes résolutions. D'un côté nous devons prendre bien garde, dans ces cas, de mépriser le jour des petites choses, et de l'autre côté, de prendre ces changements partiels pour une vraie conversion, pour la nouvelle naissance, pour cette transformation d'un cœur mondain, terrestre, en un cœur animé de l'Esprit de Christ.

13. Restez donc bien persuadés, que quoique vous soyez changé à plusieurs égards, rien ne vous profitera selon les institutions chrétiennes, si ce n'est tout l'esprit qui était en Christ, vous faisant marcher comme Christ a marché. Rien n'est plus certain que ces paroles : si quelqu'un est en Christ, un vrai croyant en lui, il est une nouvelle créature ; les choses vieilles sont passées pour lui, toutes choses sont faites nouvelles.

14. Nous pouvons apprendre facilement de ces observations l'immense différence qu'il y a entre le christianisme et la moralité, S'il y a quelque chose de certain c'est que le vrai christianisme ne peut exister sans l'amour et la pratique de la justice, de la miséricorde et de la vérité, — ce qui seul constitue la vraie moralité ; mais il est aussi certain que toute la moralité, toute la justice, tonte la vérité, qui est possible sans christianisme, ne profite de rien, n'est d'aucune utilité, devant Dieu, à ceux qui vivent sous la dispensation chrétienne. Je fais observer que c'est avec intention que j'ajoute cette dernière partie de la phrase : car la Bible ne m'autorise pas à juger ceux qui sont du dehors, et je ne pense pas qu'un homme vivant ait le droit de damner tous les mahométans et tous les païens : il vaut mieux les laisser entre les mains de Celui qui les a créés, qui est le Père de tous les esprits, le Dieu des païens aussi bien que des chrétiens, et qui ne hait aucune de ses œuvres. — Mais cela ne concerne en rien ceux qui invoquent le nom de Christ : ceux-ci, étant placés sons la loi chrétienne, seront jugés sans aucun doute par cette loi ; et, par conséquent, à moins qu'ils ne soient changés, à moins qu'ils n'aient de nouveaux sens, de nouvelles vues, un nouveau caractère, ils ne sont pas chrétiens. Tous justes, véridiques ou miséricordieux qu'ils soient, ils ne sont cependant qu'athées !

15. Quelques personnes à bonnes intentions vont peut-être plus loin, et affirment que l'homme, quelque soit le changement opéré dans sa vie ou dans son cœur, ne retire aucun bénéfice de la mort de Christ, s'il n'a pas des vues claires des doctrines fondamentales de l'Évangile : — la chute de l'homme, la justification par la foi, l'expiation faite par Christ, et l'imputation de la justice. Je n'ose pas dire cela. Je ne le crois même pas. Je crois que le Dieu de miséricorde regarde plus à la vie et aux dispositions des hommes, qu'à leurs idées ; je crois qu'il préfère la bonté du cœur à la clarté de l'intelligence ; et, si le cœur d'un homme est rempli, — par la grâce de Dieu et par l'énergie de l'Esprit Saint, — d'un amour vrai pour Dieu et pour l'homme, je crois que Dieu ne jettera pas cet homme dans le feu qui est réservé au diable et à ses anges, parce que ses vues ne sont pas claires, ou parce que ses conceptions sont confuses : sans la sainteté, je le reconnais, nul ne verra le Seigneur ; mais je n'ose pas dire : sans des idées claires, nul ne verra le Seigneur.

16. Mais pour revenir au texte, permettez-moi, vous tous qui êtes encore sans Dieu au monde, de vous presser de considérer que, malgré toute votre humanité, votre bienveillance et vos vertus, vous êtes encore dans les ténèbres. Chers amis ! vous ne voyez pas Dieu. Vous ne voyez pas le soleil de justice. Vous n'avez aucune communion ni avec le Père, ni avec le Fils. Vous ne connaissez pas la voix de votre Pasteur. Vous n'avez pas reçu le Saint-Esprit. Vous n'avez point de sens spirituels. Vous conservez vos passions, vos joies, vos craintes, vos idées naturelles : vous n'êtes point des créatures nouvelles. Oh ! criez à Dieu pour qu'il déchire le voile qui est sur votre cœur, et qui fait que vous êtes dans une profonde obscurité même au milieu de la vive lumière répandue par l'Évangile. — Puissiez-vous aujourd'hui entendre la voix de Celui qui parle comme personne n'a jamais parlé, en disant : — lève-toi, sois illuminé ; car ta lumière est venue, et la gloire de l'Éternel s'est levée sur toi. C'est lui qui nous crie : regarde à moi et tu seras sauvé ! il dit : certainement, je viens bientôt. — Oui, Seigneur Jésus, viens !

SERMON 128

La libre grâce

Lui qui n'a pas épargné son propre Fils, mais qui l'a livré pour nous tous, comment ne nous donnera-t-il pas toutes choses avec lui, par grâce ?
— Romains 8.32 —

1. Combien Dieu aime librement le monde ! Alors que nous étions encore des pécheurs, « Christ est mort pour des impies ». Alors que nous étions « morts au péché », Dieu « n'a pas épargné son propre Fils, mais l'a livré pour nous tous ». Il nous « donne librement toutes choses » ! En vérité, LA LIBRE GRÂCE est tout en tous !

2. La grâce ou l'amour de Dieu, source de notre salut, est LIBRE EN TOUS et LIBRE POUR TOUS. LA GRÂCE, DON LIBRE DE DIEU.

3. Premièrement, elle est libre EN TOUS ceux à qui elle est donnée. Elle ne dépend pas de quelque pouvoir ou mérite inhérent à l'homme ; non, à aucun degré, grand ou petit. Elle ne dépend, en aucune manière, des bonnes œuvres ou de la justice du destinataire. Elle ne dépend pas de ses efforts. Elle ne dépend ni de son bon caractère, ni de ses bons désirs ou de ses bonnes intentions, car tout cela provient de la libre grâce de Dieu : comme un courant d'eau à partir de sa source ou comme des fruits par rapport aux racines de l'arbre qui les porte. Toutes ces bonnes dispositions sont, non pas la cause, mais les effets de la grâce. Dieu est l'auteur de tout bien qui se trouve en l'homme et que celui-ci peut accomplir. Ainsi la grâce est libre en tous ; elle ne dépend en aucune façon de quelque pouvoir ou de quelque mérite inhérent à l'homme, elle vient de Dieu seul, qui nous a donné son Fils et, avec lui, toutes choses librement.

4. Mais la grâce est-elle libre POUR TOUS aussi bien qu'EN TOUS ? À cela, certains ont répondu : « Non, elle n'est libre que pour ceux que Dieu a ordonnés à la vie, et ils ne constituent qu'un petit troupeau. La plus grande partie de l'humanité est destinée, par Dieu, à la mort, et la grâce n'est pas libre pour ceux qui la composent. Dieu les hait ; il a par conséquent décrété, dès avant leur naissance, qu'ils mourraient éternellement. Ce décret est absolu, parce que tel a été son bon plaisir, sa volonté souveraine. Il s'ensuit que ces personnes sont nées pour être détruites, corps et âme, en enfer. Elles grandissent sous l'irrévocable malédiction de Dieu, sans aucune possibilité de rédemption. La grâce que Dieu leur accorde sert, en effet, non pas à prévenir, mais uniquement à accroître leur condamnation. »

5. Tel est le décret de la prédestination. Mais il me semble entendre quelqu'un répliquer : « Cela ne correspond pas à ma conception de la prédestination. Je ne crois qu'à l'élection de la grâce, à savoir qu'avant la fondation du monde, Dieu a élu un certain nombre d'hommes pour être justifiés, sanctifiés et glorifiés ; ceux-ci et personne d'autre seront sauvés. Dieu abandonne le reste des hommes à eux-mêmes. Ce reste suit les penchants de son propre cœur — continuellement mauvais — et n'arrête pas d'empirer ; il est en définitive justement condamné à la destruction éternelle. »

6. Est-ce bien tout ce que vous mettez sous le terme de prédestination ? Réfléchissez bien, il y a peut-être encore autre chose. Ne croyez-vous pas que Dieu a destiné les non-élus à la condamnation ? Si oui, vous croyez au décret complet, à la prédestination telle qu'elle vient d'être décrite. Mais peut-être ne le pensez-vous pas. Croyez-vous alors que Dieu endurcisse le cœur de ceux qui périssent ? Croyez-vous qu'il a littéralement endurci le cœur de Pharaon et qu'il l'a élevé à son rang, ou même créé, dans le seul but de le condamner ? Si oui, alors vous croyez tout ce qui a été dit de la prédestination. Et il n'est pas nécessaire d'ajouter que Dieu renforce son décret, supposé

immuable et inéluctable, en endurcissant les cœurs de ces « vases de colère » que son décret avoué auparavant à la destruction.

7. Mais vous ne croyez peut-être même pas cela et vous n'admettez pas qu'il y ait un décret de la réprobation. Vous ne pensez pas que Dieu a décrété la condamnation d'un homme en l'endurcissant et en le vouant irrésistiblement à une telle destinée. Vous vous contentez de dire : « Dieu a éternellement décrété que, tous les hommes étant morts au péché, il ne dirait qu'à quelques ossements desséchés « vivez ! » et que, par conséquent, les uns seraient vivifiés et les autres resteraient en leur état, les uns glorifieraient Dieu par leur salut et les autres par leur destruction. »

8. N'est-ce pas ce que vous entendez par « l'élection de grâce » ? Si oui, laissez-moi vous poser quelques questions. Parmi ceux qui ne sont pas élus de cette manière, certains sont-ils néanmoins sauvés ? Ou bien cela a-t-il déjà été le cas depuis la fondation du monde ? Est-il possible qu'un homme soit sauvé sans être ainsi élu ? Si vous répondez « non », vous en êtes au même point qu'auparavant, vous n'avez pas avancé d'un pas. Vous croyez toujours qu'en raison d'un décret immuable et inéluctable de Dieu, la plus grande partie de l'humanité demeure dans la mort sans aucune possibilité de rédemption ; seul, Dieu pourrait les sauver, mais il ne le veut pas. Vous croyez que Dieu a décrété de manière absolue qu'il ne les sauverait pas. Qu'est-ce que cela, sinon un décret de condamnation ? Dans les faits, ce n'est ni plus, ni moins cela. Car si vous êtes mort et totalement incapable de revenir à la vie par vous-même, et si Dieu a décrété de manière absolue de vivifier tout le monde sauf vous, il a donc décrété de manière absolue votre mort éternelle. Vous êtes absolument destiné à la damnation. Ainsi, tout en utilisant des termes plus doux que certaines personnes, vous exprimez exactement la même chose. Le décret divin d'élection de grâce, dont vous parlez, n'est rien d'autre que ce que certains appellent « le décret divin de la réprobation. »

9. Utilisez le terme qui vous plaira — élection, prétérition, prédestination ou réprobation — cela revient finalement au même. La signification de tous ces mots est clairement celle-ci : par la vertu d'un décret éternel, immuable, irrésistible de Dieu, une partie de l'humanité est infailliblement sauvée, et le reste infailliblement damné. Autrement dit, il est impossible que l'un des premiers soit damné ou que l'un des derniers soit sauvé.

10. S'il en est ainsi, toute prédication est vaine. Elle est sans utilité pour les élus, puisqu'ils seront infailliblement sauvés, avec ou sans elle. Par conséquent, le but de la prédication — sauver des âmes — ne leur sert de rien. Elle est également sans utilité pour ceux qui ne sont pas élus, puisqu'ils ne peuvent pas être sauvés ; avec ou sans elle, ils seront infailliblement damnés. Par conséquent, le but de la prédication ne leur sert de rien, non plus. Dans l'un et l'autre cas, notre prédication est vaine, comme l'est aussi votre écoute.

11. Il y a là une preuve évidente que la doctrine de la prédestination n'est pas une doctrine de Dieu, puisqu'elle annule le commandement de Dieu, et que Dieu n'est pas divisé contre lui-même. La doctrine de la prédestination tend aussi à faire obstacle à la sainteté, qui est le but que visent toutes les ordonnances de Dieu. Je ne veux pas dire qu'aucun de ses partisans ne soit saint (car Dieu fait preuve d'une tendre compassion envers ceux qui sont inextricablement empêtrés dans toutes sortes d'erreurs), mais j'entends par là que la doctrine elle-même — à savoir que chaque homme est, de toute éternité, soit élu, soit non-élu, c'est-à-dire inévitablement sauvé ou inévitablement damné — a une tendance manifeste à s'opposer à la sainteté en général. Cette doctrine évacue, en effet, les principales motivations pour rechercher la sainteté — proposées si souvent dans les Écritures — , telles que l'espoir d'une récompense future et la crainte du châtiment, l'espoir d'aller au ciel et la crainte de l'enfer. Celui qui croit que son sort est déjà décidé — qu'il soit au nombre de ceux qui sont condamnés aux peines éternelles ou de ceux qui sont appelés à la vie éternelle — n'est pas motivé à combattre pour la vie ; il serait déraisonnable pour lui de le faire s'il pense qu'il est inéluctablement destiné à la vie ou à la mort. Vous direz sans doute : « Mais il ne sait pas s'il est destiné à la vie ou à la mort. » Et alors ? Quelle importance cela a-t-il ? Si une personne malade sait qu'elle va, quoi qu'elle fasse, soit mourir, soit guérir, même si elle ignore laquelle de ces deux issues lui est réservée, elle renoncera à prendre des médicaments, car le faire serait déraisonnable. Elle pourra seulement dire (et j'ai déjà entendu des personnes at-

teintes dans leur santé physique, ou spirituellement, s'exprimer ainsi : « Si je suis destinée à vivre, je vivrai, sinon je mourrai ; je n'ai donc pas à m'en préoccuper. » C'est ainsi que cette doctrine aune tendance directe et générale à détourner les gens de la sainteté, et aussi à empêcher les hommes impies de la rechercher ou d'y atteindre.

12. Cette doctrine conduit aussi à détruire plusieurs aspects particuliers de la sainteté, tels que la douceur et l'amour — j'entends par là l'amour de nos ennemis — des méchants et des ingrats. Je ne veux pas dire qu'aucun de ses partisans n'a de la douceur et de l'amour (car la miséricorde de Dieu est aussi grande que sa puissance) ; mais cette doctrine tend naturellement à susciter, ou à accroître, l'aigreur et l'impatience du caractère, ce qui est tout à fait contraire à la bonté du Christ. Ces défauts sont spécialement visibles chez les partisans de cette doctrine quand on s'oppose à leurs principes. De plus, cette doctrine inspire naturellement du mépris ou de la froideur envers ceux que nous supposons être bannis par Dieu. … et n'encourage pas à aimer « Mais, direz-vous, je ne considère personne en particulier comme un réprouvé. » Vous voulez dire que vous ne le feriez pas si vous pouviez vous en empêcher ; mais vous ne pouvez pas vous empêcher parfois d'appliquer les principes généraux de votre doctrine à des individus en particulier, ou alors l'ennemi des âmes le fera pour vous. Vous savez bien qu'il l'a déjà fait souvent, mais vous avez rejeté cette pensée avec effroi. C'est vrai, vous avez fait aussi vite que possible ; mais cela n'a-t-il pas, en même temps, aigri et excité votre esprit ? Vous savez bien qu'alors ce n'était pas un esprit d'amour que vous manifestiez envers ce pauvre pécheur, que vous soupçonniez ou suspectiez d'être l'objet de la haine de Dieu.

13. Cette doctrine contribue à détruire les consolations de la religion, le bonheur chrétien. Cela est évident pour tous ceux qui se croient réprouvés ou qui craignent simplement de l'être. Toutes les grandes et précieuses promesses sont perdues pour eux. Elles ne leur apportent aucune lueur de consolation, puisqu'ils ne sont pas les élus de Dieu ; elles ne les concernent donc pas le moins du monde. Ceci constitue un sérieux obstacle à leur découverte d'un peu de consolation ou de bonheur, même dans cette religion dont les chemins sont sensés être « des chemins agréables et des sentiers de paix. »

14. Et vous qui vous croyez élus de Dieu, où est votre bonheur ? J'entends non une notion, une croyance spéculative ou une simple idée, mais le sentiment d'avoir Dieu présent dans votre cœur par le Saint-Esprit, l'Esprit de Dieu qui témoigne à votre esprit que vous êtes un enfant de Dieu. En d'autres termes, « la pleine assurance de la foi » est le véritable fondement de la joie chrétienne. Cela implique la pleine assurance que tous vos péchés passés sont pardonnés et que vous êtes maintenant un enfant de Dieu. Mais cela n'implique pas nécessairement la pleine assurance de notre persévérance future. Je ne dis pas qu'elle n'y est jamais jointe, mais cela n'est pas automatique. Bien des personnes ont une assurance présente, mais pas future.

15. Il apparaît que la doctrine de la prédestination entrave le témoignage de l'Esprit. C'est le cas, non seulement pour ceux qui, se croyant réprouvés, repoussent ce témoignage, mais aussi pour ceux qui ont goûté au don parfait, l'ont ensuite perdu et sont retombés dans les doutes, la crainte et les ténèbres, des ténèbres horribles, quasiment palpables ! Je vous la demande, à vous les tenants de cette doctrine, dites-moi si, entre Dieu et votre propre cœur, vous n'êtes pas souvent assaillis par des doutes ou des craintes concernant votre élection ou votre persévérance ? Si vous me rétorquez : « Qui n'en a pas ? », je répondrai que très peu de partisans de cette doctrine en ont, à la différence de beaucoup, de vraiment beaucoup de ceux qui n'y croient pas sur toute la surface de la terre. Beaucoup de ceux qui savent et ressentent qu'ils sont en Christ aujourd'hui et ne « se soucient pas du lendemain », qui « se réfugient en lui » par la foi heure après heure, ou plutôt moment après moment, beaucoup de ceux-là jouissent du témoignage ininterrompu de l'Esprit, de la lumière permanente de sa face, depuis qu'ils ont cru pour la première fois — il y a de cela des mois ou des années jusqu'à ce jour.

16. La foi ne s'enracine pas dans la connaissance de l'élection L'assurance de la foi de ces derniers exclut tout doute et toute crainte. Elle exclut toutes les sortes de doutes et de craintes concernant leur persévérance future, bien qu'il ne s'agisse pas, à proprement parler, d'une assurance relative au futur, comme nous l'avons dit, mais seulement d'une assurance pour maintenant. Et cette assurance n'a pas besoin de se fonder sur une croyance spéculative, selon laquelle

celui qui a été ordonné à la vie doit vivre, car elle se façonne d'heure en heure par la puissante main de Dieu, « par le Saint-Esprit qui leur est donné. » Par conséquent, la doctrine de la prédestination n'est pas de Dieu, car elle tend à entraver, voire à détruire, l'œuvre du Saint-Esprit, dont découlent les principales consolations de la religion, la joie chrétienne.

17. Mais poursuivons : y a-t-il pensée plus inconfortable que de savoir que des milliers et des millions d'hommes ont été inéluctablement condamnés aux flammes éternelles, sans avoir commis aucune offense ou faute préalable ? Quelle pensée inconfortable pour ceux qui ont revêtu Christ et qui, ayant des entrailles de miséricorde, de bonté et de compassion, pourraient même « souhaiter être maudits à la place de leurs frères » !

18. Cette détestable doctrine de la prédestination conduit à détruire notre zèle pour les bonnes œuvres.

Et ceci, premièrement, parce qu'elle a une tendance naturelle (selon ce que nous avons déjà fait remarquer) à détruire notre amour pour la plus grande partie de l'humanité, à savoir les méchants et les impies. Car tout ce qui réduit notre amour réduit aussi notre désir de leur faire du bien.

Deuxièmement, elle anéantit la plus forte raison qui soit d'accomplir des actes de charité, tels que nourrir les affamés, vêtir ceux qui sont nus..., à savoir l'espoir de sauver leur âme de la mort. Car à quoi sert-il de soulager les besoins temporels de ceux qui sont en train de tomber dans le feu éternel ? « Eh bien, courez, arrachez-les comme des tisons du feu ! » Mais vous supposez que c'est impossible. Vous dites qu'ils y ont été destinés de toute éternité, avant même d'avoir rien fait de bien ou de mal. Vous croyez que c'est la volonté de Dieu qu'ils meurent ; or « qui peut résister à sa volonté ? » Mais vous dites que vous ne savez pas s'ils sont élus ou pas. Et alors ? Si vous saviez qu'ils sont l'un ou l'autre — élus ou non-élus tout votre travail serait inutile et vain. Dans les deux cas, vos conseils, vos réprimandes ou vos exhortations seraient aussi inutiles que notre prédication. Tout cela sans aucune utilité pour les élus puisqu'ils sont infailliblement sauvés, et pour les non-élus puisqu'ils sont infailliblement damnés. Ainsi, si vous êtes conséquents avec vos principes, ne vous mettez pas en peine de leur salut. Ces principes tendent directement à détruire votre zèle pour les bonnes œuvres, pour toutes les bonnes œuvres, et particulièrement pour la plus grande de toutes : sauver les âmes de la mort.

19. La doctrine de la prédestination ne tend pas seulement à détruire la sainteté et la joie chrétienne, ainsi que le désir d'accomplir des bonnes œuvres, elle pousse aussi, de façon directe et manifeste, à ruiner toute la révélation chrétienne. Le point que les plus avisés des incroyants modernes cherche, avec le plus d'acharnement, à prouver est que la révélation chrétienne n'est pas nécessaire. Ils savent bien qu'une fois cela démontré, la conclusion évidente et indéniable sera : « Si elle n'est pas nécessaire, elle n'est pas vraie non plus. » Et vous, vous renoncez à ce point fondamental : le décret éternel et immuable de Dieu sous-entend, en effet, qu'une partie de l'humanité doit être sauvée, même sans l'existence de la révélation chrétienne, et que l'autre partie doit être condamnée en dépit de cette révélation ! Que pourrait désirer de plus un païen ? Vous lui fournissez tout ce qu'il demande. En rendant ainsi l'Évangile inutile pour toutes sortes de personnes, vous trahissez l'ensemble de la cause chrétienne. « Oh ! N'allez pas le dire à Gath et ne le publiez pas dans les places d'Askalon, de peur que les fils et les filles des Philistins ne s'en réjouissent et que les fils des incirconcis n'en triomphent ! »

20. Contradictions Comme la doctrine de la prédestination tend directement et manifestement à ruiner toute la révélation chrétienne, elle aboutit à la faire se contredire elle-même. Elle est, en effet, basée sur une interprétation de certains textes (qu'il y en ait peu ou beaucoup, qu'importe !), qui contredit nettement tous les autres, et même tout le contenu et la portée des Écritures. En voici un exemple. Les tenants de cette doctrine interprètent le verset biblique « J'ai aimé Jacob et j'ai haï Esaü », comme impliquant que Dieu a littéralement haï Esaü et tous les réprouvés de toute éternité. Est-il possible d'être plus nettement en contradiction avec, non seulement tout le contenu et la portée des Écritures, mais encore avec tous les textes particuliers qui déclarent expressément que « Dieu est amour » ? Autre exemple. Ils déduisent du texte « Je ferai miséricorde à qui je ferai miséricorde » (Rm 9.15) que Dieu n'est miséricordieux que pour quelques-uns seulement, les élus, et qu'il n'aura pitié que de ceux-ci, contrairement à ce qui est

dit dans les Écritures, à savoir que « le Seigneur aime tous les hommes et sa miséricorde s'étend à toutes ses œuvres » (Ps 145.9). Et encore, ils déduisent de textes tels que « cela ne dépend ni de celui qui veut, ni de celui qui court, mais de Dieu qui fait miséricorde », que Dieu ne fait miséricorde qu'à ceux qu'il a en vue depuis l'éternité. Mais n'est-ce pas contester avec Dieu ? Ils contredisent tous les oracles de Dieu selon lesquels « Dieu ne fait point acception de personnes » (Ac 10.34), « il n'y a point d'acception de personnes devant lui » (Rm 2.2). Autre exemple. Ils déduisent du texte « quoique les enfants ne fussent pas encore nés et qu'ils n'eussent fait ni bien, ni mal — afin que le dessein d'élection subsistât, sans dépendre des œuvres, mais de celui qui appelle — il fut dit à Rébecca l'aîné sera assujetti au plus jeune », que notre prédestination, ou notre élection, ne dépend en aucune manière de la prescience de Dieu. Or, toutes les Écritures contredisent nettement cette idée, particulièrement les passages suivants : « élus selon la prescience de Dieu » (1 P 2) et « ceux qu'il a connus d'avance, il les a aussi prédestinés » (Rm 8.29).

21. Et encore « Le même Seigneur est riche en miséricorde pour tous ceux qui l'invoquent » (Rm 10.12). Mais vous, vous dites : « Non, il ne l'est que pour ceux pour qui le Christ est mort. Et cela ne concerne pas tous les gens, mais seulement un petit nombre que Dieu a choisi dans le monde ; il n'est pas mort pour tous, mais seulement pour ceux qui ont été « élus en lui avant la fondation du monde » (Ep 1.4). Tout le contenu du Nouveau Testament contredit également votre interprétation de ces passages, en particulier les textes suivants : « Ne détruis pas avec un aliment celui pour qui Christ est mort » (Rm 14.15), preuve évidente que le Christ n'est pas mort uniquement pour ceux qui sont sauvés, mais qu'il l'est aussi pour ceux qui périssent. Il est « le Sauveur du monde » (Jn 4.42), « l'Agneau de Dieu qui ôte le péché du monde » (Jn 1.29), « Il est la propitiation non seulement de nos péchés, mais aussi de ceux du monde entier » (1 Jn 2.2). Lui, le Dieu vivant « est le Sauveur de tous les hommes » (1 Tm 4.10), « Il s'est donné en rançon pour tous » (1 Tm 2.6), « Il a goûté la mort pour chaque homme » (He 2.19).

22. Pourquoi tous ne sont pas sauvés ? Si vous demandez « pourquoi tous les hommes ne sont-ils pas sauvés ? », toute la Loi et le témoignage répondent ainsi. Premièrement, ce n'est ni à cause de quelque décret de Dieu, ni à cause du plaisir que lui causerait leur mort : « Je suis vivant, dit le Seigneur, je ne prends pas plaisir à la mort de celui qui meurt » (Ez 3.32) ; quelle que soit la cause de leur perdition, ce ne peut être la volonté de Dieu, car les oracles de Dieu sont véridiques lorsqu'ils affirment : « Il ne veut pas qu'aucun périsse, mais il veut que tous parviennent à la repentance » (2 P 3.9), « Il désire que tous les hommes soient sauvés ». Deuxièmement, la Bible explique pourquoi tous les hommes ne sont pas sauvés. Le Seigneur dit expressément : « Vous ne voulez pas venir à moi pour avoir la vie » (Jn 5.40). « La puissance du Seigneur est là pour les guérir », mais ils ne veulent pas être guéris. Ils ne sont pas sauvés, parce qu'ils ne veulent pas être sauvés. « Ils rejettent le dessein qui est un dessein miséricordieux de Dieu », comme l'avaient déjà fait leurs pères au cou roide. Ils sont par conséquent sans excuses, car Dieu aimerait qu'ils soient sauvés, mais eux ils ne le veulent pas. C'est leur condamnation : « Combien de fois ai-je voulu vous rassembler et vous ne l'avez pas voulu ! » (Mt 23.37).

23. Mais cela n'est pas tout. Cette doctrine de la prédestination comporte tant de blasphèmes que je répugne à en parler . . . mais l'honneur de notre Dieu de grâce et la cause de sa vérité ne doivent pas souffrir de mon silence. Aussi, pour la cause de Dieu et avec le désir sincère de glorifier son grand Nom, je vais mentionner quelques-uns des blasphèmes horribles contenus dans cette horrible doctrine. Tout d'abord, je dois avertir chacun de ceux qui m'écoutent, et qui devront en répondre au dernier jour, de ne pas m'accuser de blasphèmes (comme certains l'ont fait) parce que je mentionne ceux des autres. Plus vous êtes affligés par ceux qui blasphèment ainsi, plus vous devez veiller à « affermir votre amour à leur égard ». Que le souhait de votre cœur et votre prière continuelle à Dieu soit : « Père, pardonne-leur, car ils ne savent pas ce qu'ils font ! »

24. Il faut, tout d'abord, noter que cette doctrine représente notre Seigneur béni, « Jésus-Christ le juste, le Fils unique du Père, plein de grâce et de vérité », comme un hypocrite, un trompeur qui abuse les gens, un homme dépourvu de toute sincérité, car il est indéniable qu'il s'exprime toujours comme s'il voulait que tous les hommes soient sauvés. Aussi dire qu'il ne le voulait pas équivaut-il à faire de lui un hypocrite et un dissimulateur. Il est indéniable que les gracieuses paroles qui sont sorties de sa bouche sont remplies d'invitations à tous les pécheurs.

C'est pourquoi affirmer qu'il n'avait pas l'intention de sauver tous les pécheurs revient à donner de lui l'image de quelqu'un qui a grossièrement trompé les gens. Impossible de nier qu'il dit : « Venez à moi, vous tous qui êtes fatigués et chargés. » Ainsi, vous qui croyez à la prédestination, vous dites que Jésus appelle ceux qui ne peuvent pas venir, ceux dont il sait qu'ils sont incapables de venir à lui, ceux qu'il peut mais ne veut pas faire venir à lui. Est-il possible de décrire un manque de sincérité plus grand que celui-là ? Vous représentez Jésus comme se moquant de ses créatures impuissantes en leur offrant ce qu'il n'a pas l'intention de leur donner. Vous le décrivez comme disant une chose et en pensant une autre, comme éprouvant un amour qu'il n'a pas. Vous faites de « celui dans la bouche duquel il n'y avait pas de fraude » un être plein de tromperies et dépourvu de toute sincérité, spécialement quand s'approchant de la ville, il pleura sur elle en disant : « Jérusalem, Jérusalem, toi qui tues les prophètes et qui lapides ceux qui te sont envoyés, combien de fois ai-je voulu rassembler tes enfants … et tu ne l'as pas voulu. » Mais si vous dites qu'ils voulaient, mais que lui ne voulait pas, vous représentez Jésus pleurant des larmes de crocodile sur la proie qu'il a lui-même vouée à la destruction !

25. Un tel blasphème devrait alerter les chrétiens ! Mais il y a plus : la doctrine de la prédestination, en effet, traite le Père de la même façon que le Fils. Elle détruit d'un coup tous ses attributs. Elle renverse, à la fois, sa justice, sa miséricorde et sa vérité. Oui ! Elle représente le Dieu très saint comme étant pire que le diable, tout à la fois plus cruel et plus injuste. Plus faux, parce que le diable, menteur comme il est, n'a jamais dit qu'il voulait sauver tous les hommes. Plus injuste, parce que le diable ne peut pas, même s'il le voulait, être coupable d'une injustice aussi grande que celle qui est attribuée à Dieu : condamner des millions d'âmes au feu éternel préparé pour le diable et ses anges — pour avoir persévéré dans le péché, alors qu'elles ne pouvaient pas faire autrement sans la grâce que Dieu ne voulait pas leur accorder. Et plus cruel : tout esprit malheureux qui « cherche le repos et ne le trouve pas est, à cause de sa propre misère, incité à induire les autres en tentation. Dieu demeure dans un lieu élevé et saint ; aussi supposer que, de sa propre initiative, volontairement et par pur plaisir, Dieu, dans sa béatitude, voue ses créatures, avec ou sans leur consentement, à un malheur sans fin, revient-il à lui imputer une cruauté dont il serait impossible de taxer le grand ennemi de Dieu et des hommes. C'est faire le Dieu très haut (que celui qui a des oreilles entende !) plus cruel, plus faux et plus injuste que le diable !

26. Tel est le problème clairement contenu dans l'horrible décret de la prédestination ! Je n'en démordrai pas. Je suis prêt à en discuter avec quiconque défend cette doctrine. Vous faites Dieu pire que le diable : plus faux plus cruel, plus injuste. Et vous dites pouvoir prouver cela par les Écritures. Chiche ! Que pouvez-vous prouver par les Écritures ! Que Dieu est pire que le diable ? Impossible ! Quoi que puissent prouver les Écritures, elles ne prouveront jamais cela ; une telle chose ne peut pas être scripturairement vraie. Si vous me demandez « Que faut-il alors comprendre ? » et que je réponde que je ne sais pas, vous n'êtes pas plus avancés. Il y a, en effet, beaucoup de passages bibliques dont ni vous, ni moi, ne comprendrons le véritable sens avant que la mort ne soit engloutie dans la victoire. Je pense qu'il est préférable de dire que ces passages n'ont pas de sens, plutôt que de leur donner celui que vous leur donnez. Ils ne peuvent pas vouloir dire, quel que soit leur sens, que le Dieu de vérité est un menteur. Quelle que soit leur signification, ils ne peuvent pas vouloir dire que le Juge de toute la terre est injuste. Aucun texte ne peut signifier que Dieu n'est pas amour, que sa miséricorde ne s'étend pas à toutes ses œuvres. En d'autres termes, aucun passage biblique, quoi qu'il puisse prouver, ne peut prouver la prédestination.

27. Tel est le blasphème qui fait que, tout en aimant ses partisans, je hais la doctrine de la prédestination, selon laquelle — à supposer qu'on s'y arrête un instant — on pourrait dire à notre adversaire le diable : « Espèce de fou, pourquoi t'épuises-tu à rugir çà et là ? Ta quête des âmes est aussi inutile et vaine que notre prédication. Ne vois-tu pas que Dieu t'a pris le travail des mains et qu'il l'accomplit avec beaucoup plus d'efficacité ? Toi, avec toutes tes principautés et tes pouvoirs, tu ne peux pas nous empêcher de résister à tes assauts ; mais, lui, il peut irrésistiblement détruire à la fois le corps et l'âme en enfer ! Toi, tu ne peux que séduire, alors que, lui, par son décret immuable d'abandonner des milliers d'âmes à la mort, il les contraint à persévérer dans le péché jusqu'à leur saut final dans les flammes éternelles. Toi, tu tentes les gens ; lui, il

nous contraint à la damnation, car nous ne pouvons pas résister à sa volonté. Fou que tu es, pourquoi continues-tu à chercher qui tu pourras dévorer ? Ne vois-tu pas que Dieu est le lion dévorant, le destructeur des âmes, le meurtrier des hommes ? » Moloch a seulement fait passer des enfants par le feu, et ce feu a été vite éteint ; une fois le corps corruptible consumé, c'est la fin du tourment. Mais Dieu, dit-on, par son décret éternel fixé avant qu'ils n'aient agi en bien ou en mal, fait passer les petits enfants ainsi que les parents par le feu de l'enfer, « le feu qui ne s'éteindra jamais » ; et le corps qui y est jeté incorruptible et immortel se consumera sans fin, parce que c'est le bon plaisir de Dieu, « la fumée s'élevait continuellement ».

(…)

29. Oui, il y a un décret depuis la fondation du monde. Quel est ce décret ? « Je mettrai devant les fils des hommes la vie et la mort, la bénédiction et la malédiction. Et l'âme qui choisit la vie vivra, de même que celle qui choisit la mort mourra. » Ce décret, selon lequel « Dieu a prédestiné ceux qu'il a connus d'avance », existe effectivement de toute éternité. Ce décret, selon lequel tous ceux qui acceptent que Christ les vivifie sont « élus selon la prescience de Dieu », tient bon maintenant, comme la lune et les fidèles témoins dans le ciel. Et quand le ciel et la terre passeront, il ne passera pas, car il est aussi immuable et éternel que l'être de Dieu qui l'a donné. Ce décret contient le plus fort encouragement à abonder en bonnes œuvres et en tout ce qui est saint ; il est un torrent de joie et de félicité pour notre consolation sans fin. Il est digne de Dieu et s'accorde en tous points avec les perfections de sa nature. Il nous donne la vision la plus noble de sa justice, de sa miséricorde et de sa vérité. Il est en accord avec tout le contenu, et toutes les parties, de la révélation chrétienne. Moïse et tous les prophètes lui rendent témoignage, de même que notre Seigneur béni et tous les apôtres. Ainsi Moïse dit, au nom du Seigneur : « J'appelle en ce jour les cieux et la terre à déposer contre vous que j'ai placé devant vous la vie et la mort, la bénédiction et la malédiction ; choisis par conséquent la vie, pour que toi et ta semence viviez. » Et (pour citer au moins un des prophètes) Ezéchiel dit : « L'âme qui pèche mourra : le fils ne portera pas éternellement l'iniquité du père. La justice du juste sera sur lui, et la méchanceté du méchant sera sur lui » (Ez 18.20). Et notre Seigneur béni dit. « Si quelqu'un a soif, qu'il vienne et qu'il boive ! » (Jn 7.37). Et Paul, le grand apôtre, dit : « Dieu ordonne à tous les hommes en tous lieux de se repentir » (Ac 17.30) ; « tous les hommes en tous lieux », cela signifie chaque homme à chaque endroit, sans exception de place ou de personne. Et saint Jacques dit : « Si quelqu'un de vous manque de sagesse, qu'il la demande à Dieu, qui donne à tous les hommes libéralement et sans reproches, et elle lui sera accordée » (Jc 1.5). Et saint Pierre dit : « Le Seigneur ne veut pas qu'aucun périsse, mais que tous parviennent à la repentance » (2 P 3.9). Et saint Jean dit : « Si un homme a péché, nous avons un avocat auprès du Père ; il est la propitiation de nos péchés, et non seulement des nôtres, mais de ceux du monde entier. » (1 Jn 2.1-2).

30. Ecoutez, vous qui oubliez Dieu ! Vous ne pouvez pas lui faire porter la responsabilité de votre mort ! « Ai-je un quelconque plaisir à ce que le méchant meure ? » dit le Seigneur (Ez 18.23 et suivants). Repentez-vous et détournez-vous de toutes vos transgressions ; ainsi l'iniquité ne sera pas votre ruine. Jetez loin de vous toutes vos transgressions, car pourquoi mourrais-tu, maison d'Israël ? Je ne prends pas plaisir à la mort de celui qui meurt, dit le Seigneur. Convertissez-vous donc et vivez ! » « Je suis vivant ! dit le Seigneur Dieu, je ne prends pas plaisir à la mort du méchant. Revenez, revenez de vos mauvaises voies. Pourquoi devriez-vous mourir, maison d'Israël ? » (Ez 33.11).

Table de matières

www.ingramcontent.com/pod-product-compliance
Lightning Source LLC
Chambersburg PA
CBHW030728150426
42813CB00051B/338